민사법 실무 Ⅱ

김차동 저

民事法 — 實務

박영사

머 리 말

2016년경 민사법실무 초판을 발간한 이후 4년의 세월이 흘렀다. 초판 중 「민사법실무 연습」편은 2016년 이후 4년간의 변호사시험 기록형 문제 및 법학전문대학원 협의회 연도별 모의시험 문제를 반영하지 못하여 어느 듯 낡은 책자로 변하였다. 개인적으로는 이들 문제의 강의안, 답안 등을 마련하여 수업에 활용하고는 있었지만 초판의 독자들에게 광범위하게 제공할 방도가 없어 고민하던 차에 초판 중 「민사법실무 연습」편을 따로 떼어내 지난 4년간 추가된 문제들에 대한 풀이 등을 증보하여 민사법실무Ⅱ로 독립하여 출간하기로 결정하여 추진하게 되었다. 따라서 초판 중 「민사법실무 기초」편은 따로 떼어내 더 보강하여 곧 민사법실무Ⅰ로 출간할 예정이다.

필자는 2016년경 민사법실무 초판을 발간할 무렵 가졌던 생각이 날이 갈수록 옳았다고 더 굳건하게 믿게 되었다. 19세기 말경 독일민법을 기초하였던 학자들이 내세웠던 '채권'과 '법률행위'라는 개념위주의 분절된 이론은 '지나친(성급한) 일반화의 오류'로 마땅히 포기되어야 한다. 물권적 청구권을 제외한 나머지 청구권으로 '채권'이란 별도 개념을 설정해 둘 필요가 없다. 그냥 청구권이라는 개념으로 설명하면서 소위 채권적 청구권이 물권적 청구권과 다른 부분은 분리해 설명하면 된다. 같은 취지로 약정에다가 상계권·해제권의 의사표시와 같은 형성권 행사의 의사표시나 상속의 포기 등과 같은 상대방 없는 단독행위 등을 포함하여 일괄적으로 설명하기 위해 별도로 '법률행위'라는 용어를 설정할 필요도 없다. 현행 민사법체계와 같이 별도로 법률행위라는 개념을 추가 설정했다고 하더라도 약정과 형성권 행사의 의사표시나 상대방 없는 단독행위가 다 완전히 같은 법리로 규율되는 것은 아니고, 구체적인 경우에 조금씩 다른 취급을 할 수밖에 없고, 실제 관련법리도 그렇다. 그런데도 일상생활에서 전혀 사용하지 않는 별도의 법률행위란 개념을 설정하면 학습자나 사용자들은 엄청나게 복잡하게 느끼고 이해하기 난해하다는 부작용이 매우 클 것이다. 즉 추상화의 수준이 한계편익이 한계비용을 초과하여 설정된 '지나친 일반화의 오류'를 범하게 된 것이다. 하루바삐 청구권(claim)과 약정(promise)이란 원래 수준의 추상화된 개념으로 되돌려 대한민국 민사법 체계가 편제될 필요가 있다.

그렇게 하면 부족한 재화(goods)와 용역(service)(전체를 scare resources)에 관한 이해관계(interest)를 권리(right, proprietory interest)로 개념화한 물권법, 광업권·조광권·댐시설관리권 등 14개 정도의 준물권, 특허권·저작권·상표권 등 지식재산권, 일조권·조망권 등 환경권, 명예·신용 등 인격권, 기타 영업권 등의 취지를 충분히 잘 이해할 수 있고, 이러한 권리를 이전하기 위한 법률적 수단으로서의 약정제도를 제대로 파악할 수 있다. 특히 예링(Rudolf von Jhering, 1818~1892)이 로마법의 정신(Der Geist des römischen Rechts)에서 밝힌 "로마는 세계를 세 번 정복했다."라는 주장이 로마인들만이 "청구권(actio)"이라는 인류역사상 전대미문의 민사법 법집행수단을 개발하여 근대시민법체계에 영향을 미쳤다는 것을 의미하며 동시에 청구권이 현단계의 과학·기술문명수준에서 "자유로운 개인의 합리적 의사결정과 그 실현"에 가장 적합한 법집행수단이라는 가치를 비로소 이해할 수 있게 된다. 이렇듯 청구권은 물권(권리, 더 나아가 권익) 침해 또는 약정 불이행 상황에서 침해자(infringer)를 상대로 권리자가, 약정자(promisor)를 상대로 약정의 상대방(promisee)이 갖게 되는 법적 구제수단, 즉 권능이라는 점을 직시할 수 있고, 그 청구권이 이행(perform)되는 과정인 변제/대물변제/공탁///경(개)/상(계)/면(제)/혼(동)/소(멸시효완성)의 과정을 제대로 파악할 수 있게 된다. 이러한 파악은 청구권을 행사하는 시점에 선 법조인들이 역으로 물권 침해 또는 약정 불이행을 주장·증명함으로써 청구권을 행사할 수 있다는 메시지를 전달하기 충분하다. 법체계를 이렇게 파악한다면 법체계 전체의 조망이 가능하고 그 가운데 구체적이고 특수한 상황하에서 수정되는 법원리를 하나하나 제대로 이해할 수 있게도 되는 것이다. 즉 근대법은 계몽주의, 자유주의, 개인주의, 자본주의 등의 영향속에서 "자유로운 개인의 합리적 의사결정"에 의한 법률관계의 규율을 추구하였지만 현실세계에서의 구체적인 인간은 종종 자유롭지도 아주 자주 합리적이지도 않다는 사실을 외면할 수 없었던 관계로 각종 부존재/무효/철회/취소/해제(해지)/무권대리(대리권남용)/대표권 제한위반과 같은 원인무효의 법리가 보충적으로 더해졌다는 사정을 이해할 수 있게 될 것이다. 더 나아가 Artificial Intelligence와 Robot 등 과학기술이 현저히 발달하여 재화생산의 한계비용이 제로가 되는 사회, AI의 지적수준이 인간의 그것을 넘는 임계점(singularity) 이후의 세계에서도 현재의 물권제도, 약정제도가 그대로 존치될 것인지라는 근본적 질문에 대한 해답도 찾을 수 있을 것이다.

본서는 이와 같은 체계적인 이해를 학습자들에게 어떻게 하면 잘 이해시킬 수 있겠는가라는 관점에서 재편집되어 있다. 특히 권리분석의 7단계·8단계를 개발하여 설명해 줌으로써 그러한 취지를 체화할 수 있도록 했고, 나아가 매 강의안 제일 앞에 권리분석표를 제시함으로써 이러한 분석틀을 일목요연하게 정리해 두었다. 사실 모든 모의기록에 관련된 표를 작성하는데 상당한 시간이 들었다. 독자들은 비록 모든 기록을 다 풀이할 시간이 부족하다면 모의기록상의 표라도 작성해 보도록 노력하기를 권한다.

나아가 부족한 원고를 엄밀하게 검토하여 옥동자로 탄생케 해 준 박영사 조성호 이사님, 한두희 대리님의 노고에 감사를 드린다.

2020년 1월

김 차 동

목 차

제1장 개 설

제2장 변호사시험 기록형 문제에 대한 강평

제3장 법학전문대학원 협의회 실시 연도별 모의고사

민/사/법/실/무/연/습

제 1 장

개 설

Ⅰ. 소송과 청구

1. 이행청구소송 · 확인소송 · 형성소송

민사법은 청구권을 기초로 그 발생원인, 성립상 하자, 소멸 · 저지 사유들을 중심으로 펼 · 쳐지는 거대한 법체계이다. 즉 청구권(claim)이라는 법적 수단을 사용하여 재화(goods)와 용역(service)에 관한 인간의 이해관계(interest)를 법적으로 보호하고, 부(否)의 외부효과(negative externalities)를 최적(optimization)으로 관리하며, 자유로운 개인의 합리적 의사결정(rational decision making)이 실현될 수 있도록 조력함으로써 결국 우리 사회가 추구하는 목적을 달성하는 법체계인 것이다. 그 청구권을 재판상 행사하는 소송유형을 이행청구소송이라고 한다. 민사재판제도는 도입된 초기에는 이행청구소송을 중심으로 전개되었으나 이내 그 보완적 형태로서 확인소송이 등장하였다. 확인소송은 "확인의 이익"이 있어야 제기할 수 있는 보충적 소송형태[1]로서 물권은 있으되 침해사실은 없으나 물권을 둘러싼 법적 분쟁상태가 발생하였을 때 및 약정은 있으되 그 불이행까지는 문제되지 않았으나 채권 · 채무를 둘러싼 법적 분쟁이 있는 경우 "확인의 이익"을 추가적으로 증명하여 제기하는 소송형태이다. 20세기에 들어와서 형성권이란 개념이 새롭게 도입되었고,[2] 그 중 재판상 행사해야만

1) 확인소송을 보충적 소송형태라고 하는 이유는 이행청구소송의 제기가 가능한 상태라면 먼저 이행청구소송을 제기하여야 하고, 그런 경우에 확인소송을 제기하면 소의 이익이 없다며 각하된다. 이런 상황하에서는 확인소송은 이행청구소송으로 목적을 달성할 수 없는 때 보충적으로 제기되는 소송형태이다. 저당권설정계약에 의한 피담보채무의 부존재확인청구와 함께 그 저당권설정등기의 말소청구를 한 경우 피담보채무의 부존재를 이유로 그 등기말소청구를 하면 목적을 달성할 수 있는데 별도로 피담보채무 부존재확인까지 구할 확인의 이익이 없다며 각하했다.(대법원 2000. 4. 11. 선고 2000다5640 판결), 미등기 부동산을 매수한 매수인은 매도인을 상대로 소유권이전등기 이행을 구하면 되지 별도로 그 부동산의 사용 · 수익 · 처분권이 존재함을 확인한다는 소를 제기할 필요가 없다.(대법원 2008. 7. 10. 선고 2005다41153 판결) (이상 이시윤, 「신민사소송법(12판)」, 박영사, 2018, 240면) 다만 확인소송의 경우도 이행청구소송과 대립될 때는 보충성을 갖지만 그 고유의 영역도 존재한다. 예를 들면 주주총회결의 무효확인의 소 등이 있다.

하는 형성권은 형성소송을 통하여 실현될 수 있다. 다음 표는 각종 소송형태의 발생원인과 가장 기초적인 요건사실을 정리한 표이다.

[표] 이행청구소송 · 확인소송 · 형성소송

what	how		효과	소송형태	요건사실
물권	침해		물권적 청구권	**이행청구소송**	물권자+침해
			불법행위(손해배상)		손해(물권자)[3]+위법성(침해)[4]+ 고의 · 과실+인과관계
			(침해)부당이득반환청구		손해(물권자)+법률상 원인 없음 (침해)[5]+이득+인과관계
	약정 (법률행위)		강제이행청구권		①약정(매매형 계약) or ②약정+인도+종료(대차형 계약)
		불이행	손해배상청구권 (채무불이행)		①약정 ②불이행(이행지체 · 이행불능 · 불완전이행)
			(급부)부당이득반환청구		법률상 원인 없음+손해+이득+ 인과관계
(기타)	점유취득시효 완성		소유권이전등기청구권 등		①20년간 ②점유
물권, or 채권	법률관계 불안			**확인소송**	①물권+확인의 이익 ②ⓐ임차권+확인의 이익 ⓑ채무부존재+확인의 이익
재판상 행사해야 하는 형성권				**형성소송**	채권자취소 회사법상의 소 등

2. 청구 · 청구권

인류의 역사를 더듬어 법률제도의 발전사를 추적하다가 보면 법률제도로서 "청구(請求; claim; anspruch)"란 탁월한 법적 수단이 출현한 부분에서 경탄을 금치 못한다. 청구란 "특정인이 다른 특정인에게 일정한 행위(작위 · 부작위)를 요구할 수 있는 것"을 지칭하고, 이를 실체법적인 관점에서 권리화하면 "청구권"이라 하고, 이를 행사하면 "최고(催告)"라 하여 일정한 법률효과(기한의 정함이 없을 경우 기한의 도래, 또 시효중단 등)를 부여하고, 그 강제이행을 위해 재판상 청구하면 "소 제기(판결)" 또는 "신청(결정, 명령 신청)"이라고 한다. 청구권이외에도 형사제재나 행정처분 등과 같은 법집행 수단이 있었고, 인류 역사상 상당히 초창기부터 거의 전 지역에서 형사제재나 행정처분은

---

2) Emil Seckel, Die Gestaltungsrechte des burgerlichen Rechts(FG f. Richard Koch, 1903, 205~253면, 이상은 김도균, 「권리의 문법」, 박영사 18면에서 재인용).

3) 물권자라는 요건은 결국 침해로 인해 "손해"라는 요건과 동의어가 된다.

4) 침해라는 요건은 그 성격에 의해 결국 "위법행위"와 동의어가 된다.

5) 침해 부당이득반환청구에서는 "법률상 원인 없음"은 "법률상 원인 있음"이란 항변사유가 된다. 다만 이해의 편의를 위해 요건사실 부분에서 언급해 두었을 뿐이다.

널리 활용되었으나 청구·청구권은 로마 제국 후기에 출현하여 중세 영국에서의 보통법원, 형평법원을 거쳐 근대 자본주의 국가가 형성되면서 보편적인 법집행제도로 도입되어 정착되게 되었을 뿐이다. 민사법은 이 청구권을 중심으로 발전된 법체계인 것이다.

민사법은 청구권의 발생근거를 정한 민법, 상법 등 민사실체법과 청구권을 실현하는 절차를 규정한 민사소송법, 민사집행법 등 민사절차법으로 구성되어 있다. 변호사 업무 중 민사변호사 실무는 이러한 청구권을 규명하고 실행하는 데 대한 각종 업무를 처리하는 실무이다. 따라서 민사법을 체계적으로 이해하려면 법률행위, 물권, 채권, 법정채권 등 개념 위주의 격리된 학습보다는 청구권을 중심으로 청구권의 발생원인으로서의 물권[6] 침해, 약정 불이행, 예외적인 기타 법률상 청구권 발생원인[7] 등을 파악한 후에 이를 구체화하는 법원리들인 주·일·상·목·행(主日相目行),[8] 권리장애사유, 권리소멸사유, 권리행사저지사유들을 추가적으로 탐구해 봄으로써 민사법을 체계적으로 학습할 수 있게 된다.

물권 침해나 약정 불이행 사실을 주일상목행으로 특정할 수 있다면 그 과정에서 권리장애사유, 즉 성립상의 하자를 둘러싼 각종 법적 쟁점들이 문제된다. 이러한 쟁점을 정리하면 다음 표와 같다. 특히 물권 침해와 관련하여 아래 권리장애사유는 원고가 물권자임을 주장·증명하는 과정에서 약정 + 등기 (민법 제186조 소정의 물권취득사유) 중 약정의 성립상 하자 주장과 관련되기도 하고, 침해의 태양으로 원인무효 사유를 주장할 때 활용되기도 한다.

---

6) 민법이나 변호사 시험 기록형 목적상으로는 물권 침해로 한정하여 설명해도 큰 문제는 없다. 그러나 물권 침해는 원래 권익 침해의 부분집합에 불과하다. 제대로 이야기 하면 권익 침해라고 해야 한다. 권익(entitlement)는 권리(right)와 이익(interest)의 줄임말이다. 권리는 법률상 보호하는 이익(권리이익설, right is a legally protected interest) 또는 일정한 이익을 누리게 하기 위하여 법이 인정하는 힘(권리법력설)이다. 결국 권리는 이익에 법률이 관련되어 있다는 설명이다. 그런데 이익을 따로 떼어 권리와 이익으로 병립시켜 권익이라는 말을 다시 사용하는 이유는 이익을 보호할 때 모든 법적 수단을 다 부여하면{손해배상은 물론 물권적 청구권과 같은 금지청구권(injunctive relief)도 부여한다는 의미} 권리라 할 수 있고, 손해배상청구권으로만 보호하면 아직도 권리로 인정되지 않고 그저 법률상 보호하는 이익으로 남게 되어, 하는 수 없이 권리와 이익을 합쳐 권익이라는 별도 개념을 사용하고 있는 것이다.

특히 권익 침해라는 개념을 사용할 때 권리에는 채권은 포함되지 않는다. 채권은 원칙적으로 채무자에 의한 불이행이 있을 뿐 제3차에 의한 채권 침해라는 개념은 상정하기 어렵다. 아주 예외적으로 2중양도와 같은 경우에 채권침해가 문제될 수 있다. 그래서 일반적으로 권익 침해라고 할 때 채권을 제외한 물권, 준물권, 인격권, 성명권, 초상권, 일조권, 전망권, 영업권 등 배타지배력을 특징으로 하는 소위 절대적 권리의 침해를 지칭하는 것으로 이해하여야 한다.

7) 아래 표와 같이 기타 청구권 발생원인은 그 수가 매우 적고, 발생빈도도 낮아 민사법 실무 학습상 "점유취득시효 완성을 원인으로 한 소유권이전등기청구권"을 제외하고는 그 중요도가 낮다.

8) 물권침해가 있었다거나 약정 불이행이 있었다는 사실을 역사적·자연적 사실로서 구체적으로 설명할 때 육하원칙이 아니라 주일상목행으로 설명하게 된다. 민법총칙은 결국 이러한 주일상목행의 구성요소들을 설명해 둔 곳이라 해도 과언이 아니다. 향후 구체적으로 더 상세하게 설명할 예정이다.

[표] 청구권의 발생원인 요약

권리 침해 또는 약정 (불이행)			청구권(구제수단)	
			대분류상의 청구권	구체적인 청구권[9]
권익 (entitlement) (권리＋이익)	**물권**	**침해**	물권적 청구권	소유물반환청구권
	준물권			방해배제(예방)청구권
	기타 권리		손해배상청구권	불법행위로 인한 손해배상청구권
	(법률상 보호하는) 이익		부당이득반환청구권 (침해 부당이득)	(침해) 부당이득반환청구권
약정 (법률행위)	매매 소비대차 임대차 등	(불이행)	강제이행청구권	**소유권이전등기청구권, 매매대금청구권**[10]
			손해배상청구권	채무불이행에 의한 손해배상청구권
			부당이득반환청구권 (급부 부당이득)	(급부) 부당이득반환청구권
기타: **점유취득시효 완성**[11]			**이전등기청구권**	**소유권이전등기청구권 등**
기타: 사무관리			비용(필요비·유익비)상환청구권	비용상환청구권
기타: 무효인 행정처분			부당이득반환청구권	부당이득반환청구권

9) 이 표상의 구체적인 청구권란은 아직 추상적인 개념들로 청구권이 설명되어 있다. 물론 더 구체화되어 구체적인 소송명까지 될 정도로 구체화되어야 한다. 예를 들면 방해배제청구권은 방해의 태양에 따라 건물철거 청구권, 등기말소청구권 등으로 보다 더 구체화되어야 한다.

10) 강제이행청구권은 약정의 종류에 따라 더 구체화되어야 한다. 위의 표에서는 매매계약의 경우 강제이행청구권으로 구체화되는 청구권을 나열해 둔 것이다. 소비대차, 임대차의 경우에는 구체적인 청구권이 아래와 같다.

약정의 종류	강제이행청구권	구체적인 청구권	
매매	강제이행청구권	매도인	매매대금지급청구권
		매수인	소유권이전등기청구권
			매매목적물인도청구권
			하자담보청구권
소비대차		대주	대여금반환청구권
			이자 · 지연손해금지급청구권
임대차		임대인	임차목적물반환청구권
			무단점유로 인한 부당이득반환청구권
			불법점유로 인한 손해배상청구권
		임차인	임차보증금반환청구권
			지상물(부속물)매수청구권
			유익비 · 필요비상환청구권

11) 기타 청구권 발생원인 중에는 점유취득시효 완성으로 인한 소유권이전등기청구권의 발생이 가장 중요하다. 그 외에는 아주 예외적인 것으로 실무상으로나 변호사 시험 기록형 준비 목적으로나 그리 중요하지 않다.

[표] 권리장애사유 요약

<table>
<tr><th colspan="2">사유</th><th>요건</th><th>효과</th><th>제3자보호</th></tr>
<tr><td rowspan="3">부존재</td><td>위조·변조</td><td>작성명의 거짓 작출</td><td rowspan="3">무효
(원인무효)</td><td rowspan="3">제3자 보호규정 없음
(등기부취득시효완성
시까지)</td></tr>
<tr><td>(판결편취)</td><td>등기원인을 거짓으로 판결을 통해 만듬</td></tr>
<tr><td>미확정</td><td>의사표시가 없음</td></tr>
<tr><td rowspan="7">무효</td><td>의사무능력</td><td></td><td rowspan="7">무효
(원인무효)</td><td rowspan="5">제3자 보호규정 없음
(등기부취득시효완성
시까지)</td></tr>
<tr><td>원시적 불능</td><td></td></tr>
<tr><td>반사회질서위반
(이중양도)</td><td>① 배임
ⓐ 계약
ⓑ 이행에 착수
ⓒ 배임행위
② 적극 가담(교사·방조)</td></tr>
<tr><td>(동기의 불법)</td><td>① 동기
ⓐ 표시되거나
ⓑ 인식(알았거나 알 수 있었을 때)
② 반사회질서위반</td></tr>
<tr><td>효력규정위반</td><td>강행규정 중 효력규정 위반</td></tr>
<tr><td>통모허위표시</td><td>① 통모
② 허위표시</td><td>③ 제3자 악의</td></tr>
<tr><td>비진의표시</td><td>① 표시와 진의의 불일치
② 상대방이 악의 or 과실</td><td>③ 제3자 악의</td></tr>
<tr><td rowspan="5">취소</td><td>미성년자</td><td>18세 미만</td><td rowspan="5">소급적
무효</td><td rowspan="2">제3자보호규정 없음
(등기부취득시효완성
시까지)</td></tr>
<tr><td>제한능력자</td><td>피성년후견인,
피한정성년후견인</td></tr>
<tr><td>사기·강박</td><td>① 기망행위, 강박행위
② 의사표시
③ 인과관계</td><td>④ 제3자 악의</td></tr>
<tr><td>착오</td><td>① 착오
② 중요부분
③ 의사표시</td><td rowspan="2">④ 제3자 악의</td></tr>
<tr><td>동기의 착오</td><td>①②③
④동기
⑤ⓐ표시되었거나, or
ⓑ상대방이 알았거나 알 수 있었을 때</td></tr>
<tr><td rowspan="2">해제(해지)</td><td>Ⓐ이행지체</td><td>① 이행지체
ⓐ확정기한: 도과는 역수상 명백
ⓑ불확정기한: (a)객관적 도래
(b)채무자가 안 다음날
ⓒ기한의 정함이 없음: 최고 다음날
② 상당한 기간 정해 이행최고
③ 미이행
④ 해제의 의사표시와 도달</td><td rowspan="2">소급적
무효</td><td rowspan="2">[해제전]
무조건 보호
[해제후]
⑤ 악의 제3자</td></tr>
<tr><td>Ⓑ이행불능</td><td>①(후발적)이행불능
②해제의 의사표시와 도달</td></tr>
</table>

	ⓒ불완전이행	①불완전이행 ②이행된 부분만으로 목적달성불능 ③해제의 의사표시 및 도달		
무권대리		① 현명 ② 대리권 없음	무효	Ⓐ유권대리, or Ⓑ3가지 표현대리 Ⓒ추인 or
(대리권 남용)		① 현명대리행위 ② 대내적으로는 본인, 제3자의 이익 ③ 상대방의 악의 or 과실	무효	제3자 보호규정 없음
대표권 제한		① 대표행위 ② 대표권 법령상 또는 내규상 제한 ③ 상대방이 악의 or 과실	무효	제3자 보호규정 없음

분류	사유	근거	주장 · 증명책임(악의 · 과실 or 선의 · 무과실 포함)
사단법인	대표자의 대표권 제한	민법 제41조, 제60조	Ⓐ **정관 또는 사원총회의 결의**[12)]로 대표권 제한 Ⓑ 또 **등기**해야 제3자에게 효력이 있음 Ⓑ ⓐ 등기하지 않았으면 상대방이 악의여도 주장할 수 없고,[13)] Ⓑ ⓑ 등기되었으면 선의의 제3자에게도 무효 주장할 수 있음[14)]
재단법인	〃	〃	〃(**다만 사원총회 결의는 제외**)
권리능력 없는 사단	Ⓐ 법률상·사실상처분행위 Ⓑ 이용·개량행위 Ⓒ 보존행위	Ⓐ,Ⓑ,Ⓒ는 정관·규약에 정함이 있으면 그에 따르고, 없으면 사원총회의 결의[15)]	정관·규약에 정한 바를 준수하지 않았거나 또는 사원총회 결의를 준수하지 않은 ⒶⒷⒸ의 경우는 **무효**
	Ⓓ 그외 채무부담행위	Ⓓ에 관해 대표권 제한을 할 수 있음[16)]	①정관 or 사원총회 결의에 의한 대표권 제한 ②상대방이 알았거나 알 수 있었을 경우[17)]
권리능력 없는 재단	기본재산처분		①기본재산 ②처분 ③관할관청의 허가 (③ 없으면 무효)
	대표권 제한		①정관규약에 대표권 제한 ②위반하여 대표권 행사라도 유효[18)]

12) 사원총회의 결의에 의해 대표권제한이 가능한가에 관해 견해의 대립이 있다. 즉 사원총회의 결의로 대표권 제한을 하면서 이에 상응하는 정관개정은 이루어지지 않아 정관에는 그 규정이 없는 경우에도 대표권제한이 있다고 할 수 있는가?라는 쟁점이다. 민법 제59조 제1항 단서의 규정에 따라 대표권 제한으로 유효하다고 보는 것이 통설적 견해이다. 그러나 유력한 반대설도 있다.

13) 대법원 1992. 2. 14. 선고 91다24564 판결, 대법원 2014. 9. 4. 선고 2011다51540 판결

14) 이설이 없다.(송덕수, 「신민법강의(제10판)」, 박영사, 2017, 414면 참조)

15) 대법원 2005. 9. 15. 선고 2004다44971 판결, 대법원 2007. 7. 26. 선고 2006다64573 판결

16) 대법원 2007. 4. 19. 선고 2004다60072·60089 전원합의체 판결, 대법원 2003. 7. 22. 선고 2002다64780 판결

17) 대법원 2008. 10. 23. 선고 2006다2476 판결, 대법원 2003. 7. 22. 선고 2002다64780 판결

18) 대법원 1992. 2. 11. 선고 91다11049 판결

집합건물	집합건물관리인의 대표권 제한	집합주택의 소유 및 관리에 관한 법률 제25조	관리인의 대표권을 제한할 수 있으나 선의의 제3자에는 대항할 수 없다.
주식회사	주식회사의 대표권의 제한	법령 등 위반	①법령 등에 대표권 제한 ②위반하여 대표권 행사 ③상대방이 알았거나 알 수 있었을 경우(악의 or 과실)이면 무효
		정관 등 내부규정 위반[19]	①정관 등 내부규정에 대표권 제한 ②위반하여 대표권 행사 ③상대방이 알았거나 알 수 있었을 경우(악의 or 과실)이면 무효[20]
대표권(대리권 남용)	대표권의 남용		①대표자의 대표권 행사 ②실제로는 자신 또는 제3자의 이익을 위한 대표권 행사 ③상대방이 알았거나 알 수 있었을 경우[21]

다음으로 물권 침해나 약정 불이행으로 청구권이 발생하였다 하더라도 이를 이행[22]하였다거나 청구권의 행사를 저지할 수 있는 사유가 있다면 청구권이 소멸하거나 일시적으로 정지될 수 있다. 이러한 사유들을 정리하면 다음 표와 같다.

[표] 권리소멸사유 및 행사저지사유 요약

구체적인 사유	권리소멸사유		행사저지사유
	청구권의 이행	청구권의 소멸	
변제	변제		
대물변제	대물변제		
공탁	공탁		
최[23]고			
경개	경개		
상계	상계		

19) 판례는 법령 등에 대표권 제한 규정이 있는 경우와 정관 등 내부규정에 대표권 제한 규정이 있는 경우를 구분하지 않고 있으나, 학설에 따라서는 정관 등 내부규정상의 대표권 제한 규정을 위반한 행위에 대한 무효화 요건을 강화(예를 들면 "악의 or 과실"이 아니라 "악의 or 중대한 과실" 또는 "악의")하여 주장하는 경우가 있다.

20) 내부적 제한위반의 경우에는 제3자의 악의만 주장·증명하면 무효가 된다는 유력한 견해가 있다.(이철송, 「회사법 강의(24판)」, 박영사, 2016년, 701면 이하 참조)

21) 대법원 2004. 3. 26. 선고 2003다34045 판결 {이에 반하여 권리남용설에 기하여 제3자의 악의만 주장·증명하면 무효가 된다는 유력한 견해가 있다. (이철송, 전게서 705면 참조)}

22) 이행의 문제는 주로 채권총론에 규정되어 있기 때문에 물권적 청구권을 제외한 채권적 청구권의 이행문제로 오해하기 쉬우나 채권총론에 규정된 대부분의 이행사유들은 물권적 청구권에도 그대로 적용된다. 따라서 원칙적으로 청구권 전체의 이행에 적용된다.

23) 연대채무, 보증채무와 관련하여 최·경·상·지와 상·면·혼·소는 매우 중요한 구분개념이므로 위와 같이 구분해 둔 것이다. 자세한 설명한 추후 해당 부분에서 상세하게 설명하기로 한다.

채권자지체		채권자지체 후 이행불능 등	
		(채무자에 책임없는 사유로 이행불능)	
		(목적의 소멸)	
(상계)			
면제	면제		
혼동	혼동		
소멸시효완성		소멸시효완성	
		제척기간 도과	
		출소기간 도과	
동시이행			동시이행
최고 · 검색			최고 · 검색

이처럼 민사소송은 이행청구소송이 중심이고, 이행청구소송은 청구권을 행사하는 소송형태이며, 청구권은 물권 침해 · 약정불이행을 주된 원인으로 발생하기 때문에 결국 물권 침해, 약정불이행이 이행청구소송의 기본적인 청구원인사실이 된다. 이러한 청구원인사실도 주일상목행으로 구체화되어야 하며 그 과정에서 성립상의 하자가 있거나 이미 이행되었거나 행사저지사유가 있다면 주요 항변사유가 된다. 이와 같은 민사법의 체계적 파악하에 간혹 있는 예외적인 사유들을 보충하여 명심해 두면 민사법의 간단하지만 구조화된 파악이 가능하게 된다.

Ⅱ. 변호사 시험 민사기록형 답안작성 요령 안내

1. 평소 준비사항

가. 기록상에 제시된 작성요령을 잘 숙지하고 있어야 한다.

응시자들은 평소 모의기록상의 준수사항이나 작성요령을 잘 읽고 숙지한 다음 이에 따라 요청된 법문서를 작성해 보는 연습을 충실히 해 두어야 한다. 예를 들면 흑색 또는 청색 필기구 중 한 가지만을 사용하여 답안을 작성하도록 요청하고 있는데도 구태여 연필이나 싸인펜을 사용해 답안을 작성하여서는 아니 된다.[24] 응시자 준수사항이나 작성요령은 대부분의 시험문제에서 공통되므로 한 번이라도 꼼꼼하게 읽어 잘 숙지해 두어야 한다. 새로 문제지를 받았을 때 종전 준수사항, 작성요령과의 차이점을 중심으로 일별해 보아 그 변경된 작성요령을 잘 반영하여 어긋나지 않게 요청된 법문서를 작성해야 한다.

24) 필자는 최근 지인(知人)의 문의로 다음과 같이 상담한 사실이 있다. 지인은 변호사시험 첫째 날 그 아들이 응시한 변호사시험에서 답안을 싸인펜으로 작성하고 또 수정액을 사용하여 수정하였다며 채점에 불이익이 없겠느냐고 문의하였다. 본인은 채점자에 따라서는 불이익을 줄 수도 있으나 크게 괘념할 문제가 아니라며 중요한 것은 앞으로 남은 시험기간 중 집중하여 응시하도록 위로해 주라고 하였다. 이처럼 응시자 준수사항이나 작성요령을 제대로 읽지 않고 시험에 응하는 응시생들이 다수 있다. 시험상의 응시자 준수사항이나 작성요령은 큰 변화가 없으니 평소 꼼꼼하게 읽어 잘 숙지해 두고 시험장에서는 차이나는 부분에 역점을 두어 빠르게 파악함으로써 지시사항을 준수하면서도 시간을 절약할 필요가 있다.

나. 두 가지 능력 : 권리분석능력 및 법문서 작성의 일반원칙 준수능력

기록형 문제풀이 시험은 Ⓐ권리분석능력과 Ⓑ법문서 작성의 일반원칙을 준수하여 답안을 작성하는 능력을 측정하는 시험이다. Ⓐ권리분석능력이 떨어지면 과락을 면치 못해 시험에 실패할 수 있고, Ⓑ법문서 작성의 일반원칙에 반하는 답안작성은 고득점을 받지 못하는 결과를 초래한다. 본서에서는 Ⓐ권리분석과 관련하여 소장 작성 시험은 7단계로 구분하여 권리분석할 것을 권유하고, 답변서 작성 시험은 8단계로 구분하여 권리분석해 보라고 권유한다. 이와 같은 권유의 이유는 앞서 설명한 바와 같은 청구권 중심의 "법의 민사적 집행제도"의 특성에 기인하는 것이다. 만약 필자가 앞서 설명한 청구권을 중심으로 그 발생원인을 물권 침해, 약정 불이행으로 파악하되 이를 주일상목행으로 구체화할 수 있어야 하고, 그러한 과정에서 부존재, 무효, 취소, 해제/해지, 무권대리(대리권남용), 대표권 제한 위반과 같은 권리발생장애사유들을 잘 다루고, 청구권이 발생하였다 하더라도 사후에 변제 · 대물변제 · 공탁이나 경개 · 상계 · 면제 · 혼동· 소멸시효완성과 같은 이행 등으로 인하여 소멸하거나 기타 동시이행, 최고 · 검색항변 등 행사저지사유들로 인해 청구권의 행사가 저지될 수 있는 사정을 체계적으로 이해하고 있어야 한다. 그렇다면 우선 Ⓐ권리분석방법을 좀더 구체적으로 설명해 본다.

2. 권리분석방법

가. 7단계(원고)

1) 제1단계 : 상담일지 중 "의뢰인의 희망사항"을 읽고 분쟁내용을 파악한다.

2) 제2단계 : 분쟁이 약정 불이행 또는 권리 침해로 말미암은 것인가?

Yes : 이행청구소송 제기 가능

피고가 침해자나 약정자이어야 하니 침해자가 누구인지 또는 약정자가 누구인지를 특정하여 피고로 삼으면 된다.[25]

No : 확인소송 또는 형성소송의 가능성 타진

Yes : 아래 5) 단계로 진행

---

25) <u>**상담일지 중 의뢰인으로 표기된 자가 "원고"가 된다.**</u> (다만 제5회 변호사 시험 기록형 문제에서는 의뢰인으로 방문한 자 중에서 1명은 원고가 되지 못하였다. 즉 검토단계에서 그 자가 물권자 또는 약정의 상대방적 지위에 있는지를 나중에 재검토하여 위와 같은 제안을 검정해 보아야 한다. 그러나 의뢰인으로 방문하지 않는 자는 위임장 때문에라도 원고가 될 확률이 거의 없다.) 원래 원고는 논리적으로는 "물권자"나 "약정의 상대방"이어야 한다. 그런데 실천적으로는 의뢰인이 원고가 되어야 한다. 왜냐하면 변호사는 소송위임을 하는 자를 대리하여 소제기할 수 있기 때문이다. 아무리 물권자이고 약정의 상대방이라도 자신에게 소송위임을 하지 않은 자를 대리하여 소를 제기할 수는 없다. 이러한 논리는 의뢰인을 원고로 삼고난 다음에도 다음과 같은 추가적인 검토를 요청하게 한다. 즉 침해자 또는 약정자를 찾아 피고로 삼았으나 그 피고와 의뢰인과는 물권자 또는 약정의 상대방이란 관계가 성립하지 않을 때에는 의뢰인이 청구권을 행사하려면 반드시 <u>연결고리</u>를 찾아서 청구를 완성하여야 한다. 통상 채권자대위, 채권양도, 추심명령/전부명령 등이 주요한 연결고리로 등장한다.

No : 소제기 불가[26)]

3) 제3단계[27)] : 구제수단의 선택

가) 약정 상황에서는 첫째 강제이행청구권, 둘째 채무불이행에 의한 손해배상청구권, 셋째 급부 부당이득반환청구권

나) 권리 침해 상황에서는 첫째 물권적 청구권, 둘째 불법행위에 의한 손해배상청구권, 셋째 침해 부당이득반환청구권 중 의뢰인의 희망사항을 반영하고 의뢰인의 입장에서 분쟁을 가장 유리하게 이끌 수 있는 구제수단을 선택한다.

4) 제4단계 : 구체적인 소송명의 결정

구제수단이 선택되면 구체적인 소송명을 결정해야 한다. 불법행위 및 채무불이행에 의한 손해배상청구의 경우는 '손해배상' 청구의 소가 소송명이 되고, 침해 또는 급부 부당이득반환청구의 경우도 '부당이득' 반환청구의 소가 소송명이 되나, 물권적 청구권과 강제이행청구권의 경우는 매우 다양한 소송명이 사용되고 있으니 그 중 적절한 소송명을 선택해야 한다. 그 중에도 강제이행청구권의 소송명은 가장 다양하다. 그래도 찬찬히 생각해 보면 당사자가 거래를 통하여 달성하려는 목적에 부합하는 약속의 내용에 따라 소송명을 충분히 잘 특정할 수 있다. 그러니 평소 잘 익혀 두어야 한다.

5) 제5단계 : 소송명에 따른 청구원인의 요건사실을 확인한다.

청구원인의 요건사실은 2단계로 특정하면 빠짐없이 챙길 수 있다. 처음에는 소송명에 해당되는 요건사실을 특정하면 된다. 이는 요건사실 학습단계에서 학습한 내용을 기계적으로 적용하는 단계라고 보면 된다. 다음으로 당사자의 요청내용을 달성하기 위해 각종 권리발생장애사유{부존재·무효·취소·해제/해지·무권대리(대리권남용)·대표권제한 위반}을 반영하고, 변제·대물변제·공탁, 경(개)·상(계)·면(제)·혼(동)·소(멸시효완성) 등 소멸사유들도 반영하고, 동시이행항변도 받아들여 청구취지를 감축하는 등 조정하였다면 그 또한 청구원인사실이 될 것이다.[28)] 나아가 원고와 피

26) 민사소송은 제기할 수 없더라도 행정청에 신고하거나 형사고소·고발이 가능한지 여부를 살펴 의뢰인을 위해 적극적으로 법적조력을 해 주어야 한다.

27) (3)단계와 (4)단계는 청구의 본질을 이해하기 위해 설정해 둔 것이다. 숙달될 경우에는 (2)단계에서 바로 (5) 단계로의 권리분석이 가능하게 될 것이다. 그렇다 하더라도 청구원인사실 등을 체계적으로 파악하기 위해서는 항상 (3), (4) 단계의 분석결과를 염두에 두고 진행하는 것이 더 이해하기 쉽고 권리분석의 본질을 더 잘 파악할 수 있기 때문에 항상 (3), (4)의 분석결과를 명심해 두어야 한다.

28) 본서를 읽는 독자들은 이 부분에서 많은 갈등을 느낄 것이다. 예를 들면 부동산 매매계약 후 그 매매대금 1억 원 중 2,000만원을 일부지급받은 매도인이 매수인을 상대로 매매대금지급청구의 소를 제기할 때 매매계약(매매대금은 1억 원)체결사실 뿐만 아니라 2,000만원 변제(이때는 항변사유겠지만)라는 사실을 돌려 2,000만원 지급받았다는 사실(청구원인사실 중 하나)로, 동시이행항변을 극복하기 위해 상환이행의 청구취지를 작성한 이상 그 청구취지를 이유있게 하는 청구원인사실로 반대채무의 존재와 그 동시이행관계를 청구원인사실로 기술하여야 한다.

그래서 "甲은 2019. 11. 1. 乙에게 A부동산을 매매대금 1억 원에 매도하기로 하는 내용의 매매계약을 체결하고,

고사이에 물권자 · 침해자 또는 약정자 · 약정의 상대방 관계가 없음에도 이행청구를 할 때는 반드시 그 간극을 메울 수 있는 연결고리[29]를 찾아내 그 요건사실도 채워넣어야 한다. 연결고리로 역할을 하는 법원리로는 채권자대위, 채권자취소권, 채권양도, 추심 · 전부명령 등이 있다. 해당되는 부분에서 밝히고자 한다. 이처럼 의뢰인의 희망사항을 달성하는 청구취지를 이유 있게 하기 위해 청구원인사실을 좀 더 구체적으로 조정해야 한다.(이를 본서에서는 '조정된 청구원인사실'[30]이라고 함) 이러한 청구원인의 요건사실이 확정되는 과정을 본서에서는 두 가지 도표로 요약해 보여주고 있다. 수험생들은 개별 기록별로 이와 같은 도표작성 연습을 꾸준히 해 볼 것을 추천한다. 권리분석이 끝난 다음에는 상담일지 본문을 읽으면서 상담일지상의 사실이 위 조정된 청구원인사실 중 어디에 해당하는지를 밑줄로 표시해 두면, 나중에 청구원인사실을 기술할 때 모든 조정된 요건사실에 주일상목행(主日相目行)의 순서로 그대로 기재할 수 있다. 이렇게 하면 시간을 절약하면서도 동시에 주요한 요건사실을 누락하지 않을 수 있다.

6) 제6단계 : 각 청구원인사실에 대한 상대방의 예상가능한 답변을 정리하고, 나아가 예상되는 항변사항의 요건사실을 정리하고(앞서 받아들이는 항변 등 주장은 '조정된 청구원인사실'에 모두 반영되기 때문에 이 부분 상대방의 주장은 모두 배척되는 주장이 된다.[31]) **이에 대한 반박사유를 구상한다.**

같은 날 계약금 2,000만원을 지급받았습니다. 따라서 乙은 甲으로부터 A 부동산 소유권이전등기를 경료받고, 인도받음과 동시에 乙에게 8,000만원을 지급할 의무가 있습니다."라고 기술하여야 한다.

즉 "甲은 2019. 11. 1. 乙에게 A부동산을 매매대금 1억 원에 매도하기로 하는 내용의 매매계약을 체결하였습니다. 乙이 2,000만원을 변제하였다고 항변할 것이 예상됩니다. 甲은 2019. 11. 1. 乙로부터 2,000만원을 변제받았습니다. 그러므로 그 항변은 이유 있습니다. 또 乙은 A 부동산 소유권이전등기청구권 및 인도청구권과 동시이행관계에 있다고 항변할 것이 예상됩니다. 위 항변 또한 이유 있습니다. 그러므로 乙은 甲으로부터 A 부동산 소유권이전등기를 경료받고, 인도받음과 동시에 乙에게 8,000만원을 지급할 의무가 있습니다."라고 소장상의 청구원인사실을 기술하지는 않는다.

다시 한번 강조하지만 청구원인사실은 우리가 요건사실론에서 배우는 박제된 요건사실이 아니고, 청구취지를 이유 있게 하는 요건들을 모아 놓은 요건사실이다. 그러므로 1억 원 매매대금에서 2,000만원을 변제받았다면서 이를 감축하여 8,000만원으로 청구취지를 작성하였다면 2,000만원 변제사실은 이미 청구원인사실로 편입된 것이다. 이를 기술하는 것이기 때문에 당연히 청구원인사실을 기술하는 란에서 병렬적으로 기술하여야 한다. 그런데도 이를 "… 항변할 것이 예상됩니다."라면서 항변사실을 받아들여 청구취지를 뒤받힘하는 것은 대단히 잘못된 것이다. 변호사시험 기록형 문제와 그 답안에서 이와 같은 경향을 보이는 것은 실무상 잘 하지 않는 상환이행의 청구취지 등을 "패소하는 부분이 없도록 청구취지를 작성하라"는 제시문으로 요구하면서 생기는 기현상이다. 그런 부자연스러운 상황하에서도 원칙은 원칙대로 지켜져야 한다.

29) 본서에서 창조하여 사용하는 용어이다. 널리 사용함에는 주의를 요한다.

30) 그래서 '조정된 청구원인 사실'은 요건사실론 학습시 배운 요건사실에다가 권리발생장애사유 · 권리소멸사유 · 권리행사저지사유 등으로 조정하고, 이어 연결고리가 필요한 경우에는 그 연결고리의 요건사실도 가미한 구체적인 청구원인 사실이 된다. 그렇게 최종적으로 조정된 청구원인 사실은 각 모의기록 답안의 앞에 첨부되어 있는 권리분석표에 잘 정리되어 있다. 비록 모든 모의기록을 다 실제로 작성하지 못하더라도 모든 기록에 대해 적어도 권리분석표 정도는 작성해 보기를 권한다.

31) 필자는 그래서 청구원인은 "조정된 청구원인사실 – 소결론 – 상대방의 주장에 대한 반박"의 순으로 기재하는 것이 바람직하다고 판단한다. 일부 모범답안의 경우 "요건사실 – 상대방의 항변 등에 관한 판단 – 소결론"의 순서로 작성된 경우가 있다.

답변(반박)은 원칙적으로 다음과 같이 한다. 첫째 기록을 검토하면서 청구원인의 요건사실 옆에 예상되는 피고측의 답변취지(부인, 부지, 자백, 침묵 등)를 간략하게 정리하고, 이에 대한 반박을 정리한다. 주의할 것은 청구원인사실은 원칙적으로 원고측이 주장·증명할 책임을 부담한다. 따라서 청구원인사실을 주장할 때 이미 의문의 여지가 없이 작성하여야 한다. 그래서 상대방이 부인, 부지로 대응할 것이 예상되는 경우에는 청구원인사실을 작성할 때부터 그 점을 반영하여 명확하게 작성하여야 한다. 그렇지 않고 상대방의 부인, 부지에 대하여 장황하게 반박하는 것은 본말이 전도된 느낌을 줄 수 있어 삼가야 한다. 둘째 또 예상가능한 항변사유를 파악하여 그 항변사유의 요건사실을 옆에 간략하게 정리해 둔다. 그리고 이에 대해 부인, 부지(물론 '오히려'를 앞세워 간접반증을 시도하기도 한다.)와 같이 답변을 하든지 아니면 재항변을 하여야 한다. 재항변을 하려면 그 요건사실을 주장·증명하는 방식으로 한다. 이상과 같이 잘 정리한 후 다음 7단계의 재검토를 충실히 해 마무리한다.

7) 제7단계 : 다음 두 가지 관점에서 위 6단계까지의 권리분석을 재검토해 본다.

첫째 현재의 청구취지대로 전부 승소하면 의뢰인의 희망사항을 충분히 달성할 수 있는가라는 관점에서 재검토한다. 만약 부족하면 추가적인 청구취지를 강구하면서 위 5)단계부터 다시 수정한다.

둘째 결론이 상식에 부합하는지 여부를 검토해 본다. 「법은 상식이다」라는 법언과 같이 아무리 복잡한 법적분석을 거쳤다고 하더라도 그 결론이 상식에 반하면 자신의 권리분석을 의심해 보아야 한다.

이상은 원고측 입장에서 권리분석하는 방법이다. 이를 도표로 정리하면 다음과 같다.

가. 1단계 : 분쟁 내용의 확인
　　상담일지 중 의뢰인의 희망사항란을 읽으면서 파악함
나. 2단계 : 약정 불이행 또는 권리 침해
　　3단계 : 구제수단의 선택 (약정 불이행의 경우는 강제이행 청구권, 채무불이행에 의한 손해배상 청구권, 급부 부당이득반환청구권 중 선택하고, 권리 침해의 경우는 물권적 청구권, 불법행위에 의한 손해배상 청구권, 침해 부당이득반환청구권 중 선택함)
　　4단계 : 구체적인 소송명의 선택
　　5단계 : 조정된 요건사실의 확정 (표준적 약정을 고려하고, 청구취지에 맞게 요건사실의 재조정)
　　6단계 : 예상가능한 답변, 항변 등에 대한 반박
　　7단계 : 재검토 단계. 재검토는 ① 목적달성에 필요·충분한 청구를 하는가? ② 결론이 상식에 부합하는가? 라는 두 가지 관점으로 한다.

(1) 희망사항을 정독	
(2) 약정 (불이행)	(2) 권리 침해
(3) 강제이행청구권 등	(3) 물권적 청구권(소유물반환, 방해배제) 등
(4) 구체적인 소송명	(4) 구체적인 소송명
(5) 요건사실 (채권각칙, 표준적 약정)	(5) 요건사실 (잘 정형화되어 있음)
(6) 피고측의 답변, 항변 등과 원고의 반박	
(7) 재검토	
(가) 필요 · 충분한가?	
(나) 상식에 부합하는가?	

나. 8단계(피고) 권리분석방법

만약 의뢰인이 피고측 입장이라면 다음과 같이 8단계로 권리분석해야 한다. 제1단계부터 제5단계는 위 가.항과 동일하고 제6, 7, 8단계를 다음과 같이 하면 된다.

1)~5)는 위 설명과 같다.

6) 제6단계 : 피고는 다음과 같이 검토한다. 첫째 반드시 본안전 항변사유를 찾아본다.[32] 둘째 원고의 청구원인 요건사실에 대한 답변을 부인, 부지, 자백, 침묵 중 선택한다. 셋째 별도의 항변사항을 발굴하여 그 요건사실을 정리해 본다. 이 단계가 답변서 작성에서 가장 중요하고 핵심적인 부분이다.

7) 제7단계 : 원고측의 피고 항변에 대한 예상가능한 답변 및 재항변에 대한 반박 구상

피고측은 원고의 피고 항변에 대한 예상가능한 반박 및 재항변에 대하여 다음과 같이 반박할 방안을 구상하여야 한다.

첫째, 원고측은 피고가 한 청구원인 요건사실에 대한 답변을 반박할 것이므로 이에 대한 재반박 방안을 구상해 두어야 한다.[33]

둘째, 원고측은 피고가 제기한 본안전 항변 또는 항변의 각 요건사실에 대하여 답변을 할 것이므로 이에 대하여 반박할 방안을 구상해 두어야 한다.

셋째, 원고측은 피고의 항변에 대하여 재항변할 것이므로 그 재항변의 요건사실들을 정리해 두고 그에 대한 답변취지를 구상하고, 나아가 재재항변 요건사실을 정리해 두어야 하고, 그 요건사실에 대한 원고측 답변에 대한 반박방법을 강구해 두어야 한다.

---

32) 답변서 작성문제를 출제할 때는 반듯이 본안전 항변사유를 포함시켜 출제한다. 그러니 꼭 찾아보려 노력해야 한다.

33) 이 부분은 궁극적으로는 원고의 주장 · 증명책임 범위로서 그 진위불명의 책임을 원고측이 지므로 피고로서는 사실 재반박할 필요도 없다.

8) 제8단계 : 다음 두 가지 관점에서 7단계까지의 권리분석을 재검토해 본다.

첫째 현재의 답변취지대로 피고가 전부 승소하면 의뢰인의 희망사항을 충분히 달성할 수 있는가? 만약 추가적인 주장을 할 필요가 있으면 답변취지부터 재검토해야 한다.

둘째 결론이 상식에 부합하는가?

Ⅲ. 법문서 작성의 일반원리에 충실한 법문서의 작성

1. 일반론

가. 법문서 작성능력 배양의 중요성

권리분석을 잘 해 우수한 청구취지를 작성하였다고 하더라도 소장 중 청구원인 또는 항변에 대한 반박의 작성능력이 떨어지면 변호사시험 기록형에서 고득점을 받을 수 없다. 청구취지는 뛰어나게 작성했으나 청구원인의 기술 능력이 너무 떨어지는 답안을 볼 때 참 아쉬웠다. 마치 수학시험에서 답은 맞았으나 그 풀이과정이 엉망인 답안을 보는 느낌이다. 특히 답변서 및 준비서면 작성문제가 출제되면 형식적 기재사항 및 답변취지에 대한 배점이 상대적으로 낮을 것이기 때문에 답변원인 또는 준비서면의 내용부분을 작성하는 법문서 작성능력이 대단히 중요하게 된다.

특히 이론수업을 받으면서 중간·기말고사의 답안을 써보았거나 사례형 문제의 답안쓰기를 익히고 난 이후에는 그 습관이 남아 기록형 답안을 작성할 때 생경한 법리론만 나열하거나 그 법리론으로 적당히 사실관계를 버무린 소속불명의 법문서를 작성하는 일이 비일비재하다. 시험직전까지 몸소 답안 작성해 본 적도 없이 그저 눈으로만 읽어 암기한 수준으로 답안을 작성할 때는 최악이다. 이렇게 졸업할 때까지도 변호사시험 민사기록형 답안 작성요령을 제대로 습득하지 못하고 요행히도 변호사시험에 합격해 버리면 간단한 실무교육을 수료한 후 바로 실무에 투입되기 때문에 법문서 작성능력이 떨어지는 법조인이 되고 말 것이다. 과거 사법연수생들도 연수원 2년간 법문서 작성능력을 어느 정도 갈고 닦아도 결국 실무에 투입되어 도제식 훈련을 받아야만 비로소 제대로 된 법학적 글쓰기를 할 수 있었는데 로스쿨 시스템하에서 예비 법조인들은 그러한 교육도 제대로 받을 기회가 없으니 부디 민사 기록형 답안작성과정에서 배전의 노력을 기울려 제대로 된 법문서 작성능력을 기필코 배양해야 한다는 각오로 임해 줄 것을 요청한다.

나. 법문서 작성의 목적은 의뢰인편에서 의뢰인의 승소를 위한 것이다.

법문서는 일방 당사자의 주장을 요약한 서면이다. 그래서 그 당사자의 관점에서 해당 법문서를 작성해야 한다. 소장 및 원고 작성의 준비서면은 원고의 입장에서 원고의 승소를 위하여 작성되고, 답변서 및 피고 작성의 준비서면은 피고의 입장에서 피고의 승소를 위하여 작성된다. 그러므로 그 당사자의 승소와 관련 없는 주장을 포함시킬 필요가 없다. 판단자(판사)가 중립적 입장에서 사안을 전체적으로 검토한 결과를 작성하는 판결문과는 다르다. 흔히 학생들은 “이 사건의 쟁점”이라든지

"...에 대한 판단"이라든지 "기록을 검토하건대 원고는 ...라는 권리가 인정된다."는 식으로 법문서의 내용을 작성하는 경우가 많다. 이와 같은 문장은 판단자의 입장에서 사실을 검토하고 권리를 분석한 결과를 표현하는 방식으로 판결문 작성방식이고, 변호사가 의뢰인의 입장에서 작성하는 법문서에서는 지양되어야 한다. 위와 같은 잘못은 이론수업의 답안작성경험, 사례형 답안 작성방법 등에서 그 영향을 받은 것이다. 그렇다 해도 법문서 작성의 목적이 의뢰인의 승소를 위한 것이란 작성목적을 제대로 이해하지 못한 채 작성하고 있다는 비난을 피할 수는 없고, 알게 모르게 감점의 원인이 된다.

또 법문서는 주장을 담은 서면이다. 그래서 주장을 중심으로 기술하고 증거는 ( ) 등을 사용하여 주장을 뒷받침하기 위해 필요한 부분에 인용해 두면 된다. 그런데 "...라고 매매계약서가 작성되었다."거나 "...라는 사실은 00계약서를 통해 알 수 있다."는 식으로 증명하는 식으로 작성하면 주장과 증명을 분간하지 못하는 사람이라고 오해받을 수 있다.

다. 법문서의 독자는 법률전문가인 판사다.

법문서의 독자는 법률전문가인 판사다. 판사는 이미 법률전문가이다. 따라서 법률요건 요약 등과 같은 법리론이나 판례의 태도를 설명하는 것은 판사들도 이미 다 아는 사실을 주제넘게 설명하는 것이어서 불필요하다. 판사가 진정 알고 싶은 것은 당해 사건의 사실관계이다. 그래서 당사자의 임무는 사실의 진술이다. 법률의 적용은 판사의 임무이다. 법률요건을 정리한 법리론이나 판례의 태도를 언급하는 것은 가급적 지양해야 한다.[34] 이는 법문서 작성의 간결성을 해치는 것이다. 법률지식은 사실관계를 충분히 설명한 다음 그 사실관계에 기초한 법률효과를 중심으로 서술하는 부분에서 충분히 녹여낼 수 있으니 이 부분에서 법률이론에 관한 지식을 발휘하여 진술함으로써 그 지식을 뽐낼 수 있다. 혹시 요건사실을 늘어놓고 싶다면 차라리 그 요건사실로 사실진술의 제목으로 삼는 것이 좋다. 본서에 첨부되어 있는 많은 모범답안에서 요건사실을 사실진술의 제목으로 삼은 것들이 많이 있으니 참고해 보기 바란다.

---

34) 필자는 법률전문대학원에서 학생들에게 반드시 법문서 작성의 위와 같은 원칙을 학습시켜야 한다고 생각한다. 그러나 필자의 경험으로는 많은 모의문제에서 모범답안을 마련하면서 장황한 법리론을 전개한 사례들을 많이 보았다. 평가자의 입장에서 수험생들이 법리론을 잘 알고 기술하는지 평가하고 싶은 의도는 잘 알겠으나 실무와 동떨어진 방식으로 법리론으로 채워진 모범답안을 마련하여 제공하는 것을 보면서 상당한 당혹감을 느꼈다. 그래서 본서를 통해 학습하는 수험생들에게 "법리론의 전개－사실관계의 진술"로 이어지는 법문서의 작성은 분명 실무와는 동떨어진 잘못된 것이란 사실을 명심하고 가급적 "사실관계의 진술－법률효과의 진술"로 이어지는 법문서 작성의 전통적인 방식대로 제대로 학습할 것을 권유한다. 만약 꼭 법리론을 기술하고 싶으면 위 "법률효과의 진술"부분에서 법리론을 녹여 작성해 보기를 권한다.

2. 청구원인사실 또는 답변사실의 기술에 관한 일반원칙

가. 공통되는 작성원칙

1) 경어체를 사용한다.

2) 주 · 일 · 상 · 목 · 행(主日相目行)(청구취지는 주상목행, 청구원인은 주일상목행)으로 작성한다.

원래 인문학적 글쓰기는 육하원칙(5W1H)에 따라 작성하는 것이나 법문서를 작성함에 있어서는 이를 변형하여 主日相目行으로 작성한다. '장소'는 섭외사건에서의 준거법의 결정 등 특별한 의미를 갖는 경우가 아니면 이를 기재할 필요가 없다. '왜'는 통상 동기에 해당될 수 있는데 이런 동기는 동기의 불법 · 착오와 같이 특별한 의미가 있을 때 한하여 이를 기술할 뿐 일반적으로는 기술하지 않는다. 인문학적 글쓰기를 극복하고 법률가적 글쓰기를 체질화해야 한다.

3) 요건사실 중심으로 그에 해당되는 구체적인 자연적 · 역사적 사실을 기술해야 한다.

판사가 모든 사실을 다 알고 있다고 전제하면서 글을 써서는 아니 된다. 특히 모의기록 중 상담일지란에 이미 사실관계가 잘 정리되어 있어 수험생들은 그 사실을 전제로 해서 이에 더 나아가 사실을 기술하고 있다. 이는 매우 잘못된 태도이다. 주장책임이 있는 자는 요건사실에 해당되는 구체적 사실을 주장해야 한다.(대법원 2011. 3. 24. 선고 2010후3509 판결 등) 이에 실패할 경우에는 변론주의, 주장책임 분배의 원칙상 패소할 가능성이 높아진다.

4) 간단 · 명료한 문체로 정확하게 작성해야 한다.

문장 자체로서 모든 의문이 풀릴 수 있는 모든 정보가 포함되어 있어야 하고(필요성), 또 그 이상의 정보를 기술하는 것은 불필요하다(충분성). 이 목적을 달성하는 범위내에서 간단하고 명료하면서도 의문의 여지가 남지 않도록 정확하게 작성해야 한다. 그래서 청구원인에 대한 서술은 피고의 항변이 이유없다면 원고의 청구를 인용하기에 **필요하고도 충분하게 구체적인 역사적 · 자연적 사실관계**를 특정하여 기재하여야 한다. 또 항변에 대한 서술도 원고의 재항변이 이유없다면 피고의 주장을 인용하기에 **필요하고도 충분한** 정도로 역사적 · 자연적 사실관계를 서술하여야 한다.

5) 요건사실에 대한 주장책임 유무에 따라 서술방식이 달라진다.

가) 주장책임이 있는 경우

① 사실(증거인용) – ② 법리적용(법률효과의 기술) – ③ 소결론(청구취지에 대응하는 의무이행형의 서술)의 순으로 기술한다.

나) 상대방의 주장에 반박하는 경우

① 주장사실의 요지(간략하게 기술) – ② ⓐ 답변의 취지(부인, 부지, 일부 부인) – ⓑ 간접부인

('오히려'+사실기술-법리의 적용)[35] - ③ 결론(주로 "...주장은 이유 없습니다.")의 순으로 기술한다.

다) 법원의 석명권과 주장책임

법원은 당사자의 주장과 주장사실 사이에 차이가 있거나 모순되거나 부족함이 있는 경우에는 소송지휘권을 행사하여 설명요구 또는 석명요구를 함으로써 당사자의 주장능력의 부족을 보충해 주고 있다. 이런 법원의 기능에 의하여 요건사실에 해당되는 필요하고도 충분한 구체적인 역사적·자연적 사실의 기술이라는 당사자의 책무도 어느 정도 보완받을 수 있다. 특히 본인소송의 경우 실무상으로도 법원은 후견적 역할을 적극적으로 하는 편이다. 하지만, 이러한 법원의 후견적 기능도 재판진행이 편파적이라며 기피신청의 한 원인이 될 수 있으므로 어느 정도 한계가 있다.[36] 따라서 예비법조인으로는 요건사실 주장의 이런 측면을 잘 고려하여 필요하고도 충분한 구체적인 역사적·자연적 사실의 기술 능력 충분히 배양하여야 할 것이다.

나. 서면의 구조에 따른 작성방법의 구체적인 설명

1) <u>1문장 작성법</u>

가) 간단, 명료, 정확

법률적 글쓰기는 인문학적인 글쓰기와 달라서 **<u>간단</u>**, **<u>명료</u>**하고 **<u>정확하게 의미를 전달</u>**할 수 있도록 작성하여야 한다. 그러므로 법률적 글쓰기를 부단하게 연마할 필요가 있다.

나) 主日相目行

일반적으로 ① 누가, ② 언제, ③ 누구와 사이에, ④ 무엇에 관하여, ⑤ 어떠한 행위를 하였다는 순서로 기재하여야 한다. 이를 主日相目行이라 하고, 변형된 육하원칙이라고도 할 수 있다.

다) 단문위주로 기술(새로운 경향)

과거에는 복문, 중문을 활용하여 장황하게 기재하였었다. 60년대 70년대의 대법원 판결문을 읽어보면 대법원 판결문 전체가 1개의 문장으로 구성되어 있는 경우를 종종 발견할 수 있다. 그러나 최근에는 단문 형태로 기술하되 접속사를 잘 활용하여 그 관계를 표현하고 있다.

라) 문장의 일치에 주의

기재할 사실이 많은 경우에는 주어를 변경하지 않고 시간적 흐름에 따라 기재하는 것이 좋다. (동일한 주어를 사용하다가 보면 능동형, 수동형이 번갈아 사용될 수도 있음에 주의하여야 한다.)

---

35) ② ⓑ 간접부인은 반드시 기술해야 하는 것은 아니다. 다만 자신의 답변에 대한 신뢰성을 높이기 위하여 실무상으로 자주 작성한다.

36) 법원의 석명권 행사는 당사자의 주장에 모순된 점이 있거나 불완전, 불명료한 점이 있을 때에 이를 지적하여 정정, 보충할 수 있는 기회를 주고, 계쟁 사실에 대한 증거의 제출을 촉구하는 것을 그 내용으로 하는 것으로서, 당사자가 주장하지도 아니한 법률효과에 관한 요건사실이나 독립된 공격방어방법을 시사하여 그 제출을 권유함과 같은 행위를 하는 것은 변론주의의 원칙에 위배되는 것으로 석명권 행사의 한계를 일탈하는 것이다.(대법원 2008. 8. 22. 선고 2000다22362 판결)

2) <u>1주장의 구성</u>

가) 증명책임을 부담하는 경우

원고가 청구원인을 기술하거나 피고가 항변사실을 기술하는 경우에는 각자가 그 주장, 증명책임을 부담하게 된다. 이때는 1주장의 구성은 ① ⓐ 주장·증명의 목표를 요약하여 간략하게 제목으로 삼거나 아니면 ⓑ 바로 해당되는 사실관계를 기술(① 사실관계의 기술)하고 ② 이어 사실관계에 따른 법률효과를 요약(② 법률효과)한 다음 ③ 소결론(③)의 순서로 기재하게 된다.

이때 ① ⓑ 사실기술의 대상이 되는 사실은 원칙적으로 조정된 청구원인의 요건사실이다. 그런데 이때 주의할 점은 청구원인과 항변의 구분은 청구취지를 중심으로 해야 한다는 것이다. 앞서 조정된 청구원인사실을 설명하면서도 설명했지만 예를 들면 대여금을 청구[37]하면서 피고측이 이미 한 상계의 의사표시를 받아들여 상계된 금액만큼 감축하여 청구취지를 작성하였다면 상계는 항변이 아니라 청구원인사실에 포함되는 것이다. 대리계약의 상대방이 원고가 되어 본인을 피고로 삼아 약정상의 이행청구를 할 때 대리권을 증명할 수 없으면 표현대리 성립사실이라도 주장하여야 하고, 아니면 추인이라도 주장하여야 한다. 이러한 표현대리, 추인 주장도 청구취지를 이유 있게 하는 청구원인사실 중 하나일 뿐 항변이 아니다.

또한 정황사실로서 위 ① ⓑ의 요건사실을 증명하려면 정황사실과 직접사실 사이의 관계를 논리칙·경험칙에 따라 설명하고 요건사실이 전부 인정될 경우의 법률효과에 해당되는 권리 또는 의무관계를 밝히는 방식으로 주장을 종결한다. 그래서 요약하자면 <u>**① 사실관계 기술-② 법률효과-③ 소결론**</u>의 순으로 기재하게 된다.

나) 상대방 주장에 대한 답변과 반박을 하는 경우[38]

① 원고가 피고의 항변에 대하여 답변을 하는 경우(실무에서 소장을 작성할 때는 거의 피고의 항변까지 예상하여 반박하지 않는다. 하지만 최근 변호사시험 기록형 소장작성의 출제경향에 따르면 "피고의 예상가능한 항변에 대한 반박도 기술하세요."라고 질문하고 있어 위와 같은 경우가 자주 발생한다.), 또 ② 원고가 준비서면을 작성하면서 피고의 주장에 대하여 반박할 때, 또한 ③ 피고가 답변서에서 원고의 청구원인에 대한 답변을 하게 될 경우에 상대방의 주장에 대한 답변이나 반박을 하게 된다. 이때는 먼저 ① 상대방 주장의 요지를 기술하고, ② 다음으로 ⓐ 그에 대한 답변을 한다. 이로써 끝낼 수도 있지만 자신의 답변에 설득력을 높이려면 ⓑ "오히려"로 시작되는 간접부인도 덧붙일 수 있다. 간접부인은 마치 증명책임을 부담하는 경우의 서술처럼 사실관계의 기술 → 법률효과의 순으로 기재한다. 물론 법률효과 기술부분에서 논리칙·경험칙에 따른 추론을 포함시켜 설명할 수 있음은 앞서 한 설명과 같다. 이런 모든 기술이 끝난 다음에는 최종적으로 결론을 기술

37) 이 부분에서 어떤 의미를 전달하려고 기술하는지 잘 이해되지 않으면 제6회 변호사 민사기록형 시험 중 2010. 1. 5.자 1억 원 대여금에 관련된 청구원인사실의 기술부분을 참조해 보기 바란다.

38) 본서에서는 '조정된 청구원인사실'이라는 개념을 사용하고 이를 적용하고 있기 때문에 피고의 주장에 대한 반박부분에서는 주로 받아들여지지 않는 피고측의 항변, 법률상 주장 등을 반박하는 부분이 된다.

하게 된다. ③ "...주장은 이유 없습니다." 또는 "... 주장은 이유 없다 할 것입니다."라는 전형적인 문구로 결론을 마무리한다.

그런데, 상대방 주장의 요지를 기술할 때는 다음과 같이 주의할 필요가 있다.

실무상으로는 판사들은 기록을 순서대로 읽기 때문에 이미 상대방이 제출한 서면을 읽어 그 주장 내용을 메모해 둔 다음 자신의 서면을 읽게 된다. 따라서 자신의 서면에서 상대방의 주장을 장황하게 서술할 필요가 없다. 특히 판사들은 긴 서면에 대한 체질적인 반감이 있다. 그래서 서면의 길이를 줄여야 할 필요성이 강하다. 그런데도 불필요한 부분을 장황하게 설시하여 긴 서면을 작성할 필요는 없다. 또한 자신의 서면에 잘 정리된 상대방의 주장을 보여 줌으로서 판사들이 상대방의 주장이 옳다고 여길 가능성이 높아지게 되므로 가급적 이런 습관을 들이지 않아야 한다. 따라서 실무상으로는 상대방의 주장을 매우 간략하게 요약하는 것이 좋다.

하지만 민사기록형 답안작성 목적상으로는 상대방의 주장을 달리 요약해야 한다. 앞서 설명한 바와 같이 변호사시험 기록형에서는 상대방 제출 서면을 제시하지도 않으면서 상대방의 예상 가능한 주장에 관하여 반박해 보라는 식으로 출제하고 있다. 이때 채점자는 수험생들이 항변이나 재항변 요건사실을 제대로 파악하고 있는지 여부를 상대방 주장을 요약한 결과로부터 찾아보고자 할 것이다. 따라서 수험생들은 상대방이 주장하는 요건사실이 빠지지 않도록 상대방 주장의 요지를 잘 정리할 수 있어야 한다.[39]

위 ② ⓐ의 답변취지는 다시 부인, 부지, 전부인정(자백), 일부 인정(일부 자백)[40]으로 나누어진다. 그중 부인과 부지의 차이를 잘 구분할 수 있어야 한다. 부인(否認)은 자신이 관련된 사실에 대하여 상대방의 주장을 부정할 때 하는 진술이고, 부지(不知)는 자신이 전혀 관계되지 아니한 상대방 주장 사실에 대하여 부정할 때 하는 진술이다. 서증의 인부도 같은 원리가 적용된다. 부인을 할 때는 예의를 갖추어 부드럽게 하여야 하고, 자극적인 언사는 피해야 한다. 부인의 예를 들면 "...주장과 같은 사실이 없습니다." 또는 ...주장은 사실과 다릅니다."라고 하면 족하다. 그런데 "...주장은 새빨간 거짓말입니다.", 또는 "...주장은 얼토당토 않는 이야기입니다." 등과 같은 격한 표현은 피해야 한다. 상대방도 법조인인 경우가 많고, 그 법조인이 나름 심혈을 기울여 작성한 서면에 대해 그와 같은 과격한 표현을 하는 것은 예절에 어긋날 수 있다. 필자가 실무에 종사할 때 해 본 가장 강한 표현은 "...라는 주장은 지나가던 소도 웃을 일입니다."는 정도였다. 지금 돌이켜보면 위와 같은 표현도 과했던 것 같다.

부지는 "...주장은 알지 못합니다."라는 식으로 답변하면 된다.

전부 자백하고 별도의 항변을 제시하지 않는다면 인락과 같은 효과가 있을 수 있으나, 상대방

39) 필자가 앞서 법리론 설명부분에서는 실무관행에 따를 것을 주문하면서도 이 부분에서는 실무와 차이나는 시험대비 방법에 따를 것을 요청하는 이유는 법리론 기술방법의 오류로 인한 부작용이 훨씬 크고 지속적이며 또 법리론을 사실기술의 앞부분에서 서술하지 않는다 해도 법률효과 기술부분에서 녹여 효과적으로 전개할 수 있는 대체적 방법이 존재하기 때문이다.

40) 물론 침묵도 있다. 침묵하면 의제자백이 된다.

의 청구를 인락하는 것과 상대방의 사실에 관한 주장 전체를 인정하는 것은 차이가 있으므로 구분되어야 한다. 실무상으로는 상대방의 사실에 관한 주장 전체를 인정하면서도 별도의 항변을 하는 경우가 있으므로 특히 양자의 구분이 필요하다.

실무상으로는 상대방의 주장에 대하여 일부를 인정하고 나머지를 부인하는 경우가 가장 많다. 따라서, "...란 사실은 인정하나, 나머지 사실은 전부 부인합니다."라는 일부 부인의 형태가 매우 유용하니 부디 잘 학습하여 두기 바란다.

요약하자면, **① 상대방의 주장의 요지−② ⓐ 답변취지−ⓑ 간접부인**(오히려, 사실기술−법률효과)**−③ 소결론**의 순서로 기재한다.

다) 사실과 법리론의 기술방법

'1 주장'에 대한 논리전개는 앞선 가), 나)의 설명에 따르면 된다. 이때 항상 문제되는 것은 사실의 설명과 법리론의 전개에 관한 잘못된 이해로 말미암아 사실기술 전에 법해석론 수준의 법리론을 전개하면서 정작 사실에 관한 기술은 소홀히 하고 있다는 데 있다. 당사자는 사실을 주장하는 역할을 맡고, 법원은 법률을 해석하여 적용하는 역할을 분담하고 있다. 그러므로 법문서에서 사실기술에 앞서 법률의 해석과 적용에 관한 장황한 논리(소위 법리론)를 서술하는 것은 가급적 삼가야 한다. 필자가 그동안 학생들에게 수업시간이나 강평할 때마다 수없이 이와 같은 이야기를 하였다. 그래도 학생들은 매번 장황한 법리론을 펼치면서 사실기술은 거의 형해화하게 기술한 서면을 작성하고 있었다. 그 이유를 곰곰이 생각해 보니 이론수업시간에서의 중간·기말시험 답안작성경험과 변호사시험 사례형 답안작성 연습의 영향을 받은 것으로 보인다. 그러나 법문서의 독자는 주로 법률전문가인 판사들이다. 그들은 이미 상당한 법률지식이 있는 사람들로서 법리론의 전개가 불필요할 뿐만 아니라 섯부른 법리론의 전개는 글쓴이의 법률지식의 가벼움을 드러내 세간의 웃음거리가 될 수 있을 뿐이다.[41] 판결문을 작성하는 하급심 판사들도 가급적 법리론를 자제하여 상급심 판사들의 법해석 능력에 불필요한 장애가 되는 것을 피하려 하고 있음에 유의할 필요도 있다.

다만 다음과 같은 경우에는 예외적으로 법리론을 전개할 수 있다.

① 간접사실들을 통한 직접사실을 추론하는 **논리칙**, **경험칙**에 관련된 법리론이라면 간접사실의 기술 후에 "법률효과"를 기술하는 부분에서 이를 간략하게 전개해 볼 필요가 있다. 이때 서면을 작성하는 사람의 리걸마인드가 나타난다는 점에 주의하면서 보편타당한 논리로 설득력을 높일 필요가

41) 필자가 이렇게 강의하고 있지만 여전히 찜찜한 것은 변호사시험 기록형 공식 모의시험에 제공된 모범답안에서도 법리론이 난무하고 있어 본인 강의를 수강한 학생들이 본인의 권유를 따르다가 불이익을 당하지나 않을까 하는 걱정이 앞서고 있는 것이다. 문제를 출제하고 채점을 하는 사람으로서는 수험생들이 정말로 해당 법리를 알고 답안을 작성했는지 궁금해 할 수 있다는 점은 필자도 이해한다. 하지만 법학전문대학원 졸업생들은 변호사시험을 치룬 후 별다른 보정없이 바로 실무에 종사하게 된다. 그런데 그들을 가르치고 있는 법학전문대학원의 교육에 지대한 영향을 미치는 변호사시험에서 위와 같은 방식으로 작성된 모범답안을 제시하면 결국 법학교육의 현장에 잘못된 교육을 하도록 유도하여 장래 예비법조인들의 실무능력에 큰 악영향을 미칠 수 있게 된다. 필자는 아직도 법문서에 과도한 법리론을 포함시켜 마련된 모범답안 채점기준에 대하여 엄청난 반대의사를 갖고 있다.

있다.

② 또 법률적 견해를 분명히 함으로써 소송물을 특정할 수 있고, 청구원인이 그 법리론을 통하여 비로소 청구취지를 이유 있게 하는 것이라면 필요한 범위내에서 간략하게 서술할 수 있다.

③ 나아가 법리가 매우 새롭거나 외국의 법리이거나 기타 일반적인 것이 아니어서 특히 주목할 필요가 있는 것이라고 판단되면 간략하게 이를 서술할 수 있다.

라) 요건직접사실과 요건간접(정황적)사실의 기술방법

당사자가 주장·증명책임을 지는 대상은 요건사실이다.[42] 그래서 요건사실에 해당되는 구체적인 역사적·자연적 사실을 기재하여야 한다. 하지만 요건사실에 해당되는 구체적인 역사적·자연적 사실을 직접적으로 증명할 수 없거나 어려운 때가 있다. 변호사 수임사건 중에는 요증사실을 직접 증거로 증명하는 경우란 거의 없다 해도 과언이 아니다. 이때는 여러 가지 정황적 사실(간접사실)들을 주장·증명함으로써 논리칙·경험칙을 적용한 결과 요건사실이 인정된다는 식으로 주장·증명활동을 하게 된다. 그래서 정황적 사실에 해당되는 구체적인 역사적·자연적인 사실을 기술하고 난 다음 어떠한 내용의 논리칙과 경험칙이 적용되어 직접사실이 증명된다고 설명하게 된다. 이때 리걸마인드가 느껴질 수 있도록 설득력 있게 기술하는 능력이 절실히 필요하다. 다시 말하지만 변호사는 자신의 주장을 타인에게 설득력 있게 설명하여 유리한 결정을 받아내어야 하는 사람이다.

특히, 정당한 이유, 권리의 남용, 공서양속과 같은 규범적 함의가 있는 요건사실들을 주장하는 경우에는 간접사실들의 제시를 통한 논리칙·경험칙에 의하여 도출되는 추론의 과정을 설득력 있게 서술할 수 있어야 한다. 그래서 ① 사실관계 기술–② 법률효과–③ 소결론란 기술순서 중 "② 법률효과"에 해당되는 부분에서 논리칙, 경험칙을 바탕으로 위와 같이 기술하게 되는 것이다.

사실 소장, 답변서, 준비서면 등에서 법리론을 기술하지 말라고 하여도 학생들은 잘 이해하지 못하고 있을 뿐만 아니라 법리론을 쓰지 않으면 쓸 게 없는 것처럼 불평을 늘어놓고 있다. 법리론을 쓰지 말라는 요구는 법문서의 품질을 높이는 최고 단계의 작성능력으로 초학자들인 학생들에게 바로 요구하기 어려울 수도 있다.

법리론을 쓰지 말라는 요구는 작성자는 물론 독자(판사 등)도 법률전문가이기 때문이다. 그러므로 당사자의 주장·증명책임이 있는 법률요건에 해당되는 구체적인 역사적·자연적 사실만 기술하면 그 임무를 다하므로 이보다 더 많은 정보를 기술하면 법문서의 간결성을 해치게 된다. 법리론을 쓴다고 하여 틀리다는 것은 아니다. 법리론만을 장황하게 쓰고 지쳐 반드시 써야 할 법률요건에 해당되는 구체적인 역사적·자연적 사실은 쓰지 않거나 이를 간략하게 추상적으로 기재하기 때문에 그러한 것이다. 법률요건에 해당되는 구체적인 역사적·자연적 사실을 충실히 기재하면서도 그 사실의 법률적 의미를 맛깔스럽게 정리해 둔 서면은 정말 읽기 황홀하다.

42) 간접사실은 주장책임의 적용을 받지 않고 법원이 증거에 의하여 자유롭게 인정할 수 있다.(대법원 2009. 10. 29. 선고 2008다51359 판결, 대법원 2004. 5. 14. 선고 2003다57697 판결 등 참조)

현장에서 많이 발견되는 법리론 전개의 예로는 다음과 같은 것들이 있다.

1. "...는 판례의 태도입니다."(판례의 태도쯤은 극히 이례적인 것이 아니라면 법률전문가인 판사도 다 알고 있다. 그래서 "사실은 당사자가, 법률의 적용은 법원이"라는 법언이 있는 것이다.)

2. "...의 요건사실은 ① ..., ② ..., ③ ... 등이 있습니다." (앞서 판례운운의 경우와 같은 설명이 타당하다. 법률전문가라면 법률요건쯤은 다 알고 있다. 법률요건에 해당되는 당해 사안의 구체적인 역사적·자연적 사실이 알고 싶을 뿐이다.)

3. "...는 법리입니다."(그런 법리는 법률전문가라면 다 안다. 걱정하지 않아도 된다.)

다시 한번 강조하지만 법원(판사)은 법률전문가로서 법률요건, 법리, 판례의 태도 등을 다 아는 가운데 당해 사안에서 해당 법리, 법률요건, 판례를 적용할 수밖에 없는 구체적인 역사적·자연적 사실을 알고 싶어 한다. 그리고 법률요건에 해당되는 구체적인 역사적·자연적 사실을 다 쓴 이후에 청구와 소송물을 특정하기 위하여 해당 사실이 적용된 결과인 주장사실의 법률적 의미를 기술해 주어야 하는 것이다. 그 이상의 법리론을 쓰면 법문서의 간결성을 해치게 된다.

다음은 제4회 변호사시험 기록형 문제를 사용하여 치른 모의시험에서 제출된 어느 학생의 실제 답안이다. 구체적 역사적·자연적 사실의 기술이 없이 법리론으로만 가득찬 답안의 문제점을 토론해 보자.

1. 2011. 12. 10.자 상속재산 협의분할의 효력여부

(1) 상속재산에 대한 분할

ⅰ) 상속재산에 관하여 공동상속인이 있는 경우에는 협의에 의하여 재산분할이 가능하며, 다만 협의가 성립하지 않은 경우에는 재판상 분할을 청구할 수 있으며(제1013조), 상속재산의 분할은 제3자의 권리를 해하지 않는 한 소급하여 그 효력이 있습니다.(제1015조)

ⅱ) 이 시점에서 망 조경제의 처 이예림과 그의 자 조영만은 2011. 11. 5. 조경제의 사망으로 인하여 공동상속인의 지위를 취득(제1000조 제1항, 제1003조 제1항)하여 상속재산에 대한 분할이 가능하였습니다.

(2) 미성년자의 친권자의 이해상반행위의 효력

ⅰ) 미성년자인 자의 친권자는 그 부모인 바(제909조 제1항), 미성년자의 부모는 친권자로서 법정대리인의 지위에 있으며 자녀가 성년이 될 때까지 자녀의 대리권을 갖게 됩니다. 그런데 친권자인 부모와 그 자녀사이에 이해상반행위를 할 경우에는 법원에 의해 특별대리인을 선임해야 하는 바(제921조 제1항), 특별대리인도 선임하지 않은 행위는 무권대리인의 행위로서 당사자의 추인 등이 없는 한 무효에 해당됩니다.(제123조, 제135조)

ⅱ) 이 시점에서 피고 이예림과 피고 조영만은 망 조경제의 공동상속인으로서 협의분할을 한 2011. 11. 10. 당시 조영만은 18세로서 미성년자의 지위에 있었던 바, 피고 이예림은

친권자로서 법정대리인이었고, 망 조경제의 상속재산인 서울 서초구 양재동 274 잡종지 200㎡를 협의분할함에 있어 민법상 상속재산 중 2/5지분은 미성년자인 자녀의 재산을 취득한 바, 이는 이해상반행위에 해당됩니다. 따라서 피고 이예림의 2011. 12. 10.자 상속협의분할등기는 민법 제921조 제1항에 반한 협의로서, 무권대리에 해당되고 조영만이 추인하지 않는 한 무효입니다.(제133조)

[해설 : 우선 법리론을 앞세우고 있으면서도 요건에 해당하는 구체적인 역사적·자연적 사실의 진술은 지극히 빈약하다. 더구나 실제 기록에는 이예림이 조영만과 상속재산분할의 합의를 했을 뿐 이예림이 조영만을 대리하여 상속재산분할의 합의를 한 사실이 없음에도 사실과 다르게 기술하고 있다.]

3) 서면전체의 구성과 목차달기

가) 일반론

각종 법문서를 작성하다가 보면 전체서면에서 주장을 어떻게 배치해야 할까란 문제와 목차(제목)를 정하는데 많은 고민을 하게 된다. 소장상의 청구원인이 하나이거나 답변서상의 항변이 하나인 경우에는 위와 같은 1주장 작성방식과 같이 ① 사실의 기술－② 법률효과－③ 결론의 형태로 기술하면서 종결하면 된다. 하지만, 실무상으로도 소장과 답변서를 작성할 때 복수의 청구원인이나 복수의 항변이 포함되어 있어 이들을 적절히 배치하여 서면의 가독성을 높이면서 작성할 필요가 있다. 이 경우 서면전체의 구성을 어떻게 하여야 하는가가 문제된다.[43]

나) 먼저 첫머리에 "기초적 사실관계"라는 란을 별도로 두어 공통되는 사실을 모아둘 필요가 있는지 여부(타입 1)에 관해 검토해 보자.[44]

서면의 목차를 구성하면서 제일 먼저 봉착하는 문제는 서면 첫머리에 "기초적 사실관계"라는 란을 따로 마련하여 복수의 주장들에 공통되는 역사적·자연적 사실을 기술한 다음 이어진 항에서 이를 요약하여 원용하는 방식으로 서면을 작성할 필요가 있는지 여부이다. 이와 같은 기법은 상당히 세련된 것으로 많은 경험이 쌓여야 비로소 구사가능한 서면작성 방법이다. 변호사 시험을 준비하는 예비법조인으로서는 그 필요성이 있는지를 파악하기 어렵고, 실제 기술에도 많은 준비와 노력이 필요하기 때문에 당분간 이런 서면구성법의 적용을 삼가할 필요가 있다.(타입 2로 작성함이 좋다.)

---

43) 변호사 시험 기록형의 경우 이미 상담일지 등을 통해 잘 정리되어 있고, 배치 또한 정리되어 있기 때문에 본 설명을 고려할 필요없이 순서대로 작성해 나가면 된다. 하지만 실무상으로는 위에서 설명하는 고려를 반듯이 해야 한다.

44) 제3회 변호사시험 기록형의 경우에는 원고들의 동업계약이 합유인지 총유인지가 다른 청구들에 공통되기 때문에 해당 사실을 청구의 기술전에 정리해 두는 것이 더 바람직하였다. "기초적 사실관계"를 묶어낼 필요성은 위 기록을 음미하면서 정리해 보기 바란다.

[타입 1]

청 구 원 인

1. 기초적 사실관계
2. 피고 000에 대한 청구
3. 피고 XXX에 대한 청구
4. 결론[45]

[타입 2]

청 구 원 인

1. 피고 000에 대한 청구
2. 피고 XXX에 대한 청구
3. 결론

[제4회 변호사시험 기록형 답안의 오답유형]

Ⅰ. 피고 조영만에 대한 별지목록 제2. 부동산에 관한 청구
Ⅱ. 별지목록 제3. 부동산에 관하여
Ⅲ. 피고 조영만, 이예림, 손철민에 대한 청구
[글머리로 Ⅰ Ⅱ Ⅲ을 사용하고 있을 뿐만 아니라 목차구성도 작성요령을 따르고 있지 않다. 구체적인 목차도 피고별로 했다가 청구별로 하는 등 들쭉날쭉하고 일관성도 없어 최악인 경우이다.]

1. 피고 조영만에 대하여
   가. 별지 제2. 기재 건물에 대한 권리관계
   나. 별지 목록 제3.기재 부동산에 관한 권리관계
[우선 지시문을 따른 것처럼 보여 만족할만하나 가. 나.의 표현으로는 목차를 읽고 바로 무엇에 관한 설명인지 확인하기 곤란하여 정보의 전달능력이 떨어진다.]

Ⅰ. 종중회관 건물의 소유권을 찾을 수 있는 방법에 관하여
Ⅱ. 조영만에게서 양도받은 부동산 지분을 넘겨오는 방법에 관하여
[위와 같은 제목을 부여한 이유는 희망사항에서 위와 같은 목적을 달성할 수 있도록 소장을 작성해 달라고 한 것을 그대로 소장 중 청구원인의 목차로 사용한 것이다. 잘 생각해 보면 폭소를 금치 못할 치기어린 생각인 점을 발견할 수 있을 것이다.]

그 외 작성지시문에서 피고별로 청구원인을 작성하라고 하였더니 피고별로 청구취지－청구원인을 둔 소장 5개를 작성하여 제출한 경우도 있었다.

다) 복수의 당사자(특히 피고)가 있을 경우 그 목차구성법

당사자가 복수인 경우 원칙적으로 당사자별로 분리하여 별도 목차하에 법문서를 작성하는 것이 일목요연하여 좋다. 법률관계는 상대적인 것이기 때문에 당사자별로 설명하는 것이 누락되거나 중복을 피하는 최선의 방법이다. 또한 당사자별로 서술하다가 청구별로 서술하여서는 안 된다. 왜냐하면 혼란만 가중시킬 수 있기 때문이다. 원칙적으로 당사자별로 서술하고, 뒤에서 다른 당사자에 관하여 동일한 내용으로 기술할 필요가 있다면 앞선 서술을 간략하게 원용하는 방식으로 처리하

45) 결론을 "결어"라고 표현하는 학생들도 있다. 법률서면은 논리적 문장으로 결론이란 용어가 더 바람직하다.

면 된다.("위와 같이", "위 1.나.항의 기재와 같이" 등으로)

라) 한 당사자에 대한 복수의 청구원인, 항변이 있을 경우 그 목차구성법

한 당사자에 대한 청구원인이나 항변사항이 복수인 경우에는 **가장 유리**(질적으로나 범위로 볼 때)**한 주장**부터 먼저 기술하고, 그 다음으로 **인용될 가능성**(승소가능성)**이 높은 주장**순으로 청구원인이나 항변을 배치하여야 한다. 이는 판사들이 서면을 읽을 때 강력한 인상을 주어 승소가능성을 높이기 위한 전략적인 선택을 해야 하기 때문이다. 물론 이런 기술을 실제 적용할 때도 사실의 기술 흐름을 지나치게 제약하여 복잡하게 만들게 된다면 결국 **시간적 흐름이나 사건진행의 흐름**에 맞추어 기술할 수 밖에 없을 것이다.

마) 하나의 주장이 복수의 요건사실로 구성되어 있고 그 요건사실이 복잡하여 별도로 제목을 붙일 필요가 있을 경우 그 목차구성법

원칙적으로는, 복잡한 주장은 그 요건사실을 잘 분석하여 가급적 요건사실별 제목을 붙이고 그 제목하에 이에 관련된 사실을 서술해 나가면 된다.(아래 기재례 1) 그런데 요건사실에 해당되는 역사적·자연적 사실이 서로 연결되어 있어 인위적인 분리가 어색한 경우에는 제목을 묶어 공통되게 설정하고 그 복수의 요건사실에 해당되는 역사적·자연적 사실을 일괄적으로 서술할 수도 있다.(예를 들면 아래 기재례 2 손해배상청구 중 '1. 손해배상책임의 발생' 부분에서는 4가지 요건사실인 고의·과실, 위법성, 손해, 인과관계로 따로 구분하여 별도의 제목을 달지 않고 손해배상책임의 발생이란 제목하여 그 요건사실에 해당되는 사실들을 일괄적으로 서술하는 경우가 이에 해당된다.)

[기재례 1]

가. 임차보증금반환채권의 발생

...임대차계약을 체결하고, 임차보증금 000원을 지급하였습니다.

...기간만료로 종료되었습니다.

나. 임차보증금반환채권의 양도 및 통지

다. 임차목적물의 양도 및 대항력의 발생

[기재례 2]

예를 들면, 손해배상청구를 하는 경우

1. 손해배상책임의 발생

2. 손해배상의 범위

 가. 일실수입

 나. 치료비등

 다. 위자료

 라. 과실상계

바) 소결론, 결론

(1) 소결론

청구원인이나 항변이 복잡하거나 다수인 경우에는 개별 청구원인이나 항변 등에 관한 서술을 종결하고 나서 '**소결론**'이란 제목하에 각 청구원인이나 항변에 대한 결론적 서술을 하여 해당 주장을 마무리한다. 소결론을 기술할 때는 전체결론을 내리는데 필요한 결론적 서술까지만 소결론 부분에서 기술하는 것이 좋다. 즉 소결론에서 본인의 주장사실이 인정된다며 결론적으로 "...라는 의무가 있다 할 것입니다."라는 의무이행형 결론을 내고, 상대방의 주장사실이 인정되지 않는다는 결론적 서술을 하고자 하면 "...라는 주장은 이유 없습니다."라는 결론적 서술로서 소결론 지울 수 있다. 위와 같은 의무이행형 서술은 청구취지의 문구와 상당히 겹친다. 그래서 소장 등 법문서는 양괄식 문서라고 할 수 있다.

(2) 전체결론

서면 전체의 결론부분은 청구취지에 대응하여 그 인용·기각에 대한 최종결론을 기술을 하는 곳이다. 만약 소결론부분에서 이미 의무이행형 형태의 서술이 끝났다면 그 인용·기각여부에 대한 최종 결론적 서술만 하게 된다. 그래서 서면 전체결론 부분에서 청구취지에 대하여 "...인용하여야 합니다."라거나 상대방의 주장에 대하여 "...기각하여야 합니다."라는 최종결론적 서술로서 문서전체를 마무리하게 된다.

만약 청구가 1개여서 소결론란 없이 바로 전체결론을 작성하게 된다면 소결론 부분에서 해야 할 의무이행형 결론적 서술과 인용·기각의 최종결론적 서술을 함께 하여야 한다.

최근에는 전체결론을 작성함에 있어 소결론 등에서 이미 충분히 결론적 내용을 서술하였기 때문에 반복을 피하기 위하여 상투적인 용어로 간략하게 전체결론을 마무리 짓는 경향이 나타나고 있다.

(3) 소결론·전체결론 공통(의무이행형 기술방법)

앞서 설명한 결론적 서술인 의무이행형 기술방법에 관하여 좀 더 상세하게 설명해 보자. 의무이행형으로 된 결론적 서술을 하는 이유는 소결론 또는 결론부분이 청구취지에 대응되는 부분이기 때문이다. 앞서 소장이나 답변서는 양괄식으로 된 서면이라고 했다. 그래서 청구취지가 의무이행형으로 된 이상 소결론 또는 결론부분에서도 의무이행형으로 끝나야 한다. 다만 소결론 또는 결론부분에서는 각 항목에 해당되는 법률상 의미를 정의해 주는 문구도 삽입하여 의무이행형으로 기술하여야 하고, 청구취지 부분에서는 무색·투명한 용어를 사용하고 기술하여야 하는 차이가 있다.

4) 특수한 문제

가) 선택적 청구(항변) 또는 주위적·예비적 청구(항변)

주위적·예비적 청구(주장)는 양립불가능한 청구를 순서를 정하여 청구(주장)하는 것을 일컫고, 선택적 청구는 양립가능한 청구를 동시에 주장하는 것을 일컫는다. 학습의 초기에는 양립불가능이란 의미를 구체적으로 체득하지 못하여 선택적 청구를 주위적·예비적 청구로 구성하여 주장하는 경우(이를 부진정 주위적 · 예비적 청구라 함)나 주위적 · 예비적 청구를 선택적 청구로 청구하는 잘못을 흔히 저지른다. 전자는 허용되나 후자는 허용되지 않기 때문에 각별히 주의하여 정확하게 청구취지를 구성하고 청구원인을 기술하여야 한다.

나) 일부청구

일부청구는 심리의 범위를 특정할 수 있을 정도로 전체를 특정한 상태에서 그 중 일부를 청구한다는 취지를 명시하여 청구하는 방식으로 하는 청구이다. 일부청구는 인지대 등에 부담이 있을 때 일단 일부 청구임을 특정한 다음 소액으로 소제기를 해 보는 일종의 시험소송을 할 때 주로 활용된다. 일부 청구임을 명시하지 않고 일부만 청구하면 그 확정판결의 기판력이 나머지 청구에도 미친다. 그래서 나중에 나머지 청구를 못하게 되는 큰 불이익을 받게 되므로 특히 주의하여야 한다.

다) 장래이행의 청구

장래이행의 청구를 할 때는 반드시 "미리 청구할 필요"라는 란을 마련하여 이를 특정하여 주장 · 증명하여야 한다. 그러므로 장래이행의 청구를 할 수 있는 상황을 정확하게 학습해 두어야 한다.

라) 확인의 이익

확인소송을 제기하는 경우에는 "확인의 이익"이란 란을 따로 마련하여 법률관계의 불안을 해소하기 위하여 확인소송이 필요하다는 점을 분명히 밝혀야 한다.

다. 구체적인 역사적 · 자연적 사실의 기술에 관한 집중적인 설명

1) 구체적인 역사적 · 자연적 사실의 기술

학생들은 요건사실에 해당되는 구체적인 역사적 · 자연적인 사실을 기술하는 방법을 체득하기 대단히 어렵다고 한다. 사실 그것은 훌륭한 법조인이 되기 위한 매우 중요한 능력이니 정확히 파악하여 몸에 배도록 부단한 노력을 하여야 한다.

청구원인에서 기술할 대상이 되는 사실은 요건사실론에서 학습하는 요건"사실"이나 암기대상인 추상적인 요건사실이 아니라 그에 해당하는 구체적인 역사적·자연적 사실이다. 요건사실론에서 학습한 요건"사실"은 지극히 추상적 사실이다. 즉 매매계약을 원인으로 한 소유권이전등기 청구 사건에서 요건사실론 학습시 암기한 요건"사실"인 "매매계약의 체결"이란 사실은 지극히 추상적인 사실이다. 주장책임의 측면에서 보면 원고는 아래 2.의 기재와 같이 "매매계약을 체결하였습니다."라는 단순한 진술만으로도 충분히 요건"사실"을 주장하였다고 강변할 수 있다. 그리고 매매계약서를 제출하여 그 매매사실을 증명하고 있다면 주장 · 증명책임을 다한 셈이라고 억지를 부릴 수도 있다. 하지만 실무상으로는 위와 같은 설시만으로 주장책임을 충분히 했다고 보지 않는다. 약정(법률행위)는 확정[46]될 수 있을 정도로 특정되어야 한다. 비록 원고는 피고와 사이에 체결한 매매계약이 평생

46) 이론상으로 법률행위는 확정, 적법, 가능, 사회적 타당성이 있어야 유효하다고 설명한다. 이때의 확정을 일컫는 것이다.

한번뿐이어서 위 주장상의 매매계약 하나만 있다고 하더라도 위와 같은 표현만으로는 특정되었다고 보지 않는다. 적어도 "主日相目行"으로 기술할 수 있을 때 해당 약정은 확정되었다고 보고 특정되었다고 보는 것이다. 그렇다고 해도 아래 3.과 같이 지나치게 상세하게 묘사하라는 것은 아니다. 법률가의 글쓰기는 인문학적 글쓰기와 차이가 있다. 인문학적 글쓰기는 인간의 감성에 호소하기 위해 다양한 묘사를 하여 독자와의 교감을 꾀하려는 반면 법률가의 글쓰기는 사실에 관한 주장을 정확하게 전달하여 독자(주로 판사)를 설득하기 위한 것이기 때문이다. 따라서 아래 4.와 같은 글쓰기를 절차탁마하여 반드시 체득하여야 한다.

[청구원인사실을 기술할 때 다음과 같이 매우 추상적으로 기술해서는 안 된다.]

[1. 요건사실의 추상적인 기술]

원고는 피고로부터 부동산을 사겠다는 청약을 하고, 원고는 이에 승낙의 의사표시를 하였습니다.

[2. 요건사실의 또 다른 추상적인 기술]

원고는 피고로부터 부동산을 사는 매매계약을 체결하였습니다.

[해설 : 위 1. 기술방식은 민법 제563조상의 법조문에 충실하게 청약과 승낙에 의한 의사의 합치란 방식으로 기술하고 있으나 실생활에서 사용하는 표현이 아니라서 일반 시민들의 입장에서 보면 대단히 어색한 표현이 된다. 위 2. 기술방식은 법률행위를 특정하여 확정시키지 못하고 있다. 도대체 어느 부동산을 지칭하는지 알 수 없으며 원고와 피고 사이에 위 매매계약이외에도 부동산거래 계약을 더 했을 수도 있다면 도대체 어느 계약을 지칭하는지도 알 수 없다.]

[3. 요건사실에 해당하는 역사적·자연적 사실 이외에 동기, 자금조달방도 등 불필요한 사실들까지 지나치게 구체적으로 기술함으로써 법문서작성의 단순, 명확성을 해치는 기술방식]

원고는 **정년퇴임이 다가오자 저금리시대에 안정적인 노후 수입원을 마련하기 위하여 대지를 매수하여 도시형생활주택을 신축하여 임대하기로 결심하고 여러 곳을 탐문한 끝에 가장 적당한 별지 목록 기재 부동산을 물색하여 그 소유자인 피고와 수차례 협상한 끝에 겨우** 2016. 7. 1.자로 피고와 사이에 별지 목록 기재 부동산을 대금 590,000,000원에 매수하기로 약정하되 **우선 00은행에 개설된 원고 보통예금계좌로부터 인출하여** 계약금 60,000,000원은 계약당일 바로 지급하고, 중도금 300,000,000원은 같은 해 8. 1. 지급하되 피고는 **그 돈으로** 별지 목록 기재 부동산에 설정된 근저당권 설정등기를 전부 **말소해 주기로 하고**, 잔금 230,000,000원은 같은 해 9. 1.경 소유권이전등기에 필요한 일체의 서류교부와 상환으로 지급하기로 매매계약을 체결하였습니다.

[해설 : 동기, 목적물의 상태, 자금조달방법 등을 잡다하게 서술하여 마치 해당 부동산거래의 자연적 사실관계를 전부 요약해 놓은 듯하다. 권리발생원인인 요건사실을 중심으로 단순, 명료하게 구체적인 역사적·자연적 사실을 기술해야 한다. 이런 원칙에 비추어 보면 위와 같은 기재는 지나치게 번잡해 보이고, 초점을 흐리고 있다. 특히 위와 같은 기술은 분쟁대상을 불필요하게 확대하는 폐단도 있다.]

[4. 실무상 통용되는 정도의 요건사실에 해당되는 구체적인 역사적·자연적 사실의 기술]

원고는 2016. 7. 1.경 피고로부터 별지 목록 기재 부동산을 대금 590,000,000원에 매수하기로 약정하면서 계약금 60,000,000원은 계약당일 지급하고, 중도금 300,000,000원은 같은 해 8. 1.경 지급하고, 잔금 230,000,000원은 같은 해 9. 1.경 지급하기로 하는 내용의 매매계약을 체결하였습니다.

필자의 경험에 따르면 많은 예비법조인들은 법학전문대학원에 입학한 직후에는 아직 비법학적 글쓰기 습관을 버리지 못하고 수필 타입의 감상적 글쓰기를 하다가(아래 사례 ① 참조) 조금 지나면 어설프게 획득한 법학적 지식(법리론)과 전문용어들을 감상적 글쓰기와 혼합하여 국적불명의 글쓰기를 하고 있다.(아래 사례 ② 참조)

제4회 변호사시험 기록형 문제에 대한 답안을 예로 들면 다음과 같다.
[모범답안의 경우]

가) 원고는 2014. 3. 15. 피고 조영만과 별지 목록 제2. 기재 부동산(이하 '제2건물'이라 함)을 신축하는 공사도급계약을 체결하면서, 공사대금은 10억 원으로 하고 계약 당일 5억 원을 공사대금으로 선 지급하였습니다.

나) 원고는 편의상 피고 조영만 명의로 건축허가를 받았고, 피고 조영만은 공사 완료 후 지체 없이 원고 명의로 소유권보존등기를 하는 데에 협조해 주기로 하였습니다.

다) 피고 조영만은 1억 원어치 공사만 한 채 공사를 중단한 후 잔여 공사를 포기하였고, 원고가 타처에 공사를 발주하여 원고의 비용부담으로 나머지 공사를 완료하였습니다.

2) 피고 조영만 명의 원인무효 소유권보존등기의 경료

피고 조영만이 자신이 마치 위 건물의 실제 건축주인 것처럼 행세하고 다니자, 그의 채권자인 피고 한상수는 위 건물에 대한 가압류를 신청하였고, 서울북부지방법원이 촉탁한 가압류등기를 하는 과정에서 위 건물에 관하여 피고 조영만 명의의 소유권보존등기가 마쳐졌으며, 이에 기하여 서울중앙지방법원 등기국 2014. 12. 20. 접수 제26775호로 피고 한상수 명의의 가압류등기가 기입되었습니다.

[잘못된 사례 ①]
원고는 이 사건 별지목록 제2기재 건물에 관하여 피고 조영만에게 도급을 주어 건설하게 하였으나, 피고 조영만은 해당 건물의 건축을 완료하지 못하였고, 원고는 다른 건축회사에 재차 도급을 주어 해당 건물을 완성하였습니다.
해당 건물에 대하여 아무런 권리가 없음에도 자신의 명의로 소유권보존등기를 경료하였습니다.

[위 잘못된 사례를 위 모범답안과 비교해 보면 청구원인을 구체적 역사적·자연적 사실로 기술하지

않고 상당히 높은 수준으로 추상화시켜 사실을 기술하고 있다는 것을 알 수 있다. 그러다가 보니 해당 법률요건에 관한 사실이 잘 확정되었다고 보기도 어렵고 다른 요건사실들과 구분도 불가능하며, 그 평가나 법리적 측면이 잘못된 경우도 있다. 따라서 법률요건에 해당되는 구체적 역사적·자연적 사실(요건사실)을 기술해야 한다는 의미를 충분히 숙지하여 잘 훈련함으로써 청구원인을 적절하게 기술하는 능력을 부단히 연마하여야 한다.]

[잘못된 사례 ②]

1. 별지 2.항 부동산에 대한 등기말소청구

가. 청구원인

원고는, 피고 조영만과 사이에 2014.3.15. 종중소유 별지 1.항 부동산상에 건물지어 회관화할 의도로 도급계약을 2014. 9. 19. 완공기일, 대금 10억으로 하여 체결하고 계약시 5억을 선급하였습니다.

그런데 피고 조영만은 1억어치 공사후 4억은 개인소비하여 원고는 건물을 타 공사자에 맡겨 완공하였습니다. 따라서 원고의 비용으로 신축된 완성 별지 2.항 부동산은 원고의 소유입니다.

그런데 피고 조영만은 그 명의로 건축허가를 2014. 3. 18. 받아 둔 것을 이용 서울중앙지법 등기국 2014. 12. 20. 접수 26775호 피고 조영만의 채권자 한상수에 대한 근저당권등기를 설정해 두어 같은 날 자기명의 보존등기 하였습니다.

위와 같이 조영만은 원시취득자도 아니고 아무 법률상 원인없는 자로 위 보존등기는 무효입니다. 피고 조영만은 원고에 소유권에 기한 방해배제청구로서 위 부동산에 관한 위 소유권보존등기를 말소해 줄 의무가 있습니다.

[해설 : 수험생들의 전형적인 소장작성 방식이다. 일단 불필요한 사실도 많이 기술하면서도 정작 중요한 사실들의 기재는 누락하거나 부정확하게 기재하고 있을 뿐만 아니라 사실기술과 법적효과를 바로 이어 기술함으로써 사실기술－법률효과, 사실기술－법률효과의 반복적 서술하고 있다. 당사자는 사실관계의 진술을 일목요연하게 정리해 둔 다음 그 사실에 기초할 때 발생할 수 있는 법률효과를 설명한 다음 의무이행형의 결론을 내려야 한다.]

[잘못된 사례 ③]

1. 소송의 적법요건

1) 원고는 종종으로서 비법인사단에 해당합니다. 비법인사단의 재산은 사원의 총유이고, 총유의 처분, 관리행위는 사원총회의 결의가 필요합니다. 대법원은 총회가 없는 경우 비법인사단 대표자의 소제기라 하여도 부적법하다 한 바 있습니다.

2) 원고는 2014. 12. 26. 임시회의를 개최하여 이 사건 소송의 제기에 관하여 적법하게 결의를 하였습니다. 따라서 이 사건 소송은 적법합니다.

2. 피고 조영만에 대한 청구

가. 별지 목록 제2항 기재 부동산에 관한 소유권보존등기 말소청구

1) 원고의 소유권 취득

원고는 별지 목록 제1항 지상에 종중건물을 건축하고자 2014. 3. 15. 피고 조영만과 총 공사금 10

억원에 공사기간을 2014. 3. 20.에서 2014. 9. 19.로 하여 철골조 슬래브지붕 2층 근린생활시설 1층 165㎡, 2층 165㎡의 건축을 건축하는 도급계약을 체결하였습니다. 그러나 피고 조영만은 원고가 지급한 선금 5억 중 1억만을 공사비로 쓰고, 나머지는 주식 투자로 임의 소비 후 공사를 중단하였습니다. 이에 원고는 위 공사를 타처에 발주하여 공사대금을 모두 원고가 부담하고 공사를 완료하였습니다. 건물의 경우, 신축한 자가 원시취득하나, 도급인과 수급인의 약정으로 이를 도급인의 원시취득으로 정할 수 있습니다. 원고가 위 공사에서 공사대금을 모두 부담하였으므로 원고가 이를 원시취득하였다고 볼 것입니다.

2) 피고 조영만의 소유권보존등기

위 건물에 대하여 피고 조영만이 건축허가의 명의를 보유한 건물임을 기화로 소유권자 행세를 하며 피고 한상수에게 돈을 차용하여 사용하여 변제하지 못하자, 피고 한상수의 서울북부지방법원 2014. 12. 18.자 2014카합2035 가압류 결정에 의한 가압류등기의 촉탁으로 위 건물에 피고 조영만 명의의 소유권보존등기가 경료된 것입니다.

[해설 : 원고가 "1. 소송의 적법요건"을 적극적으로 주장·증명할 것이 아니라 피고측에서 소송의 부적법 사유를 들어 본안전 항변을 하여야 할 것이다. 가사 백보를 양보하여 원고가 본안전 항변을 차단하기 위하여 먼저 소송의 적법요건을 설명한다고 하더라도 위 2)항 중 밑줄치지 않은 부분정도로 사실주장만 하면 되지, 밑줄 친 부분처럼 잡다한 법리론을 주절히 늘어놓지 않는다. 게다가 도급계약의 동기처럼 기술한 부분이라든가 도급계약금, 중도금조로 5억 원을 받았다는데 초점이 있는 것이 아니라 4억 원을 유용하였다는데 초점이 맞추어진 기술은 배임죄로 공소를 제기하면서 공소사실을 기술하는 듯하다. 건물은 주재료비를 부담한 자가 원시취득하는 것이지 신축한 자가 원시취득하는 것은 아니다. 이처럼 요건사실을 중심으로 그 요건사실이 도드라지게 기술하는 능력이 현저히 떨어진다.]

2) 구체적인 역사적 · 자연적 사실이 요건사실과 불일치할 때 문제점 해결방법

요건사실은 법적으로 유형화된 사실로서 구체적인 역사적·자연적 사실과 개념적으로 불일치할 수 있다. 이때 구체적인 역사적·자연적 사실을 기술하면서도 요건사실을 충족시키는 글쓰기 기술이 필요하다.

① 청구가 병합되어 있는 경우 서로 다른 청구원인사실들이 일정 부분 사실관계로서 다른 청구원인사실과 중복될 수 있다. 이때는 먼저 기술하는 청구에 관한 역사적·자연적 사실을 충분히 기술한 다음 나중에 기술하는 청구에 관하여는 앞서 한 기술부분을 원용하여 서술하면 된다.

② 법률적 용어(예를 들면 '매매')가 사실의 진술(청약과 승낙)까지 포함하고 있는 경우가 있다. 만약 그 법률적 용어가 일상적으로 널리 사용되어 일반인들 사이에 사실에 관한 진술로 이해될 수 있을 지경에 이르렀다면 이를 그대로 활용하여 역사적·자연적 사실을 서술해도 된다. 또한 법원으로서도 당사자가 법률적 용어를 통하여 대체로 일정한 사실에 관한 주장을 하고 있다고 판단되면 전향적으로 해석하여 해당 요건사실의 주장이 있는 것으로 보는 경향이 있다. 예를 들면 "매매계약을 체결하였다."라는 표현으로 족하고 민법 제563조를 참조하여 청약과 승낙으로 구분하여 기술할

필요가 없고, "…대여하였습니다."라는 표현속에서는 소비대차계약의 체결이외에도 원본의 인도가 포함된 표현이 된다. 그렇다고 하더라도 요건사실에 해당하는 역사적·자연적 사실을 대충 기술해서는 안 된다. 필자의 경험으로도 잘 정리되고 설득력 있는 서면은 감동적이어서 호감이 간 적이 많다. 따라서 요건사실에 해당하는 역사적·자연적 사실을 효과적으로 기술하는 실력을 부단히 연마할 필요가 있다.

라. 민사소송법지식과 법문서 작성의 일반원칙

1) 민사소송법상의 각종 지식들은 소제기의 방식, 절차, 주장방향 등에 관한 지도원리를 제시해 줄 뿐이어서 민사소송법의 원칙에 따라 법문서를 작성하면 될 뿐 이를 법문서의 내용으로까지 기술할 필요는 없다.

민사소송법적 지식에 근거하여 제대로 된 소제기, 각종 법문서의 작성 및 변론활동을 하면 된다. 민사소송법적 지식은 차량을 운전하는 지식과 같은 것이다. 파란 신호등에서는 진행하면 되고, 빨간 신호등일 때는 정지하면 된다. 정지하면서 빨간 신호등이기 때문에 정지하였다고 떠들 필요는 없다. 당신이 정지한 이유가 빨간 신호등이기 때문이란 사실은 누구나 알고 있다. 운전자는 정지하는 행위를 통하여 교통지식을 드러내는 것이다. 민사소송법 지식에 근거해서 소장, 답변서, 준비서면을 적절하게 작성하면 되는 것이지 구태여 청구원인 등에서 민사소송법적 지식을 적시하여 자신이 법문서를 이런 식으로 작성한 이유는 민사소송법상의 이런 법리 때문이라고 장광설로 늘어놓을 필요는 없다. 즉 소장에서 원고 표시를 제대로 하면 되지 원고의 당사자능력이나 원고 적격이 있다는 설명을 부연할 필요가 없다는 것이다. 직무관할 또는 사물관할 위반의 소지가 있기 때문에 소장 청구취지에 가압류신청, 강제집행신청, 재산압류신청, 가압류취소신청을 포함시키지 않으면 되지 구태여 자신이 위와 같은 신청취지를 청구취지에 기재하지 않는 내용으로 청구원인에 서술할 필요는 없다.

2) 다른 사람이 교통법규 위반으로 운전하다가 사고를 낸 경우 그 교통법규 위반 운전을 거론하면서 질타할 수 있듯이 상대방이 민사소송법에 어긋나게 법문서를 작성하였다면 답변서 등에서 그 점을 적시하여 탄핵하여야 한다. 이를 본안전 항변이라고 한다.

3) 특히 어떤 사실의 존재를 주장·증명할 책임이 있으면 적극적으로 그 사실이 있다고 주장하고 그 존재를 증명할 증거를 제출하면 된다. 그 사실이 존재하지 않는다는 상대방의 주장을 가정하여 반박할 필요가 없다. 그럼에도 본인이 주장·증명책임을 지는 사실을 주장하지는 않고 뒤에서 그 사실이 존재하지 않는다는 상대방의 주장(부인 또는 부지)[47]을 가정하여 반박하는 식으로 논리를 전개하여서는 안 된다. 이런 논리전개는 주장·증명책임 분배의 원칙을 제대로 이해하지 못한 채 법문서를 작성하고 있다는 평가의 원인이 된다.

---

47) 요건사실론에서는 이를 부인이라고 한다.

민/사/법/실/무/연/습

제 2 장

변호사시험 기록형 문제에 대한 강평

Ⅰ. 2012년 실시 제1회 변호사시험 기록형

1. 7단계 권리분석법에 의한 사건 전체의 분석

가. 의뢰인의 희망사항 분석결과

의뢰인 =원고	희망사항[1]	물권 침해? 약정?[2]	침해자 또는 약정자는 누구(=피고)[3]	원고의 자격, ∴소송명[4]
박대원	2필지가 박진수 명의로 등기되어 있고, 근저당권 설정되어 있어 빌라 신축이 지연되고 있으니 그 문제해결,	① 물권(공동상속) 침해(등기) ∴**방해배제청구(등기말소)**	**∴침해자 (소유권이전등기) (박진수[5])**	**물권자 ∴소유권이전등기 말소(공유자는 보존행위로 말소 청구가능)**

1) 앞서 설명하였듯이 권리분석의 첫 단계로 의뢰인의 희망사항을 파악해 보아야 한다. 최근 출제가 거듭되면서 의뢰인의 희망사항에서 사용하는 문구가 거의 통일되어 가는 경향이 있다. 따라서 희망사항에서 사용되고 있는 용어들을 보면 소송형태가 충분히 예측될 수 있다. 그래서 본서에 수록되어 있는 50여개의 모의기록의 희망사항만 읽고 그 청구형태를 예측해 보는 식으로 학습하면 큰 도움이 될 것이다. 물론 여러분들이 예측한 내용과 본서에서 이를 정리한 표들과 서로 비교하여 여러분들의 실력을 향상시켜야 한다.

2) 2단계와 3단계에서 의뢰인의 희망사항이 약정에 기한 것인지, 물권자로서 침해를 당하였다고 주장하는지를 살펴보라고 하였다. 그래서 약정과 관련된 강제이행청구, 채무불이행에 의한 손해배상청구, 급부 부당이득반환청구를 해야 하는지, 아니면 물권침해로 말미암은 물권적 청구, 불법행위에 의한 손해배상청구, 침해 부당이득반환 청구를 해야하는지를 확인해야 한다고 하였다.

3) 우선 피고는 침해자 또는 약정자가 된다. 의뢰인으로 원고를 삼으면 되지만 나중에 지목된 원고가 물권자, 또는 약정의 상대방이 되는지는 확인해야 한다.

4) 소송명을 구체화하여 다음표로 연결시키는 부분이다. 이 부분에서 다음 표와 서로 연결되어 있으므로 2개의 표를 동일선상에서 파악해야 한다.

5) 박진수는 근저당권설정자이다. 근저당권설정등기의 말소청구는 근저당권자를 상대로 제기해야 한다. 이는 매우 쉽고 기본적인 법리이지만 많은 학생들이 잘못 생각하기 쉬운 부분이니 이러한 법리를 반드시 정확하게 파악하고 있어야 한다.

	신한은행은 5,000만원 변제받으면 근저당권 말소 응하겠다고 답변하고 있어 갚아야 한다면 갚고라도 말소 원함	① 물권(공동상속) 침해(등기) ∴**방해배제청구(등기말소)**	**침해자 (근저당권자) (신한은행)**	**물권자 ∴근저당권설정등기 말소(공유자는 보존행위로서 말소청구가능)**
	김영철로부터 임대료(?) 지급받고 싶다. 다만 숙부인 박진수는 무자력이어서 청구하고 싶지 않다.	① 물권 침해(점유 및 손해) ∴**소유물반환청구, 불법행위에 의한 손해배상청구**	**① 침해자 (점유자) (김영철) ② 침해자 (불법행위자) (김영철)**	**물권자 ∴인도청구 (인도청구는 보존행위로 가능) 및 손해배상청구 (자신의 지분에 해당하는 부분만 청구가능)**
	김영철은 양수금도 가압류되어 있다며 지급하지 않고 있는데 받고 싶다.	② 양도계약, 소비대차계약 ∴**불이행 있어 강제이행청구**	**약정자 (차주) (김영철)**	**약정의 상대방 (대주의 양수인) ∴양수금청구**
	박점숙은 연락되지 않아 박대원 혼자서라도 해결하고 싶다.	**박점숙은 의뢰인이 아니고, 장기 여행중이라 위임장을 받을 수 없어 원고가 될 수 없음**		

나. 원고의 청구원인 분석결과

소송명	청구원인		항변 (법률상 주장 포함)	재항변 등
소유권이전 등기말소청구	① 소유권 ⓐ 상속 ⓑ 유족 ⓒ상속지분	② 등기 ③ 원인무효 (위조)	Ⓐ 실체관계에 부합하는 등기 1 (계약 or 양자간명의신탁) ⓐ 부친 소외 박석곤 소유 ⓑ 박석곤이 박진수에게 증여 ⓒ 등기명의만 박정수로 함 Ⓑ 실체관계에 부합하는 등기 2 (등기부취득시효완성) ⓐ 등기와 점유가 10년 경과 ⓑ 무과실	Ⓐ ⓐ 부인 ⓒ 부인 Ⓑ 무과실을 부인하고, 타주점유라는 재항변
근저당권설정 등기말소청구		② 근저당권 설정등기 ③ 원인무효 (위조)	Ⓐ 피담보채무의 변제 후 말소가능	Ⓐ 무권리자와 근저당권설정계약을 체결하고 등기를 하여서는 보호받을 수 없음 (물권의 대세효)
대지인도 및 손해배상청구		② 점유 ③ 임료상당 손해배상[6)]	[대지인도] Ⓐ 점유할 정당한 권원 (임차권의 선의 취득) ⓐ 등기 확인 ⓑ 박진수와 임대차계약, 인도	Ⓐ 임차권(권리)의 선의취득은 없음 선의의 임차인도 무권리자와 계약했을 경우에는 보호받지 못함

6) 불법행위로 인한 손해배상청구의 요건사실은 원칙적으로 ①위법성, ②고의·과실, ③손해, ④인과관계이나, 본 사안과 같이 물권자+(불법)점유로 손해배상청구를 할 때는 물권자에 대한 침해로 ③손해가 주장·증명되었고, (불법)점유의 위법행위성은 인정되고, 고의·과실은 타인 소유 토지를 불법점유하는 것만으로 추정되며, 인과관계 또한 별도로 설명하지 않아도 당연히 주장·증명된 것이다. 특히 임대차계약 종료 후에도 임차인이 임차목적물을 계속 불법점유하고 있다면 위와 같은 논리구조로 불법행위로 인한 임료상당의 손해배상청구를 인정하고 있다.

		[손해배상청구] Ⓑ 기판력저촉 각하의 본안전항변	Ⓑ 부당이득반환청구는 후속 손해배상청구 소송 기판력이 없음(기판력의 객관적 범위)
양수금청구	① 양도대상채권 ⓐ 소비대차계약 ⓑ 원본의 인도 ⓒ 변제기의 도래 ⓓ 이자 및 이율의 약정[7)] ② 채권양도 ⓐ 채권양도계약 ⓑ 양도인에 의한 통지	Ⓐ 채권가압류 ⓐ 채권가압류결정 ⓑ 송달 Ⓑ 소멸시효완성 ⓐ 상행위 ⓑ 행사할 수 있는 때부터 5년 경과	Ⓐ ⓐ 채권가압류된 상태에서는 추상적 채무권원을 만드는 판결절차에서 청구는 할 수 있음. Ⓑ ⓑ에서 소멸시효의 기산점은 성립한 때가 아니라 행사할 수 있은 때인 변제기이다. 그로부터 5년 미경과

2. 물권적 청구권의 법리

가. 일반론

물권적 청구권은 물권별로 그 근거규정을 별도로 규정하고 있다. 즉 물권의 대표인 소유권에 대하여 Ⓐ 소유물반환(제213조), Ⓑ 소유물방해제거청구(제214조 전문)[8)], Ⓒ 소유물방해예방청구(제214조 후문)를 규정해 두고, 담보물권이나 용익물권에서 이를 준용하는 근거규정을 두는 방식을 취하고 있다. 물권적 청구권은 ① 물권자가 ② 침해당했을 때 청구할 수 있는 것이다. 소유권의 경우 침해의 형태에 따라 침해가 점유인 경우에는 소유물반환청구로, 침해가 방해일 때는 소유물방해배제청구의 형태로, 방해할 우려가 있는 때에는 방해예방청구로 분류하고 있고, 특히 소유물방해배제청구의 경우 방해 태양이 Ⓐ 타인의 대지 위에 건물을 소유하고 있는 경우에는 건물철거로, Ⓑ 타인의 부동산 위에 원인무효 등기명의를 보유하고 있는 경우에는 등기말소라는 형태로 더 세분화되어 있다.

나. 소유물반환청구(민법 제213조)

(1) 물권자

소유권은 원시취득으로부터 시작되어 포괄적승계취득 또는 특정승계취득으로 방식으로 이전된다. 그래서 원시취득 법리를 잘 학습하고 있을 필요가 있다. 원시취득은 대개 민법 제187조에 의한 소유권취득으로 원시취득사유가 존재하면 등기 없이도 그 소유권을 취득한다. 포괄적 승계취득 중 상속은 피상속인의 사망으로 민법 제187조에 의해 그 소유권을 취득한다. 명의신탁관계에서는 대외적으로는 명의수탁자만이 물권자이다.

---

7) 이상 4가지 요건은 대여금 및 그 이자청구를 위한 전형적인 요건사실이다.

8) 민법전에는 소유물방해제거청구라고 표현하고 있으나, 일반적으로 소유물방해배제청구 또는 간략하게 방해배제청구라고 상용하고 있으므로 본서에서는 방해배제청구라는 용어를 사용하기로 한다.

(2) 점유자(상대방)

사실심 변론종결 당시 점유자이다. 그렇다면 사실심 변론종결 직전에 다른 자에게 점유를 이전해 버리면 인도청구를 기각당하게 된다.(대법원 1999. 7. 9. 선고 98다9045 판결) 그래서 점유이전금지가처분을 해 둘 필요가 있다. ⓐ 점유보조자는 상대방이 될 수 없다. ⓑ 판례에 따르면 물권적 청구권의 행사로서 인도청구를 구할 때 간접점유자는 상대방이 될 수 없다.(대법원 1999. 7. 9. 선고 98다9045 판결 등)

다만 전대차가 있은 후 임대차 계약 종료에 의한 원상회복청구로서 채권적 청구권인 인도청구를 할 때는 간접점유자에 불과한 임차인을 상대로 인도청구를 할 수 있다. 이는 물권적 청구권의 행사가 아니라 채권적 청구권의 행사이기 때문에 약정의 당사자를 상대로 청구할 수 있다.

나. 방해배제청구

(1) 물권자

소유물반환청구의 청구권자와 같다.

(2) 방해사실

앞서 수차례 설명한 바와 같이 방해의 태양에 따라 건물철거, 등기말소 등의 구체적인 청구권이 발생한다. 방해자는 현재[9] 물권의 실현에 대한 방해원인을 자기의 **사회적 지배범위 안에 둔 자**이다. 사회적 지배범위 안에 두었다는 것을 달리 표현하면 **법률상 · 사실상 처분할 수 있는 자**라고도 할 수 있다.(대법원 2003. 1. 24. 선고 2002다61521 판결 참조)[10] 소송과정에서 '현재'의 판단시점은 사실심변론종결시이다. 관련된 유명 판례로는 소유자가 동의하지 않은 쓰레기를 매립한 자에 대하여 방해는 종료되었다고 보아 방해배제는 청구할 수 없고 다만 과거의 쓰레기 매립행위란 침해에 관해 손해배상청구만 할 수 있고, 매립된 쓰레기를 수거하라는 방해배제청구는 할 수 없다는 판례가 있다.(대법원 2003. 3. 28. 선고 2003다5917 판결) 상대방의 **고의 · 과실 등 귀책사유**[11]는 요구되지 않는다. 방해원인이 자기의 사회적 지배범위 안에 둔 자란 요건이 필요한 이유는 첫째 "방해" 또는 "권리침해"란 고의·과실과 같은 귀책사유의 존재를 요구하지 않고 권리침해의 객관적 상태만이 존재하는 것을 일컫기 때문이다. 만약 모든 권리에 대한 방해사실에 대하여 다 물권적 청구권을 인정하면 권리방해사실과는 아무런 관련이 없는 자도 그 책임을 부담할 가능성이 높아져 불합리한 경우가 생긴다. 통상 아무에게도 책임이 없는 위험은 위험이 발생한 곳에 그 부담을 시키는 것이 좋

9) 방해는 현재도 지속되어야 한다. 방해가 과거에 있었으나 현재 종료되어 '손해'로만 남아 있는 경우에는 손해배상을 청구할 수는 있어도 방해배제청구권을 행사할 수는 없다.(대법원 2003. 3. 28. 선고 2003다5917 판결)

10) 2012년도 제3차 법학전문대학원 협의회 모의시험 문제 참조

11) 민법개정안 중에 민법 제752조 전후에 금지청구권의 근거규정을 두어 물권적청구권의 일반조항을 민법 손해배상장에 두려고 하는 개정안이 마련되었던 적이 있었다. 잘 아는 바와 같이 손해배상은 반드시 고의, 과실이란 귀책사유가 있어야 한다. 따라서 이와 같은 시도는 성격이 전혀 다른 두 가지 제도를 같은 장에 두는 잘못으로 재고되어야 한다.

다.(민법 제537조 채무자위험부담주의도 이런 원칙을 선언한 것임) 따라서 권리침해 또는 방해에 일정한 관련이 있는 자를 상대로 물권적 청구권이 인정될 뿐이다. 이런 일정한 관련성을 "사회적 지배범위 안에 둔 자"란 용어로 그 범주를 구분 짓게 하는 역할을 수행하는 것이다.

(3) 방해사실 중에는 타인 소유 부동산에 **원인무효 등기명의**를 보유하는 것도 포함된다. 이런 원인무효 등기의 존재로 인한 소유권 방해를 제거하기 위해 인정된 소유권이전등기 말소청구의 경우에는 등기의 추정력 때문에 등기원인의 무효사실도 원고측에서 주장·증명하여야 한다. 주의할 것은 소유권보존등기의 경우에는 "등기사항전부증명서"[12]에는 그 등기원인의 기재도 없을 뿐만 아니라, 따라서 등기의 추정력이 적용되지 않으므로 말소를 청구하는 자가 특별히 등기원인의 무효사실까지 주장·증명할 필요가 없다.

다. 특수문제(비용부담의 문제): 반환청구권과 방해배제청구권의 충돌문제

판례(대법원 1997. 9. 5. 선고 95다51182 판결 등)는 상대방의 비용과 노력으로 반환하는 등 **방해를 제거하여야 한다는 입장**이다.(행위청구권설의 입장)[13] 기타 소유자책임설, 책임설, 인용청구권설 등이 있으니 행위청구권설의 진정한 의미가 무엇인지를 알기 위해 아래 사례들을 참고로 알아두기 바란다.

[사례] 흔히 소유자 甲의 집에 절도범 乙이 침입하여 금괴 5㎏을 상자에 넣어 훔쳐 달아나다가 골목길에서 경찰관과 마주치자 위 금괴가 든 상자를 丙의 마당으로 던져 넣고 도망친 경우 甲이 丙의 마당에서 금괴가 든 상자를 회수할 수 있는가를 중심으로 논의가 되고 있다.

[검토의견] 위 사안에서 물권적청구권을 행위청구권으로 이해할 때 甲은 丙에게 상자인도청구를 할 수 있고 그 확정판결을 받은 다음 강제로 丙의 마당에서 상자를 수거해 오면서 그 집행비용을 丙에게 부담시킬 수 있다.(민사집행법 제53조 제1항) 이와 같은 해결책은 행위청구권설 입장에서 설명한 것이다. 하지만 이와 같은 결론은 丙의 입장에서는 아무런 잘못 없이 반환의무를 부담케 할 뿐만 아니라 나중에 그 비용까지 부담하게 된다는 점에서 대단히 불공정하다. 그래서 이를 보완하는 다양한 견해가 제시된 것이다. 결론적으로 말하자면 행위청구권설을 주장하는 입장에서도 위와 같은 부정의를 피하기 위해 방해개념을 방해원인을 자신의 사회적 지배범위에 두어야 비로소 인정된다고 해석하는 등 丙의 점유사실을 부인하는 방법으로 물권적청구권을 부인하고 오히려 丙이 甲에 대하여 방해배제청구를 할 수 있다고 해석하여 해결하고 있다. 그렇다고 해서 물권적청구권을 행위청구권이 아니라고 이해할 것은 아니고 위와 같은 아주 예외적인 경우에는 점유사실을 부인하는 등으로 합리적인 해결책을 찾아 문제를 해결할 일이다.

12) 과거에는 등기부등본이라고 했다. 본서에서는 간혹 등기부등본이라고 지칭하더라도 "등기사항전부증명서"로 이해하기 바란다.

13) 한국사법행정학회, 「민법주해 물권(1)」 539면 이하 참조

라. 소유물반환청구와 반환대상 소유물에 대한 훼손, 과실, 비용 등 부수적 이해관계의 조정

소유물반환청구를 하면 점유 중이던 상대방은 소유물의 반환은 피할 수 없겠지만 소유물에 지출한 비용을 상환받고 싶어 할 것이다. 또 소유물에서 취득한 과실을 보유하고 싶고, 소유물에 입힌 훼손 등 배상책임을 면하고 싶을 것이다. 그래서 이와 같은 이해관계를 중심으로 법원리가 발달되었다. 이 문제를 민법 제201조 내지 203조에 의해 해결하도록 입법화되어 있다. 민법 제201조 내지 203조에 의한 위 문제의 해결책은 한마디로 요약하면 '선의의 점유자'에 대한 우대정책이다. 민법 제201조 제1항에 의하면 선의의 점유자는 수취한 과실을 반환할 의무가 없다. 이때 과실에는 천연과실은 물론 법정과실도 포함되고 따라서 목적물의 사용이익도 포함되어 이자, 임료 등 각종 사용이익도 반환할 필요가 없다. 민법 제748조 제1항에 따르면 선의자는 그 이익이 현존하는 범위내에서 반환해야만 하는데 민법 제201조에 의거 전혀 반환하지 않아도 되는 것이다. 따라서 민법 제201조는 실천적으로 매우 중요한 의미를 갖는다. 민법 제202조에 의하면 멸실·훼손의 경우에도 선의의 자주점유자는 자신이 그 멸실·훼손의 과정에서 받은 이익 중 현존하는 것만 배상할 의무를 진다. 또 민법 제203조에 의하면 지출한 필요비는 전액을, 유익비는 소유자의 선택에 따라 지출한 금액과 증가된 가액 중 어느 하나를 소유자로부터 상환받을 수 있다.

문제는 가끔 소유물반환청구가 원상회복의무와 경합하여 존재하게 된다는 데 있다. 예를 들면 임대차계약 종료로 인하여 원상회복의무[14]로서 임차목적물반환의무도 존재하고, 또 소유자겸 임대인이 그 소유권에 기해 점유하고 있는 임차인을 상대로 소유물반환청구를 할 수 있다.[15] 임대차계약 종료 후 원상회복의무로서의 반환청구는 주로 채권적 청구권 성격을 갖고 있고, 이와 결합하여 부당이득반환청구를 하게 되면 원상회복에 따른 과실수취, 비용상환, 훼손 등의 손해배상 등도 민법 제747조, 제748조에 의해 해결되어야 한다.(대법원 2003. 7. 25. 선고 2001다64752 판결, 대법원 2009. 3. 26. 선고 2008다34828 판결)

한편 악의의 점유자는 민법 제201조 제2항에 의하여 천연과실은 물론 법정과실인 사용이익도 반환하여야 한다. 이때 민법 제201조 제2항은 물론 제748조 제2항도 적용되어 받은 이익에 이자를 붙여 반환하여야 한다.(대법원 2003. 11. 14. 선고 2001다61869 판결)[16]

---

14) 원상회복청구는 민사법에서 많은 영역에서 사용되고 있다. 그 성격은 위 임대차계약의 사례와 같이 채권적 청구권인 경우도 있고, 계약 해제 후 원상회복의무와 같이 물권적 청구권인 경우도 있다. 그래서 원상회복청구권을 일의적으로 물권적 청구권이다 또는 채권적 청구권이다라고 단정할 필요는 없고, 그 발생원인으로부터 추론되는 법적 성격에 따라 적절하게 나누면 된다. 영미법에서는 원상회복을 restitution이라고 하면서 부당이득반환청구(unjust enrichment)와 구분하여 물권적청구권에 가깝게 취급하고 있다. 최근에 대한민국 학계에서 마련한 금지청구권 도입근거 규정은 민법 제752조 전후에서 원상회복청구라는 형태로 성안되었는데, 이때 개정안은 결국 원상회복청구권을 물권적 청구권적 성격이 강하다고 보아 사용된 용어라고 할 수 있다.

15) 모든 물권적청구권에 대응하여 원상회복의무로서 채권적청구권이 인정되는 것은 아니다. 하지만 상당히 많은 경우에 경합되고 있다. 이때 판례는 양 청구권 사이에 청구권경합을 인정하고 있다. (구소송물이론) (대법원 1993. 5. 14. 선고 92다45025 판결)

16) 다만 제201조 내지 제203조가 선의의 점유자 모두를 두텁게 보호하는데 입법론적으로 의문을 제기하는 견해도 있다. 입법론은 향후 법률의 개정을 통해 해결할 일이고 제201조 내지 제203조에 의한 보호와 제747조, 제748조로

마. 항변들

(1) 물권자임을 부정하는 항변

원시취득, 포괄적 승계취득, 특정승계취득으로 물권자가 된다. 그 중 압도적 다수를 차지하는 특정승계취득에서 민법 제186조에 의하면 약정+등기가 있어야 물권을 취득하게 된다. 등기는 등기사항전부증명서를 통하여 증명할 수 있지만 약정은 여러 가지 하자가 숨어 있을 수 있다. 이러한 약정의 성립상 하자가 전부 물권적 청구권관련 소송의 숨은 항변사유들이 된다. 주요한 항변으로 ① 부존재, ② 무효, ③ 취소, ④ 해제(해지), ⑤ 무권대리(대리권남용), ⑥ (회사 또는 법인·단체의 경우)대표권제한 위반 등이 있다. ① 부존재는 다시 ⓐ 위조·변조, ⓑ 판결편취에 의한 등기 등이 있고, ② 무효사유로는 ⓐ 의사능력 없는 자의 행위, ⓑ 원시적 불능, ⓒ 반사회질서위반(동기의 불법, 배임적 이중양도에 적극 가담 등), ⓓ 강행규정 중 효력규정 위반, ⓔ 비진의 의사표시, ⓕ 통모허위표시 등이 있고, ③ 취소사유로는 ⓐ 미성년자(피성년후견인 등 제한행위능력자), ⓑ 사기·강박, ⓒ 착오 등이 있고, ④ 해제(해지)사유, ⑤ 무권대리(대리권남용), ⑥ 대표권 제한 위반 등이 있다. 특히 위조·변조, 의사무능력, 미성년자 등은 제3자 보호규정이 없고, 등기의 공신력도 없어 수익자는 물론 전득자, 제2전득자 등도 등기부취득시효가 완성될 때까지 물권자의 물권적 청구권의 행사에 속수무책으로 당할 수 있다. 부동산이 고액인 상태에서 이와 같은 거래상의 위험은 한 인간의 재정적 상태를 일거에 파탄시킬 만한 것이어서 종종 사회적 문제가 되고 있다.

(2) 침해에 고유한 항변들

가) 인도청구의 경우

점유할 정당한 권원이 있다고 항변할 수 있다.

나) 등기말소청구의 경우

실체관계에 부합하는 등기, 또는 무효등기의 유용으로 항변할 수 있다.

다) 건물철거청구의 경우

권리남용이나 신의칙 위반이란 항변을 할 수 있다.

아래에서는 다음과 같은 7단계 권리분석의 방법에 따라 구체적으로 분석해 본다.(다음 순서로 논의해 보자)[17)]

의한 이해관계 조정이 동시에 존재하는 상황에서 원고의 선택에 따라 선의의 점유자에 대한 보호가 달라지는 불합리는 막아야 한다. 그래서 물권적청구권은 물론 원상회복의 일환으로 청구되는 소유물인도청구 등에 부수되어 훼손, 비용, 과실 등 관련청구는 원칙적으로 민법 제201조 내지 제203조의 법리에 따라 선의의 점유자를 보호하는 방식으로 법률이 적용되고 있는 것이다.

17) 위와 같은 방법에 의한 구체적인 권리분석은 지면관계상 제1회 변호사시험 기록형 문제풀이에서만 집중적으로 소개한다. 다른 기록에서는 생략하니 스스로 작성해 보기 바란다.

가. 1단계 : 분쟁의 내용 확인
상담일지 중 의뢰인의 희망사항란 참조
나. 2단계 : 약정 불이행 또는 권리 침해
3단계 : 구제수단의 선택 (약정 불이행의 경우는 강제이행 청구, 채무불이행에 의한 손해배상청구, 급부 부당이득반환청구 중 선택하고, 권리 침해의 경우는 물권적 청구권, 불법행위에 의한 손해배상 청구, 침해 부당이득반환청구 중 선택함)
4단계 : 구체적인 소송명의 선택
5단계 : 요건사실의 확정 (표준적 약정을 고려하고, 청구취지에 맞게 요건사실의 재조정)
6단계 : 예상가능한 답변, 항변 등에 대한 반박
7단계 : 재검토 단계. 재검토는 ① 목적달성에 필요·충분한 청구를 하는가? ② 결론이 상식에 부합하는가? 라는 두가지 관점으로 한다.

(1) 희망사항을 정독

(2) 약정 (불이행)	(2) 권리 침해
(3) 강제이행청구 등	(3) 물권적 청구권(소유물반환, 방해배제) 등
(4) 구체적인 소송명	(4) 구체적인 소송명
(5) 요건사실 (채권각칙, 표준적 약정)	(5) 요건사실 (잘 정형화되어 있음)

(6) 피고측의 답변, 항변 등과 원고의 반박
(7) 재검토
(가) 필요·충분한가?
(나) 상식에 부합하는가?

3. 피고 박진수에 대한 청구유형–물권적 청구권(방해배제청구)

가. 제1단계 : 분쟁의 유형

권리침해사안이다.

나. 소송유형

(1) 제2단계 : 권리침해의 경우 그 구제수단으로 물권적 청구권, 손해배상청구권, 침해부당이득반환청구권이 있다. 본 사안에서는 피고 박진수에 대하여 물권적 청구권 중 방해배제청구권을 행사하여야 의뢰인의 희망사항을 달성할 수 있다.

(2) 제3단계 및 제4단계 : 물권적 청구권 중 방해배제의 형태로서 소유권이전등기 말소청구

물권적 청구권 중에도 방해배제청구권(민법 제214조)을 적용해야 의뢰인의 희망사항을 달성할

수 있는 사안이다. 등기 관련하여 방해배제청구는 대체로 소유권이전등기 말소청구의 소송형태로 이루어진다. 민법 제214조에 의하면 방해배제청구권의 법률요건은 ① 소유, ② 방해이다. 방해가 등기인 경우에는 등기의 추정력에 의하여 ③ 등기의 원인이 무효인 사실을 추가적으로 주장·증명해야 한다. 그래서 소유권이전등기 말소청구 사건의 법률요건은 ① 원고의 소유사실, ② 피고 명의의 소유권이전등기의 경료, ③ 등기원인의 무효사실이 된다. 나중에 살펴보듯이 원고에게 대지 및 잡종지의 (공동)소유권이 있는데 피고 박진수가 각종 서류를 위조하여 원인무효의 소유권이전등기를 경료하면 **(등기)원인무효**가 된다. 그래서 소유권이전등기 말소청구를 할 수 있게 된다.

다. 제5단계 : 청구원인사실

(1) 원고의 소유권

㈎ 법률의 규정에 의한 소유권취득(민법 제187조)

계쟁 부동산들은 부친소유인데, 피상속인인 부친이 사망함으로써 상속인인 원고 등은 부친소유 재산을 상속받아 그 소유권을 취득하게 된다. 물권의 원시취득사유나 상속·합병 등에 의한 포괄적 승계취득, 경매와 같은 특정승계취득사유는 민법 제187조에 따른 법률의 규정에 의한 소유권 취득이다. 그래서 원고 등 명의로 등기를 경료하지 않아도 그 소유권을 취득하게 된다. 따라서 원고는 부친이 해당 부동산을 소유하고 있다가 사망하였다는 구체적인 역사적·자연적 사실을 주장·증명하면 되고, 상속에 따른 상속등기를 경료하였다는 사실은 기재할 필요가 없다. 본 사안에서는 상속등기가 경료되어 있지 않으니 이를 주장·증명할 수도 없다. 다만 타에 처분할 때는 등기를 해야만 처분할 수 있다.(민법 제187조)

㈏ 공유자의 보존행위로서의 소유권이전등기 말소청구

공유자의 경우 처분행위는 자신의 지분만을 독자적으로 처분할 수 있고, 관리행위는 지분다수결로 관리사항을 결정할 수 있다. 하지만 보존행위의 경우 공유자 중 1인이라도 보존행위를 할 수 있다. 따라서 소유권이전등기 말소청구가 처분행위, 관리행위, 보존행위 중 어디에 해당되는 지가 매우 중요하다. 전통적으로 소유권이전등기 말소청구는 공유자 전원에게 이익이 되는 행위이기 때문에 보존행위로 보아 왔다. 때문에 공유자 중 1인이라도 전부에 관하여 말소청구를 할 수 있다. 그래서 공유자 중 1인이라도 자신의 지분을 특정함이 없이 전부에 관한 말소청구를 할 수 있다. 공유물의 처분행위인 매매를 청구원인으로 하여 소유권이전등기를 청구한 때에는 그 지분을 명시하여 청구하여야 한다는 차이점을 명심하여야 한다.

(2) 방해사실로서의 원인무효등기

방해사실은 원인무효의 등기를 경료하고, 이를 유지하고 있는 사실이다. 다만 원인무효 등기의 등기경료사실만 주장·증명하면 현재도 유지하고 있는 사실은 추정되기 때문에 특별한 사정이 없는 한 별도로 현재도 등기하고 있는 사실을 주장·증명할 필요는 없다. 등기명의인 표시변경 또는 경정의 부기등기도 등기명의인의 동일성을 해치면 방해로 인정된다.(대법원 2008. 12. 11. 선고 2008다 1859 판결)

(3) 등기원인의 무효사실

등기공무원은 등기부에 등기원인을 기입한다. 등기원인의 무효여부는 등기부에 기재되어 있는 등기원인의 무효여부를 중심으로 검토되어야 한다. '등기사항전부증명서'를 발급받아 보면 그 등기원인을 정확하게 알 수 있다. 확정판결을 통하여 등기가 이루어진 경우라도 등기원인은 확정판결이 아니라 판결상의 소송물이었던 매매계약이나 증여와 같은 약정이 그 등기원인이 된다. 따라서 등기원인 무효여부는 이 매매나 증여의 무효여부를 중심으로 검토하여야지 확정판결의 기판력, 재심이나 항소의 추후보완 가능성 등을 중심으로 그 원인무효여부를 판단하여서는 안 된다.[18]

라. 제6단계 : 예상가능한 항변 등에 대한 반박들 : 예상가능한 항변 등은 기록상으로는 내용증명우편 등에서 나와 있는 당사자들의 주장을 중심으로 구성해 보는 것이 좋다.

(1) 먼저 원고의 청구원인 요건사실 별로 답변내용을 구상해 본다.

(2) 다음으로 본 건에서 가능한 항변들을 구상하고, 그 항변의 요건사실을 챙겨보아 이에 대한 답변 및 재항변으로 반박의 논점을 정리한다. 주로 ① 이전등기시에 원인무효이지만 실체관계에 부합하는 등기라는 주장과 ② 이전등기후 발생한 소유권취득사유를 이유로 한 무효등기의 유용에 관련된 주장이다. 본 건에서는 전자의 사유로는 명의신탁사실 및 등기부 취득시효 완성을 주장하고 있다.

(3) 명의신탁

부동산에 관한 명의신탁의 경우 진정명의신탁(양자간 명의신탁 및 제3자명의신탁)과 계약명의신탁에 따라 적용되는 법리가 다르다. 본 사안에서는 이 중 어디에 해당되는지는 명확하지 않다. 사실관계가 명확하지 않기 때문이다. 실제 사건에서는 사실관계가 명확하지 않다면 의뢰인 등을 통하여 사실관계를 확인하여 특정하려는 노력을 기울여야 할 것이다. 다만 본 사안에서는 진정명의신탁이나 계약명의신탁이나 그 적용결과가 결론에 영향을 미치지 못할 것이라고 판단하여 출제자는 이를 분명히 할 수 있는 자료들을 제시하지 않았다.[19] 그런데도 학문적 호기심의 만족을 위하여 양자를 비교하고 과연 차이가 없는 지만을 간략하게 검토해 보자.

만약 제3자 명의신탁이라면 소외 망 박정수는 그 소유권을 취득할 수 없어 원고의 상속에 의한 소유권 취득은 불가능하게 된다. 하지만 위 박정수 명의의 소유권이전등기가 1970. 3. 5.경 이루어

18) 구체적인 사례는 제4회 변호사시험 기록형을 참조하기 바란다.

19) 실제 모의문제를 푸는 수험생의 입장에서는 이처럼 추가적인 자료의 제시가 없는 출제자의 의도를 잘 유추해 보면 결론을 어느 정도 얻을 수 있다.

진 것으로 소위 부동산실명제법이 입법되기 이전의 것이다. 그래서 종전 명의신탁 이론의 적용을 받아 수탁자는 적법하게 그 소유권을 취득한다. 어쨌든 증거가 존재하지 않는 상태에서 그 사실을 부인하여 상대방의 주장을 배척하여야 한다.

(4) 취득시효

취득시효는 점유취득시효와 등기부취득시효로 나누어지고 현실세계에서는 점유취득시효가 더 많이 발생한다. 등기부취득시효는 소송상으로는 본건과 같이 보통 항변의 형태로 주장된다. 부동산에 대한 등기부취득시효의 경우 ① 등기와 ② 점유가 모두 10년 이상이 되고, 점유가 자주, 평온, 공연, 선의, ③ **무과실**임이 요건사실로서 주장·증명되어야 한다. 물론 민법 제197조에 의하여 자주, 평온, 공연, 선의점유가 추정된다. 그래서 ⓐ 10년간의 등기 및 점유, ⓑ 무과실점유만의 주장·증명책임이 피고에게 있다.

본 건에서는 피고 박진수의 점유개시의 시기가 꼭 분명한 것은 아니다. 추측컨대 박정수의 사망 후부터 줄곧 점유하고 있다고 주장할 것으로 보인다. 실제 소송을 수행하는 경우라면 이 부분은 증거를 통하여 분명하게 밝혀낼 필요가 있다. 그 점유를 개시할 시점에서 피고 박진수가 소유의 의사로 점유개시하였는지 여부가 쟁점이 되고(자주점유의 문제), 나아가 점유가 선의이며 무과실인지가 문제가 된다. 위와 같이 선의점유는 추정되지만 선의·무과실인 사실은 추정되지 않는다. 따라서 상대방이 무과실인지 여부를 충분히 주장·증명하여야 할 책임이 있다. 제시된 작성요령에 따르면, 피고의 제기가능한 주장에 대하여 반박을 포함하라고 하였기 때문에 피고가 이 부분을 주장하여 증명하려고 함을 전제로 원고로서는 무과실이 아닌 점에 관하여 위조 사실 등을 들면서 통열하게 비난할 수 있도록 사실을 기술할 줄 알아야 한다.

마. 무단점유로 인한 임료상당의 부당이득반환청구 또는 불법점유를 원인으로 한 임료상당의 손해배상청구 가능성

(1) 일반론

본건과 같은 물권적 청구권에서는 계쟁물에 대한 무단점유로 인한 부당이득반환청구와 불법점유를 원인으로 한 손해배상청구권이 청구권의 경합관계로서 존재하여 소송상 관계가 문제된다. 이런 점에서 물권적 청구권은 현재 및 미래에 대한 권리침해에 대한 배제를 위한 권리일 뿐 과거에 발생한 손해 또는 부당이득을 구제하는 제도가 아니다는 점을 알 수 있다.

(2) 무단점유로 인한 임료상당의 부당이득반환청구

일반적으로 부당이득반환청구(민법 제741조)는 ① 법률상 원인 없이 ② 이익을 얻고 ③ 손해를 입혔고, ④ 이익과 손실사이에 인과관계가 존재한다는 사실을 주장·증명하여야 한다.

① 법률상 원인의 결여

통일설과 비통일설이 있다. 비통일설의 경우 ① 급부이득 ② 침해이득 ③ 비용이득 ④ 기타 이득으로 구분하여 설명하고 있다. 비통일설에 의하면 Ⓐ 급부부당이득의 경우는 법률상 원인의 결여를 부당이득청구권자가 주장·증명해야 하고, 반면 Ⓑ 침해부당이득의 경우는 상대방이 법률상 원인 있음을 주장·증명해야 한다고 한다.

② 이득

선의의 점유자는 민법 제201조에 의하여 점유물의 과실을 취득할 수 있고, 토지를 사용함으로써 얻는 이득은 그 토지로부터 취득하는 과실에 해당되므로 반환할 의무가 없다.(대법원 1987. 9. 22. 선고 86다카1966,1997 판결) 본 건에서는 나대지의 경우는 채권양도와 원고의 권리포기 등으로 문제가 되지 않지만 잡종지에 대하여는 박진수는 간접점유자, 김영철은 직접점유자로서 각 무단점유 성립여부와 악의점유 여부가 문제될 수 있다. 우선 박진수의 악의점유는 충분히 성립한다. 하지만 김영철의 악의점유는 나누어 생각해야 한다. 김영철은 원래 점유를 취득할 때 박진수가 소유자로 등기되어 있었기 때문에 특별한 사정이 없는 한 선의점유로 점유를 시작하였다고 판단된다. 그렇다면 언제 악의점유로 전환되었을까 하는 관점에서 수많은 모의기록에서 출제되고 있다. **민법 제197조 제1항에 의하면 선의점유는 추정되기 때문에 유력한 증거에 의해 번복될 수 있다.** 원고가 귀국 후 2005. 7. 1. 김영철에게 잡종지의 반환을 요구한 바 있었고, 나아가 2008. 11. 1. 박진수에 대한 형사판결문까지 보여 주면서 잡종지의 인도를 요구하였다. 결국 증명력의 문제이긴 하겠지만 형사판결문을 보여 주며 인도를 구했을 때쯤은 박진수의 소유가 아니라는 점이 명백해 졌다고 보아 그 다음날부터 악의가 되었다고 해야 할 것이다.[20] 간혹 모의시험의 답안에 따라서는[21] 이러한 유력한 증거들이 존재함에도 불구하고, 민법 제749조 제2항을 적용하여 "소장부본송달일"부터 악의로 보아 그 반환을 인정한 사례들이 있다. 그러나 본 사안에서는 부당이득반환을 원인으로 한 소송을 제기하여 이미 패소확정되었으므로 기판력의 저촉을 받기 때문에 이를 청구원인으로 삼을 수 없다.

기타 ③ 손해, ④ 인과관계를 주장·증명하여야 한다.

(3) 불법점유를 원인으로 한 손해배상청구

불법점유를 원인으로 하여 임료상당의 손해배상을 청구할 수 있다. ① 고의·과실, ② 위법성 ③ 손해 ④ 인과관계의 주장·증명을 통하여 불법점유를 원인으로 한 손해배상을 청구할 수 있다. (민법 제750조) 우선 불법점유로 인한 손해배상청구와 무단점유로 인한 부당이득반환청구는 청구권경합으로 서로 기판력의 저촉을 받지 않는다. 같은 소송에서는 선택적 병합의 형태로 객관적 병합청구를 할 수도 있다.

---

20) 비슷한 입장에서 모범답안이 작성된 사례로는 제6회 변호사시험이 있다.

21) 법학전문대학원 협의회 2017년 제2차 모의시험, 2018년 제2차 모의기록 및 그 모범답안을 참조 바람

바. 피고 박진수를 상대로 근저당권설정등기의 말소를 청구할 수 없다.

피고 박진수는 피고 주식회사 신한은행으로부터 금전을 차용하고 근저당권설정등기를 경료해 주었다. 즉 피고 박진수는 근저당권설정자, 주식회사 신한은행은 근저당권자이다. 근저당권의 말소청구는 방해배제청구적 성격을 가지므로 근저당권자 또는 그 근저당권을 법률상·사실상 처분할 수 있는 자를 상대로 청구해야 하고 근저당권설정자를 상대로 청구할 수는 없다.

4. 피고 주식회사 신한은행에 대한 청구

가. 제1단계 : 분쟁내용 파악하여야 한다.

나. 제2단계 : 권리 침해 혹은 약정 불이행인가?

본 사안에서 신한은행은 박진수로부터 근저당권설정계약을 체결하고 그 등기를 경료하였으므로 마치 약정 불이행 상황인 것처럼 보일 수 있다. 만약 박진수가 신한은행을 상대로 근저당권설정등기 말소청구를 하는 상황이라면 이는 약정관련 분쟁이다. 하지만 근저당권설정계약의 당사자가 아닌 원고가 신한은행을 상대로 청구하는 본 사안은 전형적인 권리 침해를 원인으로 한 방해배제청구권의 행사 사안이다.

다. 제3, 4단계 : 물권적 청구권이고, 근저당권설정등기 말소청구라는 소이다.

라. 제5단계 : 방해배제청구로서의 근저당권설정등기 말소청구는 ① 소유사실과 ② 방해사실이 청구원인의 요건사실이 된다. 소유사실은 원용을 하면 되고, ② 방해사실은 다시 ⓐ 등기사실과 ⓑ 원인무효사실로 나눌 수 있는데, 소유자가 아닌 다른 자와 금전소비대차계약을 체결하고 그 담보조로 근저당권설정계약을 체결한 후 근저당권을 경료하였다는 사실은 원인무효사실을 포함한 것이다.

마. 제6단계 : 예상 가능한 주장에 대한 반박(변제의무가 선이행관계에 있다는 주장에 대한 반박)

근저당설정자가 피담보채무가 변제 등으로 소멸하고 그와 부종성이 있는 근저당권이 소멸되었다는 사실을 근거로 근저당권설정등기 말소를 청구할 때는 피담보채권의 변제가 말소청구에 선이행관계에 있다. 하지만 본 사안은 근저당권이 소유권에 대한 방해가 된다며 물권적 청구권의 행사로서 근저당권의 말소를 구하는 것이므로 위와 같은 주장은 물권적 청구권에 대한 유효한 항변으로서 기능할 수 없다. 특히 계약(금전소비대차계약)에 따른 이행(변제)의무는 계약당사자 사이에만 효력이 있을 뿐 타인을 구속할 법률효과는 없다. 채권의 상대적 효력이라는 것이다. 본 건에서는 계약당사자가 피고 신한은행과 피고 박진수이다. 그러므로 원고는 타인으로 그 효력에 구속되지 않는다.

바. 승낙의 의사표시와 말소청구

피고 신한은행의 근저당권설정등기는 피고 박진수의 소유권이전등기를 기초로 이루어졌기 때문에 근저당권설정등기의 말소청구가 아니라 피고 박진수에 대한 소유권이전등기말소청구에 대한 승낙의 의사표시를 하라는 식으로 제기할 수도 있다.[22] 다만 말소청구를 하는 것이 더 일반적이기 때문에 말소청구의 형태로 청구취지를 작성함이 좋다. 소유권이전등기청구권 가등기가 경료되어 있을 때도 동일한 문제가 되나 가등기 말소청구의 형태로 청구하는 것이 더 일반적이다. 이에 반하여 가압류, 가처분은 법원의 촉탁에 의해 이루어지는 것이기 때문에 의사의 진술을 명하는 말소청구에는 적합하지 않은 등기처리방식이다. 따라서 가압류 등기, 가처분 등기의 경우에는 그 등기의 말소를 청구할 수 없고,[23] 기초가 된 등기의 말소청구에 승낙의 의사표시를 하라는 식으로 청구취지를 작성해야 한다.

5. 피고 김영철에 대한 청구

가. 제1단계 : 분쟁의 내용

나. 제2, 3, 4단계

(1) 물권 침해상황으로 물권적 청구권의 행사로 대지인도청구의 소를 제기할 수 있고, 부당이득반환청구권이 병합되어 있다.

(2) 양수금 청구를 할 수 있다.

다. 제5단계 : 요건사실

(1) 잡종지 인도청구

물권적 청구권은 ① 소유사실과 ② 점유사실이 된다.

(2) 부당이득 또는 손해배상을 부수적으로 구할 경우에는 무단점유 또는 불법점유사실이 충분히 주장·증명되어야 한다.

(3) 채권양수금 및 이자청구

㈎ 채권양도

채권양도의 경우 양도인과 양수인 사이의 ① 채권양도계약사실과 채무자에게 청구할 때는 ② 양도인에 의한 ⓐ 양도사실통지와 ⓑ 그 도달이 요건이 된다.

제3자에 대한 대항요건이 문제된다. 본 사안과 같이 채권가압류되어 있을 경우 채권양수인과

22) 실제로 같은 형태의 청구취지로 출제된 적이 있다. 법학전문대학원 협의회 제공 모의기록 제9회 모범답안 참조

23) 실제로는 가압류 등기, 가처분 등기의 말소청구를 구하는 소에 대하여 각하를 한 원심판단에 대해 대법원은 승낙의 의사표시를 구하는 청구로 선해할 수 있다며 심리미진을 이유로 파기환송한 사실이 있다.

가압류권자 중 우선순위가 문제되는데 이를 채권양도의 제3자에 대한 대항요건이라고 한다. 제3자에 대한 대항요건은 확정일자 있는 통지이거나 채무자가 승낙하였을 경우이다. 내용증명우편에 날인된 소인은 "공무소에서 사문서에 어느 사항을 증명하고 기입한 일자"에 해당되어 확정일자로서 효력이 있다.(민법 부칙 제3조 제4항) 본 사안에서는 확정일자(내용증명우편) 있는 통지가 가압류송달일자보다 시간적으로 앞선다. 또한 가압류가 앞선다고 하더라도 채권가압류의 일반적인 경우와 같이 채무자는 제3채무자에게 청구는 할 수 있고, 집행절차에서 집행정지의 방법으로 대응할 수 있을 뿐이다. 따라서 채권가압류결정이 있었다는 사실은 어느모로 보나 의미가 없는 주장이다.

㈏ 소비대차의 원금청구

소비대차의 원리금청구는 ① 소비대차계약의 체결사실, ② 원본의 지급사실, ③ 변제기의 도래사실, ④ 이자·이율의 약정사실을 주장·증명하여 할 수 있다.

㈐ 상인이 금전소비대차에 대한 이자

상인이 영업에 관하여 금전소비대차계약을 체결한 경우에는 명시적 약정이 없어도 이자를 청구할 수 있고(표준적 약정), 따라서 대주가 상인이어야 한다. 상인이면 기본적 상행위, 준상행위, 보조적 상행위라도 무방하다.

또 상행위에는 연 6%의 법정이율을 적용한다.(상법 제55조 제1항) 이때는 채권자가 상인인 경우는 물론 채무자가 상인이어도 되고, 기본적 상행위, 준상행위, 보조적 상행위 모두에 그 적용이 있다. 따라서 상인이라거나 상행위에 해당된다는 것을 알 수 있도록 사실관계를 기술해 주어야 한다.

라. 제6단계 : 상대방의 주장에 대한 반박

(1) 기판력

㈎ 기판력의 시적 범위

1) 표준시

표준시 당시의 현재의 권리관계의 존부에 관한 판단에 기판력이 발생한다. 표준시는 민사소송법 제218조에 의하여 사실심 변론종결시가 기준이 되고, 예외적으로 무변론판결의 경우에는 판결시가 표준시가 되고, 화해권고결정은 그 확정시(대법원 2012. 5. 10. 선고 2010다2558 판결)가 표준시가 된다.

2) 표준시전의 권리관계

표준시전에 존재한 사유는 차단되어 실권되는 효과가 있다.(실권효, 차단효) 즉 전소의 표준시 이전에 존재하였으나 그때까지 제출하지 않았던 공격방어방법은 제출할 수 없다. 그래서 해제권, 취소권은 실권된다. 논란이 많았던 백지어음의 보충권에 관해서도 백지어음의 소지인이 백지부분을 보충하지 아니하여 패소확정판결을 받은 후 다시 동일한 어음에 백지보충하여 어음금 지급 청구의 소를 제기한 경우에는 전소의 기판력 적용을 받아 허용되지 않는다고 판단하였다.(대법원

2008. 11. 27. 선고 2008다59230 판결) 예외적으로 상계권, 지상물매수청구권 등이 있다. 상계권은 변론종결 전에 상계권이 있다 하여도 변론종결 후에 행사하였으면 상계권의 존부를 알았든 몰랐든 실권되지 않는다.(대법원 1998. 11. 24. 선고 98다25344 판결) 지상물매수청구권은 상계권과 같이 취급하자는 견해(강현중)와 변론종결전에 알았는지 몰랐는지를 기준으로 하자는 견해(이시윤)가 나누어져 있었으나 판례(대법원 1995. 12. 26. 선고 95다42195 판결)에 의해 변론종결전에 이를 알았다고 하더라도 확정판결 후 이를 행사할 수 있다고 정리되었다.(제2회 변호사시험 문제로 출제되었으니 참조)

3) 표준시후의 관리관계

표전시후에 발생한 권리관계에 대해여는 기판력이 미치지 않는다. 그래서 표준시 이후에 발생한 새로운 사유(사정변경)는 실권효의 제재를 받지 않는다.

㈏ 기판력의 객관적 범위

청구권 경합의 관계에 있는 경우에는 기판력의 객관적 범위에 속하지 않아 별도로 소를 제기하여도 기판력에 저촉되지 않는다. 법조경합의 관계에 있는 경우에는 기판력의 저촉을 받는다. 본건의 경우는 전소의 청구취지를 보면 2004. 9. 1.부터 인도완료일까지 임료상당의 부당이득금반환을 청구하고 있었으므로, 만약 본 소송에서도 무단점유를 원인으로 한 부당이득반환청구를 하게 되면 객관적 범위가 중복된다. 그러므로 부당이득으로 구성할 것이 아니라 불법점유를 원인으로 한 손해배상으로 구성하여 청구하여야만 한다.(대법원 1991. 3. 27. 선고 91다650·667 판결) 그렇게 청구했다면 기판력에 저촉된다는 반박을 피할 수 있다.

㈐ 기판력의 인적 범위

1) 당사자간

기판력은 원칙적으로 당사자간에 생기고 제3자에게는 미치지 않는다.(민사소송법 제218조 제1항) 사해행위 취소의 판결은 채무자는 피고가 될 수 없으며, 그 취소의 효과는 채권자와 수익자, 전득자 사이에만 미치고, 채권자와 채무자, 채무자와 수익자 사이에 영향이 없다.(대법원 2014. 6. 12. 선고 2012다47548 판결, 대법원 2015. 11. 17. 선고 2012다2743 판결[24])

2) 포괄승계인

---

24) 甲(원고), 乙(채무자)(소외인), 丙(수익자)(피고 1), 丁(제3채무자)(피고 2)이 있다. 乙이 丁에 대하여 채권을 갖고 있는데, 그 채권을 丙에게 채권양도를 했다. 그런데, 甲은 이를 사해행위로 보아 丙, 丁을 상대로 채권자취소의 소를 제기하면서 그 원상회복으로 丙이 제3채무자(丁)에게 채권양도가 취소되었다는 통지를 하도록 청구하였고, 또 乙을 대위하여 丁을 상대로 채무이행의 소를 제기하였다. 대법원은 채권자취소와 채권양도가 취소되었다는 통지를 하라는 청구는 모두 인용하면서 채권자취소는 甲과 丙사이에 효력이 생길 뿐 乙과 丙사이의 법률관계에는 아무런 효력이 없다며 甲과 丙사이에만 그 채권이 채무자의 책임재산으로 취급될 뿐 채무자가 직접 그 채권을 취득하여 권리자가 되는 것은 아니므로, 甲은 乙을 대위하여 丁에게 그 채권에 관한 지급을 구할 수 없다며 기각한다고 판시하였다.

3) 변론종결한 뒤의 승계인(민사소송법 제218조 제1항)

변론종결한 뒤 소송물인 권리관계를 승계한 제3자에게 판결의 효력이 미친다. 무변론판결의 경우는 판결선고한 뒤의 승계인에게 판결의 효력이 미친다. 등기·등록이 필요한 권리인 경우에는 등기·등록시를 기준으로 판단한다.

소송물이 물권적 청구권일 경우에는 피고의 지위를 승계한 자는 제218조 제2항의 승계인으로 보아 기판력이 미친다. 그러나 채권적 청구권일 경우에는 승계인으로 보지 않는다. 전자의 예로는 소유권에 기해 소유권이전등기말소 청구를 한 사안에서 원고 승소판결이 있으면 피고로부터 변론종결 후 소유권이전등기(담보물권을 설정한 자 포함)를 경료받은 자는 제218조 제1항이 정한 승계인으로 본다.(대법원 1972. 7. 25. 선고 72다935 판결) 후자의 예로는 매매에 기한 소유권이전등기청구에서 승소의 확정판결 후 변론종결 후 피고로부터 소유권이전등기를 경료받은 제3자는 제218조 제1항의 승계인이 아니다.(대법원 1993. 2. 12. 선고 92다25151 판결) 토지소유자가 무단점유자에게 부당이득반환청구의 소를 제기하여 판결을 받아 확정된 경우 그 변론종결 후 토지소유권을 취득한 사람은 기판력이 미치는 변론종결 후 승계인에 해당되지 않는다고 판단하고 있다.(대법원 2016. 6. 28. 선고 2014다31721 판결)

㈑ 기판력 저촉의 결과

Ⓐ 승소판결인 전소가 있음에도 다시 기판력의 저촉을 받는 소를 제기한 경우에는 소의 이익이 없는 것으로 보아 각하되어야 한다. 이 점을 지적하여 항변하면 본안전 항변이 된다.

Ⓑ 패소판결인 전소가 있음에도 다시 기판력의 저촉을 받는 소를 제기한 경우에는 기각한다. 그러므로 청구기각의 주장이 된다.

(2) 소멸시효완성[25]의 항변

채권을 시간이 경과함에 따라 시효완성하여 소멸하는 소멸시효제도가 법정되어 있다. 그래서 형성권, 물권적 청구권(상속회복청구권) 등에 주로 인정되고 있는 제척기간과 다르다. 또 물권에 집중되어 있는 취득시효제도와도 다르다. 다만 실천적으로는 소멸시효와 제척기간의 구분이 어렵다. 그래서 소멸시효는 원칙적으로 소위 채권을 중심으로 적용되는 것으로 채권의 소멸시효기간은 원칙적으로 10년이다. 하지만 채권의 종류에 따라 다양한 단기소멸시효기간이 법정되어 있다. 중요한 단기소멸시효로는 상사 일반소멸시효는 5년이고, 불법행위에 의한 손해배상청구의 경우 발생일로부터는 10년이지만 안 날로부터는 3년이다.

---

25) 그동안 출제된 경향을 보면 Ⓐ 상대방이 적극적으로 소멸시효완성의 주장을 하면 여러 가지 이유로 소멸시효완성의 장애요인이 있어 기각될 주장이고, Ⓑ 오히려 상대방이 조용히 있고, 3년, 5년, 10년전의 채권을 설명하고 있으면 소멸시효완성하여 소멸하였는지를 반드시 확인해 보아야 한다.

(3) 예상가능한 항변(채권가압류와 이행청구) 등에 대한 반박

채권이 가압류되었다고 하더라도 실제 이행을 받을 수 없다거나 채무권원에 의하여 실제 강제집행을 할 수 없음에 그칠 뿐 채무권원을 만들기 위한 이행청구에는 그 영향을 미치지 못한다.

6. 채점강평[26]

가. 형식적인 사항들

(1) 등록기준지를 기재하는 경우에 대한 이해가 부족하였다.

나. 청구취지

(1) 청구취지의 목차에 사용되는 1, 2, 3과 가. 나. 다.의 간결한 사용례를 잘 익혀 사용하여야 한다. 본 사안에서는 1, 2, 3으로 점철될 경우 너무 지나치게 번호 목차가 길어지므로 가급적 1.에는 실체적 청구취지를 2와 3에는 소송비용 및 가집행으로 할당하고, 1.항 밑에 가, 나, 다라는 항목을 만들어 피고들별로 가, 나, 다를 할당하여 작성하는 것이 일목요연하여 보기 좋다.

(2) 부동산 표시는 앞서 언급한 것을 "위"라는 용어로 인용하면서 축약하는 것이 좋으나, 등기소 이름은 전체를 다 써 주는 것이 좋다.

(3) 잡종지도 "대"라고 표시하면 지목표시가 달라져 전혀 다른 부동산이 된다. 이처럼 사소해 보이는 것도 정확하게 기재하여 특정에 문제가 없도록 해야 한다.

(4) 소송비용의 경우 "피고들" 중 "들"을 누락한 경우가 많았다.

(5) 피고 박진수에 대하여 소유권이전등기 말소청구와 더불어 소유권이전등기 청구를 다시 하는 것은 넌센스다. 피고 박진수 명의로 된 이전등기가 말소되면 그 이전의 등기명의자(박정수) 소유가 된다. 그래서 이를 바탕으로 바로 상속등기를 하면 된다.

(6) 일부는 신한은행에 50,000,000원을 지급한 후 말소청구를 하도록 청구취지를 구성하였는데, 원고가 신한은행에 대하여 위 금원을 지급할 의무는 없다.

(7) 원상회복하여 청구할 필요가 있는지에 관하여 검토하여야 된다. 원상회복이 필요한 경우에는 원상회복하라는 일반적 표현을 사용하지 않고 매우 구체적으로 쓴다. 예를 들면 건물을 적시하여 철거하라든지, 아니면 부착물을 특정가능하게 설명하면서 수거 또는 철거 등의 구체적인 청구취지를 기재하여야 한다. 그래야 집행이 된다.

(8) 여전히 청구취지에 무색·투명한 문구가 아닌 수식어를 사용하여 청구하고 있다. 일반인들이 시장에서 물건 사듯이 청구하는 것이 아니라 소장은 전문가가 정해진 rule에 따라 청구취지를 구성하여야 하고, 예비법조인으로서는 이런 것을 잘 배워야 훌륭한 법조인이 될 수 있다.

---

26) 학생들이 모의시험을 통해 작성하여 제출한 답안을 두고 채점을 해 본 결과 나타난 문제점을 정리한 것이다. 각 학교의 사정에 따라 다를 수 있다. 그래서 본서에서는 몇 개의 채점강평만 게재하여 수험생들로 하여금 다른 수험생들이 일반적으로 자주 저지르는 실수가 무엇인지를 알 수 있도록 한다.

(9) 청구취지에서는 약칭 문구를 절대로 사용하면 안 된다. 그렇게 하면 난삽해 보이고, 청구취지가 나중에 주문에 대응되는 것인데 특정상의 문제도 있어 집행에 어려움이 생긴다.

다. 청구원인

(1) 사실기술의 방식으로 하여야지 증거 제시하듯이 기술해서는 안 된다.

(2) 청구원인의 첫머리에 "사실의 개요"를 설정하여 각종 청구의 공통적인 사실을 간략하게 기술할 수 있다. 이때도 오로지 사실을 기술하여야지 청구 등을 요약하여 기술하면 전체적인 구조상 불균형이 온다.

(3) 사실을 증거상에 나타나는 사실로 기재하는 것이 설득력이 더 높다. 상상하여 기술하는 것은 가급적 피해야 한다. 사실을 추상적으로 기술하는 것이 아니라 구체적으로 기술하여야 한다.

(4) 상속의 경우에는 지분 등을 표시하고, 상속지분 분배에 의문이 있는 妻의 사망에 관한 설시도 곁들여 주는 것이 깔끔하다.

(5) 부당이득으로 구성하면 당장 선의의 부당이득자인 경우 현존하는 이득의 범위내에서 반환하여야 하고, 악의인 시점이 문제된다. 그런데 본 사안에서 이에 대한 증거가 없다. 그리고 전 소송의 청구취지를 보면 분명히 2004. 9. 1.부터 인도완료일까지 월차임상당의 부당이득을 청구하였다. 그러므로 금번 소송에서 부당이득으로 구성하면 전소의 청구범위를 벗어나 청구하기가 대단히 곤란하다. 기록상 보이는 사실심 변론종결일이란 언급은 주장일 뿐 실제 청구의 동일성을 판단할 때는 소장에 나타난 청구취지를 중심으로 판단하여야 한다.

(6) 상인이라고 기술하기보다는 각자의 직업을 구체적으로 기술함으로써 자연스럽게 상인성을 드러내도록 하여야 한다.

(7) 청구원인 기술에서 "...이 판례의 입장이다" 또는 "...이 판례의 입장이 아니다"라고 기술하는 사례가 너무 많이 발견된다. 법리론을 전개할 때도 그 판례가 담고 있는 법리를 중심으로 기술하여야 할 뿐 위와 같이 표현하여서는 아니 된다. 만약 판례를 구체적으로 꼭 지적하고 싶다면 법리론을 전개한 다음 ( )를 마련하여 판례번호를 입력하여 자신의 주장이 판례상의 근거도 있다는 점을 밝혀 주면 된다. 즉 가압류된 채권이라도 이행청구를 할 수 있으나 다만 현실적으로 집행하는 것은 금지되어 있다는 법리론을 그대로 기술하면서 본 건은 이행청구를 하는 것이기 때문에 가압류결정에 반하지 않는다는 정도로 기술하는 것으로 족하다. 이것이 판례의 취지이니 뭐니 할 필요는 없다는 것이다.

(8) 토지 1 또는 토지 2라고 정리하기보다는 "위 나대지" 또는 "이 사건 나대지" 또는 "위 잡종지" 또는 "이 사건 잡종지" 등으로 표현하여 읽어보면 무엇을 지칭하는지 금방 잘 알 수 있게 약어를 만들어 사용하는 것이 더 좋다. 법관이 서면을 읽으면서 어렵지 않게 무엇에 관하여 논의를 하는지를 알 수 있도록 하는 것이 바람직하기 때문이다.

(9) 엉터리 법리에 조심해야 한다. 갑자기 "원고와 소외 박점숙이 각 2분의 1 지분에 따른 공

유로 추정된다"라고 하였는데, 이때 "추정"이란 법률용어가 왜 갑자기 등장하였는지 알 수 없다. 법률가는 법률용어 하나를 사용할 때도 정확하게 사용하여야 한다. 등기부취득시효 부분에서 자주점유 여부, 선의·무과실 점유여부는 전부 점유를 중심으로 점유개시시부터 사정을 살펴야 한다. 그런데, 기록상으로는 박진수가 점유를 개시한 시점이 불분명하고, 다만 1년 정도 이후인 2001년경에 위조하여 소유권이전등기를 경료한 것이다는 사실만 나타나 있다. 그러므로 이런 부분에 관하여 차이점을 잘 알면서 어떻게 효과적으로 기술할지 주의를 요한다. 그리고 등기부취득시효 주장에는 쟁점이 소유의 의사로 점유하는지를 중심으로 하는 자주점유여부에 관한 쟁점과 점유의 선의와 무과실에 관한 쟁점이 동시에 포함되어 있다. 이 두 가지를 중심으로 충분히 설시하여야 한다.

기록상 불분명한 주장을 함부로 하여서는 아니 된다. 실무상으로도 자신의 주장에 충분한 증거가 확보되어 있다고 판단되었을 때 해당 주장이나 사실의 기술을 하여야 한다. 이 부분은 매우 중요하다. 예를 들면 점유개시의 시점이 위조하여 이전등기한 후인지는 분명하지 않고 더구나 그 이전일 가능성이 더 크다.

(10) 위조행위를 증거에 기하여 구체적으로 기술할 줄 알아야 한다. 본 사안에서는 형사판결문이 제시되어 있기 때문에 이를 기초로 위조행위를 구체적으로 기술할 줄 알아야 한다. 위조사실은 원인무효의 중요한 이유가 되기 때문에 구체적인 기술이 꼭 필요하다.

(11) 인도청구(물권적 청구권)의 요건사실은 소유사실과 점유사실일 뿐 무단점유나 불법점유사실은 아니다.

(12) 기록을 찾아 일자 등을 특정하여 사실을 정확하게 기술하려는 노력을 기울여야 한다.

(13) "피고 박진수에 관하여"라고만 제목을 붙인 경우가 있다. 청구원인은 피고에 대한 기술을 하는 것이 아니라 청구의 원인을 기술하는 것이다. 그러므로 가급적 "피고 박진수에 대한 청구"라는 식으로 "청구"까지 넣어서 제목을 다는 것이 좋다.

(14) 공통되는 부분은 앞에서 한번 완벽하게 정리하고 뒤에서는 이를 원용하는 방식으로 기술하도록 노력하여야 한다. 본 사안에서는 상속사실이 공통되는 사실이다.

(15) 통지서에는 분명히 채권 전부를 대상으로 통지하였다. 그러므로 채권양도통지사실을 기술할 때는 3000만원 전부에 관하여 양도통지를 하였다는 식으로 사실에 맞게 기술하여야 한다. 원고지분에 관하여만 채권양도통지를 한 사실은 없다. 따라서 나중에 지분에 따라 원고는 자신의 지분만을 청구한다고 정리하여야 한다.

소　　장

원　고　　박 대 원(600824 - 1234567)
　　　　　서울 종로구 내자동 12
　　　　　소송대리인 변호사 신영수

서울 종로구 종로 1가 교보빌딩 1203호
전화번호 (02) 732-1000, 팩스번호 (02) 732-1001
이메일 : sys@hanmail.com

피 고 1. 박 진 수(250308-1234600)
서울 종로구 신교동 500
2. 주식회사 신한은행
서울 중구 을지로 1가 18
송달장소 서울 종로구 신교동 826 신한은행 종로 제2지점
대표이사 라응식
3. 김 영 철(750417-1316400)
서울 종로구 효자동 32

소유권이전등기 말소 등 청구의 소

청 구 취 지

1. 원고에게,
가. 피고 박진수는,
서울 종로구 관철동 50-1 대 500㎡와 같은 동 50-2 잡종지 330㎡에 대하여 서울중앙지방법원 중부등기소 2001. 3. 5. 접수 제1500호로 마쳐진 각 소유권이전등기의 말소등기절차를 이행하고,

나. 피고 주식회사 신한은행은,
위 가.항의 50-1 대지에 대하여 같은 등기소 2001. 7. 3. 접수 제5950호로 마쳐진 근저당권 설정등기의 말소등기 절차를 이행하고,
다. 피고 김영철은,
1) 15,000,000원 및 이에 대한 2008. 10. 5.부터 이 사건 소장부본 송달일까지는 연 6%의, 그 다음날부터 다 갚는 날까지 연 20%의 각 비율에 의한 금원을 지급하고,[27]
2) 위 가.항의 50-2 잡종지를 인도하고,
3) 2009. 2. 1.부터 위 50-2 잡종지의 인도완료일까지 월 1,500,000원의 비율에 의한 금원을 지급하라.
2. 소송비용은 피고들의 부담으로 한다.
3. 위 제1의 다.항은 가집행할 수 있다.
라는 판결을 구합니다.

27) 문제 작성요령 상으로는 지연손해금청구를 하지 말라고 되어 있어 정답은 "15,000,000원 및 이에 대한 2008. 10. 5.부터 2010. 4. 5.까지 연 6%의 비율에 의한 금원을 지급하라."로 되었었다. 하지만 금전지급청구에서 이행기 이후 지연손해금을 청구하는 것은 당연하고, 실무상 거의 빠짐없이 이루어진다. 지연손해금 산정이율이 연 20%로 고율이므로 고객을 위하여 반드시 청구해야 한다. 따라서 본 모범답안에서는 지연손해금의 청구를 하는 것으로 작성해 보았다.

청 구 원 인

1. 소외 망 박정수의 이 사건 나대지 및 잡종지 소유 및 그 상속

가. 소외 망 박정수는 가구 제조·판매업에 종사하면서 1970. 3. 15.경 타인으로부터 서울 종로구 관철동 50-1 대 500㎡(이하 '이 사건 나대지'라고 함)와 같은 동 50-2 잡종지 330㎡(이하 '이 사건 잡종지'라고 함)을 매수하여 같은 해 4. 16. 소유권이전등기를 경료하여 소유하고 있었습니다.

나. 위 박정수에게는 처인 소외 망 김수연이 있었으나 1999. 5. 18. 사망하였고, 자녀로는 아들인 원고와 딸인 원고의 여동생 소외 박점숙(이하 원고와 소외 박점숙을 '원고 등'이라고 함)이 있었는데, 위 박정수는 2000. 8. 1. 급성폐렴으로 사망하였습니다.

다. 따라서, 위 박정수의 소유였던 이 사건 나대지 및 잡종지는 위 박정수의 자녀들인 원고 등이 각 1/2의 지분으로 상속하여 상응하는 소유권을 취득하였습니다.

2. 피고 박진수에 대한 청구

가. 소유권이전등기 말소청구

1) 원인무효 등기

피고 박진수는 형인 위 박정수 집 가까이 거주하면서 평소 위 박정수의 가구점일을 도와주곤 하였는데, 박정수가 사망한 후 원고와 소외 박점숙이 상속등기를 하지 않고 그 재산을 제대로 관리하지 못하고 있는 사정을 이용하여 2001. 3. 3.경 위 박정수가 같은 일자 이 사건 나대지 및 잡종지를 매도하였다는 내용의 매도증서를 위조하여 같은 달 5.경 서울중앙지방법원 중부등기소에 제출하여 같은 등기소 2001. 3. 5. 접수 제1500호로 된 피고 박진수 명의로 각 소유권이전등기를 마쳤습니다.

2) 소결론

그렇다면, 피고 박진수는 이 사건 나대지와 잡종지의 공동소유자인 원고에게 보존행위로 원인무효인 위 소유권이전등기를 말소해 줄 의무가 있다 할 것입니다.

나. 피고 박진수의 주장에 대한 반박

1) 명의신탁하여 실체관계에 부합하는 등기라는 주장

가) 이 사건 나대지 및 잡종지는 원래 원고의 조부이자 피고 박진수의 부친인 소외 망 박석곤의 소유였는데, 위 박석곤이 생전에 피고 박진수에게 증여하였으나 다만 그 등기 명의만은 소외 망 박정수로 되어 있었던 데 불과하였다면서 피고 박진수 명의의 위 소유권이전등기는 명의신탁 해지를 통하여 그 소유권을 회복하는 실체관계에 부합하는 등기로서 그 효력이 있다고 주장하고 있습니다.

나) 그러나, 소외 망 박정수는 1970. 3. 15. 타로부터 이 사건 나대지 및 잡종지를 매수하여 같은 해 4. 16. 소유권이전등기를 경료하여 이를 소유하고 있을 뿐, 위 박석곤이 그 명의로 소유한 사실도 없으며, 더구나 명의신탁을 한 사실도 없습니다.[28]

---

28) 타인의 주장·증명책임이 있는 사실에 대하여 반박을 할 때는 "...에 관한 증명을 하지 못하고 있습니다."라고 기재하거나 "...란 증거가 없습니다."라고 주장할 것이 아니라 "...라는 사실이 없습니다." 또는 "...는 사실과 다릅니다."라고 기재하여 부인하는 것이 좋다.

다) 그러므로, 피고 박진수의 위 주장은 이유 없습니다.

2) 등기부취득시효완성되어 실체관계에 부합하는 등기라는 주장

가) 피고 박진수는 2000. 8. 1.경 위 박정수의 사망이래 이 사건 나대지 및 잡종지를 고물수집장소나 임대목적물로 점유[29] 사용하면서 2001. 3. 5.경 그 명의로 부동산소유권 이전등기를 경료하여 등기와 점유가 10년을 초과하였음이 역수상 명백하므로 이를 시효취득하였고, 그래서 무효등기가 유효로 되었다고 주장하고 있습니다.

나) 피고 박진수는 앞서 살펴 본 바와 같이 평소 위 박정수의 집 가까이 거주하면서 박정수의 가구점 일을 도와주곤 하였습니다. 2000. 8. 1.경 위 박정수가 사망하고, 그 유가족인 원고는 1995년경 캐나다로 떠난 후 그곳에서 거주하고 있었고, 딸인 소외 박점숙은 1992.경 결혼하여 부산에서 거주하는 등으로 생활에 바빠 이 사건 나대지 및 잡종지에 대한 상속등기도 하지 못하는 등 그 재산관리에 소홀한 틈을 타서 점유를 개시하였으며, 특히 2001. 3. 5.경 심지어 매도증서 및 인감도장까지 위조하면서 자신 앞으로 소유권이전등기를 한 후 이 사건 나대지는 자신의 고물수집장소로 이용하고, 이 사건 잡종지는 피고 김영철에게 임대하였던 것입니다.

다) 그렇다면, 피고 박진수의 이 사건 나대지 및 잡종지에 대한 점유는 그 점유개시 무렵부터 소유의 의사 없이(타주) 악의, 과실 있는 점유로 일관하였다 할 것이므로 등기부 시효취득할 수 없었습니다. 따라서 피고 박진수의 위 주장은 이유가 없습니다.

3. 피고 주식회사 신한은행(이하 피고 신한은행이라 함)에 대한 청구

가. 원인무효등기에 터잡은 후속등기의 말소

1) 피고 박진수 명의의 이 사건 나대지 및 잡종지에 대한 위 소유권이전등기가 원인무효의 등기임은 위와 같습니다.

2) 피고 박진수는 피고 신한은행 종로 제2지점에서 2001. 7. 3.경 금 350,000,000원을 대출받으면서 이 사건 나대지를 담보로 제공하여 같은 일자 근저당권설정계약을 원인으로 한 같은 등기소 2001. 7. 3. 접수 제5950호로 된 채권최고액 500,000,000원, 채무자 박진수로 된 근저당권 설정등기를 경료해 주었습니다.

3) 그렇다면, 위 근저당권설정등기는 원인무효인 위 이전등기 상의 무권리자인 피고 박진수와 사이에 체결된 근저당권설정계약을 근거로 경료된 것으로 무효라 할 것이고, 그 외 원고 및 소외 박점숙과 피고 신한은행 사이에는 그 어떤 근저당권설정의 원인행위도 없었습니다.

나. 소결론

따라서, 피고 신한은행은 이 사건 나대지의 공동소유자인 원고에게 보존행위로 원인무효인 위 근저당권설정등기를 말소해 줄 의무가 있다 할 것입니다.

다. 피고 신한은행의 피담보채무 변제받은 후 말소에 응하겠다는 주장에 대한 반박

1) 피고 신한은행은 위 박진수는 위 대출금 350,000,000원 중 대부분을 상환하고 현재 5,000만원이 남아 있다며 그 5,000만원을 갚아 주어야 근저당권을 말소하겠다고 주장합니다.

29) 실제로는 점유개시시기까지 특정하여야 하지만 본 사안에서는 이를 알 수 없어 두리뭉실하게 설시하고 있을 뿐이다.

2) 그러나 피고 주장의 위와 같은 사유는 원고의 말소청구를 막을 수 없으며[30] 또한 원고 등은 위 채무발생 원인행위의 당사자도 아니며, 피고 박진수에게 위 원인행위 등에 대한 아무런 대리권도 수여하지 않았을 뿐만 아니라 기타 일체의 채무부담 원인행위를 하지 않았으므로 피고 신한은행의 위 주장은 이유 없다 할 것입니다.

4. 피고 김영철에 대한 청구

가. 이 사건 잡종지의 인도청구 및 그 불법점유에 따른 손해배상청구

1) 인도 및 손해배상청구

가) 피고 박진수가 이 사건 잡종지에 대하여 위와 같이 원인무효의 소유권이전등기를 경료한 사실은 앞서 설명한 바와 같습니다.

나) 피고 박진수는 2004. 7. 15. 피고 김영철과 사이에 이 사건 잡종지를 보증금 없이 월임료 3,000,000원, 임대기간은 2004. 9. 1.부터 10년간으로 정하여 임대하고, 2004. 9. 1.경 인도하여 피고 김영철은 현재 위 잡종지 상에서 '승리지게차'란 상호로 지게차 임대업을 운영하고 있습니다.

다) 2004. 9. 1.부터 현재까지 위 잡종지에 대한 월임료는 보증금없이 월 3,000,000원입니다.(공인중개사 김후남, 박명철 작성의 토지임대료 확인서 참조)

라) 원고는 2005년 봄경 귀국한 후 같은 해 7. 1.경 비로소 위와 같은 사실을 알고 피고 박진수에게 이전등기의 환원을 요구하고, 피고 김영철에게도 이 사건 잡종지의 반환을 요구하였으나 피고 김영철은 자신은 등기부를 보고 피고 박진수가 소유자인 것으로 알고 임차한 것뿐이라며 박진수와 해결하라며 인도를 거절하였습니다. 나아가 원고 등은 2008. 11. 1.경 피고 김영철에게 위 박진수가 매도증서 등을 위조하여 위 이전등기를 경료하였다는 범죄사실로 형사처벌까지 받은 형사판결문까지 제시하면서 이 사건 잡종지의 반환을 요구하였음에도 불구하고 피고 김영철은 정리할 시간을 좀 달라고 하면서 지금까지 이 사건 잡종지를 점유하고 있었습니다.

2) 소결론

그렇다면, 피고 박진수는 원고에게 위 잡종지를 인도하고, 위 잡종지를 인도받아 점유하면서 형사판결문을 보아 위 잡종지가 원고 등의 소유인 사실을 확실하게 안 날인 2008. 11. 1. 이후로는 자신의 점유가 불법이라는 점을 알았다고 할 것입니다. 그래서 그 이후로서 3년의 단기소멸시효가 경과되기 전의 최초일인 2009. 2. 1.부터 인도완료일까지 임료상당의 손해배상액 중 원고의 지분상당액인 월 금 1,500,000원의 비율에 의한 손해배상금을 지급할 의무가 있다 할 것입니다.

3) 피고 김영철의 주장에 대한 반박

가) 점유에 정당한 이유가 있다는 주장

(1) 피고 김영철은 자신은 위 임대차계약 당시 등기부상 피고 박진수 명의로 등기되어 있음을

30) 위와 같은 주장은 너무 요건사실, 항변의 구분과 그에 기초한 주장·증명책임에 근거한 것으로 형식적인 감이 없지 않다. 실무상으로는 위와 같은 정도의 기초적인 법리는 법원도 충분히 인지하고 있음을 전제로 생략하여 후술된 내용만을 포함시켜 부드럽게 문서를 작성하고 있다.

확인하고 그 사실을 믿고 계약한 다음 인도받아 점유하기 시작한 선의의 임차인으로서 그 임차권을 선의취득하여 그 점유함에 정당한 이유가 있다고 주장하고 있습니다.

(2) 그러나, 부동산 등기에 공신력이 인정되지 않는 이상 그 등기내용의 진정성을 믿고 거래한 선의의 임차인이라고 하더라도 보호받지 못하고, 그 임차권도 선의취득의 대상이 되지 못합니다. 이에 터잡은 정당한 이유 주장은 이유 없다 할 것입니다.

나) 기판력에 저촉된다는 주장

(1) 피고 김영철은 원고 등은 피고 김영철을 상대로 위 잡종지를 무단점유하여 부당이득하고 있다며 임료상당인 월 3,000,000원의 비율에 의한 금원을 지급하라는 취지의 소송을 제기하였다가 2005. 10. 1. 원고 등이 이 사건 잡종지의 소유자임을 알 수 있는 증거가 없다는 이유로 패소판결이 선고되고 그 판결이 원고 등의 항소포기로 같은 달 25. 확정되었다며 동일 목적물을 대상으로 한 이 사건 청구는 위 확정판결의 기판력에 저촉되어 기각되어야 한다고 주장하고 있습니다.

(2) 원고 등은 이 사건 잡종지가 원고 등의 소유인데 피고 김영철이 아무런 권원없이 점유·사용하여 매월 임대료 상당액인 3,000,000원의 부당이득을 얻고 원고 등에게 동액 상당의 손해를 입히고 있다며 그 부당이득의 반환을 구하는 소를 제기하였으나 2005. 10. 1. 원고 등의 패소판결이 선고되고, 같은 달 25. 원고 등의 항소포기로 확정된 사실은 주장과 같습니다. 그러나 이 사건 손해배상 청구는 이 사건 잡종지는 원고 등의 소유인데 피고 김영철이 2004. 7. 15.경 그 소유자라고 주장하는 피고 박진수 명의의 부동산등기를 경솔하게 믿고 임대차계약을 체결한 다음 같은 해 9. 1. 인도받아 점유하면서 더구나 2008. 11. 1.경 피고 박진수 명의의 위 이전등기가 서류들을 위조하여 경료된 것이라는 명백한 증거인 형사판결문까지 제시하였음에도 불구하고 계속 점유하였음을 근거로 불법점유로 인한 손해배상청구이므로 부당이득을 청구원인으로 한 전소와는 청구원인(소송물)에서 같지 않아 기판력의 범위 내에 속하지 않고, 따라서 본 청구는 전소 기판력의 저촉을 받지 않습니다. 그러므로 피고 김영철의 위 주장은 이유 없습니다.

다) 소멸시효가 완성되었다는 주장

(1) 피고 김영철은 위 잡종지의 인도청구 및 임료 상당의 손해배상청구는 소멸시효가 완성되었으므로 응할 수 없다고 주장합니다.

(2) 먼저 이 사건 잡종지에 대한 인도청구는 그 침해상태가 계속되는 한 시효로 소멸하지 않으므로 주장 자체로 이유 없고, 임료상당의 손해배상청구는 원고 등이 이미 3년 이전의 손해배상금의 지급을 배제하고 그 이후 손해배상금의 지급을 구하고 있으므로 더 이상 단기소멸시효의 적용을 받을 수 없다 할 것이어서 이유 없다 할 것입니다.

나. 양수금청구

1) 소비대차계약, 원본의 인도, 변제기의 도래, 이자 및 이율의 약정, 채권양도, 양도인에 의한 채권양도사실의 통지와 도달

가) 피고 박진수는 2008. 10. 5. 지게차 임대업을 하고 있던 피고 김영철에게 지게차의 신규 구입비 명목으로 금 30,000,000원을 1년 6개월 후에 변제하기로 약정하여 대여하였습니다. 피고 박진수와 김영철은 모두 상인으로 이자의 약정이 없더라도 상법 제55조 제1항에 따라

연 6%의 법정이자로 이자지급의무가 발생합니다.

나) 피고 박진수는 2009. 5. 10.경 원고 등을 찾아와 화해를 요청하고 이 사건 나대지상에 무단으로 고물상 영업을 한 데 대한 보상조로 위 대여금 채권을 원고 등에게 양도하고, 같은 달 11.경 피고 김영철에게 채권 양도사실을 통지하고, 피고 김영철은 같은 달 13.경 위 양도통지서를 수령하였습니다.

2) 소결론

그렇다면, 피고 김영철은 위 채권의 양수인인 원고에게 그 지분 1/2에 상응하는 채무금 15,000,000원 및 이에 대하여 상인간의 법정이자 발생일인 2008. 10. 5.부터 이 사건 소장 부본 송달일까지 상사법정이율인 연 6%의 비율에 의한, 그 다음날부터 다 갚는 날까지는 소송촉진 등에 관한 특례법 제3조 소정의 연 20%의 비율에 의한 각 이자 및 지연손해금을 지급할 의무가 있다 할 것입니다.

3) 피고 김영철의 주장에 대한 반박

가) 채권가압류 되었다는 주장

(1) 피고 김영철은 원고의 채권자인 소외 정태수가 2009. 5. 20.경 위 양수금 채권을 가압류 대상채권으로 하여 가압류(서울중앙지방법원 2009카단3516 채권가압류결정)하여 같은 달 23.경 피고 김영철에게 그 결정문이 송달되었으므로 원고에 청구에 응할 수 없다고 주장합니다.

(2) 가압류된 채권이라도 추상적 채무권원을 창출하는 판결절차에서 이행청구를 할 수 있습니다. 그러면 가압류채권자는 그 판결이 확정되어 강제집행에 착수되었을 때 가압류결정사실을 증명하여 그 강제집행을 저지시킬 수 있습니다. 따라서 피고 김영철의 주장은 주장 자체로서 이유 없다 할 것입니다.

나) 소멸시효항변

(1) 피고 김영철은 위 양수금 청구는 상사채권으로 상법 제64조 상의 5년의 단기소멸시효가 완성되어 원고의 청구에 응할 수 없다고 주장합니다.

(2) 본 양수금의 변제기는 2010. 4. 5.인바 그로부터 이 사건 소제기는 5년이 경과하기 않은 시점에서 이루어졌음은 역수상 명백하므로 피고 김영철의 위 주장은 이유 없습니다.

5. 결론

그렇다면, 원고에게, 피고 박진수는 이 사건 나대지 및 잡종지에 대하여 경료된 원인무효 등기인 서울중앙지방법원 중부등기소 2001. 3. 5. 접수 제1500호로 경료된 각 소유권이전등기를 말소하고, 피고 신한은행은 이 사건 나대지에 대하여 서울중앙지방법원 중부등기소 2001. 7. 3. 접수 제5950호로 경료된 근저당권설정등기를 말소하고, 피고 김영철은 이 사건 잡종지를 인도하고, 불법점유개시일 이후로 3년의 소멸시효기간이 경과되기 전인 2009. 2. 1.부터 인도완료일까지 자신 지분범위내로서 임료상당인 월 1,5000,000원의 비율에 의한 손해배상금을 지급하고, 양수금 중 자신 지분범위내인 15,000,000원 및 이에 대하여 2008. 10. 5.부터 이 사건 소장부본 송달일까지는 상법 소정의 법정이율인 연 6%의, 그 다음날부터 다 갚는 날까지 소송촉진 등에 관한 특례법 제3조 소정의 연 20%의 각 비율에 의한 지연손해금을 지급할 의무가 있다 할 것입니다.[31] 따라서 원고의 이 사건 청구는 모두 이유 있어 이를 인용하고, 소송비용은 패소자인 피고들의 부담으로 하고, 피고 김영철에 대한 청구에 한하여 가집행을 선고하여 주시기 바랍니다.[32]

증 명 방 법(생략)

첨 부 서 류(생략)

2012. 2. 1.

원고 소송대리인 변호사 신 영 수 인

서울중앙지방법원 귀중

31) 판결문 등에서는 주로 위와 같은 결론작성방법에 따라 결론부분을 기술하고 있다. 수험생으로서 바쁜 답안작성시간을 감안하면 간단하게 "따라서 원고의 피고들에 대한 모든 청구는 이유있으므로 이를 전부 인용하여 주고, 소송비용은 패소자의 부담으로 하고, 일부 청구에 대해서 가집행선고를 해 주시기 바랍니다."라거나 더 간단하게는 "이상의 이유로 원고는 청구취지와 같은 재판을 구합니다."라는 식으로 간단하게 마무리하기도 한다. 어쨌든 결론부분에 관한 배점(주로 2점)이 있으므로 간단하게라도 빠짐없이 기재해야 한다.

32) 위와 같은 결론 작성을 소개한 것은 판결문 작성방법 등을 소개하기 위한 의도이다. 향후 아주 간략하게 결론부분을 작성한다.

Ⅱ. 2013년 실시 제2회 변호사시험 기록형

1. 7단계 권리분석법에 의한 사건 전체의 분석

가. 의뢰인의 희망사항 분석결과

의뢰인 =원고	희망사항	물권 침해? 약정?	침해자 또는 약정자는 누구(=피고)	원고의 자격, ∴소송명
송무중	서초동 지상건물에 관하여 **타인의 점유**나 **담보물권의 제한**이 없는 상태에서 **완전한 소유권 취득**하고, **건물 및 대지를 인도**받고 싶다.	①지상물매수청구권 행사에 의한 매매계약 ∴**불이행 있어 강제이행청구**	∴약정자 (매도인) (을서 주식회사)	약정의 상대방 (매수인) ∴소유권이전등기 및 인도청구
		①사용대차 ∴**불이행 있어 강제이행청구**	∴약정자 (사용차주) (박병남)	약정의 상대방 (사용대주) 대위청구 (매수인) ∴인도청구
		①근저당권설정계약 ∴**불이행 있어 강제이행청구**	∴약정자 (근저당권자) (최정북)	약정의 상대방 (근저당권설정자) 대위청구 (매수인) ∴근저당권설정등기 말소청구
	토지의 임대료 또는 토지사용료 상당의 돈을 받고 싶다	①건물 소유자에 의한 대지 무단점유 ∴**침해 부당이득반환**	∴점유자 (임차인) (을서 주식회사)	물권자 (송무중, 김갑동) ∴부당이득반환청구
	을서 주식회사가 문영수 차용금채무를 보증한 데 따른 **보증금** 지급받고 싶다.	①소비대차계약 ②보증계약 ∴**불이행 있어 강제이행청구**	약정자 (보증인) (을서 주식회사)	약정의 상대방 (보증 상대방) ∴보증금 청구
김갑동		위 부당이득반환에서 함께 설명		

나. 원고의 청구원인 분석결과

소송명	청구원인	항변 (법률상 주장 포함)	재항변 등
소유권 이전등기 및 인도청구	① 지상물매수청구권의 발생 ⓐ 건물 소유 목적의 대지임대차계약 ⓑ 건물의 축조와 현존 ⓒ 임대차계약의 만료 ⓓ 갱신청구 거절 [양수인에 지상물매수청구권으로 대항하기 위해] **② ⓐ 양도전 건물 소유권보존등기(민법 제622조 제1항)** ⓑ 그 후 토지 매매계약 및 등기경료 ③ 매수청구권의 행사 ⓐ 매수청구권 의사표시 ⓑ 도달 ④ 건물(지상물)의 시가 (동시이행 관계 때문)		

<table>
<tr><td>건물인도
청구</td><td>① 채권자대위
ⓐ 특정채권(인도청구권)
ⓑ 이행기
ⓒ 미행사</td><td>② ⓐ 사용대차
ⓑ 대차목적물인도
ⓒ 사용대차기간의 종료</td><td></td><td></td></tr>
<tr><td>근저당권
설정등기
말소</td><td>① 채권자대위
ⓐ 특정채권(소유권이전등기청구권)
ⓑ 이행기
ⓒ 미행사</td><td>② 피담보채무
ⓐ 소비대차
ⓑ 원본의 인도
ⓒ 변제기 도래
ⓓ 이자·이율 약정
③ 근저당권설정계약·등기
④ 변제
ⓐ 변제
ⓑ 변제충당</td><td>Ⓐ 피담보채무 일부 미변제 (월 4%)</td><td>Ⓐ 이자제한법 초과 이율은 무효(일부무효)</td></tr>
<tr><td>부당이득금
반환청구</td><td colspan="2">① 대지 소유권
ⓐ 김갑동
ⓑ 송무중
② 무단점유(건물 소유자)
③ 임차보증금 있는 경우 월임료 상당 부당이득금</td><td></td><td></td></tr>
<tr><td>보증금청구</td><td colspan="2">① 주채무(소비대차, 원본인도, 변제기, 이자·이율약정)
② (연대)보증
③ 상행위</td><td>Ⓐ 소멸시효완성
상행위, 5년간
Ⓑ 대표권 제한 위반 이사회결의 없는 보증</td><td>Ⓐ 주채무에 대한 시효중단은 보증인에게 효력 있음
Ⓑ 악의 or 과실 없음(부인)</td></tr>
</table>

2. 7단계권리분석방법에 의한 권리분석[33]

가. 분쟁내용 1-1 : 약정(형성권의 행사로 성립된 매매계약)불이행에 대한 강제이행 청구로서의 소유권이전등기 청구 및 건물의 인도 청구

(1) 약정 (불이행)

건물 소유를 목적으로 하는 임대차계약 후 건물 소유권을 취득하고 갱신을 거절하면서 기간만료로 임대차계약이 끝나면 지상물매수청구권이 발생하고, 그 지상물매수청구권을 행사하면 바로 매매계약이 체결된다. 그 결과 통상의 매매계약과 같이 매매를 원인으로 한 소유권이전등기청구권과 인도청구권이 발생된다. 다만 본 사안에서는 임대차계약이 종료되었음을 이유로 건물철거 및 대지인도 청구의 확정판결[34]이 있은 다음 지상물매수청구권을 행사하고 있어 그 확정판결의 기판력에

33) 권리분석은 앞에서 도표로도 정리해 두었다. 본서에서는 때로는 권리분석을 도표로 하기도 하고, 때로는 본 항과 같이 개조식으로 권리분석결과를 보여주기도 한다. 이는 독자들이 권리분석방법을 익히도록 하는 의도로 다양하게 제공해 보는 것이다. 뒤로 갈수록 이러한 분석을 생략하였다.

34) 임대차계약 종료를 원인으로 한 건물철거 및 대지인도 청구의 소송에서 피고측이 지상물매수청구권을 행사하지 않고 있으면 원고로서는 도리가 없다. 지상물매수청구권의 행사여부는 형성권자의 의사에 달렸다. 만약 그 사건에서 피고가 지상물매수청구권을 행사하면 법원은 바로 건물철거 및 대지인도 청구를 기각할 것이 아니라 석명권을 행사하여 원고에게 지상물매수청구권 행사에 따라 청구취지를 변경할 수 있는 기회를 부여하여야 한다. 만약 석명하

저촉되지 않는가 하는 의문이 들 수 있다. 그러나 지상물매수청구권과 상계권은 확정판결의 기판력에 의해 차단되지 않는 대표적인 형성권이다.

(2) 강제이행청구권

(3) 소유권이전등기청구 및 건물 인도청구

(4) 요건사실

[지상물매수청구권의 발생]

① 건물 소유를 목적으로 한 토지 임대차계약의 체결

② 건물 소유권의 취득 및 현존

③ 기간만료로 임대차계약의 종료

④ 임대인이 계약갱신 거절

[양수인에게 지상물매수청구권으로 대항하기 위해]

⑤ 양도전 건물 소유권보존등기의 경료

⑥ 그 후 토지 매매계약 및 등기경료

[지상물매수청구권의 행사]

⑦ 지상물매수청구권의 행사 (지상물매수청구권 행사의 의사표시와 그 도달사실)

(상환이행을 구하기 위해)

⑧ 지상물매수 청구 당시의 건물의 시가

(5) 상대방의 예상가능한 항변 등

(6) 재검토 : 확정판결로 소유권이전등기 및 인도받을 수 있나? 가능하다.

나. 분쟁내용 1-2 : **완전한** 건물의 **소유권**을 이전받고 싶다.

(1) 약정 (불이행)

근저당권설정계약에 기한 근저당권설정등기 경료 후 피담보채권을 전부 변제받고도 그 근저당권설정등기를 말소해 주지 않고 있다.

(2) 강제이행청구권

(3) 근저당권설정등기 말소 청구

(4) 요건사실

[피대위 채권]

① 소비대차계약, 원본의 인도, 변제기의 도래, 이자·이율의 약정

② 담보목적으로 근저당권설정계약 및 근저당권설정등기

였는데도 불구하고 원고가 여러 가지 이유를 대면서 소 변경을 거부할 경우에는 비로소 청구기각을 할 수 있다. 그런데 피고측이 위와 같은 지상물매수청구권을 전혀 행사하지 않고 있으면 건물철거 및 대지인도의 판결이 선고된다. 그 판결이 확정된다 하더라도 지상물매수청구권에 대한 차단효가 없기 때문에 본 사안처럼 언제든지 임차인측에서 지상물매수청구권을 행사할 수 있다.

③ 피담보채무의 변제 · 변제충당

[대위요건]

피보전채권의 존재

피보전채권의 이행기 도래

보전의 필요성 (무자력)(다만 본 사안에서는 완전한 소유권이전등기의무란 특정채권에 기해 하기 때문에 별도로 채무자의 무자력을 주장 · 증명할 필요가 없다.)

채무자의 채권 불행사

(5) 상대방의 항변에 대한 반박

(6) 재검토 : 근저당권설정등기 말소의 목적 달성 가능

다. 분쟁내용 1-3 : 사용대차 종료를 이유로 한 건물의 인도청구(임대차계약 종료에 따른 대지 인도청구는?)

(1) 분쟁내용

건물을 현재 박병남이 점유하고 있어 박병남을 상대로 건물을 인도할 것을 청구할 필요가 있다.

(2) 약정 (불이행)

(3) 강제이행청구권

(4) 건물인도 청구

(5) 요건사실

[피대위 채권]

① 사용대차 계약

② 건물의 인도

③ 사용대차 계약의 종료

[대위요건]

① 피보전의 존재 (매매계약에 기한 건물 인도 청구권)

② 피보전채권의 이행기 도래

③ 무자력 (특정채권이기 때문에 불필요)

④ 채권의 불행사

추가로 임대차계약 종료로 인한 원상회복의무의 일환으로 대지인도청구도 할 수 있는지 의문에 관해 검토해 보자. 기각되는 부분이 없도록 하라는 작성요령을 감안하면 대지인도청구를 할 때 임대차보증금 반환채무와 상환으로 대지인도 청구를 하면 된다. 종전 확정판결 상 임대차보증금 반환과 상환으로 대지를 인도하라는 판결을 받아 두고 있었다. 그런데 다시 소를 제기하면서 대지인도 청구를 다시 하면 승소 확정판결이 있는 사안에 대해 다시 소를 제기한 것으로 소의 이익이 없다며 각하된다. 뿐만 아니라 건물의 소유자가 그 대지를 점유하게 되므로 (비점유설) 건물에 관해

소유권이전등기를 청구하고 있으므로 더욱 별도 청구할 필요가 없다. 그러므로 본소 제기시 대지인도 청구도 하면 감점된다.

라. 분쟁내용 1-4 : 토지의 임대료 또는 토지사용료 상당의 부당이득금반환청구

(1) 권리 침해

(2) 침해 부당이득반환청구

(3) 토지사용료 상당의 부당이득반환청구

(4) 요건사실

① 임대차계약의 체결, 임차목적물의 인도 및 그 사용, 임대차계약의 종료

② 임료상당의 부당이득

(5) 예상 가능한 주장에 관한 반박

(6) 재검토 : 가능하다.

마. 분쟁내용 2 : 연대보증금 청구

(1) 약정(불이행)

(2) 강제이행청구권

(3) 연대보증금 청구

(4) 요건사실

① 소비대차계약(이자약정 포함)

② 원본의 인도

③ 대여계약의 종료

④ 연대보증계약(상행위)

(5) 상대방의 예상가능한 주장에 대한 반박

(가) 상사소멸시효의 완성

1) 항변의 요건사실

① 회사의 연대보증

② 이행기로부터 5년의 경과

2) 재항변

시효중단 (재판상 청구) 담보조로 교부된 약속어음금청구는 대여금청구에 시효중단 효력이 있다. 주채무에 대한 시효중단은 보증인에게 절대적 효력이 있다. 참고로 역으로 대여금청구는 약속어음 청구에 시효중단의 효력이 없다는 점도 알고 있어야 한다.

(나) 정관상 대표이사의 대표권 제한위반의 연대보증으로 무효

상대방이 악의 또는 과실을 주장·증명해야 하는데 그 주장·증명이 없고, 이 점을 지적하면서

부인하여야 한다. 오히려 상대방은 선의·무과실이다. 따라서 약정대로 효력이 발생한다.

(6) 재검토 : 연대보증금을 청구하여 확정판결을 받으면 그 연대보증금을 강제로 집행할 수 있다.

3. 쟁점분석과정에서 문제된 개별적인 법적쟁점들에 관한 설명

가. 형성권인 지상물매수청구권 행사에 의한 매매계약의 성립

(1) 형성권의 본질

W. N. Hohfeld는 "Fundamental Legal Conceptions as Applied in Judicial Reasoning"(New Haven 1919)에서 권리를 청구권, 자유권, 형성권, 면제권으로 구분하였다. 형성권은 "타인의 법률관계나 지위를 나의 의사 또는 행위를 통해서 변경할 수 있는 힘"을 형성권(legal power, Gestaltungs-recht)이라고 한다. Emil Seckel의 'Die Gestaltungsrecht des Burgerlichen Rechts (1903)'에서는 "일방적인 법률행위(단독행위) 또는 소송을 통해 자신 또는 타인의 구체적인 법률관계를 직접적으로 변동시키는 힘을 내용으로 하는 권리"(곽윤직, 「민법총칙」, 박영사 2007, 53면)라고 정의하고 있다. 이렇듯 형성권은 새로운 유형의 권리로서 독특한 성질을 갖고 있으므로 잘 학습하여야 한다.

(2) 형성권의 종류

㈎ 형성권은 그 행사방법에 따라 재판상 행사해야 하는 형성권과 재판상·재판외 행사할 수 있는 형성권으로 나눌 수 있다. 재판상 행사해야 하는 형성권은 반드시 소(형성소송)를 제기하여 행사하여야 하지만 재판상·재판외 행사할 수 있는 형성권은 소제기하면서 재판상 행사하고, 그에 따라 변경된 법률관계에 기초한 이행청구소송을 제기할 수도 있고, 재판외에서 행사하고 그 결과에 따라 이행청구 또는 확인청구를 하는 경우도 있다. 만약 재판상 행사하게 될 때는 소장에 형성권 행사의 의사를 기재하고, 그 소장부본이 송달됨으로서 행사의 효과가 발생하게 된다. 재판상·재판외 행사할 수 있는 형성권으로는 Ⓐ 각종 취소권, 철회권, 해제권, 해지권, Ⓑ 지상물매수청구권, 부속물매수청구권 등이 있다.

재판상 행사해야 하는 형성권은 형성소송의 청구원인이 되니 각종 법령을 통하여 반드시 확인하여 철저하게 학습해 두어야 한다. 재판상 행사해야 할 형성권으로 특히 중요한 것은 Ⓐ 사해행위 취소, Ⓑ 공유물분할, ⓒ 주주총회결의 취소 등 회사법상의 각종 소 등이 있다.

(3) 형성권의 행사방법

형성권의 행사방법으로는 일방행사와 쌍방행사가 있다. 일방행사는 권리자의 일방만이 행사할 수 있고 그 권리자의 일방적인 의사표시와 그 도달로서 법률관계 형성의 효과가 발생하는 방식이다. 쌍방행사는 관련 양쪽에서 모두 상대방에 대하여 형성권을 행사할 수 있고, 그 도달로서 소정의 법률관계가 형성된다. 특별한 규정이 없는 한 일방행사로 추정한다.

(4) 지상물매수청구권(민법 제643조, 제283조)(임차인, 지상권자)

(가) 본 사안의 사실관계

2010. 6. 23. 소외 김갑동 피고 을서, 임대차계약 체결

2010. 8. 13. 이 사건 건물 피고 을서 명의로 소유권보존등기

2012. 6. 22. 기간만료로 임대차 종료

2012. 10. 5. 건물철거 등 소의 변론종결

11. 2. 판결선고

11. 30. 판결확정

2012. 11. 10. 소외 감갑동과 원고가 매매계약체결

11. 23. 잔금지급하고 소유권이전등기

2012. 12. 3. 박병남 피고 을서로부터 사용대차 후 인도받아 건물 사용

2012. 12. 21. 변론종결 후의 승계인으로 승계집행문을 발부받아 원고에 의한 건물철거 강제집행시도, 지상물매수청구권 행사

(나) 지상물매수청구권의 법률요건

[지상물매수청구권의 발생요건]

① 건물 기타 공작물의 소유 또는 식목, 채염, 목축을 목적으로 한 토지임대차

② 건물의 신축과 그 현존

③ 기간만료로 임대차계약이 종료

임차인의 채무불이행을 이유로 임대차계약이 종료되면 지상물매수청구권이 인정되지 않는다.(대법원 2003. 4. 22. 선고 2003다7685 판결) 기간의 정함이 없는 토지임대차의 경우에는 임대인의 해지통고에 의하여 만료된 경우도 기간만료에 의한 임대차계약의 종료로 보아 임차인은 지상물매수청구권을 행사할 수 있다.

④ 임대인이 계약갱신을 거절할 것

이 경우 임대인이 해지통고를 하였기 때문에 임차인이 갱신청구를 따로 할 필요도 없다.

[지상물매수청구권의 행사]

⑤ 지상물매수청구권의 행사

(임대목적물이 양도되었을 경우에도)

⑥ 대항력 있는 임차권은 위 요건들이 충족되면 그 토지의 양수인을 상대로도 지상건물매수청구를 행사할 수 있다.(대법원 1996. 6. 14. 선고 96다14517 판결, 대법원 1977. 4. 26. 선고 75다348 판결) 본 사안에서 을서 주식회사는 건물의 보존등기를 한 상태에서 임대목적물인 대지가 양도되었기 때문에 민법 제622조 제1항에 의하여 차지권(借地權)의 대항력이 발생한다.

(다) 지상물매수청구권의 법적성격

지상물매수청구권은 일방행사가 가능한 재판상·재판외 행사할 수 있는 형성권이다. 행사의 상

대방은 원칙적으로 임대차계약 종료시의 임대인이고, 예외적으로 임차권 소멸 후 그 대지를 양도받은 신소유자에게도 그 임차권이 대항력이 있는 것이라면 행사할 수 있다.(대법원 1996. 6. 14. 선고 96다14517 판결)[35] "임대차가 종료함에 따라 임차인이 임대인에 대하여 건물매수청구권을 행사할 수 있음에도 불구하고 이를 행사하지 않은 채 토지의 임대인이 임차인에 대하여 제기한 토지인도 및 건물철거소송에서 패소하여 그 패소판결이 확정되었더라도 그 확정판결에 의하여 건물철거가 집행되지 않은 이상 토지의 임차인으로서는 건물매수청구권을 행사하여 별소로서 임대인에 대하여 건물매매대금의 지급을 구할 수 있다."(대법원 1995. 12. 26. 선고 95다42195 판결) 대개 형성권 행사의 특별한 형식(재판상 행사 제외)은 없고, 유효한 의사표시가 상대방에게 도달하면 그 효력이 발생한다.(민법상 의사표시의 도달주의란 일반원칙의 적용을 받는다.) 지상물매수청구권은 편면적 강행규정으로 지상물매수청구권을 포기하기로 하는 약정은 임차인에게 불리한 경우[36]에는 그 효력이 없다.

㈑ 매매대금의 결정

건물에 대한 객관적인 시장가격이 있다면 그 시장가격이 매매대금이 될 것이다. 통상 객관적인 시장가격을 증명하기 어려우므로 감정인에 의한 평가결과를 널리 활용하고 있다. 근저당권이 설정되어 있다 하더라도 위 평가금액에서 근저당권 채권최고액을 차감한 금액으로 매매대금이 결정되는 것이 아니라 그 건물 자체의 객관적인 시장가치로 결정되고 다만 토지소유자는 민법 제588조에 의하여 위 근저당권 말소등기가 될 때까지 그 채권최고액에 상당한 대금의 지급을 거절할 수 있을 뿐이다.(대법원 2008. 5. 29. 선고 2007다4356 판결)

㈒ 본 사안의 경우

원래 임대인(원고 김갑동)은 처음 소송(2012가합*****)에서 지상물매수청구권을 행사할 수 없었기 때문에 건물철거 및 대지 인도청구의 소를 제기하였다. 만약 그 소송에서 임차인이 지상물매수청구권을 행사하였다면 법원은 석명권을 행사하여 원고에게 청구취지의 변경을 요구하고, 원고가 매매계약에 기한 소유권이전등기 및 인도청구로 변경하면 그 청구를 인용하고, 변경에 응하지 않으면 청구기각을 하면 된다. 그런데 임차인이 그 소송에서 이러한 권리를 행사하지 않고 결국 판결이 확정되었다. 임대인이 그 확정판결에 기하여 철거집행하려고 하니 비로소 임차인측에서 지상물매수청구권을 행사하여 매매계약이 성립되었다.

다시 한번 이를 정리해 보면 임대인이 건물철거 및 대지인도의 소를 제기하였을 때

35) 대법원 2017. 4. 26. 선고 2014다72449·72456 판결에서는 지상물매수청구권은 ... Ⓐ 임차권 소멸 당시의 토지 소유권을 가진 임대인을 상대로 행사할 수 있다. Ⓑ 임대인이 제3자에게 토지를 양도하는 등으로 토지 소유권이 이전된 경우에는 ⓐ 임대인의 지위가 승계되거나, ⓑ 임차인이 토지 소유자에게 임차권을 대항할 수 있다면 새로운 토지 소유자를 상대로 위 매수청구권을 행사할 수 있다. 본 사안에서 원고 송무중이 Ⓑ ⓑ에 해당하는 이유는 건물 소유를 목적으로 한 토지임대차의 경우 건물을 축조한 임차인이 건물의 보존등기를 경료하면 민법 제622조 제1항에 의하여 임차인이 대항력을 갖게 되기 때문이다.

36) 임차인에게 유리 여부는 Ⓐ 보증금 및 임료가 시가보다 저렴하거나(대법원 1992. 9. 8. 선고 92다24998·92다25007 판결), Ⓑ 보증금 및 임료가 파격적으로 저렴하면서 그 임대기간도 장기간으로 약정한 경우(대법원 1982. 1. 19. 선고 81다1001 판결)에 인정되는 것으로 보았다.

첫째 임차인이 소송계속중에 지상물매수청구권을 행사하면, 임대인의 원래 청구취지에는 대금지급과 상환으로 소유권이전등기를 구하는 청구취지가 포함되어 있지 않기 때문에 법원은 청구기각을 하여야 한다. 하지만 바로 청구기각할 것이 아니라 재판부로서는 석명권을 행사하여 소유권이전등기 청구로 청구변경할 것인지에 관한 원고측의 입장정리를 기다려 그에 따라 판단을 하여야 한다.(대법원 1995. 7. 11. 선고 94다34265 전원합의체 판결) 만약 임대인이 청구취지를 변경하지 않고 건물철거 및 대지인도 청구를 그대로 고집하면 원고 청구를 기각하여야 한다.(대법원 1995. 2. 3. 선고 94다51178, 51185 판결)

둘째 임차인이 판결이 확정된 이후 건물철거 전에 건물매수청구권을 행사할 수 있다. (마치 상계권과 같이) 확정판결의 기판력에 의해 차단되는 형성권이 아니다. 그러므로 임대인으로서는 위 확정판결을 집행할 수 없게 된다.(대법원 1995. 12. 26. 선고 95다42195 판결)

(5) 불이행의 구제수단으로서 강제이행청구권(민법 제389조)과 소유권이전등기청구

앞서 본 바와 같이 건물매수청구권의 행사로 인하여 매매계약이 성립되었을 경우 계약내용에 따른 강제이행으로 소유권이전등기 및 인도청구를 하는 것이 가장 보편적인 구제수단이다. 매매계약에 따른 강제이행은 매수인의 경우 소유권이전등기 및 인도청구이고, 매도인의 경우 매매대금청구이다. 본 건의 경우에도 건물매수청구권의 행사로 매매계약이 성립되었고, 매수인인 원고는 시장가격에 따른 매매대금지급과 상환으로 소유권이전등기 및 인도를 청구하고 있는 것이다.

(6) 매수 목적물에 근저당권이 설정되어 있는 경우라 하더라도 상환이행 대상인 매매대금을 산정함에 있어 그 채권최고액이나 피담보채무액을 공제하여 상환이행을 청구하면 안 된다. 나중에 민법 제588조에 기해 채권최고액이나 피담보채무액에 상응하는 금액의 지급을 거절할 수 있을 뿐이다.(대법원 2008. 5. 29. 선고 2007다4356 판결)

나. 임료상당의 침해 부당이득반환청구

(1) 사실관계

임대차계약은 2012. 6. 22. 만료(갱신청구도 거절되어 묵시의 갱신의 여지도 없음)되었고, 피고 을서는 2012. 6. 22.까지 임료를 지급하였다. 따라서 약정상의 미지급 임료는 없다.

(2) 무단점유로 인한 임료 상당의 부당이득반환청구권자

㈎ 지상물매수청구권자의 대지의 무단점유로 인한 부당이득반환채무의 부담

지상물매수청구권을 행사하고 나면 건물에 관해서는 이제 매매관계에서의 과실수취권의 문제로 넘어간다고 보아야 한다.

그런데 지상물매수청구권을 행사하여 임차인이 임대인으로부터 매매대금을 지급받기 전까지 그 지상건물 등의 인도를 거부할 수 있다 하더라도 지상건물 등의 점유·사용 등으로 그 부지를 계

속 점유·사용하고 있는 한 대지의 임료상당액을 부당이득으로 반환해야 한다.(대법원 2001. 6. 1. 선고 99다60535 판결)

㈏ 무단점유 대상 토지의 양도로 인한 무단점유로 인한 부당이득반환청구권자

먼저 임대인과 임차인은 임대차계약을 체결하면서 임대차계약이 종료되면 임차목적물을 반환해야 한다는 것은 명시적으로 합의했든 임대차계약서에서 침묵하고 있든 계약상의 의무라고 본다. 심지어 임대차계약이 무효여서 임차목적물을 반환해야 할 의무도 급부 부당이득반환청구권적 성격을 갖는다고 한다.[37] 즉 약정관련 구제수단인 강제이행청구권, 채무불이행으로 인한 손해배상청구권, 급부 부당이득반환청구권 중 묵시적(또는 표준적 약정) 약정내용에 따라 강제이행청구한다고 이론구성하거나 급부 부당이득반환청구권으로 성격이라고 규정하면서 약정에 따른 채권적 청구권이라고 설명하는 것이다. 따라서 소유권 또는 법률상·사실상 처분권 없는 임대인이 임대차계약을 체결했다 하더라도 임대인은 임차인에 대해 임대차계약이 종료된 후 같은 권리를 보유하고 있는 것으로 본다. 그러므로 소유권 또는 법률상·사실상 처분권 있는 임대인이 임대차계약이 종료되고 나서 임차인을 상대로 소유권에 기한 소유물반환청구권(물권적 청구권)을 행사할 수도 있고, 임대차계약(약정)에 근거하여 임대차계약 종료 후 명시적·묵시적·표준적 약정상의 원상회복청구권(강제이행청구권)의 행사로서 임차목적물반환청구를 할 수 있거나 급부 부당이득반환청구권(모두 채권적 청구권)을 행사할 수도 있다. 물권적 청구권과 채권적 청구권은 청구권 경합관계에 있음은 당연하다.

그런데 임대차계약이 종료된 후 임차인이 임차목적물을 계속 점유(무단점유)하고 있으면 임대인은 임료상당의 금액을 청구[38]할 수 있다. 판례[39]나 학설은 모두 이에 동의하고 있다. 논란은 무단점유로 인한 부당이득반환청구권을 둘러싸고 전개된다. 만약 임대차계약상의 명시적·묵시적·표준적 약정내용이 임대차계약 종료 후 임차목적물반환의무뿐만 아니라 임료상당액을 지급할 의무가 있다고 해석해 버리고 그 결과 강제이행청구를 할 수 있는 채권적 청구권이라고 하면 문제가 단순하다. 독일 민법 제557조[40]상으로는 명문의 규정을 두어 그와 같이 해결하고 있다. 상응하는 규정

37) 송덕수, 「신민법강의(10판)」, 2017, 박영사, 1445면 이하 참조, 제철웅, "소유물반환청구권자 및 그 밖의 반환청구권자에 대한 권원 없는 점유자의 책임", 「민사판례연구 21권(1999)」(한국민사판례연구회), 박영사, 22면, 김태우, "타인의 물건을 임대한 임대인이 임대차계약 종료 후에 임차인에 대하여 차임상당액의 부당이득반환을 청구할 수 있는가," 「판례연구(제7집)」(부산판례연구회), 79면 이하

38) 임차인이 고의·과실로 불법점유하고 있다는 것을 주장·증명할 수 있으면 불법점유를 원인으로 한 손해배상청구도 할 수 있다. 그리고 무단점유로 인한 부당이득반환청구와 청구권 경합관계에 있다고 설명하고 있다. 이때 무단점유로 인한 부당이득반환청구의 성격을 둘러싸고 많은 논의가 있다.

39) 대법원 1996. 9. 6. 선고 94다54641 판결(국유인 부동산을 임대인이 권한 없이 임대해 준 후 임대차계약이 종료되었을 때 임대차계약은 유효하게 성립되고, 임차인은 임대인의 임차목적물을 완전하게 사용·수익하게 할 의무가 이행불능으로 되지 않는 한 그 사용·수익의 대가로 차임을 지급할 의무가 있다고 판시하고 있다.), 대법원 1991. 10. 8. 선고 91다7682 판결(전대차계약 종료 후 전대인이 임대인으로부터 전대인이 임대차계약 해지통고를 받아 임대차계약이 종료될 때까지는 전차인을 상대로 전차료의 지급을 구할 수 있다고 판시하였다.) 대법원 1994. 12. 9. 선고 94다27809 판결(타인의 토지를 임차하여 그 지상에 건물을 신축한 임대인이 그 지상건물 중 일부분을 임차한 임차인에 대하여 건물임대차 종료 후에도 임료 상당 부당이득반환청구를 할 수 있다고 판단하였다.)

40) 채권각론상의 각 규정들이 표준적 약정으로 약정의 한 내용을 이룬다고 설명하고 있는 본서의 입장에서는 독일민

이 없는 대한민국의 법해석론적으로 상당히 논란이 있는 것이다. 만약 소유권 없는 임대인이라도 임대차계약 종료 후 임차목적물의 점유·사용하고 있는 임차인에 대해 무단점유를 원인으로 한 임료상당 부당이득반환청구를 인정하는 경우 그 부당이득반환청구권은 약정상황에서 인정되는 급부 부당이득반환청구권적 성격을 갖는 것이라고 해야 할 것이다. 그렇게 하면 소유권 있는 임대인은 소유권 침해로 인한 침해 부당이득반환청구권과 급부 부당이득반환청구권[41]을 모두 갖게 될 것이고, 양자는 청구권 경합관계에 있다고 해석할 수 있어 위 임차목적물반환청구권의 해석과 일관되게 된다.

만약 임료상당 부당이득반환청구권을 위와 같이 해석하게 된다면 본 사안에서 임대차계약의 임대인인 김갑동이 임대차계약에 기한 급부 부당이득반환청구권의 행사로서 목적물 양도 후에도 계속 임료상당 부당이득반환청구를 할 수도 있다. 또 원고 송무중은 2012. 11. 10. 매매계약을 하고, 같은 달 23. 소유권이전등기를 경료하였으므로 소유권이전등기가 경료된 2012. 11. 23. 이후의 침해 부당이득반환청구권만 갖게 되고, 그 이전에는 김갑동이 이를 갖게 된다고 보아 모범답안과 같이 청구취지를 작성할 수도 있다.[42] 물론 임대차계약에 기한 미지급 임료청구는 임대인만이 할 수 있다.

㈐ 부당이득반환의무자

박병남은 비록 건물을 점유하고 있지만 대지의 점유자는 건물을 소유하는 피고 을서이므로 대지의 점유자는 아니다.(비점유설) 따라서 피고 박병남을 상대로 대지 무단점유를 원인으로 한 부당이득반환청구를 할 수 없다.

다. 건물철거 및 토지인도 확정판결의 기판력의 주관적 범위

(1) 문제의 제기

본 사안에서 원고 김갑동이 피고 을서를 상대로 이미 대지인도 등을 청구하는 소를 제기하여 그 확정판결을 받아 두고 있다. 그런데 그 변론종결 후 피고 박병남이 사용대차한 후 인도받아 점유 중에 있고, 또 대지의 소유권은 원고 송무중에 양도 되었다. 그렇다면 원고 김갑동과 피고 을서

법 제557조 규정도 결국 임대차계약 내용을 이루고, 그에 기한 강제이행청구로서 임료상당금의 지급을 구할 수 있다. 위와 같은 해결방법이 명확하다. 그래서 장래 민법각론을 개정할 때 독일 민법 제557조와 같은 규정을 도입하여 규정하는 것이 바람직하다. 그렇지 않다고 하더라도 임대차계약을 체결하는 임대인과 임차인은 임대차계약이 종료되고 나서도 임차인이 계속 임차목적물을 점유·사용하고 있을 때 적어도 임료 상당금의 지급을 해야 한다는 의사의 합치는 존재한다고 보아야 한다. 따라서 비록 대한민국 민법을 위와 같이 개정하기 전이라도 한시바삐 판례상으로 표준적 약정의 한 내용으로 임대차종료 후 임료상당금 지급의무를 인정할 필요가 있다.

41) 임대차계약 종료 후 임대인이 임차인에 대하여 임대차계약에 기해 부당이득반환청구를 할 수 있는 권리를 침해 부당이득반환청구라고 할지 급부 부당이득반환청구라고 할지 학설상으로 일치되어 있지 않다.

42) 모범답안을 작성하면서 급부 부당이득반환청구라며 임대인이 쭉 임료상당 부당이득금을 청구하는 것은 아직 그 성격규명에 관한 학설의 통일이 이루어지고 있지 않은데다가 판례도 명확하게 이 점을 규정하고 있지 않으니 침해 부당이득반환청구로 구성하여 나누어 청구하는 것이 보다 더 안전하다고 판단되어 그렇게 작성하였다. 원고 송무중이 이렇게 부당이득반환청구를 하면 대법원 1996. 9. 6. 선고 94다54641 판결의 취지에 따라 원고 김갑동의 사용·수익하게 할 의무는 이행불능에 빠져 더 이상 임료상당 급부 부당이득반환청구를 할 수 없게 된다. 그래서 임차인은 이중지급의 위험도 사라지게 된다.

간의 확정판결이 피고 박병남은 물론 원고 송무중에도 기판력이 미치는가란 문제가 있다. 앞서 설명한 바와 같이 이들이 변론종결 후의 민사소송법 제218조 제1항 소정의 승계인에 해당되는가 여부에 그 기판력의 적용을 받는지 결정된다.

(2) 기판력의 주관적 범위

기판력의 주관적 범위는 확정판결상의 Ⓐ **당사자와** Ⓑ **변론종결 뒤의 승계인**을 들 수 있다. 비록 소유물의 인도를 명하는 확정판결 후 그 목적물의 소유권을 양수한 자도 소송물인 인도청구권 그 자체를 양도받은 것은 아니지만 마찬가지의 지위에 있으므로 특정승계인으로 보아 승계집행문을 발부한다.

의무승계 중에는 특히 점유승계인을 둘러싸고 여러 가지 문제가 있다. 청구가 실체법상 물권적 청구권에 터잡은 것인지 아니면 채권적 청구권에 터잡은 것인지에 따라 구분하여 변론종결 후의 승계인 해당여부를 판단한다.(구 소송물적 입장이며 판례의 태도) 그래서 건물인도 소송의 경우 채권적 청구권에 기한 건물인도소송의 경우는 변론종결 후의 점유승계자라고 하더라도 본 조 소정의 변론종결 후의 승계인은 아니다.(대법원 1991. 1. 15. 선고 90다9964 판결) 건물의 인도청구에 관하여 임대차계약상의 채권적 청구권을 주장하는 것과 소유권에 기한 물권적 청구권을 주장하는 것은 소송물이 서로 다르고, 전자의 경우 임차권의 해지 등을 이유로 할 때 그 피고적격은 그 계약상의 차주에 한하고 목적물의 점유승계인에 대하여는 집행력이 미치지 아니하나, 소유권에 기한 반환청구에 있어서는 그 목적물은 이른바 계쟁물건으로서 그 인도를 명한 판결은 표준시점 이후에 피고로부터 목적물의 점유를 승계한 자에게도 집행력이 미치는 것이다.(주석 강제집행법(1), 한국사법행정학회, 123면 참조)

(3) 원고 송무중은 변론종결 후 승계인으로 기판력의 적용을 받는다.

원고 송무중은 변론종결 후에 소유권을 취득하였음은 분명하므로 "소송물인 실체법상의 권리 의무"를 승계한 자에 해당되어 기판력의 적용을 받게 된다. 그래서 원고 송무중은 집행의 과정에서 이미 승계집행문까지 받았다.

(4) 토지인도 청구를 하지 말아야 할 이유

원고 송무중이 다시 피고 을서를 상대로 대지인도의 청구를 하는 것은 확정판결을 받은 사안에 대하여 다시 같은 취지의 소를 제기하는 것으로 기판력의 저촉을 받아 권리보호의 이익이 없다며 **각하**될 수 있다. 비록 원고 송무중이 1차례 강제집행을 시도하였으나 집행불능의 선언을 받고 실패를 한 사실은 있지만 위 확정판결에 의한 강제집행이 실패한 이유가 단지 이 사건 건물에 대한 건물매수청구권의 행사와 피고 박병남에 의해 점유가 이전되어 있었기 때문이다. 그래서 건물철거의 집행력은 집행불능에 빠진다고 하더라도 이와 별도 청구였던 대지인도청구는 위 확정판결의 효력이 지속된다. 그래서 후속 청구를 통하여 다시 청구하게 되면 앞서 본 기판력의 저촉이라는 문제가 발생하게 될 것이다. 또 원고 송무중이 본 확정판결에 기해 피고 을서로부터 건물 소유권이전등기를 경료받고, 건물인도까지 받게 된다면 건물의 소유자가 그 대지를 점유하게 된다는 법리에 따라 결국 대지의 점유권도 회복되는 셈이 된다. 그래서 구태여 대지인도를 또 다시 청구할 실익도 없다. 이런 저런 이유로 본 소송제기시 피고 을서를 상대로 대지의 인도청구는 따로 하지 않는 것이 좋겠다.

(5) 피고 박병남을 상대로 인도청구를 할 수 있는 이유(피고 박병남은 승계인이 아님)

만약 전소가 앞서 임대차계약 종료 후 임차목적물의 인도를 구하는 취지에서 대지인도를 구한 소로 채권적 청구권에 기한 청구이면 비록 그 판결이 확정되었다고 하더라도 그 이후 점유를 취득한 자에게는 기판력이 미치지 않는다. 그런데 기록 13면에 첨부된 판결문에 따르면 원고 김갑동은 소유권에 기한 인도청구권의 행사로 대지인도를 구하고 있다. 이는 분명 물권적 청구권이다. 그렇다면 일응 기판력이 미치지 않을까 하는 의문이 든다.

건물철거 및 대지인도의 확정판결이 있은 후 그 의무자로부터 건물의 소유권을 양수하여 토지를 점유하는 경우 위의 양수인은 양도인의 대지 인도의무를 승계한 것은 아니나 양도인의 인도의무는 건물소유에 기한 토지점유의 결과에 다름없고 건물소유권의 취득자는 동시에 토지의 점유를 승계함으로써 토지인도의무 채무자로서의 지위를 승계한 것으로 볼 수 있기 때문에 토지인도의무의 채무자인 양도인의 지위를 승계한 것으로 된다.(대결 1956. 6. 28. 4289민재항1) 만약 변론종결 후에 건물을 양수하여 그 점유까지 취득한 건물의 양수인이 있다면 위 대결의 취지에 따라 점유승계인에 해당하여 확정판결의 기판력이 미친다.

그런데 본 건의 경우는 피고 박병남은 사용차주로 건물의 단순점유자이고, 건물은 점유하고 있지만 그 대지를 점유하고 있지는 않다.(비점유설) 이런 논의의 대상은 아니다. 따라서 피고 박병남에 대하여 건물에서 인도를 따로 청구하여야 한다.

라. 연대보증금 지급청구

(1) 청구원인

연대보증금 지급청구의 요건사실은 ① 주채무의 발생사실, ② 연대보증사실이다.

(2) 피고 을서의 주장에 대한 반박

㈎ 소멸시효와 그 중단

1) 상사소멸시효

상사채무는 5년의 단기소멸시효가 적용되므로 종종 시험문제로 등장한다. 민법 제162조 채권의 소멸시효 10년에 대한 특칙이다. 상행위로 인한 채권이면 된다. 채무자에게 상행위가 되거나, 채권자에게 상행위가 되기만 하면 된다. 기본적 상행위, 준상행위, 보조적 상행위도 포함된다. 그 적용범위가 매우 넓다. 주식회사는 당연상인이다.(상법 제169조) 상인의 행위는 '영업을 위한' 것으로 추정되고, 상인이 영업을 위하여 하는 행위는 보조적 상행위로 간주되기 때문에 당연상인의 경우에는 상행위인 경우가 대부분이어서 주식회사와 관련되면 상사소멸시효 적용여부를 염두에 두어야 한다.

따라서 '영업을 위한' 것이 아니다고 하여 보조적 상행위에도 해당되지 않아 5년의 소멸시효기간의 적용이 없다는 주장은 재항변이 될 수 있다.

2) 연대채무와 시효중단

민법 제440조에 의하면 주채무자에 대한 시효중단은 보증인(연대보증인 포함)에게도 그 효력이 있다.

3) 원인채무의 시효소멸과 어음금 청구

원인채권의 지급을 확보하기 위한 방법으로 어음이 수수된 경우, 이러한 어음은 경제적으로 동일한 급부를 위하여 원인채권의 지급수단으로 수수된 것으로서 그 어음채권의 행사는 원인채권의 실현하기 위한 것일 뿐만 아니라, 원인채권의 소멸시효는 어음금청구소송에 있어서 채무자의 인적항변사유에 해당하는 관계로 채권자가 어음채권의 소멸시효를 중단하여 두어도 채무자의 인적항변에 따라 그 권리를 실현할 수 없게 되는 불합리한 결과가 발생하게 되므로, 채권자가 원인채권에 기하여 청구를 한 것이 아니라 어음채권에 기하여 청구를 하는 경우에는 소멸시효를 중단시키는 효력이 있다. 이러한 법리는 채권자가 어음채권을 피보전권리로 하여 채무자의 재산을 가압류함으로써 그 권리를 행사한 경우에도 마찬가지다.(대법원 1999. 6. 11. 선고 99다16378 판결)

㈏ 대표이사의 행위와 대표권 제한 위반행위

회사는 대표이사를 통해 법률행위를 한다. 대표이사는 위임에 관한 규정이 적용된다. 따라서 대표이사의 권한남용행위 등으로 회사는 큰 손해를 볼 수 있다. 사후적으로는 이사의 회사에 대한 손해배상책임, 이사의 제3자에 대한 손해배상책임 등 민사상 구제수단과, 업무상 배임 등 형사처벌로 이러한 대표이사의 권한남용행위 억지할 수 있다. 또 사전적으로 Ⓐ 법령이나 Ⓑ 정관 등 내규에서 대표이사가 법률행위 이전에 주주총회 이사회 등 결의를 거친 후 법률행위를 하거나, 아니면 일정한 대표권 제한을 규정해 둔다. 이에 위반하면 대표권 제한 위반의 행위로 무효화 되는지 여부가 대표권 제한 효력으로 검토된다.

본 사안의 경우 정관 등 내규로 대표권의 내부적 제한을 하고 있다. 이러한 제한을 위반한 행위에 대하여는 제3자가 악의 또는 과실이 있으면 무효가 된다.(상법 제389조 제1항, 제209조 제2항) 다시 말하면 선의·무과실의 제3자에게 대항할 수 없다. 다만 회사측이 제3자가 악의 또는 과실이 있음을 주장·증명하여야 한다.[43]

본 사안에서 계약의 과정상의 여러 정황증거에 의하여 원고 송무중은 대표권 제한에 관하여 선의의 제3자적 지위에 있고, 그런 사실은 간접반증 사실에 해당하기 때문에 '오히려' 다음에 설시하여야 한다.

---

43) 이철송, 「회사법강의(26판)」, 2018, 박영사, 709면 참조

마. 피고 박병남에 대한 인도청구

전소는 대지인도 청구의 확정판결이다. 하지만 피고 박병남은 건물의 점유자일 뿐 대지의 점유자가 아니기 때문에 전소의 변론종결 후의 승계인으로 볼 수 없다. 그래서 전소에 기해 승계집행문을 받아 대지인도의 강제집행을 할 수 없다. 피고 박병남을 상대로 건물의 인도를 청구해야 한다. 그리고 그 인도청구는 대위에 의한 청구가 된다. 피고 박병남을 상대로 인도청구를 하기 위해서는 사용대차가 종료되어야 한다. 그래서 사용대차의 해지통고를 해야 한다. 사용대차에서 해지통고로 인한 계약종료에는 아무런 제한이 없다. 따라서 본 사안의 경우 약정상의 3일이 경과하면 그 효력이 발생하여 피고 박병남에게 인도청구를 할 수 있게 된다. 그 인도청구도 피고 을서를 대위하여 피고 을서 또는 원고 송무중에게 인도할 것을 청구할 수 있다.

바. 대위에 의한 피고 최정북에 대한 근저당권설정등기의 말소청구

(1) 청구원인

① 피보전채권의 존재, 이행기 도래, 무자력, 채권의 불행사 등 대위요건

②－ⓐ 근저당권설정계약에 의한 근저당권설정등기의 경료

－ⓑ 피담보채권의 변제기 도과

－ⓒ 피담보채권의 변제 등 소멸 또는 선이행

(2) 이자제한법상의 초과이자의 효력－일부 무효

이자제한법 제2조 제1항에 따르면 금전대차에 관한 계약상의 최고이자율은 연 30%를 초과하지 아니하는 범위 안에서 대통령으로 정한다고 규정하고 있고, 이에 따라 제정된 대통령에서는 30%(2014. 7. 14.부터 새로 체결된 계약이나 갱신된 계약에 기한 최고이자율은 25%임)로 한다고 규정되어 있다. 제3항에서는 최고이자율을 초과하는 부분은 무효로 한다고 규정되어 있어 일부 무효의 태도를 취하고 있다. 참고로 대부업자들은 대부업 등의 등록 및 금융이용자 보호에 관한 법률 제8조 제1항, 동 시행령에 의하여 현재 39%의 적용을 받고 있다.

(3) 변제충당

㈎ 충당의 순서

합의충당－지정충당－법정충당의 순으로 충당된다.

㈏ 지정충당

지정충당은 변제자인 채무자가 우선적으로 지정하여 충당할 수 있고, 변제자가 지정충당하지 않았다면 변제수령자인 채권자가 지정하여 충당할 수 있다. 지정충당은 상대방에 대하여 지정하여 충당하는 의사표시로 하여야 한다. 이러한 의사표시가 없는 경우 법정충당으로 넘어간다.(민법 제476조)

㈐ 법정충당

우선 비용－이자－원본의 순서로 충당된다.(민법 제479조) 다음으로 민법 제477조에 따른 충당을 한다.

㈑ 중요 : 지정충당 또는 법정충당의 경우 비용－이자－원본 순으로 충당되는 것을 배제할 수는 없다.

4. 채점평

가. 총평

전체적으로 권리분석 및 법문서 작성의 실력이 향상되어 있다. 하지만 아직도 수준 이하의 답안들이 있으니 더욱 분발하기 바란다.

나. 형식적 기재사항

(1) 문서의 양식

㈎ 글자체, 폰트, 줄간간격, 좌우여백주기 등

글자체, 폰트, 줄간간격, 좌우여백주기 등에 관하여 구체적으로 정해진 규칙은 없다. 하지만 법원에서 통용되고 있는 「재판서 양식에 관한 예규」나 기타 각종 문서 작성의 예규에 따라 하는 것이 좋다.

㈏ 특히 각 요소들의 위치나 시작지점을 정확하게 알아 그대로 해 주기 바란다.

(2) 형식적 기재사항

㈎ 주민등록번호를 누락한 경우가 있다.

㈏ 당사자 표시 중 복수인 원, 피고 앞에 1, 2, 3,...... 표시를 누락한 경우가 많다.

㈐ 법인의 대표이사 표기가 누락되거나 잘못된 경우가 많다.

㈑ "원고들 소송대리인 변호사 이경수"라는 표기 중 어느 한 부분을 누락한 경우가 많다.

원고 1. 아래 소송대리인을 표시하고, 원고 2. 아래 또 같은 소송대리인을 표기한 경우도 있다. 꼭 틀린 것은 아니지만 법문서의 간결성을 해칠 우려가 있다.

㈒ 소송대리인의 주소, 전화번호, 팩스번호, 이메일 주소를 누락한 경우가 많다.

㈓ 사건명의 표시를 누락하거나 부적절하게 표시하거나 부속적 청구로 사건명을 표기하고 있는 사례가 있다. 마치 답변서 또는 준비서면처럼 소장이란 표제 바로 아래 "사건명 2013가합1234"(소장 작성할 때는 소제기 전이라 사건번호가 아직 부여되어 있지 않다. 그래서 이 사건번호를 어디서 보아 기재했는지도 의문이다.)라고 표기한 사례도 있었다.

㈔ 작성일자는 중간에 위치한다.

㈕ 작성자 표기를 제대로 하여야 한다. "원고들 소송대리인 변호사 이경수 인"

㈔ 관할법원의 표시를 제대로 하자. 피고 보통재판적, 소송대리인의 주소 등을 고려할 때 "서울중앙지방법원"이 제일 적합하다. 아직 배당이 이루어지지 않은 상태이기 때문에 "민사부" "제20민사부" 등의 재판부 표시를 할 수 없다.

다. 청구취지

(1) 원고 송무중이 피고 을서 주식회사에 대하여 임차목적물인 대지의 인도를 청구한 경우가 많았다. 앞서 설명한 바와 같이 전소의 기판력에 저촉될 수 있으니 대지인도청구를 하여서는 아니된다.

(2) "금 106,000,000원 및 위 금원 중 금 100,000,000원에 대하여 2007. 1. 5.부터 이 사건 소장 부본 송달일까지 연 6%의, 그 다음날부터 다 갚는 날까지 연 20%의 각 비율에 의한 금원을 지급하라."라는 기재가 많았다. 2006. 1. 5.부터 2007. 1. 4.까지 1년간의 이자를 계산하여 원금에 포함시켜 청구한 것으로 보인다. 그런데 이렇게 소제기전까지 발생이자를 계산하여 확정적 합계로 청구할 때는 소제기일 또는 그와 가까운 시기를 기준으로 산정하여 합계액을 계산한다.

(3) 원고 송무중이 2012. 6. 23.부터 미지급 임료상당의 부당이득반환청구를 하는 경우가 있다. 원고 송무중은 2012. 11. 22. 소유권을 취득하였기 때문에 그 이전에는 부당이득 반환청구할 권리가 없었다. 일부는 2012. 6. 23.부터 판결확정시까지 부당이득금만을 청구하고 있다. 물론 나중에 다시 밀린 부당이득금을 청구하면 되지만 분쟁을 일거에 해결해야 된다는 관점에서 잘못된 청구다.

(4) 근저당권 말소청구를 단순이행청구의 형태로 해 버린 경우가 있다. 그렇다면 나머지 피담보채권의 변제없이 청구를 하는 셈이 되어 적어도 일부 기각을 면치 못할 것이다.

(5) 원고 김갑동의 청구에서 지연손해금의 기산점은 청구한 다음날이므로 내용증명우편이 도달한 다음날인 2012. 11. 23.부터이다.

(6) 청구취지 문구의 무색투명한 기재 원칙에 위반된 사례와 주상목행을 어긴 기재례가 다수 있었다.

예를 들면,

"피고 을서 주식회사는 원고 송무중에게 2006. 1. 5. 지급약속한 약속어음에 관한 보증채무를 이행하라."

"피고 을서 주식회사는 원고 송무중에게 임대차보증금 7억원을 지급받음과 상환으로 서울 서초구 서초동 671 토지를 인도하고,

매매대금 2억원을 지급받음과 동시에 서울 서초구 서초동 671 건물을 인도하고, 소유권이전등기 절차를 이행하라."

"2006. 1. 5. 연대보증을 원인으로 한 100,000,000원 및 2007. 1. 4.부터 이 사건 소장 부본 송달일까지는 연 6%의, 그 다음날부터 다 갚는 날까지는 연 20%의 각 비율에 의한 금원을 지급하라."

"서울 서초구 서초동 671 지상 철골조 샌드위치지붕 2층 근린생활시설 1층 200㎡ 2층 200㎡

(이하 위 건물)에 대한 매수청구권 행사를 원인무효를 이유로 하여 취소하고,

원고 송무중에게 원고로부터 임차보증금 7억원에서 서울 서초구 서초동 671 대 320㎡ 지상 철골조 샌드위치패널지붕 2층 근린생활시설의 감정가액 총 2억원을 공제한 5억원을 지급받음과 동시에 동 건물의 소유권을 이전하라."

(7) 부동산 표시를 할 때 특정에 주의하여야 한다. 말소대상등기의 특정방법도 잘 학습해 두어야 한다. 이전등기청구 방법도 주의를 요한다.

(8) 지상물매수청구권의 대상이 된 건물의 인도청구만 하고 소유권이전등기청구를 하지 않은 경우가 많다. 부동산의 소유권 이전은 매매계약과 등기가 필요함에 비추어 볼 때 얼마나 잘못된 청구취지인지 알 수 있다.

(9) 대위청구를 함에 있어 그 이행 상대방을 채권자 또는 원고로 할 수 있다. 그러나 청구취지를 작성함에 있어 그 중 누구 하나를 특정하여 두고 그에게 이행하라고 청구하여야 한다. 그렇지 않고 양자를 지적하여 그 중 하나에게 이행하라고 청구하면 안 된다.

(10) 원고가 줄 돈을 받을 돈에서 공제하는 방식으로 청구취지를 구성하는 것은 청구취지를 지나치게 복잡하게 만든다. 그래서 관행상 그렇게 하지 않는다.

(11) 인도는 퇴거를 포함하므로 같은 당사자를 상대로는 인도를 구하면 퇴거를 따로 구할 필요가 없다.

(12) 소송비용 청구, 가집행 청구를 누락한 경우가 있었고, "라는 판결을 구합니다."라는 문구도 누락한 경우가 많았다.

소 장

원 고 1. 송 무 중(******－*******)
서울 종로구 내자동 500
2. 김 갑 동(******－*******)
서울 영등포구 여의도동 334
원고들 소송대리인 변호사 이경수
서울 서초구 서초동 233 동문빌딩 511호
전화번호 (02) 532－****, 팩스번호 (02) 532－****
이메일 : ***@gmail.com

피 고 1. 을서 주식회사
서울 송파구 잠실동 123 송파빌딩 407호
대표이사 노용호
2. 박 병 남(******－*******)
서울 강서구 삼성동 475

3. 최 정 북(****** – *******)
서울 서초구 반포동 423

소유권이전등기 등 청구의 소

청 구 취 지

1. 원고 송무중에게,
 가. 피고 을서 주식회사는,
  1) 위 원고로부터 금 200,000,000원을 지급받음과 동시에, 서울 서초구 서초동 671 지상 철골조 샌드위치패널지붕 2층 근린생활시설 1층 200㎡, 2층 200㎡에 대하여
   가) 2012. 12. 21. 매매를 원인으로 한 소유권이전등기 절차를 이행하고,
   나) 인도하고,
  2) 2012. 11. 23.부터 서울 서초구 서초동 671 대 320㎡의 인도완료시까지 월 5,000,000원의 비율에 의한 금원을 지급하고,
  3) 100,000,000원 및 이에 대하여 2006. 1. 5.부터 이 사건 소장부본 송달일까지는 연 6%의, 그 다음날부터 다 갚는 날까지는 연 20%의 각 비율에 의한 금원을 지급하고,
 나. 피고 박병남은[44] 위 가. 1)항 기재 건물을 인도하고,
 다. 피고 최정북은 위 가. 1)항 기재 건물에 대하여 서울중앙지방법원 등기국 2010. 8. 25. 접수 제17543호로 경료된 근저당권설정등기에 대하여 2013. 1. 7. 변제공탁[45]을 원인으로 한 말소등기 절차를 이행하라.
2. 피고 을서 주식회사는 원고 김갑동에게 25,000,000원 및 이에 대하여 2012. 11. 23.부터 이 사건 소장부본 송달일까지는 연 5%의, 그 다음날부터 다 갚는 날까지 연 20%의 각 비율에 의한 금원을 지급하라.
3. 소송비용은 피고들의 부담으로 한다.
4. 위 제1항의 가. 1)의 나), 2), 3) 및 나.항 및 제2항은 가집행할 수 있다.
라는 판결을 구합니다.

청 구 원 인

1. 원고 송무중의 피고 을서 주식회사(이하 '피고 을서'라고 함)에 대한 청구
 가. 이 사건 건물에 대한 소유권이전등기청구 및 인도청구

44) "원고 송무중에게" 대신 "피고 을서 주식회사에게"라고 해도 된다. 수정할 때는 목차를 적절하게 조정해야 함은 물론이다.

45) 전언에 의하면 소 제기하면서 변제공탁하여 청구하는 것을 생각해 내기 대단히 어려웠다고 한다. 만약 청구취지를 "피고 을서로부터 0원 및 이에 대한 ...... 부터 다 갚는 날까지 연 25%의 비율에 의한 돈을 지급받은 후 위 가.1)항 기재 건물에 대하여 서울중앙지방법원 등기국 2010. 8. 25. 접수 제17543호로 경료된 근저당권설정등기의 말소등기 절차를 이행하라"라고 기재했다면 이는 조건부 판결로서 조건의 성취가 증명하지 못하면 판결의 집행을 할 수 없게 된다. 그런데 변제의무는 피고 을서에게 있으므로 피고 을서가 변제하지 않는 이상 판결을 집행하지 못하게 되기 때문에 변제공탁 후 단순이행을 구하는 청구를 하고 있는 것으로 추측된다. 그렇지만 위와 같은 조건부 청구를 해 판결을 받아도 원고는 이해관계인으로 제3자 변제를 할 수 있기 때문에 결론에 있어 차이가 없어 위와 같은 청구취지도 정답으로 처리해야 할 것이다.

1) 사실관계

가) 지상물매수청구권의 발생(건물 소유를 목적으로 한 토지 임대차, 건물 신축으로 인한 소유권 취득 및 현존, 임대차기간만료로 종료, 갱신거절, 건물 소유권보존등기로 인한 대항력 취득, 대지 소유권의 이전)

(1) 원고 김갑동은 서울 서초구 서초동 671 대 320㎡(이하 '이 사건 대지'라고 함)를 소유하고 있던 중 2010. 6. 23.경 피고 을서와 사이에 이 사건 대지를 보증금 700,000,000원, 월 임료 5,000,000원(매월 22일 후불), 임대기간은 2년간으로 한 임대차계약을 체결하였으며, "임차인은 자신의 비용으로 임차지상에 건물을 축조하여 영업을 할 수 있다"고 특약하였습니다. 피고 을서는 계약당일인 2010. 6. 23.경 원고 김갑동에게 보증금 700,000,000원을 전액 지급하고 원고 김갑동으로부터 이 사건 대지를 인도받았습니다.

(2) 피고 을서는 이 사건 대지 위에 철골조 샌드위치패널지붕 2층 근린생활시설 1층 200㎡, 2층 200㎡(이하 '이 사건 건물'이라고 함)를 신축하여 2010. 8. 13. 그 명의로 소유권보존등기를 마쳤습니다. 피고 을서는 이 사건 건물의 2층에 '드레곤스'라는 상호의 패스트푸드 프랜차이즈 본사를 두고 2010. 8. 23.부터 이 사건 건물 1층에서 그 영업점을 운영해 왔습니다.

(3) 그러나 피고 을서는 임대차기간이 만료되기 전인 2012. 6. 15. 원고 김갑동에게 위 임대차계약의 갱신을 청구하였으나 원고 김갑동은 이를 거절하였습니다. 그런데도 피고 을서가 위 임대차 만료일인 2012. 6. 22.이 경과한 이후에도 이 사건 대지를 반환하지 않아 원고 김갑동은 피고 을서를 상대방으로 하여 건물철거 등 소를 제기하여 2012. 11. 2.경 '피고 을서는 원고 김갑동에게 이 사건 건물을 철거하고, 원고 김갑동으로부터 7억원을 지급받음과 동시에 이 사건 토지를 인도하라'는 취지의 승소판결을 받아 2012. 11. 30.경 그 판결이 확정되었습니다.

(4) 한편, 원고 송무중은 2012. 11. 10.경 원고 김갑동으로부터 이 사건 대지를 대금 2,000,000,000원에 매수하기로 하고, 계약금 200,000,000원은 계약당일 지급하고, 중도금 700,000,000원은 같은 달 15., 잔금 1,100,000,000원은 같은 달 23.경 소유권이전등기에 필요한 제반서류의 교부 및 이 사건 대지의 인도와 동시에 지급하기로 약정하였습니다. 이때 잔금 1,100,000,000원 중 700,000,000원은 피고 을서에 대한 원고 김갑동의 임대차보증금 반환채무를 원고 송무중이 인수하는 것으로 갈음하고 나머지 400,000,000원만 지급하기로 특약하였고, 그 후 원고 송무중은 원고 김갑동에게 중도금, 잔금을 모두 지급하고 2012. 11. 23. 이 사건 대지에 관하여 소유권이전등기도 마쳤습니다. 또한 피고 을서도 그 무렵 원고 송무중의 위 임차보증금반환채무인수에 승낙하였습니다.

나) 지상물매수청구권의 행사와 건물 시가

(1) 원고 송무중은 위 확정판결에 기하여 건물철거 및 토지인도 집행을 위하여 승계집행문을 발급받아 2012. 12. 21. 10:00경 서울 서초구 서초동 671 현장에 나가 집행에 착수하려 하였더니 피고 을서의 대표이사 소외 노용호가 출석하여서는 원고 송무중에게 "집행대상건물의 매수청구권을 행사한다"라는 취지의 진술을 하고 서울중앙지방법원 소속 집행관 소외 김종인은 위와 같은 취지의 진술을 집행불능조서에 기재하였습니다. 또한 피고

박병남은 약정서를 제출하면서 "피고 을서와 약정을 하고 집행대상건물을 사용 중"이라고 주장하여 결국 위 집행관은 집행불능을 선언하고 그 절차를 종료하였습니다.

(2) 한국감정원 작성의 감정평가에 의하면 2012. 12. 21.경 이 사건 건물의 시가는 200,000,000원입니다.

2) 소결론

가) 그렇다면, 이 사건 대지의 임차인이며 이 사건 건물의 소유자인 피고 을서가 이 사건 건물을 신축하여 자신 명의로 소유권보존등기를 경료하였을 뿐만 아니라 이 사건 건물의 소유를 목적으로 한 이 사건 임대차계약이 만료되기 전인 2012. 6. 15. 계약갱신의 청구를 하였으나 이를 거절당하여 지상물매수청구권이 발생하였습니다. 또한 피고 을서는 건물에 대한 소유권보존등기를 경료함으로써 그 대지임차권이 민법 제622조 제1항에 의해 제3자에도 대항할 수 있고, 그 결과 제3자에게도 매수청구권을 행사할 수 있습니다. 따라서 2012. 12. 21. 이 사건 대지의 매수인인 원고 송무중에게 임대차 기간만료 후 잔존한 이 사건 건물의 매수청구권을 행사함으로써 피고 을서와 원고 송무중 사이에는 이 사건 건물에 대한 매매계약이 성립되었고, 그 매매대금은 2012. 12. 21. 당시 객관적인 평가금액에 해당되는 200,000,000원이 된다 할 것입니다.

나) 따라서, 피고 을서는 원고 송무중으로부터 금 200,000,000원을 지급받음과 동시에, 원고 송무중에게 이 사건 건물에 대한 2012. 12. 21.자 매매를 원인으로 한 소유권이전등기절차를 이행하고, 위 건물을 인도할 의무가 있습니다.

나. 차임상당의 부당이득금 반환청구

1) 피고 을서는 원고 김갑동과 사이에 위와 같이 이 사건 대지에 관한 임대차계약을 체결하고 2010. 6. 23.경 임차보증금 700,000,000원을 지급하고 이 사건 대지를 인도받아 그 지상에 이 사건 건물을 신축하여 그 소유권보존등기를 경료한 다음 임대차계약 갱신을 요청하였으나 거절된 채 이 사건 대지를 점유·사용하면서 임대차기간만료일인 2012. 6. 22.까지의 임료만을 지급한 채 그 이후의 임료를 일절 지급하지 않고 있으며, 원고 송무중은 위와 같이 원고 김갑동으로부터 이 사건 대지를 매수하여 잔금을 모두 지급한 다음 2012. 11. 23.경 그 명의로 소유권이전등기를 경료한 사실들은 앞서 살펴본 바와 같습니다.

2) 소결론

그렇다면, 피고 을서는 원고 송무중에게 원고 송무중이 소유권을 취득한 2012. 11. 23.부터 위 대지의 인도완료일까지 월 5,000,000원의 비율에 의한 무단점유로 인한 월 임료상당의 부당이득금을 지급할 의무가 있습니다.[46)]

다. 연대보증채무금 청구

1) 소비대차계약, 원본인도, 변제기도래, 이자·이율약정, 연대보증

원고 송무중은 2006. 1. 5.경 소외 문영수에게 100,000,000원을 이자는 연 6%, 변제기는 2007. 1. 4.로 정하여 대여하였는데, 이때 피고 을서는 같은 일자 소외 문영수의 위 대여금

46) 이론적으로는 2012. 11. 23.부터 2013. 1. 7.까지 이미 발생한 부당이득 합계액을 모두 지연손해금과 함께 청구하고 2013. 1. 8.부터 인도완료일까지 월 500만원의 비율에 의한 부당이득금을 청구할 수 있을 것이나 이자상당액의 합계 청구금이 소액이고 그 지연손해금도 미미한 수준이므로 복잡성을 피하기 위해 실무상으로는 위와 같은 청구를 한다.

반환채무를 연대보증하였습니다.

2) 소결론

그렇다면, 피고 을서는 원고 송무중에 대하여 연대보증한 금 100,000,000원 및 이에 대하여 2006. 1. 5.부터 이 사건 소장부본 송달일까지는 약정상의 연 6%의, 그 다음날부터 다 갚는 날까지는 소송촉진 등에 관한 특례법 제3조 소정의 연 20%의 각 비율에 의한 이자 또는 지연손해금을 지급할 의무가 있습니다.

3) 피고 을서의 주장에 대한 반박

가) 상사소멸시효(5년) 완성

(1) 피고 을서는 주식회사로서 당연상인에 해당되고, 상인이 영업을 위하여 하는 행위로 상행위로까지 추정되므로 위 보증행위는 상행위가 되며, 따라서 상법 제64조에 의한 5년의 경과로 시효소멸하게 되는데 본 건의 경우 변제기 2007. 1. 5.로부터 5년이 경과되어 소제기되었으므로 시효로 소멸하였다고 항변합니다.

(2) 우선, 피고 을서의 위 보증행위는 영업을 위한 것이 아니라 보조적 상행위에도 해당되지 않으며, 달리 피고 을서의 위 보증행위가 상행위에 해당되지도 않습니다. 즉, 피고 을서는 음식판매업무, 연예기획업무, 부동산임대업무, 기타 부대되는 업무로서 기획재정부장관의 승인을 얻은 업무를 목적으로 설립된 주식회사로서 주로 '드래곤스'라는 상호의 패스트푸드 프랜차이즈 사업을 영위하고 있습니다. 그러므로, 상인이 아닌 소외 문영수의 위 차용금에 연대보증한 행위는 영업을 위한 것이라고 볼 수 없습니다. 따라서 상행위임을 전제로 한 위 주장은 이유 없습니다.

(3) 가사, 위 보증행위가 상행위에 해당된다고 하더라도, 원고 송무중은 주채무자인 소외 문영수를 상대로 위 채무의 담보조로 발행된 약속어음금 청구의 소를 제기하여 그 확정판결을 받았으므로 주채무가 시효중단되었고, 주채무의 시효중단 사유는 보증인에게도 그 효력이 있습니다. 게다가 그 판결확정일로부터 아직 5년이 경과하지 않았음은 역수상 명백합니다. 그래서 시효로 소멸하지 않았습니다.

즉, 소외 문영수는 위 대여금에 대한 담보조로 발행인 문영수, 발행일 2005. 12. 5., 지급일 2006. 1. 5., 수취인 원고 송무중으로 된 액면금 100,000,000원의 약속어음 1매를 발행하여 원고 송무중에게 교부하였습니다. 원고 송무중은 2009. 1. 4.경 소외 문영수를 상대로 어음금지급 청구의 소를 제기하여 2009. 4. 30. "소외 문영수는 원고에게 1억 원 및 이에 대한 2006. 1. 5.부터 2009. 1. 15.까지는 연 6%의, 그 다음 날부터 다 갚는 날까지는 연 20%의 각 비율에 의한 금원을 지급하라"는 판결을 받았고, 2009. 5. 20. 위 판결이 확정되었습니다. 그렇다면, 위 대여금 채권은 그 담보조로 발행한 위 약속어음금에 대하여 이 사건 소멸시효 5년이 만료되기 전인 2009. 4.경 어음금지급 청구의 소로 제기되고 위와 같은 경위로 그 판결이 확정되었으므로 적법하게 중단되었고, 주채무의 시효중단의 효력은 연대보증인에게도 미친다고 할 것입니다. 따라서 그로부터 다시 5년[47]의 소멸시효기간이 경과하지 않았음이 명백하므로 이유 없습니다.

47) 확정판결에 의해 민법 제165조에 의해 늘어난 10년의 소멸시효는 위 판결의 당사자인 소외 문영수에게만 미친다.

나) 대표권 제한 위반행위로 피고 을서에게 효력이 없다는 주장

(1) 피고 을서는 정관 제22조에 따르면 '회사가 타인의 채무를 보증하는 행위'는 사전에 이사회의 결의를 얻어야 하는데, 당시 대표이사였던 소외 최상근이 아무런 절차도 밟지 않고 보증하여 회사에 그 효력이 없다고 주장합니다.

(2) 가사 위와 같은 사실이 있다고 하더라도 상법 제389조 제3항, 제209조 제2항에 의할 때 주식회사 대표이사의 대표권에 대한 제한은 선의의 제3자에 대항하지 못하고, 그 악의 또는 과실의 주장·증명책임은 피고 을서에게 있는데 이에 관한 아무런 주장·증명이 없습니다. 오히려 원고 송무중은 다음과 같이 소외 최상근의 위 보증행위에 대한 회사 정관상의 제한을 알지 못하였고, 알 수도 없었으므로[48] 위 보증행위는 그 효력이 있다 할 것입니다. 즉, 원고 송무중이 위 문영수에게 연대보증을 요구하자 위 최상근을 대동하고 법무사 사무실에 나타났고, 그 자리에서 위 최상근이 피고 을서의 대표이사로 기재된 명함을 교환하고서, 가지고 온 피고 을서의 명판과 인감도장으로 보증계약서에 날인하여 작성하였습니다. 당시 입회한 법무사도 "대표이사가 직접 인감을 날인하면 충분하다."고 말하였었고, 당시 법무사 사무실에는 피고 을서의 이사 중 한 사람인 소외 전현우도 위 최상근과 함께 찾아와서 동석해 있었으면서도 위 연대보증에 관하여 아무런 이의도 하지 않았습니다. 위와 같은 상황이라면 원고 송무중은 피고 을서의 정관에 대표권에 관한 제한이 있었음을 알지 못하였고, 나아가 소외 최상근이 위와 같이 이사회 결의를 받지 않았다는 사실을 알 수도 없었습니다. 그러므로 원고 송무중은 소외 최상근의 대표권행사 제한에 관한 선의·무과실의 제3자라 할 것이고, 피고 을서는 최상근의 보증행위에 책임이 있습니다. 따라서 피고 을서의 위 주장은 이유가 없습니다.

2. 원고 김갑동의 피고 을서에 대한 청구

가. 사실관계

1) 피고 김갑동은 피고 을서와 사이에 위와 같은 임대차계약을 체결하고 이 사건 대지를 인도하여 현재까지 피고 을서가 그 지상에 이 사건 건물을 축조하여 점유·사용해 오고 있습니다.

2) 피고 을서는 2012. 6. 22.까지 월 임료만을 지급한 채 그 이후로는 임료를 지급하지 않았고, 원고 김갑동은 원고 송무중에게 위와 같은 경위로 이 사건 대지를 매도하여 2012. 11. 23.경 이 사건 대지에 관한 소유권이전등기를 경료해 주었습니다.

나. 소결론

그렇다면, 피고 을서는 원고 김갑동에게 2012. 6. 23.부터 같은 해 11. 22.까지 5개월간 미지급 임료 상당액인 25,000,000원(5,000,000 × 5개월) 및 그에 대한 마지막 월임료 지급 다음날인 2012. 11. 23.부터 이 사건 소장 부본 송달일까지는 민법 소정의 연 5%의, 그 다음날부터 다 갚는 날까지 소송촉진 등에 관한 특례법 제3조 소정의 연 20%의 각 비율에 의한 지연손해금

48) 대표권의 내부적 제한은 제3자가 악의·과실임을 주장·증명하여 무효를 주장할 수 있다. 법령상 요구되는 대표권의 내부적 제한은 제3자가 악의 또는 과실이 있음을 들어 무효를 주장할 수 있다. (법률상 요구되는 이사회결의 없이 한 대표이사의 행위에 관한 판례로는 대법원 2005. 7. 28. 선고 2005다3649 판결이 있다. 이 판례에 의하면, 이사회 결의를 거치지 않은 대표이사의 대표행위는 ① 그 거래행위가 이사회 결의사항인 사실, ② 이사회 결의를 거치지 않은 사실, ③ 상대방이 이사회 결의가 없었음을 알았거나 알 수 있었던 사실을 주장·증명해야 한다.)

을 지급할 의무가 있습니다.

3. 원고 송무중의 피고 박병남에 대한 청구

가. 사실관계

1) 피보전권리(건물인도청구권, 이행기, 미행사)

원고 송무중이 위와 같은 경위로 이 사건 대지를 매수하여 그 소유권을 취득하였고, 피고 을서이 원고 송무중에 대해 건물매수청구권을 행사하여 이 사건 건물에 대한 매매계약이 성립되었으므로 원고 송무중은 피고 을서에 대하여 건물인도청구권을 취득하였고, 이행기에 있으며, 피고 을서는 아래 권리를 행사하고 있지 않습니다.

2) 사용대차, 대차물 인도, 사용대차의 종료

한편, 피고 박병남은 원고 김갑동이 피고 을서를 상대로 한 건물철거 및 대지인도청구의 확정판결이 있고 난 후 그 철거집행전인 2012. 12. 3.경 피고 을서로부터 이 사건 건물을 무상으로 사용하면서 피고 을서가 인도요구를 하면 3일 이내에 조건없이 원상회복하여 반환하기로 약정하고, 피고 을서로부터 같은 날 이 사건 건물을 인도받아 현재 점유·사용 중에 있습니다.

나. 소결론

그렇다면, 피고 을서는 원고 송무중에게 위 건물매수청구권의 행사로 말미암아 이 사건 건물의 소유권이전등기는 물론 인도할 의무가 있다 할 것이고, 이런 인도청구권을 보전하기 위하여 원고 송무중은 피고 을서를 대위하여 피고 박병남에게 위 약정 상 계약을 해지하고 그 인도청구를 합니다. 또한 인도청구의 취지가 담긴 본건 소장이 송달된 후 3일 이후에 통상 변론종결이 될 것이기 때문에 피고 박병남은 피고 을서에게 이 사건 건물을 인도할 의무가 있다 할 것입니다.

4. 원고 송무중의 피고 최정북에 대한 청구

가. 사실관계

1) 피담보채무(소비대차, 원본인도, 변제기 도래, 이자·이율의 약정), 근저당권설정계약, 근저당권설정등기

피고 을서는 2010. 8. 23.경 피고 최정북으로부터 50,000,000원을 이자 월 4%, 대여기간 2010. 8. 23.부터 2012. 8. 22.까지 2년간으로 정하여 차용하고 그 담보조로 이 사건 건물에 관하여 서울중앙지방법원 등기국 2010. 8. 25. 접수 제17543호로 채권최고액 65,000,000원으로 된 근저당권설정등기를 경료하여 주었습니다.

2) 변제 및 변제충당

가) 그 후 피고 최정북은 피고 을서로부터 2011. 2. 22.경 금 37,500,000원, 2012. 2. 22.경 20,000,000원 합계 57,500,000원을 지급받았습니다.

나) 2007. 6. 30.부터 현재까지 시행중인 이자제한법 제2조 제1항의 최고이자율에 관한 규정(대통령령)에 의하면 금전대차에 관한 계약상의 최고이자율은 연 30%로 되어 있습니다.

다) 피고 을서가 2011. 2. 22.경 피고 최정북에게 변제한 37,500,000원은 우선 그때까지의 이자제한법상의 이자상당액인 7,500,000원(50,000,000 × 0.3 × 1/2)의 변제에 충당되고, 나머지 30,000,000원(37,500,000원 − 7,500,000원)은 원금 50,000,000원의 변제에 충당되어 나머지 원금 20,000,000원(50,000,000원 − 30,000,000원)이 남게 되었습니다.

라) 다시 피고 을서가 2012. 2. 22.경 지급한 20,000,000원은 나머지 원금 20,000,000원에 대한 1년간 연 30%로 계산한 이자상당액 6,000,000원(20,000,000 × 0.3 × 1)에 우선 충당되고 나머지 14,000,000원(20,000,000원 − 6,000,000원)이 남게 되고, 다시 원금에 충당되어 나머지 원금 6,000,000원(20,000,000 − 14,000,000원)이 남아 있습니다.

3) 대위변제를 위한 공탁

원고 송무중은 2013. 1. 7. 피고 을서를 대위하여 피고 최정북을 피공탁자로 하여 7,578,904원 {6,000,000원 + [6,000,000원 × 0.3 × (10/12 + 16/365)]}을 공탁하였습니다.

4) 피보전권리의 존재, 이행기, 미행사

원고 송무중은 건물매수청구권의 행사로 이 사건 대지에 관한 소유권이전등기 청구권이 있고, 이행기에 있음은 앞서 본 바와 같고, 피고 을서는 위 권리를 행사하지 않고 있습니다.

나. 소결론

위 근저당권의 피담보채권은 2012. 8. 22.의 경과로 변제기가 도과되었고, 원고 송무중은 이 사건 건물의 매수인으로서 그 건물상에 설정되어 있는 근저당권의 피담보채권을 변제할 법률상 이익이 있어 피고 을서를 대위하여 위와 같이 공탁함으로써 그 피담보채권을 모두 변제하였습니다. 그러므로 피고 최정북은 이 사건 대지에 관한 소유권이전등기청구권을 갖고 이를 보전하기 위하여 피고 을서를 대위한 원고에게 이 사건 건물에 관한 서울중앙지방법원 등기국 2010. 8. 25. 접수 제17543호로 마친 근저당권 설정등기에 대하여 2013. 1. 7. 변제공탁을 원인으로 한 말소등기 절차를 이행할 의무가 있습니다.

다. 피고 최정북의 주장에 대한 반박

1) 피고 최정북은 당초 약속한 대로 월 4%의 이율에 따른 이자를 지급받지 않으면 근저당권설정등기의 말소절차에 응할 수 없다고 주장합니다.

2) 이자제한법 제2조 제1항에 따르면, 대통령이 정하는 이율 이상을 지급받지 못하게 되어있고, 이에 근거하여 제정된 위 대통령에서는 금전대차에 관한 계약상의 최고이자율은 연 30%로 정하였습니다. 그렇다면, 이자제한법의 취지에 따라 위 최고이율을 초과하는 부분은 무효라 할 것이므로 피고 최정북의 위 주장은 이유 없습니다.

5. 결론

그렇다면, 원고들의 피고들에 대한 청구는 모두 이유 있어 이를 인용하고, 소송비용은 패소자들의 부담으로 하고, 일부 청구에 관하여 가집행을 선고하여 주시기 바랍니다.

증 명 방 법(생략)

첨 부 서 류(생략)

2013. 1. 7.

원고들 소송대리인 변호사 이 경 수 인

서울중앙지방법원 귀중

Ⅲ. 2014년 실시 제3회 변호사시험 기록형

1. 7단계 권리분석법에 의한 사건 전체의 분석

가. 의뢰인의 희망사항 분석결과

의뢰인 =원고	희망사항	물권 침해? 약정?	침해자 또는 약정자는 누구(=피고)	원고의 자격, ∴소송명
최희선 이명구	홍은동 520 토지와 관련된 **일체의 권리를 실현**	① 매매계약 ② 계약 명의신탁 **∴불이행 있어 강제이행청구**	약정자 (명의수탁자) (박이채)	약정의 상대방 (최희선, 이명구) ∴부당이득반환청구
		① 양도담보 ② 소유권이전등기 **∴불이행 있어 강제이행청구**	약정자 (양도담보권자) (서병석)	약정의 상대방 (양도담보설정자) 대위청구 (부당이득반환청구) ∴소유권이전등기말소
		① 피보전채권 ② 사해행위, 사해의사 **∴형성소송**	사해행위의 수익자 (박이순)	채권자 ∴사해행위 취소 및 원상회복
	홍은동 521 토지의 **완전한 소유권 취득, 행사** 토지 사용 못한 손해도 전보 [전제조건] Ⓐ 521 지상 점포를 정준일에게 반환된다면 타에 처분할 우려가 있기 때문에 반환되지 않게 해달라. Ⓑ 소유권 확인 문제는 보류	① 매매계약 + 추가합의 **∴불이행 있어 강제이행청구**	약정자 (매도인) (정준일)	약정의 상대방 (매수인) ∴소유권이전등기 및 인도청구
			완전한 소유권 이전 약정(표준적 약정) Ⓐ 약정자(매도인) 겸 지상건물 소유자 (정준일)	Ⓐ 약정의 상대방 (매수인) ∴건물철거청구
			Ⓑ 철거대상 건물 점유자 (김병만)	Ⓑ 약정의 상대방 (매수인) ∴퇴거청구
			Ⓒ 약정자 (대금전부 지급받은 매도인) (정준일)	Ⓒ 약정의 상대방 (매수인) ∴부당이득반환청구
최희선	목가구 매매대금 해결	① 매매계약 **∴강제이행청구**	∴약정자 (매수인의 상호속용자) (김병만)	약정의 상대방 (매도인) ∴매매대금청구

의뢰인 =피고	희망사항	청구취지 · 청구원인		
		물권 침해? 약정?	침해자 또는 약정자는 누구(=피고)	원고의 자격, ∴소송명
대한민국	의뢰인은 원고의 청구에 대해 답변서를 작성해 달라.	① 물권(소유권) ② 소유권보존등기 경료하기 위한 방도 강구 **∴소유권확인 청구**	∴상대방 (대한민국)	물권자 (소유권자)

나. 원고의 청구원인 분석결과

<table>
<tr><th>소송명</th><th colspan="2">청구원인</th><th>항변
(법률상 주장 포함)</th><th>재항변 등</th></tr>
<tr><td>부당이득
반환청구</td><td>① 동업계약
ⓐ 공동목적
ⓑ 지분
ⓒ 대표자
효과는 공유이고,
지분 1/2</td><td>② 매매계약,
③ 계약명의신탁
④ 매도인의 선의
∴1/2지분으로 부당이득반환청구</td><td>Ⓐ 불법원인급여
ⓐ불법(선량한 풍속 기타 사회질서 위반)·원인·(최종)급여
ⓑ현저한 급여자의 불법 > 수익자의 불법[49]</td><td>Ⓐ ⓑ 불법의 원인이 수익자에게만 있음 (ⓑ 요건의 부인)</td></tr>
<tr><td>소유권
이전등기
말소청구</td><td>① 대위청구
ⓐ 위 부당이득반환 청구
ⓑ 이행기
ⓒ 무자력
ⓓ 미행사</td><td>② 피담보채무
③ⓐ양도담보계약
ⓑ소유권이전등기
④ 피담보채무의 소멸</td><td></td><td></td></tr>
<tr><td>사해행위
취소 및
원상회복</td><td>① 피보전권리
위 부당이득반환청구</td><td>② 사해행위
③ 사해의사
[②③ 유일한 재산 처분으로 추정됨]
④ 원상회복(가액반환)</td><td>Ⓐ (피고 박이순의) 선의(※ 신한은행은 선의여서 청구 못함)</td><td></td></tr>
<tr><td>소유권
이전등기
및 인도</td><td rowspan="3">① 동업계약
ⓐ 공동목적
ⓑ 지분
ⓒ 대표자
효과는 공유이고,
지분 1/2</td><td>② 매매계약
ⓐ 매매계약
ⓑ 매매대금전부지급
③ 추가약정</td><td>Ⓐ 미등기 부동산이어서 응할 수 없다.</td><td>Ⓐ 미등기 부동산이라도 청구할 수 있다.</td></tr>
<tr><td>건물철거</td><td>위 ③ 추가약정 중 건물철거약정 존재
(채권적 청구권이 됨)</td><td></td><td></td></tr>
<tr><td>부당이득
반환청구</td><td>위 ②ⓐⓑ

④ 지상에 건물 축조하여 소유</td><td>Ⓐ 소유권자로 과실수취권
Ⓑ 재판상 화해 기판력 저촉</td><td>Ⓐ 매도하여 매매대금을 전부 지급받았으면 과실수취권은 매수인에게 있음
Ⓑ 손해배상청구권의 기판력은 부당이득반환에 미치지 않음</td></tr>
<tr><td>퇴거청구</td><td>[대위요건]
위 ①②③④하여 건물철거 의무 있음
이행기, 미행사</td><td>⑤ 임대차하여 점유중임
⑥ 임차목적물의 인도
⑦ 임대차계약의 종료 (2기 이상 차임 연체 해지통지)</td><td></td><td></td></tr>
<tr><td>물품
대금
청구</td><td colspan="2">① 물품매매계약
② 물건인도
③ 대금지급 기한약정, 도래
④ 상호속용
ⓐ 영업양도
ⓑ 상호속용 중</td><td>Ⓐ 소멸시효 완성
상행위, 5년</td><td>Ⓐ 가압류하여 시효중단 재항변</td></tr>
</table>

49) 대법원 2007. 2. 15. 선고 2004다50426 전원합의체판결.

소송명	청구원인	답변 · 항변 (법률상 주장 포함) 재재항변	재항변 등
소유권 확인소송	① 소유권자 査定으로 인한 원시취득 ② 확인의 이익	Ⓐ 본안전 항변 Ⓑ (a) 답변 ①은 인정 **②가 없음(각하)(토지대상상 사정명의로 등재된 자를 상대로 청구해야 함, 사정명의자가 없으면 대한민국을 상대로 소유권확인 가능)** Ⓑ (b) 항변	

2. 동업계약

가. 의뢰인들간의 법률관계

본 사안에서 동업계약에 기한 공동소유 형태를 판단하는 것이 매우 중요하다. 민법 제703조에서 "조합은 2인 이상이 상호출자하여 공동사업을 경영할 것을 약정함으로써 그 효력이 생긴다."고 규정되어 있다. [상담내용]에서 "2010년 공동으로 부동산을 매수하기로 합의한 후 각기 3억 원씩 출연하여 공동자금 6억 원을 모았다."고 해서, 마치 상호출자하여 공동사업을 경영할 것을 약정한 조합으로 오해될 소지가 있다. 이와 별도로 '권리능력 없는 사단'이 될 수도 있다. 그래서 동업관계의 법률관계를 살펴볼 필요가 있다.

나. 조합의 성립요건

"민법상 조합계약은 2인 이상이 상호 출자하여 공동으로 사업을 경영할 것을 약정하는 계약으로서, 특정한 사업을 공동경영하는 약정에 한하여 이를 조합계약이라 할 수 있고, 공동의 목적달성이라는 정도만으로는 조합의 성립요건을 갖추었다고 할 수 없다." "수인이 부동산을 공동으로 매수한 경우, 매수인들 사이의 법률관계는 공유관계로서 단순한 공동매수인에 불과할 수도 있고, 그 수인을 조합원으로 하는 동업체에서 매수한 것일 수도 있는바, 공동매수의 목적이 전매차익의 획득에 있을 경우 그것이 공동사업을 위해 동업체에서 매수한 것이 되려면, 적어도 공동매수인들 사이에서 그 매수한 토지를 공유가 아닌 동업체의 재산으로 귀속시키고 공동매수인 전원의 의사에 기해 전원의 계산으로 처분한 후 그 이익을 분배하기로 하는 명시적 또는 묵시적 의사의 합치가 있어야만 할 것이고, 이와 달리 공동매수 후 매수인별로 토지에 관하여 공유에 기한 지분권을 가지고 각자 자유롭게 그 지분권을 처분하여 대가를 취득할 수 있도록 한 것이라면 이를 동업체에서 매수한 것으로 볼 수는 없다."(대법원 2007. 6. 14. 선고 2005다5140 판결)

다. 권리능력 없는 사단

중요한 점(대표의 방식, 총회의 운영, 재산의 관리 등)에 관하여 정관이나 규칙으로 정해 두고,

의사결정기관 및 집행기관을 정해 두는 등 조직을 갖추고 있고, 구성원의 가입·탈퇴에 상관없이 단체 그 자체가 존속하는 등 어느 정도의 단체성을 갖추고 있어야 권리능력 없는 사단으로 인정될 수 있다.(대법원 1992. 7. 10. 선고 92다2431 판결)

라. 의뢰인들의 동업관계의 법률적 성질

본 사안에서는 동업한다는 명시적, 묵시적 약정을 인정할 자료가 없다. 오히려 지분비율을 명확히 하고 각자의 계산과 책임으로 자유로이 처분할 수 있도록 허용하는(합의서 제1조, 제4조) 등 사업의 공동경영으로서의 성격이 거의 없다. 또한 정관 등도 없고, 구성원의 가입·탈퇴에 상관없이 단체 그 자체로 존속할 수 있을 정도의 단체성도 없다. 그러므로 부동산의 공동취득으로 공유로 보아야 할 것이다. 조합이라는 명칭에도 불구하고 합유가 아니고, 더구나 권리능력 없는 사단의 소유형태인 총유도 아님에 주의하여야 한다.

3. 명의신탁에 따른 소유권이전등기의 법적 효력

가. 명의신탁

(1) 명의신탁이란 "당사자간의 신탁에 관한 채권계약에 의하여 신탁자가 실질적으로는 그의 소유에 속하는 부동산의 등기명의를 실체적인 거래관계가 없는 수탁자에게 매매 등의 형식으로 이전하여 두는 것"(대법원 1993. 11. 9. 선고 92다31699 판결 등)을 지칭한다. 판례는 명의신탁의 유효성을 인정하고 있다.

(2) 부동산 명의신탁의 종류

부동산 명의신탁에는 Ⓐ진정명의신탁과 Ⓑ계약명의신탁으로 나누어지고, Ⓐ진정명의신탁은 다시 ①양자간 명의신탁과 ②제3자간 명의신탁으로 나누어진다.

㈎ 진정(등기)명의신탁

진정명의신탁은 부동산의 등기명의만이 명의수탁자에게 이전될 뿐이고 명의수탁자가 부동산 취득의 원인계약에 관여하지 않는 명의신탁이다. 진정명의신탁에는 Ⓐ① 양자간 명의신탁과 Ⓐ② 제3자간 명의신탁으로 세분된다. 전자는 명의신탁자가 자기 명의의 부동산을 명의수탁자에게 이전하는 형태의 명의신탁이고, 후자는 명의신탁자가 매도인으로부터 부동산을 매수하면서 자기 명의의 등기를 경료하지 않은 채 바로 명의수탁자 앞으로 이전등기를 하는 경우를 지칭한다.

㈏ 계약명의신탁

계약명의신탁은 명의신탁자가 명의수탁자에게 위탁하여 명의수탁자가 계약당사자로서 전 소유자로부터 부동산을 매수하여 명의수탁자 앞으로 등기를 경료하는 경우를 지칭한다.

(다) 제3자간의 등기명의신탁과 계약명의신탁의 구분방법

「부동산 실권리자명의 등기에 관한 법률」 제4조 제1항에 따라 명의신탁계약은 그 형식에 상관없이 언제나 무효이다. 그런데 관련된 부동산 물권변동도 같은 조 제2항에 의해 무효이나, 매도인이 알지 못한 경우에는 그 효력이 발생한다. 양자간 명의신탁은 명의신탁자와 명의수탁자간의 명의신탁계약과 후속 등기에 의한 것으로 명의신탁 약정이 무효여서 부동산 소유권이전등기가 소급적으로 무효가 되고, 명의신탁자는 명의수탁자를 상대로 그 소유권이전등기 말소를 구하면 된다. 이처럼 법률관계가 매우 간단하다. 그러나 제3자간 명의신탁과 계약 명의신탁은 명의신탁자, 명의수탁자 외에 매도인이 따로 존재한다. 따라서 명의신탁자와 명의수탁자 사이의 명의신탁약정이 무효로 된다고 하더라도 명의신탁자와 매도인 사이에 체결한 매매계약(제3자간 명의신탁)이나 명의수탁자와 매도인 사이에 체결된 매매계약(계약명의신탁)과 그 이행으로 된 부동산의 물권변동의 효력 여부가 논란이 될 수 있다. 그런데 제3자간 명의신탁인가 아니면 계약명의신탁인가에 따라 다음과 같이 그 효력이 달라지므로 명의신탁이 제3자간 명의신탁인지, 계약명의신탁인지의 구분이 매우 중요하다.

제3자간 명의신탁인지, 계약명의신탁인지는 원칙적으로 계약의 형식과 당사자의 의사에 따른다. 제3자간 등기명의신탁은 매도인과 매수인(명의신탁자)이 계약을 체결하면서 다만 매도인의 도움을 얻어 등기명의를 명의수탁자에게로 경료하는 방식이다. 계약의 체결과 등기의 과정에서 매도인은 명의신탁사실을 자연스럽게 알 수 있다. 따라서 제3자간 명의신탁에서 그 부동산 물권변동은 언제나 무효로 된다. 하지만 계약명의신탁은 명의수탁자가 계약당사자로 나서 스스로 매수인이 되어 계약을 체결하거나 본건과 같이 명의신탁자를 대리인으로 내세워 매수인 자격으로 계약을 체결하는 것이다. 매도인은 그 과정에서 명의신탁사실을 알 수도 있고 모를 수도 있다. 「부동산 실권리자명의 등기에 관한 법률」 제4조 제2항에 따르면 매도인이 명의신탁사실을 모를 경우에는 부동산 물권변동에 효력이 있다.

나. 「부동산 실권리자명의 등기에 관한 법률」의 적용될 경우의 법률관계

(1) 부동산 실명법의 적용범위

「부동산의 실권리자명의 등기에 관한 법률」(이하 '부동산 실명법'이라 함)의 적용이 없는 사안에는 종전 판례이론이 그대로 적용되게 된다.[50] 부동산 실명법 제2조 제1호 본문에 따르면 "부동산에 관한 소유권 기타 물권을 보유한 자 또는 사실상 취득하거나 취득하려고 하는 자가 타인과의 사이에서 대내적으로는 실권리자가 부동산에 관한 물권을 보유하거나 보유하기로 하고 그에 관한 등기는 그 타인의 명의로 하기로 하는 약정"을 적용대상으로 한다고 하였다. 따라서 부동산 물권에 관한 명의신탁 전반에 걸쳐 부동산 실명법이 적용될 수 있다.

하지만 다음과 같은 예외가 있다. <u>① 양도담보나 가등기담보, ② 상호명의신탁, ③ 신탁등</u>

---

50) <u>배우자에 대한 제3자간 명의신탁</u> 중 제3자간 명의신탁인데도 부동산 실명법 제8조 제2호에 따라 유효한 사안으로 된 기록형 문제로는 <u>제5회 변호사시험 기록형 문제</u>로 출제된 바가 있다.

기, ④ ⓐ 종중, ⓑ 배우자, ⓒ 종교단체에서 일어난 일정한 명의신탁[51] 등이다. 그 외에도 부동산이외에 ⑤ 공부에 의하여 권리관계가 표시되는 선박이나 자동차 기타 중기 등에 관한 명의신탁 등도 종전의 판례이론이 그대로 적용되고, 부동산 실명법에 의해 무효로 되지 않는다. 특히 ⑥ 예금주명의신탁이 가능하다는 점에 유의하자.(대법원 2001. 1. 5. 선고 2000다49091 판결)[52]

(2) 부동산 실명법이 적용되는 명의신탁의 효력

가) 명의신탁 약정의 무효

명의신탁자와 명의수탁자간의 명의신탁약정은 무효이다.(부동산 실명법 제4조 제1항) 명의신탁약정에 부속된 위임 등의 계약은 일부무효의 법리에 따라 명의신탁약정이 무효로 되면 위임 약정의 목적을 달성을 달성할 수 없는 경우에는 무효로 된다. 그런데 계약명의신탁의 경우는 매도인의 선의 또는 악의에 따라 등기로 인한 물권변동의 효력이 다르다. 즉 매도인이 선의인 경우에는 물권변동의 효력은 그대로 유효하게 존속한다.(부동산 실명법 제4조 제2항 단서) 그런데도 명의신탁이 무효여서 명의수탁자는 명의신탁자에게 신탁물을 반환할 필요가 없게 된다. 그 결과 명의신탁자는 명의수탁자를 상대로 부당이득반환청구를 할 수 있다. 부동산 실명제 실시이전에 명의신탁하였으나 정해진 기간 내에 실명전환하지 못해 부당이득반환을 구할 때는 그 원상회복의무의 이행으로 신탁물 자체의 반환을 청구할 수 있었으나, 부동산 실명제 실시이후에는 명의수탁자가 신탁물의 소유권을 취득하기 위해 명의신탁자로부터 교부받은 매매대금과 그 인도받은 날 이후의 법정이자 상당액을 부당이득으로 반환할 의무를 진다.[53] 본 모의기록은 계약명의신탁으로 매도인이 선의인 사안에

---

51) 그래서 ① 종중, 종교단체, 배우자 사이의 명의신탁, ② 조세포탈, 강제집행 면탈 기타 법령상의 제한을 회피하기 위한 목적이 없었음을 주장·증명해야 한다.(부동산 실명법 제8조)

52) 금융실명거래 및 비밀보장에 관한 법률 제3조 제3항에 따른 실명거래의무는 단속규정에 불과하고 효력규정은 아니다. 따라서 예금주명의신탁이 가능하다.(대법원 2001. 1. 5. 선고 2000다49091 판결) 그렇다면 예금주명의신탁자가 예금주명의수탁자에 대해서는 명의신탁을 해지하고 예금채권의 양도를 청구할 수 있다.(명의신탁의 법리상 명백) 만약 예금주명의신탁자의 채권자가 명의신탁사실을 알게 되었다면 Ⓐ예금주명의신탁자를 대위하여 그가 갖는 예금주명의수탁자에 대한 명의신탁 해지로 인한 예금채권양도청구권을 대위행사할 수 있다. Ⓑ또한 예금주명의신탁이 사해행위에 해당된다는 사실을 주장·증명할 수 있으면 예금주명의수탁자를 피고로 하여 예금주명의신탁계약 취소와 그 원상회복의무의 이행으로써 예금채권을 명의신탁자에게 양도하고, 그 양도사실을 금융기관에 통지할 것을 청구할 수 있다.(대법원 2015. 7. 23. 선고 2014다212438 판결) 예금주명의신탁자의 채권자는 Ⓐ방식에 의해 권리를 보호받을 수도 있지만 Ⓑ방식에 의해 청구할 때 원상회복으로 원물반환은 물론 가액반환을 구할 수 있기 때문에 더 강력하게 보호받을 수 있게 된다. 민사법실무에서 의사의 진술을 명하는 청구형태로서 채권양도의 의사표시를 하고, 채권양도사실의 통지를 하라는 청구가 가능한 경우로서 첫째 채권양도계약 후 채권양도인이 채권양도사실을 통지하지 않으면 채권양수인은 채권양도인을 상대로 소외인(채무자)에게 채권양도 사실을 통지하라는 청구를 할 수 있고, 둘째 이행불능의 경우 대상청구권의 행사로서 채무자의 제3채무자에 대한 채권양도의 의사표시를 하고, 그 채권양도사실을 통지하라는 청구를 할 수 있으며(법학전문대학원협의회 실시 2018년 제3회 모의시험 기록형 문제), 셋째 위 Ⓑ와 같은 사정하에서 둘째와 같은 내용의 청구를 할 수 있다는 것을 들 수 있다.

53) 명의신탁자의 부담으로 명의수탁자가 경락받아 경락대금을 완납한 경우에도 같은 법리가 적용되어 명의수탁자는 명의신탁자에게 경락대금과 그 법정이자 상당액을 부당이득으로 반환해야 한다(대법원 2006. 11. 9. 선고 2006다35117 판결).

해당된다. 나아가 계약명의신탁에서 매도인이 악의인 경우에는 부동산 실명제 제4조 제2항 본문의 적용을 받게되는 결과 등기로 인한 물권변동의 효력은 상실하게 되고, 매도인은 명의수탁자를 상대로 소유권이전등기 말소를 구하고, 이어 명의신탁자는 명의수탁자를 대위하여 매도인을 상대로 부당이득반환을 청구할 수 있다.

나) 명의신탁 등기의 무효

명의신탁약정에 의하여 경료된 등기는 무효이다.(부동산 실명법 제4조 제2항 본문)

양자간 명의신탁의 경우는 명의수탁자 명의의 등기는 무효이므로 명의신탁자가 소유권을 갖고 그에 기하여 명의수탁자에게 방해배제청구로서 말소를 구할 수 있다. 다만 명의수탁자가 명의신탁 중 당해 부동산을 타에 처분하였을 때는 명의신탁자는 제3자에 대항할 수 없다.(부동산 실명법 제4조 제3항) 위와 같은 사정을 종합해 보면 양자간의 등기명의신탁은 종전 명의신탁이론 상의 명의신탁자, 명의수탁자, 제3자와 별로 달라진 점이 없고 명의신탁의 해지 없이도 소유권이 명의신탁자에게 있다고 보는 점에서 명의신탁자가 더 보호되고 있다 할 수 있다.

하지만 제3자간 등기명의신탁은 종전이론과 큰 차이가 있다. 제3자간 등기명의신탁에서 명의수탁자 명의의 등기는 무효이다.(부동산 실명법 제4조 제2항 본문) 제3자간 명의신탁의 경우 매도인이 명의신탁사실을 알게 되기 때문에 등기자체만 유효로 되는 경우는 없다. 따라서 부동산의 소유권은 전 소유자에게 있다. 전 소유자는 명의수탁자를 상대로 말소청구 또는 진정명의 회복을 원인으로 한 소유권이전등기를 구할 수 있다. 그래서 매도인은 항상 위와 같은 권리를 갖게 된다. 다만, 명의신탁약정과는 별개인 부동산 취득의 원인계약인 매매계약 등은 무효로 되지 않는다.(대법원 2002. 3. 15. 선고 2001다61654 판결) 그래서 매매계약 자체는 그 효력을 유지하고 있으므로 명의신탁자는 매매계약의 당사자로서 전 소유자를 상대로 소유권이전등기를 구할 수 있다. 이런 상태하에서 명의신탁자는 전 소유자를 대위하여 명의수탁자를 상대로 그 명의 등기의 말소를 구하고, 아울러 전 소유자를 상대로 매매계약에 따른 소유권이전등기를 구할 수 있다.(대법원 2002. 11. 22. 선고 2002다11496 판결)[54] 다만 부동산 실명법 제4조 제3항에 의하여 제3자가 적법하게 소유권을 취득한 경우에는 그 위험부담[55]을 명의신탁자가 부담하여야 할 것이다. 이런 경우에는 명의신탁자 겸 매수인은 매도인을 상대로 소유권이전등기를 구할 수 없게 될 것(민법 제538조 제1항 전문)이고 오로지 명의수탁자를 상대로 부당이득반환 등을 청구할 수 있을 뿐이다.

계약명의신탁에서도 명의신탁약정은 무효이고, 매매계약자체는 유효하다. 그런데 그 매매계약에 따른 소유권이전등기는 부동산 실명법 제4조 제2항 본문에서 원칙적으로 무효로 하였다. 다만 같은 항 단서에서 전 소유자 겸 매도인의 명의신탁약정을 不知했을 경우 소유권이전등기도 효력이 있다고 규정하고 있다. 판례는 부동산 실명법 제4조 제2항 단서를 해석·적용함에 있어 전 소유자

54) 제3자간 명의신탁의 경우 발생할 수 있는 문제를 중심으로 구성된 모의기록으로는 법학전문대학원협의회 2015년도 제2회 모의기록, 2016년도 제2회 모의기록 등이 있다.

55) 이 위험은 종전 명의신탁 이론이 적용되었을 때도 있었다.

가 계약명의신탁약정이 있음을 알았는지 여부에 따라 그 등기의 효력이 달라진다고 한다.(대법원 2005. 1. 28. 선고 2002다66922 판결 등 다수) 전 소유자가 알았는지 여부의 판단시점은 **계약체결시**이다. 전 소유자가 **선의**인 경우 명의수탁자는 완전한 권리를 취득한다. 그래서 매매계약도 유효하고 그에 따른 등기도 효력이 있으므로 결과적으로 전 소유자는 모든 계약상의 의무를 이행한 셈이 되어 명의신탁자는 전 소유자에 대하여 아무런 청구를 할 수 없다. 그런데 명의신탁자는 명의신탁이 무효이기 때문에 명의수탁자에게 아무런 명의신탁상 권리를 행사할 수 있다. 다만 명의신탁자는 명의수탁자를 상대로 부당이득반환청구를 할 수 있을 뿐이다. 그런데 그 부당이득액은 명의신탁자가 지출한 매매대금일 뿐 소유권 명의를 부당이득이라고 주장하면서 소유물의 반환을 구할 수도 없다. 사전에 명의신탁이 무효로 된다 하더라도 부동산 자체의 소유권을 이전해 주기로 한 특약도 명의신탁약정이 유효함을 전제로 한 특약이어서 그 효력이 없다.(대법원 2013. 9. 12. 선고 2011다89903 판결) 다만 부동산 실명제 시행 전에 계약명의신탁계약을 맺고 소유권이전등기까지 마친 상황하에서 부동산실명제 법에 따른 유예기간을 경과하여 명의신탁계약이 무효로 된 경우에는 부동산 자체를 부당이득하였다고 보아 부당이득반환으로써 부동산 소유권이전등기 청구가 가능하다고 하였다.(대법원 2002. 12. 26. 선고 2000다21123 판결)

그에 반하여 전 소유자가 **악의**인 경우에는 명의수탁자 명의의 등기가 효력을 잃고 전 소유자의 소유가 된다. 따라서 전 소유자는 명의수탁자에게 방해배제청구권의 행사로서 소유권이전등기의 말소를 구할 수 있다. 명의수탁자는 전 소유자를 상대로 매매대금의 반환을 구할 수 있지만 물권변동의 목적달성이 부동산 실명법 제4조 제2항 본문에 의해 불가능하여 소유권이전등기를 다시 청구할 수는 없다. 즉 매매계약은 여전히 유효하다고 해석할 수도 있지만 그 이행을 구하게 되면 명의신탁의 실질에 따른 이행이 되므로 부동산 실명법 제4조 제2항 본문이 명의신탁을 금지한 법목적을 잠탈하게 되기 때문이다. 명의신탁자는 또 전 소유자에게 아무런 권리가 없다. 다만, 명의신탁자는 명의수탁자에 대하여 금전부당이득반환청구권을 보유하고 있다고 보아 이를 보전하기 위하여 명의수탁자가 전 소유자에 대해 보유하고 있는 급부반환청구권을 대위행사할 수는 있다. 결국 계약명의신탁의 경우에는 매도인의 선의 또는 악의에 따라 상대방만 달라질 뿐 부당이득반환청구권만을 행사할 수 있을 뿐이다.

참고로 명의신탁 무효사실이 밝혀진 후 전 소유자가 명의수탁자 대신 명의신탁자가 그 계약의 매수인으로 되는 것을 승낙한 경우에는 전 소유자와 명의신탁자 사이에는 종전의 매매계약과 같은 내용의 양도약정이 따로 체결된 것으로 봄이 상당하다.(**대법원** 2003.9.5. **선고** 2001**다**32120 **판결**) 명의신탁은 무효이나 매매계약은 그 효력이 있기 때문에 당사자 사이에 합의로서 명의신탁자를 매매계약상의 매수인의 지위를 갖도록 추가합의 할 수 있다는 것이다. 본 사례에서 다른 필지의 토지인 홍은동 521 토지에 관해서는 추가합의로 인해 매매계약이 유효함을 전제로 구성되어 있다.

다) 명의신탁자의 명의수탁자에 대한 권리

계약명의신탁에서 매도인이 선의여서 명의수탁자가 유효한 권리를 취득하면 명의신탁자는 명의수탁자에게 부당이득반환청구권을 행사할 수 있을 뿐이라고 설명했다. 그런데 반환할 부당이득은 ① 부동산 실명법 시행이전에 명의신탁된 상태(명의신탁에 의해 명의신탁자가 내부적으로라도 소유권을 취득하였을 때)에서 부동산 실명법의 시행으로 명의신탁이 무효가 된 경우에는 부동산 소유명의를 부당이득으로 보았다. 그래서 명의신탁자는 명의수탁자에게 부동산 소유권이전등기를 청구할 수 있었다. ② 그런데 부동산 실명법 시행 이후 명의신탁이 이루어진 경우에는 매수대금 상당을 부당이득으로 보았다. 그래서 명의신탁자는 명의수탁자를 상대로 매수대금 상당의 부당이득만 청구할 수 있을 뿐이다.

라) 제3자에 대한 효과

명의수탁자가 명의신탁물을 제3자에게 처분했을 경우 위와 같은 각종 무효사유로 제3자에게 대항할 수 없다.(부동산 실명법 제4조 제3항) 제3자의 악의, 선의를 불문한다.(대법원 2009. 3. 12. 선고 2008다36022 판결) 제3자란 명의신탁약정의 당사자, 포괄승계인이 아닌 자로서 "명의수탁자가 물권자임을 기초로 그와의 사이에 직접 새로운 이해관계를 맺은 사람"을 의미한다.

다. 종전 판례이론이 적용되는 명의신탁의 성립요건 및 그 효과

종전 명의신탁법리의 요체는 대내적 관계에서는 소유권이 명의신탁자에게 유보되어 있고, 대외적 관계에서는 명의수탁자가 소유자로 취급된다는 것이다. 그래서 명의신탁자는 명의수탁자에게 명의신탁을 해지하고 그 소유권을 되돌려 받을 수 있었다. 만약 명의수탁자가 신탁목적물을 제3자에게 처분하면 그 제3자(상대방)가 악의·선의 가리지 않고 유효하게 권리를 취득하였다. 이러한 종전 명의신탁 법리는 부동산 실명법의 적용을 받지 않는 거래분야에서 여전히 적용되고 있는 법리이니 잘 학습해 둘 필요가 있다.

4. 부당이득반환의 범위

가. 일반론

부당이득반환의 범위는 원칙적으로 민법 제748조, 제749조에 따라 결정된다. 선의의 수익자는 받은 이익이 현존하는 범위에서 반환할 의무가 있고, 악의 수익자는 그 받은 이익에 법정이자를 붙여 반환하고, 손해가 있으면 이도 배상해야 한다. 한편 수익자가 점유자일 경우에는 민법 제201조가 적용되는 관계로 선의의 점유자는 과실을 수취한 권한이 있어 소유자에게 과실을 반환할 필요가 없고, 악의의 점유자는 소유자에게 수취한 과실을 반환하여야 한다.(민법 제201조) 따라서 소유물반환과 관련된 점유자의 과실상당 부당이득반환은 민법 제201조의 규정이 민법 제748조에 우선하여 적용된다. 선의의 점유자는 더욱 보호를 받게 된다.

나. 반환대상

부당이득을 구체적으로 산정할 때 원칙적으로 차액설의 입장(대법원 1995. 5. 12. 선고 94다25551 판결)에서 산정한다. 그래서 원물반환을 구함이 원칙이다. 원물이 존재한다는 것은 손실자인 원고가 주장·증명하여야 한다. Ⓐ ① 원물이외에도 Ⓐ ② 과실이나 사용수익도 포함된다. 다만 점유자를 상대로 부당이득반환을 구하는 경우에는 선의 점유자의 과실수취권(민법 제201조)이 있기 때문에 그 과실을 청구 못하게 된다. 결국 과실도 포함하여 청구할 수 있는 경우란 점유자를 상대로 하지 않은 청구일 때이다. Ⓐ ③ 운용이익의 경우 통상적인 운용이익은 반환하여야 하지만 취득자의 별도의 노력이 들어 증가된 수익은 반환할 필요가 없다.(대법원 1995. 5. 12. 선고 94다25551 판결) Ⓑ 급부이득과 같이 쌍무계약으로 발생하여 반대채무의 반환도 필요한 경우에는 동시이행의 항변권의 적용을 받는다.

		선의의 수익자	악의의 수익자
원물반환	원물	원물 그대로 반환	원물을 받았을 때 받은 원물상태로 반환하여야 하기 때문에 훼손된 원물에다가 가치감소분을 포함시켜 반환하여야 함
	원물훼손	훼손된 상태대로 반환	
	과실 또는 사용이익	① 부당이득반환인 경우: 반환하여야 함 ② 물권적 청구권과 경합된 경우에는 201조~202조가 적용되어 반환할 필요가 없음	받은 시점에서의 과실 또는 사용이익을 반환하여야 하고, 소비 등 훼손이 있으면 그 감소된 부분도 전부 반환하여야 함
	법정이자	법정이자는 반환하지 않고, 최고한 때로부터 지연손해금은 지급필요	법정이자도 가산하여 반환 최고한 후에는 지연손해금조로 반환
	운용이익	통상적인 것은 반환	통상적인 것은 반환
가액반환		현존이익 판단시기는 소 제기시	불능시점 가액에 그때부터의 이자도 반환

가액반환을 해야 할 때는 선의의 수익자는 현존하는 이익의 범위 내에서 반환하면 된다. 선의는 "법률상 원인없다"는 점에 대한 선의여야 한다. 통상 선의는 추정되기 때문에 손실자가 악의를 주장·증명하여야 한다. 악의란 수익자의 내면적 상태로서 직접적인 증거가 없는 경우가 많다. 그래서 손실자가 정황적인 증거들을 들어 악의를 주장·증명하게 된다. 물론 과실 있는 선의 또는 중과실 있는 선의도 선의로 인정되어 현존이익만 반환하면 된다. 악의의 수익자는 받은 이익에 법정이자까지 반환하여야 한다.

원물반환이든 가액반환이든 그 이행기는 기한의 정함이 없는 채권이므로 반환의무자는 이행청구를 받은 때로부터 지체책임을 진다.(대법원 2008. 2. 1. 선고 2007다8914 판결) 그 부당이득반환청구권은 10년 소멸시효의 대상이 된다. 기산시점은 부당이득반환청구권이 발생한 시점부터이다.

다. 반환범위 관련 주장·증명책임

민법 제748조가 적용되는 경우 우선 Ⓐ 부당이득반환청구권자는 별다른 추가 주장·증명 없이도 받은 수익과 그 소장부본 송달 다음날부터의 지연손해금[56]을 청구할 수 있다. Ⓑ ⓐ 그외 수익 및 그에 대한 법정이자와 손해배상을 추가하여 청구할 때는 부당이득반환청구자가 수익자가 악의인 사실을 주장·증명해야 하고,(대법원 1998. 5. 8. 선고 95다30390 판결) Ⓑ ⓑ 선의의 수익자가 받은 이익(특히 금전, 금전 유사 대체물인 경우)이 현존하는 여부는 추정된다는 전제하에 수익자가 받은 이익의 현존사실을 주장·증명하여 반환범위를 축소시켜 반환청구에 응할 수 있다.(대법원 2008. 6. 26. 선고 2008다19966 판결) 즉 현존이익의 주장·증명책임이 선의의 수익자에게 있다.

5. 양도담보

가. 양도담보 개념

양도담보란 채권담보를 위하여 채무자 또는 제3자가 목적물의 소유권을 채권자에게 이전하고 채무자가 채무를 변제하지 않으면 채권자가 그 소유권을 확정적으로 취득하거나 그 목적물로부터 우선변제를 받지만, 채무자가 채무를 이행하면 목적물을 다시 원소유자에게 반환하는 것을 내용으로 하는 소유권이전형 비전형 담보 중 가등기담보법의 적용을 받지 않는 것을 말한다.

나. 양도담보의 효력

(1) 양도담보권자의 처분

양도담보권자가 담보목적물을 타에 처분한 경우 양수인이 "선의"인 경우에 한하여 효력이 있고, "악의"인 경우에는 양도담보권설정자가 양도담보권자에게 피담보채권을 변제하고 양수인으로부터 그 목적물을 반환받을 수 있다.

(2) 일반채권자와의 관계

㈎ 강제집행

양도담보권자의 일반채권자가 담보목적물에 강제집행을 하여 압류하는 경우에는 소유자인 담보제공자는 제3자이의의 소를 제기할 수 있다. 담보제공자의 일반채권자가 담보목적물을 압류하는 경우에는 양도담보권자는 제3자이의의 소를 제기할 수 없다.

㈏ 파산 등의 경우

양도담보권자가 파산한 경우에는 담보제공자는 환취권을 갖고, 담보제공자가 파산한 경우에는 양도담보권자는 별제권을 갖는다.

(3) 양도담보권의 실행

채무자가 변제기에 이행하지 않으면 채권자는 양도담보를 실행하여 우선변제 받을 수 있다. 귀

56) 민법 제749조 제1항에 의하면 패소하면 소제기시부터 악의로 간주되기 때문이다. 이때 소제기시를 압도적 다수 판례가 소장부본 송달 다음날부터로 해석하고 있다.

속청산으로 처리한다. 처분청산형으로는 실행하지 않는 게 보통이다. 귀속청산의 절차는 다음과 같다. 우선 실행의 통지를 한다. 양도담보권자는 채무자가 채무불이행에 빠진 후 양도담보를 실행하겠다는 취지의 통지를 하면 된다. 가등기담보와 같이 "청산금의 평가액" 등을 통지해야 하는가에 관하여는 논란이 있을 수 있으나 그렇게 할 필요는 없고 다만 채무자는 사후적으로 정확한 정산을 구할 수 있다. 결론적으로 청산금 지급의무는 부동산의 인도의무와 동시이행의 관계에 있게 된다.

본 사안에서는 양도담보권자인 피고 서병석이 소유권 귀속의 통지를 하였다. 따라서 청산금 지급 청구를 할 수도 있다. 청산금은 시가에서 피담보채무(원금+이자)와 기타 비용을 공제한 금액이 될 것이다. 또 저당권의 경우 임의경매에 착수했다고 하더라도 집행절차가 종료되기 전까지 피담보채무를 변제하고 저당권을 말소시켜 소유권을 보존할 수 있듯이 양도담보권자가 청산금을 지급하기 전까지는 피담보채무를 변제받은 다음 소유권이전등기를 말소(양도담보 목적으로 소유권이전등기를 경료하였음)하라는 식으로 청구할 수도 있다. 아래 모범답안에서는 후자의 방법으로 작성하였다. 전자의 방식으로 작성하려면 청산의 근거가 되는 홍은동 520 임야의 현 시가를 알 수 있는 객관적인 증거가 있어야 하는데, 매매계약서상 매매대금만 나와 있을 뿐 감정평가서와 같은 객관적인 증거가 없기 때문에 증거상 다소 어렵다고 보았다.

6. 채권자 취소권

가. 채권자취소권의 개념

채권자취소권이란 채무자가 채권자를 해함을 알면서 자기의 일반재산을 감소시키는 법률행위를 한 경우에 채권자가 그 법률행위를 취소하고 재산을 원상으로 회복하는 것을 내용으로 하는 권리를 말한다.

나. 취소의 범위

채권자 취소권을 행사하는 채권자가 사해행위 당시 갖고 있던 피보전 채권액(대법원 2003. 7. 11. 선고 2003다19572 판결), 공동담보가액, 수익자의 이득액 중 가장 적은 금액이다. 가분적이면 분할하여 일부취소를 청구할 수 있다. 다만 불가분이면 전부에 관하여 취소를 구할 수 있다.

다. 사해행위취소 청구의 피고적격(상대방)

사해행위 취소 청구의 피고는 수익자 또는 전득자이고, 채무자는 피고가 될 수 없다.(대법원 1991. 8. 13. 선고 1991다13717 판결) 본 사안에서 채무자는 박이채이고, 수익자는 박이순이고, 전득자는 주식회사 신한은행이다. 그래서 채무자인 박이채는 피고적격이 없고, 수익자인 박이순, 전득자인 주식회사 신한은행만이 피고적격이 있다. 박이채는 계약명의신탁에 의한 부당이득반환청구의 피고일 뿐이고, 사해행위 취소와 그 원상회복청구의 피고는 아니다. 주식회사 신한은행은 피고적격이 있으나 선의의 전득자여서 청구를 해도 기각당할 뿐이라서 피고에서 제외한 것이다. 만약 전득자인 주식회사 신한은행도 악의여서 피고로 적시하여 청구할 수 있었으면 원상회복의 방법은 원물반환의 방법으로 피고 박이순을 상대로 소유권이전등기말소청구를, 전득자인 주식회사 신한은행을 상대로 근저당권설정등기말소청구를 했을 것이다. 사해행위 취소와 원상회복을 청구하는 원고는 ① 피보전채권, ② 사해행위, ③ (채무자의)사해의사를 주장·증명하면 되고, 피고인 수익자, 전득자는 자신들이 선의임을 주장·증명하여 청구기각의 항변을 할 수 있다. 그래서 실무상으로는 본 사안에서 선의의 주장·증명책임이 피고들인 수익자, 전득자에게 있기 때문에 원고는 박이순, 주식회사 신한은행을 상대로 사해행위 취소 및 원물반환 방식의 원상회복을 청구하고, 변론과정에서 박이순, 주식회사 신한은행이 선의임을 충분히 주장·증명하면 「청구취지 및 소 변경신청서」를 제출하여 주위적으로는 원 청구를 유지하고, 예비적으로 박이순에게만 사해행위 취소 및 가액반환 방식에 의한 원상회복을 구하는 청구를 병합하여 청구하면 된다. 그러면 재판부는 판결을 선고하면서 전득자인 주식회사 신한은행이 선의였다고 확실히 판단되면 주위적 청구는 기각하고, 예비적 청구를 인용하는 방식으로 판결하게 된다. 선의·악의의 증명은 정황증거에 의해 하고 있기 때문에 제소하는 단계에서는 그 증명여부에 확신이 없기 때문에 위와 같은 처리가 안전하다. 하지만 실제 소송의 진행은 위와 같아도 변호사 기록형 시험의 작성요령에서 주위적·예비적 청구도 못하게 하고, 기각되는 부분이 없게 하라고 지시하고 있어 결국 모범답안과 같이 소장상 청구취지를 작성하게 되는 것이다.

이에 반하여 채권자취소권은 채권자와 수익자(전득자) 사이에서 사해행위를 상대적으로 취소하고 채무자의 책임재산에서 일탈한 재산을 회복하여 채권자의 강제집행이 가능하도록 하는 것을 본질로 하는 권리이므로, 원상회복을 가액배상으로 하는 경우에 그 이행의 상대방은 채권자이어야 한다.(대법원 2008. 4. 24. 선고 2007다84352 판결)

라. 원물반환의 원칙 및 예외적인 가액반환

사해행위의 목적물 자체를 반환할 수 있으면 원칙적으로 그 원물반환(목적물의 반환)을 구하여야 한다. 원물인 사해목적물이 가분인 경우에만 그 일부의 반환을 구할 수도 있다. 원물반환이 불가능하거나 현저히 곤란한 경우에는 원상회복의무의 이행으로서 사해행위 목적물 가액의 상환을 구할 수 있다. 선의의 전득자가 저당권을 취득한 경우 수익자에게 가액반환을 구해야 한다. 전득자가 취득한 저당권만큼 공제하고 나머지 원물을 반환하거나 저당권의 부담을 안은 채 원물을 반환해야 하는 것은 아니다. 가액반환의 범위는 사실심 변론종결시를 기준으로 산정한다.

한편 여러 명의 채권자가 있어 동시에 또는 시기를 달리하여 사해행위 취소 및 원상회복청구의 소를 제기한 경우에도 각 채권자는 고유의 권리로서 채무자의 재산처분 행위를 취소하고 그 원상회복을 구할 수 있는 것이므로 이들 소가 중복제소에 해당되지 않을 뿐만 아니라 이미 어느 한 채권자의 확정판결이 있다고 하더라도 다른 채권자의 후속 사해행위 취소 및 원상회복청구의 소가 권리보호의 이익이 여전히 있기(즉 기판력에 의해 차단되는 효과가 없어) 때문에 인용판결을 선고해야 한다. 다만 어느 한 채권자가 재산이나 가액의 회복을 마친 경우에야 비로소 다른 채권자의 사해행위 취소와 원상회복청구가 중첩되는 범위 내에서 권리보호의 이익이 없어 각하되어야 하는 것이다.(대법원 2005. 11. 25. 선고 2005다51457 판결) 수익자에게 가액배상을 하여야 할 경우에는 특정 사해행위취소 소송에서는 수익자가 반환해야 할 가액은 수익자가 얻은 이익과 피보전채권액을 비교하여 적은 금액을 범위로 한다. 만약 여러 채권자에게 사해행위 취소와 원상회복을 명하는 판결이 내려져 그 사이에 중복이 있다면 어느 채권자라도 먼저 집행에 착수하여 집행할 수 있고, 피고(수익자, 전득자)는 그 회수를 마친 부분에 한하여 다른 채권자들의 확정판결상의 의무도 이행한 것이 된다. 만약 다른 채권자들이 자신의 확정판결에 기해 집행하려 하면 이런 사유를 들어 청구이의의 소를 제기하여 그 확정된 판결의 집행력을 배제할 수 있다.

본 사안에서는 원고 최희선, 이명구가 각 250,000,000원의 피보전채권을 보유하고 있고, 사해행위로 가액반환해야 할 금액은 200,000,000원에 불과하기 때문에 원고 최희선은 물론 원고 이명구도 동시에 또는 순차적으로 사해행위 취소 및 그 가액반환을 구할 수 있다. 따라서 이러한 관계를 나타내기 위하여 "각자" 또는 "각"이라는 용어를 사용하여 그 가액반환을 명해야 한다. 만약 판결이 확정되어 강제집행에 나서면 피고 박이순은 원고들 중 어느 한 사람에게라도 전부 이행을 할 수 있고, 그 이행한 범위 내에서 반환의무를 면하게 되고, 만약 다른 원고가 확정판결에 기해 강제집행을 시도하면 그 사유를 들어 청구이의의 소를 제기하여 강제집행을 무력화할 수 있다.(대법원 2008. 4. 24. 선고 2007다84352 판결)

마. 사해행위 취소의 상대효

사해행위 취소의 판결은 형성판결이기 때문에 확정되어야 그 효력이 있다. 그 확정판결이 선고되면 판결의 기판력은 원고와 피고(수익자, 전득자) 사이에만 발생하고, 채무자에게는 그 효력이 없다. 이를 사해행위 취소의 상대효라고 한다. 이때 채무자와 수익자 사이에 체결된 계약과 수익자와 전득자 사이에 체결된 계약의 효력은 그대로 유지된다. 최근에는 수익자와 계약한 자만 전득자라고 하지 않고, 수익자의 채권자로서 사해행위 취소의 대상이 된 목적물을 압류한 집행채권자, 가압류한 채권자도 전득자의 개념에 포함시켜 사해행위 취소의 효력이 미치지 않는 것으로 판단하였다.(대법원 2005. 11. 10. 선고 2004다49532 판결, 대법원 2009. 6. 11. 선고 2008다7109 판결) 따라서 수익자의 채권자가 가압류해 둔 후 원고가 수익자를 상대로 사해행위 취소와 원상회복으로서 그 소유권이전등기의 말소청구에 완전 승소하여 그 소유권이전등기가 말소된 다음 채무자가 다시 제3자에게 목적물을 양도하고 그 소유권이전등기를 경료해 준 경우 그 제3자는 결국 위 가압류의 부담을 안은 소유권만 취득한 셈이 된다.(대법원 1990. 10. 30. 선고 89다카35421 판결) 다만 수익자는 판결의 효력을 받는 당사자이기 때문에 자신이 가진 종전 채권(수익자가 채권자 중 1인으로 그 채무변제를 위해 권리를 양도받았다가 그 권리가 사해행위로 취소된 경우)을 회복하여 원상회복된 채무자의 재산에 대한 강제집행에서 배당을 받을 수 있다.(대법원 2003. 6. 27. 선고 2003다15907 판결)

이런 상태에서 원상회복의 방법으로 원물반환일 경우에는 수익자 명의의 소유권이전등기말소 청구의 형태로 청구할 수 있다고 판시하고 있다.(대법원 2000. 2. 25. 선고 99다53704 판결) 그런데 채권양도계약과 그 통지 후 채권양도계약이 사해행위라면서 채권양도계약의 취소를 구하고 그 원상회복을 구할 때는 양수인(수익자)를 상대로 채권양도계약의 취소와 원상회복의 방법으로 그 취소사실을 제3채무자에게 통지하라는 방식으로 청구할 수 있다고 판시하고 있다.(대법원 2015. 11. 17. 선고 2012다2743 판결)[57] 다만 그 취소의 효력은 채무자에게는 미치지 않기 때문에 채무자를 대위하여 제3채무자에게 채무금지급청구의 소를 제기하는 것은 허용되지 않는다고 판시하고 있다. 그래서 사해행위 취소 청구취지에는 취소 효과의 상대성을 표시하기 위하여 “원고들과 피고 박이채 사이에서”라는 제한적 문구를 꼭 기재해 넣어야 한다.

바. 제척기간

채권자는 사해행위 취소의 원인사실을 안 날로부터 1년, 법률행위가 있은 날로부터 5년내 행사하여야 한다.(민법 제406조 제2항) 처분행위가 있었음을 알았다는 것으로 부족하고, 그 처분행위가 사해행위에 해당하고, 사해의사도 있었다는 사실을 알았다는 것을 의미한다.(대법원 2012. 1. 12. 선고 2011다82384 판결) 수익자, 전득자가 악의였다는 사실까지 알아야 하는 것은 아니다.

본 사안에서는 문화아파트 이외에도 녹번동 잡종지도 박이순에게 소유권이전등기를 경료해 주었다. 사해행위 취소를 구하는 채권자의 채권보다 앞서 발생한 기존채무의 이행으로서 소유권이전등기를 경료해 주는 경우에는 채권자취소권을 행사할 수 없고,(대법원 1962. 11. 15. 선고 62다634 판결) 또 매매계약을 체결한 날자(2006. 4. 6.)로부터 5년이 경과되기도 하여 채권자 취소를 청구할 수도 없다. 취소의 대상이 되는 사해행위는 등기일자(2011. 4. 9.)을 기준으로 할 것이 아니라 매매계약일자를 기준으로 하고, 특별한 사정이 없는 한 처분문서에 기초하여 등재된 등기부상 등기 원인일자를 중심으로 사해행위일자를 판단하여야 한다.(대법원 2002. 11. 8. 선고 2002다41589 판결)

7. 영업양수인의 책임

가. 영업에 관한 채권자의 보호의 요건사실

① 영업의 양도와 영업상의 채권일 것

② 상호속용 또는 채무인수의 광고

상호속용이란 동일상호를 사용하고 있는 것을 말한다. 동일상호란 종전의 거래상대방이 영업주체의 변동을 깨닫지 못할 정도의 동일성이 있어야 한다. 판례는 “삼정장여관”과 “삼정호텔”간에, “남성사”와 “남성정밀공업주식회사”간에, “주식회사 파주레미콘”과 “파주콘크리트주식회사”간에도

57) 위 대법원 판결에서 주목할 판시는 수익자가 채권양도를 받은 후 제3채무자로부터 그 양수채권 중 일부를 변제받았는데, 그 변제받은 금액에 관해서는 원물반환이 불가능하다고 하면서 가액반환의 방법으로 지급받은 금액의 반환을 인정하고 있다.

상호의 동일성을 인정하였다.

채무인수의 광고란 광고만 한 채 실제로는 채무인수를 하지 않은 경우를 말한다. 물론 채무인수의 계약을 적법하게 하였다면 민법상의 채무인수의 책임을 지게 된다.

③ 채권자의 선의

선의란 영업양수도 사실자체를 모른 경우를 포함할 뿐만 아니라 영업양수도 사실을 알았지만 채무인수를 하지 않았다는 점을 몰랐던 경우도 포함된다.

나. 효과

원래 채무자는 물론 영업양수인도 변제책임을 진다. 양자 사이에는 부진정연대채무의 관계에 있다. 상호속용의 영업양도는 영업양도일로부터, 채무인수의 광고는 광고한 날로부터 2년이 경과하면 영업양도인의 채무는 소멸한다. 이는 제척기간으로 중단, 중지되지 않는다.

8. 물품 대금채무의 소멸시효완성과 가압류에 의한 시효중단

가. 소멸시효완성과 주장 · 증명책임

소멸시효기간이 만료되면 권리는 당연히 소멸한다. 다만 시효 이익을 받는 자가 소송에서 소멸시효의 주장을 하지 않으면 판결에 반영하지 못하기 때문에 권리의 존재를 바탕으로 판결을 하게 된다.(대법원 1991. 7. 26. 선고 91다5631 판결) 그런데 변호사시험 기록형 작성요령에서 패소하는 부분이 없도록 답안을 작성하라는 요청 때문에 모의기록상 시효 이익을 받는 자가 소멸시효의 주장을 하지 않더라도 소멸시효가 완성되어 그 권리가 소멸하였다는 전제하에 답안을 작성해야 한다. 실무와 시험이 다른 부분이니 주의해야 한다.[58] 본 사안의 물품 대금채무자 중 김병수에 대한 물품 대금채권은 시효완성되어 소멸하였으니 김병수를 상대로 청구하면 감점된다. 다음에서는 왜 김병수에 대하여 물품 대금채무가 시효완성으로 소멸했는지 살펴본다.

나. 물품 대금채무의 소멸시효기간

민법 제 163조 제6호에 따르면 "생산자 및 상인이 판매한 생산물 및 상품의 대가"는 3년간 행사하지 않으면 소멸시효 완성으로 소멸한다. 판매자가 생산자 또는 상인이어야 본 규정의 적용을 받는다. 본 사안에서는 판매한 자는 당시 공무원이었으므로 그 적용이 없다.

상법 제64조에 의하면 "상행위로 인한 채권"은 5년간 행사하지 않으면 소멸시효 완성으로 소멸한다. 채무자 또는 채권자에게 상행위가 되면 본조의 적용을 받게 된다. 본 사안에서는 매수인인 김병수가 "런던가구"란 상호로 가구매매업을 하고 있었기 때문에 상행위가 된다. 따라서 상법 제64조에 의해 5년의 소멸시효기간 적용을 받게 된다.

생산자 또는 상인이 판매하지도 않았고, 매수인 또는 매도인 어느 누구에게도 상행위가 되지

58) 따라서 모의기록에서 3년, 5년, 10년 전의 사정을 들어 설명하고 있으면 소멸시효 완성의 주장이 없다 하더라도 항상 소멸시효 완성여부를 따져 보아야 한다.

않는 물품판매계약으로 인한 채권은 민법 제162조 제1항에 의해 10년간 행사하지 않아야 소멸시효가 완성된다.

이러한 시효기간은 행사할 수 있는 때부터 진행한다. 매매대금의 경우 계약체결시가 아니라 변제기가 행사할 수 있는 때이다. 이 기산점은 주요사실로서 변론주의 원칙상 당사자가 주장하는 기산점으로 계산하여 판단하여야 한다. 그래서 청구원인을 기재할 때 정확한 기산점을 적시해 주어야 한다.

다. 가압류에 의한 소멸시효의 중단

소멸시효는 ① 청구{ⓐ 최고(6개월이내 재판상 청구 등 해야 함), ⓑ 재판상 청구 등(재판상 청구, 파산절차참가, 지급명령, 화해를 위한 소환·임의출석)}, ② 압류 또는 가압류, 가처분, ③ 승인으로 인하여 중단된다. 중단사유가 있으면 중단사유가 종료된 때로부터 다시 소멸시효기간이 진행된다.(민법 제178조 제1항) 따라서 재판상 청구가 있으면 그 판결이 확정된 때부터 새로 시효기간이 진행된다. 압류·가압류·가처분으로 시효중단의 효력이 발생하는 시점은 집행행위가 있으면 신청시로 소급하여 중단의 효력이 있고, 시효의 이익을 받는 자에 대하여 하지 않으면 그에게 통지한 후가 아니면 시효중단의 효력이 없고,(민법 제176조) 권리자의 청구에 의하여 또는 법률의 규정에 따라지 아니함으로 인하여 취소된 때에는 시효중단의 효력이 없다.(민법 제175조)

가압류로 인하여 시효가 중단된 후 다시 진행되는 기산점은 경매절차에서 가압류등기가 말소된 때, 적법한 가압류가 제소기간 도과로 취소된 경우 그 취소 시, 유체동산 가압류 집행절차가 개시하였으나 집행불능이 된 경우에는 집행절차가 종료된 때 등이다.[59]

[사례 1] (사실관계) 상인인 甲은 2012. 3. 1. 乙에게 1억 원을 변제기 2013. 2. 28.로 하여 대여해 주었다. 甲은 乙이 변제기가 경과해도 대여금을 변제하지 않자 2015. 5. 1. 가압류신청하여 5. 5. 가압류결정이 내려지고, 5. 20. 그에 따른 가압류등기가 경료되었다. 채무자인 乙이 2015. 7. 1. 제소명령을 신청하여 그 2주이내 본안의 소를 제기하라는 취지의 제소명령이 2015. 7. 15. 가압류채권자인 甲에게 송달되었으나 이에 따르지 않았다. 다시 채무자인 乙이 2015. 10. 1. 그 부제소를 원인으로 가압류결정 취소신청을 하여 2015. 10. 5. 가압류결정이 취소되고, 10. 15. 그 취소결정문이 송달되고, 10. 20. 가압류등기도 말소되었다.

(문제) 甲이 2018. 4. 1. 乙을 상대로 대여금 지급 청구의 소를 제기하였다. 乙은 소멸시효완성의 항변을 하였다. 판결결과는?

(답안) 甲이 상인이므로 5년의 소멸시효기간 적용을 받는다.(상법 제64조) 따라서 변제기인 2013. 2. 28.로부터 5년이 경과한 2018. 2. 28 소멸시효완성으로 소멸할 수 있으나 그 전에 甲이 가압류하였기 때문에 가압류신청일인 2015. 5. 1. 소멸시효기간 진행이 중단되었고,(민법 제168조) 그 가압류결정이 제소기간 도과로 취소된 2015. 10. 5.부터 다시 새로운 소멸시효기간이 진행되어(민법 제178조) 5년이 경과되기 전인 2018. 4. 1. 재판상 청구를 하였으므로 피고의 소멸시효완성 항변

59) 압류로 시효가 중단된 때에는 강제집행절차 종료시 또는 피압류채권의 소멸로 압류가 실효된 때이다.

은 이유 없다. 이때 민법 제175조에 따르면 압류·가압류·가처분이 권리자의 청구에 의하여 또는 법률의 규정에 따르지 아니함으로 인하여 취소된 때에 시효중단의 효력이 없기 때문에 위 제소기간의 도과로 인한 가압류결정 취소도 위 법규정에 따라 시효 중단의 효과가 소급적으로 실효하여 결국 원래 소멸시효 기산점인 2013. 3. 1.로부터 5년이 경과하여 재판상 청구되어 시효완성으로 소멸하지 않았나 하는 의문이 있다. 판례는 법률의 규정에 따른 적법한 가압류가 있는 동안에는 시효중단의 효력이 계속되고, 제소기간의 도과로 인하여 가압류가 취소[60]된 경우에는 그 가압류가 취소된 때로부터 다시 시효기간이 진행된다고 판시(대법원 2011. 1. 13. 선고 2010다88019 판결)하여 민법 제175조의 적용범위를 가압류결정에 대한 이의신청으로 인한 가압류결정 취소에 제한하여 적용할 것이라는 점을 분명히 밝혔다.

[사례 2] (사실관계) 상인인 甲은 2006. 3. 1. 乙에게 1억 원을 변제기 2007. 2. 28.로 하여 대여해 주었다. 甲은 乙이 변제기가 경과해도 대여금을 변제하지 않자 2007. 5. 1. 가압류신청하여 5. 5. 가압류결정이 내려지고, 5. 20. 그에 따른 가압류등기가 경료되었다. 채권자인 甲은 2007. 7. 1. 대여금지급 청구의 소를 제기하여 2008. 1. 10. 승소판결이 선고되고, 2. 15. 그 판결이 확정되었다. 가압류결정등기는 아직도 존속하고 있다.

(문제) 甲이 2018. 4. 1. 乙을 상대로 대여금지급 청구의 소를 제기하였다. 乙은 소멸시효완성의 항변을 하였다. 판결결과는?

(답안) 위 대여금채권은 행사할 수 있었던 2007. 2. 28.로부터 5년이 경과하면 소멸시효완성으로 소멸할 것이나 가압류로 그 신청시인 2007. 5. 1. 시효가 중단되었다. 그 후 대여금청구의 소를 제기하여 판결이 확정됨으로써 새로 진행하는 소멸시효 기산점인 판결이 확정된 2008. 2. 15.로부터 확정판결의 소멸시효기간인 10년으로 되어 2018. 2. 15. 시효완성으로 소멸한 것처럼 보일 수 있다. 그러나 가압류결정이 아직 존속[61]하면서 그 시효를 중단하고 있고, 위 확정판결이 가압류에 의한 시효중단의 효력을 흡수하지도 않기 때문(대법원 2000. 4. 25. 선고 2000다11102 판결)에 여전히 시효중단되어 있어 항변은 이유 없다.

라. 본 사안의 경우

원고 최희선은 2001. 3. 20. 상인인 김병수에게 목가구 1점을 20,000,000원에 매도하면서 대금

---

60) 가압류결정에 대한 이의신청에 의한 가압류결정 취소 신청의 경우에는 주로 가압류결정의 요건들을 심사하여 결정요건이 못갖추어진 위법한 가압류결정을 취소하는 기능을 담당하고(물론 현재는 가압류결정 이의신청 사유로 부제소, 제소명령 불준수, 사정변경 등 가압류 결정 취소사유로도 포함하고 있는 것으로 운용하고 있어 2005년도에 마련된 민사집행법 개정법률안에서는 이러한 사유들을 가압류 이의신청 사유에서 제외하도록 하였으나 입법화되지 못하였다. 이시윤, 「신민사집행법」, 7판, 2016년, 박영사, 606면 참조) 한편 사정변경 등으로 인한 가압류결정 취소 제도는 적법하게 성립된 유효한 가압류결정을 사후에 생긴 사정으로 실효시키기 위한 것으로 일종의 형성판결과 같다. 따라서 이러한 경우에는 민법 제175조의 적용을 받지 않는다.

61) 가압류결정으로 인한 시효중단 후 다시 소멸시효가 진행되는 것은 가압류결정이 취소된 때이고, 가압류결정에 따른 등기가 종료된 시점이 아니다.(대법원 2006. 7. 27. 선고 2006다32781 판결)

지급기일을 2002. 3. 19.로 약정하였다. 그 후 김병수는 2007. 1. 15. 김병만에게 영업양도를 하고 상호를 계속 속용 중에 있다. 최희선은 2007. 3. 11. 김병만을 상대로 가압류 신청을 하여 3. 14. 가압류결정이 내려지고, 3. 15. 가압류등기가 경료되었고, 2014. 1. 6. 소제기하게 되었다. 따라서 원고 최희선의 상인인 김병수에 대한 물품 대금채권은 상행위로 인한 채권으로 그 행사할 수 있었던 변제기 2002. 3. 19.로부터 5년째인 2007. 3. 19.까지 행사하지 않으면 소멸시효완성으로 소멸하게 된다. 김병만은 위 영업양수와 상호속용으로 인하여 김병수와 부진정연대채무자의 관계에 있게 된다. 원고 최희선은 소멸시효가 완성되기 전인 2007. 3. 14. 김병만에 대해 가압류신청하여 김병만에 대해 시효 중단시켰다. 부진정연대채무의 경우 부진정연대채무자 1인의 소멸시효완성의 효과가 다른 부진정연대채무자에게 전혀 효력이 없고, 소멸시효 중단의 효과는 아무런 효력이 없으므로 원고 최희선은 김병수에 대해서는 소멸시효완성으로 물품 대금청구를 할 수 없으나 김병만을 상대로는 전액 청구할 수 있다.

9. 토지매매계약 체결 후 목적물 상에 건물을 축조한 매도인의 건물철거의무와 그로부터 임차받은 임차인의 퇴거의무

본 사안에서는 토지매매계약을 체결 후 매도인이 목적물상에 건물을 축조하였다. 매도인은 매수인에게 완전한 소유권을 이전할 의무가 있다. 그렇다고 하여 이러한 채권적 의무로부터 바로 건물철거의 의무가 발생하는지 의문이다. 오히려 매매목적물 상에 철거가 불가능한 건물을 축조함으로써 이행불능상태에 빠졌다고 볼 수도 있을 것이다. 이러한 사정은 매매표준계약서 등에서 "(제한물권 등의 소멸) 매도인은 위 부동산에 설정된 저당권, 지상권, 임차권 등 소유권의 행사를 제한하는 사유가 있거나 … 그 권리의 하자 및 부담을 제거하여 완전한 소유권을 매수인에게 이전하다." 라는 합의내용이 보편화되어 있을 뿐 그 지상 건물을 철거하고 소유권을 이전해 준다는 등의 내용은 없는 것으로 보아도 잘 알 수 있다. 그럼에도 아무런 특별한 합의 없이도 건물철거의 청구를 할 수 있다고 한다. 의문이다. 나아가 원고들이 갖는 이러한 건물철거청구권이란 채권적 청구권을 기초로 임차인인 김병만에 대해 퇴거의무를 인정하고 있는 것도 이례적이다.

답 변 서

사　　건　2013가단10123호　　소유권확인

원　　고　○ ○ ○

피　　고　대한민국

법률상 대표자 법무부 장관 황교안

소송대리인 변호사 이민우

위 사건에 관하여 피고 소송대리인은 다음과 같이 답변합니다.

답 변 취 지

1. 이 사건 소를 각하한다.
2. 소송비용은 원고의 부담으로 한다.

라는 판결을 구합니다.

답 변 원 인

1. 이 사건 소의 요지

원고는 서울 서대문구 홍은동 521 잡종지 90㎡은 원래 소외 망 정상우가 1911. 2. 1. 사정받아 원시취득한 것으로 소외 망 정상우가 1943. 7. 6. 사망하여 그 아들 소외 망 정병조가 단독으로 상속받고, 다시 소외 망 정병조가 1969. 4. 1. 사망함으로써 다시 그 아들인 정준일이 단독으로 이를 상속하였다고 주장하면서 위 정준일이 위 잡종지의 소유권보존등기를 위해 피고 대한민국을 상대로 소유권확인을 구한다고 주장하고 있습니다.

2. 미등기 토지의 소유권확인청구 상대방

가. 그런데, 미등기 토지의 경우는 사정받은 자가 있으면 이를 증명하여 관할등기소에 보존등기를 신청할 수 있고, 자신이 사정받았으나 특별한 사정으로 다른 자 명의로 지적공부상 사정명의자로 등재되었다면 그 등재 명의자를 상대로 소유권확인을 구한 다음 그 결과에 따라 보존등기를 경료하면 될 것입니다.

나. 그런데, 위 잡종지에 관하여 현재 임야대장상으로 연일정씨숙정공파종중 명의로 1911. 11. 1. 사정받은 것으로 등재되어 있습니다.

3. 그렇다면, 그 소유권을 전혀 다투지 않는 피고를 상대로 제기된 위 소유권확인의 소는 사정명의자로 등재되어 있는 연일정씨숙정공파종중을 상대로 제기하여야 함은 별론으로 하고 확인의 이익이 없는 소제기라 할 것이어서 부적법 각하되어야 합니다.

4. 결론

그러므로 원고의 소는 확인의 이익이 없어 부적법 각하하여야 하고, 소송비용은 패소자의 부담으로 하여 주기를 바랍니다.

증 명 방 법(생략)
첨 부 서 류(생략)

2014. 1. 6.

피고 소송대리인 변호사 이 민 우 인

0000지방법원 제2단독 귀중

소 장

원 고 1. 이 명 구 (630507－1542634)
서울 서대문구 창천로 32, 101동 503호(창천동, 현대아파트)
2. 최 희 선 (630127－1538216)
서울 서대문구 연희로 57, 102호(연희동, 삼성아파트)
원고들 소송대리인 변호사 조일국
서울 종로구 삼청로 1121, 1503호(삼청동, 삼청빌딩)
전화번호 (02) 720－1100, 팩스번호 (02) 720－1101
이메일 : ikc@gmail.com

피 고 1. 정 준 일 (541120－1913459)
서울 은평구 진관사로 59
2. 박 이 채 (640805－1349510)
서울 마포구 공덕로 41, 201동 309호(공덕동, 대명아파트)
3. 서 병 석 (781031－1638112)
서울 서대문구 연희로 132
4. 박 이 순 (660102－2349513)
서울 마포구 공덕로 41, 509동 701호(공덕동, 대명아파트)
5. 김 병 만 (690302－1236512)
서울 서대문구 연희로 112, 201호(연희동, 한화아파트)

부당이득반환 등 청구의 소

청 구 취 지

1. 피고 박이채는 원고들에게 각 250,000,000원 및 이에 대한 2010. 6. 30.부터 이 사건 소장 부본 송달일까지는 연 5%의, 그 다음날부터 다 갚는 날까지는 연 20%의 각 비율에 의한 금원을 지급하라.
2. 피고 서병석은 피고 박이채로부터 200,000,000원 및 이에 대한 2011. 1. 1.부터 다 갚는 날까지 연 5%의 비율에 의한 금원을 지급받은 다음 피고 박이채에게 서울 서대문구 홍은동 520 임야 3,200㎡에 관하여 서울서부지방법원 서대문등기소 2010. 8. 10. 접수 제32347호로 마친 소유권이전등기의 말소절차를 이행하라.
3. 가. 원고들과 피고 박이순 사이에서,[62] 서울 은평구 대조로 120 문화아파트 201동 203호에 관하여 피고 박이채와 피고 박이순 사이에 2011. 4. 9. 체결된 매매계약을 200,000,000원 한도에서 취소하고,
   나. 피고 박이순은 원고들에게 각자[63] 200,000,000원 및 이에 대한 이 사건 판결확정일 다음날부

62) 사해행위 취소의 효과는 원고와 피고(수익자) 사이에만 발생하기 때문에 그 취소 효과의 상대효를 표시하기 위하여 꼭 이 문구를 기재하여야 한다.
63) "각"이라고 기재해도 된다.

터 다 갚는 날까지 연 5%의 비율에 의한 금원을 지급하라.

4. 피고 정준일은 원고들에게,
   가. 서울 서대문구 홍은동 521 잡종지 90㎡ 중 각 1/2 지분에 관하여 2010. 5. 1.자 매매를 원인으로 한 소유권이전등기 절차를 이행하고,
   나. (1) 위 가.항 기재 토지상 시멘트벽돌조 판넬지붕 점포 50㎡를 철거하고,
      (2) 2010. 7. 1.부터 위 홍은동 잡종지의 인도완료일[64]까지 매월 각 금 150,000원의 비율에 의한 금원을 지급하라.
5. 피고 김병만은
   가. 원고들에게 위 4. 나. (1) 기재 점포에서 퇴거하고,
   나. 원고 최희선에게 금 20,000,000원 및 이에 대한 2002. 3. 20.부터 이 사건 소장 부본 송달일까지는 연 6%의, 그 다음날부터 다 갚는 날까지는 연 20%의 각 비율에 의한 금원을 지급하라.
6. 소송비용은 피고들의 부담으로 한다.
7. 위 1, 4의 나. 5항은 가집행할 수 있다.

라는 판결을 구합니다.

청 구 원 인

1. 원고들의 관계
   가. 원고들은 고교동창으로 2010. 3. 1. 공동으로 부동산을 매입하여 전매하기로 하고, 그 소요자금의 출연비율과 취득하는 부동산의 지분을 1:1로 하기로 하며 각자의 계산과 책임으로 자유로이 그 취득한 부동산 지분을 처분할 수 있도록 약정하였습니다.(합의서 제1조, 제4조)
   나. 원고들은 위 합의당시에는 공동자금의 관리, 매매계약의 체결, 등기 등 업무 일체를 원고 이명구가 맡아서 처리하기로 하였다가 2012. 12. 25. 이후에는 원고 최희선이 처리하기로 변경하였습니다.
   다. 위 합의에 따르면 처음에는 원고 이명구가 나머지 원고를 대리할 권한이 있었다가 2012. 12. 25. 이후에는 원고 최희선이 그 대리할 권한을 승계하였고, 원고들이 위 합의에 따라 취득한 권리는 그 성격에 따라 공유 또는 준공유하는 관계에 있습니다.
2. 원고들의 피고 정준일, 박이채, 서병석, 박이순, 김병만에 대한 청구
   가. 기초적 사실관계(매매계약, 매매대금 완납, 계약명의신탁, 매도인의 선의)
      (1) 원고들은 위 합의취지에 따라 2010. 5. 1.경 각자 3억원씩 출자하여 6억원의 자금을 조성하였습니다.
      (2) 원고 이명구는 동서인 피고 박이채에게 원고들의 공동매수사실을 설명하면서 부동산을 취득하는 데 명의차용을 부탁하여 승낙을 받았습니다.
      (3) 피고 정준일은 원고들의 공동매수사실이나 명의차용사실을 모른 채 2010. 5. 1.경 원고 이명구의 대리로 피고 박이채와 사이에 서울 서대문구 홍은동 520 임야 3,200㎡(이하 "홍은

64) 최근 단지 문만 잠가둔 채 사용·수익하지 않은 경우에는 아직 인도전이라도 이득이 없어 부당이득을 반환할 필요가 없다는 판결을 이유로 "인도완료일까지"를 "사용·수익을 종료할 때까지"로 바꾸어 모범답안을 만드는 사례가 늘고 있다. 본서에서는 해당 판례의 정확한 취지를 따라 해석해야 한다는 입장에서 전통적으로 사용해 왔던 "인도완료일까지"를 더 많이 사용하기로 한다.

동 임야"라고 함)를 대금 500,000,000원에, 같은 동 521 잡종지 90㎡(이하 "홍은동 잡종지"라고 함)를 대금 50,000,000원에 매수하는 등 2필지 매매대금 합계 550,000,000원에 매수하면서 계약당일 계약금 100,000,000원을 지급하고, 잔금 450,000,000원은 같은 해 6. 30. 지급하기로 약정하였습니다. 이때 피고 정준일은 피고 박이채에게 홍은동 잡종지가 미등기부동산인 관계로 등기정리 후 이전하기로 약정하였습니다.

(4) 원고들은 2010. 6. 30. 피고 장준일에게 피고 박이채 명의로 잔금 450,000,000원을 지급하고, 홍은동 임야에 관하여는 같은 날 그 명의로 소유권이전등기를 경료하였으나, 홍은동 잡종지에 관하여는 미등기 상태라서 나중에 소유권이전등기를 경료받기로 하였습니다.

나. 피고 박이채에 대한 청구

(1) 피고 정준일의 부지(不知)로 인한 계약명의신탁에 기한 소유권이전등기의 유효

(가) 원고들과 피고 박이채 간 명의신탁약정은 부동산에 관한 것으로 부동산 실권리자명의 등기에 관한 법률(이하 "부동산 실명법"이라고 함)의 적용범위에 속하는 것(부동산 실명법 제2조 제1호 본문)이어서 같은 법 제4조 제1항에 의하여 무효라고 할 것입니다. 하지만 피고 박이채와 전 소유자인 피고 정준일간에 체결된 홍은동 임야 및 잡종지에 관한 매매계약은 그 효력에 영향이 없을 뿐만 아니라 피고 정준일이 위 명의신탁약정에 관하여 알지 못한 관계로 그 매매계약의 이행으로 이루어진 위 홍은동 임야에 관한 소유권이전등기는 같은 법 제4조 제2항 단서에 따라 유효라 할 것이어서 피고 박이채는 위 홍은동 임야에 대한 소유권을 유효하게 취득하였습니다.

(나) 따라서 명의신탁이 무효라서 더 이상 피고 박이채에게 명의신탁상의 권리를 행사할 수 없게 된 원고들로서는 위 홍은동 임야에 관한 소유권을 유효하게 취득하여 결과적으로 법률상 원인 없이 매매대금 상당액을 부당이득 한 피고 박이채에 대하여 그 부당이득의 반환을 구할 수 있습니다.

(2) 소결론

그러므로 피고 박이채는 원고들에게 매매대금인 500,000,000원의 지분상당액인 각 250,000,000원 및 이에 대하여 위 홍은동 임야에 대한 소유권을 취득함으로써 매매대금상당액의 부당이득을 취하게 된 2010. 6. 30.부터 이 사건 소장 부분 송달일까지는 민법 소정의 연 5%의, 그 다음날부터 다 갚는 날까지는 소송촉진 등에 관한 특례법 소정의 연 20%의 각 비율에 의한 법정이자 또는 지연손해금을 지급할 의무가 있습니다.

(3) 피고 박이채의 예상가능한 주장에 대한 반박

(가) 피고 박이채는 원고들이 한 홍은동 임야의 취득자금 제공은 위와 같이 부동산 실명법에 위반되는 불법인 명의신탁약정에 기하여 이루어진 급부로서 불법의 원인이 오직 원고들에게만 있어 원고들의 부당이득반환청구에 응할 수 없다고 주장합니다.

(나) 그러나 명의신탁약정이 부동산 실명법에 위반되어 무효이고, 이에 관한 처벌규정이 있다고 하더라도 불법의 원인이 오직 원고들에게만 있다고 할 수 없어 원고들은 적법하게 부당이득반환을 구할 수 있습니다. 따라서 피고 박이채의 위 주장은 이유 없습니다.

다. 피고 서병석에 대한 청구

(1) 양도담보 및 그 피담보채권 변제수령 후 소유권이전등기 말소의 대위청구

(가) 피고 박이채는 피고 서병석에 대하여 민사상 손해배상채무금 200,000,000원을 부담하고 있었는데, 2010. 8. 8. 피고 서병석과 사이에 위 손해배상 채무금을 같은 해 12. 31.까지 그 때까지 발생할 지연손해금을 면제한다는 조건하에 변제하기로 하고, 그 담보조로 홍은동 임야에 관한 소유권이전등기를 경료해 주기로 약정하고, 같은 달 10. 홍은동 임야에 관하여 서울서부지방법원 서대문등기소 2010. 8. 10. 접수 제32347호로 피고 서병석 명의로 소유권이전등기를 경료하여 주었습니다.

(나) 피고 박이채가 위 변제기일까지 손해배상채무금 200,000,000원을 변제하지 못하자 피고 서병석은 2011. 1. 5. 피고 박이채에게 홍은동 임야가 자신의 소유로 귀속한다는 취지의 내용증명우편을 발송하고, 다음 날 피고 박이채는 위 내용증명우편을 수령하였으나 아무런 조치를 취하지 않고 있습니다.

(다) 한편, 원고들은 피고 박이채에 대하여 위 나.항과 같이 각 250,000,000원 상당의 부당이득반환청구권을 갖고 있고, 피고 박이채는 2010. 9. 1. 이후 현재까지는 소극재산이 적극재산을 초과하여 채무초과의 상태에 있습니다.

(2) 소결론

따라서 원고들의 대위청구에 따라 피고 서병석은 피고 박이채로부터 200,000,000원 및 이에 대한 변제기 다음날인 2011. 1. 1.부터 다 갚는 날까지 민법 소정의 연 5%의 비율에 의한 지연손해금을 지급받은 다음 피고 박이채에게 위 홍은동 임야에 관하여 서울서부지방법원 서대문등기소 2010. 8. 10. 접수 제32347호로 경료된 소유권이전등기의 말소절차를 이행할 의무가 있습니다.

라. 피고 박이순에 대한 청구

(1) 사해행위, 사해의사

(가) 피고 박이채는 서울 은평구 대조로 120 문화아파트 201동 203호(이하 "문화아파트 203호"라고 함)를 소유하고 있었습니다.

(나) 피고 박이채는 2011. 4. 9. 누이동생인 피고 박이순에게 시가 2억원 상당인 문화아파트 203호를 대금 100,000,000원에 매도하여 서울서부지방법원 은평등기소 같은 날짜 접수 제2473호로 소유권이전등기를 경료해 주었습니다.

(다) 앞서 본 바와 같이 원고들은 박이채에 대하여 각 250,000,000원의 부당이득반환청구권을 갖고 있을 뿐만 아니라 피고 박이채 2010. 9. 1. 이후 현재까지는 소극재산이 적극재산을 초과하여 채무초과의 상태에 있습니다.

(라) 피고 박이순은 2011. 5. 2. 소외 주식회사 신한은행으로부터 금원을 대출받으면서 문화아파트 203호를 담보로 제공하여 같은 일자 채권최고액 50,000,000원 근저당권자 주식회사 신한은행으로 된 근저당권설정등기가 경료되어 있습니다.

(마) 따라서, 채무초과 상태에 있었던 피고 박이채가 앞서 설명한 바와 같이 명의수탁 중이던 5억원 상당의 부동산을 타에 처분하여 상당한 규모의 부당이득반환채무를 부담할 가능성이 큰 시점에서 누이동생인 피고 박이순에 위와 같이 시가의 절반에 불과한 염가로 매도하여 소유권이전등기를 경료하여 준 것은 사해행위에 해당되고, 사해의사도 인정된다 할 것입니다.

(2) 사해행위 취소의 대상 및 반환범위

(가) 사해행위 취소의 대상

피고 박이채의 위 사해행위가 이루어진 2011. 4. 9.경에는 원고들은 각 250,000,000원씩 합계 500,000,000원 상당의 부당이득반환청구권을 갖고 있었습니다. 따라서 시가 200,000,000원인 문화아파트 203호는 사해행위 취소의 대상이 됩니다.

(나) 반환의 범위

문화아파트 203호는 사해행위의 정을 모르는 소외 주식회사 신한은행에 의하여 이미 근저당권이 유효하게 성립하였기 때문에 사해행위 당시 가액상당인 200,000,000원의 반환을 구할 수 있을 뿐입니다.

(3) 소결론

따라서 피고 박이채와 피고 박이순 사이에 체결된 사해행위인 문화아파트 203호에 관한 2011. 4. 9. 매매계약은 200,000,000원 한도로 취소하고, 피고 박이순은 원고들에게 각자 200,000,000원 및 이에 대한 이행기 다음날에 해당되는 이 사건 판결확정일 다음날부터 다 갚는 날까지 민법 소정의 연 5%의 비율에 의한 금원을 지급할 의무가 있습니다.

마. 피고 정준일에 대한 청구 및 피고 김병만에 대한 청구

(1) 홍은동 잡종지에 관한 2010. 11. 1.자 추가약정 체결의 경위

(가) 원고들과 피고 박이채 사이에 위와 같은 내용의 명의신탁약정이 이루어지고, 원고들이 자금을 마련하여 원고 이명구의 대리로 피고 박이채가 2010. 5. 1. 명의신탁 사실을 모르는 피고 정준일로부터 미등기인 홍은동 잡종지를 대금 50,000,000원에 매수하여 그 매매대금 전부를 지급하였고, 다만 미등기인 관계로 등기정리 후 이에 대한 소유권이전등기를 경료받기로 약정한 사실을 앞서 본 바와 같습니다.

(나) 피고 정준일은 홍은동 잡종지를 인도하지 않은 채 점유하고 있음을 기화로 2010. 7. 1.경 무단으로 그 지상에 시멘트벽돌조 판넬지붕 점포 50㎡인 미등기 건물 1동을(이하 "홍은동 점포"라고 함) 신축하여 같은 해 8. 1.경 피고 김병만에게 월세 500,000원, 임대기간 2012. 7. 31.로 정하여 이를 임대하였습니다. 피고 김병만은 2011. 10. 1. 이후로 임료를 지급하지 않고 있어 피고 정준일은 2012. 6. 중순경 피고 김병만에게 더 이상 임대할 의사가 없으니 비워달라고 통지하였으나 피고 김병만이 지금껏 임료를 지급하지 않고 인도도 하지 않고 있습니다.

(다) 원고들이 이러한 사실을 알고 2010. 9. 초경 피고 정준일을 상대로 손해배상청구의 소를 제기하였습니다. 원고들과 피고 정준일, 박이채 등 4인이 2010. 11. 1.경 만나 2010. 5. 1.자 홍은동 잡종지에 관한 매매계약상의 지위를 피고 박이채로부터 원고들에게 이전하고, 피고 정준일은 원고들이 2010. 5. 1.자 매매계약의 취지에 따라 홍은동 잡종지에 관한 모든 권리를 행사할 수 있도록 매도인으로서의 의무를 2010. 12. 31.까지 이행할 것을 약속하였습니다. 이에 따라 2010. 11. 5.자 변론기일에서 "피고 정준일은 원고들에게 홍은동 잡종지를 2010. 12. 31.까지 인도한다. 원고들의 피고에 대한 손해배상청구는 포기한다"라는 취지의 화해가 이루어졌습니다. 그러나 피고 정준일은 2010. 12. 31.이 경과하여도 홍은동 잡종지를 인도하지 않았습니다.

(2) 홍은동 잡종지에 관한 소유권이전등기 청구

(가) 사정이 위와 같다면, 비록 원고들과 피고 박이채간에 체결된 명의신탁약정은 부동산실명법에 의하여 그 효력이 없고, 원고들은 홍은동 잡종지에 관한 매매계약의 당사자가 아니어서 홍은동 잡종지의 소유자인 피고 정준일에 대하여 아무런 청구권이 없었다고 하더라도 원고들과 피고 정준일, 박이채 등 4인은 2010. 11. 1. 서로 만나 위와 같은 사정을 충분히 인지한 가운데 피고 정준일이 원고들에게 홍은동 잡종지에 관한 위 매매계약에 따른 소유권이전의 의사를 표시하고, 피고 박이채도 이에 동의하였을 뿐만 아니라 2010. 5. 1. 매매계약일로부터 위 추가합의일까지 목적물에 이해관계를 추가로 취득한 자가 없는 이상 2010. 5. 1.자 매매계약의 효력을 되살리기로 한 당사자들의 약정에 따라 유효한 매매계약이 되었다 할 것입니다. 따라서 피고 정준일은 원고들에게 홍은동 잡종지에 관한 각 1/2지분에 대하여 2010. 5. 1.자 매매에 따른 소유권이전등기 절차를 이행할 의무가 있습니다.

(나) 피고 정준일의 제기예상 가능한 주장에 대한 반박

1) 피고 정준일은 홍은동 잡종지는 미등기 부동산으로 원고들의 청구에 응할 수 없다고 주장합니다.

2) 그러나 미등기부동산이라도 이전등기청구의 대상이 되고, 원고들은 이러한 이행청구의 확정판결에 기하여 피고 정준일을 대위하여 보존등기를 신청할 수 있습니다. 따라서 피고 정준일의 위 주장은 이유가 없습니다.

(3) 피고 정준일에 대한 철거청구 및 부당이득반환청구

(가) 피고 정준일은 위와 같이 2010. 5. 1. 홍은동 잡종지에 대한 매매계약을 체결한 후 같은 해 6. 30. 그 매매대금 50,000,000원을 전부 지급받은 이후에도 홍은동 잡종지상에 홍은동 점포를 건축하여 이를 피고 김병만에 임대하는 등으로 점유사용 중에 있었고, 더구나 이후 제기된 손해배상소송이 진행되던 중 2010. 11. 1. 위와 같은 4인이 모여 피고 정준일이 원고들에게 홍은동 잡종지를 이전해 주겠다고 약속하였을 뿐만 아니라 같은 달 5. 변론기일에서 홍은동 잡종지를 2010. 12. 31.까지 인도하기로 재판상 화해가 성립되었습니다. 그럼에도 불구하고 피고 정준일은 여전히 위와 같이 임대사용 중에 있습니다. 홍은동 잡종지에 대한 임료는 보증금이 없을 경우 월 300,000원 정도입니다.

(나) 그렇다면 원고들에게, 홍은동 잡종지에 관한 완전한 소유권이전 의무가 있는 피고 정준일은 위 점포를 철거할 의무[65]가 있고, 또한 매매대금을 전부 지급한 이후인 2010. 7. 1.부터 위 점포의 인도완료일까지 점포가 없을 때의 차임상당 부당이득인 월 금 300,000원을 원고들의 지분별로 나눈 각 150,000원의 비율에 의한 금원을 지급할 의무가 있습니다.

(다) 피고 정준일의 주장에 대한 반박

1) 소유권에 기한 과실수취권의 주장

---

65) 매매계약에 따른 완전한 소유권이전의무만으로 건물철거권이 발생하는지 의문이 있다. 그래도 최선을 다해 답안을 작성하여 위와 같다.

가) 피고 정준일은 홍은동 잡종지가 매매당시 미등기인 상태여서 매수인 앞으로 소유권이전이 불가능하였고, 소유권이전 전에는 자신이 그 소유권에 기하여 사용·수익할 수 있다고 주장합니다.

나) 그러나 미등기 부동산도 등기 전 인도해 줄 수 있으며 민법 제587조에 따라 매매대금을 전부 받은 상태에서는 특약이 없는 한 그 과실이 매수인에게 귀속되므로 피고 정준일의 위 주장은 이유 없습니다.

2) 재판상 화해의 기판력 저촉

가) 피고 정준일은 앞서 본 바와 같은 경위로 2010. 11. 5. 원고들과 사이에 원고들의 홍은동 잡종지에 대한 손해배상청구를 포기한다는 취지의 재판상 화해가 성립되었는데, 위 청구는 그 재판상 화해의 기판력에 반한다고 주장합니다.

나) 그러나 재판상 화해의 기판력은 그 소송물인 손해배상청구권에만 미칠 뿐 그와 청구원인이 다른 이 사건 부당이득반환청구에는 미칠 수 없으므로 피고 정준일의 위 주장은 이유 없습니다.

(4) 피고 김병만에 대한 홍은동 점포의 퇴거청구[66)]

(가) 피고 김병만은 피고 정준일로부터 홍은동 점포를 2010. 8. 1.부터 2012. 7. 31.까지 2년간 월 500,000원으로 임차하여 사용 중에 있으나 2011. 10. 1. 이후 임료를 지급하지 않아 피고 정준일로부터 2012. 6. 중순경 비워달라는 통지를 받은 사실이 있습니다.

(나) 원고들은 피고 정준일에 대하여 위와 같이 홍은동 잡종지에 관하여 소유권이전등기 청구권을, 위 점포에 대하여 철거청구권을 갖고 있습니다. 따라서 원고들은 이미 임대차계약이 만료되어 임차목적물의 반환의무가 있는 피고 김병만에게 홍은동 점포의 퇴거를 피고 정준일을 대위하여 청구할 수 있습니다.

(다) 그러므로 피고 김병만은 원고들에게 위 점포에서 퇴거할 의무가 있습니다.

3. 원고 최희선의 피고 김병만에 대한 청구

가. 수입목가구 1점의 매도, 상호속용의 영업양도

(1) 소외 김병수는 "런던가구"라는 상호로 가구판매점을 경영하고 있었는데, 당시 공무원으로 재직하던 원고 최희선은 2001. 3. 20. 소외 김병수에게 수입 목가구 1점을 대금 20,000,000원에 매도하면서 즉시 이를 인도하였고 매매대금은 1년 후인 2002. 3. 19.까지 지급하기로 약정하였습니다.

(2) 소외 김병수는 2007. 1. 15.경 피고 김병만에게 "런던가구"의 영업일체를 대금 100,000,000원에 양도하였고, 피고 김병만은 "런던가구"라는 상호로 계속 가구점을 경영하여 오고 있습니다.

(3) 그렇다면, 상호를 속용하는 영업양수인인 피고 김병만은 원고에게 런던가구의 영업에 관한 채무인 수입가구 매입채무 20,000,000원 및 그 변제기 다음날인 2002. 3. 20.부터 이 사건 소장 부본 송달일까지는 상법 소정의 연 6%의, 그 다음날부터 다 갚는 날까지는 소송촉진 등에 관한 특례법 소정의 연 20%의 각 비율에 의한 지연손해금을 지급할 의무가 있습니다.

---

66) 매매계약에 따른 완전한 재산권이전의무라는 채권적 청구권으로 말미암아 적법하게 성립한 임차인에 대하여 퇴거의무가 발생하는지도 의문이 있다. 그래서 소유자인 피고 정준일을 대위하여 퇴거청구하는 것으로 법리구성하였다.

나. 피고 김병만의 주장에 대한 반박

(1) 피고 김병만은 원고 최희선의 위 청구는 위 매매대금 변제기는 2002. 3. 19.로서 그로부터 상사소멸시효기간 5년이 경과한 이후 제기된 것으로 시효소멸 하였다고 주장합니다.

(2) 그러나 원고 최희선은 피고 김병만을 상대로 5년의 소멸시효 완성전인 2007. 3. 11. 위 매매대금 채권을 피보전채권으로 하여 피고 김병만 소유 서울 서대문구 연희동 88 한화아파트 201호를 가압류신청하여 같은 달 14. 가압류 결정이 나고, 같은 달 15. 가압류기입등기가 경료되었습니다. 따라서 위 채무는 5년의 시효기간 경과전인 2007. 3. 11. 적법하게 중단되었다 할 것이어서 피고 김병만의 위 주장은 이유 없습니다.

4. 결론

그렇다면, 원고들의 피고들에 관한 모든 청구는 모두 이유 있어 이를 인용해 주시고, 소송비용은 패소자들의 부담으로 하고, 일부 청구에 관하여 가집행을 선고해 주시기 바랍니다.

증 명 방 법(생략)

첨 부 서 류(생략)

2014. 1. 6.

원고들 소송대리인 변호사 조 일 국 인

서울서부지방법원 귀중

Ⅳ. 2015년 실시 제4회 변호사시험 기록형

1. 7단계 권리분석법에 의한 사건 전체의 분석

가. 의뢰인의 희망사항 분석결과

<table>
<tr><th>의뢰인
=원고</th><th>희망사항</th><th>물권 침해? 약정?</th><th>침해자 또는
약정자는
누구(=피고)</th><th>원고의 자격,
∴소송명</th></tr>
<tr><td rowspan="9">종중
(종중회장,
종원들)</td><td rowspan="2">종중 회관건물의 소유권을
찾을 수 있도록
판결을 받아 달라</td><td>① 물권(소유권) 침해
(소유권보존등기)
∴방해배제청구</td><td>침해자
(등기명의)
(조영만)</td><td>물권자
(소유권자)
∴소유권보존등기말소
청구</td></tr>
<tr><td>① 물권 침해(가압류등기)
∴방해배제청구</td><td>침해자
(가압류등기자)
(한상수)</td><td>물권자
(소유권자)
∴승낙의 의사표시</td></tr>
<tr><td rowspan="3">조영만에게서 양도받은
부동산 지분을 넘겨와라</td><td>① 지분양도약정
∴불이행 있어 강제이행청구</td><td>Ⓐ 약정자
(조영만)</td><td>Ⓐ 약정의 상대방
∴소유권지분이전등기
청구</td></tr>
<tr><td rowspan="2">[대위청구]
① 물권(상속) 침해(등기)
∴ 방해배제청구</td><td>침해자
(등기명의)
(이예림)
(손철민)</td><td rowspan="2">[대위청구]
물권자
(소유권자)
∴지분소유권이전등기
말소청구</td></tr>
<tr><td>침해자
(등기명의)
(손철민)</td></tr>
<tr><td rowspan="2">조영만이 양도해 준 채권을
변제받을 수 있는
판결을 받아달라.</td><td>① 임대차계약
② 채권양도
∴약정에 의한 강제이행청구</td><td>약정자
(임대인)
(장그래)[67]</td><td>약정의 상대방
(임차인)
(양수인)
∴임차보증금반환</td></tr>
<tr><td>동시이행관계 있는
임차목적물 인도</td><td>약정자
(임차인)
(조영만)</td><td>임차보증금반환채무를
대위하여
∴임차목적물반환청구</td></tr>
<tr><td rowspan="2">이예림이 변제하기로 한
돈을 받아달라.
그 판결에 기해 강제집행할
수 있도록 재산도 확보해
달라</td><td>변제약정
∴약정에 의한 강제이행청구</td><td>약정자
(이예림)</td><td>약정의 상대방
∴약정금청구</td></tr>
<tr><td>① 물권(상속) 침해(등기)
∴ 방해배제청구</td><td>침해자
(등기명의)
(손철민)</td><td>물권자
(소유자)
대위청구
∴지분소유권이전등기
말소청구</td></tr>
</table>

67) 원래 안영이가 임대인이었으나 대항력 있는 상가건물임대차계약에 기해 대항력 취득 후 양수인은 임대인의 지위를 승계하므로 결국 장그래가 임대인적 지위에 있게 된다.

나. 원고의 청구원인 분석결과

소송명	청구원인	항변 (법률상 주장 포함)	재항변 등
소유권보존등기말소청구 및 승낙의 의사표시	① 물권자(신축에 의한 원시취득) ② 소유권보존등기 (원인무효사유는 주장·증명할 필요 없음) ③ ②등기 기초로 가압류등기		
소유지분이전등기 청구	① 양도약정		
[이예림, 손철민] 2/5소유권이전등기말소	① 대위청구 ⓐ 소유권 이전등기 ⓑ 이행기 ⓒ 미행사 ② 상속(2/5) ③ 등기 ④ **미성년자 취소 (원인무효)**[68]		
양수받은 임차보증금반환청구 및 임차목적물인도청구	① 임대차계약 ⓐ 임차보증금지급 ⓑ 임차목적물인도 ⓒ 임대차계약 종료 ② 대항력취득 후 목적물 소유권이전 ⓐ 인도 ⓑ 사업자등록신청 ③ 그 후 ⓐ(제3자에게)매매 및 ⓑ등기경료 (임차목적물의 양수인) ④ 채권양도 ⓐ 임차보증금반환채권양도계약 ⓑ 양도인(본건은 양수인)에 의한 통지 (a)양도인에 통지위임, (b)비현명통지, (c)상대방 악의·과실 ⑤ 미지급임료의 공제	Ⓐ 미지급 부당이득금 추가 공제	Ⓐ 사용·수익한 사실 없음
	동시이행관계에 있는 임차목적물인도를 대위청구		
약정금·지연손해금청구	① 지급약정 ② 이행기 도과 (이율은 default rule 적용)		
[손철민] 3/5지분등기말소청구	① 대위요건 ⓐ 약정금지급 ⓑ 이행기 ⓒ 무자력 ⓓ 미행사 ② 상속 ⓐ 피상속인 사망 ⓑ 유족 ⓒ 상속분(3/5) ③ 등기 ④ 원인무효 (매매계약서 위조)	Ⓐ 손철민은 위 2/5와 함께 확정판결에 기해 경료한 것이므로 기판력에 저촉된다고 주장	별소로 무효 주장 가능(법리론)

68) 수험생들은 본 쟁점에 관해 대부분 이해상반행위에 해당되어 무권대리로 무효라고 설명하고 있다. 이는 첨부되어 있는 상속재산분할약정서의 문언과 배치되는 사실주장이다. 상속재산분할약정서는 조영만이 직접 작성한 것으로 되어 있고, 어디에도 대리에 의해 약정한 계약형식이 없다. 꼭 확인해 보기 바란다.

2. 건물소유권의 원시취득[69]

가. 건물소유권 원시취득의 법리

원칙적으로 Ⓐ 재료비 부담자가 건물소유권을 원시취득한다. Ⓑ 별도 약정이 있으면 그 약정이 우선한다. 이때 건축허가 명의는 유력한 간접증거가 되나 결정적인 것은 아니다. 따라서 공사도급계약 등을 면밀히 살펴보아야 한다.

나. 소유권보존등기

건물 소유권 원시취득은 민법 제187조에 의한 소유권취득이기 때문에 위 법리에 따라 상응하는 등기 없이도 소유권을 원시취득하고, 다만 다른 곳에 처분할 때는 소유권보존등기를 경료한 후에만 비로소 처분할 수 있다.

부동산 소유권보존등기에는 등기취득 원인의 기재가 없다. 따라서 등기원인에 관해 적법추정력도 없다. 따라서 비록 건물 소유권보존등기가 경료되어 있다고 하더라도 등기의 추정력이 없다. 따라서 원시취득자는 원시취득사유와 피고 명의 소유권보존등기 경료사실을 주장·증명하여 소유권보존등기의 말소를 구할 수 있다. 그러면 소유권보존등기 명의인은 소유권 취득 원인을 주장·증명하여 실체관계에 부합하는 등기, 무효등기의 유용 등의 항변을 할 수 있다.

다. 원고 명의로 소유권보존등기의 방법

1) 원고는 자신 명의로 소유권보존등기를 경료함에 방해가 되고 있는 현존하는 위 소유권보존등기를 말소한 다음, 이 확정판결 이유에 원고 소유임이 기재되어 있기 때문에 그 확정판결을 첨부하여 소유권보존등기를 경료할 수 있다. 확정판결 등에 소유관계의 설시가 포함되어 있으면 말소등기청구의 확정판결이든 확인판결이든 이 판결문을 제출하는 방식으로 소유권보존등기를 할 수 있다.

2) 원래 신축건물의 소유권보존등기는 건축허가명의자가 준공 후 그 사실을 증명하여 행정관청으로부터 사용승인을 얻으면 그 행정관청이 직권으로 건축물관리대장을 편제하게 된다. 건축물관리대장이 편제되고 나면 그 등본을 발급받아 이를 첨부하여 소유권보존등기를 경료하게 된다. 본 사안의 경우 현재 건축허가 명의가 피고 조영만으로 되어 있기 때문에 피고 조영만을 상대로 건축허가명의 변경청구를 하여 이에 기하여 건축허가상의 명의를 변경하고, 또 사용승인을 받아 건축물관리대장을 편제하고, 그 등본을 발급받아 소유권보존등기를 경료할 수 있다. 그래서 본 사안에서 건축허가명의 변경청구도 청구할 수 있다. 건축허가명의 변경청구를 한 답안은 정답이다. 다만 관련 건축물관리대장의 정보가 제시되어 있지 않기 때문에 청구취지를 특정하여 정확하게 기재하는

69) 변호사시험 제1회, 제2회에서는 본서가 제안하는 7단계 권리분석방법에 따라 분석해 보는 방법을 구체적으로 설명해 두었다. 이하에서는 권리분석방법은 생략하고 권리분석에 필요한 법이론을 소개하는 방식으로 기술한다.

것이 불가능한 난점이 있다. 하지만 소유권보존등기의 말소청구 판단상의 소유권 증명만으로도 소유권보존등기를 경료할 수 있는 이상 위와 같은 청구는 무익적 청구취지에 불과하여 채점대상에서 제외하였다.

3) 도급계약 상의 "건축허가는 편의상 乙 명의로 받는다. 乙은 공사 완료 후 지체 없이 甲 명의의 소유권보존등기 절차에 협조하여야 한다."라는 약정에 기하여 도급계약을 원인으로 한 소유권이전등기 청구를 할 수 있는가? 또는 위 약정을 명의신탁의 약정으로 보아 그 명의신탁 해지를 원인으로 한 소유권이전등기를 청구할 수 있는가?라는 의문이 있을 수 있다. (의사표시 해석의 문제)

우선 위 약정은 건물의 원시취득에 관한 법리 중 "특별한 약정"에 해당되지 않음은 의사표시의 해석상 명백하다. 즉 신축건물의 재료비를 전부 도급인인 원고가 부담함에도 불구하고 수급인인 피고 조영만이 소유권을 원시취득하기로 한다라는 취지의 특별한 약정으로 해석될 수 없다는 것이다. 그렇다면 위와 같은 약정은 객관적 의미를 살펴볼 때 수급인이 소유권을 원시취득하여 그 명의로 소유권보존등기를 경료한 다음 다시 도급인인 원고에게 소유권이전등기를 경료해 주겠다는 약정은 더욱 아닐 것이다. 도급계약을 체결하면서 건축허가 명의는 편의상 수급인 명의로 할 수는 있으나 수급인이 그 소유권을 원시취득한 다음 도급인에게 그 소유권을 이전해 주기로까지는 약정을 하지 않는다. 왜 그럴까 한번 생각해 보라. 실무상으로 그런 약정의 예가 거의 없는 이유는 추가 세금부담의 문제 때문일 것이다. 소유권을 원시취득하여 자신 명의로 소유권보존등기를 하는데는 취·등록세를 부담하여야 하고, 나아가 소유권이전등기를 경료하면 다시 취·등록세를 추가로 부담하여야 한다. 취·등록세가 건물가의 약 3%[70]정도 되니 85m²를 초과하는 10억원 상당의 건물이라면 3,500만원(10억 원 × 3.5%)의 추가 세금부담이 있다. 그래서 실무상으로는 위와 같은 취지의 계약을 체결하지 않는 것이다. 위 도급계약상의 특약조항은 수급인이 건축허가명의를 도급인으로 변경해 주어 도급인 명의로 사용승인을 받아 소유권보존등기를 경료하게 해 주는 데 협조한다는 취지의 합의인 것이다. 그러므로 위와 같은 특약을 소유권이전등기의 특약이라거나 명의신탁의 취지로까지 확대해석하는 것은 의사표시의 객관적인 내용을 넘은 유추해석일 뿐이다.

3. 소유권보존등기의 말소청구 및 승낙의 의사표시

가. 적법한 가압류등기의 말소방법

가압류 등기는 가압류 법원의 촉탁에 의해 이루어진다. 따라서 가압류 등기를 말소하기 위해서는 가압류결정에 이의신청, 제소명령에 따른 소제기 미이행으로 인한 가압류결정 취소신청, 사정변경으로 인한 가압류결정 취소신청, 3년간 본안소송 부제기로 인한 가압류결정 취소신청 등으로 가압류결정 취소결정을 받아 그에 따라 법원의 말소촉탁으로 가압류 등기가 말소되어야 한다.

---

70) 면적, 가격, 부동산 종류 등에 따라 다르고, 자주 개정되니 그때그때 확인이 필요하다.

나. 기초가 된 소유권이전(보존)등기가 원인무효인 경우의 가압류등기 말소청구 방법

다만 기초가 된 소유권이전(보존)등기 등이 원인무효인 경우에는 그 기초가 된 소유권이전(보존)등기를 말소 청구하면서 가압류 등기도 처리해야 한다.

피고 한상수 명의의 가압류 등기는 원인무효인 피고 조영만의 소유권보존등기에 터잡은 것으로 순차로 무효여서 가압류 등기에 관해서도 말소청구를 해야 할 것처럼 보이나, 문제는 피고 한상수 명의의 가압류등기가 등기권리자와 등기의무자의 공동신청에 의한 등기가 아니라 피고 한상수의 일방적인 가압류 신청에 의한 법원의 가압류 결정에 기한 가압류기입등기 촉탁으로 인하여 등기공무원에 의해 직권으로 경료된 등기이다. 또한 그 가압류등기의 말소등기 또한 법원의 촉탁에 의하여 말소되거나, 위 소유권보존등기가 말소됨에 따라 등기공무원의 직권에 의하여 말소되어야 한다. 그래서 피고 한상수는 위 소유권보존등기에 관하여 이해관계를 가진 자로서 승낙의 의사표시를 해야 할 자에 해당된다. 이때 가압류등기의 말소청구를 하는 방식으로 소 제기하면 법원은 각하할 것이 아니라 그 청구에 승낙의 의사표시를 구하는 취지도 포함되어 있기 때문에 석명권을 행사하여 승낙의 의사표시를 구하는 것으로 청구취지를 변경시켜 판결하여야 한다.(대법원 1998. 11. 7. 선고 97다41103 판결 참조) 등기공무원은 소유권이전(보존)등기 말소의 판결이외에도 가압류권자를 상대로 한 기초가 된 소유권이전(보존)등기에 대한 승낙의 의사표시를 명하는 판결도 받아 와야 비로소 가압류등기도 말소해 준다.

4. 상속에 의한 소유권취득과 양도약정을 원인으로 한 소유권이전등기 청구

가. 상속에 의한 소유권취득

1) 상속분

상속에 의해서 상속인은 피상속인의 재산을 포괄적 승계취득한다. 배우자와 직계비속은 동일 순위로 상속한다. 직계비속이 없는 경우 배우자는 직계존속과 동일 순위로 상속한다. 이때 배우자는 1.5로 상속한다.

> [사례 1] 배우자 1인, 자녀 1인인 상태에서 피상속인이 사망하면 배우자는 3/5, 자녀는 2/5의 상속분으로 상속한다.
> [사례 2] 배우자 1인, 자녀 2인인 상태에서 피상속인이 사망하면 배우자는 3/7, 자녀는 각 2/7 상속분으로 상속한다.
> [사례 3] 배우자 1인, 자녀 3인인 상태에서 피상속인이 사망하면 배우자는 3/9, 자녀는 각 2/9 상속분으로 상속한다.
> [사례 4] 배우자 1인, 자녀 1인, 피상속인의 부모 생존한 상태에서 피상속인 사망하면 배우자 3/5, 자녀 2/5 상속분으로 상속한다.

2)상속포기[71])와 상속분

[사례 5] 배우자 1인, 자녀 1인, 피상속인의 부모 생존한 상태에서 피상속인 사망하고, 자녀 1인이 상속포기를 하면 배우자 3/7, 피상속인 부모 각 2/7 상속분으로 상속한다.

[사례 6] 배우자 1인, 자녀 2인, 피상속인의 부모 생존한 상태에서 피상속인 사망하고 자녀 중 1인이 상속포기하면 배우자 3/5, 나머지 자녀 2/5 상속분으로 상속한다.

[사례 7] 배우자 1인, 자녀 2인, 자녀 중 1인은 결혼하여 그 배우자 1인, 손자녀 1인, 피상속인의 부모 생존한 상태에서 피상속인 사망하고, 결혼한 자녀가 상속을 포기하면 배우자 3/5, 결혼하지 않은 자녀 2/5 상속분으로 상속한다.

[사례 8] 배우자 1인, 자녀 2인, 자녀 중 1인은 결혼하여 그 배우자 1인, 손자녀 1인, 피상속인의 부모 생존한 상태에서 피상속인 사망하고, 결혼하지 않은 자녀가 상속을 포기하면 배우자 3/5, 결혼한 자녀 2/5 상속분으로 상속한다.

[사례 9] 배우자 1인, 자녀 1인, 자녀가 결혼하여 그 배우자 1인, 손자녀 1인, 피상속인의 부모 생존한 상태에서 피상속인 사망하고, 결혼한 자녀가 상속을 포기하면 배우자 3/5, 손자녀 2/5 상속분으로 상속한다.

3) 대습상속과 상속분

[사례 10] 배우자 1인, 자녀 1인, 자녀가 결혼하여 그 배우자 1인, 손자녀 1인, 피상속인의 부모 생존한 상태에서 자녀가 먼저 사망하고, 피상속인 사망하면 배우자 3/5, 사망한 자녀의 배우자 3/25, 손자녀 2/25 상속분으로 상속한다.

[사례 11] 배우자 1인, 자녀 2인, 자녀 중 1인 결혼하여 그 배우자 1인, 손자녀 1인, 피상속인의 부모 생존한 상태에서 결혼한 자녀가 먼저 사망하고, 피상속인 사망하면 배우자 3/7, 자녀 2/7, 사망한 자녀의 배우자 3/35, 손자녀 2/35 상속분으로 상속한다.

[사례 12] 배우자 1인, 자녀 2인, 자녀 중 1인 결혼하여 그 배우자 1인, 손자녀 1인, 나머지 자녀도 결혼하여 그 배우자 1인, 손자녀 2인, 피상속인의 부모 생존한 상태에서 결혼한 자녀 2인 모두 먼저 사망하고, 피상속인 사망하면 배우자 3/7, 손자녀 1인 남긴 자녀의 배우자 3/35, 그 손자녀 2/35, 손자녀 2인 남긴 자녀의 배우자, 3/49, 그 자녀들 각 2/49 상속분으로 상속한다.

[사례 13] 배우자 1인, 자녀 2인, 자녀 중 1인 결혼하여 그 배우자 1인, 손자녀 1인, 나머지 자녀도 결혼하여 그 배우자 1인, 손자녀 2인, 피상속인의 형제자매 3인 생존한 상태에서 결혼한 자녀 1인의 배우자만 남기고, 피상속인과 나머지 가족들이 전부 괌으로 여행을 갔다가 비행기 추락사고로 전원 사망한 경우. 결혼한 자녀 1인의 배우자(사위)가 전부 상속한다.[72])

71) 학생들은 대습상속의 경우 상속분에 관해서는 잘 알고 있었으나 상속포기의 경우 상속분에 관해서는 잘 모르는 경우가 많았다.

72) 대법원 2001. 3. 9. 선고 99다13157 판결(동시사망의 추정이 있는 경우도 대습상속 요건이 갖추어 진다. 형제에 의한 혈족상속보다 대습상속을 우선시한 판결로 유명하다.)

4) 본사안에서 상속지분의 계산

가) 소외 망 조경제 소유인 사실의 주장 및 증명방법

잡종지는 소외 망 조경제의 소유이었다. 그 주장방법으로 "잡종지는 소외 망 조경제의 소유였다."든지 "소외 망 조경제는 잡종지를 소유하고 있었다."든지 하면 되고 그 증명방법으로 등기사항전부증명서(구 등기부등본)를 제출하면 된다.

원래 소유사실은 다음과 같은 방식으로 주장·증명한다.

① 원시취득과 같이 법률의 규정에 의한 소유권취득사실이나 약정 + 등기와 같은 특정승계취득사실을 주장·증명함으로써 할 수 있다. 등기의 공신력이 인정되지 않는 이상 약정 + 등기에 의한 소유권의 증명은 그 전소유자의 소유사실을 추가로 주장·증명해야 완벽해진다.

② 게다가 누구 명의로 소유권이전등기가 경료되어 있다는 사실을 주장·증명하여 등기의 추정력에 의하여 일응 소유가 주장·증명되었다고 설명할 수도 있다. 하지만 등기의 추정력에 의한 소유권 증명도 추정의 복멸이란 가능성을 남기고 있어 완벽하지 않다.

따라서 소외 망 조경제의 소유와 같은 청구원인과 먼 사실은 "소유"라는 표현을 통하여 소외 망 조경제의 소유란 점을 확정하고 논의를 출발하여도 된다.

나) 상속에 의한 소유권의 취득

상속에 의한 소유권의 취득은 법률의 규정에 의한 소유권취득(민법 제187조)으로 피상속인의 사망만으로 상속인들이 그 소유권을 취득하게 된다. 본 사안에서 상속지분의 계산은 매우 단순하다. 처는 1.5(50% 활증), 자녀들은 남녀, 장남 구분없이 1이다. 따라서 본 건의 경우 처인 이예림은 3/5, 장남인 조영만은 2/5 지분으로 상속받았다. 그런데 (1/2, 1/2), (1/3, 2/3), (1/4, 3/4)으로 된 답안도 많았다. 이는 분명 오답이다. 그런데 (4/10, 6/10)이라거나 (40%, 60%)로 표기한 답안들도 있었다. 오답은 아닌데 실무상 표기하는 방법과 다르다. 반드시 2/5, 3/5와 같은 분식으로 표기하기 바란다.

나. 지분 소유권이전등기청구의 확정판결에 기해 지분 소유권이전등기를 경료할 수 있는가?

1) 불가능하다. 왜? 조영만 명의로 지분 소유권이전등기가 경료된 사실이 없고, 현재 손철민 명의로 소유권이전등기가 경료되어 있기 때문이다. 간혹 학생들 중에는 현재 명의인인 손철민을 상대로 지분 소유권이전등기청구를 하면 된다고 생각한다. 좀 정치하게 무장해서 말소등기청구 대신에 진정명의 회복을 원인으로 한 소유권이전등기를 청구할 수 있기 때문이라고 해명하기도 한다. 실제로 이렇게 답안을 작성한 학생들이 30% 이상 되었다. 왜 틀리는가? 다음에서 차례로 설명해 보자.

2) 양도약정에 기한 지분소유권이전등기 청구

양도약정과 그 불이행에 따른 강제이행 청구권의 행사로서 지분소유권이전등기를 청구할 수 있다. 이때 그 약정사실만이 요건사실로 소유권이전등기를 구하는 자가 주장·증명해야 하나 그 불이행사실은 민법 제389조 법문에도 불구하고 채무자가 그 이행사실을 주장·증명해야 한다.(채무자설) 그래서 매매대금청구나 소유권이전등기청구를 함에 있어 약정사실만이 요건사실이 된다.

3) 피고 조영만에게 소유권이전등기를 청구하기 위해서 피고 조명만이 등기사항전부증명서 상 소유권자로 등기되어 있어야 하나?

약정 + 불이행에 의한 소유권이전등기청구의 경우 약정사실만 주장·증명하면 된다. 특별히 피고가 소유권자이거나 등기사항전부증명서 상 소유자로 등기되어 있어야 하는 것은 아니다. 그런데도 실제 학생들이 작성한 답안에서는 피고 조영만에 대해 지분 소유권이전등기를 청구하기 위해서 그 요건으로 피고 손철민 명의 소유권이전등기, 피고 이예림 명의 소유권이전등기가 원인무효인 사실을 주장·증명하고 있는 경우가 많았다. 이는 약정에 기한 소유권이전등기 청구의 법리를 오해한 결과인 것으로 보인다. 우리 민법 체계상으로는 약정의 경우 ① 원시적 불능에 해당되지 않는 한(민법 제535조에 의한 계약체결상의 과실) ② 급부의 성질이 허용하는 한 강제이행청구가 가능하다.

4) 청구원인의 요건사실에 편입여부와 확정판결에 기한 집행 실현 가능성은 다르다.

본 사안에서 수험생들은 현재 등기명의를 취득하지 못한 조영만을 상대로 소유권이전등기청구의 확정판결을 받더라도 문제가 있다는 것은 인식하고 있었던 것으로 보인다. 다만 그 해결책으로 양도약정에 기한 소유권이전등기의 청구원인을 기술할 때 이예림 명의 협의분할에 의한 상속등기나 손철민 명의 등기의 원인무효사실을 설시하면 되는 것으로 오해한 듯하다. 위 문제는 양도약정에 기한 소유권이전등기청구의 확정판결을 받더라도 이를 이용하여 소유권이전등기를 받을 수 있는가?라는 문제이다. 그래서 청구를 이유 있게 하는 청구원인의 요건사실 편입여부의 문제가 아니라 해당청구의 실제 강제집행가능성 여부란 문제이다. 따라서 그 해결책은 해당 확정판결에 기해 강제집행을 할 수 없을 때 어떤 추가적인 청구를 하면 그 청구와 함께 원래의 목적을 달성할 수 있는가에 초점이 맞추어져야 한다. 그래서 추가적으로 이예림, 손철민 상대로 해당 지분에 관해 각 소유권이전등기의 말소청구가 필요한 것이다. 학생들은 이러한 근본적인 조치가 필요하다는 사실은 모른 채 이예림, 손철민 명의 소유권이전등기가 원인무효라는 사실만 부각시키면 문제가 다 해결될 수 있는 것으로 착각하고 있는 것이다.

5. 미성년자의 상속재산 협의분할 약정 취소와 소유권이전등기 말소청구

가. 상속재산 협의분할 약정

본 기록에 편철된 상속재산 협의분할약정서에는 약정인으로 이예림과 조영만이 기명날인되어 있다. 당시 미성년자인 조영만이 직접 기명날인할 것이다.(기록 35면 첨부된 내용증명 참조) 그래서 미성년자의 법률행위로 취소할 수 있다. 그런데 이렇게 단순하게만 생각할 수 없는 또 하나의 의문이 있다. 그것은 약정의 당사자인 이예림이 조영만의 법정대리인인 모이다. 이예림은 상속재산 협의분할 약정의 당사자이기도 하지만 조영만에게 그 법률행위의 동의할 수 있는 법정대리인이기도 하다. 그래서 조영만이 당시 법정대리인인 모의 동의를 받아 법률행위를 한 것으로 유효한 법률행위이지 않나?라는 의문이 들 수 있다. 그래서 미성년자가 법정대리인과 이해상반행위를 할 때 법정대리인의 대리권은 잠정적으로 정지되고 특별대리인을 선임해서 그 특별대리인이 동의하거나 또는 대리인 자격으로 상속재산 협의분할 약정을 해야 된다는 법리가 적용된다는 것이 중요해진다. 본 사안에서는 특별대리인이 선임되지 않았다. 그래서 결국 법정대리인의 아무런 동의 없이 미성년자가 법률행위를 한 것으로 되어 미성년자는 그 법률행위를 취소할 수 있게 된 것이다.

나. 피고 조영만의 취소로 인한 상속재산 협의분할 약정의 취소와 등기원인무효

1) 법정대리인과 상속재산 협의분할의 약정을 하는 것은 이해상반행위로서 법정대리권은 정지되고, 특별대리인의 선임이 요구된다. 이렇게 선임된 특별대리인은 미성년자에게 동의하여 미성년자가 상속재산 협의분할을 하거나, 그 특별대리인의 대리로 상속재산 협의분할 약정을 해야 한다. 따라서 법정대리인은 이해상반행위를 하기 위하여 법원에 특별대리인 선임을 청구하여야 한다.(민법 제921조) 특별대리인의 선임 없는 이해상반행위는 그 행위의 형식에 따라 무권대리행위로서 무효가 되기도 하고, 동의 없는 미성년자의 행위가 취소의 대상이 되기도 한다. ① 법정대리인이 대리권자로 이해상반행위를 한 경우에는 무권대리행위가 되어 무효가 된다. ② 하지만 미성년자가 특별대리인으로부터 동의를 받지 않은 채 스스로 일방 당사자가 되어 상대방과 법률행위를 하게 되면 동의 없는 미성년자의 행위로서 취소의 대상이 된다. 본 사안에서는 조영만이 직접 일방 당사자가 되어 모인 이예림과 상속재산 분할협의를 한 것으로 되어있어 취소의 대상이 된다. 기록상 조영만은 상속재산 협의분할의 당사자인 이예림에게 내용증명 우편을 보내 그 약정을 취소하였다.(기록 35면 참조)

만약 아직도 조영만이 취소권을 행사하고 있지 않다면 조영만의 채권자인 원고는 대위요건을 증명하여 그 취소권을 대위행사할 수도 있다. 통상 상속의 승인이나 포기는 그 권리자의 의사를 존중하여야 하므로 대위권의 목적이 되지 아니한다.[73] 이에 비하여 상속개시 후의 상속지분권, 상속재산분할청구권은 양도 처분할 수 있는 것으로서 재산권으로서의 성격이 강하므로 대위권의 목적이 될 수 있다.[74] 따라서 상속재산 협의분할의 하자로 인한 취소권의 행사는 채권자대위권의 대상이 된다고 볼 수 있다. 따라서 피고 조영만이 취소권을 행사하지 않고 있었다면 원고가 대위행사 할 수도 있었다.

73) 김용담 편집대표, 「주석민법, 채권총칙(2)」 제4판, 사법행정학회, 155면

74) 전게서, 155면 참조

2) 취소권의 제척기간

취소권은 추인할 수 있는 날로부터 3년내에, 법률행위를 한 날로부터 10년내에 행사하여야 한다.(민법 제146조) 본 사안의 경우는 상속재산 협의분할을 2011. 12. 10. 하였고, 조영만은 1993. 2. 5.생으로 19세 성년에 달하여 추인할 수 있었을 때는 2012. 2. 5.이고, 2012. 2. 5.로부터 3년이 경과되기 전인 2014. 12. 26. 내용증명우편을 보내 취소의 의사표시를 하였으며 같은 달 31. 도달하였다. 그러므로 위 취소의 의사표시는 그 효력이 있다.

6. 약정금 청구

이예림은 원고에게 1억 원을 2014. 11. 14.까지 지급하겠다고 약정하였다. 따라서 원고는 그 약정에 따라 이예림에게 1억 원의 지급을 구할 수 있다. 다만 이자에 관한 약정은 없기 때문에 약정일부터 변제기까지는 아무런 이자를 병합하여 청구할 수 없다.(이자는 opt-in 방식) 하지만 이행기 다음날부터는 이행지체에 빠지기 때문에 지연손해금의 지급을 구할 수 있다.(지연손해금은 opt-out 방식) 이율은 별도 약정이 없으므로 민법상의 법정이율을 적용하여 연 5%를 적용하여 청구하면서 소장부본 송달 다음날부터 다 갚는 날까지는 소송촉진 등에 관한 특례법상의 연 20%(당시 적용이율임)를 적용하여 청구할 수 있다.

7. 위조된 매매계약서(백지문서를 부당보충하여 위조)에 의한 소유권이전등기 말소청구

1) 위조

부존재 중 대표적인 부존재 사유는 위조·변조행위이다. 즉 등기의 원인무효사실로 등기원인의 부존재사유의 대표적인 것이 위조·변조이다.

[사례] 甲이 A 부동산을 소유하고 있었다. 乙은 매매계약서를 위조하여 甲에서 乙명의로 소유권이전등기를 경료하였다. 丙은 부동산중개사의 중개로, 등기사항전부증명서를 발급받아 乙 명의로 소유권이전등기가 경료되어 있는 사실을 확인하면서 매수하여 그 명의로 소유권이전등기를 경료하였다. 丁은 丙에 대한 대여금채권의 담보조로 근저당권설정계약을 체결하고, 근저당권설정등기를 경료하였다. 戊는 丙에 대한 채권을 보유하고 있던 중 그 채권을 피보전채권으로 하여 A 부동산에 대한 가압류신청을 하여 그 가압류등기가 경료되었다.
甲은 乙, 丙, 丁, 戊에 대하여 어떤 청구를 할 수 있는가?
(답) 乙 명의 등기는 원인무효이다. 丙은 비록 아무런 잘못도 없지만 등기의 공신력이 인정되지 않으므로 甲의 물권의 대세적 효력으로 말미암아 그 명의 등기도 원인무효로 말소될 것이다. 丁은 원인무효인 丙 등기를 기초로 이루어졌으므로 등기의 공신력이 없기 때문에 말소되어야 한다. 戊 명의 가압류등기도 원인무효인 丙 등기를 기초로 이루어졌으므로 물권의 대세적 효력으로 삭제되어야 한다. 그런데 丁 명의 근저당권설정등기는 쌍방신청에 의해 등기되는 것인 반면 戊 명의 가압류

등기는 법원의 촉탁에 의해 이루어지는 것이기 때문에 그 말소방법에 있어 차이가 있다. 따라서 甲은 乙을 상대로 말소등기 청구를, 丙을 상대로 말소청구 청구를, 丁을 상대로 말소등기청구를 하고, 戊를 상대로는 丙 등기의 말소청구에 승낙의 의사표시를 하라는 식으로 청구할 수 있다. 丁 명의 근저당권설정등기는 위와 같이 말소등기 청구의 형태로도 청구할 수 있고, 또 丙 등기의 말소청구에 대한 승낙의 의사표시를 하라는 식으로 청구할 수도 있다. 그러나 대부분 전자의 방식으로 청구한다. 반면 戊 명의의 가압류등기는 말소청구의 방식으로는 청구할 수 없다.

말소대상인 등기의 등기사항전부증명서상 등기원인은 2012. 12. 17. 매매였다. 이예림은 백지에 도장만 찍어 커피점 영업권 이전을 위한 행정절차에서 사용하도록 넘겨주었는데 그 백지문서를 부당보충하여 매매계약서로 만들어 소유권이전등기를 경료하였다. 따라서 등기원인의 무효란 피고 이예림과 피고 손철민 사이에는 2012. 12. 17. 매매한 사실이 없다는 것이다.

백지문서의 부당보충은 왜 문제가 되는가? 매매계약서는 처분문서로 그 인장의 진정성립이 인정되면 문서내용의 진정성립이 추정된다. 추정되니 문서내용의 허위를 주장·증명해야 되는 것이다. 부당보충한 것이 드러나면 위 매매계약서는 처분문서로서의 추정력을 갖지 못하고 2012. 12. 17. 매매가 부존재하게 된다. 그러면 손철민 측에서 그 매매계약의 존재를 적극적으로 주장·증명해야 되는 것이다. 그래서 청구원인이 백지문서를 부당보충하여 매매계약서를 위조하였다는 사실을 충분히 설시해야 한다.

그 외 백지문서를 부당보충한 다음 이를 증거로 제출하여 허위의 주소로 송달하여 의제자백에 의한 확정판결을 받았고, 그 확정판결에 의하여 소유권이전등기가 경료되었다고 하는 사실은 부당보충된 문서에 기해 등기가 이루어진 경위를 설명하는 것에 불과하다. 오히려 위 사실은 나중에 상대방에서 확정판결의 기판력에 저촉된다는 주장에 반박할 때 적시해야 하는 사실이다.

2) 확정판결의 기판력 저촉 항변 등에 대한 반박

손철민은 말소청구에 대하여 확정판결의 기판력에 반하여 각하되어야 한다고 주장하고 있다. 위 확정판결은 허위의 주소로 송달하여 받은 판결(일종의 편취판결)[75]로 재심의 대상이 될 뿐만 아니라 항소의 추후보완에 의하여 항소까지 가능한 판결로서 아직 판결이 확정되지 않아 기판력도 발생하지 않은 것이다. 따라서 위 확정판결을 무효화하기 위하여 재심 또는 항소 추후보완의 방식으로 다툴 수 있을 뿐만 아니라 본 사안과 같이 그 확정판결에서 유효로 판단한 사실과 다른 주장을 하여 그 확정판결 기하여 경료된 소유권이전등기의 말소청구를 할 수도 있다. 이렇듯 피고 손철민의 확정판결의 기판력 저촉의 주장에 관하여는 위 확정판결이 확정되지 않아 기판력이 발생하지 않았을 뿐만 아니라 별소로서 그 무효를 구할 수 있다라고 반박하여야 한다.

75) 편취판결의 경우 상소의 추후보완 등의 방법으로 확정판결 자체를 취소하여 그 기판력을 배제할 수도 있고, 별소에서 편취판결이라고 무효주장을 하는 방식으로도 할 수 있다.

3) 생각해 볼 점

㈎ 피고 손철민 명의의 소유권이전등기의 등기원인은 등기사항전부증명서를 살펴보면 "2012. 12. 17. 매매"임을 알 수 있다. 즉 위 확정판결이 아니라는 것이다. 그러므로 등기원인의 무효에도 위 매매계약의 부존재에 초점을 맞추어야 하고, 확정판결은 기판력이 있다라는 주장에 관한 반박에 주안점을 두어 청구원인을 기술해서는 안 된다. 이처럼 등기원인의 무효를 검토함에 있어 등기사항전부증명서를 잘 살펴 그 등기원인을 중심으로 이루어져야 한다. 로펌 주니어 변호사로서 DD(due dilligence; 실사)를 함에 있어 등기원인일자와 등기일자 사이에 시간적 가격이 지나치게 날 때는 정상적인 계약관계에 의한 소유권이전등기가 아니고 위와 같은 편취판결 등이 게재되었을 가능성이 크므로 더욱 조심하여 구체적인 등기경위와 그 정확성을 실사할 필요가 있다.

㈏ 원고는 이예림을 대위하여 소유권이전등기 말소청구(물권적 청구권 중 방해배제청구)를 하고 있다. 따라서 원고는 ① 이예림이 소유권자인 점, ② 피고 명의로 등기가 이루어진 점, ③ 등기의 원인무효 사실을 주장·증명해야 한다. 위와 같이 매매계약서가 위조되었다는 사실은 ③ 등기의 원인무효 사실을 주장·증명하는 사실이다. 원고는 추가적으로 이예림이 ① 소유권자인 점을 주장·증명해야 한다. 그런데 상속에 의한 상속지분 상당의 소유권취득은 법률의 규정에 의한 소유권취득으로서 소유권이전등기 없이도 소유권을 취득할 수 있다.(민법 제187조) 본 사안에서 피고 이예림은 상속에 의해 3/5 지분에 관해 소유권을 취득하였을 뿐 피고 조영만이 2/5 지분에 관해 소유권을 취득했다. 비록 피고 이예림 명의로 상속재산 협의분할 약정을 원인으로 지분 전부에 관해 소유권이전등기가 경료되었지만, 그 중 2/5지분에 관해서는 취소권의 행사로 소급적으로 무효가 되기 때문에 피고 조영만이 그 지분의 소유권자가 된다. 따라서 이예림을 대위하면서 손철민에게 소유권이전등기 말소를 구할 수 있는 것은 3/5지분만이다. 다음에서 설명하듯이 원고는 손철민에게 나머지 2/5지분에 관해서는 조영만을 대위하여 말소청구를 해야 한다.

㈑ 일부 답안에서는 원고의 이예림에 대한 약정금지급청구권을 피보전권리로 하여 백지문서를 부당보충하여 체결한 매매계약을 사해행위라며 그 사해행위 취소와 원상회복을 구하는 청구를 하고 있었다. 원칙적으로 무효인 법률행위(통모허위표시만 예외)는 채권자 취소의 대상이 되지 않기 때문에 채권자 취소권 행사로 구성하여서는 안 된다.

8. 임차보증금반환채권을 양수받아 하는 양수금 청구

가. 임차보증금반환 청구의 상대방

임대차계약 종료로 인한 임차보증금반환채무는 채권적 권리이기 때문에 원칙적으로 임대인을 상대로 행사해야 한다. 그런데 주택임대차계약이 대항력 갖추게 되면 그 임차건물의 양수인이 임대인의 지위를 승계한 것으로 본다.(주택임대차보호법 제3조 제4항), 상가건물임대차의 경우에는 대항력을 갖추게 되면 그 임차건물의 양수인이 임대인의 지위를 승계한 것으로 본다.(상가건물임대차보호법 제3조 제2항) 본 임대차는 상가건물임대차보호법 적용대상인 임대차로서, 임차인이 임대건물을 인도받고, 사업자등록 신청을 마친 후 양도되었기 때문에 위 조항에 따라 양수인인 장그래가 임대인이 된다. 종전 안영이는 임대인 지위에서 벗어나게 된다. 그래서 안영이를 상대로 임차보증금 반환청구를 하면 안된다.[76)]

나. 동시이행관계에 있는 임차목적물 인도청구도 병합청구

조영만이 자진해서 장그래에게 임차목적물을 인도하지 않으면 영원히 임대차보증금을 반환받지 못하고, 더구나 월 100만원의 임료 또는 부당이득반환금이 늘어나고 있는 상황하에서 그에 대한 대책을 강구하는 것이 시급하다. 따라서 장그래에 대한 임차보증금반환채권을 피보전채권으로 하여 장그래가 갖는 조영만에 대한 임차목적물반환 청구권을 행사할 수 있다. 판례는 임차보증금반환채권이 금전채권이긴 하나 이렇게 강한 견련관계가 있을 때는 장그래의 무자력 주장·증명 없이도 대위행사할 수 있도록 허용하고 있다.

다. 임료상당 부당이득금 공제

무단점유로 인한 부당이득금은 당연히 임차보증금에서 공제되어야 한다. (대법원 1992. 4. 14. 선고 91다45202, 45219 판결; 대법원 1979. 3. 13. 선고 78다2500, 2501 판결; 1981. 11. 10. 선고 81다378 판결, 대법원 1986. 3. 25. 선고 85다422, 85다카1796 판결; 대법원 1990. 12. 21. 선고 90다카24076 판결 등)

그런데 "임대차계약 종료 후 임차인이 임차건물을 계속 점유하였으나 본래의 목적대로 사용·수익하지 아니하여 실질적인 이득을 얻은 바 없는 경우 임차인은 부당이득반환의무가 없다."라고 판시한 바가 있다.(대법원 1992. 4. 14. 선고 91다45202, 45219 판결) 따라서 본 사안에서는 조영만이 시건한 채 사용·수익하지 않고 있으므로 그 시건한 채 사용·수익하지 않은 날 이후의 부당이득은 공제할 필요가 없다.

이와 같은 결론에 대하여 위 판결이유 제1항을 잘 살펴보면 "법률상 원인 없이 이득하였음을 이유로 한 부당이득의 반환에 있어서 '이득'이라 함은 실질적인 이익을 가리키는 것이므로 법률상 원인 없이 건물을 점유하고 있다 하여도 이를 사용·수익하지 않았다면 이익을 얻은 것이라고 볼 수 없는 것인 바, 임차인이 **임대차계약 종료 이후에도 동시이행의 항변권을 행사하는 방법으로 목적물의 반환을 거부하기 위하여 임차건물 부분을 계속 점유하기는 하였으나 이를 본래의 임대차계약 상의 목적에 따른 사용·수익을 하지 아니하여 실질적인 이득을 얻은 바 없는 경우**에는 그로 인하여 임대인에게 손해가 발생하였다 하더라도 임차인의 부당이득 반환의무는 성립되지 않는다."고 판시하고 있다. 따라서 동시이행항변권을 행사하는 방법으로 목적물의 반환을 거부하면서 임차건물을 계속 점유하고 있기는 하나 본래의 목적에 따른 사용·수익을 하지 않고 있는 경우에 한하여 그

76) 이처럼 대항력 취득 후 양수인에게 임대인 지위가 승계된 것으로 간주하는 규정은 임차인을 보호할 수도 있고, 해칠 수도 있다. 하지만 주택임대차보호법이나 상가건물임대차보호법 상 임차보증금에 대한 회수 보장규정을 대폭 도입해 두었다. 그래서 임차권이 임차목적물의 담보 기능하에서 보호된다고 보아 양수인의 임대인 지위 승계 간주 규정을 도입한 것이다.

부당이득의 발생을 부인하고 있는 것이 판례의 진정한 태도라고 보아야 할 것이다. 본 사안과 같이 동시이행 항변 문제가 전혀 발생하지 않은 가운데 피고 조영만이 모든 집기를 그대로 두고 임대목적물을 떠났다면 조영만의 주관적 의사만으로 무단점유 해당성이 부인되지 않고, 본래 목적에 따른 사용·수익이 없다고도 할 수 없어 위와 같은 결론이 반드시 옳은지 의문이다.[77]

9. 채점평

가. 주장·증명책임이 있는 구체적인 자연적·역사적 사실은 적극적으로 그 존재를 주장·증명하여야 하고, 상대방의 주장에 대한 반박으로 주장하여서는 안 된다. (소위 가분수 청구원인의 기술을 삼가야 한다.)

나. 민사소송법상의 지식은 소를 제기하거나 소장을 작성하는 방향과 방법에 관한 지식이다. 그 지식을 적용하여 타당하고 적절하게 기술하면 되지 그 기술의 근거로서 상세하게 언급할 필요는 없다.(소위 차량 운전의 경우 운전지식은 그에 따라 운전을 하면 될 뿐 그렇게 운전하는 이유를 늘어놓기 위한 지식이 아니다.)

다. 직무관할 위반의 청구를 하여서는 안 된다.

소 제기를 위한 소장작성에 있어 가압류취소 청구, 재산압류신청, 가압류신청 등 신청을 하여서는 안 된다. 직무관할 위반이 되기 때문이다.

라. 소장, 답변서, 준비서면 등에 "보론"이나 "이 사건의 쟁점" 등과 같이 사례형 답안에나 있을 법한 목차를 붙이면 안 된다.

마. 청구취지 중 "원고의 서울 관악구 대학로 건물에 대한 유치권 행사는 적법하다."라는 기재는 무지의 극치를 달리는 기재 사례이다. 왜 틀리는지를 한번 생각해 보라.

바. 의뢰인이 분명 풍산조씨신사공파였음에도 불구하고, 원고 표시를 1. 풍산조씨신사공파종중 2. 이예림이라고 표시한 경우도 있었다. 변호사는 자신의 의뢰인이 누구인지를 분명히 알고 그 의뢰인만을 원고로 표시하여 소송을 제기하여야 한다. 소장을 제출할 때 소송위임장을 첨부서류로 제출하게 되는데 이때 이예림으로부터 어떻게 소송위임을 받아 소송위임장을 작성할 수 있는지 의문이 아닐 수 없다.

사. 원고 또는 피고로 표시되지 않는 자에 대하여 청구를 해서는 안 된다. 소 제기의 주 목적은 확정판결을 받아 공권력의 힘을 빌려 강제로 집행하기 위한 것이다. 그런데 청구취지에 해당 청구가 없으면 그 이유에 그 취지가 기재되어 있다고 하더라도 이를 집행할 수 없다. 그러므로 "소외 한상수 역시 이에 대하여 승낙의 의사표시를 할 의무가 있습니다."라는 기재는 전혀 의미가 없다. 본 사안에서는 "피고 장그래는 피고 조영만으로부터 별지목록 제4. 기재 부동산 중 3층 300㎡를 인도받음과 동시에 원고에게 198,000,000원을 지급하라."라는 청구취지가 있다. 원고는 위 소송의 확정

77) 필자와 상당히 뜻있는 다른 학자들도 같은 견해를 갖고 있지만, 그동안 출제가 거듭되면서 다른 사정을 살필 필요 없이 임대차계약 종료 후 사용·수익하지 않고 있다기만 하면 부당이득반환 청구가 부인되는 것으로 처리하고 있다.

판결문으로 피고 장그래에게 198,000,000원의 지급을 강제집행할 수 있다. 다만 원고가 그 강제집행을 하기 위해서는 피고 조영만으로 하여금 해당 건물부분을 인도하게 하여야 할 뿐이다. 만약 피고 조영만이 해당 건물부분을 인도하지 않으면 원고로서는 이를 강제집행할 수 없게 된다. 따라서 별도로 피고 장그래를 대위하여 피고 조영만에게 "피고 조영만은 피고 장그래에게 별지목록 제4. 기재 부동산 중 3층 300㎡를 인도하라."는 추가적인 청구를 하여야 하는 것이다.

아. 채권자대위권

변호사시험 기록형에서는 실제보다 수개의 청구를 병합하여 출제하는 경우가 많다. 따라서 채권자대위권으로 구성하여 청구가 병합된 경우가 많기 때문에 시험목적상으로는 채권자대위권을 철저하게 학습할 필요가 있다.

주의할 것은 채권자대위권 행사요건으로 피보전채권의 존재가 있다. 그런데 그 피보전채권을 별도로 청구할 경우가 많은데 이때 그 요건사실을 피보전채권의 존재 부분에서 기재해 둔 채 정작 별도 청구의 요건사실로는 기재하지 않는다면 청구취지에 해당되는 청구원인의 설명이 없는 소장이 되어 해당 득점을 하지 못하게 된다.

소 장

원 고 풍산조씨신사공파종중
용인시 구성동 774
대표자 회장 조일제
소송대리인 변호사 김영철
서울 서초구 서초로 75, 511호(서초동)
전화번호 (02) 529－100, 팩스번호 (02) 529－1001
전자우편 : yck@gmail.com

피 고 1. 조영만 (930205－1255779)
서울 성북구 성북로 25
2. 이예림 (610812－2456234)
서울 송파구 송파로 62
3. 한상수 (620515－1567242)
서울 서초구 서초로 342
4. 손철민 (700125－1347925)
서울 강남구 삼성로 50
5. 장그래 (770425－1566445)
서울 성동구 성동대로 81

소유권보존등기말소 등 청구의 소

청 구 취 지

1. 피고 조영만은,
   가. 원고에게,
      1) 별지 목록 제2. 기재 부동산에 관한, 소유권보존등기[78]의 말소등기절차를 이행하고,
      2) 별지 목록 제3. 기재 부동산 중 2/5 지분에 관하여 2014. 10. 15. 양도약정을 원인으로 한 소유권이전등기절차를 이행하고,
   나. 피고 장그래에게, 별지 목록 제4. 기재 부동산 중 3층 300㎡를 인도하라.
2. 피고 이예림은,
   가. 피고 조영만에게,[79] 별지 목록 제3. 기재 부동산 중 2/5 지분에 관하여 서울중앙지방법원 등기국 2012. 1. 5. 접수 제1451호로 마친 소유권이전등기의 말소등기절차를 이행하고,[80]
   나. 원고에게, 100,000,000원 및 이에 대한 2014. 11. 15.부터 이 사건 소장 부본 송달일까지는 연 5%의, 그 다음날부터 다 갚는 날까지는 연 20%의 각 비율에 의한 금원을 지급하라.
3. 피고 한상수는 원고에게, 별지 목록 제2. 기재 부동산에 관한 위 1.가. 1)항 기재 소유권보존등기의 말소등기에 대하여 승낙의 의사표시를 하라.[81]
4. 피고 손철민은,
   가. 피고 조영만에게,[82] 별지 목록 제3. 기재 부동산 중 2/5 지분에 관하여 서울중앙지방법원 등기국 2013. 7. 20. 접수 제3573호로 마친 소유권이전등기의 말소등기절차를 이행하고,
   나. 피고 이예림에게,[83] 별지 목록 제3. 기재 부동산 중 3/5 지분에 관하여 서울중앙지방법원 등기국 2013. 7. 20. 접수 제3573호로 마친 소유권이전등기의 말소등기절차를 이행하라.
5. 피고 장그래는 피고 조영만으로부터 별지 목록 제4. 기재 부동산 중 3층 300㎡를 인도받음과 동시에 원고에게 198,000,000원을 지급하라.[84]

---

78) 가압류등기의 촉탁으로 소유권보존등기가 이루어지는 경우에는 등기사항전부증명서에 '등기원인'을 기재하지 않는다.(법원행정처, 부동산등기기록례집, 2013년 3월 발행, 8쪽 참조)

79) '원고에게'라고 기재하여도 무방하다.

80) 청구취지 제2의 가.항, 제4항은 이론적으로는 진정명의회복을 원인으로 한 소유권이전등기 청구를 하는 것도 가능하다. 하지만 원인무효의 소유권보존등기에 대하여 진정명의회복을 원인으로 한 소유권이전등기를 하는 경우 「지방세법」 상 1000분의 15에 해당되는 등록면허세(과거 등록세)를 납부하여야 하므로 제2의 가.항 부동산에 관해서는 1,500,000원, 제4항에 관해서는 2,000,000원 등 합계 3,500,000원의 등록면허세를 추가로 부담해야 하기 때문에 등록면허세 납부 부담이 없는 말소등기청구보다 고객(원고)에게 불리한 소제기 방법이다.(「진정명의회복을 원인으로 하는 소유권이전등기절차에 관한 예규」 제6조 참조)

81) 가압류, 가처분 등기는 법원사무관 등의 촉탁에 의하여 기재되고, 법원사무관 등의 촉탁 또는 등기관의 처분으로 말소되는 것으로서(민사집행법 제293조 제3항, 제301조, 부동산등기법 제22조, 제92조, 제94조, 단 부동산등기법 제89조의 가등기가처분은 예외) 그 등기명의자와 공동 신청하는 방법으로 말소하는 방법이 없으므로 그 등기명의자를 상대로 말소청구의 소를 제기할 수도 없다.(대법원 1998. 11. 7. 선고 97다41103 판결 참조)

82) 아래 항과 함께 '원고에게'라고 하여도 무방하다.

83) 위 항과 함께 '원고에게'라고 하여도 무방하다

84) 뒤에서 설명하듯이 조영만이 현재도 계속 점유사용하고 있다고 판단되면 위 청구취지는 다음과 같이 변경되어야 할 것이다. "피고 장그래는 피고 조영만으로부터 별지 목록 제4. 기재 부동산 중 3층 300㎡를 인도받음과 동시에 원고에게 금 200,000,000원에서 2014. 11. 1.부터 위 부동산의 인도완료일까지 월 1,000,000원의 비율에 의한 금원을 공제한 나머지 금원을 지급하라."

6. 소송비용은 피고들이 부담한다.
7. 위 제1의 나.항, 제2의 나.항, 제5항은 가집행할 수 있다.
라는 판결을 구합니다.

청 구 원 인

1. 피고 조영만에 대한 청구
   가. 소유권보존등기 말소청구
      1) 원고의 건물 소유권의 원시취득
         가) 원고는 2014. 3. 15. 피고 조영만과 별지 목록 제2. 기재 부동산(이하 '제2건물'이라 함)을 신축하는 공사도급계약을 체결하면서, 공사대금은 10억 원으로 하고 계약 당일 5억 원을 공사대금으로 선 지급하였습니다.
         나) 원고는 편의상 피고 조영만 명의로 건축허가를 받았고, 피고 조영만은 공사 완료 후 지체 없이 원고 명의로 소유권보존등기를 하는 데에 협조해 주기로 하였습니다.
         다) 피고 조영만은 1억 원어치 공사만 한 채 공사를 중단한 후 잔여 공사를 포기하였고, 원고가 타처에 공사를 발주하여 원고의 비용부담으로 나머지 공사를 완료하였습니다.
      2) 피고 조영만 명의 원인무효 소유권보존등기의 경료
      피고 조영만이 자신이 마치 위 건물의 실제 건축주인 것처럼 행세하고 다니자, 그의 채권자인 피고 한상수는 위 건물에 대한 가압류를 신청하였고, 서울북부지방법원이 촉탁한 가압류등기를 하는 과정에서 위 건물에 관하여 피고 조영만 명의의 소유권보존등기가 마쳐졌으며, 이에 기하여 서울중앙지방법원 등기국 2014. 12. 20. 접수 제26775호로 피고 한상수 명의의 가압류등기가 기입되었습니다.
      3) 소결론
      그러나 앞서 본 바와 같이 원고는 위 건물에 대한 소유권을 원시취득하였으며, 피고 조영만 명의의 위 소유권보존등기는 원인없이 경료된 것이므로 원고의 소유권을 방해하고 있다 할 것입니다. 따라서 피고 조영만은 원고에게 위 소유권보존등기를 말소할 의무가 있습니다.[85)]

85) 본 판결에 의하여 피고 조영만 명의의 소유권보존등기, 피고 한상수 명의의 가압류등기가 말소되고 나면 통상의 절차에 따라 원고로서는 자신이 해당 건물을 원시취득하였다는 사실을 증명하여 소유권보존등기를 할 수 있다. 통상 신축건물의 소유권보존등기는 건축허가 명의를 바탕으로 준공검사와 사용승인을 받은 다음 건축물관리대장이 편제되고, 그 건축물관리대장에 건축허가 명의자가 소유자로 등록되게 된다. 이 건축물관리대장을 근거로 정해진 기간 내에 등기소에 신청하여 소유권보존등기를 할 수 있다. 따라서 언뜻 보기에는 현재 건축허가 명의가 피고 조영만으로 되어 있으므로 원고는 피고 조영만을 상대로 건축허가명의 변경신청을 할 필요가 있는 것처럼 보인다. 그러나 소유권보존등기 말소청구를 하여 그 승소확정판결을 받아도 그 판결문에 원고가 원시취득한 사실이 증명된다면 이를 근거로 원고 명의로 소유권보존등기를 신청할 수 있다. 따라서 위와 같은 건축허가명의변경 청구는 무익한 소제기에 불과할 뿐이다.

부동산등기법 제130조 제2호에 의하면, '판결에 의하여 자기의 소유권을 증명하는 자'는 미등기토지의 소유권보존등기를 신청할 수 있다고 규정하고 있는바, 위 제130조 제2호 소정의 판결은 그 내용이 신청인에게 소유권이 있음을 증명하는 확정판결이면 족하고, 그 종류에 관하여 아무런 제한이 없어 반드시 확인판결이어야 할 필요는 없고, 이행판결이든 형성판결이든 관계가 없으며(당원 1971. 11. 12.자 71마657 결정 참조), 또한 화해조서 등 확정판결

나. 소유권이전등기청구

1) 소외 망 조경제는 별지 목록 제3. 기재 부동산(이하 '제3토지'이라 함)의 소유자로서 2011. 11. 5. 사망하였고, 사망당시 유족으로는 처인 피고 이예림과 아들인 피고 조영만이 있었습니다. 따라서 위 제3 토지는 처 피고 이예림이 3/5, 아들 피고 조영만이 2/5 비율로 각 상속하였습니다.

2) 피고 조영만이 2014. 10. 15. 피고 조영만 자신이 원고에게 부담하고 있는 공사대금반환채무 4억원 중 1억원에 대한 변제조로 제3. 토지의 2/5 지분을 원고에게 양도하기로 약정하였습니다.

3) 따라서 피고 조영만은 원고에게 제3 토지 중 2/5 지분에 관하여 2014. 10. 15. 양도약정을 원인으로 한 소유권이전등기절차를 이행할 의무가 있습니다.

다. 건물인도 청구

1) 임대차계약의 체결 및 임대차보증금의 지급과 임차목적물의 인도

피고 조영만은 2013. 3. 1. 별지 목록 제4. 기재 부동산(이하 '제4 건물'이라 함)의 소유자이던 소외 안영이와 위 부동산 중 3층 300㎡를 임대차보증금 200,000,000원, 월 차임 1,000,000원, 임대차기간 2013. 3. 1.부터 2014. 12. 31.까지 1년 10개월간으로 하는 임대차계약을 체결하고, 같은 날 위 안영이에게 임대차보증금 200,000,000원을 지급한 다음 이를 인도받았습니다.

2) 사업자등록의 신청 및 대항력의 취득

가) 피고 조영만은 위 1)항과 같이 임차목적물을 인도받았을 뿐만 아니라 2013. 3. 2. 그 자신이 경영하는 '풍진건업'의 사무실 주소지를 위 임차한 건물의 소재지로 하여 사업자등록을 신청하고, 2013. 3. 2. 서울 관악세무서장으로부터 사업자등록증을 교부받았습니다.

나) 피고 조영만과 소외 안영이 사이의 위 임대차약정에 따르면, 소위 간주'보증금'은 3억원 {2억원 + (100만원 × 100/1) = 3억원}입니다. 따라서 「상가건물 임대차보호법」 제2조 제1항 단서에서 정한 '보증금'의 액수를 초과하지 않으므로, 동법 제3조 제1항 및 제2항에 따라 피고 조영만의 임대차는 제3자에게 대항할 수 있게 되었습니다.

3) 임차보증금반환채권의 양도, 양도사실의 통지 및 그 도달

가) 피고 조영만은 2014. 10. 15. 원고에게 피고 조영만 자신이 원고에게 부담하고 있는 위 공사대금반환채무 4억원 중 일부에 대한 변제조로 소외 안영이에 대한 위 임대차보증금 200,000,000원의 반환청구채권을 원고에게 양도해 주었고, 원고에게 양도통지

에 준하는 것도 포함한다 할 것이어서(당원 1990. 3. 20. 자 89마389 결정 참조), 보존등기 신청인으로서는 등기부, 토지(임야)대상상 소유자로 등기 또는 등록되어 있는 자가 있는 경우에는 그 명의자를 상대로 한 소송에서 당해 부동산이 보존등기신청인의 소유임을 확인하는 내용의 확정판결을 받으면 소유권보존등기를 신청할 수 있으므로, 국가를 상대로 한 토지소유권확인청구는 어느 토지가 미등기이고, 토지대장이나 임야대장상의 등록명의자가 없거나 등록명의자가 누구인지 알 수 없을 때와 그 밖에 국가가 등록명의자인 제3자의 소유를 부인하면서 계속 국가소유를 주장하는 등 특별한 사정이 있는 경우에 한하여 그 확인의 이익이 있다 할 것이다."(당원 1993. 9. 14. 선고 92다24899 판결 참조)(대법원 1994. 3. 11. 선고 93다57704 판결) 따라서 본 사안의 경우 국가를 상대로 소유권확인을 구하면 명백히 오답이 된다.

권한을 위임하였습니다.

나) 원고는 2014. 10. 16. 채권양도양수계약서 사본을 첨부[86]하여 내용증명우편으로 소외 안영이에게 위 채권양도사실을 통지하였고, 그 통지는 같은 달 18. 소외 안영이에게 도달하였습니다.

4) 피고 장그래의 임차목적물의 소유권 취득[87]으로 인한 임대인 지위 취득

가) 피고 장그래는 2014. 10. 31. 소외 안영이로부터 제4. 건물을 매수하고, 같은 날 소유권이전등기를 마쳤습니다.

나) 따라서 피고 장그래는 피고 조영만이 위 임대차계약의 대항력을 취득한 상태에서 임차목적물의 소유권을 취득하였기 때문에 상가건물임대차보호법 제3조 제2항에 따라 피고 장그래가 소외 안영이로부터 임대인의 지위를 승계하였습니다.

5) 임대차계약의 종료

위 임대차계약은 2014. 12. 31. 기간만료로 종료되었습니다.

6) 원고의 피고 장그래의 임차목적물반환채권의 대위행사

피고 장그래는 피고 조영만을 내보내고 피고 조영만의 임차보증금반환채권을 양수한 원고에게 위 임대차보증금 중 미지급차임 등을 공제한 잔액을 반환해 주어야 하나 아직 아무런 조치를 취하지 않고 있습니다.

7) 소결론

그러므로 원고는 양수받은 임차보증금반환채권을 보전하기 위하여[88] 피고 장그래가 피고 조영만에게 가지는 제4. 건물 중 3층 300㎡에 대한 인도청구권을 대위하여 행사하는 바입니다. 따라서 피고 조영만은 피고 장그래에게 제4. 건물 중 3층 300㎡를 인도할 의무가 있습니다.

---

86) "민법 제450조에 의한 채권양도통지는 양도인이 직접 하지 아니하고 사자를 통하여 하거나 대리인으로 하여금 하게 하여도 무방하고, 채권의 양수인도 양도인으로부터 채권양도통지 권한을 위임받아 대리인으로서 그 통지를 할 수 있다.(대법원 1994. 12. 27. 선고 94다19242 판결, 1997. 6. 27. 선고 95다40977, 40984 판결 등 참조). 그리고 채권양도통지 권한을 위임받은 양수인이 양도인을 대리하여 채권양도통지를 함에 있어서는 민법 제114조 제1항의 규정에 따라 양도인 본인과 대리인을 표시하여야 하는 것이므로, 양수인이 서면으로 채권양도통지를 함에 있어 대리관계의 현명을 하지 아니한 채 양수인 명의로 된 채권양도통지서를 채무자에게 발송하여 도달되었다 하더라도 이는 효력이 없다고 할 것이다. 다만 대리에 있어 본인을 위한 것임을 표시하는 이른바 현명은 반드시 명시적으로만 할 필요는 없고, 묵시적으로도 할 수 있는 것이고, 나아가 채권양도통지를 함에 있어 현명을 하지 아니한 경우라도 채권양도통지를 둘러싼 여러 사정에 비추어 양수인이 대리인으로서 통지한 것임을 상대방이 알았거나 알 수 있었을 때에는 민법 제115조 단서의 규정에 의하여 유효하다고 보아야 할 것이다."(대법원 2004. 2. 13. 선고 2003다43490 판결)

87) 상가건물임대차계약에 기한 임차권이 대항력을 취득한 후 별지 목록 제4. 건물의 소유권이 소외 안영이로부터 피고 장그래로 넘어감에 따라 임대인의 지위도 승계되고, 따라서 임차보증금반환채무도 소외 안영이로부터 피고 장그래로 넘어간다.(대법원 2005. 9. 9. 선고 2005다23773 판결, 대법원 2013. 1. 17. 선고 2011다49523 전원합의체 판결 참조)

88) 임차보증금반환채권을 양수한 채권자가 그 이행을 청구하기 위하여 임차인의 가옥인도가 이행되어야 할 필요가 있어서 그 인도를 구하는 경우에는 그 채권의 보전과 채무자인 임대인의 자력유무는 관계가 없는 일이므로 무자력요건이 필요 없다.(대법원 1989. 4. 25. 선고 88다카4253, 4260 판결)

2. 피고 이예림에 대한 청구

가. 소유권이전등기 말소청구

1) 피고 이예림은 2011. 12. 10. 당시 18세이던 피고 조영만 본인과 위 조경제로부터 상속받은 제3. 토지를 피고 이예림이 단독으로 그 소유권을 취득하기로 하는 상속재산 협의분할 약정을 하였습니다. 즉 피고 이예림은 그 자(子)인 피고 조영만과 이해상반되는 상속재산 협의분할을 하면서도 특별대리인을 선임받지 않고 피고 조영만과 직접 상속재산 협의분할을 하였습니다.[89] 나아가 서울중앙지방법원 등기국 2012. 1. 5. 접수 제1451호로 협의분할로 인한 상속을 원인으로 하는 소유권이전등기를 마쳤습니다.

2) 그러나 법정대리인인 친권자가 그 자(子)와 이해상반되는 행위를 하려면 친권자는 법원에 그 자(子)의 특별대리인의 선임을 청구하여 하여야 하고(민법 제921조 제1항), 미성년자가 특별대리인이 선임되지 않은 상태에서 스스로 친권자와 법률행위를 하는 경우에는 적법한 동의권자의 동의를 얻지 않은 상태에서 행위를 한 경우와 마찬가지이므로 이를 취소할 수 있습니다.(민법 제5조 제2항).

3) 피고 조영만은 피고 이예림에 대하여 위 조영만이 1993. 2. 5.생으로 19세 성년에 달하여 위 동의없는 상속재산협의분할을 추인할 수 있었던 2012. 2. 5.로부터 3년이 경과하기 전인 2014. 12. 26. 내용증명으로 위 상속재산 협의분할 약정을 취소하였으며, 위 내용증명은 2012. 12. 31. 피고 이예림에게 도달하였습니다.

4) 소결론

그러므로 위 제3토지 중 2/5 지분에 관한 소유권이전등기는 원인무효의 등기이고, 원고는 피고 조영만에 대하여 위 부동산에 대하여 위 1.나.항과 같은 소유권이전등기청구권을 갖고 있고, 이를 보전하기 위하여 같은 부동산에 대한 피고 조영만의 피고 이예림에 대한 말소등기청구권을 대위행사 할 수 있습니다. 따라서 피고 이예림은 피고 조영만에게 제3토지 중 2/5 지분에 관하여 서울중앙지방법원 등기국 2012. 1. 5. 접수 제1451호로 마친 소유권이전등기의 말소등기절차를 이행할 의무가 있습니다.

나. 약정금 청구

1) 피고 이예림은 2014. 10. 15. 원고에게 피고 조영만이 위와 같은 공사 중단으로 인하여 원고에게 반환해야 할 공사대금 4억원 중 1억원을 2014. 11. 14.까지 지급하기로 약정하였습니다.

2) 따라서 피고 이예림은 원고에게, 100,000,000원 및 이에 대한 변제기 다음날인 2014. 11. 15.부터 이 사건 소장 부본 송달일까지는 민법이 정한 연 5%의, 그 다음날부터 다 갚는 날까지는 「소송촉진등에 관한 특례법」이 정한 연 20%의 각 비율에 의한 지연손해금을 지급할 의무가 있습니다.

89) 이해상반행위를 함에 있어 친권자인 이예림이 법정대리인의 자격으로 대리를 현명하여 자기와 거래를 하였을 경우에는 무권대리행위로서 무효가 된다. 하지만 본 사안에서는 피고 조영만이 직접 모인 피고 이예림과 거래를 하였으므로 마치 법정대리인의 동의없는 미성년자의 행위로서 취소할 수 있을 뿐이다. 만약에 피고 조영만이 피고 이예림의 동의를 받아 이해상반행위를 해도 특별대리인의 선임이 없는 이상 피고 이예림에게 그런 권한이 없으므로 역시 취소할 수 있을 뿐이다.(주석민법 친족 3권, 451면 참조)

3. 피고 한상수에 대한 청구

가. 앞서 본 바와 같이 원고가 원시취득한 제2. 건물에 원인무효인 피고 조영만 명의의 소유권보존등기가 마쳐졌고, 피고 한상수는 위 소유권보존등기에 터잡아 가압류기입등기를 마쳤으므로 피고 조영만의 소유권보존등기의 말소에 등기상 이해관계가 있습니다.

나. 따라서 피고 한상수는 원고에게, 피고 조영만 명의의 위 소유권보존등기의 말소에 대하여 승낙할 의무가 있습니다.

4. 피고 손철민에 대한 청구

가. 등기원인의 무효

1) 피고 이예림은 '예림' 커피점을 경영하다가 피고 손철민에게 위 커피점 영업권 일체를 넘기면서, 필요한 행정절차에 소요되는 위임장을 작성하라고 백지에 도장만 찍어주고 미국 로스앤젤레스의 동생 집에 머무르고 있었습니다.

2) 피고 손철민은 임의로 위 백지문서의 나머지 부분에 "이예림이 손철민에게 별지 목록 제3. 기재 부동산을 매매한다. 2012. 12. 17."이라는 기재를 보충하여 매매계약서를 완성하고, "피고 이예림은 피고 손철민에게 별지 목록 제3. 기재 부동산에 관하여 2012. 12. 17. 매매를 원인으로 한 소유권이전등기절차를 이행하라."는 내용의 소장을 작성하였습니다.

3) 피고 손철민은 위 소장에서 자신이 운영하는 '예림' 커피점을 피고 이예림의 송달 주소지로 표시하여 위 소장을 법원에 제출하는 방식으로 소를 제기하였을 뿐만 아니라 자신의 점원으로 하여금 위 소장을 송달받게 하고 그 후 변론기일에 법정에 출석하기까지 하였습니다. 그 결과 피고 손철민은 2013. 5. 1. 서울중앙지방법원 2013가합36104호로 자백간주에 의한 전부승소 판결을 받았으며, 같은 해 6. 30. 위 판결이 확정되었습니다. 피고 손철민은 그 확정판결을 이용하여 제3. 토지에 관하여 서울중앙지방법원 등기국 2013. 7. 20. 접수 제3573호로 2012. 12. 17.자 매매를 원인으로 소유권이전등기를 마쳤습니다.

4) 그러나 피고 이예림은 2012. 12. 17. 피고 손철민과 사이에 위 매매계약을 한 사실이 없어 원인무효의 소유권이전등기라 할 것입니다. 그 매매사실을 뒷받침할 매매계약서도 위임범위를 넘어 부당보충되어 위조작성된 것이라서 처분문서로서의 추정력도 없어 매매사실의 증명력이 없다 할 것입니다.

나. 대위요건

피고 조영만과 피고 이예림은 아무런 조치도 취하고 있지 않습니다. 따라서 원고는 피고 조영만이 상속받은 2/5 지분에 관하여는 앞서 본 바와 같은 원고의 피고 조영만에 대한 소유권이전등기청구권을 보전하기 위하여, 피고 이예림이 상속받은 3/5 지분에 관하여는 피고 이예림이 현재 무자력이므로 피고 이예림에 대한 원고의 1억원의 약정금지급청구권을 보전하기 위하여, 각 피고 조영만, 피고 이예림을 대위하여 제3. 토지에 관한 피고 손철민의 위 소유권이전등기에 대한 말소를 구할 권리가 있습니다.

다. 피고 손철민의 기판력저촉의 항변

이에 대하여 피고 손철민은 위 소유권이전등기는 서울중앙지방법원 2013가합36104호 확정판결에 기한 것이므로 원고의 청구는 기판력에 반한 청구라고 주장합니다.

그러나 앞서 본 바와 같이 피고 이예림에게 판결정본이 적법하게 송달되지 않아 위 판결이 확정되지 않아 기판력이 발생하지 않았을 뿐만 아니라 이런 판결의 상대방은 항소의 추후보완신청이나 재심신청의 방식으로 다툴 수 있을 뿐만 아니라 이 사건 소제기와 같이 별소로서 그 판결에 터잡은 소유권이전등기의 말소청구를 제기할 수도 있으므로 위 주장은 이유 없습니다.[90)]

라. 소결론

그렇다면 피고 손철민은 피고 조영만에게 별지 목록 제3. 기재 부동산 중 2/5 지분에 관하여는 서울중앙지방법원 등기국 2013. 7. 20. 접수 제3573호로 마친, 피고 이예림에게 같은 부동산 중 3/5 지분에 관하여 서울중앙지방법원 등기국 2013. 7. 20. 접수 제3573호로 마친 각 소유권이전등기의 말소등기절차를 이행할 의무가 있습니다.

5. 피고 장그래에 대한 청구

가. 임대차계약의 체결, 임대차보증금의 지급, 임차목적물의 인도, 사업자등록의 신청, 임차보증금반환채권의 양도 및 그 통지와 도달, 피고 조영만의 대항력 취득 후 피고 장그래의 임차목적물에 대한 소유권 취득, 임대차계약의 종료

위 1.다.항의 기재와 같이 피고 조영만은 소외 안영이와 사이에 임대차계약을 체결하고, 임대차보증금을 지급한 다음 임차목적물을 인도받았을 뿐만 아니라 사업자등록의 신청도 마치고, 임차보증금반환채권을 양도받은 다음 그 양도사실을 통지하고 그 양도통지가 도달하였으며, 피고 조영만의 대항력 취득 후 피고 장그래는 임차목적물의 소유권을 취득하였으며, 임대차계약은 기간만료로 종료되었습니다.

나. 미지급차임의 공제 등

피고 조영만은 2014. 10. 31.까지의 차임만 소외 안영이에게 지급하고, 피고 장그래가 제4. 건물의 소유권을 취득한 이후 2014. 11. 1.부터 임대차기간 만료[91)]일인 2014. 12. 31.까지의 차임은 전혀 지급하지 않고 임대차계약이 임차기간만료로 종료되었습니다.

그러므로 임대차보증금 200,000,000원에서 위 미지급 차임 2달치 합계 2,000,000원은 공제되어야 합니다.

다. 소결론 – 상환이행

피고 장그래의 위 임차보증금반환채무는 앞서 1.다.항에서 본 피고 조영만의 임차목적물반환채무와 동시이행의 관계에 있습니다. 따라서 피고 장그래는 피고 조영만으로부터 제4. 건물 중 3층 300㎡를 인도받음과 동시에 임차보증금반환채권을 양수한 원고에게 임차보증금의 잔액인 198,000,000원(2억 원 – 2월분 차임 2,000,000원 = 198,000,000원)을 지급할 의무가 있습니다.

라. 피고 장그래의 항변 등

이에 대하여 피고 장그래는 피고 조영만이 임차보증금에서 2015. 1. 1.부터 위 부동산의 인도

90) 대법원 1978. 5. 9. 선고 75다634 전원합의체 판결, 대법원 1994. 1. 11. 선고 92다47632 판결 등 참조.

91) 임차보증금반환채권의 양도통지 후 임대차계약의 갱신이나 임대차기간 연장에 관한 합의가 있다고 하여도 양수인에게 효력이 미치지 않는다.(대법원 1989. 4. 25. 선고 88다카4253, 4260 판결) 기록상 임대차계약의 갱신이나 임대차기간의 연장에 합의가 없었다는 사실을 알 수 있다. 따라서 앞선 법리도 적용될 필요조차 없게 되었다.

완료일까지의 임대료 상당의 부당이득을 하였으므로 이를 공제하여야 한다고 주장합니다. 앞서 본 바와 같이 피고 조영만은 2014. 11. 31. 이후에는 위 부동산을 본래의 목적대로 사용, 수익한 사실이 없으므로[92] 실질적인 이득을 취한 바 없어[93] 피고 장그래의 위 주장은 이유 없습니다.

6. 결론

이상과 같은 이유로 원고의 청구는 모두 이유 있으므로 이들을 인용하여 주시고, 소송비용은 패소자의 부담으로 하고, 일정한 청구에 대하여 가집행을 선고해 주시기 바랍니다.[94]

증 명 방 법(생략)
첨 부 서 류(생략)

2015. 1. 8.

원고 소송대리인 변호사 김영철 인

서울중앙지방법원 귀중

---

92) 피고 조영만이 2014. 11. 31. 사무실을 비우고 잠적한 일이 '사실상 폐업'에 해당하면 원칙적으로는 그 이후부터 대항력이 상실되게 된다. 하지만 본 사안에서는 피고 조영만의 행위가 '사실상 폐업'에 해당되는 지 불명하고, 나아가 '사실상 폐업'에 해당된다고 하더라도 그 이전인 2014. 10. 31. 피고 장그래가 소외 안영이의 임대차계약상의 지위를 승계하였으므로 원고가 대항력을 취득하여 피고 장그래에게 양수금채권을 행사할 수 있다는 점에는 변함이 없다.(대법원 2006. 1. 13. 선고 2005다64002 판결 참조)

93) 임대차계약의 종료 후 임차인이 임차건물을 계속 점유하였으나 본래의 목적대로 사용, 수익하지 아니하여 실질적인 이득을 얻은 바 없는 경우 임차인은 부당이득반환의무가 없다.(대법원 1992. 4. 14. 선고 91다45202, 45219 판결) 위 대법원 판결을 위와 같이 해석하는 견해는 사법연수원 발간 요건사실론에서 처음 소개된 이후로 이를 근거로 모의기록 등에서 지속적으로 부당이득반환청구를 구할 수 없는 것으로 출제되어 왔다. 하지만 위 대법원 판결을 위와 같은 취지로 이해하는 데는 많은 문제점이 있고, 반대하는 견해도 많다.
만약 부당이득으로 볼 수 있다면 청구취지는 앞선 청구취지 5. 각주와 같이 변경되어야 할 것이고, 청구원인 기술부분에서는 위 항변 라. 부분이 삭제되고 다만 청구원인 중 2014. 11. 1. 이후 월차임을 지급하지 않고 있다는 기술을 추가하여야 할 것이다.

94) 청구원인의 결론 부분은 항상 위와 같은 정형적인 문구로 끝내 시간을 줄이도록 하는 것이 좋다.

Ⅴ. 2016년 실시 제5회 변호사시험 기록형

1. 7단계 권리분석법에 의한 사건 전체의 분석

가. 의뢰인의 희망사항 분석결과

의뢰인 =원고	희망사항	물권 침해? 약정?	침해자 또는 약정자는 누구(=피고)	원고의 자격, ∴소송명
조병갑	임차권이 있다는 점을 증명할 수 있는 판결을 받을 수 있는 소 제기	① 임대차계약 ② 해지 주장하면서 임차목적물인도 주장 ∴**법률관계의 불안**	**∴약정자 (임대인) (최병철)**	**약정의 상대방 (임차인) ∴임차권 확인**
	서울 마포구 성산동 750 토지와 건물에 관해 공상국과의 법적분쟁을 해결하는 데 필요한 판결 받고 싶다.	① 매매계약 + 등기(소유권취득) ② 원인무효로 말소 주장 ∴**법률관계의 불안**	**∴과거 소유자 (공상국)**	**소유권자 ∴소유권 확인**
	콘크리트와 쓰레기를 제거하기 위한 공사비를 받는 데 필요한 소 제기	[고덕동 517] ① 매매계약 + 등기 ② 콘크리트 매립 ∴**하자담보책임** {※ [고덕동 518] ① 매매계약 + 등기 ② 쓰레기 매립 ∴**6개월 제척기간 경과로 청구불가**}	**Ⓐ 약정자 (매도인) (김요선)**	**Ⓐ 약정의 상대방 (매수인) ∴하자담보책임에 의한 손해배상청구**
	화장실 대지 부분을 포함한 성산동 320 대지에 신축공사하는 데 지장받지 않고,[95] 손실전보 할 수 있는 소제기	① 대지 소유권자(경락대금 완납) ② 화장실 침범하여 축조 ∴**방해배제청구(철거) 및 소유물반환청구(인도)**	**∴침해자 (조한근)**	**소유권자 ∴철거청구, 인도청구, (무단점유) 부당이득반환청구**
	근저당권설정등기가 원인무효 말소, if not 외상대금 갚고서도 말소희망	①ⓐ매매계약+ⓑ제3자명의신탁계약 (배우자로 유효) ②명의수탁자가 근저당권설정계약+등기경료 ③ 피담보채무: 해지통지로 특정	**∴약정자 (근저당권자) (동방석유 주식회사)**	**약정의 상대방 (근저당권설정자) 대위청구 (명의신탁 해지로 인한 소유권이전등기 청구권자)[96] ∴저당권설정등기 말소청구**
	어음금 지급받기 희망, 우범선에 대해 차용금 중 화해권고결정에 반영되지 못한 부분 청구 희망	① 추심명령, 제3채무자에 송달 ② 약속어음 발행 ∴**강제이행 청구**	**∴약속어음 발행인 (삼진전자 주식회사)**	**소지인 추심채권자 ∴추심받은 약속어음금 청구**

95) 토지상에 신축공사 할 수 있도록 해 달라는 희망사항이 자주 보인다. 즉 인도받아 달라는 희망사항의 또 다른 표현이다. 화장실을 언급하면서 신축운운하고 있으므로 화장실의 철거도 희망하고 있다는 것을 알아차려야 한다.

96) 현재 이송자가 가출하여 연락되지 않으니 소제기할 방법이 없어 우선 명의신탁해지를 원인으로 한 소유권이전등기 청구권을 피보전채권으로 하여 근저당권설정등기의 말소만을 청구하기로 한다.

나. 원고의 청구원인 분석결과

소송명	청구원인	항변 (법률상 주장 포함)	재항변 등
임차권 확인	① 임대차계약 ⓐ 임대차계약 ⓑ 임차목적물의 인도 ⓒ 임차보증금 지급 ⓓ 임대기간 (2013.1.9.~ 2016.1.8.) ② 상가건물임대차 간주임대료 300,000,000원 ③ 만료 1개월 이전에 갱신요구 (2015.12.1. 갱신통지) (2015.12.6. 수령)	Ⓐ 갱신거절할 사유 있음 ⓐ 임료 2기 이상 연체로 갱신거절할 정당한 사유 있음 ⓑ 갱신거절하였음 Ⓑ 대항력 없음 ⓐ 인도 ⓑ 사업자등록신청 라는 요건 중 사업자등록신청한 사실이 없음 Ⓒ 2기[97] 이상 차임연체로 해지 ⓐ 2기 이상 차임 연체 ⓑ 해지 통지 및 도달 Ⓓ 위약금 3억 원[98]	Ⓐ ⓐ 임료 3기 이상 연체되어야 갱신거절할 수 있음(부인) Ⓑ 임대인과 임차인 사이의 임차권은 대항력이 없어도 주장할 수 있음(법리론) Ⓒ ⓐ 해지통지전 변제공탁하여 이행 Ⓓ 위약 사실 없음
소유권확인	① 대지 소유권취득(특정승계) ⓐ 매매계약 ⓑ 등기 ② 등기 및 점유 10년 경과 ③ 무과실 ④ 법률관계의 불안(말소청구)	Ⓐ 원인무효(위조) [위조로 인한 원인무효가 등기부취득시효의 완성으로 소유권취득하게 되어 차단됨]	
(하자담보) 손해배상청구	①ⓐ매매계약, ⓑ등기 ②하자(콘크리트 매립) ③손해배상의 범위 제거 공사비 2,200만원	Ⓐ 매도인의 선의 Ⓑ 인도한 날로부터 상당한 기간 경과하여 제척기간경과	Ⓐ매도인의 선·악의에도 하자담보책임을 부담함 Ⓑ 6개월 제척기간 미경과
철거청구 인도청구 무단점유로 인한 부당이득반환청구	①대지소유권취득(경락대금 완납) (특정 승계취득임) ②침범하여 화장실 축조 ③보증금 없는 경우 50만원(1995년~2005년) 70만원(이후~현재)	Ⓐ 법정지상권 취득 ⓐ 대지와 건물이 동일인 소유 ⓑ 경매로 소유권이 달라짐 Ⓑ 점유취득시효완성	Ⓐ 근저당권이 화장실 축조 이전에 설정등기 경료되어 있음 Ⓑ 20년 경과전인 2015. 4. 8. 내용증명우편 통해 최고, 4.9.도달; 이후 2015. 8. 24. 처분금지가처분하여 시효중단(재항변)
변제 후 근저당권설정등기 말소청구	① 매매계약+제3자명의신탁계약(배우자로서 유효) 명의신탁 해지로 인한 소유권이전등기 청구권 존재[이상 대위요건] ② 피담보채무 : ⓐ 물품공급계약 ⓑ (연대)근보증계약 ⓒ 근보증의 확정 : 보증인 교체통지, 보증계약 해지통지(4억원 외상대금)		

97) 개정 상가건물임대차보호법 제10조의 8(2015. 5. 13. 신설되어 시행됨)에서는 3기 이상 차임연체시에만 해지할 수 있도록 하고 있다.

98) 사실 기록에 의할 때 위와 같은 주장을 했는지 잘 알 수 없다. 그리고 항변도 아니고 엉터리 법리론에 기해 의미 없이 하는 주장을 전부 피고의 주장에 대한 반박에서 반박해야 하는지 의문이 있다.

	③ 근저당권설정계약+등기 ④ 피담보채무의 소멸시효 완성 (민법 제163조 제6호에 의해 3년의 단기소멸시효기간)		
추심받은 약속어음금 청구	① 추심명령 ⓐ 추심명령 발령 ⓑ 제3채무자에 송달 ② 약속어음 발행 ⓐ 약속어음 발행 ⓑ 배서의 연속 ⓒ 소지 ⓓ 지급제시 ③ 배서 ④ 백지어음의 보충 1억 2천만원으로 보충하였으나, 이는 보충권의 범위를 벗어난 것으로 보충권의 범위내에서 청구	Ⓐ 대표권 부존재 Ⓑ 지급제시기간 도과 후 지급제시	Ⓐ①대표권 존재(부인) ②표현대표이사 ⓐ명칭사용 허용 ⓑ상대방의 선의·무중과실 Ⓑ 발행인은 지급제시기간 도과후에도 이행책임 있음(다만 지급제시일 다음날부터 지연손해금 청구할 수 있을 뿐임)

2. 확인소송과 확인의 이익

가. 확인소송 제기

본서에서 필자는 청구권은 인류의 위대한 법적 발명품이고 로마법에서 그 맹아를 싹틔우다가 영미 보통법, 형평법을 거쳐 시민법계 근대민법으로 수용되었다는 점을 반복하여 강조하고 있다. 청구권은 물권 침해와 약정이란 두 갈래 큰 흐름에서 발생한다. 청구권을 재판상 주장하면 이행청구가 된다. 이러한 법집행체계를 민사법 체계(법의 민사적 집행체계)라 하여 형벌을 채택한 형사법 체계와 행정처분이란 수단을 사용하는 행정법체계 등 공적 집행체계와 다른 특징을 갖는 법집행방법이라고 설명했다. 그런데 청구권 중심의 이행청구소송이 주를 이루는 민사법집행 체계에서 보충적 소송형태가 또 있다. 그것이 확인소송과 형성소송이다. 형성소송은 재판상 행사할 형성권을 기초로 한 소제기이므로 명명백백하다. 하지만 확인소송은 물권과 약정을 기초로 하므로 청구권을 주장하는 이행청구와 일정한 정도 청구원인을 공유하고 있다. 따라서 의뢰인의 희망사항을 읽고 확인소송을 제기해야 할 지를 결정하는 판단기준이 필요하다.

나. 확인소송과 확인의 이익

물권자가 침해를 당해야 청구권이 발생하고, 약정에 따라 그 이행을 구하거나, 불이행으로 인한 손해배상청구의 필요성, 기타 약정의 무효 등으로 그동안 한 급부의 원상회복 등의 필요성이 있어야 비로소 청구권이 발생하고 이행청구가 가능하게 된다. 그런데 Ⓐ 물권이 존재함에도 침해사실은 없고, Ⓑ 약정은 있으나 그 이행 또는 불이행, 무효 등의 사안과 관련 없이 법적 다툼만이 있는 경우에 소송을 통해 이러한 다툼도 해결할 필요가 있다. Ⓒ 그 외 고용관계, 단체관계, 신분관계 등 모든 권리관계의 기초가 되는 일정한 법적지위에 대한 불안을 해결할 필요가 있다. 그런 필요에 의해 인정된 소송형태가 확인소송이다. 이렇듯 확인소송은 법적 다툼 즉, 법률관계의 불안을 해소하기 위한 소제기의 필요성이란 확인의 이익이 있어야만 제기할 수 있는 보충적 분쟁해결수단이라고 해야 할 것이다.

권리종류		적극적 확인소송	소극적 확인소송
물권		소유권 존재 확인	
약정	채권	임차권 존재 확인	
	채무		채무 부존재 확인, 채무 일부 부존재 확인
기타		증서진부확인의 소	
		cf:사실혼관계존재 확인의 소(형성소송)	사실혼관계부존재 확인의 소
			주주총회 결의 부존재(또는 무효) 확인의 소
			이사회 결의 부존재(또는 무효) 확인의 소

확인소송을 적법하게 제기하기 위해서는 Ⓐ 대상적격이 있어야 하고, Ⓑ 확인의 이익이 있어야 한다. 대상적격은 ⓐ 현재의, ⓑ 법률관계에 관한 분쟁이어야 한다. 과거의 법률관계나 장래의 법률관계에 관해서는 원칙적으로 확인소송을 제기할 수 없고, 법률관계가 아닌 사실관계에 관해서도 확인소송을 제기할 수 없다. 또 확인의 이익이 있어야 한다. "권리 또는 법률상의 지위에 현존하는 불안·위험이 있고, 그 불안·위험을 근본적으로 제거함에 확인판결을 받는 것이 가장 유효·적절한 수단일 때 확인의 이익이 인정된다.(대법원 1991. 12. 10. 선고 91다14420 판결) 따라서 자기의 권리 또는 법적 지위가 다른 사람으로부터 부인되거나, 부지라고 주장되거나, 이와 양립하지 않는 주장을 당하게 되는 경우에는 적극적 확인의 소의 이익이 있고, 다른 사람이 권리가 없는데도 있다고 주장하며 자기의 지위를 위협하는 경우에는 소극적 확인의 소의 이익이 있다.[99]

다. 본 사안에서 임대인이 임대차기간이 만료되었다며 인도해 줄 것을 요구하고 있다(임차권 확인)거나 철거청구권을 피보전채권으로 하여 점유이전금지가처분을 해 두었다(소유권 확인)는 것이 확인의 이익 인정의 가장 중요한 이유가 되었다. 이런 상태에서 원고가 확인소송을 제기하지 않았다고 하면 확인소송을 제기하여 그 확정판결을 받았을 때와 어떻게 법률상 지위가 달라질까? 임대인은 단지 이유가 있건 없건 여러 가지 이유를 들이대며 임차인에게 무리한 요구를 하고 있다. 그렇지만 단지 말로만 주장하고 있을 뿐 그 어떤 유형력의 행사를 하지 않고 있다. 만약 확인소송에서 임차권 존재의 확정판결을 받았다고 하더라도 이런 류의 임대인들은 다시 다른 이유들을 들이대며 여러 가지 압박을 할 것이다. 비용과 시간을 투자하였는데 달라지는 게 없다. 그런데 소유권확

99) 이시윤, 「신민사소송법」 12판, 2018년, 박영사, 238면

인의 경우는 조금 다르다. 전 소유자가 점유이전금지가처분을 해 두었다. 물론 소유자 겸 점유자인 의뢰인이 현상대로 이용하는 데는 아무런 문제가 없다. 그런데 이를 타에 매도하거나 임대 등으로 인도해 주려고 하면 점유이전금지가처분이 예상 매수인이나 예상 임차인이 꺼리게 만드는 주요한 이유가 될 것이다. 하지만 그 외에는 역시 뚜렷한 불이익이 없다. 이런 상태에서 비용과 시간을 들여 꼭 확인소송을 해야 할지 의문이 든다. 이처럼 확인소송은 반드시 제기해야 되는 소송이 아니라 때로는 심리적 안정을 위해서 제기하는 소송형태가 되는 것이다. 실무에 종사하는 변호사로서는 의뢰인에게 무조건 확인소송 제기를 권유할 것이 아니라 이러한 실용성을 잘 설명해 준 다음 의뢰인이 충분히 생각한 끝에 소제기를 결심하도록 도와야 할 것이다.

3. 상가건물임대차계약과 갱신요구권

가.임대차계약 종료시 임대인과 임차인의 이해관계를 조정하는 표준적 약정

임대차계약이 종료될 때 임대인과 임차인은 Ⓐ 임대차계약기간을 연장(갱신)하거나, Ⓑ 종료된다고 하더라도 지상물매수청구권이나 부속물 매수청구권을 인정하여 지상물이나 부속물의 철거 없이 임차인에게서 임대인에게로 이전시켜 임차인을 보호하는 동시에 철거로 인한 사회적 낭비를 피하게 하고, 임차인이 지출한 필요비, 유익비 상환청구권을 인정하고 또 그에 따른 유치권 행사까지 가능하게 함으로써 임차인을 보호하고 있다.

나. 상가건물임대차보호법의 적용대상

일정한 보증금액 이하의 경우에만 상가건물임대차보호법의 적용대상이 된다.(상가건물임대차보호법 제2조, 제1항 단서, 동시행령 제2조) 잦은 법령의 개정으로 인해 그 보증금액을 정확히 알 수 없어 모의기록에서 첨부자료를 제시하여 적용기준을 알려준다. 따라서 반드시 이를 확인하기 바란다. 실무상으로도 반드시 현행 법령[100]상의 보증금액을 확인하여 소송상 주장을 해야 한다.

임차보증금 이외에도 임료를 지급하고 있으면 그 임료를 임차보증금으로 환산하여 위 법률의 적용여부를 따진다. 이를 간주보증금액이라고 한다. 이미 지급한 임차보증금과 임료에 100을 곱하여 금액을 합산하면 간주보증금액이 된다.

다. 갱신요구권

상가건물임대차보호법의 경우 임차인에게 Ⓐ5년(현행 10년)[101]의 범위내에서, Ⓑ동법 제10조 제1항 각호에서 정한 사유에 해당하지 않으면 갱신되는 일종의 형성권적 갱신요구권을 부여하고 있다. 민법이나 주택임대차보호법에서는 묵시적갱신만 인정하고 있는 것과는 다른 태도이다. 물론 민

---

100) 현행법령은 www.moleg.go.kr에서 확인할 수 있다.

101) 상가건물임대차보호법이 2018. 10. 16. 개정되어 그 이후 최초로 체결되는 상가건물임대차계약의 경우 10년으로 연장되어 시행되고 있다.(부칙 2조 참조)

법 제643조, 제283조에서는 갱신청구권이 인정되고 있으나, 이는 형성권이 아니고, 임차인이 갱신청구를 해도 임대인이 응하지 않으면 갱신효과는 발생하지 않고, 다만 다른 요건이 갖추어진 경우에는 지상물매수청구권을 행사할 수 있는 하나의 요건이 될 뿐이다.

상가건물임대차상의 임대차계약은 갱신요구하면 예외 사유가 없는 한 갱신된다. 그때 임대기간은 기존 임대기간으로 갱신되고, 다만 임차인은 5년이 달할 때까지 거듭 갱신청구를 할 수 있을 뿐이다. 본 기록에서는 3년의 임대기간인 상태에서 갱신요구를 했으므로 5년 중 3년을 공제한 나머지 2년이 더 갱신된 것이다. 그런데 1년의 임대차계약에서 갱신요구를 하면 1년 더 임대차계약이 갱신되고, 다만 임차인은 총 임대기간이 5년(현행 10년)에 달할 때까지 거듭 갱신요구를 할 수 있을 뿐이다.

4. 원인무효와 등기부취득시효

가. 원인무효 사유는 부존재 · 무효 · 취소 · 해제(해지) · 무권대리(대리권 남용) · 대표권 제한 위반 등 형태로 주장된다. 부존재 사유 중 ① 위조 · 변조가 널리 출제되고 있다. 위조 · 변조되어 등기가 원인무효된 경우 선의의 제3자를 보호하는 규정이 없으므로 후속 거래의 당사자들은 등기를 확인하고 거래하는 등 주의를 다 기울였어도 원인무효로 말소될 것이다. 물권에는 대세적 효력이 있고, 등기의 공신력을 인정하지 아니한 결과이다. ② 의사무능력자(무효사유)가 한 약정이 무효가 된 경우, ③ 행위무능력자(미성년자 등)(취소사유)가 약정을 취소한 경우 등도 선의의 제3자를 보호하는 규정이 없어 그 거래를 바탕으로 한 후속 거래도 같은 운명에 처한다.

<table>
<tr><th colspan="2">사유</th><th>요건</th><th>효과</th><th>제3자보호</th></tr>
<tr><td rowspan="3">부존재</td><td>위조 · 변조</td><td>작성명의 거짓 작출</td><td rowspan="3">무효
(원인무효)</td><td rowspan="3">제3자 보호규정 없음
(등기부취득시효완성시까지)</td></tr>
<tr><td>(판결편취)</td><td>등기원인을 거짓으로 판결을 통해 만듬</td></tr>
<tr><td>미확정</td><td>의사표시가 없음</td></tr>
<tr><td rowspan="6">무효</td><td>의사무능력</td><td></td><td rowspan="6">무효
(원인무효)</td><td rowspan="5">제3자 보호규정 없음</td></tr>
<tr><td>원시적 불능</td><td></td></tr>
<tr><td>반사회질서위반
(이중양도)</td><td>① 배임
ⓐ 계약
ⓑ 이행에 착수
ⓒ 배임행위
② 적극 가담(교사 · 방조)</td></tr>
<tr><td>(동기의 불법)</td><td>① 동기
ⓐ 표시되거나
ⓑ 인식
② 반사회질서위반</td></tr>
<tr><td>효력규정위반</td><td>강행규정 중 효력규정 위반</td></tr>
<tr><td>통모허위표시</td><td>① 통모
② 허위표시</td><td>③ 제3자 악의</td></tr>
</table>

<table>
<tr><td></td><td>비진의표시</td><td>① 표시와 진의의 불일치
② 상대방이 악의 or 과실</td><td></td><td>③ 제3자 악의</td></tr>
<tr><td rowspan="4">취소</td><td>미성년자</td><td>18세 미만</td><td rowspan="4">소급적
무효</td><td>제3자보호규정 없음</td></tr>
<tr><td>제한능력자</td><td>피성년후견인, 피한정성년후견인</td><td></td></tr>
<tr><td>사기·강박</td><td>① 기망행위, 강박행위
② 의사표시
③ 인과관계</td><td>④ 제3자 악의</td></tr>
<tr><td>착오</td><td>① 착오
② 중요부분
③ 의사표시</td><td>④ 제3자 악의</td></tr>
<tr><td colspan="2">해제(해지)</td><td>① 이행지체, 이행불능, 불완전이행
② 상당한 기간 정해 이행최고
③ 미이행
④ 해제의 의사표시와 도달</td><td>소급적
무효</td><td>[해제전]
무조건 보호
[해제후]
⑤ 악의 제3자</td></tr>
<tr><td colspan="2">무권대리</td><td>① 현명
② 대리권 없음</td><td>무효</td><td>표현대리
추인</td></tr>
<tr><td colspan="2">(대리권 남용)</td><td>① 현명대리행위
② 대내적으로는 본인, 제3자의 이익
③ 상대방의 악의 or 과실</td><td>무효</td><td>제3자 보호규정 없음</td></tr>
<tr><td colspan="2">대표권 제한</td><td>① 대표행위
② 대표권 법령상 또는 내규상 제한
③ 상대방이 악의 or 과실</td><td>무효</td><td>제3자 보호규정 없음</td></tr>
</table>

나. 이렇듯 제3자 보호규정이 없는 경우에도 등기부취득시효가 완성되면 그 이후 거래가 모두 보호된다. 등기부취득시효를 주장하는 자는 ① 등기·점유가 같은 시기에 이루어져 그 후 10년이 경과하고, ② 점유개시시[102]에 자기의 소유라고 믿는데 과실이 없었다[103]는 사실을 주장·증명해야 한다.

5. 상인간 매매의 하자담보책임

가. 유상계약에 있어서의 민법상 각종 담보책임 개관

<table>
<tr><th>종류</th><th>발생원인</th><th>매수인
(원고)</th><th>담보책임내용</th><th>제척기간
[소멸시효]</th></tr>
<tr><td rowspan="4">권리
하자</td><td rowspan="2">권리전부가 타인에게 속함</td><td>악의</td><td>①계약해제 후 원상회복청구권(548 ②)
[선의의 매도인도 계약해제할 수 있음]</td><td rowspan="2">[10년간
소멸시효]</td></tr>
<tr><td>선의</td><td>①계약해제 후 원상회복청구권(548 ②)
②손해배상청구권(판례는 이행이익)
[선의의 매도인은 ②하면서 계약해제 가능]</td></tr>
<tr><td rowspan="2">권리일부가 타인에게 속함</td><td>악의</td><td>①대금감액청구권</td><td>계약 날 1년</td></tr>
<tr><td>선의</td><td>①대금감액청구권,</td><td>안 날 1년</td></tr>
</table>

102) 대법원 1994. 11. 11. 선고 93다28089 판결.
103) 대법원 2016. 8. 24. 선고 2016다220679 판결.

			②계약전부해제(잔존부분이면 매수하지 않았을 때) ③손해배상(이행이익)	
	권리일부가 전혀 존재하지 않음	악의		
		선의	①대금감액청구권, ②계약전부해제(잔존부분이면 매수하지 않았을 때) ③손해배상(이행이익)	안 날 1년
	용익물권 등에 의한 제한	악의		
		선의	①계약전부해제(잔존부분이면 매수하지 않았을 때) and/or ②손해배상(신뢰이익)	안 날 1년
	담보물권 등에 의한 제한	악의	①저당권·전세권·가등기담보 행사로 취득불능 or 상실 ①계약해제 ②손해배상 ②출재하여 보존 ①출재금 상환청구 ②손해배상	
		선의		
물건하자	Ⓐ특정물(계약시) Ⓑ불특정물(특정시)	악의·과실		
		선의·무과실[104]	①계약전부해제(잔존부분이면 매수하지 않았을 때) and/or ②손해배상(신뢰이익) [불특정물] ②대신에 완전물급부청구 가능	안 날 6월
채권매매		악의	[채무자의 자력을 담보하는 특약을 했을 경우] ①변제기가 도래한 채권매매: 매매계약(채권양도통지) 당시 자력 담보 ②변제기가 도래하지 않은 채권매매: 변제기 자력담보	
		선의		
경매(강제경매·임의경매·공매)		악의	[제1차적으로 "채무자"가, 제2차적으로는 "대금을 배당받은 채권자"가배당받은 금원의 범위내에서 권리하자에 관한 담보책임만 부담]	
		선의		

민법 제574조에 의하면 선의의 매수인은 수량이 부족할 때 ① 대금감액청구를 할 수 있고, ② 잔존부분만으로 이를 매수하지 않았을 것이 인정되면 계약전부를 해제할 수 있고, 그 외에도 ③ 손해배상을 청구할 수 있고, 안 날로부터 1년 내 위 권리들을 행사해야 한다.

민법 제580조에 의하면 선의·무과실의 매수인은 ① 목적을 달성할 수 없을 경우에는 계약을 해제할 수 있고, ② 그 외는 손해배상을 청구할 수 있고, 안 날로부터 6개월내 위 권리를 행사해야 한다. 경매로 취득한 경우에는 하자담보책임을 물을 수 없다.(민법 제580조 제2항)

나. 상인간 매매에 있어 특별규정

상인간의 매매에 있어 하자가 있거나 수량부족일 경우에는 상법 제69조의 특칙이 있어 민법 제574조(수량부족 담보책임)나 제580조(하자담보책임)를 적용함에 있어 약간의 변화가 필요하다. 즉 상법 제69조에 의하면 수량부족이나 하자가 있을 경우에는 ① 계약해제, ② 대금감액, ③ 손해배상

104) 항변사항이다. 따라서 상대방(매도인)이 악의·과실로 주장·증명해야 한다.

을 청구할 수 있지만 오로지 지체없이 검사하여 즉시 통지한 경우에만 그렇게 할 수 있다. 또 즉시 발견할 수 없는 하자라면 6개월내에 발견하여 즉시 통지하여야만 한다. 그렇지 않으면 위 ①②③의 권리가 소멸한다. 다만 매도인이 악의인 경우에는 민법상 일반원칙으로 돌아가 담보책임을 물을 수 있다.(상법 제69조 제2항)[105]

위와 같은 특례를 인정한 이유는 상인간에 매매에 있어 전문적 지식을 가진 매수인에게 신속한 검사와 통지의 의무를 부과함으로써 상거래를 신속하게 결말짓도록 하기 위한 것이다.(대법원 1987. 7. 21. 선고 86다카2446 판결)

다. 상인간 매매에 대해 적용된다. 따라서 매수인은 물론 매도인도 상인이어야 한다.(대법원 1993. 6. 11. 선고 93다7174 판결) 또 매매가 아니라면 비대체물의 제작공급계약(대법원 1987. 7. 21. 선고 86다카2446 판결)이나 수량을 지정한 건물의 임대차계약(대법원 1995. 7. 14. 선고 94다38342 판결)과 같은 유상계약에는 그 적용이 없다. 또 채무불이행(불완전이행 포함)에 기한 손해배상 청구를 하는 데는 그 적용이 없다.(대법원 2015. 6. 24. 선고 2013다522 판결) 따라서 상법 제69조에 의한 하자담보책임을 물을 수 없는 상황이라고 하더라도 불완전이행으로 인한 손해배상은 청구할 수 있다. 상법 제69조에 의한 하자담보책임을 물을 수 있다고 하더라도 불완전이행의 요건도 갖추어졌으면 그에 따른 손해배상청구도 할 수 있다. 즉 양자는 청구권 경합관계에 있다. 본 사안에서는 매도인이 경매를 통해 취득 후 바로 매도했기 때문에 고의·과실이 없어 불완전이행에 의한 손해배상청구를 할 수 없었다.

라. 요건사실 및 항변

그래서 상인간 매매로 인한 하자담보책임이나 수량부족으로 대금감액, 손해배상을 청구하기 위한 요건은 ① 상인간 매매계약을 체결한 사실, ② 하자 또는 수량부족이 있는 사실, ③ ⓐ수령 후 지체 없이 검사하여 즉시 통지한 사실 또는 ⓑ즉시 발견할 수 없는 하자인 경우 6개월이내에 발견하여 통지한 사실 등이다. 따라서 통상 요구되는 객관적인 주의의무를 다해도 6개월이내에 발견할 수 없는 하자라고 하더라도 6개월이내에 통지하지 못했으면 매도인에게 담보책임을 물을 수 없다.(대법원 1999. 1. 29. 선고 98다1584 판결) 이에 대하여 상대방측은 Ⓐ 임의규정이므로(대법원 2008. 5. 15. 선고 2008다3671 판결) 포기의 특약을 한 사실이나 Ⓑ 하자에 대한 원고(매수인)의 악의 또는 과실이 있다거나(수량부족의 경우에는 원고의 악의)(민법 제580조, 제574조)[106] Ⓒ 원고(매수인)가 하자를 안 날로부터 6개월(수령부족의 경우는 1년)이 경과하여 제척기간이 도과한 사실(민법 제574조, 제573조, 제582조) 등으로 항변할 수 있다.

105) 이철송, 「상법총칙·상행위」 제15판, 2018, 박영사, 397면

106) 이와 같이 민법상의 각종 항변사유들을 들어 항변할 수 있는 이유는 상법 제69조 규정이 검사·통지의무를 이행하지 않았을 때 매수인이 받을 불이익을 정해 둔 것이고, 이행하였으면 가질 권리는 일반원칙에 따라 결정되기 때문에 민법의 관련규정들이 적용되게 된다.(이철송, 「상법총칙·상행위」, 15판, 박영사, 2018, 400면 참조)

6. 근저당권 피담보채무의 확정 및 근보증

가. 근저당권 피담보채무의 확정

근저당권은 담보할 채권의 최고액만 정하고 채무의 확정을 장래에 유보하여 설정하는 저당권이다. 따라서 피담보채무의 소멸 등을 주장하기 위해서는 반드시 피담보채무의 확정사실을 주장·증명한 다음 그 소멸사실을 주장하여야 한다.(대법원 2001. 11. 9. 선고 2001다47528 판결) Ⓐ 피담보채무의 확정은 근저당권설정계약에서 근저당권의 존속기간을 정하거나 근저당권으로 담보되는 기본적인 거래계약에서 결산기를 정한 경우에는 ⓐ 그 존속기간이 만료되거나 결산기가 도래한 경우에 피담보채무가 확정된다. ⓑ 존속기간이나 결산기가 경과하기 전이라도 근저당권에 의하여 담보되는 채권이 전부 소멸하고 채무자가 채권자로부터 새로이 금원을 차용하는 등 거래를 계속할 의사가 없는 경우에도 근저당권설정자는 그 계약을 해제하고 근저당권설정등기의 말소를 구할 수 있다. Ⓑ 존속기간이나 결산기의 정함이 없는 경우에는 근저당권설정자가 근저당권자를 상대로 언제든지 해지의 의사표시를 함으로써 피담보채무를 확정시킬 수 있다. 이러한 계약의 해제 또는 해지에 관한 권한은 근저당부동산의 소유권을 취득한 제3자도 원용하여 행사할 수 있다.

근저당권의 피담보채무는 근저당권자가 임의경매를 신청한 경우에는 그 경매신청시에 피담보채무가 확정된다.(대법원 1988. 10. 11. 선고 87다카545 판결) 그 후 경매신청이 취하되더라도 채무확정의 효과가 번복되는 것은 아니다. 후순위 저당권자가 임의경매를 신청하여 선순위 근저당권이 소멸하는 경우에는 경락대금을 납입한 때 피담보채무액은 확정된다.(대법원 1999. 9. 21. 선고 99다26085 판결) 물상보증인이 설정한 근저당권의 채무자가 합병으로 소멸하는 경우에는 특별한 사정이 없는 한 합병 당시를 기준으로 피담보채무가 확정된다.(대법원 2010. 1. 28. 선고 2008다12057 판결)

나. 근보증

1) 근보증은 불확정한 다수의 채무(민법 제428조의 3 제1항)에 대해 특정할 수 있는 기준을 정하여 하는 보증계약이다. 포괄근보증은 채권자가 채무자에 대하여 취득하는 모든 채무를 보증하는 계약이다. 민법 제428조의 3 제1항은 이러한 포괄근보증계약도 유효하다는 의미라고 해석한다.[107] 한정근보증은 채권자와 주채무자 사이의 특정한 계속적 거래계약, 일정한 종류의 거래로부터 발행하는 채무, 특정한 원인에 기하여 계속적으로 발생하는 채무 등을 보증하는 계약이다. 포괄근보증이든 한정근보증이든 근보증계약은 채무의 최고액을 서면으로 특정하여 서면으로 체결해야 한다. 이에 위반하면 무효이다.(민법 제428조의 3) 채무의 최고액(보증한도)에는 특약이 없는 한 주채무 및 그 이자, 지연손해금, 위약금 등 종속채무액을 포함한다.(대법원 2000. 4. 11. 선고 99다12123 판결)

근보증금 지급 청구를 하려면 ① 주채무 발생원인사실, ② 서면으로, ③ 채권최고액을 명시하

107) 송덕수, 「신민법강의」, 10판, 2017, 박영사, 1131면,

여 근보증계약 체결사실을 주장·증명해야 하고, 연대근보증금 지급 청구하려면 ① 주채무 발생원인사실, ② 서면으로, ③ 채권최고액을 명시하여 근보증계약 체결사실이외에도 ④ 연대특약한 사실 또는 상사채무(ⓐ 수인이 1인 또는 전원에게 상행위가 되는 행위로 인해 보증하면 보증연대가 성립, ⓑ 보증이 상행위이거나 주채무가 상행위인 경우에는 연대보증)인 사실을 주장·증명해야 한다.

2) 근보증하면서 근저당권도 설정해 주어 물상보증인이 된 경우에는 특별한 사정이 없는 한 동일한 채무를 담보하기 위하여 중첩적인 담보를 제공한 것이다. 따라서 근저당권의 실행으로 피담보채무가 변제된 한도만큼 근보증의 보증한도도 줄어든다.(대법원 1997. 11. 14. 선고 97다34808 판결) 따라서 보증인 겸 물상보증인이 부담하는 채무액은 근저당권의 채권최고액 겸 근보증의 보증한도액으로 한다.(대법원 2005. 4. 29. 선고 2005다3137 판결)[108]

3) 근보증인의 해지권발생

근보증인은 사회통념상 그 보증을 계속 존속시키는 것이 상당하지 않다고 볼 수 있는 경우에는 해지권을 갖게 된다.(대법원 2001. 11. 27. 선고 99다8353 판결) 사회통념상 보증 존치가 부당한 사유들로는 보증에 이르게 된 경위, 상당기간의 경과, 주채무자에 대한 신뢰의 상실, 주채무자의 자산상태의 변화, 보증인의 지위변동 등이 있다.

ⓐ 회사의 이사로써 부득이하게 연대근보증했다가 회사를 퇴직하게 된 경우 해지권이 발생한다.(대법원 1992. 5. 26. 선고 92다2332 판결) 반면 이사로서 단순채무에 연대보증한 경우 퇴직하였다 하더라도 해지권이 발생하지 않는다.(대법원 1991. 7. 9. 선고 90다15501 판결)

ⓑ 기간을 정하지 않은 계속적 보증계약에서 상당한 기간이 경과하였다고 하더라도 보증인은 해지권을 갖지 못한다.(대법원 2001. 11. 27. 선고 99다8353 판결)

4) 근보증계약의 종료

가) Ⓐ 근보증의 보증기간을 약정한 경우에는 그 보증기간 내에 발생한 계속적 거래관계의 채무만이 피보증채무의 범위에 포함된다. Ⓑ 보증기간의 약정은 없으나 주채무의 기본계약에 거래기간 약정이 있으면 그 거래기간이 보증기간이 된다. 이때 기본계약상 자동갱신조항이 있어 기본계약이 갱신된 경우 약관조항에 자동갱신조항이 있었던 경우는 주계약상 거래기간은 연장되나 보증기간은 연장되지 않아 종료되고, 그 당시 주계약상의 채무로 보증채무가 확정된다고 판시하고 있고,(대

108) 기록 32면에서는 계속적 거래에 관한 채무에 대해 보증하고 있기 때문에 근보증에 해당되고 2016. 2. 4. 시행된 민법 제428조의 3에 의하면 반드시 채권최고액을 기재한 서면으로 근보증계약을 체결해야 한다. 하지만 본 기록에 의해 실시된 시험은 2016. 1. 7. 실시되었으므로 그 적용이 없었다. 하지만 현재 시행 중인 위 법률에 따르면 과연 기록 32면 근보증계약이 채권최고액을 기재한 서면인지 논란이 있었을 수도 있다. 보증한도라 볼 수 있는 금액으로 500,000,000원(외상공급 한도액)과 700,000,000원(근저당권 채권최고액)이 있다. 이송자가 근보증인 겸 물상보증인인 관계로 굳이 선해하자면 보증한도는 근저당권 채권최고액인 700,000,000원으로 볼 수도 있지만 명시적인 것이 아니기 때문에 근보증계약 자체의 무효가 문제될 수 있다. 향후 출제되는 문제에서는 이러한 논란을 정확히 인지한 채 꼭 보증한도를 명시한 형태의 근보증서를 제시할 것으로 보인다.

법원 2003. 11. 14. 선고 2003다21872 판결) 약관에 의한 거래가 아닌 경우에는 보증계약 당시 기본거래계약에서 자동갱신조항이 포함되어 있어 기간의 갱신이 예측된다면 갱신된 거래기간도 보증기간이 된다고 판시하기도 하였다.(대법원 1994. 6. 28. 선고 93다49208 판결)

아무튼 보증기간이 종료되면 보증채무는 주채무의 발생 시점을 묻지 않고 보증기간 만료시의 확정된 주채무(민법 제429조에 규정된 일정한 범위내의 종속채무 포함)가 보증채무가 된다.

나) 보증기간이 만료되기 전에 주채무의 개별적 채무변경은 근보증에 아무런 영향이 없다. 따라서 근보증계약이 종료되기 전에 주채무의 기본계약에서 발생하는 개별채무가 변제 등으로 소멸하거나 양도되어도 근보증채무가 소멸하거나 양도되지 않는다.

7. 어음금청구 및 추심명령

가. 어음금청구의 요건사실

발행인에 대한 어음금청구의 요건사실은 ① 어음요건을 갖춘 어음의 발행사실, ② 연속된 배서, ③ 원고가 소지하고 있는 사실, ④지급제시한 사실이고, 배서인에 대한 담보책임을 구하는 경우에는 ①②③사실이외에도 ④ 지급기일에 지급지 또는 지급장소에서 지급제시된 사실, ⑤ 거절증서가 작성되었거나, 작성면제된 사실을 추가적으로 주장·증명해야 한다.

발행인에 대해서는 지급제시기간(만기일 포함 3영업일이내)이내에 지급제시되었다면 지급일(만기) 이후의 지연손해금 지급을 구할 수 있다. 만약 지급제시기간내에 지급제시를 못했다면 실제로 지급제시한 다음날부터 지연손해금의 지급을 구할 수 있을 뿐이다.

나. 항변

1) 인적 항변 또는 물적 항변

직접 거래당사자 사이에서만 주장할 수 있는 항변이 인적 항변이고, 어음증서상의 항변은 대체로 물적 항변이다.[109] 원인관계의 성립상의 하자나 사후 소멸사유들은 전부 인적 항변으로 보는 데는 학설의 견해가 일치하고 있다. 그런데 어음행위의 부존재, 무효, 취소, 해제(해지), 무권대리(대리권남용), 대표권 제한 사유들은 이를 인적 항변이라고 보는 견해와 상대적 물적 항변으로 보는 견해가 있다.[110] 차이는 Ⓐ 항변자가 상대방의 해의(害意)까지를 주장·증명해야 하는지(인적 항변), 아니면 상대방의 악의 또는 과실로도 주장·증명(상대적 물적 항변)하여 항변할 수 있는지 여부와 Ⓑ 인적항변은 어음법적으로 권리를 이전받은 자에게는 대항할 수 없다는 데에 있다. 해의의

109) 물적 항변은 다시 절대적 물적 항변과 상대적 물적 항변으로 구분된다. 절대적 물적 항변은 어음요건의 흠결과 같이 어음의 외관상 권리의 장애가 뚜렷하여 어음상의 채무자 누구나 어음상의 채권자 누구에게도 주장할 수 있는 항변이고, 후자는 무능력자의 어음행위를 취소한 경우 그 무능력자만이 어음상의 채권자 누구에게라도 주장할 수 있는 물적 항변을 지칭한다.(이철송, 「어음·수표법」, 9판, 박영사, 147면 참조)

110) 어음행위의 부존재, 무효, 취소, 해제(해지), 무권대리(대리권남용), 대표권 제한 등으로 무효로 된다는 주장은 상대적 물적 항변의 대표적인 예이다라고 설명하는 견해는 "이철송, 「어음·수표법」, 9판, 박영사, 147면"이니 참조 바란다.

주장·증명책임이 악의 또는 과실의 주장·증명책임보다 강화되어 있으므로 거래의 상대방(제3자)는 더 보호받게 되는 것이다. 민법상 비진의의사표시, 통모허위표시, 착오로 인한 의사표시, 사기·기망으로 인한 의사표시, 해제통지 후의 제3자의 경우는 모두 악의의 주장·책임으로 족하다고 하여 거래의 제3자를 더 보호하고 있는 것이다. 당사자 보호보다 거래의 안전을 더 중시하는 입법태도라 할 것이다. 판례는 착오, 사기·강박으로 인한 의사표시에 관해 인적항변임을 인정하고 상대방의 해의임을 주장·증명해야 항변할 수 있다고 판단하고 있다.(대법원 1997. 5. 16. 선고 96다49513 판결)

2) 소멸시효 완성과 중단

가) 소멸시효완성 항변

약속어음의 발행인에 대한 어음상의 청구권은 만기일로부터 3년간 행사하지 않으면 소멸한다.(어음법 제77조 제1항 제8호, 제70조 제1항, 제78조 제1항) 만기가 기재되어 있으면 백지어음이라도 만기일로부터 3년간 행사하지 않으면 소멸한다.

나) 소멸시효 중단

(1) 재판상 청구

어음금 지급청구의 소를 제기하면 시효중단의 효력이 있다. 담보조로 발행된 약속어음으로 약속어음금 청구의 소를 제기하면 원인채권에 대한 시효중단의 효력이 있다. 반면 원인채권 청구의 소 제기는 어음금채무에 관한 시효중단의 효력이 없다.(대법원 1999. 6. 11. 선고 99다6378 판결) 이미 시효로 소멸한 어음채권을 피보전권리로 한 가압류 결정이 내려져도 그 가압류결정이 무효이기 때문에 그 원인채권의 소멸시효 중단효과가 없다.(대법원 2007. 9. 20. 선고 2006다68902 판결)

(2) 승인

승인은 시효이익을 받을 자가 그 권리가 존재함을 인식하고 있다는 뜻을 표시하는 방법으로 할 수 있다. 승인이 있으면 시효가 중단된다. 승인은 묵시적으로도 할 수 있다.

다. 백지어음의 보충권 행사

1) 어음요건이 다 충족되지 않은 채 장래 보충할 것을 예정하고 발행된 어음을 백지어음이라고 한다. 어음요건이 결여되어 발행된 경우 백지어음으로 추정된다. 따라서 어음요건의 결여로 무효라고 주장하는 자가 불완전어음이라는 사실을 주장·증명해야 한다.

2) 백지어음의 부당보충

백지어음을 부당보충한 경우 첫째 부당 보충된 백지어음을 수취한 선의의 수취인은 보충된 대로 그 권리를 취득한다.(어음법 제10조) 둘째 수취인이 백지인 채로 양도하면서 취득자에게 보충권의 범위를 확대하여 고지하여 그 취득자가 부당보충하여 청구하는 경우(일종의 부진정한 보충권의 선의취득)에는 원칙적으로 첫째와 같이 보충된 대로 그 권리를 취득한다고 할 수 있으나 발행인에게 전화 등으로 보충한도 등을 확인하여 보충하지 않으면 중대한 과실이 있어 보충권이 수여된 한

도내에서 그 효력이 있다.(대법원 1978. 3. 14. 선고 77다2020 판결)

3) 백지보충권의 소멸시효완성

만기의 기재 있는 백지어음일 경우에는 만기로부터 3년간 행사하지 않으면 소멸시효가 완성되고, 만기마저 백지인 백지어음의 경우에는 원인관계에 비추어 어음상의 권리를 행사할 수 있는 때로부터 3년이 경과하면 소멸한다.(대법원 1997. 5. 28. 선고 96다25050 판결) 예를 들면 2008. 1. 1. 부터 1년간 계속적 거래로 발행한 채무를 담보하기 위하여 백지어음을 발행했을 경우 2008. 12. 31. 거래가 종료되어 그때 보충할 수 있는 것으로 보아 그로부터 3년이 경과하면 소멸한다는 것이다.(대법원 2003. 5. 30. 선고 2003다16214 판결)

소 장

원 고 조 병 갑(661204－1625337)[111)]
서울 마포구 상산로 57
소송대리인 변호사 설영수
서울 서초구 서초대로 320, 1305호(서초동, 부림빌딩)
전화번호 (02) 553－1233, 팩스번호 (02) 553－1234
전자우편 sys@hanmail.net

피 고 1. 최 병 철 (590822－1878334)
서울 강남구 역삼2길 339
2. 공 상 국 (470219－1922897)
서울 마포구 동교3길 338
3. 김 요 선 (630924－2655432)
서울 강동구 고덕2길 530
4. 조 한 근 (590912－1922352)
서울 마포구 성산로 52
5. 동방석유 주식회사
서울 마포구 공덕2길 333, 1320호(공덕동, 동방빌딩)
대표이사 서동국
6. 삼진전자 주식회사
서울 강서구 공항로 123
대표이사 이정진

임차권 확인 등 청구의 소

111) 최근 "재판서 작성에 관한 예규"의 개정으로 등기·등록을 요하는 의사진술을 명하는 판결이외에는 원, 피고의 주민등록번호를 기재하지 않도록 변경되었다. 그래서 제5회 변호사시험 기록형의 경우 작성요령 안내에서 당사자의 주민등록번호를 기재하지 않아도 된다고 기재되어 있었다.

청 구 취 지

1. 원고와 피고 최병철 사이에, 원고의 피고 최병철에 대한, 서울 강남구 역삼로 59 건물 1층 210㎡에 관한 2013. 1. 4.자 임대차계약에 기하여 임대차보증금 100,000,000원, 차임 월 2,000,000원, 임대차기간 2016. 1. 9.부터 2018. 1. 8.까지의 임차권이 존재함을 확인한다.
2. 원고와 피고 공상국 사이에,
 가. 서울 마포구 성산동 750 잡종지 240㎡는 원고의 소유임을 확인하고,
 나. 원고는 피고 공상국에 대하여 위 가.항 기재 대지상 시멘트블럭조 슬레이트 지붕 단층 창고 126㎡를 철거할 의무가 없음을 확인한다.[112)]
3. 피고 김요선은 원고에게 22,000,000원 및 이에 대하여 2015. 10. 10.부터 이 사건 소장 부본 송달일까지는 연 6%의, 그 다음날부터 다 갚는 날까지는 연 15%의 각 비율에 의한 금원을 지급하라.
4. 피고 조한근은 원고에게,
 가. 서울 마포구 성산동 320 지상 시멘트블럭조 슬래브지붕 단층 화장실 12㎡를 철거하고,
 나. 위 가.항 기재 화장실 대지 부분 12㎡를 인도하고,
 다. 이 사건 소장부본 송달일[113)]부터 위 나.항 기재 대지부분의 인도 완료일까지 월 700,000원의 비율에 의한 금원을 지급하라.
5. 피고 동방석유 주식회사는 원고에게 서울 송파구 방이동 215 잡종지 3,600㎡에 대하여 서울동부지방법원 송파등기소 2011. 10. 2. 접수 제1630호로 경료된 근저당권설정등기의 말소등기 절차를 이행하라.
6. 피고 삼진전자 주식회사는 원고에게 100,000,000원 및 이에 대하여 2015. 11. 13.부터 이 사건 소장 부본 송달일까지는 연 6%의, 그 다음날부터 다 갚는 날까지는 연 15%의 각 비율에 의한 금원을 지급하라.
7. 소송비용은 피고들이 부담한다.
7. 위 제3, 4, 6항은 가집행할 수 있다.
라는 판결을 구합니다.

112) 철거청구권은 그 요건사실이 ① 대지소유권(물권), ② 그 대지 위에 건물의 소유(방해)이고, 물권적 청구권 중 방해배제청구권의 하나이다. 2.가.항 청구취지에서 ① 대지소유권의 확인을 구하고 있는 마당에 추가적으로 철거청구권 부존재확인을 구할 필요가 있는지 의문이다. 특히 철거청구권이 부존재하는 이유가 ① 사실의 부존재에 있다. ② 에 관해서는 아무런 다툼이 없다. 기판력에 아무런 영향력도 없다. 비록 철거청구권을 피보전권리로 하여 점유이전금지가처분을 해 두었다고 하더라도 소유권확인청구로 충분하지 않을까 판단된다. 그런데도 의미 없는 확인청구를 하나 더 추가하는 것이 꼭 필요한지 의문이다.

113) 민법 제749조 제2항에 규정된 "소를 제기한 때"를 해석함에 있어 주류적 판례(대법원 2014. 1. 23. 선고 2012다84233 판결, 대법원 2014. 2. 13. 선고 2012다119481 판결, 대법원 2016. 12. 29. 선고 2016다242273 판결)는 "소장부본 송달일"로 해석하고 있다.

청 구 원 인

1. 원고와 피고 최병철 사이의 임차권 존재 확인청구

가. 사실관계

1) 임대차계약의 체결

원고는 2013. 1. 4. 피고 최병철로부터 서울 강남구 역삼로 59 두꺼비빌딩 1층 210㎡(이하 '역삼동 점포'라고 함)에 대한 임대차보증금 100,000,000원, 차임 월 2,000,000원, 임대기간 2013. 1. 9.부터 2016. 1. 8.까지 3년간으로 된 임대차계약을 체결하고, 당시 임차인이 차임을 지체할 때에는 월 3%의 지체상금을 지급하기로 특약하였습니다.

2) 임대차계약의 갱신

원고는 위 임대차계약 만료 1개월이전인 2015. 12. 1. 임대인인 피고 최병철에게 임대차계약 갱신요구서를 보내 2020. 12. 1.까지 갱신을 요구하였고, 같은 달 3. 피고 최병철에게 도달하였습니다.

3) 확인의 이익

피고 최병철은 2015. 12. 12.경 혹은 그 이후 여러 차례 원고에게 위 임대차계약을 해지한다는 통지를 보냈을 뿐만 아니라 그 후로도 수차례 음식점을 찾아와 "2016. 12. 8.이 되면 무조건 건물을 비워주고 나가야 한다. 나가지 않으면 임대차계약에서 정한대로 위약금 3억 원을 물어야 할 것이니 손해를 보지 않으려면 틀림없이 건물을 비워줘야 한다."라고 말하곤 했습니다.

나. 소결론

원고와 피고 최병철 사이에 체결된 위 임대차계약은 서울특별시에 소재한 상가건물의 임대차계약으로 간주 임대보증금이 300,000,000원(임대차보증금 100,000,000원 + 월 임료 2,000,000원 × 100)이므로 상가건물임대차보호법의 적용을 받습니다.[114] 따라서 임차인인 원고가 임대차계약 만료 1개월 이전에 임대인 피고 최병철에게 그 갱신요구를 하였고, 상가건물임대차보호법 제10조 제1항 단서의 사유가 없는 한 원고 갱신요구 범위 내로서 최초 임대차기간을 포함하여 전체 임대차기간이 5년을 초과하지 않는 2018. 1. 8.까지 동일한 조건으로 갱신되었다 할 것입니다. 그럼에도 불구하고 피고 최병철은 계약갱신요구를 거절하거나 계약해지를 주장하면서 위약금 3억원의 지급을 구하는 등으로 다투고 있으므로 위 임차권의 존재를 확인할 이익이 있다 할 것입니다.

다. 피고 최병철의 주장에 대한 반박

1) 2기 임료 지급지체 사유로 한 갱신거절

피고 최병철은 2015. 12. 5. 원고에게 갱신요구에 대한 답신을 보내 원고가 2015. 8.분 및 10.분 임대료 합계 4,000,000원을 지급하지 않았으므로 원고의 임대차계약 갱신요구에 응할 수 없다고 주장합니다.

그러나 상가건물임대차 보호법 제10조 제1항 제1호에서는 "임차인이 3기의 차임액에 해당하는 금액에 이르도록 차임을 연체한 사실이 있는 경우"에 갱신요구를 거절할 수 있도록 규정되어 있는바

114) 2013. 8. 13. 시행된 상가건물임대차보호법에 의하면 동법 제10조 제1항, 제2항, 제3항 본문 등은 간주보증금액이 동시행령이 정한 금액을 초과한 경우에도 적용되게 되었다. 다만 부칙 제2조에 의해 개정법률 시행 후 체결되거나 갱신되는 임대차계약부터 적용되는 것으로 하였다. 그래서 본 사안에서는 그 간주보증금액이 동법 적용범위내인지를 따지고 있다.

피고 최병철의 주장에 의해도 2기 차임 지급의 연체만 하고 있으므로 갱신요구를 거절할 사유가 되지 못합니다. 따라서 피고 최병철의 위 주장은 이유 없습니다.

2) 사업자등록을 신청하지 않아 대항력을 취득하지 못한 임차인의 갱신요구 불인정

피고 최병철은 원고는 임대목적물 주소지상에 사업자등록을 신청한 사실이 없어 대항력을 취득하지 못하여 자신에게 대항할 수 없고 갱신을 요구할 권리가 없다고 주장합니다.

원고의 갱신요구는 임차인이 임대인을 상대로 한 상가임대차 보호법상의 요구로 임차인이 제3자를 상대로 임차권을 주장할 수 있는 대항력과 아무런 상관이 없는 임차인의 권리행사입니다. 따라서 피고 최병철의 위 주장은 대항력의 법적 성질을 오해한 주장으로 이유 없습니다.

3) 임대차계약 해지

피고 최병철은 2015. 12. 12. 원고에게 2015. 8.분 및 10.분 등 2기 이상[115]의 차임연체를 이유로 임대차계약을 해지한다는 통지를 하였으므로 이 사건 임대차계약을 해지되어 그 효력이 없다고 주장합니다.

앞서 설명한 바와 같이 피고 최병철의 주장과 같이 2015. 8. 및 10. 등의 2기 월 임료를 연체한 사실은 있습니다. 그러나 피고 최병철의 위 해지통지 이전에 원고는 2015. 12. 7.경 연체된 4,000,000원을 제공하면서 그 수령을 최고하였으나 거부하여 2015. 12. 9. 경 피고 최병철을 피공탁자로 하여 위 연체된 4,000,000원과 12월 임료 2,000,000원 및 연체된 차임의 지연손해금 360,000원(2,000,000원 × 4개월 × 3% + 2,000,000원 × 2개월 × 3%) 등 합계 6,360,000원을 공탁하였습니다. 따라서 위 해지통지는 차임연체가 해소되고 난 이후의 통지로서 그 효력이 없다고 할 것이어서 피고 최병철의 위 주장은 이유 없습니다.

4) 위약금 3억원의 지급주장에 대한 반박

피고 최병철은 임대차계약 특약상의 3억원의 지급을 구하고 있습니다. 원고와 피고 최병철이 위 임대차계약시 그 특약으로 “임대차가 종료한 후 임차인이 임대차 목적물을 즉시 임대인에게 반환하지 않을 경우 임차인은 위약금으로 임대인에게 3억 원을 지급하기로 한다.”라고 약정한 사실은 있습니다. 그러나 위 특약은 임대차계약이 정상적으로 종료된 후 임차목적물을 반환하지 않았을 경우 지급할 위약금으로 위와 같은 경위로 이 사건 임대차계약이 유효하게 갱신되었다면 그 적용이 없다고 할 것이고, 가사 피고 최병철의 주장대로 이 사건 임대차계약이 종료되었다고 하더라도 위 위약금 약정은 지나치게 고액이라 적절하게 감액되어야 할 것입니다. 따라서 피고 최병철의 주장은 이유 없습니다.

2. 원고와 피고 공상국 사이의 소유권확인청구 등

가. 사실관계

1) 전자의 점유, 등기 포함하여 점유와 등기가 10년이 경과한 사실, 무과실 점유사실

가) 소외 소호진은 부동산 소개업자의 중개로 2005. 4. 5. 서울 마포구 성산동 750 대 240㎡(이하 ‘성산동 750 대지’라고 함)의 당시 등기부상 소유자로 등재되어 있던 소외 서영수로부터 시세에 따른 매매대금을 지급하여 정상적으로 매수하여 같은 달 25. 소유권이전등기를 경료하고, 같은 달

115) 상가건물임대차보호법의 개정으로 인하여 동법 제10조의 8에서 2015. 5. 13.부터는 “3기 이상 차임이 연체”되어야 해제할 수 있다.

27. 인도받아 점유, 사용하였고, 그 지상에 시멘트블럭조 슬레이트 지붕 단층 창고 126㎡를 신축하여 기둥, 외벽, 지붕 등 골조를 완성한 상태였습니다.

나) 원고는 위와 같은 신축공사 중인 상태에서 상당한 조사를 거쳐 2010. 1. 10. 위 소호진으로부터 성산동 750 대지 및 그 지상건물을 매수하여 그 대금을 모두 지급하고 같은 달 15. 성산동 750 대지에 관한 소유권이전등기를 경료하고 성산동 750 대지와 그 지상건물을 인도받아 나머지 공사를 완성하였습니다.

2) 확인의 이익

가) 사실관계

피고 공상국은 2015. 12. 2. 원고에게 원래 성산동 750 대지는 자신의 소유였는데 소외 서영수가 1996. 12. 10. 자신으로부터 성산동 750 대지를 임차하여 사용하다가 마치 매수한 양 소유권이전등기 관련 서류들을 위조하여 1997. 6. 30. 그 명의로 소유권이전등기를 경료한 다음 2005. 4. 5. 소외 소호진에게 매도한 후 위와 같이 같은 달 25. 소유권이전등기를 경료한 것이고, 원고 또한 위와 같은 경위로 그 소유권을 취득하였으므로 소외 소호진 및 원고 명의의 등기는 위와 같이 원인무효인 소외 서영수의 소유권이전등기를 기초로 이루어진 것으로 모두 무효라고 주장하면서 원고를 상대로 토지 소유권에 기한 그 지상건물의 철거청구권을 피보전권리로 하여 성산동 750 대지상의 위 건물에 관한 점유이전금지가처분을 신청하여 2015. 12. 3. 점유이전금지가처분이 내려지고 그 결정문이 원고에게 송달되었습니다.

나) 확인의 이익

이렇듯 피고 공상국은 원고의 소유권을 부인하면서 2015. 12. 3. 점유이전금지가처분을 하였으므로 성산동 750 대지에 관한 원고의 소유권을 확인하고, 위 점유이전금지가처분의 피보전권리라 적시된 이 사건 창고의 철거청구권의 부존재를 확인할 이익이 있다 할 것입니다.

나. 소결론

1) 등기부취득으로 인한 원고의 소유권 존재

소외 소호진이 2005. 4. 25. 아무런 과실 없이 그 명의로 성산동 750 대지에 관한 소유권이전등기가 경료되고, 같은 달 27. 인도받은 후 원고가 다시 소외 소호진으로부터 성산동 750 대지 및 그 지상건물을 매수하여 2010. 1. 15. 그 명의로 소유권이전등기를 경료하고 과실 없이 인도받아 현재 점유 중에 있습니다. 소외 소호진과 원고의 점유가 무과실인 점은 앞서 설명한 바와 같이 소외 소호진은 물론 원고도 부동산 중개사를 통하여 소개받아 시세 상당의 매매대금을 지급하고 매수하는 등 점유하였기 때문입니다. 따라서 2005. 4. 27.로부터 10년이 경과된 2015. 4. 26. 등기부취득시효 완성으로 그 소유권을 취득하였습니다.

2) 따라서 원고와 피고 공상국 사이에 성산동 750 대지가 원고의 소유임을 확인하고, 이 사건 창고에 대한 철거의무의 부존재 확인을 구하고자 합니다.

3. 피고 김요선에 대한 하자담보책임의 청구

가. 사실관계

1) 부동산의 매수

원고는 자신이 운영하는 음식점에 채소류를 공급하는 농경지로 사용하기 위해 2015. 4. 14. 조경업체를 운영하는 피고 김요선으로부터 서울 강동구 고덕동 517 전 1,250㎡(이하 '고덕동 농지'라고 함)를 대금 2억 원에 매수하여 그 매매대금을 모두 지급한 다음 같은 달 17. 소유권이전등기를 경료하고, 그 인도도 받았습니다.

2) 부동산의 하자 및 그 검사와 즉시 통지

원고는 2015. 10. 6. 고덕동 농지에 배추를 심기 위하여 작업하다가 그 농지 지하 70㎝ 깊이에 두께 5㎝의 콘크리트가 깔려 있는 것을 발견하고 2015. 10. 7. 피고 김요선에게 그 제거에 필요한 비용 2,200만원의 지급을 구하는 통지를 하였고, 피고 김요선은 같은 달 9. 그 통지를 수령하였습니다.

3) 치유비용

위 콘크리트를 제거하는 데 22,000,000원이 소요됩니다.

나. 소결론

원고와 피고 김요선은 모두 상인으로 그 영업을 위하여 한 매매계약이므로 하자담보책임을 묻기 위해서는 상법 제69조에 의거 매수인인 원고는 매매목적물을 수령한 후 즉시 검사하여 그 하자를 통지할 의무가 있으나 위 매매목적물은 농지로서 그 지하 70cm 깊이에 콘크리트가 묻어 있어 즉시 발견할 수 없었던 하자로, 원고는 인도받은 후 6개월이 지나기 전에 발견하여 피고 김요선에게 그 통지를 마쳐 상법 제69조 제1항 후문에서 정한 검사·통지의무를 다하였습니다. 따라서 피고 김용선은 하자담보책임에 기한 손해배상으로 원고에게, 위 콘크리트 제거 공사비용 상당액인 22,000,000원 및 이에 대하여 원고의 청구를 받은 다음 날인 2015. 10. 10.부터 이 사건 소장 부본 송달일까지는 상법 소정의 연 6%의, 그 다음날부터 다 갚는 날까지는 소송촉진 등에 관한 특례법 소정의 연 15%의 각 비율에 의한 지연손해금을 지급할 의무가 있습니다.

다. 피고 김요선의 주장에 대한 반박

1) 고의·과실이 없었다는 주장

피고 김요선은 자신도 고덕동 농지를 경매로 취득하였다가 급하게 매도하여 쓰레기 매립에 아무런 고의·과실이 없으므로 원고의 청구에 응할 수 없다고 주장합니다.

그러나 하자담보책임은 법정책임으로 매도인의 고의·과실과 같은 귀책사유를 요하지 않으므로 피고 김요선의 위 주장은 이유 없습니다.

2) 수령 후 지체없이 검사하여 즉시 통지하지 않았다는 주장

피고 김요선은 원고가 고덕동 농지를 인도받은 후 오랜 기간이 경과하였으므로 하자담보책임이 소멸하였다고 주장합니다.

상인간 매매에 있어서 매수인은 목적물 수령 후 지체없이 검수하여 하자가 발견되면 즉시 매도인에게 통지하여야 하지만 이 사건과 같이 즉시 발견할 수 없는 하자인 경우에는 6개월내에 발견하여 즉시 통지하면 그 검수 및 통지의무를 다한 것입니다. 그래서 매수인은 매도인에게 하자담보책임을 물을 수 있습니다. 앞서 설명한 바와 같이 이 사건 하자는 즉시 발견하기 어려운 하자인데다가 원고는 수령 후 6개월내 하자의 통지를 마쳤으므로 피고 김요선의 위 주장도 이유 없습니다.

4. 피고 조한근에 대한 화장실 철거, 대지 인도 및 임료 상당의 부당이득반환 청구

가. 사실관계(경락으로 인한 대지 소유권취득, 지상에 화장실 축조)

1) 원래 소외 이동필이 서울 마포구 성산동 320 대 450㎡(이하 '성산동 320 대지'라고 함)를 소유

하고 있던 중 소외 주식회사 한미은행(이하 '소외 한미은행'이라 함)으로부터 대출을 받으면서 이를 담보로 제공하여 1993. 12. 5. 소외 한미은행 명의에게 근저당권설정등기를 경료해 주었습니다.

2) 피고 조한근은 소외 이동필로부터 소외 한미은행 명의 근저당권이 설정된 상태에서 성산동 320 대지를 매수하고, 그 매매대금에서 소외 한미은행에 대한 소외 이동필의 채무액을 뺀 나머지를 지급하고 1994. 3. 20. 성산동 320대지에 관한 소유권이전등기를 경료하였습니다.

3) 피고 조한근은 1995. 5.경 성산동 320대지에 연접한 성산동 326 대지 위에 단독주택 신축공사를 하는 과정에서 측량기사의 경계표시 잘못으로 성산동 320대지상에 시멘트블럭조 슬래브 지붕 단층 화장실 12㎡(이하 '이 사건 화장실'이라 함)를 축조하였습니다.

4) 소외 박필성의 성산동 320 대지에 관한 강제경매신청으로 원고는 경락받아 2010. 6. 10. 그 경락대금을 모두 완납하여 그 소유권을 취득하였습니다.

5) 원고는 2015. 봄경 건물 신축을 위해 성산동 320 대지를 측량하는 과정에서 이 사건 화장실이 성산동 320 대지상에 축조되어 있는 사실을 확인하고, 같은 해 4. 8. 피고 조한근에게 이 사건 화장실의 철거를 요구하는 내용증명우편을 발송하여 같은 달 9. 피고 조한근에게 도달하였습니다.

6) 이 사건 화장실이 축조되어 있는 성산동 320 대지 12㎡에 대해 2005. 말경 이후 현재까지 보증금 없는 상태에서 임대할 경우 월 700,000원의 임료를 받을 수 있습니다.

나. 소결론

원고는 경락대금 완납으로 성산동 320대지 소유권을 취득하였고, 피고 조한근은 이 사건 화장실을 신축하여 소유하면서 원고 소유의 성산동 320 대지 중 12㎡를 점유하고 있습니다. 따라서 피고 조한근은 원고에게 이 사건 화장실을 철거하고, 성산동 320 대지 중 12㎡를 인도하고, 이 사건 소장부본 송달일[116]부터 위 12㎡의 인도완료일까지 임료상당의 월 700,000원의 비율에 의한 부당이득금을 지급할 의무가 있습니다.

다. 피고 조한근의 주장에 대한 반박

1) 점유취득시효 완성

피고 조한근은 1995. 7. 29. 이전에 이 사건 화장실을 완공하였는데 그 이후로 20년이 경과된 2015. 8. 24. 이 사건 화장실에 관한 점유이전금지가처분이 내려졌으므로 시효완성되었으므로 원고의 위 청구에 응할 수 없다고 주장합니다.

그러나 부동산의 점유취득시효에 있어 점유자가 소유자로서 점유한 기간은 점유기간에 합산될 수 없으므로, 이 사건 화장실의 대지 부분에 관한 피고 조한근의 취득시효 기산점은 그가 성산동 대지의 소유권을 상실한 2010. 6. 10.부터 기산되어야 하고, 그로부터 현재까지 20년이 경과되지 않았음이 분명하므로 취득시효가 완성되지 않았습니다. 따라서 피고 조한근의 위 주장은 이유 없습니다.

2) 관습법상 법정지상권의 취득

피고 조한근은 원래 성산동 320 대지와 이 사건 화장실은 자신의 소유에 속했다가 앞서 본 바와 같은 경위로 경락되어 이 사건 화장실의 대지인 성산동 320 대지가 원고 소유로 되었으므로 피고 조한근은 이 사건 화장실의 부지에 해당되는 부분에 관해 관습법상의 법정지상권을 취득하여 점유할 정당한 권원이 있으므로 원고의 청구에 응할 수 없다고 주장합니다.

116) 점유자는 선의로 추정된다. 그 선의가 악의로 되는 것은 결국 증명이란 사실관계의 문제이다. 본 사안에서 내용증명우편을 보내 2015. 4. 9. 도달되었다. 따라서 그 이후로 악의로 될 수도 있다.

이 사건 화장실이 축조되기 시작한 1995. 5. 말경 이전에도 성산동 320 대지 상에 소외 한미은행 명의로 근저당권이 설정되어 있었고, 소외 박필성의 강제경매 과정에서 원고가 성산동 320 대지를 경락받으면서 위 근저당권도 말소되었으므로 이 근저당권보다 후순위인 이 사건 화장실에 관해 관습법상 법정지상권을 취득할 수 없습니다. 따라서 이에 반하는 피고 조한근의 위 주장은 이유 없습니다.

3) 이 사건 화장실을 폐쇄하여 사용하지 않으므로 부당이득이 발생하지 않는다는 주장

피고 조한근은 2006. 1. 1. 이후로 이 사건 화장실을 폐쇄하여 더 이상 화장실로 사용하지 않았기 때문에 피고 조한근은 이득을 취한 바가 없다고 주장합니다.

하지만 피고 조한근은 이 사건 화장실을 축조하여 현재 소유하고 있으면서 그 대지를 점유하고 있으므로 그 대지 점유로 인한 이득을 취하고 있다 할 것이어서 위 주장은 이유 없습니다.

5. 피고 동방석유 주식회사에 대한 근저당권설정등기 말소청구

가. 사실관계

1) 배우자에 대한 제3자 명의신탁으로 유효한 명의신탁

원고는 퇴직하면서 받은 퇴직금으로 2011. 8. 3. 소외 이상운으로부터 서울 송파구 방이동 215 잡종지 3,600㎡(이하 '방이동 잡종지'라고 함)를 대금 15억 원에 매수하면서 자신은 도벽이 있는 것을 염려하여 쉽게 처분할 수 없도록 하기 위해 소외 이상운의 승낙을 받아 같은 달 5. 방이동 잡종지에 관하여 처인 소외 이송자 명의로 소유권이전등기를 경료하였습니다.

2) 수탁자의 계속적 보증(근보증) 및 근저당권설정계약과 그 설정등기

소외 이송자의 남동생인 소외 이형철은 2011. 10. 1. 피고 동방석유 주식회사(이하 '피고 동방석유'라고 함)와 계약기간은 2011. 10. 1.부터 2015. 9. 30.까지 4년간으로 하고, 외상한도 5억 원의 범위내에서 각종 석유류 제품을 공급받고, 매 공급일로부터 1개월 후에 그 대금을 지급하며 만약 지체할 경우에는 월 1%의 지연손해금을 지급하기로 하는 내용의 석유류 제품 공급계약을 체결하였습니다. 이때 피고 동방석유는 소외 이형철에게 거래기준상의 담보를 요구하여 소외 이송자가 소외 이형철 및 피고 동방석유 영업이사 소외 조홍구 등으로부터 3개월 이내에 보증인을 교체해 주겠으니 보증해 달라는 간청을 받고 이에 못 이겨 위 2011. 10. 1.자 석유류 제품 공급계약 보증을 하였고, 그 보증채무를 피담보채무로 하여 피고 동방석유에게 자신에게 명의신탁되어 있던 위 방이동 잡종지에 관하여 서울동부지방법원 송파등기소 2011. 10. 2. 접수 제1630호로 된 채권최고액 700,000,000원의 근저당권설정등기를 경료해 주었습니다.

3) 계속적 보증계약의 해지로 인한 종료

소외 이형철이 경마장과 강원랜드를 드나들며 주유소 수입을 탕진하는 등으로 피고 동방석유에 대한 외상거래대금을 제대로 갚지 못해 수차례 연체가 발생하여 그 규모가 약 2억 원에 이르자 소외 이송자는 2012. 2. 1. 피고 동방석유 및 소외 이형철에게 소외 이형철의 도박으로 외상이 늘어나는 등 위험이 있다는 점을 지적하고 원래 약속대로 3개월이 지났으니 보증인을 교체하여 줄 것을 요청하는 내용증명우편을 보냈고, 피고 동방석유와 소외 이형철은 같은 달 3. 위 내용증명우편을 수령하는 등 수차례에 걸쳐 구두 또는 서면으로 같은 취지의 요청을 하였으나 아무런 조치를 취하지 않았습니다. 이에 소외 이송자는 2012. 4. 20. 피고 동방석유에 위와 같은 사유를 들면서 이 사건 보증계약을 해지한다는 내용증명우편을 보냈고, 다음 날 위 내용증명우편이 도달하였습니다.

4) 피담보채무인 석유공급대금의 시효소멸

피고 동방석유는 다음과 같이 소외 이형철에게 석유제품을 공급하여 변제기가 도래하였음에도 불구하고 피고 동방석유는 이형철에게 외상거래대금을 독촉하거나 재산을 가압류하는 등의 조치를 취한 바가 없습니다. 위 외상대금채권은 상인이 판매한 상품의 대가로 민법 제163조 제6호에 의하여 변제기로부터 3년이 경과하면 시효로 소멸한다 할 것입니다. 따라서 다음 표 기재 일자에 전부 시효로 소멸하였습니다.

공급일	공급금액 (만 원)	이행기	미변제 잔액 (만 원)	소멸시효 완성일
2011. 10. 10.	18,700	2011. 11. 10.	9,200	2014. 11. 10.
2011. 11. 07.	16,420	2011. 12. 07.	4,900	2014. 12. 07.
2111. 12. 05.	13,900	2012. 01. 05.	6,300	2015. 01. 05.
2012. 02. 09.	36,000	2012. 03. 09.	9,600	2015. 03. 09.
2012. 03. 17.	12,600	2012. 04. 17.	10,000	2015. 04. 17.
합 계			40,000	

5) 소외 이송자는 피고 동방석유에게 위 근저당권설정등기의 말소를 청구하지 않고 있습니다.

나. 대위요건

원고는 소외 이송자에 대하여 위 명의신탁 해지를 원인으로 하는 소유권이전등기청구권을 보유하고 있습니다.[117] 그런데 소외 이송자는 위 근저당권설정등기 말소청구권을 행사하고 있지 않습니다. 그래서 원고는 특정채권을 보전하기 위하여 소외 이송자를 대위하여 피고 동방석유에게 위 근저당권설정등기의 말소를 청구하고자 합니다.

다. 소결론

그러므로 근저당권의 피담보채무인 위 보증채무는 소외 이송자의 위와 같은 해지통지 등으로 근보증이 해지되면서 당시 채무액으로 확정되었고, 채권자인 피고 동방석유가 주채무자에게 그 채무를 행사하지 않은 채 3년의 시효기간이 경과함으로써 소멸시효가 완성되어 전부 소멸하였고, 주채무의 시효소멸효과는 그 보증채무에도 효력이 있어 소멸하였다 할 것입니다. 따라서 근저당권의 피담보채무인 근보증채무가 시효완성으로 소멸하여 근저당권이 소멸하였습니다. 따라서 피고 동방석유는 소외 이송자를 대위한 원고에게 위 방이동 잡종지에 관하여 서울동부지방법원 송파등기소 2011. 10. 2. 접수 제1630호로 경료된 근저당권설정등기를 말소할 의무가 있습니다.

6. 피고 삼진전자 주식회사에 대한 추심금청구

가. 사실관계(추심명령, 제3채무자에 대한 송달, 추심대상채권의 존재)

1) 원고는 2010. 5. 1. 소외 우범선에게 4억원을 변제기 2013. 4. 30., 이율 및 지연손해금률 각 월 2.7%로 정하여 빌려주었습니다. 원고는 2013. 5. 10. 소외 우범선을 상대로 위 대여원리금의 지급을 구하는 소를 제기하여 그 소송계속 중 2013. 7. 11. “피고는 원고에게 3억 원 및 이에 대하여

117) 명의신탁 해지를 아직 행사하지 않더라도 장래 명의신탁 해지를 원인으로 한 소유권이전등기청구권도 피보전채권이 될 수 있다. 즉 기초적 법률관계가 형성되어 있고, 장래 채권성립의 고도의 개연성이 있기 때문에 피보전채권이 될 수 있다.

2010. 5. 1.부터 다 갚는 날까지 연 30%의 비율에 의한 금원을 지급한다. 2. 원고의 나머지 청구를 포기한다."라는 화해권고결정이 내려져 그 결정이 그 무렵 확정되었습니다.

2) 피고 삼진전자 주식회사(이하 '피고 삼진전자'라고만 함)는 2015. 3. 1. 소외 최상진으로부터 같은 날부터 2015. 10. 말경까지 총 10억 원 한도에서 무이자로 돈을 빌려 쓰기로 하되, 그 금전거래가 종료되면 그 당시까지의 최종 차용액을 소외 최상진이 액면금란에 기재해 넣기로 합의하고, 2015. 3. 1. 소외 최상진에게 액면금란이 백지로 된 약속어음 1매를 발행하여 교부해 주었습니다.

피고 삼진전자는 2015. 6. 20. 소외 최상진과 위 금전거래를 종료하기로 합의하였는데 그때까지 소외 최상진이 피고 삼진전자에 빌려준 돈은 총 1억 원이었습니다.

3) 소외 최상진은 2015. 6. 25. 소외 우범선에게 1억 2천만 원의 물품 대금 채무변제에 갈음하여 위 어음을 배서, 양도하였습니다. 소외 최상진은 당시 소외 우범선에게 액면금액란을 1억 2천만 원으로 보충해도 좋다고 말하였는데 소외 우범선은 그 말을 믿고 액면금액란을 1억 2천만 원으로 보충기재한 후 2015. 11. 12. 피고 삼진전자를 찾아가 그 어음을 제시하면서 어음금의 지급을 청구하였으나 피고 삼진전자는 위 어음이 무효라는 등의 이유로 그 지급을 거절하였습니다.

4) 원고는 위 화해권고결정에 따른 대여 원리금 채권에 기하여 소외 우범선을 채무자, 피고 삼진전자를 제3채무자로 하여 소외 우범선의 피고 삼진전자에 대한 위 어음금채권에 대하여 채권압류 및 추심명령을 신청하여 2015. 11. 18. 채권압류 및 추심명령이 내려져 같은 달 21. 제3채무자인 피고 삼진전자에 송달되었습니다.

나. 소결론

그렇다면 피고 삼진전자는 원고에게 채권압류 및 추심명령 대상 채무인 적법한 보충권 범위내인 100,000,000원 및 이에 대하여 발행인에 대하여 지급제시를 한 다음날인 2015. 11. 13.부터 이 사건 소장 부본 송달일까지는 어음법 소정의 연 6%의, 그 다음날부터 다 갚는 날까지는 소송촉진 등에 관한 특례법 소정의 연 15%의 각 비율에 의한 지연손해금을 지급할 의무가 있습니다.

다. 피고 삼진전자의 주장에 대한 반박

1) 대표권 없는 자에 의한 약속어음 발행으로 회사에 효력 없다는 주장

피고 삼진전자는 그 대표이사가 소외 이정진임에도 불구하고 위 약속어음은 소외 송병일이 대표이사 자격으로 발행하여 무효라고 주장합니다.

하지만 피고 삼진전자 주장의 사유는 소외 인적항변에 불과한 것으로 소외 우범선은 수취인인 소외 최상진으로부터 배서받아 위 약속어음상의 권리를 취득하였으므로 특별한 사정이 없는 한 위 사정을 들어 소외 우범선 및 원고에게 대항할 수 없다 할 것이고, 나아가 소외 송병일은 피고 삼진전자의 주식 20%를 소유한 대주주로서 소외 이정진은 평소 회사에 거의 출근 하지 않고 중요한 회사 업무 처리를 소외 송병일에게 위임하여 소외 송병일이 "삼진전자 주식회사 대표이사 송병일"이라는 명함과 대표이사 인장을 사용하면서 대부분의 회사 업무를 처리해 왔고, 소외 최상진을 비롯한 주위 사람들은 모두 송병일이 대표이사인 줄로 알고 있었습니다. 이런 사정하에서는 소외 송병일은 소위 표현대표이사로서 그 행위에 대하여 피고 삼진전자는 선의이며 과실 없는 소외 우범선 및 그 추심채권자인 원고에게 책임이 있다 할 것입니다. 이러한 이유로 피고 삼진전자의 위 주장은 이유 없습니다.

2) 지급제시기간 도과후의 지급제시로 어음 효력의 상실 주장에 대한 반박

피고 삼진전자는 소외 우범선이 지급제시기간인 2015. 10. 31.로부터 제3영업일이 경과한 2015. 11. 12. 피고 삼진전자에 지급제시를 하였으므로 위 약속어음의 효력이 상실되어 원고의 청구에 응할 수 없다고 주장합니다.

피고 삼진전자는 위 약속어음의 발행인으로서 어음채무 소멸시효기간이내에 지급의 청구를 받으면 그 날부터 어음금 및 어음법 소정의 이자를 지급할 의무가 있다 할 것입니다. 따라서 피고 삼진전자의 위 주장도 이유 없습니다.

7. 결론

이상과 같은 이유로 원고의 청구는 모두 이유있어 이를 인용하고, 소송비용은 패소자의 부담으로 하고, 일정한 청구에 대하여 가집행을 선고해 주시기 바랍니다.[118)]

증 명 방 법(생략)
첨 부 서 류(생략)

2016. 1. 7.

원고 소송대리인 변호사 설영수 인

서울중앙지방법원 귀중

118) 청구원인의 결론 부분은 항상 위와 같은 전형적인 문구로 끝내 시간을 줄이도록 하는 것이 좋다.

Ⅵ. 2017년 실시 제6회 변호사시험 기록형

1. 7단계 권리분석법에 의한 사건 전체의 분석

가. 의뢰인의 희망사항 분석결과

의뢰인 =원고	희망사항	물권 침해? 약정?	침해자 또는 약정자는 누구(=피고)	원고의 자격, ∴소송명
김원규	서울 영등포구 문래동 299 대지 등기부상 소유명의를 가능한 범위 내에서 회복 (ⓐ 금전청구는 할 필요 없고, ⓑ 형인 김원호를 피고로 삼지 말고 해결)	① 물권(상속) 침해(등기) ∴**방해배제청구**	∴**침해자 (등기명의자) (김원호) (이차만)**	**물권자 (소유자) ∴ 진정명의회복을 원인으로 한 소유권이전등기 청구**[119]
	이차만, 주식회사 대천, 윤우상에 대한 법적으로 가능한 모든 금전청구	① 2010. 1. 5. 소비대차계약 ② 2010. 2. 20. 소비대차계약 ∴**불이행 있어 강제이행청구**	∴**약정자 (차주) (① 이차만 대리인 윤우상 ② 공동차주 (a)주식회사 대천 (b)윤우상)**	**약정의 상대방 (대주) (김원규) ∴대여금, 연대채무**
	<u>주식회사 대천의 주주로서, 주식회사 대천이 이차만에 의해 입은 손해를 전보받을 수 있는 소송제기</u>[120]	① 이사의 회사에 대한 손해배상책임 ∴**불이행 있어 강제이행청구**	**약정자 (수임인) (이차만)**	**주식회사 대천 소수주주로서 대표소송 ∴주주대표소송**
	서울 서초구 방배동 154 토지와 그 지상건물[Ⓐ 매매를 취소할 수 있으면 취소, Ⓑ 해제라도 해서] 강수근, 박수현, 한우경을 상대로 <u>건물을 돌려받고,</u>[121] 손해를 전액 전보받을 수 있는 소제기[122] <u>(집행단계에서 누구를 상대로 어떤 집행을 하는 것이 좋을지 예상할 수 없으므로 법리상 가능한 모든 청구해 달라)</u>[123]	① 매매계약 잔금 미지급 ② 임대차계약 ∴**강제이행청구**	∴**약정자 (매수인) (강수근) (임차인) (박수현, 한우경)**	**약정의 상대방 (매도인) (김원규) ∴Ⓐ건물인도청구 및 법정과실의 반환청구**[124] **Ⓑ퇴거청구 및 무단점유로 인한 부당이득반환청구**

119) 원래는 소유권이전등기 말소청구를 해야 할 것이나, 김원호에 대하여 소 제기하지 말라는 요청 때문에 진정명의회복을 원인으로 한 소유권이전등기 청구를 하게 된다.

120) 회사의 이사에 대한 손해배상청구(상법 제399조)를 주주대표소송의 형태로 제기해 달라는 취지이다. 조금 익숙해지면 바로 알 수 있다. 다음에 출제될 때는 좀 더 간접적인 희망사항의 진술로 출제될 수 있으니 이에 대비하는 것이 좋겠다.

121) 여기서는 건물인도청구를 해달라는 의미이다.

122) 강수근을 상대로는 건물의 사용수익을 지급받아 주고, 박수현·한우경을 상대로는 무단점유로 인한 부당이득반환을 구하는 취지이다.

123) 인도청구를 중복해서라도 청구해 병합청구해 달라는 취지로 읽힌다.

124) 잔금지급청구는 의뢰인의 희망사항에 반한다.

나. 원고의 청구원인 분석결과

<table>
<tr><th colspan="2">소송명</th><th>청구원인</th><th>항변
(법률상 주장 포함)</th><th>재항변 등</th></tr>
<tr><td colspan="2">진정명의회복
소유권이전
등기청구</td><td>① 지분소유권취득
ⓐ 피상속인 사망
ⓑ 유족
ⓒ 상속분
② 소유권이전등기
③ 원인무효(위조)
④ 제3자(매매+등기)</td><td>Ⓐ 선의의 제3자
Ⓑ 상속회복청구권의 제척기간도과
ⓐ 안 때로부터 3년간
ⓑ 행위한 날로부터 10년간</td><td>Ⓐ 물권의 대세적 효력, 등기의 공신력 없음(선의·악의 불문하고 말소됨)
(법리론)
Ⓑ ⓐ ⓑ의 기간이 경과하지 않았음(부인)</td></tr>
<tr><td rowspan="2">대여금청구</td><td>2010.1.5.</td><td>① 소비대차계약
ⓐ 소비대차계약
ⓑ 이자·이율의 약정
ⓒ 원본의 인도
ⓓ 변제기의 도래
변제기 약정 없음
최고, 2016. 1. 4.까지
지급요망
② 무권대리의 묵시적 추인
ⓐ 현명,
ⓑ 대리권 없음
ⓒ 묵시의 추인
③ 상계
ⓐ 자동채권의 발생
ⓑ 상계적상(동종, 변제기)
ⓒ 상계의 의사표시, 도달
ⓓ 상계충당</td><td>Ⓐ 소멸시효 완성
상행위, 5년간</td><td>Ⓐⓐ회사 설립자금(회사가 제3자로부터 차용하거나, 신주를 발행하고 납입된 주식인수자금으로 회사 설립에 필요한 용도로 사용했다 해도 제3자의 대여행위나 신주인수행위는 상행위가 되지 않는다. 회사는 설립 후 차용금을 상환하거나 주식을 발행하면 되기 때문이다.) 마련은 상행위가 아님
ⓑ10년 경과하지 않았음</td></tr>
<tr><td>2010.2.20.</td><td>① 주식회사 대천, 윤우상이 공동차주
주식회사 대천의 운영자금 조달
[상법 제57조 제1항; 연대채무]
② 소비대차계약
ⓐ 소비대차계약
ⓑ 이자약정 無
ⓒ 원본의 인도
ⓓ 변제기 도래
③ 시효이익의 포기(윤우상)[125]
ⓐ 소멸시효 완성(상행위, 5년간)
ⓑ 부담부분에 절대적 효력
[따라서 주식회사 대천에 대해서는 나머지 부분만 청구 가능]
ⓒ 윤우상의 시효이익의 포기
[연대채무자 1인의 시효이익의 포기는 상대적 효력밖에 없음, 그러므로 윤우상에 대해서는 전액 청구 가능]</td><td>Ⓐ[항변] 주식회사 대천
ⓐ 상행위, ⓑ5년간

[재재항변] (a)제3자에 의한 채권가압류결정, (b)그 가압류결정이 먼저 송달되어 압류 및 전부명령은 효력 없음]

Ⓑ 상계
ⓐ 자동채권
ⓑ 상계적상
ⓒ 상계의 의사표시, 도달</td><td>Ⓐ 시효중단(재항변)
ⓐ최고
ⓑ6개월 이내에 압류 및 전부명령
(a)압류 및 전부명령
(b)채무자 및 제3채무자에 대한 송달
[재재항변 (b)에 대한 부인]
가압류가 압류 및 전부명령보다 먼저 송달되어도 경합이 인정되는 압류는 효력 있고, 전부명령만 효력 없음(법리론)
Ⓒ ⓑ 상계적상이 없음(부인)</td></tr>
</table>

주주대표소송	① 소수주주(1/100이상) ② 소제기요청, 30일이내 부제소 ③ 이사의 회사에 대한 손해배상책임 ⓐ 대표이사, 이사(결의) ⓑ 법령·정관위반, or 임무해태 ⓒ 고의·과실 **[전속관할 상법 제186조, 제403조 제7항]**	Ⓐ 경영판단원칙 준수 면책	Ⓐ 부인(배임수재 법령위반으로 경영판단원칙 적용배제)
건물인도, 사용·수익법정과실 반환청구	① 소유권자 ⓐ대지 : 특정승계취득 ⓑ건물 : 신축으로 인한 원시취득 및 특정승계 ② 매매계약 ⓐ 매매계약체결 ⓑ 계약금 수령, 중도금 수령과 함께 건물 인도 ⓒ 잔금 지급거절(이행지체) ③ 매매계약의 해제 ⓐ 상당한 기간을 정하여 최고하면서 이행하지 않으면 해제된다는 정지조건부 해제의 의사표시, 도달 ⓑ 미이행 ④ⓐ매수인; 원상회복 및 매수인의 과실반환권[다음 공동차주들과 부진정연대채무]		
인도청구 부당이득반환	① 소유물반환청구 ⓐ 소유권자 ⓑ 점유 ② 민법 제749조 제2항에 의한 악의간주[내용증명우편 받은 다음날부터 악의될 가능성은 상존] ④ 임료 상당 부당이득	Ⓐ 기판력 Ⓑ 상가건물임대차 대항력 Ⓒ 동시이행항변	Ⓐ 변론종결후의 사유 (시적한계) Ⓑ 해제 후 대항력 취득하여 보호받는 제3자도 아님 Ⓒ 물권적 청구권의 행사이므로 임대차의 동시이행항변권 적용 없음

125) 기록 31면에 확약서에 윤우상의 시효이익의 포기 의사표시가 나타난 확약뿐만 아니라 주식회사 대천의 경우도 확약을 하여 시효이익의 포기를 한 것이 아닌가의 의문을 제기하는 수강생이 있었다. 좋은 지적이다. 주식회사 대천은 압류 및 전부명령으로 인해 시효중단되었기 때문에 소멸시효가 완성되지 않아 시효이익의 포기문제는 발생하지 않는다. 다만 위 확약서가 다른 연대채무자의 소멸시효 완성으로 그 부담부분에 한하여 절대적 효력이 있어 그 부담부분이 소멸하게 되는데 그 효과를 포기하는 의사표시로서 확약한 것이라고 해석할 수 있는가?라는 질문이 된다. 정확하게는 그에 관한 학설이나 판례가 현재 잘 찾아지지 않는다. 거칠게 답변하면 시효이익의 포기를 하려면 소멸시효가 완성된 점을 알면서 포기해야 한다. 다만 포기를 한 자는 그 점을 알고 포기의 의사표시를 한 것으로 추정한다. 여기서 다른 연대보증인의 소멸시효 완성으로 그 부담부분이 소멸한다는 것은 법조인조차 정확하게 파악하기 어려운 것이다. 비법률가인 주식회사 대천이 위와 같은 확약을 했을 때 그 점을 알고 포기했으리라고 보기 어렵다. 그래서 부담부분 소멸효과가 있다고 답안을 구성하는 것이 사리에 맞다. 그래도 추가적인 연구는 필요하다.

2. 상속회복청구권

가. 상속회복청구권은 본질은 물권적 청구권이다.

상속회복청구권은 원고의 소유권 취득원인이 상속인 상태에서 피고가 상속인으로 참칭됨으로써 결과적으로 원고의 소유권이 침해된 경우에 인정되는 물권적 청구권을 일컫는다. 참칭은 "상속인이 아닌데도 상속인으로서의 지위를 가지는 경우"를 말한다. 친자관계 없는데도 가족관계등록부상 친자로 등록된 경우가 대표적일 수 있다. 다만 참칭을 해석함에 있어 이러한 기본적 해석에서 더 나아가 상속인 중 1인이 상속재산분할약정서 등을 위조하여 다른 상속인의 상속분도 취득하는 경우도 광의의 참칭으로 본다. 이처럼 상속회복청구권은 본질적으로는 물권적 청구권이다. 따라서 원고가 상속에 의해 소유권자가 되었다고 하더라도 피고가 참칭이외의 방법으로 그 소유권을 침해한다면 물권적 청구권이 인정될 뿐 상속회복청구권에는 해당되지 않는다. 본 사안에서는 소외 김원호가 같은 상속인의 입장에서 상속재산협의분할서를 위조하여 원고 상속분인 2/7지분에 관해 추가적으로 소유권을 취득하였으므로 상속회복청구권의 범주에 포함된다.(대법원 2006. 7. 4. 선고 2005다45452 판결)

나. 상속회복청구권의 제척기간

물권적 청구권은 현재 또는 장래의 침해가 계속되는 한 시효로 소멸하거나 제척기간의 저촉을 받지 않는다. 하지만 상속회복청구권의 경우 비록 그 성질이 물권적 청구권이라도 상속관련 분쟁의 조속한 해결을 목적으로 안 날로부터 3년, 침해행위가 있은 날로부터 10년이라는 제척기간이 설정되어 있다. 과거 "상속이 있었던 날로부터 10년"이라는 규정이 위헌결정을 받고 개정되어 "침해행위가 있은 날로부터 10년"이라고 수정되어 현재 시행되고 있다. 또 1960. 1. 1. 구민법하에서는 현행 민법 제999조 제2항과 같은 제척기간 규정이 없었으므로 현행 민법 시행전에 발생한 상속회복청구권은 다른 물권적 청구권과 같이 소멸시효나 제척기간의 적용이 없이 침해가 존재하는 한 계속 상속회복을 청구할 수 있다.(대법원 2003. 7. 24. 선고 2001다48781 전원합의체 판결) 물론 등기부취득시효가 완성되었을 가능성이 높으므로 위와 같이 문제될 경우란 거의 없을 것이다.

3. 소비대차계약과 그 항변

가. 이자와 지연손해금

1) 이자지급약정이 없거나 이율에 관한 약정이 없을 때

민사채무의 경우에는 원칙적으로 이자지급약정이 없으면 이자의 지급을 청구할 수 없다. (opt-in 방식) 다만 이자의 약정이 있으면 이율의 약정이 없더라도 민법 제379조에 의해 연5%의 이자지급을 구할 수 있다. 이때 민사사안의 경우는 민법 제379조에 의해 연 5%의, 상행위로 인한 경우에는 상법 제54조에 의해 연 6%의 법정이율을 적용하여 이자지급을 구할 수 있다. 또 상인이

영업에 관하여 대여하였거나 금전을 체당한 경우에는 이자의 지급을 청구할 수 있다.(상법 제55조)

변제기 이후로는 특약이 없더라도 지연손해금의 지급을 청구할 수 있다.(opt-out 방식)

2) 변제기

원칙적으로 약정상의 이행기의 정함이 없는 경우에는 최고를 한 다음날부터 이행기가 도래한다. 하지만 소비대차에서 변제기의 정함이 없을 경우에는 대주는 최고한 후 상당한 기간이 경과한 때, 차주의 경우에는 즉시 그 반환을 할 수 있다.(민법 제603조 제2항)

다. 대리

1) 처분문서상의 계약자 명의를 확인하여 대리관계를 확정하여야 한다. 본 사안에서는 차주는 피고 이차만이고 그 대리인으로 윤우상이 기재되어 있다. 따라서 윤유상이 대리로 이차만의 차용행위를 한 것이다. 이런 경우 원고는 반드시 윤우상의 대리권을 주장·증명하여야 한다.

2) 사실관계에 의하면 이차만은 윤우상에게 대리권을 수여한 바가 없다는 점을 알 수 있다. 실무상으로는 대리권은 주로 위임장을 통하여 증명할 수 있다.

3) 그렇다면 원고로서는 첫째 표현대리(표현대리의 종류는 3가지)를 주장·증명할 수 있고, 둘째 묵시적·명시적 추인을 주장·증명하여 본인을 상대로 그 이행을 구할 수 있다. 위 첫째 주장과 둘째 주장은 선택적 주장의 관계에 있다. 물론 표현대리 3가지도 선택적 주장의 관계에 있다. 다만 유권대리 주장과 표현대리(또는 추인) 주장 사이에는 주위적·예비적 주장의 관계에 있다.

라. 연대채무의 절대적 효력

1) 연대채무란 연대채무자 1인이 변제, 대물변제, 공탁을 한 경우에는 해당 금액만큼 다른 연대채무자들도 이행의 혜택을 누리고 채무가 소멸한다.

2) 그 외 연대채무자 1인에게 생긴 사유는 원칙적으로 다른 연대채무자에게는 효력이 없다.(상대적 효력)

3) 다만 다음과 같은 두가지 방식으로 연대채무자 1인에게 생긴 사유가 다른 연대채무자에게 효력을 미친다.(절대적 효력)

가) ① 최고, **② 경개**, **③ 상계(당해 연대채무자가 이미 상계의 의사표를 한 경우)**, ④ 채권자 지체는 해당 금액만큼 다른 연대채권자에게도 전부 효력이 발생한다.

나) **⑤ 상계(당해 연대채무자가 아직 상계의 의사표시를 하지 않은 경우 나머지 연대채무자가 그 연대채무자의 부담부분만큼 상계를 할 수 있다.)**, **⑥ 면제**, **⑦ 혼동**, ⑧ 소멸시효완성의 경우는 당해 연대채무자의 부담부분만큼 다른 연대채무자에게도 효력을 미친다.

마. 연대채무와 소멸시효

1) 연대채무자 1인에게 소멸시효가 완성되면 당해 연대채무자의 채무 전체도 소멸할 뿐만 아

니라 다른 연대채무자에게는 당해 연대채무자의 부담부분만큼 채무가 소멸하는 효력이 있다.

2) 다만 연대채무자 1인에 대한 시효중단은 다른 연대채무자에게 전혀 효력을 미치지 않는다. 나아가 이미 채무가 소멸된 연대채무자가 시효이익을 포기하여도 다른 연대채무자에게는 그 효력이 없다.

3) 요약컨대, 소멸시효 관련 절대적 효력은 소멸시효가 완성된 경우 그 연대채무자의 채무전액이 소멸함은 물론 다른 연대채무자의 경우 당해 연대채무자의 부담부분만큼 연대채무가 소멸하는 효과가 있다. 그 외 연대채무자 1인에 대한 시효중단(대법원 2001. 8. 21. 선고 2013다68207 판결)이나 시효이익의 포기는 다른 연대채무자에게는 전혀 효력이 없다.

바. 최고와 소멸시효의 중단

최고를 하면 소멸시효의 진행이 중단된다. 다만 최고 후 6개월 이내에 재판상 청구, 압류, 가압류, 가처분 등을 해야 하고, 이를 하지 않으면 소급하여 시효중단의 효력이 상실된다.(민법 제174조) 특히 최고 후 6개월이내 다시 최고를 하거나 승인을 하는 것만으로 시효중단의 효과가 지속되지 않는다. 특히 최고 후 6개월이내 압류 및 전부명령을 받아 제3채무자에게 송달되었으나 그 전에 동일 채권에 대하여 제3자에 의한 채권가압류가 되어 제3채무자에게 먼저 송달된 경우에는 압류와 가압류는 경합하여 존속하나 전부명령은 그 효력을 상실한다.(대법원 2014. 11. 13. 선고 2010다63591 판결)

사. 피고 강수근, 박수현, 한우경을 상대로 한 인도청구

1) 계약해제로 인한 원상회복의무로서 매매목적물 인도청구는 원칙적으로 채권적 청구권으로 본다.(대법원 1993. 9. 14. 선고 92다1353 판결) 따라서 물권적 청구권의 경우 간접점유자를 상대로 인도청구를 할 수 없고, 직접점유자를 상대로만 인도청구를 할 수 있다는 법리의 적용을 받지 않는다. 따라서 이러한 채권적 청구권과 물권적 청구권은 청구권 경합의 관계로 병합하여 행사할 수 있다.

2) 특히 본 사안에서 원고가 간접점유자인 피고 강수근을 상대로는 원상회복이라는 채권적 청구권에 기하여, 직접점유자인 피고 박수현, 한우경에 대하여는 소유물반환청구라는 물권적 청구권에 기해 건물인도 청구를 할 수 있다. 원고가 승소판결을 받은 후 직접점유자를 상대로 인도집행을 마치면 간접점유자를 상대로도 인도집행을 마친 것으로 본다.(대법원 2000. 2. 11. 선고 99그92 결정 참조)

3) 만약 원고가 직접점유자인 피고 박수현, 한우경을 상대로 인도집행을 마치면 피고 강수근은 매매계약금·중도금의 반환의 동시이행을 주장할 수 없는 불이익을 받을 수 있다. 이런 이유로 많은 수험생들은 피고 강수근에게 인도청구를 하면서 피고 박수현, 한우경에게는 퇴거청구만을 하였다. 물론 위와 같은 청구가 과다청구의 효과가 없는 가장 합리적인 소제기일 것이다.

4) 다만 위와 같은 불이익은 피고 강수근이 피고 박수현, 한우경 등을 상대로 점유이전금지가

처분을 해 두거나, 강제집행 과정에서 제3자 이의의 소(대법원 2009. 4. 9. 선고 2009다1894 판결)를 제기하는 등으로 자신의 불이익을 방지할 수 있으므로 원고로서는 법률상 청구가 가능한 최대청구를 할 수 있다. 의뢰인의 희망사항에서 "집행단계에 가서는 누구를 상대로 어떤 집행을 하는 것이 좋을지 예상할 수 없으므로 법리상 가능한 모든 청구를 해 주기 바란다."는 것도 이와 같은 상황을 염두에 둔 것이다.

5) 이와 같은 사정은 원고의 청구가 피고별로 별도로 하는 것이고, 그 청구 모두가 인용될 것이란 보장이 없는 상황하에서 원고측을 대리하는 변호사로서는 원고측이 제기할 수 있는 최대한의 청구를 하는 것이 바람직할 수 있다.

아. 공동사용으로 인한 부당이득반환

수인이 부동산을 공동으로 사용·수익한 데 따른 사용이익의 반환채무는 성질상 불가분채무에 해당된다.(대법원 2001. 12. 11. 선고 2000다13948 판결) 또한 어떤 물건에 대한 직접점유자와 간접점유자가 있는 경우 점유·사용으로 부담하는 부당이득반환의무는 그 법적 성질이 부진정연대채무이다.(대법원 2012. 9. 27. 선고 2011다76747 판결)

4. 구체적인 강평

가. 형식적 기재사항

1) 먼저 원고, 소송명의 표시, 전체결론, 작성일자, 대리인의 표시, 관할법원의 표시 등을 작성한 다음 청구취지, 청구원인을 작성하는 것이 좋다.

2) 의뢰인이 원고가 된다. 다만 나중에 그 의뢰인이 물권자인지, 약정의 상대방인지를 검정해 보아야 한다.

3) 등기, 등록 관련 청구를 할 때는 원고와 피고의 주민등록번호는 반드시 기재해야 한다.

4) 관할법원 중 소송대리인의 사무소 주소지를 관할하는 법원을 관할법원으로 표시하는 것이 좋다.

5) 금원의 표시를 할 때 200,000,000원이라 해야 하고, 2000,0000원이라고 표시해서는 안 된다.

6) 사건명은 청구취지 앞에 위치시켜야 한다. 청구취지를 청구원인이라고 표시해서는 안 된다.

나. 청구취지

1) 청구취지를 구상함에 있어 반드시 의뢰인의 희망사항을 면밀히 검토하여 그 희망사항을 달성할 수 있는 청구취지를 구상하고, 그 희망사항과 전혀 관련이 없는 청구취지는 절대 상상하지 말아야 한다.

가) 본 사안에서 전부금을 지급받게 해 달라는 요청이나 김은우에 대한 청구를 해 달라는 희망사항이 전혀 없다. 그러므로 법리를 검토할 필요 없이 전부금 청구를 해서는 아니 된다.

나) 본 사안에서 의뢰인은 가등기에 기한 본등기를 해달고 희망한 바가 없다. 그러므로 가등기에 기한 본등기를 하라는 청구를 해서는 안 된다.

2) 아래와 같은 물권적 청구권을 행사하는 이행청구 소송은 본질상 불가능하다. 그 이유를 잘 숙지하여 절대 틀리지 말아야 한다.

가) 피고 주식회사 대천은 피고 이차만에게 손해배상 소송을 제기하라.

나) 피고 주식회사 대천은 피고 이차만에게 200,000,000원을 지급하라는 소를 제기하라.

다) 피고(매도인)는 원고(매수인)에게 ...관하여 서울중앙지방법원 2016. 2. 1. 접수 제12345호로 된 저당권설정등기(저당권자는 B은행)를 말소하라.

3) 아래와 같은 형성소송은 본질상 불가능하다. 그 이유를 잘 숙지하여 틀리지 말아야 한다.

가) 이 사건 매매계약을 취소한다.(채권자 취소)

나) 상속재산 협의분할을 취소한다.

4) 다음 청구취지는 이차만 명의 소유권이전등기가 말소되고 나면 다시 이전등기해 줄 수 없으니 논리상 맞지 않다.

"피고 이차만은,

가, 소외 김원호에게[126] ... 부동산에 관한 서울남부지방법원 영등포등기소 2014. 6. 12. 접수 제27528호로 마쳐진 소유권이전등기의 말소등기 절차를 이행하고,

나. 원고에게 ... 부동산 중 2/7에 관하여 진정명의회복(또는 상속회복[127]))을 원인으로 한 소유권이전등기 절차를 이행하라."

5) 이전등기청구와 말소등기청구를 혼합하여 청구하면 안 된다.

예를 들면, "피고 이차만은 원고에게 ...부동산 중 2/7지분에 관하여 서울남부지방법원 영등포등기소 2014. 6. 12. 접수 제27528호로 마친 소유권이전등기 절차를 이행하라."라고 청구하면 안 된다.

6) 소외 최숙이, 소외 김원호 명의의 협의분할을 원인으로 한 등기는 유효하다. 그러므로 다음과 같이 청구하면 안 된다.

"피고 이차만은 소외 최숙이에게 ...부동산 중 3/7지분, 소외 김원호에게 2/7지분, 원고에게

126) 말소등기를 청구할 때는 원고가 소유권자임을 원인으로 하기 때문에 소외 김원호라는 기재는 맞지 않다.

127) 일부는 "상속회복을 원인으로 한 소유권이전등기 절차를 이행하라"라는 청구취지를 작성한 경우가 있었다. 상속회복은 상속으로 소유권을 취득한 소유권자가 참칭상속인에 의해 그 소유권이 침해당하였을 때 행사하는 물권적 청구권을 특히 '상속회복 청구'라고 할 뿐이어서 독자적인 소유권이전등기의 등기원인이 될 수 없다.

2/7지분에 각 관하여 진정명의회복을 원인으로 한 소유권이전등기 절차를 이행하라."는 청구는 실체관계에 맞지 않는다.

7) 금전이행을 청구할 때는 원칙적으로 이행기를 확인하여 지연손해금의 지급을 병합하여 청구하여야 한다. 이때 소장부본 송달 다음날부터는 소촉법상의 15%로 인상하여 청구하여야 한다.

다만 쌍무계약의 반대채무의 이행과 동시이행으로 금전지급의 이행청구를 할 때

① 그 반대채무는 이행지체에 빠져 있지 않기 때문에 지연손해금의 지급을 구할 수 없고, 그래서 소촉법상의 15%로 인상하여 지급을 명할 수 없다.

② 또한 가급적 반대채무를 공제한 다음 나머지 금전지급의 청구는 삼가야 한다.

8) "연대하여" 또는 "공동하여" 또는 "합동하여"라는 채무자들간의 공동관계를 설시하는 문구를 적재적소에 적절하게 사용하여야 한다.

9) "퇴거하고, 인도하라"는 중복청구라는 점을 잘 이해해야 한다.

10) 피고 박수현, 한우경에 대한 청구는 소유권 침해(점유)를 원인으로 한 청구이기 때문에 제3자인 강수근으로부터 임대차보증금을 상환받고 임대목적물을 인도하라고 청구하면 안 된다.

11) 만약 상계주장을 받아들여 상계 후 나머지 청구를 할 때는 상계충당까지 마치고 그 나머지 금원의 지급을 구하여야 한다. 청구취지에서 상계를 한 나머지를 지급하라고 하면 청구취지가 불명확하기 때문에 부적절하다.

예를 들면 "피고 이차만은 원고에게 1억 원 및 이에 대하여 ... 연 5%의, 그 다음날부터 다 갚는 날까지 연 15%의 각 비율에 의한 금원에서 4,000만원을 공제한 금원을 지급하라."라거나 "피고 이차만은 원고에게 100,000,000원 및 이에 대하여 이 사건 소장 부본 송달일부터 다 갚는 날까지 연 6%의 비율에 의한 금원에서 40,000,000원 및 2015. 12. 4.부터 다 갚는 날까지 월 1,000,000원의 비율에 의한 금원을 공제한 나머지 금원을 지급하라."라는 방식의 청구취지 기재는 부적절하다.

또는 "피고 이차만은 원고로부터 금 4,000만원 및 이에 대한 2015. 12. 4.부터 다 갚는 날까지 월 2.5%의 비율로 계산한 돈을 지급받음과 동시에 금 1억 원 및 이에 대한 2010. 1. 5.부터 2016. 1. 4.까지는 연 4%의, 그 다음날부터 다 갚는 날까지는 연 5%의 각 비율에 의한 금원을 지급하라."는 청구취지도 부적절하다.

12) 이행청구가 가능하면 확인의 소를 제기할 수 없다. 그런 확인의 소는 확인의 이익이 없다고 각하된다.

다. 청구원인

1) 청구원인의 머리말

머리말기호로 Ⅰ,Ⅱ, Ⅲ... 등이나 ①, ②, ③... 등은 매우 부적절하다. 심지어 Ⅰ.이라고만 해두고 죽 써내려간 경우도 있었든데 매우 부적절하다. 1. (1) ①이란 순서로 표시한 경우도 있다. 반드시 1. 가. 1), 가), (1), (가)란 단계를 지켜 머리말을 삼아야 한다.

2) 가급적 청구원인 – 소결론 – 피고 ...의 주장에 대한 반박이란 순서로 기재하는 것이 좋다.

그런 측면에서 2015. 1. 5. 대여금청구에서 상대방의 상계주장을 인정하여 대여금을 감축하여 청구하고 있기 때문에 상계는 항변이 아니라 청구원인사실이 된다. 또 피고 윤우상의 무권대리를 인정하여 청구하는 마당에 묵시적 추인도 청구원인 사실이 된다.

그런데 아주 많은 수험생들이 다음과 같이 기술하고 있다.

예 1) " 피고 이차만은 2015. 11. 4. 교통사고로 인한 손해배상금 채권으로 상계한다고 주장(또는 항변, 또는 예비적 항변)하고 있습니다."

예 2) 거의 100% 수험생들은 "피고 이차만은 피고 윤우상에게 대리권을 수여한 바가 없다고 주장하고 있습니다. 그러나 ...라는 사실에 의하면 피고 윤우상의 무권대리행위를 알고 사후에 묵시적으로 추인하였습니다."라는 체제로 적고 있다.

3) 내용은 해제로 쓰면서 청구원인의 구체적인 사실을 기술할 때는 취소라고 기재하면 수미일관하지 못한 용어를 사용한다는 비난을 피하기 어렵다.

4) "원고는 ...등기되어 소유로 추정되고, 피고 강수근은 잔금 3억 원을 지급하지 않은 채 현재 점유 중에 있습니다."는 기재는 해제로 인한 원상회복청구권이라는 청구원인을 제대로 설명하지도 못하고, 요건사실에 해당하는 구체적인 역사적·자연적 사실을 기재하는 것도 아니어서 부적당하다.

5) 70% 이상의 수험생들이 의외로 주주대표소송을 정확하게 기재하고 있으나, 2010. 2 20.자 대여금 청구의 정답을 맞춘 수험생은 없었다.

6) 원고가 피고 이차만을 상대로 진정명의회복을 원인으로 한 소유권이전등기를 청구할 수 있는 근거는 ① 원고가 소유권자로서 ② 피고가 그 명의로 소유권이전등기를 보유하는데 ③ 그 소유권이전등기가 무권리자(소외 김원호)로부터 취득하여 무효이어서 그 소유권을 방해하고 있기 때문이다. 즉 원고가 직접 피고 이차만을 상대로 그 소유권이전등기의 말소를 구할 수 있다. 말소등기청구에 갈음하여 최후의 무효등기 명의자를 상대로 진정명의회복을 원인으로 한 소유권이전등기를 구할 수 있는 것이다. 따라서 원고는 소외 김원호가 갖는 피고 이차만에 대한 말소등기청구권을 대위행사하는 것이 아니다.

소외 최숙이 등이 임의로 원고 명의 협의분할약정서를 작성하고, 관공서에서 인감증명서 등을 발급받아 협의분할의 등기를 신청하였다. 소외 최숙이는 법정대리인으로서 원고 명의 협의분할약정서를 작성한 것이 아니다. 따라서 이해상반행위의 특별대리인 선임이 필요하지 않다. 따라서 무권대리행위도 이해상반행위도 아니며 일종의 위조행위에 불과하다. 그러므로 항상 협의분할약정서와 같은 처분문서상의 약정의 당사자가 누구인지를 확인하여 직접 처분문서가 작성되었는지 아니면 대리행위로 작성되었는지를 확정한 다음 후자의 경우 비로소 대리행위 관련 법이론을 적용하여야 한다.

7) 2010. 2. 20.자 대여금 청구에 대한 상대방의 주장에 대한 반박 중 피고 윤우상이 한 확약에 의한 소멸시효이익의 포기는 주식회사 대천에는 아무런 효력이 없다. 피고 주식회사 대천과 피고 윤우상은 연대채무들로서 1인의 행위가 다른 연대채무자에게 효력이 있는 경우(소외 절대적 효력)는 ①[128] ⓐ 최고, ⓑ 경개, ⓒ 상계[129], ⓓ 채권자 지체, ② ⓐ 상계, ⓑ 면제, ⓒ 혼동, ⓓ 소멸시효완성 뿐이고, 나머지 사유들은 관련 연대채무자에게만 효력(상대적 효력)이 있을 뿐이다. 따라서 피고 윤우상에 대한 소멸시효 완성으로 인해 피고 윤우상의 부담부분은 ②ⓓ에 의해 소멸하나 그 후 피고 윤우상이 시효이익의 포기를 하였더라도 위 ①, ②사유들 중 시효이익의 포기는 연대채무자들 사이에 절대적 효력으로 인정한 규정이 없어 결국 상대적 효력을 가질 수밖에 없다. 따라서 피고 윤우중의 시효이익의 포기에도 불구하고 피고 주식회사 대천은 피고 윤우상의 부담부분인 2,500만원은 소멸시효 완성으로 소멸하고 나머지 2,500만원만 피고 윤우상과 연대하여 이행할 의무를 부담하게 된다.

이와 유사한 사례는 주채무자와 보증인 사이에서 주채무와 보증채무 모두 소멸시효가 완성된 후 보증채무자가 자신의 채무에 대한 시효이익의 포기를 하였다고 하더라도 주채무의 시효로 인한 소멸의 효과가 그 부종성을 가진 보증채무까지 소멸하게 하는 효력이 있기 때문에 소멸시효의 완성으로 소멸하였다는 주장을 할 수 있다.(2016년 법전협 실시 제1회 민사기록형 모의시험 문제 참조)

8) 2010. 1. 5.자 대여금 청구이든 2010. 2. 20.자 대여금 청구이든 현재 이행지체에 빠져 있는 한 지연손해금을 '다 갚는 날까지"라 하여 청구하더라도 "미리 청구할 필요"에 관한 판단은 불필요하다.

9) 다음 청구원인 기재를 살펴보고 틀린 점들에 관해 토론해 보자

가) "피고 윤우상이 피고 이차만의 대리인을 사칭하며 피고 이차만에게 회사 설립 자금의 대여를 부탁하여 2010. 1. 5. 대주 김원규, 차주 이차만, 대여금 1억 원, 이자 연 4%, 이행기 약정 없는 대여금 계약을 체결하고 1억 원을 피고 윤우상에게 김원규가 주었습니다."

나) "원고는 2010. 1. 5. 피고 이차만의 대리인 피고 윤우상과 사이에 1억 원을 이자는 연 4%로 하되 원금 상환시 일시불로 지급하기로 약정하였습니다."

10) 피고 박수현, 한우경에 대한 청구는 ① 원고는 소유권자이고, ② 위 피고들은 현재 점유하고 있다라는 사실에 근거하여 물권적 청구권의 일종인 소유물반환청구를 행사하는 것이다. 그런데 일부 수험생들은 원고가 피고 강수근의 피고 박수현, 한우경에 대한 임대차계약 해지를 대위행사하

128) ①의 사유들은 그 사유 전체가 절대적 효력이 있는 반면 ②의 사유들은 관련 연대채무자의 부담부분에 한하여 다른 연대채무자에게 절대적 효력이 있다.

129) ①ⓒ상계는 당해 연대채무자가 상계를 했을 때 전체에 절대적 효력이 발생하고, ②ⓐ상계는 당해 연대채무자가 상계를 하지 않고 있을 때 다른 연대채무자들이 당해 연대채무자의 부담부분에 한해 상계를 할 수 있다는 것을 정해 둔 것이다.

여 그 반환청구권을 채권자 대위의 형식으로 청구한다고 주장하고 있다.

11) 법조인들의 글쓰기는 법문서 작성의 일반원칙을 잘 지켜야 한다. 물론 일부 수험생들은 아직도 일반인들의 글쓰기 습관을 버리지 못한 경우가 있다.(아래 예 1) 그러나 대부분의 수험생들은 법학적 글쓰기를 배운 후에는 일반인들의 글쓰기와 법학적 글쓰기를 혼합하여 국적불명의 글쓰기를 하고 있다. 따라서 제대로 된 법학적 글쓰기를 배우려면 배전의 노력으로 집요하게 예전의 글쓰기 습관을 고쳐 나가야 할 것이다.

예 1) "소외 김창근은 2005. 9. 7. 사망하였고, 상속재산으로 서울 영등포구 문래동 299 대 300㎡가 존재하였습니다. 한편 상속으로 인하여 원고 김현규는 문래동 대지에 관한 지분을 원시취득한다 할 것입니다."

예 2) "다만 소외 최숙이가 원고의 동의 없이 한 상속재산 협의분할은 원고의 지분만큼은 원인무효입니다. 따라서 원고의 지분인 2/7 부분은 원고의 소유로서 피고 이차만의 등기는 원인무효의 등기로서 진정명의 회복을 원인으로 한 소유권이전등기를 청구합니다."

예 3) "피고 이차만은 2014. 6. 9. 소외 김원호로부터 문래동 대지를 매수하여 2014. 6. 12. 그 소유권이전등기를 경료하였습니다. 그런데 위 대지는 원고의 모인 소외 최숙이가 원고의 동의 없이 인감증명서를 발급받아 2007. 9. 20. 원고의 형인 소외 김원호에게 상속재산 협의분할을 원인으로 소유권이전등기를 한 것입니다."

예 4) "피고 이차만은 2010. 2. 20. 피고 주식회사 대천의 대표이사의 지위에서 원고에게 피고 윤우상을 공동차용인으로 하여 금 5,000만원을 이자약정 없이 변제기 2011. 2. 20.로 정하여 차용하였습니다."

소 장

원 고 김 원 규 (690512－1324212)[130)]
서울 서초구 꽃마을로 210
소송대리인 변호사 박재남
서울 서초구 서초대로 100, 708호 (서초동, 정화빌딩)
전화번호 (02) 515－3000, 팩스번호 (02) 515－3001
전자우편 jnpark@naver.com

피 고 1. 이 차 만 (700124－1752324)
서울 서초구 방배대로 29
2. 주식회사 대천
서울 동작구 사당로 52, 502호 (사당동, 대천빌딩)

130) 등기, 등록 등이 필요한 당사자를 제외하고는 주민등록번호를 기재하지 않아도 된다. 본 사건에서는 원고와 이차만의 주민등록번호는 반드시 기재하여야 한다.

대표이사 윤우상[131)]

3. 윤 우 상 (681202－1424362)
수원시 권선구 원천로 42

4. 강 수 근 (650721－1292425)
서울 송파구 올림픽로35길 105

5. 박 수 현 (520410－2143651)
서울 마포구 공덕대로 16

6. 한 우 경 (580421－2237382)
서울 마포구 염창로 453

소유권이전등기 등 청구의 소

청 구 취 지

1. 피고 이차만은,

가. 원고에게,

1) 서울 영등포구 문래동 299 대 300㎡ 중 7분의 2 지분에 관하여 진정명의회복을 원인으로 한 소유권이전등기 절차를 이행하고,[132)]

2) 금 83,000,000원 및 이에 대한 2016. 1. 5.부터 이 사건 소장부본 송달일까지는 연 5%의, 그 다음날부터 다 갚는 날까지는 연 15%의 각 비율에 의한 금원을 지급하고,

나. 피고 주식회사 대천에게 200,000,000원 및 이에 대한 2014. 10. 5.부터 이 사건 소장 부본 송달일까지는 연 5%의, 그 다음날부터 다 갚는 날까지는 연 15%의 각 비율에 의한 금원을 지급하라.

2. 원고에게,

가. 피고 윤우상은 50,000,000원 및 이에 대한 2011. 2. 21.[133)]부터 이 사건 소장 부본 송달일까

---

131) 소송의 목적이 되는 권리관계가 이사 재직 중에 발생한 것이긴 하나 이미 회사를 떠난 이상 회사가 그 자를 상대로 제소하는 경우에는 특별한 사정이 없는 한 상법 제394조 제1항의 적용 없이 현재의 대표이사가 회사를 대표하여 소송행위를 할 수 있다. (대법원 2002. 3. 15. 선고 2000다9086 판결)

132) 만약 의뢰인의 희망사항에서 "형인 김원호를 피고로 삼지 않는 방법으로 문제를 해결하기 바란다."라는 제한 문구가 없었다면 원고는 김원호도 피고로 삼아 다음과 같이 말소청구의 형태로 청구취지를 작성할 수 있다.

"원고에게,

가. 피고 김원호는 서울 영등포구 문래동 299 대 300㎡ 중 2/7지분에 관하여 서울남부지방법원 영등포등기소 2007. 9. 20. 접수 제53571호로 마친 소유권이전등기의,

나. 피고 이차만은 같은 부동산 중 2/7지분에 관하여 같은 등기소 2014. 6. 12. 접수 제27528호로 마친 소유권이전등기의

각 말소등기 절차를 이행하라."

말소등기 청구는 소위 보존행위로서 통상 자신의 지분을 넘어 공유자 지분 전체에 관해 말소를 청구할 수 있으나, 본 사안의 경우는 2/7지분은 피고 김원호의 상속지분이고, 3/7지분은 모친인 소외 최숙이가 자신의 의사에 기해 협의분할해 준 것이기 때문에 김원호의 처분이 실체관계에 부합한다. 그래서 원고 자신의 지분에 해당하는 2/7지분만을 특정하여 말소를 구해야 한다.

133) 2010. 2. 20.자 5,000만원 대여금 약정에는 이자지급에 관한 약정이 없었다. 게다가 원고는 당시 상인이 아니었으

지는 연 6%의, 그 다음날부터 다 갚는 날까지는 연 15%의 각 비율에 의한 금원을 지급하고,

나. 피고 주식회사 대천은 피고 윤우상과 연대하여 위 가.항 기재 금원 중 25,000,000원 및 이에 대한 2011. 2. 21.부터 이 사건 소장 부본 송달일까지는 연 6%의, 그 다음날부터 다 갚는 날까지는 연 15%의 각 비율에 의한 금원을 지급하라.

3. 원고에게,

가. 피고 강수근은 원고로부터 1,200,000,000원 및 위 금원 중 200,000,000원에 대하여는 2015. 7. 1.부터, 1,000,000,000원에 대하여는 같은 해 8. 1.부터 각 다 갚는 날까지 연 5%의 비율에 의한 금원을 지급받음과 동시에

1) 서울 서초구 방배동 154 지상 철근콘크리트조 슬라브지붕 단층 근린생활시설 100㎡를 인도[134]하고,

2) 2015. 8. 1.부터 위 1)항 기재 건물의 인도완료일까지 월 10,000,000원의 비율에 의한 금원을 지급하고,

나. 피고 박수현, 한우경은,

1) 위 가.1)항 기재 건물을 인도하고,

2) 피고 강수근과 공동하여 위 가.2)항 기재 금원 중 2016. 7. 7.부터 위 가.1)항 기재 건물의 인도완료일까지 월 10,000,000원의 비율에 의한 금원을 지급하라.

4. 소송비용은 피고들의 부담으로 한다.

5. 위 제1항의 가.2)항, 나.항 및 제2, 3항은 가집행할 수 있다.

라는 판결을 구합니다.

청 구 원 인

1. 피고 이차만에 대한 청구

가. 진정명의 회복을 원인으로 한 소유권이전등기 청구

1) 원고의 소유권 취득, 피고 명의 원인무효의 등기

가) 원고의 부 소외 망 김창근은 생전에 서울 영등포구 문래동 299 대 300㎡(이하 '문래동 대지'라고 함)를 소유하고 있던 중 2005. 9. 7. 사망하였고, 그 당시 유족으로는 처인 소외 최숙이, 자녀인 소외 김원호와 원고가 있었습니다. 따라서 원고는 문래동 대지 중 7분의 2 지분을 상속으로 취득하였습니다.

나) 원고의 모친 소외 최숙이는 원고의 인감증명서를 임의로 발급받고 협의분할서까지 임의 작성하여 2007. 9. 20. 관할 등기소에 제출함으로써 문래동 대지상에 소외 김원호 단독 명의로 상속재산 협의분할을 원인으로 한 소유권이전등기가 경료해 주었습니다. 이어 소외 김원호는 2014. 6. 9. 피고 이차만에게 문래동 대지를 매도하여 같은 달 12. 피고 이차만 명의로 소유권이전등기가 경료되

므로 상법 제55조에 정해진 "상인이 그 영업에 관하여 금전을 대여한 경우"에 해당되지 않아 이자청구권이 발생하지 않는다. 그렇지만 변제기 이후의 지연손해금의 지급을 구할 수는 있다.

134) 대지는 건물의 소유자가 점유하는 것이다.(대법원 2003. 11. 13. 선고 2002다57935 판결) 그렇다면 본 사안에서 건물의 소유권은 여전히 원고에게 있으므로 건물의 인도만 받으면 자연스럽게 대지의 점유도 하는 셈이 되므로 별도로 대지의 인도를 구할 필요가 없다.

었습니다.

2) 소결론

그렇다면 소외 김원호 명의의 문래동 대지의 원고 지분 7분의 2에 관해 경료된 상속재산 협의분할을 원인으로 한 소유권이전등기는 관련서류들을 일응 위조하여 경료된 무효의 등기라 할 것이고, 소외 김원호로부터 위 무효 부분을 포함하여 매수하여 등기한 피고 이차만 명의 소유권이전등기도 7분의 2 지분에 대해서는 원인무효의 등기라 할 것입니다. 이때 원고는 소외 김원호, 피고 이차만을 상대로 원인무효인 문래동 대지 중 7분의 2에 관해 순차 말소등기 청구를 할 수도 있지만, 그 대신 그 최종 등기명의인인 피고 이차만을 상대로 진정명의회복을 원인으로 한 소유권이전등기 절차의 이행을 청구할 수도 있습니다. 그러므로 피고 이차만은 원고에게 문래동 대지 중 7분의 2 지분에 관하여 진정명의회복을 원인으로 한 소유권이전등기 절차를 이행할 의무가 있습니다.

3) 피고 이차만의 주장에 대한 반박

가) 선의의 제3자로서 대항력을 취득하였다는 주장에 대한 반박

피고 이차만은 소외 김원호가 부동산등기부상 소유자로 등기되어 있는 것을 믿고서 제값을 다 치르고 문래동 대지를 취득한 선의의 제3자로서 원고의 청구에 응할 수 없다고 주장합니다.

원고의 위 청구는 성질상 물권적 청구권으로 원칙적으로 그 물권을 침해하는 모든 자에 대한 우선적 효력이 있고, 우리나라 등기제도에는 공신력이 없는바, 특별한 사정이 없는 한 비록 설령 피고 이차만이 부동산등기부상 소외 김원호 명의로 등기되어 있음을 확인하여 취득한 선의의 제3자라 하더라도 소유권의 가진 권리자인 원고의 말소 등 청구에 대항할 수 없다[135] 할 것이므로 피고 이차만의 위 주장은 이유 없습니다.

나) 제척기간이 도과되어 각하하여야 한다는 주장에 대한 반박

피고 이차만은 원고의 위 청구가 상속인으로서 참칭상속인에 의한 침해를 받았다는 이유로 제기된 소위 상속회복청구이므로 민법 제999조 제2항에 의해 안 날로부터 3년간, 침해행위가 있은 날로부터 10년 이내에 제기되어야 함에도 이러한 기간을 도과하여 이 사건 소가 제기되었으므로 이 부분이 각하되어야 한다고 주장합니다.

피고 이차만의 주장처럼 원고의 위 소유권이전등기청구는 상속회복청구의 일종입니다. 하지만 원고는 2014. 6. 14.경 모친 최숙이, 소외 김원호와 다투면서 비로소 알게 되었으며, 모친 소외 최숙이가 임의로 원고 명의 인감증명서를 발급받고, 협의분할약정서를 작성하여 등기를 경료한 2007. 9. 20. 비로소 침해행위가 있었습니다. 따라서 2017. 1. 13. 제기하는 이 사건 소는 안 날로부터 3년이, 침해행위가 있은 날로부터 10년이 경과되기 전에 제기된 점은 역수상 명백하므로 피고 이차만의 위 주장도 이유 없습니다.

나. 2010. 1. 5.자 대여금 반환청구

1) 대여금 계약, 이자·이율의 약정, 원본의 지급, 변제기의 도래, 무권대리의 추인, 자동채권의 발생, 상계적상, 상계의 의사표시 및 도달

가) 원고는 2010. 1. 5. 피고 이차만의 대리인을 자처하는 피고 윤우상에게 1억 원을 이자는 연 4%로 하되 원금상환시 일시불로 지급하고, 변제기는 정하지 않은 채 대여하였습니다. 원고는 2015. 12. 27. 피고 이차만에게 내용증명우편을 보내 2010. 1. 5. 대여해 준 1억 원의 원금과 이자

135) 대법원 1991. 12. 24. 선고 90다5740 전원합의체 판결 참조.

등을 2016. 1. 4.까지 모두 지급해 줄 것을 최고하였고, 2015. 12. 28. 피고 이차만에게 도달하였습니다. 한편 민법 제603조 제2항에 따르면 반환시기의 약정이 없는 때에는 대주는 상당한 기간을 정하여 최고함으로써 반환시기가 도래합니다. 따라서 대주인 원고가 변제기의 정함이 없는 위 채무에 대하여 최고일로부터 상당한 기일인 2016. 1. 4.로 변제기를 정하여 최고한 이상 위 대여금 채무의 변제기는 2016. 1. 4.이 된다 할 것입니다.

나) 피고 이차만은 2012. 2. 20.경 위 가)항의 대여금반환채무와 다음에서 설명하는 2010. 2. 20. 차용금반환채무 모두를 담보하기 위하여 자신 소유의 방배동 대지상에 원고 명의로 매매예약을 원인으로 한 소유권이전등기청구권 가등기를 경료하였습니다.

다) 피고 이차만은 2015. 11. 4.경 원고 운전의 승용차에 동승하였다가 원고의 과실로 발생한 교통사고로 상해를 입고, 같은 달 15.경 원고와 사이에 치료비 등 손해배상채무 일체의 변제로서 같은 해 12. 4. 까지 40,000,000원을 지급하기로 하되 지체할 경우에는 그 미지급금에 위 지급기일 다음날부터 월 2.5%의 비율에 의한 지연손해금을 지급하기로 합의하였습니다. 피고 이차만은 2016. 3. 9. 원고에게 위 합의금 채권으로 2010. 1. 5.자 대여금 채무와 상계한다는 내용의 내용증명우편을 보냈고, 그 다음날 원고에게 도달하였습니다.

2) 상계충당

피고 이차만이 교통사고 합의금 채권을 자동채권으로 하여 수동채권인 2010. 1. 5.자 대여금 채무를 상계하였으므로 양 채권 중 더 후에 도래한 변제기에 상계적상이 갖추어져 대등액으로 소멸할 것입니다. 상계적상일 기준으로 자동채권의 원리금합계액이 수동채권의 원리금 합계액에 이르지 못할 경우에는 비용－이자－원본의 순으로 충당되어야 할 것입니다.

앞서 설명한 바와 같이 교통사고합의금의 변제기는 2015. 12. 4.이나 2010. 1. 5.자 대여금 채무의 변제기는 2016. 1. 4.이므로 더 늦은 2016. 1. 4.이 상계적상일이고, 그 당시 교통사고원리금의 합계액은 41,000,000원(합의금 40,000,000원 ＋ 1개월 지연손해금 40,000,000원 × 0.025 X 1개월)이고, 2010. 1. 5.자 대여원리금은 124,000,000원(원금 100,000,000원 ＋ 이자 100,000,000원 × 0.04 × 6년)이어서 위 41,000,000원으로 이자 24,000,000원에 먼저 충당하고 나머지 17,000,000원(41,000,000원 － 24,000,000원)으로 원금에 충당하면 83,000,000원(100,000,000원 － 17,000,000원)이 남게 됩니다.

3) 소결론

개인이 회사를 설립하기 위하여 한 자금조달행위는 개업준비행위에 해당되지 않으므로 결국 피고 이차만의 위 차용행위는 민법의 적용을 받는다 할 것입니다. 또한 변제기 이후의 지연손해금율은 민사 법정이율인 연 5%를 초과하는 약정이율이 없는 한 민사 법정이율인 연 5%으로 적용하여 청구할 수 있습니다. 따라서 피고 이차만은 원고에게 상계충당된 나머지 대여원금인 83,000,000원 및 이에 대한 상계충당 다음날인 2016. 1. 5.부터 이 사건 소장 부본 송달일까지는 민사 법정이율인 연 5%의, 그 다음날부터 다 갚는 날까지는 소송촉진 등에 관한 특례법 소정의 연 15%의 각 비율에 의한 지연손해금을 지급할 의무가 있습니다.

4) 피고 이차만의 시효소멸 주장에 대한 반박

피고 이차만은 위 대여금 채무는 상행위로 인한 채무로서 차용일로부터 5년이 경과하여 시효로 소멸하였다고 주장합니다.

앞서 설명한 바와 같이 개인이 회사 설립을 위해 금원을 차용한 행위는 개업준비행위 등 그 어떤 상행위에도 해당되지 않습니다.[136] 따라서 민법에 따라 10년의 시효기간을 적용받아야 할 것이고, 이 사건 소제기가 위 차용일로부터 10년이 경과되기 전에 제기되었음을 역수상 명백하므로 피고 이차만의 위 주장은 이유 없습니다.

다. 주주대표소송

1) 소수주주, 이사의 손해배상, 대표소송 제기절차의 경료

가) 원고는 앞서 설명한 바와 같이 2010. 2. 6. 피고 주식회사 대천(이하 '피고 대천'이라고 함)의 설립당시 총 발행주식 20,000주 중 400주를 인수하여 현재까지 보유하고 있는 100분의 2 지분을 가진 주주입니다.

나) 피고 대천의 내규상 1억 원 이상 외상거래를 할 경우에는 금융기관의 신용장이나 담보설정을 받아야 한다고 규정되어 있습니다. 피고 이차만은 대표이사로 근무하던 중 중국 회사로부터 몰래 금품을 받고서 2014. 10. 5.경 신용장도 받지 않고 담보의 설정도 없이 그 중국 회사에 2억 원 상당의 수산물 가공품을 납품하였다가 현재까지 지급받지 못하는 손해를 입혔습니다. 사후에 확인해 보니 그 중국회사는 존재하지도 않았고, 담당자라는 사람은 더 이상 연락도 되지 않고 있습니다.

다) 이에 원고는 2016. 12. 1. 피고 대천에게 피고 이차만의 위와 같은 책임을 추궁할 수 있도록 소를 제기하도록 청구하였고, 같은 달 3. 도달하였으나 그로부터 30일이 지난 지금까지 피고 대천은 아무런 조치를 취하지 않고 있습니다.

2) 소결론

피고 이차만은 대표이사로서 고의로 법령 또는 정관에 위반하여 회사에 손해를 입혔으므로 그 손해를 배상할 책임이 있습니다. 또한 피고 대천의 발행주식 100분의 1 이상을 가진 소수주주인 원고는 위와 같은 소제기 청구에도 응하지 않는 피고 대천을 위하여 주주대표소송의 형태로 소를 제기할 수 있습니다. 따라서 피고 이차만은 피고 대천에게 위 손해금 200,000,000원 및 이에 대한 손해발생인인 2014. 10. 5.부터 이 사건 소장 부본 송달일까지는 민법 소정의 연 5%의, 그 다음날부터 다 갚는 날까지는 소송촉진 등에 관한 특례법 소정의 연 15%의 각 비율에 의한 지연손해금을 지급할 의무가 있습니다.

3) 피고 이차만의 경영판단 주장에 대한 반박

피고 이차만은 당시 피고 대천의 경영상태가 너무 악화되어 있어 물품을 판매하는 것이 더 중요하고 시급하다는 경영상의 판단하에 외상으로 납품하였으나 결과적으로 회사에 손해를 입은 것에 불과하여 면책되어야 한다고 주장하고 있습니다.

회사의 이사가 배임수재를 하여 계약을 체결함으로써 그 계약에 따른 손해가 발생한 경우에는 이를 법령위반의 임무수행에 해당되어 원칙적으로 경영판단의 원칙이 적용되지 않습니다. 또한 피고 이차만 주장의 모든 사정을 살펴보더라도 임무를 수행함에 있어 적합한 절차를 지켜 회사의 최대이익을 위하여 신의성실하게 그 직무를 수행하였고, 그 내용이 현저하게 불합리하지 않게 선량한 관리자의 주의의무를 다하였다고도 보이지 않습니다.[137] 따라서 피고 이차만의 위 주장은 이유 없습니다.

136) 대법원 2012. 7. 26. 선고 2011다43594 판결.

137) 대법원 2008. 7. 10. 선고 2006다39935 판결.

2. 피고 대천 및 피고 윤우상에 대한 대여금 청구

가. 소비대차계약, 원본의 인도, 변제기의 도래, 연대채무

피고 대천과 피고 윤우상은 2010. 2. 20. 공동차주로서 피고 대천의 운영자금으로 사용하기 위하여 원고로부터 50,000,000원을 이자의 정함이 없이 변제기는 1년으로 하여 차용하였습니다. 그렇다면 상법 제57조 제1항에 따라 피고 대천과 피고 윤우상은 원고에게 연대하여 위 대여원금 및 그 지연손해금을 변제할 의무가 있습니다.

나. 피고 대천이 부담하는 연대채무 중 피고 윤우상의 연대채무가 시효소멸함으로 인해 그의 부담부분에 상당하는 채무가 소멸되었음

피고 대천과 윤우상이 원고에 대하여 부담하고 있는 위 채무는 상인인 피고 대천의 운영자금을 조달하기 위한 것으로 상행위에 해당되어 5년의 시효기간 도과로 소멸합니다. 따라서 피고 윤우상의 위 차용금반환채무는 그 이행기인 2011. 2. 20.로부터 5년이 경과되어 시효소멸하였습니다. 그 결과 연대채무자 1인에 대해 소멸시효완성된 때에는 그 부담부분에 한해 다른 연대채무자의 채무가 소멸되는 효과가 있습니다. (민법 제421조) 피고 대천과 윤우상 사이에 부담부분에 관한 별도 약정이 없으므로 이들 사이의 부담부분은 균등한 것으로 추정되므로(민법 제424조) 결국 피고 대천이 부담하는 연대채무 50,000,000원 중 피고 윤우상의 부담부분인 25,000,000원(50,000,000원 × 1/2)이 소멸하였고, 나머지 25,000,000원의 지급채무만을 부담하게 되었습니다.

다. 피고 윤우상의 시효이익의 포기로 인해 50,000,000원 연대채무금의 부담

한편 피고 윤우상은 2016. 6. 5. "이차만과 협의하여 회사가 책임질 부담부분의 채무를 변제하겠고, 만일 2016. 6.말경까지 해결되지 않는 경우에는 본인 명의로 차용한 데 대한 책임으로서 담보라도 제공할 것을 약속"한다는 내용의 확약서를 작성해 주었습니다. 위와 같은 피고 윤우상의 확약은 위 대여금채무가 시효로 소멸하였다는 사실을 알고도 그 시효이익의 포기를 한 것으로 추정[138] 되어 결국 피고 윤우상은 위 대여금채무 50,000,000원을 변제할 책임이 있습니다.

하지만 앞서 설명한 바와 같이 비록 민법 제421조에 의하면 연대채무자 중 일방에 대하여 소멸시효가 완성되어 그 부담부분에 한하여 다른 연대채무자가 의무를 면한 상태에서 그 후 그 연대채무자가 스스로 시효이익을 포기하였다 하더라도 다른 연대채무자의 위 채무소멸효과가 사라지는 것은 아니라 할 것입니다.

라. 소결론

따라서 원고에게, 피고 윤우상은 위 대여금 50,000,000원 및 이에 대한 이행지체에 빠진 2011. 2. 21.부터 이 사건 소장 부본 송달일까지는 상사 법정이율인 연 6%의, 그 다음날부터 다 갚는 날까지는 소송촉진 등에 관한 특례법 소정의 연 15%의 각 비율에 의한 지연손해금을 지급하고, 피고 대천은 피고 윤우상과 연대하여 위 50,000,000원 중 시효소멸한 부분을 제외한 나머지 25,000,000원 및 이에 대하여 이행지체에 빠진 2011. 2. 21.부터 이 사건 소장 부본 송달일까지는 상사 법정이율인 연 6%의, 그 다음날부터 다 갚는 날까지는 소송촉진 등에 관한 특례법 소정의 연 15%의 각 비율에 의한 지연손해금을 지급할 의무가 있습니다.

라. 피고 대천의 시효소멸완성 주장에 대한 반박

1) 피고 대천은 자신의 위 대여금 연대채무도 상행위로 인한 채무로서 5년의 시효기간 도과로

138) 대법원 1967. 2. 7. 선고 66다2173 판결.

소멸하였다고 주장합니다. 그러나 다음과 같은 시효중단조치로 소멸시효가 완성되지 않았습니다.

2) 최고, 6개월 이내의 압류 및 전부명령으로 인한 시효 중단

원고는 위 차용당시 피고 대천 및 윤우상으로부터 즉시 집행을 승낙하는 취지의 공정을 한 차용증을 받아 두었습니다. 그 후 원고는 권리를 행사할 수 있었던 위 대여금 채무의 변제기인 2011. 2. 20.로부터 5년이 경과하기 전인 2015. 12. 20. 피고 대천에게 변제를 최고하는 내용증명우편을 발송하여 그 다음날 도달하였을 뿐만 아니라 그로부터 6개월이 경과하기 전에 위 공정증서를 이용하여 피고 대천을 상대로 피고 대천의 소외 김은우에 대한 60,000,000원 상당의 수산물판매대금 채권을 압류 및 전부신청하여 2016. 5. 17. 압류 및 전부명령이 내려지고, 그 압류 및 전부명령이 같은 달 22. 그 채무자인 피고 대천과 제3채무자인 소외 김은우에게 송달되었습니다.

위와 같이 원고가 위 대여금 채권에 관하여 5년이 경과하기 전에 최고를 하였고, 그 최고일로부터 6개월 이내에 압류 및 전부명령을 신청한 이상 소멸시효의 진행이 적법하게 중단되었다고 할 것이어서 피고 대천의 위 시효소멸 주장은 이유 없습니다.

3) 피고 대천의 가압류 경합으로 인한 압류 및 전부명령 효력상실 주장에 대한 반박

피고 대천은 가사 원고가 최고와 압류 및 전부명령을 거쳤다고 하더라도 위 압류 및 전부명령이 제3채무자에게 송달되기 전에 동일한 채무에 대한 가압류결정이 송달되어 압류 및 전부명령의 효력이 상실되었으므로 결국 최고로부터 6개월이내에 추가적인 소제기·압류·가압류가 없는 본 사안에서 최고의 시효중단효가 소급하여 소멸하여 결과적으로 시효완성되었다고 주장합니다.

피고 대천 주장과 같이 압류 및 전부명령의 대상이 되었던 피고 대천의 소외 김은우에 대한 수산물 판매대금 채권에 관해 소외 김범무가 가압류신청을 하여 2016. 5. 12. 가압류결정이 내려지고, 같은 달 14. 소외 김은우에게 가압류결정문에 송달되어 시간상으로 제3채무자에 대한 가압류결정의 송달이 피고 대천의 압류 및 전부명령의 송달보다 앞선 것은 사실입니다. 그러나 위와 같은 가압류의 송달로서 효력이 없어지는 것은 경합이 허용되지 않는 전부명령만이고[139] 압류명령은 그 가압류와의 경합이 허용되는 것이어서 여전히 그 효력을 유지하고 있고[140] 민법 제174조에 의해 시효중단을 위해 요구되는 것은 압류이므로 최고로 인한 시효중단효는 여전히 유지되고 있다 할 것입니다. 따라서 피고 대천의 위 주장은 이유 없습니다.

마. 피고 대천의 상계주장에 대한 반박

피고 대천은 2016. 12. 15. 원고에 대한 건어물 대금채권으로 2010. 2. 20.자 차용금 채무와 상계한다는 통지를 하고 도달되었으므로 대등액으로 소멸하였다고 주장합니다.

원고가 2016. 9.경 건어물 소매업을 개업하여 2016. 9. 10. 피고 대천과 사이에 건어물공급계약을 체결하고 같은 날부터 건어물을 공급받아 현재 30,000,000원 상당의 건어물 물품대금 지급채무를 부담하고 있는 사실은 피고 대천의 주장과 같습니다. 하지만 원고와 피고 대천 사이에 체결된 위 건어물 공급계약에 따르면 원고는 납품대금이 50,000,000원에 달할 때마다 그 날을 변제기일로 하여 그때까지의 대금을 정산 지급하기로 약정하였는바(공급약정서 제2조) 이에 미달하는 위 30,000,000원의 물품 대금의 변제기는 아직 도래하지 않았습니다. 따라서 변제기가 도래하지 아니한 자동채권

139) 민사집행법 제229조 제5항, 대법원 2008. 1. 17. 선고 2007다73826 판결, 전부명령이 유효하다면 그 변제효로 말미암아 전부된 60,000,000원만큼 원고의 피고 대천에 대한 집행채권이 소멸하기 때문에 결국 원고는 피고 대천을 상대로 아무런 청구도 할 수 없게 된다.

140) 대법원 2014. 11. 13. 선고 2010다63591 판결

으로 이미 변제기가 도래한 수동채권과의 상계를 허용한다면 원고가 가지는 기한의 이익을 부당하게 침해하게 되므로 상계적상이 발생하지 않았다 할 것입니다. 피고 대천의 위 상계 주장은 이유 없습니다.

3. 피고 강수근, 박수현, 한우경에 대한 주장

가. 공통되는 사실(매매계약의 체결, 채무불이행, 그로 인한 매매계약의 해제, 임대차계약 체결, 임차목적물 인도, 월임료)

1) 원고는 2008. 11. 1. 소외 박재관으로부터 서울 서초구 방배동 154 대 150㎡(이하 '방배동 대지'라고 함)을 매수하여 같은 달 24. 그 명의로 소유권이전등기를 마친 다음 그 지상에 철근콘크리트조 슬라브 지붕 단층 근린생활시설 100㎡(이하 '방배동 건물'이라 함)을 신축하여 2010. 6. 19. 그 명의로 소유권보존등기를 마쳤습니다.

2) 원고는 2015. 7. 1. 피고 강수근에게 위 방배동 대지와 건물을 대금 20억 원에 매도하면서 계약당일 계약금 200,000,000원을 수령하였고, 같은 해 8. 1. 중도금 1,000,000,000원을 지급받음과 동시에 방배동 건물을 인도하였고, 잔금 800,000,000원은 피고 강수근이 방배동 건물을 임대한 날로부터 1개월 이내에 지급하기로 특약하였습니다.

3) 피고 강수근은 방배동 건물을 인도받은 후 이를 임대하려고 노력하였지만 여의치 않자 한동안 자신이 직접 음식점 영업을 해 오다가 2016. 3. 15. 피고 박수현, 한우경에게 방배동 건물을 임차보증금 500,000,000원, 월 차임 7,000,000원, 임대기간은 2016. 4. 1.부터 2018. 3. 31.까지 2년간으로 정하여 임대하고, 그 임차보증금을 전부 수령한 다음 2016. 4. 1.경 피고 박수현, 한우경에게 방배동 건물을 인도해 주었습니다. 피고 박수현, 한우경은 "현경"이라는 상호로 음식점 영업을 하고 있습니다.

4) 피고 강수근은 위와 같이 임대한 후 1개월이 지났음에도 불구하고 위 약정상의 매매잔대금 8억 원을 지급하지 않은 채 2016. 4. 10.경 원고에게 내용증명우편을 보내 "인근에 지하철 2호선 출입구가 새로 개통될 예정"이라는 소문을 믿고 방배동 대지와 건물을 "비싼 가격으로 매수하였"는데 출입구 설치계획이 무산되었다며 매매대금 중 최소 3억 원을 감액하여 나머지 5억 원을 지급하겠으니 소유권이전등기에 필요한 일체의 서류를 갖추어 달라고 요청하는 등 거듭 매매잔대금 8억 원을 지급할 의무가 없음을 분명히 하였습니다.

5) 이에 원고는 2016. 5. 30. 피고 강수근에게 내용증명우편을 보내 "마지막으로 귀하에게 매매잔대금 8억 원을 2016. 6. 30.까지 지급해 주실 것을 통보"하고, "만약 그 일자까지 지급하지 않을 시는 별도의 통지 없이 매매계약이 해제되는 것으로 하겠"다고 통지하였고, 피고 강수근은 같은 달 31. 위 내용증명우편을 수령하였습니다.

6) 방배동 건물의 월 임료는 임차보증금이 없을 때는 월 10,000,000원입니다.

나. 피고 강수근에 대한 원상회복 및 부당이득반환 청구

1) 사정이 위와 같다면 원고와 피고 강수근 사이에 체결된 위 매매계약은 피고 강수근의 이행지체와 원고의 위와 같은 정지조건부 해제로 인해 해제되어 소급하여 그 효력을 상실하였습니다.

2) 또 원고와 피고 강수근은 위 해제로 말미암아 서로 원물 및 사용이익의 원상회복 의무를 부담하고 반환할 금전에는 그 받은 날로부터 이자를 가산하여 지급하여야 하며 양자의 채무는 서로 동

시이행의 관계에 있다 할 것입니다.

3) 따라서 피고 강수근은 원고로부터 지급받은 계약금, 중도금 합계 12억 원 및 그 금전에 대한 이자로서 2억 원에 대하여는 2015. 7. 1.부터, 10억 원에 대하여는 같은 해 8. 1.부터 각 다 갚는 날까지 민법 소정의 연 5%의 비율에 의한 이자를 지급받음과 동시에 원고에게, 방배동 건물을 인도하고, 방배동 건물의 인도받은 날인 2015. 8. 1.부터 위 건물의 인도완료일까지 방배동 건물의 사용·수익 상당 이득인 월 10,000,000원의 비율에 의한 금원을 지급할 의무가 있습니다.

다. 피고 박수현, 한우경에 대한 인도 및 부당이득반환 청구

1) 원고의 방배동 건물의 소유, 피고 박수현, 한우경의 점유, 사용·수익상당의 부당이득 발생, 악의

가) 원고가 방배동 대지 및 그 건물의 소유자인 사실과 피고 박수현, 한우경이 피고 강수근으로부터 방배동 건물을 인도받아 음식점 영업을 하면서 현재 점유 중에 있는 사실은 앞서 설명드린 바와 같습니다.

나) 원고는 위와 같이 매매계약을 체결하였다가 이를 해제한 다음 2016. 7. 5. 피고 박수현, 한우경에게 내용증명우편을 보내 그 사실들을 말하고 "즉시 건물을 본인에게 인도하여" 달라고 요청하였고, 피고 박수현, 한우경은 같은 달 6. 위 내용증명우편을 수령하였습니다.

2) 소결론

그렇다면 피고 박수현, 한우경은 원고의 소유물인 방배동 건물을 점유하면서 공동하여 사용·수익하고 있고, 수인이 부동산을 공동으로 사용·수익한 데 따른 사용이익의 반환채무는 성질상 불가분채무에 해당되고,[141] 어떤 물건에 대한 직접점유자와 간접점유자가 있는 경우 점유·사용으로 부담하는 부당이득반환의무는 그 법적 성질이 부진정연대채무입니다.[142] 따라서 피고 박수현, 한우경은 원고에게 방배동 건물을 인도하고, 피고 강수근과 공동하여 위 나.3)항의 부당이득반환금 중 위와 같은 내용증명우편을 받아 악의가 된 2016. 7. 7.부터 위 건물의 인도완료일까지 사용·수익한 이득에 상응하는 월 10,000,000원의 비율에 의한 부당이득금을 반환할 의무가 있습니다.

3) 피고 박수현, 한우경의 주장에 대한 반박

가) 피고 박수현, 한우경은 원고는 피고 강수근을 상대로 이미 착오를 원인으로 하여 위 매매계약을 취소하고 방배동 건물의 인도를 구하는 소송을 제기하였다가 2016. 3. 31. 패소판결을 선고받고 같은 해 4. 28. 확정되었는바, 다시 같은 방배동 건물에 대하여 건물인도의 소송을 제기한 이 사건 소는 위 확정판결의 기판력에 저촉되어 기각되어야 한다고 주장합니다.

그러나 위 확정판결은 2016. 3. 10. 변론종결되어 판결이 선고되어 확정된 것이고, 이 사건 청구는 그 변론종결일 이후인 2016. 5. 30. 계약해제를 하였다며 그 원상회복 등을 구하는 소로서 전소의 기판력의 적용대상이 아니라 할 것이므로 위 피고들의 주장은 이유 없습니다.

나) 피고 박수현, 한우경은 방배동 건물에 관한 임대차계약은 상가건물임대차로서 위 피고들 공동명의로 사업자등록까지 마쳤으므로 상가건물임대차보호법 제3조에 따라 대항력을 취득하여 원고의 청구에 응할 수 없다고 주장합니다.

방배동 건물에 대한 임대차계약이 상가건물임대차보호법 제3조상의 대항력 규정의 적용을 받는 것임은 위 피고들 주장과 같습니다. 한편 위 대항력을 취득하여 민법 제548조 제1항에 따른

141) 대법원 2001. 12. 11. 선고 2000다13948 판결.

142) 대법원 2012. 9. 27. 선고 2011다76747 판결.

제3자로서 보호를 받으려면 적어도 원고가 위 피고들에게 내용증명우편을 보내 방배동 건물의 인도를 요구하기 전까지 인도와 사업자등록신고를 마쳤어야 합니다. 그런데 위 피고들은 원고로부터 2016. 7. 6. 위 내용증명우편을 수령한 다음 같은 달 10. 사업자등록신청을 하여 결국 악의의 제3자로서 보호받을 수 없게 되었습니다. 따라서 위 피고들의 위 주장도 이유 없습니다.

다) 피고 박수현, 한우경은 임차보증금반환 채무와 방배동 건물 인도 및 그 부당이득반환의무는 동시이행의 관계에 있으므로 임차보증금을 지급받기 전에는 원고의 청구에 응할 수 없다고 주장합니다.

피고 박수현, 한우경은 피고 강수근과 위와 같은 임대차계약을 체결하였을 뿐 원고는 임대차계약의 당사자가 아니며 원고의 이 사건 청구는 소유권에 기한 소유물반환청구권과 그 부당이득의 반환을 구하는 것이므로 양 의무 사이에는 아무런 동시이행의 견련관계가 없습니다. 따라서 위 피고들의 주장은 이유 없습니다.

4. 결론

따라서 원고의 이 사건 청구는 모두 이유 있으므로 인용하여 주시고, 소송비용은 패소자들의 부담으로 하고, 일부 청구에 가집행 선고를 해 주시기 바랍니다.[143]

증 명 방 법(생략)

첨 부 서 류(생략)

2017. 1. 13.

원고 소송대리인 변호사 박재남 인

서울중앙지방법원 귀중

143) 청구원인의 결론 부분은 항상 위와 같은 정형적인 문구로 끝내, 시간을 줄이도록 하는 것이 좋다.

Ⅶ. 2018년 실시 제7회 변호사시험 기록형

1. 7단계 권리분석법에 의한 사건 전체의 분석

가. 의뢰인의 희망사항 분석결과

<table>
<tr><th>의뢰인
=원고</th><th>희망사항</th><th colspan="2">물권 침해? 약정?</th><th>침해자 또는
약정자는
누구(=피고)</th><th>원고의 자격,
∴소송명</th></tr>
<tr><td rowspan="2">강주원</td><td rowspan="2">동탄면 대지 및 건물에 관하여 Ⓐ <u>완전한 소유권의 취득 및 Ⓑ 행사</u>에 필요한 모든 권리를 실현
(권창균과 윤태건 사이의 금전관계 분쟁도 가능한 범위에서 해결한 상태로 판결을 받을 수 있도록 소 제기)[144]
(동탄면 건물 1층 부분에 관하여는 이청준이 추후 윤태건에게 이를 인도할 경우에도 인도집행에 차질이 없도록 해 주기 바란다.)</td><td>동탄면 대지</td><td>① 대물변제약정
∴불이행 있어
강제이행청구</td><td>∴약정자
(대물변제자)
(권창균)
(매도인)[145]
(김정우)</td><td>대위청구
(대물변제수령자)
약정의 상대방
(매수인)
∴소유권이전등기
청구[146]</td></tr>
<tr><td>동탄면
건물 전체</td><td>① 대물변제약정
∴불이행 있어
강제이행청구</td><td>∴약정자
(대물변제자)
(권창균)</td><td>약정의 상대방
(대물변제수령자)
∴소유권이전등기
및 인도[147]청구</td></tr>
</table>

144) 원고가 권창균이 갖는 윤태건에 대한 동탄면 건물 인도청구권을 대위행사하려면 피대위채권이 도급계약에 기초한 이상 반드시 완성물인도의무가 공사대금지급의무와 동시이행관계에 있다는 이유로 동시이행의 항변을 당하게 된다. 패소되는 부분이 없도록 청구취지를 작성하라는 답안작성요령에 따라 공사잔대금 지급과 동시에 완성물을 인도하라는 내용의 상환이행청구를 해달라는 취지로 이해할 수 있어야 한다. 아무튼 많은 기본서에서 도급계약에 기한 청구의 요건사실을 ① 공사도급계약, ② 일의 완성(공사잔대금 지급 청구의 요건사실)이라고만 소개되어 있던 상황하에서 완성물의 인도청구를 하면서 공사잔대금지급의무와의 동시이행관계에 있음을 생각해 내 상환이행의 청구취지를 작성해 내야만 하는 본 출제는 도급계약과 같은 기본적인 주제를 다루면서도 새로운 청구의 가능성을 발굴하여 실습해 볼 수 있도록 한 상당히 수준 높은 출제라고 할 것이다.

145) 현재 등기부상으로는 김정우 명의로 소유권이전등기가 경료되어 있을 뿐 권창균 명의로는 그 어떤 등기가 경료되어 있지 않다. 따라서 권창균으로부터 대물변제받은 원고가 소유권을 완전히 취득하려면 권창균을 상대로 소유권이전등기 청구를 해야 할 뿐만 아니라, 그 권창균을 대위하여 김정우에게도 소유권이전등기를 청구하여 순차 소유권이전등기를 경료함으로써 소유권을 완전히 취득해야 한다. 원래 완전한 소유권의 취득이란 저당권, 지상권, 임차권 등의 제한물권이 없는 상태에서 소유권을 취득하는 것을 의미한다. 그런데도 본 기록에서 완전한 소유권을 취득하게 해 달라는 희망사항은 위와 같이 甲에서 乙로, 乙에서 丙으로 순차 소유권이전등기를 경료하여 결국 소유권을 순차 취득할 수 있게 해달라는 취지를 "완전한 소유권 취득"이라고 표현하고 있는 셈이다. 문제를 출제하는 측에서 세심하게 배려하여 wording해야 하지만 수험생으로서는 위와 같이 표현을 전용하고 있어도 찰떡같이 알아듣고 요청에 맞는 답안을 쓸 수밖에 없는 것이다.

146) 요즈음 매매계약 후 매수인이 매매를 원인으로 소유권이전등기 청구는 물론 매매목적물의 인도청구도 요구하는 문제가 자주 출제되고 있다. 그래도 대지와 건물 모두를 대상으로 할 때 건물의 소유권이전등기를 청구하면 대지에 관해서는 별도로 인도청구를 할 필요가 없다. 왜냐하면 건물의 소유자가 대지를 점유(비점유설)하고 있기 때문에 건물의 소유권을 확보하면 자연스럽게 대지의 점유권도 확보하는 셈이 된다.

147) 이청준이 추후 동탄면 건물 1층 부분을 윤태건에게 인도하더라도 인도집행에 차질이 없도록 해 달라는 요구는 다음과 같은 우려 때문에 의뢰인 희망사항에 구태여 기재해 둔 것으로 보인다. 수험생들은 동탄면 건물 1층을 현재 이청준이 점유하고 있으니 원고는 권창균을 대위해서 이청준을 상대로 인도청구를 하고 더 이상 별도의 청구를 하지 않을 가능성이 있고, 그러한 경우 소송 도중에 이청준이 임대차계약이 종료되었다는 이유로 동탄면 건물 1층부분을 임대인인 윤태건에게 반환해 버리면 결국 원고의 이청준에 대한 인도청구는 기각될 것이다. 물론 이런 불상사

			① 공사도급계약 **∴불이행 있어 강제이행청구**	**∴약정자 (수급인) (윤태건)**	**대위청구 약정의 상대방 (도급인) ∴인도청구**
		동탄면 대지 1층	① 물권 침해 **∴소유권반환청구**	**∴침해자 (점유자) (이청준)**	**대위청구 물권자(소유권자) (권창균) ∴인도 청구**
		화장실 겸 창고건물	① 물권 침해 **∴방해배제청구**	**∴침해자 (건물소유자) (이청준)**	**2중 대위청구 물권자(소유권자) (김정우) ∴건물철거 청구**
	김정우와의 관계에서 차용금반환 채무로 인한 분쟁을 해결하는 데 적절하고 필요한 소 제기[148]	① 3건 금전소비대차계약 **∴불이행 있어 강제이행청구**		**∴약정자 (대주) (김정우)**	**약정의 상대방 (차주) ∴청구**
	회사의 주주로서, 최금례에게 이전된 풍무동 각 부동산의 소유권을 이 사건 회사 앞으로 회복시키기 위하여 **현재 상황에서 필요한 소 제기**	① 주주총회 결의 **∴형성소송**[149]		**주식회사 (이글골프)**	**소수주주 (1/100이상 소유주주) ∴주주총회결의 취소 청구**

를 막기 위하여 실무상으로는 원고가 이청준을 상대로 동탄면 건물 1층 부분의 인도를 청구하면서 점유이전금지가처분을 해 둔다. 그런데 점유이전금지가처분은 소제기 절차와 별개로 가처분신청서도 같이 작성하라고 문제를 낼 수 없는 상황하에서 이러한 고민을 담아 구태여 권창균을 상대로 동탄면 건물 전체에 관한 인도청구도 하고, 이어 윤태건을 상대로도 동탄면 건물 전체의 인도청구를 해 달라는 취지에서 위와 같은 요청을 한 것이다.

148) 이 희망사항을 읽고 상담내용을 읽어 보면 의뢰인은 차주인 사실을 알고 당황할 수 있다. 원래 금전소비대차의 경우 대주가 원고가 되어 변제기 도래 후 대여금반환청구를 하는 경우가 통상의 사례이다. 그런데 의뢰인인 차주가 분쟁을 해결하는 데 적절하고 필요한 소를 제기해 달라고 하니 결국 차주로서 대주의 여러 가지 압박에 대항하여 법률적 불안을 제거하기 위한 소위 확인소송을 제기해 달라는 취지로 읽힐 수 밖에 없다. 실제로 문제를 출제한 위원들은 그렇게 생각하고 출제하고 모범답안을 작성한 것으로 보인다. 반복해 얘기 하지만 확인소송을 제기할 필요성이 있는 사안들이 있기는 하다. 제3회 변호사시험 기록형 문제로 출제된 사안이 그렇다. 만약 확인소송을 제기하지 않으면 소유권보존등기를 할 방도가 없다. 그런 경우는 꼭 확인소송을 제기해야 한다. 제5회 변호사시험 출제문제나 제7회 변호사시험 출제문제의 경우는 의뢰인이 확인소송을 제기하지 않는다고 해서 입는 불이익이 무엇인지 궁금하다. 3차례 합계 2억 3,000만원을 빌린 상태에서 2차례에 걸쳐 합계 1억 4,360만원을 변제했는데, 대주인 김정우가 최고서를 보내 전부명령의 효력을 부인하면서 1차례 차용금의 변제효력을 부인하고, 법리와 다른 변제충당을 주장하면서 저당권 실행의 의사를 표명하였다는 이유로 2차례 차용금 채무의 부존재를 확인하는 확인소송을 구해야 한다는 의도를 갖고 출제한 것으로 보인다. 그렇다면 저당권 실행의 위협을 면하기 위해 잔존하는 피담보채무의 변제를 받은 후 근저당권설정등기를 말소하라는 취지로 분쟁을 해결하는 것이 더 직접적이고 적절한 소제기 방법일 것이다. 그런데 근저당권설정자는 처 박경주로 의뢰인 강주원이 변호사와 상담할 때 같이 방문하지 않아 결국 소송의뢰를 하지 않았다는 입장에서 강주원만 소송의뢰 하였다는 전제하에 간접적 해결책인 채무부존재 확인소송을 제기하라는 것이니 수험생들이 시험장에서 많이 혼란스러웠을 것으로 보인다.

149) 형성소송은 피고와 소송요건이 특정되어 있어 재판상 행사할 수 있는 형성권의 법리를 정확하게 학습하고 있어야 한다.

나. 원고의 청구원인 분석결과

<table>
<tr><th>소송명</th><th colspan="2">청구원인</th><th>항변
(법률상 주장 포함)</th><th>재항변 등</th></tr>
<tr><td>동탄면 대지 소유권이전등기 청구</td><td colspan="2">①순차 소유권이전등기 청구의 대위요건
②매매계약(김정우→권창균)
ⓐ매매계약의 체결
ⓑ계약금, 중도금 지급
③대물변제약정(권창균→의뢰인)</td><td rowspan="2">Ⓐ처분금지가처분 등기가 경료되어 있어 소유권이전등기 해 줄 수 없다.
Ⓑ대지의 사용료 상당 부당이득 반환과 동시이행
Ⓒ잔대금의 법정이자와 동시이행

Ⓓ민법 제607조 위반 무효(건물은 물론 대지도 포함한 항변임)
ⓐ소비대차·준소비대차의 차용물에 대한 대물변제의 예약
ⓑ(예약당시의 가액)차용액 + 이자합산액을 초과</td><td rowspan="2">Ⓐ소유권이전등기를 청구하는 자(권창균)의 처분금지가처분은 그 처분금지가처분의 효력에 반하지 않는다.(법리론)
Ⓑ매매계약 약정내용에 따라 인도받음(법률상 원인 있음)(재항변)
Ⓒ이자 약정이 없음(부인)

Ⓓ중 ①사실이 없다며 부인</td></tr>
<tr><td rowspan="2">동탄면 건물에 관한 소유권이전등기 및 인도청구</td><td colspan="2">①대물변제 약정
(동탄면 건물에 관한 소유권이전등기 청구는 물론 인도청구의 요건사실이 됨)</td></tr>
<tr><td rowspan="2">①대위요건
ⓐ위 동탄면 건물에 대한 인도청구권
ⓑ이행기
ⓒ미행사</td><td>②공사도급계약
ⓐ공사도급계약
ⓑ일의 완성
ⓒ공사대금 중 계약금, 중도금 지급
(나머지 잔금지급과 동시이행)
③1층 무단사용료
ⓐ사용기간(2017.4.30. ~2017.12.29.)
ⓑ월 사용료:보증금 없는 경우 월 200만원</td><td>[③1층 무단사용료 청구에 대한 주장]
Ⓐⓐ유치권자로서, 또는 ⓑ선의 점유자(추정)로서 과실수취권이 있다.</td><td>Ⓐⓐ유치권자도 사용·수익해서는 안 되고, 사용·수익한 경우에는 그 사용료를 부당이득으로 반환해야 함(법리론),
ⓑ악의 점유자임(항변)</td></tr>
<tr><td>동탄면 건물 1층 인도청구</td><td>②(권창균)소유권취득
ⓐ권창균이 도급인으로
ⓑ건물신축하여 소유권 원시취득
③피고의 동탄면 건물 1층 점유
ⓐ(무권리자인 윤태건과) 임대차계약
ⓑ임차목적물 인도받음</td><td>Ⓐ상가건물임대차보호법상 대항력 취득
ⓐ적용대상
ⓐ인도받음
ⓒ사업자등록 신청</td><td>Ⓐ소유권 또는 법률상·사실상 처분권이 없는 임대인으로부터 임대차계약 체결하고 인도받은 경우에는 소유권자의 인도청구에 대항할 수 없음(설정적 특정승계인의 경우 전자가 반드시 소유권 또는 처분권이 있어야 함)</td></tr>
<tr><td>별채건물 철거청구</td><td>[2중 대위청구]
①대위요건 1
ⓐ대지에 관한 소유권이전등기 청구권
ⓑ이행기
ⓒ미행사
②대위요건 2
(ⓐⓑⓒ)</td><td>③대지 소유권자
(김정우)
④별채건물 소유권
(이청준이 신축)</td><td></td><td></td></tr>
</table>

<table>
<tr>
<td rowspan="2">채무부존재 확인소송</td>
<td>①소비대차계약
ⓐ소비대차계약
ⓑ이자 · 이율의 약정
ⓒ원본의 인도
ⓓ변제기도래</td>
<td rowspan="2">②변제
ⓐ변제
ⓑ합의 · 지정충당사유 부존재
ⓒ법정충당
③확인의 이익
ⓐ최고서
ⓑ변제 · 충당부인
ⓒ근저당권실행위협</td>
<td rowspan="2">Ⓐ①별개채권(2015. 5. 10.자 3,000만 원)의 존재
②법정충당상의 우선순위
③변제의 근거가 된 전부명령은 무효임
ⓐ채무권원인 확정판결이 소장이나 판결정본의 송달을 받은 바가 없어 무효임
ⓑ그 결과 전부명령도 무효임</td>
<td rowspan="2">Ⓐ채권의 준점유자에 대한 변제(재항변)
ⓐ전부명령 받은 자는 채권의 준점유자
ⓑ채무자의 선의 · 무과실</td>
</tr>
<tr>
<td>①소비대차계약
ⓐ소비대차계약
ⓑ이자 · 이율의 약정
ⓒ원본의 인도
ⓓ변제기도래</td>
</tr>
<tr>
<td>주주총회 결의취소</td>
<td colspan="2">①소수주주(발행주식의 1/100소유)
②주주총회의 결의
③절차 및 결의방법의 위법 (또는 정관위반)</td>
<td></td>
<td></td>
</tr>
</table>

2. 본 기록의 가치

본 기록은 대물변제약정 · 매매계약 · 임대차계약 · 소비대차계약 · 공사도급계약 등 약정관련 청구와 주주총회 결의취소의 소를 중심으로 구성된 모의기록이다. 요물계약인 대물변제의 특성상 약정이외에도 대물변제가 실제로 일어나야 채무소멸의 효과가 발생한다는 특성을 잘 이해해야 전체 청구권을 구성할 수 있는 모의기록이었다. 그 외에도 다음과 같은 특징이 있다.

첫째 물권적 청구권이 거의 출제되지 않았다.(예외적으로 피고 이청준에 대한 건물철거 청구 및 1층부분의 인도청구는 물권적 청구권의 행사임)

둘째 쟁점 중 청구하면 감점되는 문제가 출제되었다. 즉 2015. 4. 9.자 30,000,000원 차용금채무의 무효확인을 구하거나 이사선임의 임시주주총회 결의를 취소하는 청구를 하면 감점이 된다.

셋째 회사법상의 소가 정식으로 출제되었다. 제6회 변호사시험에서 주주대표소송의 문제가 출제된 이래 더 심화된 회사법상의 소인 주주총회 결의 취소의 소가 출제된 것이다. 그동안 상사법정이율, 상사소멸시효, 상호속용의 영업양수인에 대한 청구와 같은 상사 거래법상의 문제가 출제되었을 뿐인데 제6회에 이어 제7회에서도 정식으로 회사법상의 소가 출제된 것이다.

수험생들의 전언에 따르면 본 기록이 매우 어렵게 느껴졌다고 한다. 그 이유는 내용의 어려움보다 의뢰인의 희망사항만 읽고 그 지시하는 바를 정확하게 이해하여 정답을 찾기 어려웠던 데 있었다.

Ⓐ 희망사항 중 완전한 소유권을 취득하게 해 달라는 요청이 소유권을 완전히 취득하게 해 달라는 요청을 의미하였다. 수험생들은 민법을 학습하면서 "완전한 소유권"은 각종 담보물권이나 용익물권, 기타 대항력 있는 권리 등의 제한을 제거한 소유권을 이전해 주는 것으로 이해하고 있었다.

그런데 본 문제에서는 甲－乙－丙으로 거래가 이루어졌으나 甲에서 乙로 아직 소유권이전등기가 경료되지 않았다면 丙(원고)으로서 乙로부터 소유권이전등기를 청구하는 것만으로는 甲에서 乙로 등기되지 않았음을 들어 乙로부터 丙으로 등기를 할 수 없는 까닭에 소유권을 순차 취득할 수 없었다. 그래서 丙으로서는 乙을 상대로 소유권이전등기를 청구하는 이외에도 乙을 대위하여 甲을 상대로 乙에게로의 소유권이전등기청구도 함께 해달라는 요청이었다.

Ⓑ 특히 "소유권의 행사"할 수 있도록 해 달라는 요청이 소유권 행사의 전제가 되는 점유를 확보해 달라는 요청으로 이해해야 한다는 것은 생경하였다.

Ⓒ 피고 윤태건은 현재 동탄면 건물의 2층부분만을 직접 점유하고 있다. 만약 원고가 피고 권창균을 대위하여 피고 권창균의 동탄면 건물 소유권에 기초하여 피고 윤태건에게 동탄면 건물의 인도를 청구하면 동탄면 건물의 2층부분만의 인도를 청구하여야 한다. 왜냐하면 소유권에 기한 인도청구는 직접 점유자를 상대로 청구해야 하고, 간접점유자를 상대로는 청구할 수 없기 때문이다. 그래서 희망사항 2.항과 같은 요청을 추가로 해 두었던 것으로 보인다. 수험생들이 현장에서 희망사항 2.항을 읽고 그런 의도를 정확히 파악하여 소유권에 기한 인도청구의 유혹을 물리치고 생소한 공사도급계약에 따른 인도청구를 생각해 내기가 매우 어려웠을 것이다.

Ⓓ 희망사항 3.의 요청만으로 의뢰인의 처가 원고가 되어 근저당권등기 말소청구의 가능성을 배제하고 확인소송을 제기해야 한다는 것을 생각하기 어려웠고, 또 32,000,000원 채권에 부존재확인청구를 할 필요도 없다고 생각하기 어려웠을 것으로 보인다.

이상과 같이 문제에서 제시된 의뢰인의 희망사항을 읽고 출제자가 의도한 청구의 형태를 구체화으로 파악해 내기가 어려웠을 것이다. 그래서 수험생들이 현장에서 본 기록의 답안작성이 어렵다고 느낀 것으로 보인다.

3. 청구의 연결고리와 α문제[150)]

가. 일반론

모의기록 등을 통해 민사기록형 시험준비를 상당히 한 수험생들은 제시된 상담일지 의뢰인란에 기재된 의뢰인이 원고가 되는 일종의 공식은 경험적으로 체득했을 수 있다. 문제를 출제하는 위원들이 변호사가 소를 제기하기 위해서는 자신의 의뢰인으로부터 소송위임장을 받아 그 소송대리권을 증명해야 하기 때문에 위임 의사를 밝히지 않은 자를 소송상 대리한다는 것이 어렵다는 것을 알고 있기 때문에 자연스럽게 그런 경향이 정착된 것이다.

원래 민사소송법 이론상으로는 원고를 "자기의 이름으로 판결에 의한 권리보호를 요구하는 사

150) "청구의 연결고리와 α문제"는 본서에서 필자가 독자적으로 개발해 사용하는 개념이다. 원래 피고는 침해자, 약정자이고, 원고는 물권자, 약정의 상대방이어야 하는데 그런 관계가 없음에도 원·피고 관계로 설정하여 이행청구하려면 반드시 일정한 청구의 연결고리를 찾아서 그 공백을 메우면서 청구를 구성하여야 한다. 이러한 청구의 연결고리의 예로서는 물권의 대세적 효력, 채권자 대위권, 채권자 취소권, 채권양도, 전부명령, 추심명령, 상호속용하는 영업양도 등이 있다.

람"이라고 하고, 피고를 "그 상대방"이라고 설명하고 있다.[151] 지나치게 추상적이어서 실제 현장에서 원·피고를 정하는 데 아무런 기준을 제시하지 못하고 있다. 위와 같은 기준으로 기록에서 원고와 피고를 찾아보려고 해 보라. 금방 알 수 있다. 본서에서 일관되게 설명하는 청구권의 두 가지 큰 발생원인인 권리(물권)침해와 약정이란 프레임으로 원고와 피고를 확정해 보라. 얼마나 명쾌한가? 우선 의뢰인을 원고라 놓고, 그 의뢰인이 설명하는 분쟁이 물권침해로부터 유래하는 것인지, 약정으로부터 유래하는 것인지를 살펴 물권침해 상황이라면 침해자를 찾아 피고로, 약정상황이라면 약정자를 찾아 피고로 삼으면 된다. 참 쉽다. 그런데 이렇게 피고를 특정해 놓고 보면 의뢰인이 물권자가 아니거나 약정의 상대방이 아닌 경우가 있다. 이런 경우에는 의뢰인을 원고로 삼아 소를 제기하면서 피고와 물권침해관계, 약정관계로 얽히지 않고 다소 관계가 소원해진 경우에는 반드시 그 연결고리를 찾아 청구가능성을 분명히 해 두어야 한다.

첫째 물권적 청구권과 같이 대세적 효력이 있는 권리를 침해하는 경우이다. 즉 乙이 A 부동산을 위조한 매매계약서(또는 상속)에 기하여 甲으로부터 취득한 것으로 소유권이전등기를 경료한 다음 丙에게 A 부동산을 정상적으로 매도한 경우 甲은 乙은 물론 丙을 상대로도 말소를 구할 수 있다. 이는 물권적 청구권의 대세적 효력이라 할 수도 있고, 丙의 소유권이전등기가 甲의 소유권을 침해한 것이라고 설명할 수도 있다. 요약하자면 물권적 청구권의 경우 직접 침해자가 아니더라도 물권자는 후속 거래당사자들에게 물권적 청구권을 행사할 수 있다. 그 결과 직접 물권을 침해한 당사자가 아닌 자에게도 청구할 수 있게 된다.

유사한 경우로 등기된 임차권, 대항력을 갖춘 주택임대차·상가건물임대차의 경우에도 일정한 요건을 갖추면 직접당사자가 아닌 이해관계를 맺게 된 제3자에 대해서도 대항할 수 있게 된다. 전자는 물권의 대세적 효력이라고 설명하고, 후자는 대항력이라고 설명한다.

둘째 소위 채권적 청구권의 경우에는 약정 당사자 또는 법정채권의 채무자 이외의 자에 대하여 청구를 할 때는 반드시 연결고리가 있어야 한다. 중요한 연결고리로는 채권자대위권, 채권자 취소권, 채권양도, 전부명령 및 추심명령, 제3자의 채권침해 등이 있다. 특히 채권자대위권의 경우에는 특정채권의 경우 다른 채권자대위권과 비교할 때 대위요건이 많이 완화되는 점을 정확하게 알고 있어야 한다.

나. 물권적 청구권과 약정에 의한 청구권이 병존하는 경우

1) 소유권자인 임대인이 임차인에 대하여 임대차계약 종료를 원인으로 하여 임차목적물의 반환을 청구할 때 임대인은 ① ⓐ 자신이 소유권자인 사실, ⓑ 임차인인 피고가 현재 점유하고 있는 사실을 들어 소유물 반환청구를 할 수 있고, ② ⓐ 임대차계약의 체결, ⓑ 임대차목적물의 인도, ⓒ 임대차계약의 종료를 들어 임대차계약에 기한 임대차목적물반환청구권(소위 채권적 청구권)의 행사로서 임대차목적물 인도청구를 할 수 있다.

---

151) 이시윤, 「신민사소송법」, 제12판, 2018. 박영사, 132면

2) 소유권자인 저당권설정자가 저당권자에 대하여 피보전채무의 소멸 등을 원인으로 저당권설정등기 말소를 청구할 때 저당권설정자는 ① ⓐ 자신이 소유권자인 사실, ⓑ 피고 명의로 저당권설정등기가 경료되어 있는 사실, ⓒ 피담보채무의 소멸로 저당권설정등기의 효력상실을 들어 저당권설정등기 말소를 청구할 수 있고(소위 물권적 청구권), ② ⓐ 저당권설정계약의 체결사실, ⓑ 저당권설정등기의 경료, ⓒ 사후적으로 피담보채무의 소멸사실을 들어 저당권설정계약에 따른 저당권설정등기 말소청구(소외 채권적 청구권)를 할 수 있다.

3) 매매계약에 따라 매매목적물을 인도하여 주고 난 후 매매계약이 해제되었을 때 소유권자인 매도인은 ① ⓐ 소유권자인 사실, ⓑ 피고가 현재 점유중에 있는 사실을 들어 목적물의 인도를 청구할 수 있고, ② ⓐ 매매계약의 체결사실, ⓑ 목적물의 인도사실, ⓒ 매매계약의 해제사실을 들어 원상회복의무의 이행으로서 목적물인도청구를 할 수 있다. 후자의 경우 이를 채권적 청구권으로 보고 있다.[152)]

4. 대물변제

가. 대물변제와 소유권이전등기

대물변제는 본래의 채무에 갈음하여 다른 급부를 현실적으로 하는 때에 성립하는 요물계약이다. 따라서 다른 급부가 부동산소유권이전인 때에는 등기를 완료하여야만 대물변제가 성립되어 기존채무가 소멸한다.(대법원 1987.10. 26. 선고 86다카1775 판결)

예를 들면 甲은 1970. 12. 30.경 乙에게 30,748,000원 차용금채무를 부담하고 있었다. 甲은 1970. 12. 30.자 乙에게 소외 농업진흥공사로부터 취득할 매립지를 대물변제하는 약정을 체결하였다. 소외 농업진흥공사는 1970. 12. 30.경에는 매립지의 준공인가를 받지 못해 甲에게 매립지의 소유권을 이전해 줄 수 없었다. 「경제의 안정과 성장에 관한 긴급명령」에 의해 1972. 8. 3. 현재 동법 제10조 제1항 소정의 기업사채를 신고하지 않으면 소멸하였다. 대법원은 1978. 8. 22. 선고 77다1940 판결에서 甲과 乙 사이의 위 1970. 12. 30.자 대물변제 계약만이 체결되고 매립지에 관한 소유권이전등기가 위 긴급명령 소정의 기준일인 1972. 8. 3.까지 경료되지 아니한 상태라면 대물변제가 성립되지 않았을 뿐만 아니라 대여금 채무도 소멸하지 않았다 할 것이다. 따라서 기업사채에 해당하는 위 대여금 채무는 동 긴급명령에서 요구된 신고를 마치지 않았으므로 효력을 상실하였다 할 것이어서 그 결과 위 대물변제의 약정도 그 효력을 상실한다고 판시하였다.

이처럼 급부변경의 합의와 대물급부가 필요하다는 면에서 대물변제는 급부변경의 합의만으로 채무 소멸의 효과가 발생하여 채무자가 새로운 채무를 부담하게 되는 경개와는 다르다.

대물변제의 약정은 급부변경의 합의는 성립했다는 점에서 그 합의조차도 예약완결권의 행사를

---

152) 제6회 변호사시험 강평안 부분 참조. 하지만 같은 원상회복청구권이지만 매매계약에 따라 소유권이전등기를 경료해 준 다음 계약해제로 인해 그 등기말소를 청구할 때는 물권적 효력설(직접효력설)의 입장에서 물권적 청구권으로 통일하여 보고 있을 뿐 채권적 청구권이라고 설명하지는 않는다.

통해 성립시키는 대물변제의 예약과는 구별이 된다. 대물변제의 예약은 소유권이전등기 청구권 가등기와 결합하여 가등기담보라는 일종의 담보제도로 널리 이용되고 있다.

그렇다면 대물변제의 약정만 하고 이에 따른 소유권이전등기를 경료해 주지 않았을 때는 채무소멸의 효과는 발생하지 않지만 채권자는 채무자를 상대로 대물변제의 대상에 대한 소유권이전등기 청구권을 갖게 된다. 이를 설명하기 위해 대물변제의 약정의 채권적 효력으로서 등기청구권을 갖는다고 한다.(대법원 1972. 5. 23. 선고 72다414 판결, 대법원 1974. 6. 25. 선고 73다1819 판결) 한편 구체적 정황에 따라 그저 대물변제의 예약만 성립되었다고 보는 판례도 있다.(대법원 1979. 9. 11. 선고 79다381 판결) 나아가 채무자가 대물변제의 취지에 따라 소유권이전등기까지 경료해 주면 채무는 소멸한다. 다만 이러한 대물변제 계약에 따른 채무소멸의 효과가 발생하기 전에 채무의 본지에 따른 이행으로 기존채무가 소멸한 경우에는 채권자는 당사자간 예약된 대물변제 계약으로서는 소유권이전등기청구를 할 수 없다.(대법원 1997. 4. 25. 선고 96다32133 판결, 대법원 1987. 10. 26. 선고 86다카1755 판결) 또한 소유권이전등기 경료전까지 기존채무의 부존재, 무효, 취소, 해제(해지) 등으로 소멸하였음에도 대물변제의 취지에 따라 소유권이전등기가 경료된 경우에는 물권행위의 유인론을 취하고 있는 대법원은 그 소유권이전등기는 원인무효로 채무자가 말소를 청구할 수 있다고 판시하고 있다.(대법원 1991. 11. 12. 선고91다9503 판결, 대법원 1993. 4. 23. 선고 92다19163 판결)

나. 민법 제607조의 해석론

대물변제에서 원칙적으로 본래의 급부와 다른 급부가 같은 가치를 가질 필요가 없다. 따라서 소비대차계약·준소비대차계약에 따른 채무의 대물변제가 아닌 이상 민법 제607조, 제608조의 적용을 받지 않는다.(대법원 1992. 2. 28. 선고 91다25574 판결) 만약 대물급부와 본래의 급부 사이에 현저한 불균형이 있는 때에는 민법 제104조 소정의 폭리행위로 무효로 될 수는 있다.(대법원 1959. 9. 24. 선고 4291민상762 판결)

다. 완전한 소유권이전등기를 넘겨줄 의무

대물변제계약으로 인해 완전한 소유권이전등기를 넘겨 줄 의무가 발생하는지에 관한 명시적 논의는 없다. 다만 판례의 경우 교환계약으로 발생한 채무에 관한 대물변제의 경우 목적물에 하자가 있는 경우 계약의 해제를 인정한 경우(대법원 1987. 7. 7. 선고 86다카2943 판결)가 있는 것으로 보아 적어도 유상계약에 기한 채무인 경우 대물변제 계약으로부터 완전한 소유권이전등기를 넘겨 줄 의무가 발생하고, 이를 위반하였을 경우에는 민법 제572조, 제575조, 제576조 등과 같은 담보책임을 지게 된다.

라. 변제를 위하여 교부된 어음·수표

특별한 사정이 없는 한 채권양도, 어음·수표의 교부는 채무변제에 갈음한 것이 아니라 변제를 위한 것으로 추정되어 두 채무가 병존하게 된다.(대법원 1969. 2. 4. 선고 68다567 판결) 과거 판례는 두 권리 중 선택적으로 행사할 수 있다고 하였으나(대법원 1972. 3. 28. 선고 72다119 판결) 최근에는 기존채무의 이행을 위하여 제3자 발행의 어음을 교부한 경우에는 어음채권을 먼저 행사하여야 하고, 그에 의하여 만족을 얻을 수 없을 때 비로소 기존의 원인채권을 행사할 수 있다고 판시하고 있다.(대법원 1996. 11. 8. 선고 95다25060 판결) 원인채권에 기하여 청구를 한 경우에는 어음채권 그 자체를 행사한 것으로 볼 수 없어 어음채권의 소멸시효를 중단시키지 못하지만, 반대로 어음은 경제적으로 동일한 급부를 위하여 원인채권의 지급수단으로 수수된 것으로서 그 어음채권의 행사는 원인채권을 실현하기 위한 것일 뿐 아니라, 원인채권의 소멸시효완성은 어음금 청구소송의 인적 항변사유에 해당되므로 채권자가 어음채권을 청구하는 경우에는 원인채권의 소멸시효를 중단시키는 효과가 있다.(대법원 1961. 11. 9. 선고 4293민상748 판결) 채권자가 어음채권을 피보전권리로 하여 채무자의 재산을 가압류함으로써 그 권리를 행사한 경우에도 마찬가지다.(대법원 1999. 6. 11. 선고 99다16378 판결)

5. 도급계약과 공사대금 및 유치권, 부당이득반환청구권

가. 도급계약

보수지급의무와 목적물인도의무는 동시이행의 관계에 있다.(민법 제665조 제1항 본문, 대법원 1964. 10. 28. 선고 64다291 판결)

나. 도급계약에 따라 목적물인도의무가 발생한다.(default rule) 이런 의무는 표준적 약정으로서의 의미가 있고, 약정에 기한 것이기 때문에 채권적 청구권이란 성격을 띠고 있다. 당사자가 명시적·묵시적으로 합의하지 않더라도 그 의무가 발생한다.[153)]

본 사안에서 피고 이청준이 동탄면 건물의 1층부분을 직접 점유하고 있고, 피고 윤태건은 그 2층 건물만을 직접 점유하고 있다. 만약 원고가 동탄면 건물의 원시취득자인 피고 권창균을 대위하여 피고 권창균의 그 점유자인 피고 윤태건에게 소유물반환청구의 일환으로 인도청구를 하려면 동탄면 2층 건물의 인도청구만 할 수 있고, 1층 부분은 청구할 수 없게 된다.(대법원 1969. 2. 4. 선고 68다1594 판결, 대법원 1983. 5. 10. 선고 81다187 판결, 대법원 1999. 7. 9. 선고 98다9045 판결, 대법원 2000. 4. 7. 선고 99다68768 판결 등 참조) 그래서 의뢰인의 희망사항 2.항을 잘 읽고 피고 권창균이 가지는 피고 이청준에 대한 도급계약에 기한 완성물인도청구권이라는 채권적 청구권을 대위행사하여 동탄물 건물 전체에 관한 인도청구를 해야 한다는 점을 찾아내야만 한다.

6. 중간생략등기의 가능성[154)]

---

153) 본서에서 필자는 default rule을 <u>**표준적 "약정"**</u>이라는 용어로 사용하고 있지만 명시적·묵시적 합의가 없음에도 적용된다는 측면에서 규범적 성격을 띠고 있다. 그렇다고 <u>**표준적 "규범"**</u>이라고 하기에는 약정의 내용을 이루어 "약정" 강제이행 청구의 대상이 된다는 측면을 전달할 수 없어 계속 표준적 약정이라는 용어로 사용하기로 한다.

154) 법학전문대학원 협의회 개발 Ⅲ. 소유권이전등기·매매대금 등 모의기록 강평안 참조

7. 임료상당의 부당이득반환청구

가. 점유자와 회복자간의 부당이득반환청구[155]과 선의 점유자의 과실수취권

소유자의 점유자에 대한 임료상당의 침해부당이득반환청구를 할 때 가장 큰 항변은 선의의 점유자로서 민법 제201조에 의하여 과실수취권이 있다는 주장이다. 만약 선의의 점유자로 인정된다면 적어도 소장부본송달 전일(前日)까지는 임료상당의 부당이득반환청구를 할 수 없다. 민법 제749조 제2항, 제197조 제2항에 의하면 소가 제기된 때로부터 악의로 의제되어 부당이득을 반환해야 할 듯 하지만(대법원 2008. 6. 26. 선고 2008다19966 판결) 위 판례가 사실상 변경되어 "소장부본 송달시"로 해석하고 있다.(대법원 2014. 1. 23. 선고 2012다84233 판결, 대법원 2016. 12. 29. 선고 2013다1891 판결, 대법원 2014. 2. 27. 선고 2013다89006 판결)

선의점유란 과실수취권을 포함하는 권원이 있다고 오신한 점유자를 말한다. 그 오신을 함에 정당한 근거가 있어야 한다.(대법원 2000. 3. 10. 선고 99다63350 판결) 이런 판례의 태도를 통털어 선의점유는 선의 및 무과실을 요구하는 것이라고 해석하는 견해가 있다.[156] 즉 선의점유를 주장하는 자는 선의는 추정되지만 그 무과실도 주장·증명해야 한다는 것이다. 또한 후에 권원 없는 점유였음이 밝혀졌다고 하더라도 그 동안의 점유의 선의 추정력이 없어지는 것은 아니다.

그렇다면 선의점유자에게 소제기 전에 상당한 증거를 첨부하여 내용증명우편 등을 보내 물권을 주장하면서 반환 및 임료상당의 부당이득을 구하는 등 사실이 있었을 때 선의점유자의 점유가 악의점유로 전환되는가라는 의문이 있다. 이는 관련 자료들의 증명력 문제라 보아야 한다. 그래서 통지를 받은 자가 자신이 권리 없음을 확실히 인식할 수 있는 정도의 강력한 증명력을 갖추어 통지하였으면 선의점유의 추정력이 복멸되어 악의의 점유자가 된다고 보아야 한다.

점유가 선의라면 고의·과실이 인정되지 않을 것이기 때문에 불법행위에 의한 임료상당의 손해배상청구가 문제되지 않는다.

나. 매도인과 매수인간의 부당이득반환청구[157]

8. 대여금청구 및 차용금부존재확인

소비대차계약에서 의뢰인이 대주일 경우에는 대여금지급청구의 소를 제기할 확률이 높고, 의뢰인이 차주일 경우에는 차용금부존재확인 소송을 제기할 확률이 높다. 특히 법률관계의 불안 운운하는 경우에는 확인의 이익과 관련된 용어로서 적극적으로 확인소송 제기 가능성을 염두에 두어야 한다.

---

155) 법학전문대학원협의회 출제 2018년도 제2차 모의시험 강평안 참조

156) 최진수, 「요건사실과 주장증명책임(제6판)」, 진원사, 2017, 133면

157) 법학전문대학원협의회 출제 2012년도 제2차 모의시험 강평안 참조

9. 변제와 충당[158)]

가. 대여금청구소송과 차용금채무부존재확인 소송에서의 변제충당

1) 대여금청구소송과 변제충당

대여금청구사안에서는 피고의 변제를 주장하면 원고가 변제충당 재항변을 하는 구조가 된다. 즉, 대여금 청구라면 ① 소비대차계약의 체결, 이자·이율의 약정, 원본의 인도, 변제기의 도래사실(청구원인 사실) – ② 변제(항변) – ③ 변제충당(ⓐ 별개채무의 존재, ⓑ 별개채무가 법정충당상의 우선충당)(재항변) – ④ 별개 채무의 발생장애사유·소멸사유(재재항변)라는 주장 구조를 취하게 된다.

그런데 간혹 근저당권설정등기 말소청구에서 피담보채무인 차용금이 소멸되었음을 이유로 말소청구를 할 때는 변제가 청구원인 사실이 된다. 그래서 ① 피담보채무의 소멸사실(소비대차계약의 체결, 이자·이율의 약정, 원본의 인도, 변제기의 도래 또는 기간이익의 포기사실, 변제)(청구원인 사실) – ② 변제충당(ⓐ 별개채무의 존재, ⓑ 별개채무가 법정충당상의 우선충당)(항변) – ③ 별개채무의 발생장애사유·소멸사유(재항변)가 될 것이다.

2) 차용금채무부존재 확인소송과 변제충당

본 사안과 같이 차용금채무 부존재확인 소송에서는 차용금채무의 완전소멸 또는 일부 소멸을 주장하면서 부존재확인소송을 제기하고 있기 때문에 ① ⓐ 소비대차계약의 체결, 이자·이율의 약정, 원본의 인도, 변제기의 도래 또는 기한이익의 포기사실, ⓑ 변제, ⓒ 변제충당(이상 청구원인 사실) – ② 변제충당(ⓐ 별개채무의 존재, ⓑ 별개채무가 법정충당상의 우선충당)(항변)– ③ 별개 채무의 발생장애사유·소멸사유(재항변)의 구조를 갖게 된다

3) 제3자 변제

만약 제3자가 변제하였다면 제3자 변제가 유효임을 주장하는 자라도 제3자가 위 ①, ②항의 행위를 한 사실을 주장하는 것으로 충분하다. 상대방으로서는 다음과 같은 두 가지 사실 중 어느 하나를 주장하여 항변할 수 있다.

첫째, 급부의 성질이나 당사자의 의사표시로 제3자의 변제를 허용하지 아니하였다는 사실(이와 같은 의사표시가 있는 경우란 매우 희귀하다.)이나

둘째, 변제한 제3자가 이해관계가 없고, 수령자가 반대의사를 표하였다는 사실이다.

어쨌든 제3자가 변제한다고 하더라도 변제수령자가 이를 반대할 이유가 거의 없으므로 제3자 변제가 무효로 되는 일은 매우 드물다.

나. 충당

충당은 먼저 Ⓐ 합의충당[159)]할 수 있고, 합의가 없으면 Ⓑ 지정충당하고, 지정충당도 없으면

158) 변제와 충당에 관해서는 법학전문대학원협의회 출제 2014년도 제3차 모의시험 강평안 참조

159) 묵시적 합의로도 가능하다고 본다. 그래서 당사자의 일방적인 지정에 대하여 상대방이 지체없이 이의를 제기하지

ⓒ 법정충당된다. 충당의 지정은 변제자인 채무자가 행사할 수 있다. 변제자가 지정권을 행사하지 않았을 경우 채권자가 지정하여 충당할 수 있으나 상대방(채무자)이 즉시 이의하면 법정충당으로 넘어가 그 법리의 적용을 받는다.(제476조)

다. 법정충당의 순서

1) 비용－이자－원본(민법 제479조 제1항)의 순으로 변제충당이 된다. 합의충당에 의해서는 위 순서를 바꿀 수 있으나 그 외 지정충당, 법정충당으로는 그 순서를 바꿀 수 없다.

2) 그 외 법정충당의 순서

가) 변제기가 도래한 것과 변제기가 도래하지 않은 것이 있으면 도래한 것부터 충당하여야 한다. 본 사안에서는 모두 변제기가 도래하였다. 그래서 문제가 되지 않는다. 주의할 점은 변제기가 도래하면 되고 먼저 도래하였는가의 점은 문제가 되지 않는다는 것이다.(제1호)

(1) 확정기한

확정기한의 경우에는 변제기 도래여부의 판단은 너무 명확하여 문제될 것이 없다. 다만 변제유예의 사유가 있으면 법정변제충당의 순위를 정함에 있어서 이행기가 아직 도래하지 않은 것으로 보아야 한다.(대법원 1999. 8. 24. 선고 99다22281, 22298 판결)

(2) 불확정기한

불확정기한 상의 사유가 객관적으로 발생해 있기만 하면 된다. 채무자가 해당 사유의 발생 또는 불발생의 확정사실을 알 필요는 없다. 후자는 이행지체를 지는 사유에 불과할 뿐이다.

(3) 기한의 정함이 없는 경우

채무가 성립한 때에 이행을 청구할 수 있으므로 성립한 때를 기준으로 한다.

나) 전부 도래하였거나 전부 도래하지 않았다면 채무자에게 변제이익이 많은 채무의 변제부터 충당한다.(제2호)

변제의 이익이 많다는 것은 채무의 부담을 제거할 이익이 크다는 것으로 획일적인 기준은 없고 구체적으로 판단하여야 한다.

(1) 이자의 유무 및 이율의 고저 : 무이자채무보다는 이자부채무가 변제의 이익이 많고, 저율의 이자부채무보다는 고율의 이자부채무가 변제의 이익이 많다.

(2) 위약벌의 정함이 있는 채무는 그렇지 않은 채무에 비해 변제의 이익이 많다.

(3) 어음채무가 어음소송의 신속성으로 보아 민사채무보다 대체로 변제의 이익이 많다. 그러나 이율 기타 사정을 종합하여 보면 달리 판단할 여지도 있다. 예를 들면 이자부 민사채무가 무이자부 어음채무보다 변제의 이익이 많다.

않으면 묵시적 합의가 있었다고 보아 비용－이자－원본의 충당순서를 바꿀 수 있다.(대법원 1981. 5. 26. 선고 80다3009 판결 등) 이런 법리는 지정충당의 경우에는 비용－이자－원본의 순서를 변경하지 못한다는 대법원 2009. 6. 11. 선고 2009다12399 판결 등의 적용범위를 축소시키는 효과가 있다.

(4) 단순채무가 연대채무보다 원칙적으로 채무자에게 변제의 이익이 많다.(대법원 1999. 7. 9. 선고 98다55543 판결)

(5) 물적담보를 포함하여 담보부 채무에 대한 변제가 무담보채무의 변제보다 변제의 이익이 많다. 하지만 물상보증이 있는 채무는 연대보증과 같이 그 우열이 없다.(대법원 2013. 7. 11. 선고 2013다22454 판결, 대법원 2014. 4. 30. 선고 2013다8250 판결) (아래 8번과 같다.)

(6) 주채무는 보증채무에 비하여 변제이익이 많다.(대법원 2003. 5. 16. 선고 2002다8506 판결)

(7) 변제이익은 주채무를 중심으로 보아 보증인이 있는 채무와 그렇지 않는 채무사이에는 변제의 이익에 있어 중립적이다.(대법원 1999. 8. 24. 선고 99다26481 판결) 연대보증의 경우도 동일하다.

그러나 위와 같은 사정이 혼합되어 있는 사례가 많다. 예를 들면 저율의 담보부 채무와 고율의 무담보부 채무 사이에 변제이익의 다과를 따져야 할 경우이다. 변제이익을 판단함에 있어 유리한 점과 불리한 점이 엇갈려 존재하는 경우에는 경제적 관점뿐만 아니라 법률적 관점 등을 종합적으로 고려하여 그 다과를 따져 보아야 한다. 그래서 이자약정이 있는 금전채무와 이자의 약정 없는 은행도 약속어음금 채무 사이에는 전자가 후자에 비하여 변제의 이익이 많다고 판단하였다.(대법원 1971. 11. 23. 선고 71다1560 판결)

다) 변제이익이 같다면 이행기가 먼저 도래한 채무나 먼저 도래할 채무의 변제에 충당한다.(제3호)

라) 위 조건들이 전부 같다면 안분비례하여 변제에 충당한다.(제4호)

10. 상가건물임대차보호법 상의 대항력[160]

11. 주주총회결의 취소의 소(상법 제376조)와 주주총회결의 무효확인의 소(상법 제380조)

가. 일반론[161]

	취소소송	무효확인소송	부존재확인소송	부당결의취소 · 변경의 소
청구원인	**Ⓐ 절차상의 하자** ⓐ 소집절차, ⓑ 결의방법이 법령·정관에 위반되거나 현저히 불공정 **Ⓑ 결의내용의 정관위반**	**내용상의 하자** 결의내용이 ⓐ 법령, ⓑ 사회질서, ⓒ 주식회사의 본질에 위반	**절차상의 하자** [취소원인이 지나쳐 결의가 존재한다고 볼 수 없을 때]	**내용상의 하자** [특별한 이해관계 있는 주주를 배제하고 한 결의의 내용이 현저히 부당]
소의 성질	형성소송	확인소송(대법원 91다5365 판결)	확인소송(대법원 91다39924 판결)	형성소송
제소권자	주주·이사·감사	소익이 있는 자	소익이 있는 자	결의권을 행사하지 못한 특별한 이해관계가 있는 주주
제소기간	결의일로부터 2개월	없음	없음	결의일로부터 2개월

160) 법무부 실시 제1회 모의기록 강평안 참조

161) 다음 표는 이철송, 「회사법강의」, 17판(2009), 박영사, 487면에서 재인용

절차	피고, 전속관할, 소제기공고, 병합심리, 패소원고의 책임, 주주의 담보제공의무, 등기 등에서 같음	
법원의 재량기각	가능	불가능
기판력의 범위	대세적 효력	
효급효	소급효 있음	

나. 취소의 원인

1) 절차상의 하자

가) 소집절차상의 하자

소집절차는 ⓐ 이사회의 소집결의와 ⓑ 주주에 대한 통지로 크게 나눌 수 있다. ⓐ－ⓐ이사회의 소집결의 자체가 아예 부존재하거나 ⓐ－ⓑ그 결의에 하자가 있는 경우가 있다. ⓑ－ⓐ일부 주주에게 소집통지를 하지 않은 경우, ⓑ－ⓑ통지기간을 준수하지 않은 경우, ⓑ－ⓒ통지방법을 그르친 경우 등이다.

나) 결의방법의 하자

주주아닌 자가 결의에 참가하여 의결한 경우, 의결권이 제한되는 주주가 의결권을 행사한 경우, 결의요건을 위반한 경우, 불공정한 의사진행 등이다.

2) 결의내용의 정관위반

1995년 회사법 개정으로 결의내용이 정관에 위반한 경우도 결의취소의 원인으로 삼았다.

다. 주요영업양도 및 영업용 주요재산의 처분은 특별결의가 필요하다.(상법 제374조, 제434조)

원래 주주총회의 결의는 출석한 주주의 의결권의 과반수와 발행주식총수의 4분의 1이상의 수(數)로서 한다.(상법 제368조 제1항) 그런데 특별결의는 출석한 주주의 의결권의 3분의 2이상의 수와 발행주식총수의 3분의 1 이상의 수로써 하는 결의이다.

라. 주주총회 취소 후의 법률관계

주주총회 결의취소의 소에서 원고 승소의 판결이 선고되어 주주총회의 결의가 취소되면 당사자는 물론 제3자에게도 그 효력이 미친다.(상법 제376조 제2항, 제380조, 제190조) 이를 대세적 효력이라 한다. 반면 원고패소판결은 대세효가 없다. 또 결의취소의 경우 소급적으로 무효가 되는 소급효가 있다.(상법 제190조 단서의 적용을 받지 않도록 1995년 법개정한 결과 소급효가 있는 것으로 해석되고 있다.) 따라서 주주총회 결의에 따라 회사가 거래를 하고 난 다음 주주총회 결의가 취소되어 소급적으로 무효가 되었을 때 그 거래의 상대방을 어떻게 보호할 것인가의 문제가 제기된다. 상대방이 알았거나 과실로 알지 못한 것을 회사측이 주장·증명하여 후속거래의 무효를 주장·증명할 수 있다.(대법원 2005. 7. 28. 선고 2005다3649 판결) 최금례로서는 매매계약의 무효를 주장하는 후속

소송에서 딱히 악의란 사정은 엿보이지 않는 상태에서 영업용 주요자산의 경우 주주총회의 특별결의가 요구된다는 것을 알고도 주주총회 결의의 하자여부를 따져보지 않았다는 등으로 과실 여부가 문제될 수 있을 것이다. 결론적으로 위와 같은 판례의 태도를 감안하면 본 사안에서의 원고는 주주총회의 결의 후 주주총회결의취소의 소 제기 등을 검토할 것이 아니라 거래의 상대방으로 지목된 최금례 등에게 주주총회 결의에 하자가 있는 사실을 적극적으로 알려 악의·과실이 있는 상태를 만드는 것이 더 필요했다. 그 다음 주주총회결의 취소의 소를 제기해야 하는 것이다. 실무에서 유능한 변호사가 되려면 이처럼 분쟁의 급소를 잘 찾아 의뢰인에게 그에 맞는 법적 대응을 조언하는 것이 중요하다. 특히 이사 또는 대표이사 선임의 주주총회 결의가 취소된 경우에는 상법 제39조의 부실등기의 효력에 의해 선의의 거래상대방이 보호될 수 있다.

소　　장

원　고　　강 주 원 (720421－12482114)[162)]
서울 마포구 염창로 51 (구주소 서울 마포구 염리동 327)
소송대리인 변호사 이영호
서울 서초구 서초대로 200, 607호 (서초동, 법조빌딩)
전화번호 (02) 515－3000, 팩스번호 (02) 515－3001
전자우편 hoon1004@naver.com

피　고　　1. 김 정 우 (691207－1752423)
서울 강서구 공항대로 37
2. 권 창 균 (670723－1424512)
서울 서대문구 연희로 18, 가동 108호 (연희동, 연희빌라)
3. 이 청 준 (740214－1724512)
서울 서초구 방배로 42
4. 윤 태 건 (750413－1752424)
서울 영등포구 당산대로 15, 107동 1302호 (당산동, 선유도아파트)
5. 주식회사 이글골프
수원시 영통구 원천로 27, 704호 (원천동, 원천빌딩)
대표이사 나 도 연

소유권이전등기 등 청구의 소

162) 등기, 등록 등이 필요한 당사자를 제외하고는 주민등록번호를 기재하지 않아도 된다. 따라서 본 사건에서는 원고와 김정우, 권창균의 주민등록번호는 반드시 기재하여야 한다. 또 2019. 2. 8.부터는 "재판서 작성에 관한 예규"가 개정되어 등록이 필요한 당사자를 제외하고는 주민등록번호를 기재하지 않아도 되게 되었다.

청 구 취 지

1. 피고 권창균은 원고에게

가. 별지목록 제1기재 부동산에 관하여 2017. 2. 9. 대물변제약정을 원인으로 한 소유권이전등기 절차를 이행하고,

나. 별지목록 제2기재 부동산에 관하여,

(1) 2017. 2. 9. 대물변제 약정을 원인으로 한 소유권이전등기 절차를 이행하고,

(2) 인도하라.

2. 피고 김정우는 피고 권창균으로부터 300,000,000원을 지급받음과 동시에 피고 권창균에게 별지목록 제1기재 부동산에 관한 2016. 7. 5. 매매를 원인으로 한 소유권이전등기 절차를 이행하라.

3. 원고와 피고 김정우 사이에는,

가. 원고의 피고 김정우에 대한 2016. 4. 10.자 금전소비대차에 의한 채무는 100,000,000원 및 이에 대한 2017. 4. 10.부터 다 갚는 날까지 월 1%의 비율에 의한 지연손해금을 초과하여서는 존재하지 아니함을 확인하고,

나. 원고의 피고 김정우에 대한 2016. 10. 10.자 금전소비대차에 의한 채무는 8,000,000원 및 이에 대한 2017. 4. 10.부터 다 갚는 날까지 월 1%의 비율에 의한 지연손해금을 초과하여서는 존재하지 않음을 확인한다.

4. 피고 윤태건은 피고 권창균으로부터 184,000,000원 지급받음과 동시에 피고 권창균에게 별지목록 제2 부동산을 인도하라.

5. 피고 이청준은,

가. 피고 권창균에게 별지목록 제2기재 건물 중 1층 120㎡을 인도하고,

나. 피고 김정우에게 별지목록 제3기재 화장실 겸 창고를 철거하라.

6. 피고 주식회사 이글골프가 2017. 11. 20.자로 한 '제1호 부동산 매각의 건'에 관한 임시주주총회 결의를 취소한다.

7. 소송비용은 피고들의 부담으로 한다.

8. 위 제1 나. 2)항, 제4항, 제5항은 가집행 할 수 있다.

라는 판결을 구합니다.

청 구 원 인

1. 피고 권창균에 대한 청구

가. 사실관계[163]

1) 동탄면 대지에 관한 매매계약의 체결, 계약금·중도금의 지급

피고 권창균은 2016. 7. 5. 피고 김정우로부터 별지 목록 제1기재 부동산(이하 '동탄면 대지'라고 함)을 대금 600,000,000원으로 정하고, 계약금·중도금 합계 300,000,000원은 계약당일 지급하고,

163) 필자의 채점경험으로는 청구원인사실의 배점이 매우 높으므로 이를 충실하게 작성하는 것이 고득점의 비결이 된다. 또 청구원인의 사실관계 아래 청구원인의 요건사실을 중심으로 세부목차를 잘 정리해 두면 가독성을 높여 고득점을 받을 수 있게 된다.

잔금 300,000,000원은 건축공사를 완료한 후 3개월 내에 지급하기로 하는 매매계약을 체결하였으며, 매도인은 계약금·중도금을 지급받음과 동시에 동탄면 대지를 인도한다고 특약까지 하였습니다. 이에 따라 피고 권창균은 계약당일 피고 김정우에게 계약금·중도금조로 300,000,000원을 지급하면서 동탄면 대지를 인도받았습니다.

2) 동탄면 대지 및 그 지상 동탄면 건물에 대한 대물변제의 약정

피고 권창균은 원고로부터 컴퓨터 등 IT 관련 물품을 납품받고 지급하지 못한 물품 대금이 2017. 2. 9.경 783,000,000원에 이르자, 같은 날 원고에게 동탄면 대지와 그 지상 별지목록 제2기재 부동산(이하 '동탄면 건물'이라고 함)을 위 미지급 물품 대금에 대한 대물변제조로 양도하기로 하는 내용의 대물변제약정을 체결하였습니다.

나. 소결론(동탄면 대지 및 건물에 대한 대물변제 약정을 원인으로 소유권이전등기 청구권 및 건물에 관한 인도청구권의 발생[164])

그렇다면 피고 권창균은 원고에게 동탄면 대지 및 동탄면 건물에 관하여 2017. 2. 9. 대물변제 약정을 원인으로 한 각 소유권이전등기 절차를 이행하고, 동탄면 건물을 인도할 의무가 있습니다.

다. 피고 권창균의 (대물변제 약정의 민법 제607조 위반 무효)[165] 주장에 대한 반박

피고 권창균은 동탄면 대지는 매수대금이 600,000,000원, 동탄면 건물은 뒤에서 설명하는 바와 같이 건축비만 300,000,000원으로 합계 900,000,000원상당인데도 합계 783,000,000원의 물품 대금에 대한 대물변제하기로 약정하였으므로 민법 제607조에 의하여 무효라면서 원고의 위 청구에 응할 수 없다고 주장합니다.

민법 제607조는 차용물의 반환에 관하여 차주가 차용물에 갈음하여[166] 다른 재산권을 이전할 것을 예약한 경우에 적용되는 것으로 물품 대금에 대한 대물변제조로 한 위 대물변제 약정에는 그 적용이 없으며 달리 위 대물변제 약정이 현저히 균형을 잃어 민법 제104조 등에 의해 무효화할 사유가 없으므로 피고 권창균의 위 주장은 이유 없습니다.

2. 피고 김정우에 대한 청구

가. 동탄면 대지에 대한 소유권이전등기 청구권

1) 사실관계

가) 동탄면 대지에 관한 매매계약의 체결, 계약금·중도금의 지급

위 1.가. 1)항에서 설명한 바와 같이 피고 김정우는 2016. 7. 5. 피고 권창균에게 동탄면 대지를 매도하기로 한 매매계약을 체결하였고, 계약금·중도금조로 합계 300,000,000원을 지급받았습니다.

나) 채권자대위요건의 충족

위 1.가. 2)항에서 설명한 바와 같이 원고는 피고 권창균에 대하여 동탄면 대지에 관한 소유권이전등기청구권을 보유하고 있습니다. 원고는 피고 권창균을 대위하여 피고 김정우의 위 소유권이

---

164) 원래 실무상으로는 "소결론"이란 제목으로 법문서를 작성하고 있다. 그러나 수험생의 경우에는 채점자의 가독성을 높이기 위하여 소결론 부분에서 요건사실을 충족한 결과인 법률효과로 그 제목에 ( )안에 부기해 두는 것이 고득점의 비결이 된다.

165) ( )안도 가독성을 높이기 위하여 피고 주장을 정리해 둔 것이다. 실무상으로는 그저 피고의 주장에 대한 반박 정도의 제목으로 글쓰기를 시작한다.

166) 민법 제607조 법문상으로는 "가름하여"라고 기재되어 있으나 표준어는 "갈음하여"인 것으로 판단된다.

전등기 청구권을 대위행사하는 바입니다.

2) 소결론 (잔금과 동시이행으로 동탄면 대지에 대한 소유권이전등기청구권의 발생)

그렇다면 피고 김정우는 피고 권창균으로부터 잔대금 300,000,000원을 지급받음과 동시에 피고 권창균에게 동탄면 대지에 관하여 2017. 7. 5. 매매를 원인으로 한 소유권이전등기를 이행할 의무가 있습니다.

3) 피고 김정우의 주장에 대한 반박

가) 원고의 위 청구가 처분금지가처분 결정에 위반되어 응할 수 없다는 주장에 관한 반박

피고 김정우는 동탄면 대지에 처분금지가처분 등기가 되어있어 원고의 위 소유권이전등기청구에 응할 수 없다고 주장합니다.

피고 권창균은 피고 김정우를 상대로 위 소유권이전등기청구권에 기하여 처분금지가처분을 신청하여 처분금지가처분 결정이 내려지고, 2016. 7. 9. 처분금지가처분 등기가 경료된 사실은 있습니다.

다만 처분금지가처분은 제3자에 대한 처분을 금지하였을 뿐 원래 채무의 내용인 피고 김정우로부터 피고 권창균에의 소유권이전을 금지하지는 아니하는바 원고의 위 청구는 피고 김정우로부터 피고 권창균에게로의 소유권이전을 구하고 있어 금지대상이 아니라 할 것이어서 피고 김정우의 위 주장은 이유 없습니다.

나) 대지의 사용료 상당 부당이득금 반환과의 동시이행 항변에 관한 반박

피고 김정우는 위 1. 가. 1)항의 설명과 같이 계약금·중도금만 지급받은 상태에서 계약당일인 2016. 7. 5. 피고 권창균에게 동탄면 대지를 인도해 주어 피고 권창균은 그 지상에 건물을 신축하여 현재 그 대지로서 점유·사용하고 있는 바 그 사용료 상당의 부당이득금을 반환하여야 하다며 그 반환의무와 위 소유권이전등기 의무와는 동시이행의 관계에 있어 원고의 위 청구에 응할 수 없다고 주장합니다.

피고 권창균이 계약금·중도금만 지급한 후 약정에 따라 동탄면 대지를 인도받아 2017. 4. 15. 동탄면 건물을 신축한 다음 현재까지 동탄면 대지를 그 건물의 대지로 사용하고 있는 점은 주장과 같습니다. 그러나 동탄면 대지는 매매계약의 취지에 따라 인도되어 피고 권창균이 점유·사용하고 있는 것으로 법률상 원인이 있을 뿐만 아니라 별도 약정이 없는 한 피고 권창균이 피고 김정우에게 동탄면 대지의 사용료를 지급할 아무런 의무도 없으므로 피고 김정우의 위 주장은 이유 없습니다.

다) 잔대금에 대한 법정이자지급의무와의 동시이행항변에 대한 반박

피고 김정우는 잔금도 지급받지 않은 상태에서 피고 권창균에게 동탄면 대지를 인도해 주었으므로 피고 권창균은 그 잔금에 대한 법정이자를 지급하여야 한다며 그 법정이자지급의무와 위 소유권이전등기 의무와는 동시이행의 관계에 있어 원고의 위 청구에 응할 수 없다고 주장합니다.

피고 권창균이 잔대금 300,000,000원을 지급해야 하는 점은 주장과 같습니다. 그러나 잔대금 지급채무에 관해 이자지급을 약정한 사실도 없으며, 동시이행관계에 있는 소유권이전등기 의무를 이행 또는 이행제공이 없는 상태에서는 잔대금지급채무가 채무불이행 상태에 빠져 지연손해금지급의무가 발생한 것도 아니어서 피고 김정우의 위 주장은 이유 없습니다.

나. 차용금채무들의 부존재확인 청구

1) 사실관계

가) 2016. 4. 10.자 100,000,000원의 소비대차계약

피고 김정우는 2016. 4. 10. 원고에게 100,000,000원을 변제기 2017. 4. 9. 이자는 월 1%로 하되 원금상환일에 일괄 지급하기로 약정하여 대여하였습니다.

나) 2016. 10. 10.자 100,000,000원의 소비대차계약, 최고로 인한 이행기의 도래

피고 김정우는 2016. 10. 10.경 원고에게 100,000,000원을 이자는 월 1%로 하되 원금상환일에 일괄 지급하기로 하고 대여해 주었습니다. 그 후 피고 김정우는 2017. 3. 23. 원고에게 같은 달 말일까지 변제해 줄 것을 최고하는 내용증명우편을 보냈고, 그 다음날 내용증명우편이 도달하였습니다.

다) 원고의 110,000,000원 변제

원고는 2017. 4. 9. 피고 김정우에게 무통장 입금방식으로 110,000,000원을 송금하였습니다.

2) 변제충당

가) 양채무의 이자에 변제충당

원고의 위 2017. 4. 9.자 110,000,000원의 변제는 위 1)가)항 및 나)항의 대여원리금채무를 전부 소멸시키기 부족합니다. 따라서 먼저 민법 제479조 제1항에 따라 양 채무의 변제일까지의 이자에 먼저 충당되고 나머지는 원금에 충당됩니다.

2016. 4. 10.자 차용금의 2017. 4. 9.까지 1년간의 이자는 12,000,000원(100,000,000원 × 0.01 × 12개월)이고, 2016. 10. 10.자 차용금의 2017. 4. 9.까지 6개월간의 이자는 6,000,000원(100,000,000원 × 0.01 × 6개월)로 그 이자합계액은 18,000,000원(12,000,000원 + 6,000,000원)입니다. 따라서 위 변제금 110,000,000원에서 이자합계금 18,000,000원을 공제하면 92,000,000원이 남습니다.

나) 먼저 변제기가 도래한 채무의 원본에 충당

다음으로 원본에 충당되어야 하는데, 변제당시 채무자나 채권자의 지정충당이 없는 상태에서는 양 채무가 모두 변제기가 도래하였고, 채무자에 대한 변제이익이 같다면 민법 제477조 제3호에 의하여 이행기가 먼저 도래한 채무의 원본에 충당되어야 합니다.[167]

2016. 4. 10.자 차용금채무는 2017. 4. 9.자로 변제기가 도래하였고, 2016. 10. 10.자 차용금채무는 위 최고로 인하여 2017. 3. 31. 변제기가 도래하였습니다. 따라서 양 채무 모두 변제기가 도래하였습니다.

다음으로 변제이익에 관하여 검토하겠습니다.

양 차용금채무는 전부 월 1%의 이율로 변제기도 모두 도래했던 점 등의 사정상 변제이익도 동일합니다. 비록 2016. 4. 10.자 차용금채무의 담보조로 원고의 처 소외 박경주 소유의 잡종지상 근저당권설정등기가 경료되어 있다 하더라도 이러한 물상보증의 존재만으로는 차용금 채무자에게 변제이익이 더 많다 할 수는 없습니다.

결국 2017. 10. 10.자 차용금채무의 변제기가 먼저 도래하였으므로 민법 제477조 제3호에 의하여 그 원본에 먼저 충당되어야 합니다. 따라서 나머지 92,000,000원을 2016. 10. 10. 차용금

167) 법리론을 먼저 내세우는 경우는 이처럼 매우 세밀하고 구체적인 경우에 자칫하면 오해하기 쉬울 때 이를 정리해 두기 위하여 법리론을 간략하게 정리해 두기도 한다.

100,000,000원에 충당되어 나머지 8,000,000원(100,000,000원 - 92,000,000원)이 남고, 2016. 4. 10.자 차용원금 100,000,000원이 됩니다.

3) 확인의 이익

가) 2015. 4. 10.자 차용금의 채권의 준점유자에 대한 변제로 인한 소멸

① 2015. 5. 10.자 차용금에 대한 압류 및 전부명령, 원리금의 변제

피고 김정우는 위 2016. 4. 10.자 100,000,000원 및 2016. 10. 10.자 100,000,000원을 대여해 준 사실이외에도 2015. 4. 10. 원고에게 30,000,000원을 변제기 1년간, 이자는 월 1%로 원금 상환일 일괄지급하기로 하면서 대여해 준 사실이 있습니다.

그러나, 소외 천우식은 피고 김정우를 상대로 손해배상청구의 소(서울남부지방법원 2015가단33298 손해배상금)를 제기하여 그 판결이 선고되어 확정되었습니다. 소외 천우식이 위 확정판결을 청구채권으로 하여 피고 김정우의 원고에 대한 위 2015. 4. 10.자 30,000,000원의 원리금 채권에 관한 압류 및 전부명령을 신청하여 2016. 2. 20. 채권압류 및 전부명령(서울남부지방법원 2016타채2137 채권압류 및 전부명령)이 내려지고 같은 달 24. 원고에게 송달되어 같은 해 3. 3. 확정되었습니다. 그래서 원고는 2016. 4. 9. 소외 천우식에게 그때까지의 원리금 33,600,000원(원금 30,000,000원 + 2015. 4. 10.부터 2016. 4. 9.까지 1년간 월 1%의 이율로 계산한 이자 3,600,000원)을 변제하였습니다.

② 채권의 준점유자에 대한 변제

가사 피고 김정우의 주장과 같이 피고 김정우에 대한 위 판결정본이 허위의 주소로 송달되어 판결이 확정되지 않아 그에 기한 전부명령도 무효라고 하더라도 소외 천우식은 적어도 채권의 준점유자에 해당되고, 소외 천우식이 전부명령 이후 여러 차례 원고에게 그 전부금의 지급을 독촉하였을 뿐만 아니라 원고의 거래은행 예금계좌까지 채권가압류 할 태세를 보여 원고가 피고 김정우에게 그런 사실을 알려도 피고 김정우는 아무런 답신도 하지 않았습니다. 결국 원고는 법원을 통해 전부명령의 확정사실을 직접 확인한 다음 2016. 4. 9. 위와 같이 변제하였던 것입니다. 따라서 원고는 변제당시 채권을 준점유하는 소외 천우식에게 선의이며 무과실로 변제한 것으로 민법 제470조에 의해 변제의 효력이 있습니다.

나) 그런데도 피고 김정우는 2015. 4. 9.자 차용금채무에 우선 변제충당을 주장하면서 위 저당권에 기한 경매신청을 할 태세를 보이고 있어 확인청구를 할 이익이 있습니다.

4) 소결론 (차용금채무들에 대한 확인청구)

원고와 피고 김정우 사이에, 원고의 피고 김정우에 대한 2016. 4. 10.자 금전소비대차에 기한 채무는 100,000,000원 및 이에 대한 변제 다음날인 2017. 4. 10.부터 다 갚는 날까지 약정이율인 월 1%의 비율에 의한 지연손해금을 초과하여서는 존재하지 아니하고, 2016. 10. 10.자 금전소비대차에 의한 채무는 8,000,000원 및 이에 대한 변제 다음날인 2017. 4. 10.부터 다 갚는 날까지 약정상의 월 1%의 비율에 의한 지연손해금을 초과하여서는 존재하지 아니함을 확인받고자 합니다.

3. 피고 윤태건에 대한 청구

가. 사실관계

1) 공사도급계약, 계약금의 지급

피고 윤태건은 2016. 7. 10. 피고 권창균과 사이에 동탄면 대지 상에 별지목록 기재 제2부동산

('동탄면 건물')을 총 공사대금 300,000,000원으로 정하여 2017. 4. 15.까지 완공하기로 하고, 계약금 50,000,000원은 계약과 동시에 지급하고, 잔금은 완공일 지급하되 건축허가 및 소유권보존등기는 피고 권창균 명의로 하기로 하는 내용의 공사도급계약을 체결하였고, 계약당일 그 취지에 따라 계약금 50,000,000원을 지급하였습니다.

2) 추가 약정 및 중도금의 지급

피고 윤태건은 공사중이던 2017. 3. 20. 피고 권창균과 사이에 약정당일 중도금 50,000,000원을 추가 지급하기로 하고 동탄면 건물을 2017. 4. 15.까지 완공하여 이를 인도함과 동시에 잔대금 200,000,000원을 지급하기로 하되 만약 공사 완공 후에도 위 잔대금을 지급하지 않은 경우에는 피고 윤태건이 동탄면 건물 중 2층 부분을 그 지급받을 때까지 무상으로 점유할 수 있다는 취지의 추가약정을 하였으며, 그 취지에 따라 중도금 50,000,000원도 지급하였습니다.

3) 일의 완성 및 동탄면 건물의 원시취득, 동탄면 건물의 점유관계

피고 윤태건은 2017. 4. 15.경 동탄면 건물을 완공하였습니다.

피고 권창균은 위 1), 2)항 기재와 같이 공사도급계약의 도급인으로써 자신 명의로 건축허가를 받고, 소유권보존등기도 하기로 특약하였을 뿐만 아니라 약정에 따른 계약금, 중도금도 지급하였으며 그 잔금지급의무마저 부담함으로써 공사대금 전액을 부담하였기 때문에 신축건물인 동탄면 건물의 소유권을 원시취득하였습니다.

피고 윤태건은 동탄면 건물 중 1층 부분은 아래와 같이 피고 이청준에게 임대해 주었고, 자신은 2017. 4. 15.부터 같은 해 10. 14.까지 6개월 동안 동탄면 건물 중 2층에서 가족과 함께 거주하다가 이사한 후 다만 집기류 등을 둔 채 시건장치를 해 두고 공사잔대금지급채권을 피담보채권으로 한 유치권을 행사하고 있습니다.

4) 부당이득반환청구권의 발생

피고 윤태건은 2017. 4. 25. 피고 이청준에게 동탄면 건물 중 1층부분을 보증금 100,000,000원, 임료 월 1,000,000원, 임대기간은 1년간으로 정하여 임대하는 내용을 계약을 체결한 다음 2017. 4. 30. 보증금을 지급받은 후 피고 이청준에게 1층 부분은 인도하였습니다. 피고 이청준은 2017. 12. 29.까지 1층 부분에서 휴대폰 대리점 영업을 하다가 피고 윤태건과 임대차계약을 종료하기로 합의하고 영업을 종료하였습니다.

5) 부당이득액

동탄면 건물의 1층은 보증금 없는 상태라면 월 차임은 2,000,000원 상당이라 할 것입니다.(공인중개사 송민섭 작성의 2018. 1. 5.자 임료 시세 확인서 참조)

따라서 피고 윤태건은 위 4)항과 같이 임차해 준 2017. 4. 30.부터 사용·수익을 그만 둔 같은 해 12. 29.까지 8개월간 보증금 없는 경우의 월 임료상당의 부당이득을 하였습니다. 보증금 없는 경우의 월 차임상당액인 2,000,000원으로 위 부당이득액은 환산하면 합계 16,000,000원(2,000,000원 × 8개월)이 됩니다.

6) 상계

위 4)항의 부당이득반환청구권은 기한의 정함이 없는 채권으로 그 최고로 이행기가 도래할 것이고, 공사잔대금지급청구권은 2017. 4. 15. 완공 후 2개월이내에 지급하기로 약정하여 그 이행기가 이미 도래하였습니다. 따라서 양 채권사이에는 상계적상이 있습니다.

7) 채권자대위 및 상계권의 대위행사

위 1.나.항의 기재와 같이 원고는 피고 권창균에 대하여 동탄면 건물에 대한 인도청구권을 가지고 있습니다. 또한 피고 권창균은 동탄면 건물을 일부 임대하거나 직접 점유하고 있는 피고 윤태건에 대하여 공사도급계약의 취지에 따라 공사잔대금의 지급과 상환으로 그 인도를 구할 수 있습니다. 그리고 위 6)항과 같이 공사잔대금지급채권과 부당이득반환청구권은 서로 상계적상이 있으므로 인도청구권을 가진 원고는 이 소장부본의 송달로써 위 상계권을 대위행사하고, 또 원고는 피고 권창균에 대한 동탄면 건물의 인도청구권을 보전하기 위하여 피고 권창균의 피고 윤태건에 대한 동탄면 건물의 인도청구권을 대위행사하고자 합니다.

나. 소결론 (채권자대위에 의한 공사잔대금지급과 상환으로 인도청구권의 행사)

그러므로 피고 윤태건은 피고 권창균에게 나머지 공사잔대금 184,000,000원(200,000,000원 − 16,000,000원)을 지급받음과 동시에 피고 권창균에게 동탄면 건물을 인도할 의무가 있습니다.

4. 피고 이청준에 대한 청구

가. 사실관계

1) 원고의 피고 권창균에 대한 동탄면 대지 및 건물에 관한 소유권이전등기 및 동탄면 대지에 관한 인도청구권 및 피고 권창균의 피고 김정우에 대한 동탄면 대지에 관한 소유권이전등기 청구권

원고는 위 1.가.1)과 같이 피고 권창균에 대하여 동탄면 대지 및 건물에 관하여 2017. 2. 9. 대물변제약정을 원인으로 한 각 소유권이전등기청구권 및 그 건물의 인도청구권을 보유하고 있습니다. 또한 위 2.가항과 같이 피고 권창균은 피고 김정우에 대하여 동탄면 대지에 관하여 2016. 7. 5. 매매를 원인으로 한 소유권이전등기청구권을 보유하고 있습니다.

2) 피고 권창균의 동탄면 건물 소유권의 원시취득

위 3. 가. 3)와 같은 경위로 피고 권창균이 위 동탄면 건물의 소유권을 원시취득하였습니다.

3) 피고 이청준의 동탄면 건물 중 1층부분의 점유사실

피고 이청준은 위 3. 가. 3)항, 4)항과 같은 내용의 임대차계약을 체결하고, 동탄면 건물의 1층부분을 인도받아 '대박이동통신'이라는 상호로 휴대폰 대리점 영업을 하다가 2017. 12. 29. 피고 윤태건과 임대차계약을 종료하기로 합의하고 영업은 종료하고 다만 영업용 비품을 그대로 두고 출입문을 잠가 두고 있습니다.

4) 피고 이청준은 동탄면 대지 위에 별지목록 기재 제3부동산(이하 '동탄면 별채건물'이라 함)을 신축했습니다.

나. 소결론 (채권자대위에 의한 피고 이청준에 대한 동탄면 건물 중 1층부분에 관한 인도청구와 동탄면 별채건물의 철거청구)

그렇다면 원고는 피고 권창균에 대하여 동탄면 건물에 관한 소유권이전등기청구권 및 그 인도청구권을 갖고 있으며, 동탄면 대지의 소유권이전등기청구권을 보유하고 있고, 피고 권창균은 피고 김정우에 대하여 동탄면 대지에 관한 소유권이전등기청구권을 보유하고 있습니다. 이러한 인도청구권 및 소유권이전등기청구권을 보전하기 위하여 피고 권창균의 피고 이청준에 대한 인도청구권 및 피고 김정우의 피고 이청준에 대한 철거청구권을 대위행사하고자 합니다. 따라서 피고 이청준은 피고 김정우에게 동탄면 대지 상 동탄면 별채건물의 소유자로서 이를 철거할 의무가 있고, 피고 권창균에게

동탄면 건물 중 1층부분을 인도할 의무가 있습니다.

다. 피고 이청준의 상가건물임대차보호법에 따른 대항력에 기한 인도불가 항변에 대한 반박

피고 이청준은 위 3. 가. 3)항의 임대차계약은 상가건물임대차보호법 제2조 제1항상의 상가건물 임대차로서 2017. 4. 30. 동탄면 건물 중 1층부분을 인도받고, 같은 날 그 부동산에 사업자등록까지 마쳤으므로 상가건물임대차 보호법 제3조에 따른 대항력을 취득하였으므로 원고의 위 청구에 응할 수 없다고 주장합니다.

피고 이청준 주장과 같은 임대차계약의 체결사실, 임차목적물의 인도사실, 사업자등록 완료 사실은 있습니다. 하지만 피고 이청준이 위 임대차계약을 체결한 상대방은 피고 윤태건으로서 피고 윤태건은 동탄면 건물의 공사업자로서 유치권을 행사하고 있을 뿐 해당 부동산의 소유권자도 아니고, 오히려 피고 권창균이 공사계약의 취지에 따라 동탄면 건물의 소유권을 원시취득하였다 할 것입니다. 이처럼 소유권 기타 법률상·사실상의 처분권이 없는 자와 임대차계약을 체결하고 그에 따른 사업자등록신청까지 하였다고 하더라도 상가건물임대차보호법 제3조 소정의 대항력을 취득할 수는 없으므로 피고 이청준의 위 주장은 이유 없습니다.

5. 피고 주식회사 이글골프에 대한 청구

가. 사실관계

1) 원고와 피고 주식회사 이글골프의 관계

가) 피고 주식회사 이글골프(이하 '이글골프'라고 함)은 "골프연습장 운영사업 및 그 부대사업"을 목적으로 하는 주식회사로 대표이사는 소외 나도연입니다.

나) 원고는 피고 주식회사 이글골프의 발행주식(주당 액면금 10,000원) 총수 100,000주 중 10,000주를 소유하고 있습니다. 그 외 소외 나도연은 30,000주를, 소외 황용현은 30,000주를, 소외 전제균은 20,000주를, 소외 박모란은 10,000주를 소유하고 있는 것으로 주주명부에 등재되어 있습니다.

2) 영업용 중요자산의 처분을 위한 특별결의의 부존재

가) 피고 이글골프는 김포시 풍무동 324(풍무로 18) 대 3,000㎡ 및 위 지상 철근콘트리트조 슬래브지붕 단층 영업소 300㎡(이하 '풍무동 각 부동산'이라고 함)를 유일한 영업용 자산으로 소유하면서 골프연습장 영업을 하고 있습니다.

나) 피고 이글골프는 2017. 11. 20. 임시주주총회를 개최한다는 내용의 통지를 주주들에게 보냈습니다.

다) 피고 이글골프는 2017. 11. 20. 주주 겸 대표이사 소외 나도연 및 원고의 참석만으로 임시주주총회를 개최하여 발행주식 100,000주 중 30,000주만을 보유한 소외 나도연의 찬성만으로 소외 최금례에게 골프연습장 부지로 사용되는 풍무동 각 부동산을 대금 5,500,000,000원에 매도하기로 하는 내용의 결의를 하였습니다.

나. 소결론 (주주총회 결의방법 위반을 이유로 한 주주총회결의 취소청구)

그렇다면 풍무동 골프연습장은 피고 이글골프의 목적인 골프연습장 부지로서 중요재산으로 상법 제374조 제1항 제1호, 제434조에 의하여 발행주식 3분의 1이상의 찬성으로 의결하여야 하는바, 이에 찬성한 소외 나도연 보유 주식은 30,000주로서 발행주식의 3분의 1에 미달하는 의결권으로 임시주주총회에서 의안을 의결하였으므로 법률상 정한 의결절차를 위반한 임시주주총회의 의결로서 취소되어

야 할 것입니다. 따라서 10,000주를 보유한 원고는 피고 이글골프의 2017. 11. 20.자 임시주주총회에서 한 풍무동 각 부동산을 처분한다는 결의의 취소를 청구하는 바입니다.

6. 결론

따라서 원고의 이 사건 청구는 모두 이유 있으므로 인용하여 주시고, 소송비용은 패소자들의 부담으로 하고, 일부 청구에 가집행 선고를 해 주시기 바랍니다.[168]

증 명 방 법(생략)

첨 부 서 류(생략)

2018. 1. 12.

원고 소송대리인 변호사 이영호 (인)

수원지방법원[169] 귀중

별지

부동산 목록(이하 생략)

---

168) 청구원인의 결론 부분은 항상 위와 같은 정형적인 문구로 끝내 시간을 줄이도록 하는 것이 좋다.

169) 주주총회결의취소의 소는 본점소재지의 지방법원이 전속관할로 한다.(상법 제376조 제2항, 제186조) 따라서 수원지방법원에 소를 제기하여야 한다.

Ⅷ. 2019년 실시 제8회 변호사시험 기록형

1. 7단계 권리분석법에 의한 사건 전체의 분석

가. 의뢰인의 희망사항 분석결과

의뢰인 =원고	희망사항	물권 침해? 약정?	침해자 또는 약정자는 누구	원고의 자격, ∴소송명
김갑동	사직동 토지에 빌라를 신축함에 있어서 아무런 장애가 없는 상태[170]로 만들어 달라. (다만 상속인들을 상대로 금전 청구는 하고 싶지 않다.[171])	① 매매계약 ② 근저당권설정계약 **∴불이행하여 강제이행청구**	∴약정자 (매도인) (망 이을수) (근저당권자) (최권자)	약정의 상대방 (매수인) ∴소유권이전등기, 인도, 지상건물 철거[172] 및 대위 청구인에 의한 근저당권설정등기 말소 청구
	이중양, 정철수 중 누구로부터든지 대여금채권을 지급받고 싶다.[173] 그 채무자의 책임재산을 확보해 달라.(정선수는 빈털터리니 그를 상대로 소 제기는 하지 말라.[174])	① 소비대차계약 ② 전부명령 ③ 채권자 취소 **∴불이행하여 강제이행청구 및 채권자 취소**	∴약정자 [차주의 채무자] (정철수) [수익자] (소외 정선수) [전득자] (윤미영)	약정의 상대방 (대주) (전부채권자) (책임재산의 보전) ∴전부금 청구, 사해행위 취소 및 원상회복청구
	임차희로부터 돈암동 아파트를 인도받고 싶다. 만약 임차보증금을 반환해야 한다면 미지급차임은 모두 공제한 다음 반환하고 싶다.	① 임대차계약 **∴불이행하여 강제이행청구**	약정자 (임차인) (임차희)	약정의 상대방 (임대인) ∴임차목적물 반환청구

---

170) 대지에 건물을 신축하는데 장애가 없도록 만들어 달라는 희망사항은 수차례 출제된 바가 있다. 위와 같은 희망사항은 대지 상에 건물이 있으면 이를 철거하고, 대지를 인도받아 달라는 취지로 활용되고 있다. 그런데 본 기록의 나머지 부분을 읽어보면 의뢰인은 소위 "완전한 소유권을 취득하게 해 달라"는 취지도 포함하여 이러한 표현을 사용하고 있다. 이는 조금 이례적인 것으로 향후 의뢰인의 희망사항을 파악함에 위와 같은 희망사항이 "완전한 소유권을 취득하게 해 달라"는 취지도 포함하여 사용될 수도 있다는 것을 명심하고 수험준비를 해야 하겠다. 완전한 소유권을 취득하게 해 달라는 희망사항은 저당권, 대항력 있는 임차권 등의 물권제한 사유들이 있으면 이를 해소한 후 소유권이전등기를 경료하게 함으로써 완전한 소유권을 취득할 수 있게 해 달라는 취지이다.

171) 건물철거와 대지인도와 관련된 금전적 청구는 통상 대지의 무단점유로 인한 부당이득반환청구이다. 희망사항에 따르면 부당이득반환청구를 하지 말라는 취지이다.

172) 지상건물 철거는 그동안 대지 소유권자가 그 지상건물 소유자에게 물권 침해로 인한 방해배제청구권으로써 건물철거를 구하는 문제들이 출제되어 왔다.(물권적 청구권의 형태) 본 사안처럼 건물철거 약정(매매계약의 특약)을 원인으로 그 강제이행청구권으로서의 건물철거를 청구할 수 있다. 약정상 작위의무의 이행을 청구하는 것이다. 작위의무를 명하는 강제이행청구권적 성격을 갖고 있어 채권적 청구권이다.

173) 위와 같은 희망사항이 출제되었을 때 기록을 읽고도 2중 채권양도를 둘러싼 유효성에 관하여 판단이 안 설 때가 있다. 그래도 출제상에 힌트가 많이 숨겨져 있으니 결론을 잘 내릴 수 있다. 즉 2중 채권양도에 관한 피고측 주장이 타당하다면 소외 양수영에게 채권이 양도되어 전부금청구는 물론 그에 기초한 채권자 취소 청구도 할 수 없게 된다. 그렇다면 청구취지와 청구원인에서 쓸 내용이 거의 없어진다. 평가요소가 대폭 줄어든다는 것이다. 그래서 소외 양수영에 관한 채권양도가 어떤 이유로라도 우선권이 없어 원고에 대항할 수 없다고 추측해 볼 수 있다. 그렇게 합리화하여 문제를 살펴 답안을 구상하면 정답에 가까워진다. 물론 정확한 이유를 알고 청구원인을 작성하면 훨씬 우수한 답안이 되겠지만 잘 모를 때는 그렇게 추측하여 답안을 작성해도 된다.

나. 원고의 청구원인 분석결과

<table>
<tr><th>소송명</th><th colspan="2">청구원인</th><th>항변
(법률상 주장 포함)</th><th>재항변 등</th></tr>
<tr><td>소유권이전등기, 인도청구 및 지상건물 철거</td><td colspan="2">① 매매계약
ⓐ 매매계약
ⓑ 계약금, 중도금, 잔금 지급
ⓒ 지상건물철거의 특약
② 지상건물의 소유권
ⓐ 매매계약
ⓑ 소유권이전등기
③ 상속
ⓐ 피상속인
ⓑ 유족
ⓒ 상속분</td><td>Ⓐ 매매계약 해제
ⓐ 이행지체
ⓑ 상당한 기간을 정하여 최고
ⓒ 미이행
ⓓ 계약해제의 의사표시 및 도달</td><td>Ⓐ ⓐ 이행지체 사실이 없다.(부인)
ⓑ 상당한 기간 정한 최고 없이 한 해제[175]로 절차 위반하여 효력 없음</td></tr>
<tr><td>근저당권설정등기 말소 청구</td><td>①대위요건[176]
ⓐ 소유권이전등기청구권
ⓑ 이행기
ⓒ 미행사</td><td>② 피담보채무
ⓐ소비대차계약
ⓑ이자·이율의 약정
ⓒ원본의 지급
③ 근저당권의 취득
ⓐ근저당권설정계약
ⓑ근저당권설정등기
④ 피담보채무의 변제
ⓐ 변제
ⓑ 변제충당
(법정충당)
비용－이자－원금
2016.4.1.까지 이자는 지급 ~2017.3.31.까지의 지연손해금은 미지급. 지연손해금은 이자로 우선충당권 있음</td><td>Ⓐ ① 별개채무
2013.4.2. 3억 원
이율 연 5%, 변제기 2016.4.1.
ⓐ 지연손해금에 대한 충당(청구원인에서 기술)
ⓑ 원본에 우선충당
변제기는 모두 도래했고, 변제이익의 다소</td><td>Ⓐ ① ⓑ 변제이익이 많아 우선충당됨(부인)</td></tr>
<tr><td>전부금 청구</td><td colspan="2">① 전부명령
ⓐ 전부명령
ⓑ 제3채무자에 송달
ⓒ 채무자에 송달(7일 경과)
② 대여금
ⓐ 소비대차계약</td><td>Ⓐ ① 2중 채권양도로 소외 양수영이 유효하게 채권양도 받아 채권자가 되었음
첫째, 채무의 변제에 갈음한 채권양도가 담보를 목적으로 한 채권양도에 우선하여</td><td>Ⓐ ①담보목적으로도 채권은 양도되어 채권의 양도담보가 성립되어 담보권설정자인 이중양은 청산청구권을 보유할 뿐이다. 이런</td></tr>
</table>

174) 피고 정철수는 전부금 청구의 피고이다. 만약 사해행위 취소 및 원상회복청구만 독립하여 소 제기되었다고 가정해 보자. 피고 정철수는 채무자이기 때문에 채권자 취소소송의 피고가 될 수 없다. 오직 수익자인 소외 정선수 또는 전득자인 피고 윤미영만이 피고가 될 수 있다. 그런 상태에서 소외 정선수를 상대로 소를 제기하지 말라고 했기 때문에 오직 전득자인 피고 윤미영만 피고로 표시하고 사해행위 취소 청구를 하여야 한다. 사해행위 취소는 재판상 행사하여야 하는 형성권이다. 따라서 사해행위의 당사자인 채무자나 수익자 없이도 오직 전득자만을 상대로 소외인 사이의 사해행위를 취소하라는 청구를 할 수 있다고 하니 참으로 이상할 수 있다. 그래도 사해행위 취소의 효과는 원고와 피고로 적시된 전득자인 피고 윤미영 사이에서만 상대적으로 발생하기 때문에 가능한 청구방법이 된다. 사실 기록 38면에 첨부된 내용증명을 읽어 보면 이 기록을 제조한 출제자들은 오직 피고 윤미영만을 상대로 한 사해행위 취소 및 원상회복 청구를 염두에 두고 출제한 흔적이 보인다. 그러나 실제로는 이러한 내용증명우편은 법률 비전문가들이 작성하기 때문에 그와 같이 정치하게 작성되어 있지는 않다.

	ⓑ 이자·이율의 약정 ⓒ 원본의 인도 ⓓ 변제기 도래	효력이 있음 둘째, 가사 그렇지 않더라도 원고와 소외 이중양사이에 채권양도를 합의해제하였으므로 소급하여 무효로 돌아가 소외 양수영 채권양도만이 효력이 있음 ② 이상의 이유로 소외 양수이유로 피전부채권이 여전히 존재한다.(부인)영 명의로 채권양도되어 이중양은 정철수에 대한 채권이 없는 상대에게서 이를 전부받았으므로 민사집행법 제231조 단서에 의해 전부명령이 효력이 없음 Ⓑ 전득자 선의(악의 아님)[177]	상태에서 소외 양수영에게 2중으로 양도하였다고 하더라도 확정일자 있는 통지가 앞서는 이상 대항하지 못한다. Ⓐ ② 또 이러한 채권양도가 사후에 합의해제되었다고 하더라도 소외 양수영의 채권양도가 다시 되살아 나는 것은 아니다. 그런 Ⓑ 전득자는 악의(부인)
사해행위 취소 및 원상회복 청구	① 사해행위 취소 ⓐ 피보전채권(위 전부금채권) ⓑ 사해행위 ⓒ 사해의사 ② 원상회복 ⓐ 수익자(소외 정선수) ⓑ 전득자(피고 윤미영)		
임차목적물인도 청구	① 임대차계약 ⓐ 임대차계약 ⓑ 임차목적물인도 ⓒ 임차보증금수령 ⓓ 임대차계약 종료(2기이상 차임연체로 해제통지로 종료) ② (미지급임료 및 부당이득금 공제)	Ⓐ 미지급임료는 소멸시효 완성 ⓐ 행사할 수 있는 날 ⓑ 3년 경과	Ⓐ 임차보증금은 미지급차임에 대한 보증금이므로 언제든지 공제할 수 있음[178]

175) 이행지체의 경우 상당한 기간을 정하여 최고한 다음 그 기간이 경과하도록 이행하지 않았을 경우 해제의 의사표시를 함으로써 비로소 계약이 해제된다. 최고는 반드시 상당한 기간을 정하여 최고하여야 하는 것은 아니고, 상당한 기간 보다 짧은 기간을 정해 최고하여도 상당한 기간이 경과한 후에는 그 효력이 생기고(대법원 1979. 9. 25. 선고 79다1135, 1136 판결) 심지어 상당한 기간을 정함이 없이 최고하여도 상당한 기간이 경과하면 그 효력이 발생한다.(대법원 1994. 11. 25. 선고 94다35930 판결) 그래도 최고 없이 한 해제는 원칙적으로 그 효력이 없다. 다만 채무자가 미리 이행하지 않을 의사를 (확정적·종국적으로, 대법원 2005. 10. 13. 선고 2005다37949 판결) 표시한 경우(이행거절)에는 최고 없이도 계약을 해제할 수 있다.(민법 제544조 단서) 이때는 반대채무의 이행제공도 없이, 이행기의 도래도 필요 없고, 상당한 기간을 정하여 최고할 필요도 없이 계약을 해제할 수 있다. 이행거절은 계약이행에 관한 당사자의 행동과 계약 전후의 구체적 사정 등을 종합하여 판단하여야 한다.(대법원 2005. 8. 19. 선고 2004다53173 판결) 본 사안에서는 그러한 사정이 엿보이지 않는다.

176) 반복해서 말하지만, 매도인이 완전한 소유권을 이전할 의무가 있더라도 그는 저당권설정자이기 때문에 현존하는 저당권설정등기를 말소해 줄 처지에 있지 않다. 저당권설정등기를 말소하기 위해서는 소위 쌍방신청주의의 원칙에 따라 저당권설정자는 물론 저당권자가 같이 신청해야 한다. 저당권설정자는 당연히 저당권을 말소하고 싶을 것이다. 저당권자가 그 설정등기가 말소됨으로써 피해를 입게 되는 것이다. 그래서 그 저당권자가 저당권설정등기의 말소를 거부하고 있는 것이다. 저당권설정자가 저당권자를 상대로 저당권설정등기 말소의 소라는 소위 의사의 진술을 명하는 이행청구소송을 제기하여 그 확정판결로 저당권자의 등기신청의 의사표시를 갈음하여 저당권설정자가 저당권설정등기의 말소를 신청하여 말소하게 되는 것이다. 따라서 매수인이 저당권자를 상대로 저당권말소청구를 해야 하는데 매수인이 현재 소유권자가 아닌 상태에서 저당권자를 상대로 그 설정등기의 말소를 구할 때는 결국 약정에 기한 말소청구(채권적 청구권)을 행사하게 될 수 밖에 없다. 약정의 당사자는 저당권설정자와 저당권자 사이에 저당권설정계약이란 형태로 존재하는 것이다. 저당권설정계약에 명시적으로 약정내용을 기재해 두었든 아니면 피담보채무가 변제 등으로 소멸하면 저당권설정등기를 말소해 주겠다는 약속이 표준적 약정(default rule)의 형태로 포함되어 있다고 보든 저당권설정자는 저당권이 무효로 되면 저당권자를 상대로 저당권설정등기 말소를 청구할 수 있는 채권적 청구권(약정을 강제이행청구할 수 있고, 이런 것을 채권적 청구권이라 한다.)을 갖고 있다. 따라서 매수인은 매도인(저당권설정자)를 대위하여 매도인이 갖는 저당권자에 대한 그 설정등기 말소청구권을 행사할

2. 채권양도의 대항력

가. 채권양도의 제3자에 대한 대항력

1) 담보목적의 채권양도

담보목적으로 채권이 양도된 경우에는 채권이 양수인에게 완전히 이전되지만 양수인은 정산의무를 부담하게 된다. 이는 마치 피담보채무 담보를 목적으로 부동산의 소유권을 이전하는 양도담보가 성립된 때 양도담보권자는 담보 부동산의 소유권을 완전히 취득하지만 양도담보설정자에 대하여 정산의무를 부담하는 것과 같다. 따라서 양도담보설정자는 양도담보권자가 정산의무를 다하기 전까지 피담보채무를 변제하고 해당 부동산에 관한 말소등기를 청구하여 그 소유권을 되찾아 올 수 있을 뿐이다. 그래서 담보목적으로 한 채권양도인도 그 처분권한을 상실한다고 할 것이다.(대법원 2016. 7. 24. 선고 2015다46119 판결)

2) 채권양도의 제3자에 대한 대항력

따라서 이런 상태에서 양도담보권자는 양도인(채권양도담보설정자)이 확정일자 있는 채권양도 통지를 한 이상 그 후 이해관계를 맺은 제3자에 대하여 채권양도의 효력을 주장하여 대항할 수 있다.(민법 제450조 제2항) 그 결과 채권의 이중양도가 되고, 만약 제1채권양도는 물론 제2채권양도도 모두 확정일자 있는 채권양도의 통지를 한 경우에는 그 우열관계는 확정일자의 선후관계가 아니라 제3채무자에 대한 채권양도 통지의 도달의 선후로 그 우열이 결정된다.

본 사안에서는 원고는 소외 이중양으로부터 채권양도담보목적으로 채권양도를 받고서 그 양도인인 소외 이중양이 2016. 2. 16. 채무자인 피고 정철수에게 확정일자 있는 내용증명우편을 통지하여 같은 달 18. 도달하였다, 그러나 소외 이중양이 소외 양수영에게 같은 채권을 대상으로 채권양도를 하고, 소외 이중양이 2016. 3. 16. 채무자인 피고 정철수에게 양도통지를 하여 같은 달 18. 도달하였다. 따라서 원고에게 한 채권양도가 확정일자 있는 채권양도통지의 도달이 소외 양수영에 대한 채권양도의 그것에 앞서기 때문에 우선한다.

나. 채권양도의 합의해제의 효력

그 후 원고, 소외 이중양, 피고 정철수는 2016. 4. 22. 그 채권양도를 합의해제하였다. 채권양도는 준물권계약적 성격을 띠고 있다. 합의해제는 채권계약인 채권양도계약에만 인정되고 물권계약

수 있는 것이다. 기록형 문제로 매수인이 저당권설정등기 말소청구를 하는 사안을 반복하여 출제하는 이유는 이와 같이 물권적 청구권, 채권적 청구권의 구분, 대위요건의 구비여부를 판단하는 능력 등을 측정해 보기 위한 것이다. 정확하게 이해하여 잘못이 없기를 바란다.

177) 실제로 이 주장은 없다. 그래서 주장·증명책임이 수익자에게 있으므로 주장으로 적시하여 반박할 필요가 없다.

178) 그래서 미지급 차임이 소멸시효완성으로 소멸하는 경우란 미지급 차임이 임차보증금을 초과한 경우에 한하여 소멸시효완성으로 소멸할 수 있다.

은 물론 준물권계약[179]에는 인정되지 않는다. 따라서 제1채권양도가 우선하는 이상 그 후 그 채권양도계약이라는 채권계약이 해제되었다고 하더라도 준물권계약의 후속효력인 채권양도의 효과가 소급하여 사라지는 것은 아니다. 따라서 이미 취득한 대항력까지 사라지는 것은 아니다.

3. 사해행위 취소

가. 수익자를 피고로 하지 않고 오직 전득자만을 상대로 사해행위 취소 및 원상회복을 청구할 수 있는지 여부

채권자취소의 소에 있어 상대방은 채무자가 아니라 그 수익자나 전득자가 되어야 한다.(대법원 1988. 2. 23. 선고 87다카1586 판결) 따라서 수익자 외에 전득자가 있고 모두가 악의라면 전득자만을 상대로도 사해행위를 취소하고 그 재산의 반환을 청구할 수 있다.[180] 또한 사해행위 취소는 절대적인 취소가 아니라 악의의 수익자 또는 악의 전득자에게 대한 관계에 있어서만 상대적으로 취소되는 것이다.(대법원 1967. 12. 26. 선고 67다1839 판결) 취소의 대상이 되는 사해행위는 채무자와 수익자 사이에서 행하여진 법률행위에 국한되고, 수익자와 전득자 사이의 법률행위는 취소의 대상이 되지 않는다.(대법원 2004. 8. 30. 선고 2004다21923 판결)

나. 원상회복의 범위

사해행위가 가분이면 채권보전의 필요한 범위에서 일부취소를 하여야 한다. 다른 채권자가 배당참가 신청할 것이 분명한 경우에는 이를 주장·증명하여 그 채권액을 넘어서도 취소권을 행사할 수 있다. 만약 목적물이 불가분이거나 분할취소가 부적당한 특별한 사유가 있으면 그 채권액을 넘어서도 취소권을 행사할 수 있다.{대법원 1975. 2. 25. 선고 74다2114 판결(대지의 가격만으로도 채권자의 채권액을 초과하는 경우에도 대지와 건물 중 일방만을 취소하게 되면 건물의 소유자와 대지의 소유자가 다르게 되어 가격과 효용을 현저히 감소시킬 것이 분명하므로 그 지상건물의 처분행위도 아울러 취소할 수 있다.)}

---

179) 본서와 필자는 물권계약이나 준물권계약의 존재 자체를 인정하지 않는다. 다만 판례, 통설이 인정하고 있기 때문에 그 용어는 사용한다.

180) 송덕수, 「신민법강의(제10판)」, 박영사, 2017, 1072면 참조

소 장

원 고 김 갑 동 (570930 - 1534112)[181]
서울 서초구 서초대로 10(서초동)
소송대리인 변호사 강주원
서울 서초구 서초대로 200, 607호 (서초동, 법조빌딩)
전화번호 (02) 515 - 3000, 팩스번호 (02) 515 - 3001
전자우편 jwonkang@naver.com

피 고 1. 박 영 희 (580319 - 2404312)
2. 이 정 숙 (821123 - 2403152)
위 피고들 주소 서울 종로구 사직로 30(사직동)
3. 최 권 자 (740827 - 1276924)
서울 성동구 독서당로 23, 가동 110호(옥수동, 한남빌라)
4. 정 철 수 (780715 - 1350614)
서울 영등포구 당산대로 13, 203동 704호(당산동, 삼성아파트)
5. 윤 미 영 (860821 - 2069467)
서울 서대문구 연희로 20, 나동 303호 (연희동, 연남빌라)
6. 임 차 희 (881227 - 2749160)
서울 성북구 돈암로 15, 101동 102호(돈암동, 한신아파트)

소유권이전등기 등 청구의 소

청 구 취 지

1. 원고에게,

가. 피고 박영희는 별지목록 제1기재 부동산 중 3/5에 관하여, 피고 이정숙은 같은 부동산 중 2/5에 관하여

1) 각 2016. 12. 1. 매매를 원인으로 한 소유권이전등기 절차를 이행하고,

2) 이를 인도하고,

나. 피고 박영희는 별지목록 제2기재 건물 중 3/5을, 피고 이정숙은 같은 건물 중 2/5를 각 철거하라.

2. 피고 최권자는 피고 박영희로부터 9,000,000원, 피고 이정숙으로부터 6,000,000원 및 각 이에 대한 2017. 4. 2.부터 다 갚는 날까지 연 6%의 비율에 의한 돈을 지급받은 후 원고에게[182] 별지목록

---

181) 등기, 등록 등이 필요한 당사자를 제외하고는 주민등록번호를 기재하지 않아도 된다. 따라서 본 사건에서는 원고와 김정우, 권창균의 주민등록번호는 반드시 기재하여야 한다. 다만 "재판서 작성에 관한 예규"가 개정되어 2019. 2. 9.부터는 등록이 필요한 경우를 제외하고는 당사자의 주민등록번호를 기재하지 않아도 된다; 제9회 변호사시험부터는 주민등록번호를 기재하는 경우가 거의 없을 것이다.

182) "피고 박영희에게 3/5지분에 관하여, 피고 이정숙에게 2/5지분에 관하여"이라고 해도 된다.

제1기재 부동산에 관한 서울중앙지방법원 중부등기소 2012. 4. 3. 접수 제1927호로 경료된 근저당권 설정등기의 말소절차를 이행하라.
3. 피고 정철수는 원고에게 100,000,000원 및 이에 대한 이 사건 소장부본 송달 다음날부터 다 갚는 날까지 연 15%의 비율에 의한 돈을 지급하라.
4. 가. 원고와 피고 윤미영 사이에,[183] 피고 정철수와 소외 정선수 사이에 체결된 별지 제3기재 부동산에 관한 2018. 3. 14.자 매매예약을 취소한다.[184]
나. 피고 윤미영은 원고에게 별지목록 제3기재 부동산에 관하여 서울중앙지방법원 중부등기소 2018. 3. 14. 접수 제1034호로 경료된 소유권이전등기청구권 가등기의 말소등기 절차를 이행하라.
5. 피고 임차희는 원고로부터 295,000,000원에서 2018. 8. 1.부터 별지목록 제4기재 아파트의 인도완료일까지 월 1,000,000원의 비율로 계산한 돈을 공제한 나머지 돈을 지급받음과 동시에 원고에게 위 아파트를 인도하라.
6. 소송비용은 피고들의 부담으로 한다.
7. 위 제1 가. 2)항, 제1 나.항, 3.항 5.항은 가집행 할 수 있다.
라는 판결을 구합니다.

청 구 원 인

1. 피고 박영희, 이정숙에 대한 (소유권이전등기, 인도, 건물철거)[185] 청구
가. 사실관계
1) 매매계약의 체결, 계약금·중도금·잔금의 지급,[186] 지상건물 철거의 특약
원고는 2016. 12. 1. 소외 망 이을수(이하 '소외망인'이라 함)로부터 별지 목록 제1기재 부동산(이하 '사직동 대지'라고 함)을 대금 920,000,000원으로 정하고, 계약금 100,000,000원은 계약당일 지급하고, 중도금 400,000,000원은 2017. 2. 1. 지급하고, 잔금 420,000,000원은 2017. 4. 1. 지급하기로 하는 매매계약을 체결하였습니다. 당시 소외망인은 피고 최권자로부터 420,000,000원을 차용하면서 사직동 대지를 담보로 제공하여 채권최고액 500,000,000원의 근저당권설정등기가 경료되어 있었는데, 위 매매계약을 체결할 때 매수인은 잔금지급일인 2017. 4. 1.에 근저당권자인 피고 최권자에게

183) 사해행위 취소는 채무자를 상대로 제기할 수 없고, 수익자나 전득자를 상대로 제기하여야 한다. 그리고 채권자와 수익자 또는 채권자와 전득자 사이에 상대적으로 취소의 효력이 있을 뿐이다. 만약 채무자를 상대로 사해행위취소 청구를 하면 피고적격이 없는 자를 상대로 한 소송으로 각하되어야 한다. (대법원 1967. 12. 26. 선고 67다1839 판결) 따라서 피고 정철수에 대한 전부금 청구 소송이 병합되어 마치 피고 정철수가 사해행위 취소의 상대방이 된 것처럼 보인다. 그래서 상대적으로 취소의 효력이 있다는 점을 보여 주기 위하여 그 기판력의 주관적 범위를 명확히 하기 위하여 "원고와 피고 윤미영 사이에"라는 수식문구를 삽입하는 것이 좋다.

184) 원래 가.항, 1)항 등은 "...하고," 끝내나 사해행위 취소는 선언적 의미가 충실하게 나타나도록 하기 위해 위와 같이 "...한다."라고 종결짓는다.

185) 실무상으로는 ( )은 잘 사용하지 않으나 채점자의 채점의 편의를 제공하기 위하여 제목을 달기 위해 위와 같이 표현해 보았다.

186) 필자의 채점경험으로는 청구원인사실의 배점이 매우 높으므로 이를 충실하게 작성하는 것이 고득점의 비결이 된다. 또 청구원인의 사실관계 아래 세부목차로 청구원인의 요건사실을 빠짐없이 잘 정리해 두면 가독성이 매우 높아 고득점을 하게 된다.

잔금인 420,000,000원을 송금하는 방식으로 지급하고, 매도인은 위와 같은 방식으로 잔금을 지급받음과 동시에 사직동 대지에 설정되어 있는 근저당권설정등기를 말소해 주고, 그 지상에 있는 별지목록 제2기재 건물(이하 '사직동 건물'이라 함)을 철거해 주기로 특약하였습니다. 원고는 위 매매계약의 취지에 따라 소외망인에게 계약당일 계약금 100,000,000원을 지급하고, 2017. 2. 1. 중도금 400,000,000원도 지급한 다음 2017. 4. 1. 피고 최권자에게 잔금 420,000,000원을 송금하는 방식으로 매매대금을 전부 지급하였습니다.

2) 사직동 대지상에 별지목록 제2기재 건물의 소유

소외망인은 1990. 3. 15. 소외 김주인으로부터 사직동 대지상에 축조되어 있는 사직동 건물을 매수한 다음 같은 해 4. 16. 그 명의로 소유권이전등기를 경료한 채 위 매매계약 당시 이를 소유하고 있었습니다.

3) 상속

소외 망인은 2017. 7. 10. 사망하였고, 그 당시 유족으로는 처인 피고 박영희, 딸인 피고 이정숙이 있었습니다. 따라서 피고 박영희는 소외망인의 상속재산을 3/5지분으로, 피고 이정숙은 2/5지분으로 각 상속하였습니다.

나. 소결론(사직동 대지에 관한 소유권이전등기 및 인도의무, 그 지상건물의 철거의무[187])

그렇다면 원고에게, 피고 박영희는 사직동 대지 중 3/5지분에 관하여, 피고 이정숙은 그 중 2/5지분에 관하여 각 2016. 12. 1. 매매를 원인으로 한 소유권이전등기 절차를 이행하고, 이를 인도할 의무가 있습니다. 나아가 원고에게, 피고 박영희는 위 매매계약의 취지에 따라 그 지상건물인 사직동 건물 중 3/5, 피고 이정숙은 그 중 2/5를 각 철거할 의무가 있습니다.

다. 피고 박영희, 이정숙의 (매매계약 해제)[188] 주장에 대한 반박

피고 박영희, 이정숙은 소외망인이 2017. 5. 24. 원고에게 내용증명우편을 보내 소외망인은 위 매매계약의 취지에 따른 매매대금을 전부 지급받았으나 소외망인이 2017. 5. 3. 사직동 대지의 소유권이전등기에 필요한 모든 서류들을 구비하여 중개사에게 맡겨 두었고, 언제든지 이를 가져가라고 연락을 했으나 그 때까지 해당 서류들을 수령해 가지 않아 채권자 수령지체에 빠졌으므로 그 계약을 해제한다고 통지하여 2017. 5. 25. 도달하여 그 매매계약을 해제하였으므로 원고의 위 청구에 응할 수 없다고 항변합니다.

그러나 먼저 원고는 위 피고들 주장과 같은 채권자 수령지체에 빠지지 않았습니다. 소외망인은 잔금 지급과 동시에 소유권이전등기를 경료해 주는 것은 물론 위 근저당권설정등기를 말소하고, 그 지상건물인 사직동 건물을 철거하기로 특약하였습니다. 그런데 소외망인이 위 해제통지를 할 때는 물론 지금까지 근저당권설정등기를 말소하지도 그 지상건물을 철거하지도 않았습니다. 그런 상태에서 소유권이전등기에 필요한 서류들을 수령하지 않았다는 사정만으로 원고의 책임으로 돌려 해제권이 발생할만한 채권자 지체상태에 빠졌다고 보기 어렵습니다.

다음으로 백보를 양보하여 가사 채권자 지체에 빠졌다고 하더라도 소외망인이 매매계약을 해제

---

187) 원래 실무상으로는 "소결론"이란 제목으로 법문서를 작성하고 있다. 그러나 수험생의 경우에는 채점자의 가독성을 높이기 위하여 소결론 부분에서 요건사실을 충족한 결과인 법률효과로 그 제목에 ( )안에 부기해 두는 것이 고득점의 비결이 된다.

188) ( )안도 가독성을 높이기 위하여 피고 주장을 정리해 둔 것이다. 실무상으로는 그저 피고의 주장에 대한 반박 정도의 제목으로 글쓰기를 시작한다.

하기 위해서는 원고에게 상당한 기간을 정하여 그 수령을 최고하고 그래도 원고가 수령하지 않았을 때에 비로소 해제의 의사표시를 할 수 있습니다. 그런데 소외망인은 위와 같은 최고를 한 바 없이 바로 매매계약 해제의 의사표시를 하였을 뿐입니다. 따라서 매매계약 해제의 절차를 거치지 않아 아무런 효력이 없습니다.

이상과 같은 이유로 위 피고들의 위 주장은 이유 없습니다.

2. 피고 최권자에 대한 청구

가. 사실관계

1) 대위요건

원고가 위 1.나.항에서 설명한 바와 같이 피고 박영희, 이정숙을 상대로 사직동 대지에 관한 소유권이전등기청구권을 보유하고 있고, 그 이행기에 있습니다. 나아가 위 피고들은 아래 청구권을 행사하고 있지 않습니다.

2) 피담보채무, 근저당권설정계약, 근저당권설정등기, 이자변제

피고 최권자는 2012. 4. 2. 소외망인에게 420,000,000원을 이율 연 6%, 변제기 2016. 4. 1.로 정하여 대여하였습니다. 소외망인은 2012. 4. 2. 그 담보조로 피고 최권자에게 사직동 대지에 관한 근저당권설정계약을 체결하고, 서울중앙지방법원 중부등기소 2017. 4. 3. 접수 1927호로 채권최고액 500,000,000원의 근저당권설정등기를 경료해 주었습니다. 소외망인은 피고 최권자에게 2017. 4. 1.까지의 이자를 모두 지급하였습니다.

3) 피담보채무의 변제, 변제충당

가) 피담보채무의 변제

원고는 위 1.가.항의 매매계약의 취지에 따라 2017. 4. 1. 피고 최권자에게 420,000,000원을 송금하였습니다.

나) 변제충당

피고 최권자는 피담보채무인 위 대여금채무이외에도 2013. 4. 2. 소외망인에게 300,000,000원을 이율 연 5%, 변제기 2016. 4. 1.로 정하여 대여해 주었고, 소외망인으로부터 2016. 4. 1.까지의 이자만을 지급받았습니다.

소외망인이 원고를 통하여 위와 같이 송금하여 피담보채무를 변제할 때 충당의 합의를 한 바도 없고 지정충당한 사실도 없습니다.

따라서 위 송금을 통한 변제는 먼저 비용, 이자, 원금의 순서로 충당되어야 합니다. 그런데 아무런 비용이 발생하지 않았습니다. 다음으로 피담보채무의 경우에는 변제일 당시까지의 이자를 전부 지급하였으나 위 300,000,000원은 2016. 4. 1.부터 2017. 3. 31.까지 1년간 이자 15,000,000원(300,000,000원 × 1년 × 0.05)이 발생하였습니다. 따라서 위 변제금 420,000,000원은 먼저 이자 15,000,000원에 충당되어야 합니다. 따라서 405,000,000원(변제금 420,000,000원 －이자 15,000,000원)이 남게 됩니다.

변제 당시인 2017. 4. 1.경에는 피담보채무 및 300,000,000원 채무는 전부 변제기가 도래하였습니다. 나아가 피담보채무는 담보부 채무인데다가 이율도 연 6%로 무담보인데다가 이율도 연 5%인 300,000,000원 대여금 채무보다 변제이익이 더 많습니다. 따라서 나머지 변제금 405,000,000원은 피

담보채무의 변제에 충당되어야 합니다. 그러므로 피담보채무는 나머지 원금 15,000,000원(420,000,000원 − 405,000,000원)이 남게 됩니다.

4) 피고 박영희, 이정숙의 피담보채무의 상속

소외망인의 사망으로 피고 박영희는 이 중 3/5인 9,000,000원(15,000,000원 × 3/5)을, 피고 이정숙은 그 중 2/5인 6,000,000원(15,000,000원 × 2/5)를 각 상속하였습니다.

나. 소결론 (피담보채무의 일부 변제, 상속으로 인한 근저당권설정등기 말소청구권의 대위행사)

따라서 피고 최권자는 피고 박영희로부터 9,000,000원, 피고 이정숙으로부터 6,000,000원 및 각 이에 대한 변제 다음날인 2017. 4. 2.부터 다 갚는 날까지 약정상의 연 6%의 비율에 의한 지연손해금을 지급받은 후 대위청구하는 원고에게 사직동 건물에 대한 서울중앙지방법원 2012. 4. 3. 접수 제1927호로 경료된 근저당권설정등기의 말소절차를 이행할 의무가 있습니다.

다. 피고 최권자의 300,000,000원 원금 우선 변제충당에 관한 주장에 관한 반박

피고 최권자는 위 2. 가. 3) 나)항과 같은 300,000,000원 지연손해금에 대한 우선 변제충당이외에도 위 변제금은 300,000,000원 원금에도 우선충당되어야 한다며 결국 피담보채무는 315,000,000원이라는 전제하여 그 피담보채무의 원리금을 변제받은 후 위 근저당권설정등기 말소에 응할 수 있다고 주장합니다.

그러나 앞에서 살펴본 바와 같이 소외망인이 원고를 통하여 위 변제를 할 당시 이자는 변제에 우선충당되어야 하나 300,000,000원 대여원금은 무담보인 점, 이율이 5%이나 피담보채무는 연 6%인 점 등에서 변제이익에 있어 피담보채무에 비하여 열위인 상태에 있었습니다. 따라서 우선변제이익이 있었음에 기한 피고 최권자의 위 주장은 이유 없습니다.

3. 피고 정철수, 윤미영에 대한 청구

가. 피고 정철수에 대한 전부금 청구

1) 사실관계

가) 피전부명령 대상채권(피전부채권)의 발생

소외 이중양은 2015. 10. 1. 피고 정철수에게 1억 원을 이율 연 5%, 변제기 2016. 9. 30.로 정하여 대여해 주었습니다.(이하 '피전부채권'이라 함)

나) 전부명령, 제3채무자에 대한 송달, 채무자에 대한 송달로 인한 전부명령의 확정

원고는 2014. 8. 1. 소외 이중양에 대하여 1억 원을 무이자로 변제기 2015. 7. 31.로 정하여 대여해 주었으나 받지 못하자 2016. 6. 28.경 소외 이중양을 상대로 지급명령 신청을 하여, 1억 원을 지급하라는 내용의 지급명령(서울중앙지방법원 2016차50172호)이 발령되어 확정되었습니다. 원고는 이에 기하여 소외 이중양이 피고 정철수에 대하여 보유하고 있던 피전부채권 중 원금채권에 대한 채권압류 및 전부명령을 신청하여, 2017. 4. 20. 그 전부명령이 발령되고, 같은 달 30. 채무자인 소외 이중양은 물론 제3채무자인 피고 정철수에게 위 채권압류 및 전부명령이 송달되었고, 채무자인 소외 이중양의 즉시항고 없이 그로부터 7일이 경과되어 위 채권압류 및 전부명령이 모두 확정되었습니다.

2) 소결론 (전부금 청구)

그렇다면 피고 정철수는 원고에게 위 전부금 1억 원 및 이에 대한 이 사건 소장부본 송달 다음날부터 다 갚는 날까지는 소송촉진 등에 관한 특례법 소정의 연 15%의 비율에 의한 지연손해금을

지급할 의무가 있습니다.

나. 피고 윤미영에 대한 사해행위 취소 및 원상회복 청구

1) 사실관계

가) 피보전채권

원고는 피고 정철수에 대하여 위 가.항과 같은 전부금채권을 보유하고 있습니다.

나) 사해행위, 사해의사

피고 정철수는 2018. 3. 14. 소외 정선수와 사이에 유일한 재산인 별지목록 제3기재 부동산에 관하여 대금 300,000,000원으로 하는 매매예약을 한 다음 소외 정선수에게 서울중앙지방법원 중부등기소 2018. 3. 14. 접수 제1034호로 소유권이전청구권 가등기를 경료해 주었습니다.

다) 소유권이전등기청구권 가등기의 이전

소외 정선수는 2018. 5. 14. 처제인 피고 윤미영와 사이에 별지목록 제3기재 부동산에 관한 매매계약을 체결하고, 같은 날 위 가등기 이전의 부기등기를 경료해 주었습니다.

다. 피고 정철수, 윤미영의 주장에 대한 반박

1) 소외 양수영이 채권자여서 원고에의 채권양도는 효력이 없다는 주장

위 피고들은 소외 이중양이 원고에게 담보조로 피전부채권을 양도하여 여전히 피전부채권의 채권자인 상태에서 다시 2016. 3.경 소외 양수영에게 채무변제의 목적으로 피전부채권을 양도하고, 같은 달 16. 피고 정철수에게 같은 일자 확정일자 있는 내용증명우편으로 채권양도의 통지하고 같은 달 18. 도달하여 소외 양수영이 피전부채권을 양수받았는데도 원고가 그 후 위와 같이 피전부채권을 전부받았다며 이 사건 전부금을 청구하고 있으니 그 청구에 응할 수 없다고 주장하고 있습니다.

소외 양수영이 소외 이중양으로부터 주장과 같은 채권양도를 받고 확정일자 있는 통지를 할 사실은 있습니다. 그러나 소외 이중양은 주장과 같은 채권양도에 앞서 2016. 2.경 원고에게도 위 가. 2)항 기재와 같은 원고의 소외 이중양에 대한 대여금채권에 대한 담보조로 피전부채권을 양도하고, 같은 달 16. 피고 정철수에게 같은 일자 확정일자 있는 내용증명우편에 의한 채권양도의 통지를 하여 같은 달 18. 피고 정철수에게 도달하였습니다. 따라서 원고는 피전부채권을 양도받아 채권양수인이 되어 채권양도담보권자가 되었습니다. 이런 양도담보목적 채권양도라도 채권이 완전히 이전되어 소외 이중양은 더 이상 채권자적 지위에 없었으며, 더구나 통지의 확정일자도 앞서 대항력까지 취득한 상태였습니다. 이런 상태에서 위 피고들 주장과 같은 소외 양수영에 대한 채권양도가 2중으로 이루어졌다고 하더라도 그 채권양도는 효력이 없을 뿐만 아니라. 가사 효력이 있다고 하더라도 원고의 확정일자 있는 채권양도가 앞서는 이상 채권양도담보권자인 원고에게 대항할 수 없었습니다. 따라서 위 피고들의 위 주장은 이유 없습니다.

나아가 위 피고들은 원고가 피전부채권을 먼저 양도받은 후 소외 양수영에 앞서는 확정일자 있는 채권양도 통지를 마쳤다고 하더라도 원고와 소외 이중양은 2016. 4. 22. 피고 정철수와 함께 원고에의 피전부채권의 양도를 합의해제하였으므로 소외 양수영의 채권양도 다시 소급적으로 유효하게 되었다고 주장합니다.

그러나 한번 대항력 잃은 소외 양수영의 채권양도가 그 후 우선하는 채권양도가 합의해제되었다고 하여 소급적으로 그 효력을 가지지 아니하므로 위 피고들의 위 주장은 이유 없습니다.

2) 피전부채권이 부존재하여 전부명령이 무효라는 주장에 대한 반박

위 피고들은 위 1)항에서 설명한 바와 같은 소외 양수영에게 변제에 갈음하여 피전부채권을 양도하였는데, 첫째 비록 소외 양수영에의 채권양도 전에 소외 이중양이 원고에게 담보목적으로 채권양도를 하였다고 하더라도 소외 이중양이 여전히 피전부채권의 채권자인 상태에서 소외 양수영에게 채권양도하여 소외 양수영만이 피전부채권의 양수인이 되었다, 둘째 가사 원고에의 채권양도가 우선한다 하더라도 그 후 원고와 소외 이중양이 위와 같이 채권양도를 합의해제하였으므로 소외 양수영에의 채권양도가 소급적으로 효력을 가져 소외 양수영이 피전부채권의 양수인이 되었다며 더 이상 채권자가 아닌 소외 이중양을 상대로 위와 같이 전부명령을 받아 확정되었으므로 민사집행법 제231조 단서에 의해 그 효력이 없다고 주장합니다.

위와 같은 주장은 전부 소외 양수영이 피전부채권의 양수인으로 채권자적 지위에 있었음을 전제로 한 주장으로 위 1)항에서 설명한 바와 같이 소외 양수영에 대한 피전부채권의 양도는 원고의 대항력 있는 채권양도에 의해 그 효력을 잃었고, 그 후 원고와 소외 이중양 사이에 그 채권양도를 합의해제하였다고 하더라도 소외 양수영의 채권양도가 소급적으로 그 효력을 갖는 것은 아니라 할 것이므로 위 피고들의 위 주장은 이유 없습니다.

4. 피고 임차희에 대한 임차목적물 반환청구

가. 사실관계

1) 임대차계약의 체결, 임차목적물의 인도, 임차보증금 수령, 미지급임료

피고 임차희는 2014. 8. 1. 원고로부터 별지목록 제4기재 아파트(이하 '한신아파트'라고 함)를 임차보증금 300,000,0000원, 월 차임은 1,000,000원, 임대기간은 2014. 9. 1.부터 2018. 8. 31.까지 4년간으로 하는 내용의 임대차계약을 체결하고, 원고에게 임차보증금 중 계약금 30,000,000원은 계약당일 지급하였고, 나머지 270,000,000원은 2014. 9. 1. 지급한 다음 같은 일자 임차목적물인 한신아파트를 인도받았습니다. 피고 임차희는 2014. 12.분, 2015. 4.분 임료를 지급하지 않았습니다.

2) 2기 이상 차임지급지체로 인한 임대차계약 해제

피고 임차희는 원고에게 2018. 5.부터 월 차임을 지급하지 아니하였습니다. 그래서 원고는 2018. 7. 23. 피고 임차희에게 2기 이상 차임지급지체를 원인으로 한 해제통지를 하여 같은 달 31. 도달하였습니다.

3) 미지급 차임 등의 공제

피고 임차희는 2014. 12., 2015. 4. 등 2개월분 차임은 물론 2018. 5. 1.부터 2018. 7. 31.까지 3개월분 차임을 지급하지 않았고, 그 이후로도 임료 상당 부당이득금을 지급하지 않고 있습니다. 따라서 원고는 위 미지급 임료 및 그 이후의 부당이득금을 모두 임차보증금에서 공제하고 난 나머지를 지급할 의무가 있을 뿐입니다. 그러므로 원고는 295,000,000원(임차보증금 300,000,000원 – 5개월분 미지급 임료 5,000,000원)에서 2018. 8. 1.부터 한신아파트의 인도완료일까지 매월 1,000,000원의 비율에 의한 부당이득금을 공제한 나머지 임차보증금을 반환하여야 합니다.

나. 소결론

그렇다면 피고 임차희는 원고로부터 미지급임료를 공제한 나머지 임차보증금 295,000,000원에서 2018. 8. 1.부터 한신아파트의 인도완료일까지 매월 1,000,000원의 비율로 산정한 부당이득금을 공제

한 나머지 임차보증금을 지급받음과 동시에 원고에게 한신아파트를 인도할 의무가 있습니다.

다. 피고 임차희의 주장에 미지급 임료 2개월분 시효소멸 주장에 대한 반박

피고 임차희는 미지급한 2014. 12.분, 2015. 4.분 임료는 각 지급일인 2014. 12. 31. 및 2015. 4. 30.로부터 3년의 소멸시효기간이 경과한 후 이 사건 소가 제기되었으므로 시효소멸하였다고 주장합니다.

그러나 임차보증금은 미지급 차임 및 그 부당이득금 등을 공제할 목적으로 교부된 보증금으로 임차보증금 잔액이 남아 있는 한 3년이 경과하였다고 하더라도 여전히 임차보증금에서 공제할 수 있는 것이므로 피고 임차희의 위 주장은 이유 없습니다.

5. 결론

따라서 원고의 이 사건 청구는 모두 이유 있으므로 인용하여 주시고, 소송비용은 패소자들의 부담으로 하고, 일부 청구에 가집행 선고를 해 주시기 바랍니다.[189]

증 명 방 법(생략)

첨 부 서 류(생략)

2019. 1. 11.

원고 소송대리인 변호사 강주원 (인)

서울중앙지방법원 귀중

별지

부동산 목록(이하 생략)

189) 청구원인의 결론 부분은 항상 위와 같은 정형적인 문구로 끝내 시간을 줄이도록 하는 것이 좋다.

제 3 장

법학전문대학원 협의회 실시 연도별 모의고사

제 1 절 2011년도 모의기록(답변서 성격의 준비서면과 별도 소장 작성)

가. 의뢰인의 희망사항 분석결과

[답변서 성격의 준비서면]

의뢰인 =피고	희망사항	청구취지 · 청구원인		
		물권 침해? 약정?	침해자 또는 약정자는 누구(=피고)	원고의 자격, ∴소송명
이정모	원고측이 소제기를 하여 답변서만 간단하게 제출해 둔 상태인데, 승소하여 234 대지를 잔금 지급하고 소유권을 취득할 수 있게 해 달라.	① 물권 침해 ∴**방해배제청구** **건물철거 및 대지인도 청구**	∴**침해자** (지상건물소유권자) (이정모)	물권자 (대지소유권자) (김근호)
		① 물권 침해 ∴**침해 부당이득반환청구**	∴**침해자** (지상건물소유로대지점유자) (이정모)	물권자 (대지소유권자) (김근호)
박준경	원고측 소제기에 답변서만 간단하게 제출해 두었는데, 승소할 수 있게 해 달라.	① 물권 침해 ∴**방해배제청구** **건물퇴거 청구**	∴**침해자** (지상건물점유자) (박준경)	물권자 (대지소유권자)
		① 물권 침해 ∴**침해부당이득반환 청구**	∴**침해자** (지상건물점유자) (박준경)	물권자 (대지소유권자)

[소장]

의뢰인 =원고	희망사항	물권 침해? 약정?	침해자 또는 약정자는 누구(=피고)	원고의 자격, ∴소송명
이정모	정당한 잔금은 지급할 생각이 있으니, 234 대지 소유권을 넘겨 와 달라.[1]	① 매매계약 ∴**불이행하여 강제이행청구**	∴약정자 (매도인) (망 최인영)[2] 침해자 (소유권이전등기명의자) (김근호)	약정의 상대방 (매수인) 대위청구 ∴소유권이전등기 및 소유권이전등기 말소 청구
	정당한 잔금은 지급할 생각이 있으니, 지상물이 없는 나대지 상태에서 234-1 토지 명의를 넘겨 와 달라.	① 매매계약 ∴**불이행하여 강제이행청구**	∴약정자 (매도인) (망 최인영)	약정의 상대방 (매수인) ∴소유권이전등기 청구
		① 물권 침해 ∴**방해배제청구**	∴침해자 (지상건물소유자) (장호준)	대위청구 물권자 (소유권자) (망 최인영 ∴건물철거 청구

나. 1) 피고의 답변원인 분석결과

소송명	청구원인		답변 · 항변 (법률상 주장 포함) 재재항변	재항변	재재항변 등
지상건물 철거 및 대지인도 청구	①대지소유권자 ⓐ 매매계약 (2011.3.10.) ⓑ소유권이전등기경료 (2011.3.30.)	② 건물 소유권자 (건물소유로 대지 간접점유)	Ⓐ 본안전 항변 Ⓑ (a) 답변 ② 자백, 나머지 부인 Ⓑ (b) 항변 **[주위적 항변]** 반사회질서 위반 무효 ⓐ 이중양도 ㈎ 피고 이정모와의 매매계약 매매계약(2010.5.1.) 계약금 지급	Ⓐ 피고 이정모 계약이 해제 또는 취소되었다.(이중양도성 부인의 재항변) ① 2011.3.24.해제 ⓐ 잔대금이행지체 ⓑ 반대급부의 이행 또는 이행제공 ⓒ 상당한 기간 최고 ⓓ 미이행 ⓔ 해제의사표시,도달	Ⓐ①ⓑ부인 Ⓐ②동기로서 표시 또는 몰랐고,
침해부당이득반환청구		②건물소유로 대지 점유 ③임료상당액 (월 200만원) [최인영+원고			

1) 최근에는 "소유권을 취득하게 해 달라"는 취지로 희망사항을 제시하고 있다. 같은 취지이다.

2) 현재 김근호 명의로 소유권이전등기가 경료되어 있다. 그래서 망 최인영(상속인들, 사망하는 순간 당사자능력이 없으므로 망인은 피고가 될 수 없다. 그래서 상속인들을 상대로 소유권이전등기청구의 소를 제기해야 한다. 아래에서도 같다.)을 상대로 매매계약을 원인으로 한 소유권이전등기청구를 하고 그 승소판결을 받아도 김근호 명의로 소유권이전등기가 경료되어 있는 이상 그 판결을 집행하여 원고 명의로 소유권이전등기를 할 수 없다. 따라서 김근호 명의 소유권이전등기를 말소하여야 한다. 김근호 명의 소유권이전등기를 말소하면 망 최인영 명의 소유권이전등기가 살아나 비로소 상속등기를 경료하고 이어 원고 명의로 소유권이전등기를 해 줄 수 있다.(물론 등기 선례상으로는 상속인들은 망 최인영으로부터 원고에게로 바로 소유권이전등기를 해 줄 수도 있다.) 따라서 원고의 희망사항은 소유권을 취득하게 해 달라는 것이고, 그 희망사항을 달성하기 위해서는 실제로 원고 명의로 소유권이전등기를 경료해 주어야 하기 때문에 결국 망 최인영을 상대로 소유권이전등기청구만으로는 부족하고 김근호 명의 소유권이전등기의 말소도 구해야 한다. 앞서 준비서면 권리분석에서 언급하였듯이 김근호 명의 소유권이전등기는 반사회질서 위반 무효인 등기로 소유자인 상속인들이 그 말소를 구할 수 있다. 상속인들에 대해 소유권이전등기 청구권을 행사할 수 있는 원고는 이를 피보전권리로 하여 상속인들이 가진 말소청구권을 대위행사할 수 있는 것이다.

<table>
<tr><td></td><td rowspan="3"></td><td>부분위해서]
④ 소외 최인영의 내위요건</td><td rowspan="3">이행에 착수
(2010.6.1.중도금지급)
㈏ 원고측 위 매매계약은
이중양도 + 등기도 경료
결국 소외망인의 배임행위가 됨
ⓑ 원고의 적극가담(교사·방조)
[예비적 항변 1]
권리남용 항변
ⓐ 권리의 행사가 권리의 사회적·경제적 목적에 위반(남용)
ⓑ 상대방에게 고통이나 손해를 입힐 것을 목적으로 한 권리행사
[예비적 항변 2]
부당이득 부인
(피고 이정모)
원고가 등기를 경료하여 소유권을 취득한 때 이전 청구부분은 원고의 손해 부분의 증명이 부족하여 이유 없다.
(피고 박준경)
지상건물의 소유자가 대지를 점유하고 있고, 건물의 점유자는 대지를 점유하고 있지 않다.(비점유설) 따라서 피고 박준경은 손해를 입히지 않고 있다.(부인)</td><td rowspan="3">② 2010.12. 착오를 원인으로 계약취소
ⓐ 내용의 착오
(동기라면)
+표시되거나, 상대방이 알았거나 알 수 있었을 때
ⓑ 중요부분 착오
ⓒ 취소 의사표시,도달
③ 소외망인 대위하여 2011.6.27.자 준비서면 송달로 잔대금 지급지체를 원인으로 한 매매계약 해제(위 ①과 동일)
(이상은 주위적 항변에 대한 재항변이고, 예비적 항변들에 대한 별도의 재항변은 없음)</td><td rowspan="3">알 수 없었다.

Ⓐ③반대급부의 이행 또는 이행제공 없었음</td></tr>
<tr><td>지상건물
퇴거청구</td><td>②지상건물점유자
ⓐ임대차계약
ⓑ임차목적물인도</td></tr>
<tr><td>침해부당
이득반환
청구</td><td>②지상건물점유로(ⓐⓑ) 대지 직접점유[3]
③임료상당액</td></tr>
</table>

나. 2) 원고의 청구원인 분석결과

소송명	청구원인	항변 (법률상 주장 포함)	재항변 등
소유권이 전등기· 인도청구	① 상속 ⓐ 피상속인 사망 ⓑ 유족 ⓒ 상속지분 [234대지] ② 매매계약 ⓐ 매매계약의 체결 ⓑ 계약금, 중도금 지급 ③ 특약 중도금 지급과 동시에 토지인도해 주고, 매수인은 토지인도일부터 잔대금지급일까지 연 20%의 이자 지급 [234-1 대지]		

3) 대지는 그 지상건물을 소유하고 있는 자가 점유하고 있고, 지상건물을 단순히 점유하고 있는 자는 그 대지를 점유하고 있지 않다.(비점유설)는 것이 판례의 태도이다. 원고의 위와 같은 주장은 법리에 어긋난다. 그래도 소장에 충실하게 청구원인을 구성해 두었다.

	② 매매계약 ⓐ 매매계약 ⓑ 계약금, 중도금 지급 ③ 특약 중도금지급일부터 인도완료시까지 월 300만원 공제약정			
소유권이전 등 기 말소청구	① 대위요건 ⓐ 위 소유권이전등기청구권 [특정채권] ⓑ 이행기 ⓒ 미행사 ② 상속 ⓐ 피상속인 사망 ⓑ 유족 ⓒ 상속지분	③ 피고 김근호 명의 등기경료 ④ 원인무효(2중양도로 반사회질서 위반 무효)	Ⓐ ① 매매계약해제 ② 착오로 인한 취소	Ⓐ ① 반대급부의 이행 또는 이행제공 없음 ② 동기의 착오로 표시, 악의·과실 없음
건물철거		③ 지상건물 소유		

1. 이중매매 및 반사회질서 위반 무효

가. 이중양도가 반사회질서 위반 무효로 되는 사안은 매우 중요하다. 그 요건사실은 다음과 같다.

① 2중매매로 인한 매도인(양도인)의 배임행위

ⓐ 제1매수인과 매매계약을 체결한 사실

ⓑ 계약금만이 아니라 중도금까지 지급받은 사실

ⓒ 제2매수인과 매매계약을 체결하고, 소유권이전등기를 경료해 준 사실(이상은 형사상 양도인의 배임행위 구성요건사실임)

② 제2매수인이 매도인의 배임행위에 적극 가담(교사·방조 수준)한 사실

제2양수인은 목적물이 이미 제1양수인에게 매도된 사실을 안다는 것만으로 부족하고 적어도 양도인의 배임행위에 공모 내지 협력하거나 양도사실을 알면서도 제2양도행위를 권유하거나 유도한 경우에 적극 가담한 것으로 본다.

원칙적으로 반사회질서 위반 무효주장은 당사자가 주장해야 법원에서 판단(항변사유)할 뿐 직권조사사항은 아니다.(대법원 1974. 9. 24. 선고 74다815 판결)

나. 제1매수인의 보호

제1 매수인은 위와 같은 사정하에서는 반사회질서 위반 무효라는 주장을 함으로써 항변할 수 있다. 즉 원고가 계쟁 물건에 대해 자신 명의로 등기가 경료된 사실을 근거로 등기의 추정력에 근거하여 소유권자임을 주장하고, 이어 피고 소유 건물의 철거 등을 구하고 있다. 이에 피고는 소유권은 등기+법률행위(약정)(민법 제186조)로 특정승계취득할 수 있는바, 그 중 법률행위가 반사회질서 위반 무효라며 특정승계취득을 부인할 수 있는 사정을 항변으로 주장하는 것이다. 원래 원고는 등

기는 물론 법률행위의 유효성을 모두 주장·증명해야 함에도 등기의 추정력의 도움을 받아 등기경료사실만으로 소유권자임을 주장하고 있다. 따라서 법률행위의 무효사유는 항변사유가 된다. 본 기록은 물권적 청구권의 통상적 항변사유들(예를 들면 토지인도청구에 점유할 정당한 권원이란 항변사유, 등기말소청구에 무효등기유용, 실체관계에 부합하는 등기라는 항변사유, 건물철거에 권리남용이란 항변사유) 이외에도 법률행위의 부존재, 무효, 취소, 해제, 무권대리(대리권남용), 대표권제한위반 등 법률행위의 일반적인 성립상의 하자사유들도 항변사유가 될 수 있음을 보여주는 귀중한 연습기록이다.

나아가 제1매수인은 매도인에 대한 소유권이전등기 청구권을 피보전권리로 하여 매도인을 대위하여 제2매수인 명의로 된 소유권이전등기의 말소청구를 할 때 위와 같은 반사회질서 위반 이중양도로 무효라는 주장은 ① 소유권자, ② 등기경료, ③ 원인무효 중 ③ 원인무효사유라는 주장의 핵심적인 주장내용이 될 수 있다.[4]

2. 이행지체 후의 계약해제

가. 이행지체로 인한 계약해제

① 이행지체

반대채권이 존재하여 동시이행항변을 할 수 있을 때는 지체상태에 빠지지 않는다.(존재효과설) 그 결과 이행지체로 계약의 해제를 주장하는 자가 자신의 반대채권을 이행하였거나 이행의 제공을 한 사실을 주장·증명해야 한다. 이때 이행의 제공은 한번으로도 족하나(대법원 1996. 11. 26. 선고 96다35590, 35606 판결) 계속되어야 한다. 매도인의 경우는 등기권리증, 위임장, 부동산 매도용 인감증명서,[5] 인감도장을 준비하여 둔 상태에서 매수인이 요청시 즉시 교부할 수 있는 정도라면 위 서류들을 집에 두고 있어도 이행제공이 된다.(대법원 1992. 7. 14. 선고 92다5713 판결)

② 상당한 기간을 정하여 이행의 최고

과다최고는 원칙적으로 부적법하여 최고로서의 효력이 없다.(대법원 1990. 6. 26. 선고 89다카34022 판결) 최고와 이행의무 사이에 차이가 매우 적거나 채권자가 급부의 수량을 잘못 알고 과다최고를 한 경우에는 최고로서의 효력이 있다. 다만 수량적으로 분리가 가능하다면 그 최고한 수량의 범위내에서만 효력이 있다.

③ 상당한 기간내 이행이 없을 것

④ 계약해제의 의사표시 및 그 도달

채권자가 최고하면서 최고기간 내에 이행이 없으면 다시 해제의 의사표시를 하지 않더라도 당

---

4) 법률행위(약정)의 성립상의 하자인 부존재, 무효, 취소, 해제(해지), 무권대리(대리권남용), 대표권제한위반 등 주장은 등기말소 청구에서 ③ 원인무효사유에 관련된 사실로서 자주 등장한다. 물론 약정 불이행으로 인한 강제이행청구에 대해 위와 같은 사정들은 모두 항변사유들이 된다.

5) 등기권리증이나 인감도장은 원래부터 보관하고 있는 것이고, 위임장은 즉시 작성하면 되니까 실무상(증명상)으로는 매도용 인감증명서를 발급받아 보관하고 있었는지 여부가 결정적이다.

연히 계약은 해제된다는 의사표시(해제조건부 최고)를 한 경우에는 최고기간의 경과로 계약은 곧 해제된다.(대법원 1992. 12. 22. 선고 92다28549 판결)

나. 과다최고 및 그 효과

다음 판례에 비추어 과다최고의 허용범위에 관해 실무적인 감각을 쌓자. 6억 3천만원의 잔대금 채무에 대하여 6억 8천만원의 지급을 요구하는 것은 과다최고이다. 약 8%(50,000,000원/630,000,000원)의 차이가 있다. 그러므로 과다최고로서 그 효력이 없다. 본 사안의 경우에는 모범답안의 각주에서 밝힌 바와 같이 과다최고라고 보기 어려운 사정이 있다.

다. 쌍무계약에 있어 반대채무의 이행 없는 이행의 최고는 그 효력이 없다.

매도용 인감증명서를 발급받아 두지 않은 경우에는 결정적으로 반대채무의 이행 또는 이행의 제공이 없었다고 보아야 한다.

3. 점유할 정당한 권원과 매수인이 매도인으로부터 받은 "토지사용승낙서"

가. 잔금지급까지 6개월이내의 사용승낙

소외 망 최인영이 이정모에게 한 토지사용승낙을 합리적으로 해석해 보면 잔금지급까지 6개월 이내의 사용승낙이다. 즉 일시적인 사용을 승낙한 것으로 일종의 해제조건부 승낙이었다. 물론 일시적 사용도 그 사용기간 동안에는 약속 당사자인 소외 망 최인영이나 그 포괄승계인인 유족들에 대해서는 점유할 정당한 권원으로 주장할 수 있다.

나. 대항력 없음

비록 그 사용승낙을 위와 같은 해제조건부 승낙이라고 해석할 수 없다고 하더라도 원고 김근호에 대해서는 대항력이 없다. 약정상의 약속내용을 이행해야 할(pacta sund servanta) 사람은 약속한 소외 망 최인영 및 그 포괄승계인인 유족들일 뿐 그로부터 이 사건 부동산을 구매한 원고 김근호도 그 약정에 구속될 필요가 없다. 그래서 원고의 청구에 위 이유를 들어 대항할 수 없었을 것이다.

위 법리는 간단하지만 대단히 중요한 것으로 잘 이해하여 적용할 수 있어야 한다.

4. 반소요건(이정모가 반소의 형태로 새로운 청구를 할 수 있는지 여부)

가. 반소요건(민사소송법 제269조)

① 소송절차를 현저히 지연시키지 아니할 것

② 사실심 변론종결전

③ 소송의 목적이 된 청구가 다른 법원의 관할에 전속되지 아니하고

④ 소송의 목적이 된 청구가 본소의 청구 또는 방어의 방법과 서로 관련이 있을 것

나. 반소제기 가능여부

김근호에 대해서는 김근호가 제기한 건물철거, 대지인도, 손해배상청구의 본소와 추가로 제기할 청구 중 김근호 명의 소유권이전등기 말소청구 사이에는 청구 또는 방어의 방법이 서로 관련이 있다. 하지만 피고측은 김근호 이외에도 최인영의 유족 및 장호준에 대해서도 추가로 소를 제기하여야 하는 까닭(소위 제3자반소)에 반소요건이 충족되지 않는다. 우리 법제상으로는 제3자반소가 인정되지 않기 때문이다.

다. 단순반소와 예비적 반소[6)]

준 비 서 면

사 건 2011가합2733 토지인도 등
원 고 김 근 호
피 고 1. 이정모
2. 박준경
피고들 소송대리인 변호사 최선만
** *** *** **
전화번호 (02) 532－****, 팩스번호 (02) 532－****
이메일 : ***@.......

위 사건에 대하여 피고들의 소송대리인은 다음과 같이 변론을 준비합니다.

다 음

1. 원고의 청구원인의 요지

원고는 소외 망 최인영(이하 '소외 망인'이라 함)으로부터 소외 망인 소유였던 별지 목록 제1항 기재 토지(이하 '이 사건 토지'라고 함)를 매수(이하 '계쟁 매매계약'이라고 함)하여 그 소유권이전등기를 경료한 소유자라고 주장한 다음 피고 이정모는 이 사건 토지 위에 별지 목록 제2항 기재 건물(이하 '이 사건 건물'이라 함)을 신축하여 이 사건 토지를 이 사건 건물의 대지로 점유 중에 있던 중 피고 박준경에게 이 사건 건물 중 1층 85㎡(이하 '1층 부분'이라 함)을 임대해 주어 현재 피고 박준경이 그 1층 부분을 점유 중에 있다고 주장하면서 소유권에 기한 방해배제 및 소유물반환청구의 일환으로서 피고 이정모에 대하여는 이 사건 건물의 철거와 이 사건 대지의 인도를, 피고 박준경에 대하여는 이 사건 건물 전체에서 퇴거할 것을 구하면서 양자 모두에게 그 임료상당의 부당이득 전체의 반환도 구하고 있습니다.

6) 본서 제1편 제6장 제1절 반소 설명부분에서 다시 한번 학습해 둘 것

2. 피고들의 청구원인에 대한 답변

피고들은 원고 주장 중 소외 망인이 이 사건 토지를 소유하였던 사실, 피고 이정모가 이 사건 토지상에 이 사건 건물을 신축하여 소유하고 있는 사실, 피고 박준경이 1층 부분을 점유중에 있는 사실은 인정하나 나머지 사실은 전부 부인합니다.

3. 피고들의 반사회질서 위반 무효란 주위적 항변(전부 기각의 항변)

원고가 이 사건 토지의 소유권자라는 주장은 원고와 소외 망인 사이에 체결된 매매계약과 이은 등기에 기초한 것인데, 피고들은 위 매매계약이 반사회질서 위반행위로 무효이고, 이에 터잡은 원고 명의 소유권이전등기도 원인무효의 등기라 할 것이어서 원고는 이 사건 토지의 소유자가 아닙니다. 따라서 원고의 청구는 전부 기각되어야 합니다. 그 이유는 다음과 같습니다.

가. 소외 망인의 이 사건 토지의 이중양도

1) 소외 망인과 피고 이정모 사이의 매매계약 체결 및 중도금 지급

피고 이정모는 2010. 5. 1.경 소외 망인으로부터 이 사건 대지를 대금 600,000,000원으로 정하고, 계약금 60,000,000원은 계약당일 지급하고, 중도금 240,000,000원은 같은 해 6. 1.경, 잔금 300,000,000원은 같은 달 30.경 소유권이전등기에 필요한 모든 서류의 교부와 동시에 지급하기로 하는 내용의 매매계약을 체결하였습니다.(이하 '피고 체결의 매매계약'이라고 함)

피고 이정모는, 계약금은 물론 피고 체결의 매매계약에 따라, 같은 해 6. 1.경 원고에게 중도금 240,000,000원을 지급하였습니다. 이때 피고 이정모와 원고는 위 중도금을 수령과 동시에 원고는 피고 이정모에게 이 사건 대지를 현상대로 인도하고, 2010. 12. 1.경까지 위 잔대금 300,000,000원을 지급하되 토지인도일로부터 잔대금 지급일까지는 잔대금 300,000,000원에 대한 연 20%의 이자를 가산하여 지급하기로 추가 약정하였습니다.

2) 계쟁 매매계약의 이중양도성과 소외 망인의 배임행위

피고 체결의 매매계약이 다음에서 살펴보는 바와 같이 해제되거나 취소되지 않은 채 그 효력을 유지되고 있는 와중에, 소외 망인은 2010. 6. 1.경 피고 이정모로부터 중도금 240,000,000원도 지급받은 상태에서 다시 2011. 3. 10.경 원고에게 이 사건 토지를 포함하여 234－1 대지 등 2필지를 대금 합계 1,500,000,000원(이 사건 토지에 관한 매매대금은 700,000,000원임)에 매도하는 내용의 계쟁 매매계약을 체결하고, 같은 달 30.경 그 소유권이전등기까지 경료하여 주었으므로 계쟁 매매계약은 이중양도계약에 해당되며, 따라서 소외 망인은 배임행위를 하였다 할 것입니다.

나. 원고의 적극가담으로 인한 계쟁 매매계약의 반사회질서 위반 계약으로 무효

원고는 소외 망인의 위 배임행위에 다음과 같이 적극적으로 가담한 사실이 있습니다. 따라서 계쟁 매매계약은 민법 제103조에 의한 반사회질서 위반으로 무효이고, 원고 명의의 이 사건 토지에 대한 소유권이전등기는 위와 같은 원인무효의 매매계약에 터잡아 경료된 것으로 원인무효의 등기라 할 것입니다.

첫째, 원고는 2010. 말경부터 소외 망인을 수도 없이 찾아가 피고 이정모보다 값을 더 처 줄 터이니 매각하라고 요청하였고, 또 계약당일에는 1억 5천만원권 자기앞수표까지 들고 와서 계약을

하자고 적극적으로 권유[7]하여 마침내 "이 사건 토지위에 존재하는 제3자(피고 이정모) 소유의 건축물 기타 지상건물에 대해서는 ... 매수인(원고)의 책임 하에 해결하기로 하고," "이 사건 토지상의 건물에 대한 임차인(피고 박준경) 등 점유자의 퇴거 등 토지인도에 장애가 되는 모든 사항은 매수인(원고)의 책임하에 처리하기로 하고," "다만, 법적인 모든 절차를 취하였음에도 불구하고 2012. 3. 30.까지 제3자 소유의 건축물 철거 및 임차인의 퇴거 등 문제가 해결되지 않는 경우 매수인은 위약금 없이 본 계약을 해제할 수 있으며, 쌍방은 별도의 손해배상책임을 부담하지 아니하고, 소송비용 등 이미 지출한 비용구상도 상호간에 인정하지 않기로 하"는 특약까지 하면서 계쟁 매매계약을 체결하였습니다.

둘째, 원고는 2011. 3. 5.경 피고 박준경을 찾아가 이 사건 토지는 물론 234−1 대지도 취득하여 두 필지 위에 주거용 오피스텔을 지어 분양하고자 한다면서 "이 땅 전소유자(소외 망인)가 나이가 많아 말이 통하지 않아서 매수하는 데 몇 달 동안 애를 먹었다. 건물주(피고 이정모)가 간신히 중도금만 낸 상태에서 건물이 분양도 안 되는 마당에 잔금을 낼 수도 없을 것이다. 건축주가 계약을 해제당하면 당신은 보증금도 돌려받지 못하는 수가 있으니, 오피스텔을 짓는 데 잘 협조해 주면 서운치 않게 보상해 주겠다"[8]고 유혹하면서 임대차확인서(갑제3호증)의 작성교부를 요청하여 작성해 받았던 것입니다.

위와 같은 사정을 살펴보면, 원고는 계쟁 매매계약의 존재와 중도금까지 지급된 사정을 잘 알면서도 이 사건 토지를 포함한 두 필지의 대지 위에 오피스텔을 신축하여 분양하고자 소외 망인에게 접근하여 매매대금을 더 지급하였을 뿐만 아니라 이 사건 토지상의 건물철거와 퇴거의 위험성까지 자신이 부담하면서까지 그 매매계약을 체결하겠다고 적극적으로 소외 망인을 권유하여 성사된 것으로 결국 소외 망인의 이중매매에 적극적으로 가담하였다 할 것입니다. 따라서 계쟁 매매계약은 반사회질서 위반행위로 무효라 할 것입니다.

다. 원고의 재항변에 대한 반박 (피고 체결 매매계약의 해제 또는 취소사실의 부존재)

1) 피고 체결의 매매계약 해제 또는 취소에 관한 원고 주장의 요지

원고는 피고 체결의 매매계약이 첫째, 소외 망인이 2011. 3. 24.경 피고 이정모에게 내용증명우편을 보내 해제되었고, 둘째 소외 망인이 2010. 12.경 피고 이정모에게 구두로 착오를 이유로 피고 체결의 매매계약을 취소하였고, 셋째 가사 피고 체결의 매매계약이 해제 또는 취소되지 않았다고 하더라도 원고는 2011. 6. 27.자 준비서면의 송달로서 소외 망인을 대위하여 잔대금 지급지체를 원인으로 하여 피고 체결의 매매계약을 해제한다고 주장하고 있습니다.

2) 소외 망인이 한 2011. 3. 24.자 내용증명우편을 통해 한 피고 체결의 매매계약의 해제는 그 해제요건 미비로 효력이 없습니다.

---

7) 아래 각주에서 함께 설명함

8) 위 각주 사실과 본 각주 사실은 실무상으로는 주로 증언에 의해 증명될 것이다. 증인의 증언만으로 법원에서 사실인정을 해 주리라고 성급하게 판단해서는 안 된다. 다시 말하자면 이 두 사실에 관한 증언만 있었다면 반사회질서 위반으로 인한 무효의 엄중성에 비추어 볼 때 반드시 반사회질서 위반 무효로 판단 받을 가능성이 그리 높지 않았을 것이다. 본 사례에서는 그 외에도 계쟁 매매계약의 구체적인 문구들에 반사회질서 위반으로 볼 수 있는 사정들이 다수 포함되어 있다. 따라서 이 사건 준비서면을 작성할 때도 그러한 감각에 기초하여 계쟁 매매계약서의 해당 조항들을 설득력 있게 정리하여 기재할 필요가 있다. 이와 같은 실무 감각을 잘 익혀 두고 실제로 사건을 처리할 때 적극 활용할 필요가 있다.

가) 기초 사실관계

소외 망인이 2011. 3. 24.경 피고 이정모에게 내용증명우편을 보내 “2011. 3. 30.까지 잔대금 6억 8천만원을 지급하지 않으면 그날의 경과로 피고 체결의 매매계약은 해제된다. 잔대금을 준비해서 연락하면 즉시 인감증명을 발급받아 줄 수 있으니 잔대금 전액이 준비되면 연락하기 바란다”는 취지의 통지를 하였고, 위 내용증명우편은 같은 달 25.경 피고 이정모에게 도달되었습니다.

나) 반대급부의 이행 또는 이행의 제공 없는 해제로 그 해제요건을 갖추지 못하여 효력이 없습니다.

그러나 소외 망인은 동시이행관계에 있는 반대급부의 이행이나 이행제공 없이 최고하고 해제한 것으로 최고나 해제의 효력이 없습니다. 즉, 피고 체결의 매매계약 제2조에 의하면 매도인은 매매대금의 잔금 수령과 동시에 매수인에게 소유권이전등기에 필요한 모든 서류를 교부하여야 한다고 약정하였는데, 위 최고의 내용증명우편에는 잔대금을 준비해서 연락하면 즉시 인감증명을 발급받아 줄 수 있으니 잔대금 전액이 준비되면 연락하기 바란다는 취지의 기재만을 한 채 최고하였으므로 적법한 반대채무의 이행이나 그 이행의 제공이 있었다고 할 수 없습니다. 따라서 위 내용증명우편은 최고와 해제통지로서의 효력이 없습니다. 특히, “바로 앞에 신도시가 속속 입주하는데, 너무 싸게 팔았다. 양도소득세를 내고 나면 남는 게 없다. 나라에 좋은 일만 시켰다”고 불평을 하면서 “어차피 중도금만 받고서 땅을 넘겨주었는데도 6개월이 지나도록 잔금도 못 내고 있으니, 내가 해제하면 당신은 몇 억은 손해 보게 돼 있다. 다행히 중개인 없이 계약해서 아직 매매신고를 하지 않은 상태이니, 신고용 매매계약서에는 이 사건 대지는 4억으로 ... 매매대금을 낮추어 기재하자”고 요구하였고, 2011. 3.경에는 “내가 말한대로 다운계약서를 다시 쓰지 않으면 계약을 해제하겠다”고 이야기 하는 등으로 약정에 없는 요구를 하면서 자신의 반대채무 이행에는 전혀 관심이 없었습니다.[9)]

---

9) 과다최고의 문제는 다음과 같은 점에서 본 사안에서는 쟁점이 될 수 없다. 그런데도, 채점기준에 따르면 과다최고가 배점되어 있어 문제이다.

첫째, 내용증명우편에 6억 8천만원의 지급을 요구한 것은 아래와 같이 계산해 보면 과다최고가 아니다. 즉, 소외 망인은 위 최고통지서에서 이 사건 대지 및 인천 남동구 논현동 234－1 대 650㎡(이하 ‘234－1 대지’라고 함)의 잔대금 합계 680,000,000원을 2011. 3. 30.경까지 지급하지 않으면 그 날의 경과로서 계약 매매계약을 포함하여 234－1 대지에 관한 매매계약도 해제한다고 기재하여 통지하였다. 소외 망인의 설명에 따르면 위 최고상의 잔대금 680,000,000원은 이 사건 대지에 관한 피고 체결의 매매계약상의 잔대금조로는 350,000,000원을, 234－1 대지에 관한 매매계약상의 잔대금조로는 330,000,000원이 계상되어 합산된 금액이라고 해명하고 있다. 그러나 우선 피고 체결의 매매계약에 따른 미납 잔대금은 300,000,000원에 불과하다. 그런데도 350,000,000원이 미납 잔대금이라고 주장하며 최고하는 것은 과다최고같아 보인다. 그래서 이를 채점기준으로 삼은 듯하다. 하지만 이 사건 대지의 인도일인 2010. 6. 1.경부터 잔대금지급일인 같은 해 12. 1.까지 6개월간 미납잔대금 300,000,000원에 대하여 연 20%의 이자를 가산한다고 추가약정되어 있다. 그렇다면, 2010. 12. 1.까지의 원리금은 330,000,000원{300,000,000 ×(1 + 0.2 × 6/12)}이 된다. 하지만, 계약 매매계약 추가약정상의 문언에 의하면 명확하지는 않지만 위 이자지급약정이 잔대금지급일인 2010. 12. 1.까지만이 아니라 그 이후라도 잔대금이 지급되지 않고 있는 이상 가산되어 지급되어야 한다는 취지로 해석된다면 소외 망인이 잔대금의 지급을 구하였던 2011. 3. 30.경까지 그 원리금을 계산하여 350,000,000원{300,000,000 ×(1 + 0.2 × 10/12)}이 되어 결코 과다최고가 아니다. 소외 망인은 잔대금 지급전에 이미 이 사건 대지를 인도하여 피고 이정모는 이미 이 사건 건물까지 신축하여 사용하면서 수익을 올리고

3) 착오로 인한 취소 주장에 대하여

가) 원고 주장의 요지

원고는 소외 망인은 고령인데다가 이 사건 대지로부터 5분 거리내에 인천지하철 논현역이 들어선다는 등 주변의 개발계획 등에 대한 정보를 모른 상태에서 피고 이정모는 이런 개발계획 사실을 잘 알고도 소외 망인을 찾아와 적극적으로 매도를 요청하여 피고 체결의 매매계약이 체결된 것으로 소외 망인이 2010. 12.경 피고 이정모를 찾아가 착오를 이유로 피고 체결의 매매계약을 취소하였다고 주장하고 있습니다. 이에 대한 증거로 소외 망인 작성의 사실확인서를 제출하면서 "인천지하철의 노선이 정해진 이후에 피고 이정모가 소외 망인을 찾아와 매도를 적극적으로 요청한 사실"이 중요 증거라고 설명하고 있습니다.

나) 그러나, 우선 피고 이정모도 위와 같은 개발계획을 사전에 잘 몰랐습니다. 원고 제출의 소외 망인의 사실확인서는 소외 망인의 단순한 추측을 기술한 것에 불과하고 피고 이정모가 알았다는 점을 인정할 증거가 되지 못합니다. 나아가 위와 같은 개발계획은 이 사건 토지의 매매가를 크게 증가시킬 만한 호재인데 소외 망인과 피고 이정모 사이에 정해진 매매가는 6억원으로, 이 사건 토지를 매수할 것을 간절히 희망하고 있었던 원고가 지불한 7억원과 비교할 때 크게 저렴한 것도 아닙니다. 그런 점에 비추어 보아도 피고 이정모는 위 개발계획을 제대로 알지 못하였음을 반증하고 있습니다. 다음으로 원고 주장의 사정은 피고 체결의 매매계약의 동기에 불과하여 매매계약에 표시되어 있거나 적어도 피고측이 이를 알았거나 알 수 있어야 취소할 수 있지만 계쟁 매매계약의 계약서 어디에도 그러한 동기가 표시되어 있지 않고, 계약체결의 과정에 표시되지도 아니하였고, 피고 이정모 또한 이를 몰랐으며 알 수 있는 처지에 있지 않았습니다. 그러므로 원고의 위 주장은 이유 없습니다.

4) 원고의 소외 망인을 대위한 피고 체결의 매매계약의 해제 주장(예비적 주장)에 관하여

가) 원고 주장의 요지

원고는 2011. 6. 27.자 준비서면에서 만약 피고 체결의 매매계약이 소외 망인의 위 해제통지에 의하여 적법하게 해제되지 않았다면 피고 이정모가 아직까지 잔대금을 지급하지 않고 있으므로 원고는 소외 망인을 대위하여 본 준비서면의 송달로써 피고 체결의 매매계약을 해제한다고 주장합니다.

나) 그러나, 원고의 위 해제통지에도 반대급부인 소유권이전등기에 필요한 일체의 사류들을 이행제공하지 아니한 채 이루어진 것으로 여전히 해제의 적법요건을 갖추지 못하여 그 효력이 없습니다. 그러므로 원고의 위 주장도 이유 없습니다.

있기 때문에 이에 대한 이자를 지급하는 것은 충분히 대가관계가 있어 합리적인 약정이기 때문에 추가약정을 위와 같이 해석할 수 있다.

둘째, 일부 시중에서 유통되는 모범답안과 채점기준표와 같이 양도소득세 절감을 위하여 다운계약서를 작성해 달라는 요청이 과다최고라고 구성하는 것은 지나치다. 우선 소외 망인이 작성한 내용증명우편에 그런 언급이 전혀 없어 소외 망인이 해제의 근거로 삼은 바가 없기 때문에 이를 해제의 부적법의 근거로 삼을 수 없을 뿐만 아니라 위와 같은 사정이 질적 과다최고라고 할 수 있는지도 의문이 있기 때문이다.

기출 변호사시험문제나 모의시험문제를 검토하면서 종종 느끼는 바이지만 변호사시험 기록형이 시행된 지 일천하고 그 평가범위나 평가방법에 있어 제대로 된 합의가 없기 때문에 출제된 문제에 대한 답안에 관하여 문제가 있는 채점기준이 많이 포함되어 유통되고 있다.

5) 소결론

이상과 같이 원고의 피고 체결의 매매계약에 관한 해제 또는 취소 주장은 어느 모로 보나 모두 이유 없습니다.

라. 소결론

원고의 피고들에 대한 철거, 인도, 퇴거, 부당이득반환청구는 모두 원고가 이 사건 대지의 소유권을 적법하게 취득하였음을 근거로 삼고 있습니다. 그런데, 위에서 본 바와 같이 원고가 이 사건 대지의 소유권을 취득하지 못하였음이 밝혀진 이상 원고의 이 사건 모든 청구는 기각되어야 할 것입니다.

3. 가사 피고 체결의 매매계약이 해제되었다고 하더라도, 이 사건 건물철거 청구는 권리남용이라 할 것이므로 원고의 이 사건 건물철거와 그에 터잡은 이 사건 토지의 인도청구 및 퇴거청구에 응할 수 없습니다.(예비적 항변)

가. 피고 이정모의 권리남용의 항변

1) 피고 이정모는 이 사건 토지를 매수하여 그 지상에 이 사건 건물을 축조하여 타에 분양하기로 하고 매매계약까지 체결하였고, 소외 망인도 이런 사정을 잘 알고 있었습니다. 더구나 소외 망인은 중도금만 지급받은 상태에서도 이 사건 토지를 인도해 주면서 "토지사용승낙서"와 인감증명서까지 교부받아 구청에 제출하여 건축허가를 받은 후 거액의 건축비를 들여 이 사건 건물을 신축하게 된 것입니다. 그런데 원고는 앞서 설명 드린 바와 같이 소외 망인과 피고 이정모 사이에 이미 피고 체결의 매매계약이 체결되어 중도금까지 건네진 상태에서 이 사건 건물이 신축되어 있고, 그 중 1층은 피고 박준경에게 임대되어 있다는 사정을 현장까지 방문하여 확인하여 잘 알고 있었음에도 불구하고 소외 망인에게 접근하여 피고 이정모가 체결한 매매가격보다 매매가를 2억원 더 제시하는 등으로 적극적으로 매도를 권유하여 매수한 후 바로 피고 이정모를 상대로 이 사건 소를 제기하여 이 사건 건물의 철거를 구하고 있습니다.

2) 사정이 위와 같다면, 원고는 이 사건 토지를 매수하여 거액을 들여 신축한 이 사건 건물의 철거를 구하는 것은 피고 이정모를 해하거나 고통을 가할 목적으로 이 사건 토지를 취득하여 현저히 균형을 잃은 권리행사를 하고 있는 것으로 권리남용이라 할 것입니다.

나. 피고 박준경의 권리남용 항변

원고는 이 사건 건물의 1층부분을 임차하여 점유 중에 있는 피고 박준경에 대하여도 그 퇴거를 구하고 있습니다. 그런데, 원고의 피고 이정모에 대한 위 철거청구가 권리남용으로 받아들여지지 않는다면, 피고 이정모로부터 이 사건 건물의 1층 부분을 임차하여 점유 중에 있는 피고 박준경에 대한 그 퇴거청구도 이유 없다고 할 것입니다.

4. 가사 피고들의 위 모든 주장과 항변이 받아들여지지 않는다고 하더라도 원고의 피고들에 대한 부당이득반환청구는 다음과 같은 문제점을 갖고 있어 이에 응할 수 없습니다.(예비적 주장)

가. 피고 이정모에 대한 부당이득반환에 관하여

피고 이정모에 대한 부당이득반환청구 부분 중 원고가 이 사건 토지에 대한 소유권이전등기가 완료되어 그 소유권을 취득하게 된 2011. 3. 30. 이후로는 별론으로 하고, 그 이전에는 피고 이정모에게 부당이득을 청구할 그 어떤 권리가 없었고, 나아가 소외 망인을 대위할 피보전권리도 없었습니다. 그러므로 원고의 피고 이정모에 대한 부당이득반환청구 중 2010. 6. 1.부터 2011. 3. 30.까지 청구부분을 기각되어야 합니다.

나. 피고 박준경에 대한 부당이득 반환청구에 관하여

원고는 피고 이정모에 대하여 이 사건 건물의 소유로 인한 이 사건 토지의 무단점유를 이유로 위와 같은 부당이득반환을 청구하는 이외에도 피고 박준경에 대하여도 위 임대차계약으로 인도받아 점유하기 시작한 2011. 1. 30.부터는 중복하여 같은 금액의 부당이득반환청구를 하고 있습니다. 그런데, 피고 박준경은 이 사건 건물 중 1층부분의 단순 임차인에 불과합니다. 따라서 우선 피고 박준경은 이 사건 건물의 소유자가 아니므로 이 사건 토지의 점유자가 아니어서 피고 박준경에 대한 부당이득반환청구 전체가 이유 없습니다. 다음으로 가사 피고 박준경이 이 사건 토지의 점유자로 인정된다고 하더라도 이 사건 건물의 일부인 1층부분만을 점유하고 있으므로 부당이득금액이 이에 비례하여 책정되어야 할 것입니다.

5. 결론

그렇다면, 원고의 피고들에 대한 청구취지와 같은 청구는 모두 또는 일부 이유 없어 기각되어야 하고, 소송비용은 원고의 부담으로 하여 주시기 바랍니다.

증 명 방 법(생략)
첨 부 서 류(생략)

2011. 7. 15.

피고들 소송대리인 변호사 최선만 인

서울서부지방법원 민사 제12부 귀중

[별지]

부동산의 표시

1. 인천 남동구 논현동 234 대 180㎡
2. 위 지상 철근콘크리트조 콘크리트슬래브지붕 2층 근린생활시설

   1층 85㎡

   2층 85㎡

   지하실 30㎡ －끝－

소 장

원 고 이 정 모 (670623－1252212)
서울 서대문구 북아현동 275
소송대리인 변호사 최선만
** *** *** ***_**
전화번호 (02) 532－****, 팩스번호 (02) 532－****
이메일 : ***@.......

피 고 1. 김 진 숙 (411118－2080632)
2. 최 정 민 (661201－1689625)
3. 최 정 윤 (701221－2689626)
위 피고들 주소 인천 연수구 동춘동 332
4. 김 근 호 (621022－1433263)
성남 분당구 구미동 23 무지개빌라 에이(A)동 305호
5. 장 호 준
인천 연수구 선학동 255

소유권이전등기 말소 등 청구의 소

청 구 취 지

1. 피고 김근호는 피고 김진숙, 같은 최정민, 같은 최정윤에게 인천 남동구 논현동 234 대 180㎡에 관하여 인천지방법원 2011. 3. 30. 접수 제8932호로 경료된 소유권이전등기의, 같은 동 234－1 대 650㎡에 관하여 같은 법원 같은 날 접수 제8933호로 경료된 소유권이전등기의 각 말소등기 절차를 이행하라.
2. 원고에게,
   가. 원고로부터 별지 목록 제1. 기재 금원 중 피고 김진숙은 3/7을, 피고 최정민, 같은 최정윤은 각 2/7을[10] 각 지급받음과 동시에 위 제1항 기재 234 대지 중 피고 김진숙은 3/7 지분에 대하여, 피고 최정민, 같은 최정윤은 각 2/7 지분에 대하여 각 2010. 5. 1.자 매매를 원인으로 한 소유권이전등기 절차를 이행하고,
   나. 원고로부터 별지 목록 제2.기재 금원 중 피고 김진숙은 3/7을, 피고 최정민, 같은 최정윤은 각 2/7을 각 지급받음과 동시에 위 제1항 기재 234－1 대지 중 피고 김진숙은 3/7 지분에 대하여, 피고 최정민, 같은 최정윤은 각 2/7 지분에 대하여 각 2010. 5. 1. 매매를 원인으로 한 소유권이전등기 절차를 이행하라.

10) 시중에 유통되는 모범답안에서는 상환이행을 할 금전채무에 관해서는 분할채무관계의 표시가 없다. 하지만 상속인은 피상속인이 부담한 채무도 특별한 사정(불가분채무 등)이 없는 한 상속지분으로 분할하여 상속받는다.

3. 피고 장호준은 피고 김진숙, 같은 최정민, 같은 최정윤에게,
   가. 위 제1항 기재 234－1 대지 중 별지 도면 표시 1,2,3,4,1의 각 점을 순차로 연결한 선내 시멘 블록조 슬레이트지붕 단층 창고 200㎡를 철거하고,
   나. 위 제1항 기재 234－1 대지를 인도하라.
4. 소송비용은 피고들의 부담으로 한다.
5. 위 제3항은 가집행할 수 있다.

라는 판결을 구합니다.

청 구 원 인

(생략)

증 명 방 법(생략)
첨 부 서 류(생략)

2011. 7. 15.

원고 소송대리인 변호사 최선만 인

서울서부지방법원 귀중

목 록 (채권의 표시)

1. 2010. 5. 1. 인천 남동구 논현동 234 대 180㎡에 관한 매매계약으로 인한 잔대금 300,000,000원 및 이에 대한 2010. 6. 1. 이후 다 갚는 날까지 연 20%의 비율에 의한 금원을 합산한 금액
2. 2010. 5. 1. 같은 동 234－1 대 650㎡에 관한 매매계약으로 인한 잔대금 330,000,000원에서 2010. 6. 1.부터 위 234－1 대지의 인도완료일까지 월 3,000,000원의 비율에 의한 금원을 공제한 나머지 금원 －끝－

[도면]

(생략)

제 2 절 2012년도 모의기록

Ⅰ. 2012년도 제1회(기록형 시험은 출제되지 않았음)

Ⅱ. 2012년도 제2회

1. 7단계 권리분석법에 의한 사건 전체의 분석

가. 의뢰인의 희망사항 분석결과

의뢰인 =원고	희망사항	물권 침해? 약정?	침해자 또는 약정자는 누구(=피고)	원고의 자격, ∴소송명
정인제	일곡동 300 대지 및 그 지상 주택에 관한 **<u>완전한 소유권을 취득</u>**[11]하게 해 달라.	① 매매계약 ∴**불이행하여 강제이행청구**	**∴약정자 (매도인) (정인형)**	**약정의 상대방 (매수인) ∴소유권이전등기 청구**
		① 물권 침해 ∴**방해배제청구**	**∴침해자 (소유권이전등기) (남지인)**	**대위청구 물권자 (소유권자) ∴소유권이전등기말소청구**

나. 원고의 청구원인 분석결과

소송명	청구원인	항변 (법률상 주장 포함)	재항변 등
소유권 이전등기 청구	① 매매계약	Ⓐ 동시이행청구 ⓐ 매매계약 ⓑ 계약금(중도금포함) 지급 ⓒ 동시이행관계 Ⓑ 소멸시효 ⓐ 잔대금지급일로부터 10년 경과하여 소유권이전등기 청구권이 시효완성으로 소멸 Ⓒ ① 잔금지급일이후 이자 ② 인도후 임료상당 부당이득금 반환 ③ 지가상승분 지급요구	Ⓐⓐⓑⓒ인정 다만 잔대금지급일로부터 10년간 경과하여 소멸시효 완성 ["최고"로 시효중단의 재재항변하면 6개월이내에 추가조치를 하지 않았다는 부인] Ⓑ ⓐ 10년 경과사실은 인정 ⓑ 다만 매매계약 후 인도받아 현재 점유하고 있어 소유권이전등기청구권은 소멸시효의 대상이 아님 Ⓒ ① 잔대금이자지급약정 없으면 청구할 수 없고, 잔대금변제기 이후에도 반대급부의 이행 또는 이행제공이 없는 한 지연손해금 청구할 수 없음

11) 의뢰인의 희망사항으로 완전한 소유권을 취득하게 해 달라는 문제가 자주 출제되고 있다. 소유권 취득은 매매계약 등 약정은 해 두었으니 소유권이전등기청구를 해 달라는 요청으로 읽힌다. 나아가 완전한 소유권은 주로 저당권, 대항력 있는 임차권, 지상권 등 제한물권 등의 제한을 제거한 완전한 상태로 소유권을 취득하게 해 달라는 요청이다. 따라서 해당 제한물권 등을 제거할 수 있는 방안을 강구해 주어야 한다. 본 기록에서는 완전한 소유권은 제3자 명의로 소유권이전등기가 경료되어 있으니 이를 말소하여 완전한 상태에서 소유권을 취득할 수 있게 해 달라는 요청으로 읽힌다. 제3자에게로의 소유권이전도 제한물권 못하지 않게 소유권을 제한하는 장애이다.

				② 자발적으로 인도한 후에는 무단점유가 아니어서 부당이득발생하지 않음 ③ 사정변경 없음
소유권 이전등기 말소청구	① 대위요건 ⓐ 소유권이 전등기청구권 ⓑ 이행기 ⓒ 미행사	② 소유권자 ③ 소유권이 전등기 경료 ④ 원인무효 (무권대리)	Ⓐ 본안전 항변 중복제소 Ⓑ ㈎ 대리권 있음(주장하지 않았음) Ⓑ ㈏,① [1]표현대리(125조) ⓐ 대리권 수여의 의사표시 ⓑ 대리행위(현명) [2]표현대리(126조) ⓐ 기본대리권 ⓑ 월권하여 대리행위(현명) ⓒ 자기의 선의·무과실 ② 추인(주장하지 않았음)[12]	Ⓐ 소송물이 달라 중복 없음 Ⓑ ㈎반박사항 없음 Ⓑ ㈏[1](125조의 경우) ⓐ대리권 수여의 의사표시조차 없었다. [2](126조의 경우) 피고의 선의·무과실이 증명되지 않는다. 오히려 악의·과실 있었다.

2. 핵심쟁점별 법리분석

가. 일반론

본 기록은 매매계약의 강제이행으로서 소유권이전등기청구 및 그 소유권이전등기청구권을 보전하기 위하여 무효등기의 말소청구를 대위행사하는 쟁점으로 구성되어 있다. 법률행위에 의한 권리의 이전은 권리의 존부에 관한 쟁점보다는 이전의 수단이 된 법률행위의 성립 및 효력 등에 관련된 법적 쟁점들이 주로 문제된다. 본 건에서는 법률행위의 성립과 관련하여 유효한 대리행위가 있었는가?란 쟁점이 가장 중요한 포인트이다.

나. 원고와 정인형 사이의 매매계약에 기한 소유권이전등기청구

1) 약정 (매매계약) 이행 또는 불이행

약속은 지켜야 한다.(pacta sund servanda) 그래서 약정의 상대방에게 강제이행청구권을 부여하였다. 명심할 것은 매수인측에서 매매계약(약정)을 지켜라고 요구하는 강제이행청구권은 소유권이전등기 청구로 구체화되고, 그 청구원인 사실이 "매매계약의 체결사실"만이라는 것이다. 불이행하였다는 사실은 청구원인 사실이 아니라는 것이다. 오히려 매도인측에서 이행하였다고 항변할 수 있을 뿐이다.(주장·증명책임의 분배) 본 사안에서는 소유권이전등기 청구(구체적인 소송명)의 청구원인 사실은 2000. 6. 30.자 매매계약의 성립이고, 이를 주일상목행(主日相目行)으로 구체화해야 한다. 다만 본 사안에서는 위 매매계약의 성립과 효력에 관련된 항변사유는 아래 소멸시효완성·동시이행 항변을 제외하고는 추가로 더 제시되어 있지 않다.

12) 본 기록에서 피고 남지인이 추인 주장을 했는지 불분명하다. 추인은 무권대리에서 흔히 등장하는 항변사유이다. 모범답안에서는 추인 부분에 관한 반박은 포함시키지 않기로 한다.

2) 상대방의 주장(동시이행항변) 등에 대한 반박 : 소멸시효

가) 본 사안에서의 소멸시효 주장의 구조

1. (청구원인사실) 단순이행청구
2. **(항변) 반대급부인 매매잔대금지급채무 이행과의 동시이행항변권**
3. **(재항변) 매매잔대금지급채무의 소멸시효완성 재항변**
4. **(재재항변) 최고에 의한 시효중단의 재재항변(① 최고, ② 최고 6개월이내에 재판상 청구등)**
5. 6개월이내에 재판상 청구하지 않았다는 사실은 (재재항변의 요건사실에 대한) 부인

나) 단순이행청구를 하는 이유

2000. 6. 30.자 매매계약상의 소유권이전등기청구와 매매잔대금청구는 쌍무계약의 반대급부적 성격을 갖고 있어 동시이행 관계에 있다. 그래서 원고가 소유권이전등기를 청구하려면 그 반대급부인 매매잔대금의 지급과 상환으로 청구해야 할 듯하다. 하지만 매매잔대금 채무는 10년의 기간경과로 인하여 소멸시효 완성되어 소유권이전등기를 단순 이행청구 할 수 있게 되었다. 그렇게 매매잔대금 채무가 시효소멸 하였다면 그 무렵 발생한 소유권이전등기청구권은 왜 시효소멸하지 않고 청구할 수 있는가란 의문이 들 수 있다. ① 매도된 후 ② 인도된 부동산에 대한 소유권이전등기청구권은 시효소멸하지 않는다. 일반적으로 소유권이전등기청구권도 채권적 청구권이므로 10년 소멸시효 대상의 권리이다. 따라서 그 권리를 행사할 수 있었던 잔대금지급기일인 2001. 6. 30. 이후 10년이 경과하면 소멸시효가 완성되어 소유권이전등기를 청구할 수 없게 된다. 하지만 매매계약 체결 후 인도받아 점유하고 있는 경우(소외 '물권적 기대권'이 발생한 상태에서)는 소멸시효의 대상이 아니다.(대법원 1976. 11. 6. 선고 76다148 전원합의체 판결)

다) 매매대금채무는 시효로 소멸할 수 있다.

부동산에 대한 매매대금 채권이 소유권이전등기청구권과 동시이행의 관계에 있어 매수인은 매도인으로부터 그 이전등기에 관한 이행의 제공을 받기까지 그 지급을 거절할 수 있어 이행지체에는 빠지지 않았다(존재효과설)하더라도 매도인은 매매대금의 지급기일 이후 언제라도 그 대금의 지급을 청구할 수 있고 따라서 매매대금 청구권은 그 지급기일 이후 시효가 진행하여 시효소멸할 수 있다.(대법원 1991. 3. 22. 선고 90다9797 판결)[13)]

13) 대법원 1991. 3. 22. 선고 90다9797 판결 참조.

[사안] 甲은 1964. 9. 24. 乙에게 부동산을 매각하였고(乙의 잔금지급기일은 1964. 12. 3.) 乙은 같은 날 다시 丙에게 이를 매각하였으며 乙과 丙은 甲과 사이에 중간생략등기를 합의하였고 丙은 매매대금을 완납하지 않은 상태에서 부동산을 인도받아 점유·사용하였다. 그 후 10년이 지난 시점에서 丙이 甲에게 소유권이전등기를 청구하였고, 이에 대해 甲은 丙이 잔금을 지급하지 않았기 때문에 丙의 청구에 응할 수 없다고 주장하였다. [판시] "이 사건 부동산에 대한 매매대금 채권이 비록 소유권이전등기청구권과 동시이행의 관계에 있다 할지라도 매도인은 매매대금의 지급기일 이후 언제라도 그 대금의 지급을 청구할 수 있는 것이며, 다만 매수인은 매도인으로부터 그 이전등기에 관한 이행의 제공을 받기까지 그 지급을 거절할 수 있는 데 지나지 아니하므로 매매대금청구권은 그 지급기일 이후 시효의 진행에 걸린다고 할 것"이고,

위와 같은 법리는 동시이행관계에 있는 여러 종류의 채무들에도 적용된다. 예를 들면 점포의 임대차 청약을 하면서 청약금을 지급하고 점포에 입주하였으나 청약금반환의무자는 청약자로부터 점포명도의무이행제공을 받을 때까지 청약금지급을 거절할 수 있는데 지나지 아니하므로 청약금반환채권은 청약에 대한 거절이 확정된 때 이후부터 소멸시효가 진행된다(대법원 1993. 12. 14. 선고 93다27314 판결)는 판시도 있다.

3) 매매잔대금에 대한 이자 및 지연손해금 지급 주장에 대한 반박

본 사안과 같이 매매잔대금에 대한 이자 지급의 특약이 없으면 이자 지급을 요구할 수 없고, 또 동시이행관계에 있는 소유권이전등기 채무의 이행 또는 이행제공이 없으므로 잔대금지급채무는 이행지체에 빠지지 않아 지연손해금지급 채무도 발생하지 않는다. 게다가 원칙적으로 원본채권인 매매잔대금지급채무가 시효로 소멸하면 매매잔대금에 대한 지연손해금지급채무도 그 운명을 같이 하여 소멸한다. 다만, 이미 기간의 경과로 발생하여 독립성을 확보한 지연손해금지급 채무는 별도로 판단해야 하지만 앞서 설명한 바와 같이 반대채무의 이행 또는 이행의 제공이 없으므로 지연손해금 자체가 발생하지 않았다.

4) 부동산의 점유사용에 따른 임료상당의 부당이득반환청구에 대한 반박[14]

가) 매매를 중심으로 한 사용관계는 다음과 같이 정리된다. [과실수취권]

(1) 대상 부동산의 인도 전

매도인은 등기를 경료해 주기 전까지는 소유자이고 소유자는 그 물건을 사용, 수익, 처분할 수 있다. 따라서 매도인은 등기이전 전까지 과실수취권을 당연히 보유하고 있어야 한다. 한편 매수인은 매매대금 중 계약금을 포함하여 상당한 부분을 이미 지급하였는데도 그 지급한 매매대금분에 대한 이자도 받지 못한 채 매매목적물의 사용·수익에 참여하지 못하고 있다면 불공평하다고 생각할 수 있다. 민법 제587조에서 구태여 매도인의 과실수취권을 규정해 둔 이유는 위와 같은 의문을 분명하게 밝히기 위한 것이다. 그래서 매수인은 이자, 사용수익 등 과실부분에서 불이익한 처지에 서게 된다. 이는 매매계약의 특성에 따른 위험으로 결국 매매계약 체결 시 이러한 위험을 감안하여 매매대금을 결정함으로써 매수인은 자신의 이익을 방어하여야 할 것이다.

참고로 매도인은 아직 지급받지 않은 매매잔대금의 이자는 별도 약정이 없다면 지급받지 못할 뿐만 아니라 반대급부의 이행 또는 이행제공이 없다면 이행지체에 빠지지 않기 때문에 지연손해금

또한 "소유권이전등기청구권은 채권적 청구권이므로 10년의 소멸시효에 걸리지만 매수인이 매매목적물인 부동산을 인도받아 점유하고 있는 이상 매매대금의 지급 여부와는 관계없이 그 소멸시효가 진행되지 아니한다고 할 것"이므로, 결국 甲의 매매대금채권은 시효소멸 하였고, 丙은 잔대금을 지급하지 않고도 甲에게 소유권이전등기를 청구할 수 있다고 판시한 바 있다.

14) 매매계약과 관련하여 부수적으로 출제되는 쟁점으로 ① ⓐ 매매잔대금에 대한 이자청구가능성, ⓑ 매매잔대금에 대한 지연손해금 발생여부(이상 위 3)에서 한 설명 참조), ② 매매목적물이 인도되었을 때 임료상당 부당이득금반환여부에 관련된 법리론이 있다. 그동안 수차례 출제되어 왔으니 본 강의안에서 하는 설명을 충분히 이해하고 있어야 한다.

도 지급받을 수 없다는 원리도 잘 이해하고 그 적용시 착오가 없어야 한다.

(2) 대상 부동산의 인도 후

대상 부동산의 인도 후에는 매수인이 적법하게 사용·수익할 수 있게 된다. 이는 매매계약과 그 이행으로 인도된 것이기 때문에 법률상 원인 없다거나 위법한 점유로 인한 사용·수익이라 할 수 없어 부당이득반환, 손해배상의 대상이 되지 않는다. 한편 매도인은 자신은 대상 목적물을 인도하였기 때문에 아직 지급받지 못한 매매잔금에 대한 이자, 지연손해금의 지급을 구하고자 할 것이나 이자는 별도 약정이 없다면 청구할 수 없고, 잔금지급에 이행기가 있다면 이행지체가 없기 때문에 지연손해금의 지급을 구할 수 없고, 나아가 이행기가 경과하였다고 하더라도 자신의 소유권이전등기 채무의 이행 또는 이행제공이 없는 한 잔금지급채무는 이행지체에 빠지지 않기 때문에 그 지연손해금의 지급을 구할 수 없다. 사실 부동산매매에서 매매대금 전부를 지급받지 않고 먼저 목적물을 인도하는 것은 이례에 속하고 이로 인한 위험은 그런 결정을 한 매도인이 부담하게 된다는 것이 매매계약을 둘러싼 법의 이념이라 할 수 있다.

나) 따라서 매매잔대금에 대한 지연손해금을 청구하기 위한 요건사실을 다시 한번 정리해 보면 다음과 같다.

① 매매계약의 체결사실 및 이행기 도과

② 소유권이전등기 의무에 대한 이행 또는 이행의 제공이 있어야 한다.

③ 부동산을 인도하여야 한다.

특히 ③ 요건에서는 부동산의 인도에 대한 이행의 제공만으로는 부족하고 반드시 실제로 인도한 사실이 있어야 한다는 점에 주의하여야 한다. 본 사안에서는 ③ 요건은 갖추었으나 ② 요건을 갖추었다는 증거가 없어 매매잔대금 1억원에 대한 이자나 지연손해금을 청구할 수 없다.

5) 사정변경으로 인한 매매대금의 증액 주장에 대한 반박

이런 주장에 제기되었을 때 통상 매매대금의 증액을 인정할만한 사정변경이란 거의 존재하지 않는다고 보아 주장을 배척하면 된다. 그만큼 사정변경은 인정되기 어려운 주장이다. 특히 본 사안에서 피고측이 정확하게 이런 주장을 하고 있다고 보기도 어렵다.

다. 권리(소유권)침해의 등기에 대한 방해배제청구권(물권적 청구권)으로서의 등기말소청구(소송명)

1) 등기말소청구는 물권적청구권 중 방해배제청구권의 대표적 형태이다.

물권적 청구권의 다른 형태와는 달리 등기말소청구는 ① 권리의 존재, ② 방해(등기)행위 외에도 ③ 등기의 적법추정력으로 말미암아 이전등기 원인의 무효사실까지 주장·증명해야 한다.

2) 등기원인의 무효사유 1 : (무권)대리

가) 등기원인의 무효사유로는 법률행위(약정)의 부존재, 무효, 취소, 해제(해지), 무권대리(대리권 남용), 대표권제한 위반[15] 등이 있다. 여기서는 그 중 무권대리행위에 관해서 살펴본다.

[무권대리를 주장해야 할 경우 원칙적인 주장·증명책임의 분배]
1. 무권대리(주장책임만 있고, 유권대리라는 증명책임은 피고에게 있다.16))
2. 가. 답변 : 유권대리행위
(ⓐ대리권수여행위 + ⓑ현명대리행위 중 ⓑ는 앞서 원고가 주장하였고, 피고는 ⓐ를 증명할 책임이 있다.)
나. 항변(아래는 선택적 주장 관계)
1) 각종 표현대리
(민법 제125조, 제126조, 제129조)
2) 추인

[대리행위의 유효를 주장해야 할 경우]
1. 주위적 주장 : ⓐ 대리권수여행위 + ⓑ 현명대리행위
2. 예비적 주장
가. 각종 표현대리
(민법 제125조, 제126조, 제129조)
나. 추인
(1, 2는 주위적·예비적 주장관계
가. 나. 는 선택적 주장관계)

나) 대리와 대행의 구분

원칙적으로 대리는 변론에서 당사자가 주장하지 않는 한 이를 인정할 수 없으나(대법원 1996. 2. 9. 선고 95다27998 판결) 대행은 주장하지 않아도 증거에 의하여 대행사실을 인정할 수 있다. 그러나 소송자료를 통하여 상대방에게 불의의 타격을 줄 우려가 없을 경우에는 대리행위란 주장이 있는 것으로 보아 재판의 기초로 삼을 수 있다는 구제판결(주요사실의 간접주장 이론)들이 다수 나오고 있어 이런 구분의 실천적 의미가 퇴색되어 가고 있다.

[만약 소송과정에서 甲과 乙이 약정(법률행위)를 했다라고 주장했다면]
− 위 표현은 甲과 乙이 직접 약정을 했다라는 주장도 되지만,
이때 甲의 대행인(또는 乙의 대행인)이 약정을 했다는 주장도 포함되어 있다.

---

15) 본서에서는 계속 법률행위(약정)의 부존재, 무효, 취소, 해제(해지), 무권대리(대리권남용), 대표권제한위반이라는 법률행위 성립상의 하자사유들을 설명하고 있다. 대단히 중요한 법리이니 철저하게 학습하고 있어야 한다.

16) 원칙적으로 대리가 유효함을 주장하는 자가 대리권수여행위와 현명대리행위에 대한 주장·증명책임을 진다. 하지만 무권대리를 먼저 주장해야 할 때는 마치 소극적 확인소송과 같이 무권대리라고 주장하는 자가 상당한 정도로 무권대리행위를 특정하여 주장하면 상대방은 대리권수여행위와 현명대리행위 등을 확실히 주장·증명할 책임이 지게 된다. 다만 이 사건에서는 등기의 추정력 때문에 원고가 등기원인의 무효를 주장·증명하는 부담을 지게 된다 그래서 현명대리행위를 하였다는 사실뿐만 아니라 대리권수여행위가 없었다는 주장도 해야 한다. 이와 같이 무권대리에 관한 일반적 주장에서 더 나아가 추가적인 주장책임까지 부담하는 것은 등기의 추정력 때문이다. 그렇다고 하여도 무권대리이기 때문에 등기원인이 무효라고 주장하는 자는 현명대리행위한 사실을 주장·증명하고, 나아가 무권대리행위라고 주장하면 되지, 대리권수여의 의사표시가 없었다는 사실까지 증명해야 하는 것은 아니다. 없다는 사실을 증명하는 것은 소위 '악마의 증명'으로 간접사실에 의한 증명만 가능하기 때문이다. 그래서 상대방은 대리권수여사실을 주장·증명하여 무권대리 주장을 반박할 수 있다. 결국 등기의 추정력과 무권대리의 주장·증명책임의 분배원리를 조화롭게 해석하여 적용해야 한다는 것이다.

- 그렇지만 위와 같은 표현에는 대리에 의하여 법률행위를 하였다는 취지는 원칙적으로 포함되어 있지 않다. (예외적으로는 소송과정에서 위와 같이 주장했지만 다른 소송자료들 중에 대리사실이 나타나 있으면 위 주장도 대리에 의해 약정을 했다는 주장으로 善解하여 주장책임을 다하였다고 보기도 한다. 이를 요건사실의 간접주장이라고 한다.)

다) 무권대리 v. 대리권수여행위

(1) 무권대리

등기의 추정력으로 인하여 본 사안에서는 원고는 ① 소유권자, ② 피고 명의 등기사실 이외에도 **③ 피고 남지인 명의 소유권이전등기의 원인이 무효라는 사실**도 주장·증명하여야 한다. 원래 대리권의 존부는 유권대리를 주장하는 자에게 그 증명책임이 있다. 이런 법리를 관철시키면 그 증명책임이 남지인에게 있어야 했다.(대법원 1994. 2. 22. 선고 93다42047 판결) 하지만 등기의 추정력으로 인해 위 ③ 사실을 주장·증명해야 하기 때문에 원고가 무권대리임을 주장·증명해야 한다. 원고는 우선 해당 법률행위가 대리에 의하여 이루어졌다는 사실(현명대리행위의 존재)은 확실하게 주장·증명해야 하지만 본인인 정인형이 대리인 정일남에게 대리권수여사실이 없다고 부인하는 선에서 주장·증명책임을 다한 것이 된다.

대리는 현명주의의 원칙상 대리인 자격을 표시하여 법률행위를 하여야 한다. 상법 제48조에는 현명주의의 예외가 규정되어 있다. 본 사안에서도 정일남은 매매계약서에 현명하여 대리행위를 하였기[17] 때문에 매매계약서의 제출로 현명대리사실을 용이하게 증명할 수 있고, 본인자격으로서 대리권수여사실이 없다고 부정함으로써 간단하게 자신의 주장·증명책임을 다할 수 있다.

(2) 대리권수여행위

그러면 대리에 의한 법률행위의 상대방(본 사안의 경우 남지인)이 대리권수여사실을 증명함으로써 무권대리를 부인할 수 있다.

원래 대리권수여사실은 다음과 같은 방법으로 주장·증명한다.

첫째 위임장을 제출함으로써 대리권 수여행위를 증명할 수 있다.

둘째 정황증거를 통한 대리권 수여행위를 증명할 수 있다.

본 사안에서는 위임장이 제시되어 있지 않기 때문에 결국 정황증거를 통한 증명시도가 있을 것으로 보인다. 정황증거로 인감도장, 인감증명서가 자주 제시되고 있다. 위 증거들은 대리권을 인정할 수 있는 유력한 자료가 될 수 있을 뿐(smoking gun) 당연히 대리권을 인정할 수 있는 것은 아니다.

---

17) 다만 기록 25면에 첨부되어 있는 부동산매매계약서에는 매도인의 표시란에 정인형, 대리인 정일남이라고 표기는 되어 있으나 정일남의 도장 대신에 정인형의 도장을 날인하여 통상의 현명대리행위와 달리 되어있다. 그래서 대리인지 대행인지 불분명하게 되어있다. 이런 경우 주장하는 원고로서는 대행의 경우는 정인형이 직접 매매계약을 체결하였다고 하더라도 주장에 포함되어 있기 때문에 반드시 분리하여 주장해야 하는 대리를 주장하는 쪽이 주장책임을 다하지 않았다는 소송상의 불이익을 피해갈 수 있는 방도가 된다.

다) 3가지 표현대리(항변)

(1) 표현대리 주장방법

유권대리라고만 주장하면 법원은 대리권의 존부에 관해서만 판단하면 될 뿐 표현대리에 관하여 판단할 필요가 없다.(대법원 1983. 12. 13. 선고 83다카1489 전원합의체판결) 표현대리도 3가지 중 어느 한 가지를 특정해서 주장해야 하고, 그 주장 이외에 표현대리 사유에 관하여 판단할 필요가 없다.

(2) 대리권수여의 표시에 의한 표현대리(민법 제125조)

대리행위의 상대방이 민법 제125조(대리권 수여의 의사표시에 의한 표현대리)에 의해 표현대리를 주장할 때는 그 요건사실은 ① 대리권 수여의 의사표시한 사실, ② 대리행위(현명)를 한 사실, ③ 대리행위의 상대방이 대리권 의사표시를 받은 자인 사실[18] 등이 된다. 그러면 본인은 항변으로써 ④ 거래의 상대방이 대리인이라고 믿을 정당한 사유가 없었다는 사실을 주장·증명해야 한다. 판례는 정당한 사유가 없었다는 사정을 알았거나(악의) 과실로 알지 못하였다(과실)는 것으로 대체하여 주장·증명할 수 있다고 하였다. 이런 증명책임 분배는 민법 제125조의 명문의 규정에 따른 해석이다. 하지만 비슷한 법문구조를 가진 나머지 민법 제126조, 제129조의 표현대리와 주장·증명책임의 범위가 다르니 잘 기억하고 있어야 한다. 다른 이유는 본인이 상대방에 적극적으로 대리권 수여의 의사표시를 하였다면 그 상대방을 더 적극적으로 보호할 필요가 있기 때문이다.

대리권 수여의 표시에 의한 표현대리	청구원인	① 대리권 수여의 표시 ② 표현대리인의 (현명)대리행위
	항변	③ 상대방(원고)의 악의, 과실[19]

(3) 권한을 넘은 표현대리(월권표현대리)(민법 제126조)

민법 제126조(월권 표현대리)의 요건사실은 ① 기본대리권의 존재, ② 대리인이라고 자칭하는 자와의 계약의 체결, ③ 제3자의 선의·무과실이다.

월권표현대리	청구원인	① 기본대리권의 수여 ② 표현대리인의 월권 대리행위 ③ 상대방(원고)의 정당한 사유(주로 선의, 무과실)[20]
	항변	

18) ②, ③을 합쳐 대리인이 대리권 수여 의사표시를 받은 자와 현명하여 대리행위를 할 사실이라고 설명하기도 한다. 더 간략하게 줄여 '현명대리행위'라고만 하기도 한다.

19) 대법원 1996. 7. 12. 선고 95다49554 판결, 본인(피고)이 상대방(원고)의 악의, 과실을 주장·증명함으로써 책임을 면할 수 있다.

20) 대법원 1968. 6. 18. 선고 68다694 판결.

(4) 대리권 수여의 의사표시에 의한 월권표현대리(민법 제125조 및 제126조가 병합된 형태) 판례에 의해 인정되고 있다.

대리권수여의 표시에 의한 월권 표현대리	청구원인	① 대리권 수여의 의사표시 ② 표현대리인의 월권 대리행위 ③ 상대방(원고)의 선의, 무과실
	항변	

(5) 대리권소멸 후의 표현대리(민법 제129조)

민법 제129조(대리권 소멸 후의 표현대리)의 요건사실은 ① 대리인이 대리권을 가지고 있었을 것, ② 대리행위 당시 대리권이 소멸하였을 것, ③ 상대방이 그 대리권의 소멸사실에 대하여 선의·무과실일 것이다.

대리권 소멸 후의 표현대리	청구원인	① 종전 대리권의 수여 및 소멸 ② 표현대리인의 대리행위 ③ 상대방(원고)의 정당한 사유(주로 선의, 무과실)[21]
	항변	

라) 추인에는 명시적 추인도 있지만, 실무상으로 중요한 것은 묵시적 추인이다.

마) 무권대리인의 책임

타인의 대리인으로 약정한 자가 그 대리권을 증명하지 못하고, 본인으로부터 추인도 받지 못하였을 때는 상대방의 선택에 좇아 계약의 이행 또는 손해배상의 책임을 진다.(민법 제135조 제1항)

법인의 대표자에게도 준용된다.(민법 제59조 제2항)

요건사실	청구원인	① 타인의 대리인이라는 자와 타인의 대리인이란 현명으로 계약을 한 사실 ② 상대방(원고)의 강제이행 또는 손해배상 중 선택
	항변	①-ⓐ 대리권의 존재 혹은 본인의 추인받은 사실 또는 -ⓑ 상대방이 대리권 없음을 알았거나(악의) 알 수 있었을 때(과실) 혹은 대리인으로 계약한 자가 행위능력이 없을 때

3) 원인무효 사유 2 : 2중양도

① 중도금을 지급받은 후 ② 이중양도하고, ③ 2중 양수인이 이에 적극적으로 가담하였으면 반사회질서 위반으로 무효가 된다. 본 사안에서는 적극가담을 인정할 자료가 부족하다.

4) 원인무효 사유 3 : 채권자취소권(항을 달리하여 설명한다.)

21) 대법원 1983. 12. 13. 선고 83다카1489 판결.

라. 채권자 대위권

채권자 대위권의 일반적 요건사실은 다음과 같다.

① 대위요건 ⓐ 피보전채권의 발생원인사실 ⓑ 이행기의 도래 ⓒ 보전의 필요성 (채무자의 무자력) [특정채권의 경우에는 ⓒ요건이 불필요하다.] ⓓ 채권이 불행사 (이상 ⓐⓑⓒⓓ을 충족시키지 못했을 경우에는 각하하여야 한다.) ② 피대위권리의 발생원인사실 (②요건을 충족시키지 못했을 경우에는 기각하여야 한다.)

본 사안에서는 특정채권인 소유권이전등기청구권에 기한 대위권의 행사이기 때문에 채무자의 무자력(위①ⓒ요건)은 채권자대위권의 행사요건이 아니다.

마. 본안전 항변사유 : 중복제소

1) 요건사실

① 동일사건일 것

ⓐ 당사자가 동일해야 한다.

다만, 채권자대위권의 경우 채무자를 중심으로 보아 채권자대위소송 중 채무자가 동일 사안에 스스로 소를 제기한 경우에는 중복제소금지 위반이라고 판단하였다.(대법원 1975. 5. 13. 선고 74다1664 판결)

ⓑ 소송물(청구)이 동일해야 한다.

청구권 경합의 관계에 있는 경우에는 중복제소가 아니다.

② 전소의 소송계속 중 후자가 제기될 것

2) 본 사안에서는 우선 당사자도 다를 뿐만 아니라 무권대리로 인한 등기원인의 무효와 채권자취소로 인한 등기원인의 취소는 소송물(청구)도 서로 다르기 때문에 도저히 중복제소로 볼 수 없다.

소 장

원 고 정 인 제 (620923－1560026)
광주 북구 일곡동 300 (12통 3반)
소송대리인 변호사 구인권
서울 서초구 서초1동 법조마을빌딩 1234호
전화번호 (02) 734－1004, 팩스번호 (02) 734－1005
이메일 : kik1004@kikmail.net

피 고 1. 정 인 형 (601220－1560025)
서울 강남구 도곡동 100
2. 남 지 인 (620512－1561234)
부산 동래구 온천2동 486의 88

소유권이전등기 등 청구의 소

청 구 취 지

1. 피고 남지인은 피고 정인형에게
   가. 광주 북구 일곡동 300 대 333㎡에 관하여 광주지방법원 2011. 6. 30. 접수 제4566호로 마쳐진 소유권이전등기의,
   나. 위 지상 목조 기와지붕 단층 주택 123㎡에 관하여 같은 법원 2011. 6. 30. 접수 제4567호로 마쳐진 소유권이전등기의

   각 말소절차를 이행하라.
2. 피고 정인형은 원고에게 위 제1의 가.항 대지 및 나.항 주택에 관하여 2000. 6. 30.자 매매를 원인으로 한 각 소유권이전등기 절차를 이행하라.
3. 소송비용은 피고들의 부담으로 한다.

라는 판결을 구합니다.

청 구 원 인

1. 피고 정인형에 대한 소유권이전등기 청구

가. 매매계약, 계약금 지급, 인도

원고는 2000. 6. 30.경 피고 정인형과 사이에 광주 북구 일곡동 300 대 333㎡ 및 위 지상 목조 기와지붕 단층 주택 123㎡(이하 '이 사건 부동산들'이라 함)을 대금 200,000,000원으로 정하고, 계약금 100,000,000원은 계약당일 지급하고, 잔금 100,000,000원은 2001. 6. 30.경 지급하기로 한 매매계약을 체결하고, 원고는 계약당일 피고 정인형에게 계약금 100,000,000원을 지급하였고, 같은 날짜 피고 정인형으로부터 이 사건 부동산을 인도받아 현재까지 이 사건 부동산에 거주하고 있습니다.

나. 소결론 (매매를 원인으로 한 소유권이전등기 청구)

그렇다면, 피고 정인형은 원고에게 이 사건 부동산들에 관하여 2000. 6. 30.자 매매를 원인으로 한 각 소유권이전등기절차를 이행할 의무가 있습니다.

다. 피고 정인형이 주장에 대한 반박

(1) 소멸시효의 완성 주장에 대한 반박

(가) 피고 정인형 주장의 요지

피고 정인형은 원고의 피고 정인형에 대한 위 소유권이전등기 청구권은 소유권이전등기청구권을 행사할 수 있었던 잔금지급기일인 2001. 6. 30.로부터 10년이 경과하여 시효로 소멸하였다고 주장하고 있습니다.

(나) 그러나, 원고는 위 매매계약 후 계약당일 피고 정인형으로부터 이 사건 부동산들을 인도받아 현재까지 점유 중에 있어 이 사건 부동산들의 사실상 처분권을 보유한 채 위 소유권이전등기청구권을 갖고 있으므로 시효소멸의 대상이 되지 않아 위 주장은 이유 없습니다.

(2) 상환이행의 항변에 대한 대금지급채무의 소멸시효완성 재항변과 이에 대한 시효중단의 재재항변에 대한 반박

(가) 피고 정인형은 쌍무계약인 위 매매계약상의 반대급부인 잔금 100,000,000원을 지급받음과 동시에 원고의 위 소유권이전등기청구에 응하겠다고 동시이행항변하고 있습니다.

(나) 원고가 위 매매계약상의 총대금 중 100,000,000원만을 지급하고 현재 나머지 100,000,000원의 잔금지급채무가 남아 있음은 위 피고의 주장과 같습니다. 하지만 위 잔금지급채권은 행사할 수 있었을 때인 그 잔금지급기일인 2001. 6. 30.로부터 10년이 경과되었으므로 비록 동시이행관계에 있는 소유권이전등기청구권이 존속하고 있다 하더라도 이와 상관없이 시효로 소멸하였다 할 것입니다.

(다) 이에 대하여 다시 피고 정인형은 10년 소멸시효기간 경과전인 2011. 4. 5. 문중의 시제 행사때 참석한 원고에게 잔금지급을 독촉하였고, 또 원고 또한 2012. 6. 29. 피고 정인형의 자택을 찾아와 잔금채무의 존재를 인정하는 등 시효이익의 포기를 한 사실이 있다고 주장합니다. 시효중단을 위해서는 그 이행을 구하는 최고 이외에도 최고일로부터 6개월이내에 소제기 등의 절차를 취해야 비로소 최고한 날로 소급하여 시효중단의 효력이 발생함에도 피고 정인형은 2011. 4. 5. 최고 이후로 아무런 조치도 취하지 않고 6개월이 경과하였으므로 위 최고의 시효중단 효과는 없고 따라서 2001. 7. 1.부터 진행된 소멸시효는 10년이 경과한 2011. 6. 30. 완성되었다 할 것입니다. 이 사건 소는 그 이후인 2012. 8. 9. 제기되었으므로 피고 정인형의 시효중단에 관한 주장은 그 이유가 없습니다. 나아가 피고 정인형 주장과 같이 과거 잔금지급채무가 존재하였다는 정도의 언급만으로 원고가 시효이익을 포기하였다 할 수 없습니다.

(라) 따라서 피고 정인형의 동시이행항변과 이은 시효중단의 재재항변은 이유 없다 할 것입니다.

(3) 잔금지급일(2001. 6. 30.) 이후의 잔금 100,000,000원에 대한 이자지급 요청 또는 이 사건 부동산에 대한 임료상당의 부당이득금 지급청구 또는 지가상승분의 추가지급요청에 관하여

(가) 피고 정인형의 주장의 요지

피고 정인형은 원고는 잔금지급을 하지 않은 채 이 사건 부동산에 거주하고 있으므로

잔금지급일 이후로 잔금에 대한 이자를 지급하여야 하거나 임료상당의 부당이득금 지급 또는 주택가격 상승분의 지급을 요청하고 있습니다.

(나) 그러나 우선 잔금채무는 이자지급의 약정이 없는 이 사안에서는 그 이자를 청구할 수 없고, 다음으로 그 지급일로부터 10년이 경과한 2011. 7. 1. 시효소멸하였음은 앞서 본 바와 같고, 그 잔금채무에 수반된 지연손해금 채무도 매매계약에 있어 동시이행항변권이 있는 반대급부의 이행 또는 이행제공 없이는 잔금지급일이 경과되었다 하더라도 이행지체에 빠지지 않아 발생하지도 않습니다. 더구나 매매잔대금 채무가 위와 같이 시효소멸한 이상 원본과 분리되어 별도로 성립되지 아니 한 지연손해금 채무는 같이 시효소멸하였다 할 것입니다. 즉 피고 정인형은 사실 몇 차례 원고에게 잔금지급의 독촉을 한 사실은 있으나 소유권이전등기에 필요한 일체의 서류들을 교부한 적도 없으며, 그 서류들을 완비하여 이행제공을 한 사실도 전혀 없습니다. 따라서 이와 같은 최고는 동시이행관계에 있는 반대급부의 이행 또는 이행의 제공 없이 한 최고에 불과하여 이 사실만으로는 원고의 잔금지급채무가 이행지체의 상태에 빠지지 않았습니다.

나아가 피고 정인형이 잔금지급전에 자발적으로 이 사건 부동산을 인도하여 원고로 하여금 이를 사용하게 한 이상 원고의 점유는 법률상 원인 있는 점유라 할 것이어서 임료지급약정에 관한 특약이 없었다면 별도로 임료상당의 부당이득을 구할 수 없고, 게다가 매매계약이후의 지가상승분 역시 사정변경의 엄격한 요건사실에 관한 주장·증명이 없는 한 그 지급을 구할 수도 없습니다.

그러므로, 피고 정인형의 위 주장은 모두 이유 없습니다.

2. 피고 남지인에 대한 소유권이전등기 말소청구

가. 사실관계

(1) 대위요건

원고는 앞서 설명한 바와 같이 피고 정인형에 대하여 이 사건 부동산에 대한 매매를 원인으로 한 소유권이전등기 청구권이 있고, 그 청구권은 이행기에 있습니다. 이러한 특정채권을 가진 원고는 피고 정인형의 무자력을 증명할 필요 없이 그를 대위하여 위 소유권이전등기의 말소를 청구할 수 있습니다. 또한 피고 정인형은 이 청구권을 행사하고 있지 않습니다.

(2) 피고 정인형의 이 사건 부동산 소유

원래 이 사건 부동산은 원고와 피고 정인형의 부친인 소외 망 정차백이 1990. 3. 3. 전소유자인 소외 이영호로부터 매수하여 같은 날 소유권이전등기를 경료한 소외 망인의 소유였는데, 소외 망인이 1999. 2. 21.경 사망하자 그 상속인들 사이에 상속재산 분할협의로 피고 정인형 명의로 상속등기가 경료된 위 정인형의 소유입니다.

(3) 소외 정일남의 무권대리[22]에 의한 피고 남지인의 이 사건 부동산의 취득

그런데, 피고 남지인은 2011. 3. 30.경 피고 정인형의 대리인이라 자칭하는 소외 정일남과 사이에 이 사건 부동산을 대금 200,000,000원에, 계약금 10,000,000원은 계약당일, 중도금 100,000,000원

22) 본 사안에서 매매계약서(모의기록 25면, 26면)를 살펴보면 소외 정일남이 "정인형의 대리인 정일남"이라고 기명하였으면서도 인장은 정인형의 인장을 날인하여 대리인의 현명행위와 대행행위를 동시에 하였다. 그래서 대리인 자격으로 매매계약을 체결하였는지 아니면 대행으로 매매계약을 체결하였는지 분명하지 않다. 하지만 대행행위의 경우도 상대방이 이를 알았다면 대리법리가 그대로 적용되므로 논리전개와 결론에는 큰 차이가 없다.

은 2011. 5. 30., 잔금 90,000,000원은 2011. 6. 30. 각 지급하기로 한 매매계약을 체결하고, 소외 정일남에게 계약당일 계약금 10,000,000원을, 2011. 5. 30. 중도금 100,000,000원을 각 지급한 다음 2011. 6. 30. 잔금 90,000,000원을 지급하면서 소외 정일남으로부터 소유권이전등기에 관한 각종 서류들을 교부받아 광주지방법원 같은 날 접수 제4566호(대지) 및 제4567호(건물)로 소유권이전등기를 경료하였습니다.

그러나, 피고 정인형은 소외 정일남에게 이 사건 부동산의 처분에 관한 대리권은 물론 다른 일체의 대리권을 수여한 바가 전혀 없는데도 소외 정일남은 피고 정인형의 장남으로 4, 5년 전에 직장에서 퇴직을 당하고 실직 상태에서 친구와 어울려 주식투자를 하였다가 손해를 보게 되자 거액이 필요한 나머지 부친인 피고 정인형이 후두암 수술을 위하여 병원에 입원하게 됨을 기화로 집 서랍에 보관 중이던 피고 정인형의 인감도장을 훔치다시피 가져다가 인감증명서를 대리로 발급받은 다음 위임장까지 위조하여 마치 이 사건 부동산의 처분을 위임받은 양 행세하면서 피고 남지인과 사이에 이 사건 부동산의 처분에 관한 위와 같은 내용의 매매계약을 체결하게 된 것입니다.

나. 소결론(채권자대위에 의한 소유권이전등기 말소 청구)

그렇다면, 피고 남지인과 피고 정인형 사이에 체결된 위 매매계약은 무권대리에 의한 것으로 그 효력이 없고, 이에 터잡은 위 소유권이전등기는 원인무효의 등기라 할 것입니다. 따라서 피고 남지인은 피고 정인형에게 이 사건 부동산에 대하여 광주지방법원 2011. 6. 30. 접수 제4566호(대지) 및 제4567호(건물)로 마쳐진 각 소유권이전등기의 말소등기 절차를 이행할 의무가 있습니다.

다. 피고 남지인의 제기 예상 가능한 주장에 대한 반박

(1) 중복제소로 인한 각하의 본안전 항변에 대한 반박

(가) 중복제소로 인한 각하란 본안전 항변의 요지

피고 남지인은 소외 서명인이 부산지방법원에 이 사건 부동산에 대한 소유권이전등기 말소청구의 소(부산지방법원 사건번호 2012가합2255호)를 제기하여 소송계속 중에 원고가 다시 같은 부동산에 경료된 같은 소유권이전등기를 대상으로 그 말소를 구하는 이 사건 소를 제기하였으므로 두 소송은 중복제소로 뒤 소송인 이 사건 소는 각하되어야 한다고 주장합니다.

(나) 소외 서명인이 2012. 5.경 부산지방법원에 피고 남지인을 상대로 50,000,000원 임차보증금 반환채권을 보전하기 위하여 피고 정인형과 피고 남지인 사이에 체결된 위 매매계약과 그에 기한 소유권이전등기가 강제집행을 면탈하기 위하여 한 처분행위라면서 피고 정인형과 피고 남지인 사이의 매매계약을 취소하고 그에 터잡은 위 소유권이전등기의 말소등기 절차 이행을 구하는 소를 제기하여 현재 그 소송이 계속 중에 있습니다.

그러나 이 사건 소는 피고 정인형에 대한 위 매매계약에 기한 소유권이전등기 청구권을 보전하기 위하여 피고 정인형을 대위하여 소외 정일남의 무권대리행위로 피고 남지인과 사이에 체결된 매매계약이 무효라면서 그에 기한 이 사건 소유권이전등기의 말소를 구하는 것으로 채권자취소권을 행사하는 소외 서명인의 위 소송과는 전혀 별개의 청구이므로 중복제소에 해당되지 않아 피고 남지인의 위 주장도 이유 없습니다.

(2) 표현대리 주장에 대한 반박

(가) 피고 남지인의 주장의 요지

피고 남지인은 소외 정일남이 피고 정인형의 장남으로 피고 정인형의 처이자 소외 정일남의

모친인 소외 박영숙과 함께 찾아와서 위 정인형의 인감도장, 위임장, 인감증명서까지 제시하면서 '아버지가 건강이 나빠서 이 일만이 아니라 집안 다른 재산관리도 제가 하고 있습니다.' 고 말하면서 이 사건 매매계약을 체결하였으므로 피고 정인형이 소외 정일남에게 위와 같은 각종 자료들을 건네줌으로써 대리권 수여의 의사표시를 하여 소외 정일남이 적법한 유권대리인이었고, 가사 당해 대리권이 없었다고 하더라도 소외 정일남은 피고 정인형을 대리할 권한을 초과하여 대리행위를 하였고 그 거래상대방인 피고 남지인은 이를 믿을만한 정당한 이유가 있다 할 것이므로 민법 제125조(대리권 수여의 의사표시에 의한 표현대리) 또는 제126조(권한을 넘은 표현대리)상의 표현대리가 성립한다고 주장하고 있습니다.

(나) 앞서 설명드린 바와 같이 피고 정인형은 소외 정일남에게 그 어떤 대리권도 수여한 바도 없었을 뿐만 아니라, 피고 남지인은 어릴적부터 피고 정인형은 물론 원고와 같은 마을에 태어나서 함께 자란 사이로 원고와 피고 정인형간의 관계는 물론 원고의 이 사건 부동산 매수와 거주사실도 잘 알고 있었음에도 불구하고, 소외 정일남의 설명만을 그대로 믿고 이 사건 매매계약을 체결하였고, 특히 중요서류인 인감증명서가 '대리'에 의하여 발급된 것이라면 한번쯤은 의심해 보고 친분이 있는 피고 정인형에게 그 사실을 확인해 보아야 했을 뿐만 아니라, 거액을 들여 부동산을 구입하는 경우라면 현지를 방문하여 친분이 있는 거주자인 원고에게 소유자와의 관계와 매매계약 후 인도여부 등에 관하여 잘 조사한 다음 매매계약에 임하여야 함에도 단지 소외 정일남의 설명만 그대로 믿고 시가 250,000,000원보다 저렴하게 나왔다는 것에 급급한 나머지 이 사건 매매계약을 서둘러 체결하였고, 더구나 피고 남지인의 설명과는 달리 이 사건 매매계약서에 입회인으로 서명날인되어있는 자는 실제 처인 소외 박영숙이 아니라 피고 정인형의 처라고 주장하는 소외 최참여가 서명날인해 있는 등 매매계약체결과정에서 각종의 하자가 드러나고 있으므로 소외 정일남이 대리권을 가졌다고 믿을 정당한 이유가 있었다고 할 수 없고, 또 이 사건 부동산에 관한 처분대리권을 수여 받았다고 알거나 알 수 있었다고 볼 수 없습니다.

3. 결론

그렇다면, 원고의 피고들에 관한 청구취지와 같은 청구는 모두 이유 있어 이를 인용하고, 소송비용은 패소자들의 부담으로 하여 주시기를 바랍니다.

증 명 방 법(생략)

첨 부 서 류(생략)

2012. 8. 9.

원고 소송대리인 변호사 구 인 권 인

서울중앙지방법원 귀중

Ⅲ. 2012년도 제3회

1. 7단계 혹은 8단계 권리분석법에 의한 사건 전체의 분석[답변서와 반소장]

가. 1) 답변서 관련 의뢰인의 희망사항 분석결과

의뢰인 =피고	희망사항	청구취지 · 청구원인		
		물권 침해? 약정?	침해자 또는 약정자는 누구(=피고)	원고의 자격, ∴소송명
최천운	피고로서 응소하여 장준식의 청구에 대한 기각판결을 받고 싶다.	① 사해행위 취소 **∴사해행위 취소**[23]	**∴사해행위자 (수익자) (최천운)**	**채권자 사해행위 취소 청구**
		① 대지물권 침해 **∴건물철거 및 토지인도 청구**	**∴침해자 (건물소유자) (최천운)**	**물권자 (대지소유권자)**
		① 대지물권 침해 **∴침해부당이득반환 청구**		

가. 2) 반소장 관련 의뢰인의 희망사항 분석결과

의뢰인 =원고	희망사항	물권 침해? 약정?	침해자 또는 약정자는 누구(=피고)	원고의 자격, ∴소송명
최천운	잔대금을 지급하고 소유권이전등기를 경료받고 싶다.	① 매매계약 ② 매매계약[24] **∴불이행하여 강제이행 청구**	**∴약정자 (매도인) (장준식)**	**약정의 상대방 (송민영) 대위청구 ∴소유권이전등기 청구**
	장준식이 설정해 준 근저당권설정등기를 말소하고 싶다.[25]	**반소제기 불가로 청구할 수 없음**		

---

23) 사해행위 취소청구는 통상 사해행위취소 청구에다가 원상회복청구를 병합하여 제기하였다. 하지만 본 사안에서의 사해행위 취소 청구는 원상회복 청구를 병합하지 않고 있다. 왜 그렇게 되었는지 잘 살펴보기 바란다.

24) 원래 甲이 A부동산을 乙에게 매도하였으나 그 소유권이전등기는 경료하고 있지 않은 와중에 乙이 다시 A부동산을 丙에게 매도한 경우에는 丙은 甲과 乙을 공동피고로 삼아 甲은 乙에게, 乙은 丙에게 각 소유권이전등기를 명하는 소를 제기한다. 그런데 본 사안에서는 甲이 丙을 상대로 사해행위 취소, 건물철거, 토지인도 등 청구의 소를 제기하여 그 소송이 계속 중 丙이 甲만을 상대로 반소를 제기할 때는 결국 丙은 소외 乙을 대위하여 甲을 상대로 소외 乙에게 소유권이전등기를 경료하라는 청구의 소를 제기할 수밖에 없다. 그 이유는 주관적 병합이 추가적으로 일어나는 반소청구가 인정되지 않기 때문이다. 즉 피고는 원고외 다른 자를 포함시켜 반소제기를 할 수 없다. 丙은 위와 같은 반소에서 승소한 다음 甲에서 乙로 소유권이전등기를 경료한 다음 乙로부터 자발적으로 소유권이전등기를 경료받아야 한다. 만약 乙이 장래 변심하여 그 소유권이전등기를 해 주지 않을 것으로 예상되는 경우에는 丙은 꼭 반소제기에 목메지 말고 별소로 甲과 乙을 상대로 앞서 설명한 바와 같은 소를 제기하여야 한다. 물론 반소제기는 인지 등 일부 소송비용이 절감되기는 하나 변호사는 현장에서 의뢰인의 이익을 취해 최선을 방안을 찾아 철저하게 임해야 할 것이다. 본 기록에서는 출제자가 반소장을 작성하라고 요구하여 하는 수 없이 반소제기의 방식으로 모범답안을 작성해 두었다.

25) 현재 소외 정종만 명의로 근저당권설정등기가 경료되어 있다. 만약 근저당권설정등기까지 말소시키려면 정종만도 피고로 삼아 근저당권설정등기말소청구의 소를 제기하여야 하는데 앞서 설명한 바와 같이 본소의 원고가 아닌 자를 피고로 삼아 반소를 제기하는 것은 불가능하다. 따라서 최천운이 정종만을 상대로 근저당권설정등기를 말소시키려면 근저당권설정자인 장준식을 대위하여 피담보채무 변제받은 후 근저당권설정등기를 말소하라는 취지로 청구

나. 1) 피고의 답변원인 분석결과

<table>
<tr><th>소송명</th><th colspan="2">청구원인</th><th>답변 · 항변 (법률상 주장 포함)
재재항변</th><th>재항변 등</th></tr>
<tr><td>사해행위 취소[26]</td><td colspan="2">①피보전채권
ⓐ건물철거 및 토지인도청구권
ⓑ매매잔대금 지급청구권
②사해행위[27]
ⓐ법률행위, ⓑ사해행위
③사해의사</td><td>Ⓐ본안전 항변
ⓐ물권적 청구권은 사해행위 취소의 피보전채권이 될 수 없음; 다만 ⓑ(금전)청구권까지 언급했으므로 피보전채권은 갖춤
Ⓑⓐ답변②ⓐ는 자백, <u>②ⓑ&③은 부인</u>
Ⓑⓑ항변 : <u>수익자의 선의</u></td><td></td></tr>
<tr><td>건물철거 및 토지인도 청구</td><td rowspan="2">① 대지 소유권자
② 건물 소유권자 or 건물에 관한 법률상·사실상 처분권자[28]</td><td></td><td>Ⓐ본안전 항변
Ⓑⓐ답변
Ⓑⓑ항변
❶<u>대지에 관한 점유할 정당한 권원</u>
대지 매매계약을 맺고 그 이행의 일환으로 인도받아 점유 (항변)
<u>[부인 · 재재항변 등]</u>[29]
부인: 좌측 Ⓐⓑ &ⓓ 부인
❷(건물철거에 한해) 권리남용</td><td>Ⓐ대지의 매매계약은 적법하게 해제 (재항변)
ⓐ잔대금미지급
ⓑ소유권이전등기채무의 이행 또는 이행제공 및 인도이행완료
<u>ⓒ해제</u>
㈎상당한 기간을 정하여 최고, 도달
㈏미이행
㈐해제의 의사표시와 도달
(도달은 2011.10.31.)
ⓓ악의의 제3자[30]
㈎해제후 원상회복(2012. 5. 7.강제집행)전
㈏매매계약(2011. 11. 10.)＋건축주 명의변경(2011. 12. 13.)
㈐매매계약시 악의</td></tr>
<tr><td>(침해)부당이득반환청구</td><td>③부당이득액
ⓐ악의로 되는 해제 의사표시가 도달된 2011.10.31.부터
ⓑ월차임은 800만원상당이나 일부인 200만원 먼저 청구</td><td>Ⓐ본안전 항변
Ⓑⓐ답변
ⓐ는 송민영에 대해서만 수익자인 피고는 아직 선의[31]이고, 선의자는 민법 제201조 제1항에 의해 과실수취권이 있다.
Ⓑⓑ항변</td><td></td></tr>
</table>

해야 한다. 물론 최천운은 장준식과는 아무런 관계가 없기 때문에 매도인인 송민영을 대위하여 장준식의 말소청구권을 대위청구해야 한다. 2중의 대위청구가 일어나는 셈이다. 2중·3중의 대위청구도 가능하나 각 대위요건의 구비 여부를 별도로 판단해야 한다. 2중·3중의 대위청구가 종종 출제되고 있다. 본 사안에서는 같은 부동산에 관해 소유권이전등기청구권을 2중 대위하여 근저당권설정등기말소청구를 하는 것이기 때문에 각 대위요건이 충족되어 있다. 따라서 반소장 작성이 아니라면 앞서 설명한 바와 같이 송민영을 상대로도 소유권이전등기청구를 하고, 정종만을 상대로도 근저당권설정등기말소청구도 할 수 있었을 것이다.

26) 사해행위 취소의 소는 원상회복청구와 병합하여 제기하는 경우가 많다. 다만 본 사건에서는 사해행위 취소의 소만 제기하고, 원상회복은 따로 구하지 않는다. 대신 건물철거·대지인도·침해부당이득반환청구는 전형적인 물권(대지소유권) 침해(그 지상에 건물 소유)에 대한 물권적 청구권 및 침해부당이득반환청구이다. 별도의 청구원인에 기한 청구이다.

27) 원고는 소장 중 기록 6면이하에서는 사해행위라는 주장 이외에도 통정허위표시 무효주장까지 하고 있다. 청구취지는 사해행위 취소청구이기 때문에 통정허위표시 무효주장은 청구원인으로 아무런 역할을 못하는 불필요한 주장에 불과하다. 출제자는 이러한 소장을 작성하여 제시한 이유는 통정허위표시로 무효인 사해행위도 취소청구할 수 있

나. 2) 반소청구원인 분석결과

소송명	청구원인	항변 (법률상 주장 포함)	재항변 등
소유권 이전등기 청구	① 대위요건 ⓐ 소외 송민영과 매매계약으로 소유권이전등기청구권 ⓑ 이행기 ⓒ 미행사 ② 매매계약 ⓐ 매매계약 ⓑ 계약금·중도금지급 **∴잔금지급과 상환이행으로 소유권이전등기 청구**	Ⓐ 본안전 항변(각하) ① 통정 허위표시 ② 사해행위 취소 Ⓑ 매매계약 해제 ⓐ 잔대금미지급 ⓑ 반대급부의 이행 또는 이행제공 ⓒ 해제 ㈎ 상당한 기한 정하여 최고, 도달 ㈏ 미이행 ㈐ 해제의 의사표시와 도달 ⓓ 악의의 제3자[32]	Ⓐ ①통정하거나 허위표시한 사실 없음(부인) ②사해행위, 사해의사 없음(부인) Ⓑ ⓐ,ⓒ는 인정, ⓑ는 부인 특히, ⓓ 제3자는 맞는데 악의는 부인

다는 판례에 관한 지식을 시험해 보기 위한 목적인 것으로 추측된다. 아무튼 사해행위는 꼭 유효인 사해행위만의 취소를 구하는 것이 아니라 일응 성립하여 있는 무효인 사해행위에 관해서도 취소를 구할 수 있다.(대법원 1998. 2. 27. 선고 97다50985 판결) 또한 반소장 작성에 있어 최천운의 대위근거가 되는 매매계약이 통정허위표시로 무효이라 대위요건을 갖추지 못하여 각하되어야 한다는 주장을 할 수 있다는 점을 예상하여 이에 대한 반박을 할 수 있는지 시험해 보기 위해 제시되어 있는 것이다. 해당 부분에서 적절하게 대응하여야 한다.

28) 건물에 관한 법률상·사실상 처분권자는 송민영이 건물을 신축하여 독립한 부동산이 되고 난 이후에 이를 최천운에게 매도한 경우에는 송민영이 건물을 원시취득(건물의 원시취득은 민법 제187조 소정의 물권취득이기 때문에 상응하는 소유권보존등기 없이도 독립한 건물로 신축되는 순간 송민영이 그 건물을 원시취득하여 건물주가 된다.)하였으나 소유권보존등기를 경료하기 전에 최천운에게 이를 매도하였기 때문에 만약 송민영이 민법 제187조 소정의 소유권보존등기를 경료하지 않은 상태에서 매도하여 인도해 주었을 때는 최천운은 아직 소유권이전등기를 경료하지 않은 이상 그 소유권을 취득하지는 못하고 있는 셈이다. 따라서 이러한 최천운의 상태를 법률상·사실상 처분권을 보유하고 있으나 완전한 소유권을 취득하지 못한 상태가 된다. 건물철거의 경우에는 이렇게 법률상·사실상 처분권을 가진 자를 상대로 할 수 있다.

29) 재항변으로 제3자를 상대로 해제주장을 할 때는 ⓐ계약 해제 후 원상회복전에 ⓑ별도의 (물권 또는 그 유사의) 이해관계를 맺은 제3자이고, ⓒ그 제3자가 악의라는 사실을 추가적으로 주장·증명해야만 해제의 효력을 제3자에게도 주장할 수 있다.

30) 해제 후 원상회복 전의 제3자(수익자·전득자)를 상대로 해제의 효력인 무효를 주장하는 자는 제3자의 악의를 주장·증명해야 한다.(대법원 2005. 6. 9. 선고 2005다6341 판결) 따라서 악의자에게만 무효임을 주장할 수 있을 뿐 과실있는 선의자에게는 무효임을 주장할 수 없다.(대법원 1985. 4. 9. 선고 84다카130·131 판결)

31) 해제의 의사표시는 송민영에게 한 것으로 피고 최천운에게 도달한 것이 아니다. 그래서 피고 최천운은 악의 점유로 되지 않는다. 이런 상태에서는 원고로서는 민법 제749조 제2항에 따라 소장부분 송달시(판례는 소제기시를 소장부본 송달시로 해석하고 있다.)부터 부당이득반환청구를 할 수밖에 없다. 피고 최천운으로서는 원고가 할 소송상 주장을 대신해 줄 필요가 없다. 그래서 원고 주장 중 법리에 맞지 않는 부분만 지적하여 반박하기만 하면 된다.

32) 앞서 각주와 같은 검토의견에 따라 악의의 제3자의 주장·증명을 항변사유라고 보아 정리해 보았다.

2. 본 사안에서의 의뢰인의 희망사항 분석

앞서 수차례 설명하였지만 소장을 작성할 때는 원고가 될 의뢰인의 희망사항 고려하여 청구원인까지만 분석하고, 상대방의 예상가능한 반박에 대한 적절한 반박을 구성해 보면 권리분석이 끝난다. 하지만 피고가 된 의뢰인이라면 답변서, 피고측의 준비서면 등을 작성해야 하는데, 이때 원고측이 소장 등을 통해 달성하고자 하는 입장을 정확히 파악한 다음 이에 초점을 맞추어 피고측 희망사항을 달성할 수 있는 방안을 강구해 보아야 한다. 왜냐하면 피고측은 원고측의 주장과 공격방향에 대응하여 방어적 논리를 개발해야 하기 때문이다.

본 사안에서 원고는 그 소장에서 자신의 대지 지상에 건축된 건물에 새로운 권리관계를 형성한 최천운을 상대로 건물을 철거하고, 대지를 인도받고, 대지점유로 인한 부당이득도 반환받고 싶다. 이를 위하여 건물의 (종전) 소유자인 송민영과 피고 간에 체결된 건물 매매계약을 사해행위임을 이유로 취소를 구하거나 통모허위표시로 무효라고 주장하고 있다. 그런 점에서 원고의 각 청구간에 논리적 모순이 있고, 각 주장들의 관련성에 문제가 있다. 아래 구체적으로 권리분석할 때 이점을 지적하고자 한다.

나아가 의뢰인은 반소를 제기하는 방식으로 적극적으로 이 사건 대지에 대한 완전한 소유권을 취득하고 싶어 하나 반소라는 소송유형의 한계 때문에 희망사항을 완전하게 실현하는 것이 불가능하다. 반소보다는 별소로 완전한 소유권을 취득할 수 있는 소를 제기하는 것이 더 바람직하였을 것이다.

3. 소장에 대해 본격적으로 반박하는 준비서면을 마련함에 있어 권리분석

가. 사해행위취소

1) 사해행위취소는 형성소송의 한 형태이다. 사해행위취소 후 통상 원상회복청구를 병합하여 청구하기 때문에 형성소송과 이행청구소송이 결합된다. 물론 원상회복청구를 병합하지 않고 사해행위취소청구만 할 수도 있다. 본 사안에서 병합청구한 건물철거, 대지인도, 침해부당이득반환청구는 대지 소유권에 근거하여 그 지상 건물 소유자를 상대로 한 물권적 청구권의 행사일 뿐 채권자취소 후의 원상회복청구와는 아무런 관련이 없다. 그래서 사해행위취소와 별도로 권리분석해 두었다.

2) 사해행위 취소청구의 요건사실

① 피보전채권의 존재

② 사해행위

③ 사해의사

3) 의뢰인의 답변 및 항변

본 사안에서 피고는 다음과 같이 답변할 수 있다. 먼저 원고는 위 ① 요건사실에 대해서 첫째 건물철거청구권 및 대지인도청구권을 피보전채권으로 하고 있고, 둘째 매매잔금채권을 피보전채권으로 하여 청구하고 있다. 전자는 특정채권으로 일반재산에 의해 담보되는 것이 아니므로 피보전채권으로서의 적격이 없다. 오히려 원고는 소유권을 요건으로 하여 건물철거 및 대지인도를 직접 청구하면 된다. 후자는 매매잔금채권을 피보전채권으로 하고 있어 일응 피보전채권으로 적합해 보인다. 이런 경우 피고가 첫째 사유를 들어 피보전채권의 부존재를 이유로 소각하의 본안전항변을 할 수 있는가란 의문이 든다. 첫째 사유 및 둘째 사유는 선택적 주장의 관계에 있다. 둘째 사유가 피보전채권으로서의 적합성이 일응 있는 이상 답변서의 "청구취지에 대한 답변"란에서 정식으로 "이 사건 소 중 채권자취소청구 부분을 각하한다."라는 신청을 할 수 없다. 왜냐하면 양 사유는 선택적 청구가 아니라 선택적 주장이기 때문에 답변취지에 신청의 형태로 할 수 없고 방어방법으로 주장만 하면 되기 때문이다.

다음으로 위 ②에 대해서는 사해행위여부의 판단시점은 매매계약 체결시다. 매매계약은 2011. 11. 10.이다. 당시 부채가 자산을 초과하였다는 주장·증명이 없다. 앞서 설명한 바와 같이 사해행위성이 인정되지 않는다. 사해행위가 아니다는 주장은 부인에 해당된다.

마지막으로 위 ③에 대해서는 채무자인 소외 송민영은 원고측인 공사를 방해하는 마당에 자신이 지병이 악화되어 입원하게 되면서 건물의 소유권은 부채에 대한 변제조로 넘겨주되 피고측이 추가 공사를 하고 분양 및 임대를 하면 나중에 토지대금 상당을 회수할 수 있겠다는 취지에서 양도한 것으로 일반채권자를 해치려는 의사는 없었다. 사해의사가 없었다는 주장도 부인에 해당된다.

피고측은 위와 같은 본안전 항변주장 및 부인 외에도 별도의 항변으로 피고는 수익자로서 ④ 자신이 수익행위 당시 선의였다는 사실을 주장·증명하여 항변할 수 있다. (민법 제406조 제1항 단서)

4) 재검토를 해 보면 원고가 자신의 대지 소유권에 기해 건물철거, 대지인도, 부당이득반환청구를 하는 이외에 별도로 사해행위취소청구를 하는 실익이 무엇인지를 알 수 없다. 아마 전소의 확정판결에 기하여 강제집행을 하려는데 피고측에서 매매계약 및 건축주명의변경을 들어 강제집행을 저지하였으므로 매매계약을 사해행위로 취소하면 다시 그 전소의 확정판결에 기해 강제집행을 할 수 있다고 생각해 그렇게 청구하는 듯하다. 또 뒤에서 검토하는 매수인의 승계인이 매수인이 대지인도청구권을 보유하고 있는 이상 점유할 정당한 권원이 인정된다는 항변에 대한 재항변사유로서 제시하였을 가능성을 생각해 볼 수 있다. 하지만 채권자 취소권은 원고(장준식)와 피고(수익자인 최천운) 사이에만 상대적 효력(대법원 2005. 11. 10. 선고 2004다49532 판결; 대법원 2009. 6. 11. 선고 2008다7109 판결 등)이 있을 뿐이고, 소외 송민영에게는 전혀 효력이 없다. 최천운은 송민영으로부터 건물 매매계약을 체결하고 그로부터 인도받아 소외 송민영이 원고(장준식)에 대하여 행사할 수 있는 점유할 정당한 권원을 승계하여 주장할 뿐이므로 아무런 의미가 없다. 뿐만 아니라 동일한 이유로 전소의 확정판결에 기해 다시 강제집행할 수도 없다. 오히려 원고가 피고측의 대지를 점유할 정당한 권원이 있다는 항변에 대하여 해당 매매계약이 해제되어 소급적으로 무효가 된다는 재항변을 하기 위해서는 채무불이행으로 인한 계약해제 주장을 해야만 한다. 반소의 대상은 대지에 관한

매매계약에 기한 소유권이전등기청구권을 보전하기 위해 대지에 관한 소유권이전등기청구권을 대위행사하고 있기 때문에 대지에 대한 매매계약의 사해행위 취소만 반소청구에서 피보전권리 부존재라는 대위요건의 결의를 원인으로 하는 소각하 주장의 근거로도 활용할 수 있을 뿐 건물에 대한 매매계약의 사해행위취소는 아무런 문제가 되지 않는다. (본소청구에서는 건물에 관한 매매계약에 한해 사해행위 취소를 구하고 있다.)

나. 통모허위표시 무효주장의 의미

1) 소장에서 원고는 통모허위표시로 인한 무효란 주장을 하고 있다. 청구취지에서 사해행위 취소청구만 할 뿐 원상회복청구를 병합하지 않았을 뿐만 아니라 통모허위표시 무효라고 주장할 뿐 별도로 매매계약의 무효확인을 구하거나 매매계약이 무효임을 전제로 그 어떤 청구도 않고 있다. 따라서 통모허위표시 무효주장은 사실상 의미가 없어 반박할 필요가 없다. 다만 피고가 소유권이전등기청구를 반소로 제기할 때 대지에 관한 매매계약도 통모허위표시라면서 피보전채권의 부존재를 주장하여 각하를 구하는 의미는 있다. 그래서 이에 관해 반박을 포함시키기는 하겠다.

2) 요건사실은 통모 허위표시의 당사자 중 1인에 대한 청구이기 때문에 ① 상대방과 통모 ② 허위 의사표시를 한 사실만이다. ① 상대방과 통모를 주장·증명하는 과정에서 상대방의 악의를 자연스럽게 증명하게 된다. 만약 통모허위표시로 형성된 권리관계로부터 다시 권리관계를 형성하게 된 제3자에 대한 청구일 때는 ① 상대방과 통모 ② 허위 의사표시를 한 사실이외에도 ③ 제3자의 악의를 모두 주장·증명하여야 한다.(대법원 2004. 5. 28. 선고 2003다70041 판결, 대법원 2006. 3. 10. 선고 2002다1321 판결) 민법 제108조의 명문적 규정에 반하는 해석이므로 주의를 요한다.

3) 반박이나 답변은 상대방과 통모한 사실이 없다거나 허위 의사표시가 아니라는 부인의 형태로 할 수 있다.

다. 건물철거 및 대지인도 그리고 부당이득반환

㈎ 물권 침해

㈏ 방해배제청구 및 소유물반환청구 그리고 침해 부당이득반환청구

㈐ 건물철거, 대지인도, 부당이득반환

㈑ 요건사실

[건물철거, 대지인도]

① 원고의 대지의 소유

② 피고에 의한 그 지상에 건물의 법률상 또는 사실상 처분할 수 있는 지위

[신축건물의 철거 상대방] 건물은 원칙적으로 자신의 비용으로 신축한 자가 그 소유권을 원시취득한다. 원칙적으로는 신축건물의 철거 상대방은 자신의 비용으로 신축하여 그 소유권을 취득한 자여야 한다. 그 후 소유권자는 원시취득한 건물 소유권을 이전할 때 소유권보존등기 후 매매 등

특정승계를 시켜야 한다. (민법 제187조 단서) 그렇다면 건물을 원시취득한 자로부터 소유권보존등기 후 매매계약을 체결하고 다시 그 소유권이전등기를 경료받지 아니하면 건물 소유권을 취득하지 못하게 된다. 건물철거청구의 상대방으로서 이와 같은 경위로 건물의 소유권을 취득하지 못해도 매수한 후 매매대금을 모두 지급하고 인도받은 자도 건물철거의 상대방이 될 수 있는가라는 의문이 들게 된다. 즉 민법 제214조 상의 "소유권을 방해한 자"라는 개념에 건물의 소유자는 아니나 건물을 법률상 또는 사실상 처분할 수 있는 자도 포함되는가라는 문제가 된다. 대법원 2003. 1. 24. 선고 2002다61521 판결에서는 "건물철거는 그 소유권의 종국적 처분에 해당되는 사실행위이므로 원칙으로는 그 소유자에게만 그 철거처분권이 있다 할 것이고, 예외적으로 건물을 전 소유자로부터 매수하여 점유하고 있는 등 그 권리의 범위 내에서 그 점유 중인 건물에 대하여 법률상 또는 사실상 처분을 할 수 있는 지위에 있는 자에게도 그 철거처분권이 있다." 대법원 판례에 따르면 민법 제214조에 규정된 "소유권을 방해해는 자" 중에 "법률상 또는 사실상 처분할 수 있는 권한을 가진 자"도 포함된다.

건물의 소유자만이 대지를 점유하고 있다는 비점유설에 따를 때도 건물의 소유권까지는 취득하지 못한 소위 건물을 "법률상 또는 사실상 처분할 수 있는 권한을 가진 자"도 포함되어 인도 및 임료상당의 부당이득반환청구의 상대방이 된다.

[침해 부당이득반환 청구]

위 ①과 ②

③ 이득과 손실액으로서 "임료"상당의 평가액을 활용할 수 있다.

㈒ 피고의 답변 및 항변

1) 답변

위 ①에 대하여 원고의 대지 소유권은 인정할 수밖에 없다. 위 ②에 대하여 대체로 ⓐⓑⓒ요건을 전부 충족하였으므로 "법률상 또는 사실상 건물을 처분할 수 있는 권한을 가진 자"에 해당된다. 따라서 ①②에 대해 침묵으로 대응하는 것이 타당하다. 그런데 피고 자신이 작성하여 제출한 답변서에 따르면 피고가 건물을 소유하고 있다고 자백하고 있다. 엄밀하게는 건물 소유와 건물에 대한 법률상 또는 사실상 처분할 수 있는 자는 차이가 있다. 그러나 양자 모두 인도, 철거 등의 상대방이 될 수 있다는 점은 같으므로 달리 다시 거론할 필요가 없다.

위 ③는 다음과 같은 세 가지 측면에서 다툴 수 있다. 첫째 법률상 원인 있는 점유로 무단점유가 아니라고 주장할 수 있다. 대지에 대한 매매계약으로 인도받은 전소유자(송민영)으로부터 다시 매매계약을 통해 인도받았으므로 법률상 원인 있는 점유라 할 것이다. 결국 이 주장은 앞선 건물철거 및 대지인도에 관한 다툼과 그 궤를 같이 하게 된다. 둘째 반환청구의 시기를 원고가 송민영에게 계약해제의 의사표시를 보내 송달된 날로 삼고 있다. 하지만 피고가 송민영으로부터 매매계약을 체결하고 대금을 완납한 후 인도받은 날은 적어도 2011. 11. 10. 이후다. 그러므로 2011. 10. 31.부터 2011. 11. 9.까지는 피고를 상대로 부당이득반환을 청구하면 안 된다. 셋째 피고는 선의의 점유자로서 민법 제201조 제1항에 의하여 과실수취권이 있다. 선의점유는 추정된다. 따라서 피고는 그러한 주장을 하면 된다. 물론 원고측은 최후로는 민법 제749조 제2항에 따른 소장부본 송달일부터 악의간주됨을 주장하여 적어도 소장부본 송달일부터 인도완료일까지는 임료 상당의 부당이득반환을 청구할 수는 있다.

2) 항변

가) 점유할 정당한 권원

매수인은 첫째 매매계약 상에 매매대금을 전부 지급하거나 일부 지급하고 사전에 인도받도록 약정한 다음 그 약정의 이행으로 인도받은 경우, 둘째 별도의 사용승낙에 따라 매매목적물을 인도받는 경우 등 소유권취득이전에 매매목적물을 인도받아 점유하는 경우가 있다. 이때 매도인의 소유권에 기한 소유물반환청구에 대하여 매수인은 매매계약에 따른 재산권이전청구권 및 인도청구권을 "점유할 정당한 권원"이라고 주장하는 방식으로 항변할 수 있다. 이처럼 재산권이전청구권도 점유할 정당한 권원에 해당된다.(대법원 2001. 12. 11. 선고 2001다45355 판결) 매수인으로부터 다시 해당 토지를 매수한 제3자도 매수인이 가진 위 정당한 권원의 항변을 할 수 있다.(위 대법원판결)

나) 신뢰보호의 원칙위반 및 권리남용

특히 건물철거 및 대지인도에 대하여 신뢰보호 원칙위반 또는 권리남용이란 주장을 할 수 있다.

㈓ 항변 등에 대한 예상가능한 답변 및 재항변과 그에 대한 반박

피고측의 위와 같은 답변에 대해서는 원고측에서 특별히 부인·부지할 사실들은 없다. 다만 '점유할 정당한 권원'이란 항변에 관해서는 원고측이 다음과 같이 이행지체를 원인으로 한 매매계약 해제란 재항변을 할 수 있다. 매매계약이 적법하게 해제되면 그 부속약정인 토지사용승낙도 그 효력을 상실하기 때문에 유효한 재항변이 될 수 있다.

토지의 매매에 수반하여 토지소유자가 매수인으로부터 토지대금을 다 받기 전에 그 토지위에 건물을 신축할 수 있도록 토지사용을 승낙하였다면 매매계약이 유효하게 존속하고 있음을 전제로 이에 터잡은 부수적인 사용대차계약이고, 주된 계약인 매매계약이 적법하게 해제되면 부수적인 사용대차계약인 토지사용승낙의 약정도 실효된다.(대법원 1991. 9. 24. 선고 91다9756 판결) 비록 토지사용승낙이 실효된다고 하더라도 그 이전에 대지매수인과 건물의 신축에 관한 도급계약을 체결하고 적법하게 건축한 제3자 소유의 견고한 건축물, 그것이 적법하게 준공된 후에 대지에 대한 매수인과의 매매계약이 해제되었음을 이유로 철거를 요구하는 것은 사회적 경제적 측면에서 신의성실의 원칙에 위반된다.(위 대법원판결) 위와 같은 토지사용승낙은 지상권 설정의 합의도 아니고, 토지사용승낙을 하였다고 하더라도 토지와 건물이 동일인에게 속하였다가 경매 등으로 그 소유자가 달라지는 경우가 아니라면 법정지상권도 성립되지 않는다.(대법원 1988. 6. 28. 선고 87다카2895 판결)

본 사안에서는 원고는 잔금미지급에 의한 이행지체를 원인으로 매매계약을 해제하는 내용의 소장을 작성하여 법원에 제출하였고, 그 소장부본은 송민영에게 2011. 10. 31. 송달되었다. 해제에 따라 사용승낙도 효력을 잃고 점유한 정당한 권원도 소멸한다고 방식으로 매매계약 해제를 주장할

수 있다. 이에 대하여 다음과 같이 재반박할 수 있다. 즉 이행지체로 인한 매매계약의 해제는 ① 잔금의 이행지체, ② 상당한 기간을 정하여 그 이행을 최고하고, ③ 그 기간내에 이행이 없고, ④ 해제의 의사표시를 하여야 하는데, 이때 잔금의 이행지체를 주장할 때 잔금지급채무의 발생사실을 먼저 설명해야 하는데 그 과정에서 매매계약을 거론하게 되는 결과 소유권이전등기의무와 동시이행관계에 있다는 사실을 밝힐 수밖에 없다. 그렇다면 이러한 동시이행항변을 무력화할 수 있도록 반대급부의 이행 또는 이행제공사실을 함께 주장하지 않으면 잔금의 이행지체 사실이 인정되지 않는다.(동시이행항변의 존재효과설) 나아가 피고는 계약의 당사자가 아니고 매매목적물 지상에 사후에 신축한 건물을 승계취득한 자로서 일종의 제3자에 해당된다. 따라서 원고로서는 피고에 대하여 계약해제의 주장을 하려면 ⑤악의의 제3자임을 주장·증명하여야 한다. 이러한 악의의 제3자는 ⓐ계약해제 후 원상회복 전에 ⓑ별도로 물권적 이해관계를 맺은 제3자로서 ⓒ그 때 악의여야 한다는 것을 주장·증명해야 비로소 모두 증명되었다 할 수 있다.

소송과정에서 소송행위를 하면서 형성권의 행사와 같은 사법상의 행위도 하였을 때 양 행위가 공히 병존해 존재하면서 그 효력이 발생하게 된다.(병존설), 이 경우 소송법적 효력이 발생한다고 해서 사법상 효력도 동시에 발생한다고 할 수 없고, 사법상으로 적법하게 도달하였는지를 별도로 검토할 수 있어야 한다.(대법원 1994. 1. 11. 선고 93다21477 판결, 대법원 2004. 4. 9. 선고 2003두13908 판결)

㈔ 피고 측의 반박에 대한 재반박

앞서 설명한 바와 같이 원고측이 계약해제의 요건사실 중 이행지체 사실을 증명하지 못하였다는 정도의 부인하고, 건물 매매계약을 체결할 때 선의였다며 악의의 제3자성을 부인만 하면 된다. 이런 부인에 대해 원고측이 다시 재반박할 수 없을 것이다.

㈀ 재검토

점유할 정당한 권원의 존재나 신의성실의 원칙 위반 항변이 받아들여질 가능성이 크다.

4. 별도로 소를 제기하여 근저당권설정등기 말소를 구하고 대지에 관해서도 소유권이전등기를 청구하기 위반 권리분석

가. 권리분석

1) 반소요건의 충족여부

재검토에서 살펴보겠지만 반소로 피고의 희망사항을 전부 달성하기 부족하다. 첫째 유효하게 설정된 근저당권을 말소하기 위해서는 피담보채무의 변제 등 후발적 소멸원인을 주장하면서 현재 근저당권자인 정종만을 상대로 근저당권말소를 청구하여야 한다. 하지만 정종만은 현재 원고로서의 지위에 없으므로 이를 포함하여 반소를 청구하면 제3자 반소가 되는 셈이어서 허용되지 않는다. 둘째 피고가 대지에 대한 소유권을 취득하기 위해서는 단지 원고를 상대로 소외 송민영에게 소유권이전등기를 대위청구하는 것만으로 부족하고, 송민영을 상대로 자신에게로의 소유권이전등기도 함께 청구하여야 된다. 하지만 송민영 역시 원고가 아니므로 이를 상대로 반소청구를 하는 것은 제3자 반소로서 허용되지 않는다. 그 외 나머지 반소요건은 대체로 충족된 것으로 보인다. 따라서 반소의 형태로 소제기를 하려면 피고의 희망사항을 완전하게 달성할 수 없게 된다.

2) 소유권이전등기 청구

가) 약정 (불이행)

나) 강제이행청구

다) 소유권이전등기 청구

라) 요건사실

{장준식으로부터 송민영에게로의 상환이행에 의한 소유권이전등기 청구}

① 매매계약체결 사실, 계약금·중도금지급사실

[대위요건]

② ⓐ 매매계약 체결로 인한 소유권이전등기 청구권(특정채권)

ⓑ 이행기 도래

ⓐ－ 무자력 불필요

ⓒ 권리 불행사

마) 장준식, 송민영측의 답변, 항변 등

대지관련 매매계약이 해제되었다. 대지관련 매매계약이 통모허위표시로 무효이다. 대지 관련 매매계약이 사해행위 취소로 효력이 없다는 3가지 주장을 할 수 있다. 위 항변들에 대한 반박은 앞서 설명한 바와 같다.

바) 재검토 : 반소제기만으로는 이 사건 대지에 대한 완전한 소유권 취득이 불가능하다. 그래서 아래와 같이 별소로 근저당권등기 말소청구는 물론 송민영에게도 소유권이전등기 청구를 해야 한다. 별소를 제기함을 전제로 아래와 같이 추가적으로 검토할 수 있다.

3) 근저당권설정등기 말소

가) 약정 (불이행)

나) 강제이행청구

다) 근저당권 설정등기 말소

라) 요건사실

① 피담보채무(대여금반환채무)

ⓐ 소비대차계약

ⓑ 이자·이율의 약정

ⓒ 원본의 지급

ⓓ 변제기의 도래

② ⓐ 근저당권설정계약 및 ⓑ 근저당권설정등기 경료

③ 피담보채무의 소멸 (변제 등)

피담보채무 발생의 소비대차계약의 성립상의 하자 등 무효원인은 없다. 그래서 피담보채무의 이행(변제) 등으로 인한 소멸사유들을 찾아보아야 한다. 사안에서는 변제했다는 사실을 확인할 수 있다. 만약 미변제된 경우에는 선이행 청구 형태로 근저당권말소청구의 소를 제기할 수 있다.[33]

[대위요건]

④ 피보전권리의 존재 (매매계약에 기한 완전한 소유권이전청구권), 이행기, 무자력 (불필요), 불행사

마) 상대방의 답변 및 항변 등

변제이익이 있는 제3자에 속하지 않는다.

바) 재검토

3) 송민영으로부터 최천운에게로 소유권이전등기 청구

① 매매계약의 체결

(상환이행을 피하기 위해 다음 ② 주장할 수 있음)

② 대금완납 사실

준 비 서 면

사 건 2012가합1920 건물철거 등

원 고 장 준 식

피 고 최 천 운

소송대리인 법무법인 사람세상

담당변호사 이길만

** *** ****

전화번호 (02) ***－****, 팩스번호 (02) ***－****

이메일 : ***@****.***

위 사건에 관하여 피고 소송대리인은 다음과 같이 변론을 준비합니다.

다 음

1. 사해행위취소 청구에 관하여

가. 본안전 항변

원고는 사해행위취소 청구의 피보전채권 중 하나로 이 사건 건물에 관한 철거청구권과 그 대지

33) 위와 같이 추가검토한 근저당권설정등기 말소청구의 요건사실은 앞으로도 빈번하게 출제되고 있으니 잘 학습해 두어야 한다.

인 이 사건 토지의 인도청구권을 들고 있습니다. 채권자취소권은 채무자의 일반재산의 보전을 위하여 인정된 권리로 특별한 사정이 없는 한 위와 같은 특정채권은 그 피보전채권이 될 수 없으므로 이러한 채권자취소청구는 부적법하여 각하되어야 할 것입니다.

나. 사해행위 불성립 및 사해의사의 부존재

원고는 선택적으로 2010. 5. 10.자 매매계약상 지급받지 못한 3억원의 매매잔대금채권을 피보전채권로 하여 피고와 소외 송민영사이의 2011. 11. 10.자 이 사건 건물에 관한 매매계약에 대해 채권자취소도 구하고 있습니다.

그러나 소외 송민영은 이 사건 건물의 매도로 원고를 비롯한 채권자들을 해친 바가 없고, 또 해칠 의사로 위 매매계약을 체결한 사실이 없습니다. 오히려 소외 송민영은 2009. 8.경 남편과 사별한 후 노후대책을 마련하기 위하여 이 사건 대지를 원고로부터 매입하여 그 지상에 2층 근린생활시설을 신축하여 분양과 임대를 하고자[34] 2010. 5. 10. 원고로부터 이 사건 대지를 10억원에 매수하면서 계약금 1억원은 계약당일 지급하고, 중도금 6억원은 2010. 6. 1. 지급하고, 잔금 3억원은 그로부터 1년 이후인 2011. 6. 30. 지급하기로 하는 내용의 매매계약을 체결한 다음 계약금과 중도금을 지급하고 2010. 6. 1. 원고로부터 이 사건 대지의 사용승낙을 받고 인도받아 자신 명의로 건축허가를 받은 다음 이 사건 건물을 신축하기 시작하였습니다. 소외 송민영은 건축도중 공사비가 부족하여 피고로부터 2010. 9. 1. 200,000,000원을, 같은 해 12. 1. 150,000,000원을, 2011. 5. 9. 70,000,000원 등 합계 420,000,000원을 차용하여 이 사건 건물의 신축공사비로 사용하였습니다. 그런데 공사착공 얼마 후 인근에 대형마트가 들어서면서 빈 가게가 속출하는 등 주변상권이 무너져 골조 및 외벽공사가 모두 끝나 가는데도 분양이나 임대가 이루어지지 않아 곤란을 겪게 되었습니다. 그런 이유로 2011. 6. 30.까지 위 잔대금 3억원을 지급하지 못하게 되었는데도 원고는 곧바로 소외 송민영에게 감당하기 힘든 험한 말로 잔대금의 지급을 독촉하더니 급기야는 2011. 7.경 공사현장 출입구에 컨테이너 박스를 내려놓고 사람을 고용하여 기거케 하면서 공사현장에 출입을 못하게 하여 그 이후로는 분양 및 임대를 진척시킬 수 없게 되었을 뿐만 아니라 2011. 9. 7. 소외 정종만으로부터 이 사건 대지를 담보로 제공하고 3억원을 차용한 다음 같은 달 8. 이 사건 대지에 채권최고액 3억 9천만원으로 된 근저당권설정등기를 경료해 주었습니다.[35] 이러한 상황에서 소외 송민영은 2011. 11. 10. 피고와 사이에 이 사건 대지와 건물을 합계 15억원(구체적으로 이 사건 대지는 10억원, 이 사건 건물은 5억원)으로 환산하고 그 중 이 사건 건물에 대한 매매대금은 앞서 든 대여금 합계 420,000,000원의 위 매매계약일까지의 원리금을 합계 5억원을 확정하여 그 매매대금을 완납한 것으로 하고, 이 사건 대지의 위 매매대금은 먼저 피고가 원고에게 위 매매잔대금 3억원을 지급하면서 원고로부터 소외 송민영으로 그 소유권이전등기를 경료한 다음 나머지 7억원은 건물 임대, 분양이 이루어진 이후 지급받으면서 피고에게로 소유권이전등기를 경료해 주기로 약정하고 우선 이 사건 건물을 피고에게 인도하여 주었습니다. 그렇다면 소외 송민영과 피고 사이의 위 매매계약은 원고가 피보전채권으로 삼은 매매잔대금 지급방안까지 마련한 상태에서 자신의 경영난을 타개하기 위하여 이루어진 거래

34) 원래 약정의 동기는 원칙적으로 기술할 필요가 없다고 했다. 하지만 사해행위, 사해의사 해당성을 따지기 위해서는 약정의 동기도 중요한 정황사실이므로 언급하고 있다.

35) 매매계약 후 매매목적물을 타에 담보로 제공하여 저당권설정등기가 경료되면 해당 소유권이전등기 의무는 이행불능에 빠지고 따라서 이와 동시이행관계에 있는 매매잔대금지급채권을 행사할 수 없게 된다.

로 그 거래의 경위, 피보전채권 변제방법의 강구, 매매목적물의 시가 등에 비추어 볼 때 사해행위에 해당되지도 않고, 사해의사도 없었다고 할 것입니다.

다. 소결론

그렇다면 원고의 위 사해행위 취소 청구는 피보전채권이 부존재하여 부적법 각하되어야 하거나 사해행위, 사해의사를 증명하지 못하였다 할 것이므로 이유 없어 기각되어야 합니다.

2. 통모 허위표시 무효주장에 대하여

원고는 2011. 11. 10. 이 사건 건물에 관한 매매계약이 통모 허위표시로 무효라고도 주장하고 있습니다.

원고의 이 사건 청구취지 중 그 어느 것도 통모 허위표시를 청구원인으로 한 주장은 없는 단순한 사실의 진술에 불과하나 앞서 설명드린 바와 같이 피고는 소외 송민영에게 대여한 원리금의 변제를 받기 위해 이 사건 건물에 대한 매매계약을 체결하였을 뿐 통모하여 허위로 매매계약을 체결한 사실 없으므로 그 주장도 이유 없습니다.

3. 건물철거 및 대지인도 청구에 관하여

가. 원고는 이 사건 대지의 소유자임을 들어 이 사건 건물을 신축하여 그 소유권을 원시취득한 소외 송민영으로부터 위와 같은 경위로 매매계약을 체결하여 그 매매대금을 완납(완납한 것으로 서로 합의)한 다음 이 사건 건물을 인도받은 피고에 대하여 이 사건 건물의 철거 및 그 대지의 인도를 구하고 있습니다.

나. 점유할 정당한 권원이란 항변(선택적 항변 1)

1) 점유할 정당한 권원의 존재

앞서 설명드린 바와 같이 소외 송민영은 2010. 5. 10. 원고와 이 사건 대지의 매매계약을 체결할 때 계약금, 중도금조로 합계 7억원을 모두 지급한 다음 원고로부터 이 사건 대지의 사용승낙을 받은 다음 이 사건 대지를 인도받아 그 지상에 이 사건 건물을 신축하였습니다.

그렇다면 소외 송민영은 위 매매계약이 적법하게 해제되는 등 특별한 사유가 없는 한 위 매매계약에 기해 원고에 대해 소유권이전등기청구권 및 인도청구권을 보유하고 있어 이 사건 대지를 점유할 정당한 권원을 갖고 있으며 그 송민영으로부터 이 사건 대지를 양수한 피고도 점유할 정당한 권원을 갖고 있다 할 것입니다. 따라서 이 사건 대지의 소유권에 기해 그 지상 건물의 철거와 대지의 반환청구를 구하는 원고의 위 청구에 응할 수 없습니다.

2) 원고측의 매매계약 및 토지사용승낙 해제주장에 대한 반박

원고는 2011. 10. 5. 소외 송민영을 상대로 잔대금지급채무의 이행지체를 이유로 매매계약을 해제한다는 의사표시가 포함된 소장부본을 소외 송민영에게 공시송달로 송달(공시송달의 효력발생일은 2011. 10. 31.)하면서 위 매매계약을 해제하였다면서 그 부속약정에 불과한 토지사용승낙도 효력을 잃어 결과적으로 점유할 정당한 권원이 소급적으로 실효되었다고 주장하고 있습니다.

먼저 소외 송민영은 위와 같은 원고의 압박으로 못 이겨 피로와 스트레스가 쌓여 지병이 악화되어 2011. 9.경 혼자 살던 서울 서초구 서초3동 서래빌리지 105동 204호를 처분한 다음 지방 요양병원에 입원한 채 가료중에 있었는데, 원고는 이런 사정을 알고도 이 기회를 이용하여 위 매매계약을 해제하고 건물철거 및 대지인도를 구하는 소송을 제기하여 공시송달로 진

행한 결과 원고 전부승소의 판결이 선고되었던 것입니다. 게다가 앞서 설명드린 바와 같이 원고는 2011. 9. 7, 소외 정종만으로부터 3억원을 차용하면서 이 사건 대지를 담보로 제공하여 같은 달 8. 채권최고액 3억 9천만원으로 된 근저당권설정등기가 경료되기까지 하였습니다.

그렇다면 원고의 위와 같은 해제통지가 소외 송민영에게 도달한 사실이 없을 뿐만 아니라,[36] 원고는 소외 송민영에게 위 계약해제의 의사표시가 포함된 소장부본을 송달하기 전에 이미 이 사건 대지상에 근저당권설정등기를 경료함으로써 자신의 소유권이전등기 의무를 이행불능으로 만들었을 뿐만 아니라 백보를 양보하여 가까운 장래 근저당권설정등기를 말소한 다음 잔대금지급과 상환으로 자신의 소유권이전등기의무의 이행이 가능하다 하더라도 위 근저당권을 실제 말소하거나 말소함에 충분한 서류들을 첨부하여 소유권이전등기에 필요한 제반서류들을 교부하거나 그 교부를 제공하면서 위와 같은 경위로 매매계약의 해제통지를 하였어야 함에도 불구하고 그렇게 하지 않았으므로 원고의 위 매매계약의 해제통지는 그 요건을 갖추지 못하여 효력이 없습니다.

나아가 피고는 대지 매매계약의 계약당사자가 아니라 원고가 위 매매계약의 해제를 피고에게 주장하기 위해서는 피고가 소외 송민영과 위 매매계약을 체결할 당시 악의의 제3자였다는 점을 추가적으로 주장·증명하여야 합니다. 하지만 그에 관한 일체의 주장이 없을 뿐만 아니라 앞서 설명한 바와 같이 피고는 위와 같은 경위로 대지 및 건물 매매계약을 체결하였으므로 원고의 위 매매계약 해제사실을 알지 못하였습니다. 따라서 원고의 위 해제 주장은 여러모로 보아 그 이유가 없습니다.

다. 권리남용 또는 신의성실의 원칙 위반의 항변(선택적 항변 2)

앞서 설명한 바와 같이 원고가 스스로 위 매매계약을 체결하는 과정에서 이 사건 대지 상에 건물을 신축할 계획임을 알고도 건축에 편의를 제공하기 위하여 중도금만 지급받은 상태에서 대지 사용승낙을 해 준 다음 이 사건 대지를 인도해 주어 소외 송민영은 5억원 상당의 건축비를 들여 견고한 지상 2층, 지하 1층의 이 사건 건물을 축조하였습니다. 그렇다면 원고는 이 사건 건물의 신축에 원인을 제공한 자임에도 이 사건 건물의 철거를 구하는 것은 사회·경제적으로 낭비를 초래하는 권리남용 및 신의성실의 원칙에 위반한 처사라 할 것이고, 철거가 불가능한 경우에는 그 대지의 인도도 구할 수 없다 할 것입니다.

라. 소결론

따라서 원고의 위 건물철거 및 대지인도청구는 모두 이유 없으므로 기각되어야 합니다.

4. 임료상당의 부당이득반환청구에 대하여

원고는 위 매매계약의 해제가 유효함을 전제로 사용승낙도 효력을 잃었다면서 피고가 현재 한 점유는 무단점유로서 임료상당의 부당이득을 반환할 의무가 있다고 주장하고 있습니다.

그러나 앞서 든 바와 같은 이유로 이 사건 매매계약을 해제된 바가 없어 대지 사용승낙도 존속하고 있어 법률상 원인 있는 점유를 하고 있습니다. 나아가 피고는 2011. 11. 10. 소외 송민영과 사이에 위 매매계약을 체결한 다음 이 사건 대지와 건물의 인도를 받아 현재 점유 중에 있습니다.

---

36) 이 사건에서 소장부본의 송달은 소송법상의 소송계속의 효과가 있을 뿐만 아니라 해제 의사표시의 통지와 도달이라는 실체법상의 효력도 있다. 후자의 경우는 교부송달의 경우 그 효력이 발생하고 공시송달의 경우 도달의 효력이 발생하지 않는다.

그런데도 원고는 피고에게 2011. 10. 31.부터 인도완료일까지의 임료상당의 부당이득을 구하고 있으므로 2011. 10. 31.부터 2011. 11. 9.까지는 피고의 점유사실이 없어 이 부분은 특히 그 이유가 없습니다. 게다가 원고는 앞서 설명한 바와 같이 2011. 7.경부터 이 사건 대지의 출입구에 컨테이너 박스를 설치해 두고 관리인을 상주시키면서 소외 송민영의 출입을 막고 있을 뿐만 아니라 이 사건 건물의 분양 및 임대를 방해하고 있어 소외 송민영이나 피고 또한 무단점유한 사정이 없다고 할 것입니다.

5. 결론

그렇다면 원고의 채권자취소청구 부분은 부적법하여 각하하시고, 피고에 대한 모든 청구는 모두 이유 없으므로 전부 기각하여 주시고, 소송비용은 패소자의 부담으로 하여 주시기 바랍니다.

증 명 방 법(생략)

첨 부 서 류(생략)

2012. 10. 5.

피고 소송대리인 법무법인 사람세상

담당변호사 이길만 인

서울서부지방법원 제12민사부 귀중

반 소 장

사 건 2012가합1920 건물철거 등

피고(반소원고) 최 천 운(600620－1724512)

서울 서대문구 창천동 122 럭키아파트 107동 503호

소송대리인 법무법인 사람세상

담당변호사 이길만

** *** ****

전화번호 (02) ***－****, 팩스번호 (02) ***－****

이메일 : ***@****.***

원고(반소피고) 장 준 식 (551227－1524312)

서울 양천구 목2동 신시가지아파트 102동 708호

위 사건에 관하여 피고(반소원고) 소송대리인은 다음과 같이 반소를 제기합니다.

소유권이전등기 청구의 소

반소 청구취지

1. 원고(반소피고)는 소외 송민영(주민등록번호 581027-2148312, 주소 서울 서초구 서초3동 서래빌리지 105동 204호)로부터 300,000,000원을 지급받음과 동시에 소외 송민영에게 서울 마포구 서교동 15-1 대 328㎡에 대하여 2010. 5. 10. 매매를 원인으로 한 소유권이전등기 절차를 이행하라.
2. 반소로 인한 소송비용은 원고(반소피고)의 부담으로 한다.

라는 판결을 구합니다.

반소 청구원인

1. 원고(반소피고, 이하 '원고'라고만 함)에 대한 소유권이전등기의 대위청구

가. 사실관계

1) 매매계약의 체결, 계약금·중도금의 지급

소외 송민영은 2010. 5. 10. 원고와 사이에 서울 마포구 서교동 15-1 대 328㎡(이하 '이 사건 대지'라 함)를 대금 10억원에, 계약금 1억원은 계약당일 지급하고, 중도금 6억원은 2010. 6. 1. 지급하고, 잔금 3억원은 2011. 6. 30. 지급하기로 약정하여 매매계약을 체결하였고, 약정일자에 계약금, 중도금 합계 7억원을 전부 지급하였습니다.

2) 대위요건의 존재

피고(반소원고, 이하 '피고'라고만 함)는 소외 송민영에게 2010. 9. 1. 2억원, 같은 해 12. 1. 1억 5천만원, 2011. 5. 9. 7천만원 등 합계 4억 2천만원을 대여해 주었습니다. 그 후 소외 송민영이 위 차용금을 공사대금으로 하여 이 사건 대지 위에 지상 2층, 지하 1층(이하 '이 사건 건물'이라고 함)을 신축하였습니다. 피고는 2011. 11. 10. 소외 송민영과 이 사건 건물을 5억원, 이 사건 대지를 10억원으로 하여 합계 15억원으로 정한 다음 이 사건 건물의 대금 5억원은 위와 같은 차용금 4억 2천만원의 계약체결 당시까지의 원리금을 5억원으로 확정하여 모두 변제한 것으로 하고, 이 사건 대지의 대금 10억원은 피고가 먼저 원고에게 위 매매잔대금 3억원을 지급하면서 소외 송민영 명의로 소유권이전등기를 경료하고, 이어 이 사건 건물의 분양과 임대가 끝나면 나머지 7억원을 지급함과 동시에 소외 송민영으로부터 이 사건 대지의 소유권이전등기를 경료받기로 약정하는 내용의 매매계약을 체결하였습니다. 소외 송민영은 위 매매계약의 취지에 따라 피고에게 이 사건 건물을 인도하여 주었습니다. 그렇다면 피고는 소외 송민영에 대하여 이 사건 대지의 소유권이전등기 청구권을 보유하고 있으므로 이를 피보전권리로 하여 소외 송민영의 원고에 대한 이 사건 대지에 관한 소유권이전등기 청구권을 대위행사 하고자 합니다.

2. 원고의 주장에 대한 반박

가. 통모허위표시 및 사해행위 취소를 원인으로 한 피보전채권의 부존재로 인한 부적법 각하 주장에 대한 반박

1) 원고 주장의 요지

원고는 피고와 소외 송민영 사이의 2011. 11. 10.자 위 매매계약은 자신의 대여금 4억 2천만원을 돌려받기 위해 통모하여 허위로 매매계약을 체결한 것으로 통모허위표시에 의해 무효이

거나 본소에서 소외 송민영에 대한 잔대금채권을 가진 원고를 해치는 사해행위로 취소하였으므로 결국 그 효력이 없다 할 것이므로 피보전권리가 존재하지 않아 부적법 각하되어야 한다고 주장합니다.

2) 통모 허위표시의 부존재 및 사해행위 취소의 불성립

피고는 소외 송민영에게 대여한 원리금의 변제를 받기 위해 이 사건 대지 및 건물에 대한 매매계약을 체결하였을 뿐 통모하여 허위로 매매계약을 체결한 사실이 없을 뿐만 아니라 소외 송민영은 이 사건 대지 및 건물의 매도로 원고를 비롯한 채권자들을 해친 바가 없고, 또 해칠 의사로 위 매매계약을 체결한 사실이 없습니다.

오히려 소외 송민영은 2009. 8.경 남편과 사별한 후 노후대책을 마련하기 위하여 이 사건 대지를 원고로부터 매입하여 그 지상에 2층 근린생활시설을 신축하여 분양과 임대를 하고자 2010. 5. 10. 원고로부터 이 사건 대지를 10억원에 매수하면서 계약금 1억원은 계약당일 지급하고, 중도금 6억원은 2010. 6. 1. 지급하고, 잔금 3억원은 그로부터 1년 이후인 2011. 6. 30. 지급하기로 하는 내용의 매매계약을 체결한 다음 계약금과 중도금을 지급하였고 2010. 6. 1. 원고로부터 이 사건 대지의 사용승낙을 받고 인도받아 자신 명의로 건축허가를 받은 다음 이 사건 건물을 신축하기 시작하였습니다. 소외 송민영은 건축도중 공사비가 부족하여 피고로부터 2010. 9. 1. 200,000,000원을, 같은 해 12. 1. 150,000,000원을, 2011. 5. 9. 70,000,000원 등 합계 420,000,000원을 차용하여 이 사건 건물의 신축공사비로 사용하였습니다. 그런데 공사착공 얼마 후 인근에 대형마트가 들어서면서 빈 가게가 속출하는 등 주변상권이 무너져 골조 및 외벽공사가 모두 끝나 가는데도 분양이나 임대가 이루어지지 않아 곤란을 겪게 되었습니다. 그래서 부득이 2011. 6. 30.까지 위 잔대금 3억원을 지급하지 못하자 원고는 곧바로 소외 송민영에게 감당하기 힘든 험한 말로 잔대금의 지급을 독촉하더니 급기야는 2011. 7.경 공사현장 출입구에 컨테이너박스를 내려놓고 사람을 고용하여 기거케 하면서 공사현장에 출입을 못하게 하여 그 이후로는 분양 및 임대를 진척시킬 수 없게 되었을 뿐만 아니라 2011. 9. 7. 소외 정종만으로부터 이 사건 대지를 담보로 제공하고 3억원을 차용한 다음 같은 달 8. 이 사건 대지에 채권최고액 3억 9천만원으로 된 근저당권설정등기를 경료해 주었습니다. 이러한 상황에서 소외 송민영은 2011. 11. 10. 피고와 사이에 이 사건 대지와 건물을 합계 15억원(구체적으로 이 사건 대지는 10억원, 이 사건 건물은 5억원)으로 환산하고 그 중 이 사건 건물에 대한 매매대금은 앞서 든 대여금 합계 420,000,000원의 위 매매계약일까지의 원리금을 합계 5억원을 확정하여 그 매매대금을 완납한 것으로 하고, 이 사건 대지의 매매대금은 먼저 피고가 원고에게 위 매매잔대금 3억원을 지급하면서 원고로부터 소외 송민영으로 그 소유권이전등기를 경료한 다음 나머지 7억원은 건물 임대, 분양이 이루어진 이후 지급받으면서 피고에게로 소유권이전등기를 경료해 주기로 약정하고 이 사건 건물을 피고에게 인도하여 주었습니다. 그렇다면 소외 송민영과 피고 사이의 위 매매계약은 원고가 피보전채권으로 삼은 매매잔대금 지급방안까지 마련한 상태에서 자신의 경영난을 타개하기 위하여 이루어진 거래로 그 거래의 경위, 피보전채권 변제방법의 강구, 매매목적물의 시가 등에 비추어 볼 때 사해행위에 해당되지도 않고, 사해의사도 없고, 통모허위표시도 인정되지 않는다고 할 것입니다. 따라서 원고의 위 주장은 이유 없습니다.

나. 매매계약해제로 인한 피고 반소청구 기각 주장에 대한 반박

1) 원고 주장의 요지

원고는 2011. 10. 5. 소외 송민영을 상대로 잔대금지급채무의 이행지체를 이유로 매매계약을 해제한다는 의사표시가 포함된 소장부본을 소외 송민영에게 공시송달로 송달(공시송달의 효력 발생일은 2011. 10. 31.)하면서 위 매매계약을 해제하였다면서 피고의 반소청구에 응할 수 없다고 주장합니다.

2) 해제요건 미충족으로 인한 효력 불발생

먼저 소외 송민영은 위와 같은 원고의 압박으로 못 이겨 피로와 스트레스가 쌓여 지병이 악화되어 2011. 9.경 혼자 살던 서울 서초구 서초3동 서래빌리지 105동 204호를 처분한 다음 지방 요양병원에 입원한 채 가료중에 있었는데, 원고는 이런 사정을 알고도 이 기회를 이용하여 위 매매계약을 해제하고 건물철거 및 대지인도를 구하는 소송을 제기하여 공시송달로 진행한 결과 원고 전부승소의 판결이 선고되었던 것입니다. 게다가 앞서 설명드린 바와 같이 원고는 2011. 9. 7, 소외 정종만으로부터 3억원을 차용하면서 이 사건 대지를 담보로 제공하여 같은 달 8. 채권최고액 3억 9천만원으로 된 근저당권설정등기가 경료되기까지 하였습니다.

그렇다면 원고의 위와 같은 해제통지는 소외 송민영에게 도달한 사실이 없을 뿐만 아니라, 원고는 소외 송민영에게 위 계약해제의 의사표시가 포함된 소장부본을 송달하기 전에 이미 이 사건 대지상에 근저당권설정등기를 경료함으로써 자신의 소유권이전등기 의무를 이행불능으로 만들었을 뿐만 아니라 백보를 양보하여 가까운 장래 근저당권설정등기를 말소한 다음 잔대금 지급과 상환으로 자신의 소유권이전등기의무의 이행이 가능하다 하더라도 위 근저당권을 실제 말소하거나 말소함에 충분한 서류들을 첨부하여 소유권이전등기에 필요한 제반서류들을 교부하거나 그 교부를 제공하면서 위와 같은 경위로 소외 송민영에게 그 이행을 최고하였어야 함에도 불구하고 그렇게 하지 않았고, 나아가 제3자인 피고에 대하여 그 악의여부도 전혀 주장·증명이 없으므로 원고의 위 매매계약의 해제통지는 그 요건을 갖추지 못하여 효력이 없습니다.

3. 결론

그렇다면, 피고의 원고에 대한 이 사건 반소청구는 이유 있어 이를 인용해 주시고, 소송비용은 패소자의 부담으로 하여 주시기 바랍니다.

증 명 방 법(생략)

첨 부 서 류(생략)

2012. 10. 5.

피고 소송대리인 법무법인 사람세상

담당변호사 이길만 인

서울서부지방법원 제12민사부 귀중

제 3 절 2013년도 모의기록

Ⅰ. A. 2013년도 제1회

1. 7단계 권리분석법에 의한 사건 전체의 분석

가. 의뢰인의 희망사항 분석결과

의뢰인 =원고	희망사항		물권 침해? 약정?	침해자 또는 약정자는 누구(=피고)	원고의 자격, ∴소송명
김갑원	1채권	이차웅은 사업실패로 많은 채무를 부담하고 있어 별다른 자력이 없지만 소를 제기하여 판결이라도 받아두고 싶다. 보증인들은 자력이 있으니 빨리 조치를 취하여 돈을 받을 수 있게 해 달라.	① 소비대차계약 ② 연대보증계약 {③ 약속어음(공정증서)} **∴불이행하여 강제이행청구**	**∴약정자 (차주) (이차웅) (연대보증인) (넥스트,박철진)**	**약정의 상대방 (대주) ∴대여금 청구**
	2채권		① 소비대차계약 ② 연대보증계약 **∴불이행하여 강제이행청구**	**∴약정자 (차주) (이차웅) (연대보증인) (정정보)**	**약정의 상대방 (대주) ∴대여금 청구**
	(3채권)[37]		{① 약정금 ∴불이행하여 강제이행청구}	{∴약정자 (이차웅)}	{약정의 상대방 ∴청구}
	4채권	이건주는 충분한 자력이 있기 때문에 가능하다면 빨리 소 제기하여 달라.	① 추심명령 ② 공사도급계약 **∴강제이행청구**	**∴약정자 (도급인) (이건주)**	**추심명령 약정의 상대방 (수급인) ∴추심금청구**

나. 원고의 청구원인 분석결과

소송명	청구원인	항변 (법률상 주장 포함)	재항변 등
대여금청구	① 소비대차계약 ⓐ 소비대차 ⓑ 이자·이율의 약정 ⓒ 원본의 인도 ⓓ 변제기 도래 ② 연대보증계약 ③ 변제[38] ⓐ 2009.10.10.~2009.12.9.까지 이자, 2010.6.10.~2010.10.9.까지 이자 및 2010.6.10.~2012.10.9.까지의 이자는 변제받음	Ⓐ 6개월치 이자 소멸시효완성 ⓐ 3년 단기 소멸시효 ⓑ 2010.6.10.로부터 3년 경과 Ⓑ ① 1,000만원 변제 & ② 9,000만원 공탁 Ⓒ 위조(부존재)	Ⓐ 시효중단의 재항변 ⓐ 2011.6.8.이전 가압류신청 Ⓑ ① 김을수는 수령대리인도, 수령보조인도 아님 ② 부족공탁은 전부무효 Ⓒ 대리권 있음

37) 제3채권인 약정금청구권은 동기의 불법이 있고, 약정의 상대방이 이를 알고 있었으므로 결국 청구할 수 없다. 그래서 ( )나 { }처리했다.

	ⓑ 2009.12.10.~2010.6.9.까지 6개월이자는 지급받지 못함		
대여금청구	① 소비대차계약 ⓐ 소비대차 ⓑ 이자·이율의 약정 ⓒ 원본의 인도 ⓓ 변제기 도래 ② 연대보증계약 ③ 변제 ⓐ 2012.10.19.까지의 이자만 지급 ④ 잔여원리금 전액의 지급을 최고, 도달		
추심금청구	① 압류 및 추심명령 ⓐ 압류 및 추심명령 ⓑ 제3채무자에 송달 ② 공사도급계약 ⓐ 공사도급계약 ⓑ 일의 완성 ⓒ 계약금, 중도금 수령	Ⓐ 중복제소 넥스트가 공사대금 지급청구의 소를 제기	Ⓐ 추심명령 송달받으면 채무자는 추심권이 상실된다.(법리론)

2. 7단계 권리분석

가. 본 기록은 모두 약정 불이행에서 파생된 청구권을 실현하는 이행청구로 구성되어 있다. 그 중 대여금반환청구, 연대보증금 청구, 추심금 청구가 병합되어 있다.

나. 대여금반환청구의 요건사실은 원칙적으로 ① 소비대차계약의 체결, ② 이자·이율의 약정, ③ 원본의 인도, ④ 소비대차계약의 종료(특히 변제기 도래)이다. 연대보증금 청구의 요건사실은 ① 주채무관계의 성립, ② 연대보증계약으로 구성되어 있다. ① 사실은 주채무인 대여금청구의 요건사실로 충분히 기재하였으므로 ②만 기재하면 된다. 또 대여금청구에서는 ① 약정 + ③ 원본의 인도를 합쳐 그냥 "대여하였습니다."로 간략하게 기술하고, 연대보증계약이 체결되었다는 것을 "...의 연대보증하에", 또는 "...의 연대보증으로"라고 간략하게 기술한다.

다. 제1채권

1) 피고 이차웅가 차용한 사실과 피고 박철진이 이에 연대보증한 사실을 인정하는 데는 별문제가 없다. 하지만 피고 (주)넥스트는 현재 연대보증한 바가 없다고 주장하고 있다. 이는 원고측의 연

---

38) 소비대차계약에 기한 대여금청구의 요건사실은 원칙적으로 ① 소비대차계약, ② 이자·이율의 약정, ③ 원본의 인도, ④ 변제기의 도래만이고 상대방(피고)이 변제사실을 주장·증명해야 한다. 그런데 패소하는 부분이 없도록 청구하라는 요청 때문에 변제수령사실을 적극적으로 자백하여 변제금만큼 공제한 나머지 대여금을 청구해야 하는 까닭에 변제사실이 청구원인의 요건사실이 된다. 그래서 이를 기재할 때 적극적으로 변제받은 금액을 기재하여야 하고, 소극적인 미변제사실을 주장하면 안 된다.

대보증주장에 대한 부인적 성격을 가진다. 그래서 증명책임은 원고측에 있으며 따라서 소장을 작성하는 원고는 사실관계를 좀 더 면밀히 검토해 볼 필요가 있다. 피고 넥스트의 대표이사는 소외 이성주인데, 연대보증 및 약속어음발행행위는 피고 이차웅이 하였다. 원고측은 이러한 사실에 바탕두어 주장할 방향을 정리하여 소장을 작성하여야 한다. 피고 이차웅이 작성한 차용증(기록 7면)을 보면 넥스트의 대표이사로 소외 이성주가 기재되어 있다. 따라서 피고 이차웅이 소외 이성주 명의로 연대보증 한 것이다. 이런 경우는 피고 이차웅이 대리권을 가지고 있었는가에 따라 대행이 성립할 수도 있고 무권대리로 될 수도 있다. 그런데 기록에 첨부된 자료들과 상담일지의 내용에 비추어 볼 때 연대보증행위는 대행행위에 의하여 진행되었을 것으로 보인다. 대행의 경우에는 원칙적으로 본인이 그 약정을 하였다고 기술하는 것이 가능하다. 상대방이 이를 부인하면 본인이 대리권을 수여하여 그 대리권에 기해 대행하였다는 식으로 주장할 수 있다. 본 사안은 회사에 관련된 것이기 때문에 만약 피고 이차웅이 대표이사 등으로 표기하면서 연대보증하였을 때는 이와 별도로 표현 이사 등의 법리를 주장할 수도 있다. 정리하면 원고는 다음과 같은 두 가지 중 어느 한 가지 또는 선택적으로 모두를 주장하면서 연대보증금을 구하는 소장을 작성할 수 있다. 어느 방향으로 작성하여야 하는가는 구체적인 사정에 달렸다.

첫째, 피고 이차웅에 의한 대행의 방식으로 연대보증하였다.

둘째, 피고 이차웅이 표현대표이사로서 연대보증을 하여 그 연대보증계약이 피고에게 효력이 있다.

하지만 위 차용증(연대보증 포함)을 작성할 때 약속어음공증도 받았다고 설명되어 있다. 물론 약속어음공증 관련 증거들이 제시되지 않아 실제로 누가 공증인 앞에 나가 약속어음공증을 했는지 알 수 없으나 공증인은 법률전문가이므로 아무리 피고 이차웅이 사정을 해도 공증해 주지 않았을 것이다. 대표이사인 소외 이성주가 출석하여 공증을 받았을 가능성이 농후하다. 연대보증과 약속어음이 같은 날 이루어졌다면 연대보증은 피고 이차웅에 의해 이루어지고, 약속어음공증은 소외 이성주에 의해 이루어졌다는 것이 부자연스럽다. 그래서 실제 발생한 사실의 확인이 더 중요하다. 실무에서는 이런 의문이 없도록 사실을 발굴하는 노력을 아끼지 말아야 한다.

2) 아무튼 피고 넥스트는 약속어음을 발행하여 이에 대한 공증까지 하여 주었다. 채무자(연대보증포함)가 약속어음을 발행해 주는 경우가 종종 있는데, 그 약속어음발행의 법적효과에 관하여 여러 가지 해석이 가능하다.

첫째, 기존채무의 지급에 갈음하여 약속어음을 발행하고 교부하는 경우이다. 이런 경우 약속어음의 발행인은 기존채무는 부담하지 않고 오직 약속어음금의 지급채무만을 부담하게 된다.

둘째, 기존채무의 담보를 위하여 약속어음을 발행해 주는 경우 기존채무의 상환책임은 물론 약속어음금지급 채무도 병존적으로 부담하게 된다.

문제는 명시적 약정이 없을 때 어느 것을 표준(default)으로 하느냐는 것이다. 통상 둘째 방법으로 약속어음이 발행된 것으로 본다. 이때 대여금반환채무와 약속어음금지급채무는 같이 존재하고,

양자는 청구권 경합의 관계에 있다. 따라서 원고로서는 연대보증금지급을 청구하거나 약속어음금지급을 청구하거나 또는 양자를 병합하여 선택적으로 지급청구 할 수 있다. 하지만 작성요령 5.에서 선택적 청구를 말도록 요청하고 있으므로 연대보증금지급청구 또는 약속어음금지급청구 중 어느 한 청구를 선택하여 할 수 있다. 구체적으로 검토해 보면, 양 청구 중 어느 것으로 청구하든지 원금 1억원을 지급청구할 수 있다. 하지만, 대여금에 대한 연대보증금 청구를 하면 이자 및 지연손해금으로 연 24%의 이율을 적용하여 청구할 수 있으나, 약속어음금지급청구를 하는 경우에는 지급기일 이후 이 사건 소장부본송달일까지는 어음법상의 연 6%의, 그 다음날부터 다 갚는 날까지는 소송촉진 등에 관한 특례법상의 연 20%의 각 비율에 의한 이자 및 지연손해금의 지급청구만을 할 수 있다. 따라서 약속어음금 지급청구가 원고에게 불리하므로 연대보증금 지급청구의 형태로 구하는 것이 원고를 위한 최선의 방법이다.

3) 항변

㈎ 피고 이차웅은 원고의 대리인이라는 소외 김을수에게 원금 중 10,000,000원을 지급하여 변제하였고, 2009. 12. 10.부터 2010. 6. 9.까지 6개월간 이자 상당액을 지급하였으며, 가사 그 이자를 지급하지 않았다고 하더라도 3년간의 단기소멸시효가 경과하여 소멸하였다고 주장하면서 원리금에서 위 두 가지 항목을 공제한 나머지 원리금 91,800,000원을 2012. 11. 9. 변제공탁하였다며, 공탁은 유효하고 그로 인하여 제1채무가 소멸하였다고 주장하고 있다.

그러므로 위 변제공탁 주장의 타당성을 판단하기 위하여 먼저 소외 김을수에게 지급한 1,000만원의 변제가 유효한지 여부와 6개월 이자지급사실을 인정할 수 있는지 여부를 검토하고, 가사 6개월 이자상당 금액의 변제가 없었다고 하더라도 시효소멸하였는지 여부를 검토하여야 한다. 만약 1,000만원 변제사실과 6개월 이자지급사실이 없고, 또 시효소멸하지도 않았다면 위 변제공탁은 일부공탁으로 그 효력이 없다. 물론 위 두 가지 사실 중 어느 하나라도 인정되지 않는 경우 부족공탁의 유효성이 문제될 수 있다. 다만 위 두 가지 사실이 모두 인정된다면 위 변제공탁은 유효하고 원고는 제1채권을 청구할 수 없다.

㈏ 일부 1,000만원의 변제주장 (소외 김을수에 대한 1,000만원 변제의 유효성)

소외 김을수는 단지 수금사원에 불과하기 때문에 채권의 준점유자가 아님은 분명하고, 수금사원으로 1,000만원 변제의 수령대리권을 갖고 있다 할 수 있다. 하지만 기록상으로는 2012. 5. 31. 관리사원에서 해고되었는데 피고 이차웅이 그로부터 약 5개월 후 2012. 10. 9. 소외 김을수에게 1,000만원을 지급하였으므로 변제 당시 소외 김을수의 대리권은 존재하지 않았음이 분명하다. 이처럼 원고는 대리권소멸 이후의 변제로서 그 효력이 없다고 반박할 수 있다. 결국 이 쟁점은 대리권의 존부에 관한 사실인정의 문제이다. 다음으로 대리권이 소멸하였다면 민법 제129조상의 대리권 소멸후의 표현대리가 성립될 수 있는지 문제될 수 있다. 물론 변제수령은 준법률행위이다. 논란은 있으나 표현대리 법리는 준법률행위에도 적용된다. 하지만 본 사안에서는 선의, 무과실에 대한 제대로 된 증명이 없어 표현대리가 불성립된다.

(다) 6개월치 이자

피고 이차웅이 우선 증거 없이 변제하였다고 주장하고 있다. 그렇다면 증명책임의 문제이다. 변제의 증명책임은 채무자에게 있다. 따라서 원고는 피고 이차웅이 증거 없이 6개월 이자 지급을 주장하고 있다고 반박할 수 있다.

다음으로 시효소멸하였다고도 주장하고 있다. 이자는 민법 제163조 제1호에 의해 3년의 단기소멸시효기간이 적용된다. 그 기산점은 대여계약을 주장·증명할 때 이미 변제기를 설명하면서 제시되어 있고, 그 변제기가 확정기한일 경우 그 기간경과는 역수상 분명하므로 기간경과까지 별도로 주장·증명하지 않아도 법원이 판단할 수 있다. 따라서 대여계약 자체를 설시할 때 이자지급관련 약정을 살펴 월지급식, 선불인지 여부를 가려 반드시 기술해 두어야 한다. 만약 특약이 없는 한 후불이라고 보아야 한다. 본 사안에서는 기산점을 구체적으로 따져보면 다음과 같다.

기간	금액	기산점	만료일
2009.12.10.~2010.1.9.	2,000,000원	2010.1.10.	2013.1.9.
2010.1.10.~2010.2.9.	2,000,000원	2010.2.10.	2013.2.9.
2010.2.10.~2010.3.9.	2,000,000원	2010.3.10.	2013.3.9.
2010.3.10.~2010.4.9.	2,000,000원	2010.4.10.	2013.4.9.
2010.4.10.~2010.5.9.	2,000,000원	2010.5.10.	2013.5.9.
2010.5.10.~2010.6.9.	2,000,000원	2010.6.10.	2013.6.9.

위 표에 기초하면 "피고 이차웅은 제1채권에 대한 2009. 12. 10.부터 2010. 6. 9.까지 6개월간의 이자 합계 12,000,000원을 지급하였고, 가사 백보를 양보하여 이를 지급하지 않았다고 하더라도 각 이자들은 월지급식으로 각 기간이 끝나는 매월 9.에 변제기가 도래하였으므로 그로부터 3년의 단기소멸시효기간이 끝났음이 분명한 2013. 6. 27.경 이 소송을 제기하였으니 위 6개월치 이자지급채무는 시효로 인하여 소멸되었다고 주장하고 있습니다."라고 주장하였을 것이다. 예비법조인들은 위와 같은 사안에서 위 기재와 같은 방식으로 기산점·단기소멸시효기간 등을 명시하여 간략하면서도 분명하게 표현하는 능력을 배양하여야 한다. 기록에 의하면 위 소멸시효완성의 항변에 대하여는 민법 제168조 제2호상의 가압류신청이란 시효중단사유로 시효중단을 주장할 수 있다. 가압류는 대표적인 시효중단 사유이다. 가압류신청시가 시효중단시점이고, 가압류 결정 혹은 가압류 등기시가 아님에 주의하여야 한다.

(라) 공탁

일부공탁은 원칙적으로 공탁전체가 무효로 된다. 일부공탁이라는 주장은 재항변이 아니라 공탁이란 항변에 대한 부인적 성격을 갖는다. 실무상으로는 일부공탁이라는 반박은 공탁항변에 대한 대단히 중요한 부인이다. 일부공탁이 아니라는 증명책임은 여전히 공탁의 유효를 주장하는 피고측에 있다.

라. 제2채권(변제기 미도래의 대여금청구)

1) 변제기 미도래의 대여금도 변제기가 도래한 사실 즉 기한이익 상실사유를 주장·증명하여 대여금반환을 청구할 수 있다. 기한이익의 상실은 형성권이므로 반드시 이를 재판상 또는 재판 외에서 행사하여야 한다.[39] 형성권의 행사가 유효하려면 형성권 행사의 의사표시와 그 도달사실을 동시에 주장·증명하여야 한다.

2) 하지만 2011. 9. 20.자 금 5,000만원의 대여사실에 관해 이 법리를 그대로 적용할 때 기록상 나타난 사실관계에 문제가 있다. 즉 2012. 10. 19.까지 이자를 지급하였다면 다음 이자지급은 2012. 11. 20.인데 그 전인 2012. 11. 16. 기한이익 상실의 통지를 하고 잔여 원리금 전액의 지급을 최고하였다는 것은 이자지급 지체전에 기한이익의 상실을 통지하였다는 것이 되어 사실관계로 문제가 있다. 모의기록을 작성한 원래 의도는 2012. 9. 19.까지의 이자만을 지급하였다는 것이 아닐까 추측한다. 2012. 9. 19.은 차용일로부터 1년이 경과되는 날이고, 원금분할상환의 유예도 2012. 9. 19.까지이므로 합리적인 일자설정이기도 하다. 그렇지 않고, 2012. 10. 19.경 이자지급을 지체하였다면 이자 이외에도 제1차 분할금 500만원의 지급도 지체하였다고 설시하였어야 맞다. 어쨌든 출제자의 의도에 나타난 본 사례의 요체는 기한이익 상실의 약정은 ① 그 약정의 존재와 ② 약정상의 사정이 발생하였다는 것만으로 부족하고, ③ 기한이익은 상실은 형성권으로 이를 행사하고, ④ 그 행사통지가 채무자에게 도달하여야 효력이 발생한다는 사정을 알아야 하고, 이런 점을 기술을 통하여 표현하여야 한다는 것이다. 그러나 거의 대부분의 답안에서 형성권의 이런 성질을 잘 모른 체 그저 연체사실만을 적시하면서 바로 기한이익이 상실되는 것으로 처리하였다. 이는 큰 감점의 원인이 된다. 변호사시험은 상대평가로 진행되는 시험이다. 다른 사람들이 대부분 정답을 맞히는 경우에는 채점상의 차이가 크지 아니하나 대부분 틀리는 경우에 이를 맞추면 다득점을 할 수 있다. 이렇듯 채점상의 차이가 커 당락에 큰 영향을 미칠 수 있으므로 세심하게 파악하여 정확하게 기재하는 노력을 기울여야 한다. 이런 관점으로 보면 이와 같은 법리를 아는 것이 얼마나 중요하고, 그 아는 지식을 적절하게 기재해 넣는 능력이 얼마나 중요한지를 알 수 있다. 더구나 좀 어처구니없는 답안은 매월 원금 500만원을 분할상환하기로 약정하였으니, 원금 분할상환 미지급을 포함하여 청구하는 경우라도 원금에서 해당 분할금만큼 감액하여야 하니 결과적으로 원금 부분은 변동이 없는데도 불구하고 원금 5,000만원은 그대로 두고 상환금 500만원을 추가하여 6,200만원의 지급을 구하는 경우가 있었다. 이런 계산방법은 놀부의 심보에 해당된다는 것임을 명심하여야 한다. "니 것은 내것이고, 내것도 내것이다."는 식이다. 아래 모범답안은 2012. 9. 19.까지의 이자를 지급하고, 2012. 10. 19.부터 연체하였다는 식으로 구성하여 작성하였다.

39) 민법 제388조에 정해진 기한이익 상실사유는 형성권적 기한이익 상실사유로 상대방이 그 상실사유를 주장하면서 이행청구를 해야 비로소 이행지체에 빠진다(대법원 1997. 8. 29. 선고 97다12990 판결 참조). 하지만 특약에 따른 기한이익의 상실특약에 따라 정지조건부 기한이익의 상실 또는 형성권적 기한이익상실로 나눌 수 있다.

마. 제3채권(청구할 수 없다. 청구한다면 다음과 같이 해야 한다.)

1) 증언대가 1,000만원 지급약정은 반 사회질서 위반 무효인 경우이기 때문에 소장에서 이를 청구하여서는 아니 된다. 다만, 견해를 달리하여 청구할 경우에는 청구취지에서 5점을 감점하도록 하였으니 비록 청구원인에서 1,000만원 지급약정을 설시한 다음 상대방이 반사회질서 위반 무효주장을 하고, 불법원인급여에 해당되고 불법의 원인이 상대방에게만 있다며 그 반박을 설득력있게 작성한 경우에는 2점을 추가로 주도록 채점기준을 마련하였으므로 해당 쟁점을 모두 기재하였다고 하여도 결국 −3점 정도의 영향을 받은 셈이 된다. 우선 건전한 상식에 비추어 불법원인 급여의 원인이 상대방에게만 있다는 주장은 설득력이 부족할 뿐만 아니라 이론을 구성하고, 기재에 상당한 시간과 정력을 들였음에도 오히려 득점에 부정적 영향을 미치니 이런 헛수고를 피하는 것이 변호사시험의 당락에 좋을 것이다.

2) 증언대가 약정이 반사회질서 위반으로 무효인 이유는 다음과 같다.

모든 국민은 증언의 의무가 있다.(민사소송법 제303조, 특별한 사정이 있는 경우 그 사정을 증명하여 회피할 수 있을 뿐이다.) 이런 의무 있는 행위를 함에 대가를 지급받는 것은 문제가 있을 뿐만 아니라, 소송 당사자 중 어느 한편으로부터 증언대가로 금전을 받게 되는 경우 증언의 신빙성에도 큰 영향을 미칠 수 있으므로 반사회질서 위반 무효행위에 해당된다.

바. 제4채권(추심금 청구)

1) 추심금 청구는 좀 Tricky하다.

첫째 채무담보를 위하여 약속어음이 발행된 경우, 소비대차계약에 대한 보증은 원인관계, 약속어음 발행은 어음관계, 발행인과 지급인간은 자금관계(약속어음의 경우는 발행인과 지급인이 동일인이므로 자금관계가 문제될 경우란 없다. 하지만 환어음의 경우는 자금관계가 별도로 존재하게 된다.)가 된다. 그렇다면 융통어음에서는 어음관계와 원인관계의 관계가 문제되는데, 어음발행이 원인관계의 지급을 위하여 발행된 것인지? 아니면 담보를 위하여 발행된 것인지 문제된다. 구체적인 사안에 따라서 다르겠으나 통상은 지급담보를 위하여 발행한 것으로 보아 원인채권과 어음채권이 병존적으로 존재하는 것으로 본다. 물론 주의할 것은 피고 넥스트가 별도로 연대보증을 하였다.

둘째 그 결과 본 판결을 통하여 원고는 5,000만원에 관하여는 중첩되는 집행권원은 갖게 된다. 보통 중첩될 경우에는 "각자, 연대하여, 합동으로"라는 방식으로 표시될 수 있어 이중변제의 위험에서 벗어날 수 있으나 본 사안의 경우에는 그렇지 못하다.[40] 그래서 경우에 따라서는 악의적으로 1억5천만원을 챙길 수 있게 된다는 의문이 들 수 있다. 피고 이차웅이 1억원, 이건주가 5,000만원 등 합계 1,500만원을 지급할 위험에 처하게 된다는 것이다.

40) 원인채무 변제를 위하여 약속어음이 발행되었을 때 양자의 관계에 대하여 구체적으로는 이철송, 어음·수표법(제9판), 박영사, 168면 이하 참조 바란다. 다만 본 사안과 같은 경우에는 채권자는 양자를 모두 행사할 수 있고, 다만 채권의 행사로서 일부 또는 전부의 목적을 달성하였을 때 그 범위 내에서 양 채무가 소멸한다.(대법원 1960. 8. 18. 선고 4292민상864 판결)

이런 위험에 대한 해결방법으로는 피고들은 판결단계에서는 위와 같은 위험에 놓이게 되더라도 집행단계에서 어느 한 채무를 이행하고 나면 청구이의의 소를 제기하고, 그 절차에서 집행정지 신청을 하여 추가적으로 진행되는 강제집행절차를 정지시킨 다음 청구이의의 소를 통하여 채무권원을 무력화시키는 방법으로 대응하여야 하고, 법률지식의 부족 등으로 이런 절차를 몰라 결국 피해를 입은 경우에는 사후에 부당이득반환, 손해배상청구 등을 통하여 이해관계를 조정할 수 있게 된다. 이러한 절차에 관한 설명은 좀 어렵다.

2) 추심금 청구의 요건사실은 ① 추심명령, ② 추심명령이 제3채무자에게 송달된 사실, ③추심대상 채권(소위 "α")의 발생이다. 추심명령신청시 필요한 채무권원 즉 집행채권의 존재는 그 요건사실이 아니다. 그러므로 약속어음의 발행 및 공증사실은 ① 추심명령 신청과 그 발령에 관한 경위를 설명하는 의미밖에 없다. 그래서 ① 추심명령, ② 제3채무자(이건주)에 대한 송달, ③피고 넥스트의 피고 이건주에 대한 공사대금채권의 존재 등을 주장·증명하여야 한다. 추심명령은 즉시 집행력이 있기 때문에 추심명령 확정사실은 청구원인의 요건사실이 아니다.[41] 아래 각주에서 설명하는 바와 같이 추심명령도 그 결정문이 채무자에 송달되고 나서 1주일의 즉시항고기간{본 건의 경우에는 2012. 11. 12.(월요일)[42]}이 경과한 때 확정된다.[43]

3. 대리

가. 주장 · 증명책임

1) 대리에 의한 약정(법률행위)이 유효라고 주장하는 자는 약정사실이외에도 <u>약정이 현명하여 한 대리행위를 통하여 체결되었다는 사실</u>을 추가로 주장·증명하여야 한다. 만약 당사자사이에

41) 반면 전부명령은 즉시 집행력이 없기 (민사집행법 제229조 제7항) 때문에 ① 전부명령, ② 전부명령의 제3채무자에 대한 송달, ③ 피전부채권의 발생원인사실이외에도 ④ 전부명령의 확정사실을 주장·증명해야 한다. ④ 전부명령의 확정사실은 전부명령에 대하여 7일 내에 즉시항고를 할 수 있기 때문에 ⓐ 채무자에 대한 전부명령의 송달사실과 ⓑ 7일이 경과되어 확정된 사실을 추가적으로 주장·증명하여야 한다.

42) 작성요령 중 "기록상의 일자가 공휴일에 해당하는지 여부는 고려하지 마시오"라는 요청이 있는데 이는 추심명령에 대한 즉시항고기간의 도과가 2012. 11. 12.(월요일)이므로 만약 해당일자가 공휴일일 경우 그 다음날 즉시항고기간이 도과되므로 구체적인 상황에 따라 결론이 달라질 수 있어 이에 관한 논란을 피하기 위하여 요청된 것이다.

43) 본 사안의 경우는 추심명령이 문제되었지만 전부명령이었다면 다소 문제가 복잡하게 될 것이다. 전부명령이 발령된 때는 집행채권의 소멸 즉 변제효가 발생한다. 피전부채권이 존재하는 한 집행채권이 변제된 것으로 본다. 제3채무자의 자력이 없어 피전부채권을 변제받을 수 없더라도 변제효에는 아무런 지장이 없다.

이런 경우에는 뒤에 나오는 변제공탁과 관련하여 좀 복잡한 문제가 발생하나, 본 사안의 경우 전부명령이 발령되었다고 하더라도 변제공탁이 일부변제공탁으로 무효인 것은 마찬가지다. 즉, 전부명령은 1주일의 즉시항고기간이 경과한 2012. 11. 12.자 전부명령이 확정되지만, 변제효는 제3채무자에게 송달된 때인 2012. 11. 5.자로 소급하여 발생한다. 그런데, 전부명령과 공탁은 다음과 같은 시간순서로 발생하였으므로 변제공탁은 일부변제공탁이 되어 무효가 되는 것이다. 본 기록을 전부명령으로 바꾸어 검토해 보면 다음과 같다.

전부명령 발령 2012. 11. 1.

제3채무자(이건주)에게 송달 2012. 11. 5.

채무자의 채무 공탁 2012. 11. 9.

즉시항고기간의 도과 2012. 11. 12.

약정을 체결하였다고만 주장했을 뿐 약정이 대리에 의해 체결되었다는 사실까지 주장하지 않았다면 원칙적으로 주장책임을 다하지 못하여 기각을 면치 못할 것이다.(대법원 1996. 2. 9. 선고 95다27998 판결, 대법원 1990. 6. 26. 선고 89다카15359 판결 등 다수 있음) 하지만 당사자 사이에 약정을 체결하였다는 주장만 했을 뿐인데 실제로는 대리권을 가진 자가 직접 본인의 성명을 기재하고 날인을 한 소위 "대행"의 방식으로 약정체결사실이 밝혀졌을 때도 주장책임을 다한 것으로 본다.

다만, 이러한 구분도 다소 판례를 통하여 완화되어 있다. 즉 대리에 의한 약정체결이라고 명시적으로 주장하지는 않았지만 소송과정에서 쌍방간에 제출된 소송자료를 통해 그 주장의 존재가 인정된 경우라면 상대방에게 불의의 타격이 되지 않아 대리행위의 주장이 있는 것으로 본다.(대법원 1996. 2. 9. 선고 95다27998 판결, 대법원 1990. 6. 26. 선고 89다카15359 판결)

2) 대리권은 대리권수여행위를 통해 부여된다. 그러므로 실무상으로는 그런 의사표시가 나타난 문건이 '위임장'이다. 따라서 대리인이라고 주장하는 자가 인감도장, 인감증명서를 갖고 있다고 하여 대리권이 있다고 할 수 없고, 공증인 면전에서 대리에 의해 문서가 작성되었다고 하여 그자의 대리권이 증명된 것은 아니다.(대법원 2010. 1. 28. 선고 2009다65331 판결, 대법원 2008. 9. 25. 선고 2008다42195 판결) 위임장이 있어야 대리권수여가 확실히 증명되는 것이다.

3) 대리권의 범위는 위임장 등에 나타난 명시적 범위 이외에도 특별히 명시적 의사표시로 배제하지 않는 한 일정한 범위까지 확장된다.(즉 임의규정적 성격의 표준적 약정이 있다는 것이다.) 부동산 매매계약 체결의 대리권을 수여한 경우에는 특별한 사정이 없는 한 그 매매계약에 약정한 바대로 중도금 및 잔금을 수령할 권한도 수여받은 것으로 본다. 매매계약의 체결과 이행에 관하여 포괄적 대리권을 수여받은 경우에는 특별한 사정이 없는 한 상대방에 대하여 약정된 매매대금 지급기일을 연기하여 줄 권한도 수여받은 것으로 본다.(대법원 1992. 4. 14. 선고 91다43107 판결)

나. 표현대리[44]

소 장

원 고 김 갑 원 (580818－1735297)
서울 서초구 서초동 325 서초연립 102동 203호
소송대리인 변호사 최승일
서울 서초구 서초동 345 서초빌딩 403호
전화번호 (02) 3487－6220~2, 팩스번호 (02) ****－****
이메일 : choilaw@naver.com

피 고 1. 이 차 웅 (660909－1987395)
서울 관악구 봉천4동 345 장미아파트 101동 303호

44) 법학전문대학원협의회 출제 연도별 모의고사 중 2012년 제2차 모의고사 강평안 참조

2. (주)넥스트
서울 관악구 신림6동 1234 신천지빌딩 202호
대표이사 이성주
3. 박 철 진 (661211－1988434)
서울 구로구 가리봉동 678 구로아파트 202동 606호
4. 정 정 보 (760316－1885495)
서울 영등포구 신길동 1254 신길아파트 107동 903호
5. 이 건 주 (600728－1709425)
성남시 분당구 분당1동 1272 미래아파트 104동 404호

대여금 등 청구의 소

청 구 취 지

1. 원고에게,
가. 피고 이차웅, 피고 (주)넥스트, 피고 박철진은 연대하여 112,000,000원 및 위 금원 중 100,000,000원에 대하여 2012. 10. 10.부터 다 갚는 날까지 연 24%의 비율에 의한 금원을 지급하고,
나. 피고 이차웅, 피고 정정보는 연대하여 금 52,000,000원[45] 및 위 금원 중 50,000,000원에 대하여는 2012. 11. 20.부터 다 갚는 날까지 연 30%의 비율에 의한 금원을 지급하고,
다. 피고 이건주는 50,000,000원 및 이에 대한 2012. 10. 6.[46]부터 이 사건 소장 부본송달일까지는 연 6%의, 그 다음날부터 다 갚는 날까지는 연 20%의 각 비율에 의한 금원을 지급하라.
2. 소송비용은 피고들의 부담으로 한다.
3. 위 제1항은 가집행할 수 있다.
라는 판결을 구합니다.

청 구 원 인

1. 피고 이차웅, 피고 (주)넥스트, 피고 박철진에 대한 2009. 10. 10.자 대여금청구
가. 소비대차계약, 이자·이율의 약정, 원본의 인도, 변제기의 도래, 연대보증계약, 변제 등
1) 원고는 사채업을 하고, 피고 이차웅은 그 아내 명의로 종합건설 및 인테리어 사업체인 피고 (주)넥스트(이하 피고 넥스트라고 함)를 운영하고 있습니다.
2) 원고는 2009. 10. 10.경 피고 박철진 및 피고 넥스트의 연대보증하에 피고 이차웅에게 금

45) 강평안 중 라. 제2채권 설명부분 중 관련 논의를 참조하기 바란다. 본 모범답안을 작성할 때 그 설명한 바와 같이 모의기록을 살짝 변경하여 2012. 9. 19.까지 이자만을 지급하고, 2012. 9. 20.부터의 2개월간 미지급이자 2,000,000원과 원금 50,000,000원을 함께 청구하는 것으로 하여 마련한 청구취지이다. 구태여 모의기록대로 집착하여 모범답안을 구성한다면 5,000만원에다가 미지급이자 100만을 합산한 5,100만원을 청구하는 것으로 작성해야 할 것이다.
46) 기록 33면에 첨부되어 있는 압류 및 추심명령 상 추심대상채권이 원본만이라는 이유로 지연손해금의 지급을 2012. 11. 6.부터 청구할 수 있다는 주장도 있다.

100,000,000원을, 이자 월 2%, 변제기 2010. 10. 9.로 하여 대여하였고, 피고 이차웅은 2009. 12. 10.부터 2010. 6. 9.까지 6개월분 이자를 미납하였을 뿐만 아니라 2012. 10. 10.이후 이자를 지급하지 않고 있습니다.

나. 소결론

그렇다면 피고 이차웅, 피고 넥스트, 피고 박철진은 연대하여 원고에게 대여원금 100,000,000원과 2009. 12. 10.부터 2010. 6. 9.까지 6개월 이자 12,000,000원(100,000,000원 X 0.02 X 6개월)의 합계 112,000,000원 및 그 중 100,000,000원에 대해서는 아직까지 시효완성되지 않은 지연손해금인 2012. 10. 10.부터 다 갚는 날까지 위 약정상의 연 24%의 비율에 의한 지연손해금을 지급할 의무가 있습니다.

다. 위 피고들의 주장에 대한 반박

1) 2009. 12. 10.부터 2010. 6. 9.까지 6개월분 이자 합계 12,000,000원(이하 '미지급 6개월치 이자'라고 한다.)의 소멸시효완성으로 인한 소멸 주장에 대한 반박

가) 피고 이차웅은 미지급 6개월치 이자도 꼬박꼬박 지급하였고, 가사 미지급 6개월치 이자를 지급하지 않았다고 하더라도 발생이자는 3년의 단기소멸시효의 적용을 받는데 이자는 매월 9.경 후불로 지급하기로 약정하였으므로 최후의 이자 지급일 다음날인 2010. 6. 10.로부터 3년이 경과된 이후에 이 사건 소를 제기하였으므로 소멸시효완성으로 소멸되었다고 주장합니다.

나) 먼저 원고는 피고 이차웅으로부터 미지급 6개월치 이자를 지급받은 사실이 없습니다.

다) 다음으로 원고는 피고 이차웅을 상대로 위 1억원 및 미지급이자 등 합계 112,000,000원을 피보전채권으로 하여 피고 이차웅 소유의 부동산을 가압류 신청하여 2011. 6. 8. 서울중앙지방법원에서 가압류결정(2011카합12495 부동산가압류 결정)이 내려지고, 그 무렵 가압류결정문이 피고 이차웅에게 송달되었으며 2011. 6. 10. 가압류 등기가 경료되었습니다. 그렇다면 위 미지급 6개월치 이자 채무는 위 가압류신청으로 시효의 진행이 중단되었다 할 것이므로 피고 이차웅의 위 주장도 이유 없습니다.

2) 피고 이차웅의 1,000만원 변제 항변에 대한 반박

가) 피고 이차웅은 2012. 10. 9. 원고의 대리인인 소외 김을수에게 위 원금 중 금 10,000,000원을 지급하여 변제하였으며, 가사 변제당시 소외 김을수가 대리권이 없었다고 하더라도 종전까지 수금사원으로 근무하면서 대출변제의 수령대리권이 있었던 소외 김을수가 해고로 말미암아 대리권이 소멸하였다고 하더라도 자신은 이러한 사실을 몰랐고, 몰랐던 데 과실이 없으므로 대리권소멸 후 표현대리가 성립하여 그 변제로서의 효력이 있다며 항변하고 있습니다.

나) 우선 피고 이차웅이 변제할 당시 소외 김을수는 원고의 대리인이 아니었습니다. 오히려 원고는 소외 김을수를 고용하여 채권회수 등 관리업무를 담당하게 하였다가 2012. 5. 31. 해고하여 피고 이차웅의 변제당시인 2012. 10. 9.에는 더 이상 변제수령의 대리권이 없었습니다.

다) 다음으로 피고 이차웅 주장의 사정만으로 피고 이차웅이 소외 김을수의 대리권이 소멸하였다는 사실을 몰랐고, 몰랐다는데 과실이 없다고 보기 어렵고, 오히려 원고와 피고 이차웅은 한때 사업을 동업하며 가깝게 지내온 사이였고, 소외 김을수는 근무할 때 여러 가지 사건에 연루되어 해고된 자로 피고 이차웅도 그런 사실을 잘 알고 있었을 뿐만 아니라 그

이후로는 다른 금전거래를 전부 원고와 직접해 왔고, 변제당일 원고에게 전화 등으로 확인도 해 보지 않고 소외 김을수로부터 원고 막도장이 날인된 영수증만 교부받은 채 거액을 변제한 점 등에 비추어 볼 때 피고 이차웅의 악의 또는 적어도 과실이 넉넉히 인정된다 할 것이므로 피고 이차웅의 이 부분 주장은 모두 이유 없습니다.

3) 변제공탁 항변

가) 피고 이차웅은 위 10,000,000원 변제가 유효하고, 미지급 6개월치 이자가 소멸하였음을 전제로 2012. 11. 9. 나머지 원금 90,000,000원 및 2012. 10. 10.부터 변제공탁당시까지 위 원금에 대한 1개월간 1,800,000원(90,000,000원 × 2/100)의 이자 등 합계액 91,800,000원을 수령거부를 원인으로 변제공탁하였는바 위 채권은 공탁으로 소멸하였다고 주장합니다.

나) 피고 이차웅 주장과 같은 공탁이 있었다고 하더라도 이는 일부공탁으로 특별한 사정이 없는 한 그 효력이 없습니다.

우선 원고는 피고 이차웅으로부터 원금 일부 변제조로 10,000,000원을 지급받은 사실이 없음은 앞서 본 바와 같고, 미지급 6개월치 이자도 지급받은 바가 없을 뿐만 아니라 시효완성으로 소멸하지도 않았음도 앞서 본 바와 같습니다.

그렇다면 위 두 사실이 있음을 전제로 한 피고 이차웅의 공탁은 결국 채무원리금 합계 116,000,000원(원금 100,000,000원 + 미지급 6개월치 이자 12,000,000원 + 2012. 9. 20. 이후 2개월치[47] 이자 4,000,000원)을 부담하고 있음에도 91,800,000원만을 공탁하여 79.1%(91,800,000원/116,000,000원)정도 밖에 되지 못한 일부공탁으로 공탁 전체가 그 효력이 없다 할 것이므로 피고 이차웅의 위 주장은 이유 없습니다.

4) 피고 넥스트의 연대보증사실 위조 주장에 대한 반박

가) 피고 넥스트는 피고 이차웅은 넥스트의 대표이사도 아닐 뿐만 아니라 대리권도 없음에도 인장을 도용하여 연대보증하였다면서 그 연대보증사실을 부인하고 있습니다.

나) 원래 피고 이차웅이 피고 넥스트를 실질적으로 운영하면서 그 대표명의만은 처인 소외 이성주 명의로 해 두었는데 위 연대보증당시에도 피고 이차웅은 피고 넥스트를 대표하여 피고 넥스트 사업자금 마련을 위해 1억원을 차용하면서 평소 관리하던 인장을 사용하여 피고 넥스트 명의로 연대보증하였습니다.

그렇다면 피고 이차웅은 피고 넥스트의 표현대표이사이거나 적어도 피고 넥스트가 피고 이차웅에게 사업자금 조달을 위한 이 사건 차용행위에 대한 대리권을 수여하였다 할 것이므로 연대보증은 피고 넥스트에게 그 효력이 있다 할 것이므로 피고 넥스트의 위 주장은 이유 없습니다.

2. 피고 이차웅, 피고 정정보에 대한 2011. 9. 20.자 50,000,000원 대여금청구

가. 소비대차계약, 이자·이율의 약정, 원본의 인도, 변제기 도래 (기한이익의 상실특약과 기한이익의 상실), 연대보증계약

1) 원고는 2011. 9. 20. 피고 정정보의 연대보증하에 피고 이차웅에게 50,000,000원을, 이자 월

47) 앞에서(다. 제2채권 (2)항)에서 설명한 바와 같이 2012. 9. 19.까지 이자를 지급한 것으로 기록을 변형하여 모범답안을 작성한 것이다.

2%, 변제는 2012. 9. 19.까지는 매월 19일에 약정이자를 지급하고, 2012. 10. 19.부터 2013. 7. 19.까지 10회에 걸쳐 매월 19일에 원금 5,000,000원씩을 분할하여 잔여 원금에 대한 이자와 함께 변제하기로 하고, 원리금 변제를 1회라도 연체할 때에는 즉시 기한의 이익을 상실함과 동시에 원리금을 일시에 지급해야 하며, 그에 따른 지연손해금은 연 30%로 정한 내용으로 대여하였습니다.

2) 피고 이차웅은 2012. 9. 19.까지의 이자만을 지급한 채 이후 원리금의 변제를 하지 않아 원고는 2012. 11. 16. 피고 이차웅에게 기한이익의 상실을 통지하고 원금 50,000,000원 및 그 지연손해금의 지급을 구하였고, 그 통지서는 같은 달 19. 피고 이차웅에게 도달하였습니다.

나. 소결론

그렇다면 원고의 위 기한이익 상실 통지로 위 차용원리금의 이행기가 도래하였으므로 피고 이차웅, 피고 정정보는 연대하여 원고에게 52,000,000원(대여원금 50,000,000원 + 2개월 이자 2,000,000원) 및 위 금원 중 50,000,000원에 대하여는 2012. 11. 20.부터 다 갚는 날까지 약정상의 연 30%의 비율에 의한 지연손해금을 지급할 의무가 있습니다.

3. 피고 이건주에 대한 50,000,000원의 추심금 청구

가. 추심명령, 제3채무자에 대한 추심명령의 송달, 추심대상채권(공사도급계약, 일의 완성, 계약금·중도급 지급)

1) 피고 넥스트는 인테리어 및 건설업을 운영하는 업체로서 2012. 9. 5. 피고 이건주로부터 서울 영등포구 여의도동 234 지상 건물의 인테리어 공사를 대금 200,000,000원에 해 주기로 도급받고, 같은 해 10. 5. 완공해 주었습니다. 현재까지 위 공사대금 중 50,000,000원을 변제받지 못하고 있습니다.

2) 원고는 위 제1항 100,000,000원의 연대보증채무의 변제 담보조로 피고 넥스트 발행의 액면금 1억원 약속어음 공정증서에 기하여 피고 넥스트가 피고 이건주에 대해 가진 위 50,000,000원의 채권에 대한 압류 및 추심명령을 신청하여 2012. 11. 1. 서울중앙지방법원에서 압류 및 추심명령이 내려져 같은 달 5. 피고 넥스트와 피고 이건주에게 각각 송달되었습니다.

나. 소결론

그렇다면 피고 이건주는 원고에게 위 추심금 50,000,000원 및 이에 대한 2012. 10. 6.부터 이 사건 소장부본 송달일까지는 상법상의 연 6%의, 그 다음날부터 다 갚는 날까지는 소송촉진등에 관한 특례법 상의 연 20%의 각 비율에 의한 지연손해금을 지급할 의무가 있습니다.

다. 피고 이건주의 주장에 대한 반박

피고 이건주는 피고 넥스트가 이미 공사잔대금 지급 청구의 소를 제기하여 2012. 10. 25. 그 소장부본을 송달받았으므로 원고의 위 청구에 응할 수 없다고 주장합니다.

그러나 원고는 정당한 집행권원에 의해 피고 이건주에 대한 위 공사잔대금 채권에 관하여 압류 및 추심명령을 받아 피고 넥스트에게 그 결정문이 송달되었다면 피고 넥스트는 더 이상 위 공사잔대금 채권을 청구할 자격을 상실하였습니다. 따라서 피고 이건주의 위 주장은 이유 없습니다.

4. 결론

그렇다면, 원고의 피고들에 대한 청구는 모두 이유 있어 이를 인용하고, 소송비용은 패소자들의 부담으로 하고, 가집행선고를 하여 주시기를 바랍니다.

증 명 방 법(생략)

첨 부 서 류(생략)

2013. 6. 27.

원고 소송대리인 변호사 최 승 일 인

서울중앙지방법원 귀중

Ⅰ. B. 2013년도 제2회

1. 8단계 권리분석법에 의한 사건 전체의 분석

가. 의뢰인의 희망사항 분석결과

의뢰인 =피고	청구취지 · 청구원인			희망사항
	물권 침해? 약정?	침해자 또는 약정자는 누구(=피고)	원고의 자격, ∴소송명	
김건주 이양도	① 채권양도 ② 임차보증금반환채권 **∴양수금 청구**	**∴약정자 (임대인) (김건주)**	**채권양도 (양수인) 약정의 상대방 (임차인)**	원고의 소 제기에 방어해 달라.
	대위청구 ① 임차목적물반환채권 **∴임차목적물반환 청구**	**∴약정자 (임차인) (이양도)**	**대위청구 약정의 상대방 (임대인)**	

나. 피고의 답변원인 분석결과

소송명	청구원인		답변 · 항변 (법률상 주장 포함) 재재항변	재항변 등
양수금 청구	① 채권양도 ⓐ 채권양도계약 ㈎ 유권대리 (a) 대리권 수여의 의사표시 (b) 법정대리권(일상가사대리권) ㈏ 표현대리 (a) 민법 제126조 월권표현대리 ㈐ 묵시적 추인 ⓑ 양도인에 의한 통지·도달 ② 임차보증금반환채권 ⓐ 임대차계약 ⓑ 임차보증금지급 ⓒ 임차목적물인도 ⓓ 임대차계약 종료		Ⓐ 본안전 항변 관할위반으로 이송신청 ⓐ 관할합의 ⓑ 임의관할 중 1을 관할합의하였으므로 전속관할 Ⓑ (a)답변 ②중 ⓐⓑⓒⓓ인정, 나머지 부인 특히 ①ⓐ㈎(a)부인 ①ⓐ㈎(b)일상가사대리권 범위밖 ①ⓐ㈏선의·무과실 증명 못했음 ①ⓐ㈐2개월 침묵은 묵시적 추인 아님 ①ⓑ양수인에 의한 통지로 효력 없음 Ⓑ(b)항변 ① 양도금지특약 ⓐ 양도금지특약 ⓑ 상대방의 악의·중과실 ② 상계 ⓐ 자동채권의 성립 ⓑ 상계적상 ⓒ 상계의 의사표시 및 도달 ⓓ 상계충당 ③ 공제: 미지급임료의 공제 ④ 임차목적물반환과 동시이행	
임차목적물인도 청구	① 대위요건 ⓐ 임차보증	② 임차목적물반환채권 ⓐ 임대차계약	Ⓐ 본안전 항변 위 Ⓑ(a) 및 Ⓑ(b)중 ① 사유들은 대위	Ⓑ(b)①중 필요비상환

	금반환채권[48] ⓑ 이행기 ⓒ 미행사	ⓑ 임차목적물인도 ⓒ 임대차계약 종료	요건 결여를 초래하는 본안전 항변 사유임 Ⓑ (a)답변 Ⓑ (b)항변 ① 유치권항변 ⓐ 필요비상환청구권 ⓑ 유치권의 행사	포기의 약정[49]

2. 답변서 작성문제가 출제되었을 때 주의할 사항

가. 답변서 출제의 목적

소장 작성문제 대신 답변서 작성문제를 출제하는 의도는

첫째, 민사소송법 지식을 측정해 보기 위한 것이다. 소장작성에 관한 설명을 할 때 민사소송법상 지식은 마치 운전기술과 같아 자신이 알고 있는 운전지식에 기초하여 교통법규에 맞게 운전을 해 가면 될 뿐 구태여 그 운전방식에 관한 설명을 덧붙일 필요가 없다고 하였다. 그런데 상대방이 운전법규에 맞지 않는 운전을 하면 이를 지적하여 문제를 삼아야 하듯이 원고가 소장 등을 통하여 민사소송법에 맞지 않는 작성이나 주장을 하였을 때는 그 점을 지적하여 탄핵하여야 한다. 이를 본안전 항변이라고 한다. 원고가 소송요건을 갖추어 제대로 소를 제기하였는지를 중심으로 검토하여 꼭 본안전 항변사유를 찾아내야 한다. 답변서 작성문제가 출제되었는데도 본안전 항변 사유를 발견하지 못하였다면 권리분석이 잘못되었다고 단언해도 좋다. 그래서 기록 속에서 반드시 본안전 항변사유를 찾아내도록 사력을 다하여야 한다. 실무상으로도 본안전 항변은 매우 빈번하게 활용되고 있으니 잘 학습해 두어야 한다. 사실 민사소송법의 실력을 평가하기 위해 본안전 항변만큼 좋은 소재도 없다. 그래서 많이 출제되는 것이다.

둘째, 피고는 원고의 청구원인을 부인할 수도 있지만 많은 경우 항변할 수도 있다. 소장이 청구원인을 중심으로 구성되어 있었다면 답변서는 항변을 중심으로 구성되게 된다. 청구원인은 대개 물권법, 채권각론적 지식이 중심이 되나 항변사유는 대체로 민법총칙, 채권총론적 지식을 중심으로 논리전개가 된다. 그래서 민법총칙, 채권총론 등의 지식을 측정하기 위해 답변서를 출제하고 있다 해도 과언이 아니다.

셋째, 첫째와 둘째 사유는 권리분석과 관련된 것이지만 법문서 작성의 원칙과 관련해서도 답변서는 소장과 많은 다른 점이 있다. 특히 배점에 있어 청구취지에 대응되는 답변취지는 간략하기 때문에 주로 답변원인에 많은 배점을 하게 된다. 그래서 소장 작성문제보다는 답변서 작성문제가 법문서 작성의 일반원칙을 잘 모르면 좋은 점수를 받기 어렵다. 이에 관해서는 항을 바꾸어 설명한다.

---

48) 금전채권이긴 하나 판례에 의해 채무자의 무자력에 관한 추가 증명없이 대위행사할 수 있다.

49) 이에 대한 반박으로는 의사표시 해석상 필요비상환청구권 포기의 약정이 아니라며 단순히 부인하여야 한다.

나. 답변서 작성은 소장과 몇 가지 점에서 문서작성방식이 다르다. 그러므로 이를 잘 숙지하여 감점을 당하지 않도록 유의해야 한다.

1) 답변서라는 표목 바로 아래에 사건란을 두어 사건번호와 사건명을 기재한다. 그 이유는 법원실무관 등이 해당기록을 찾아 편철하기 좋도록 정보를 제공하기 위한 것이다. 따라서 반드시 기재해야 한다. 본 사안에서는 "사건번호 2013가합34567 임차보증금반환 등"이다.

2) 원고 표시에서는 원고의 성명만을 기재하고, 피고 표시에서는 피고 성명만 기재한다. 그외 주소 등을 기재하지 않는다. 왜냐하면 소장에 이미 이에 대한 기재가 있기 때문이다. 다만, 소장을 작성하는 단계에서는 피고 소송대리인이 선임되어 있지 않았기 때문에 소장에서는 이를 기재할 수 없었다. 피고는 소장부본을 송달받고 소제기 사실을 알고 서둘러 변호사를 선임하여 답변서 작성을 의뢰하기 때문에 답변서 작성단계에서야 비로소 피고 소송대리인이 확정되게 된다. 그래서 피고 소송대리인에 대한 정보를 자세히 기재해야 한다.

실무상으로는 원고는 붉은색, 피고는 파란색으로 띠가 둘러져 있는 용지를 사용하여 소장 및 답변서를 인쇄하여 법원에 제출하고 있다. 그 용지 꼬리말에 피고 소송대리인의 주소, 전화번호, 팩스번호, 이메일주소 등이 부동문자로 기재되어 있기 때문에 답변서 중 피고 대리인 표시란에서 위 정보들을 별도로 기재하지 않는다. 다만 시험목적상으로는 답변서에 이러한 정보들을 기재해 넣어야 한다. 이 점은 소장에서 원고 소송대리인을 표시할 때 설명한 바와 같다.

3) "위 사건에 관하여 피고들의 소송대리인은 다음과 같이 답변합니다."와 같은 소개글을 기재해야 한다.

4) 그 외 청구취지에 대한 '답변취지'(또는 '청구취지에 대한 답변'), 청구원인에 대한 '답변원인'(또는 '청구원인에 대한 답변') 항들을 마련하여 해당 내용을 기재해 넣어야 한다.

5) 답변취지나 답변원인 모두 본안전 항변사유가 있으면 그 본안전 항변사유를 먼저 기재한다. 본안전 항변은 본안 판단 전에 먼저 판단한다. 그렇다고 하더라도 본안전 항변에 "주위적으로"라고 표기하고, 본안에 대하여 "예비적으로"라고 표기하지는 않는다. 주위적·예비적의 구분은 본안인 청구에 관한 분류방법이기 때문이다.

6) 답변원인은 '원고 청구원인의 요지'라는 항목으로 시작하면서 소송물이 무엇인지를 알 수 있을 정도로 원고 청구원인을 간략하게 기재한다. 실무상으로는 법문서 작성의 간결성을 유지하기 위해 이를 생략하기도 하지만 시험목적으로는 간략하기는 하지만 가급적으로 꼭 기재해 주어야 한다. 이렇게 함으로써 답변서를 작성하면서 자신도 원고측의 주장을 정리해 볼 수 있고, 재판부에 피고측이 파악한 원고 측의 청구원인이 무엇인가를 이해할 수 있게 해 주는 기능이 있어 좋다. 하지만 지나치게 장황하게 기재하면 재판부로 하여금 읽으면서 다시 한 번 원고 청구원인을 되새기게 하여 마치 진실인 것처럼 믿게 할 인지심리학적인 위험을 증가시킬 뿐만 아니라 긴 서면에 대한 재판부의 본질적인 반감을 증가시킬 수 있으니 항상 최대한 간략하게 작성하는 능력을 길러야 한다.

7) 이어 반드시 원고 청구원인 사실에 관한 답변을 기재하여야 한다. 사실에 관한 답변은 "...

라는 사실은 인정하나, 나머지 사실은 전부 부인합니다."라는 기재를 통하여 의제자백가능성을 차단하여야 한다.

다. 하나의 청구에 대해 전부기각을 구할 수 있는 사유가 있다면 설사 일부기각을 구할 수 있는 사정을 추가하여 주장하더라도 답변취지를 기술함에 있어서는 전부 기각을 구하는 답변취지로 기술하여야 한다. 물론 복수의 청구 중 하나의 청구에 기각사유가 있으면 그 청구를 기각해 달라고 답변취지에 기재해 넣어야 한다.

3. 본안전 항변

가. 본안전 항변이란?

본안에 관한 진술을 하기 전에 각종 소송요건에 관한 항변을 하는 것을 본안전 항변이라고 한다. 특히 변론관할(응소관할)의 경우 "제1심법원에서 관할위반이라고 항변하지 아니하고 본안에 대하여 변론하거나 변론준비기일에서 진술하면 그 법원은 관할권을 가진다."(민사소송법 제30조)고 하므로 본안전 항변으로서의 관할위반의 항변은 반드시 본안에 관한 진술전에 하여야 한다. 따라서 본 사안에서도 답변원인 1.항에서 관할위반으로 인한 이송신청의 본안전 항변을 하여야 한다.

나. 구체적인 본안전 항변사유

㈎ 관할합의

(1) 관할에 관한 합의

각종 계약을 체결하면서 관할합의를 할 수 있다. 이때 이미 보통재판적, 특별재판적이 있는 법원(임의관할)을 대상으로 관할합의를 한 경우에는 전속적 관할합의가 되고, 그 재판적이 없는 법원을 대상으로 관할합의를 하면 병존적 관할합의라고 한다. 본 사안의 경우에는 피고 김건주의 주소가 의정부지방법원 관내로 김건주에 대한 보통재판적이 있는 의정부지방법원을 대상으로 관할합의를 하였으므로 이는 전속적 관할합의라 할 수 있다.

(2) 병존적 관할합의는 기존의 관할 이외에 새로운 관할을 추가한 것으로 원고는 법률상의 관할과 병존적 관할합의에 의한 관할 중 어느 한 곳을 선택하여 소를 제기할 수 있다.

㈏ 관할합의의 주관적 범위

본 사안에서 관할합의는 피고 김건주와 이양도 사이에 임대차계약을 체결할 때 이루어진 것인데, 그 관할합의가 계약의 당사자가 아닌 원고에게도 효력이 있는지 여부가 문제된다. 만약 원고가 채권양도의 대상인 임차보증금반환 이외의 청구를 하였다면 위와 같은 관할합의의 적용대상이 아닐 것이다. 하지만 피고 이양도로부터 임차보증금반환채권을 양도받았음을 이유로 그 임차보증금반환 청구를 하고 있다. 비로소 관할합의의 주관적 범위가 문제된다.

원고는 피고 이양도로부터 임차보증금을 양도받았음을 원인으로 이 사건 청구를 하고 있다. 양도받았다는 점은 특정승계라고 하고, 상속과 같은 포괄승계와 구분된다. 보통 포괄승계의 경우에는 피승계인의 자격을 그대로 이어받기 때문에 대체로 관할합의의 효력이 미치는 것으로 보아야 할 것이다. 하지만 특정승계인의 경우는 경우에 따라 결론이 다르다. 그래서 본 사안에서 관할합의가 특정승계인에게도 그 효력이 미치는지 여부가 문제되는 것이다. 대법원 판례는 이 문제를 대체로 다음과 같이 해결하고 있다.

첫째, 채권일 경우에는 그 특정승계인이 변경된 권리관계를 승계한 것이기 때문에 관할합의의 효력이 특정승계인에게 미친다.(대법원 2006. 3. 2.자 2005마902 결정)

둘째, 물권일 경우에는 관할합의의 효력이 특정승계인에게 미치지 않는다.(대법원 1994. 5. 26. 94마536 결정)

4. 대리에 의한 약정(법률행위)

가. 대리에 의한 약정은 빈번하게 출제된다. 대리에 의한 약정의 경우 가장 먼저 살펴보아야 하는 것은 현명(顯名)여부이다. 현명여부에 따라 적용법리가 다르기 때문이다.

㈎ 현명한 경우

현명된 경우에는 그 대리인이 대리권을 갖추었는지 여부를 살펴보아야 한다. 대리권은 본인의 대리권 수여행위에 의해 갖게 되거나(임의대리권) 법률의 규정에 의하여 갖게 된다.(법정대리권) 대리권 수여행위는 꼭 문서에 의해 하여야 하는 것은 아니지만 대체로 위임장이 작성되기 때문에 위임장을 통해 증명하면 된다.

다음으로 그 대리에 의한 약정이 임의대리권 또는 법정대리권의 범위 내인지를 검토하여야 한다.

만약 임의대리권도 법정대리권도 인정할 수 없을 경우에는

첫째, 표현대리의 성립여부를 검토하여 주장하여야 한다. 표현대리에는 대리권 수여의 의사표시에 의한 표현대리(민법 제125조), 월권표현대리(민법 제126조), 대리권 소멸 후의 표현대리(민법 제129조) 등 세 가지 종류가 있다.

둘째, 명시적 · 묵시적 추인의 성립여부를 검토하여 주장하여야 한다.

위와 같은 세 가지 주장은 주위적 · 예비적 주장(임의대리권·법정대리권에 의한 약정 주장과 표현대리에 의한 약정의 주장 사이) 또는 선택적 주장(3가지 표현대리 사유간)의 관계에 있다.

㈏ 현명하지 않고 직접 대리인 명의로 약정행위를 한 경우

약정 명의자가 마음속으로만 대리인인 채 그 행위를 한 자이기 때문에 의사표시의 대원칙상 그 자에게 약정의 효력이 있는 것은 너무나 당연하고 자연스럽다. 즉 본인에게는 그 효력이 없다.(민법 제115조 본문) 다만 상대방이 이를 알았거나 알 수 있었을 때는 본인에게도 그 효력이 있다.(민법 제115조 단서) 약정 명의자로 대리인이 표기된 점에서 약정 명의자로 본인이 표기되는 '대행'과는 다르나 본인에게 효력이 있다는 점에서는 유사하다.

㈐ 대리인이 본인 명의로 약정행위를 한 경우

대리인이 본인 명의로 약정행위를 한 경우를 '대행'이라고 한다. 대행은 대리와 동일하게 취급하여 대리권의 존재, 표현대리, 추인 등의 법리를 그대로 적용한다. 실무상으로 대행은 빈번하게 이루어지고 있다. 대행을 소송상 주장할 때는 바로 본인이 약정을 한 것처럼 설시하는 경우도 있다. 그래서 법원에서도 본인이 약정하였다는 주장 중에는 대행에 의한 약정 주장도 포함된 것으로 본다라는 판례들이 형성되어 있다. 이런 점에서 대리의 경우 직권조사사항인 점을 부인한 판례들과 차이가 있다.

㈑ 본 사안의 경우

본 사안의 경우는 이양도의 처 김영숙이 채권양도계약을 함에 있어 대리인 자격을 현명하여 약정을 하였다. 그러므로 임의대리권 및 법정대리권의 존재여부, 표현대리 성립여부, 묵시적 추인의 성립여부가 문제가 된다.

나. 대리권 수여행위(임의대리권)의 존부

임의대리권의 발생원인은 대리권 수여행위이다. 대리권 수여행위는 상대방의 수령을 요하는 단독행위이다. 불요식행위이고, 묵시적으로도 할 수 있다. 다만 보통 위임장을 작성하여 교부하는 방식으로 대리권의 수여가 이루어지고 있다. 본 사안에서는 위임장 기타 소외 김영숙의 대리권을 증명할 증거가 제시되어 있지 않다. 그래서 그 점을 들어 대리권 수여행위가 없었다고 주장해야 한다. 하지만 이러한 주장은 주장·증명책임이 있는 원고의 주장에 대한 부인에 불과하다.

다. 일상가사대리권(법정대리권)

㈎ 일상가사대리권

일상가사란 "부부의 공동생활에 필요한 통상의 사무"를 지칭한다. 구체적으로는 지역사회의 관습 내지 사회관념에 따라 결정된다.(대법원 1997. 11. 28. 선고 97다31229 판결) 일반적으로 ⓐ 의·식·주에 필요한 사항, ⓑ 의료비의 지급, ⓒ 자녀의 양육 및 교육에 관한 사무 등이 이에 해당된다.

㈏ 일상가사대리권과 민법 제126조 상의 표현대리

판례(대법원 1968. 11. 26. 선고 68다1727·1728 판결 등)는 "일상가사대리권" 뿐만 아니라 "그 행위에 관한 대리의 권한을 주었다고 믿었음을 정당화할 만한 객관적인 사정이 있어야 한다."라고 하여 일상가사대리권에 기한 민법 제126조 소정의 표현대리의 성립을 긍정하였다. 하지만, 정당한 이유를 인정함에 있어 상당히 신중한 태도를 취하고 있으니 주의를 요한다.

㈐ 본 사안의 경우

본 사안에서는 처인 김영숙이 이양도를 대리해서 살 집을 임대하는 임대차계약을 체결하였다면 의식주 문제를 해결하기 위한 행위로서 일상가사대리권 범위 내에서의 활동이라고 볼 수 있을 것이다. 하지만 본 사안은 이양도가 사업상 진 빚에 대한 변제로 살고 있는 집의 임대보증금반환채권을 양도한 것으로 이는 일상가사대리권의 범위내에 속하지 않을 것이다.

라. 표현대리

일상가사대리권을 기본대리권으로 하여 월권표현대리(민법 제126조) 주장을 할 수 있다. 실제로 원고는 소장에서 그 주장을 하고 있다. 하지만 원고는 그 정당한 이유도 주장·증명해야 할 책임이 있다. 반대로 피고는 원칙적으로 정당한 이유가 없다고 부인할 수 있다. 피고가 답변서 등에서 부인할 때는 일반적으로는 단지 “그런 사실이 없습니다.”라고 하면 충분하지만 이런 (정당한 사유 등과 같은) 추상적 일반규정의 경우에는 단지 부인만 할 것이 아니라 가급적 “오히려...”를 앞세워 자신이 알고 있는 다양한 사유를 앞세워 정당한 이유가 없다는 간접부인 주장을 함께해 두는 방식으로 주장하는 것이 좋다.

마. 묵시적 추인 주장

원고는 피고 이양도가 채권양도 통지를 받고도 2개월 이상 아무런 항변도 하지 않으며 묵묵히 있었음을 이유로 묵시적 추인 주장을 하고 있다. 하지만 상대방의 주장에 대하여 가만히 있었다는 그 사유만으로는 묵시적 추인이 성립되지 않는다.

5. 채권양도의 통지

본 사안에서는 채권양도의 통지도 대리에 의해 양수인인 원고가 통지하였다. 그러므로 이에 관한 법리를 잘 알고 있어야 한다. 즉 채권양도의 통지는 위임에 의해 양수인이 할 수도 있다. 양수인이 위임에 의한 채권양도통지를 할 때도 “현명”하여 통지하여야 하고, 만약 “현명”하지 않은 채 통지한 경우에는 채무자가 대리통지사실을 알았거나, 알 수 있었어야 하다. 그런데 본 사안에서는 김영숙의 발언을 찬찬히 뜯어보면 이를 채권양도의 통지를 위임한 의사표시로 보기 어렵다. 그러므로 이러한 사실을 지적하여 부인하여야 한다.

6. 채권양도의 대항요건

가. 채권양도의 대항요건

1) 채무자에 대한 대항요건

가) 채권양도의 채무자에 대한 대항요건은 Ⓐ 채권양도의 통지와 Ⓑ 채무자의 승낙이 있다. 각 대항요건에 따라 나중에 채무자가 항변할 수 있는 범위가 달라지므로 이에 관한 법리를 잘 숙지하고 있어야 한다.

나) 채권양도 통지와 항변

채무자는 채권양도 통지 전에 성립하였던 채권자에 대한 항변사유로 양수인에게 대항할 수 있다.

다) 채무자의 채무승낙과 항변

채무자는 이의를 유보하고 승낙한 경우에는 승낙전까지 성립되었던 채권자에 대한 항변사유로 양수인에게 대항할 수 있다. 그러나 이의를 유보하지 않고 승낙한 경우에는 비록 승낙전에 발생하였다고 하더라도 채권자에 대한 항변사유로 양수인에게 대항할 수 없다. 그렇다고 하더라도 승낙전에 발생한 사유를 양수인이 알았거나 알 수 있었을 때는 이의유보하지 않았더라도 항변할 수 있다.

2) 채권양도의 제3자에 대한 대항력

법학전문협의회 제공 제10회 모의기록 강평안 참조

나. 양도금지특약

1) 채무자는 ① 양도금지특약의 존재 및 ② 양수인의 악의 및 중과실을 주장·증명하여 양수인에게 대항할 수 있다.(대법원 2003. 1. 24. 선고 2000다5336,5343 판결 참조) 악의(중과실 포함)주장책임까지 부담한다는 것은 민법 제449조 제2항의 문언과는 다른 해석이니 주의를 요한다. 문언에는 '선의'라고 표현되어 있으나 '악의'라는 형태로 증명하여야 한다. 민법 제449조 제2항으로부터 위와 같이 유추된 악의라는 개념에는 악의 이외에도 중대한 과실을 포함하는 개념이다.(대법원 1996. 6. 28. 선고 96다18281 판결)

양수금청구	청구원인	① 양도대상채권 ② 채권양도계약 ③ 채권양도의 통지 또는 승낙
	항변	① ⓐ 채권양도의 통지 수령이전에 발생한 항변사유 또는 ⓑ 이의유보 있는 승낙의 경우 승낙전 발생한 채권자에 대한 항변사유 (이의유보 없는 채권양도 승낙에는 양수인이 악의·과실 없으면 채권자에 대한 항변사유 주장불가) ② ⓐ 양도금지의 특약 ⓑ 상대방(양수인)의 악의, 중과실

2) 본 사안의 경우

본 사안에서는 우선 임대차계약서에 양도금지의 특약이 명시되어 있다. 사안에서는 채권양도계약시까지는 원고가 입회하였으나 원고가 현장을 떠난 후 입회하였던 성명불상자가 임대차계약서를 수령해 갔다고 구성되어 있다. 그렇다면 원고는 임대차계약서상 명시되어 있는 양도금지특약을 몰랐다고 할 수 없을 뿐만 아니라 설령 몰랐다고 하더라도 중대한 과실로 이를 알지 못한 것이다.

7. 상계

가. 상계항변의 요건사실

① 자동채권의 성립

② 상계적상

③ 상계의 의사표시와 그 도달

④ 상계충당

나. 상계항변 요건사실에 관한 구체적인 검토

1) 자동채권의 성립

통상적인 청구권 발생의 요건사실을 지칭하는 것이다. 그동안 쭉 학습해 왔다.

2) 상계적상

채권양도통지 전에 자동채권이 성립되어 있는 경우에는 비록 수동채권의 변제기가 통지 후에 도래한다고 하더라도 자동채권의 변제기가 수동채권의 변제기보다 먼저 도래한다면 상계적상이 있다. 그래서 채무자는 상계로서 채권양수인에게 대항할 수 있다. 자동채권에 동시이행의 항변사유가 있으면 상계가 불가능하나 수동채권에 동시이행의 항변사유가 있는 경우에는 동시이행항변을 포기하여 상계할 수 있다.

3) 본 사안의 경우

따라서, 본 사안에서는 제1대여금의 경우는 변제기가 2013. 1. 31. 도래하므로 상계할 수 있고, 제2채권의 경우는 임차보증금반환채권의 변제기보다 후인 2013. 5. 31. 도래하므로 상계할 수 없게 된다.

8. 추가적인 항변사유들

가. 미지급 차임으로 공제 주장

당연히 미지급 차임으로 공제를 주장해야 한다.

나. 비용상환청구권과 유치권

1) 임차인이 지출한 필요비 또는 유익비에 관하여는 임대인에 대하여 그 상환을 구할 수 있다.(민법 제626조) 필요비는 "보존을 위하여 지출한 비용"을 지칭하고, 지출한 날로부터 상환청구권이 발생한다. 유익비는 "개량을 위하여 지출한 비용"을 지칭하고, 임대차기간이 만료된 때로부터 이행기가 도래한다. 또한 채무자의 청구에 의하여 법원이 기한을 유예해 줄 수 있다.

2) 비용(필요비, 유익비)상환청구권과 유치권

유치권의 요건 중 "...에 관하여"란 견련관계는 2원설이 다수설 및 판례(대법원 2007. 9. 7. 선고 2005다16942 판결)이며 ① 채권이 목적물 자체로부터 발생한 경우, ② 동일한 법률관계 또는 사실관계로부터 발생한 경우에 인정된다. 그래서 비용상환청구권이 존재하면 유치권을 행사할 수 있다고 본다.

다. 동시이행청구권

원래 임차목적물반환채무와 임차보증금반환채무는 서로 동시이행의 관계에 있다. 따라서 원고로서는 피고 김건주에게 이양도로부터 임차목적물을 인도받음과 동시에 임차보증금을 반환하라고 청구해야 한다. 그래서 김건주는 이와 같은 동시이행의 항변을 할 수 있다. 참고로 이양도에 대해서는 임차보증금을 반환받음과 동시에 임차목적물을 인도하라고 할 필요가 없다. 이는 순환논법을 피하기 위해 대위행사 부분에서는 단순이행을 구할 수 있다고 한 것이다.

9. 추가적인 검토사항

가. 임대차계약의 묵시적 갱신

1) 묵시적 갱신방법

가) 민법의 적용을 받는 임대차계약

① 임대차기간이 만료한 후 ② 임차인이 임차목적물을 사용·수익을 계속하는 경우에 ③ 임대인이 상당한 기간 내에 이의를 하지 아니한 때에는 전 임대차와 동일한 조건으로 다시 임대차한 것으로 본다. 다만 임대차계약 기간의 정함이 없는 임대차로 된다.(민법 제639조)

나) 주택임대차보호법의 적용을 받는 임대차계약

(1) 임대인

임대인은 임대차기간이 끝나기 6개월 전부터 1개월 전까지의 기간에 임차인에게 갱신거절의 통지를 하지 아니하거나 계약조건을 변경하지 아니하면 갱신하지 아니한다는 뜻의 통지를 하지 아니한 경우에는 그 기간이 끝난 때에 전 임대차와 동일한 조건으로 다시 임대차한 것으로 본다. 계약기간은 2년으로 본다.(주택임대차보호법 제6조 제1항, 제2항)

(2) 임차인

임차인은 1개월 전까지 통지하지 아니한 경우에도 그 기간이 끝난 때에 전 임대차와 동일한 조건으로 다시 임대차한 것으로 본다. 이때도 계약기간은 2년이나 임차인은 언제든지 임대인에게 계약해지를 통지할 수 있고, 임대인이 그 통지를 받은 날로부터 3개월이 지나면 그 효력이 있다.(주택임대차보호법 제6조의 2)

다) 상가건물임대차보호법의 적용을 받는 임대차계약

(1) 임대인

임대인은 임대차기간 만료되지 6개월 전부터 1개월 전까지 사이에 임차인에게 계약갱신 거절의 통지 또는 조건 변경의 통지를 하지 아니하고 그 기간을 도과한 경우에는 종전 임대차와 같은 내용으로 임대차계약이 성립한다. 다만 임대차기간은 1년이 된다. 임차인은 그 임대차기간에도 불구하고 언제든지 임대인에게 해지통고를 할 수 있고, 수령한 날로부터 3개월이 경과하면 종료된다.

(2) 임차인

임차인은 임대차기간 만료되기 6개월 전부터 1개월 전까지 사이에 임대인에게 계약갱신을 요구할 수 있다. 임차인이 계약갱신을 요구하면 임대인은 정당한 사유 없이 그 갱신요구를 거절할 수 없다.(상가건물 임대차보호법 제10조)

<table>
<tr><td rowspan="2">민법상 임대차</td><td>임대인</td><td rowspan="2">① 임대차기간이 만료한 후
② 임차인이 임차목적물을 사용·수익을 계속하고 있고
③ 임대인이 상당한 기간내에 이의를 하지 아니한 때</td><td>기한의 정함이 없는 임대차로 해지통고 할 수 있음(토지·건물 기타 공작물에 관해서는 ⓐ 임대인 해지통고 후 6개월, ⓑ 임차인 해지통고 후 1개월)</td></tr>
<tr><td>임차인</td><td>(동산에 관한 해지통고 후 5일)</td></tr>
<tr><td rowspan="2">주택 임대차 보호법</td><td>임대인</td><td>6개월이전부터 1개월이전까지 사이에 갱신거절의 통지를 하지 않았거나, 계약조건을 변경하지 않고는 갱신하지 아니할 뜻을 표하지 않은 경우에는 묵시의 갱신이 됨</td><td>계약기간은 2년</td></tr>
<tr><td>임차인</td><td>1개월이전까지 사이에 갱신거절의 통지를 하지 않았거나, 계약조건을 변경하지 않고는 갱신하지 아니할 뜻을 표하지 않은 경우에는 묵시의 갱신이 됨</td><td>계약기간은 2년이나 임차인은 언제든지 해지통고를 할 수 있고, 그로부터 3개월이 경과하면 효력발생</td></tr>
<tr><td rowspan="2">상가건물 임대차 보호법</td><td>임대인</td><td>임대인은 임대차기간 만료되지 6개월 전부터 1개월 전까지 사이에 임차인에게 계약갱신 거절의 통지 또는 조건 변경의 통지를 하지 아니하고 그 기간을 도과한 경우에는 종전 임대차와 같은 내용으로 임대차계약이 성립한다.(묵시의 갱신)</td><td>임대차기간은 1년이 된다.
임차인은 해지통고를 할 수 있고, 해지통고 후에는 수령한 날로부터 3개월 경과하면 효력 발생</td></tr>
<tr><td>임차인</td><td>임차인은 임대차기간 만료되기 6개월 전부터 1개월 전까지 사이에 임대인에게 계약갱신을 요구할 수 있다. 임차인이 계약갱신을 요구하면 임대인은 정당한 사유없이 그 갱신요구를 거절할 수 없다.
(갱신청구권)</td><td>동일한 조건으로 임대차계약이 이루어진 것으로 본다. 임차인은 그 임대차기간에도 불구하고 언제든지 임대인에게 해지통고를 할 수 있고, 수령한 날로부터 3개월이 경과하면 종료된다.</td></tr>
</table>

2) 임차보증금반환채권이 양도된 경우

임대인이 임대차보증금 반환채권의 양도통지를 받은 후에는 임대인과 임차인 사이에 임대차계약의 갱신이나 계약기간의 연장에 관하여 명시적 또는 묵시적 합의가 있더라도 그 합의의 효력은 양수인에게 미치지 않는다.(대법원 1989. 4. 25. 선고 88다카4253 판결)

3) 본 사안의 경우

본 사안에서 임대차계약의 목적물인 아파트는 주거용 건물로서 이에 대한 임대차계약은 주택임대차보호법의 적용을 받는다. 그래서 임차인으로부터 임차보증금반환채권을 양수받은 원고가 임대인을 상대로 임대차계약의 종료를 이유로 임대차보증금반환을 청구할 때 임차인이 임대차기간 만료 1개월 전에 계약갱신 거절의 통지를 하지 않았다면 주택임대차계약이 묵시적 갱신이 이루어진 상태가 된다. 비록 갱신된 임대차기간은 갱신일로부터 2년이 되나 임차인은 소장부본의 송달로서 임대차계약 해지통고를 할 수 있고 해지통고를 한 경우에는 그로부터 3개월이 경과되면 임대차계약이 종료될 것이다. 본 사안에서는 1개월 이전에 계약갱신 거절의 통지를 하지 않고 주택임대차계약 기간만료가 되기 전으로 묵시의 갱신 요건을 충족시키고 있던 중 임대차보증금 반환채권을 양도하고 그 양도사실을 임대인에게 통지하였다. 그래서 위 88다카4253 판결이 그대로 적용될 수 있을지 의문이나 일단 채권양도 통지 송달 후 묵시적 갱신으로 양수인에게 대항할 수 없다고 보아 논리를 전개해 보자. 1개월 이전에 갱신거절의 통지를 하지 않은 이상 묵시적 갱신은 이루어지고 본 소장 부본의 송달로서 해지통고를 하여야 하고, 상대방이 소장 부본을 송달받은 날로부터 3개월이 경과하여야만 임대차계약이 해지되는 것으로 보아야 할 듯하다. 그러한 경우에는 기록에 나타난 두 가지 채권 전부 상계할 수 있는 것으로 이론구성해야 되지 않을까 하는 의문은 있다.

나. 채권의 압류 및 추심명령과 채권양도의 통지

채권압류 및 추심명령과 채권양도의 순위는 채권압류 및 추심명령의 제3채무자에 대한 송달일자와 채권양도의 채무자에 대한 확정일자 있는 통지일자의 선후에 의하여 결정된다. 본 사안에서는 채권양도가 내용증명우편으로 통지되었으므로 통지서상 강남우체국장이 소인하여 증명한 2013. 4. 15.이 확정일자에 해당된다. 채권압류 및 추심명령의 송달증명원이 제출되어 있지 않으나 상담기록 제12항에 채권양도 통지서와 함께 같은 우편배달원으로부터 송달받았다고 기재되어 있다. 그러므로 양 통지가 동시에 도달하였다고 보아야 한다. 동시에 도달한 경우에는 양자의 우열관계는 없고, 누구라도 먼저 주장할 수 있게 된다. 다만 채무자는 양자 중 1인을 선택하여 그에게 공탁하고 다른 자에게 공탁을 이유로 채무소멸의 항변을 할 수 있다.

답 변 서

사　　건　2013가합34567 임대차보증금반환 등
원　　고　박영수
피　　고　김건주, 이양도
피고들 소송대리인 법무법인 사람과사람
담당변호사 이방어
의정부시 가능동 555 소극빌딩 888호
전화번호 (031) 666－8888, 팩스번호 (031) xxx－0000
이메일 : shieldlee@coolmai.com

위 사건에 관하여 피고들의 소송대리인은 다음과 같이 답변합니다.

청구취지에 관한 답변

1. 이 사건을 의정부지방법원으로 이송한다.
2. 원고의 피고 김건주에 대한 청구를 기각한다.

3. 가. 원고의 피고 이양도에 대한 소를 각하한다.
   나. 원고의 피고 이양도에 대한 청구를 기각한다.
4. 소송비용은 원고의 부담으로 한다.

라는 판결을 구합니다.

청구원인에 관한 답변

1. 본안전 항변(이송신청)

피고 김건주와 피고 이양도가 소장 기재와 같은 임대차계약을 체결할 때 특약으로 "소송을 하게 될 경우에는 관할법원은 의정부지방법원으로 함"이라고 약정하였고, 피고 김건주가 의정부지방법원 관내인 "의정부시 의정부2동 300"에 거주하고 있는 이상 위 관할합의는 소위 전속적 관할합의에 해당됩니다.

그런데, 원고는 피고 이양도로부터 위 임차보증금을 양도받았다고 주장하면서 피고 김건주를 상대로는 임차보증금의 지급을 구하는 소송을 서울중앙지방법원에 제기하고 있는데, 원고는 위 임차보증금 반환채권의 특정승계인이므로 위와 같은 전속적 관할합의에 기속되어 관할위반한 소를 제기한 것이 됩니다. 또 원고는 피고 김건주를 상대로는 위 임차보증금반환채권을 피보전채권으로 하여 피고 김건주의 피고 이양도에 대한 임차목적물반환 채권을 대위행사한 임차목적물 인도 소송을 제기하였는데 피고 김건주, 이양도는 위 관할합의의 당사자이기 때문에 위 전속적 관할합의에 위반하여 관할위반된 소를 제기한 셈이 됩니다. 따라서 이 사건은 그 관할법원인 의정부지방법원으로 이송되어야 할 것이고, 이에 피고들은 이 사건을 의정부지방법원으로 이송할 것을 신청합니다.

2. 원고 청구의 요지 및 사실관계에 관한 피고들 답변의 요지

가. 원고 청구의 요지

원고는 2012. 6. 15. 피고 이양도에 대하여 원리금 합계 200,000,000원, 변제기 같은 해 12. 31.로 된 원리금반환채권을 보유하고 있던 중 피고 이양도가 2011. 4. 15. 피고 김건주로부터 별지 목록 기재 아파트(이하 '이 사건 아파트'라고 함)를 임차하면서 피고 김건주에게 그 임차보증금 200,000,000원을 지급하였는데, 피고 이양도의 대리인인 소외 김영숙이 2013. 4. 15. 원고에게 위 임차보증금반환채권을 양도하였고, 그 양도통지서도 같은 달 16. 피고 김건주에게 도달하였고, 그 결과 위 임대차계약은 기간만료로 종료되었다고 주장하면서 피고 김건주에게 위 임차보증금 200,000,000원 및 그 지연손해금의 지급을 구하고, 위 채권을 보전하기 위하여 피고 김건주를 대위하여 임차인인 피고 이양도에 대하여 피고 김건주에게 임차목적물을 반환할 것을 구하고 있습니다.

이때 원고는 소외 김영숙의 대리권에 관하여 ① 피고 이양도로부터 대리권을 수여 받았고, ② 또는 부부간의 일상가사대리권에 기한 채권양도이므로 유권대리이며, 가사 그렇지 않다고 하더라도 ③ 민법 제126조의 표현대리 법리에 따라 소외 김영숙의 위 채권양도가 피고 이양도에게 효력이 미치고, ④ 피고 이양도가 2개월 가까이 아무런 이의도 제기하지 않고 방치하고 있었으므로 소외 김영숙의 무권대리 행위를 추인하였다는 취지로 주장을 하고 있습니다.

나. 사실관계에 관한 피고들 답변의 요지

피고들은 우선 원고 주장과 같은 임대차계약이 체결되고, 임차보증금이 지급되고, 임차목적물이 인도된 사실, 피고 이양도가 2007. 4.경부터 원고로부터 경영하고 있던 실내장식공사업을 위하여 여러 차례 금전을 차용한 결과 2012. 6. 15. 그 원리금 채무를 2억원으로 확정하고 같은 해 12. 31.까지 이를 변제하기로 약정한 사실은 인정하나 나머지 사실은 전부 부인합니다. 나머지 구체적인 주장은 항을 바꾸어 자세하게 설명합니다.

3. 피고 김건주에 대한 양도받은 임차보증금반환청구에 관하여

가. 채권양도계약의 불성립 및 채권양도통지의 효력 불발생[50)]

(1) 원고 주장에 대한 피고 김건주의 부인주장의 요지

우선 원고 주장과 같이 소외 김영숙의 대리로 피고 이양도와 이 사건 채권양도 계약이 체결되었습니다. 그런데 피고 이양도는 소외 김영숙에게 이 사건 채권양도에 관한 대리권을 수여한 사실이 전혀 없습니다. 또한 원고가 주장하는 부부간의 일상가사대리권에는 영업상 발생한 채무에 대한 변제조로 임차보증금반환 채권을 양도할 수 있는 대리권까지 포함되어 있지 않으며, 민법 제126조의 표현대리가 성립할 여지도 없고, 추인을 한 바도 없습니다. 나아가 채권양도의 통지도 그 효력이 없습니다. 이하보다 상세하게 설명하고자 합니다.

(2) 소외 김영숙의 채권양도의 대리권 부존재 및 표현대리의 불성립

(가) 피고 이양도는 처인 소외 김영숙에게 임차보증금 반환채권 양도에 관한 그 어떤 대리권도 수여한 바도 없고, 위와 같은 채권양도행위는 일상가사대리권의 범주에 속하지도 않습니다.

(나) 오히려 원고는 2013. 2.경부터 피고 이양도에게 만날 때마다 집요하게 이 사건 임차보증금반환채권의 양도를 요구하였으나 피고 이양도는 위 임차보증금이 현재 거주하고 있는 주택에 대한 임차보증금일 뿐만 아니라 유일한 재산이어서 그것마저 없으면 길거리에 나 앉아야 할 지경이어서 계속 거절하면서 원고와의 대면을 피해 왔는데, 원고가 2013. 4. 15.경 피고 이양도가 부재중 미리 채권양도계약서와 채권양도통지서를 작성하여 성명불상자 1명을 대동하고 피고 이양도의 집을 찾아와 처인 소외 김영숙에게 날인을 요구하여 채권양도계약서상에 소외 김영숙을 피고 이양도의 대리인으로 현명하여 그 옆에 소외 김영숙의 인감도장을 날인받아 채권양도계약서를 완성하고, 다시 소외 김영숙에게 갖고 간 채권양도통지서의 날인까지 요구하여 이에 소외 김영숙이 화가 나서 "그런 것까지는 모르겠으니 알아서 하세요."라며 그 날인을 거부한 사실이 있었습니다. 이후 원고는 선약이 있어 황급히 자리를 뜬 직후 위 성명불상자 1인이 다시 피고 이양도의 주택에 들어와 부동산임대차계약서와 영수증의 교부를 요구하여 옥신각신하다가 소외 김영숙으로부터 이를 받아 갔습니다. 그렇다면 소외 김영숙의 위 채권양도계약서 작성행위가 피고 이양도로부터 대리권을 수여 받아 한 것이라고 볼 수 없을 뿐만 아니라 가족생활의 의식주 기타 가사를 위한 대리권의 범위 내에 한 대리행위로 전혀 볼 수 없다 할 것입니다.

50) 이는 원고 청구원인 사실에 대한 부인에 해당된다.

(다) 또한 피고 이양도가 경영하던 실내장식공사업을 위한 차용금의 변제를 위하여 임차보증금반환채권을 양도한 점, 피고 이양도가 수차례 임차보증금반환을 거부하였는데도 처인 소외 김영숙의 대리행위를 통하여 임차보증금반환채권을 양도받으면서도 본인인 피고 이양도에게 그 대리권수여의 진의를 확인하려고 한번도 시도하지 않았다는 점, 채권양도통지서에는 날인받지 못한 점 등에 비추어 볼 때 원고가 소외 김영숙의 이 사건 채권양도에 관한 대리인으로서의 날인행위가 일상가사대리권의 행사로서 한다는 점을 믿었거나 믿을만한 정당한 사유가 있었다고 보기 어렵습니다. 따라서 민법 제126조 소정의 표현대리도 성립하지 않습니다.

(3) 추인의 불성립

원고는 피고 이양도가 2개월 가까이 아무런 이의를 제기하지 않은 채 방치한 것으로 소외 김영숙의 위 무권대리행위를 추인하였다고 주장하나, 단지 2개월 동안 이의를 제기하지 않고 방치하였다는 것만으로 추인사실이 인정되지 않습니다. 오히려 피고 이양도는 2013. 6. 10. 원고에게 내용증명우편을 보내 처 소외 김영숙이 한 임차보증금반환채권 양도를 인정할 수 없다고 통지하기까지 하였습니다.

(4) 채권양도통지의 부적법 무효

원고는 2013. 4. 15. 양도인이 아닌 양수인 자격인 자신 명의로 양도인으로부터 채권양도통지를 위임받았다고 주장하면서 피고 김건주에게 채권양도통지서를 보내 다음 날 피고 김건주가 그 통지서를 수령한 사실이 있습니다. 원고는 채권양도통지 위임근거로 채권양도통지서에 날인을 부탁하자 소외 김영숙이 "알아서 하세요"라고 답하였다는 것을 들고 있습니다. 하지만 앞서 본 바와 같이 소외 김영숙이 채권양도통지서에 관하여 날인조차 거부하면서 "그런 것까지는 모르겠으니 알아서 하세요."라고 하였을 뿐이고, 그 외에는 소외 김영숙이 원고에게 채권양도통지의 위임을 한 바가 없습니다. 이를 들어 채권양도통지의 대리권 수여의 의사표시로 보기 어렵다 할 것입니다. 이런 상태에서 양도인이 아닌 양수인이 채권양도를 통지한 이상 위 채권양도통지는 채무자인 피고 김건주에게 일체의 효력이 없다 할 것입니다.

(5) 소결론

따라서 채권양도계약 및 채권양도통지가 유효함을 전제로 한 원고의 이 사건 청구는 채권양도계약의 대리인인 소외 김영숙의 대리권이 없고, 일상가사대리권의 범위를 벗어난 대리행위일 뿐만 아니라 제반 사정에 비추어 원고에게 민법 제126조 소정의 표현대리를 주장할 만한 정당한 이유가 존재하지 아니하고, 피고 이양도가 그 무권대리행위를 추인한 사실이 없어 이 사건 채권양도계약은 그 효력이 없을 뿐만 아니라 나아가 채권양도통지도 양도인이 아닌 양수인에 의해 행해져 부적법하여 채무자인 피고 김건주에게 효력이 없다 할 것이어서 전부 기각되어야 할 것입니다.

나. 주위적 항변사유 : 양도금지특약

(1) 양도금지특약에 의한 채권양도의 무효

(가) 양도금지특약

피고 김건주와 피고 이양도 사이의 이 사건 임대차계약 중 특약 제1항에서 임차인은 임대차계약상의 어떠한 권리도 임대인의 사전 동의 없이 타인에게 양도할 수 없다고 약정하였습니다.

(나) 원고측의 악의 또는 중대한 과실의 존재

앞서 설명 드린 바와 같이 원고가 위와 같이 피고 이양도의 주택을 방문하여 채권양도계약서를 작성하게 된 날 원고가 떠난 후 같이 왔던 성명불상자가 소외 김영숙에게 강력하게 요구하여 임대차계약서 및 영수증을 교부받아 갔는바 그 계약서 특약 제1조에서 위와 같은 양도금지약정이 규정되어 있었습니다. 그렇다면 원고는 불과 2장에 불과한 임대차계약서를 교부받았다면 그 임대차계약서상 명시되어 있는 양도금지 특약의 존재를 알았다고 보아야 할 것이고, 적어도 이를 확인하지 않았는데 중대한 과실은 있다고 보아야 할 것입니다.

(2) 소결론

그렇다면 원고의 이 사건 청구는 양도금지특약에 위반된 위 채권양도계약에 기하여 제기된 것으로 전부 기각되어야 할 것입니다.

다. 예비적 항변사유 : 상계주장 및 미지급 임료공제 주장

(1) 만약 피고들의 위 주위적 항변이 받아들여지지 아니한다면 피고 김건주는 상계주장 및 미지급 임료의 공제 주장을 예비적으로 합니다.

(2) 상계주장

피고 김건주는 2012. 2. 1. 피고 이양도에게 금 50,000,000원을 이자 월 2%, 변제기 2013. 1. 31.로 정하여 대여하였습니다. 또한 피고 이양도로부터 위 대여금채권에 대한 현재까지의 이자를 전부 변제받은 사실은 자인합니다. 나아가 피고 김건주는 이 사건 답변서 부본의 송달[51]로써 위 대여금 5,000만원의 채권으로 위 임대차보증금반환 채권에 대하여 상계합니다.

따라서 피고 김건주의 위 상계로 먼저 변제기가 도래한 위 대여금 채권을 자동채권으로 하여 2013. 4. 30. 임대차계약기간 만료로 비로소 변제기가 도래하는 위 임차보증금반환 채권이 상계적상이 발생한 2013. 4. 30.자로 대등액으로 상계되어 소멸될 것이고, 그래서 임차보증금은 150,000,000원만이 남게 된다고 할 것입니다. 이는 원고가 비록 2013. 4. 15. 피고 이양도로부터 채권양도를 받고 그 양도사실을 같은 달 16. 피고 김건주에게 통지하였다고 하더라도 그 양도통지 전에 이미 상계적상의 기초사실이 발생하고 있었던 위 채권에 대하여는 여전히 상계가 가능합니다.

(3) 미지급 임료의 공제주장

피고 이양도는 2013. 5. 1.부터 이 사건 주택에 대한 임료를 전혀 지급하지 않고 이에 거주하고 있고, 이 사건 주택에 대한 임료는 임대차계약기간 만료일인 2013. 4. 30. 이후 현재까지도 임차보증금 200,000,000원에 월 2,000,000원 상당이고 별다른 변동이 없습니다.

51) 일부 학생들은 모의기록 36면에 편철된 상계의사표시의 내용증명우편을 들어 피고 김건주가 이미 상계의 의사표시를 하고 도달하여 임차보증금이 해당 액수만큼 소멸되었다는 식으로 답안을 작성했다. 만약 채권양도가 유효하다면 상계의 의사표시는 현재 채권자인 양수인을 상대로 해야 한다. 그럼에도 피고 김건주는 양도인인 피고 이양도에게 상계의 의사표시를 하였으므로 아직 양수인에게 상계의 의사표시가 도달하지 않았다고 봄이 더 타당하다. 그래서 답변서 부본의 송달로써 상계의 의사표시를 다시 하는 바이다.

그렇다면 위 나머지 임차보증금 150,000,000원에서 2013. 5. 1.부터 피고 이양도가 이 사건 주택을 반환할 때까지 매월 2,000,000원의 비율로 발생하는 미지급임료를 공제한 나머지 금원만을 지급할 의무가 있다 할 것입니다.

라. 동시이행항변

임차보증금반환채무와 임차목적물 인도채무는 동시이행의 관계에 있습니다. 비록 임차보증금채권이 양도되었다고 하더라도 이와 같은 동시이행 관계에는 변함이 없습니다.

따라서 피고 김건주는 임차목적물인 이 사건 주택의 반환을 받기 전에는 원고에게 임차보증금을 지급할 수 없습니다.

4. 대위에 의한 피고 이양도에 대한 이 사건 주택의 인도청구

가. 피고 이양도의 답변의 요지

원고의 피고 이양도에 대한 이 사건 주택의 인도청구는 양도받은 위 임차보증금반환채권을 피보전채권으로 하여 그와 동시이행관계에 있는 피고 이양도의 피고 김건주에 대한 이 사건 주택의 인도청구권을 대위행사하고 있습니다. 그러므로 임차보증금채권이 제3.항의 각 사유로 부존재 함을 이유로 피보전채권의 부존재로 인한 위 소의 각하를 본안전 항변으로 구하고, 본안에 관하여 비용상환청구권을 피담보채권으로 한 유치권 항변을 주장합니다.

나. 본안전 항변

원고의 피고 김건주에 대한 임차보증금 반환채권은 위 제3항에서 설명드린 바와 같이 첫째 소외 김영숙의 대리권 결여, 일상가사대리권의 범위 밖의 대리행위인 점, 둘째 민법 제126조 소정의 표현대리의 불성립, 셋째 추인한 사실이 없는 점, 넷째 채권양도통지의 불성립, 다섯째 양도금지특약의 존재 및 악의 또는 중과실 등으로 인하여 채권양도의 효력이 없거나 채무자인 피고 김건주에게 대항할 수 없으므로 원고의 피고 김건주에 대한 임차보증금반환채권이 부존재한다 할 것입니다.

그런데, 원고의 피고 이양도에 대한 이 사건 주택의 인도청구는 위 임차보증금반환채권을 피보전채권으로 하여 그 대위청구를 하는 것이므로 대위요건이 결여되어 부적법하다 할 것입니다. 따라서 부적법 각하되어야 합니다.

다. 유치권의 항변(본안에 관한 항변)

(1) 비용상환청구권의 발생

피고 이양도는 이 사건 주택 거실에 딸린 화장실·욕실바닥의 배관이 낡아서 같은 동 11층 거주자로부터 항의를 받고, 피고 김건주에게 이 사실을 고지하면서 수리해 달라고 요청하였더니 "이 사장이 알아서 처리하시오."라고 말하여 한성배관이라는 상호로 배관공사업을 하는 소외 김진갑에게 화장실 겸 욕실 바닥 배관 교체공사를 의뢰하고 2012. 8. 11.부터 3일간 시공하고 같은 달 14. 소외 김진갑에게 공사비 10,000,000원을 지급하였습니다.

위 배관교체공사는 이 사건 주택의 유지·관리에 필요한 공사로서 필요비라고 할 것이므로 따라서 피고 김건주는 그 지출일인 2012. 8. 14.자로 지출액인 금 10,000,000원의 필요비반환의무를 부담한다고 할 것입니다.

(2) 유치권의 행사

위 비용상환청구권은 이 사건 주택에 관하여 지출된 경비로서 그 채권자인 피고 이양도는 위 비용반환 전에는 이 사건 주택을 유치하여 반환을 거부할 권리가 있다 할 것입니다. 따라서 원고의 피고 이양도에 대한 이 사건 주택의 인도청구는 이유없습니다.

(3) 원고의 예상가능한 주장에 관한 반박

원고는 임대차계약 제5조상에 "임차인이 임차건물을 증·개축하거나 변조하는 공사를 할 수 없으며,...... 임대인은 임대차가 종료될 때에 임차인에게 임차인의 비용부담으로 원상복구를 요구할 권리가 있다."라고 규정되어 있음을 들어 위 배관교체공사는 위 약정에 위반된 것으로 비용상환청구권이 발생하지 아니한다고 주장합니다.

그러나 위 약정은 필요비 또는 유익비 이외의 공사를 지칭하거나 소규모 수선[52]에 한정하는 것으로 임대차기간 동안 이 사건 주택의 보존을 위한 대규모 지출이나 가치향상을 위한 지출까지 임차인의 부담으로 돌리려는 취지의 약정은 아니라 할 것이므로 원고의 위 주장은 이유 없습니다.

5. 결론

따라서 이 사건 소는 전속적 합의관할을 위반하여 제기된 것으로 그 관할법원인 의정부지방법원으로 이송하여 주시고, 나아가 원고의 피고 김건주에 대한 청구는 이유 없으므로 전부 기각하여 주시고, 피고 이양도에 대한 소는 피보전채권의 부존재로 인하여 각하되어야 하며, 그 청구는 유치권의 존재로 인하여 기각되어야 하고, 소송비용은 패소자의 부담으로 하여 주시기를 바랍니다.

증 명 방 법(생략)

첨 부 서 류(생략)

2013. 8. 14.

피고들 소송대리인 법무법인 사람과사람

담당변호사 이방어 인

서울중앙지방법원 제10민사부 귀중

52) 대법원 1994. 12. 9. 선고 94다34692 판결 참조.

Ⅰ. C. 2013년도 제3회

1. 7단계 권리분석법에 의한 사건 전체의 분석

가. 의뢰인의 희망사항 분석결과

의뢰인 =원고	희망사항	물권 침해? 약정?	침해자 또는 약정자는 누구(=피고)	원고의 자격, ∴소송명
<u>김일동</u>	임대차계약이 기간만료로 종료되었으므로 건물을 반환받고 싶다.	① 임대차계약 **∴불이행하여 강제이행청구**	**∴약정자 (임차인) <u>(김이동, 최미선)</u>**	**약정의 상대방 (임대인 지위승계) ∴임차목적물반환청구**
	의뢰인이 받을 수 있는 금전채권(연체차임)의 이행을 구하고 싶다. (다만, 연체차임에 대한 소장부본 송달일까지의 지연손해금은 받지 않겠다.)[53] (의뢰인이 부담해야 할 채무가 있다면 연체차임에 충당하거나 상계하고자 한다.)	① 임대차계약 미지급 차임 ② 무단점유로 인한 부당이득반환 **∴불이행하여 강제이행청구 & 무단점유로 인한 부당이득반환**	**∴약정자 (임차인) <u>(김이동,최미선)</u>**	**약정의 상대방 (임차인,소유자) ∴연체차임 및 부당이득반환청구**
김일동 이화순	의뢰인들이 받을 수 있는 모든 금전채권의 이행을 구하고 싶다.	① 물품 대금 3,000만원 **∴불이행 있어 강제이행청구**	**약정자 (매수인) (김이동,최미선)**	**약정의 상대방 (매도인) ∴물품 대금청구**
		① 소비대차 **∴강제이행청구**	**∴약정자 (차주) (최미선) <u>일상가사연대채무</u> <u>(김이동)</u>**	**약정의 상대방 (대주) ∴대여금청구**

나. 원고의 청구원인 분석결과

소송명	청구원인	항변 (법률상 주장 포함)	재항변 등
임차목적물반환청구	① 임대차계약 ② 임차목적물인도 ③ 임차보증금지급 ④ 임대차기간 만료[54] ⑤ 미지급차임 공제[55] <u>⑥ 유익비·필요비와 상계</u> <u>ⓐ 유익비·필요비 발생</u> <u>ⓑ 상계의 의사표시</u> <u>ⓒ 상계충당</u>	Ⓐ 필요비, 유익비 추가공제 or 유치권행사 주장 Ⓑ 임차보증금 가압류 주장	Ⓐ 필요비도 유익비도 아니다(부인) Ⓑ 가압류했어도 공제는 할 수 있다.
연체차임 및 부당이득반환청구	① 임대차계약,임차목적물인도,임대차기간만료 ② 임료상당 부당이득	Ⓐ 차임 1년치 면제 (처분문서) Ⓑ 차임은 분할채무	Ⓐ 처인 원고 이화순이 임의로 면제각서 작성(일종의 위조 주장)

53) 연체차임 청구의 제약조건을 제시하고 있다.

	ⓐ 소제기전 발생부분 ⓑ 소제기 후(장래이행의 소)		Ⓑ [ⓐ 상행위로 인한 채무 연대(상법 제57조 제1항)] ⓑ 민법 제654조, 제616조에 의한 연대채무
물품 대금청구	① 매수인들이 상인 ② 물품공급계약 ③ 물품인도 **④ 최미선이 승인** **⑤ 김이동은 소멸시효완성** **ⓐ 상행위 5년** **ⓑ 변제기 약정 없어 성립한 때** **⑥ 김이동 부담부분의 소멸** **∴최미선은 1/2만 이행의무**		
대여금청구	① 피고들은 부부 ② 가사목적 ③ 소비대차계약 ⓐ 소비대차계약 ⓑ 원본의 인도 ⓒ 이자 및 이율의 약정 ⓓ 변제기 도래 **④ 면제**[56]		

2. 임대인 지위 승계

임대인 지위 승계는 ① 3자간 합의나 ② 대항력 있는 주택임대차·상가건물임대차에서 임차목적물이 양도된 경우에 이루어진다. 특히 ①의 경우 임대인과 양수인의 합의와 임차인의 승낙으로 이루어질 수 있다. 3자간의 합의가 없다면 임대인의 지위 승계는 그 효력이 없다. 계약상의 지위 양도양수는 채권양도와 달라 계약에 따른 일체의 권리의무를 포괄적으로 양도양수하는 효과가 있다.

54) 본 기록상으로는 임대차기간 만료 즈음 묵시의 갱신 성립에 관한 정확한 정보가 제공되어 있지 않다. 상가건물이기는 하나 간주임대료가 6억 원 가량 되어 상가건물임대차보호법의 적용대상은 아니다. 그래도 민법 임대차 규정상의 묵시의 갱신 규정의 적용은 있다. 따라서 갱신에 관한 추가적인 정보가 필요하였다. 2013. 8. 13. 개정으로 상가건물임대차보호법 제2조 제3항이 신설되어 간주임대료가 일정기준을 넘어도 갱신청구를 규정한 동법 제10조를 적용할 수 있게 되었다. 본 기록에서 임대기간 만료즈음 갱신에 관한 아무런 정보가 없다. 그래도 임대기간 만료로 임대차계약이 종료되는 것을 전제로 답안을 작성한다.

55) 임차목적물 반환청구를 하면 상대방에서 임차보증금반환과 상환이행의 관계가 있다는 동시이행항변을 할 것이다. 그런데 작성요령에 의하면 기각되는 부분이 없도록 작성하라는 요청 때문에 청구취지 작성단계에서 이 문제를 해결하여 때로는 상환이행의 청구취지를 작성해야 한다. 따라서 필연적으로 청구원인의 요건사실로서 ② 임차보증금 지급, ⑤ 미지급임료의 공제 등 사실을 청구원인으로 기재해야 한다.

56) 첨부된 각서에 채무자 김이동, 최미선 양인이 표기되어 있어 원고 이화순의 면제의 의사표시가 피고들에 대한 면제의 의사표시로 보여 일응 1,000만원에 대한 면제로 소멸되는 것으로 모범답안을 작성하나 만약 원고 이화순이 피고 최미선에게만 1,000만원의 채무면제의 의사표시를 하였다면 최미선에게는 1,000만원 모두의 채무면제 효과가 발생하지만 김이동에게는 그 부담부분인 500만원의 채무면제 효과만이 있어 최미선에게는 나머지 1,000만원을 청구하는 한편 김이동에게는 1,000만원은 연대하여 청구하고, 나머지 500만원은 단순청구를 해야 한다. 기록상으로는 이 부분이 명확하지 않다.

3. 공제와 상계

가. 임차보증금에서의 공제 및 가압류

임대인은 임차보증금에서 차임, 임대차 관련 손해배상금 등을 공제할 수 있다. 따라서 임차인의 채권자가 임차보증금반환채권을 가압류하고 그 가압류결정문이 임대인에게 송달되었다고 하더라도 임대인은 임차보증금에서 미지급 임료, 손해배상금 등을 공제할 수 있다. 임대인은 미지급임료 등으로 임차보증금반환채무에서 공제하고도 초과액이 있으면 임차인에 대하여 그 지급을 구할 수 있다.

나. 미지급임료 및 부당이득반환채권을 자동채권으로 한 필요비 · 유익비지급채무와 상계

1) 상계적상

양자는 모두 금전채권으로 동종의 채권이다. 또 필요비는 지출 즉시, 유익비는 임대기간 만료시에 그 변제기가 도래한다. 미지급임료 및 부당이득반환채무는 임대차계약 약정시 후불인지, 선불인지, 월 지급인지, 연 지급인지에 따라 다르나 대체로 월 지급, 후불식으로 약정하는 경우가 많다. 구체적인 사안에 따르니 기록에서 확인해 보아야 한다. 따라서 양 채권이 모두 변제기에 있거나 적어도 자동채권의 변제기가 먼저 도래한다면 상계적상이 있게 된다.

2) 상계의 의사표시와 도달

기록상 상계의 의사표시를 한 적이 없으면 소장에 상계의 의사표시를 기재하고 그 소장부본의 송달로 상계의 의사표시가 될 수 있다.

3) 상계충당

상계의 경우 상계충당의 과정을 소상히 기술해 주어야 한다. 본 사안에서 필요비는 지출 즉시 발생하므로 정확한 지출시점을 확인해야 한다. 기록상으로 2011. 3. 20. 임대차계약 후 인도받으면서 필요비 관련 공사를 하고 지출한 것으로 보인다. 미지급 임료는 첫 임료부터 지급하지 않았다. 따라서 후불식이므로 미지급 임료가 발생하여 변제기가 도래하기 전에 이행기에 있어 미지급 임료가 필요비에 달할 때까지 이행지체로 인한 민법 소정의 5%에 의한 지연손해금이 발생하였다. 이것을 정확하게 계산하여 미지급임료가 필요비에 달하여 상계적상일이 될 때까지의 정확한 금액을 확정하여 상계충당하여야 할 것이다. 그런데 이에 관한 정보가 누락 되어있어 정확한 계산이 불가능하였다.

4. 일상가사대리권 및 일상가사채무의 연대책임

가. 결혼생활 중 재산의 소유관계

부부는 개인 특유재산은 단독 소유한다.(민법 제830조 제1항) 특유재산에는 결혼 전 보유하고 있던 고유재산과 혼인 중 자기 **명의**로 취득한 재산으로 구성된다. 명의에는 등기명의는 물론 허가명의, 가옥대장상의 명의(대법원 1992. 12. 11. 선고 92다21982 판결), 예금통장명의(대법원 1998. 6. 12. 선고 97누7707 판결) 등이 포함된다. 만약 다른 일방이 실제로 당해 재산의 취득대가를 부담한 것이 증명되면 그 특유재산은 그 명의자의 소유라는 법률상 추정이 번복되고 대가부담자가 취득하여 명의자에게 명의신탁한 것으로 된다.(대법원 2007. 4. 26. 선고 2006다79704 판결) 다만 구체적인 사정에 따라서는 명의자가 실제로 그 권리를 취득하기로 하고, 대가부담자는 명의자에게 그 취득대금을 단지 증여했을 뿐인 경우도 있다.(대법원 2008. 9. 25. 선고 2006다8068 판결) 따라서 구체적인 사정을 정확히 파악할 필요가 있다.

그 외 부부 누구에게 속한 것인지 분명하지 않은 경우에는 부부의 공유로 추정한다.(민법 제830조 제2항)

나. 일상가사대리권과 혼인생활비용의 공동부담

1) 가사업무

의, 식, 주, 자녀교육, 치료비 등은 가사업무의 대표적인 사례이다. 본 사안에서 최미선은 주거의 밀린 월세를 지급하기 위하여 차용한 것으로 가사업무의 범위에 속한다.

2) 혼인생활비용의 공동부담과 일상가사채무의 연대책임

위와 같은 가사비용은 부부가 공동으로 부담한다.(민법 제833조) 부부의 일방이 가사에 관하여 제3자에게 부담한 채무는 연대채무가 된다.(민법 제832조 본문) 통설은 그 연대책임이 민법 제413조 이하의 연대채무보다 더 밀접한 부담관계라며 부담부분의 균등추정의 적용이 없다고 설명하고 있다.[57] 하지만 본 사안에서는 이와 다른 견해에서 모범답안이 작성되었으니 해당 부분을 참조해 보기 바란다. 이러한 연대책임은 미리 제3자에게 다른 일방이 책임 없음을 명시한 때에는 성립하지 않는다.(민법 제832조 단서)

3) 일상가사대리권

부부는 일상가사에 관하여 서로 대리권이 있다.(민법 제827조 제1항) 부부는 합의로 일방의 일상가사대리권을 제한할 수 있다. 그 제한은 선의의 제3자에게 대항하지 못한다.(민법 제827조 제2항) 따라서 대리권 제한을 주장하는 자는 ① 대리권 제한 사실, ② 제3자의 악의를 주장·증명하여야 한다.

일상가사대리권을 기초로 표현대리를 인정하고 있다. 일상가사의 범위 내라고 오인될 수 있는 경우에 한하여 정당한 사유가 있는 경우에는 민법 제126조 소정의 표현대리의 성립을 인정하고 있다.(대법원 1981. 6. 23. 선고 80다609 판결)

5. 연대채무자의 소멸시효완성 및 시효중단의 효과

가. 연대채무자 간에는 어느 한 연대채무자에게 발생한 소멸시효완성의 효과는 그 부담부분에 한하여 다른 연대채무자에게도 절대적 효력이 있어 그만큼 채무가 소멸한다. 그러나 어느 한 연대채무자에게 발생한 시효중단은 다른 연대채무자에게 전혀 효력이 없다.(시효중단의 상대적 효력) 다만 예를 들면 甲이 채권자, 乙, 丙이 연대채무자라고 하자. Ⓐ 甲이 乙을 상대로 최고 한 후 6개월

57) 송덕수, 「신민법강의」, 제10판, 2017, 박영사, 1767면 참조.

이내에 재판상 청구를 해서 확정판결을 받았다.(또는 최고 없이 바로 재판상 청구를 하였다 하면 소장부본이 송달되면 최고로서의 효력이 있으므로 절대적 효력이 있어 그로부터 6개월이내에 재판상 청구를 하면 최초 소제기시로 소급하여 시효중단의 효력이 있다.) 최고는 절대적 효력이 있고, 시효중단은 상대적 효력밖에 없으므로 최고 후 6개월이내에 丙을 상대로도 재판상 청구 등을 하지 않으면 최고의 시효중단 효과가 소급하여 소멸한다. Ⓑ 甲이 乙을 상대로 압류, 가압류, 가처분을 한 다음 그 사실을 다른 연대채무자인 丙에게 통지하면 민법 제176조에 의하여 시효중단의 효력이 있다. 시효중단이 상대적 효력만 있어도 그렇다. 따라서 종종 관련 문제들이 출제되는데 실제로 적용하는데 매우 어렵다.

나. 구체적인 적용결과

사유	사례 1		사례 2		사례 3	
	甲	乙	甲	乙	甲	乙
부담부분	1/2	1/2	1/2	1/2	1/2	1/2
시효중단		0			0	
소멸시효완성	0		0	0		0
시효이익포기				0		0
판단과정	甲: 소멸시효완성하여 채무소멸 乙: 시효중단되어 채무존속 다만, 甲부담부분 소멸(절대적효력)		甲: 소멸시효완성으로 채무소멸 乙: Ⓐ시효이익포기 or Ⓑ시효이익의 포기+甲의 부담부분 소멸효과도 포기		갑: 시효중단상태에서 을의 소멸시효 완성으로 그 부담부분에 한해 소멸(절대적효력) 을: 소멸시효완성했으나 시효이익 포기 전부 부담	
결과	**∴甲은 채무소멸 乙은 1/2 채무존속**		**∴甲은 채무소멸 Ⓐ 1/2 채무부담 乙은 Ⓑ 전액채무 존속**		**∴甲은 1/2 채무부담 乙은 전액채무 존속**	
출제	**2013년 3차**				**제6회 변호사시험**	

다. 보증인의 경우

사유	사례 1		사례 2		사례 3	
	甲(주채무)	乙 (보증인)	甲(주채무)	乙(보증인)	甲(주채무)	乙 (보증인)
시효중단		0			0	
소멸시효완성	0		0	0		0
시효이익포기				0		0
판단과정	甲: 소멸시효완성하여 채무소멸 乙:주채무가 시효소멸했으므로 보증채무의 중단에도 불구하고 소멸		甲: 소멸시효완성으로 채무소멸 乙: 시효이익포기에도 불구하고 시효소멸		갑: 시효중단 을: 갑의 시효중단은 을에게 절대적 효력이 있어 소멸시효완성되지 않음	
결과	**∴甲은 채무소멸 乙도 보증채무소멸**		**∴甲은 채무소멸 乙도 보증채무소멸**		**∴甲은 채무부담 乙도 채무부담**	
출제						

소 장

원 고 1. 김 일 동(630507－1542634)
2. 이 화 순(630127－1538216)
원고들 주소 서울 관악구 봉천동 해누림아파트 112동 907호
원고들 소송대리인 변호사 경대승
서울 서초구 서초동 345 법사랑빌딩 301호
전화번호 (02) 532－1008, 팩스번호 (02) 532－1005
이메일 : nhm1008@gymail.com

피 고 1. 김 이 동(******－*******)
2. 최 미 선(******－*******)
피고들 주소 서울 송파구 잠실동 123－44 다세대주택 2층

건물인도 등 청구의 소

청 구 취 지

1. 피고들은, 연대하여 원고 김일동에게,
   가. 서울 서초구 방배동 100 지상 벽돌조 기와지붕 2층 영업시설 1층 150㎡, 2층 150㎡를 인도하고,
   나. 금 40,000,000원 및 이에 대한 이 사건 소장 부본 송달 다음날부터 다 갚는 날까지 연 20%의 비율에 의한 금원을 지급하고,
   다. 2013. 10. 20.부터 위 가.항 건물의 인도완료일까지 월 5,000,000원의 비율에 의한 금원을 지급하라.
2. 피고들은 연대하여 원고 이화순에게 금 10,000,000원 및 이에 대한 2012. 7. 1.부터 이 사건 소장 부본송달일까지는 연 12%의, 그 다음날부터 다 갚는 날까지는 연 20%의 각 비율에 의한 금원을 지급하라.
3. 피고 최미선은 원고 이화순에게 금 15,000,000원 및 이에 대한 2012. 7. 1.부터 이 사건 소장 부본 송달일까지는 연 12%의, 그 다음날부터 다 갚는 날까지는 연 20%의 각 비율에 의한 금원을 지급하라.[58]
4. 소송비용은 피고들의 부담으로 한다.
5. 위 제1, 2, 3항은 가집행할 수 있다.

라는 판결을 구합니다.

---

58) 위 청구취지 중 2, 3항을 다음과 같이 수정하여 기재할 수 있다.
"2. 원고 이화순에게,
가. 피고 최미선은 25,000,000원 및 이에 대하여 2012. 7. 1.부터 이 사건 소장부본송달일까지 월 1%의, 그 다음날부터 다 갚는 날까지 연 20%의 각 비율에 의한 금원을 지급하고,
나. 피고 김이동은 피고 최미선과 연대하여 위 가.항 금원 중 10,000,000원 및 이에 대하여 2012. 7. 1.부터 이 사건 소장부본 송달일까지 월 1%의, 그 다음날부터 다 갚는 날까지는 연 20%의 각 비율에 의한 금원을 지급하라."

청 구 원 인

1. 원고 김일동의 피고들에 대한 임차목적물 반환청구 및 무단점유로 인한 차임상당의 부당이득반환 청구

가. 임대차계약의 종료로 인한 임차목적물반환 청구권의 발생

(1) 피고들은 2011. 3. 20. 소외 박치수로부터 서울 서초구 방배동 100 벽돌조 기와지붕 2층 영업시설 1층 150㎡, 2층 150㎡(이하 '이 사건 건물'이라고 함)을 보증금 1억 원, 차임 월 500만원(매월 19일 후불), 임대기간 2013. 3. 19.까지 2년간으로 정하여 임차하여 "황제갈비"라는 상호로 갈비집을 공동으로 현재까지 쭉 경영하고 있습니다.

(2) 한편 소외 박치수는 2011. 6. 20. 원고 김일동에게 이 사건 건물을 대금 3억원으로 정하여 매도하면서 계약금 3,000만원은 계약당일 지급받고, 1차 중도금 7천만원은 같은 해 6. 30. 지급하고, 2차 중도금 1억원은 같은 해 7. 30. 지급하기로 하면서도 소외 박치수가 부담할 피고들에 대한 위 임차보증금반환채무의 인수로 갈음하기로 하였고, 잔금 1억원은 같은 해 8. 30. 지급하기로 하는 매매계약을 체결하였습니다.

(3) 소외 박치수와 원고 김일동은 위 매매계약을 체결하면서 원고 김일동이 이 사건 건물에 관한 임대인의 지위를 승계하고, 원고 김일동이 피고들에게 임차보증금을 반환하며 임차인이 연체 중인 차임을 원고 김일동이 양수하기로 특약하였으며 피고들도 위 특약에 관하여 동의하였습니다.

나. 반환하여야 할 임차보증금

(1) 차임연체

피고들은 2011. 3. 20. 이 사건 건물에 입주하여 "황제갈비"를 경영하기 위하여 점유하면서도 일절 차임을 지급한 바가 없습니다. 그렇다면 연체된 차임은 전부 위 임차보증금에서 공제되어야 할 것입니다.

(2) 공제

그렇다면, 2011. 3. 20.부터 2013. 10. 19.까지 31개월간 발생한 연체 차임은 합계 155,000,000원(5,000,000원 × 31개월)로 위 임차보증금에서 공제하면 반환받아야 할 연체차임이 55,000,000원이 남는다 할 것입니다.

다. 상환하여야 할 필요비·유익비 채무 및 상계

(1) 피고들은 소외 박치수의 동의를 받고 천장과 벽면 누수현상에 대한 보수공사를 공사비 500만원을 들여 실시하였고, 전기시설, 수도시설 교체 공사를 공사비 1,000만원을 들여 실시하였습니다. 원고들은 위 각 공사로 인한 현존가치도 공사비용과 일치한다고 인정합니다.

(2) 위 천장 및 벽면 누수현상에 대한 보수공사는 이 사건 건물의 유지를 위하여 필요한 공사비용으로 필요비에 해당되고, 전기시설, 수도시설 교체공사는 건물의 개량을 위하여 지출한 유익비에 해당되어 이를 상환할 의무가 있습니다.

(3) 그러므로 원고 김일동은 위 연체차임 중 임차보증금을 공제하고도 남은 55,000,000원 반환채권으로 위 유익비·필요비 상환채무를 상계합니다.

따라서, 연체차임은 40,000,000원이 남게 됩니다.

라. 소결론

그렇다면, 피고들은 상인으로 "황제갈비"를 공동으로 경영하기 위해 이 사건 건물을 임차하였으므로 민법 제654조, 제616조에 의해 이 사건 건물의 임료지급의무 및 부당이득반환의무를 연대하여 이행할 의무가 있습니다. 따라서 피고들은 연대하여 원고 김일동에게 임대차계약 종료를 원인으로 하여 임차목적물인 이 사건 건물을 인도하고, 각종 공제 후 남은 연체차임인 40,000,000원 및 이에 대한 이 사건 소장 부본 송달 다음날부터 다 갚는 날까지 연 20%의 비율에 의한 지연손해금을 지급하고, 2013. 10. 20.부터 이 사건 건물의 인도완료일까지 이 사건 건물을 무단점유함으로 인한 차임상당의 부당이득금인 월 5,000,000원의 비율에 의한 금원을 지급할 의무가 있다 할 것입니다.

마. 피고들이 제기 예상가능한 주장들에 대한 반박

(1) 차임 1년치 면제주장에 대한 반박

피고들은 원고 김일동이 2013. 6. 3. 피고들에게 연체된 차임 중 2012. 3. 20.부터 2013. 3. 19.까지 1년치 차임 6,000만원을 면제하여 주었다고 주장하고 있습니다.

원고 김일동은 피고들에게 차임 1년치를 면제해 준 사실 없습니다. 피고들이 제출하고 있는 2013. 6. 3.자 각서는 원고 이화순이 피고 최미선이 요구하는대로 문구를 작성하고 임의로 원고 김일동의 인장을 날인해 준 것일 뿐이고 원고 김일동은 이에 전혀 동의하거나 대리권을 수여한 바가 없습니다. 당시 원고 이화순은 원고 김일동에게 자신이 받을 대여금 1,000만원을 면제해 주어도 되겠냐고만 물어 원고 김일동은 알아서 하라고 답변하였을 뿐입니다. 피고들이 제출하는 녹취록의 어디에도 월세를 면제해 주겠다는 언급이 없습니다. 당시 원고 김일동은 피고 김이동이 면제받은 위 1,000만원에 대하여 고맙다고 하는 줄 알고 가볍게 응대하였을 뿐입니다. 따라서 피고들의 위 주장은 이유 없습니다.

(2) 분할채무 주장

피고 김이동은 처인 피고 최미선과 이 사건 건물을 공동으로 임차하였으므로 차임지급채무는 분할되어야 하기 때문에 그 절반만 이행할 의무가 있다고 주장합니다.

하지만, 피고 김이동은 피고 최미선과 함께 "황제갈비"를 공동으로 경영하는 상인으로 갈비집 경영에 필요한 채무부담은 상법 제57조 제1항에 따라 연대채무에 해당될 뿐만 아니라 민법 제654조, 제616조에 의하면 "수인이 공동하여 물건을 차용한 때에는 연대하여 그 의무를 부담한다"고 규정되어 있어 위 규정이 유추적용되는 무단점유로 인한 부당이득반환채무도 불가분채무라 할 것입니다. 따라서 피고 김이동의 위 주장도 이유 없습니다.

(3) 필요비·유익비에 대한 추가 주장

피고들은 앞서 본 필요비, 유익비이외에도 음식점 영업에 필요한 인테리어 공사비 2,000만원, 주방시설 구입 및 설치비용 1,000만원의 추가 필요비·유익비 상환청구를 하고 있습니다.

그러나 위 두 가지 지출은 피고 자신들의 "황제갈비" 영업에 필요한 지출로서 이 사건 건물의 보존을 위한 필요비였다거나 가치를 증가시킨 유익비라고 할 수 없습니다. 그러므로 피고들의 위 주장은 이유 없습니다.

(4) 임차보증금 가압류 주장

피고들은 소외 조규성이 자신들의 임차보증금반환채권을 가압류하였으므로 연체차임으로 임차보증금을 공제할 수 없다고 주장합니다.

그러나 임대차보증금은 임대차목적물의 인도시까지 발생한 모든 연체차임을 담보하는 것이므로 가압류하였다고 하여 달라지지 아니합니다. 그러므로 피고들의 위 주장도 이유 없습니다.

2. 원고 이화순의 피고들에 대한 대여금청구

가. 원고 이화순은 2011. 9. 26. 피고 최미선에게 피고들 가족이 살고 있는 주택의 연체월세 자금조로 금 10,000,000원을 변제기 2012. 6. 30.로 정하고, 지체할 때에는 월 1%의 비율로 지체상금을 지급하기로 정하여 대여해 주었고, 피고 최미선은 위 차용금으로 그동안 밀린 월세를 지급하였습니다.

나. 그렇다면 피고 김이동은 피고 최미선의 남편으로 가사에 대한 채무에 관하여 연대책임이 있습니다. 따라서 피고들은 원고 이화순에게 연대하여 금 10,000,000원 및 이에 대한 2012. 7. 1.부터 이 사건 소장 부본 송달일까지는 위 약정상의 연 12%의, 그 다음날부터 다 갚는 날까지는 소송촉진등에 관한 특례법 소정의 연 20%의 각 비율에 의한 지연손해금을 지급할 의무가 있습니다.

3. 원고 이화순의 피고 최미선에 대한 물품 대금 청구

가. 정육점을 경영하는 원고 이화순은 2009. 5. 10.경 "황제갈비"란 상호로 갈비집을 공동 경영하고 있던 피고들에게 소갈비 3,000만원 상당을 공급하였습니다.

나. 피고 최미선은 2011. 9. 26. 원고 이화순으로부터 2,000만원(그 중 1,000만원 위 2.의 가.항 기재 차용금이었고, 나머지 1,000만원은 2013. 6. 3. 면제해 주었음)을 추가로 빌리면서 위 물품 대금 3,000만원을 포함한 합계 5,000만원 상당의 차용증을 작성하여 주었고, 위 5,000만원을 2012. 6. 30.까지 변제하기로 하였고, 지체할 때는 월 1%의 비율로 지체상금을 지급하기로 약정하였습니다.

다. 그렇다면, 피고들은 상인으로 위 물품 대금채무에 연대채무자의 관계에 있습니다. 나아가 상인이 판매한 위 물품 대금 채권은 민법 제163조 제6호에 의해 3년 단기소멸시효의 대상이 됩니다.

그런데, 피고 최미선은 위 차용증을 발행해 줌으로써 그 물품 대금채무를 승인한 것이 되었고, 따라서 위 피고에 대하여는 시효가 중단되었습니다. 승인 후 변제기인 2012. 6. 30.로부터는 다시 3년의 시효기간이 경과되지 아니하였음은 역수상 분명합니다.

이에 반하여 연대채무자인 피고 김이동은 아무런 중단사유 없이 시효기간이 진행되었고, 다른 연대채무자의 시효중단은 나머지 연대채무자에 대한 그 어떤 효력도 없습니다. 이런 상태에서 위 물품 대금은 변제기의 약정이 없어 그 공급일부터 행사할 수 있었습니다. 따라서 피고 김이동의 물품 대금 채무는 2009. 5. 10.부터 3년이 경과한 2012. 5. 10. 시효완성으로 소멸하였습니다.

이러한 연대채무자 1인의 소멸시효 완성효과는 민법 제421조에 의해 그 부담부분에 한해 다른 연대채무자에게 효력이 있습니다. 연대채무자들의 부담부분은 특별한 약정이 없는 한 균등으로 추정되므로 결국 피고 최미선은 15,000,000원의 물품 대금 채무만 부담하게 됩니다.

그러므로 피고 최미선은 소멸하지 않고 남아있는 자신의 부담부분인 1,500만원 및 이에 대하여 약정상의 변제기 다음날인 2012. 7. 1.부터 다 갚는 날까지는 위 약정상의 연 12%의, 그 다음날부터 다 갚는 날까지는 소송촉진등에 관한 특례법상 연 20%의 각 비율에 의한 지연손해금을 지급할 의무가 있습니다.

4. 결론

그렇다면, 원고들의 피고들에 대한 청구는 모두 이유있어 이를 인용하고, 소송비용은 패소자들의 부담으로 하고, 일부 청구에 관하여 가집행을 선고하여 주기시 바랍니다.

증 명 방 법(생략)

첨 부 서 류(생략)

2013. 10. 20.

원고들 소송대리인 변호사 경 대 승 인

서울동부지방법원 귀중

Ⅱ. A. 2014년도 제1회

1. 7단계 권리분석법에 의한 사건 전체의 분석

가. 의뢰인의 희망사항 분석결과

의뢰인 =원고	희망사항	물권 침해? 약정?	침해자 또는 약정자는 누구(=피고)	원고의 자격, ∴소송명
김대호	이재석, 김관수를 상대로 양수받은 채권에 근거한 돈을 받고 싶다.	① 채권양도 ② 소비대차계약 **∴불이행하여 강제이행 청구**	**∴약정자 (차주) (이재석) (연대보증인) (김관수)**	**채권양도 약정의 상대방 (대주) ∴양수금 청구**
	김관수와 처남인 박재훈 사이의 아파트 매매계약은 **<u>사해행위이므로 그 책임재산을 회복할 수 있는 방법</u>**[59]도 강구해 달라.	① 사해행위 취소 **∴사해행위 취소 및 원상회복청구**	**∴수익자 (박재훈)**	**채권자 ∴사해행위 취소 및 원상회복청구**
	박철홍 소유의 부동산에 설정된 근저당권은 피담보채무가 모두 소멸되었으므로 그 말소를 구해 달라. (박철홍을 상대로 구태여 소유권이전등기 절차이행의 청구를 할 필요는 없다.)	① 근저당권설정계약 **∴불이행하여 강제이행 청구**	**∴약정자 (근저당권자) (송준하)**	**채권자대위 약정의 상대방 (근저당권설정자) (박철홍) ∴근저당권설정등기 말소 청구**

나. 원고의 청구원인 분석결과

소송명	청구원인	항변 (법률상 주장 포함)	재항변 등
양수금 청구	① 소비대차계약 ⓐ 소비대차계약 ⓑ 이자·이율의 약정 ⓒ 원본의 인도 ⓓ 변제기 도래 ② 채권양도 ⓐ 채권양도계약 ⓑ 채권양도의 통지 및 도달 ③ 상계 ⓐ 자동채권의 발생 ⓑ 상계적상 ⓒ 상계의 의사표시, 도달 ⓓ 상계충당	[피고 김관수] Ⓐ 연대보증인으로 채권양도통지를 받은 바 없다.	Ⓐ 주채무자에게 채권양도의 통지를 하면 연대보증인에게 효력이 있다.(법리론)
사해행위 취소 및 원상회복 청구	① 피보전채권 ② 사해행위 ⓐ 법률행위 ⓑ 재산권에 관한 약정	Ⓐ 선의의 수익자 Ⓑ 사해행위 후의 채권양수 Ⓒ 주채무자가 자력 있어 연대보증인의 재산처분행위는 사해	Ⓐ 오히려 악의가 인정(부인) Ⓑ 이전 채권자라도 해쳤음

59) 의뢰인의 희망사항이 너무나 구체적으로 지시되어 있다. 이렇게 구체적으로 지시되어 있는 경우는 드물다. 특히 최근의 출제경향을 볼 때는 본 기록상의 희망사항은 매우 직접적이고 구체적인 지시사항으로 구성되어 있다.

	ⓒ 소극재산 > 적극재산 ③ 사해의사(거의 악의와 동의어) ④ 취소의 범위 및 원상회복 ⓐ 원상회복 ⓑ 가액반환 사유		행위가 아님	Ⓒ 물적담보가 아닌 이상 사해행위가 됨 (법리론)
근저당권설정등기 말소청구	① 대위요건 ⓐ 대물변제약정 ⓑ 이행기 ⓒ 미행사	② 피담보채권 ⓐ 소비대차 ⓑ 이자·이율의 약정 ⓒ 원본의 인도 ⓓ 변제기 도래 ③ 근저당권설정등기 ⓐ 근저당권설정계약 ⓑ 근저당권설정등기 ④ 근저당권부 피담보채무의 양도 ⓐ 채권양도계약(계약+통지) ⓑ 근저당권이전의 부기등기[60] ⑤ 피담보채무의 소멸 ⓐ 변제 or ⓑ 소멸시효완성	Ⓐ 시효중단 ⓐ 재판상 청구 (채무부존재확인소송에 답변서 제출한 것도 재판상 청구는 맞다.) ⓑ 채권양도의 통지(최고) ⓒ 임의경매신청으로 압류 Ⓑ 피담보채무 발생원인이 된 계약의 당사자가 아님	Ⓐⓐ 소 취하후 6개월이내에 재판상 청구 등 다른 시효중단조치를 취한 바 없다.(재항변) ⓑ 최고후 6개월이내 재판상 청구 등 조치하지 않음 ⓒ소멸시효 완성 후 압류 Ⓑ 채무자는 채권양도 통지 수령전 발생한 양도인에 대한 항변사유로 양수인에게 대항할 수 있음

2. 불이행 위험에 대한 민사법적 대처

물물교환은 인류가 시작한 초기 거래형태였다. 물물교환 방식에 의한 거래에서는 채무가 성립함과 동시에 이행되었기 때문에 불이행이란 위험이 존재하지 않았다. 하지만 거래가 확대됨에 따라 타인의 약속을 믿고 먼저 이행하거나 기타 약속을 신뢰하고 후속조치를 취하여야 할 필요가 있었고, 따라서 약속의 이행을 법제도적으로도 보장해 주어야 할 필요가 있었다. 초기 보장은 너무 가혹하였다.[61] 하지만 근대법 제정 이후로 채무이행의 법적 보장이 비교적 느슨해졌다. 대한민국의 경

60) 근저당권부 피담보채권의 양도는 채권양도와 근저당권 양도가 결합된 형태이다. 따라서 채권양도의 대항요건은 물론 근저당권 양도의 요건도 전부 갖추어야 한다. 채권양도의 대항요건은 양도인에 의한 채무자에게의 통지이고, 근저당권양도는 물권의 특정승계로서 양도약정은 물론 등기까지 마쳐야 비로소 근저당권이 이전된다.(민법 제186조) 이때 근저당권이전은 부기등기의 방식으로 한다. 그래서 현 근저당권자인 송준하를 상대로 근저당권설정등기 말소청구를 해야 한다. 이때 말소대상등기는 종전 근저당권 설정등기이고, 부기등기가 아니다.

61) 근대법의 효시가 된 최초 성문로마법인 12동판법에서는 다음과 같은 규정이 포함되어 있었다.
제3표 (채무)
Aeris confessi rebusque iure iudicatis XXX dies iusti sundo.
Post deinde manus iniectio esto. In ius ducito. Ni iudicatum facit aut quis endo eo in iure vindicit, secum ducito, vincito aut nervo aut compedibus XV pondo, ne maiore aut si volet minore vincito. Si volet suo vivito, ni suo vivit, qui eum vinctum habebit, libras faris endo dies dato. Si volet, plus dato.
Tertiis nundinis partis secanto. Si plus minusve secuerunt, se fraude esto.
Adversus hostem aeterna auctoritas esto.
번역: 제3표(채무)

우 비록 채무권원을 확보하였다고 하더라도 채무자의 일반재산을 대상으로 하여 강제경매절차를 통해 만족을 얻을 수 있을 뿐이고, 그 만족을 얻지 못하면 겨우 재산개시명령을 신청하여 재산개시명령에 불응하는 자에게 감치명령을 발할 수 있으며, 재산개시결과 별다른 일반재산이 없을 경우에는 채무자명부에 등재하는 정도로 채무불이행에 대한 법적제재를 한계지우고 있다. 더구나 채무자는 각종 회생절차신청을 통해 합법적으로 채무란 속박에서 벗어날 수 있는 기회까지 제공해 주고 있다. 따라서 우리사회에서는 채무이행의 기대감이 그리 높지 않은 셈이다.

채무자의 채무에의 속박을 지나치게 완화해 주면 채무이행에의 기대감이 그리 높지 않을 것이고 그 결과 각종 거래가 위축되거나 조달비용이 상승하게 된다. 이는 채무자에게도 바람직하지 못하다. 때문에 각종 보증 및 담보제도가 발달하여 채무자나 그 주변인들의 자력을 바탕으로 채무이행을 확보해 줌으로써 거래를 성사시키거나 조달비용을 낮출 수 있었다.

3. 구체적인 권리분석

가. 연대보증부 채권양도

연대보증부 채권양도의 경우 주채무자에 대한 양도통지는 연대보증인에게 효력이 있다. 그래서 그 연대보증인에게 대항할 수 있다.

나. 사해행위 및 사해의사와 유일한 재산처분

1) 사해의사는 채무자가 채권자를 해함을 알고 약정을 하였을 때 성립된다. 또 사해의사는 피보전채권, 사해행위와 함께 사해행위 취소를 주장하는 자가 주장·증명해야 한다.(대법원 2000. 2. 25. 선고 99다42384 판결) 채무자가 자신의 유일한 부동산을 매도하여 소비하기 쉬운 금전으로 바꾸는 행위는 매각대금이 시가에 상당한 금액인지 여부, 채무자가 채무초과상태에 있었는지 여부와 상관없이 사해행위에 해당된다.(대법원 2000. 11. 24. 선고 2000다41523 판결) 또 채무자에게 사해의사가 있는 것으로 사실상 추정된다.(대법원 2005. 10. 14. 선고 2003다60891 판결) 따라서 본 사안에서 사해행위 취소를 구하는 청구원인으로 매도 당시 채무초과의 상태에 있었다는 기재는 무익적 기재사항에 불과하다.

- 채무를 승인한 자 또는 채무이행판결을 받은 자는 30일이내에 그 채무를 이행해야 한다. 만약 이를 이행하지 않을 경우에는 채권자는 그 채무자를 체포하여 재판에 출석시킬 수 있다.
- 채무자가 판결에 따르지 않거나 채무자에 대하여 이행보증을 할 자가 없는 경우에는 채권자는 채무자에게 15파운드 이하의 나무로 된 족쇄를 채워 행동의 자유를 제한할 수 있다. 다만 채무자는 그 상태에서 원하는 장소에서 거주할 수는 있다. 만약 위와 같은 조치로 채무자가 생계를 유지할 수 없는 때에는 채권자는 1일 1파운드 이상의 밀가루를 제공해야 한다.
- 시장이 열리는 3거래 영업일까지 채무를 이행하지 않은 경우에는 3거래 영업일에 채권자는 채무자의 신체를 절단할 수 있다. 채권자가 채권에 상응한 이상의 신체를 절단하더라도 범죄는 되지 않는다.
- 재산의 소유권은 외국인에 대하여 영구히 유효하다.

2) 물상보증의 존재와 사해행위 또는 인적보증의 존재와 사해행위

주채무가 주채무자 또는 물상보증인이 제공한 물적담보 등으로 우선변제권을 갖고 있을 때는 보증인의 사해행위는 문제되지 않는다. 하지만 주채무자의 일반적인 재산에 의한 변제 가능성은 연대보증인의 사해행위 해당성에 아무런 효력을 미치지 못한다.

3) 가액반환

수익자가 근저당권의 피담보채무를 변제하여 근저당권이 말소된 경우에는 공평의 원칙상 원물반환을 구할 수 없고, 가액반환만을 구할 수 있을 뿐이다.

4. 저당권

가. 저당권의 의의

저당권이란 채권의 담보로 채무자 또는 제3자가 제공한 부동산 등 재산을 점유하지 아니하면서 그 부동산 등 재산으로부터 다른 채권자보다 우선하여 채권의 만족을 얻을 수 있는 권리를 지칭한다.(민법 제356조) 저당권은 부동산의 소유권을 중심으로 발달했으나 부동산 상의 물권 중 지상권, 전세권(제371조)을 담보물로 하여 성립할 수도 있게 되었고, 나아가 등기·등록에 의해 공시되는 준물권 (광업권 또는 조광권 등), 자동차, 중기 등 동산도 담보물로 이용될 수 있으며 재산의 집합체로서의 재단도 공시할 수 있으면 담보물이 될 수 있다.

저당권은 우선변제권을 핵심권능으로 하여 재산의 교환가치를 지배할 뿐 재산의 점유나 그 이용은 소유자 등에게 유보해 둠으로써 사용·수익이 가능하도록 하고 있다. 이런 장점 때문에 저당제도는 담보제도로서 널리 활용되게 되었다. 다만 제3자의 불측의 손해를 피하기 위해 등기 또는 등록으로 공시할 수 있는 부동산, 지상권, 전세권, 준물권, 자동차, 중기, 재단 등으로만 그 대상으로 하고 있다.

나. 저당권설정계약 및 저당권 등기

저당권은 극히 예외적인 경우를 제외(민법 제649조)하고는 법률행위에 의해 취득되므로 저당권설정계약과 등기를 하여야 성립한다.(민법 제186조) 즉 저당권의 설정적 승계취득도 법률행위에 의한 권리취득 법리의 적용을 받게 된다.

1) 저당권설정계약

저당권설정계약을 물권적 합의라고 설명하는 일부 학설도 있으나 매매계약과 같이 소위 채권계약에 속하고, 구태여 물권적 합의를 긍정하면 저당권설정자가 그 설정등기에 필요한 서류들을 저당권자에게 교부할 때 묵시적으로 성립된다고 할 것이다.[62]

---

62) 본서에서 필자는 물권행위는 로마사회나 게르만사회에서는 존재하였을지 모르나 등기·등록제도가 완비되어 있는 근대에는 존재하지 않는다는 입장을 취하고 있다. 그래서 민법 제186조를 해석할 때 법률행위도 소위 채권행위를 뜻하고, 다만 물권이 특정승계취득의 방식으로 이전되기 위해서는 **① 약정(채권행위), ② 등기이외에도 ③ 매도인(前者)의 처분권의 보유**라는 숨은 ③이란 요건이 더 있다는 견해를 취하고 있다. ③ 요건은 민법 제186조가 특정승

저당권설정계약도 계약의 일종이므로 약정당사자 사이에서만 그 효력이 있다. 또 저당권설정자는 채무자일 필요는 없으나 담보물건의 소유권 등 처분권을 보유하고 있어야 한다. 저당권설정계약에 의한 저당권의 설정은 설정적 특정승계취득의 형태이기 때문에 저당권자는 저당권설정권자가 가지는 이상의 권리를 취득할 수 없다. 만약 처분권을 보유하지 않은 저당권설정자와 저당권설정계약을 체결한 경우에는 저당권자가 선의라도 원인무효가 된다. 저당권자는 채권자이어야만 한다. 이는 저당권의 피담보채무에 대한 부종성을 인정하고 있기 때문이다. 다만 채권자·채무자·저당권자 사이에 합의가 있고, 채권양도, 제3자를 위한 계약, 불가분적 채권관계의 형성 등 방법으로 피담보채권이 저당권자에게 실질적으로 귀속된다고 볼 특별한 사정이 있는 경우에 한하여 제3자의 채권의 담보를 위한 저당권이 유효할 수도 있다고 판시한 바가 있다.(대법원 2000. 1. 14. 선고 99다51265, 51272 판결)

2) 저당권설정 등기

저당권은 법률행위에 의한 물권변동(민법 제186조)이므로 저당권설정계약이 체결되면 그 약정의 이행을 청구할 수 있는 소위 강제이행청구권의 인정대상이 된다. 실제로 법학전문대학원 협의회 연도별 모의고사 2017년도 제3회 기록형 문제로 “근저당권설정등기청구” 문제가 출제된 바가 있다. 이에 따라 저당권설정등기가 경료되면 민법 제186조에 따라 저당권이 비로소 취득된다. 저당권설정등기 신청서에는 등기원인, 피담보채권액, 채무자를 기재하여야 하고,(부동산등기법 제48조 제1항 제4호, 제75조 제1항) 피담보채권의 경우 변제기, 이자 및 그 발생기, 지급시기, 지급장소, 채무불이행으로 인한 손해배상에 관한 특약, 채권의 조건,(이상 부동산등기법 제75조 제1항) 저당권이 미치는 물적범위에 관한 특약(민법 제358조 단서) 등을 기재하여 신청한다.

채무자가 아닌 자를 채무자로 표시하여 한 저당권등기는 부종성에 반하기 때문에 원인무효이다.(대법원 1981. 9. 9. 선고 80다1468 판결) 하지만 다음과 같은 제한적인 경우에는 유효가 될 수도 있다. 즉 타인 명의를 차용하여 대리점계약을 체결한 자와 사이에 이루어진 근저당권설정계약은 명목상의 명의에도 불구하고 공급된 물품 대금채무 일체가 그 피담보채무의 범위에 포함되어 유효라거나(대법원 1996. 12. 23. 선고 96다43348 판결), 계속적인 거래관계에서 발생하는 미확정채무를 담보하기 위해 명의신탁된 부동산상에 근저당권을 설정하면서 그 채무자를 명의수탁자로 표시한 경우에도 유효하다고 판시한 바가 있다.(대법원 1980. 4. 22. 선고 79다1822 판결) 등기가 무효인 경우라도 당사자간 새로운 피담보채권을 위한 담보로 삼기로 합의하면 무효와 새로운 합의 사이에 이해관계를 가진 제3자가 존재하지 않은 한 그 전용이 가능하다.(대법원 1963. 10. 10. 선고 63다583 판결)

계취득의 요건을 정한 것이고, 누구도 자신이 가지는 이상의 권리를 양도해 줄 수 없기 때문이다. 특정승계취득의 상황에서 전자의 권리보다 더 큰 권리를 갖기 위해서는 추가적인 법제도, 즉 선의취득과 같은 제도가 마련되어 있어야 한다. 하지만 대법원 판례 등에서 아직까지도 물권행위라는 개념을 긍정하고 있으므로 경우에 따라 물권행위라는 용어를 사용하여 설명하기는 한다.

다. 피담보채권

1) 저당권의 부종성

저당권은 피담보채권을 담보하기 위해 존재하는 것이므로 그 성립, 존속, 소멸이 피담보채권의 그것에 의존한다.

2) 피담보채권

피담보채권은 금전채권일 필요는 없으나 반드시 금전으로 평가된 액이 존재해야 하고 이를 필수적으로 등기해야 한다.

라. 저당권의 처분

저당권은 그 담보한 채권과 분리하여 타인에게 양도하거나 다른 채권의 담보로 하지 못한다.(민법 제361조)

1) 저당권부 피담보채권의 양도

저당권부 피담보채권의 양도는 채권의 양도와 저당권 양도의 결합계약으로 양자의 요건을 모두 충족해야 한다.(대법원 2003. 10. 10. 선고 2001다77888 판결) 채권양도와 저당권 이전 사이에 시간적 간격이 존재한다고 하더라도 합리적인 범위 내라면 민법 제361조의 적용 없이 피담보채권과 저당권이 양수인에게 함께 넘어갈 수 있다. 피담보채권의 양도에 관해서는 채권양도에 관한 민법 제449조를 따라야 한다. 피담보채권은 양도계약만으로 성립하고 다만 채무자에게 대항하기 위해 통지를 해야 한다. 통지를 하지 않은 이상 저당권이전등기를 경료하였다고 하더라도 채무자에게 대항할 수 없다. 한편 채무자는 이의를 유보하여 승인을 할 수 있으므로 양수인을 상대로 피담보채무 양도사실은 인정할 수 있고, 대항요건을 구비될 수 있었을 때까지 대항사유로 양수인에게 대항할 수 있다. 문제는 이의를 유보하지 않고 승인한 채무자는 양수인에게 승인전 사유를 들어 대항할 수 없지만 물상보증인, 저당부동산의 제3취득자, 후순위저당권자 등 제3자들은 채무자의 단순승인에도 불구하고 승인 전에 발생한 사유들을 들어 대항할 수 있다. 물론 단순승인 후 이해관계를 맺은 위와 같은 제3자들은 승인 전 사유를 들어 대항할 수 없다.

저당권과 함께 피담보채권에 질권을 설정할 수 있다.(민법 제361조 제2문의 반대해석) 피담보채권에 관해서는 민법 제450조의 요건을 갖추어야 하고(민법 제349조) 동시에 저당권에 관해서 질권의 부기등기가 경료되어야 한다.(민법 제348조)

2) 피담보채권만의 양도 및 저당권만의 양도

통상 저당권은 피담보채권과 더불어 양도된다. 만약 피담보채권만 양도되면 저당권은 소멸한다. 반면 저당권만 처분하거나 양도하는 것은 허용되지 않는다.

마. 근저당권설정등기의 말소청구

1) 2가지 청구원인

저당권말소청구에는 원인무효 저당권의 말소를 구하는 물권적 청구권(방해배제)에 기한 저당권 말소청구가 있고, 저당권설정계약의 명시적 약정 또는 표준적 약정(default rule)으로서 피담보채무의 변제 또는 소멸로 인한 효력상실로 원상회복의무의 일환으로 장래를 향한 저당권말소청구가 있다. 후자는 채권적 청구권이라고도 한다. 본 사안은 후자에 해당되는 것이다.

2) 근저당권부 피담보채권의 소멸시효

가) 피담보채권의 소멸로 근저당권설정등기의 말소청구를 구할 때 소송물

(1) 원인무효로 등기말소청구(방해배제청구)할 때는 원인 무효원인은 공격방어방법에 불과할 뿐 동일한 소송물이 된다. 따라서 법원으로서는 원고가 주장하는 원인무효 사유에 구속되지 않고 다른 원인무효 사유를 들어 판단할 수 있고, 판결이 확정되고 난 다음에는 기판력의 저촉을 받아 다른 원인무효 사유를 주장하면서 후소를 제기하지 못한다.

(2) 하지만 유효하게 성립된 저당권을 사후에 변제 등으로 피담보채권이 소멸하였음을 원인으로 말소를 청구하는 것은 위 원인무효와 같은 소송물이 아니고 채권적 청구권에 불과하다. 그래서 피담보채무의 소멸원인별로 별도의 소송물을 구성한다.

5. 유일한 재산의 처분과 사해행위

가. 사해행위 취소의 요건사실은 ① 피보전채권의 존재, ② 사해행위, ③ (채무자의) 사해의사이다. 모두 사해행위 취소를 주장하는 원고측이 이를 주장·증명하여야 한다. 수익자·전득자의 선의는 수익자·전득자인 피고측에서 이를 주장·증명하여야 한다.

(1) (채무자의) 사해의사

사해의사는 그 재산처분행위에 의해 재산이 감소하여 채권의 공동담보에 부족이 생기거나 이미 부족상태에 있는 공동담보가 한층 더 부족하게 되어 채권자의 채권을 완전하게 만족시킬 수 없게 된다는 사실을 인식한 것을 지칭한다. 사해행위 당시를 기준으로 그 유무를 판단하여야 한다.(대법원 1960. 8. 18. 선고 4293민상86 판결) 원고가 그 주장·증명책임을 진다.(대법원 1997. 5. 23. 선고 95다51908 판결)

(2) 수익자·전득자의 선의

수익자·전득자는 채무자의 행위가 사해행위에 해당된다는 사실을 몰랐다(즉 선의)는 사실을 주장·증명하여야 한다. 수익 또는 전득 당시를 기준으로 판단한다. 선의를 주장·증명하면 되고 무과실까지 주장·증명할 필요는 없다.(대법원 2008. 7. 10. 선고 2007다74621 판결)

나. 유일한 재산의 처분과 사해행위 취소

채무자가 유일한 부동산을 매도하여 소비하기 쉬운 금전으로 바꾼 행위는 매각대금이 시가에

상당한 금액인지 여부, 채무자가 채무초과상태에 있었는지 여부와 관계없이 사해행위에 해당된다.(대법원 2000. 11. 24. 선고 2000다41523 판결) 채무자에게 사해의사가 있는 것으로 사실상 추정된다.(대법원 2005. 10. 14. 선고 2003다60891 판결) 그러므로 유일한 부동산을 매도한 경우 매도 당시 채무자가 채무초과상태에 있었음은 무익적 기재사항에 해당된다.

6. 소멸시효와 그 중단

가. 소멸시효완성의 주장

소멸시효완성은 주로 항변으로 주장되나 본 사안과 같이 피담보채권이 시효완성으로 소멸되었다는 주장을 하게 될 때는 청구원인 사실로 주장될 수 있다.

나. 소멸시효완성 주장의 구조 및 요건사실

(1) 항변으로 주장될 경우

㈎ 청구원인 사실 (예를 들면 대여금청구의 요건사실)

㈏ 소멸시효완성의 항변

① 권리를 행사할 수 있었던 때

② 시효기간의 경과 (시효기간은 권리의 종류에 따라 다르다.)

㈐ 소멸시효 중단·정지 또는 시효이익 포기의 재항변

1) 소멸시효 중단

가) 청구(최고)

① 최고 후 ② 6개월이내 소를 제기한 사실

나) 재판상 청구

다) 압류·가압류·가처분

라) 승인

묵시적으로도 할 수 있다.(대법원 2010. 11. 11. 선고 2010다88019 판결)

2) 소멸시효 정지

3) 시효이익의 포기

㈑ 재재항변

1) 소멸시효 중단

가) 청구(최고)에 대해서는 6개월이내 소를 제기하지 않았다고 주장하는 것은 ①, ② 중 ② 사실에 대한 부인이다.

나) 재판상 청구에 대해서는 소 각하·취하 후 6개월이내 다시 소를 제기하지 않았다는 사실 및 청구기각을 당하였다는 사실은 재항변이 된다.(민법 제170조)

다) 압류·가압류·가처분에 대해서는 압류·가압류·가처분에 대하여 이의신청에 의한 가압류

취소 등으로 압류·가압류·가처분이 요건불비, 위법 등으로 취소되면 소급하여 시효중단의 효력이 없다.(민법 제175조) 이러한 사유를 들어 재항변할 수 있다. 그런데 최근에 개정된 민사집행법에 의하면 가압류의 경우 3년이 경과하거나 사후에 변제·대물변제 등으로 피보전채무가 소멸하는 등 사정변경에 의한 가압류 취소가 가능하므로 가압류된 후에 이와 같은 사유로 가압류가 취소된 경우에는 위 민법 제175조가 적용되지 않고, 시효중단 효력이 있고 다만 취소된 후 다시 시효기간이 진행된다.

라) 승인에 대하여 권한 없는 자에 의한 승인이라는 주장은 부인에 해당된다.

2) 소멸시효 정지

3) 시효이익의 포기에 대하여 시효완성 사실을 모르고 포기하였다고 재항변할 수 있다.

(2) 청구원인으로 주장될 경우

앞서 본 설명은 항변을 청구원인으로 삼고, 재항변을 항변으로, 재재항변을 재항변사유로 보아 소멸시효완성을 청구원인으로 주장될 경우에 그대로 적용된다.

소 장

원　고　김 대 호 (670701－1133445)
서울 영등포구 여의도동 336
소송대리인 변호사 나현명
서울 서초구 서초동 345 법사랑빌딩 301호
전화번호 (02) 532－1008, 팩스번호 (02) 532－1005
이메일 주소 : nhm1008@gymail.com

피　고　1. 이 재 석 (630929－1456987)
서울 동작구 대방동 531 무지개아파트 101동 305호
2. 김 관 수 (660301－1234713)
고양시 덕양구 화정동 135 은하수아파트 109동 203호
3. 박 재 훈 (730709－1357135)
시흥시 신천동 111－33 햇살타운 가동 102호
4. 송 준 하 (701010－1576321)
서울 서초구 반포동 125 한산아파트 201동 708호

양수금 등 청구의 소

청 구 취 지

1. 피고 이재석, 피고 김관수는 연대하여 원고에게 234,000,000원 및 이에 대한 2010. 9. 1.부터 이

사건 소장 부본 송달일까지는 월 1%의, 그 다음날부터 다 갚는 날까지는 연 20%의 각 비율에 의한 금원을 지급하라.

2. 가. 피고 김관수와 피고 박재훈 사이에 별지 목록 기재 아파트에 관하여 2010. 4. 20.자 체결된 매매계약은 72,000,000원의 한도 내에서 이를 취소하고,

   나. 피고 박재훈은 원고에게 72,000,000원 및 이에 대한 이 사건 판결확정 다음날부터 다 갚는 날까지 연 5%의 비율에 의한 금원을 지급하라.

3. 피고 송준하는 원고에게 고양시 일산동구 장항동 610 대 567㎡에 관하여 의정부지방법원 고양등기소 2001. 8. 28. 접수 제6552호로 마친 근저당권설정등기의 말소등기 절차를 이행하라.

4. 소송비용은 피고들의 부담으로 한다.

5. 위 제1항은 가집행 할 수 있다.

라는 판결을 구합니다.

청 구 원 인

1. 원고의 피고 이재석, 피고 김관수에 대한 양수금 청구

   가. 사실관계

   (1) 양도대상채권

   소외 박철홍은 2009. 9. 1. 피고 김관수의 연대보증하에 피고 이재석에게 300,000,000원을 이자 월 1%, 변제기 2010. 8. 31.로 정하여 대여해 주었습니다.

   (2) 채권양도계약 및 그 통지

   소외 박철홍은 원고에게 1,000,000,000원의 대여금 및 그 지연손해금의 채무를 지고 있었는데 2010. 9. 5. 원고에게 자신의 피고 이재석에 대한 위 300,000,000원의 대여 원리금 채권을 양도하고, 같은 일자 피고 이재석에게 그 채권양도를 통지하였고, 같은 달 7. 그 통지서가 피고 이재석에게 도달되었습니다.

   (3) 상계

   피고 이재석은 2009. 3.경 소외 박철홍으로부터 서울 영등포구 영등포동 312 지상 2층 건물 신축공사를 공사대금 1억 3,000만원에 도급받아 2010. 2.경 공사를 모두 완공하였더니 소외 박철홍 측에서 하자가 있다고 주장하면서 공사대금을 지급하지 않아 다툼이 있다가 피고 이재석과 소외 박철홍은 2010. 3. 1. 공사대금을 1억원으로 확정하고 이를 2010. 6. 30.까지 지급하기로 하고 만약 그 때까지 지급하지 못하는 경우에는 2010. 7. 1.부터 다 갚는 날까지 월 1%의 비율에 의한 지연손해금을 지급해 주기로 약정하였습니다.[63]

   피고 이재석은 2014. 5. 2. 원고에게 내용증명우편을 보내 위 약정금 1억원의 원리금으로 위 양수 원리금과의 상계주장을 하였고, 그 무렵 위 내용증명우편이 원고에게 도달되었습니다.

---

63) 공사대금채무는 3년의 단기소멸 대상이다. 그러나 소멸시효기간이 도과하기 전에 상계적상이 있었다면 소멸시효가 완성되었다고 하더라도 상계할 수 있다. 또는 본 사안과 같은 추가약정은 화해계약으로 볼 수 있다. 화해계약이라면 10년의 소멸시효기간의 적용을 받는다.

나. 소결론

(1) 상계충당

그렇다면 양도받은 위 대여금채권은 상계적상이 생긴 수동채권의 이행기인 2010. 8. 31.를 기점으로 위 공사대금채권과 대등액으로 상계되어 소멸되었다 할 것입니다. 당시 공사대금 원리금 102,000,000원{100,000,000원 + 2,000,000원(100,000,000원 × 1% × 2개월)}은 위 양도받은 위 대여금채권의 이자는 36,000,000원(300,000,000원 × 1% × 12개월)에 먼저 충당되고 나머지 66,000,000원(102,000,000원 − 36,000,000원)이 원금 300,000,000원에 충당되어 234,000,000원(300,000,000원 − 66,000,000원)이 남게 되었다 할 것입니다.

(2) 소결론

따라서 피고 이재석, 피고 김관수는 연대하여 원고에게 위 나머지 양수금 234,000,000원 및 이에 대한 2010. 9. 1.부터 이 사건 소장 부본 송달일까지는 위 약정상의 월 1%의, 그 다음날부터 다 갚는 날까지는 소송촉진 등에 관한 특례법 소정의 연 20%의 각 비율에 의한 지연손해금을 지급할 의무가 있습니다.

다. 피고측의 주장에 대한 반박

피고 김관수는 연대보증인으로 소외 박철홍으로부터 별도로 위 채권양도의 통지를 받은 바 없어 그 대항요건을 갖추지 못한 원고의 청구에 응할 수 없다고 주장합니다.

하지만 연대보증부 채권을 양도함에 있어 주채무자에게 양도통지를 하면 연대보증인에게도 그 양도통지로서 대항할 수 있으므로 피고 김관수의 위 주장은 이유 없습니다.

2. 피고 박재훈에 대한 사해행위 취소 및 원상회복청구

가. 피보전 채권의 존재, 사해행위 및 사해의사

원고가 피고 김관수에 대하여 234,000,000원 상당의 연대보증 원리금채권을 보유하고 있음은 앞서 살펴본 바와 같습니다.

피고 김관수는 2010. 4. 20. 처남인 피고 박재훈에게 자신의 유일한 재산인 별지 목록 기재 아파트(이하 '은하수 아파트'라고 함)를 대금 220,000,000원에 매도하기로 하면서 계약당일 계약금 20,000,000원을 지급받고, 2010. 5. 28. 아래 근저당권상의 피담보채무액 상당인 70,000,000원을 공제한 잔금 130,000,000원을 지급받고, 은하수 아파트에 관하여 의정부지방법원 고양등기소 2010. 5. 28. 접수 제77067호로 소유권이전등기를 경료해 주었습니다.

그렇다면 피고 김관수가 위 연대보증으로 원고에게 234,000,000원이란 원리금 채무를 부담하고 있었던 상태에서 자신의 유일한 부동산인 은하수 아파트를 처남인 피고 박재훈에게 처분하였다면 그 처분행위가 원고를 해치는 사해행위가 되고 채무자의 사해의사 또한 추정된다 할 것입니다.

나. 사해행위 취소의 범위 및 원상회복으로서의 가액반환

위 매매계약 체결당시 은하수 아파트 상에 채무자 김관수, 근저당권자 김신유로 된 2007. 10. 17.자 근저당권설정등기가 마쳐져 있었습니다. 위 은하수 아파트를 양수한 피고 박재훈은 2012. 6. 30. 소외 김신유에게 그 피담보채무 원리금 68,000,000원을 변제하였고, 그 결과 위 근저당권설정등기가 말소되었습니다.

이처럼 피고 박재훈이 사해행위로 인해 취득한 은하수 아파트에 설정되어 있던 근저당권설정등기의 피담보채무를 전부 변제하여 말소한 이상 원고는 피고 박재훈에 대하여 원상회복 방식으로 원물반환을 구할 수 없고 단지 피보전채권의 범위와 피고 박재훈이 취득한 가액의 범위 내에서 가액반환만을 구할 수 있을 뿐입니다.

은하수아파트의 현 시세는 170,000,000원이고, 피고 박재훈은 취득 후 소외 김신유에게 근저당권의 피담보채권인 68,000,000원을 변제하여 그 명의 근저당권을 말소시켰을 뿐만 아니라 소외 조재환 명의로 채권최고액 30,000,000원으로 된 근저당권설정등기 또한 설정되어 있는 채로 은하수 아파트를 양도받았으므로 위 170,000,000원에서 68,000,000원 및 30,000,000원을 모두 공제한 72,000,000원(170,000,000원 − 68,000,000원 − 30,000,000원)을 반환하여야 할 것입니다.

다. 소결론

따라서 피고 김관수와 피고 박재훈 사이에 은하수 아파트에 관하여 체결된 2010. 4. 20.자 매매계약은 위 72,000,000원의 범위 내에서 이의 취소를 구하고, 그 가액반환으로서 피고 박재훈은 원고에게 72,000,000원 및 이에 대한 이 사건 판결확정 다음날부터 다 갚는 날까지 민법 소정의 연 5%의 비율에 의한 지연손해금을 지급할 의무가 있습니다.

라. 피고측의 주장에 대한 반박

(1) 선의의 수익자

피고 박재훈은 피고 김관수의 재산관계를 전혀 알지 못한 상태에서 매매계약을 체결하였으므로 선의의 수익자로서 원고의 청구에 응할 수 없다고 주장합니다.

피고 박재훈 주장의 위와 같은 사유만으로 선의의 수익자임을 인정할 수 없습니다. 오히려 피고 박재훈은 피고 김관수의 처남으로서 그의 유일한 재산을 취득하는 등 제반사정에 비추어 볼 때 수익자의 악의는 넉넉히 인정된다 할 것입니다.

(2) 사해행위 이후의 피보전채권 양수 주장

피고 박재훈은 피보전채권은 사해행위 이전에 성립되어 있어야 하는바, 피고 박재훈이 매매계약을 체결한 2010. 4. 20. 이후인 2010. 9. 5. 그 피보전채권을 소외 박철홍으로부터 양도받았으므로 원고의 청구에 응할 수 없다고 주장합니다.

채권자취소권은 책임재산을 보전하여 피보전채권의 효력을 보전하려는 제도로서 사해행위가 성립된 다음 채권양도되었다면 그 사해행위 취소권과 함께 채권양수인에게 이전되었다 할 것이므로 피고 박재훈의 위 주장은 이유 없습니다.

(3) 주채무자가 자력 있으면 연대보증인의 재산처분행위는 사해행위가 되지 않는다는 주장

피고 김관수는 자신은 연대보증인으로 주채무자인 피고 이재석이 상당한 자력이 있으므로 연대보증인이 재산을 처분하더라도 사해행위에 해당되지 않는다고 주장합니다. 주채무자 또는 물상보증인에 의해 제공된 저당권 등 물적담보로서 주채무의 우선변제권이 확보되어 있지 않는 이상 주채무자의 일반적인 자력만으로는 연대보증인의 사해행위 해당성이 없어지지 아니하므로 피고 김관수의 위 주장은 이유 없습니다.

3. 피고 송준하에 대한 근저당권설정등기의 말소청구

가. 사실관계

(1) 피보전채권의 존재 (이행기 도래, 보전의 필요성, 채권의 불행사)

원고는 2005. 3. 5. 소외 박철홍에게 10억원을 이자 연 20%, 변제기 2006. 3. 4.로 정하여 대여해 준 사실이 있습니다. 따라서 소외 박철홍은 원고에게 위 10억원 및 이에 대한 지연손해금을 지급할 의무가 있습니다. 소외 박철홍은 현재 고양시 일산동구 장항동 610 대 567㎡(이하 '장항동 대지'라고 함)를 제외하고는 원고에 대한 위 채무를 변제할 자력이 없고, 피고 송준하를 상대로 아무런 권리행사도 하지 않고 있습니다.[64]

(2) 피담보채권, 근저당권설정계약 및 근저당권설정등기의 경료, 피담보채권의 변제 등, 근저당권의 양도 등

한편 소외 박철홍은 2001. 8. 25. 소외 권상주로부터 400,000,000원을 이자 약정 없이 변제기 2002. 8. 24.로 정하여 빌리고, 그 담보조로 장항동 대지에 관하여 의정부지방법원 고양등기소 2001. 8. 28. 접수 제6552호로 채권최고액 500,000,000원, 채무자 박철홍, 근저당권자 권상주로 된 근저당권설정등기를 경료해 주었습니다.

소외 박철홍은 2003. 1.경 소외 권상주에게 수회에 걸쳐 위 근저당권의 피담보채무를 전부 변제하였습니다. 가사 소외 박철홍이 위와 같이 변제하지 않았다고 하더라도 소외 권상주가 위 피담보채권을 청구할 수 있었던 2002. 8. 24.로부터 또는 일부 변제가 이루어진 2003. 1.경으로부터 10년의 시효기간이 경과하였으므로 피담보채권은 시효완성으로 소멸하였다 할 것입니다.

그 후 소외 권상주는 2013. 4. 26. 피고 송준하에게 위 피담보채권을 양도하면서 그 담보권인 위 장항동 대지 상의 근저당권도 양도하여 같은 해 5. 3. 피고 송준하 명의로 근저당권설정등기 이전의 부기등기가 경료되었습니다.

나. 소결론

그렇다면 소외 권상주를 거쳐 피고 송준하가 취득한 위 근저당권설정등기는 채무자 겸 근저당권설정자인 소외 박철홍의 2003. 1.경 피담보채권의 변제 또는 소멸시효완성으로 소멸되었다고 할 것입니다. 소외 박철홍에 대하여 위와 같은 대여금채권을 가진 원고는 그 채권을 보전하기 위하여 소외 박철홍을 대위하여 피고 송준하에게 위 근저당권설정등기의 말소를 구할 수 있습니다. 따라서 피고 송준하는 원고에게 장항동 대지에 관한 위 근저당권설정등기를 말소할 의무가 있습니다.

다. 피고측의 주장에 대한 반박

(1) 시효중단 주장

(가) 재판상 청구

피고 송준하는, 소외 박철홍이 소멸시효완성 전인 2010. 3.경 당시 채무자였던 소외

64) 피보전채권으로 장항동 대지 양도계약을 생각해 볼 수 있다. 하지만 기록상 "정식으로 계약을 체결하기로 하였다." (상담일지 2면)거나 "근저당권이 말소된 이후 김대호와 다시 협의하여 김대호에 대한 채무 변제를 대신하여 그 부동산 소유권을 넘겨줄 생각을 하고 있습니다."(기록 21면 사실확인서 중)라는 등 아직 양도계약이 확정적으로 체결된 상태가 아니라는 것을 강조하고 있다. 그렇다면 아직 양도계약이 체결된 상태가 아니기 때문에 양도계약에 기한 완전한 소유권이전등기청구권 등을 피보전권리로 삼을 수는 없다.

권상주를 상대로 채무부존재확인소송을 제기하였는데, 소외 권상주가 채무존재를 주장하는 내용의 답변서를 제출하였는바 이는 소위 채권의 재판상 청구로서 시효중단되었고, 그 이후로 다시 10년의 소멸시효기간이 경과한 바가 없다고 주장하고 있습니다.

그러나 소외 박철홍은 그 후 위 소를 취하하였으므로 소외 권상주 등이 다시 6개월 이내 재판상 청구 등 다른 시효중단조치를 취하지 않은 이상 위 시효중단 효력이 없다 할 것입니다.

(나) 권리행사 (최고, 압류)

피고 송준하는 소외 권상주가 2013. 5. 경 피고 송준하에게 피담보채권을 양도하고 소외 박철홍에게 채권양도의 통지를 하였을 뿐만 아니라 임의경매신청까지 하여 2013. 7. 5. 위 부동산에 관해 임의경매개시결정이 등기되는 등 권리행사를 하였으므로 시효소멸하지 않는다고 주장합니다.

그러나 위와 같은 사유는 2002. 8. 24. 또는 2003. 1.경으로부터 10년이 경과하여 시효소멸한 후 사유일 뿐만 아니라 채권양도 통지는 최고로서 효력이 있다 하더라도 그로부터 6개월 이내에 재판상 청구를 하지 않은 이상 그 효력이 없다 할 것이므로 그 주장은 이유 없습니다.

(2) 피담보채권의 당사자가 아니라는 주장

피고 송준하는 피담보채권인 대여금 계약의 당사자는 소외 박철홍과 권상주로서 본인은 그 당사자가 아니라고 주장하고 있습니다.

그러나 피고 송준하는 근저당권의 피담보채권인 대여금 채권을 양도받고 2013. 3.경 그 채무자인 소외 박철홍에게 양도통지를 한 피담보채권의 양수인이며 그 담보인 근저당권자이므로 양도통지 전에 생긴 사유로 소외 박철홍은 피고 송준하에게 대항할 수 있고, 원고는 이러한 소외 박철홍의 권리를 대위행사하는 입장이므로 피고 송준하의 위 주장은 이유 없습니다.

4. 결론

따라서 원고의 청구는 전부 이유 있으므로 이를 인용해 주시고, 소송비용은 패소자의 부담으로 하고 일부 청구에 대하여 가집행을 선고해 주시기를 바랍니다.

증 명 방 법(생략)
첨 부 서 류(생략)

2014. 6. 5.

원고 소송대리인 변호사 나현명 인

서울중앙지방법원 귀중

Ⅱ. B. 2014년도 제2회

1. 7단계 권리분석법에 의한 사건 전체의 분석

가. 의뢰인의 희망사항 분석결과

의뢰인 =원고	희망사항	물권 침해? 약정?	침해자 또는 약정자는 누구(=피고)	원고의 자격, ∴소송명
김정미	계약금을 돌려받게 해 달라.[65]	① 물권 침해 **∴불법행위로 인한 손해배상청구**	**∴침해자 (사기) (박영수) (사용자) (김미옥)[66] (공제사업보험자) (한국공인중개사협회)**	**물권자 (금전소유권자) ∴불법행위로 인한 손해배상청구**
	김미옥으로부터 빌린 돈 중 갚지 않아도 되는 돈이 있으면 적절한 조치를 취해 달라.	① 소비대차 (카페개업자금 3억 원) ② 소비대차 (로비자금 5,000만원) **∴채무부존재 확인소송**	**∴약정의 상대방 (대주) (김미옥)**	**약정자 (차주) ∴채무부존재 확인소송**
	박영수는 김미옥과 헤어졌고, 부친에게 상속받은 안산 소재 토지 외에는 아무런 재산 없고, 그 토지가 미등기상태라 의뢰인은 가압류조차 할 수 없는 상태이므로 이 문제를 해결해 달라.[67]	① 물권(소유권)[68] **∴소유권 확인소송**	**대한민국**	**소유권자 ∴소유권 확인소송**

65) 계약금을 돌려 달라는 의뢰인의 희망사항은 언뜻 보기에는 계약 해소에 따라 원상회복의 일환으로 계약금을 되돌려 주라는 의미로 읽힌다. 이렇게 청구할 수 있는 상대방은 계약의 당사자여야 한다. 그런데 매매계약상의 매도인인 황경한은 계약금을 지급받은 적도 없을 뿐만 아니라 매매계약 사실도 모르고 있다. 그래서 의뢰인은 황경한을 상대로 계약금반환을 청구할 수 없다. 사실관계를 살펴보면 계약금을 박영수가 수령하여 착복하였을 뿐이다. 따라서 의뢰인은 박영수를 상대로 계약금반환을 청구해야 할 것이다. 박영수는 계약의 상대방이 아니기 때문에 별도의 청구원인을 찾아보아야 한다. 결국 정상적으로 매매계약을 중개하는 듯 속여(또는 매매계약 체결의 임무를 위반하여) 타인의 금전 소유권을 침해하였다는 사실을 알 수 있다. 금전의 경우 소지의 상실로 소유권이 확정적으로 소멸하는 특수한 재화이기 때문에 물권적 청구권을 행사하기 어렵고, 결국 손해배상청구권을 행사할 수 있을 뿐이다.

66) 김미옥은 공인중개사로 공인중개사무소를 운영하는 사업자이고, 박영수는 중개보조인으로 피용자이다. 민법 제756조에 의하면 피용자가 그 사무집행에 관하여 제3자에게 손해를 가하면 손해배상 할 책임이 있다. 한편 박영수는 김미옥의 동거남으로 사실혼 관계에 있어 보인다. 사실혼관계가 인정되는 경우 가사에 관한 연대책임을 진다.(민법 제832조)(대법원 1980. 12. 23. 선고 80다2077 판결) 따라서 박영수가 가사에 관한 채무를 부담하게 되었다면 사실혼상의 배우자인 김미옥에게도 그 연대책임을 물을 수 있다. 하지만 본 사안에서는 ① 의·식·주, 자녀교육, 병원비 등 가사에 관한 채무가 아니며, ② 약정(법률행위)에 따른 채무가 아니라 불법행위로 인한 채무이기 때문에 일상가사채무의 연대책임 관련 규정의 적용이 없다.

67) 물권확인청구의 소에 관한 사례로 자주 출제되는 매우 중요한 사례이니 잘 기억해 두고 그 정확한 법리를 익혀두어야 한다.

68) 박금술(조부), 박철민(부)가 모두 사망하였기 때문에 유일한 상속인인 박영수는 등기 없이도 해당 부동산을 상속하여 소유권자가 되었다. 그런데 박영수의 소유권을 침해하고 있는 자는 현재로서는 아무도 없다. 다만 그 소유권을

나. 원고의 청구원인 분석결과

소송명	청구원인	항변 (법률상 주장 포함)	재항변 등
손해배상 청구	① 불법행위 ⓐ 손해 금전소유권의 상실 ⓑ 고의(or 과실) ⓒ 위법성 ⓓ 인과관계 ② 사용자책임 ⓐ 사용자(사용 · 피용관계) ⓑ 사무집행에 관한 ③ 공제계약의 체결 ④ 손해배상의 범위 ⓐ 손해액 ⓑ 변제 ⓒ 과실상계[69] ⓓ 손익상계	Ⓐ 상계 ⓐ 자동채권의 성립 ⓑ 상계적상 ⓒ 상계의 의사표시와 도달 ⓓ 상계충당	Ⓐ 고의에 의한 불법행위로 인한 손해배상채무를 수동채권으로 한 상계는 허용되지 않는다.
채무부존재확인소송	① 소비대차 ⓐ 소비대차계약 ⓑ 이자 · 이율의 약정 ⓒ 원본의 인도 ⓓ 변제기 도래 ② 동기의 불법 (반사회질서 위반 무효) ③ 확인의 이익[70]		
소유권 확인소송	① 대위요건 ⓐ 손해배상청구권 ⓑ 이행기 ⓒ 무자력 ⓓ 미행사 ② 소유권자 ⓐ 피상속인 ⓑ 유족 ⓒ 상속분 ③ 확인의 이익		

표창하기 위한 소유권보존등기를 하려고 하니 그 절차에 필요한 각종 서류들(특히 소유권자로 표기된 토지대장)을 발급받을 수 없을 뿐이다. 그래서 소유권 확인청구의 소를 제기할 필요가 있다. 그런데 누구를 상대로 소유권확인의 소를 제기할 것인가?라는 문제가 떠오른다. 토지대상 상으로는 박철민이라고 기재되어 있을 뿐인데 그 박철민이 자신의 부친인 박철민과 동일인인지에 관해 증명할 수 없어 소유권 보존등기를 못할 뿐이다. 이런 경우에는 대한민국을 상대로 소유권확인의 소를 제기할 수 있다.

69) 고의에 의한 불법행위의 경우에는 과실상계의 적용이 없다.

70) 반복해 언급하고 있지만 본서에 수록된 모의기록들 중에는 확인의 이익이 제대로 갖추어진 채 출제되는 경우가 매우 적다. 아래 소유권확인소송의 경우는 소유권보존등기를 하기 위해서는 반드시 확인소송을 제기해야 하는 사례로서 확인의 이익이 충분히 인정된다. 그런데 본 채무부존재 확인소송의 경우에는 도대체 확인의 이익이 무엇인지를 알 수 없다. 다만 의뢰인이 김미옥에 대하여 5,000만원의 채무를 부담하고 있다는 것만으로는 의뢰인의 불편이 무엇인지를 알 수 없다. 김미옥이 그 채무를 갚아라는 압박 정도를 예상할 수 있을 뿐이다. 그런 압박이 있다 하여 채무부존재 확인소송을 제기하여 승소판결을 받았다고 하더라도 김미옥이 정신적 괴롭힘을 주는 행동을 멈출 것 같지는 않다. 이런 상태에서 채무부존재 확인소송 제기를 권유하는 변호사는 오히려 사건 한 건을 더 수임하기 위한 목적에서 의뢰인에게 무리한 권유를 한 것으로 오해될 소지가 있는 것이다. 향후 채무부존재 확인소송의 사례를 개발할 때 이런 관점에서 반드시 필요한 확인소송의 경우만을 제시하여 출제하는 것이 제대로 된 교육을 유도할 수 있다.

2. 횡령 혹은 편취 등으로 인한 불법행위

가. 횡령이나 편취 모두 불법행위인 점에는 일치하고 있다. 횡령이냐 또는 편취이냐의 점은 공격방어방법을 달리하는 데에 불과하다. 기록에 첨부된 형사판결문에서는 횡령으로 처벌되었다. 횡령이라면 예금계좌의 주인인 김미옥이 피해자일 것이다. 이는 사실에 맞지 않다. 편취의 과정이 정확하게 증거로 나와 있지 않으나 원고를 기망하여 금원을 편취한 것이 보다 더 정확해 보인다.

나. 고의에 의한 불법행위를 수동채권으로 하여 상계금지

고의에 의한 불법행위로 부담하게 된 손해배상채무를 수동채권으로 한 상계는 금지되어 있다.(민법 제496조) 피용인의 고의에 의한 불법행위로 민법 제756조에 의해 부담하게 된 사용자로서의 손해배상책임도 이러한 피용자의 손해배상책임의 대체적 책임이어서 민법 제496조의 적용범위에 속한다고 보아야 할 것이다. 그래서 이를 수동채권으로 하여서도 상계가 금지된다.(대법원 2006. 10. 26. 선고 2004다63019 판결)

다. 고의 불법행위로 손해배상채무를 부담하는 경우 과실상계를 주장할 수 없다.

1) 직접 불법행위자에게는 불가능, 사용자(민법 제756조)에게는 가능

피해자의 부주의를 이용하여 고의로 불법행위를 저지른 자가 바로 그 피해자의 부주의를 이유로 자신의 책임을 감하여 달라는 주장은 허용되지 않는다. 왜냐하면 그와 같은 고의적 불법행위가 영득행위에 해당하는 경우 과실상계와 같은 책임의 제한을 인정하게 되면 가해자로 하여금 불법행위로 인한 이익을 최종적으로 보유하게 하며 공평의 이념이나 신의칙에 반하는 결과를 가져오기 때문이다.(대법원 2007. 10. 25. 선고 2006다16758, 2006다16765 판결) 하지만 피용인의 불법행위에 가담하지 않은 사용자에 대하여 그 사용자 책임을 구하는 경우라면 과실 있는 피해자의 손해배상 청구에 대하여 과실상계의 법리에 따라 손해배상액을 산정함에 있어 그 과실을 참작하여야 한다.(대법원 2008. 6. 12. 선고 2008다22276 판결)

2) 과실상계 방법

가해자가 불법행위 성립 이후 피해자에게 손해액의 일부를 변제한 경우 이를 공제할 때는 다음과 같은 방식으로 한다. 먼저 손해배상액에서 과실상계를 하고 그 손해배상액에서 변제금을 공제한다. 그런데 본 사안과 같이 사용자책임을 부담할 때는 직접행위자인 피용인이 변제한 금원은 사용자의 과실비율에 상응하는 부분만큼 감축하여 변제된 것으로 본다.(대법원 1998. 7. 24. 선고 97다55706 판결) 그러나 만약 본 사안에서 피고 김미옥이 10,000,000원을 변제하였다면 피고 김미옥은 물론 피고 박영수에 대해서도 변제액 10,000,000원 전액이 공제될 것이다. 즉 피고 김미옥은 65,000,000원(75,000,000원 − 10,000,000원)을 손해배상해야 할 것이고, 피고 박영수는 90,000,000원(100,000,000원 − 10,000,000원)을 배상하여야 할 것이다.(대법원 1995. 7. 14. 선고 94다19600 판결)

3. 채무부존재확인(동기의 불법)

4. 소유권확인

가. 본 사안에서 의뢰인이 토지소유권을 취득하게 된 경위

1) 토지소유권의 원시취득

토지 중 임야는 임야조사령에 의해, 그 외 토지는 토지조사령에 의해 그 사정을 받은 자가 원시취득한 것으로 본다.(대법원 1984. 1. 24. 선고 83다카1152 판결) 사정받은 사실은 원칙적으로 실제 증거들을 통해 증명해야 할 것이나, 토지대장상에 그렇게 기재되어 있다면 사정받은 것으로 강력한 추정을 받게 된다. 사정에 의한 토지소유권의 취득은 법률의 규정에 의한 물권의 취득으로 민법 제187조에 의해 소유권보존등기 없이도 이를 타에 주장할 수 있다.

2) 상속에 의한 포괄승계 취득

상속에 의한 포괄승계도 민법 제187조에 의한 법률의 규정에 의한 권리취득으로 소유권이전등기 없이도 그 권리를 주장할 수 있다. 따라서 사정받아 소유권보존등기를 경료하지 않은 조부와 부친으로부터 다시 상속받았다고 하더라도 민법 제187조 단서의 적용을 받지 않고 그대로 소유권을 취득하게 된다.

나. 소유권보존등기

토지대장상 사정명의인으로 기재되어 있는 경우에는 바로 그 토지대장을 발급받아 소유권보존등기를 할 수 있다. 이러한 소유권보존등기는 대위에 의해서도 할 수 있다. 그런데 본 사안에서는 토지 대장상 기재되어 있는 자와 피고 박영수의 부친과의 동일성에 관해 국가가 다투고 있으니 이러한 불안을 해결하지 않으면 소유권보존등기가 불가능하게 된다. 그래서 본 사안의 경우 확인의 이익이 있는 것이다.

다. 확인소송의 상대방

본 사안에서 토지대상상에 주소, 주민등록번호의 기재신청을 안산시장이 거부하였다. 따라서 안산시장이 소속된 지방자치단체 안산시가 피고가 되지 않을까? 라고 생각할 수 있다. 토지대장 등의 관리업무는 원래 국가사무로서 그 관리를 안산시장에게 위탁한 것이다. 그러므로 그 관리업무의 주체인 대한민국을 상대로 확인의 소를 제기하여야 한다.

소 장

원 고 김 정 미 (******－*******)
서울 서초구 신반포로 19길 234, 5동 206호(서래동, 생생아파트)
소송대리인 변호사 김동균
서울 서초구 서초로 1길 15, 1009호(전곡빌딩)
전화번호 (02) 5550－2261, 팩스번호 (02) 5550－2262
이메일 주소 : kdk@hammail.net

피 고 1. 박 영 수 (600207－1957387)
2. 김 미 옥 (630901－2534111)
서울 동대문구 이문로 981 (이문동)
3. 한국공인중개사협회
서울 관악구 봉천동 청룡로 1길 15, 230－42
대표자 회장 이종왕
4. 대한민국
법률상 대리인 법무부 장관 황교안

손해배상(기) 등 청구의 소

청 구 취 지

1. 원고에게,
   가. 피고 박영수는 금 90,000,000원 및 이에 대한 2012. 9. 31.[71]부터 이 사건 소장 부본 송달일까지는 연 5%의, 그 다음날부터 다 갚는 날까지 연 20%의 각 비율에 의한 금원을 지급하고,
   나. 피고 김미옥, 한국공인중개사협회는 피고 박영수와 각자 위 가.항의 금원 중 67,500,000원 및 이에 대한 2012. 9. 31.부터 이 사건 소장 부본 송달일까지는 연 5%의, 그 다음날부터 다 갚는 날까지 연 20%의 각 비율에 의한 금원을 지급하라.
2. 원고와 피고 김미옥 사이에, 원고의 피고 김미옥에 대한 2011. 12. 1.자 50,000,000원의 차용금 채무는 존재하지 아니함을 확인한다.
3. 원고와 피고 대한민국 사이에 안산시 단원구 신길동 245 답 800㎡는 피고 박영수의 소유임을 확인한다.
4. 소송비용은 피고들의 부담으로 한다.
5. 위 제1항은 가집행 할 수 있다.

라는 판결을 구합니다.

71) 불법행위로 인한 손해배상의 경우 불법행위일로부터 지연손해금의 지급을 구할 수 있다.

청 구 원 인

1. 피고 박영수, 김미옥, 한국공인중개사협회에 대한 횡령금 등 청구

가. 사실관계

(1) 원고와 피고 김미옥, 박영수, 한국중개사협회의 관계

원고와 피고 김미옥, 박영수는 종전부터 알고 있던 사이였습니다. 피고 김미옥은 김포시 풍세면 풍서리 676-46에서 하성부동산컨설팅 공인중개사사무소를 운영하는 공인중개사이고, 피고 박영수는 피고 김미옥에 고용되어 중개보조인으로 활동 중이었고, 피고 한국공인중개사협회(이하 '피고 협회'라고 함)는 공인중개사의 업무 및 부동산 거래신고에 관한 법률(이하 '공인중개사법'이라 함) 제41조에 의해 설립되어, 부동산중개업자인 공제가입자가 부동산중개행위를 하면서 고의 또는 과실로 거래당사자에게 손해를 입게 할 경우 공인중개사법 제30조 제1항에 의하여 거래당사자에게 부담하게 될 손해배상책임을 보장하기 위하여 같은 법 제42조에 의한 공제사업을 운영하는 법인입니다.

(2) 피고 박영수의 고의에 의한 불법행위의 성립

피고 박영수는 원고에게 소외 황경한 소유 김포시 광덕면 매당리 42 대 670㎡(이하 '매당리 대지'라고 함)를 매수하여 전매하면 많은 이익을 남길 것이라며 중개수수료도 당장 받지 않고 나중에 이익이 날 경우에 받겠다며 매수를 권유하여 원고는 그 매수에 나서게 되었습니다.

피고 박영수는 소외 황경한과 직접 만나 계약을 체결하려 하는 원고에게 소외 황경한은 현재 외국에 체류 중이어서 당장 만나기 어렵다면서 자신이 알아서 계약을 잘 성사시켜 주겠다고 하였습니다. 그래서 소외 황경한이 불참한 가운데 원고는 2012. 9. 31. 피고 박영수와 하성부동산컨설팅 중인공개사 사무소에서 소외 황경한으로부터 매당리 대지를 대금 180,000,000원, 계약금 100,000,000원은 계약당일 지급하고, 잔금 80,000,000원은 2012. 12. 8. 지급하는 내용의 매매계약서를 작성하고, 그 매매계약서의 공인중개사(입회인)란에 피고 김미옥의 이름과 주소 및 인장을 날인하여 매매계약서를 완성하였습니다. 이때 피고 박영수는 소외 황경한이 급히 자금이 필요한 상황이라 계약금을 관행보다 많은 1억원으로 정해 지급해 주면 잔금 지급일 전이라도 바로 매당리 대지에 관한 소유권이전등기를 해 주겠다고 하면서 원고에게 그 계약금 100,000,000원을 피고 김미옥의 계좌로 송금해 주면 자신이 소외 황경한에게 전달하겠다고 하여 원고는 계약금 100,000,000원으로 합의하고 같은 날 피고 김미옥의 신한은행 예금통장에 그 계약금을 송금하였습니다.

피고 박영수는 원고나 피고 김미옥 모르게 20차례에 걸쳐 인출하여 100,000,000원 전부를 소비해 버렸고, 이로 인하여 피고 박영수는 2014. 5. 14. 서울중앙지방법원 2014고단777 횡령 사건에서 징역 10월의 형을 선고받아 현재 항소 중에 있습니다.

(원고는 매매 잔대금을 마련하지 못하고 있던 중 소외 황경한은 대금 미지급을 이유로 매매계약을 해제하였습니다.[72])

72) 위 한 문장은 불필요한 기재로 삭제하는 것이 바람직하다. 그 이유는 횡령 또는 사기의 불법행위는 피고 박영수가 피고 김미옥의 통장에서 금전을 인출함으로써 기수에 이르렀고, 나아가 원고와 피고 황경한 사이에 매매계약이 체결되었다고 볼 수 있는지 의문일 뿐만 아니라 만약 매매계약이 체결되었다면 소유권이전등기 등에 관한 제반서류

(3) 공제계약의 체결

피고 김미옥은 2011. 12. 29. 피고 협회와 공제금액 100,000,000원, 공제기간 2012. 1. 1. 부터 2013. 1. 1.까지 1년간으로 하는 공제계약을 체결하였습니다.

위 계약의 일부인 공제약관 제6조(보상하는 손해)에서는 "협회 공제의 보상책임은 공제가입자가 공인중개사법에서 정하고 있는 부동산중개행위를 함에 있어서 고의 또는 과실로 인하여 거래당사자에게 재산상의 손해를 발생하게 한 손해배상책임 중 제8조의 규정에서 정하는 보상한도 내에서 공제증서에 기재된 사항과 이 약관에 따라 보상하여 드립니다." 라고 규정되어 있습니다.

나. 손해배상청구권의 발생

피고 박영수는 원고가 지급한 위 계약금을 임의로 횡령하였으므로 고의의 불법행위자로서 그 손해를 배상할 의무가 있고, 피고 김미옥은 중개보조원인 피고 박영수의 사용자로서 피고 박영수가 공인중개사 사무소에서 자신의 인장을 사용하여 매매계약서를 작성하였을 뿐만 아니라 자신 명의로 개설된 예금통장에 입금된 돈을 인출하여 사용하게 한 점 등에 비추어 볼 때 피고 김미옥은 피용인인 피고 박영수의 사용자로서 영업에 관하여 그가 입힌 손해에 배상할 의무가 있습니다.

피고 협회는 공제사업자로서 위 공제계약에 따라 부동산 중개행위와 관련한 피고 김미옥의 불법행위로 인한 손해를 배상할 의무가 있습니다.

위와 같은 위 피고들의 각 손해배상채무는 서로 중첩되는 범위 내에서는 부진정연대관계에 있다고 할 것입니다.

다. 손해배상의 범위

(1) 원고가 자인하는 공제항목들

(가) 원고는 2014. 3. 1. 피고 박영수로부터 위 횡령금 중 10,000,000원을 피해변제의 일부조로 지급받았습니다.

(나) 과실상계

피고 김미옥은 피고 박영수의 불법행위에 가담한 사실이 전혀 없는 상태에서 다만 그 사용자로서 피고 박영수가 저지른 불법행위에 손해배상책임을 부담하는 경우이므로 고의로 불법행위를 한 피고 박영수와는 다르게 그 손해배상액을 산정함에 있어 피해자인 원고의 과실을 참작하여야 합니다.

위에서 설명한 바와 같이 원고는 거액을 들여 부동산을 매수하려고 하는 마당에 그 부동산의 소유자인 소외 황경한을 직접 만나 매매의사를 확인한 사실도 없고, 더구나 매매계약을 체결할 당시 소유자인 소외 황경한이나 심지어 공인중개사 김미옥 본인도 참석하지 않은 가운데 피고 박영수의 설명만을 가볍게 믿은 나머지 통상 계약금보다 5배 이상 과다한 금액을 매도인도 아닌 공인중개인의 예금통장으로 송금한 점 등에 비추어 볼 때 이러한 원고의 과실도 위 손해를 발생시키거나 확대시킨 한

들의 이행제공 없이 매매 잔대금 미지급을 이유로 계약 해제 의사표시를 했다고 해서 계약이 적법하게 해제되지 않기 때문이다. 그럼에도 해당 한 문장을 부가하여 둔 것은 실무상으로는 이러한 엄밀한 법리를 따지지 않고 당사자가 주장하는 내용대로 다소 불필요한 듯이 보여도 유해한 기재가 아니라면 해 두는 관행이 있고, 그래서 다른 모범답안들 중에 이와 같은 기재를 해 둔 것들이 시중에서 유통되고 있기도 하기 때문이다.

원인이 되었습니다. 그런데 이러한 사정을 참작한다 하더라도 원고의 과실은 25%를 넘지 않을 것이므로 피고 김미옥은 원고의 손해액 중 75%를 배상할 책임이 있고, 피고 협회는 피고 김미옥의 공제업자로서 피고 김미옥의 위 과실계상된 손해배상을 이행할 의무가 있습니다.

(2) 구체적인 손해배상의 범위

먼저 위 피고들이 배상해야 할 손해배상액은 피고 박영수의 경우 횡령금 100,000,000원 전액이고, 피고 김미옥, 피고 협회의 경우 피해자인 원고의 위와 같은 과실을 참작한 후 나온 75,000,000원 (100,000,000원 × 0.75)이 됩니다. 나아가 위 각 금원에서 피고 박영수가 피해배상금조로 지급한 10,000,000원을 공제하고 나면 피고 박영수의 경우 90,000,000원이 되나, 피고 김미옥, 피고 협회의 경우는 피고 김미옥의 책임비율에 상응하는 7,500,000원(10,000,000원 × 75/100)을 공제한 67,500,000원(75,000,000원 − 7,500,000원)이 된다 할 것입니다.

라. 소결론

그렇다면 원고에게, 피고 박영수는 90,000,000원, 피고 김미옥, 피고 협회는 위 박영수와 각자 위 금원 중 67,500,000원 및 각 이에 대하여 불법행위일인 2012. 9. 31.부터 이 사건 소장 부본 송달일까지는 민법 소정의 연 5%의, 그 다음날부터 다 갚는 날까지 소송촉진 등에 관한 특례법 소정의 연 20%의 각 비율에 의한 지연손해금을 지급할 의무가 있습니다.

마. 피고측의 상계 주장에 대한 반박

(1) 위 피고측은 원고가 피고 김미옥으로부터 2011. 6. 1. 300,000,000원, 2011. 12. 1. 50,000,000원을 각 차용하였는데 이를 자동채권으로 하여 위 피고들의 위 손해배상채무와 상계한다고 주장하고 있습니다.

(2) 먼저 피고 박영수가 원고에 부담하고 있는 위 손해배상채무는 고의의 불법행위에 의한 손해배상책임이고, 피고 김미옥과 이를 기초로 한 피고 협회의 손해배상채무는 피용자의 위 손해배상책임에 대한 대체적 책임이어서 피용자의 고의에 의한 불법행위로 인한 손해배상책임도 모두 민법 제496조에 의해 이를 수동채권으로 한 상계가 금지되어 있다 할 것이므로 피고측의 위 주장은 이유 없습니다.

2. 피고 김미옥에 대한 채무부존재확인의 소

가. 사실관계

(1) 원고는 피고 김미옥으로부터 2011. 6. 1. 300,000,000원을 차용한 후 그 차용금으로 서울 서초구 서초대로 523 지상 5층 건물 중 3층에서 카페를 개업하려고 하였으나 관계법령상의 문제로 허가가 여의치 않아 고민하고 있었는데, 피고 김미옥이 관계 공무원들에게 로비를 하여 허가 문제를 해결해 주겠다고 제안하여 원고는 2011. 12. 1. 피고 김미옥으로부터 추가로 50,000,000원을 이자 월 2%, 변제기 2012. 8. 31.로 정하여 차용하여 이를 전부 로비하는데 사용하였습니다.

(2) 확인의 이익

피고 김미옥은 위 50,000,000원의 차용증서를 소지하면서 2014. 6. 2. 원고에게 내용증명우편을 보내 그 변제를 요구하고 있습니다.

나. 50,000,000원 대여계약의 반사회질서 위반 무효

사정이 위와 같다면 공무원에게 카페 영업허가문제로 로비를 한다는 것은 반사회질서로 위법하고 이를 금전차용의 동기로 삼은 것인데 상대방인 피고 김미옥이 적극적으로 사주하여 이루어졌기 때문에 피고 김미옥도 그 위법한 동기를 알았거나 적어도 알 수 있었을 때에 해당된다 할 것입니다. 따라서 위 금전차용약정 자체는 반사회질서 위반의 행위로서 그 효력이 없다 할 것입니다.

다. 소결론

피고 김미옥이 내용증명우편을 통해 50,000,000원 채무의 변제를 요구하는 등 다투고 있으므로 그 무효를 확인할 이익이 있다 할 것입니다. 따라서 원고의 피고 김미옥에 대한 2011. 12. 1.자 50,000,000원의 대여금 채무는 존재하지 아니함을 확인한다는 판결을 구합니다.

3. 피고 대한민국에 대한 소유권확인의 소

가. 사실관계

(1) 안산시 단원구 신길동 245 답 800㎡의 소유권의 원시취득 및 상속

원래 피고 박영수의 조부인 소외 망 박금술(1899. 5. 11.생)이 안산시 단원구 신길동 245 답 800㎡(이하 '이 사건 토지'라고 함)를 그 명의로 사정받아 그 소유권을 원시취득하였습니다.

소외 망 박금술은 이 사건 토지에 관하여 소유권보존등기를 경료하지 못하고 있던 중 처 소외 망 이숙자가 사망한 다음 위 박금술도 1985. 6. 29. 사망하였고, 그 유족으로는 유일한 자녀 소외 망 박철민이 있었습니다. 소외 망 박철민의 처 소외 망 이길자도 2000. 5. 18. 사망한 다음 소외 망 박철민이 2007. 4. 15. 사망하였고, 그 유족으로는 유일한 자녀 피고 박영수가 있었습니다. 그렇다면 소외 망 박금술의 재산은 소외 망 박철민을 통해서 모두 피고 박영수에게 단독상속되었습니다.

(2) 확인의 이익

그런데 한국전쟁의 와중에 이 사건 토지에 관한 토지대장이 멸실되었다가 안산시장이 1960. 6.경 이를 복구하면서 그 소유자란에 단순히 "박철민"이라고만 기재해 넣어 현재까지 보존되어 왔습니다.

소외 망 박철민은 이 사건 토지에 대한 소유권보존등기를 하기 위해 2007. 2. 1. 안산시장에게 토지대장에 자신의 주소와 주민등록번호를 기입해 달라고 신청하였으나 안산시장은 2007. 2. 9. 위 박철민이 그 소유자임을 인정할 자료가 없다는 이유로 이를 거부하였습니다.

(3) 대위요건

원고는 피고 박영수에 대하여 앞서 설명한 바와 같은 횡령에 의한 90,000,000원 상당의 손해배상 원리금채권을 갖고 있습니다. 그런데 피고 박영수는 현재 이 사건 토지를 제외하고는 원고에 대한 위 채무를 변제할 자력이 없음에도 피고 대한민국에 대하여 이 사건 토지에 대한 소유권확인의 청구를 하지 않고 있습니다.

나. 소결론

그렇다면 원고는 피고 박영수를 대위하여 그 소유임을 다투는 피고 대한민국 사이에 이 사건 토지가 피고 박영수의 소유임을 확인한다는 판결을 구합니다.

4. 결론

이상과 같이 원고의 피고들에 대한 청구는 모두 이유 있으므로 이를 인용해 주시고, 소송비용은 패소자의 부담으로 하고, 일부 청구에 가집행을 선고하여 주시기 바랍니다.

증 명 방 법(생략)

첨 부 서 류(생략)

2014. 8. 13.

원고 소송대리인 변호사 김동균 인

서울중앙지방법원 귀중

Ⅱ. C. 2014년도 제3회

1. 7단계 권리분석법에 의한 사건 전체의 분석

가. 의뢰인의 희망사항 분석결과

<table>
<tr><th>의뢰인
=원고</th><th>희망사항</th><th>물권 침해? 약정?</th><th>침해자 또는 약정자는 누구(=피고)</th><th>원고의 자격,
∴소송명</th></tr>
<tr><td rowspan="2">이대발
김태평</td><td rowspan="2">차용금 채무의 담보로 설정된 근저당권설정등기들을 말소해 달라.</td><td>① 근저당권설정계약
(강동구 명일동 대지)
∴불이행하여 강제이행청구</td><td>∴약정자
(근저당권자)
(김갑부)</td><td>약정의 상대방
(근저당권설정자)
(김태평)
∴근저당권설정등기 말소청구</td></tr>
<tr><td>① 근저당권설정계약
(녹번빌라)
∴불이행하여 강제이행청구</td><td>∴약정자
(근저당권자)
(김갑부)</td><td>약정의 상대방
(근저당권설정자)
(이대발)
∴근저당권설정등기 말소청구</td></tr>
<tr><td>김태평</td><td>[해제가 가능하면]
공주시 임야를 반환받았으면 좋겠고,
없다고 하더라도, 공주시 임야 시가 상당금액을 지급받았으면 좋겠다.
[해제가 불가능하면]
한민국에게 지급한 돈이라도 반환받을 수 있게 해 달라.</td><td>① 매매계약
② 불이행
∴채무불이행에 의한 손해배상청구</td><td>∴약정자
(매수인)
(김갑부)</td><td>약정의 상대방
(매도인)
∴손해배상청구</td></tr>
</table>

나. 원고의 청구원인 분석결과

<table>
<tr><th>소송명</th><th colspan="2">청구원인</th><th>항변
(법률상 주장 포함)</th><th>재항변 등</th></tr>
<tr><td>근저당권
설정등기
말소청구</td><td>① 피담보채무
ⓐ 소비대차계약
(2010.6.1. 4,000만원)
ⓑ 이자·이율의 약정
ⓒ 원본의 인도
ⓓ 변제기 도래
② 근저당권설정등기
ⓐ 근저당권설정계약
ⓑ 근저당권설정등기</td><td rowspan="2">③ 피담보채무 변제
ⓐ 2억 150만원 지급
(2013.5.31.)
ⓑ 변제충당
㈎ 2010.2.1. 2,000만원
월 1%, 변제기 2010.7.31.
㈏ 2010.6.1. 4,000만원
월 1%, 변제기 2010.11.30.
김태평 소유 명일동 대지 담보제공
㈐ 2010.10.1. 2,000만원
월 2%, 변제기 2011.3.31.
이대손 연대보증
㈑ 2011.2.1. 2,000만원</td><td rowspan="2">①②는 자백
③ⓐ은 자백
ⓑ은 부인

Ⓐ 별개채무에의 변제충당(항변)
(a)별개 채무의 존재
㈎ 2007.4.1. 5,000만원
1%, 변제기 2007.9.30.
㈏ (소외 손오식에게 피고 이대발의 연대보증하에)
2012.4.1. 2,000만원
2%, 변제기 2012.6.30.
(b) 별개채무에 우선변제</td><td rowspan="2">Ⓐ(a)㈎는 변제 or 소멸시효 완성(상행위, 5년 경과)

개업준비행위도 상행위

Ⓐ(a)㈏ 연대채무는 다른 주채무에 비해 변제이익이 작아 우선법정충당되지 않는다.</td></tr>
<tr><td>근저당권
설정등기
말소청구</td><td>① 피담보채무
ⓐ 소비대차계약
(2011.7.1. 1억 원)
ⓑ 이자·이율의 약정
ⓒ 원본의 인도</td></tr>
</table>

	ⓓ 변제기 도래 ② 근저당권설정등기 ⓐ 근저당권설정계약 ⓑ 근저당권설정등기	월 2%, 변제기 2011.7.31. 이대손 연대보증 ㈒ 2011.7.1. 1억 원 월 2%, 변제기 2011.12.31. 이대발 소유 녹번빌라 담보제공	충당(부족변제, 안분비례를 넘어선 충당원리) Ⓑ 녹번빌라는 원고 이대발은 소유자가 아님	Ⓑ채권적 청구권임
채무불이행에 의한 손해배상청구	① 매매계약 ⓐ 매매계약 ⓑ 계약금, 중도금지급, 잔금은 피담보채무 인수로 지급 ⓒ 소유권이전등기 경료 ② 채무불이행(이행지체) ⓐ 피담보채무(소비대차) ⓑ 근저당권설정계약·등기 ⓒ 피담보채무인수(잔금지급에 갈음) ⓓ 피담보채무 불이행으로 임의경매신청 ⓔ 김태평 경매비용 포함 피담보채무의 변제로 경매취하 (2013.4.30. 경매비용 포함 1억 2,750만원 변제) ③ 매매계약 해제 ⓐ 상당한 기한을 정하여 최고(2013.3.31.) ⓑ 계약해제의 의사표시(2013.4.20.) 및 도달 ④ 원상회복(이행불능) 불가[73)] ⓐ 제3자(수익자)에게 매도(2013.5.20.), 등기(2013.6.15.) ⓑ 악의 없음(선의) ⑤ 손해배상의 범위			

2. (근)저당권[74)]설정등기의 말소

가. (근)저당권말소등기 청구의 두 가지 청구원인

근저당권설정등기의 말소청구 청구원인은 ① 소유권[75)]에 기한 방해배제청구로서 근저당권설정등기 말소청구(물권적 청구권)를 할 수 있고, ② 근저당권설정등기의 피담보채무가 소멸(전부 변제 등)하여 부종성이 있는 저당권이 효력을 잃었다는 원인으로 한 근저당권설정등기 말소청구(채권적

73) 채무불이행으로 인한 손해배상청구권은 다음과 같이 구성된다.

해제여부	가능한 구제수단	손해배상액의 산정
해제하지 않으면	<u>**강제이행청구 + 손해배상청구**</u>	이행이익 – 강제이행청구의 금전적 가치
	<u>**손해배상청구**</u>	이행이익
해제하면	<u>**원상회복청구 + 손해배상청구**</u>	이행이익 – 원상회복된 금전적 가치
	<u>**손해배상청구**</u>	이행이익

74) 기록형 시험문제에 저당권 보다는 근저당권 문제가 자주 출제된다. 우선 실무상 금융기관은 특정채권 이외에도 그 이자채권 기타 채권에 대한 포괄적 담보를 취득하고자 하여 근저당권 설정이 빈번하게 이루어지고, 다음으로 저당권설정등기 사항이 많은 반면 근저당권의 경우는 채권최고액만 등기사항이라서 비교적 간단하여 출제와 채점상 편리하기 때문이다.

75) 후순위저당권에 기해 원인무효인 선순위저당권의 말소도 청구할 수 있다.(대법원 2000. 10. 10. 선고 2000다19526 판결) 이때 소유권자인 사실은 "후순위저당권자인 사실"로 대체된다.

청구권)의 형태로도 할 수 있다. ①의 경우도 원인무효 사유를 주장·증명해야 하기 때문에 Ⓐ 근저당권설정계약의 성립상의 하자사유들을 주장·증명하는 것이 아닌 이상 결과적으로 모두 Ⓑ 피담보채무가 전부 변제 등으로 소멸하고, 그 부종성으로 말미암아 근저당권이 사후적으로 효력을 상실하였다는 사실을 들어 근저당권설정등기 말소를 청구할 수 있다. 만약 ②나 ①Ⓑ의 경우라면 피담보채무가 변제되었는지 여부를 살펴보아야 한다. 만약 변제액이 전 채무를 소멸시키기 부족한 경우 충당의 문제가 발생한다.

나. 물권적 청구권에 기한 저당권설정등기 말소청구

특히 부존재, 무효, 취소, 무권대리(대리권남용) 등을 이유로 원인무효임을 주장하면서 말소청구를 구하는 경우와 계약해제를 원인으로 한 말소청구는 원인무효임을 주장하는 것에서 공통됨에도 불구하고 소송물이 달라 기판력의 적용대상이 아니다.(대법원 1993, 9, 14, 선고 92다1353 판결) 이는 소유권에 기한 말소청구에 관한 판결이나 유사한 사안에서 물권적 청구권을 행사하는 저당권말소청구에도 적용될 수 있다.

그 외 물권적 청구권의 행사로서 저당권설정등기 말소청구와 저당권설정계약상 피담보채무 하자의 존재 또는 소멸 후 원상회복으로 저당권설정등기의 말소를 구하는 것은 대표적인 채권적 청구권으로써 그 과정에서 피담보채무의 무효·취소·해제(해지) 등을 청구원인으로 삼아도 물권적 청구권과는 다른 소송물이어서 기판력의 적용을 받지 않는다.(대법원 1982. 12. 14. 선고 82다카148 판결)

다. 채권적 청구권(약정 불이행)으로서의 근저당권설정등기 말소청구

1) 피담보채무가 변제 등으로 소멸되고 난 후 근저당권자는 근저당권을 말소해 줄 의무(채무)[76]가 있다. 본 기록에서는 근저당권설정계약서가 첨부되어 있지 않아 계약상 이를 명시적으로 약정했는지 알 수 없다. 근저당권설정계약을 할 때 위와 같은 약정을 명시적으로 하지 않았어도 위와 같은 내용의 약정은 표준적 약정(default rule)이기 때문에 피담보채무를 변제하였으면 근저당권설정등기의 말소청구가 가능하다. 약정에 기초하고 있기 때문에 그 성격은 채권적 청구권으로 본다.[77] 청구취지는 "피고는 원고에게 별지 목록 기재 부동산에 관하여 서울서부지방법원 2014. 4. 5. 접수 제12345호로 마친 근저당권설정등기에 대하여 2015. 4. 5. 변제를 원인으로 한 말소등기 절차를 이행하라."라며 변제사실을 적시하여 작성하여야 한다.[78]

---

76) 저당권설정계약에 기해 저당권설정등기가 경료된 후 피담보채무가 변제 등으로 소멸하면 그 부종성에 기해 저당권설정등기가 원인무효가 된다. 이렇게 원인무효가 된 저당권설정등기의 말소의무는 저당권설정계약에 명시적인 약정이 있으면 당연히 그 약속에 기한 말소의무가 되나 약정이 없더라도 표준적 약정(default rule)으로서 말소의무가 있다. 이러한 말소의무의 이행을 구하는 것은 채권적 청구권의 성질을 갖고 있다. 따라서 소유권자로서 원인무효인 저당권설정등기의 말소를 구하는 물권적 청구권과는 다르다. 결국 소유권자인 저당권설정자는 채권적 청구권과 물권적 청구권을 동시에 보유하게 되고, 양자는 청구권 경합의 관계에 있게 된다.

77) 위 (1)항 설명의 ② 경우가 된다.

78) 사법연수원, 민사법실무 2(2015), 103면 참조.

물론 피담보채무가 소멸되고 난 후 근저당권설정등기가 남아 있다면 소유권에 기한 방해배제 청구로서 근저당권설정등기의 말소를 청구할 수 있다.[79] 그 성격은 물권적 청구권이다. 이때는 청구취지를 "피고는 원고에게 별지 목록 기재 부동산에 관하여 서울서부지방법원 2014. 4. 5. 접수 제12345호로 마친 근저당권설정등기의 말소등기 절차를 이행하라."라고만 기재하여야 한다.

2) 약정 불이행의 형식으로 청구를 구성하면 그 성격은 강제이행 청구권이며 피담보 채무 소멸을 원인으로 한 '근저당권설정등기 말소청구'가 구체적인 소송명이 된다.

라. 청구원인의 요건사실

1) 구체적인 청구원인의 요건사실

① ⓐ 소비대차계약 체결사실, ⓑ 이자·이율의 약정, ⓒ 원본의 인도, ⓓ 변제기의 도래

② ⓐ 근저당권설정계약 체결사실

근저당권설정계약 체결사실은 계약체결을 간략하게 언급하는 방식으로 실무상으로는 "담보조로"라는 문구를 앞세워 기술하는 것이 보통이다.

ⓑ 근저당권설정등기 경료사실

말소대상 등기를 특정할 수 있을 정도로 구체적으로 기재한다. 즉 "0000법원 0000. 00. 00.자 접수 제000000호로 근저당권설정등기를 마쳤습니다."라는 식으로 기술한다.

③ 피담보채무(소비대차계약상의 차용금채무)의 변제 등으로 인한 소멸

2) 변제

가) 변제의 요건사실

변제의 요건사실은 ① 채무의 내용에 좇은 급부 ② 급부가 당해 채무에 관하여 행해질 것(급부와 채무의 결합사실)이다. 실무상 ②는 "채무의 변제를 위하여" 또는 간단히 "변제조로"라는 식으로 간략하게 표현하기도 한다.

나) 원칙적으로는 항변으로 자주 사용되고 있으나 본 사안에서는 청구원인사실이다.

변제는 항변사실로 사용되고 있으나 본 사안과 같이 피담보채무가 변제로 인하여 소멸하였다며 근저당권설정등기의 말소를 청구하는 경우에는 그 말소청구를 이유 있게 하는 청구원인사실이 된다. 이처럼 항변사실이냐 청구원인사실이냐는 청구취지를 기준으로 가변적이다.

다) 변제충당과 결합할 때 청구원인과 항변사실을 잘 배치하여야 한다.

본 사안에서는 채무자인 원고가 변제하면서 지정충당권을 행사한 사실이 없었다. 그래서 법정충당되어야 한다. 원칙적으로 변제와 법정충당은 ① (소비대차계약 체결사실, 원본의 인도, 변제기의 도래, 이자·이율의 약정이외에도)변제(청구원인) - ② 변제충당(ⓐ별개채무의 존재, ⓑ법정충당상의 우선충당사유)(항변) - ③ 별개 채무의 권리발생장애사유·권리소멸사유(재항변)라는 주장의 구조를 갖게 된다. 그런데 본 사안에서는 총 7개 채무가 존재하고, 1차례 변제행위가 있었다. 그런데 근저

79) 위 (1)항 설명의 ① 경우가 된다.

당권 피담보채무로는 2개 채무가 있는데 그 채무가 다른 채무들에 비해 법정충당상의 우선충당권이 중간정도 되었다. 따라서 근저당권 피담보채무가 변제로 소멸하였다는 것을 주장·증명하기 위해서는 피담보채무보다 우선충당되어야 하는 채무에 관한 충당과정은 청구원인사실을 기재하는 부분에서 주장해 주어야 한다. 그래서 5개 채무에 관한 법정충당과정을 청구원인사실로 포함시켰다. 이런 설명은 일반적인 변제(청구원인), 변제충당(항변), 별개채무의 소멸, 하자(재항변) 등의 일반 주장구조와 차이가 난다. 나머지 2개 채무에 관해서는 변제충당이 항변이 된다.

즉, 2013. 5. 31. 원고 이대발이 201,500,000원을 변제한 이유를 읽는 사람이 충분히 납득할 수 있도록 기술하여야 하는 까닭에 근저당권설정에 관련된 2개의 소비대차계약사실은 물론 나머지 3개도 포함한 5개 소비대차계약 사실을 모두 청구원인사실 기재부분에서 전부 기술하였다. 게다가 5개 소비대차계약에 대한 이자 지급 또는 면제사실도 함께 기재하였다. 이처럼 2013. 5. 31. 변제사실은 하나의 변제행위로 이를 140,000,000원 변제사실과 60,000,000원 변제사실로 분리하여 기재할 수 없는 이상 읽어 가는 사람들의 합리적 의심을 없앨 정도로 충분한 사실을 기재하여야 하기 때문에 상대방의 항변사실까지 포함하여 청구원인 사실[80]에서 충분히 기재하는 것이 실무상의 관행이다.

[발생이자 계산표]

대여일자	금액	이율	대여일부터 2012. 7. 31.까지의 지급이자	2012. 8. 1.부터 2013. 5. 31.까지 이자
① 2010. 2. 1.	2,000만원	1%	6,000,000원	2,000,000원
② 2010. 6. 1.	4,000만원	1%	10,400,000원	4,000,000원
③ 2010. 10. 1.	2,000만원	2%	8,800,000원	4,000,000원
④ 2011. 2. 1.	2,000만원	2%	7,200,000원	4,000,000원
⑤ 2011. 7. 1.	1억원	2%	26,000,000원	20,000,000원
이자 합계			58,400,000원	34,000,000원

라) 변제사실을 기술하는 방법

변제를 주장할 때는 主日相目行의 구조를 띠므로 ① 변제자, 변제일, ② 변제수령자, 급부에 따른 목적물을 변제를 위해 제공해야 한다. 이때 관련된 법리를 추가적으로 살펴본다.

(1) 제3자 변제

제3자가 변제하였다 하더라도 변제의 효력을 주장하는 자는 제3자가 위 ①, ②항의 사실을 하였다고 주장하는 것으로 충분하다. 즉 제3자 변제로서 효력이 없다는 사실은 변제의 효력이 없다고 주장하는 자가 부담해야 한다.(대법원 1988. 10. 24. 선고 87다카1644 판결) 따라서 상대방에서 다음과 같은 두 가지 사실 중 어느 하나를 주장하여 항변할 수 있다.

첫째, 급부의 성질이나 당사자의 의사표시로 제3자의 변제를 허용하지 아니하였다는 사실(이와 같은 의사표시가 있는 경우란 매우 희귀하다.)

80) 본인은 이런 청구원인 사실을 "조정된 청구원인사실"이라고 불렀으면 한다. 아직 널리 통용되고 있지 않은 용어이다.

둘째, 변제한 제3자가 이해관계가 없고, 수령자가 반대의사를 표하였다는 사실이다.

어쨌든 제3자가 변제한다고 하더라도 변제수령자가 이를 반대할 이유가 거의 없으므로 제3자 변제가 무효로 되는 일은 매우 드물다.

(2) 변제수령자

(가) 원칙적으로 변제수령자는 채권자이다. 다만 다음과 같은 경우에도 변제수령자로서 유효하게 변제를 수령할 수 있다.

(나) 채권의 준점유자에 대한 변제

요건사실은 변제자가 ① 채권의 준점유자에게, ② 선의이며 과실 없이, ③ ⓐ 급부에 따른 변제를, ⓑ 변제의 의사로 했을 경우에 채권의 준점유자에 대한 변제로서 유효하다.(민법 제470조) 통상의 변제 요건사실(③ⓐⓑ)에서 ①, ②사실을 추가로 주장·증명하여야 한다.

(다) 영수증 소지자에 대한 변제

요건사실은 ① 수령 권한 있는 자나 영수증 작성 권한이 있는 자가 작성한 변제수령을 증명하는 서면(영수증)을 소지하고 있는 자에 대한 변제를 주장·증명하면 된다.(민법 제471조) "변제자의 악의나 과실"은 변제의 효력을 부인하는 자가 주장·증명하여야 한다.(민법 제471조 단서)

(라) 채권자가 이익을 받은 경우

변제를 받을 권한이 없는 자에 대한 변제라도 채권자가 이익을 받은 한도에서 변제로서의 효력이 있다.(민법 제472조) 따라서 채무자는 "채권자가 이익을 받은 사실"을 주장·증명하여 변제로서의 효력을 주장할 수 있다. 채권자가 무권한자의 변제수령을 사후에 추인한 때도 채권자가 이익을 받은 경우로 본다.(대법원 2012. 10. 25. 선고 2010다32214 판결)

(마) 그 외 전부명령이나 가집행선고부 판결에 기한 변제

먼저 전부명령이 확정된 때에는 전부명령이 제3채무자에게 송달된 때에 채무자가 채무를 변제한 것으로 본다.(이를 "변제효"라고 한다. 민사집행법 제231조 본문) 따라서 전부명령의 변제효를 주장하려면 ① 피전부채권의 발생, ② 전부명령의 발령, ③ 제3채무자에 대한 송달, ④ 전부명령의 확정을 주장·증명해야 한다. ④ 전부명령의 확정은 채무자에 대한 송달로 일단 주장·증명이 된다.

그러면 전부명령의 변제효를 부정하는 자가 전부명령이 무효가 되는 사유를 들어 항변(또는 재항변)할 수 있다. 이러한 항변 사례로 "피압류채권이 이미 제3자에게 양도되어 대항요건을 갖춘 경우"를 들 수 있다.(대법원 1981. 9. 22. 선고 80누484 판결) 이때 변제효를 부정하는 자는 ① 집행채무자가 제3자에게 피전부채권을 양도한 사실, ② 집행채무자가 제3채무자에게 확정일자 있는 증서에 의해 양도사실을 통지한 사실, ③ 양도통지가 압류명령의 송달 전에 제3채무자에게 도달한 사실을 주장·증명하여야 한다.[81]

81) 대항력 있고 우선하는 채권양도에 의해, 전부명령이 피전부채권이 부존재한다는 이유로 무효가 되었다면 그 후 채권양도에 대해 사해행위취소판결이 선고되었다고 하더라도 그 상대적 효력 때문에 전부명령이 소급하여 유효하게 되지 않는다.(대법원 2007. 4. 12. 선고 2005다1407 판결) 이 판결은 사해행위 취소판결의 상대적 효력을 설명하여 자주 드는 판결로서 잘 학습해 두어야 한다.

가집행 선고부 판결을 선고받은 채무자가 그 판결 인용 금액을 지급한 경우에는 그 지급당시 확정적으로 변제의 효과가 발생한다.(대법원 1995. 6. 30. 선고 95다15827 판결)

3. 변제충당(청구원인 중 충당사실)

가. 변제충당

본 사안에서는 피고의 변제충당 주장은 원고의 변제[82] 주장에 대한 항변으로서의 성격을 갖고 있다. 보통 대여금청구라면 ① ⓐ 소비대차계약 체결사실, ⓑ 이자·이율의 약정, ⓒ 원본의 인도, ⓓ 변제기의 도래 (청구원인 사실) – ② 변제(항변) – ③ 변제충당(ⓐ별개 채무의 존재, ⓑ법정충당상의 우선충당)(재항변) – ④ 별개 채무의 발생장애사유·소멸사유(재재항변)라는 주장 구조를 취하고 있다. 그런데 본 사안과 같이 변제가 청구원인 사실이 된 경우라면 ① (소비대차계약 체결사실, 원본의 인도, 변제기의 도래, 이자·이율의 약정이외에도)변제(청구원인 사실) – ② 변제충당(항변) – ③ 별개 채무의 발생장애사유·소멸사유(재항변)가 될 것이다.

나. 법정충당의 순서

1) 비용–이자–원본(민법 제479조 제1항)의 순으로 변제충당이 된다. 합의충당에 의해서는 위 순서를 바꿀 수 있으나 그 외 지정충당, 법정충당에 의해서는 그 순서를 바꿀 수 없다. 본 사안에서는 150만원은 비용에 충당되어야 한고, 나머지 2억원에서는 2012. 8. 1.부터 2013. 5. 31.까지 10개월간의 미지급이자 34,000,000원에 먼저 충당되어야 할 것이다.

2) 그 외 법정충당의 순서

가) 첫 번째, 변제기가 도래한 것과 변제기가 도래하지 않은 것이 있으면 도래한 것부터 충당하여야 한다. 본 사안에서 2013. 5. 31. 기준으로 볼 때 모두 변제기가 도래하였다. 그래서 이 사유를 기준으로 볼 때 모두 동일하다. 주의할 점은 변제기가 도래하기만 하면 되고 먼저 도래하였는가의 점은 그 영향이 없다.(제1호)

(1) 확정기한

확정기한의 경우에는 변제기 도래여부의 판단은 너무 명확하여 문제될 것이 없다. 다만 변제유예의 사유가 있으면 법정변제충당의 순위를 정함에 있어서 이행기가 아직 도래하지 않은 것으로 보아야 한다.(대법원 1999. 8. 24. 선고 99다22281, 22298 판결)

(2) 불확정기한

불확정기한 상의 사유가 ⓐ 객관적으로 발생하기만 하면 된다. ⓑ 채무자가 해당 사유의 발생 또는 불발생의 확정사실을 알 필요는 없다. 후자(ⓑ사유)는 이행지체를 지는 사유에 불과할 뿐이다.

82) 5개 채무의 변제충당은 청구원인사실에 포함되어 있다는 점은 앞서 설명하였다. 나머지 2개 채무에 관해서는 항변이 된다.

(3) 기한의 정함이 없는 경우

채무가 성립한 때에 이행을 청구할 수 있으므로 성립한 때를 기준으로 한다. 최고한 때로부터 이행지체의 책임을 지는 것과 다르니 주의할 필요가 있다.

나) 두 번째, 전부 도래하였거나 전부 도래하지 않았다면 채무자에게 변제이익이 많은 채무의 변제부터 충당한다.(제2호)

변제의 이익이 많다는 것은 채무의 부담을 제거할 이익이 크다는 것으로 획일적인 기준은 없고 구체적으로 판단하여야 한다.

(1) 이자의 유무 및 이율의 고저 : 무이자채무보다는 이자부채무가 변제의 이익이 많고, 저율의 이자부채무보다는 고율의 이자부채무가 변제의 이익이 많다. 그래서 본 사안에서는 2%의 이율부 채무가 1%의 이율부 채무보다 변제의 이익이 많다고 보아야 할 것이다.

(2) 위약벌의 정함이 있는 채무는 그렇지 않은 채무에 비하여 변제의 이익이 많다.

(3) 어음채무가 어음소송의 신속성으로 보아 민사채무보다 대체로 변제의 이익이 많다. 그러나 이율 기타 사정을 종합하여 보면 달리 판단할 여지도 있다. 예를 들면 이자부 민사채무가 무이자부 어음채무보다 변제의 이익이 많다.

(4) 단순채무가 연대채무보다 원칙적으로 채무자에게 변제의 이익이 많다.(대법원 1999. 7. 9. 선고 98다55543 판결)

(5) 물적담보를 포함하여 담보부 채무에 대한 변제가 무담보채무의 변제보다 변제의 이익이 많다. 하지만 물상보증이 있는 채무는 없는 채무와 사이에 그 우열이 없다.(대법원 2013. 7. 11. 선고 2013다22454 판결, 대법원 2014. 4. 30. 선고 2013다8250 판결) 변제이익은 주채무를 중심으로 보아 한다는 입장에서 보증인이 있는 채무와 그렇지 않는 채무 사이에는 변제의 이익에 있어 중립적이다.(대법원 1999. 8. 24. 선고 99다26481 판결) 연대보증의 경우도 동일하다. 따라서 물상보증, 연대보증, 보증 등이 있다고 하여도 단순채무와 사이에 변제의 이익에 우열이 없다.[83]

(6) 주채무는 보증(연대보증 포함)채무에 비하여 변제이익이 많다.(대법원 2003. 5. 16. 선고 2002다8506 판결)

그러나 위와 같은 사정이 혼합되어 있는 사례가 많다. 예를 들면 저율의 물적담보부 채무와 고율의 무물적담보부 채무 사이에 변제이익의 다과를 따져야 할 경우이다. 변제이익을 판단함에 있어 유리한 점과 불리한 점이 엇갈려 존재하는 경우에는 경제적 관점뿐만 아니라 법률적 관점 등을 종합적으로 고려하여 그 다과를 따져 보아야 한다. 그래서 이자 약정이 있는 금전채무와 이자의 약정 없는 은행도 약속어음금 채무 사이에는 전자가 후자에 비하여 변제의 이익이 많다고 판단하였다.

---

83) 변제이익을 판단할 때 (5)에서 열거한 기준이 매우 중요하고 혼동하기 쉽다. 즉 물적담보가 있는 채무는 없는 채무보다 변제이익이 많지만, 인적담보가 있는 채무와 없는 채무 사이에는 변제이익의 우열관계가 없다. 물적담보라도 물상보증이 있는 채무일 때는 없는 채무와 사이에 변제이익의 우열관계가 없다. 또 (4)에서 단순채무가 연대채무보다 변제이익이 많다고 설명했다. 물적담보(물상보증 제외)부 채무 > 단순채무 ; 인적담보부(보증, 연대보증) 채무 = 단순채무 = 물상보증부 채무 ; 단순채무 > 연대채무라는 등식이 성립한다.

(대법원 1971. 11. 23. 선고 71다1560 판결)

다) 변제이익이 같다면 이행기가 먼저 도래한 채무나 먼저 도래할 채무의 변제에 충당한다.(제3호)

라) 위 조건들이 전부 같다면 안분 비례하여 변제에 충당한다.(제4호)

3) 본 사안에서의 법정충당

첫째, 2013. 5. 31.자 변제금 2억 150만원은 우선 경매비용 150만원에 충당되어야 한다.

둘째, 나머지 2억 원은 미지급이자 34,000,000원에 충당되고, 166,000,000원이 남게 된다.(민법 제479조 제1항) 미지급 이자의 면제가 인정되지 않는 것을 전제로 한 충당이다.

셋째, 아직 변제기가 도래하지 않은 채무는 없다. 그래서 이율 2%인 상담일지 Ⅰ. 2. ③④⑤ 채무금 합계 1억 4,000만원이 변제이익이 가장 높은 것으로 우선 법정충당되어야 할 것이다. 이론적으로 말하자면 이율 2% 중에는 물적담보가 있는 1억원의 채무(⑤)에 먼저 변제충당 되어야 하고, 이어 이율이 월 2%인 ③④ 채무는 서로 변제이익이 같으므로 변제기가 먼저 도래한 ③ 채무에 먼저 충당되고, 이어 ④ 채무에 충당되어야 할 것이다. 하지만 나머지 166,000,000원은 위 140,000,000원 전체를 충당함에 부족함이 없으므로 ③④⑤채무의 우열관계를 따지는 것은 실천상으로는 아무런 차이가 없다.

넷째, 본 사안에서 김태평이 물상보증한 채무(②) 채무와 단순채무(①) 사이의 충당순서가 가장 문제다. 연대보증, 보증, 물상보증인 등이 있는 채무라고 하더라도 주채무란 관점에서 보면 단순채무와 변제이익 면에서 차이가 없다.(대법원 2013. 7. 11. 선고 2013다22454 판결, 대법원 2014. 4. 30. 선고 2013다8250 판결) 따라서 ①② 대여금 채무 사이에는 우열관계가 없어 결국 변제기가 먼저 도래한 ① 채무에 먼저 변제충당되어야 하고(26,000,000원 − 20,000,000원), 나머지 6,000,000원은 ② 채무의 변제에 충당되어야 한다. 그래서 ② 채무의 원금은 34,000,000원이 남게 된다.

다섯째, 나머지 2개의 채무들에 관해서도 추가적으로 검토해 보면 다음과 같다.

Ⓐ 2007. 4. 1.자 5,000만원 채무의 경우에는 소멸시효완성이라는 재항변 사유로 밀어붙일 것이기 때문에 원고로서는 그 변제충당을 문제 삼을 필요는 없다.

Ⓑ 연대보증채무는 이율이 2%이어서 변제이익이 큰 듯 보이나, 주채무가 아니고 연대보증채무이기 때문에 변제이익이 낮다.(대법원 2002. 7. 12. 선고 99다68652 판결)

이처럼 김태평의 근저당권 말소청구는 변제충당과 관련하여 많은 논점을 노정하고 있다. 이점을 잘 살려 정확하게 청구원인을 기술하여야 할 것이다.

다. 항변으로서의 변제충당과 그에 관한 재항변 사유

1) 원고가 위 나.항과 같은 변제충당을 주장하면서 피담보채무의 변제로 인한 소멸을 주장하면 피고는 ① 별개 채무의 존재, ② 그 법정충당상의 우선충당사실로써 원고가 주장하는 변제충당을 탄핵하는 방법으로 항변할 수 있다. 피고는 아래 2) 나), 다)항과 같은 별개 채무를 들어 항변하고 있다.

2) 별개 채무의 권리발생장애사유 또는 소멸사유(재항변)

가) 별개 채무에 대한 Ⓐ 변제와 Ⓑ 시효완성으로 인한 소멸은 재항변 사유가 된다.

나) 2007. 4. 1. 5,000만원의 차용금 채무 존재에 관한 반박

우선 원고 이대발은 별개 채무의 발생원인인 차용사실을 인정하고 있다. 하지만 이를 피고의 아들을 통해 변제하였다고 주장하고 있다. 그런데 영수증도 분실하여 현재 소지하지 않고 있다. 실무상으로는 설령 영수증을 분실하였다고 하더라도 그 정보는 우리측 정보이기 때문에 내용증명우편을 보낼 때는 아들로부터 영수증을 발급받았다고 강력하게 주장한 다음 상대방이 어떻게 대응하는지를 기다려 보기도 한다. 하지만 본 모의사안에서는 내용증명우편에서 벌써 영수증을 분실하였다는 내용을 포함시키고 있으니 인생사와 다른 면모를 보여주고 있다. 목격증인이 있다고 설명하고 있는데 5,000만원이란 거금을 변제한 사실을 목격증인만으로 증명하기 부족할 것이다. 실무상으로 위와 같은 거금의 변제사실을 목격증인을 통해 증명에 성공할 것이라고 생각하지는 않는다. 원고 이대발과 피고는 장기간에 걸쳐 다양한 금전거래가 있었던 것으로 보아 그 목격증인의 증언이 있다고 하더라도 2007. 4. 1. 거액의 차용금을 변제하였다라는 사실을 기억에 의존한 증언만으로 증명해 내기란 쉽지 않을 것이다.

이에 더하여 상사 소멸시효의 완성을 주장하고 있다. 이론상으로는 영업개시를 준비하는 행위로서 차용하는 것은 상행위에 속하고 상인의 차용행위는 보조적 상행위로 추정되기도 하여 상사소멸시효의 대상이 될 것이다. 모의 사안에서는 아무런 내용이 없으나 실무상으로는 각종 시효중단행위 등의 주장이 추가될 것이다. 법원으로서는 무엇보다도 5,000만원이란 거액을 단기 소멸시효완성으로 소멸되었다고 판단하는데 부담을 가질 것이다. 그래서 사건 수임의 단계부터 의뢰인으로부터 설명 듣고 속단한 나머지 소멸시효완성을 통해 채무가 소멸되었다는 결론을 이끌어 낼 수 있을 것이라고 의뢰인에게 설명하고 승소를 자신하는 것은 금물이고, 신중할 필요가 있다. 아무튼 모의사안은 이러한 주장이 증명 가능한 것이라는 전제하에 출제되어 있으므로 이를 사실로 보아 청구원인을 구성하여야 한다.

다) 2012. 4. 1. 자 2,000만원에 대한 연대보증 채무는 단순채무에 비해 변제이익에서 열위의 관계에 있으므로 우선충당될 수 없다. 그 점을 들어 피고측의 항변을 부인하면 될 것이다. 참고로 이 연대채무에 대해 내용증명우편에서 마치 최고·검색의 항변을 주장하는 듯이 기재되어 있다. 이는 함정에 불과할 뿐이고, 연대보증의 경우 최고·검색의 항변이 인정되지 않는다. 그래서 이를 기재하면 감점사유가 된다.

라) 2012. 8. 1.부터 2013. 5. 31.까지 미지급이자 34,000,000원의 면제주장의 당부

법정충당의 경우 ⓐ 비용－ⓑ 이자－ⓒ 원본 충당이란 순서로 충당이 이루어진다. 만약 위 미지급 이자가 면제로 소멸하였다면 원고들은 이자충당을 건너뛰고 바로 원금충당을 주장할 수 있게 된다. 그러면 녹번빌라에 대한 피담보채무는 물론 명일동 대지에 대한 피담보채무도 모두 소멸하여 모두 근저당권설정등기의 단순말소를 청구할 수 있게 된다. 원고들이 단순 말소청구를 하면 피고측

에서 미지급 이자가 남아 있다면서 2013. 5. 31. 변제에 의하여 이자에 먼저 충당되고 나머지가 원금에 충당되어야 한다고 항변할 수 있을 것이다. 그러면 원고는 미지급이자를 면제하였다는 사실을 들어 '별개 채무의 소멸사실'로서 재항변할 수 있다.

원고들이 그렇게 청구하지 못하는 이유는 다음과 같다.

면제는 성격상 상대방 있는 단독행위에 불과하다. 본 사안에서는 면제사실을 증명할 수 있는 결정적 증거가 부족하다. 그래서 간접사실에 의해 주장할 수밖에 없다. 유리한 사실과 불리한 사실을 나름대로 분류해 보았으나 실제로는 미지급 이자가 34,000,000원에 이른 점, 문서에 의한 면제나 결정적인 목격증인이 없는 점, 내용증명우편에 나타난 원고 이대발의 면제주장에 힘이 없는 점 등에 비추어 볼 때 법원에 의해 받아들여지기 어려운 주장이 될 것이다. 실무상으로는 이런 주장을 설득력 있게 할 수 있는 능력이 변호사 실무능력의 우열을 가를 수 있는 유력한 기준이 된다. 이를 legal mind라고 할 수 있다. 하지만 본 사안에 대한 정답을 작성함에 있어서는 면제주장을 할 수 없다는 점을 전제로 하여 미지급 이자 변제충당을 인정하는 방식으로 작성해 보았다. 하지만 실무상으로는 당사자의 희망에 따라 면제주장을 전제로 소를 제기하고 법원의 판단을 받아보는 방식으로 소송을 수행할 수도 있다.

유리한 점	불리한 점
고율의 이자율로서 이미 5,840만원이란 거액의 이자를 지급한 점 경제사정의 악화로 2012. 7. 31. 이후 이자를 지급하지 못하고 있었던 점 원래 교섭시작 때 근저당권의 당해 피담보채무액 1억원 지급만을 제안하였더니 피고가 아들 사정을 들면서 2억원 전부의 지급을 요청한 점 동생에게 빌려 2억원을 마련하여 변제한 점 변제 후 즉시 경매신청을 취하해 준 점	미지급이자액이 34,000,000원에 달한 점 면제 의사표시를 증명할 서면도 존재하지 않고, 더구나 목격한 증인도 없는 점 원고 이대발의 내용증명우편에도 피고가 면제하겠다고 명백하게 밝힌 사실이 없으며 단지 본인이 그렇게 추측한 듯이 작성되어 있는 점

마) 변제충당을 주장하는 피고는 원칙적으로 모든 채권을 늘어놓고 별개의 채권이 존재한다고 주장하는 것만으로 부족하고 별개 채권의 존재 및 그에 대한 법정충당 중 안분비례 보다 유리한 충당이 이루어졌다는 사실까지 아울러 주장해야 비로소 피담보채권이 소멸되지 않았다는 사정을 주장할 수 있다. 그래서 원고가 피고의 항변에 대하여 이런 지경에 이르지 못하였다는 반박은 피고의 항변에 대한 부인에 불과하다.

4. 매매계약에 기한 채무불이행을 원인으로 한 계약해제 및 그 원상회복 및 손해배상 청구

가. 청구의 성격에 대한 간략한 설명

1) 약정 불이행

잔금 지급 대신 채무를 인수하는 것으로 갈음하는 명시적 약정이 있었고, 그 불이행이 있었다.

2) 채무불이행에 기한 손해배상청구권

강제이행청구권의 경우는 약정 사실 이외에 불이행 사실까지 주장·증명할 필요가 없었으나 (채무자설, 판례의 입장, 민법 제389조의 문언의 취지와는 다름) 채무불이행에 기한 손해배상청구권의 경우는 원고가 약정 사실 이외에도 불이행 사실을 주장·증명하여야 한다. 그래서 청구원인사실이 다음과 같다.

3) 청구원인 사실

① 매매계약의 체결사실

② 채무불이행 사실 (이행지체)

본 사안에서는 잔금 지급 대신 매도인의 채무를 인수하기로 명시적으로 약정하였다. 채무를 이행인수를 하였지만 그 채무를 갚지 않은 경우에 그 명시적 약정상의 의무를 이행지체하고 있는지가 문제된다. 항을 바꾸어 추가로 설명하기로 한다.

③ 계약의 (법정)해제 사실

ⓐ 상당한 기간을 정하여 이행을 최고하고,

ⓑ 상당한 기간 내에 이행이 없고,

ⓒ 계약 해제의 의사표시를 하고,

ⓓ 그 의사표시가 도달하여야 한다.

④ 원상회복 불능으로 인한 손해배상의 범위

나. 이행인수와 이행지체

1) 채무인수 및 이행인수(채무가 이전되는 두 가지 방식)

채권·채무는 원칙적으로 약정당사자(privy) 사이에만 그 효력이 있다. 다만 몇 가지 예외가 있다. 채무인수·이행인수[84]가 그 예외 중 하나다. 채무가 이전될 때는 인수인과 채권자 또는 인수인과 채무자와의 계약은 물론 나머지 채권자, 채무자의 관여가 있어야 한다. 그 관여정도에 따라 채무인수와 이행인수로 나누어진다.

첫째, 인수인은 채권자와 계약하여 채무를 인수할 수 있다.(채무인수) 그러나 채무의 성질이 인수를 허용하지 않는 경우나 이해관계 없는 인수인은 채무자의 의사에 반하여 채무를 인수하지 못한다.(민법 제453조)

둘째, 인수인은 채무자와 계약하여 채무를 인수할 수 있으나 채권자가 승낙하여야만 그 효력이 발생한다. 채권자의 승낙은 인수인 또는 채무자에게 할 수 있고, 인수인 또는 채무자는 상당한 기간을 정하여 채권자에게 승낙여부의 확답을 최고할 수 있고, 그 기간 내에 확답을 받지 못한 경우에는 거절한 것으로 본다. 인수인과 채무자는 채권자가 승낙할 때까지는 자유롭게 철회하거나 변경할 수 있다. 채권자가 승낙을 하면 인수계약을 한 때로 소급하여 채무인수로서의 효력이 있다.(민법 제

---

84) 그 외에도 채권양도, 제3자의 채권침해 등이 있다. 본서에서는 이를 "연결고리"라고 표현한다.

454조 내지 457조) 채권자의 승낙을 받지 못하면 이행인수로 될 수 있다.

2) 이행인수

위 둘째 방식은 인수인과 채무자가 약정을 하면서 채권자가 직접 인수인에게 채무의 이행을 구할 수 있도록 하자는 의사를 포함하여 약정에 이른 것이다. 물론 이런 의사는 명시하지 않았더라도 통상 포함되어 있다고 본다.(대법원 1995. 5. 9. 선고 94다47469 판결) 하지만 본 사안에서는 위 둘째 방법과 달리 김태평과 김갑부는 김태평의 채무를 김갑부가 이행하도록 하는 약정만 했을 뿐 한민국이 직접 김갑부에게 채무의 이행을 구할 수 있도록 하자는 의사가 처음부터 없었고, 그 결과 채권자인 한민국이 위 양자간의 인수계약에 아무런 역할을 하지 않았다. 그러므로 이는 민법 제454조가 정한 채무인수가 아니다. 이런 약정을 이행인수라고 한다. 관련 판례로는 대법원 1997. 10. 24. 선고 97다28698 판결, 대법원 2008. 3. 13. 선고 2007다54627 판결(인수의 대상으로 된 채무의 책임을 구성하는 권리관계도 함께 양도된 경우이거나 **채무인수인이 그 채무부담에 상응하는 대가를 얻을 때**에는 특별한 사정이 없는 한 원칙적으로 이행인수가 아니라 병존적 채무인수로 보아야 할 것이다.), 대법원 2009. 6. 11. 선고 2008다75072 판결(채권자는 채권자대위권에 의하여 채무자의 인수인에 대한 채무이행 청구권을 대위행사할 수 있다.) 등이 있다.

매매계약을 체결할 때 매수인이 매도인의 당해 부동산상의 저당권의 피담보채무를 인수하면서 그 매매대금의 일부 지급에 갈음하기로 하는 경우에는 원칙적으로 이행인수로 해석하고 있다.(대법원 2002. 5. 10. 선고 2000다18578 판결) 하지만 이에는 반대되는 판례들이 많다.(위 대법원 2008. 3. 13. 선고 2007다54627 판결, 대법원 2002. 9. 4. 선고 2002다11151 판결) 그래서 원칙적으로 이행인수로 보아야 한다고 해석할 수 없다고 보아야 한다.

3) 채무자의 채무소멸(면책적 채무인수)

위 두 가지 채무인수가 이루어졌을 경우 종전 채무자가 채무의 구속으로부터 해방되고 인수인만이 채무자로 되는지 여부에 따라 면책적 채무인수와 병존적 채무인수(또는 중첩적 채무인수)로 구분된다. 채무인수가 둘 중 어느 것인지는 당사자의 구체적인 의사를 중심으로 판단하여야 할 것이다.(대법원 1998. 11. 24. 98다33765 판결)

채무자와 인수인 사이에 채무인수의 약정을 한 상태에서 채권자가 승낙을 하면 (즉 민법 제454조의 방식) 면책적 채무인수를 한 것으로 보고, 채무자와 인수인 사이에 이루어진 약정에 대하여 채권자가 단지 수익의 의사표시를 한 데 불과하면 병존적 채무인수가 될 것이다.(대법원 1995. 5. 9. 선고 94다47469 판결, 수익의 의사표시는 채권자가 인수인에 대하여 채무이행을 청구하거나 기타 채권자로서의 권리를 행사하는 방법으로 할 수 있다.) 하지만 채권자가 민법 제454조 상의 승낙을 한 것인지 아니면 민법 제539조 제2항에 정해진 제3자간의 계약에 수익의 의사표시를 한 것인지는 실제로는 대단히 구분이 어렵다. 다만 어느 것인지 분명하지 않은 경우에는 병존적 채무인수로 추정하여야 한다.(대법원 2002. 9. 24. 2002다36228 판결)

4) 이행인수와 이행지체

이행인수의 경우 인수인은 채무자에 대하여 채무자의 채권자에 대한 채무를 이행할 의무가 있다. 인수인이 이 의무를 이행하지 않을 때는 그 계약을 해제할 수 있다. 그런데 매매계약과 이행인수 계약이 결합된 경우에는 이행인수한 채무를 이행하지 않았다고 하여 바로 매매계약 자체를 해제할 수 있는 것이 아니다. 즉 부동산의 매수인이 매매목적물에 관한 채무를 인수하는(이행인수계약) 한편 그 채무액을 매매대금에서 공제하기로 약정한 경우(매매계약 상의 매매대금 지급방법) 매수인은 매매대금에서 그 채무액을 공제한 나머지를 지급함으로써 잔금지급 의무를 다하였고, 설사 매수인이 위 채무를 현실적으로 이행하지 않고 있더라도 바로 매도인은 매매계약을 해제할 수 없는 것이다. 하지만 매수인이 인수채무를 이행하지 아니함으로써 매매대금의 일부를 지급하지 아니한 것과 동일하다고 평가할 수 있는 특별한 사유가 있을 때에는 계약해제권이 발생한다. 그 특별한 사정은 매매계약 당사자들이 **그러한 내용의 매매계약에 이르게 된 경위, 매수인의 인수채무 불이행으로 인하여 매도인이 입게 되는 구체적인 불이익의 내용과 그 정도** 등 제반 사정을 종합적으로 고려하여 매매대금의 일부를 지급하지 아니한 것과 동일하다고 평가할 수 있는 경우에 인정된다.(대법원 2007. 9. 21. 선고 2006다69479, 69486 판결)

다. 채무불이행으로 인한 손해배상의 범위

1) 채무불이행의 경우 채권자의 권한

채무불이행이 있는 경우 채권자는 ① 계약을 해제·해지하고 그 원상회복 및 손해배상을 청구하거나, ② 계약을 해제·해지 않고 강제이행청구 및 손해배상을 청구할 수 있다. ① 중 원상회복(restitution)청구는 원칙적으로 채권적 청구권이나 일정한 경우에는 구태여 물권적 청구권으로 구성할 수 있다. 원상회복이나 강제이행청구가 불가능한 경우나 채권자의 선택에 따라 손해배상청구만을 할 수도 있다. 물론 이런 경우 청구할 손해액이 채무이행의 대상을 포함하는 것이 된다. 이처럼 채무불이행의 경우 손해배상이 기저 구제수단이 된다.

2) 원칙적으로 차액설적 입장

채무불이행에 따른 손해배상의 범위를 관통하는 기본원칙은 차액설로 요약된다. 현재의 상태와 채무불이행이 없었다면 있었을 상태를 비교하여 그 차액을 손해액으로 배상하여야 한다는 원칙이다. 현재의 상태는 채무불이행이 된 상태이고, 채무불이행이 없었다면 있었을 상태란 채무이행의 상태[85]를 의미하므로 채무가 이행된 상태에서 현재의 상태를 차감하는 방식으로 계산이 이루어진다.(이행이익의 손해)

85) 채무이행의 상태는 채무이행의 대상으로 이미 급부내용이 특정되어 있기 때문에 비교적 파악이 손쉽다. 이런 점이 불법행위에 의한 손해배상청구 상의 차액설과 차이가 있다. 불법행위의 경우 불법행위로 인한 현재의 상태는 쉽게 파악이 되지만 불법행위가 없었더라면 있었을 상태란 가정의 상태이므로 그 증명이 어렵다.

3) 계약 해제 없이 손해배상청구를 하는 경우(민법 제393조)

채무불이행이 있었다 하더라도 반드시 계약을 해제하여야 하는 것은 아니다. 계약 해제 없이 손해배상을 청구할 수도 있다. 계약 해제 없이 손해배상 청구를 하면 채무이행이 된 상태에서 채무불이행이 된 현 상태를 차감한 방식으로 계산을 하면 된다. 현 상태는 실제상황이므로 그 산정이 용이하나 채무이행이 된 상태란 가정적 상황이므로 그 산정에 어려움이 있을 수 있다. 하지만 계약을 통하여 이미 급부를 특정해 두었으므로 채무가 이행된 상황을 가정해 보는 것은 그리 어렵지 않다. 이 점이 불법행위에 의한 손해배상청구의 손해배상의 범위를 정하는 과정과 큰 차이이다. 아무튼 이렇게 하여 산정해 나온 결과를 통상 "이행이익(expectation interest)"이라고 설명한다. 그래서 채무불이행에 의한 손해배상의 범위는 원칙적으로 이행이익의 배상을 뜻한다.

4) 계약해제 후 손해배상청구를 하는 경우(민법 제393조, 제548조, 제551조의 조화적 해석)

가) 계약을 해제하면 계약이 소급적으로 효력을 잃게 되어 계약과정에서 이루어진 각종 급부는 반환되어야 한다. 이를 원상회복(restitution)의무라고 한다.(민법 제548조 제1항) 이러한 원상회복의무의 법적성격을 둘러싸고 직접효과설, 청산관계설 등이 대립되고 있다. 대법원 판례(대법원 1977. 5. 24. 선고 75다1394 판결, 대법원 1982. 11. 23. 선고 81다카1110 판결, 대법원 1995. 3. 24. 선고 94다10061 판결, 대법원 2002. 9. 27. 선고 2001두5989 판결 등 다수)는 직접효과설을 취하고 있다. 청산관계설은 유력 학설이다. 이렇게 학설의 대립이 있다 하더라도 계약과정에서 급부가 있었을 때 해제로 계약이 무효로 되어 소유권이 회복된다는 점에는 모두 견해가 일치한다는 점을 명심하여야 한다.(물권행위의 독자성, 무인성을 부인한 결과임) 다만 제3자의 권리를 해치지 못할 뿐이다.(민법 제548조 제1항 단서) 그 제3자는 Ⓐ 해제전에는 해제의 특성상 해제권 발생의 요건을 알았거나 알 수 있었다는 사정을 전혀 고려하지 않고 제3자이기만 하면 보호받는다.(즉 선의, 무과실이란 제약조건이 필요 없다. 제3자이기만 하면 된다라고 기억하고 있으면 된다.)(대법원1985. 4. 9. 선고 84다카130·131 판결, 대법원 1996. 11. 15. 선고 94다35343 판결 등) 그런데 Ⓑ 해제 후 해제를 원인으로 말소등기가 이루어지기 전(즉, 원상회복 전)에는 선의의 제3자만 보호를 받는다.(대법원 2000. 4. 21. 선고 2000다584 판결) 증명책임은 계약의 해제를 제3자에게도 미침을 주장하는 자가 제3자가 악의라는 형태로 주장·증명하여야 한다.(대법원 2005. 6. 9. 선고 2005다6341 판결) 악의 이외 과실을 포함하고 있지 않아 그만큼 증명책임이 가중되어 있다. 민법 제548조 제1항 단서의 명문 규정을 완화해서 해제하는 자를 추가적으로 보호하고 있기 때문에 과실을 제외하는 것으로 보인다.

더 중요한 것은 제3자는 반드시 완전한 권리를 취득한 자여야 한다는 점이다. 따라서 권리취득에 등기(등록)나 인도를 요구하는 때에는 그 요건도 갖추고 있는 제3자여야 한다.(대법원1971. 12. 14. 선고 71다2014 판결, 대법원 1996. 4. 12. 선고 95다49882 판결 등) 같은 목적물을 매수하여 소유권을 취득한 자(대법원 1992. 12. 8. 선고 92다21395 판결), 목적물에 저당권이나 질권을 취득한 자, 매수인과 매매예약을 체결한 후 그에 기한 소유권이전청구권 보전을 위한 가등기를 마친 자(대법원 2014. 12. 11. 선고 2013다14569 판결), 해제된 계약에 의하여 채무자의 책임재산이 된 계약 목적물을 가압류한 자(대법원 2005. 1. 14. 선고 2003다33004 판결), 소유권을 취득하였다가 계약해제로 인하여 소유권을 상실하게 된 임대인으로부터 그 계약이 해제되기 전에 주택을 임차하고 주택임대차보호법상의 대항요건을 갖춘 임차인(대법원 2003. 8. 22. 선고 2003다12717 판결) 등은 보호받을 수 있는 제3자에 포함된다. 이에 비하여 계약상의 채권을 양수받은 자(대법원 2000. 8. 22. 선고 2000다23433 판결), 건축주 허가명의만을 양수한 자(대법원 2007. 4. 26. 선고 2005다19156 판결), 계약상의 채권 자체를 압류 또는 전부받은 자(대법원 2000. 4. 11. 선고 99다51685 판결), 토지를 매도하였다가 대금 지급을 받지 못하여 그 매매계약을 해제한 경우에 있어서 토지매수인으로부터 그가 토지상에 신축한 건물을 다시 매수한 자[86](대법원 1991. 5. 28. 선고 90다카16761 판결), 미등기 무허가 건물에 관한 매매계약이 해제되기 전에 그 매수인으로부터 해당 무허가 건물을 다시 매수하고 무허가건물 관리대장에 소유자로 등재된 자(대법원 2014. 2. 13. 선고 2011다64782 판결) 등은 보호받을 제3자에 해당되지 않는다.

이 원상회복의무를 부당이득반환의무로서의 성질을 갖는다고 보았는데(대법원 1996. 4. 12. 선고 96다28892 판결)[87] 반환의무의 범위에 관하여는 민법 제748조의 적용을 받지 않고, 민법 제548조의 정신에 따라 당사자의 선의·악의 및 이익의 현존여부를 떠나 받은 이익 전부를 반환하여야 하는 것으로 해석하고 있다.(대법원 1998. 12. 23. 선고 98다43175 판결) 이런 원상회복의무는 원칙적으로 원물반환의 방식으로 이루어져야 한다. 그래서 그 법적성격이 물권적 청구권인 경우가 많다. 그 원물반환의무가 불능으로 되었을 때는 해제 당시(해제 전에 불능으로 되었을 때) 또는 불능으로 되었을 때(해제 후 원물반환이 불능으로 된 경우)의 가액으로 가액반환하여야 한다.(대법원 1998. 5. 12. 선고 96다47913 판결) 이러한 가액반환은 채권적 청구권으로 본다.

나) 계약해제 후에는 위와 같은 원상회복의무 이외에도 손해배상 의무도 함께 발생한다.(민법 제551조)

계약해제 후에도 그 산정의 출발점은 역시 차액설적 입장에 선다고 설명하고 있다. 즉 이행되었더라면 있었을 상태에서 현재의 상태(원상회복되었는가 아닌가에 따라 다를 수 있다.)를 공제한 차액을 배상하여야 한다는 근본적 취지에는 변함이 없다고 설명한다.(대법원 2016. 4. 15. 선고 2015다59115 판결, 이 판결에서 해제 후의 손해배상책임도 채무불이행으로 인한 손해배상책임과 다를 바 없으므로 상대방에게 고의 또는 과실이 없을 때에는 배상책임이 없다고 판시하고 있다.) 하지만 이 손해배상의무는 원상회복이란 변수가 있기 때문에 앞서 본 계약해제 전의 손해배상의무와는 그 구조가 다르다. 그러므로 매매계약에서 매수인이 채무불이행하여 매매계약이 해제되었다면 매매대금에서 매매목적물(원상회복되기 때문)의 현재의 시가를 차감하고 난 가액을 손해배상하여야 한다. 문제는 매매목적물의 시가가 변동하기 때문에 해제시점을 조정할 유인을 없앨 필요가 있다.

86) 경우에 따라 그 매수인은 건물철거 청구에 대하여 권리남용, 신의칙 위반 등의 항변은 할 수 있다.

87) 원상회복의무는 성질상 물권적 청구권과 동일하다고 보아야 할 것이다. 그런데 판례는 이를 부당이득반환청구로서의 성질을 갖는다고 보고 있다. 부당이득반환청구권이라고 하더라도 물권적 청구권적 성격을 갖는다고 못볼 바 아니다.

그래서 민법 제396조의 법리를 적용하여 해제권을 행사할 수 있었을 때의 시가를 의미한다고 해석한다.[88)]

그러나 위와 같은 차액설적 입장을 고집하다가 보면 이행이익의 산정에 어려움이 있어 제대로 그 권리를 행사할 수 없는 경우가 발생할 수 있다. 그래서 원상회복 이외에 위와 같은 산정에 갈음하여 통상적인 지출범위내의 신뢰이익을 배상할 것을 인정하기도 한다.(대법원 1999. 7. 27. 선고 99다13621 판결[89)])

5) 본 사안의 경우

본 사안의 경우 원고 김태평에 의하여 계약이 적법하게 해제되었기 때문에 피고는 원상회복의무를 부담하고, 추가적으로 발생한 손해배상의무도 부담한다. 원상회복의무는 피고가 2013. 5. 20. 소외 최금숙에게 이를 매도하고 같은 해 6. 15. 그 소유권이전등기까지 경료해 주었기 때문에 이행불능이 되었다. 그래서 시가 상당의 가액배상을 해 주어야 한다. 이때 피고는 소외 최금숙으로부터 2013. 5. 20. 1억원을, 2013. 6. 15. 3억원을 지급받았기 때문에 그 지급받은 일 이후로 법정이자 상당의 지연손해금의 지급도 하여야 한다.(대법원 2013. 12. 12. 선고 2013다14675 판결)

그런데, 원고 김태평이 2013. 4. 30. 소외 한민국에게 대여금 1억원을 포함하여 지연이자 2,600만원 및 경매비용 150만원 합계 1억 2,750만원을 변제한 사실이 있다. 그 중 1억원은 위 가액배상의 반환범위를 산정함에 있어 이미 참작되었지만 그 지연이자 2,600만원 및 경매비용 150만원에 대한 손해배상청구가 가능한지가 문제된다. 지연이자는 계약 해제로 인하여 소급적으로 매매계약이 효력을 잃게 된다면 원래 원고 김태평이 이를 부담해야 할 채무로서의 성격을 갖고 있으므로 원상회복을 청구하는 마당에 이 지연이자의 배상까지 청구하면 이중배상의 의미가 있게 되어 청구할 수 없다. 하지만 경매비용은 원상회복 대상인 목적물의 소유권을 지키기 위하여 손해방지비용으로 지출된 것으로 채무불이행에 의해 합리적으로 예상가능한 손해이므로 이를 반환하여야 한다.

---

88) 이행지체의 경우는 해제가능시라고 하면서도 이행불능의 경우는 대법원 1980. 3. 11. 선고 80다78(타인의 물건 매매 사안)를 들어 이행불능시의 이행이익이라는 견해도 있다.

89) 대법원 2002. 6. 11. 선고 2002다2539 판결 등에서 "① 채무불이행을 이유로 계약해제와 아울러 손해배상을 청구하는 경우에 그 계약이행으로 인하여 채권자가 얻을 이익 즉 이행이익의 배상을 구하는 것이 원칙이지만, 그에 갈음하여 ② 그 계약이 이행되리라고 믿고 채권자가 지출한 비용 즉 신뢰이익의 배상을 구할 수도 있다고 할 것이고, 그 신뢰이익 중 ⓐ 계약의 체결과 이행을 위하여 통상적으로 지출되는 비용은 통상의 손해로서 상대방이 알았거나 알 수 있었는지의 여부와는 관계없이 그 배상을 구할 수 있고, ⓑ 이를 초과하여 지출되는 비용은 특별한 사정으로 인한 손해로서 상대방이 이를 알았거나 알 수 있었던 경우에 한하여 그 배상을 구할 수 있다고 할 것이고, 다만 ③ 그 신뢰이익은 과잉배상 금지의 원칙에 비추어 이행이익의 범위를 초과할 수 없다."고 판시하고 있다. 필자는 위 대법원 판례의 판시 중 ①, ②에 관해서는 찬성하나, ③의 판시는 신뢰이익 개념을 잘못 이해한 것으로 폐기되어야 한다는 견해를 갖고 있다. 즉 ② ⓑ는 주로 신뢰투자(reliance investment)를 지칭한 것인데 신뢰투자의 경우 상당성이 인정되는 경우에는 이행이익에 상관없이 이를 배상해 주어야 한다. 자세한 내용은 김차동, "이행이익과 신뢰이익," 비교사법 제17집 제1호(2010. 3.), 1면 이하 참조.

5. 경매

가. 경매의 종류

경매에는 강제경매와 임의경매가 있다. 강제경매는 집행권원에 기하여 진행되고, 임의경매는 저당권 등 담보물권 등에 기해 진행된다.

나. 경매의 절차와 경락인의 소유권취득시점

경매는 경매신청을 하면 ① 경매개시결정을 하고, 부동산 등기부에 경매개시결정사실이 등재된다. 그 후 감정평가를 거쳐 ② 매각기일을 지정하여 진행한다. 매각기일에서 최고가 응찰자가 최저매각가격 이상의 응찰가격을 제출한 것으로 확인되면 최고가 응찰자로 지정되고, 이어 ③ 매각결정기일에서 최고가 응찰자에게 최고가매각허가결정을 내린다. 이어 1개월 이내의 기간내에 매각대금을 납입하면 법원사무관 등의 촉탁으로 경락으로 인한 소유권이전등기가 경료된다.

이때 경락인은 매각대금을 완납한 때 바로 소유권을 취득하고(민법 제187조의 소유권취득), 이은 소유권이전등기는 소유권 취득에는 영향이 없고, 나중에 경락 부동산을 처분할 때 필요한 요건이 된다.

다. 피담보채무나 집행권원의 성립상 하자나 소멸사유를 원인으로 한 집행채무자의 경락무효를 이유로 한 소유권이전등기말소청구의 가부

그 가능여부는 강제경매 중 확정판결이나 그와 동일한 효력을 가진 채무권원에 기한 강제경매의 경우는 최고가응찰자가 경락대금을 완납하기 전에 집행채무자는 집행권원이 소멸하였거나 하자를 원인으로 한 주장을 제기해야 한다. 그렇지 않으면 이후 그 주장을 할 수 없고, 부당이득반환 등의 구제를 받을 수 있을 뿐이다. 이 경우 집행채무자는 최고가응찰자가 경락대금을 납입하기 전에 집행권원의 하자 및 소멸사유를 주장하면서 최고가매각허가결정에 대한 이의신청을 하거나 별도로 청구이의의 소, 제3자이의의 소 등을 제기하고, 그 절차에서 집행정지결정문을 받아 이를 집행법원에 제출하는 방식으로 할 수 있다.

집행력 있는 공정증서에 의한 강제경매나 임의경매의 경우에는 집행채권이나 피담보채무의 하자나 소멸사유는 강제경매와 같이 경락대금 완납전에 할 수도 있고, 경락대금을 완납한 이후에는 경락을 원인으로 한 소유권이전등기 말소청구의 방식과 같은 통상 말소청구의 방법으로도 할 수 있다.

소 장

원 고 1. 이 대 발 (600810 - 1884755)
서울 은평구 통일로 42, 102동 402호(녹번동, 녹번빌라)
2. 김 태 평 (671214 - 1681214)
서울 서대문구 연희로 11
원고들 소송대리인 변호사 전필승
서울 서초구 법원로1길 23, 306호(서초동, 삼정빌딩)
전화번호 (02) 5941 - 3250, 팩스번호 (02) 5941 - 3211
이메일 주소 : jps@gmail.com
피 고 김 갑 부 (601107 - 1897725)
서울 마포구 공덕로 49

근저당권설정등기 말소 등 청구의 소

청 구 취 지

1. 피고는,
   가. 원고 이대발에게 별지 목록 기재 아파트에 관하여 서울서부지방법원 은평등기소 2011. 7. 3. 접수 제12131호로 경료된 근저당권설정등기에 대한 2013. 5. 31. 변제[90]를 원인으로 한 말소등기 절차를 이행하고,
   나. 원고 이대발[91]로부터 34,000,000원 및 이에 대한 2013. 6. 1.부터 다 갚는 날까지 월 1%의 비율에 의한 금원을 지급받은 후 원고 김태평에게 서울 강동구 명일동 75 - 2 대 650㎡에 관하여 서울동부지방법원 강동등기소 2010. 6. 3. 접수 제15111호로 마쳐진 근저당권설정등기의 말소등기 절차를 이행하라.
2. 피고는 원고 김태평에게 201,500,000원 및 위 금원 중 1,500,000원에 대하여는 2013. 4. 30.부터, 200,000,000원에 대하여는 2013. 6. 15.부터 각 이 사건 소장 부본 송달일까지는 연 5%의, 그 다음날부터 다 갚는 날까지는 연 20%의 각 비율에 의한 각 금원을 지급하라.
3. 소송비용은 모두 피고의 부담으로 한다.
4. 위 제2항은 가집행할 수 있다.

라는 판결을 구합니다.

---

90) 피담보 채무변제 등 채권적 청구권으로서 저당권설정등기 말소청구를 할 때는 피담보 채무의 소멸원인에 해당하는 내용을 기재해 주어야 한다. 같은 취지 사법연수원, 민사실무 2(2015년판) 103면 참조.

91) 원고 이대발이 채무자이고, 원고 김태평은 물상보증인이다. 엄밀하게 말하면 원고 김태평은 피담보채무의 채무자가 아니고 단지 근저당권으로 말미암아 자신의 소유물 상에 책임을 부담하고 있을 뿐이다. 그러므로 피담보채무의 변제책임은 원고 이대발에게 있다.

청 구 원 인

1. 원고들의 피고에 대한 각 근저당권설정등기의 말소청구

가. 사실관계 (근저당권설정계약의 체결 및 그 등기의 경료 그리고 피담보채무의 변제)

(1) 원고 이대발은 2010. 6. 1. 피고로부터 4,000만원을 이자 월 1%, 변제기 2010. 11. 30.로 정하여 빌릴 때 원고 김태평은 위 차용금의 담보조로 서울 강동구 명일동 75-2 대 650㎡(이하 '명일동 대지'라고 함)에 관하여 서울동부지방법원 강동등기소 2010. 6. 3. 접수 제15111호로 된 근저당권설정등기를 경료하여 주었습니다.

(2) 원고 이대발은 2011. 7. 1. 피고로부터 1억원을 이자 월 2%, 변제기 2011. 12. 31.로 정하여 빌리면서 그 담보조로 별지 목록 기재 아파트(이하 '녹번빌라'라고 함)에 관하여 서울서부지방법원 은평등기소 2011. 7. 3. 접수 제12131호로 된 근저당권설정등기를 경료해 주었습니다.

(3) 원고 이대발은 위 두 건의 차용 이외에도 피고로부터 다음과 같이 금원을 빌렸습니다.(이하 5건의 대여금 채무를 지칭할 때는 "위 5건 대여금 채무"라고 함)

(가) 원고 이대발은 2010. 2. 1. 피고로부터 2,000만원을 이자 월 1%, 변제기 2010. 7. 31.로 정하여 빌렸고,

(나) 원고 이대발은 2010. 10. 1. 소외 이대손의 연대보증하에 피고로부터 2,000만원을 이자 월 2%, 변제기 2011. 3. 31.로 정하여 빌렸고,

(다) 원고 이대발은 2011. 2. 1. 소외 이대손의 연대보증하에 피고로부터 2,000만원을 이자 월 2%, 변제기 2011. 7. 31.로 정하여 빌렸습니다.

(4) 원고 이대발은 피고에게 2012. 7. 31.까지 위 5건 대출금 채무의 이자를 전부 지급하였습니다.

(5) 그 후 원고 이대발이 위 5건 대여금 채무의 이자를 지급하지 못하자 피고는 위 녹번빌라에 관하여 담보권 실행을 위한 경매신청을 하여 2013. 4. 1. 경매개시결정이 내려졌습니다. 그래서 원고 이대발은 피고에게 부모님을 모시고 현재 살림하고 있는 집이니 사정을 봐 달라고 부탁하였더니 피고는 아들 사업 때문에 급히 2억원이 필요하다고 하여 2013. 5. 31. 피고에게 경매신청비용 150만원을 포함한 합계 201,500,000원을 지급하였었고, 피고는 스스로 위 경매신청을 취하해 주었습니다.[92)]

92) 만약 2012. 8. 1.부터 2013. 5. 31.까지 이자 면제 주장까지 하려면 다음과 같이 보완하여 주장하면 된다.

"(5) 그 후 원고 이대발이 위 각 차용금의 이자를 지급하지 못하자 피고는 위 녹번빌라에 관하여 담보권 실행을 위한 경매신청을 하여 2013. 4. 1. 경매개시결정이 내려졌습니다. 그래서 원고 이대발은 피고에게 부모님을 모시고 현재 살림하고 있는 집이니 사정을 봐 달라고 부탁을 하였더니 피고는 아들 사업 때문에 급히 2억원이 필요하다면서 2억원과 경매신청비용을 갚으면 위 각 차용금에 대한 연체이자를 면제해 주고 모든 차용금을 변제한 것으로 해 주겠다고 하여 2013. 5. 31. 피고에게 차용원금 2억원과 경매신청비용 150만원 등 합계 201,500,000원을 지급하여 위 각 근저당권설정등기의 피담보채무는 물론 모든 차용금을 전부 변제하였던 것입니다. 그 결과 피고는 스스로 위 경매신청을 취하해 주기까지 하였습니다.

나. 피담보 채권의 변제로 인한 두 가지 근저당권의 소멸

원고 이대발이 피고로부터 5차례에 걸쳐 빌린 합계 200,000,000원의 위 각 차용금채무는 원고 이대발이 2013. 5. 31. 피고에게 경매신청비용 150만원을 포함하여 합계 201,500,000원을 지급함으로써 전부 변제되었다고 할 것

나. 위 2013. 5. 31.자 201,500,000원의 변제로 인한 변제충당

(1) 원고 이대발이 2013. 5. 31. 변제할 때 충당에 관한 합의나 지정충당 행위가 없었으므로 민법 제477조 내지 제479조에 걸친 법정충당의 법리에 따라 충당되어야 합니다. 따라서 2013. 5. 31.자 변제로 위 5건 대여금 채무 모두를 소멸시킬 수 없다면 먼저 비용－이자－원금의 순으로 충당된 다음 원고 이대발에게 변제이익이 많은 채무부터 순차로 변제에 충당되어야 할 것입니다.

(2) 경매비용 1,500,000원 및 미지급이자 34,000,000원에 대한 충당

2013. 5. 31.자 201,500,000원의 변제금에서 우선 경매비용 1,500,000원에 충당하고, 나머지 200,000,000원은 위 5건 대여금 채무에 대한 2012. 8. 1.부터 2013. 5. 31.까지 10개월간 총 발생이자 34,000,000원에 충당되어야 할 것입니다. 결국 166,000,000원이 남게 됩니다.

대여일자	금액	이율	2012. 8. 1.부터 2013. 5. 31.까지 이자
① 2010. 2. 1.	2,000만원	1%	2,000,000원
② 2010. 6. 1.	4,000만원	1%	4,000,000원
③ 2010. 10. 1.	2,000만원	2%	4,000,000원
④ 2011. 2. 1.	2,000만원	2%	4,000,000원
⑤ 2011. 7. 1.	1억원	2%	20,000,000원
이자 합계			34,000,000원

(3) 다음으로 위 5건 대여금 채무의 원금에 관해서는 다음과 같은 순서로 충당되어야 합니다.

입니다.

따라서 피고는 원고 이대발에게 위 녹번빌라에 관하여 서울서부지방법원 은평등기소 2011. 7. 3. 접수 제12131호로 된 근저당권설정등기에 대하여, 원고 김태평에게 명일동 대지에 관하여 서울동부지방법원 강동등기소 2010. 6. 3. 접수 제15111호로 된 근저당권설정등기에 대하여 각 2013. 5. 31. 변제를 원인으로 한 각 말소등기 절차를 이행할 의무가 있습니다."

이어 다음과 같이 피고 주장에 대한 반박까지 하면 됩니다.

"(2) 2012. 8. 1.부터 2013. 5. 31.까지의 미지급이자의 면제 부인에 관한 반박

원고 이대발이 2012. 8. 1.부터 2013. 5. 31.까지 10개월간 위 합계 200,000,000원의 각 차용금에 대하여 그 이자를 지급하지 못한 사실과 그 미지급이자는 34,000,000원{6,000,000원(60,000,000원 × 0.01 × 10개월) + 28,000,000원(140,000,000원 × 0.02 × 10개월)}은 피고의 주장과 같습니다. 하지만 원고 이대발은 피고로부터 2010. 2. 1. 2,000만원을 연 12%란 고율의 이자로 차용하는 등 수차례에 걸쳐 연 12% 또는 24%란 고율의 이자로 200,000,000원이란 거금을 차용하여 2012. 7. 31.까지 꼬박꼬박 5,840만원이나 되는 이자를 다 갚은 상태에서 다시 이자를 지급치 못할 상태로 경제사정이 악화되었습니다. 그런데 피고는 그 이자연체를 이유로 연락도 없이 부모님을 모시고 가족들이 살아가는 녹번빌라에 관하여 경매신청을 하였던 것입니다. 원고 이대발은 피고를 만나 사정이야기를 하면서 어떻게든 1억원은 마련하여 갚을테니 경매신청을 취하해 달라고 사정하였더니 피고 자신도 아들 사업 때문에 급히 2억원이 필요한 상태라며 2억원과 그 경매신청비용을 바로 갚는다면 그동안 밀린 미지급이자를 면제해 주고 위 5차례 대여금 전부를 변제받은 것으로 하자고 하여 원고 이대발은 동생인 소외 이대손에게 간청하여 겨우 그 돈을 마련하여 경매비용 1,500,000원을 포함하여 201,500,000원을 변제하였던 것입니다. 그래서 피고는 약속대로 녹번빌라에 대한 경매신청을 취하해 주기까지 하였던 것입니다. 이런 제반 사정에 비추어 볼 때 피고는 원고 이대발에게 미지급이자를 면제해 준 사실이 있습니다. 그러므로 피고의 이 부분에 대한 주장은 이유 없습니다."하지만 앞서 설명한 바와 같이 이자면제 주장은 증명이 어렵기 때문에 소장상으로는 주장하지 않기로 한다.

2013. 5. 31. 위 변제 당시 위 5건 대여금 채무는 모두 변제기가 도래하였습니다. 따라서 위 166,000,000원은 먼저 채무자인 원고 이대발이 담보도 제공한 데다가 이율도 월 2%에 이르는 등 가장 변제이익이 많은 근저당권 설정부 채무인 2011. 7. 1.자 1억원의 채무에 충당되고, 이어 이율 월 2%인 2010. 10. 1.자 2,000만원의 채무와 2011. 2. 1.자 2,000만원의 채무에 충당되어 26,000,000원(166,000,000원－100,000,000원－20,000,000원－20,000,000원)이 남게 됩니다.

다음으로 물상보증인이 제공한 물적담보가 있는 채무와 없는 채무 사이에는 변제이익의 차이가 없고, 이율이 동일하고 또 나머지 조건도 동일하여 변제이익에 차이가 없으므로 결국 변제기가 먼저 도래한 2010. 2. 1. 2,000만원의 변제에 먼저 충당되고 남은 6,000,000원(26,000,000원－20,000,000원)은 2010. 6. 1. 4,000만원의 차용원금에 충당되어야 합니다. 따라서 원고 김태평이 물상담보를 제공한 위 2010. 6. 1.자 대여원금은 34,000,000원(40,000,000원－ 6,000,000원)이 됩니다.

(4) 앞서 설명한 변제충당을 요약하면 다음 표와 같습니다.

변제에 충당될 지급 금액 : 2억원		
충당순서	충당될 차용금 채무	충당되고 남는 금액
1	이자 상당 지연손해금 3,400만원	1억 6,600만원
2	2011. 7. 1. 차용금 원금 1억원	6,600만원
3	2010. 10. 1. 차용금 원금 2,000만원	4,600만원
4	2011. 2. 1. 차용금 원금 2,000만원	2,600만원
5	2010. 2. 1. 차용금 원금 2,000만원	600만원
6	2010. 6. 1. 차용금 원금 600만원	0원

다. 소결론

따라서 피고는 원고 이대발에게 위 녹번빌라에 관하여 서울서부지방법원 은평등기소 2011. 7. 3. 접수 제12131호로 된 근저당권설정등기에 대하여 2013. 5. 31. 변제를 원인으로 한 말소등기 절차를 이행할 의무가 있고, 원고 이대발로부터 나머지 원금 34,000,000원 및 이에 대한 2013. 6. 1.부터 다 갚는 날까지 약정상의 월 1%의 비율에 의한 지연손해금을 지급받은 다음 원고 김태평에게 명일동 대지에 관하여 서울동부지방법원 강동등기소 2010. 6. 3. 접수 제15111호로 된 근저당권설정등기에 대하여 위 갚은 날자 변제를 원인으로 한 말소등기 절차를 이행할 의무가 있습니다.

라. 피고의 추가적 변제충당 주장에 대한 반박

(1) 피고 주장의 요지

피고는 위 5건 대여사실 이외에도 Ⓐ 2007. 4. 1. 원고 이대발에게 5,000만원을 이자 월 1%, 변제기 2007. 9. 30.로 정하여 빌려주었을 뿐만 아니라 Ⓑ 2012. 4. 1. 원고 이대발의 연대보증하에 소외 손오식에게 2,000만원을 이자 월 2%, 변제기 2012. 6. 30.로 정하여 대출해 준 사실이 더 있는데 원고 이대발이 2013. 5. 31. 피고에게 지급한 2억원은 이율 2%인 Ⓑ 연대채무나 변제기가 먼저 도래한 Ⓐ 차용금에 우선 충당되어야 하기 때문에 원고 김태평의 명일동 대지나 원고 이대발의 녹번빌라에 설정된 근저당권들의 각 피담보 채무는 전부 소멸하지 않아 원고들의 위 말소청구에 응할 수 없다고 주장하고 있고, 또 원고 이대발은 이미 녹번빌라를 소외 이대손에게 처분하여 현재 소유자가 아니므로 근저당권설정등기 말소청구를 할 수 없다고 주장하고 있습니다.

(2) 먼저 Ⓐ 2007. 4. 1.자 5,000만원 차용금 채무는 원고 이대발의 변제 또는 시효완성으로 인하여 소멸하였습니다.(재항변)

피고 주장과 같이 2007. 4. 1. 5,000만원을 차용한 사실은 있습니다.

그러나 원고 이대발은 2007년 연말에 피고의 아들을 통해 피고에게 그 원리금을 전부 변제하였습니다.(주위적 주장)

가사 위 변제사실이 인정되지 않는다고 하더라도 원고 이대발은 2007. 5. 6.부터 '보금자리'라는 상호로 주택신축판매를 하는 건축업을 영위하였는데 그 영업의 준비행위로서 위 금원을 차용하였습니다. 그렇다면 위 차용행위는 영업을 위한 행위로서 보조적 상행위에 해당되어 상법 제64조에 따라 5년의 소멸시효기간이 적용된다고 할 것입니다. 그런데 2007. 4. 1. 5,000만원 채무는 이를 행사할 수 있었던 변제기 2007. 9. 30.로부터 5년이 경과하여 시효완성으로 소멸한 후 2013. 5. 31. 변제가 이루어졌으므로 그 차용금채무에 변제충당될 여지가 없었습니다.(예비적 주장)

원고 이대발의 위 예비적 주장에 대하여 피고는 원고 이대발이 2007. 5. 6. 사업자등록을 하고 비로소 사업을 시작하였기 때문에 2007. 4. 1. 5,000만원을 차용할 당시에는 상인이 아니었고, 따라서 위 차용행위는 상행위로 인한 채무가 아니므로 상사 소멸시효의 대상이 아니라고 주장합니다.[93] 그러나 원고 이대발은 장차 개업을 준비하기 위해 위 금원을 차용하였고 실제로도 그 차용금 전액을 사무실 임대 등의 개업준비 용도로 사용하였습니다. 피고도 이러한 사실을 잘 알고 있어 피고가 원고 이대발에게 보낸 2013. 6. 18.자 통지서에서 스스로도 그 점을 인정하고 있었습니다. 그러므로 피고의 위 주장은 이유 없습니다.

(3) 위 5건의 대여금 채무는 Ⓑ 연대보증채무보다 변제이익이 많으므로 우선 충당되어야 합니다. Ⓑ 연대보증채무는 피고가 소외 손오식에게 2,000만원을 빌려줄 때 원고 이대발이 연대보증해 준 채무로서 전부 주채무인 위 5건의 대여금 채무들보다도 그 변제이익이 적다고 할 것입니다. 그래서 2013. 5. 31.자 변제금은 위 5건의 대여금 채무에 우선적으로 충당된 다음 나머지가 있을 경우에 한하여 Ⓑ 연대보증금 채무에 충당되어야 할 것입니다. 따라서 이에 반하는 피고의 위 주장은 이유 없습니다.

(4) 원고 이대발의 위 근저당권설정등기 말소청구는 근저당권설정자로서 그 피담보채무의 변제를 원인으로 말소를 구하는 채권적 청구권에 불과하여 소유자임을 요하지 아니하므로 피고의 위 주장은 전혀 이유 없다고 할 것입니다.

2. 원고 김태평의 피고에 대한 계약해제로 인한 원상회복, 손해배상 등 청구

가. 사실관계 (매매계약의 체결, 이행지체, 계약해제)

(1) 원고 김태평은 2008. 6. 1. 소외 한민국으로부터 1억원을 이자 월 2%, 변제기 2010. 5.

93) 피고는 상행위 해당성을 부인하고 있다. 재재항변은 아니다.

31.로 정하여 빌렸고, 그 담보조로 공주시 사곡면 신영리 산 54-5 임야 96,900㎡(이하 '공주시 임야'라고 함)에 관하여 근저당권설정등기를 경료해 주었습니다. 그 후 원고 김태평은 그 이자를 지급하다가 사업사정이 어려워져 2011. 2. 1. 이후로는 그 이자를 지급하지 못하였습니다.

(2) 피고는 2012. 1. 15. 원고 김태평으로부터 위 공주시 임야를 대금 3억원으로 정하여 매수하면서 계약금 3,000만원은 계약당일 지급하고, 중도금 1억 7,000만원은 2012. 2. 15. 지급하기로 하였고, 잔금 1억원은 2012. 3. 31.에 지급하되 원고 김태평의 소외 한민국에 대한 위 대여금 1억원의 지급채무를 인수하는 것으로 그 지급에 갈음하고 그 잔금지급일 이후의 이자 또는 지연손해금의 지급도 매수인이 부담하기로 약정하였습니다. 이에 따라 피고는 원고 김태평에게 정해진 기일에 계약금 및 중도금 합계 2억원을 지급하였습니다.

(3) 원고 김태평은 잔금지급일인 2012. 3. 31. 피고에게 공주시 임야에 대한 소유권이전등기에 필요한 서류들을 전부 갖추어 주어 같은 날 피고 명의로 소유권이전등기가 경료되기까지 하였고, 2012. 4. 1.에는 소외 한민국에 대하여 2012. 3. 31.까지 발생한 이자 합계 2,800만원을 지급하여 정산을 마치기까지 하였습니다.

(4) 그런데 피고가 아들의 사업실패로 경제적 어려움을 겪으면서 소외 한민국에게 위 대여금을 지급하지 않음에 따라 소외 한민국은 원고 김태평에게 2012. 11. 5.까지 채무를 변제하지 않으면 경매신청을 하겠다는 의사표시를 하였고, 원고 김태평은 2012. 10. 5. 피고에게 내용증명우편을 보내 2012. 11. 5.까지 인수한 채무를 소외 한민국에게 변제할 것을 요청하였고, 이에 피고는 2012. 12. 31.까지는 인수한 채무를 변제하겠다고 약속하기까지 하였습니다. 그 후 피고가 위 약속을 이행하지 못하고, 소외 한민국은 위 근저당권에 기하여 공주시 임야에 관하여 담보권 실행을 위한 경매신청을 하여 2013. 2. 1. 임의경매개시결정이 내려졌습니다.

(6) 이에 원고 김태평은 2013. 2. 15. 피고에게 같은 해 3. 31.까지 인수한 소외 한민국에 대한 채무를 변제하지 않으면 위 매매계약을 해제하겠다고 통지를 하였고, 그 변제가 이루어지지 않음에 따라 2013. 4. 20. 피고에게 매매계약을 해제한다는 통지를 하여 그 통지가 같은 달 22. 피고에게 도달하였습니다.

(7) 원고 김태평은 위 경매절차의 제1회 매각기일이 다가오자 2013. 4. 30. 소외 한민국에게 위 근저당권의 피담보채무인 차용금, 연체이자(2,600만원), 경매비용(150만원) 합계 1억 2,750만원을 지급하였고, 소외 한민국은 위 임의경매신청을 취하하였습니다.

(8) 그런데 피고는 2013. 5. 20. 소외 최금숙에게 공주시 임야를 대금 4억원에 매도하고, 같은 해 6. 15. 소외 최금숙에게 그 소유권이전등기를 경료해 주기까지 하였습니다. 당시 소외 최금숙은 위 매매계약이 해제된 상태를 모른 채 할아버지 묘를 이장하기 위해 시가대로 매수하였습니다. 위 매도 당시 공주시 임야의 시가는 4억원입니다.

나. 원상회복(가액반환) 및 손해배상 청구

앞서 든 사실관계에 의하면 원고 김태평과 피고 사이의 2012. 1. 15.자 매매계약은 매수인인 피고가 인수한 채무의 이행을 게을리함으로써 마치 매매대금을 지급하지 않은 것과 동일한 상태가 되었고, 원고 김태평의 적법한 절차를 걸쳐 이행지체를 원인으로 한 해제통지로 그 매매계약이 해제되었다고 할 것입니다. 따라서 피고는 원고에게 원상회복의무의 이행으로 매매 목적물인 공주시 임야에 관한 소유권이전등기를 말소하고 추가로 발생한 손해를 배상할 의무가 있습니다. 그런데, 피고는 계약 해제 후 선의인 소외 최금숙에게 이를 매도하여 그 소유권이전등기까지 마쳐줌으로써 결국 위 원상회복 의무는 이행불능이 되었고, 따라서 이행불능 당시의 시가에 상당하는 가액인 4억원을 반환할 의무가 있고, 손해배상의무로서 원상회복청구를 보존하기 위하여 지출한 위 경매비용 변상액 1,500,000원을 지급할 의무가 있습니다. 나아가 원고 김태평은 피고에게 지급받은 계약금, 중도금의 원상회복의무로서 합계 2억원을 지급할 의무가 있으므로 이를 공제한 다음 나머지를 청구합니다.

다. 소결론

따라서 피고는 원고 김태평에게 가액반환 및 손해배상금 201,500,000원 및 위 금원 중 1,500,000원에 대하여는 지출한 2013. 4. 30.부터, 200,000,000원에 대하여는 이행불능된 2013. 6. 15.부터 각 이 사건 소장 부본 송달일까지는 민법 소정의 연 5%의, 그 다음날부터 다 갚는 날까지는 소송촉진 등에 관한 특례법 소정의 연 20%의 각 비율에 의한 각 지연손해금을 지급할 의무가 있습니다.

3. 결론

따라서 원고들의 청구는 모두 이유 있으므로 이를 인용해 주시고, 소송비용은 패소자의 부담으로 하여 주시고, 일부 청구에 가집행의 선고를 해 주시기를 바랍니다.

증 명 방 법(생략)
첨 부 서 류(생략)

2014. 10. 30.

원고들 소송대리인 변호사 전필승 인

서울서부지방법원 귀중

[별지 부동산 목록] (생략)

Ⅲ. A. 2015년도 제1회

1. 7단계 권리분석법에 의한 사건 전체의 분석

가. 의뢰인의 희망사항 분석결과

의뢰인 =원고	희망사항	물권 침해? 약정?	침해자 또는 약정자는 누구(=피고)	원고의 자격, ∴소송명
윤재규	황정익과 연대보증인들을 상대로 물품 대금 및 연대보증금을 지급받고 싶다. (황정익을 상대로 임차목적물 반환 청구는 하지 말라.)	① 물품공급계약 ② 연대보증계약 ∴**불이행하여 강제이행청구**	**∴약정자 (매수인) (황정익) (연대보증인) (망 김소망) (장영낙)**	**약정의 상대방 (매도인) ∴물품 대금 및 연대보증금 청구**
	김유지에 대하여 매매계약에 따라 용인시 소재 토지에 관하여 소유권이전등기절차를 받기 원한다.(김유지에게 지급할 돈이 있으면 2013.8.1. 대여원리금 채권으로 상계하라.)	① 매매계약 ∴**불이행하여 강제이행청구**	**∴약정자 (매도인) (김유지)**	**약정의 상대방 (매수인) ∴소유권이전등기 청구**
	세곡동 건물을 철거하고 <u>건물을 신축할 생각</u>[94]이므로 세곡동 건물을 철거해서 그 토지를 인도받고 싶다. 또한 정지연, 장영낙 등을 상대로 위 토지의 사용이익을 부당이득으로 반환받고 싶다.	① 물권(대지 소유권) 침해 (지상건물 소유, 점유) ∴**방해배제청구 및 부당이득 반환청구**	**침해자 (지상건물소유권자) (정지연) (지상건물점유자) (장영낙)**	**물권자 (소유권자) ∴건물철거, 대지인도, 퇴거, 부당이득반환 청구**

나. 원고의 청구원인 분석결과

소송명	청구원인	항변 (법률상 주장 포함)	재항변 등
물품 대금 및 연대보증금 청구	① 물품 대금 ⓐ 물품공급계약 ⓑ 물품의 인도(2011.1.31.)[95] ⓒ 이행기의 도래 (1)변제기 약정(2011.2.28.)[96]	Ⓐ①상인의 상품판매대금은 3년의 단기소멸시효 대상으로 ②행사할 수 있었던 이행기부터 ③3년 경과로 소멸시효완성 Ⓑ 상계	Ⓐ 시효중단(가압류 신청시)의 재항변 ①주채무자(황정익)에 대해 ②부동산가압류 신청하여 결정이 내려져

94) 출제자는 지상건물 철거 및 그 대지인도를 요청하고 싶다는 주요 근거로 새로운 건물을 신축하고 싶다는 설명을 자주 사용하고 있다. 따라서 새로운 건물을 신축하고 싶다는 설명이 나오면 즉시 그 현재의 지상건물의 철거 및 그 대지인도를 요청하는 것으로 이해하고 정말 그런지 확인하는 습관을 가지면 된다. 지상건물 철거 및 대지인도 청구에 대지 무단점유로 인한 부당이득도 함께 반환받고 싶다는 요청이 많다. 결국 지상건물 철거, 대지인도, 부당이득반환청구는 하나의 패키지 출제 아이템이라고 해도 과언이 아니다.

95) 동산매매로 인한 물품 대금청구 사건의 경우 주로 목적물이 인도되고 외상대금을 청구하는 형태를 취하는 경우가 많다. 그래서 물품 대금청구에는 동시이행의 항변이 거의 없다.

96) 대차형계약과는 달리 매매형계약의 경우에는 기한(조건)은 부관으로 항변사유라고 학습하였다. 따라서 본 사안의 경우도 원고가 물품공급계약사실만 주장·증명하여 물품 대금지급 청구를 하면 상대방(피고)에서 물품인도의무와 동시이행의 관계에 있다거나 기한(시기)가 존재한다는 항변을 하면 다시 원고측에서 물품인도사실과 기한(시기)의

	⑵ 도래(확정기한, 역수상 명백) ⓓ 지연손해금약정(월 1%) ② 연대보증계약 (망 김소망, 장영낙) ③ 상속(망 김소망) ⓐ 피상속인 사망 ⓑ 유족, 상속분 ⓒ 상속포기(처 이미례) ④ 일부변제[97]	ⓐ자동채권(임차보증금채권) ⑴임대차계약 ⑵임차보증금 지급 ⑶임대차계약의 종료 ⓑ상계의 의사표시 · 도달 ⓒ상계충당 Ⓒ 최고 · 검색의 항변권	③가압류등기가 경료되고, 채무자에게 가압류 통지가 되었다. Ⓑ 자동채권에 동시이행항변권이 존재하여 상계할 수 없음(법리론) ①임차목적물 인도 ②임차보증금채권은 임차목적물인도와 동시이행의 관계가 있음 ③자동채권으로 상계할 수 없다. Ⓒ 연대보증에는 최고 · 검색의 항변 적용이 없음(법리론)[98]
소유권이전등기 청구	① 매매계약 ⓐ 매매계약 ⓑ 계약금, 중도금 지급 ② 잔금과 상계 ⓐ 자동채권의 발생 ⑴소비대차계약 ⑵이자 · 이율의 약정 ⑶원본의 인도 ⑷변제기의 도래 ⓑ 상계적상 ⓒ 상계의 의사표시, 도달 ⓓ 상계충당 ③소유권이전등기청구권 가압류[99] ⓐ 가압류결정사실, ⓑ 채무자에 대한 송달 ⓒ 제3채무자에 대한 송달	Ⓐ 계약금의 배액을 지급하고 매매계약을 해제 ⓐ 계약금 지급(청구원인사실에서 언급) ⓑ 계약금 배액을 지급하고 해제의 의사표시, 도달 Ⓑ 잔금에 대한 지연손해금의 지급과 동시이행	Ⓐ 계약금이 해약금으로 될 수 있는 것은 이행에 착수하기 전까지다. 그런데 원고는 이미 중도금지급까지 하여 이행에 착수하여 더 이상 계약금 배액의 반환으로 매매계약을 해제할 수 없다. Ⓑ 소유권이전등기, 인도의무 등을 이행 또는 이행제공 없이 잔금지급기일이 경과되었다고 하더라도 이행지체에 빠지지 않는다.

도래사실을 들어 재항변할 수 있다. 이와 같은 주장책임의 분배구조는 패소하는 부분이 없도록 소장을 작성하라는 작성요령에 의해 많이 변형되어야만 한다. 앞서 설명한 바와 같이 물품 대금청구는 물품은 인도하고 외상대금형태로 지급청구를 하는 경우가 보통이기 때문에 물품의 인도사실을 미리 주장 · 증명하여 상대방의 동시이행항변을 할 수 있는 기회를 원천적으로 차단할 수 있고, 또 청구원인사실을 기술하는 단계에서 기한의 정함(항변사실)과 그 기한의 도래사실(재항변사실)을 함께 주장 · 증명함으로써 불필요한 항변－재항변의 번잡함을 피할 수 있다. 특히 물품 대금이외에도 지연손해금의 지급청구도 병합하고 있으므로 반드시 기한의 정함과 도래사실도 청구원인사실에서 주장 · 증명하여야 한다. 이처럼 총론적 요건사실론은 실제로 적용함에 있어 유연하게 변형되어야 한다.

97) 변제사실도 원칙적으로 항변사실이다. 패소하는 부분이 없도록 하라는 작성요령에 의거 청구원인사실로 적시하여 소장을 작성하여야 한다. 주의할 점은 청구원인사실에서 변제하지 않았다는 사실을 주장할 필요는 없다.

98) 이와 같은 간단한 법리론을 왜 반복하여 출제하는지 알 수 없다. 아무튼 출제가 거듭되고 있으니 철저하게 학습해 두어야 한다.

99) 소유권이전등기청구권 가압류가 있는 경우 일반 채권가압류와는 달리 소유권이전등기 청구의 소가 승소확정되면 바로 소유권이전등기를 경료할 수 있어 가압류채권자를 해칠 수 있어 판결단계에서 소유권이전등기청구권 가압류 해제되는 것을 조건으로 소유권이전등기 절차의 이행을 명하여야 한다.

건물철거, 대지인도, 퇴거, 부당이득반환청구	① 소유권취득 ⓐ 경낙대금 납입(2014.5.1.) ⓑ 공동소유(각 1/2)[100] ② 정지연 무허가 지상건물 신축하여 소유 ③ 장영낙 임대차하여 현재 점유 ⓐ 임대차계약(2013.11.1.) ⓑ 임차목적물 인도 ④ 부당이득의 범위 나대지 상태의 임료 상당 부당이득액	Ⓐ 점유할 정당한 권원(법정지상권 성립) ⓐ 대지와 건물이 동일인 소유 ⓑ 경낙으로 인하여 소유자가 달라짐 Ⓑ 1/2지분권자의 전체에 관한 건물철거, 인도청구는 부당 Ⓒ 상가임대차보호법상 대항력 취득	Ⓐ 임의경매에서 말소된 근저당권설정 후 지상건물 소유권 취득 (이에 대하여 피고측에서 근저당권자의 승낙을 받아 지상건물 신축하였다고 주장함에 대하여 이는 채권적 관계로 약정자인 근저당권자 한신구에게 주장할 사유는 되나 그 후 소유권을 취득한 원고에게 대항할 수는 없다.) Ⓑ 보전행위(법리론) Ⓒ 지상건물에 관한 대항력 취득으로 대지소유권에 기한 건물철거 및 퇴거청구에 대항할 수 없다.(법리론)

2. 권리분석

가. 황정익과 그 연대보증인들을 상대로 물품 대금 및 연대보증금을 지급받고 싶다.(분쟁 내용)

1) 약정 (불이행)

물품공급계약 및 그 연대보증계약이란 약정과 관련된 분쟁이고, 계약을 해제/해지하지 않은 상태에서 강제이행을 구하면서 지연손해금 배상청구를 하는 사례이다. 동산 매매계약은 통상 외상대금청구의 형태를 띠고 있다. 그래서 그 요건사실은 ① 물품공급계약 ② 물품의 공급 ③ 대금지급기한의 도래 ④ 지연손해금율의 약정이 된다. ③대금지급 기한의 도래는 그 기한의 약정이란 형태로 나타나는데 강학상의 부관(그 중 始期)이 된다. 시기는 ⑴시기의 약정과 ⑵그 도래로 구성되나 기한이 확정기한일 경우에는 도래는 역수상 명백하게 된다. 원래 부관은 상대방이 주장·증명하게 되나 대금지급기한의 도과를 원인으로 지연손해금 지급청구를 (객관적) 병합하여 청구하고 있기 때문에 원고측이 청구원인의 요건사실란에서 주장·증명하여야 한다.

만약 원고가 원본의 지급만 청구할 경우(본 사안에서 의뢰인이 명시적으로 희망하고 있지는 않지만 변호사로서는 가급적 의뢰인에게 유리한 방법으로 청구해야 하기 때문에 그 지연손해금의 지급도 구한다.)에는 상대방이 '시기(특약)의 존재'라는 항변을 하게 되고, 다시 원고는 '기한의 도래(확정기한은 역수상 명백, 불확정기한은 ⑴기한이 객관적으로 도래 ⑵채무자가 이를 인식한 사실, 기한의 약정이 없는 경우는 최고한 다음날)' 등의 재항변을 하게 된다. 그런데 본 사안에서는 지연손해금의 지급도 함께 구하기 때문에 결국 기한의 약정사실과 그 도래사실을 모두 청구원인사실의 하나로써

100) 건물철거, 대지인도, 부당이득반환청구에 공동소유의 형태로 자주 출제하는 이유는 건물철거, 대지인도 청구는 보존행위로 지분권자가 전체에 관해 건물철거, 대지인도 청구(만약 지분권자 전부가 원고가 되었다면 각자의 지분을 명시하지 않고 건물철거, 대지인도청구를 할 수 있다.)를 할 수 있으나 부당이득반환청구는 자신의 지분상당액의 반환청구만 할 수 있기 때문이다.

주장·증명해야 한다.

2) 강제이행청구

"물품공급계약에 기해 물품 대금 지급청구를 하고 싶다"라는 희망사항은 물품공급계약에 기하여 강제이행을 청구해 달라는 요청이다. 또 "연대보증계약에 기해 연대보증금 지급청구를 하고 싶다"라는 희망사항은 연대보증계약에 기해 강제이행을 청구해 달라는 요청이다. 강제이행청구는 민법 제389조의 법문상의 표현에도 불구하고 약정만을 주장·증명하면 될 뿐 불이행 사실은 주장·증명할 필요가 없다. 다만 본 사안에서는 그 지연손해금의 지급도 병합하여 청구하기 때문에 ③ 대금지급기한의 도래 ④ 지연손해금율의 약정도 청구원인의 요건사실로 추가적으로 주장하는 것이다.

3) 구체적인 소송명

구체적인 소송명은 물품 대금 청구, 연대보증금 청구가 된다. 강제이행청구를 할 때 구체적인 소송유형은 약정내용만큼이나 다양하므로 잘 익혀 둘 필요가 있다.

4) 요건사실

가) 물품대금 및 지연손해금 지급청구

앞서 전개한 논증들의 기초로 요건사실들을 정리해 보면 우선 외상 물품 대금 청구의 요건사실은 ① 물품공급계약의 체결, ② 물품의 공급(인도), ③ 대금지급기한의 도래, ④ 지연손해금율의 약정이 된다.

앞서 설명한 바와 같이 대금지급기한은 부관으로 원칙적으로 그 존재는 피고측의 항변사유가 된다. 그래서 피고측에서 '기한(시기)의 존재'를 주장·증명하여 항변할 수 있다. 그러면 원고측은 다시 '기한의 도래'를 주장·증명하여 재항변하게 된다. 그런데 본 사안에서 물품공급의 기한과 대금지급의 기한에 관한 약정이 모두 존재하고 있다. 지연손해금의 지급도 구하고 있기 때문에 결과적으로 대금지급의 기한을 청구원인사실을 기술할 때 밝혀야 한다.

나아가 '패소하는 부분이 없도록 청구하라'는 작성요령에 근거하여 물품 대금 1억 원 중 상계된 나머지를 청구해야 한다. 그러면 지연손해금을 병합청구하지 않더라도 수동채권에 해당하는 ① 물품공급계약, ②물품의 인도사실이외에도 ③ 물품 대금의 대금지급 기한 약정사실도 청구원인으로 밝힐 필요가 있었다. 이처럼 원 약정상의 청구금액에서 일부 제한하거나 축소하여 청구할 때 비록 상대방의 상계와 같은 항변의 요건사실에 해당되는 것이라 하더라도 원고의 청구원인 사실로 편입하여 설명해 주어야 한다. 원래 채무의 이행 등(변제, 대물변제, 공탁, 경개, 상계, 면제, 혼돈, 소멸시효 완성 등) 사실은 상대방의 주장책임이 있으나 이를 고려하여 청구를 축소하여 그 소를 제기하는 경우에는 ⑤ 채무의 일부이행(일부 변제)사실도 추가적인 요건사실이 된다. 본 사안에서는 2,000만원의 일부변제사실을 청구원인을 기술할 때 설명해 주어야 한다.[101)]

101) 본서에서는 이와 같이 "추가된 청구원인사실"들은 조정된 청구원인사실이라고 설명하나 이는 독창적인 용어로 실제 사용할 때 주의를 요한다.

나) 연대보증금 지급청구

다음으로 연대보증금 청구의 요건사실은 ① 주채무의 성립 ② 연대보증계약이 된다. ① 주채무의 성립은 앞서 물품 대금 부분에서 설시하고 있기 때문에 주로 ② 연대보증계약이 추가적인 체결이 요건사실이 된다. 연대보증계약은 통상 "연대보증하에"라는 설시로 연대보증계약을 주장하게 된다.

5) 피고측의 답변, 항변 등과 원고의 반박

가) 상인이 판매한 상품의 대가인 채권의 단기소멸시효(3년) 완성(민법 제163조 제6호)

상인이 판매한 상품의 대가인 (상품대금)채권은 민법 제163조 제6호에 의하여 3년의 단기소멸시효의 적용을 받게 된다. 따라서 피고측은 물품 대금지급청구를 할 수 있었던 때로부터 3년이 경과한 다음 소를 제기하여 시효기간의 경과로 시효소멸하였다고 항변할 수 있다. 이에 대하여 원고측은 시효완성전에 (부동산·동산·채권)가압류신청하여, 가압류결정이 내려지고, 가압류 집행이 완료되었다[102]는 사실을 주장·증명하여야 한다. 그러면 가압류신청시에 시효가 중단된다.(민법 제168조; 대법원 2017. 4. 7. 선고 2016다35451 판결)(재항변) 물론 가압류가 유효하게 성립하여야 하므로 채무자에게 송달도 되어야 한다. 채권가압류의 경우에는 가압류결정은 물론 제3채무자에게 송달되어야 한다.[103]

나) 임차보증금을 자동채권으로 한 상계

우선 임차보증금반환청구권은 ① 임대차계약의 체결, ② 임차보증금의 지급, ③ 임대차계약의 종료로 발생한다. 본 사안에서 임대차계약은 묵시의 갱신 후 해지통고로 일정한 기간이 경과하여 종료되었다. 다만 임차보증금반환청구권은 임차목적물인도의무와 동시이행의 관계에 있다. 동시이행의 항변권이 부착된 자동채권으로 상계하는 것은 불가능하다. 왜냐하면 이를 허용하면 상대방의 동시이행항변권을 무력화할 수 있기 때문이다. 하지만 동시이행항변권이 붙은 수동채권에 대하여 상계하는 것은 가능하다. 왜냐하면 자신이 동시이행항변권을 포기하면 되기 때문이다.

다) 최고·검색의 항변

연대보증인은 최고·검색의 항변을 할 수 없다.

6) 재검토

㈎ 필요충분한가? 의뢰인의 목적을 달성하기 충분한 청구를 하고 있다.

---

102) 가압류신청·결정·집행이 있은 후에는 가압류 신청시로 소급하여 가압류 중단효과가 발생하지만, 가압류신청과 가압류결정만 있고, 그에 대응하는 가압류결정의 집행이 이루어지지 않았다면 가압류의 시효중단효가 없다. (대법원 2011. 5. 13. 선고 2022다10044 판결, 당해 사안에서는 임차인이 시효기간 중 유체동산 가압류 신청을 하여 가압류 결정문까지 수령하였으나 실제로 유체동산 가압류 집행을 하지 않았다면 그 가압류의 시효중단효가 없다고 판시하였다.)

103) 부동산 가압류신청이나 가압류결정과 그에 따른 가압류등기가 경료되었다(가압류 집행사실)는 사실은 앞서 설명한 바와 같이 가압류로 인한 시효중단을 위해 꼭 필요한 사실이다. 이에 반하여 채권가압류결정문이 제3채무자에게 송달되었다는 사실은 해당 채권 가압류의 집행요건이기 때문에 꼭 설시해 주어야 하나 채권가압류결정문이 채무자에게 송달되었다는 사실은 채권가압류의 신청·결정·집행과 관련 없으나 실무상으로는 내용을 풍부하게 설시하기 위하여 가급적 기재하기도 한다.

(나) 상식에 부합하는가? 외상 물품 대금을 청구하고, 연대보증금을 청구하는 것으로 물품을 정상적으로 공급하고, 연대보증한 이상 그 대금을 지급받는 것은 상식에 부합한다.

나. 김유지로부터 매매계약에 기하여 용인시 소재 토지에 관하여 소유권이전등기를 이전받고 싶다.(이때 상환이행관계에 있는 매매대금채무는 2013. 8. 1.자 대여 원리금 채권으로 상계하는 방식으로 처리하고 싶다.)(분쟁내용 2)

1) 약정 (불이행)

매매계약은 전형적인 약정이다.

2) 강제이행청구

매매계약에 기해 강제이행을 청구할 수 있다.

3) 구체적인 소송유형은 소유권이전등기청구가 된다.

4) 요건사실

매매계약에 기해 강제이행을 구하는 요건사실은 원칙적으로 ① 매매계약의 체결사실만이다. 하지만 패소하는 부분이 없도록 하기 위하여 ② 계약금, 중도금만 지급하였다는 사실을 밝히고 나머지 잔금과는 상환이행으로 청구할 필요가 있다. 이에 더 나아가 잔금과의 상계를 원하고 있으므로 청구원인 부분에서 상계의 요건사실을 추가적으로 설시해 두어야 한다. 상계는 ① 자동채권(반대채권)의 발생원인 사실로서 ⓐ 금전소비대차계약, ⓑ 이자·이율의 약정, ⓒ 원본의 인도, ⓓ 변제기의 도래를 추가적으로 주장해야 한다. ② 상계적상, ③ 상계의 의사표시와 그 도달, ④ 상계충당을 주장·증명해야 한다. 상계는 일종의 권리항변으로 그 행사를 해야 한다. 본 사안에서는 소송외에서 이를 행사한 사실이 없기 때문에 결국 소장부본의 송달로서 이를 행사하여야 한다. 이어 ④ 상계충당사실을 기술해 주어야 한다.

그리고 소유권이전청구권 가압류가 되어있으므로 그 가압류의 해제를 조건으로 이행청구를 해야 하므로 그 소유권이전청구권 가압류가 유효하게 성립한 사실이 추가적으로 청구원인으로 기재하여야 한다. ① 소유권이전청구권 가압류 결정, ② 채무자에 대한 송달, ③ 제3채무자에 대한 송달사실을 전부 주장·증명하여야 한다.

5) 피고측의 답변, 항변 등과 원고의 반박

가) 계약금의 배액을 상환하여 계약을 해제하였다는 주장에 대하여 반박할 필요가 있다.

계약금은 상대방이 이행에 착수하기 전까지 그 배액을 변제 또는 이행의 제공을 하면서 매매계약을 해제할 수 있다. 따라서 피고는 ① 계약금의 수수, ② 배액을 상환하였거나 이행제공하면서, ③ 해제의 의사표시·도달 사실을 주장·증명하면서 매매계약의 해제를 주장할 수 있다. 이에 대하여 원고는 Ⓐ해제의 의사표시가 도달하기 전에 이행에 착수하였다는 점, 또는 Ⓑ계약금의 해약금 추정 배제의 특약사실(대법원 2009. 4. 23. 선고 2008다50615 판결)을 들어 재항변할 수 있다. 특히 중도금에 이행기의 약정이 있다 하더라도 기한은 특별한 사정이 없는 한 채무자의 이익으로 보므로 이를 포기하고 먼저 이행할 수 있다. 그러면 피고측은 다시 Ⓐ 사실에 관해 “이행기 전에는 이행에 착수하지 아니하기로 하는 특약을 하였다는 사실, Ⓑ 사실에 대해서는 해약금 해제 배제 약정의 실효(대법원 2008. 7. 10. 선고 2005다41153 판결)로 재재항변을 할 수 있다. 이행의 착수 중에는 중도금의 지급이나 적어도 중도금을 마련하기 위하여 은행에 대출을 받는 등 밀접한 행위를 한 경우이다.

	계약금 수수하였을 때 해제관련
해제의 항변	① 계약금 수수 ② 계약금 배액을 상환하였거나 이행제공 ③ 해제의 의사표시·도달
재항변	Ⓐ 계약금을 해약금으로 하지 않기로 하는 특약
	Ⓑ 해제의 의사표시가 있기 전에 이행에 착수한 사실
재재항변	Ⓐ (합리적 이유 없이 상당기간 지체되거나, 사업추진이 객관적으로 불가능하게 된 경우 등) 해약금 해제 배제 특약의 실효사실
	Ⓑ 이행기 전에 이행에 착수하지 아니하기로 하는 특약사실

나) 잔금의 지연손해금지급과 소유권이전등기청구권은 동시이행관계의 관계에 있다는 주장에 대한 반박.

피고는 ① 잔금에 대한 이행지체사실 {ⓐ잔금지급기한, ⓑ반대급부의 이행 또는 이행제공(특히 인도청구권은 반드시 이행을 완료해야 하고 이행제공만으로는 부족), ⓒ이행기의 도과}, ② 지연손해금율의 약정(지연손해금율의 약정이 없다면 법정이율로 지연손해금을 청구할 수 있다.)을 주장·증명하여 항변할 수 있다. 그러나 본 사안에서는 반대급부의 이행 또는 이행제공 없이 잔금지급기일이 경과되었다. 그렇다면 매수인은 아직 잔금지급의무의 이행지체에 빠지지 않았고, 따라서 지연손해금 지급의무도 발생하지 않았다. 따라서 그런 사실을 들어 반박(부인)할 수 있다.

6) 재검토

㈎ 필요충분한가? 의뢰인의 목적을 달성하기 충분하다.

㈏ 상식에 부합하는가? 매매계약을 하고 계약금, 중도금을 지급한 매수인은 잔금지급과 상환으로 소유권이전등기를 청구할 수 있다는 것은 거의 상식적인 결론이다.

다. 세곡동 지상건물을 철거하고 그 대지를 인도받고, 누구에 대해서라도 그 대지의 사용이익 상당의 부당이득을 지급받고 싶다.(분쟁내용 3)

1) 소유권 침해

2) 물권적 청구권(소유물반환청구와 방해배제청구)과 부당이득반환청구권

3) 구체적인 소송유형은 건물철거, 대지인도, 부당이득반환청구, 퇴거청구이다.

4) 요건사실

건물철거와 대지인도청구 및 (침해)부당이득반환청구는 통상 결합되어 청구된다. 자주 출제된다. 그 이유는 건물소유자가 대지를 점유하고, 건물의 점유자는 대지를 점유하지 않는다는 사정을 Test하고자 함이다. 즉 건물의 소유자에 대하여 먼저 ① 원고의 대지의 소유권자, ② 상대방이 그 대지상에 건물의 소유권을 취득사실을 들어 건물철거를 구하고, 동시에 대지의 인도를 구할 수 있다. 이러한 건물철거 및 대지인도청구는 대지의 공유자라고 하더라도 보존행위이기 때문에 전부에 관하여 건물철거 및 대지인도를 구할 수 있다. 다만 건물 소유자는 ① 원고의 대지의 소유권자(손해), ② 상대방이 그 대지상에 건물의 소유권을 취득사실(침해, 법률상 원인 없음), ③ 임료상당 이득, ④ 인과관계 등이 인정되므로 무단점유로 인한 임료 상당의 부당이득반환청구도 구할 수 있다. 이때 부당이득반환청구는 일종의 처분행위이므로 대지의 공유자는 자신의 지분에 상당하는 부당이득반환청구를 구할 수 있을 뿐이고, 건물의 점유자는 대지의 점유자가 아니므로 건물의 점유자를 상대로 부당이득반환청구를 할 수 없다는 점이 대단히 중요하다.

본 사안에서 원고의 대지 소유권취득은 경락에 의한 취득이므로 법률의 규정에 의한 소유권취득으로 등기사실을 추가로 주장할 필요 없이 경락대금의 완납사실만으로 소유권취득이 인정된다.(민법 제187조) 나아가 경락에 의한 소유권은 취득은 특정 승계취득이나 권리의 하자에 관해서는 담보책임을 구할 수 있으나, 물건의 하자에 대한 담보책임까지는 구할 수 없다.(민법 제578조)

5) 피고측의 답변, 항변 등과 원고의 반박

가) 점유할 정당한 권원의 하나로서 법정지상권의 취득

법정지상권의 취득 요건사실은 ① 대지와 건물이 동일 소유자의 소유였다가, ② 경매 기타 원인으로 대지와 건물의 소유자가 달라져야 한다. 이때 저당권에 의한 임의경매로 소유자가 달라졌을 때는 저당권설정 전에 대지 및 건물이 동일 소유자의 소유여야 한다. 본 사안에서는 대지에 저당권이 설정된 이후 건물을 신축하여 소유권을 원시취득하였으므로 경락으로 인해 저당권이 소멸하게 되어 그 후순위의 모든 제한물권도 소멸하게 되는 관계로 비록 동일인 소유였다고 하더라도 경락인에게 법정지상권으로 대항할 수 없다. 나아가 비록 저당권 설정 후 저당권자의 승낙을 얻어 건물을 신축하였다고 하더라도 그 승낙은 채권적 효력만이 있을 뿐 민법 제186조 또는 제187조의 규정에 의해 승계취득되었을 때는 그 취득자에 대해 주장할 수 없다. (약정은 특별한 사정이 없는 한 약정의 상대방에 대해서만 의무를 부담한다.)

나) 건물의 점유자에 대해서는 대지의 소유권자는 건물 철거를 위해 건물의 점유자에게 그 퇴거를 청구할 수 있다. 즉 건물을 점유하고 있는 것이 대지 소유권에 방해는 되고, 방해배제청구권의 행사로서 건물에서의 퇴거를 구할 수 있다. 이때 건물 점유자는 건물 소유자와의 임대차계약과 대항력 취득사실로서 그 건물의 소유자 및 그 특정승계인을 상대로 대항할 수는 있으나 대지 소유권자의 퇴거청구에 대항할 수 없다. 본 사안에서 임차인측은 상가건물임대차보호법상의 대항력을 갖추었다고 주장하면서 항변하고 있으나 이러한 이유로 원고의 청구를 배척할 수 없게 된다.

6) 재검토

(가) 필요충분한가? 대지인도 이외에도 건물철거, 퇴거 청구를 같이하는 이상 대지인도를 실현할 수 있다.

(나) 상식에 부합하는가? 경락받은 대지의 소유권을 찾는다는 것은 지극히 상식적이다.

3. 상속포기

가. 상속순위와 상속분

1) 제1순위는 배우자와 직계비속들이다.[104]

상속분은 배우자는 1.5, 나머지 직계비속들은 각 1이다.

2) 제2순위는 배우자와 직계존속들이다.(직계비속이 전혀 없을 때 하는 상속이다.)

상속분은 배우자는 1.5, 나머지 직계존속들은 각 1이다.

3) 제3순위는 배우자이다.(직계비속도 직계존속도 없을 때 하는 상속이다.)

4) 제4순위는 형제자매들이다.

5) 제5순위는 4촌 이내의 방계혈족이다.

6) 해당자가 없을 때는 민법 5편 1장 6절의 절차를 걸쳐 국가에 귀속된다.(민법 제1058조)

나. 상속포기

1) 상속인은 상속개시 있음을 안 날로부터 3개월 이내에 상속을 포기할 수 있다. 단순승인으로 의제되는 경우에 포기는 부적법하다.(대법원 1983. 6. 28. 선고 82도2421 판결)

2) 상속포기의 절차는 비송사건절차이다.

3) 상속을 포기하면 처음부터 그자는 상속하지 않은 것으로 돌아간다. 그래서 그 포기자를 제외한 나머지 상속인들간에 상속분에 따라 상속이 이루어진다.

104) 배우자와 자녀들이라고 하지 않은 이유는 다음 사례를 읽어보면 명확해진다. [甲은 배우자 乙과 결혼하여 자녀 丙을 두었다. 丙은 丁과 결혼하여 그 자녀(甲의 손자녀) 戊를 두었다. 甲이 사망하고 난 후 丙이 상속포기를 하였다. 상속관계와 상속분을 계산하시오.라는 문제가 출제되었다면 그 정답은?] [정답은 乙과 戊가 3/5, 2/5의 비율로 상속한다. 그 이유를 잘 생각해 보기 바란다.]

소 장

원 고 윤 재 규 (690429－1159712)
서울 서초구 신반포로 137, 5동 201호 (반포동, 미생아파트)
소송대리인 변호사 최사라
서울 서초구 법원로 1길 21, 201호 (서초동, 노랑빌딩)
전화번호 (02) 595－1114, 팩스번호 (02) 595－1115
이메일 주소 : sachoi@gmail.com

피 고 1. 황 정 익 (690913－1359732)
서울 성북구 정릉로 390 (돈암동)
2. 김 유 지 (470812－1435828)
서울 강남구 논현로 145길 5, 102동 503호 (논현동, 노블아파트)
3. 장 영 낙 (670325－1018721)
서울 서초구 서운로 226, 103동 501호 (서초동, 신흥아파트)
4. 정 지 연 (600435－1098735)
서울 강남구 헌릉로 734 (세곡동)

물품 대금 등 청구의 소

청 구 취 지

1. 피고 황정익, 장영낙, 김유지는 연대하여 원고에게 80,000,000원 및 이에 대한 2011. 3. 1.부터 이 사건 소장부본 송달일까지는 월 1%의, 그 다음날부터 다 갚는 날까지는 연 20%의 각 비율에 의한 금원을 지급하라.
2. 피고 김유지는 원고와 소외 이현진 사이의 수원지방법원 2014. 12. 10. 2014카합2341호 부동산이전등기청구권 가압류 결정에 의한 집행이 해제되면 원고로부터 89,000,000원을 지급받음과 동시에 원고에게 용인시 처인구 삼가동 200 대 350㎡에 관하여 2014. 3. 31. 매매를 원인으로 한 소유권이전등기 절차를 이행하라.
3. 원고에게,

가. 피고 정지연은

(1) 서울 강남구 세곡동 1160 지상 (별지도면표시 1, 2, 3, 4, 1의 각점을 순차로 연결한 선내 (가) 부분)[105] 경량철골조 샌드위치패널지붕 1층 점포 80㎡를 철거하고, 서울 강남

105) 통상 측량감정비용이 많이 들기 때문에 하나의 대지 위에 하나의 건물만 축조되어 있어 특정에 큰 문제가 없을 때는 측량감정을 거치지 않고 가옥대장(무허가 건물의 경우) 상의 표시 등으로 특정하여 청구해도 나중에 그 확정판결로 철거 강제집행하는데 문제가 발생하지 않는다. 그래서 정답은 측량감정도면을 원용한 특정을 하지 않아도 된다. 하지만 본 사례에서는 이와 같은 실무상의 운용례를 모른채 측량감정을 마친 것으로 하고, 그 도면까지 첨부하여 출제하였기 때문에 이미 출제자의 의도는 도면을 활용하여 청구취지를 작성해 달라는데 있는 것으로 보인다. 이때는 기지를 발휘하여 도면을 통한 특정을 하면서 청구취지를 작성하여 채점상의 불이익을 피하는 것이

구 세곡동 1160 대 100㎡를 인도하고,

(2) 2014. 5. 1.부터 위 세곡동 1160 대지의 인도완료일까지 월 500,000원의 비율에 의한 금원을 지급하고,

나. 피고 장영낙은 위 가. (1) 항 점포에서 퇴거하라.

4. 소송비용은 피고들의 부담으로 한다.

5. 위 1.항, 제3항은 가집행할 수 있다.

라는 판결을 구합니다.

청 구 원 인

1. 원고의 피고 황정익, 장영낙, 김유지에 대한 물품 대금 등 청구

가. 물품공급계약, 물품의 인도, 물품 대금 일부인 2,000만원의 변제수령, 소외 망 김소망, 피고 장영낙의 연대보증

(1) 원고는 '미림가구'라는 상호로 가구도매업을, 피고 황정익은 '로리 인터네셔널'이라는 상호로 무역업을 경영하고 있습니다.

(2) 원고는 2011. 1. 10. 소외 망 김소망, 피고 장영낙의 연대보증하에 피고 황정익에게 사무용 의자(모델명 DK-1000P) 500개(1개당 200,000원)를 같은 달 31.까지 공급하고, 그 물품 대금은 같은 해 2. 28. 지급받기로 하되 이 지급기일까지 미지급할 경우에는 월 1%의 비율에 의한 지연손해금을 지급하기로 하는 내용의 물품공급계약을 체결하였습니다.

(3) 원고는 2011. 1. 31. 피고 황정익에게 위 사무용 의자 500개를 인도하였고, 피고 황정익은 2011. 2. 28. 위 물품 대금의 일부인 20,000,000원만 지급하였습니다.

(4) 소외 망 김소망은 2014. 1. 31. 청장년 급사증후군으로 사망하였고, 사망당시 유족으로는 처인 소외 이미래와 아버지인 피고 김유지가 있었고, 자녀는 없었습니다. 소외 이미래는 같은 해 3. 2. 서울가정법원에 상속포기신청을 하여 같은 달 13. 상속포기신고가 수리되었습니다.

나. 소결론

그렇다면 소외 망 김소망의 위 연대보증채무는 소외 이미래의 상속포기로 아버지인 피고 김유지에게 그대로 상속되었다 할 것입니다.

따라서 피고 황정익, 장영낙, 김유지는 연대하여 원고에게 나머지 물품 대금 80,000,000원 및 이에 대한 변제기 다음날인 2011. 3. 1.부터 이 사건 소장부본 송달일까지는 약정상의 월 1%의, 그 다음날부터 다 갚는 날까지는 소송촉진 등에 관한 특례법 소정의 연 20%의 각 비율에 의한 지연손해금을 지급할 의무가 있습니다.

다. 피고 황정익, 장영낙, 김유지의 제기 예상가능한 주장에 대한 반박

(1) 3년 단기소멸시효 완성으로 인한 채무소멸 주장

위 피고들은 위 물품 대금채무는 상인인 원고가 판매한 상품의 대가로 변제기인 2011. 2. 28.로부터 민법 제163조 제6호에 의해 3년의 단기소멸시효기간이 경과하여 시효완성으로

좋다. 원래는 본 사안과 같은 경우에는 도면활용 없는 특정도 가능하고, 도면활용한 특정도 가능하기 때문에 채점상으로는 차이를 두지 말아야 한다.

소멸하였으므로 원고의 위 청구에 응할 수 없다고 주장합니다.

그러나 원고는 위 물품 대금의 변제기인 2011. 2. 28.로부터 3년의 단기소멸시효기간이 경과하기 전에 주채무자인 피고 황정익을 상대로 수원지방법원에 위 물품 대금의 원리금채권을 피보전채권으로 하여 부동산가압류 신청을 하였고, 2013. 12. 10. 그 가압류결정이 내려져 같은 달 11. 가압류등기가 경료되기까지 하였습니다. 그러므로 위 물품 대금채권의 단기소멸시효기간은 위 가압류신청으로 중단되었고, 이러한 주채무에 대한 시효중단의 효과가 보증채무에도 미친다 할 것이므로 위 피고들의 주장은 이유 없습니다.

(2) 임대차보증금 20,000,000원 상계주장

위 피고들은 피고 황정익이 2011. 5. 1. 원고로부터 서울 성북구 돈암동 590 지상 단층 창고건물을 임대차 보증금 20,000,000원, 임대기간 2011. 5. 1.부터 2013. 4. 30.까지 2년간으로 정하여 임차하면서 임대차보증금 20,000,000원을 지급하였는바, 피고 황정익은 2015. 1. 30. 원고에게 내용증명우편을 보내 위 임대차보증금반환채권으로 위 물품 대금 대등액을 상계한다고 통지하여 그 내용증명우편은 같은 달 31. 원고에게 도달하였다고 주장하면서 위 물품 대금 중 임대차보증금 상당액은 상계로 소멸하였다고 주장하고 있습니다.

그러나 피고 황정익은 2011. 5. 1. 원고로부터 위 창고건물을 인도받아 현재까지 사용하고 있고, 위 임대차보증금반환채무는 위 창고건물의 인도채무와 동시이행의 관계에 있습니다. 그러므로 동시이행항변권이 부착된 채권을 자동채권으로 하여 한 상계주장은 상대방의 동시이행항변권을 침해하는 것으로 그 효력이 없다 할 것이므로 위 피고들의 위 주장은 이유 없습니다.

(3) 최고, 검색의 항변권

피고 장영낙은 주채무자인 피고 황정익의 자력이 충분하니 그에게 먼저 청구할 것을 주장하고 있습니다.

그러나 피고 장영낙은 위 물품 대금에 연대보증하였는 바 연대보증인은 최고, 검색의 항변권이 없으므로 피고 장영낙의 위 주장은 이유 없습니다.

2. 원고의 피고 김유지에 대한 소유권이전등기 청구

가. 사실관계

(1) 매매계약의 체결

원고는 2014. 3. 31. 피고 김유지로부터 용인시 처인구 삼가동 200 대 350㎡를 매매대금 230,000,000원으로 정하고, 계약금 30,000,000원은 계약당일, 중도금 100,000,000원은 2014. 4. 30., 잔금 100,000,000원은 2014. 5. 31. 각 지불하기로 하는 내용의 매매계약을 체결하였고, 계약당일 계약금을 지급하였고, 2014. 4. 20. 중도금을 지급하였습니다.

(2) 대여금 채권으로 상계

원고는 2013. 8. 1. 피고 김유지에게 10,000,000원을 이자 월 1%, 변제기 2014. 5. 31.로 정하여 대여해 주었습니다.

원고는 이 사건 소장부본의 송달로서 위 대여원리금 채권으로 위 매매잔대금 채권을 상계합니다.

(3) 소유권이전등기 청구권 가압류

소외 이현진이 원고를 상대로 자신의 원고에 대한 2012. 9. 25.자 150,000,000원 대여금 채권을 피보전채권으로 하여 원고의 피고 김유지에 대한 2014. 3. 31.자 매매계약에 기한 부동산 소유권이전등기 청구권 가압류를 신청하여 수원지방법원에서 2014. 12. 10. 2014카합2341 소유권이전등기청구권 가압류결정이 내려졌고, 같은 달 20. 제3채무자인 피고 김유지에게 송달되었습니다.

나. 소결론

그렇다면 매매잔대금채무와 대여금채무의 변제기가 모두 2014. 5. 31. 이어서 그 날짜로 상계적상일이 될 것이고, 따라서 원고의 잔대금 지급채무는 위 상계로 상계적상이 발생한 2014. 5. 31.에 대등액으로 소멸되었습니다. 2014. 5. 31. 위 대여원리금 채권은 11,000,000원{원리금 10,000,000원 + 이자 1,000,000원(10,000,000원 × 0.01 × 10)}으로 위 잔대금 100,000,000원에서 해당 금액만큼 상계되어 나머지 89,000,000원(100,000,000원 − 11,000,000원)이 남게 되었습니다. 소유권이전등기청구는 확정되면 원고는 일방적으로 소유권이전등기를 경료할 수 있으므로 소유권이전등기청구권 가압류결정의 통지를 받은 위 피고로서는 이를 저지할 방법이 없어 법원으로서는 소유권이전등기청구 자체를 기각하게 될 것이므로 이를 피하기 위하여 원고로서는 소유권이전등기청구권 가압류 해제를 조건으로 소유권이전등기청구를 하고자 합니다. 따라서 피고 김유지는 원고와 소외 이현진 사이의 수원지방법원 2014. 12. 10.자 2014카합2341호 소유권이전등기청구권 가압류결정에 의한 집행이 해제되면 원고로부터 나머지 매매잔대금 89,000,000원을 지급받음과 동시에 원고에게 용인시 처인구 삼가동 200 대 350㎡에 관하여 2014. 3. 31. 매매를 원인으로 한 소유권이전등기 절차를 이행할 의무가 있습니다.

다. 피고 김유지의 제기 예상가능한 주장에 대한 반박

(1) 매매계약의 해제 주장

피고 김유지는 위 매매계약상의 중도금 지급기일이전인 2014. 4. 28. 원고에게 계약금의 배액인 60,000,000원 및 원고가 임의로 지급기일 이전에 송금한 중도금 100,000,000원을 합산한 합계 160,000,000원을 변제공하면서 위 매매계약의 해제의 의사를 표시하였으므로 위 매매계약은 해제되었다고 주장합니다.

그러나 매도인인 피고 김유지는 매수인이 이행에 착수한 이후에는 계약금의 배액을 이행제공하면서 위 매매계약을 해제할 수 없는바, 원고가 기간이익을 포기[106]하면서 2014. 4. 20. 피고 김유지에게 중도금 100,000,000원을 위 매매계약서상 명기되어 있는 중도금 송금계좌인 피고 김유지의 국민은행 계좌로 송금하여 지급하는 방식으로 이행에 착수하였으므로 더 이상 계약금의 배액을 반환하면서 매매계약을 해제할 수 없게 되었으므로 피고

106) 매매대금 지급에 이행기 약정을 했다고 하더라도 기한의 이익은 채무자에게 있는 것으로 채무자인 매수인은 기한의 이익을 포기하고 이행기 이전에 중도금, 잔금을 지급할 수 있다. 위와 같은 법리는 모두 임의규정이기 때문에 명시적 약정을 통하여 배제할 수 있다. 그래서 이행기 이전에 중도금, 잔금 지급을 하지 않기로 특약하는 방식으로 위 법리의 적용을 배제할 수 있다. 그렇지만 일부 모범답안과 같이 상대방이 전혀 제기하지도 않은 임의규정적 해석론까지 언급하면서 법리론을 서면에 기재해 두면 가점을 주어야 한다는 것은 다소 무리가 있다. 위와 같이 기한의 이익이 채무자에게 있어 이를 포기하고 먼저 변제하였다는 정도의 기재만으로 위와 같은 법리를 충분히 담아낼 수 있다.

김유지의 위 주장은 이유 없습니다.

(2) 잔대금에 관한 지연손해금지급과의 동시이행 주장

피고 김유지는 위 매매계약 당시 원고가 매매대금의 지급을 연체하면 지급기일 다음날부터 월 2%의 비율에 의한 지연손해금을 가산하여 지급해야 한다고 약정하였는바, 2014. 6. 1. 이후 잔금 100,000,000원에 대해 발생한 위 지연손해금반환채권의 지급과 동시이행의 관계에 있다고 주장하고 있습니다.

하지만 원고는 2014. 4. 28. 위와 같은 취지의 내용증명우편을 보내 위 매매계약의 해제를 주장하면서도 이 사건 소유권이전등기에 관련된 서류들의 교부를 하지 않겠다고 주장하고 있었으므로 그와 동시이행관계에 있는 위 잔금지급채무의 이행지체에 빠지지 않았고, 그 결과 약정상의 지연손해금 지급의무도 발생하지 않았다고 할 것입니다. 따라서 피고 김유지의 위 주장은 이유 없습니다.

3. 원고의 피고 정지연에 대한 건물철거, 대지인도, 임료상당의 부당이득금 반환청구 및 피고 장영낙에 대한 퇴거청구

가. 사실관계

(1) 세곡동 대지의 경락, 그 대지 상의 건물의 신축과 그로 인한 대지의 점유

(가) 피고 정지연은 서울 강남구 세곡동 1160 대 100㎡(이하 '세곡동 대지'라고 함)를 소유하고 있던 중 2013. 5. 20. 소외 한신구로부터 100,000,000원을 차용하고 그 담보조로 세곡동 대지에 저당권 설정등기를 경료해 주었습니다. 그 후 피고 정지연이 위 차용금의 이자를 지급하지 못하자 소외 한신구는 서울중앙지방법원에 임의경매신청을 하는 방식으로 위 저당권을 실행하였고, 2013. 12. 10. 임의경매개시결정(2013타경29876)이 내려졌고, 원고와 소외 김수기가 공동으로 경매에 참여하여 2014. 4. 21. 매각허가결정을 받아 같은 해 5. 1. 공동으로 경락대금을 완납하였습니다.

(나) 피고 정지연은 저당권자인 소외 한신구로부터 승낙을 얻은 다음 2013. 6. 초순경 자신의 비용으로 세곡동 대지 상에 경량철골조 샌드위치패널지붕 1층 점포 80㎡(이하 '세곡동 점포'라고 함)의 공사에 착공하여 같은 해 10.경 완공하였습니다.

(다) 세곡동 대지의 나대지 상태에서의 월 차임은 2014. 1. 1.부터 현재까지 월 1,000,000원입니다.(정일감정평가사무소의 임료감정평가결과 참조)

(2) 세곡동 점포의 임대차

피고 정지연은 2013. 11. 1. 피고 장영낙에게 세곡동 점포를 임대차보증금 30,000,000원, 월차임 1,000,000원, 임대기간은 2013. 11. 1.부터 2015. 10. 31.까지 2년간으로 정하여 임대하여 현재 피고 장영낙이 위 세곡동 점포상에서 '만나잡화'라는 상호로 소매점을 운영하고 있습니다.

나. 소결론

그렇다면 원고는 2014. 5. 1. 소외 김수기와 공동으로 경락대금을 완납함으로써 소외 김수기와 함께 세곡동 대지에 관한 각 2분의 1 지분을 취득하였고, 피고 정지연은 2013. 10.경 그 지상에 세곡동 점포를 신축하여 소유함으로써 원고의 세곡동 대지를 점유하여 그 소유권을 침해하

고 있고, 피고 장영낙은 세곡동 점포를 점유하고 있으므로 그 방해배제 및 부당이득반환청구로서 피고 정지연은 원고에게 세곡동 점포를 철거하고, 그 대지인 세곡동 대지를 인도하고, 원고가 소유권을 취득한 2014. 5. 1.부터 세곡동 대지의 인도완료일까지 세곡동 대지를 무단점유함으로써 얻은 임료상당의 이득 중 원고 지분에 비례한 매월 500,000원(1,000,000원 × 1/2)의 비율에 의한 부당이득금을 반환할 의무가 있고, 피고 장영낙은 세곡동 점포로부터 퇴거할 의무가 있습니다.

다. 피고 정지연, 장영낙의 제기 예상가능한 주장에 대한 반박

(1) 세곡동 대지상에 법정지상권의 취득 주장

피고 정지연은 이미 세곡동 대지의 소유자였던 자신이 2013. 6. 초순경 당시 저당권자인 소외 한신구로부터 동의를 얻고 세곡동 대지상에 세곡동 점포를 신축하여 완공한 후 그 저당권에 기한 경매로 대지와 건물의 소유자가 달라졌으므로 세곡동 점포의 소유자인 피고 정지연은 위 점포 소유를 목적으로 세곡동 대지상에 법정지상권을 취득하였다며 원고의 위 철거 및 대지인도 청구 등에 응할 수 없다고 주장하고 있습니다.

그러나 저당권설정 후 저당권자의 승낙을 얻어 건물을 신축하였다면 그 승낙한 소외 한신구를 상대로 주장할 소위 채권적 효력만을 가질 뿐 이은 임의경매절차를 통해 소유권을 취득한 경락인에게 법정지상권으로 대항할 수 없다 할 것이므로 피고 정지연의 위 주장은 이유 없습니다.

(2) 원고가 2분의 1 지분권자임에도 전부에 관하여 철거 등을 구하므로 그 청구에 응할 수 없다는 주장

피고 정지연은 원고는 소외 김수기와 함께 세곡동 대지의 2분의 1 지분만을 취득한 자임에도 전부에 관하여 철거등을 구하고 있으므로 원고의 청구에 응할 수 없다고 주장하고 있습니다.

대지 소유권에 기해 건물철거, 대지인도, 퇴거청구는 소위 공유물의 보존행위로서 지분권자도 전부에 관해 청구할 수 있다. 다만 가분채무인 부당이득금에 관해서만 자신의 지분만으로 환산된 금원의 반환을 구할 수 있다 할 것이므로 피고 정지연의 위 주장도 이유 없습니다.

(3) 상가건물임대차보호법 상의 대항력 요건을 갖추었다는 주장

피고 장영낙은 앞서 본 바와 같이 2013. 11. 1. 피고 정지연으로부터 임대차계약을 체결한 다음 임차목적물인 세곡동 점포를 인도받았고, 세곡동 건물과 위 임대차계약은 상가건물임대차보호법의 적용대상일 뿐만 아니라 피고 장영낙은 2013. 11. 3. 강남세무서장으로부터 부가가치세법 제5조에 따른 사업자 등록을 신청하였으므로 대항력 요건을 모두 갖춘 상태에서 아직 임대기간이 만료되지도 않고 임대차보증금도 반환받지 않았기 때문에 원고의 위 청구에 응할 수 없다고 주장하고 있습니다.

그러나 원고는 위 피고 주장의 임대차목적물인 세곡동 건물의 양수인도 아니고 단지 그 대지의 소유자로서 자신의 소유권에 기해 방해하는 건물의 철거, 대지인도와 퇴거를 구하는 데 불과하여 대항력 발생의 대상이 아니라 할 것이어서 위 피고의 위 주장은 이유 없습니다.

4. 결론

따라서 원고의 피고들에 대한 청구는 모두 이유 있으므로 이를 인용해 주시고, 소송비용은 패소자의 부담으로 하여 주시고, 일부 청구에 가집행의 선고를 해 주시기를 바랍니다.

증 명 방 법(생략)

첨 부 서 류(생략)

2015. 6. 25.

원고 소송대리인 변호사 최사라 인

서울중앙지방법원 귀중

Ⅲ. B. 2015년도 제2회

1. 7단계 권리분석법에 의한 사건 전체의 분석

가. 의뢰인의 희망사항 분석결과

의뢰인 =원고	희망사항	물권 침해? 약정?	침해자 또는 약정자는 누구(= 피고)	원고의 자격, ∴소송명
김원일	1토지 반환받기를 원한다. 만약 그 토지의 점유로 인한 이익이 있다면 그 또한 반환받기를 원한다.	① 임대차계약 ∴**불이행하여 강제이행청구**	**∴약정자 (임차인) (박병원)**	**약정의 상대방 (임대인) ∴임차목적물 반환, 무단점유로 인한 부당이득반환 청구**
	토지임대차계약 상 특약에 의하여 이 사건 건물을 무상으로 넘겨받기를 원하지만, 무상으로 넘겨받기 곤란하다면 금원을 지급하고서라도 이 사건 건물에 대한 소유권을 넘겨받고, 건물을 인도받게 해 달라. (다만, 건물에 관한 연체된 월차임에 대한 지연손해금 청구는 하지 말아 달라.)	① 임대차계약상의 특약 or ② 지상물매수청구권의 행사로 인한 매매계약 ∴**불이행하여 강제이행청구**	**∴약정자 (임차인 or 매도인) (박병원)**	**약정의 상대방 (임대인 or 매수인) ∴건물소유권이전등기 및 인도 청구**
	이을동으로부터 양수받은 채권에 기하여 박병원, 장연무 모두에게 원금, 이자, 지연손해금까지 모두 지급받게 해 달라.(위 채권을 자동채권으로 하여 상계는 하지 말라.)	① 채권양도 ② 소비대차계약 ③ 연대보증계약 ∴**불이행하여 강제이행청구**	**약정자 (차주) (박병원) (연대보증인) (장연무)**	**채권양수인 약정의 상대방 (대주) ∴양수한 대여금 청구**
	장연무 장모 명의로 되어있는 제2토지에 대한 강제집행이 가능할 수 있도록 장연무 앞으로 이 사건 2토지에 관한 소유권이전등기를 마쳐 달라.	① 매매계약 ② 제3자 명의신탁 ∴**강제이행청구**	**∴약정자 (매도인) (최정도) (명의수탁인) (정무녀)**	**대위청구 약정의 상대방 (매수인) (명의신탁인) ∴소유권이전등기 및 소유권이전등기 말소청구**

나. 원고의 청구원인 분석결과

소송명	청구원인	항변 (법률상 주장 포함)	재항변 등
임차목적물 반환[107] 및 부당이득반환 청구	① 임대차계약 ⓐ 임대차계약 ⓑ 임차보증금 지급 ⓒ 임차목적물 인도 ⓓ 임대차계약 종료 ② 임료상당 부당이득액	Ⓐ 상가건물 임대차보호법에 의한 계약갱신되어 임차권 존속	Ⓐ 대지는 상가건물임대차보호법 적용을 받지 않음

107) 대지에 관한 임대차계약체결 후 그 지상건물이 신축되어 있을 때 지상물매수청구권을 행사하여 지상건물에 관한

<table>
<tr>
<td>건물소유권 이전등기 및 인도 청구</td>
<td colspan="3">① 지상물매수청구권의 발생
ⓐ 건물소유를 목적으로 한 대지임대차계약
ⓑ 건물의 신축 및 현존
ⓒ 임대차계약의 종료
② 지상물매수청구권의 행사, 도달
③ 지상건물의 시가</td>
<td>{Ⓐ 지상물매수청구권 포기의 특약[108]
Ⓑ 계약해지로 인한 임대차계약의 종료}[109]</td>
<td>{Ⓐ 2억 원이나 되는 지상건물에 관한 지상건물매수청구권의 포기는 임차인에게 지나치게 불리한 계약으로 무효임
Ⓑ 해제요건 안 갖추어짐}</td>
</tr>
<tr>
<td>양수한 대여금 청구</td>
<td colspan="3">① 대여금채권
ⓐ 소비대차계약
ⓑ 이자·이율의 약정
ⓒ 원본의 인도
ⓓ 변제기 도래
② 연대보증계약
③ 미지급이자[110]에 대한 소멸시효완성
④ 채권양도
ⓐ 채권양도계약
ⓑ 매도인에 의한 채권양도 통지
⑤ 상계
ⓐ 자동채권의 발생(교통사고 합의금계약)[111]
ⓑ 상계적상
ⓒ 상계의 의사표시, 도달
ⓓ 상계충당</td>
<td>Ⓐ (연대보증금채권에 의한)상계
ⓐ 자동채권
ⓑ 상계적상
ⓒ 상계의 의사표시, 도달
ⓓ 상계충당
Ⓑ 미지급 지연손해금 2개월의 소멸시효완성 항변
Ⓒ 연대보증인은 채권양도의 통지를 받지 못하였으므로 원고는 연대보증인에게 대항할 수 없다.</td>
<td>Ⓐ 자동채권 소멸시효 완성
ⓐ 연대보증도 상행위
ⓑ 주채무자의 시효중단 후[112]
ⓒ 5년 경과(이상은 재항변)
Ⓑ 지연손해금은 원본의 성질에 따라 5년(상사채무)이고 그 시효기간은 미경과
Ⓒ 주채무자에 대한 채권양도의 통지만으로 족하다.(법리론)</td>
</tr>
<tr>
<td rowspan="4">소유권 이전등기 및 말소청구</td>
<td colspan="5">소유권이전등기청구</td>
</tr>
<tr>
<td>① 대위요건
ⓐ 위 연대보증금 채무
ⓑ 이행기
ⓒ 무자력
ⓓ 미행사</td>
<td colspan="2">② 매매계약
ⓐ 매매계약
ⓑ 계약금, 중도금, 잔금 모두 지급</td>
<td></td>
<td></td>
</tr>
<tr>
<td colspan="5">소유권이전등기 말소청구</td>
</tr>
<tr>
<td>① 대위요건 I
ⓐ 위 연대보증금 채무
ⓑ 이행기
ⓒ 무자력
ⓓ 미행사</td>
<td>② 대위요건[113] Ⅱ
ⓐ 위 소유권이전등기청구권
ⓑ 이행기
ⓒ 미행사</td>
<td>③ 소유권자(최정도)
④ 제3자 명의신탁으로 원인무효
ⓐ 매매계약은 장연무 명의로, 소유권이전등기는 피고 정무녀 명의로(제3자 명의신탁)
ⓑ 매도인의 악의(당연히 악의임)</td>
<td>Ⓐ 피고 최정도의 무자력도 주장·증명해야 하나 무자력이 아니므로 각하되어야 한다.(본안전 항변)</td>
<td>Ⓐ 장연무가 최정도에 가지는 소유권이전등기청구권에 기해 최정도가 정무녀에 가지는 소유권이전등기 말소청구는 특정채권이므로 무자력의 주장·증명 없이도 대위행사 가능(법리론)</td>
</tr>
</table>

소유권이전등기를 청구할 수 있게 되면 구태여 대지의 인도(반환)청구를 할 필요가 없다라는 지적이 있다.(제6회 변호사 시험 기록형 문제의 경우도 대지인도 청구는 따로 하지 않았다.) 대지는 건물의 소유자가 점유하고 있으므로 건물 소유권이전등기를 경료하여 건물소유권을 취득하게 되면 그 대지의 점유도 회복되는 셈이 된다. 따라서 구태여 대지의 인도를 구할 필요가 없게 된다. 본 사안에서는 대지 임대차계약이 종료되었음을 이유로 대지 반환을 청구하지 않으면 그와 동시이행관계에 있는 임차보증금 반환문제를 처리하기 어렵다. 따라서 청구가 중복되는 감이 없지는 않지만 임차보증금 반환문제를 해결하기 위해 임차목적물인 대지반환청구도 병합하여 제기하기로 한다.

2. 임대차계약 종료로 인한 임차목적물 인도(반환) 청구, 지상물매수청구권의 행사로 인한 매매계약의 체결을 원인으로 한 소유권이전등기청구 및 건물인도 청구

가. 우선 임대차계약 종료로 인한 임차목적물의 인도 청구의 요건사실

① 임대차계약의 채결,

② 임차목적물의 인도(동시이행항변을 피하기 위하여 임차보증금의 지급과 그 상환청구)

③ 임대차계약의 종료(본 사안의 경우 해지 통고로 인한 종료)

나. 지상물매수청구권의 행사로 인한 매매계약의 체결을 원인으로 한 소유권이전등기 청구 및 건물인도 청구

① 지상물매수청구권의 발생

ⓐ 건물 소유를 목적으로 토지임대차 계약

ⓑ 건물의 소유권 취득 및 현존

ⓒ 기간만료로 인한 종료

(이상 지상물매수청구권 행사의 요건)

② 지상물매수청구권의 행사

ⓐ 지상물매수청구권 행사의 의사표시

ⓑ 의사표시의 도달

③ 동시이행항변권을 소멸시키기 위해서는 건물매수청구권 행사 당시의 시가 상당의 매매대금 지급과 상환으로 이행청구 (소유권이전등기청구는 물론 건물 인도청구도 건물대금과 동시이행의

---

108) Ⓐ주장은 피고측이 할 수 있는 주장이 아니다. Ⓐ주장이 성립할 수 있다면 원고는 지상물매수청구권의 행사로 인한 매매계약의 성립을 주장할 필요 없이 지상물매수청구권의 포기 특약과 함께 이루어진 지상건물 무상양도의 약정을 원인으로 한 소유권이전등기 청구를 할 수 있을 것이다.

109) 피고가 위 Ⓑ와 같은 주장을 할 수 있으나 일단 이유도 없고, 만약 Ⓑ주장이 이유 있으면 원고는 지상물매수청구권의 행사로 인한 매매계약의 체결을 기초로 매매대금지급과 상환으로 소유권이전등기 청구를 할 것이 아니라 건물철거 청구를 하였어야 했다. 이처럼 바로 앞 각주와 본 각주상의 피고의 주장은 단지 검토할 뿐이지 피고측이 이를 주장함을 전제로 논리구성을 할 필요가 없다.

110) 미지급이자는 3년의 단기소멸시효 기간으로 시효소멸(민법 제163조 제1항) 하지만 지연손해금은 원본채무의 성질에 따라 5년(상사채무), 10년(민사채무)의 소멸시효기간이 적용된다.

111) 고의의 불법행위로 인한 손해배상채권을 수동채권으로 한 상계는 허용되지 아니하나(민법 제496조) 자동채권으로 한 상계는 허용된다.

112) 보증(연대보증 포함)채무의 경우 주채무에 대한 시효중단으로 시효중단되는 효력은 있다.(시효중단의 절대적 효력) 다만 다시 시효가 진행될 때 비록 주채무가 시효기간이 확정판결 등으로 10년으로 연장되었다 하더라도 보증채무에 관한 시효기간은 종전의 시효기간이 그대로 적용을 받는다.(새로운 시효진행의 경우 적용될 소멸시효기간의 상대적 효력) 이는 민법 제440조 관련 해석이니 적용에 있어 주의를 요한다. 위 법리는 반복적으로 기록형은 물론 사례형 및 객관식 문제에 거듭 출제되고 있으니 정확하게 이해하고 있어야 한다.

113) 위와 같이 이중채권자대위의 경우 각 대위요건이 충족되는지 여부를 개별적으로 따져 보아야 한다. 본 사안에서는 2중으로 대위요건을 모두 충족되었다.

관계에 있다.)

다. 자주하는 질문

1) 위 가. 나.항의 청구시 미지급 임대차보증금과 매매대금을 아래 양수금 채권과 상계한 다음 나머지와 상환으로 청구할 수 있는가? 라는 질문을 많이 하고 있다. 동시이행 항변권이 부착되어 있는 채권을 자동채권으로 하여 상계하는 것은 허용되지 않는다.(대법원 2004. 5. 28. 선고 2001다81245 판결) 하지만 동시이행항변권이 수동채권에 부착되어 있는 경우에는 그 항변권을 포기하고 상계할 수는 있다. 따라서 양수금 채권을 자동채권으로 하여 지상물매수청구권 행사로 인한 매매대금지급채권과 상계할 수 있다. 그런데 실제 법문서를 작성할 때는 이렇듯 가능하다 하더라도 전혀 다른 성질의 청구를 적절하게 다루기 위해 상계하지 말고 각자 청구를 하는 방식으로 법문서를 작성하는 것이 좋다.

2) 일부 학생들은 건물의 소유자가 대지를 점유한다는 비점유설의 입장에서 지상건물의 소유권을 이전하고, 그 점유까지 인도한다면 그 대지인 1토지의 인도청구를 별도로 할 필요가 없지 않는가라는 견해를 표하고 있다. 만약 임대차보증금의 수수가 없었거나 연체차임 등의 공제로 잔액이 없는 경우에는 건물의 소유권이전청구와 인도청구로 마치 대지가 인도된 것과 같은 효과를 달성할 수 있기 때문에 별도로 구태여 1토지의 인도청구를 할 필요가 없다는 것이다. 그러나 사안과 같이 임대차보증금 반환채무가 있는 상태에서는 임대차계약의 원상회복 관계를 청구하여 이를 둘러싼 법률관계를 해결하여야 한다.

라. 동시이행항변권이 있는 채권을 수동채권으로 하여 상가건물임대차 보호법에 의한 1년의 임대차기간의 보장 및 5년의 범위내에서 임대기간의 갱신요구권

상가건물임대차 보호법 제2조 제1항에 의하면 위 법은 상가건물의 임대차에 적용될 뿐 영업을 위한 토지 임대차에는 그 적용이 없다. 가사 상가건물 임대차가 적용된다고 하더라도 동법 제9조에 의하여 기간을 정하지 않았거나 1년 미만의 기간으로 정한 임대차는 그 임대차기간을 1년으로 본다고 정하고 있고, 동법 제10조에 의하면 임대차기간이 만료되기 6개월부터 1개월 전까지 사이에 계약갱신을 요구할 수 있고, 최초 임대차 기간을 포함한 전체 임대차기간이 5년을 초과하지 아니하는 범위내에서 위 갱신요구권을 행사할 수 있을 뿐이다. 하지만 본 계약은 계약당시부터 5년의 임대차기간을 정하였고 그 임대차기간이 경과한 다음 문제된 것으로 어느모로 보나 위 상가건물임대차 보호법상의 갱신요구권의 대상도 되지 않는다.

마. 2기 이상 차임 미지급으로 인한 임대차계약의 해지로 인한 임대차계약의 종료

1) 차임지급 및 지정충당

변제충당에 관한 일반법리의 적용을 받는다. 먼저 충당에 관한 합의가 있는 경우에는 그 합의 충당에 내용에 따라 충당된다. 본 사안에서는 충당의 합의가 없었다. 모의기록에서 현재까지 합의

충당 법리의 적용을 요구한 문제는 출제되지 않았다. 그 이유는 너무 법리가 단순하기 때문인 듯하다. 하지만 실무상으로는 실제로 합의충당약정이 있고 그 약정에 따라 충당도 이루어지고 있으므로 출제될 수도 있다. 다음으로 지정충당 할 수 있다. 충당지정권은 변제자인 채무자에게 있고, 채무자가 지정충당을 하면 그에 따라 충당된다. 채무자의 지정충당이 없으면 채권자가 충당지정권을 행사할 수 있다. 다만 지정충당 할 때 비용－이자(지연손해금 포함, 민법주해 이인재 집필부분)－원본의 순서로 충당되는 원리는 바꿀 수 없다. 법정충당원리에서 이자와 지연손해금을 동일하게 취급하는 점은 단기소멸시효 대상에서 지연손해금을 이자(3년)와 달리 10년(상행위 5년)으로 보는 법리와는 다소 차이가 있으니 주의를 요한다.

2) 2기 이상 차임 미지급

가) 본 사안에서는 차임연체가 4회에 걸쳐 이루어졌지만 합계액이 2기 600만원에 미달하는 500만원에 불과한 점에 비추어 2기 이상의 차임 미지급에 해당되지 않는다. 차임 2기 이상 연체에 해당되어 임대차계약을 해지하는 경우에는 별도의 최고 없이 바로 해지통지를 하여 임대차계약을 종료시킬 수 있다.(대법원 1977. 3. 8. 선고 75다2032 판결; 대법원 1962. 10. 11. 선고 62다496 판결)

나) 임대차계약의 해지통고로 인하여 임대차계약이 종료되었다고 주장하면 법원으로서는 해지통고의 유효성만을 판단할 뿐 2기 이상의 차임연체를 이유로 한 임대차계약의 해지 주장으로 보아 판단할 수 없으며 안타깝게 생각한 나머지 석명권을 행사하여 주장의 변경 또는 추가를 촉구하지 못한다.(석명권 행사의 한계, 대법원 1993. 4. 27. 선고 93다1688 판결 참조)

3) 2015. 3. 20. 이후 차임 미지급

2015. 3. 20. 이후 차임 2기 이상 미지급을 이유로 이 사건 소제기와 더불어 임대차계약을 해지할 수 있을 것이다. 하지만 본 사례에서는 기록상 이미 2014. 9. 17. 해지통고를 하여 임대차계약을 해지하였을 뿐만 아니라 2015. 3. 20. 이후 2기 차임연체가 되기 전인 2015. 5. 15. 매수청구권을 행사하였다. 따라서 결국 위 해지통고의 유효성을 중심으로 논리를 전개할 수밖에 없게 되었다.

바. 지상물매수청구권의 행사

1) 지상물매수청구권 포기 사전약정의 유효성

민법 제652조, 제643조에 의하여 임대인이 지상물매수청구권 포기의 약정이 제반사정에 비추어 볼 때 임차인에게 불리하지 않다는 특별한 사정을 주장·증명할 수 없는 한 그 효력이 없다.(대법원 2002. 5. 31. 선고 2001다42080 판결) 문제는 원고가 임대인이고 지상물매수청구권이 유효하게 성립하였음을 전제로 이 사건 청구를 하겠다는 입장에서는 위와 같은 제반사정을 주장·증명할 필요가 없다는 것이다. 그런데도 이에 관한 주장을 소장에 기술하는 것은 소장작성의 단순성, 명확성을 해치는 것으로 삼가야 한다.

2) 임대인의 지상물매수청구권 행사 가능성

지상물매수청구권은 임차인을 보호하기 위하여 임차인에게 부여한 권리(형성권)로 임대인은 이를 행사할 수 없다. 따라서 임대인이 해당 건물의 소유권을 취득하고자 하면 임차인과 합의하여 그 목적물을 매수하는 수밖에 없고 달리 방법이 없다. 결국 매수에 응하지 않으면 임대인으로서는 건물철거를 청구하고 이에 대한 임차인의 대응 여하에 따라 그 건물의 소유권을 취득할 수 있을 뿐이다.

3) 2015. 5. 13.자 내용증명우편 2. 다. 기재내용이 지상물매수청구권 행사의 의사표시로 해석할 수 있는가?

의사표시는 표시행위의 객관적 의미를 중심으로 해석하여야 한다.(규범적 해석) 합리적 제3자의 평가로 알 수 있는 내용이 당해 의사표시의 내용이 될 것이다. 그런 관점에서 볼 때 위 내용증명우편상의 의사표시는 지상물매수청구권의 행사로 볼 수 있다.

3. 채권양도하였음을 근거로 양수받은 대여금 지급 청구(연대보증 포함)

가. 요건사실

[채권양도의 요건사실]

① 채권양도

ⓐ 채권양도계약

ⓑ 양도인에 의한 채권양도 사실의 통지 및 그 도달

[양도대상 채권의 성립]

② 대여금채권

ⓐ 소비대차계약

ⓑ 이자·이율의 약정

ⓒ 원본의 인도

ⓓ 변제기 도래

[연대보증]

③ 연대보증계약의 체결

나. 채권양도의 경우 연대보증인에게도 양도통지를 하여야 하는가?

보증인에 대하여는 주채무자에게 채권양도의 통지를 하면 보증인에게도 효력이 미친다. 그런 면에서 보증인은 채무자 이외에 제3자(채무자 이외 제3자에 대해서는 채무자에게 확정일자 있는 양도통지를 해야만 대항할 수 있다.)에 해당되지 않고 채무자 개념범위 내에 속하면서 부종성에 의해 채권양도의 효력이 미친다. 연대보증인은 결국 보증인이므로 보증인에 관한 대항요건의 법리가 적용된다. 이에 반하여 연대채무자의 경우에는 그 연대채무자 전원에게 통지하여야 그 전원에게 대항할 수 있다.

다. 단기 소멸시효 완성

민법 제163조 제1호에 의하면 이자 등 1년 이내 기간을 정한 금전의 지급을 목적으로 한 채권은 3년의 단기소멸시효로 소멸한다. 다만 이자에는 지연손해금이 포함되지 않는다.(대법원 1998. 11. 10. 선고 98다42141 판결)

라. 판결 등으로 확정된 채권은 단기소멸시효의 대상이더라도 다시 판결 확정일부터 10년간의 소멸시효가 새로이 진행된다.(민법 제165조 제1항)

다만 채권자와 주채무자 사이에 판결 확정으로 그 소멸시효가 10년으로 연장되었다 하더라도 위 당사자 이외의 채권자와 연대보증인간에는 그 확정판결의 시효기간이 연장되지 않는다.(대법원 1986. 11. 25. 선고 86다카1569 판결) 최근에 선고된 판례에 의할 때 확정판결 후 연대보증이 이루어졌을 때 바로 3년의 단기소멸시효의 적용을 받지 않고 거래의 성질에 따라 상법의 적용을 받는 경우 5년의 소멸시효 적용을 긍정한 판례가 있다.(대법원 2014. 6. 12. 선고 2011다76105 판결)

하지만 본 사안의 경우 연대보증이 바로 확정판결에 대하여 이루어졌으므로 반드시 위 판례의 적용을 받는지는 의문이다.

마. 합의금 채권을 자동채권으로 한 상계는 그 효력이 있다.

고의의 불법행위를 원인으로 한 손해배상채권을 수동채권으로 한 상계는 효력이 없다.(민법 제496조) 그런데 본 사안은 우선 고의로 인한 불법행위가 아닌 것 같고 (정확하지는 않음) 나아가 수동채권이 아니므로 상계가 가능하다.

바. 상계 후 나머지 양수 대금채권액의 확정

계산은 정확하게 하는 것이 좋다. 이때 법문서 중 적절한 부분에서 계산식을 사용하여 특정해 주는 것이 좋다. 답안을 채점하다가 보면 계산이 틀리는 경우가 종종 있으므로 주의를 요한다.

4. 대위에 의한 계약 명의신탁 무효를 원인으로 한 소유권이전등기 말소 및 이전등기 청구

가. 요건사실

[매매계약 및 상환이행 회피를 위한 매매대금의 지급]

① 대위요건

ⓐ 연대보증금채무

ⓑ 이행기

ⓒ 무자력

ⓓ 미행사

② 매매계약

ⓐ 매매계약의 체결

ⓑ 계약금, 중도금, 잔금으로 된 매매대금 전부의 지급 (요건사실은 아니나 상환이행 청구를 회피하기 위한 요건사실임)

[명의신탁약정의 무효]

① 위 대위요건

② 2중 대위요건

ⓐ 위 ② 매매계약에 기한 소유권이전등기청구권 (특정채권이므로 무자력 불필요)

ⓑ 이행기

ⓒ 미행사

③ (최정도가) 소유권자

④ 제3자간 명의신탁

ⓐ 매매계약은 정연무 명의로, 소유권이전등기 명의는 정무녀로

ⓑ 매도인의 악의, 과실

나. 제3자 명의신탁에 의한 법률관계

1) 매매계약은 유효이고, 명의신탁약정은 무효이다. 따라서 명의수탁자 명의 소유권이전등기는 원인무효로 말소되어야 한다.

2) 따라서 매도인을 대위하여 명의수탁자에게 그 명의 소유권이전등기의 말소를 청구할 수 있고, 매도인에게 원고에게로의 소유권이전등기를 청구할 수 있다.

다. 이중 채권자대위

원고가 피고 장연무를 대위하여 다시 피고 최정도가 갖는 피고 정무녀에 대한 소유권이전등기 말소청구의 대위 주장은 2중 채권자대위가 된다. 이때 각 대위요건을 갖추고 있는지 여부를 판단하여야 한다. 원고가 피고 장연무를 대위할 때는 특정채권이 아니기 때문에 피고 장연무의 무자력을 주장·증명하여야 하나 피고 최정도의 피고 정무녀에 대한 말소청구권의 대위는 피고 장연무가 갖는 피고 최정도에 대한 소유권이전등기 청구권을 대위요건으로 하고 있으므로 특정채권으로 특별히 피고 최정도의 무자력을 요건으로 주장할 필요가 없다.

라. 본 사안에서 위와 같은 결론을 재검토 해 보자.

첫째 원고의 목적달성을 위한 필요충분한 청구를 하고 있는지 여부를 재검토해야 하고, 필요충분하지 않을 경우 다른 청구를 해야 할지 여부를 판단해 보아야 한다.

본 사안에서는 소외 이을동을 피고로 잡지 않는 이유에 관하여 토론해 보고, 피고 최정도 및 피고 정무녀를 피고로 잡아 청구를 별도로 하는 이유를 생각해 보자.

둘째 앞서 내린 결론이 상식에 부합하는지 여부를 생각해 본다. 법률은 상식이라고 한다. 복잡한 권리분석을 거쳐 내린 결론이라고 하더라도 상식에 부합하지 않은 결론이라면 권리분석 자체가 잘못되었을 가능성이 높다. 따라서 다시 한번 재검토해 볼 필요가 있다.

소 장

원 고 김 원 일 (550209 − 1273697)
서울 성북구 보문로 168 (삼선동)
소송대리인 변호사 최정성
서울 서초구 법원로 1길 27, 401호 (서초동, 정산빌딩)
전화번호 (02) 571 − 5000, 팩스번호 (02) 571 − 5001
이메일 주소 : chjs@hanmail.net

피 고 1. 박 병 원 (650725 − 1357890)
의정부시 동일로 677번길 715 (가능동)
등기부상 주소 의정부시 가능동 1 − 30
2. 장 연 무 (660711 − 1010111)
서울 용산구 갈월로 105 (갈월동)
3. 최 정 도 (491212 − 1265413)
서울 서초구 서래로 10길 100, 203동 305호 (서초동, 서초아파트)
4. 정 무 녀 (410225 − 2972042)
서울 용산구 갈월로 100 (갈월동)

토지인도 등 청구의 소

청 구 취 지

1. 피고 박병원은 원고로부터 95,000,000원에서 2015. 3. 20.부터[114] 의정부시 산곡동 산 13 − 7 (산

114) 소제기시 청구취지상의 일정한 시점선택의 美學 : 기발생 연체차임과 함께 장래 미지급차임도 함께 청구할 때는 소제기일 전후 적정한 일자를 선택하여 되도록 기발생한 연체차임은 정액으로 합산하여 청구하고, 나머지는 장래 기간비례로 청구할 수 있다. 이때 소제기일 전후 특정일자를 선택하는 것이 문제된다.

본 사안에서도 위 청구취지와 같이 2015. 3. 20.를 기점으로 선택하여 비례적 청구를 할 수도 있고, 둘째 소제기일과 가장 가까운 2015. 7. 19.까지는 정액 합산하고, 그 이후부터 기간 비례적 청구를 할 수 있다. 원래 이와 같이 청구하는 이유는 기발생한 임료를 정액청구를 하면서 그에 관한 지연손해금의 지급도 구할 수 있기 때문이다. 그래서 가급적 의뢰인에게 유리하도록 될 수 있으면 소 제기일과 최대한 인접한 날자를 선택하여야 한다. 본 사안에서는 기발생한 연체임료에 대한 지연손해금의 지급을 구하도록 구성하기 복잡하기 때문에 그렇지 않고 있으므로 첫째 청구와 둘째 청구 사이에는 차이가 없다. 이때 주의할 것은 아무리 소제기일에 근접한 날자를 선택한다고 하더라도 청구취지를 지나치게 복잡하게 하는 날자 선택은 삼가야 한다. 예를 들면 본 사안에서는 2015. 8. 13. 소제기하고 있다 하더라도 2015. 8. 13.을 선택하게 되면 월차임을 일단위까지 계산해야 하므로 지나치게 복잡하게 된다. 만약 2015. 7. 19.까지 정액 청구하는 방식으로 위 청구취지를 다시 구성하면 다음과 같다.

곡로 172길 78) 잡종지 400㎡의 인도완료일까지 월 3,000,000원의 비율에 의한 금원을 공제한 나머지 금원을 지급받음과 동시에 원고에게 위 토지를 인도하라.

2. 피고 박병원은 원고로부터 금 200,000,000원을 지급받음과 동시에 원고에게,
   가. 의정부시 산곡동 산 13-7 지상 경량철골조 스테인리스 판넬지붕 단층 공장 250㎡에 관하여 2015. 5. 15. 매매를 원인으로 한 소유권이전등기 절차를 이행하고,
   나. 위 가. 항 건물을 인도하라.
3. 피고 박병원, 장연무는 연대하여 원고에게 48,000,000원 및 이에 대한 2015. 2. 1.부터 이 사건 소장 부본 송달일까지는 월 1%의, 그 다음날부터 다 갚는 날까지 연 20%의 각 비율에 의한 금원을 지급하라.
4. 서울 도봉구 도봉동 50 공장용지 1,000㎡에 관하여
   가. 피고 정무녀는 피고 최정도에게 서울북부지방법원 도봉등기소 2005. 9. 30. 접수 제1111호로 경료된 소유권이전등기의 말소등기 절차를 이행하고,
   나. 피고 최정도는 피고 장연무에게 2005. 1. 19. 매매를 원인으로 한 소유권이전등기 절차를 이행하라.
5. 소송비용은 피고들의 부담으로 한다.
6. 위 1.항, 2의 나.항, 3항은 가집행할 수 있다.

라는 판결을 구합니다.

청 구 원 인

1. 원고의 피고 박병원에 대한 위 잡종지에 관한 인도청구 및 이 사건 건물에 관한 소유권이전등기 및 인도청구
   가. 사실관계
      (1) 건물 신축을 위한 토지 임대차계약의 체결 및 임대차보증금의 지급, 임차목적물의 인도
      원고는 2007. 10. 20. 피고 박병원에게 의정부시 산곡동 산 13-7 잡종지 400㎡(이하 '위 잡종지'라고 함)를 임대차보증금 1억원, 임대차 기간 2007. 10. 20.부터 2012. 10. 19.까지 5년간, 월임료 300만원으로 한 임대차계약을 체결한 다음 같은 날 피고 박병원으로부터 임대차보증금 1억원을 지급받고, 피고 박병원에게 잡종지를 인도하였습니다. 이때 원고와 피고 박병원은 피고 박병원이 위 잡종지 상에 건축비 2억원 이내 비용을 들여 건물을 축조하여 공장으로 사용할 수 있다고 특약하였습니다.
      (2) 이 사건 건물의 신축, 현재까지 그 건물의 존속, 위 잡종지의 무단점유
      피고 박병원은 위 특약조항에 기해 위 잡종지 상에 자신의 비용부담으로 경량철골조 스테인리스 판넬지붕 단층 공장 250㎡(이하 '이 사건 건물'이라 함)를 축조하여 2008. 1. 20. 자신 명의로 소유권보존등기를 경료한 다음 '천지의류'라는 상호로 등산용의류의 도매상을 운영하면서 현재까지 위 잡종지를 점유사용하고 있습니다.

"피고 박병원은 원고로부터 <u>83,000,000원</u>{1억원 − 미지급 차임 5,000,000원 − 부당이득금 12,000,000원(300만원 × 4개월)}에서 <u>2015. 7. 20.</u>부터 인도완료일까지 월 3,000,000원의 비율에 의한 금원을 공제한 나머지 금원을 지급받음과 동시에 원고에게 위 토지를 인도하라."

(3) 미지급 임료[115] 및 임료상당의 부당이득

피고 박병원은 2014. 4. 19. 월임료 중 1,000,000원을 미지급한 이래 같은 해 5. 19. 월임료 중 2,000,000만원, 같은 해 6. 19. 월임료 중 1,000,000원, 같은 해 7. 19. 월임료 중 1,000,000원 등 4차례 합계 5,000,000원을 미납하였고, 2015. 3. 20.부터는 월 차임을 전혀 지급하지 않고 있었습니다

(4) 해지통고로 인한 임대차계약의 종료

이에 원고는 2014. 9. 17.경 피고 박병원에게 임대차기간이 종료되었음을 원인으로 해지통고를 하였고, 같은 달 19. 피고 박병원이 위 통지서를 수령하였습니다. 그래서 그로부터 6개월이 경과한 2015. 3. 19. 기간만료로 임대차계약이 종료되었습니다.

(5) 지상물매수청구권의 행사 및 당시 이 사건 건물의 시가

피고 박병원은 2015. 5. 13. 원고에게 "귀하(원고)의 통지대로 임대차계약이 종료하는 경우 귀하는 법에 따라 본인이 축조한 건물을 매수하여야 하고, 위 건물은 지급도 2억원 이상 나가므로 위 매매대금 2억원과 임대차보증금 1억원을 본인(피고 박병원)에게 지급해 주시기 바랍니다."라는 내용의 내용증명우편을 보냈고, 같은 달 15. 위 내용증명우편이 원고에게 도달하였습니다. 2015. 5. 15.경 이 사건 건물의 시가는 2억원입니다.

나. 해지통고로 인한 위 잡종지 임대차계약의 종료 및 지상물매수청구권 행사로 인해 이 사건 건물에 관한 매매계약의 체결

그러므로 위 잡종지에 관한 임대차계약은 최초 임대차기간 만료일인 2012. 10. 19.의 경과 후에도 계속 사용 수익하고 있었으므로 묵시의 갱신이 이루어져 기간의 정함이 없는 임대차계약이 되었고, 해지통고의 취지가 포함된 원고의 2014. 9. 17.자 내용증명우편이 도달한 같은 달 19.로부터 6월의 기간이 경과한 2015. 3. 19.자 기간만료로 종료되었습니다. 피고 박병원은 위 잡종지에 관한 임대차계약이 이 사건 건물의 소유를 목적으로 한 토지임대차에 해당하고 위 임대차계약이 해지 통고로 종료된 후 그 지상에 현존하고 있었던 이 사건 건물에 관하여 지상물매수청구권을 행사하는 취지가 포함된 2015. 5. 13.자 내용증명우편을 원고에게 보냄으로써 위 내용증명우편이 원고에게 도달한 같은 달 15. 이 사건 건물에 관한 매매계약이 체결되었다 할 것이고, 매매대금은 당시 시가 상당액인 2억원이라 할 것입니다.

다. 소결론

따라서 피고 박병원은 원고로부터 위 미지급 임료 500만원을 공제한 나머지 임대차보증금 95,000,000원에서 또다시 월차임을 연체하기 시작한 2015. 3. 20.부터 위 잡종지의 인도완료일까지 위 잡종지의 무단점유로 인한 월 3,000,000원의 비율에 의한 부당이득금을 공제한 나머지 금원을 지급받음과 동시에 임대차계약의 종료로 인한 원상회복의무의 이행으로써 원고에게 위 잡종지를 인도할 의무가 있습니다. 나아가 피고 박병원은 원고로부터 이 사건 건물의 시가 상당액인 2억원을 지급받음과 동시에 원고에게 이 사건 건물에 관하여 위 매수청구권의 행사로 체결된 2015. 5. 15.자 매매계약을 원인으로 한 소유권이전등기 절차를 이행할 의무가 있고, 이 사건 건물을 인도할 의무가 있습니다.

115) 임료지급사실은 피고측의 항변이 된다. 피고측 항변을 청구원인 설시 부분에서 기술하고 있는 이유는 피고측의 항변까지 고려하여 감축한 내용의 청구를 하기 때문에 청구원인 기술 부분에서 이를 기재해 두는 것이 자연스럽다.

라. 피고 박병원의 제기 예상가능한 주장(상가건물임대차보호법 적용)에 대한 반박[116]

피고 박병원은 상가건물임대차보호법 제9조에 의해서 1년간의 임대차기간이 보장되고, 같은 법 제10조에 의해서 5년 범위내에서 계약갱신 요구권이 있으므로 원고의 임대차계약 해지통고를 그 효력이 없다고 주장합니다.

그러나 본 임대차계약은 토지를 목적으로 한 것으로 상가건물이 아니므로 피고 박병원의 위 주장은 전혀 이유 없습니다.

2. 피고 박병원, 장연무에 대한 양수금 청구

가. 사실관계

(1) 피양도 채권의 발생

소외 이을동은 2010. 2. 1. 피고 장연무의 연대보증하에 피고 박병원에게 5,000만원을 이자 월 1%(매월 말일 지급), 변제기 2012. 1. 31.로 정하여 대여하였습니다. 피고 박병원은 2011. 1. 31.까지의 이자는 지급하였습니다.

(2) 양도계약의 체결 및 양도인에 의한 양도사실의 통지 및 그 도달

원고는 2015. 2. 28. 소외 이을동으로부터 자신의 공사대금채권의 변제에 갈음하여 소외 이을동의 피고 박병원에 대한 대여금 원리금 채권을 양도받았고, 소외 이을동은 같은 날 피고 박병원에게 양도통지를 하였고, 같은 해 3. 2. 그 양도통지가 도달하였습니다.

(3) 교통사고 합의금 계약을 자동채권으로 한 상계

소외 이을동은 2014. 11. 30. 19:00경 서울 도봉구 방학동 방학사거리 횡단보도상에서 피고 박병원을 치는 교통사고를 내고 같은 해 12. 20.경 피고 박병원에게 합의금조로 금 2,000만원을 2015. 1. 31.까지 지급하기로 하는 내용의 합의를 하였습니다. 피고 박병원은 2015. 5. 13. 원고에게 위 합의금 채권을 자동채권으로 하여 위 대여금 채권과 상계한다는 취지의 통지를 하였고, 그 통지가 같은 달 15. 원고에게 도달하였습니다.

나. 소결론 : 위 합의금 채권과 상계 후의 잔존 대여 양수금지급 청구

원고는 차주이며 그 연대보증인인 피고 박병원, 장연무에게 소외 이을동으로부터 양수받은 위 대여금 채권의 지급을 청구할 수 있다 할 것입니다. 다만 그 중 이자 부분에 관해서는 1년 이내의 기간(월단위)으로 정한 채권에 해당되어 민법 제163조 제1호에 의하여 3년의 단기소멸시효의 완성으로 소멸된다 할 것이나 변제기 후에 지급되는 지연손해금은 금전채무의 이행을 지체함으로써 성립되는 손해배상금일 뿐 이자가 아니므로 위 1년 이내의 기간으로 정한 채권에 해당되지 않는다 할 것이어서 3년의 단기소멸시효의 대상이 아닙니다. 그렇다면 위 대여 원리금 채권은 2011. 1. 31.부터 변제기인 2012. 1. 31.까지 발생한 이자 부분은 3년의 단

116) 주위적·예비적 청구를 하지 말라는 지시사항에 근거하여 원고가 나름대로 법리를 검토하여 자신에게 불리하더라도 법리에 맞는 청구를 선택하여 그 청구에 기하여 소장을 작성하고 있을 때 그 청구를 이유 있게 하는 청구원인만 기재하면 될 뿐 왜 자신이 유리한 청구를 포기하게 되었는가의 이유까지 중언부언 설명할 필요가 없다. 본 사안에서 상대방의 지상물매수청구권을 인정하고 그 행사로 성립된 매매계약에 기하여 청구를 하고 있는 이상 지상물매수청구권의 성립을 부인하지 못한 사정을 소장에 쓸 필요가 없다. 이와 같은 법문서 작성태도가 타당함에도 불구하고 간혹 모범답안(심지어 출제자들이 작성한 모범답안에서도)들 중에서는 이와 같은 기재가 있을 때에는 가점을 주어야 한다고 채점기준을 설명하고 있어 혼란이 가중되고 있다. 소장 등 법문서 작성과 사례형 문제의 답안작성은 구분되는 것이다.

기소멸시효의 완성으로 소멸하였으나 그 이후 발생한 지연손해금 지급채권은 5년 소멸시효(대여금은 상행위에 의한 것이므로 상법 소정의 소멸시효기간 적용)의 기간이 도과하지 아니하여 그대로 존속하고 있습니다.

나아가 피고 박병원은 위 채권양도의 통지 효력발생일인 2015. 3. 2. 전에 발생한 소외 이을동에 대항할 수 있는 사유로 원고의 양수금 청구에 대항할 수 있습니다. 따라서 피고 박병원의 2014. 12. 20.자 2,000만원 합의금을 자동채권으로 한 2015. 5. 15. 상계로 인하여 그 자동채권의 이행기인 2015. 1. 31. 대등액으로 상계소멸할 것입니다. 2015. 1. 31. 당시 자동채권 합의금 20,000,000원으로 수동채권 원리금 합계액 68,000,000원{원금 5,000만원 + (5,000만원 × 1% × 36개월 (2012. 2. 1.부터 2015. 1. 31.까지 36개월)} 중에서 이자(지연손해금 포함) − 원금의 순으로 충당하면서 상계하면 대여원금 48,000,000원{대여원금 50,000,000원 − 지연손해금 변제 후 나머지 2,000,000원(20,000,000원 − 지연손해금 18,000,000원)}이 남을 것입니다. 따라서 피고 박병원, 장연무는 연대하여 원고에게 위 나머지 대여원금 48,000,000원 및 이에 대하여 2015. 2. 1.부터 이 사건 소장부본 송달일까지는 위 약정상의 월 1%의, 그 다음날부터 다 갚는 날까지는 소송촉진 등에 관한 특례법 소정의 연 20%의 각 비율에 의한 지연손해금을 지급할 의무가 있습니다.

다. 피고 박병원, 장연무의 주장에 대한 반박

(1) 피고 박병원, 장연무의 소외 이을동의 연대보증 3,000만원 채무를 자동채권으로 한 상계주장에 관한 반박

피고 박병원, 장연무는 위 양도통지 전에 발생한 소외 이을동에 관한 항변으로 원고에게 대항할 수 있다는 전제하에 2015. 5. 15. 원고에게 피고 박병원의 소외 주장수에 대한 3,000만원의 물품 대금 채권에 관하여 소외 이을동이 2006. 11. 30. 연대보증하였음을 근거로 위 연대보증금 3,000만원의 원리금 채권을 자동채권으로 하여 상계하였으므로 위 양수받은 대여금 채권은 대등액으로 소멸하였다고 주장하고 있습니다.

하지만 상인인 피고 박병원이 위 주장수에게 공급한 물품 대금에 대하여 피고 이을동이 연대보증한 위 채무는 상행위 또는 보조적 상행위로 인한 채무로 상법 제64조에 의해 5년의 단기소멸시효 대상이 된다 할 것입니다. 이는 피고 박병원이 위 연대보증 전에 위 주장수를 상대로 그 물품 대금 지급 청구의 소를 제기하여 2006. 10. 31. 피고 박병원 승소의 판결이 선고되었고, 같은 해 11. 18. 위 판결이 확정되었다고 하더라도 보증채무와 주채무는 별개의 독립된 채무로 보증채무의 소멸시효기간은 주채무의 그것과 달리 보증채무 자체의 성질에 따라 정해져야 하기 때문에 비록 주채무가 민법 제165조 제1항에 의해 10년 소멸시효기간으로 법적성격이 달라졌다고 하더라도 보증채무에는 그 적용이 없다 할 것입니다. 또한 피고 박병원은 위 연대보증일 겸 이행기인 2006. 11. 30.로부터 5년이 경과하여 보증채무가 시효완성으로 소멸하였음이 역수상 명백한 2015. 5. 15. 상계하였으므로 그 상계는 효력이 없다고 할 것입니다.

(2) 2012. 1. 31.부터 2012. 3. 31.까지 2개월간의 지연손해금 상당의 채무도 시효소멸하였다는 주장에 대한 반박

위 피고들은 2011. 2. 1.부터 2012. 1. 31.까지의 이자상당액 뿐만 아니라 2015. 3. 31.자

최고 3년 전에 발생한 2012. 2. 1.부터 2012. 3. 31.까지 2개월간의 지연손해금도 3년의 단기소멸시효 완성으로 소멸하였다고 주장하고 있습니다.

그러나 지연손해금은 금전채무의 이행을 지체함으로써 발생하는 손해배상금으로 이자가 아니며 민법 제163조 제1호에서 정한 1년 이내의 기간으로 된 채권도 아니라고 할 것이므로 3년의 단기소멸시효 적용대상 채무가 아니고, 오히려 원본 채권과 같은 상사채권 5년 소멸시효 적용의 대상이 됩니다. 따라서 위 피고들의 위 주장은 이유 없습니다.

(3) 피고 장연무의 양도통지 미수령 주장에 대한 반박

피고 장연무는 소외 이을동으로부터 위 채권양도 통지를 받은 사실이 없다면 원고의 양수금 청구에 응할 수 없다고 주장합니다. 그러나 채권양도 통지는 양도인이 채무자에게 통지하면 되고 따로 그 양도대상 채권의 연대보증인에게 통지할 필요가 없으므로 피고 장연무의 위 주장은 이유 없습니다.

3. 위 공장용지에 관한 피고 정무녀에 대한 소유권이전등기 말소청구 및 피고 최정도에 대한 소유권이전등기 청구

가. 사실관계

(1) 피보전 채권의 존재, 이행기의 도래, 보전의 필요성(채무자인 피고 장연무의 무자력) 및 피대위 채권의 불행사

(가) 앞서 살펴본 바와 같이 원고는 피고 장연무에 대하여 위 양수 대여금의 연대보증 채권으로서 금 48,000,000원 및 이에 대한 지연손해금의 지급채권을 보유하고 있고, 위 대여원리금채권은 2012. 1. 31.의 경과로 이행기가 도래하였습니다.

(나) 피고 장연무는 2011. 1.경 운영하던 사업이 부도나 수억원의 채무를 지고 있으며 자신의 명의로 된 재산은 없습니다. 자신의 피고 정무녀에 대한 채권도 불행사하고 있습니다.

(2) 피대위 채권의 성립

(가) 피고 장연무와 피고 최정도 사이의 매매계약의 체결

피고 장연무는 2005. 1. 19. 피고 최정도와 사이에 서울 도봉구 도봉동 50 공장용지 1,000㎡(이하 '위 공장용지'라 함)를 대금 3억원에 매수하면서 계약금, 중도금, 잔금으로 나누어 그 매매대금을 모두 지급한 다음 자신의 장모인 피고 정무녀에게 명의를 신탁하여 그 앞으로 위 공장용지에 관하여 서울북부지방법원 도봉등기소 2005. 9. 30. 접수 제1111호로 소유권이전등기를 경료하였습니다.

(나) 피고 장연무와 피고 정무녀 사이의 명의신탁 약정의 무효 및 피고 정무녀 명의 소유권이전등기의 원인무효, 하지만 피고 장연무와 피고 최정도 사이의 위 매매계약은 유효

피고 최정도는 위 매매계약 당시 피고 정무녀를 만난 적도 없고 서로 모른 채 피고 장연무와 사이에 위 매매계약을 체결하고 위 장연무로부터 매매대금을 모두 지급받은 다음 위 장연무의 요청으로 피고 정무녀에게 위 공장용지에 관한 위와 같은 내용의 소유권이전등기를 경료해 주었습니다. 그렇다면 피고 장연무와 피고 최정도 사이에 체결된 2005. 1. 19.자 매매계약은 유효하나, 피고 정무녀 명의로 경료된 위 소유권이전등기는 피고 장연무와 피고 정무녀 사이에 소위 제3자간 명의신탁에 의해 경

료된 것으로 부동산 실권리자 명의 등기에 관한 법률 제4조 제1항, 제2항에 의해 매도인인 피고 최정도가 그 사실을 알았으므로 원인무효라고 할 것입니다.

하지만 위 명의신탁 계약의 무효 및 이에 터잡은 소유권이전등기가 원인무효라고 하더라도 피고 장연무와 피고 최정도 사이에 체결된 위 매매계약은 유효입니다.

다. 소결론 : 말소청구 및 이전등기 청구

따라서 피고 최정도는 피고 장연무에게 위 공장용지에 관하여 2005. 1. 19.자 매매를 원인으로 한 소유권이전등기 절차를 이행할 의무가 있습니다. 나아가 그 소유권이전등기 청구권을 보전하기 위하여 피고 장연무는 특정채권인 피고 최정도의 피고 정무녀에 대한 위 공장용지에 관한 위 소유권이전등기의 말소청구권을 대위행사 할 수 있다 할 것이고, 원고 또한 양수받은 위 대여원리금 지급채권을 보전하기 위하여 피고 장연무의 위 대위청구권을 또 다시 대위행사할 수 있을 뿐만 아니라 피고 장연무가 피고 최정도에 대하여 가지는 위 매매계약에 기한 위 공장용지에 관한 소유권이전등기 청구권을 대위행사 할 수 있다 할 것입니다. 따라서 피고 정무녀는 피고 최정도에게 위 공장용지에 관한 원인무효인 위 소유권이전등기를 말소할 의무가 있습니다.

라. 피고 장연무의 대위요건 결여로 인한 각하의 본안전 항변에 대한 반박

피고 장연무는 원고가 피고 최정도의 피고 정무녀에 대한 위 공장용지에 관한 소유권이전등기 말소청구를 대위행사하기 위해서는 피고 장연무의 무자력 이외에도 피고 최정도의 무자력까지 주장·증명하여야 함에도 이를 주장·증명하지 못하고 있으며 오히려 피고 최정도는 상당한 재력을 갖고 있다며 피고 최정도의 피고 정무녀에 대한 위 소유권이전등기의 말소청구는 대위요건의 결여로 각하되어야 한다고 주장하고 있습니다.

그러나, 원고는 피고 장연무가 갖는 위 공장용지에 관한 소유권이전등기 청구권을 피보전 권리로 하여 피고 장연무의 피고 최정도에 대한 피고 정무녀 명의 소유권이전등기 말소 청구권을 대위행사하고 있으므로 피보전채권과 피대위채권간에는 같은 목적물인 위 공장용지를 대상으로 한 특정채권 보전을 위한 대위권 행사에 해당된다 할 것이고 특정채권 보전을 위한 대위권 행사에는 채무자의 무자력이 대위요건이 아니라 할 것이므로 피고 장연무의 위 주장은 이유 없습니다.

4. 결론

따라서 원고의 피고들에 대한 청구는 모두 이유 있으므로 이를 인용해 주시고, 소송비용은 패소자의 부담으로 하여 주시고, 일부 청구에 가집행의 선고를 해 주시기를 바랍니다.

증 명 방 법(생략)

첨 부 서 류(생략)

2015. 8. 13.

원고 소송대리인 변호사 최정성 인

서울북부지방법원 귀중

Ⅲ. C. 2015년도 제3회

1. 7단계 권리분석법에 의한 사건 전체의 분석

가. 의뢰인의 희망사항 분석결과

의뢰인 =원고	희망사항	물권 침해? 약정?	침해자 또는 약정자는 누구(=피고)	원고의 자격, ∴소송명
정상민	정상민은 현대아파트에 설정되어있는 우리은행의 근저당권을 말소할 수 있는 판결을 받고 싶다. 만약, 피담보채권이 일부라도 남아 있다면 이를 변제하고서라도 말소하고 싶다.	① 물권(소유권) 침해(근저당권설정등기) ∴**방해배제청구**	∴**침해자** **(근저당권자)** **(우리은행)**	**물권자** **(소유권자)** ∴**근저당권설정등기 말소청구**
최종일	최종일은 잡종지의 소유권을 넘겨받고 가등기를 말소할 수 있는 판결을 받고 싶다.	① 대물변제약정 ② 소비대차계약 + 가등기설정계약 + 가등기 ∴**불이행하여 강제이행청구**	∴**약정자** **(대물변제약정자)** **(최성규)** **(가등기권자)** **(대영)**	**약정의 상대방** **(대물변제수령자)** **대위요건** ∴**소유권이전등기 및 가등기말소청구**
	최종일은 최성규에게 빌려준 돈을 돌려받고 싶은데, 최성규는 아무런 자력이 없으므로 최성규에게는 청구할 필요가 없고, 다른 곳에서 받아올 수 있으면 좋겠다.	① 임대차계약 ② 매매계약 ∴**불이행하여 강제이행청구**	**약정자** **(대항력취득후의 양수인으로 임대인의 지위 승계)** **(대영)**	**대위청구** **약정의 상대방** **(임차인)** ∴**임차보증금반환청구**

나. 원고의 청구원인 분석결과

소송명	청구원인	항변[117] (법률상 주장 포함)	재항변 등
근저당권 설정등기 말소청구	① 소유권취득 ⓐ 매매계약 ⓑ 소유권이전등기 ② 근저당권설정등기 ⓐ 피담보채무 ⓐ 어음할인거래 (여신기간 2011.4.28.~2014.4.27., 이자 월 0.5%, 지연배상금 월 1%) ⓑ 근저당권설정계약 ⓒ 근저당권설정등기 ⓓ 피담보채무의 확정 (2012.9.27. 1억 원)(2012.9.30. 임의경매신청) ⓔ 피담보채무의 변제 (2013.2.26. 변제) ⓕ 변제충당	Ⓐ 별도 피담보채무의 존재로 그 피담보채무의 변제 후 말소가능 ⓐ 그 후 어음할인거래를 계속하여 2014.4.6.~4.20.까지 부도난 1억 원 존재 ⓑ 따라서 1억 원 및 그 지연손해금의 변제도 피담보채무임	Ⓐ 임의경매신청함으로써 어음할인거래기간의 약정에도 불구하고 근저당권 피담보채무액이 확정되었다. 채무자와 근저당권자가 별도 합의를 통해 어음할인거래를 하면서 근저당권설정등기를 유용하기로 합의하였다고 하더라도 물상보증인의 동의가 없는 한 그 효력이 없다.
소유권 이전등기 청구 및	① 대물변제약정 ⓐ 차용금채무 ⓑ 대물변제약정		

가등기 말소청구	① 대위요건 ⓐ 위 소유권 이전등기 ⓑ 이행기 ⓒ 미이행	② 소유권자(최성규) ③ 가등기 경료 ⓐ 소비대차(대주는 성익필) ⓑ 가등기약정 ⓒ 가등기 ⓓ 피담보채무(대여금)의 변제 (2004.6.30.) ④ 대영으로부터 차용하면서 위 가등기 이전 ⓐ 소비대차계약 ⓑ 가등기이전의 부기등기 경료		
임차 보증금 반환청구	① 대위요건 ⓐ 대여금채권 ⓑ 이행기 ⓒ 무자력 ⓓ 미행사	② 임대차계약 ⓐ 임대차계약 ⓑ 임차보증금 수령 ⓒ 임차목적물 인도 ⓓ 임대차계약 종료 ③ 대항력 취득 ⓐ 위 인도(2013.6.21.) ⓑ 주민등록신고(2013.6.23.), 확정일자 ④ 매매계약 체결 및 해제(대항력 취득 후 양수인에 해당되어 임대인 지위를 승계) ⓐ 매매계약 체결 ⓑ 소유권이전등기 ⓒ 위 ②대항력 취득 후의 매매계약 해제 (2014.1.10.해제, 2015.4.16. 등기말소) ⑤ 임차권등기경료(2015.6.23.) ⑥ 임차목적물 인도(2015.8.6.) ⑦ 상계 ⓐ 자동채권의 성립(1억 원, 월 1%, 변제기 2015.9.6.) ⓑ 상계적상 ⓒ 상계의 의사표시, 도달 ⓓ 상계충당(상계적상일 2015.9.6.)		

2. 근저당권과 피담보채권의 확정

근저당권은 담보할 채권의 최고액만 정하고 채무의 확정을 장래에 유보하여 설정하는 저당권이다. 따라서 피담보채무의 소멸 등을 주장하기 위해서는 반드시 피담보채무의 확정사실을 주장·증명한 다음 그 소멸사실을 주장하여야 한다.(대법원 2001. 11. 9. 선고 2001다47528 판결) Ⓐ 피담보

117) 본 사안과 같이 배척하는 항변 등이 별로 없는 모의기록을 매우 잘 출제된 모의기록이다. 별로 설득력 없는 법리론에 근거한 주장들을 나열하고 이를 반박하게 하는 취지로 출제된 문제들은 조금 조악하다는 느낌을 지울 수 없다.

채무의 확정은 근저당권설정계약에서 근저당권의 존속기간을 정하거나 근저당권으로 담보되는 기본적인 거래계약에서 결산기를 정한 경우에는 ⓐ 그 존속기간이 만료되거나 결산기가 도래한 경우에 피담보채무가 확정된다. ⓑ 존속기간이나 결산기가 경과하기 전이라도 근저당권에 의하여 담보되는 채권이 전부 소멸하고 채무자가 채권자로부터 새로이 금원을 차용하는 등 거래를 계속할 의사가 없는 경우에도 근저당권설정자는 그 계약을 해제하고 근저당권설정등기의 말소를 구할 수 있다. Ⓑ 존속기간이나 결산기의 정함이 없는 경우에는 근저당권설정자가 근저당권자를 상대로 언제든지 해지의 의사표시를 함으로써 피담보채무를 확정시킬 수 있다. 이러한 계약의 해제 또는 해지에 관한 권한은 근저당부동산의 소유권을 취득한 제3자도 원용하여 행사할 수 있다.

근저당권의 피담보채무는 근저당권자가 임의경매를 신청한 경우에는 그 경매신청시에 피담보채무가 확정된다.(대법원 1988. 10. 11. 선고 87다카545 판결) 그 후 경매신청이 취하되더라도 채무확정의 효과가 번복되는 것은 아니다. 후순위 저당권자가 임의경매를 신청하여 선순위 근저당권이 소멸하는 경우에는 경락대금을 납입한 때 피담보채무액은 확정된다.(대법원 1999. 9. 21. 선고 99다26085 판결) 물상보증인이 설정한 근저당권의 채무자가 합병으로 소멸하는 경우에는 특별한 사정이 없는 한 합병 당시를 기준으로 피담보채무가 확정된다.(대법원 2010. 1. 28. 선고 2008다12057 판결)

3. 담보목적의 가등기에 관한 말소청구

가. 원고 최종일의 가등기 말소의 두 가지 방법

1) 원고 최종일은 이미 변제하여 효력을 상실한 가등기가 존속하고 있는 상태에서 양도약정을 원인으로 처분금지가처분을 해 두었다. 따라서 그 이후 해당 가등기를 유용하기로 합의하였다고 하더라도 양도약정을 원인으로 소유권이전등기를 청구하여 그 확정판결에 기해 소유권이전등기를 경료한 이후에는 해당 부동산의 소유자로서 가등기명의인에게 방해배제청구권의 행사로 가등기의 말소청구를 할 수 있다.(대법원 2009. 5. 28. 선고 2009다4787 판결) 하지만 본 소송을 통하여 양도약정을 원인으로 소유권이전등기를 구하고 있을 뿐 아직 그 등기가 경료되지 않아 소유자로서 방해배제청구권을 행사할 수 없다.(대법원 2009. 5. 28. 선고 2009다4787 판결) 요컨대 이 방법으로 가등기 말소청구를 하기 위해서는 기다려야 한다.

2) 가등기담보의 피담보채무의 소멸을 원인으로 하여 채권자대위권의 행사로서 가등기의 말소를 청구할 수 있다. 본 사안에서 원고 최종일은 피고 최성규를 대위하여 상계를 함으로써 가등기담보의 피담보채무가 소멸하였다. 따라서 소유권이전등기청구권이란 특정채권을 가진 원고 최종일은 피고 최성규를 대위하여 가등기의 말소를 청구할 수 있게 되었다.

나. 가등기와 그 이전의 부기등기가 있을 경우 말소대상 등기

가등기의 부기등기는 가등기에 종속되어 일체를 이루고 있으므로 피담보채무의 소멸을 원인으로 주된 가등기의 말소청구만 하면 되고 그 부기등기의 말소까지 구할 필요가 없다. 등기공무원은 주된 가등기를 말소하면서 직권으로 그 부기등기도 말소한다.(대법원 1994. 10. 21. 선고 94다17109 판결) 저당권설정등기의 경우도 마찬가지다.

4. 계약해제와 제3자

가. 계약해제 전의 제3자

계약해제 전에는 이해관계를 맺기만 하면 선의·악의 여부를 따지지 않고 보호받는 제3자가 된다. 다만 제3자가 이해관계를 맺은 것만으로는 부족하고 등기·등록이나 적어도 대항력은 갖추어야 한다.

나. 계약해제 후의 제3자

계약해제 후 원상회복 전에는 Ⓐ 등기·등록이나 대항력 취득조차 취득하지 않아 위 제3자의 개념에 포함되지 않거나, Ⓑ 등기·등록이나 대항력을 취득하였다면 악의임을 주장·증명하면 해제에 대항할 수 없다. 악의의 주장책임은 소급적으로 해제로 무효임을 주장하는 자에게 있다.(대법원 2005. 6. 9. 선고 2005다6341 판결) 주택임대차계약에 따른 임차인은 인도와 전입신고를 마치면 대항력을 취득하여 보호받을 수 있는 위 제3자 범주에 포함된다.(2008. 4. 10. 선고 2007다38908·38915 판결, 대법원 2003. 8. 22. 선고 2003다12717 판결, 대법원 1996. 8. 20. 선고 96다7653 판결 등) 다만 임대할 권한이 없는 자나 계약해제를 해제조건으로 하여 임차할 권한을 받은 매수인으로부터 임대차계약을 체결한 임차인은 인도와 전입신고를 마쳤다고 하더라도 대항할 수 없다는 대법원판결(대법원 1995. 12. 12. 선고 95다32037 판결)이 있어 위와 같은 주류적인 견해에 약간의 차이를 두고 있으므로 주의를 요한다.

5. 무효등기의 유용과 가처분

사안에서 피고 대영 명의의 가등기는 이미 피담보채무가 소멸된 후 가처분등기가 경료되고 다시 유용된 가등기로서 만약 추후 가처분등기의 청구채권인 소유권이전등기청구권에 기한 소유권이전등기가 경료된 후에는 이에 반하는 유용된 가등기가 말소될 수 있다. 그런데 아직 소유권이전등기청구가 확정되지 않은 상태에서는 이를 이유로 한 청구는 일종의 장래이익의 청구가 되어 미리 청구할 필요가 있어야 한다.

이에 반하여 피담보채무가 상계로 전부 소멸하여 그 가등기의 말소를 구하는 청구는 당장 활용할 수 있는 청구원인이다. 따라서 본 사안에서 소장은 상계로 피담보채무가 전부 소멸하였다는 이유로 가등기의 말소를 구하는 것으로 작성되었다.

소 장

원 고 1. 정 상 민 (670301 - 1546992)
서울 강남구 언주로 30길 74
2. 최 종 일 (630225 - 1674661)
서울 서초구 반포로 257
원고들 소송대리인 변호사 손한영
서울 서초구 서초대로 45길 21, 201호(서초동)
전화번호 (02) 595 - 1114, 팩스번호 (02) 595 - 1115
이메일 주소 : hyson@gmail.com

피 고 1. 주식회사 우리은행
서울 서초구 서초대로 1189(서초지점)
대표이사 김상락
2. 최 성 규 (550315 - 1274565)
서울 서초구 반포대로 23길 84
등기부상 주소 서울 용산구 갈월동 221
3. 대영프로젝트 주식회사
서울 용산구 이촌로 772
대표이사 이대영

근저당권설정등기 말소 등 청구의 소

청 구 취 지

1. 피고 주식회사 우리은행은 피고 최성규로부터 4,000,000원 및 이에 대한 2012. 11. 28.부터 다 갚는 날까지 월 1%의 비율에 의한 금원을 지급받은 후 원고 정상민에게 별지목록 제1. 기재 아파트에 관하여 서울중앙지방법원 등기국 2011. 4. 28. 접수 제5217호로 마친 근저당권설정등기의 말소등기 절차를 이행하라.
2. 별지 목록 제2.기재 부동산에 관하여,
   가. 피고 대영프로젝트 주식회사는 피고 최성규에게 서울중앙지방법원 등기국 2003. 7. 1. 접수 제3424호로 마친 소유권이전청구권가등기를 말소등기 절차를 이행하고,
   나. 피고 최성규는 원고 최종일에게 2013. 6. 30.자 양도약정을 원인으로 한 소유권이전등기 절차를 이행하라.
3. 피고 대영프로젝트 주식회사는 원고 최종일에게 115,000,000원 및 이에 대한 2015. 9. 7.부터 이 사건 소장부본 송달일까지는 연 5%의, 그 다음날부터 다 갚는 날까지는 연 15%의 각 비율에 의한 금원을 지급하라.
4. 소송비용은 피고들의 부담으로 한다.

5. 위 제3항은 가집행할 수 있다.
라는 판결을 구합니다.

청 구 원 인

1. 원고 정상민의 피고 주식회사 우리은행에 대한 근저당권설정등기 말소청구

가. 사실관계

(1) 원고 정상민의 소유권취득

원고 정상민은 2013. 4. 30. 원고 최종일로부터 별지목록 기재 제1부동산(이하 '현대아파트'라고 함)을 매수하여, 같은 해 5. 30. 자신 명의로 소유권이전등기를 경료하였습니다.

(2) 피고 주식회사 우리은행의 근저당권설정등기, 피담보채무의 변제

피고 최성규는 삼승전자 대리점을 운영하면서 2011. 4. 28. 피고 주식회사 우리은행(이하 '피고 우리은행'이라 함)과 사이에 여신기간 개시일 2011. 4. 28.부터 만료일 2014. 4. 27.까지, 이자 월 0.5%, 지연배상금 월 1%로 정한 어음할인거래를 하면서 그 담보조로 원고 최종일로부터 위 현대아파트에 관하여 서울중앙지방법원 등기국 2011. 4. 28. 접수 제5217호로 근저당권설정등기를 경료하였습니다.

피고 우리은행은 피고 최성규와 어음할인거래를 하던 중 2012. 9. 27.경 잔고 원리금 1억원이 되었을 무렵인 2012. 9. 30. 위 근저당권에 기해 임의경매를 신청하여 같은 해 10. 4. 경매개시결정(서울중앙지방법원 2012타경1924)이 내려졌고, 같은 달 5. 임의경매신청등기가 경료되었습니다. 이에 피고 최성규는 2012. 11. 27. 원고 최종일로부터 1억원을 변제기 2013. 2. 26.로 정하여 빌려 같은 날 피고 우리은행에게 위 피담보채무인 1억원을 변제하고 피고 우리은행은 2012. 11. 27. 위 임의경매신청을 취하하였습니다.

2012. 11. 27. 당시는 위 1억원 이외에도 2012. 9. 28.부터 같은 해 11. 27.까지 2개월간 원리금 합계 1억원에 대한 월 1%의 비율에 의한 지연손해금 2,000,000원, 경매신청비용 2,000,000원이 추가로 발생해 있었습니다.

나. 변제충당

따라서 위 근저당권의 피담보채무인 어음할인약정은 피고 우리은행이 2011. 9. 27. 원리금 1억원으로 확정하고 경매신청을 하였을 때 특정되어 변제기가 도래하였다 할 것이고, 피고 최성규가 2012. 11. 27. 1억원을 변제함으로써 먼저 경매비용 2,000,000원에 충당되고, 다시 2012. 9. 28.부터 같은 11. 27.까지 2개월 치 이자 합계액 2,000,000원에 충당되고 난 나머지 96,000,000원이 2012. 9. 27. 확정된 원리금 1억원에 충당되어 결국 피담보채무로 4,000,000원이 남게 되었다 할 것입니다.

다. 소결론

그렇다면 피고 우리은행은 피고 최성규로부터 나머지 채무금 4,000,000원 및 이에 대한 2012. 11. 28.부터 다 갚는 날까지 위 약정상의 월 1%의 비율에 의한 지연손해금을 지급받은 후 현대아파트에 관하여 서울중앙지방법원 등기국 2011. 4. 28. 접수 제5217호로 마친 근저당권설정등기를 말소할 의무가 있습니다.

라. 피고 우리은행의 예상 가능한 주장에 대한 반박

(1) 피고 우리은행은 그 후로도 피고 최성규와 어음할인거래를 계속하면서 2014. 4. 6.부터 같은 달 20.까지 할인해 준 어음이 부도나 최종 변제기인 2014. 4. 27.경 변제하지 않은 금액이 1억원이고 그 다음날부터 위 약정상의 월 1%의 비율에 의한 지연손해금도 발생하였다면서 위 원리금도 위 근저당권의 피담보채무이므로 위 원리금을 변제하지 않으면 그 담보조로 제공된 위 근저당권설정등기의 말소절차에 응할 수 없다고 주장하고 있습니다.

(2) 그러나 위 근저당권의 피담보채무인 어음할인거래는 2012. 9. 27. 1억원으로 확정하여 임의경매를 신청하면서 특정되었고, 그 후 채무자인 피고 최성규와 채권자 겸 근저당권자인 피고 우리은행의 합의로 위 어음할인거래를 계속하면서 위 근저당권을 그 담보조로 유용하기로 합의하였다 하더라도 그 이전에 이미 소유권을 취득한 원고 정상민의 승낙을 얻지 아니한 이상 그 효력이 없다 할 것이므로 피고 우리은행의 위 주장은 이유 없습니다.

2. 원고 최종일의 피고 최성규에 대한 소유권이전등기청구 및 피고 대영프로젝트 주식회사에 대한 소유권이전청구권가등기 말소청구

가. 사실관계

(1) 피고 최성규의 양도약정

피고 최성규는 2013. 6. 30. 원고 최종일에게 위 2012. 11. 27.자 1억원의 차용원리금에 대한 변제조로 별지목록 제2기재 부동산(이하 '포이동 잡종지'라고 함)을 양도하기로 약정하였습니다.

(2) 피고 대영프로젝트 주식회사 명의로 소유권이전청구권가등기 경료의 경위

피고 최성규는 2003. 7. 1. 소외 성익필로부터 돈을 빌리고 그 담보조로 포이동 잡종지 상에 소외 성익필 명의로 2003. 7. 1. 매매예약에 기한 소유권이전청구권 가등기를 경료해 주었습니다. 그 후 피고 최성규는 2004. 6. 30. 소외 성익필에게 위 차용원리금을 전부 변제하였습니다.

원고 최종일은 2013. 6. 30. 피고 최성규로부터 포이동 잡종지를 위와 같은 양도받고 나서 그 소유권이전등기 청구권을 보전하기 위하여 피고 최성규를 상대로 포이동 잡종지에 관하여 처분금지가처분을 신청하여 2013. 7. 4. 가처분결정(서울중앙지방법원 2013카단4734)이 내려지고 같은 달 5. 가처분등기가 경료되었습니다.

이어 피고 최성규는 2013. 7. 7. 피고 대영프로젝트 주식회사(이하 '피고 대영'이라 함)로부터 사업자금 1억원을 이자 월 1%, 변제기 2015. 9. 6.로 정하여 차용하면서 그 담보로 포이동 잡종지를 대금 126,000,000원으로 한 매매예약을 체결하고, 소외 성익필에게 요청하여 마치 소외 성익필이 피고 대영에게 소외 성익필 명의로 남아 있던 위 소유권이전청구권 가등기를 양도하기로 약정한 것으로 하여 2013. 7. 7. 소외 성익필로부터 피고 대영으로 소유권이전청구권 가등기 이전의 부기등기를 경료하였습니다.

(3) 피고 대영의 대여금채권은 특별히 정산절차를 거치지 않고 있던 다음 3.항에서 설명드리는 바와 같이 상계로 소멸하였고 결국 피고 대영 명의 가등기도 피담보채무의 소멸로 인하여 그 효력을 상실하였습니다.

나. 소결론

따라서 피고 최성규는 원고 최종일에게 포이동 잡종지에 대하여 2013. 6. 30. 양도약정을 원인으로 한 소유권이전등기 절차를 이행할 의무가 있습니다. 원고 최종일은 위 소유권이전등기 청구권을 피보전채권으로 하여 피고 최성규를 대위하여 피고 대영에 위 가등기의 말소를 구하고자 합니다. 그러므로 피고 대영은 피고 최성규에게 포이동 잡종지에 관하여 서울중앙지방법원 2003. 7. 1. 접수 제3424호로 마친 소유권이전청구권가등기를 말소등기 절차를 이행할 의무가 있습니다.

3. 원고 최종일의 피고 대영에 대한 임차보증금반환청구

가. 사실관계

(1) 피보전채권의 존재, 이행기, 채무자의 무자력, 권리의 불행사

원고 최종일은 2013. 6. 30. 피고 최성규에게 3억원을 이자 월 1%, 변제기는 2015. 8. 31.로 정하여 대여하였습니다. 피고 최성규는 주식투자 실패로 갑자기 자산상태가 나빠져 현재는 자력이 거의 없습니다.

(2) 피고 대영과 소외 송기만 사이의 분양계약, 소유권이전등기 및 분양계약의 해제, 그로 인한 소유권이전등기 말소

소외 송기만은 2010. 10. 20. 피고 대영으로부터 별지목록 제3기재 부동산(이하 '풍림아파트'라고 함)을 대금 6억원에 분양받기로 하는 계약을 체결하고, 계약금 100,000,000원은 계약당일 지급하고, 중도금 450,000,000원은 피고 대영의 연대보증하에 소외 국민은행으로부터 대출받아 피고 대영에게 지급하였고, 잔금 50,000,000원을 변제한 다음 2013. 5. 20. 소외 송기만 명의로 소유권이전등기를 경료하였습니다. 그런데 소외 송기만이 소외 국민은행에 위 대출원리금을 변제하지 못하여 결국 피고 대영이 연대보증채무를 이행하게 되어 2014. 1. 10. 위 분양계약을 해제하고 소외 송기만을 상대로 분양계약 해제를 원인으로 한 소유권이전등기 말소청구의 소를 제기하여 2015. 4. 16. 확정판결을 받아 같은 해 7. 6. 풍림아파트상의 소외 송기만 명의 소유권이전등기를 말소하였습니다.

(3) 피고 최성규와 소외 송기만 사이의 임대차계약의 체결, 임차보증금의 지급, 임대차계약의 종료

한편 소외 송기만은 2013. 6. 20. 피고 최성규에게 풍림아파트를 임대차보증금 240,000,000원, 임대기간은 2013. 6. 21.부터 2015. 6. 20.까지 2년간으로 정하여 임대하기로 하는 내용의 임대차계약을 체결하고, 위 임대차보증금을 전부 지급받은 다음 같은 달 21. 풍림아파트를 인도하여 피고 최성규가 거주하였으며 같은 달 23. 주민등록상의 전입신고를 마치면서 확정일자도 받았습니다. 그런데 피고 대영이 위와 같은 경위로 소외 송기만이 소유권을 잃었다며 피고 최성규에게 위 풍림아파트의 인도를 요구하여 피고 최성규는 법원에 신청하여 2015. 6. 22. 서울중앙지방법원으로부터 임차권등기명령(서울중앙지방법원 2015카기1707)을 받아 같은 달 23. 임차권등기를 경료한 다음 같은 해 8. 6. 피고 대영에게 풍림아파트를 인도하였습니다.

나. 피고 대영의 피고 최성규에 대한 임대차보증금반환채무의 발생

그렇다면 피고 대영은 2014. 1. 10. 분양계약 해제 전에 소외 송기만과 대항력 있는 임대차계

약을 체결한 피고 최성규에게 대항하지 못하고 임대차보증금반환채무를 승계하였다 할 것입니다. 위 임대차계약은 피고 대영의 임차목적물 인도요구로 2015. 8. 6. 피고 대영에게 반환함으로써 종료되었습니다. 따라서 임차보증금반환채무를 승계한 피고 대영은 임차인인 피고 최성규에게 위 임차보증금 240,000,000원 및 위 인도 다음날인 2015. 8. 7.부터 다 갚는 날까지 민법 소정의 연 5%의 비율에 의한 지연손해금을 지급할 의무가 있습니다.

다. 원고 최종일의 피고 최성규를 대위한 상계

한편 피고 대영은 2013. 7. 7. 피고 최성규에게 1억원을, 이자 월 1%, 변제기 2015. 9. 6.로 정하여 대여해 주었습니다. 따라서 피고 최성규는 피고 대영에게 1억원 및 이에 대한 2013. 7. 7.부터 다 갚는 날까지 위 약정상의 월 1%의 비율에 의한 지연손해금을 지급할 의무가 있습니다. 원고 최종일은 2015. 9. 10. 피고 대영에 내용증명우편을 보내 피고 최성규를 대위하여 위 임차보증금반환채권으로 위 대여금채무를 상계하였습니다.

따라서 양 채무 중 더 늦은 변제기인 위 대여금채무의 변제기인 2015. 9. 6. 양 채무는 대등액으로 상계되어 소멸되었다 할 것입니다. 2015. 9. 6. 기준으로 양 채무의 원리금을 계산해 보면 위 임대차보증금반환채무는 241,000,000원(240,000,000원 + 240,000,000원 × 0.05 × 1/12)이 되고, 위 대여금채무는 126,000,000원(100,000,000원 + 100,000,000원 × 0.01 × 26)이 됩니다. 그렇다면 위 대여원리금 126,000,000원으로 먼저 위 임대차보증금반환채무의 지연손해금 1,000,000원에 우선 충당되고, 나머지 125,000,000원을 원금에 충당하면 위 임대차보증금반환채무는 115,000,000원(240,000,000원 − 125,000,000원)이 남게 됩니다.

라. 소결론

그렇다면 원고 최종일의 대위청구로 피고 대영은 원고 최종일에게 나머지 임대차보증금반환채무금 115,000,000원 및 이에 대한 상계일 다음날인 2015. 9. 7.부터 이 사건 소장 부본 송달일까지 민법 소정의 연 5%의, 그 다음날부터 다 갚는 날까지 소송촉진 등에 관한 특례법 소정의 연 15%의 각 비율에 의한 지연손해금을 지급할 의무가 있습니다.

4. 결론

따라서 원고의 피고들에 대한 청구는 모두 이유 있으므로 이를 인용해 주시고, 소송비용은 패소자의 부담으로 하여 주시고, 일부 청구에 가집행의 선고를 해 주시기를 바랍니다.

증 명 방 법(생략)

첨 부 서 류(생략)

2015. 10. 27.

원고들 소송대리인 변호사 손한영 인

서울중앙지방법원 귀중

Ⅳ. A. 2016년도 제1회

1. 7단계 권리분석법에 의한 사건 전체의 분석

가. 의뢰인의 희망사항 분석결과

의뢰인 =원고	희망사항	물권 침해? 약정?	침해자 또는 약정자는 누구(=피고)	원고의 자격, ∴소송명
김나무	직접 음식점 영업을 하고 싶으므로, 건물을 인도받고,[118)119)] 의뢰인 앞으로 등기를 돌려받고 싶다. 이산이 건물에서 얻은 이익의 반환도 청구해 달라. 최림에 대해서는 2015. 7. 10. 이전의 사용료만 청구하고 싶다.[120)] (이때도 법정이자, 지연손해금은 구할 필요가 없다.)	① 매매계약 ② 임대차계약 **∴매매계약 해제 후 원상회복, 손해배상 청구**	**∴약정자 (매수인) (이산) (임차인) (최림)**	**약정의 상대방 (매도인) 대위청구 약정의 상대방 ∴소유권이전등기 말소, 인도청구, 부당이득반환청구**
	이산과 김상수의 상속인들을 상대로 차용금, 이자, 지연손해금 지급을 구하는 소 제기	① 소비대차계약 ② 연대보증 **∴불이행 있어 강제이행 청구**	**∴약정자 (차주) (이산) (연대보증인) (망 김상수)**	**약정의 상대방 (대주) ∴대여금 및 연대보증금청구**
	이산이 임야의 매매와 관련하여 행사할 수 있는 권리를 직접 행사하고 싶다.	① 매매계약 ② 계약명의신탁 (매도인 부지) **∴불이행 있어 강제이행 청구**	**약정자 (계약명의수탁자) (부당이득자) (최지수)**	**채권자대위 약정의 상대방 (계약명의신탁자) ∴부당이득반환청구**

118) 건물을 인도받고 싶다라는 의사 때문에 앞에 한 직접 음식점 영업을 하고 싶다라는 희망사항이 큰 의미가 없어졌다. 직접 음식점 영업을 하고 싶다거나 건물을 신축하고 싶다라는 희망사항은 대체로 해당 부동산을 인도받아 달라는 요청이고, 나아가 그 지상에 건물이 있다면 이를 철거해 달라는 요청인 경우가 많다. 이처럼 의뢰인의 희망사항의 법률적 의미를 잘 학습하여 시험장에서 대처하면 정답을 맞힐 확률이 높아진다.

119) 본 사안에서는 매매계약서에는 대지와 건물을 매매대상물로 표시해 두고 등기사항전부증명서는 건물만 제시해 두고 있다. 나아가 의뢰인의 희망사항을 건물 위주로 구성하고 있다. 만약 건물과 대지에 관한 등기사항전부증명서가 다 제시되고 건물만의 인도를 구한다는 의뢰인의 희망사항이 제시되어 있다면(실제로 제6회 변호사시험은 그렇게 출제되었다.) 건물과 대지에 관한 소유권이전등기의 말소청구를 구하는 이외에 건물에 관한 인도청구만을 구하면 된다. 왜냐하면 대지는 건물의 소유자가 점유하는 것이기 때문이다. 매매계약의 해제의 직접효과로서 건물의 소유권이 매도인인 원고에게 이미 회복되었기 때문에 건물의 점유도 회복된 것이다. 따라서 달리 대지인도를 구할 필요가 없는 것이다.

120) 이러한 요청이 없다고 하더라도 매매계약 해제 후 원상회복의무의 이행의 일환으로 그 사용료 상당의 부당이득반환도 청구해야 한다. 즉 매수인은 지급한 계약금, 중도금의 지급일 이후 법정이자를 가산하여 반환을 구할 수 있는 반면 매도인은 목적물 인도 후 이를 점유 사용함으로 얻은 사용료 상당의 부당이득금반환을 구할 수 있다. 양자는 동시이행관계에 있다. 만약 본 사안처럼 매수인이 이를 타에 임대하여 임차인이 이를 점유 사용하고 있다면 매수인과 임차인은 그 사용료에 관하여 부진정연대채무자의 관계에 있게 된다. 따라서 부진정연대채무자 중 1인이라도 변제, 대물변제, 공탁, 상계 등으로 확정적으로 채무를 소멸시켰으면 다른 부진정연대채무자는 그 채무를 면하게 된다. 따라서 피고 최림이 2015. 7. 10. 이후의 임료를 원고에게 지급하고 있었으므로 피고 최림은 물론

나. 원고의 청구원인 분석결과

소송명	청구원인	항변 (법률상 주장 포함)	재항변 등
소유권 이전등기 말소, 인도청구	① 매매계약 ⓐ 매매계약 체결 ⓑ 계약금, 중도금수령 ⓒ 소유권이전등기경료 ⓓ 매매목적물 인도 ⓔ 상행위(영업장소로 사용하기 위해 매수) ② 잔금미지급(이행지체) ⓐ 가압류 해제에 필요한 서류 갖추어 이행제공 ③ 매매계약의 해제 ⓐ 상당한 기간 정하여 최고 ⓑ 미이행 ⓒ 계약해제의 의사표시 ⓓ 도달	Ⓐ 부동산상 가압류 말소해 주지 않아 잔금미지급한 것으로 이행지체 아님121) Ⓑ 채권가압류의 송달로 잔금을 미지급했으므로 이행지체가 아니다. Ⓒ 계약금, 중도금 법정이자 지급전에는 이행지체 아님	Ⓐ 가압류해제 필요한 일체의 서류들을 갖추어 소유권이전등기에 필요한 서류들을 갖추어 이행제공 Ⓑ 채권가압류결정문을 송달받았더라도 지급의무가 면해지는 것은 아니고, 공탁이라도 했어야 지체책임을 면함 Ⓒ 계약금, 중도금에 관해 특약이 없으면 법정이자 지급의무 발생하지 않음
	① 매매계약의 해제로 인한 **<u>소유권회복</u>** ② 점유 ⓐ 임대차계약 ⓑ 임차보증금 지급122) **<u>ⓒ 임차목적물 인도</u>** ⓓ 해제사실 통지**<u>(2015.6.30.)</u>**로 임대차기간 종료(2015. 12.9.) ③ 해제전 상가건물임대차 대항력 취득123) ⓐ 인도(2014.12.8.) ⓑ 사업자등록 신청(2014.12.10.) ④ 해제로 인한 임대인 지위의 승계	Ⓐ 유익비상환청구권으로 유치권행사	Ⓐ 영업을 위한 간판설치비는 유익비가 아님

피고 이산도 그 때 이후의 사용료를 지급할 필요가 없다. 다만 피고 최림은 2015. 7. 10.이전에는 계약해제전의 대항력을 취득한 제3자로 보호되고, 선의의 제3자였기 때문에 따로 사용료를 지급할 필요가 없다. 2015. 7. 10. 이전에는 피고 이산만이 사용료지급할 의무를 부담할 뿐이다. 이렇게 분석해 보면 의뢰인의 희망사항에서 요구한 제시는 당연한 내용으로 오히려 불필요할 뿐이다.

121) 실제 소장작성할 때 이 주장은 청구원인의 요건사실 중 반대채무의 이행제공과 이행지체라는 항목에서 충분히 설명하였기 때문에 청구원인을 작성할 부분에서 따로 피고 이산의 주장에 대한 반박란에서는 생략한다.

122) 최림은 매수인으로부터 임대차계약을 체결하고 목적물을 인도받아 점유사용중에 있기 때문에 선의의 점유자로서 과실수취권이 있다.(민법 제201조) 기록상 원고가 2015. 6. 30. 계약해제의 내용증명우편을 보낼 때 피고 최림에게도 보냈다. 그 수령일자는 기록상 제시되어 있지 않다. 해제의 의사표시가 포함된 위 내용증명우편으로 매매계약은 2015. 7. 9. 해제되고, 목적물의 소유권이 소급적으로 원고에게 회복되었다. 따라서 피고 최림은 비록 내용증명우편을 2015. 7. 9.이전에 수령했을 가능성이 있더라도 대항력 있는 임대차계약으로 점유를 개시한 자로서 계약해제전에는 선의·악의 불문하고 보호받는 제3자였으므로 결국 계약해제전에 점유사용함으로 인한 사용료를 지급할 의무가 없다. 계약해제 후에는 대항력 있는 상가건물임대차가 존속하는 가운데 목적물의 소유권이 변동되면 그 양수인은 임대인의 지위를 승계하는 것으로 본다. 따라서 피고 최림은 그 사용료는 지급해야 한다. 그런데 피고 최림은 다행이도 2015. 7. 10.부터는 원고에게 사용료를 지급하고 있었다. 그래서 피고 최림에게 청구할 사용료가 남아 있지 않는 것이다. 만약 원고가 피고 이산에게도 사용료상당액을 청구하고, 피고 최림에게도 이를 청구할 수 있었다면(제6회 변호사시험의 사례임) 양자는 부진정연대채무자의 관계에 있고, "공동하여" 청구할 수 있을 것이다.

123) 매매계약이 해제되었을 때 해제전에 이해관계를 맺은 제3자는 선의·악의 불문하고 보호되지만 해제 후에는 선의의

대여금 및 연대 보증금 청구	① 소비대차계약 ⓐ 소비대차계약 ⓑ 이자·이율의 약정 ⓒ 원본의 인도 ⓓ 변제기 도래 ⓔ 이자 일부 변제(2011. 11. 9.) ② 연대보증 ③ 상속 ⓐ 피상속인 사망 ⓑ 상속포기 ⓒ 상속인, 상속분(김병철 전액) ④ 주채무자의 시효이익의 포기[124)][125)]		

제3자만이 보호된다. 이 때 이해관계를 맺은 제3자란 단지 채권적 이해관계만을 맺었어는 안되고 등기, 등록, 대항력 등 마치 물권적 이해관계를 맺었어야만 된다. 본 사안에서 피고 최림은 계약해제전에 이해관계를 맺은 제3자임은 분명한데 임대차계약은 채권적 관계에 불과하므로 해제전에 대항력을 취득하거나 해제후에는 선의인 상태에서 대항력을 취득해야만 보호되는 제3자가 될 수 있다. 다행이도 피고 최림은 해제전에 상가건물임대차보호법상의 대항력 요건을 전부 갖추었다. 그래서 해제 후에도 원고에게 자신의 임대차계약상의 권리를 주장할 수 있는 것이다.

124) 시효이익의 포기는 체계상으로는 소멸시효 완성의 항변에 대한 재항변이다. 즉 원고가 대여금청구(청구원인)를 하면, 피고측에서 소멸시효완성으로 소멸하였다고 항변하면 원고측에서 소멸시효완성 후 그 사실을 알고 시효이익의 포기를 하였다는 재항변을 한다. 그 결과 원고승소의 판결이 선고되는 것이다. 반복해 설명하지만 변호사시험 기록형 관련 문제나 모의문제 등에서는 이러한 소송구조와 흐름과는 달리 소제기시부터 패소하는 부분이 없도록 소장을 작성하라고 작성요령을 제시하여 평가하고 있다. 그 결과 소장 작성시부터 청구취지를 상대방이 주장할 항변을 반영하여 패소하는 부분이 없도록 조정하여 작성하게 하고, 그 결과 청구원인에서도 성질상 항변이 될 사유들을 다수 포함하여 청구원인을 설명하는 부분에서 기재하고 있다. 청구원인은 청구취지를 이유있게 하는 사실들로 구성되어야 하기 때문에 부득이 그런 소장이 작성되는 것이다. 본 사안에서도 피고 이산에 대한 청구에 대해서는 소멸시효가 완성되었지만 그 후 시효이익의 포기를 하였으므로 원금, 이자, 지연손해금 전부를 청구하고 있지만, 피고 김병철에 대해서는 주채무자의 소멸시효완성 효과는 보증인에게 효력이 있으나 시효이익의 포기는 보증인에게 효력이 없다는 법리에 따라 일부 청구를 배제하여 청구취지를 작성하고 있다. 따라서 그렇게 청구취지를 작성하게 되는 이유를 충분히 설명하기 위해서는 부득이 청구원인란에 소멸시효 완성과 그 포기, 주채무자의 소멸시효 완성이 보증인에게 효력이 있으나 시효이익의 포기는 그 효력이 없어 청구취지와 같은 내용의 청구에 이르렀다는 과정을 분명하게 기재해 두어야 한다. 이와 같이 하여 작성된 모의기록이나 실제 변호사시험 기록형의 모범답안은 실무상 작성되는 각종 소장들과 다르니 모범답안을 작성하는 측의 개인적 견해에 따라 그 형식, 위치, 표현하는 문구 등이 서로 다르다. 수험생들은 이 점을 각별히 유념하여 학습할 필요가 있고, 실제로 로펌 실무수습이나 장차 변호사가 되어 각종 법문서를 작성할 때 시험대비를 위해 부득히 습관이 되어있던 작성방법에서 탈피하여 실무상 통용되는 내용의 법문서를 작성하는 법조인이 되어야 한다. 이렇게 훈련된 예비법조인들이 현장에서 실무가들과 부딪힐 때 이 점을 잘 이해하지 못한 채 실무수습 등에 응하면 서로 오해하여 불필요한 마찰이 생길 수 있다. 주의할 필요가 있다.

125) 한편 보증인에 대한 시효중단은 주채무자에게는 아무런 효력이 없다. 보증인에 관한 시효중단 사유가 나오면 주의깊게 살펴 착각하여서는 안 되는 것은 보증인에 대한 시효중단 사유가 있어 보증채무는 시효완성으로 소멸하지 않았다 하더라도 주채무가 시효로 소멸하여 그 부종성의 결과 보증채무가 소멸하는 효과를 막을 수 없다는 점이다. 본 사안에서 분명 보증인에 대해 유체동산가압류신청하여 보증채무가 시효중단되어 소멸하지 않게 되었다. 더구나 유체동산가압류집행까지 하여 집행불능조서까지 작성되어 그 날 이후로 보증채무에 대한 소멸시효가 새로 진행되게 되고, 그로부터 3년이 경과되지 않아 보증채무 중 원금은 물론 이자채무도 시효로 소멸하지 않았다고 착각할 여지가 있다. 그런데 주채무는 이자채무에 관해 소멸시효가 완성되었으나 시효이익의 포기를 함으로써 주채무자에게 이자도 지급청구를 할 수 있게 되었지만 보증채무에는 그 시효이익의 포기 효과가 없으므로 소멸하게 된다. 유

부당이득 반환청구	① 대위요건 금전채권, 이행기, 무자력, 미행사 ② 매매계약 ⓐ 매매계약 ⓑ 매매매금전액 지급, 소유권이전등기 경료 ⓒ 매도인은 신탁사실 모름 ③ 계약명의신탁 ⓐ 취득자금 7,000만원		

2. 본 기록은 계약해제를 중심으로 그 법률효과를 자세히 알 수 있는 매우 귀중한 모의기록으로 철저하게 학습할 필요가 있다. 특히 민법 제548조의 해석을 중심으로 각종 학설이 주장되고 있고, 대법원 판례도 집적되고 있는바 이러한 논쟁의 실천적 의미가 무엇인지를 본 모의기록으로 상세하게 알 수 있다.

3. 채무불이행과 계약해제

가. 이행지체

1) 완전한 소유권 이전 의무와 이행지체

"부동산의 매매계약이 체결된 경우에는 매도인의 소유권이전등기의무, 인도의무와 매수인의 잔대금지급의무는 동시이행의 관계에 있는 것이 원칙이고, 이 경우 매도인은 특별한 사정이 없는 한 제한이나 부담이 없는 완전한 소유권이전등기의무를 지는 것이므로 매수 목적 부동산에 가압류 등기 등이 되어 있는 경우에는 매도인은 이와 같은 등기도 말소하여 완전한 소유권이전등기를 해 주어야 하는 것이고, 따라서 가압류 등기 등이 있는 부동산의 매매계약에 있어서는 매도인의 소유권이전등기 의무와 아울러 가압류등기의 말소의무도 매수인의 대금지급의무와 동시이행 관계에 있다."(대법원 2000. 11. 28. 선고 2000다8533 판결)

2) 매매잔금 지급 채권가압류와 이행지체

제3채무자인 피고 이산은 가압류에 위반하여 채무자인 원고에게 가압류 대상인 채권을 변제하더라도 이로써 채권자인 소외 김유성에게 대항할 수 없으므로 피고 이산으로서는 민법 제487조에 따라 변제공탁을 하거나 민사집행법 제291조, 제248조 제1항에 의해 집행 공탁을 함으로써 이행지체의 책임도 벗어나면서 이중변제의 위험도 없앨 수 있다. (대법원 2004. 7. 9. 선고 2004다16181 판결, 대법원 1994. 12. 13. 선고 93다951 판결 등)

나. 계약의 정지조건부 해제

소정의 기간 내에 이행이 없으면 계약은 당연히 해제된다며 한 이행의 최고는 이행청구와 동시에 그 기간 내에 이행이 없는 것을 정지조건으로 하여 미리 해제의 의사를 표시한 것으로 효력이

체동산가압류를 해 두었어도 그 소멸을 막지 못하는 것이다.

있다. (대법원 1992. 12. 22. 선고 92다28549 판결)

다. 계약을 해제한 후의 구제수단

통상 채무불이행이 있고 나면 손해배상청구권이 발생한다고 설명하고 있다. 그래서 '채무불이행으로 인한 손해배상청구권'이라는 마치 관용구로 설명하고 있다. 위와 같은 설명은 대표적 구제수단을 중심으로 축약된 설명일 뿐 구체적으로는 좀 더 복잡하다.

즉 채무불이행이 있으면 채권자(약정의 상대방)는 계약을 해제하지 않고 강제이행을 청구하든지 아니면 손해배상을 청구할 수 있다. 이때 손해배상은 원래 채무이행에 갈음하는 것으로 일종의 이행이익(expectation interest[126]))을 의미한다. 즉 계약이 이행되었더라면 있었을 상태(이행이익)에서 현재의 상태를 차감한 그 차액으로 손해배상을 하게 된다. 양 시점에서의 채권자의 상태의 차이를 손해배상의 액수로 삼는다는 의미에서 이를 차액설이라고 하고 판례에 의해 채택되어 있다.

그런데 계약을 해제하고 나면 해제의 효과로 소급적 무효설을 채택하고 있는 관계로 채권자가 계약 체결을 기화로 그 이행이나 기타 목적으로 채무자에게 각종 재화를 이전하거나 교부할 수 있는데 바로 그 재화를 다시 채권자에게 되돌려 주는 것을 원상회복이라고 하고, 민법 제548조 제1항이 그 법적 근거이다. 원상회복은 원래의 권리자에게 원물을 그대로 반환해 주거나 회복시켜 준다는 의미에서 때로는 물권적 청구권적 성격을 갖고 때로는 부당이득 반환적 성격을 가지나 원물을 원래 권리자에게 반환한다는 점에서 매우 한정적 성격이 있어 이를 별도로 분리하여 '원상회복'이라는 독자 용어를 사용하면서 그 법적 성격에 관계없이 해당 용어를 사용하기도 한다.

본 사안에서 계약해제 후 건물인도나 소유권이전등기 말소 청구는 일종의 물권적 청구권인 것은 맞다. 하지만 민법 제548조 제1항의 적용문제인 한 이를 법적 성격여부에 상관없이 원상회복의무의 이행이라고 언급하는 것이 가장 적합하다. 계약해제 후 원상회복관계에 관해 판례는 직접효과설을 채택하고 있으며 그 논리적 결과로 물권적 청구권이 된다.

요컨대 계약해제 후 부담하게 되는 원상회복의무는 부동산 같은 특정물의 경우는 소유권이 바로 회복되므로(직접효력설) 물권적 청구권이 되고, 금전과 같은 경우에는 소지가 소유를 의미하므로 지급한 계약금, 중도금의 소유권이 바로 회복되지는 못한다. 그래서 급부 부당이득반환청구의 성격을 갖게 된다. 같은 원상회복의무이며 직접효과가 있다고 하더라도 급부의 성격이나 기타 상황에 따라 그 구제수단이 다양한 성격을 갖게 된다.

특히 이 사건에서의 건물인도는 좀 특별해서 이를 잘 이해하고 있어야 한다. 앞서 설명한 논리에 의하면 건물은 매매계약의 이행으로 매도인에서 매수인에게 인도되고 매수인은 다시 이를 임대하여 현재 임차인이 이를 점유하고 있다. 이런 상태에서 매매계약이 해제되면 앞서 설명한 바대로 건물의 소유권이 매도인에게 회복되고 현재 점유하는 임차인을 상대로 물권적 청구권의 일종인 소유물

---

126) 원래 expectation interest란 직역하면 기대이익을 의미하고, 이행이익은 performance interest가 될 것이다. 그런데 이행에 대한 기대가 100% 확실히 보장된다면 기대이익이 바로 이행이익을 의미하게 되므로 영미법에서는 이행이익을 대체로 expectation interest라는 용어로 널리 사용하고 있다.

반환청구를 할 수 있을 것 같다.[127] 그런데 민법 제548조 제1항 단서에 의하면 계약해제는 제3자를 해치지 못한다고 규정되어 있다. 이 사건에서 임차인은 계약해제의 제3자로서 특히 상가건물임대차보호법의 적용을 받으면서 인도와 사업자등록의 신청까지 마쳐 대항력을 얻었으므로 매도인의 위와 같은 소유물반환청구에 대하여 제3자 보호를 요청할 수 있다. 따라서 물권적 청구권으로 구성하여 청구한 경우에는 틀린 답안이 된다. 그런데 상가건물임대차보호법 제3조 제2항에 의하면 이런 경우 매도인은 임대차계약상의 지위를 그대로 승계받으므로 상가건물임대차계약상의 임대인으로서 임대차계약이 종료되었음을 이유로 임차보증금과 상환으로 임차목적물의 반환을 청구할 수는 있다. 그래서 본 사안에서 원고의 건물인도 청구의 청구원인은 결국 채권적 청구권이 되는 것이다.

라. 해제의 효력과 제3자의 보호

1) 상사채권과 상사법정이율

피고 이산은 임대업자이므로 이 사건 매매계약은 상행위로 추정된다. 상행위로부터 파생되는 채무불이행에 의한 손해배상청구권, 급부 부당이득반환 청구권은 상행위와의 동일성이 있으므로 상사채무가 되고 상사법정이율이 적용된다. 특히 상행위인 매매계약의 해제로 인한 계약금, 중도금의 반환의무도 성격이 급부 부당이득반환청구권에 해당되어 상사법정이율의 적용이 있다. (대법원 1990. 11. 9. 선고 90다카7262 판결, 대법원 2003. 10. 23. 선고 2001다75295 판결)

2) 제3자

제3자는 약정만 한 상태의 제3자는 포함되지 않고 등기, 대항력 취득과 같은 해제한 자에게 대항할 수 있는 힘을 취득한 제3자만을 포함하다. 이 점이 사기, 강박, 미성년자, 행위무능력자, 착오 등을 이유로 한 취소의 경우 제3자 개념과 다르다. 후자의 경우는 약정만 한 제3자도 포함된다.

후자의 경우나 해제 후 원상회복 전의 제3자의 경우 해제한 자나 취소한 자가 그 제3자의 악의를 주장·증명하여 취소와 해제의 효력을 주장할 수 있다. 이때 과실여부는 문제되지 않는다는 점에 주의하여야 한다.

마. 부당이득반환

계약이 해제되었을 때 원상회복의무로서 민법 제548조의 규정이 있다. 이 규정은 부당이득에 관한 민법 제741조, 제748조의 특별규정으로 그 이익 반환의 범위는 이익의 현존 여부나 선의, 악의의 구분 없이 특별한 사정이 없는 한 받은 이익의 전부를 반환하여야 한다. (대법원 1998. 12. 23. 선고 98다43175 판결) 따라서 원금에 법정이율에 따른 법정이자도 지급하여야 한다. (대법원 1995. 3. 24. 선고 94다47728 판결, 대법원 2000. 6. 9. 선고 2000다9123 판결)

---

127) 소유물반환청구의 경우에는 간접점유자가 있다고 하더라도 직접점유자만을 상대로 인도청구를 해야 한다. 그 이유는 소유물반환청구와 같은 물권적 청구권은 현재 또는 장래의 권익침해에 대한 구제수단이므로 반드시 현재 권익을 침해하는 직접점유자만을 상대로 권리구제의 청구를 해야 하기 때문이다.

이러한 법리는 계약이 취소된 경우 선의의 점유자에게 민법 제201조 제1항에 의해 과실수취권이 인정되는 것과 구별된다. (대법원 1993. 5. 14. 선고 92다45025 판결)

바. 피고 이산과 최림에 대한 건물인도청구

모범답안 상으로는 피고 최림에 대해서만 건물인도를 구하는 것으로 작성하였다. 하지만 피고 이산에 대해서도 건물인도를 구할 수 없는가라는 의문이 들 수 있다. 실제 채점을 해보니 그렇게 답안을 작성한 학생들도 꽤 있었다. 결론은 논란은 있을 수 있으나 불가능하다고 보아야 한다. 그래도 채점상 감점은 하지 않았다. 채점기준표에 배점이 없으므로 가점을 부여하지 않았다. 결국 학생들은 작성하는 수고와 시간만 들었으니 그만큼 손해를 본 셈이다. 이런 경우에 문제를 출제하는 측에서는 희망사항을 통하여 분명한 입장을 밝혀두는 것이 좋겠다.

필자가 피고 이산에 대해서도 건물인도청구를 할 수 있다는 이유는 다음과 같다. 계약이 해제되면 양 당사자는 원상회복의무를 부담한다.(민법 제548조 제1항) 그 원상회복의무가 물권적 청구권인지 채권적 청구권인지는 상황에 따라 다르고, 물권적 청구권에 해당되는 경우라고 하더라도 간접점유하고 있으면 인도청구의 상대방이 될 수 없다는 일반적인 물권적 청구권의 법리가 그대로 적용되기 어려울 것이다. 왜냐하면 민법 제548조가 굳이 원상회복이라고 표현하여 원래 받은 물건이 있으면 이를 반환해야 한다는 취지를 명확히 하고 있기 때문이다. 특히 피고 최림이 대항력을 취득한 후 매매계약이 해제되었기 때문에 원고는 상가건물임대차보호법에 의하여 임대인의 지위를 승계한 상태에서 임대차계약이 기간만료로 종료되었음을 이유로 건물인도를 구하는 채권적 청구권적 구성으로 청구하고 있다. 따라서 원고가 피고 이산에 대해 건물인도를 구하는 원상회복청구권을 굳이 채권적 청구권으로 해석하여 그 법리를 적용할 필요가 없다. 원고는 건물을 이산에게 인도해 주었다. 그런데 이산이 최림에게 이를 임대해 준 것이다. 그렇다면 원고는 이산에게 건물의 인도를 구하여야 하지 않는가?라고 생각할 수 있다. 수험생들은 거의 모든 답안을 그렇게 작성하였었다.[128] 만약 앞서 설명한 바와 같이 계약해제 후 원상회복의무로서의 건물인도는 그 본질이 물권적 청구권이므로 현재 또는 장래의 침해에 대한 권리구제수단이고 따라서 현재의 점유자를 상대로만 인도를 청구할 수 있을 뿐 과거의 침해자로서 현재는 간접점유만 보유하고 있는 자를 상대로 할 수 없다. 따라서 현재의 점유자인 피고 최림만을 상대로 건물인도를 하여야 한다. 만약 피고 최림을 상대로 건물인도 청구를 하려면 피고 최림이 민법 제548조 제1항 단서에 의한 제3자에 해당되는지 여부를 따져 피고 최림이 제3자에 해당된다면 임대차계약의 종료여부에 따라 건물인도를 청구할 수 있는지가 결정된다.

---

128) 제6회 변호사시험에서는 매수인에게도 인도청구를 하고 있다. 비교해 보기 바란다.

소 장

원 고 김 나 무 (540612 - 1070111)
서울 서초구 반포로 25, 125동 303호(반포동, 현대아파트)
소송대리인 변호사 김혁진
서울 서초구 사평대로 40길 6, 205동(서초동)
전화번호 (02) 530 - 5000 팩스번호 (02) 530 - 5001
이메일 주소 revolution@hanmail.net

피 고 1. 이 산 (650104 - 1914111)
서울 서초구 반포로 25, 24동 903호(반포동, 현대아파트)
2. 최 림 (670810 - 1541312)
서울 강남구 양재대로 55길 20(일원동)
3. 김 병 철 (820611 - 1226153)
서울 구로구 신도림로 11가길 36, 202동 606호(신도림동, 미성아파트)
4. 최 지 수 (701223 - 1226132)
서울 용산구 독서당로 77, 102동 104호(한남동, 강서맨숀)

소유권이전등기 말소 등 청구의 소

청 구 취 지

1. 피고 이산은 원고로부터 80,000,000원 및 위 금원 중 30,000,000원에 대하여는 2014. 5. 8.부터, 50,000,000원에 대하여는 2014. 6. 10.부터 각 다 갚는 날까지 연 6%의 비율에 의한 금원을 지급받음과 동시에[129] 원고에게,
   가. 별지목록 기재 제1의 가. 부동산에 관하여 수원지방법원 평택지원 2014. 6. 10. 접수 제10513호로 경료된, 같은 목록 제1의 나. 부동산에 관하여 같은 법원 2014. 6. 10. 접수 제10514호[130]로 경료된 각 소유권이전등기의 각 말소등기 절차를 이행하고,
   나. 76,000,000원[131] 및 그 중 26,000,000원에 대하여는 이 사건 소장부본 송달 다음날부터 다 갚

129) 매매계약 해제시 그 원상회복의무로서 매수인으로부터 지급받은 계약금, 중도금에 대해서 지급받은 날 이후로 법정이자를 가산하여 반환을 명하면 반드시 매매목적물 인도로 발생한 사용수익상당액의 지급도 청구해야 한다.(이러한 사안의 청구취지 작성례는 제6회 변호사시험 모범답안 참조) 그런데 본 사안에서는 의뢰인의 희망사항란에 이산에 대해 사용료 등을 청구하지 말라라고 제시되어 있어 이 부분청구를 생략하였다. 실무에서는 반드시 청구해서 의뢰인의 이익을 보호해야 한다.

130) 토지와 건물은 별개의 부동산으로 집합건물을 제외하고는 별도의 등기부가 편제된다. 그래서 구분되어야 한다. 본 사안에서 등기부가 별도로 편철되어 있다는 것을 전제로 모범답안을 작성하였다.

131) 76,000,000원 중 ① 26,000,000원은 부동산의 임료 상당의 부당이득반환을 구하는 부분이고, ② 50,000,000원은 대항력 임대차의 존재로 말미암아 원고가 받은 손해에 대한 손해배상 청구부분이다. 뒤에서 설명하는 바와 같이 피고 이산은 완전한 소유권의 형태로 원상회복할 의무를 부담하였는데 대항력 있는 임차권의 부담이 있는 부동산

는 날까지 연 15%의 비율에 의한 금원을 지급하라.

2. 피고 최림은 원고로부터 50,000,000원을 지급받음과 동시에 원고에게 별지목록 제1의 나. 부동산을 인도하라.
3. 피고 이산, 김병철은 연대하여 원고에게 100,000,000원 및 이에 대하여 피고 이산은 2011. 12. 10.부터, 피고 김병철은 2012. 5. 10.부터 각 다 갚은 때까지 월 2%[132]의 비율에 의한 금원을 지급하라.
4. 피고 최지수는 원고에게 70,000,000원 및 이에 대하여 2016. 4. 27.부터 이 사건 소장부본 송달일까지는 연 5%의, 그 다음날부터 다 갚는 날까지 연 15%[133]의 각 비율에 의한 금원을 지급하라.
5. 소송비용은 피고들의 부담으로 한다.
6. 위 1. 나.항, 제2, 3, 4항은 가집행할 수 있다.

라는 판결을 구합니다.

청 구 원 인

1. 피고 이산에 대한 소유권이전등기 말소와 부당이득반환청구 및 피고 최림에 대한 인도청구[134][135]

가. 사실관계(매매계약의 체결, 이행지체, 계약해제, 임대차계약 등)

(1) 피고 이산은 '하림통상'이라는 상호로 식자재 유통업 및 임대업을 경영하고 있습니다.

(2) 원고는 2014. 5. 8. 피고 이산에게 별지목록 기재 제1부동산(이하 대지는 '평택대지'라고 하고, 건물은 '평택건물'이라고 하며 양자를 모두 지칭할 때는 '평택부동산'이라고 합니다.)을 대금 300,000,000원으로 정해 매도하면서 계약금 30,000,000원은 계약당일 지급받고, 중도금 50,000,000원은 같은 해 6. 10. 지급받으면서 피고 이산에게 평택 부동산을 인도하고, 그 소유권이전등기도 경료해 주기로 하였고, 잔금 220,000,000원은 같은 해 11. 8. 14:00경 소외 정갑식 공인중개사 사무실에서 지급하기로 약정하였습니다. 피고 이산은 위 매매계약에 따라 원고에게 계약금, 중도금을 지급하였고, 원고도 피고 이산에게 평택 부동산을 인도해 주었으며 평택 대지에 대해서는 수원지방법원 평택지원 2014. 6. 10. 접수 제10514호로 경료된, 평택 건물에 대해서는 같은 법원 2014. 6. 10. 접수 제10513호로 경료된 각 소유권이전등기를 마쳐 주었습니다.

으로 그 소유권을 회복시켰는바 이에 대한 손해배상채무를 부담하게 되었다. 손해는 50,000,000원상당의 임차보증금반환채무이므로 아직 그 이행기가 도래하여 지급하지 않은 이상 원금인 50,000,000원의 청구만 할 수 있을 뿐이다.

132) 연 24%로 표기할 수 있다. 하지만 최근에는 2월에 시작되면서 일할까지 계산하게 될 때 미묘한 차이가 발생할 수 있으므로 월 이자 지급의 약정을 한 경우 월 2%라는 식으로 표기하는 것이 더 정확하다는 견해가 있다.

133) 2015. 10. 1.부터 제기하는 소장에서는 지연손해금의 표기를 연 15%로 해야 한다.

134) 피고 최림은 소외 매매계약 해제의 제3자이므로 해제사실을 중심으로 답안을 작성해야 하기 때문에 합쳐서 소장을 작성하였다.

135) 법문서는 간단, 명료하게 작성하여야 한다. 제목을 붙임에도 그 원칙이 적용되어야 한다. 그래서 "피고 이산에 대한 청구"라고만 하면 더 간략해 보일 것 같다. 물론 그렇다. 다만 소장을 읽는 사람에게 더 정확한 정보를 전달하기 위해서 "피고 이산에 대한 소유권이전등기 말소 청구 및 부당이득반환청구"라고 할 수 있다. 어느 것이 가장 바람직하다고 단언하기 어렵다. 간단함과 정보전달력을 비교형량 하여 적절하게 운용할 필요가 있다.

(3) 소외 주식회사 제네시스코리아는 원고에 대한 200,000,000원의 피보전채권을 보유하고 있음을 이유로 2014. 5. 5. 평택 부동산에 대하여 가압류하여 평택 부동산에 관하여 같은 일자 가압류등기가 경료되었습니다.

(4) 원고는 2015. 6. 20. 위 매매계약을 중개한 소외 정갑식에게 가압류취하서, 2015. 6. 20.자 법인인감증명서 등 가압류 등기 말소 관련 일체의 서류들을 맡겨두고 그 자리에서 피고 이산에게 전화를 걸어 정갑식 중개사무소에 들러 소외 정갑식으로부터 위 서류들을 수령 할 것을 촉구하면서 2015. 7. 9.까지 잔금의 지급을 요구하였고, 그렇지 않으면 별도의 해제 통지 없이도 위 매매계약을 해제한다고 통지하였습니다. 이런 상태에서 피고 이산은 위 매매계약의 잔금 220,000,000원을 지급하지 않은 채 2015. 7. 9.이 경과되었습니다.

(5) 피고 최림은 2014. 12. 8. 피고 이산으로부터 평택 건물을 임대보증금 50,000,000원, 임료 월 500,000원, 임대기간 2014. 12. 10.부터 2015. 12. 9.까지 1년간으로 정하여 임차한 다음 계약당일 피고 이산에게 임차보증금을 지급하고 평택 건물을 인도받은 다음 2014. 12. 10. 같은 건물에 사업자 등록을 하고 '고향쭈꾸미'라는 상호로 영업을 해 오고 있습니다.

(6) 원고는 2015. 7. 10.부터는 피고 최림으로부터 평택 건물에 대한 임료조로 매월 500,000원을 지급받고 있습니다.

(7) 2014년, 2015년경 평택 부동산에 대한 임료는 임차보증금 없이 월 2,000,000원 상당입니다.

나. 매매계약의 해제 및 원상회복, 부당이득반환과 손해배상

(1) 매매계약의 해제와 그 효력

위와 같은 사정하에서는 원고가 가압류 등기 말소관련 서류들을 구비하여 잔금 지급을 최고한 다음 상당한 기간이 경과한 2015. 7. 9.에는 정지조건의 성취로서 이 사건 매매계약이 적법하게 해제되었습니다. 따라서 원고와 피고 이산은 원상회복의무 및 손해배상의무를 부담하고 그 의무들은 서로 동시이행의 관계에 있습니다.

(2) 피고 이산의 등기말소의무와 사용이익의 반환의무, 그리고 원고의 법정이자 지급의무 및 이들 의무의 동시이행관계

그러므로 피고 이산은 원고로부터 이미 지급한 계약금 및 중도금 합계 80,000,000원 및 그 지급일 이후 다 갚는 날까지 상법 소정의 연 6%의 비율에 의한 법정이자[136)]를 반환받음과 동시에 원상회복의무의 이행으로써 평택 대지 및 건물에 경료된 위 각 소유권이전등기를 말소할 의무가 있으며, 동시에 계약금, 중도금만 지급한 채 매매목적물을 인도받은 피고 이산은 원고에게 인도일인 2014. 6. 10.부터 피고 최림으로부터 월임료를 지급받게 된 2015. 7. 9. 까지 13개월간 그 임료 상당의 부당이득 26,000,000원(월 2,000,000원 X 13개월)을 반환할 의무가 있고, 아래와 같은 대항력 있는 임차권을 부담함으로써 그 임차보증금지급채무에 해당하는 50,000,000원의 손해배상을 할 의무가 있는 등 합계 76,000,000원을 지급할 의무가 있습니다. 앞서 설명드린 바와 같이 이들 의무들간에는 동시이행의 관계에 있습니다.

136) 해제로 인한 원상회복의무를 구할 때 원금은 물론 법정이율로 계산한 법정이자도 청구할 수 있다. 그 성격은 법정이자일 뿐 이행지체로 인한 지연손해금은 아니다. (대법원 1995. 3. 24. 선고 94다47728 판결, 대법원 2000. 6. 9. 선고 2000다9123 판결)

다. 피고 최림의 임대차계약의 대항력, 계약상 지위의 이전, 임대차계약의 종료와 평택 건물의 인도

(1) 피고 최림의 임대차계약 대항력 취득과 계약해제로 인한 계약상 지위의 이전

피고 최림은 매매계약 해제 이전에 이해관계를 갖게 된 제3자로서 위 매매계약의 해제 이전에 상가건물임대차 보호법의 적용을 받는 상가건물임대차계약을 체결한 임차인으로서 임차목적물을 인도받고 그 사업자등록 신청도 완료하여 원고에게 대항력을 취득하였으므로 원고에게 상가건물임대차 보호법에 따른 위 임대차관계의 보호를 요청할 수 있습니다. 그 결과 원고는 상가건물임대차보호법 제3조 제2항에 따라 위 임대차계약상의 임대인의 지위를 승계하게 되었습니다.

(2) 임대차계약의 종료와 임대차목적물의 인도 및 동시이행관계

따라서 임대차계약상의 지위를 양수하게 된 원고는 임대차계약 기간이 만료되었음을 이유로 피고 최림에게 원고로부터 임차보증금의 반환과 동시에 임차목적물을 인도할 것을 구할 수 있습니다. 그러므로 피고 최림은 원고로부터 임차보증금 50,000,000원을 지급받음과 동시에 원고에게 평택 건물을 인도할 의무가 있습니다.

라. 피고 이산, 최림의 주장에 대한 반박

(1) 피고 이산의 채권가압류로 인한 매매계약 해제 효력 불발생 주장에 대한 반박

피고 이산은 2015. 6. 20. 원고로부터 위와 같은 해제통고를 받기 하루 전인 같은 달 19. 소외 김유성이 원고의 피고 이산에 대한 위 잔금채권에 대한 한 채권가압류 결정문을 송달받았는바, 그 채권가압류 결정의 변제금지효에 기해 최고상의 잔금지급기일인 2015. 7. 9.까지 잔금을 지급하지 못하였으므로 그 해제의 효력이 없다고 주장합니다.

그러나 채권가압류 결정을 송달받은 제3채무자인 피고 이산은 변제공탁 등을 하지 않은 이상 이행지체의 책임을 면할 수 없으므로 이를 이유로 한 원고의 매매계약 해제는 유효하다 할 것이므로 피고 이산의 위 주장은 이유 없습니다.

(2) 피고 이산의 선의의 점유자로서 평택 건물의 사용이익 상당의 과실수취권이 있다는 주장에 대한 반박

피고 이산은 위 매매계약에 따라 평택 건물을 인도받았으므로 선의의 점유자로서 평택 건물의 사용이익 상당의 과실을 수취할 권리가 있다고 주장하고 있습니다.

계약해제로 인하여 금전을 반환할 때는 그 받은 날로부터 이자를 더하여 지급하도록 한 민법 제548조 제2항의 취지에 비추어 볼 때 그 상대방이 인도받은 금전 이외의 물건을 반환할 때도 그 받은 날로부터 사용이익인 임료 상당을 같이 반환하는 것이 형평에 부합하므로 계약해제의 경우에는 민법 제201조 제1항이 적용될 수 없어 피고 이산의 위 주장은 이유 없습니다.

(3) 피고 최림의 비용상환청구권에 기한 유치권 주장에 관한 항변

피고 최림은 평택 건물에서 '고향 쭈꾸미'라는 상호로 음식점을 경영하면서 외벽 간판설치공사를 실시하고 그 설치비용으로 2,000,000원을 지급하였으며 그 현존가치가 1,500,000원에 이른다며 위 금원의 지급채권을 피담보채권으로 하여 평택 건물상에 유치권을 행사한다고 주장합니다.

그러나 음식점 경영에 필요한 간판설치공사는 임대목적물의 유지관리하기 위한 필요비도 건물의 가치를 증가시킨 유익비도 아니므로 이를 전제로 한 피고 최림의 위 주장은 이유 없습니다.

2. 피고 이산 및 피고 김병철에 대한 대여금 및 연대보증금 청구

가. 사실관계(소비대차계약, 연대보증, 상속 등)[137]

(1) 피고 이산은 '하림유통'이라는 상호로 식재료 유통업을 경영하고 있습니다.

(2) 피고 이산은 2011. 5. 10. 소외 망 김상수의 연대보증 하에 원고로부터 하림유통의 사업운영자금조로 100,000,000원을 이자 월 2%, 변제기 2012. 5. 9.로 정하여 차용하였습니다. 원고는 2011. 12. 9.까지 7개월분 이자를 지급받았습니다.

(3) 소외 망 김상수는 처 소외 망 이길숙이 사망한 이후인 2015. 7. 10. 사망하였고, 사망 당시 슬하에 장남인 소외 김병구와 차남인 피고 김병철을 두었습니다. 그런데 소외 김병구는 서울가정법원에 2015. 7. 15. 상속 포기를 신청하여 수리되었습니다.[138]

(4) 피고 이산은 2015. 7. 27. 원고에게 내용증명우편을 보내면서 2011. 5. 10. 자 차용금, 이자, 지연손해금을 전부 수일 내에 지급하겠다고 약속하였습니다.

나. 원금 및 지연손해금 채무의 발생과 연대보증인에 대한 이자지급채무의 소멸

(1) 피고 김병철의 단독상속

연대보증인 소외 망 김상수의 사망으로 사망 당시 유족인 소외 김병구의 상속포기로 말미암아 남게 된 상속인 피고 김병철이 소외 망 김상수의 채무를 단독상속하게 되었습니다.

(2) 피고 이산, 김병철의 원금 및 지연손해금 지급채무의 부담

피고 이산은 상인으로 그 영업을 위한 위 차용채무와 그 지연손해금 지급채무[139]는 상법에 정한 5년의 소멸시효기간의 적용을 받습니다. 그 결과 그 채권들을 행사할 수 있었던 변제기 또는 발생기인 2012. 5. 9.로부터 5년의 소멸시효기간이 경과하지 않았음은 역수상 명백합니다.

(3) 피고 이산의 이자채무 부담과 피고 김병철의 이자채무 시효소멸

주채무자인 피고 이산이 부담하는 2011. 12. 10. 이후 2012. 5. 9.까지의 이자는 민법 제163조 제1호에 의하여 3년의 단기소멸시효 완성으로 소멸할 것이나 앞서 설명드린 피고 이산의 2015. 7. 27. 채무를 승인함으로써 한 시효이익의 포기로 이를 지급할 의무가 있습니다. 하지만 이러한 주채무자의 시효이익의 포기는 연대보증인에게는 그 효력을 미치지 아니하고[140] 따라서 이러한

137) 이 사실관계 부분은 원칙적으로 청구취지에 상응하는 청구원인을 구성하는 요건사실을 설시하는 곳이다. 그래서 나중에 피고측의 주장, 항변 등에 포함될 사실관계나 그 피고측 주장을 반박하기 위한 사실관계를 포함하여 설시하지 않는 것이 요건사실을 잘 분류하고 있다는 점에서 평가에서 유리하다. 하지만 본 사안에서는 청구취지에서 상대방의 소멸시효 항변 중 일부를 받아들인 다음 나머지 부분에 관해서 청구를 하기 때문에 이를 설명하는 과정에서 필요하므로 소멸시효의 중단에 필요한 사실도 설시해 두었다.

138) 상속포기는 2015. 7. 10.하였고, 2015. 7. 23. 그 상속포기가 수리되었다. 상속포기의 효력은 수리를 전제로 상속포기를 한 날 발생한다. 시험에서 답안을 작성할 때 상속포기의 효력발생시점에 관하여 확신이 있을 때는 위와 같이 2015. 7. 10.만 명시하면 될 것이나 양 일자 중 상속포기의 효력발생일 관련 법리가 명확하게 생각나지 않는 경우에는 "소외 김병구는 서울가정법원에 2015. 7. 10. 상속포기의 신청하여 같은 달 23. 수리되었다."라고 양자를 다 써주는 것이 좋다.

139) 금전 소비대차에서 지연손해금은 이자의 연속선 상에 있으나 소멸시효기간을 산정함에 있어서는 이자채권에 적용되는 3년의 단기 소멸시효의 적용을 받지 않는다. 따라서 상사채무에 대한 지연손해금의 경우에는 5년의 소멸시효기간이 적용되고, 민사채무에 대한 지연손해금의 경우에는 10년의 소멸시효기간이 적용된다. (대법원 1989. 2. 28. 선고 88다카214 판결, 대법원 2013. 4. 11. 선고 2011다112032 판결)

140) 주채무자가 시효의 이익을 포기하더라도 보증인에게는 그 효력이 없다.(대법원 1991. 1. 29. 선고 89다카1114 판결) 물론 소외 망 김상수에 대하여 유체동산 가압류 및 그 집행을 하였다면 집행절차가 종료된 때로부터 시효가

연대보증채무를 단독상속한 피고 김병철에 대해서는 3년의 단기소멸시효로 소멸하였습니다.

다. 소결론

따라서 피고 이산, 피고 김병철은 연대하여 원고에게 위 차용금 및 연대보증금 100,000,000원 및 피고 이산에 대해서는 이자 지급이 지체된 2011. 12. 10.부터, 피고 김병철에 대해서는 지연손해금이 발생하는 2012. 5. 10.부터 각 다 갚는 날까지 약정상의 월 2%의 비율에 의한 이자 및 지연손해금을 지급할 의무가 있습니다.

3. 원고의 채권자대위를 이유로 한 피고 최지수에 대한 부당이득반환 청구

가. 사실관계(피보전채권, 보전의 필요성, 채권의 불행사, 계약 명의신탁, 부당이득반환 등)

(1) 피고 이산은 앞서 본 바와 같이 원고에 대하여 100,000,000원 차용금의 원리금 반환채무를 부담하고 있습니다. 피고 이산은 2015년 이후 사업이 부진하여 은행권에 약 10억원의 채무가 있으나 별다른 재산이 없습니다.

(2) 피고 이산은 피고 최지수와 명의신탁 약정을 하고, 2015. 6. 3. 피고 최지수에게 70,000,000원을 송금하여 피고 최지수가 같은 날 소외 박병구로부터 별지 목록 제2기재 부동산(이하 '성북동 임야'라고 한다.)을 대금 70,000,000원에 매수하기로 계약을 체결하였습니다. 그 후 피고 최지수는 소외 박병구에게 그 대금 전부를 지급한 다음 2015. 10. 1. 자신 명의로 성북동 임야에 대한 소유권 이전등기를 마쳤습니다.

(3) 소외 박병구는 공인중개사 소외 이규영을 통해 피고 최지수를 만나 매매계약을 체결하고, 그 대금을 전부 지급받은 다음 소유권이전등기까지 경료해 주었을 뿐 피고 최지수와 피고 이산간의 관계를 전혀 알지 못하였습니다.

나. 소결론(계약 명의신탁으로 인한 부당이득반환 청구의 대위행사)

피고 최지수와 소외 박병구 사이에 체결된 매매계약과 그 소유권이전등기는 소위 계약 명의신탁이고, 매매상대방인 소외 박병구는 그 사실을 전혀 알지 못하였으므로 피고 최지수는 성북동 임야에 대한 소유권을 취득하였고, 그 결과 그 취득대금 70,000,000원을 부당이득하였다 할 것입니다.

따라서 피고 이산의 채권자인 원고는 위 부당이득반환청구를 행사하지 않는 피고 이산을 대위하여 피고 최지수의 피고 이산에 대한 부당이득반환을 구할 수 있습니다.

그러므로 피고 최지수는 원고에게 70,000,000원 및 이에 대하여 이행청구[141] 다음날인 2016. 4. 27.부터 이 사건 소장 부본 송달일까지는 민사법정이율인 연 5%의, 그 다음날부터 다 갚는 날까지는 소송촉진 등에 관한 특례법 소정의 연 15%의 각 비율에 의한 지연손해금을 지급할 의무가 있습니다.

새로 진행된다.(대법원 2011. 5. 13. 선고 2011다10044 판결) 그래서 일견 피고 김병철에 대한 모든 채무가 시효소멸하지 않은 것처럼 보인다. 한편 연대보증인인 소외 망 김상수는 주채무자의 시효소멸도 주장할 수 있고, 주채무자가 한 시효이익 포기의 효력은 없다. 그래서 2011. 12. 10.부터 변제기인 2012. 5. 9.까지 발생한 이자의 경우 3년의 단기소멸시효 기간의 적용을 받고 2015. 5. 9.이 경과함으로써 모두 시효로 소멸하였다 할 것이다. 물론 2015. 5. 10.부터 이 사건 소 제기일까지 발생한 지연손해금은 이자가 아니므로 5년의 소멸시효기간의 적용을 받게 되어 시효완성되지 않았다.

141) 부당이득반환 채무는 특별한 사정이 없는 한 기한의 정함이 없는 채무로서 이행청구를 받은 다음날부터 지체책임을 부담한다. (대법원 2008. 2. 1. 선고 2007다8914 판결)

4. 결론

따라서 원고의 피고들에 대한 청구는 모두 이유 있으므로 이를 인용해 주시고, 소송비용은 패소자의 부담으로 하여 주시고, 일부 청구에 가집행의 선고를 해 주시기를 바랍니다.

입 증 방 법(생략)

첨 부 서 류(생략)

2016. 5. 9.

원고 소송대리인 변호사 김혁진 인

서울중앙지방법원 귀중

Ⅳ. B. 2016년도 제2회

1. 7단계 권리분석법에 의한 사건 전체의 분석

가. 의뢰인의 희망사항 분석결과

의뢰인 =원고	희망사항	물권 침해? 약정?	침해자 또는 약정자는 누구(=피고)	원고의 자격, ∴소송명
고승원	이 사건 주택에 대한 근저당권을 정리하고, 소유권을 확보하며, 이 사건 주택에 입주하는데 필요한 판결 받고 싶다. (매매계약을 해제하거나 김용갑에 손해배상을 청구할 생각은 없다.) 다만, 최미정에 차임 연체를 이유로 권리행사 하고 싶다.	① 매매계약 **∴불이행 있어 강제이행청구**	**∴약정자 (매도인) (김용갑)**	**약정의 상대방 (매수인) ∴소유권이전등기 및 인도청구**
		① 매매계약 ② 제3자간명의신탁 **∴불이행 있어 강제이행청구**	**∴약정자 (매도인) (망 이을숙) (명의수탁자) (박준병)**	**대위청구 및 2중대위청구 약정의 상대방 (매수인, 명의신탁자) ∴소유권이전등기말소 · 소유권이전등기청구**
		① 근저당권설정계약 ② 합병계약 **∴불이행 있어 강제이행청구**	**약정자 (근저당권자) (합병) (나라은행)**	**3중 대위청구 약정의 상대방 (근저당권설정자) (박준병)**
		① 임대차계약 **∴불이행 있어 강제이행청구**	**약정자 (임차인) (최미정)**	**대위청구 약정의 상대방 (임대인) ∴인도청구**

나. 원고의 청구원인 분석결과

소송명	청구원인		항변 (법률상 주장 포함)	재항변 등
소유권 이전등기 및 인도청구	① 매매계약 ⓐ 매매계약 ⓑ 계약금, 중도금 지급		Ⓐ 계약금 배액 상환으로 해제의사표시, 도달	Ⓐ 이행에 착수한 후로는 계약금배액으로 해제할 수 없음
소유권 이전등기 말소 및 이전등기 청구	①-Ⓐ 대위요건 ⓐ 피보전권리(특정채권) ⓑ 이행기 ⓒ 불행사	② 매매계약, 매매대금지급 ③ 상속(이태현 3/5,이수인2/5) **∴소유권이전등기청구권**	**[피고 박준병]** Ⓐ 불법원인급여 ⓐ (반사회질서위반) 반사회성 · 반윤리성 · 반도덕성이 현저하다. or ⓑ (강행법규위반) 급부를 반환하는 것이 규범목적에 반한다.) Ⓑ 실체관계에 부합하는 등기 (등기부취득시효완성)	**[피고 박준병]** Ⓐ <u>**(재항변)**</u> 불법원인이 수익자에게만 있거나, 수익자 불법 > 급여자 불법 Ⓑ 점유를 10년간 하지 않았음 (부인)

				등기·점유 10년, 무과실점유	
		[①-Ⓑ대위요건] **ⓐ피보전권리 (특정채권)** **ⓑ이행기** **ⓒ미행사** **[①-ⒶⒷ로 2중대위]**[142]	④제3자간 명의신탁	**[피고 이태현·이수인]** Ⓐ 소유권이전등기청구권 10년간 행사하지 않아 소멸시효완성	**[이태현·이수인]** Ⓐ 매매계약 후 인도받아 점유하고 있어 그 소유권이전등기청구권은 소멸시효의 대상이 아님
근저당권 말소청구		**[①-ⒶⒷ외]** **①-Ⓒ대위요건** ⓐ피보전권리 [특정채권] ⓑ이행기 ⓒ미행사 **[①-ⒶⒷⒸ로 3중대위]**	②피담보채권 ⓐ소비대차계약 ⓑ이자·이율의 약정 ⓒ원본의 인도 ⓓ변제기 도래 ⓔ이자일부의 변제 ③근저당권설정계약·등기 ④피담보채무의 소멸시효완성 ⓐ상행위 ⓑ행사할 수 있었던 때 5년경과[143] ⑤합병계약·합병등기[144][145]		
인도청구		②임대차계약 ③임차목적물인도 ④임차보증금지급 ⑤임대차계약종료 ⓐ묵시의 갱신 ⓑ2기 이상 차임연체 ⓒ채권자대위에 의한 해지통지 및 도달 ⑥임차보증금채권양도 ⓐ임차보증금채권양도계약 ⓑ양도인의 통지, 도달 ⑦미지급임료의 공제, 동시이행관계[146][147]		Ⓐ 임대인 아닌 자에 의한 임대차계약 해지는 효력 없음 Ⓑ 채권가압류가 채권양도와 경합[148] (채권가압류의 확정일자가 채권양도의 통지 확정일자보다 앞선다는 사실 주장·증명해야함)	Ⓐ 대위요건을 갖추어 행사(부인)[149] Ⓑ 채권가압류가 채권양도에 앞선다고 하더라도 채권가압류의 부담있는 채권양도가 이루어졌고, 가압류된 상태로는 여전히 청구가능[150]

142) 채권자대위는 2중, 3중으로 할 수 있다. 다만 각 대위요건을 갖추어야만 한다.

143) 소멸시효완성으로 근저당권이 소멸하는 사례로 문제가 자주 출제되고 있다. 그러므로 소장 작성일 이전 3년전, 5년전, 10년전에 이루어진 거래의 경우 시효완성으로 소멸했을 수 있다는 입장에서 문제를 잘 검토할 필요가 있다. 본사안의 경우 마지막 이자를 지급한 때로부터 5년간 경과하여 시효완성되었다.

144) 모처럼 상법상의 포괄적 승계취득사유가 출제에서 언급되었다. 포괄적 승계취득사유로 민법상으로는 상속이 중요하고, 상법상으로 합병이 중요하다. 상속과 합병은 모두 민법 제187조 소정의 법률의 규정에 의한 소유권취득사유로 상응하는 부동산등기부상 등기 없이도 해당 사유가 발생하면 바로 그 소유권을 취득하게 된다.

145) 합병은 흡수합병(甲회사와 乙회사가 합병하여 甲회사 또는 乙회사로 남는 합병, 본사안에서의 합병과 같다.)과 신설합병(甲회사와 乙회사가 합병하여 丙회사가 신설되는 합병)이 있다. 합병은 합병계약과 합병등기로 완성된다. 합병등기는 기록 18면에 첨부되어 있는 회사등기부에 기재된다.

146) 본 사안에서 원고가 피고 김용갑이 갖는 피고 최미정에 대한 임차목적물반환청구권을 대위행사하고 있다. 그런데 그 임차목적물반환청구권은 임차보증금반환채무와 동시이행의 관계에 있다. 그래서 상환청구를 하고 있다. 상환이

행의 판결을 상환이행의무를 이행해야 비로소 집행문을 부여받아 강제집행을 할 수 있다. 그런데 그 상환이행의무는 피고 김용갑이다. 피고 김용갑이 자발적으로 이행하지 않으면 이 판결이 확정된다고 하더라도 이를 집행할 수 없게 된다. 그래서 피고 김용갑의 소외 안승규에 대한 임차보증금반환채무의 이행을 구하는 청구를 병합하여 소를 제기할 수 있느냐라는 문제가 생긴다. 이러한 청구방식은 이미 제4회 변호사시험에서 출제된 이래 몇차례 모의기록에서 출제되었다. 제4회 변호사시험의 사안은 임차목적물반환채무와 상환으로 임차보증금이행청구를 하면서 임차보증금청구권을 피보전채권으로 하여 임차목적물인도청구를 병합하여 청구하였다. 이때 대위권 행사의 피보전권리인 임차보증금반환채무는 금전채무로서 채무자의 무자력이 증명되어야 피보전채권적격이 있지만 이 경우 특례를 인정하여 채무자의 무자력 증명없이 피보전채권 적격을 인정하여 대위권의 행사가 가능하도록 하였다. 그런데 본 사안에서는 역으로 구성되어 있다. 즉 임차보증금반환채무의 이행과 상환으로 임차목적물인도 청구를 하고 있고, 그 임차목적물반환청구권이 피보전채권 적격이 있는가의 문제가 된다. 임차목적물반환채권은 특정물채권으로 특정물채권을 대위행사할 때는 피보전적격이 있다. 그런데 임차보증금반환채무와 같은 금전채무에 관해 대위행사할 수 있는가는 논란이 될 수 있다. 아직 이에 관해 명시적으로 판단한 사례는 발견되지 않고 있다. 장래의 판례의 발전을 기다려 보아야 할 것이다. 그래서 본 모의기록을 출제한 측에서도 모범답안을 제시할 때 해당 청구를 배제하였다. 그 이유를 잘 생각해 보자.

147) 전 각주에서 설명한 바와 같이 상환이행관계에 있는 임차보증금채무의 이행을 구하지 않는 것으로 모범답안을 제시하면서 만약 병합청구가 가능하다고 하면 청구취지와 청구원인은 다음과 같이 수정되어야 할 것이다. 이 경우도 위 ①Ⓐ의 피보전채권에 의한 대위외에도 피고 김용갑이 피고 최미정에 대해 갖는 임차목적물인도청구권도 피보전채권이 되어 2중 대위가 이루어지고 있다. 앞서 설명하였지만 마지막 피보전채권은 특정채권으로 금전채권을 대위행사할 수 있는지가 논란이 될 수 있다. (필자는 임차보증금반환채권은 금전채권이기 때문에 제3자 변제할 수 있어 대위청구할 필요가 없다는 입장이다)

청구취지를 다음과 같이 추가하여야 한다.

4. 피고 김용갑은 소외 안승규에게 99,000,000원에서 2016. 3. 1.부터 별지 목록 기재 각 부동산의 인도완료일까지 매월 1,000,000원의 비율에 의한 돈을 공제한 나머지 돈을 지급하라.

이어 청구원인도 다음과 같이 청구원인 4.항내에 나.를 신설하여 삽입하는 방식으로 수정하여야 한다.

나. 피고 김용갑에 대한 임차보증금반환 청구

1) 사실관계

가) 피보전채권의 존재, 이행기, 특정채권, 미행사

원고는 피고 김용갑에 대하여 위 1.나.항에 따른 인도청구권과 피고 최미정에 대하여 위 가.4)항과 같은 임차보증금지급청구권이 있고, 이행기에 있으며, 피고 김용갑과 피고 최미정은 아래와 같이 그 권리를 행사하지 않고 있습니다.

나) 임대차계약의 체결, 임차보증금의 지급, 차임연체, 임대차계약의 종료

피고 김용갑이 피고 최미정과 위 가.1)항 기재와 같이 임대차계약을 체결하고, 임차목적물을 인도하였고, 2015. 12.분 임료 1,000,000원을 지급하지 않았고, 2016. 3. 1.부터 현재까지 차임을 지급하지 않고 있으며, 2기 이상 차임연체로 이 사건 소장부본의 송달로 임대차계약을 해지하였습니다.

다) 임차보증금채권의 양도 및 통지

피고 최미정이 위 가.2)항과 같이 소외 안승규에게 임차보증금반환채권을 양도하고, 그 통지를 마쳤습니다.

2) 소결론 (대위청구로 임차보증금의 지급청구)

그러므로 원고의 대위청구로 피고 김용갑은 소외 안승규에게 미지급 차임 1,000,000원을 공제한 나머지 99,000,000원에서 2016. 3. 1.부터 별지목록 기재 각 부동산의 인도완료일까지 약정 월임료 및 임료상당 부당이득금인 월 1,000,000원의 비율에 의한 돈을 공제한 나머지 돈을 지급할 의무가 있습니다.

148) 가압류결정은 상환청구의 관계에 있는 임차보증금반환채권에 관한 채권가압류결정이다. 본사안에서 상환이행의 청구를 하고 있다. 상환이행의 판결이 선고되어 확정되더라도 **반대채권(본사안의 경우 임차보증금반환채권)이 상환이행관계에 있다는 사실에 관해서는 기판력이 발생하나, 그 반대채권의 존부 및 수액에 관해서는 기판력이 발생하지 않는다.(대법원 1975. 5. 27. 선고 74다2074 판결)** 그래서 사후에 김용갑과 피고 최미정은 관련 청구원인, 항변사유 등으로 다시 다툴 수 있게 된다. 따라서 위 Ⓑ주장이 실제로 무슨 의미가 있는지 의문이지만 기록상 언급이 보이므로 그 부분도 피고 최미정의 주장으로 하여 반박해 보기로 한다.

2. 본 강평안에서는 관련 법리들을 다른 강평안에서 충분히 설명했으므로 구체적인 기술을 생략한다.

소 장

원 고 고 승 원 (691025 – 1162812)
서울 서초구 서초중앙로 300, 6동 304호(서초동, 태양아파트)
소송대리인 변호사 서연하
서울 서초구 사평대로 26, 201호(서초동)
전화번호 (02) 555 – 3000 팩스번호 (02) 555 – 3001
이메일 주소 yhseo@naver.com

피 고 1. 김 용 갑 (450515 – 1437623)
고양시 일산동구 노루목로 99, 505동 615호(장항동, 호수아파트)
2. 박 준 병 (530315 – 1437612)
서울 관악구 신림로 20, 102동 903호(신림동, 하늘아파트)
3. 이 태 현 (610207 – 1957387)
4. 이 수 인 (901207 – 1375152)
위 원고 3, 4의 주소 서울 송파구 송파대로 567, 512동 345호(잠실동, 주공아파트)
5. 주식회사 나라은행
서울 서초구 서초대로 1189
대표이사 김 상 수
6. 최 미 정 (670810 – 2541312)
성남시 분당구 정자일로 145 (정자동)

소유권이전등기 등 청구의 소

149) 채권자대위권은 Ⓐ 채무자가 가진 청구권을 대위행사할 수도 있지만, Ⓑ 채무자가 가지는 형성권도 대위행사할 수 있다. 본 사안에서 위와 같이 행사하는 채권자대위권의 대상인 채무자의 권리는 청구권들이 주를 이루고 있지만 해지권과 같은 형성권도 대위행사 할 수 있다.

150) 채권가압류되어도 추상적 채무권원을 만드는 판결절차에서는 채권자가 채무자에게 채무이행을 청구할 수 있다. 이와 같은 법리에 기초하여 채무이행을 청구하는데 항변(?)하면 이를 배척하는 식으로 구성된 문제는 수차례 풀이해 왔다. 채권가압류결정문을 송달받은 채무자는 채권자(원고)가 확정판결에 기해 강제집행을 할 때 그 사실을 증명하여 강제집행을 정지할 수는 있다. 나아가 채권가압류가 채무권원을 확보하여 본압류로 이전하여 압류결정을 받으면 비로소 채권자는 채무자에 대하여 판결절차상으로도 청구할 수 없고, 청구하면 채무자는 그 취지로 항변하면 원고의 청구는 기각된다.

청 구 취 지

1. 별지목록 기재 각 부동산에 관하여,

가. 피고 김용갑은 원고로부터 350,000,000원을 지급받음과 동시에 원고에게,

1) 2016. 2. 2. 매매를 원인으로 한 소유권이전등기 절차를 이행하고,

2) 위 각 부동산을 인도하고,

나. 피고 박준병은 피고 이태현, 이수인에게[151] 수원지방법원 성남지원 분당등기소 2002. 5. 6. 접수 제24156호[152]로 마친 소유권이전등기의 말소절차를 이행하고,[153]

다. 피고 김용갑에게,

1) 피고 이태현은 그 중 3/5지분에 관하여,

2) 피고 이수인은 그 중 2/5지분에 관하여

각 2002. 3. 5. 매매를 원인으로 한 소유권이전등기 절차를 이행하라.[154]

2. 피고 주식회사 나라은행은 피고 박준병에게 별지 목록 기재 각 부동산에 관하여 수원지방법원 성남지원 분당등기소 2010. 2. 9. 접수 제9537호로 마친 근저당권설정등기에 대해 2016. 2. 9. 소멸시효 완성을 원인으로 한 말소등기 절차를 이행하라.

3. 피고 최미정은 소외 안승규가 피고 김용갑으로부터 99,000,000원에서 2016. 3. 1.부터 별지 목록 기재 각 부동산의 인도완료일까지 매월 1,000,000원의 비율에 의한 돈을 공제한 나머지 돈을 지급받음과 동시에 피고 김용갑에게 별지 목록 기재 각 부동산을 인도[155]하라.

4. 소송비용은 피고들의 부담으로 한다.

---

151) 또는 간단하게 "피고 이태현, 이수인에게"를 "원고에게"라고 할 수도 있다.

152) 단독주택의 경우는 토지등기부와 건물등기부가 별도로 편제되어 있다. 모의기록 5면, 10면 등에 첨부되어 있는 매매계약서에 따르면 토지는 물론 건물도 함께 매각하였고, 실제로는 건물등기부는 물론 토지등기부에도 해당 소유권이전등기가 경료되었을 것이다. 따라서 말소대상 등기가 2개일 것이다. 하지만 본 모의기록에서는 해당 등기부가 누락되어 있어 부득이 건물에 관한 말소등기청구만을 한다.

153) 소유권이전등기말소청구는 보존행위로서 공유자 중 1인이라도 그 전부에 관해 말소청구를 할 수 있다. 만약 공유자 전원이 원고되어 말소청구를 할 때 이와 같이 각자 보존행위로 말소청구를 한다는 입장에 서면 원고들은 자신들의 지분을 명시함이 없이 각자 피고에 대하여 중첩적으로 전부 말소를 구할 수 있고, 그 취지를 나타내기 위하여 그저 "피고는 원고들에게 ... 말소절차를 이행하라."고 청구하면 된다. 반면 본 문제의 출제자들(실제로 출제자들은 원고들의 지분을 특정하여 말소청구를 구하는 청구취지를 모범답안으로 제시하고 있다.)처럼 구태여 원고들이 자신의 지분을 명시하여 일종의 자신의 지분만 보존행위를 하겠다고 말소청구를 할 수 있느냐는 의문이 든다. 처분주의, 변론주의가 지배하는 민사소송법 체계하에서 틀린 답안을 아닐 것이다. 그러나 법문서를 되도록 간략하게 작성해야 하고, 법리적으로 충분히 가능하여 그동안 수많은 선배들이 그렇게 청구해 왔는데 구태여 다른 청구방식도 가능하다면서 다른 태도로 일관하는 것이 과연 바람직한지의 의문도 있다. 아무튼 위와 같은 청구취지가 전통적으로 수많은 법조인들이 즐겨 청구하던 방식이다. 그렇지만 혹시 궁금해 할 사람들을 위해서도 다음과 같은 청구취지도 가능하다는 점을 밝혀 둔다.

" 피고 박준병은 원고 이태현에게 별지목록 기재 각 부동산 **중 3/5지분에 관하여**, 원고 이수인에게 같은 부동산 **중 2/5지분에 관하여** 각 수원지방법원 성남지원 부당등기소 2002. 5. 6. 접수 제24156호로 마친 소유권이전등기의 말소등기 절차를 이행하라.)

154) 한편 소유권이전등기절차는 처분행위의 이행을 구하는 것으로 반드시 그 지분을 명시하여 청구하여야 한다. 그래야 부동산 등기를 함에도 지분으로 등기가 된다. 이에 관해서는 이설이 전혀 없다.

155) 같은 부동산에 관해 청구취지 3.에서는 현재의 점유자인 피고 최미정이 임대인인 피고 김용갑에게 인도를 하라는 취지이고, 1.가.2)에서는 피고 김용갑이 원고에게 인도하라는 취지이다.

5. 위 1.가.2), 3,항은 가집행할 수 있다.
라는 판결을 구합니다.

청 구 원 인

1. 피고 김용갑에 대한 소유권이전등기 및 인도 청구

가. 매매계약의 체결, 계약금·중도금의 지급

원고는 2016. 2. 2. 성남시 분당구 정자일로 145 대 750㎡ 및 그 지상 목조 아연지붕 단층 주택 131.16㎡(이하 '별지목록 기재 각 부동산'이라 함)을 매매대금 500,000,000원에, 계약시 계약금 50,000,000원을 지급하고, 2016. 3. 10. 중도금 100,000,000원을, 2016. 5. 10. 잔금 350,000,000원을 각 지급하기로 하는 내용의 매매계약을 체결하고, 계약당일 계약금 50,000,000원을 지급하였을 뿐만 아니라 2016. 3. 10. 중도금 100,000,000원도 지급하였습니다.

나. 소결론 (잔금 지급과 상환으로 소유권이전등기 절차이행 및 인도의무)

그렇다면 피고 김용갑은 원고로부터 잔금 350,000,000원을 지급받음과 동시에 원고에게 별지목록 기재 각 부동산에 관하여 2016. 2. 2.자 매매를 원인으로 한 소유권이전등기 절차를 이행할 의무가 있고, 위 각 부동산을 인도할 의무가 있습니다.

다. 피고 김용갑의 주장에 대한 반박

피고 김용갑은 2016. 5. 12. 매매계약 제5조에 의하여 계약금의 배액인 100,000,000원과 이미 지급받은 중도금 100,000,000원 등 합계 200,000,000원의 지급과 동시에 위 매매계약을 해제한다는 의사표시를 하였고, 그 다음날 그 의사표시가 도달하여 위 매매계약이 해제되었으므로 원고의 위 청구에 응할 수 없다고 주장합니다.

매매계약 제5조에 따르면 "매수인이 중도금을 지불하기 전까지 매도인은 계약금을 배액으로 상환하고, . . . 이 계약을 해제할 수 있다."고 합의하였습니다. 그러나 앞서 설명한 바와 같이 매수인인 원고는 계약금 이외에도 2016. 3. 10. 중도금을 모두 지급하여 그 이행에 착수하였으므로 더 이상 계약금의 배액반환으로 매매계약을 해제할 수 없습니다. 따라서 피고 김용갑의 위 주장은 이유 없습니다.

2. 피고 박준병, 이태현, 이수인에 대한 청구

가. 공통되는 사실관계

1) 피보전채권의 존재, 이행기 도래, 특정 채권, 미행사

원고는 위 1.나.항에서 보는 바와 같이 별지목록 기재 각 부동산에 관하여 특정채권인 소유권이전등기 청구권을 보유하고 있으며, 그 이행기에 있고, 피고 김용갑은 아래 채권을 행사하지 않고 있습니다.

2) 매매계약의 체결, 계약금·중도금·잔금의 지급, 제3자 명의신탁

피고 김용갑은 2002. 3. 5. 소외 망 이을숙(이하 '소외 망인'이라 함)으로부터 별지목록 기재 각 부동산을 대금 300,000,000원으로 정하여 매수하면서 그 매매대금을 모두 지급하였습니다. 피고 김용갑과 소외 망인은 위 매매계약 당시 피고 김용갑 대신 피고 박준병에게 그 소유권이전등기를 경료해 주기로 특약하였고, 그 특약의 취지에 따라 소외 망인은 별지목록 기재 각 부동산에 관하여 수원지방법원 성남지원 분당등기소 2002. 5. 6. 접수 제24156호로 피고 박준명 명의로 소유권이전등기를 경료해 주었습니다.

소외 망인은 이러한 매매와 등기의 과정에서 피고 김용갑이 매매계약을 체결하고 그 매매대금을 모두 지급하지만 등기 명의만은 피고 박준병으로 한다는 사실을 모두 알고 있었습니다.

3) 소외 망인의 사망으로 인한 상속

소외 망인은 2015. 8. 21. 사망하였고, 그 사망 당시 유족으로는 남편인 이태현과 아들인 이수인이 있었습니다.

나. 소결론 (3자간 명의신탁으로 인한 무효로 소유권이전등기 말소청구 및 소유권이전등기청구)

그렇다면 피고 박준병 명의로 경료된 위 소유권이전등기는 소위 3자간 명의신탁에 의한 것으로 매도인인 소외 망인이 그 사실을 알고 있어 「부동산 실권리자명의 등기에 관한 법률」 제4조 제1항, 제2항의 취지에 따라 피고 김용갑과 소외 망인 사이의 위 매매계약은 여전히 그 효력이 있지만, 피고 박준병 명의로 경료된 소유권이전등기는 원인무효라 할 것이어서 말소되어야 합니다. 또한 소외 망인의 사망으로 그 배우자인 피고 이태현은 3/5 지분으로, 아들인 피고 이수인은 2/5 지분으로 소외 망인을 상속하였습니다. 피고 김용갑은 소외 망인을 상속한 피고 이태현, 이수인에게 특정채권인 소유권이전등기 청구권을 보유하고 있으며, 이행기에 있고, 피고 이태현, 이수인이 위 말소청구권을 행사하지 않고 있어 피고 이태현, 이수인의 피고 박준병에 대한 소유권이전등기말소청구권은 위 가.1)항의 소유권이전등기청구권과 함께 2중의 대위요건을 모두 갖추어 행사할 수 있게 되었습니다.

따라서 원고의 이중대위 청구로 피고 박준병은 피고 이태현, 이수인에게 별지목록 기재 각 부동산에 관하여 수원지방법원 성남지원 분당등기소 2002. 5. 6. 접수 제24156호로 경료된 소유권이전등기의 말소 절차를 이행할 의무가 있습니다. 나아가 원고의 단순대위청구에 응하여 피고 김용갑에게, 피고 이태현은 별지목록 기재 각 부동산의 3/5지분에 관하여, 피고 이수인은 그 중 2/5지분에 관하여 2002. 3. 5. 매매를 원인으로 한 소유권이전등기 절차를 이행할 의무가 있습니다.

다. 피고 박준병, 피고 이태현·이수인의 주장에 대한 반박

1) 피고 박준병의 주장에 대한 반박

가) 불법원인급여란 주장에 대한 반박

피고 박준병은 별지목록 기재 각 부동산의 소유권이 이전된 것은 불법적인 명의신탁에 기한 것으로서 불법원인급여에 해당하여 결국 그 소유권이 피고 박준병에게 귀속된다며 원고의 위 청구에 응할 수 없다고 주장합니다.

제3자 명의신탁으로 원인무효인 점은 주장과 같다고 하더라도 그 명의신탁약정이 선량한 풍속 기타 사회질서에 위반하는 경우에 해당한다고 할 수 없고, 위 법률의 제정 목적을 고려하더라도 무효인 명의신탁약정에 기하여 타인 명의의 등기가 마쳐졌다는 이유만으로 당연히 불법원인급여에 해당된다고 볼 수 없습니다.[156] 따라서 피고 박준병의 위 주장은 이유 없습니다.

나) 등기부취득시효 완성으로 실체관계에 부합하는 등기란 주장에 대한 반박

피고 박준병은 2002. 5. 6. 그 소유권이전등기를 경료한 이래 14년간 등기명의를 보유하고 있으므로 등기부취득시효가 완성되었고, 그 결과 실체관계에 부합하는 등기가 되었으므로 원고의 위 청구에 응할 수 없다고 주장합니다.

그러나 등기부취득시효가 완성되기 위해서는 등기는 물론 점유도 10년간 지속되어야 하고, 또 과실없이 점유해야 합니다. 그런데 피고 김용갑은 위 매매계약 후 2002. 5. 6.부터 소외 망인으로부터

156) 대법원 2014. 7. 10. 선고 2013다74769 판결.

별지목록 기재 각 부동산을 인도받아 2009. 10. 31.까지 거주하다가, 2009. 11. 1. 피고 최미정에게 이를 임대해 주는 등으로 피고 김용갑이 점유해 오고 있었습니다. 그러므로 별지목록 기재 각 부동산을 점유한 바가 없는 피고 박준병은 이를 등기부취득할 수 없었습니다. 따라서 피고 박준병의 위 주장은 이유 없습니다.

2) 피고 이태현·이수인의 소멸시효완성 주장에 대한 반박

피고 이태현·이수인은 피고 김용갑의 위 소유권이전등기청구권은 행사할 수 있었던 2002. 5. 6.로부터 10년 이상이 경과하였으므로 소멸시효완성으로 소멸하였다고 주장합니다.

그러나 피고 김용갑은 소외 망인으로부터 2002. 5. 6. 별지목록 기재 각 부동산을 인도받아 2009. 10. 31.까지 거주하다가, 2009. 11. 1. 피고 최미정에게 이를 임대하였는바 매매계약 후 인도받아 점유하고 있는 경우에는 소멸시효의 대상이 아니므로 피고 이태현·이수인의 위 주장은 이유 없습니다.

3. 피고 주식회사 나라은행에 대한 청구

가. 사실관계

1) 피보전채권의 존재, 이행기, 특정채권, 미행사

원고는 피고 김용갑에 대하여 위 1.나.항과 같이 별지목록 기재 각 부동산에 관하여 소유권이전등기 청구권을, 피고 김용갑은 소외 망인의 상속인인 피고 이태현, 이수인에 대하여 위 2.나.항과 같이 소유권이전등기 청구권을, 피고 이태현, 이수인은 피고 박준병에 대하여 위 2.나.항과 같이 소유권이전등기 말소청구권을 보유하고 있고, 각 이행기에 있으며, 그들은 아래 권리를 행사하지 않고 있습니다.

2) 소비대차계약·원본의 인도·변제기의 도래·이자 및 이율의 약정(피담보채무), 근저당권설정계약, 근저당권설정등기, 이자의 지급

피고 박준병은 2010. 2. 9. 소외 주식회사 동아은행과 사이에 여신(한도)금액은 150,000,000원, 여신기간은 2010. 2. 9.부터 2011. 2. 8.까지 1년간, 이율은 월 0.5%(지연손해금률은 월 1%)(매월 27일[157] 지급)으로 한 은행여신거래기본약정을 체결하고, 2010. 2. 9. 150,000,000원을 차용하였습니다. 피고 박준병은 소외 주식회사 동아은행에 별지목록 기재 각 부동산을 위 차용금채무의 담보로 제공하여 2010. 2. 9. 근저당권설정계약을 체결하고, 소외 주식회사 동아은행 명의로 채권최고액 200,000,000원으로 된 수원지방법원 성남지원 분당등기소 2010. 2. 9. 접수 제9537호로 된 근저당권설정등기를 경료하였습니다. 피고 박준병은 2011. 2. 8.까지의 이자를 전부 지급하였습니다.

3) 소외 주식회사 동아은행의 피고 주식회사 나라은행으로의 합병

소외 주식회사 동아은행은 피고 주식회사 나라은행(이하 '피고 나라은행'이라 함)으로 흡수합병되고, 2010. 2. 11. 그 합병등기가 경료되었습니다.

4) 소멸시효의 완성

피고 나라은행의 피고 박준병에 대한 대출금 채권은 은행이 영업행위로 빌려준 상행위로 인한 채권으로 상법 제64조에 의해 5년의 소멸시효기간이 적용됩니다. 또한 위 근저당권의 피담보채무는 변제기인 2011. 2. 8. 무렵 확정[158]되어 존재하게 됩니다. 그 확정 피담보채무에 관해 피고 박준병은

157) 기록상 이자 지급일을 27일로 되어있으나, 실무상으로는 월별 결제를 하고 있으므로 8일의 오기로 보인다.

158) 근저당권의 피담보채무는 반드시 확정되어야 그 이행기에 있게 된다. 그래서 원고로서는 피담보채무의 확정에 관해 분명한 태도를 밝혀야 한다. 본 사안에서는 근저당권설정계약상 근저당권의 존속기간을 정하지 않았으므로 결국 피담보채무가 예정한 이행기를 확정기로 파악해야 한다.

2011. 2. 8.까지의 이자를 지급한 이후로 일체의 원리금을 변제하지 않고 있습니다. 그렇다면 위 대출금 채권은 행사할 수 있었던 2011. 2. 9.부터 5년이 경과하여 2016. 2. 9. 소멸시효완성으로 소멸하였고, 담보물권인 이 사건 근저당권도 그 부종성에 따라 원인무효로 되어 말소되어야 합니다.

나. 소결론 (대위청구로 근저당권설정등기의 말소청구)

그렇다면 원고는 피고 김용갑, 피고 이태현·이수인, 피고 박준병을 순차로 3중으로 대위하여 청구합니다. 따라서 소외 주식회사 동아은행의 포괄적 승계인인 피고 나라은행은 피고 박준병에게 별지목록 기재 각 부동산에 관하여 수원지방법원 성남지원 분당등기소 2010. 2. 9. 접수 제9537호로 경료된 근저당권설정등기에 대하여 2016. 2. 9. 소멸시효 완성을 원인으로 한 말소등기 절차를 이행할 의무가 있습니다.

4. 피고 최미정에 대한 청구

가. 임차보증금반환을 상환으로 한 임차목적물 반환청구권의 발생

1) 피보전권리의 존재, 이행기, 특정채권, 미행사

원고는 피고 김용갑에 대하여 위 1.나.항과 같이 별지목록 기재 각 부동산을 인도청구할 권리가 있고, 이행기에 있으며, 피고 김용갑은 아래 권리를 행사하고 있지 않습니다.

2) 임대차계약의 체결, 임차목적물의 인도, 임차보증금의 수령, 묵시의 갱신

피고 김용갑은 2009. 11. 1. 피고 최미정과 사이에 별지목록 기재 각 부동산을, 임차보증금은 100,000,000원으로, 월임료는 1,000,000원으로, 임대기간은 2009. 11. 1.부터 2011. 10. 31.까지 2년간으로 하는 내용의 임대차계약을 체결하고, 2009. 11. 1. 임차보증금 100,000,000원을 지급받고, 같은 날 임차목적물을 인도하였습니다. 위 임대차계약은 2011. 11. 1., 2013. 11. 1. 및 2015. 11. 1.이 경과함으로써 묵시적으로 갱신되었습니다.

3) 지체차임

피고 최미정은 2015. 12월분 임료 1,000,000원을 지급하지 않고 있으며, 2016. 3. 1.부터 현재까지 월임료를 지급하지 않고 있습니다.

4) 채권자대위 행사로 인한 임대차계약의 해지로 인한 종료 및 무단점유로 인한 월 임료상당의 부당이득

원고는 피고 김용갑에 대하여 가진 위 1.나.항의 인도청구권을 피보전채권으로 하여 이 소장부본의 송달로써 피고 김용갑이 피고 최미정에 대하여 가지는 2기 이상 차임연체로 인한 임대차계약 해지권을 대위행사하여 피고 최미정에게 해지의 의사표시를 하는 바입니다. 따라서 피고 최미정은 위 해지 전에는 임대차계약상의 임료지급의무를 부담하는 한편 그 이후로는 임차목적물의 사용·수익을 종료하는 날까지 무단점유로 인한 월 임료상당을 부당이득하게 됩니다.

나. 임차보증금 채권의 양도 및 통지

피고 최미정은 소외 안승규{주소 : 서울 강서구 공항대로 135 (공항동)}에게 위 임차보증금반환채권을 양도하는 계약을 체결하고, 양도인인 피고 최미정은 2016. 5. 16. 피고 김용갑에게 그 사실을 내용증명우편으로 통지하였고, 같은 달 23. 도달하였습니다.

다. 공제 및 동시이행관계

임차보증금에서 지체 차임 및 무단점유로 인한 임료상당의 부당이득금은 공제되어야 합니다. 피

고 김용갑의 임차목적물반환청구는 임차보증금 지급과 동시이행의 관계에 있습니다.

라. 소결론 (대위청구로 잔존 임차보증금의 반환과 상환으로 임차목적물의 인도청구)

그렇다면, 원고의 대위청구에 응하여 피고 최미정은 소외 안승규가 피고 김용갑으로부터 임차보증금 99,000,000원(임차보증금 100,000,000원 - 2015.12월분 연체 임료 1,000,000원)에서 2016. 3. 1.부터 별지목록 기재 각 부동산의 인도완료일까지 월 1,000,000원의 비율에 의한 미지급임료 또는 임료상당 부당이득금을 공제한 나머지 임차보증금을 지급받음과 동시에 피고 김용갑에게 임차목적물인 별지목록 기재 각 부동산을 인도할 의무가 있습니다.

마. 피고 최미정의 주장에 대한 반박

1) 원고는 임대인이 아니라 임대차계약을 해지할 수 없다는 주장

피고 최미정은 원고는 임대인이 아니어서 임대차계약을 해지할 수 없다고 주장합니다. 그러나 원고는 임대인인 피고 김용갑에 대하여 특정채권인 인도청구를 갖고 있는 자로서 그 채권자대위 요건을 갖추어 피고 김용갑이 갖는 임대차계약 해지권을 행사하고 있으므로 그 이유가 없습니다.

2) 임차보증금반환채권에 선행하는 가압류결정이 송달되었다는 주장

피고 최미정은 피고 김용갑이 위 가.2)항과 같이 임차보증금채권의 양도통지를 받은 이외에도 소외 류지성에 의한 채권가압류 결정의 통지까지 받았으므로 소외 안승규에게 잔존 임차보증금을 지급할 수 없다고 주장합니다.

피고 최미정이 내용증명우편으로 위 임차보증금채권 양도통지를 하고, 2016. 5. 23. 도달하였다고 우편물배당증명서상 기재되어 있습니다. 한편 소외 류지성은 피고 최미정에 대한 2015. 10. 2.자 250,000,000원의 대여금채권을 피보전채권으로 하여 피고 최미정의 피고 김용갑에 대한 위 임차보증금반환 채권을 가압류 신청하여 2016. 5. 18. 그 채권가압류 결정이 내려지고, 같은 달 19. 제3채무자인 피고 김용갑에 송달되었습니다. 따라서 소외 류지성의 채권가압류의 송달일자가 소외 안승규로의 채권양도상의 확정일자보다 앞서므로 소외 안승규는 채권가압류의 부담을 안고 채권양수를 받게 되었습니다. 그렇다고 하더라도 채권가압류의 제약하에서 판결절차에서 양수금을 청구할 수는 있습니다. 따라서 양수금 청구 자체를 못한다는 피고 최미정의 위 주장은 이유 없습니다.

5. 결론

따라서 원고의 피고들에 대한 청구는 모두 이유 있으므로 이를 인용해 주시고, 소송비용은 패소자 부담으로 하여 주시고, 일부 청구에 가집행 선고를 해 주시기를 바랍니다.

입 증 방 법(생략)

첨 부 서 류(생략)

2016. 8. 11.

원고 소송대리인 변호사 서연하 인

서울중앙지방법원 귀중

Ⅳ. C. 2016년도 제3회

1. 7단계 권리분석법에 의한 사건 전체의 분석

가. 의뢰인의 희망사항 분석결과

의뢰인=원고	희망사항	물권 침해? 약정?	침해자 또는 약정자는 누구(=피고)	원고의 자격, ∴소송명
김상중	토지상에 신축공사를 하는데 아무런 지장이 없도록 하고 싶다.[159] 사용이익도 반환받고 싶다. (다만 신축공사가 불가능하다면 사용이익만이라도 반환받고 싶다.)	① 대지 소유권+침해 (건물 소유, 대지 점유) **∴방해배제청구 및 침해 부당이득반환청구**	**∴침해자 (건물소유자) (박철, 한상호) [추가적으로 건물철거 위해 점유자 퇴거] (송슬기)**	**물권자 (대지소유권) (김상중) ∴건물철거, 대지인도, 부당이득반환청구 ∴퇴거청구**
	소유권이전등기에 장애를 없애고, 최윤수에게 변제한 돈을 부담해야 할 자로부터 구상권 행사하고 싶다.	① 등기청구권 (취득시효완성)[160] [등기] 소유권:상종구－**양재호** 근저당권: 최서진－**최윤수** [점유] 상종구－주수영 주수영－이상진 **"이상진－김상중"** ② 피담보채무 제3자변제 **∴불이행 있어 강제이행청구**	**∴당시 소유자 (양재호) 약정자 (근저당권자) (최윤수) ∴약정자 (채무자) (양재호)**	**점유시효취득자 (김상중) ∴소유권이전등기청구 [대위청구] 약정의 상대방 ∴근저당권말소청구 ∴변제자 구상권 (변제한 제3자) (김상중) ∴구상금청구**
	양수금 최대한 많이 회수	① 채권양도 ② 소비대차계약 **∴불이행 있어 강제이행청구**	**약정자 (차주) (장지현)**	**약정의 상대방, 채권양도 (대주) ∴양수받은 대여금청구**
	강한솔·김관수에 대여금반환청구	① 소비대차계약 ② 연대보증 **∴강제이행청구**	**∴약정자 (차주) (강한솔) (연대보증인) (김관수)**	**약정의 상대방 (대주) ∴대여금 및 연대보증금청구**

159) 이러한 희망사항은 그 토지상에 건물이 있다면 그 철거를 구하고, 토지의 인도를 구한다는 취지를 의미한다. 소유권취득을 위한 소유권이전등기청구를 구한다는 취지는 불포함되어 있다.

160) 점유취득시효가 완성되면 점유취득자는 등기청구권을 취득한다. 이는 물권적 청구권이 아니라 채권적 청구권으로 이해한다. 청구권의 발생원인으로 Ⓐ 물권+침해와 Ⓑ 약정이란 두 가지 매우 중요한 원인 이외에 몇 가지 안 되는 Ⓒ 예외사유로서 점유취득시효 완성을 원인으로 한 (소유권이전)등기청구권이 있다. 잘 생각해 보면 우리 법제가 왜 이런 제도를 선택했는지 잘 이해할 수 있다. 근대 물권제도는 소유권절대의 원칙을 채택하여 소유권을 단순화하고, 표준화하고, 등기제도를 마련하여 거래상 위험을 대폭 줄였다. 그런데 그에 대한 예외를 많이 만들면 그 효과가 반감할 가능성이 높다. 따라서 점유취득시효가 완성되면 바로 물권이 취득된다는 식(민법 제187조 적용된다고 하면 그런 효과를 누릴 수 있다.)으로 도입할 수 없었다. 그래서 점유취득시효 완성당시의 현 소유자에 대한 채권적 청구권에 불과한 등기청구권을 갖는다는 식으로 도입하였다. 따라서 그 현 소유자가 타에 매도를 하면 양

나. 원고의 청구원인 분석결과

<table>
<tr><th>소송명</th><th colspan="2">청구원인</th><th>항변
(법률상 주장 포함)</th><th>재항변 등</th></tr>
<tr><td>건물철거,
대지인도,
부당이득
반환청구&
퇴거청구</td><td colspan="2">[피고 박철·한상호]
① 원고 대지 소유권자
② 피고들의 건물 소유[161]
ⓐ 경락대금완납
ⓑ 1/2씩 취득 공유
③ 임료상당
[송슬기]
위 ①② 원용,
③ 건물 점유(임대차계약)</td><td>[박철, 한상호]
Ⓐ 법정지상권취득
ⓐ 건물과 대지의 동일인 소유
ⓑ 경매로 소유자가 달라짐
Ⓑ 건물을 송슬기가 점유하고 있어 그에게 청구해야 함
[송슬기]
Ⓐ 점유할 정당한 권원(임대차계약)
Ⓑ 건물 단열공사 200만원 유치권
(민법 제202조)</td><td>[박철, 한상호]
Ⓐ ⓐ 대지와 건물이 동일인 소유였던 적이 없음
Ⓑ 대지는 건물의 소유자가 점유하고 있음(비점유설)
[송슬기]
Ⓐ 무권리자와 임대차계약을 체결한 것은 정당한 권원 아님
Ⓑ 건물에 유치권이 있다 하더라도 그 건물이 대지소유권의 방해로 철거의무가 있다면 대항할 수 없음</td></tr>
<tr><td rowspan="2">소유권
이전등기
및
근저당
설정등기
말소 및
구상금청구</td><td colspan="2">① 점유취득시효완성
ⓐ 점유(1994. 2. 1. 이상진 점유포함-김상중점유)
ⓑ 20년간
∴점유취득시효완성을 원인으로 한 소유권이전등기청구</td><td>Ⓐ 최근에 1억 원에 매수하겠다고 제안하여 시효이익을 포기</td><td>Ⓐ 원만한 해결을 위하여 매수를 제안하였다고 하여 시효이익을 명시적·묵시적으로 포기하였다고 의사해석 할 수는 없음</td></tr>
<tr><td>[대위요건]
① 위 소이등청구권
(특정채권)</td><td>①피담보채무
(소비대차계약, 이자·이율 약정, 원본의 인도, 변제기 도래)
②근저당권설정계약·등기
점유취득시효완성후의 처분으로 인한 취득[162]
③피담보채무의 소멸
ⓐ이해관계 있는 제3자 대위변제(41,532,000원)
ⓑ변제충당으로 전부 소멸</td><td></td><td></td></tr>
<tr><td>양수금
청구</td><td colspan="2">①소비대차계약(소비대차계약, 이자·이율의 약정, 원본의 인도, 변제기 도래)
②채권양도계약 및 통지</td><td>Ⓐ 경합하는 채권양도의 통지가 있음
ⓐ경합하는 채권양도계약
ⓑ확정일자 있는 통지
ⓒ먼저 도달
Ⓑ 상계주장</td><td>Ⓐ ⓒ의 주장증명이 없다.(부인) 오히려 확정일자 있는 채권양도의 통지가 먼저 도달하였음
Ⓑ</td></tr>
<tr><td>대여금 및
연대보증금
청구</td><td colspan="2">①대여금(소비대차계약, 이자·이율약정, 원본의 인도, 변제기도래)
② 연대보증</td><td>Ⓐ 소멸시효완성</td><td>Ⓐ 시효중단(재항변)</td></tr>
</table>

수인이 선의·악의를 불문하고 소유권을 취득하게 된다. 물론 이중양도와 같이 그 자체가 반사회질서 위반과 같은 정도로 배임에 적극적으로 가담하였다면 매매계약이 무효로 될 수 있다. 반면 점유시효취득자는 그 현 소유자가 받은 매매대금을 위 등기청구권이 이행불능이 된 데 대한 채무불이행의 대상청구로서 지급을 청구할 수 있다.(이는 이행불능의 대상청구권 문제로 논의되고 있다.)

161) 건물의 공동소유 형태로 문제를 종종 출제하는 이유는 Ⓐ 철거청구권은 피고들이 지분으로 대지 전체를 점유하고

2. 건물 공유관계와 철거의무 및 부당이득반환의무

가. 타인의 토지 위에 건물소유권(또는 법률상·사실상 처분권[163])을 가진 자는 특별한 사정이 없으면 건물 철거의무가 있다.

나. 공유자의 철거의무

공유자는 각각 그 지분의 한도내에서 각각이 건물전체에 관한 철거의무를 부담하고, 다른 공유자의 고유지분에 관해서까지 그 철거의무를 부담하지는 않는다.(대법원 1980. 6. 24. 선고 74다537 판결, 대법원 1968. 7. 31. 선고 68다1102 판결) 따라서 원고는 공유자인 피고들을 상대로 그 지분을 명시하여 건물철거를 구하여야 한다. 그래서 청구취지가 "원고에게, 피고 甲은 1/3지분에 관하여, 피고 乙은 1/3지분에 관하여, 피고 丙, 丁은 각 1/6에 관하여 각 별지목록 기재 건물을 철거하라."[164]는 식으로 작성되어야 한다. 이때 甲, 乙, 丙, 丁의 지분 합계가 1이 되기 때문에 그 판결이 확정되면 철거집행을 할 수 있게 된다. 그런데 "원고에게, 피고 甲은 1/5지분에 관하여, 피고 乙은 1/5지분에 관하여, 피고 丙, 丁은 각 1/10에 관하여 각 별지목록 기재 건물을 철거하라."와 같이 피고 甲, 乙, 丙, 丁의 지분을 다 합치더라도 3/5에 불과하여 1이 되지 못하는 경우에는 그 승소판결이 확정되어도 건물철거의 집행이 불가능하다.

다. 공유자의 공동으로 사용·수익한 데 따른 사용이익의 반환채무

공유자들이 건물을 공동으로 소유하면서 그 대지를 사용·수익한 데 따른 사용이익의 반환채무

있다는 이론하에 "피고 갑은 <u>1/2지분에 관하여,</u> 을은 <u>1/2지분에 관하여 각</u> 별지목록 기재 건물을 철거하라."는 식으로 청구하고, Ⓑ 사용료 상당의 부당이득반환청구는 불가분채무라는 이론하에 "피고들은 <u>공동하여</u> 원고에게 0000000원을 지급하라."라고 청구해야 하기 때문이다.

162) 원고는 이상진의 점유 포함하여 20년간 점유를 점유취득시효의 점유기간으로 주장함으로써 2014. 2. 1. 점유취득시효가 완성되었다. 그 후 소외 최서진이 당시 소유자인 양재호와 근저당권설정계약을 맺고 2015. 6. 1. 그 근저당권설정등기를 경료하여 근저당권을 취득하였으므로 점유취득시효완성 후의 권리취득자로서 유효하게 그 근저당권을 취득한다.

163) 예를 들면 A 건물이 미등기이고 B 대지 위에 건축되어 있다. 甲이 A 건물을 소유하고 있고, B 대지는 乙이 소유하고 있다. 그런데 甲이 丙에게 A 건물을 매도하고 인도해 주었다. 이런 상태에서는 乙은 丙을 상대로 A 건물의 철거를 청구하여야 한다. 비록 丙은 A 건물을 매수하였지만 민법 제187조에 따라면 미등기건물을 최초 원시취득한 자(甲)는 이를 매도하려면 자기 명의로 소유권보존등기를 경료한 다음 소유권이전등기를 이전해 주어야 한다. 그런데 이 절차가 결여되었기 때문에 丙은 아직 A 건물의 소유권을 취득하지 못하였다. 위와 같은 자를 사실상·법률상 처분권자라고 한다.

164) 학생에 따라서는 철거의무가 부진정 연대관계에 있다면서도 왜 "공동하여"라는 문구를 삽입하지 않는가?라는 질문을 하는 경우가 있다. 다음에 부당이득반환의 경우에는 금전채무로 피고들에게 각각 전부의 이행을 명하고 있다. 그래서 피고들의 전부 이행채무가 부진정연대채무의 관계에 있다는 점을 밝히기 위해 "공동하여"라는 문구가 필요하다. 하지만 철거청구는 청구취지 자체가 이미 지분으로 나누어 철거청구를 하고 있기 때문에 "공동하여"라는 문구를 따로 삽입할 필요가 없는 것이다. 그렇다고 하더라도 철거의무의 성격상 불가분채무의 관계에 있어 위에서 설명한 바와 같이 지분 합계가 1이 되지 않는 이상 그 확정판결로써 철거할 수는 없다.

는 성질상 불가분채무에 해당되어 "공동하여" 반환할 의무가 있다.(대법원 1981. 8. 20. 선고 80다2587 판결, 대법원 1992. 9. 22. 선고 92누2202 판결, 대법원 2001. 12. 11. 선고 2000다13948 판결) 분할채무 원칙에 대한 예외규정이니 주의를 요한다.

만약 2인 이상의 임차인들이 임대차계약에 기해 공동으로 임차목적물 점유·사용하고 있을 때에는 "연대하여" 차임지급 및 부당이득반환채무를 부담하게 된다.(민법 제654조, 제616조)

3. 근저당권과 피담보채권의 확정

근저당권은 담보할 채권의 최고액만 정하고 채무의 확정을 장래에 유보하여 설정하는 저당권이다. 따라서 피담보채무의 소멸 등을 주장하기 위해서는 반드시 피담보채무의 확정사실을 주장·증명한 다음 그 소멸사실을 주장하여야 한다.(대법원 2001. 11. 9. 선고 2001다47528 판결) 근저당권의 피담보채무의 확정은,

Ⓐ근저당권설정계약에서 근저당권의 존속기간을 정하고 있는 경우에는 그 존속기간이 도래하면 확정된다. 그런데 근저당권설정계약에서 그 존속기간을 정한 경우는 그리 많지 않다.

Ⓑⓐ만약, 근저당권설정계약에서 존속기간을 정하고 있지 않으면 근저당권으로 담보되는 기본적인 거래계약에서 결산기를 정한 경우에는 그 결산기가 도래한 경우에 피담보채무가 확정된다.

Ⓑⓑ위와 같이 존속기간이나 결산기가 정해져 있고 그 기간이 경과하기 전이라도 근저당권에 의하여 담보되는 채권이 전부 소멸하고 채무자가 채권자로부터 새로이 금원을 차용하는 등 **거래를 계속할 의사가 없는 경우에도** 근저당권설정자는 그 계약을 해제하고 근저당권설정등기의 말소를 구할 수 있다.

Ⓒ존속기간이나 결산기의 정함이 없는 경우에는 근저당권설정자가 근저당권자를 상대로 언제든지 해지의 의사표시를 함으로써 피담보채무를 확정시킬 수 있다. 이러한 계약의 해제 또는 해지에 관한 권한은 근저당부동산의 소유권을 취득한 제3자도 원용하여 행사할 수 있다.[165)]

Ⓓ근저당권의 피담보채무는 근저당권자가 임의경매를 신청한 경우에는 그 경매신청시에 피담보채무가 확정된다.(대법원 1988. 10. 11. 선고 87다카545 판결) 그 후 경매신청이 취하되더라도 채무확정의 효과가 번복되는 것은 아니다. 후순위 저당권자가 임의경매를 신청하여 선순위 근저당권이 소멸하는 경우에는 경락대금을 납입한 때 피담보채무액은 확정된다.(대법원 1999. 9. 21. 선고 99다26085 판결)

Ⓔ물상보증인이 설정한 근저당권의 채무자가 합병으로 소멸하는 경우에는 특별한 사정이 없는 한 합병 당시를 기준으로 피담보채무가 확정된다.(대법원 2010. 1. 28. 선고 2008다12057 판결)

---

165) 이러한 근저당권의 피담보채무의 확정 법리는 근보증의 법리와 함께 잘 학습해 둘 필요가 있다. 근보증 확정의 법리는 제5호 변호사시험 강평부분에서 잘 정리되어 있다.

4. 원고가 변제한 41,532,000원의 구상가능성 검토

의뢰인인 원고는 근저당권설정등기 말소청구이외에도 변제금 41,532,000원의 구상권도 행사하고 싶어 한다. 사안에 의하면 원고는 2014. 2. 1. 점유취득시효가 완성되어 그 소유권이전등기청구권을 취득하게 되었다. 그 이후 피고 양재호가 2014. 4. 1. 소외 최서진에게 근저당권설정등기를 경료해 줌으로써 취득시효완성 후 처분행위를 하였다. 이런 경우에는 소외 최서진은 유효한 근저당권을 취득하게 된다. 결국 원고는 근저당권의 부담을 안은 소유권이전등기청구권을 취득하게 되는 셈이다. 따라서 그 근저당권을 말소하기 위한 변제는 시효취득자로서 용인하여야 할 토지상의 부담을 제거하여 완전한 소유권을 취득하기 위한 일종의 자기채무에 대한 변제로서 다른 사람에게 구상할 수 있는 성질의 것은 아니다.(대법원 2006. 5. 12. 선고 2005다75910 판결) 만약 피고 양재호가 **취득시효 완성사실을 알고 점유취득시효자의 권리취득을 방해하려고 하였으면** 불법행위가 성립하여 그 손해배상의무를 지거나, 완전한 소유권이전등기의무의 이행불능 등으로 대상청구권에 순응해야 할 가능성이 있다.

5. 채권양도 통지 후의 상계적상 취득 경우도 상계가능

채권양도 당시 이미 상계를 할 수 있는 자동채권의 발생원인이 있었던 경우에는 채권양도의 통지를 받았을 때 상계적상에 있지 아니하여도 그 후에 상계적상이 생기면 채무자는 그 자동채권의 변제기가 수동채권의 변제기보다 나중에 도래하더라도 양수인에 대하여 상계로 대항할 수 있다.(대법원 1999. 8. 20. 선고 99다18039 판결, 대법원 2019. 6. 27. 선고 2017다222962 판결) 이러한 법리는 통상 "제한설"이라고 부르는 지급금지명령을 받은 후 취득한 상계적상의 경우에는 적어도 자동채권의 변제기가 먼저 도래해야만 상계를 할 수 있다는 법원칙과 다르다.(대법원 2012. 2. 16. 선고 2011다45521 전원합의체 판결)[166]

6. 보증과 소멸시효 중단

가. 주채무의 소멸시효기간과 보증채무의 소멸시효기간

원칙적으로 주채무자에게 생긴 사유는 보증채무자에게도 절대적 효력이 있다. 특히 주채무가 소멸시효완성되었다면 보증채무도 소멸한다. 다만 주채무에 대한 시효중단이 보증채무에게도 그 효력이 있는데(민법 제440조) 시효중단 사유가 소멸하고 나서 다시 진행되는 소멸시효기간은 보증채무의 성질에 따라 정해진다. 즉 보증채무는 주채무에 부종하여 주채무자에 생긴 사유로 영향을 받

166) 채권가압류·채권압류와 같은 지급금지명령이 발령된 채권에 대한 추심금·전부금 청구에서 채무자는 위 전원합의체 판결과 같이 "제한설"적 입장에서 상계할 수 있을 뿐이나 채권양도의 경우에는 종래 무제한설적 입장이 계속되고 있다는 해석론(연도별 모의시험 2016년도 제3회 모범답안)과 위 전원합의체 판결의 취지와 같이 제한설적 입장으로 변경되었다는 입장(연도별 모의시험 2018년도 제1회 모범답안)이 대립되고 있다.(최진수, 「요건사실과 주장증명책임」 제7판, 2018, 574면 참조)

지만 주채무와 독립된 채무로 보증채무의 성질에 따라 소멸시효기간이 따로 정해진다.(대법원 2010. 9. 9. 선고 2010다28031 판결) 그런 관계로 보증인 보증채무의 성질에 따라 단축된 소멸시효기간의 적용을 주장할 수 있을 뿐만 아니라, 주채무와의 부종성으로 말미암아 주채무가 소멸시효완성으로 소멸하는 경우에도 보증채무의 소멸도 함께 주장할 수 있게 된다.

다시 더 정확하게 설명하자면 주채무에 관한 확정판결이 선고되어 소멸시효기간이 10년으로 연장되었다(민법 제165조 제1항) 하더라도 보증인은 그 주채무에 관한 재판상 청구로 인한 소멸시효 중단의 효과는 받지만 (민법 제440조) 소멸시효기간 연장의 효과는 받지 않는다.(대법원 2006. 8. 24. 선고 2004다26287·26294 판결) 그래서 보증할 때 주채무가 상행위로 인한 채무여서 5년의 단기 소멸시효 적용을 받고, 그 결과 보증행위도 5년의 단기소멸시효기간의 적용을 받고 있었는데, 채권자가 주채무자만을 상대로 재판상 청구를 하여 그 승소판결이 내려져 확정되었다면 주채무에 대한 시효중단의 효과는 보증채무에도 효력이 있어 소멸하지 않지만 판결확정일 이후 다시 진행되는 시효기간은 주채무는 10년으로 연장되지만 보증채무는 5년의 소멸시효기간을 적용받게 된다.(대법원 2014. 6. 12. 선고 2011다76105 판결) 그래서 주채무는 새로 시효기간이 진행된 후 10년이 경과되지 않아 시효완성으로 소멸되지 않고 존속하고 있지만 보증채무는 5년의 시효기간 경과로 소멸하는 경우가 생기게 된다.

나. 보증채무의 시효이익의 포기

앞에서 설명한 바와 같이 주채무가 시효완성으로 소멸하면 보증채무는 그 부종성으로 소멸한다. 그 후 주채무자가 시효이익의 포기를 하였다 하더라도 보증인에게는 그 효력 없어 보증채무는 소멸한다.(대법원 1991. 1. 29. 선고 89다카1114 판결)

그런데 보증인이 주채무가 시효완성되어 소멸한 후 보증채무를 이행하거나 승인한 경우에 어떻게 처리해야 할 것인가라는 문제에 직면하게 되는 경우가 있다. 보증인 주채무의 소멸시효완성으로 소멸하였다는 사실을 알고도 구태여 주채무를 이행하겠다는 일념하에 시효이익을 포기한 경우까지 보증인을 보호해야 할 필요가 없다. 그런데 위와 같은 사안에서는 보증인의 의사가 정확하게 그런 의사를 표시한 것인지 불분명하기 때문에 문제가 되는 것이다. 이때는 보증인의 의사를 보증채무에 관한 이행이나 승인에 있다고 보아 주채무가 시효완성으로 소멸했다는 사정을 알고 그 부종성의 적용을 받아 보증채무가 소멸하였다고 주장하는 경우 보증인을 보호할 필요가 있는 것이다. 그래서 판례는 보증인이 보증채무를 이행하거나 승인한 경우에도 주채무가 시효완성으로 소멸하였다는 주장을 할 수 있다고 판시하고 있다.(대법원 2012. 7. 12. 선고 2010다51192 판결) 그렇다면 더 나아가 보증인이 보증채무 자체의 소멸시효완성 되고 난 후 이를 알고 시효이익을 포기하였는데 그 후 주채무가 시효완성되었다고 보증채무가 소멸하였다고 주장할 수 있는가라는 좀 더 구체화되어 출제될 수도 있다. 이런 경우에도 보증인은 보증채무에만 시효이익의 포기를 했을 뿐 주채무의 시효완성 주장을 원용할 수 있다고 한다.

소 장

원 고 김 상 중 (610225-1226145)
서울 관악구 관악로 24
소송대리인 변호사 김문태
서울 서초구 서초로 6, 405호(서초동, 정법빌딩)
전화번호 (02) 533-7000 팩스번호 (02) 533-7001
이메일 주소 moon@hanmail.net

피 고 1. 박 철 (721228-1226128)
서울 서초구 효령로 66
2. 한 상 호 (730110-1224139)
서울 광진구 광장로 13
3. 송 슬 기 (831224-2047920)
수원시 권선구 버들로 1길 15 (세류동)
4. 양 재 호 (550209-1273697)
서울 서초구 사당로23바길 9
5. 최 윤 수 (640112-1326344)
서울 서초구 반포로 25, 125동 303호 (반포동, 현대아파트)
6. 장 지 현 (641224-1998823)
서울 서초구 서운로 12, 가동 402호(서초동, 진아빌리지)
7. 강 한 솔 (630929-1456987)
서울 강서구 허준로 23

건물철거 등 청구의 소

청 구 취 지

1. 가. 원고에게,
1) 피고 박철은 2분의 1 지분에 관하여, 피고 한상호는 2분의 1 지분에 관하여 각
가) 별지 목록 제2기재 건물을 철거하고,
나) 별지 목록 제1기재 토지를 인도하고,
2) 피고 박철, 피고 한상호는 공동하여 2016. 2. 8.부터 위 1) 나)항 기재 토지의 인도완료일까지 월 2,000,000원의 비율에 의한 금원을 지급하고,
나. 피고 송슬기는 별지목록 제2기재 건물에서 퇴거하라.
2. 별지목록 제3기재 토지에 관하여,
가. 피고 양재호는 원고에게 2014. 2. 1. 취득시효완성을 원인으로 한 소유권이전등기 절차를 이행하고,

나. 피고 최윤수는 원고에게 서울북부지방법원 북부등기소 2014. 4. 1. 접수 제11193호로 마친 근저당권설정등기[167]에 대하여 2016. 7. 20. 확정채권 변제를 원인으로 한 말소등기 절차를 이행하라.
3. 피고 장지현은 원고에게 96,000,000원 및 이에 대한 2016. 6. 1.부터 다 갚는 날까지 월 2%의 비율에 의한 금원을 지급하라.
4. 피고 강한솔은 원고에게 200,000,000원 및 이에 대한 2004. 9. 1.부터 다 갚는 날까지 연 15%의 비율에 의한 금원을 지급하라.
5. 소송비용은 피고들의 부담으로 한다.
6. 위 1, 3, 4.항은 가집행할 수 있다.
라는 판결을 구합니다.

청 구 원 인

1. 피고 박철, 한상호에 대한 건물철거, 대지인도, 부당이득반환청구 및 피고 송슬기에 대한 퇴거청구

가. 사실관계

1) 원고의 토지 소유권 취득

원고는 2015. 2. 1. 소외 이수창으로부터 별지목록 제1기재 대지(이하 '수원 토지'라고 함)를 매수하여 같은 달 3. 그 명의로 소유권이전등기를 경료하여 이를 소유[168]하고 있습니다.

2) 피고 박철, 한상호의 지상건물 소유권 취득

소외 김일산은 당시 소외 김강북 소유인 수원 토지 상에 별지목록 제2기재 상가건물(이하 '수원 상가건물'이라고 함)을 신축하여 원시취득하고 1997. 5. 15. 그 명의로 소유권보존등기를 경료하였습니다. 소외 박태호는 2012. 4. 2. 위 김일산으로부터 수원 상가건물을 매수하여 같은 달 5. 그 명의로 소유권이전등기를 경료하였습니다.
이때 소외 주식회사 강남은 소외 박태호에 대한 200,000,000원의 채권을 보전하기 위하여 수원 상가건물에 가압류신청을 하여 2013. 10. 20. 수원 상가건물에 가압류 등기가 경료되었고, 이어 채무권원을 얻어 강제경매신청을 함으로써 2015. 1. 2. 위 가압류가 본압류로 이행되어 이은 강제경매절차(수원지방법원 2015타경14542호)에서 피고 박철, 한상호가 수원 상가건물을 같이 경락받아 2016. 2. 8. 경락대금을 전부 납입함으로써 각 2분의 1씩 소유지분을 취득하고 집행법원의 촉탁으로 같은 달 10.

---

167) 근저당권설정등기 자체를 말소대상으로 표시하면서 말소청구를 구해야 한다. 근저당권이 양도되어 부기등기가 이루어졌다고 하더라도 그 부기등기를 말소대상으로 표기해서는 안 된다. 본 사안에서는 양재호와 소외 최서진 사이에 근저당권설정계약이 이루어지고 소외 최서진 명의로 근저당권설정등기(2014. 4. 1. 접수 제11193호 근저당권설정등기)가 경료되었다가 피고 최윤수가 소외 최서진으로부터 근저당권부 채권양도를 받으면서 부기등기(2015. 6. 1. 접수 제12184호 부기등기)가 이루어졌다. 그렇다고 하더라도 원래 최서진 명의로 근저당권설정이 될 때 경료된 근저당권설정등기를 말소대상으로 표기해야 한다. 확정판결이 나면 근저당권설정등기를 말소할 때 부기등기는 직권으로 말소된다.

168) 물권은 매매계약과 등기를 경료하면 취득한다. 따라서 매매계약사실과 그에 상응하는 등기사실을 적시하면 바로 소유권자임이 주장·증명된 것이다. 그래도 노파심에서 이렇게 소유자라는 점을 짚어준 것인데 불필요한 기재일 수 있다. 다만 물권적 청구권을 행사하기 위해서는 현재도 물권자여야 한다. 물권적 청구권은 현재와 장래의 침해에 대한 구제수단이기 때문이다. 따라서 과거 어느 시점에서 원고가 소유권을 취득한 것에서 나아가 현재도 그 소유권자임이 유지되고 있다는 사실을 주장·증명해야 한다. 그런데 실무상으로는 위와 같이 어느 시점에 소유권을 취득한 것을 주장·증명하면 현재도 그 소유권자임은 사실상 추정된다고 한다. 이런 시각에서 보면 위와 같이 소유권자이다라는 점을 다시 한번 써 주는 것도 의미가 없는 것은 아니다.

그들 명의로 지분에 따른 소유권이전등기가 경료되었습니다.

3) 수원 상가건물의 임대 및 피고 송슬기의 수원 상가건물의 점유사용

피고 박철, 한상호는 2016. 5. 1. 피고 송슬기와 사이에 수원 상가건물에 관하여 임대차보증금 1억 원, 월 임료 200만원, 임대기간 2년간으로 된 임대차계약을 체결하고 같은 날 이를 인도하여 현재 피고 송슬기가 수원 상가건물을 점유하여 '신라갈비'라는 상호로 영업을 하고 있습니다.

4) 현재 수원 토지의 임료상당액

2016년 이후 현재까지 수원 토지를 임대차보증금 없이 임대할 경우 매월 2,000,000원의 임료를 받을 수 있습니다.

나. 소결론

그렇다면 피고 박철, 한상호는 2016. 2. 8. 경락대금을 완납함으로써 수원 상가건물에 대한 각 2분의 1 지분의 소유권을 취득하였고, 그 결과 그때부터 그 대지인 수원 토지를 점유하게 되었다 할 것입니다. 따라서 수원 토지의 소유자인 원고에게, 피고 박철은 2분의 1 지분에 관하여, 피고 한상호는 2분의 1 지분에 관하여 각 수원 상가건물을 철거하고, 수원 토지를 반환할 의무가 있고, 피고 박철, 한상호는 원고에게 공동하여 수원 상가건물의 소유권을 취득하여 그 대지인 수원 토지를 점유하기 시작한 2016. 2. 8. 부터 위 수원 토지의 인도완료일까지 보증금 없을 때 임료상당액인 월 2,000,000원의 비율에 의한 부당이득금을 지급할 의무가 있습니다. 나아가 수원 상가건물의 점유자인 피고 송슬기는 원고에게 수원 상가건물로부터 퇴거할 의무가 있습니다.

다. 피고 박철, 한상호의 주장에 대한 반박

1) 법정지상권의 취득 주장

피고 박철, 한상호는 수원 상가건물의 강제경매절차에 참여하여 낙찰을 받을 때 수원 상가건물은 물론 그 대지인 수원 토지의 소유권이 모두 원고에게 있었고, 그 후 강제경매로 인하여 대지와 건물의 소유자가 달라졌으므로 그 지상건물의 소유자인 피고 박철, 한상호는 그 대지상에 관습법상의 법정지상권을 취득하여 점유할 정당한 권원이 있으므로 원고의 위 청구에 응할 수 없다고 항변합니다.

피고 박철, 한상호가 주장하는 법정지상권이 성립하려면 압류의 효력이 발생한 때를 기준으로 건물과 토지의 소유자가 동일하였다가 그 후 경매, 매매 등으로 그 소유자가 달라진 경우라야 하고, 만약 가압류가 먼저 이루어진 후 본압류로 이행된 경우에는 가압류가 효력을 발생한 때로 소급하여 동일인이 소유하고 있었는지 여부에 따라 판단하게 됩니다.[169] 피고 박철, 한상호가 경락으로 취득한 수원 상가건물에 관해서는 2013. 10. 20. 가압류등기가 경료되고 난 후 본압류로 이행되었고, 이어 강제경매절차를 통해 경락받은 것입니다. 따라서 2013. 10. 20.경 건물과 토지의 소유자가 동일하였는지를 살펴보아야 할 것입니다. 2013. 10. 20. 당시 수원 토지는 소외 이수창이, 수원 상가건물은 소외 박태호가 각 소유하고 있었습니다. 따라서 2013. 10. 20. 당시 토지와 건물이 동일인 소유였던 점을 전제로 한 피고 박철, 한상호의 위 주장은 이유 없습니다.

2) 선의의 점유자로서 부당이득반환의무가 없다는 주장

피고 박철, 한상호는 자신들이 경락에 참가할 때 대지와 지상건물의 소유권이 모두 원고에게 있어 법정지상권을 취득할 것이라고 믿은 선의의 점유자라면서 악의로 인정될 때까지는 법정과실인 임료상당의 부당이득반환청구에 응할 수 없다고 주장합니다.

---

169) 대법원 2012. 10. 18. 선고 2010다52140 판결.

피고 박철, 한상호가 경락대금을 완납한 2016. 2. 8.경에는 관련 부동산등기부상으로는 수원 상가건물의 소유권은 소외 박태호에게 있고, 수원 대지는 원고가 소유하고 있어 위 피고들의 위 주장은 사실과도 어긋나고, 가사 위 피고들의 주장을 소외 박태호가 수원 상가건물의 소유를 위해 대지에 관한 법정지상권 등을 충분히 보유하고 있었을 것이라고 오신하였고, 그에 따른 선의점유라는 주장이라고 선해하더라도 그 오신에는 정당한 이유[170]가 있어야 할 것인데 위 피고들의 주장 어디에서 설득당할 만한 정당한 이유에 관한 해명이 없으며 오히려 거액을 들여 건물만을 경락으로 취득할 때는 대지의 사용권원에 관해 꼼꼼히 챙겨보았어야 했는데도 이를 못한 위 피고들의 잘못은 백번을 생각해도 정당한 이유가 있다 할 수 없을 것입니다. 따라서 위 피고들의 위 주장은 이유 없습니다.

3) 수원 토지를 사용하지 않는다는 주장

피고 박철, 한상호는 자신들이 2016. 5. 1. 피고 송슬기에게 임대하면서 수원 토지를 인도해 주어 현재 피고 송슬기가 이를 사용하고 있으므로 원고의 청구에 응할 수 없다고 주장합니다.

피고 박철, 한상호가 수원 토지 상에 건축되어 있는 상가건물을 경락받아 그 대금을 완납함으로써 이를 소유하고 있는 점은 앞서 본 바와 같고, 위 피고들은 부인하지도 않습니다. 따라서 대지는 그 지상건물을 소유하는 자가 점유하는 것이고, 그 지상 건물을 점유하는 자는 그 건물만 점유할 뿐 대지는 점유하지 않는 것입니다. 그럼에도 불구하고 이에 반하는 견해에 바탕 둔 위와 같은 주장은 이유가 없습니다.

라. 피고 송슬기의 주장에 대한 반박

피고 송슬기는 2,000,000원을 들여 건물 단열공사를 하여 그 필요비 또는 유익비의 반환청구권을 갖고 있는 자로서 유치권이 있으므로 원고의 청구에 응할 수 없다고 주장합니다.

건물 단열공사는 기껏해야 유익비에 해당될 가능성이 있고, 유익비는 지출액과 잔존액 중 작은 금액으로 반환할 의무가 있을 뿐인데 피고 송슬기는 그 잔존가치에 대한 주장·증명 없이 지출금액만을 주장하면서 유치권 주장을 하고 있을 뿐만 아니라 원고는 대지의 소유자로서 그 지상건물의 소유자를 상대로 건물의 철거를 구하면서 해당 건물을 점유하는 피고 송슬기에게 퇴거를 구하는 것에 불과하여 건물소유자를 상대로 한 유익비에 기한 유치권 주장으로 원고에 대항할 수 없다 할 것이므로 피고 송슬기의 위 주장은 이유 없습니다.

2. 피고 양재호, 최윤수에 대한 청구

가. 피고 양재호에 대한 소유권이전등기청구

1) 사실관계

가) 상계동 대지의 소유자

별지목록 제3기재 부동산(이하 '상계동 대지'라고 함)은 원래 소외 상종구의 소유자였는데 피고 양재호가 2013. 3. 1. 소외 상종구로부터 이를 매수하여 같은 날 그 명의로 소유권이전등기를 경료하였습니다.

나) 20년간 점유

소외 주수영이 1991. 11. 1. 소외 상종구로부터 상계동 대지를 매수하여 1992. 1. 1. 이를 인도받아 점유하고 있었고, 다시 소외 이상진이 1994. 2. 1. 소외 주수영으로부터 이를 인도받아 점

170) 대법원 2000. 3. 10. 선고 99다63350 판결.

유하였고, 원고는 1997. 3. 1. 소외 이상진으로부터 이를 인도받아 점유하였습니다.

2) 소결론

그렇다면 원고는 소외 이상진이 1994. 2. 1. 상계동 대지를 점유한 이래, 소외 이상진으로부터 점유를 이어받아 20년간 점유한 2014. 2. 1. 점유취득시효가 완성되어 당시 소유자였던 피고 양재호에 대하여 상계동 대지에 관한 소유권이전등기청구권을 취득하였습니다. 따라서 점유취득시효가 완성될 당시 소유자인 피고 양재호는 원고에게 상계동 대지에 관하여 2014. 2. 1. 점유취득시효완성을 원인으로 한 소유권이전등기 절차를 이행할 의무가 있습니다.

3) 피고 양재호의 항변에 대한 반박

피고 양재호는 원고가 2016. 6. 10. 피고 양재호를 찾아와 상계동 대지를 1억 원에 매수하겠다고 제안하여 그 시효이익을 포기하였으므로 원고의 위 청구에 응할 수 없다고 항변합니다.

그러나 시효가 완성되고 난 후 원만히 합의하기 위하여 매수를 제안하였다는 이유만으로 시효이익을 포기하였다고 볼 수 없으며 그 외 시효이익을 포기할 특별한 사정도 없으므로 피고 양재호의 위 주장은 이유 없습니다.

나. 피고 최윤수에 대한 근저당권설정등기 말소청구

1) 사실관계

가) 대위요건(특정채권인 피보전 권리 · 이행기 · 미행사)

원고는 위 가. 2)와 같이 피고 양재호에 대하여 소유권이전등기청구권을 갖고 있으며, 이행기에 있고, 피고 양재호는 아래 권리를 행사하고 있지 않습니다.

나) 피담보채무, 근저당권설정계약, 근저당권설정등기, 근저당권부 채권양도, 그 통지,[171] 부기등기, 이해관계 있는 제3자로서 피담보채무의 대위 변제

(1) 피고 양재호는 2014. 4. 1. 소외 최서진으로부터 40,000,000원을 이자 연 10%, 변제기 2015. 3. 31.로 정하여 돈을 빌리면서 그 담보조로 상계동 대지에 관하여 서울북부지방법원 북부등기소 2014. 4. 1. 접수 제11193호로 된 소외 최서진 명의의 근저당권설정등기를 경료해 주었습니다.

(2) 소외 최서진은 2015. 6. 1. 피고 최윤수에게 위 근저당권부 피담보채권을 양도하고 같은 등기소 2015. 6. 1. 접수 제12184호로 근저당권 이전의 부기등기를 경료하였습니다.

(3) 피고 최윤수가 피고 양재호가 이를 변제하지 않자 임의경매를 신청하여 2016. 6. 1. 경매개시결정이 되었습니다. 이에 원고는 상계동 대지에 대한 경매의 진행을 막기 위하여 2016. 7. 20. 피고 최윤수에게 당시 피담보채무, 이자, 경매비용조로 합계 41,532,000원을 변제하였습니다.

2) 소결론

그렇다면 원고는 상계동 대지에 관해 소유권이전등기청구권을 가진 자로 위 근저당권의 피담보

171) 근저당권부 채권양도는 Ⓐ 피담보채무(채권) 양도계약과 Ⓑ 근저당권 양도계약 등 2개의 계약이 결합되어 체결된 것이다. Ⓐ 피담보채권 양도는 지명채권양도의 방식에 따라 이루어져야 한다. 그래서 양도인과 양수인의 양도계약만으로 부족하고, 그에 따라 양도인의 채권양도 통지가 이루어져야 채무자에게 대항할 수 있다. 그에 반하여 Ⓑ 근저당권 양도계약은 물권의 이전에 관한 계약으로 민법 제186조에 의하여 양도인과 양수인이 근저당권양도계약을 체결하고 그에 따른 등기(부기등기)를 경료하면 근저당권이 양도된다. 따라서 근저당권부 채권을 양도하는 경우 Ⓐ, Ⓑ요건을 모두 충족시켜야 한다. 그래서 양 요건을 충족하지 못한 경우에는 복잡한 문제가 얽히게 되니 주의해야 한다.(대법원 2005. 6. 23. 선고 2004다29279 판결 참조) 본 사안에서는 Ⓑ 요건은 충실히 이행한 것으로 제시되어 있나 Ⓐ 양도의 위해 꼭 필요한 통지를 거쳤는지는 기록상 불분명하다.(2017년 제1차 모의기록 10면에 통지서가 첨부되어 있으니 궁금하면 참조바람) 그래도 양도통지가 된 것으로 보아 논의를 진행한다.

채무에 이해관계 있는 제3자로서 그 원리금 전부를 변제하여 결과적으로 위 근저당권의 피담보채무는 전부 변제되었고, 그 결과 부종성을 가진 근저당권은 소멸하였다 할 것입니다. 따라서 위 소유권이전등기청구권을 보전하기 위하여 피고 양재호를 대위하여 피고 최윤수에게 위 근저당권설정등기의 말소를 구합니다. 따라서 피고 최윤수는 원고에게 상계동 대지에 관하여 서울북부지방법원 북부등기소 2014. 4. 1. 접수 제11193호로 경료된 근저당권설정등기에 대하여 2016. 7. 20.자 확정채권변제를 원인으로 한 말소등기 절차를 이행할 의무가 있습니다.

3. 피고 장지현에 대한 양수금 청구

가. 사실관계

1) 양도대상채권의 존재

소외 이송호는 2015. 5. 1. 전자제품 대리점을 운영하는 피고 장지현에게 1억 원을 이율은 월 2%, 변제기는 2016. 4. 30.로 정하여 대여해 주었습니다.

2) 채권양도 및 그 통지

소외 이송호는 원고에게 위 대여금 채권을 양도하고 2016. 4. 3. 피고 장지현에게 그 날자 서울성북우체국인이 찍힌 채권양도의 통지서를 보냈고 같은 달 9. 통지가 피고 장지현에게 도달하였습니다.

3) 물품 대금채권과 상계

피고 장지현은 2016. 2. 1. 소외 이송호에게 HQ 프린터(모델명 cd2203) 15대를 대당 200만원, 합계 3,000만원으로 정하여 매도하였고, 같은 해 5. 31. 프린터 15대 전부를 인도하였습니다.

피고 장지현은 2016. 8. 21. 원고에게 내용증명우편을 보내 위 물품 대금으로 채권양수금을 상계하였습니다.

나. 소결론

1) 상계 및 상계충당

피고 장지현은 채권양도 통지의 수령 전에 이미 체결된 물품매매계약에 기한 물품 대금채권으로 양수인에게도 상계할 수 있습니다. 따라서 피고 장지현의 위 상계로 인하여 양 채권 중 가장 변제기가 늦은 2016. 5. 31. 양 채권이 대등액으로 소멸됩니다. 구체적으로는 상계효력발생일인 2016. 5. 31.경 물품 대금채권은 30,000,000원이고, 양도받은 대여금 채권은 2016. 5. 31.까지 발생한 이자는 26,000,000원(원금 100,000,000원 X 13개월 X 0.02%)이 되고, 원본은 100,000,000원이 됩니다. 충당합의나 지정충당이 없으면 비용, 이자, 원본의 순으로 충당되어야 합니다. 따라서 30,000,000원은 먼저 이자 26,000,000원에 충당되어 4,000,000원(30,000,000원 – 26,000,000원)이 남게 되고, 그 4,000,000원을 원금 100,000,000원에 충당하면 대여금 원금 96,000,000원이 남게 됩니다.

2) 소결론

따라서 피고 장지현은 원고에게 나머지 채권양수금 96,000,000원 및 이에 대한 상계 다음날인 2016. 6. 1.부터 다 갚는 날까지 약정상의 월 2%의 비율에 의한 지연손해금을 지급할 의무가 있습니다.

다. 피고 장지현의 주장에 대한 반박

피고 장지현은 소외 이송호로부터 같은 채권을 소외 강신호에게도 2중으로 채권양도하였다는 통지를 받았고, 그 통지서의 확정일자가 원고의 확정일자에 우선하므로 원고의 청구에 응할 수 없다고 주장합니다.

소외 이송호는 소외 강신호에게 위 대여금 채권 중 50,000,000원을 양도하고 2016. 4. 2. 피고 장지현에게 그 날자 공인이 찍힌 채권양도 통지서를 보내 같은 달 10. 피고 장지현에게 도달한 사실은 있습니다. 채권이 이중으로 양도될 경우 두 채권양도가 모두 확정일자부 통지가 되었다면 양수인의 상호간 우열관계는 채무자의 인식의 선후로 결정하여야 할 것이므로 원고측의 채권양도 통지의 도달일자 2016. 4. 9.이 소외 강신호의 2016. 4. 10.에 우선하는 관계로 위 이중양도가 있었다 하더라도 피고 장지현은 원고에 대항할 수 없다 할 것입니다. 피고 장지현의 위 주장은 이유 없습니다.

4. 피고 강한솔에 대한 대여금 청구

가. 소비대차계약(소비대차계약, 이자·이율의 약정, 원본의 인도, 변제기 도래)

원고는 2004. 9. 1. 피고 강한솔에게 2억 원을 이율 연 15%, 변제기 2005. 8. 31.로 정하여 대여하였습니다.

나. 소결론

그렇다면 피고 강한솔은 원고에게 2억원 및 이에 대하여 2004. 9. 1.부터 다 갚는 날까지 약정상의 연 15%의 비율에 의한 이자 및 지연손해금을 지급할 의무가 있습니다.

다. 피고 강한솔의 본안전 항변에 대한 반박

피고 강한솔은 원고가 이미 위 대여금 청구의 소를 제기하여 확정판결까지 받았는데도 불구하고 같은 대여금의 청구를 하는 이 사건 청구는 부적법하여 각하되어야 한다고 주장합니다.

원고가 피고 강한솔을 상대로 위 대여금 지급을 구하는 소를 제기하여 2006. 10. 10. 원고 승소의 판결이 선고되고 같은 해 10. 31. 확정된 사실이 있습니다. 하지만 그로부터 다시 10년이 거의 다 경과하여 위 대여금 채권이 시효로 소멸할 우려가 있어 다시 이 사건 소를 제기하는 것이므로 위 피고의 위 주장은 이유 없습니다.[172)]

5. 결론

따라서 원고의 피고들에 대한 청구는 모두 이유 있으므로 이를 인용해 주시고, 소송비용은 패소자 부담으로 하여 주시고, 일부 청구에 가집행 선고를 해 주시기를 바랍니다.

입 증 방 법(생략)

첨 부 서 류(생략)

2016. 10. 24.

원고 소송대리인 변호사 김문태 인

서울중앙지방법원 귀중

172) 시효중단을 위해서는 확인소송으로도 제기할 수 있다(대법원 2018. 10. 18. 선고 2015다232316 전원합의체 판결).

Ⅴ. A. 2017년도 제1회

1. 7단계 권리분석법에 의한 사건 전체의 분석

가. 의뢰인의 희망사항 분석결과

의뢰인 =원고	희망사항	물권 침해? 약정?	침해자 또는 약정자는 누구(=피고)	원고의 자격, ∴소송명
최길호	매도인 측으로부터 최대한 빨리 토지의 **소유권을 이전**[173] 받아 **새로운 건물을 지어**[174] 음식점 영업을 하고 싶다. 근저당권자 대해 근저당권 말소를 구하고 싶다.(다만 의뢰인은 근저당권 말소에 관하여 최소한의 출연도 감소할 의사가 있고, 매도인측에 주장할 금전청구는 나중에 따라 할 예정임)	① 매매계약 ∴불이행 있어 강제이행청구 ② 근저당권설정계약 ∴불이행 있어 강제이행청구	**∴약정자** **① (매도인)** **(김상군)** **② (저당권자)** **(박수길)**	**약정의 상대방** **① (매수인)** **∴소유권이전등기청구** **② 대위청구** **(근저당권설정자)** **∴근저당권설정등기말소**
	강상우 명의 소유권이전등기, 정우철 명의 처분금지가처분 등기의 말소를 구하고 싶다.	① 대위요건 ② 물권 + 침해 ∴불이행 있어 강제이행청구	**∴침해자** **①(소유권이전등기)** **(강상우)** **②(처분금지가처분)** **(정우철)**	**물권자** **(소유권자)** **(김상군)** **∴대위청구에 의해 소유권이전등기 및 승낙의 의사표시**[175] **청구**
	차기환이 지은 건물을 철거하고, 토지를 인도받고 싶다.	① 임대차계약 ∴불이행 있어 강제이행청구	**약정자** **(임차인)** **(차기환)**	**약정의 상대방** **(임대인)** **∴건물철거**[176] **및 토지 인도청구**

173) 의뢰인의 이런 요청은 소유권이전등기 청구를 해 달라는 것으로 읽힌다. 게다가 "완전한 소유권 이전"을 원하는 경우에는 소유권이전등기청구외에도 저당권설정등기의 말소청구 등도 희망하는 것이다.

174) 의뢰인의 이런 요청은 토지상에 건물이 있으며 그 철거청구를 구하고, 토지인도청구를 해 달라는 취지이다. 건물이 없어도 대지의 인도청구를 해 달라는 취지이다.

175) 가처분등기는 가압류 등기와 함께 법원의 촉탁에 의해 이루어지는 등기로서 쌍방신청주의를 바탕으로 하여 등기의무자에 대하여 의사의 진술을 명하는 판결적 의미가 있는 말소등기청구에는 적합하지 않는 형태의 등기이다. 그래서 가처분등기나 가압류등기에 말소원인이 있는 경우에는 반드시 그 기초가 된 등기(이 경우에는 강상우의 소유권이전등기)의 말소에 관해 승낙의 의사표시를 구하는 방식으로 그 말소청구를 한다. 이는 쌍방신청주의를 취하고 있는 저당권설정등기와 가등기와 다른 것이니 명심해야 한다.

176) 임차인이 임차목적물인 대지 위에 건물을 축조했을 경우 임대차계약에 기한 원상회복의무란 채권적 청구권에 기해서도 건물철거 청구권이 발생한다.

나. 원고의 청구원인 분석결과

<table>
<tr><th>소송명</th><th colspan="2">청구원인</th><th>항변
(법률상 주장 포함)</th><th>재항변 등</th></tr>
<tr><td rowspan="2">소유권
이전등기
및
근저당권
설정등기
말소청구</td><td colspan="2">① 매매계약
② 계약금·중도금지급
③ 상속
ⓐ 피상속인 사망(2016. 12. 4.. 사망)
처는 2007. 5. 18. 사망
자녀 김병수, 김병철
ⓑ 상속포기(김병수)
ⓒ 상속 및 상속지분</td><td>Ⓐ 근저당권 피담보채무가 3년 소멸시효완성하여 소멸</td><td>Ⓐ 우선 피고 주장사유만으로는 원고 주장을 저지할 사유가 아님
가능하다 하더라도 3년 소멸시효기간 대상이 아님
그렇다 하더라도 일부변제하여 소멸시효 중단</td></tr>
<tr><td rowspan="3">① 소이등, 이행기, 미행사</td><td>② 피담보채무
(소비대차, 이자·이율약정, 원본인도, 변제기 도래)
③ 근저당권설정계약, 근저당권설정등기
④ 근저당권부채권양도, 양도통지, 부기등기
⑤ 피담보채무의 변제
ⓐ 변제(2억 5,000만원)
ⓑ 변제충당</td><td></td><td></td></tr>
<tr><td rowspan="2">대위청구
에 의한
소유권
이전등기
말소 및
승낙의
의사표시
청구</td><td>② 소유권이전등기
ⓐ 매매계약
(위조, 무권대리)
ⓑ 소유권이전등기
③ 원인무효
ⓐ 위조, 무권대리
(부존재사유임)</td><td rowspan="2">Ⓐ 유권대리
Ⓑ 표현대리(민법 제126조)
ⓐ 기본대리권
(상가관리, 차임징수)
ⓑ 현명, 월권대리
ⓒ 선의·무과실
Ⓒ 고소취하하여 묵시적 추인</td><td rowspan="2">Ⓐ 증거없음
Ⓑⓒ선의·무과실이 아님
Ⓒ 대위행사한 부동산처분금지가처분 통지받은 후 추인하여도 효력 없음</td></tr>
<tr><td>② 처분금지가처분등기
ⓐ 매매계약
ⓑ 소유권이전등기청구권 보전위해 처분금지가처분 신청하여 결정받음
ⓒ 처분금지가처분등기 경료</td></tr>
<tr><td>건물철거
및 토지
인도청구</td><td colspan="2">① 임대차계약
임대차계약, 임차목적물 인도, 임차보증금 수령, 임대차기간 종료
② 대지 상에 건물을 축조하여 소유</td><td>Ⓐ 대지 소유권취득 못해 차임 미지급
Ⓑ 차임에 관한 채권압류 및 추심명령을 송달받아 차임연체로 인한 해지할 수 없음
Ⓒ 석축공사, 하수배관시설 등 토지개량비용 2,500만원 유치권
Ⓓ 지상물매수청구권발생, 행사</td><td>Ⓐ 임대차계약의 임대인으로 청구
Ⓑ 채권압류 및 추심명령 받았더라도 공탁은 해야 함
Ⓒ 유익비 포기의 특약(재항변)
Ⓓ 2기 이상 차임연체로 인한 경우에는 지상물매수청구권이 발생하지 않음</td></tr>
</table>

2. 매매계약에 따른 완전한 소유권이전등기의무

가. 표준적 약정(default rule)으로서의 완전한 소유권이전등기의무

매매계약에서 가장 기본적인 약정은 Ⓐ 매도인은 재산권을 이전해 주겠다는 약정이고, Ⓑ 매수인은 매매대금을 지급하겠다는 약정이다.(민법 제563조 참조) 이때 재산권을 이전할 의무는 현 상황에서의 재산권 그대로 이전할 의무가 아니라 완전한 재산권을 이전할 의무로서 매도인의 이러한 의무는 매수인의 매매대금지급의무와 동시이행의 관계에 있다.(대법원 2002. 5. 10. 선고 2000다18578 판결) 나아가 매도인은 목적물 인도의무도 있고, 그 인도의무도 매매대금지급의무와 동시이행의 관계에 있다. 따라서 모의기록의 사안에서 "매도인은 자금지급기일 전까지 근저당권의 피담보채무를 확실하게 변제하여 근저당권을 책임지고 말소한다."라는 특약조항은 이러한 표준적 약정 내용을 확인하는 의미밖에 없다. 이러한 특약이 없다고 하여 매도인이 이러한 의무를 부담하지 않는 것은 아니다. 만약 매도인이 이러한 부담을 지지 않으려면 특약을 하여야 한다. 완전한 소유권이전의무가 없다고 특약하면 그 특약은 효력이 있다. 이런 의미에서 이와 같은 표준적 약정은 임의규정에 불과하다. 특약은 통상 매수인이 그 피담보채무를 인수한다는 취지로 하고 있다. 이런 경우에는 매도인은 근저당권을 말소하여 매수인에게 소유권이전등기를 경료해 줄 의무는 없다.

나. 만약 매도인이 잔금지급기일까지 표준적 약정 또는 특약에 따라 저당권설정등기를 말소해 주지 않는다면 매수인은 매도인을 상대로 저당권설정등기 말소청구를 할 수 있는가?

매도인이 위와 같이 완전한 소유권이전등기의무가 있어 등기해 주기 전까지 근저당권설정등기를 말소해 줄 의무가 있다 하더라도 매수인은 매도인을 상대로 근저당권설정등기 말소청구를 할 수는 없다. 근저당권설정등기 말소청구는 소위 의사의 진술을 명하는 판결로서 근저당권자를 상대로 청구하여야 한다.[177] 근저당권설정자에 불과한 매도인은 그럴 수 있는 능력이 없다. 매수인으로서는 매도인이 근저당권설정등기를 말소해 주지 않으면 권리의 하자를 이유로 민법 제575조에 의한 담보책임을 묻거나 채무불이행을 원인으로 한 손해배상청구 등을 할 수 있을 뿐이다.[178]

177) 저당권설정등기나 그 말소등기는 모두 저당권자와 저당권설정자가 공동으로 신청하여 경료되는 등기이다. 따라서 상대방이 이러한 공동신청에 응하지 않을 경우 저당권설정등기 절차이행 청구나 저당권설정등기의 말소절차이행을 청구하는 방식으로 공동신청의 의사표시를 갈음하는 내용의 소위 의사의 진술을 명하는 청구인 것이다. 이런 관점에서 볼 때 매도인은 저당권설정자이기는 하나 저당권자의 공동신청에 대한 동의가 없다면 저당권설정등기의 말소신청을 할 수 없는 것이다. 따라서 저당권설정등기의 말소청구는 저당권자를 상대로 청구하여야 한다. 저당권자는 매도인이 아니고 본 사안에서는 박수길인 것이다. 그래서 특약상으로 매도인이 완전한 소유권을 이전하겠다고 약정하였다고 하더라도 매도인을 상대로 의사의 진술을 명하는 소위 저당권설정등기의 말소절차를 이행하라는 내용의 청구를 할 수는 없는 것이다.

178) 매도인이 저당권자의 비협조로 저당권설정등기를 말소하여 완전한 소유권이전등기를 해 주지 않는다면 매수인으로서는 그와 동시이행의 관계에 있는 매매대금의 지급을 보류하든지 매도인의 이러한 채무의 불이행을 이유로 계약을 해제하든지 하여 그 이익을 보호하는 수밖에 없다. 실무상 그 예를 찾을 수 없지만 매수인이 구태여 매도인을 상대로 저당권자에게 변제하거나 기타 피담보채무를 소멸시켜 저당권설정등기의 말소를 하라는 식으로 청구하

다. 본 사안에서 저당권자에 대한 저당권설정등기 말소청구를 하기 위해서는 저당권설정자인 매도인을 대위하여 청구할 필요가 있다. 이때 그 피보전채권은 매수인이 갖는 소유권이전등기청구권으로 부족하고 완전한 소유권이전등기청구권이어야 하는가? 잘 아는 바와 같이 채권자대위권을 행사하기 위하여 피보전채권은 ① 특정채권일 경우에는 나머지 대위요건을 주장·증명할 필요 없이 채권자대위권을 행사할 수 있고, ② 나머지 일반 채권의 경우에는 채무자의 무자력을 추가적으로 주장·증명하여 행사할 수 있을 뿐이다.

3. 상속관계

상속은 피상속인의 사망으로 개시된다. 상속인은 상속개시 있음을 안 날로부터 3개월 이내에 상속포기를 하거나 (한정)승인을 할 수 있다. '상속개시 있음을 안 날'이란 상속개시의 원인되는 사실의 발생을 알고 또 이로써 자기가 상속인이 되었음을 안 날이다.(대법원 2005. 7. 22. 선고 2003다43681 판결 등) 따라서 부모의 사망으로 자녀들이 상속하게 되었을 경우에는 상속인인 자녀들이 부모의 사망을 알게 되었을 때 상속개시의 원인 사실과 자신들이 상속인이 되었음을 안 날이라고 할 수 있으나 제1순위 상속인들(피상속인의 자녀들)이 상속을 포기함으로써 제2순위자들(피상속인의 손자녀들)이 상속인이 되었을 경우에는 피상속인의 사망사실을 인식하였다고 하더라도 제1순위 상속인들의 상속포기로서 자신들이 상속인이 되었다는 사실까지 알지 못하였으면 '상속개시 있음을 안 날'이라고 할 수 없다.(대법원 2015. 5. 14. 선고 2013다48852 판결 등)

상속인은 상속개시 있음을 안 날부터 3개월 내에 한정승인을 할 수 있다.(민법 제1019조 제1항 본문) 또는 상속채무가 상속재산을 초과한다는 사실을 중대한 과실 없이 고려기간 내에 알지 못하고 단순승인을 하였거나 민법 제1026조 제1호, 제2호에 의하여 단순승인으로 의제된 경우에는 그 사실을 안 날로부터 3개월 내에 한정승인을 할 수 있다.(민법 제1019조 제3항) 후자를 특별한정승인이라고 한다.

상속개시 전에 한 상속포기나 승인은 무효이다.(대법원 1994. 10. 14. 선고 94다8334 판결 등)

상속포기나 승인은 상대방 없는 단독행위로서의 법률행위이다. 따라서 행위능력이 있어야 한다. 미성년자인 상속인이 상속포기나 승인을 할 때는 법정대리인인 친권자의 동의를 받아 하거나 미성년자에 갈음하여 법정대리인인 친권자가 상속포기 또는 승인을 할 수 있다. 하지만 이때는 친권자도 상속인인 경우가 많기 때문에 이해상반행위로 될 수 있어 법원에 특별대리인의 선임을 청구하여 그 특별대리인이 친권자를 대신하여 상속포기와 승인에 나서야 한다.(민법 제921조) 피후견인을 위하여 후견인이 상속포기와 승인을 하거나 피후견인의 행위에 동의할 때 후견감독인이 있으면 그의 동의를 받아야 한다.(민법 제950조 제1항 제3호, 제959조의 6)

려면 이는 매도인에게 작위의무를 구하는 일종의 금지청구권의 행사이므로 다음과 같이 하여야 할 것이다. ① 그 청구취지를 의사의 진술을 명하는 청구취지의 작성방식이 아니라 좀 더 구체적인 작위의무를 명하는 식으로 작성하여 구분하여야 한다. ② 그 외에도 작위의무를 불이행할 경우에는 강제집행의 방식이 간접강제방식이 될 것이므로 이에 관한 청구도 하여야 한다. 실무상으로는 이와 같이 청구하는 예가 없다고 해도 과언이 아니다.

4. 물권의 대세적 효력[179](물권적 청구권)

물권을 침해당하면 물권자인 피해자는 가해자에 대하여 물권 침해를 회복하거나 방해를 배제하거나 예방할 수 있는 각종 작위·부작위를 구할 수 있는 권능을 갖게 된다. 이러한 물권의 효력을 대세적 효력이라고 하고 이 효력으로부터 파생된 권능을 물권적 청구권(금지청구권)이라 한다.

물권은 대세적 효력이 있기 때문에 일단 물권이 침해되고 나면 그 침해자는 물론 그 침해자로부터 정상적인 거래를 통해 물권을 취득한 수익자, 전득자 등에 대하여도 물권적 청구권을 행사할 수 있다. 이러한 물권 침해의 사유로는 ①점유, ②등기, ③지상에 건물의 소유 등이 있다. 주의할 것은 ②등기의 경우에는 그 원인행위가 있고 등기가 이루어지므로 그 원인행위에 있는 각종 성립상의 하자사유들이 전부 침해 주장함에 관련이 된다. 원인행위의 각종 성립상의 하자사유로는 Ⓐ부존재, Ⓑ무효, Ⓒ취소, Ⓓ해제(해지), Ⓔ무권대리(대리권 남용), Ⓕ대표권 제한 위반(법인, 회사 등 단체의 경우) 등으로 대별할 수 있다.[180]

이러한 사유로 인해 물권 침해가 발생하고 나면 그 이후의 수익자, 전득자 등은 사유를 불문하고 침해자가 되며, 물권자는 수익자, 전득자 등을 상대로 물권적 청구권을 행사할 수 있다.

다만 각종 하자나 해제 등으로 소급적으로 원인행위의 효력이 상실됨으로써 결과적으로 물권 침해로 된 경우에도 각 해당 규정에 제3자 보호의 규정들을 두고 있는 경우가 많다. 그러므로 수익자, 전득자 등에게 이러한 사유가 있다면 물권적 청구권을 행사할 수 없다. 예를 들면 ① 비진의 의사표시, 통모 허위표시의 경우에는 무효임을 이유로 물권적 청구권을 행사하려면 악의의 제3자(수익자·전득자)임을 주장·증명하여야 하고, ② 착오, 사기·강박에 의한 취소의 경우에는 취소의 의사표시 후 물권적 청구권을 행사하려면 악의의 제3자(수익자·전득자)임을 주장·증명하여야 하고, ③ 해제 후 원상회복 전까지의 시기에 해제의 소급효로 인하여 물권적 청구권을 행사하려면 악의의 제3자(수익자·전득자)임을 주장·증명하여야 한다. 이상은 모두 물권적 청구권을 행사하는 자가 제3자의 악의를 주장·증명하여야 한다. 그리고 수익자, 전득자별로 개별적으로 악의여부를 판단하여야 한다.

5. 무권대리행위의 추인과 그 효력

가. 문제점

무권대리는 특별한 사정이 없는 한 무효이다. 그러나 사안에서는 본인이 무권대리를 추인한 사

179) 본서에서는 물권의 효력을 ① ⓐ 배타력 ⓑ 지배력, ② 대세적 효력을 가진다고 설명하고 있다. 배타력으로부터 일물일권주의, 우선적 효력 등이 분지되어 나오고, 지배력으로부터 물건을 사용·수익·처분할 수 있는 권능을 갖게 된다. 위와 같은 물권의 효력은 전통이론에 의해 잘 지지되고 있다. 하지만 ② 대세적 효력은 전통이론에서는 이를 물권적 청구권이라고 소개하기도 한다. 물권적 청구권은 물권의 효력 중 하나인 대세적 효력으로부터 파생되는 권능이라 할 것이므로 물권의 효력이라고 할 때는 대세적 효력이라는 용어를 사용함이 더 타당하다.

180) 이와 같은 사유들은 여러 강평안에서 수회 반복하여 설명하고 있다. 그만큼 중요하다는 것이니 항상 잘 숙지하고 있어야 한다.

실도 있으며, 무권대리인이 본인을 상속한 사실이 있기 때문에 무권대리가 사후적으로 유효로 될 수 있는 사정이 존재할 수도 있다. 이러한 사정하에서 원고도 무권대리행위가 유효로 되는 효력을 따라야 하는지가 문제 될 수 있다.

나. 무권대리인의 본인 상속으로 인한 신의칙상 무효주장 불가 이유

1) 무권대리인은 본인을 상속하게 되었을 때 신의칙상 상대방에게 무권대리의 무효를 주장할 수 없다. (대법원 1994. 9. 27. 선고 94다20617 판결)

2) 원고는 소외 망인의 채권자로서 소외 망인이 갖는 소유권에 기한 말소청구권을 대위하고 있으므로 말소청구권의 발생원인 중 하나인 '원인무효사유로서의 무권대리'를 주장할 수 있어야 한다. 그런데 소외 망인의 상속한 무권대리인이 신의칙상으로라도 무효 주장을 할 수 없게 된다면 이를 대위할 수 없는 것처럼 보인다. 그래도 제3자로서 이해관계 있는 원고가 본인의 사망 전에 미리 본인을 대위하여 이 사건 대지에 처분금지가처분결정을 받아 등기를 한 다음 본인에게 그 사실을 통지한 이상 무권대리행위가 신의칙상 무효주장불가로 유효로 취급되는 현상은 채무자의 처분행위는 아니라고 하더라도 해당 법리의 정신상 그 적용이 없다고 보아야 할 것이다.

6. 채무자의 채권자 대위행사의 대상인 피대위권리의 처분불가

가. 소외 망인이 2016. 9. 1. 한 통지가 무권대리행위의 추인이 해당된다면 그 추인은 계약시에 소급하여 그 효력이 생긴다.(민법 제133조 본문) 다만 추인의 소급효는 제3자의 권리를 해치지 못하는데(민법 제133조 단서) 이러한 소급효 제한은 그 적용이 매우 좁다. 즉 ① 본인과 상대방이 추인하면서 별도의 특별한 약정을 하였으면 그에 따라 소급효가 제한되고, 아니면 ② ⓐ 제3자가 배타적 권리를 취득하였으면 소급효가 제한되고, ⓑ 무권대리행위의 상대방이나 제3자가 모두 배타적 권리를 취득하지 못한 경우에는 먼저 배타적 권리를 취득한 자가 우선한다. 본 사안에서는 강상우 명의로 소유권이전등기가 경료되었으므로 소외 망인의 추인의 소급효가 제한되지 않고 그대로 계약시에 무권대리가 유권대리로 되는 효과를 갖게 된다.

나. 그래서 제3자인 원고가 추가적으로 채권자대위권을 행사하여 자신의 권리를 보호한 행위가 주목을 받게 된다. 민법 제405조에 의하면 채권자가 보전행위 이외의 권리를 행사하고 그 사실을 채무자에게 통지한 이상 채무자는 대위행사의 대상인 채권을 처분할 수 없다. 소외 망인의 위와 같은 추인은 원고의 채권자대위권 행사와 그 통지 이후의 처분행위로서 민법 제405조에 위반하여 그 효력이 없게 된다.

甲이 乙로부터 부동산을 매수하는 계약을 체결하고 계약금, 중도금을 지급하였는데 乙의 아들이 관련 서류를 위조하여 丙에게 매도하여 그 소유권이전등기를 경료하고, 丙은 다시 丁에게 매도한 다음 관

> 련 소유권이전등기를 경료해 준 사안에서 甲이 乙을 대위하여 각 등기의 말소등기를 청구하고 乙에게는 소유권이전등기를 구하는 소를 제기하고 그 소장이 송달된 다음 제8회 변론기일에서 乙이 아들의 행위를 추인한 경우에는 민법 제405조에 의하여 채무자가 채권자의 권리행사 사실을 알았으므로 그 추인으로 甲에게 대항할 수 없다.(대법원 1977. 3. 22. 선고 77다118 판결)

다. 통지를 받지 않았더라도 채무자가 자신의 채권이 채권자에 의하여 대위행사되고 있는 사실을 알고 있었다면 그 처분을 가지고 채권자에게 대항할 수 없다.(대법원 1993. 4. 27. 선고 92다44350 판결)라고 하여 위와 같은 법리가 확대되어 적용되고 있다.

> 甲이 乙로부터 매수한 부동산을 다시 甲으로부터 매수한 丙이 채무자인 甲, 乙에 대하여 순차 소유권이전등기절차의 이행을 구하는 소를 제기하여 그 중 乙에 대한 채권자대위소송이 상고심에 계속 중 甲이 乙의 매매잔대금 지급 최고에 응하지 아니하여 乙로 하여금 매매계약을 해제할 수 있도록 한 경우, 이는 채무자가 채권자에 대한 소유권이전등기청구권을 처분하는 것에 해당하여 甲과 乙은 丙에게 그 계약해제로써 대항할 수 없다.(대법원 2003. 1. 10. 선고 2000다27343 판결)

7. 저당권설정등기 또는 가처분등기의 말소청구

가. 가처분결정에 대한 불복절차와 원인무효 가처분등기의 말소절차

1) 가처분결정의 피신청인은 Ⓐ 가처분결정에 대한 이의신청이나 Ⓑ 본안의 제소명령신청 · 제소기간의 도과로 인한 가처분취소신청, Ⓒ 사정변경으로 인한 가처분취소신청, Ⓓ 특별사정에 의한 가처분취소신청[181] 등을 하여 그 가처분취소 결정을 받아 그 법원의 말소촉탁에 의해 가처분등기가 말소된다. 그 외에도 신청인의 취하 등으로 인한 집행취소의 방법으로도 가처분등기를 말소할 수 있다. 그런데도 피신청인이나 피신청인을 대위한 채권자 등이 별도의 소를 제기하여 그 가처분등기의 말소를 구하면 부적법하여 각하되어야 한다.(대법원 1980. 12. 14. 선고 80다1872, 1873 판결)

2) 하지만 원인무효인 소유권이전등기에 의해 소유권을 취득한 외관을 갖춘 자로부터 다시 매수하여 그 소유권이전등기청구권을 보존하기 위하여 처분금지가처분을 하여 가처분등기가 경료된 경우에는 물권의 대세적 효력에 의할 때 가처분등기 또한 원인무효의 등기로서 말소되어야 한다.

이때 말소청구의 방식은 이론적으로는,

---

181) 가처분결정을 다투는 경우 이의신청은 기본적으로 가처분 요건을 갖추지 못했는데도 가처분결정이 내려진 경우 이의신청을 통해 가처분결정을 취소하는 절차이고, 그 외 본의의 제소명령위반 · 제소기간도과(채무자가 본안제소명령을 신청하여 법원에서 제소명령을 발령했는데도 제소하지 않은 경우)로 인한 가처분결정 취소, 사정변경(가처분발령시 사정이 그 후 변경되어 가처분함이 부당하게 된 경우)에 의한 가처분결정 취소, 부제소(가처분 후 3년 경과하여도 본안의 제소를 하지 않은 경우)에 의한 가처분결정 취소, 특별사정(채권자의 이익에 비해 가처분으로 인한 채무자의 불이익이 큰 경우, 채무자가 담보제공을 한 경우 등 특별사정)에 의한 가처분결정 취소는 모두 적법하게 성립한 가처분결정을 일정한 요건이 충족되면 사후적으로 이를 소멸시키는 절차이다.

첫째 원인무효 소유권이전등기에 대하여 말소청구를 하면서 처분금지가처분등기에 관해서는 가처분권자를 상대로 위 원인무효 소유권이전등기의 말소 절차에 승낙의 의사표시를 하라는 식으로 청구할 수 있고,

둘째 가처분등기도 원인무효이므로 소유권이전등기에 대하여 말소청구를 하면서 가처분등기에 대해서도 말소를 청구할 수 있다.

원칙적으로 첫째 방법으로 승낙의 의사표시를 하라고 청구하는 것이 바람직하다. 그런데 둘째 방식으로 청구를 하면 수소법원으로서는 그 말소청구에 승낙의 의사표시를 구하는 취지도 포함되어 있다고 판단되므로 반드시 석명권을 행사하여 승낙의 의사표시를 구하는 청구취지로 바로잡아 판결하여야 한다. 수소법원이 설명했는데도 원고가 둘째 방식의 청구를 유지하는 경우에 비로소 기각해야 한다.

나. 원인무효 저당권설정등기의 말소절차와 피담보채무 변제를 원인으로 한 저당권설정등기의 말소절차

1) 피담보채무 변제를 원인으로 한 저당권설정등기의 말소청구는 다음 두 가지 방식으로 청구할 수 있다. Ⓐ 소유권에 기하여 원인무효가 된 저당권설정등기의 말소를 구하는 물권적 청구권의 일종인 방해배제청구권에 기하여 청구할 수도 있고, 이때 청구취지는 "피고는 원고에게 별지목록 기재 부동산에 대한 서울중앙지방법원 등기국 2017. 6. 1. 접수 제12345호로 경료된 저당권설정등기의 말소등기 절차를 이행하라."라는 방식으로 기재하면 족하다. Ⓑ 저당권설정계약의 표준적 약정[182]으로써 피담보채무가 변제 등으로 소멸하면 그 부종성의 결과 효력을 상실한 저당권설정등기로 채권적 청구권의 행사로서 말소를 구할 수 있다. 이때 청구취지는 "피고는 원고에게 별지목록 기재 부동산에 대한 서울중앙지방법원 등기국 2017. 6. 1. 접수 제12345호로 경료된 저당권설정등기에 관하여 <u>2018. 3. 1. 변제를 원인으로 한</u> 말소등기 절차를 이행하라."라고 기재하여야 한다. 저당권설정자인 원고는 양자 중 하나의 청구권을 선택하여 행사하여야 한다. 이때도 청구취지와 청구원인의 기재가 서로 일치하여야 한다.

2) 이에 반하여 원인무효인 저당권설정등기의 말소를 구할 때는 물권자의 대세적 효력에 기하여 행사되는 방해배제청구권의 일종이므로 위 1) ① 항 기재와 같은 내용의 청구취지를 기재하여야 한다. 한 가지 청구방법밖에 없다. 이때 저당권설정등기는 양 당사자의 신청에 의해 등기되고 양 당사자의 신청에 의해 말소되어야 하므로 설사 원인무효인 소유권이전등기에 의해 소유권을 취득한

182) 저당권설정계약에 피담보채무가 변제 등으로 소멸하여는 경우 저당권설정등기를 말소해야 한다는 조항이 명시적으로 포함되어 있는 저당권설정계약은 드물다. 그래서 저당권설정자와 저당권자는 명시적으로 약정하지는 않았지만 그와 같은 약정을 했다고 보아 그 약정의 이행을 구하는 것으로 채권적 청구권인 저당권설정등기 말소청구권을 이론구성해야 한다. 이러한 약정은 저당권설정계약의 표준약관과 같이 존재하는 것이다. 그래서 본서에서는 이런 의미를 전달하기 위하여 표준적 약정(default rule)이라는 용어를 사용한다. 채권각론을 학습함에 있어 이와 같은 표준적 약정을 학습하는 것이라는 학습태도는 민사법의 전체 체계를 이해하는 데 매우 중요하다.

외관을 갖춘 자로부터 저당권설정등기를 경료받았다고 하더라도 위 1) ① 항과 같이 청구할 수 있을 뿐이다.

간혹 저당권설정등기의 말소를 청구하는 대신에 원인무효인 소유권이전등기에 대한 말소청구에 승낙의 의사표시를 하라는 식으로는 청구할 수도 있다.[183] 물론 승낙의 의사표시를 구하는 청구가 가능하다고 하더라도 법원의 촉탁에 의한 등기와 같이 쌍방신청주의가 적용되는 등기는 차이가 있으므로 저당권설정등기가 원인무효인 경우에도 저당권설정등기 자체의 말소를 청구하는 방식으로 청구하는 것이 더 좋다.[184]

다. 저당권의 양도와 말소대상자와 말소대상등기

간혹 저당권부 채권이 양도되어 그 부기등기가 경료된 사례가 제시된 경우가 있다. 이 경우 말소청구의 상대방은 현 저당권자가 되나, 말소대상으로 표기할 등기는 저당권설정등기이기 때문에 과거 양도인인 저당권자로 표기되었다가 말소되어진 저당권설정등기이다. 부기등기는 말소등기청구가 인용되어 확정된 후 등기공무원이 해당 저당권설정등기를 말소하면서 직권으로 같이 말소한다.

라. 피담보채무의 소멸시효완성 가능성

1) 소멸시효완성의 주장은 원고측이 할 수 있는 주장이다. 그래서 본 사안에서 기록상 소멸시효완성 운운하고 있으므로 법리적으로 이를 검토하여 주장이 가능하면 그 주장을 근거로 청구취지를 구성하고 이에 따른 청구원인을 작성하면 된다. 만약 법리적으로 검토하여 주장이 불가능하면 소멸시효완성을 주장할 수 없다는 전제하에 변제 및 나머지 채무금을 변제받은 후 말소하라는 식으로 청구취지와 청구원인을 구성하면 될 뿐이다. 후자와 같이 청구하면서 소장 청구원인란에서 소멸시효완성 여부를 검토한 결과 주장할 수 없었다. 그래서 변제 등으로 청구원인을 작성한다는 점을 구차하게 기술할 필요가 없다.

2) 피담보채무 중 원본의 경우는 상사채무로서 5년의 소멸시효 기간이, 이자는 3년의 소멸시효 기간이 적용된다.(민법 제163조 제1호) 지연손해금은 상사채무의 지연손해금이므로 5년의 소멸시효 기간이 그대로 적용된다. 2011. 5. 1. 차용하면서 변제기를 2012. 4. 30.로 정했고, 2017. 6. 22. 소제기하고 있으므로 피담보채무의 원본과 이자 및 지연손해금의 일부가 시효완성으로 소멸하였을 수도 있다. 하지만 최초 이자의 변제기(매월 말일 지급으로 약정됨)는 2011. 5. 31.인데 소외 망인은 그로부터 3년이 경과되기 전인 2014. 3. 15. 확정채권양수인인 피고 박수길에게 "귀하가 보내신 양수금 변제 청구 통지서는 잘 받아보았"고, "본인은 귀하께서 요구하신 채무의 원리금을 모두 인정하고, 이를 변제하기 위하여 백방으로 노력하고 있"다고 하는 취지의 '독촉에 대한 답신'을 보내 채

183) 법학전문대학원 협의회 제공 민사법 모의기록(9) 소유권이전등기말소 등에서 저당권설정등기 말소를 청구하는 대신에 원인무효인 소유권이전등기말소청구에 승낙의 의사표시를 하라는 식으로 모범답안을 제시한 적이 있다. 해당 부분을 참조하여 언급된 대법원 판례들을 잘 학습하기 바란다.

184) 압도적 다수의 모의기록에서 원인무효인 저당권설정등기의 말소를 구하는 청구취지가 모범답안으로 제시되고 있다.

무를 승인하였을 뿐만 아니라 2014. 8. 31. 아무런 이의를 유보함이 없이 250,000,000원을 변제하였다. 따라서 소멸시효기간의 진행은 채무자의 승인 또는 일부변제를 통해 중단되었고 그 이후로 다시 3년, 5년 등 소멸시효기간이 다시 경과하지 않았으므로 소멸시효완성의 주장을 할 수 없다. 그래서 원고측은 소멸시효완성의 주장을 할 수 없다는 입장에서 소장을 작성하였다.

8. 임대차계약: 채권 각칙상의 표준적 약정과 다른 내용 특약의 효력

가. 임차인에게 불리한 약정

1) 유익비 청구권의 포기 약정

민법 제652조에 의하면 임차인에게 불리한 특약이 효력 없다는 관련규정에서 유익비·필요비 규정을 제외하고 있다. 그래서 유익비·필요비 포기 약정을 해도 유효하다. 따라서 유익비·필요비 포기약정이 임차인에게 불리한지 살필 필요 없이도 그 효력이 있다

2) 지상물매수청구권의 포기, 부속물매수청구권 포기의 특약

민법 제652조에 의하면 지상물매수청구권, 부속물매수청구권의 경우 그 포기약정은 임차인 또는 전차인에게 불리한 경우 그 효력이 없다고 규정되어 있다. 따라서 그 포기약정은 효력이 없다. 다만 임차보증금 또는 차임을 저렴하게 해준다든지 임대기간을 장기간으로 해 준다든지 원상회복의무를 면해 준다든지 하여 실질적으로 임차인에게 불리하지 않는 조건하에서 포기약정을 한 경우에는 그 포기약정의 효력을 긍정하기도 한다.(대법원 1982. 1. 19. 선고 81다1001 판결 등) 또 이 사건 임대차계약상의 "임대차종료시 임차인이 임차목적물에 설치한 시설물은 모두 임차인의 비용으로 철거한다."라는 특약이 지상물매수청구권 또는 부속물매수청구권의 포기 특약인지도 불분명하다.

나. 임대인에게 불리한 약정: 3기 이상 차임연체의 경우에만 해지

임대인에게 불리한 특약은 특약대로 그 효력이 발생한다.

소 장

원 고 최 길 호 (530612－1070111)
서울 서초구 서래로5길 33(반포동)
소송대리인 변호사 조정현
서울 서초구 효령로12길, 202호(방배동)
전화번호 (02) 525－1234 팩스번호 (02) 525－1235
이메일 주소 jhcho@hanmail.net

피 고 1. 김 병 철 (840104－1914111)
서울 서초구 효령로68길 13, 21동 803호(서초동, 현대아파트)

2. 강 상 우 (820611－1226153)
서울 강남구 양재대로55길 25(일원동)
3. 정 우 철 (651223－1903132)
서울 구로구 신도림로11가길 36, 102동 403호(신도림동, 미성아파트)
4. 박 수 길 (670810－1541312)
서울 성북구 종암로 18 (종암동)
5. 차 기 환 (730728－1509244)
서울 송파구 오금로 180 (송파동)

소유권이전등기 등 청구의 소

청 구 취 지

1. 피고 김병철은 원고로부터 300,000,000원을 지급받음과 동시에 원고에게 별지 목록 제1기재 부동산에 대하여 2014. 6. 1. 매매를 원인으로 한 소유권이전등기 절차를 이행하라.
2. 피고 김병철에게 별지 목록 제1기재 부동산에 관한,
가. 피고 강상우는 서울중앙지방법원 등기국 2014. 12. 1. 접수 제15780호로 마친 소유권이전등기의 말소등기 절차를 이행하고,
나. 피고 정우철은 위 말소등기에 대하여 승낙의 의사표시를 하라.
3. 피고 박수길은 피고 김병철[185]로부터 86,000,000원 및 이에 대한 2014. 9. 1.부터 다 갚는 날까지 월 2%의 비율에 의한 금원을 지급받은 다음 피고 김병철에게 별지 목록 제1부동산에 관한 서울중앙지방법원 등기국 2011. 5. 1. 접수 제13259호로 마친 근저당권설정등기의 말소등기 절차를 이행하라.
4. 피고 차기환은 원고로부터 25,000,000원에서 2017. 6. 15.부터 이 사건 대지의 인도완료일까지 매월 3,000,000원의 비율에 의한 금원을 공제한 나머지 금원을 지급받음과 동시에게 원고에게,
가. 별지 목록 제2기재 건물을 철거하고,
나. 별지 목록 제1기재 부동산을 인도하라.
5. 소송비용은 피고들의 부담으로 한다.
6. 위 4항은 가집행할 수 있다.
라는 판결을 구합니다.

청 구 원 인

1. 피고 김병철의 단독상속[186]

185) 원고는 출연을 감수하면서도 근저당권설정등기를 말소하고 싶어하므로 이를 "원고로부터"라고 하여도 된다.
186) 상속사실을 독립한 항으로 빼서 공통사실로 설시하여야 하는지 여부는 다음과 같이 결정하여야 한다.
첫째 피고 김병철이 소외 망인을 단독상속한 사실은 소유권이전등기청구는 물론 소유권이전등기 말소, 가처분등기 말소, 근저당권설정등기 말소 등에도 공통하는 사실이므로 이처럼 별도의 항을 마련하여 모든 청구의 공통사실로 취급하여 설시하는 것이 보다 세련된 법문서 작성방법이다.
둘째 그렇다고 하여 반드시 독립된 항으로 빼서 작성하여야 하는 것은 아니고 소유권이전등기청구 부분에서 상속사실을 설시한 다음 후속하는 청구에서는 원용하는 방식으로 작성하여도 된다.

가. 소외 망 김상군(이하 '소외 망인'이라 함)은 1999. 8. 16. 타인으로부터 별지 목록 제1기재 부동산(이하 '이 사건 대지'라고 함)을 매수하여 같은 달 23. 소유권이전등기를 경료하였습니다.[187]

나. 소외 망인은 처가 이미 사망한 후 2016. 12. 4. 사망하였고, 사망 당시 유족으로는 장남 소외 김병수와 차남인 피고 김병철이 있었는데 소외 김병수는 소외 망인의 사망 후 3개월 이전인 2017. 1. 5. 상속포기를 신고하여 그 무렵 수리되었습니다.

다. 따라서 피고 김병철은 소외 망인을 단독으로 상속하였습니다.

2. 피고 김병철에 대한 소유권이전등기청구

가. 매매계약의 체결, 계약금·중도금의 지급

(1) 원고는 2014. 6. 1. 소외 망인으로부터 이 사건 대지를 대금 550,000,000원에 매수하면서 계약금 50,000,000원은 계약당일 지급하였고, 중도금 200,000,000원은 2014. 7. 1. 지급하기로 하되 소외 망인도 이때 이 사건 대지를 인도하며, 잔금 300,000,000원은 소유권이전등기와 상환하여 지급하기로 약정하였습니다. 특히 소외 망인은 잔금지급 기일 전까지 근저당권의 피담보채무를 확실하게 변제해 근저당권을 책임지고 말소해 주기로 특약하였습니다.

(2) 원고는 위 매매계약에 따라 계약금을 계약당일 지급한 것은 물론 2014. 7. 1. 중도금 200,000,000원도 지급하였으며 이 사건 대지를 인도받았습니다.

나. 소결론

그렇다면 소외 망인을 단독상속한 피고 김병철은 원고로부터 잔금 300,000,000원을 지급받음과 동시에[188] 원고에게 이 사건 대지에 관하여 2014. 6. 1. 매매를 원인으로 한 소유권이전등기 절차를 이행할 의무가 있습니다.

3. 피고 강상우, 정우철에 대한 등기말소 청구

가. 무권대리[189]에 의한 매매계약 후 소유권이전등기, 후속 매매계약과 가처분 등기

(1) 소외 망인의 아들인 피고 김병철은 소외 망인의 주민등록증, 인감도장을 절취하여 소외 망인의 승낙 없이 이 사건 대지에 관한 위임장 등의 서류들을 위조한 다음 2014. 11. 15. 피고 강상우에게 소외 망인의 대리인으로서 매매계약서를 작성하여 이 사건 대지를 매도하고 서울중앙지방법원

---

187) 피고 김병철이 소외 망인의 계약상 의무를 상속하였다고 보면 이 사건 대지의 소유권을 상속한 사실은 불필요한 기재가 될 수 있다.

188) 청구취지에서 동시이행항변을 받아들여 상환이행의 청구취지를 작성하게 되었다면 동시이행항변은 항변으로 설시할 것이 아니라 청구를 이유 있게 하는 원인사실의 하나로서 기술해야 한다. 즉 청구원인의 요건사실이 된다는 것이다. 그래서 "피고 김병철은 동시이행항변을 할 것으로 예상됩니다. 동시이행관계에 있으므로 그 항변은 이유 있습니다."라는 식의 기술은 잘못된 기술이 된다. 채점기준에 따라서는 동시이행항변을 별도의 항목으로 설정하여 기술할 것을 요구하는 경우도 있다. 하지만 동시이행항변을 받아들여 청구취지를 상환이행의 청구로 작성한 마당에는 항변 운운하는 것은 부적절하다.

189) 김상군과 강상우 사이에 체결된 매매계약서가 김병철이 김상군을 대리하여 체결된 것인지? 아니면 김병철이 김상군의 명의를 위조하여 체결한 것인지?는 사실관계에 따라 결정된다. 그래서 모의기록상 이에 관한 매매계약서가 첨부되어 있어야 하는데 실제로는 첨부되어 있지 않다. 따라서 무권대리인지 아니면 위조인지를 알 수 없다. 다만 모의기록 20면에 첨부된 '통지서'에서는 마치 대리로 매매계약이 체결된 것처럼 설명하고 있기 때문에 모범답안을 작성함에 있어 무권대리임을 전제로 논리를 전개하기로 한다.

등기국 2014. 12. 1. 접수 제15780호로 소유권이전등기를 경료해 주었습니다.

(2) 피고 정우철은 2015. 2. 1. 피고 강상우로부터 이 사건 대지를 매수한 다음 그 소유권이전등기 청구권을 피보전권리로 하여 피고 강상우를 상대로 가처분신청을 하여 2015. 2. 15. 그 가처분 결정이 내려져 서울중앙지방법원 등기국 2015. 2. 15. 접수 제1555호로 가처분등기가 경료되었습니다.

나. 소결론

그렇다면 피고 강상우 명의 위 소유권이전등기는 피고 김병철의 무권대리[190]로 체결된 매매계약을 기초로 경료된 원인무효의 등기이고 이에 기초한 피고 정우철 명의 가처분 등기도 원인무효의 등기라 할 것이다. 따라서 위 2.항과 같이 이 사건 대지에 관한 소유권이전등기청구권을 가진 원고의 채권자 대위로[191] 피고 강상우는 피고 김병철에게 이 사건 대지에 대한 위 소유권이전등기를 말소할 의무가 있고, 피고 정우철은 위 말소등기에 승낙의 의사표시를 할 의무가 있습니다.

다. 피고 강상우, 정우철의 주장에 대한 반박

(1) 유권대리 및 월권 표현대리(민법 제126조) 주장에 대한 반박

위 피고들은 소외 망인이 피고 김병철에게 이 사건 대지의 매도에 관한 대리권을 수여하여 유권대리였고, 가사 아니라고 해도 피고 김병철은 소외 망인을 대리하여 소외 망인 소유 상가를 관리하고 차임을 징수하는 업무를 처리해 오던 중 이 사건 대지에 관한 위 매매계약을 체결하였고, 피고 강상우는 이러한 매매의 권한이 있다고 믿을만한 정당한 사유가 있었으므로 민법 제126조 소정의 표현대리가 성립하여 위 매매계약이 유효하며 그에 기초한 피고 정우철의 가처분등기도 유효하다고 주장하고 있습니다.

먼저 피고 김병철이 소외 망인으로부터 대리권을 수여받은 바가 없습니다. 나아가 가사 피고 김병철이 소외 망인으로부터 그 소유 상가의 관리와 차임징수에 관한 대리권을 수여받았다고 하더라도 이 사건 대지의 처분행위까지 부여했다고 믿을만한 정당한 사유가 전혀 없었습니다.[192] 오히려 피고 김병철은 소외 망인의 주민등록증, 인감도장을 절취하여 함부로 위임장 등을 작성한 다음 소외 망인의 대리인을 자처하면서 이 사건 대지에 관한 매매계약서를 작성한 사실이 있을 뿐이고, 원고는 2014. 7. 1. 이 사건 대지를 이미 인도받아 2014. 7. 15. 피고 차지환에게 임대하여 피고 차지환이 그 지상에 이 사건 건물을 신축하여 점유하고 있었으므로 위 피고들이 현장을 방문하여 원고나 피고 차지환에게 한번만 문의했더라도 명명백백하게 밝혀질 수 있었던 사실을 게을리하여 알지 못한 채 이 사건 대지를 매수하였던 것이므로 정당한 사유가 전혀 없습니다. 따라서 위 피고들의 위 주장은 이유 없습니다.

(2) 소외 망인의 무권대리 행위 추인 주장에 대한 반박

피고 강상우, 정우철은 소외 망인이 2016. 9. 1. 피고 강상우에게 피고 김병철의 무권대리행

190) 일반적으로 계약의 유효를 주장하는 측에서 유권대리를 주장·증명하여야 한다. 하지만 등기의 추정력 때문에 등기의 원인무효를 주장·증명해야 하는 말소청구에서는 말소를 구하는 측에서 무권대리를 주장·증명하여야 한다.

191) 본 사안에서는 피보전채권이 완전한 소유권이전등기청구권인지 아니면 소유권이전등기청구권인지 논란이 있을 수 있다. 소유권이전등기청구권만으로도 충분히 특정채권으로 보전의 필요성과 같은 다른 채권자 대위요건을 주장할 필요 없이 채권자대위권을 행사할 수 있다. 채권자대위권의 요건을 별도로 상세하게 설명하는 경우도 있다. 물론 이때도 대위요건이 본질이 아니기 때문에 가급적 간략하게 기술하고 피대위채권에 관해서 기술하는데 집중하여야 한다.

192) 피고들의 주장·증명책임이 있는 악의 or 과실에 관한 부인으로서의 성격을 갖고 있다.

위를 추인하였다고 주장합니다.

소외 망인은 피고 김병철을 사문서위조 및 행사 등의 죄로 고소하였다가 더 이상 형사처벌을 원하지 않아 2016. 8. 15. 그 고소를 취하하고 용서한 다음 2016. 9. 1. 피고 강상우에게 매매계약이 유효한 것으로 용인하기로 하겠다는 의사를 표시한 사실은 있습니다. 하지만 위와 같은 의사표시만으로는 무권대리 행위를 추인하였다고 볼 수 없을 뿐만 아니라 민법 제405조에 따르면 채권자가 보전행위 이외의 권리를 행사한 다음 이를 채무자에게 통지한 후에는 그 통지를 받은 채무자는 그 권리를 처분하여도 이로서 채권자에게 대항할 수 없습니다. 원고는 소외 망인의 위 2016. 9. 1.자 추인의 의사표시를 하기 전인 2016. 3. 14. 소외 망인을 대위하여 원인무효를 원인으로 한 소유권이전등기말소청구권을 보전하기 위하여 가처분신청을 하여 그 결정이 내려졌고, 같은 날 가처분등기가 경료되었습니다. 그 후 원고는 2016. 3. 20. 소외 망인에게 위와 같이 채권자대위권을 행사하였다는 취지의 통고서를 보내 그 통고서가 같은 달 21. 소외 망인에게 도달하였습니다. 따라서 그 후 한 소외 망인의 추인은 그 효력이 없다 할 것이어서 위 피고들의 위 주장은 이유 없습니다.

4. 피고 박수길에 대한 근저당권설정등기의 말소청구

가. 근저당권설정계약, 근저당권설정등기, 근저당권부 확정채권양도계약 및 그 통지, 부기등기의 경료

1) 소외 망인은 원고에게 위 2.항과 같이 이 사건 대지를 매도할 때 "매도인은 잔금지급기일 전까지 근저당권의 피담보채무를 확실하게 변제하여 근저당권을 책임지고 말소하"겠다고 특약하였습니다.

2) 소외 망인은 제일스포츠를 경영하고 있었는데 2011. 5. 1. 소외 이동현으로부터 제일스포츠의 사업자금으로 200,000,000원을 이율은 월 1푼으로 하고 매월 말일 지급하며, 변제기 이후의 지연손해금의 이율은 월 2푼으로 정하고, 변제기는 2012. 4. 30.로 하여 차용하였습니다.

3) 소외 망인은 위 차용 당시 이 사건 대지를 담보로 제공하여 근저당권설정계약을 한 후 소외 이동현 명의로 서울중앙지방법원 등기국 2011. 5. 1. 접수 제13259호로 된 근저당권설정등기를 경료해 주었습니다. 이에 소외 이동현은 2013. 12. 30. 피고 박수길에게 근저당권부 확정채권양도계약을 체결한 다음 같은 날 원고에게 위 확정 채권양도 사실을 통지하여 2014. 1. 2. 원고에게 그 통지서가 도달하였습니다. 이어 2013. 12. 30. 피고 박수길 명의로 확정채권양도를 원인으로 한 근저당권이전의 부기등기를 경료하였습니다.

나. 변제 및 변제충당[193)]

소외 망인은 2014. 8. 31. 피고 박수길에게 피담보채무의 변제조로 250,000,000원을 지급하였습니다. 위 변제금액으로는 위 피담보채무의 원금, 이자, 지연손해금 전부를 변제하기 부족하였고, 그 충당에 관한 합의나 지정충당행위는 없었습니다.

따라서 2014. 8. 31.경 피담보채무와 관련한 비용이 추가적으로 발생한 사실은 없었으며 차용일인 2011. 5. 1.부터 2014. 8. 31.까지 3년 4개월 동안 발생한 이자 및 지연손해금은 합계 136,000,000원{=이자(200,000,000원 X 0.01 X 12개월) + 지연손해금(200,000,000원 X 0.02 X 28개월)}이었습

193) 피담보채무는 상사채무이므로 5년간의 소멸시효기간의 적용을 받고 또 이자는 민법 제163조 제1호에 의하여 3년의 단기소멸시효기간의 적용을 받는다. 그래서 채무원금이나 이자 중 일부가 소멸시효의 완성으로 소멸했는지 검토할 필요가 있다. 그러나 소외 망인이 2014. 3. 15. 내용증명우편에서 채무승인을 하였으므로 시효중단되거나 시효이익의 포기가 되었습니다. 이렇게 검토하여 피담보채무의 일부도 소멸하지 않았다고 판단하여 원고가 그 불이익을 감수하고 청구취지를 작성하였으면 청구원인에서 이를 별도로 언급할 필요는 없다.

니다. 따라서 소외 망인이 지급한 위 250,000,000원에서 위 이자 및 지연손해금 136,000,000원을 충당한 다음 나머지 114,000,000원(250,000,000원 – 136,000,000원)을 원금 200,000,000원에 충당하면 결국 나머지 원금은 86,000,000원(200,000,000원 – 114,000,000원)이 됩니다.

다. 소결론

그렇다면 소외 이동현으로부터 근저당권부 확정채권을 양도받은 피고 박수길이 피담보채무액에 관하여 다투고 있는 이상 원고로서는 근저당권설정등기의 말소등기절차의 이행을 미리 청구할 필요가 있습니다. 따라서 피고 박수길은 소외 망인을 상속한 피고 김병철로부터 86,000,000원 및 이에 대한 2014. 9. 1.부터 다 갚는 날까지 월 2%의 비율에 의한 약정 지연손해금을 지급받은 후 피고 김병철에게 이 사건 대지에 대한 서울중앙지방법원 등기국 2011. 5. 1. 접수 제13259호로 경료된 근저당권설정등기의 말소등기 절차를 이행할 의무가 있습니다. 피고 김병철에 대하여 이사건 대지에 관하여 완전한 소유권이전등기 절차의 이행을 구할 채권이 있는 원고는 피고 김병철을 대위하여 피고 박수길에 대하여 위와 같은 의무의 이행을 구합니다.

5. 피고 차기환에 대한 건물 철거 및 대지 인도 청구

가. 이 사건 대지에 대한 임대차계약의 체결, 그 지상에 이 사건 건물의 신축, 임대차계약의 해지

1) 원고는 위 2.항의 매매계약의 취지에 따라 소외 망인에게 중도금을 지급하면서 이 사건 대지를 인도받았습니다.

2) 원고는 2014. 7. 1. 피고 차기환과 사이에 이 사건 대지에 관하여 다음과 같은 내용의 임대차계약을 체결하였습니다.

① 원고는 2014. 7. 14. 피고 차기환에게 이 사건 대지를 인도하고, 임대차계약기간은 그때부터 2016. 7. 14.까지 2년간으로 한다.

② 피고 차기환은 임대차보증금 100,000,000원을 지급하고, 월차임으로 매월 14일에 3,000,000원을 후불로 지급하기로 한다.

③ 피고 차기환은 임차목적물에 대한 개량비용을 임대인에게 청구하지 않고 피고 차기환의 부담으로 한다.

④ 피고 차기환은 임대차종료시 임차목적물에 설치한 시설물은 모두 임차인의 비용으로 철거한다.

⑤ 피고 차기환이 3개월분 이상 차임의 지급을 연체할 경우 원고는 즉시 본 계약을 해지할 수 있다.

3) 피고 차기환은 계약당일 원고에게 임대차보증금 100,000,000원을 지급하였고, 원고는 2014. 7. 14.경 피고 차기환에게 이 사건 대지를 인도하였습니다.

4) 피고 차기환은 이 사건 대지 위에 이 사건 건물을 신축하여 음식점 영업을 하면서 2015. 5. 15.부터 차임을 연체하였습니다. 원고는 2015. 11. 13. 피고 차기환에게 내용증명우편을 보내 3기 이상 차임연체를 이유로 위 임대차계약을 해지하였고, 같은 달 14. 피고 차기환에게 그 통지서가 도달하였습니다.

나. 공제

그렇다면 위 임대차계약은 원고의 위와 같은 해지로 인하여 종료되었다 할 것이고, 반환하여야

할 임차보증금은 100,000,000원에서 피고 차기환이 2015. 5. 15.부터 연체한 2017. 6. 14.까지의 2년 1개월 차임 합계 75,000,000원(=3,000,000원 X 25개월)을 공제한 나머지 25,000,000원(100,000,000원 − 75,000,000원)이 됩니다.

차임 등 채권에 대하여 압류 및 추심명령이 있었다 하더라도 당해 임대차가 종료되어 임대차 목적물이 반환될 때에는 그때까지 현실적으로 추심되지 않고 잔존하는 차임 등 채권 상당액도 임차보증금에서 당연히 공제되어야 합니다.[194)]

다. 소결론

따라서 임대차계약의 종료로 인한 원상회복의무의 일환으로 피고 차기환은 원고로부터 잔존한 나머지 임차보증금 25,000,000원에서 2017. 6. 15.부터 이 사건 대지의 인도완료일까지 매월 3,000,000원의 비율에 의한 금원을 공제한 나머지 임차보증금을 지급받음과 동시에 원고에게 이 사건 건물을 철거하고, 이 사건 대지를 인도할 의무가 있습니다.

라. 피고 차기환의 주장에 대한 반박

1) 유익비 반환 주장에 대한 반박

가) 피고 차기환은 2014. 10. 14. 이 사건 대지에 관하여 석축공사 및 하수배관시설 등 토지정비개량공사를 하고 그 비용으로 25,000,000원을 지급하였고, 현재 잔존가치는 20,000,000원상당이라며 그 중 작은 20,000,000원의 유익비를 반환하기 전까지는 이 사건 대지를 유치할 권리가 있어 원고의 위 인도청구에 응할 수 없다고 주장합니다.

나) 피고 차기환인 주장하는 석축공사 및 하수배관시설공사를 실시하여 현재 20,000,000원가량의 현존가치가 존재하는 것은 사실입니다. 그러나 원고와 피고 차기환이 위 임대차계약을 체결할 때 "피고 차기환은 임차목적물에 대한 개량비용을 임대인에게 청구하지 않고 피고 차기환의 부담으로 한다."고 특약하여 유익비상환청구권을 포기하였는바 그 약정에 따라 피고 차기환은 유익비상환청구권을 행사할 수 없다 할 것이므로 피고 차기환의 위 주장은 이유 없습니다.

2) 원고가 이 사건 대지의 소유자가 아니라며 원고에게 차임을 지급할 수 없다는 주장에 대한 반박

가) 피고 차기환은 이 사건 대지가 이미 피고 강상우 명의로 소유권이전등기가 경료되어 있어 원고가 그 소유권을 정당하게 취득할 수 없을 것이므로 피고 차기환의 차임 지급거절은 정당하여 원고의 위 임대차계약 해지는 이유가 없다고 주장합니다.

나) 임대인은 임대차계약의 취지에 따라 임차목적물을 인도하여 임차인이 이를 사용·수익할 수 있게 하면 그 의무를 다하는 것으로 꼭 임차목적물의 소유자여야 하는 것은 아닙니다. 그러므로 원고는 임대차계약의 취지에 따라 2014. 7. 14. 피고 차기환에게 이 사건 대지를 인도하여 사용·수익하게 하였고, 그 후 임대차계약상의 의무위반으로 해제한 다음 임대차계약에 따른 임차목적물의 반환 등을 구하고 있으므로 피고 차기환의 위 주장은 이유 없습니다.

3) 차임에 관한 채권압류 및 추심명령을 받았으므로 해지통지의 효력이 없다는 주장에 대한 반박

가) 피고 차기환은 소외 고은수가 2015. 10. 1. 원고의 피고 차기환에 대한 위 임대차계약에 따른 차임지급채권 및 이후의 부당이득반환채권을 대상으로 채권압류 및 추심명령을 받아 2015. 10. 2. 송달받았으므로 피고 차기환의 차임지급거절은 정당하여 원고의 3기 이상 차임연체를 이유로 한

194) 대법원 2004. 12. 23. 선고 2004다56554 판결.

임대차계약의 해지는 그 효력이 없다고 주장합니다.

나) 피고 차기환이 위와 같은 채권압류 및 추심명령을 송달받았다고 하더라도 원고에 대한 차임지급채무의 지체책임을 면하는 것은 아니고, 공탁 등의 조치를 취하여야 합니다. 그런데 피고 차기환인 이 사건 차임의 공탁을 하였다는 증거는 없으므로 원고로서는 약정에 따른 3기 이상 차임연체를 이유로 임대차계약을 해지할 수 있다 할 것이므로 피고 차기환의 위 주장은 이유 없습니다.

4) 지상물매수청구권의 행사에 대한 반박

가) 피고 차기환은 2015. 11. 25. 원고에게 내용증명우편을 보내 건물의 소유를 목적으로 한 토지의 임대차이므로 지상물매수청구권을 행사한다고 주장하면서 건물의 철거에 응할 수 없고, 지상건물의 가치인 70,000,000원의 지급을 구하고 있습니다.

나) 그러나 지상물매수청구권은 임대차계약이 기간만료 등으로 종료하였을 때 행사할 수 있을 뿐 차임연체를 이유로 한 임대차계약의 해지시에는 주장할 수 없습니다. 앞서 본 바와 같이 이 사건 임대차계약은 피고 차기환인 2014. 5. 15.부터 차임지급을 연체하여 특약상의 3기 이상의 차임지급연체로 인하여 원고의 해지로 효력을 잃게 되었으므로 피고 차기환의 지상물매수청구권의 행사는 이유가 없습니다.

6. 결론

따라서 원고의 피고들에 대한 청구는 모두 이유 있으므로 이를 인용해 주시고, 소송비용은 패소자의 부담으로 하여 주시고, 일부 청구에 가집행의 선고를 해 주시기를 바랍니다.

입 증 방 법(생략)
첨 부 서 류(생략)

2017. 6. 22.

원고 소송대리인 변호사 조정현 인

서울중앙지방법원 귀중

부동산 목록

1. 서울 강남구 세곡동 514(헌릉로570길 32－2) 대 300㎡
2. 위 지상 경량철골조 샌드위치패널지붕 2층 점포

   1층 210㎡

   2층 210㎡ 끝.

Ⅴ. B. 2017년도 제2회[195)]

1. 7단계 권리분석법에 의한 사건 전체의 분석

가. 의뢰인의 희망사항 분석결과

의뢰인=원고	희망사항	물권 침해? 약정?	침해자 또는 약정자는 누구(=피고)	원고의 자격, ∴소송명
김상혁	양재호, 대한 주식회사에 대하여 대여금반환청구[196)]	① 소비대차계약 ∴**불이행 있어 강제이행청구**	∴약정자 (차주) (양재호)	약정의 상대방 (대주) ∴대여금 청구
	양수한 임차보증금을 최대한 많이 받고 싶고, 위 보증금을 받기 위하여 양재호에게 소를 제기해야 한다면 그 소도 제기	① 임대차계약 **② 채권양도계약, 통지** ∴**불이행 있어 강제이행청구**	∴약정자 (임대인) (망 주수영) ∴약정자 (임차인) (양재호)	약정의 상대방 (임차인의 채권양수인) ∴임차보증금반환 (임차보증금채권을 피보전권리로 대위청구) ∴임차목적물반환
	주차장 부지에 설정된 근저당권을 말소하고 소유권을 확보할 수 있는 판결을 받고 싶다.	① 매매계약 ② 제3자 명의신탁 ∴**불이행 있어 강제이행청구**	약정자 (매도인) (박명진) (명의수탁자) (양재호)	약정의 상대방 (매수인) (명의신탁자) ∴소유권이전등기, 소유권이전등기말소청구의 대위청구
		① 근저당권설정계약 ∴ **물권적 청구권** **(방해배제청구)**	∴약정자 (근저당권자) (허수호)	약정의 상대방 (근저당권설정자) 2중 채권자대위 ∴근저당권설정등기 말소청구
	서울 마포구 공덕동 49 토지에 관하여 소유권을 이전받는데 필요한 소 제기, **박명진이 토지를 인도하지 아니하여 발생하는 손해에 대한 배상을 받고 싶다.**[197)]	① 매매계약 ∴**강제이행청구**	∴약정자 (매도인) (박명진)	약정의 상대방 (매수인) ∴소유권이전등기

195) 이 기록의 특징은 종래 자주 출제되던 소비대차·연대보증, 임대차계약·채권양도, 제3자 명의신탁, 명의수탁자의 제3자에 대한 목적물의 처분(저당권설정계약·등기경료), 피담보채무의 원인무효로 인한 말소청구, 매매계약과 매도인의 과실수취권이란 쟁점을 총정리하는 듯한 모의기록이다. 이 기록을 중심으로 소비대차, 임대차, 매매, 물권적 청구권과 채권적 청구권 등을 잘 학습해 둘 필요가 있다.

196) 8년 전에 소비대차계약을 체결하였고, 연대보증도 했다, 그리고 담보조로 약속어음도 발행해 주어 그 어음금 청구의 소도 제기하였다. 그런데 대여금, 연대보증금을 청구해 달라고 하면 Ⓐ 상행위에 해당되는지 따져 시효완성여부를 판단해 보고, Ⓑ 어음금 청구가 원인채권인 대여금채권의 시효중단 효과가 있으니 판결이 확정된 후에 차용금채권의 소멸시효는 완성되지 않았겠지만 연대보증채무의 소멸시효기간(주채무나 연대보증이 상행위이면 5년의 소멸시효기간 적용을 받게 된다. 이때 주채무에 대한 재판상 청구의 시효중단 효과는 절대적 효력이 있지만 소멸시효기간은 연대보증채무 부담원인의 성질에 따라 그대로 유지된다.)이 완성되었는지를 따져 연대보증금도 청구할 수 있는지를 판단해 보아야 한다.

197) 매매계약 후 매도인이 매매목적물을 인도하지 않아 임료 상당의 부당이득, 손해배상 등을 받으려면 반드시 매매대금을 모두 지급했어야 한다. 그렇지 않은 경우 매도인의 과실수취권 때문에 이를 받기 어렵다.

나. 원고의 청구원인 분석결과

소송명	청구원인	항변 (법률상 주장 포함)	재항변 등
대여금 청구198)	①소비대차계약 ⓐ소비대차계약 ⓑ이자·이율의 약정 ⓒ원본의 인도 ⓓ변제기 도래		
임차보증금 반환 및 임차목적물반환청구	①임대차계약 ⓐ임대차계약 ⓑ임차보증금 지급 ⓒ임차목적물 인도 ⓓ임대차기간의 종료 ②상속 ⓐ피상속인의 사망 ⓑ상속포기 ⓒ상속인, 상속분 ③채권압류199) ⓐ채권가압류 ⓑ가압류의 본압류 전이 ④채권양도200) ⓐ채권양도계약 ⓑ통지 ⑤공제	Ⓐ소외 서울농업협동조합의 채권가압류를 송달받았으므로 그 가압류된 범위내에서 청구에 응할 수 없다.	Ⓐ채권가압류결정이 송달된 후 채권양도가 이루어졌다 하더라도 가압류의 부담을 받은 채권을 양수한 것이고, 추상적 채무권원을 만드는 판결절차에서는 그 채권 청구의 소를 제기할 수 있다.(법리론)(다만 본 건에서는 노원새마을금고의 가압류에 기해 본압류로 전이되었기에 우선효가 있어 해당 부분만큼 공제하고 청구함)

198) 대한 주식회사는 의제상인이다. 그래서 특별한 사정(영업과 전혀 관련이 없다는 등)이 없으면 상인의 법률행위는 상행위(준상행위)로 된다. 따라서 대한 주식회사가 한 연대보증계약은 상행위로서 5년의 소멸시효기간이 적용된다. 한편 양재호가 차용하면서 그 담보조로 약속어음을 발행해 주었다. 따라서 약속어음금 청구의 소를 제기하면 원인채무(원인채권)인 차용금채무(대여금채권)에 대한 시효중단의 효과가 있다.(반대로 원인채권인 대여금채권 청구의 소를 제기하면 약속어음금채권에 관한 시효중단의 효과는 없다.) 따라서 양재호에 대한 대여금채권은 시효중단되고 그 확정판결이 확정된 이후에 민법 제165조 제1항에 의거 10년의 소멸시효기간을 적용받아 그 시효기간이 경과해야 비로소 소멸한다. 하지만 연대보증채무는 시효중단의 효과는 있어(민법 제440조) 어음금청구의 판결이 확정된 때로부터 새로 시효기간이 진행되지만 적용되는 소멸시효기간은 종래 연대보증채무의 성질에 따라 결정되어 진행된다. 이 사건에서는 앞서 설명한 바와 같이 연대보증채무는 5년의 소멸시효기간의 적용을 받게 된다. 따라서 어음금청구의 판결이 확정된 2010. 6. 20.로부터 5년이 경과한 다음 소를 제기하게 되었으니 연대보증인 대한 주식회사에 대한 연대보증금 청구를 할 수 없게 된다.

199) 채권가압류된 채권양도를 받는 경우에는 가압류의 부담을 받는 채권을 양도받은 것일 뿐이어서 양수인은 채무자를 상대로 양도받은 채권을 청구할 수 있다. 마치 채권가압류되었다 하더라도 채권자는 채무자를 상대로 채권청구를 할 수 있지만 그 판결확정 후 강제집행을 할 때 채권가압류결정문을 제출하면 강제집행절차가 정지되는 것처럼 가압류된 채권양수인은 판결절차에서는 자유로이 채권청구를 할 수 있다. 그런데 채권압류되고 나면 채권자의 처분권이 아예 정지되어 버리기 때문에 채권양도자체를 할 수가 없다. 그래서 그 채권양수인은 채권 자체를 양수받을 수 없는 것이다.

200) 피고 양재호는 대여금 200,000,000원의 변제를 위하여 임차보증금반환채권을 양도하였다. 따라서 그 양도로 대여금채권이 변제되어 소멸되고, 그 나머지 대여금만 청구할 수밖에 없는지 의문이 들 수 있다. 채권양도는 변제에 갈음하여 할 수도 있고, 변제를 위하여(담보조) 할 수도 있다. 전자의 경우는 일종의 대위변제로 채권양도계약과 통지를 하면 종전 대여금채무는 해당 금액만큼 소멸한다. 후자의 경우는 일종의 채권의 양도담보가 설정되어 양도담보권자(양수인)가 청산의무를 다하기 전까지는 대여금채권이 소멸하지 않고 존속한다. 그래서 본 사안에서 대여

<table>
<tr><td></td><td>①대위요건
임차보증금반환채권,[201]이행기,미행사</td><td colspan="2">②임대차계약
③임차목적물인도
④임대차계약 종료</td><td></td><td></td></tr>
<tr><td rowspan="2">소유권이전등기 및 소유권이전등기 말소청구</td><td colspan="3">①매매계약
②매매대금 전부 지급</td><td>Ⓐ 소유권이전등기청구권이 시효완성으로 소멸하였다.</td><td>Ⓐ매매계약 후 인도받아 점유중일 때는 소유권이전등기청구권은 소멸시효의 대상이 아님(법리론)</td></tr>
<tr><td rowspan="2">①대위요건
소유권이전등기청구권, 이행기, 미행사</td><td colspan="2">②제3자 명의신탁
③매도인의 악의</td><td></td><td></td></tr>
<tr><td>근저당권설정등기말소청구</td><td>②대위요건
소유권이전등기말소,이행기,미행사</td><td>③피담보채무
④근저당권설정계약, 등기
⑤피담보채무의 원인무효(동기의 불법)</td><td>Ⓐ피담보채무 변제전에는 말소해 줄 없다.
Ⓑ불법원인급여</td><td>Ⓐ원인무효임을 이유로 소유권에 기한 물권적 청구권의 행사이므로 피담보채무의 존부에 의해 영향 없음
Ⓑ급여가 최종적인 아닐 경우에는 불법원인급여 법리의 적용을 받지 않음</td></tr>
<tr><td>소유권이전등기청구[202]</td><td colspan="3">①매매계약
②계약금 지급</td><td>Ⓐ계약금 배액과 상환으로 해제 통지</td><td>Ⓐ이행에 착수한 후에는 계약금 배액으로 해제할 수 없음</td></tr>
</table>

2. 채권양도

가. 양수인의 양수금 청구의 요건사실

양수인은 다음 3가지 사실을 주장·증명하여 채무자에 대하여 양수금청구를 할 수 있다.

① 채권양도계약, ② 양도인에 의한 채무자에게 양도사실을 통지 또는 채무자의 승인, ③ 양도대상 채권의 발생원인이다. ③ 양도대상 채권의 발생원인 사실은 개별적 발생원인별로 결정된다.

이때 일정한 종류의 채권은 채권양도를 할 수 없는 경우가 있다. Ⓐ 장래채권도 채권양도할 수는 있다. 하지만 양도 당시 기본적 채권관계가 어느 정도 확정되어 있어 그 채권의 특정이 가능하고 가까운 장래에 발생할 것이 상당 정도로 기대되는 경우여야 한다.(대법원 2010. 4. 8. 선고 2009다96069 판결) Ⓑ 채권은 법률이나 그 성질에 의해 양도가 제한되는 경우가 있다. Ⓒ 양도대상 채권의 당사자가 ⓐ 양도금지의 약정을 체결한 경우에도 이를 위반하여 양도하면 ⓑ 양수인이 악의 또는

금청구도 하면서 동시에 양수받은 임차보증금반환청구도 할 수 있다.

201) 임차보증금반환채권과 동시이행의 관계에 있는 임차목적물반환청구의 대위요건으로 임차보증금반환채권을 피보전채권으로 삼을 때에는 무자력과 같은 필요성의 주장·증명이 필요 없다. 그 반대로 임차목적물인도청구권을 임차보증금반환청구의 피보전권리로 삼을 수 있는지 여부는 현재 이를 밝히는 판례가 형성되어 있지 않다. 실제로 법학전문대학원 협의회 실시 2016년 제2차 모의시험에서 그런 사안이 출제되었으나 대위청구를 하지 않고 있었다.

202) 민법 제587조에 의하면 매도인은 인도해 주기 전까지는 과실수취권을 갖는다. 만약 대금을 전부 지급받은 경우에는 매수인에게 과실을 반환해야 한다.(민법 제587조 단서의 규정을 역으로 해석하는 입장이다.) 따라서 매도인은 매매대금을 전부 지급받기 전까지는 과실을 수취할 수 있어 매수인에게 아무런 과실반환의무를 부담하지 않는다. 매매잔대금을 이행제공했다 하더라도 달라지지 않는다. 이때 과실은 사용수익의 이익을 포함한다. 따라서 원고는 매매대금을 전부 지급하지 않은 이상 매도인으로부터 손해배상을 받을 수 없다.

중대한 과실이 있을 때는 채무자에 대항할 수 없다.

양도인이 채무자에게 양도사실을 통지하여야 한다. 양도인은 그 통지를 양수인에게 위임하여 양수인이 현명으로 양도인의 대리인자격으로 양도사실을 통지할 수도 있다.[203] 만약 양수인이 통지의 대리권을 위임받고도 현명 없이 양수인 명의로 양도사실을 통지한 경우에도 여러 사정에 비추어 양수인이 대리인으로 통지한 것임을 상대방이 알았거나 알 수 있었을 경우에는 양도통지의 효력이 있다.(대법원 2004. 2. 13. 선고 2003다43490 판결)[204] 그 외 양수인이 양도사실을 통지하면 양수인은 채무자에게 청구할 수 없다. 만약 양수인이 채권양도통지 전에 채무자에게 양수금 청구를 하면 장래이행의 소로서의 요건을 갖추지 못하였다며 부적법 각하한다.(대법원 1992. 8. 18. 선고 90다9452·9469 판결)

나. 양도인에 대항할 수 있는 사유에 기한 항변

1) 대항할 수 있는 사유

채무자는 Ⓐ 채권양도의 통지를 받기 전까지, 또는 Ⓑ 이의를 유보하고 승낙한 경우에는 승낙전까지 발생한 양도인에 대항할 수 있는 모든 사유로 양수인에게 대항할 수 있다. 양도대상 채권의 발생원인이 법률행위(약정)인 경우에는 법률행위 부존재, 무효, 취소, 해제(해지), 무권대리(대리권남용), 대표권 제한위반(법인, 회사, 단체등) 등 성립상 하자 사유들을 주장할 수 있고, 변제, 대물변제, 공탁, 상계, 경개, 면제, 혼동, 소멸시효완성 등의 각종 소멸을 주장할 수 있다.

Ⓑ 요건과 반대로 이의를 유보하지 않은 승낙을 한 경우에는 민법 제451조 제1항에 의해 양수인에게 대항할 수 없다. 따라서 양수인(원고)이 ① 채권양도계약, ② 채무자의 승낙, ③ 양도대상채권의 발생원인을 주장·증명하여 양수금청구를 하면 채무자(피고)는 승낙전까지 양도인에 대항할 수 있었던 사유들을 들어 항변을 하고, 양수인(원고)은 이의를 유보하지 않은 채 단순승낙을 하였다고 재항변하면, 채무자(피고)는 양수인(원고)이 항변존재를 알았거나(악의) 중대한 과실로 알지 못하였다(중과실)는 사실을 들어 재재항변을 할 수 있다.(대법원 1999. 8. 20. 선고 99다18039 판결) 단순승낙으로 인해 대항할 수 없는 항변사유는 앞서 든 성립상의 하자나 사후 소멸원인 등 광범위한 항변내용이나 채권이 다른 사람에게 양도되어 그 양수인이 우선하는 확정일자 있는 통지를 하였다는 사정 등은 채권의 귀속에 관한 사유로서 포함되지 않는다.(대법원 1994. 4. 29. 선고 93다35551 판결)

---

203) 예를 들면 "통지인 채권자 000 대리인 000(양수인의 성명 기재)"라고 표기하여 통지하면 현명하여 대리인 자격으로 양도사실을 통지한 것이다.

204) 예를 들면 양수인이 양도인으로부터 양도통지의 대리권을 수여받고도 위와 같이 대리인 자격으로 채권양도의 통지를 하지 않고 "통지인 양수인 000"이라고 통지한 경우이다. 이때는 상대방이 여러 사정에 비추어 대리인 자격으로 통지하는 것임을 알았거나 알 수 있었을 경우에는 그 양도통지가 유효하다는 것이다.(민법 제115조 단서)

2) 상계

Ⓐ 채무자는 양도통지를 받기 전(이의를 유보한 승낙전)까지 발생한 자동채권으로 양수인을 상대로 양도대상 채권을 수동채권으로 하여 상계할 수 있다. 나아가 Ⓑ ⒜채무자는 ⓐ 자동채권이 발생하는 기초가 되는 원인이 양도 전에 이미 성립하여 존재하고, ⓑ 그 자동채권이 수동채권인 양도대상 채권과 동시이행 관계에 있는 경우에는 양도통지가 채무자에게 도달하여 채권양도의 대항요건을 갖추어진 후에 자동채권이 발생하였다 하더라도 채무자는 동시이행의 항변을 주장할 수 있고, 따라서 그 채권에 의한 상계로 양수인에게 대항할 수 있다.(대법원 2015. 4. 9. 선고 2014다80945 판결) Ⓑ ⒝ 상계가 아닌 당연공제의 경우에는 양도통지나 (이의를 유보하였든 유보하지 않았든)[205] 승낙 후에 발생한 채권이라도 그 공제를 주장할 수 있다.(대법원 2012. 9. 27. 선고 2012다49490 판결; 임차보증금에서 양도통지 후에 발생한 미지급 차임 및 차임상당 부당이득금을 공제할 수 있다.)

반면 Ⓐ채무자는 양도통지를 받은 후(이의를 유보한 승낙 후 또는 이의를 유보하지 않았으면 승낙전후)에는 양수인을 상대로 양도대상 채권을 수동채권으로 하여 상계할 수 없다.(대법원 1984. 9. 11. 선고 83다2288 판결) 나아가 양도통지나 승낙 당시 양 채권이 상계적상이 있거나, 그 당시 자동채권의 변제기가 도래하지 아니한 경우에는 그것이 수동채권의 변제기와 동시에 또는 그보다 먼저 도래하여야 채무자는 양수인에게 상계로서 대항할 수 있다.(대법원 2012. 2. 16. 선고 2011다45521 전원합의체 판결; 제한설) 더 나아가 양도통지 당시 자동채권이 성립되어 있었다면 양도대상 채권(수동채권)보다 변제기가 후에 도래하여도 상계할 수 있다.(2016년도 제3회 모의시험 강평안 참조)

갑은 을에게 A 건물의 신축공사를 공사대금 1,000,000,000원으로 정하여 도급해 주었다. 이때 갑은 을의 병에 대한 공사목적 대출채무에 담보조로 채권최고액 350,000,000원의 근저당권설정등기를 경료해 주었다. 병이 A 건물을 신축한 후 부도나 갑은 병에 피담보채무 350,000,000원을 변제하였다. 병은 정에게 공사대금 중 650,000,000원 채권을 양도하고, 갑에게 그 통지를 마쳤다. 정이 갑을 상대로 양수금 청구의 소를 제기하였다. 갑은 350,000,000원 구상금채권으로 정에게 상계를 하였다. 판결결과는? 이때 정은 350,000,000원은 먼저 을이 갖고 있는 나머지 공사대금 350,000,000원에 상계되어야 하거나 적어도 안분비례한 227,500,000원(350,000,000원 × 65/100)만 상계되고 나머지는 을의 채권에 상계되어야 한다고 주장하고 있다.[206]

공사대금은 완성물인도청구와 동시이행의 관계에 있다.(민법 제665조) 공사도급계약의 도급인이 자신 소유의 토지에 근저당권을 설정하여 수급인으로 하여금 공사에 필요한 자금을 대출받도록 한 경우 저당권 말소의무는 도급인의 공사대금채무와 이행상 견련관계가 인정되어 서로 동시이행관계에 있고, 나아가 도급인이 대출금 등을 대위변제함으로써 수급인이 지게 된 구상금채무도 근저당권 말소의무의

205) 대법원 2002. 12. 10. 선고 2002다52657 판결

206) 법학전문대학원 협의회 연도별 모의시험 중 2019년도 제3회 모의시험으로 출제된 바 있다.

변형물로서 도급인의 공사대금채무와 동시이행관계에 있다. 금전채무의 일부에 관해 양도되거나 전부명령이 발령된 경우에는 채무자는 양수인(전부채권자)이나 양도인(압류채무자) 중 임의로 상대방을 지정하여 상계할 수 있다. 도급인이 그렇게 상계를 해 버리면 상대방은 양도인에게 먼저 상계하라거나 안분비례액의 상계를 주장할 수 없다.(대법원 2010. 3. 25. 선고 2007다35152 판결)

3) 이중양도의 항변

이중양도된 경우에는 확정일자 있는 채권양도가 우선하거나 모두 확정일자가 있는 경우에는 채무자에게 도달한 일시(확정일자 있는 승낙의 경우는 승낙일시)의 선후에 의해 채권양도의 우열이 결정된다. 따라서 양수인이 양수금 청구를 하면 채무자는 ① 양도인이 제3자에게 양도대상 채권을 양도한 사실, ② 그 양도에 관한 확정일자 있는 통지(확정일자 있는 승낙)가 도달한 사실을 주장·증명하여 이중양도의 항변을 한다. 그에 대해 양수인(원고)는 원고의 채권양도에 관한 확정일자 있는 통지(확정일자 있는 승낙)이 제3자에 대한 그것보다 먼저 또는 동시에[207] 피고에게 도달한 사실을 들어 재항변할 수 있다.

다. 가압류된 금전채권 양수인의 양수금 이행청구

가압류된 채권도 양도할 수 있으나, 압류된 채권은 양도할 수 없다. 우선권[208] 있는 형태로 가압류된 채권을 양도받으면 양수인은 가압류의 부담을 가진 채권을 양수받게 되는 것이다. 채권자는 비록 채권이 가압류되었다고 하더라도 채권청구를 할 수 있듯이(대법원 2002. 4. 26. 선고 2001다59033 판결) 가압류된 채권을 양수한 양수인도 채무자를 상대로 양도대상 채권을 청구할 수 있다. 따라서 양수인 채무자를 상대로 양수금청구를 하면 채무자는 ① 양도대상 채권이 가압류된 상태에서 채권양도의 통지를 받은 사실, ② 가압류가 본압류로 전이된 사실(주로 압류 및 전부명령 또는 압류 및 추심명령을 제출하는 방식임)[209]을 주장하여 항변할 수 있다. ① 사실만으로는 유효한 항변이 되지 못한다.

207) 채권양도 통지, 가압류 또는 압류명령 등이 제3채무자에게 동시에 송달되어 그들 상호 간에 우열이 없는 경우에도, 채권양수인, 가압류채권자 또는 압류채권자는 모두 제3채무자에 대하여 완전한 대항력을 갖추었다고 할 것이므로, 그 전액에 대하여 채권양수금, 압류전부금 또는 추심금의 이행청구를 하고 적법하게 이를 변제받을 수 있고, 제3채무자로서는 이들 중 누구에게라도 그 채무 전액을 변제하면 다른 채권자에 대한 관계에서도 유효하게 면책되는 것이다.(대법원 1994. 4. 26. 선고 93다24223 전원합의체 판결) 이때 채권양수인, 가압류채권자 또는 압류채권자 사이에서는 양수채권액, 가압류채권액, 압류채권액의 합계액이 제3채무자에 대한 채권액을 초과한 때에는 공평의 원칙상 각 채권액에 안분하여 내부적으로 다시 정산할 의무가 있다.

208) 우선권을 판단하는 기준은 가압류결정이 제3채무자(채무자)에게 통지된 날자와 확정일자 있는 양도통지일이나 승낙일을 비교하여 결정한다.(대법원 2002. 4. 26. 선고 2001다59033 판결)

209) 가압류의 처분금지 효력은 가압류에서 본압류 전이된 이후에 발생한다. 다만 처분금지의 효력이 가압류시로 소급하므로 이미 발생한 채권양도가 소급적으로 효력을 상실하게 된다.

A는 B에 대하여 ⓫란 채권을 갖고 있었다. 甲은 A의 채권자로서 A의 B에 대한 ⓫ 채권을 가압류하였다. 그 후 A는 乙에게 ⓫ 채권을 양도하고, 그 양도통지를 마쳤다. 甲의 위 가압류를 본압류로 전이하는 채권압류 및 추심명령이 내려져 송달되었고, 이어 丙의 채권압류 및 추심명령내려지고, 송달되고, 또 이어 乙의 채권가압류결정 송달되었다. B는 ⓫ 채무액을 공탁했다. A는 乙의 동의를 얻어 채권양도계약을 철회하고 乙[210]이 B에게 채권양도철회의 통지를 보냈다. 만약 공탁된 ⓫ 채무액이 甲, 乙, 丙의 합계 채권액에 모자라면 누가 먼저 변제받을 수 있나?
甲의 압류 및 추심명령은 乙의 채권양도보다 우선한다. 하지만 丙의 채권압류 및 추심명령은 ⓫ 채권이 A에서 乙로 양도되고 제3자에 대한 대항요건을 갖춘 후에 이루어졌으므로 아무런 채권이 없는 자에 대한 채권압류 및 추심명령이므로 무효이다. 가사 사후에 A와 乙사이에 채권양도계약을 해제하고 그 통지를 마쳐 ⓫ 채권이 원래 채권자인 A에게로 회복되었다 하더라도 당초 무효였던 丙의 채권압류 및 추심명령의 효력이 되살아난다고 할 수 없다. 따라서 甲이 우선하여 배당받을 수 있고, 丙은 할 수 없다. (대법원 2010. 10. 28. 선고 2010다57213·57220 판결)

라. 채무변제조로 한 채권양도

1) 채권은 매매·증여를 목적으로도 양도할 수 있고, 다른 채무의 변제를 위해서도 양도할 수 있다. 만약 채권자가 자신의 채무의 변제조로 채권을 양도하였을 때 원칙적으로 채무의 변제를 위하여 채권양도한 것으로 추정한다. 만약 대물변제조 채권을 양도한 것이라면 이를 주장하는 측에서 주장·증명할 책임이 있다.(대법원 1987. 3. 10. 선고 86다카2055 판결)

2) 양자의 차이는 전자는 일종의 "채권의 양도담보"가 성립되어 양도담보의 법리가 적용되는 결과 양도인의 채무가 존속하고, 양수인은 채무자로부터 양수받은 채권을 회수한 한도내에서 소멸하고, 만약 잉여가 있으면 이를 양도인에게 지급해 주어야 하는 청산의무를 부담하는 반면 후자는 "대물변제"가 되어 채권양도계약과 그 통지를 마치면 양도인의 채무는 확정적으로 소멸하고, 양수인이 채무자로부터 초과 회수해도 이를 양도인에게 반환할 의무가 없다. 그러다 보니 전자의 경우는 채무자가 무자력일 경우 양수인은 아직 존속 중인 양도인이 부담하고 있는 채무의 이행을 구할 수 있어 채무자 무자력의 위험을 인수하지 않는 대신에 후자의 경우는 채무자가 무자력일 경우에도 이미 소멸한 양도인의 채무가 부활하지 않아 결과적으로 채무자의 무자력 위험을 인수하는 셈이 된다.

3. 채무인수

채무인수는 원칙적으로 채무자와 인수인간의 채무인수 계약을 체결하고, 채권자가 승낙하거나 수익의 의사표시를 함으로써 성립된다. 원칙적으로 병존적 채무인수를 한 것으로 본다. 따라서 채무자가 면책적 채무인수로서 인수인에게 채무이행을 구하라고 주장하려면 면책적 채무인수의 약정인 사실과 채권자의 승낙사실을 주장·증명해야 한다. 이러한 채무인수는 인수인이 채무자의 부탁

210) 채권양도계약을 해제(철회)하였을 경우에는 반드시 양수인 채무자에게 채권계약 해제의 통지를 해야 한다. 양도인이 그 통지를 하면 효력이 없다.

으로 병존적 채무인수를 하였기 때문에 인수인과 채무자는 연대채무관계에 있게 된다.

한편 채권자와 인수인간의 채무인수약정으로 채무인수될 수도 있다. 이러한 경우에는 채무자의 동의나 수익의 의사표시가 필요 없다. 그래서 인수인과 채무자가 부진정연대채무자의 관계에 있게 된다.(대법원 2009. 8. 20. 선고 2009다32409 판결)

4. 동기의 불법

가. 동기란

본서에서는 청구취지는 主相目行으로, 청구원인은 主日相目行으로 기재하여야 한다고 설명했다. 보통 인문학적인 글쓰기는 六何原則으로 설명해야 한다. 법학적 글쓰기는 그와 달리 主日相目行으로 쓰야 한다. 왜 그 차이가 생겼을까? 특히 육하원칙 중 why라는 이유[211]는 主日相目行에 포함되어 있지 않다. 그 이유는 법률행위(불법행위)가 행해진 사실을 바탕으로 그 효과를 부여함으로써 법의 역할을 다할 수 있기 때문이다. 그 법률행위(불법행위)를 한 이유(동기) 등은 특별한 사정이 없는 한 법이 개입하지 않겠다는 것이다. 그런데 가끔 동기가 문제되는 경우가 있다. 대표적인 것으로 동기의 착오와 동기의 불법이다.

나. 동기의 불법

민법 제103조에 의하면 선량한 풍속 기타 사회질서에 위반한 사항을 내용으로 한 법률행위는 무효이다. 이를 줄여 반사회질서 위반 무효라고 한다. 반사회질서란 Ⓐ 법률행위의 내용이 반사회적인 경우는 물론 Ⓑ 법률행위의 내용은 반사회질서적인 것은 아니라고 하더라도 Ⓑ ⓐ 법률적으로 이를 강제하는 것이 반사회적이거나, Ⓑ ⓑ 반사회질서적인 조건이나 금전적인 대가가 결부되어 반사회적인 성질을 띠게 되는 경우(예를 들면 증언하는 것과 연계하여 금전을 지급하겠다고 약속한 경우), Ⓑ ⓒ 동기가 반사회적인 경우를 포함한다. Ⓑ ⓒ 법률행위가 이루어질 당시 동기가 법률행위에 표시되어 있거나, 상대방이 불법인 동기를 알고 있었을 경우에는 동기의 불법으로 법률행위가 무효로 된다.(대법원 2015. 7. 23. 선고 2015다200111 전원합의체 판결) 본 사안에서는 도박자금에 사용된다는 점을 알고도 차용해 주었기 때문에 차용의 동기에 관해 대주는 알고 있었고, 도박은 반사회질서적인 행위여서 결국 동기의 불법으로 소비대차계약이 무효가 된다.

다. 동기의 착오

착오로 인해 의사표시를 취소하기 위해서는 ① 법률행위의 내용에 착오가 있고, ② 중요부분에 관한 착오이어야 한다. 만약 법률행위의 동기에 착오가 있을 경우에 그 법률행위를 취소하려면 ①

211) 육하원칙 중 where라는 장소도 主日相目行에 포함되어 있지 않다. 대한민국 법률이 적용되는 장소내에서 법률행위(불법행위)가 이루어지면 구체적인 장소가 달라짐에 따라 그 효력이 달라지지 않기 때문에 장소를 기준으로 특정할 필요가 없어 특별한 사정이 없는 한 장소를 기재하지 않는 것이다.

ⓐ 법률행위의 동기에 착오가 있고, ⓑ 법률행위에 그 동기가 표시되어 있거나, 적어도 상대방이 그 동기를 알았거나, 알 수 이었고, ② 중요부분에 관한 착오여야 한다. 착오에 의한 의사표시를 제3자에게도 취소하여 주장하기 위해서는 ③ 제3자의 악의인 점도 함께 주장·증명해야 한다.

소 장

원 고 김 상 혁 (610225－1226145)
서울 관악구 관악로 24
소송대리인 변호사 박문태
서울 서초구 서초로 6, 405호 (서초동, 정법빌딩)
전화번호 (02) 533－7000 팩스번호 (02) 533－7001
이메일 주소 moon@hanmail.net

피 고 1. 양 재 호 (550209－1273697)
서울 동작구 사당로23바길 9
2. 최 성 환 (420225－1226145)
서울 노원구 중계로4나길 19
3. 박 명 진 (591212－1265413)
서울 노원구 동일로193길 22－1
4. 허 수 호 (800115－1047931)
서울 노원구 한글비석로 479

대여금 등 청구의 소

청 구 취 지

1. 피고 양재호는 원고에게 200,000,000원 및 이에 대한 2009. 1. 5.부터 이 사건 소장 부본 송달일까지는 연 6%의, 그 다음날부터 다 갚는 날까지 연 15%의 각 비율에 의한 돈을 지급하라.

2. 가. 피고 최성환은 피고 양재호로부터 별지목록 제1기재 주택을 인도받음과 동시에 원고에게 70,000,000원를 지급하고,

나. 피고 양재호는 피고 최성환에게 위 가.항 주택을 인도하라.

3. 별지목록 제2기재 대지에 관하여,

가. 피고 양재호는 피고 박명진에게 서울북부지방법원 북부등기소 2007. 5. 3. 접수 제11093호로 경료된 소유권이전등기의 말소절차를 이행하고,

나. 피고 허수호는 피고 박명진에게 같은 등기소 2017. 4. 1. 접수 제9145호로 경료된 근저당권설정등기의 말소절차를 이행하고,[212]

---

212) 피고 허수호에 대하여 피고 양재호 명의의 소유권이전등기 말소등기에 대하여 승낙의 의사표시를 하라는 취지로 청구할 수도 있다.(법학전문대학원 협의회 제시 제9회 모의문제 답안 참조) 다만 본서에서는 저당권설정등기, 가

다. 피고 박명진은 원고에게 2007. 4. 3. 매매를 원인으로 한 소유권이전등기 절차를 이행하라.
4. 피고 박명진은 원고로부터 200,000,000원을 지급받음과 동시에 원고에게 별지목록 제3기재 대지에 관하여 2017. 1. 8. 매매를 원인으로 한 소유권이전등기 절차를 이행하라.
5. 소송비용은 피고들의 부담으로 한다.
6. 위 1, 2항은 각 가집행 할 수 있다.
라는 판결을 구합니다.

청 구 원 인

1. 피고 양재호[213]에 대한 대여금 지급청구

가. 소비대차계약의 체결, 원본의 인도, 변제기의 도래, 이자·이율의 약정

원고는 2009. 1. 5. 피고 양재호에게 200,000,000원을, 이율 연 6%, 변제기 2010. 1. 4.로 정하여 대여하였습니다.

나. 소결론

그렇다면 피고 양재호는 원고에게 200,000,000원 및 이에 대한 2009. 1. 5.부터 이 사건 소장부본 송달일까지는 약정상의 연 6%의, 그 다음날부터 다 갚는 날까지는 소송촉진 등에 관한 특례법 소정의 연 15%의 각 비율에 의한 이자 또는 지연손해금을 지급할 의무가 있습니다.

다. 피고 양재호의 소멸시효 완성 주장에 대한 반박[214]

피고 양재호는 위 차용행위는 상행위로서 5년의 소멸시효기간이 적용되는데 권리를 행사할 수 있었던 변제기 2010. 1. 4.로부터 5년이 경과되어 이 사건 소가 제기되었으므로 대여금채무가 시효로 소멸하였다고 주장합니다.

우선 피고 양재호의 소비대차계약은 상행위에 해당되지 않습니다. 또한 피고 양재호는 2009. 1. 5. 위 대여금채무의 지급을 위하여 액면금 200,000,000원, 수취인 원고, 지급일 2010. 1. 4., 지급지·발행지 각 서울로 된 약속어음 1매를 발행하여 원고에게 교부하였습니다. 원고는 5년이 경과하기 전에 피고 양재호를 상대로 어음금 지급 청구의 소를 제기하여 2010. 5. 16. 변론이 종결되고, 2010. 5. 30. 그 판결이 선고되었으며 2010. 6. 20. 확정되었습니다. 판결확정으로 시효중단된다면 판결확정일로부터 다시 소멸시효가 진행되고, 그 소멸시효기간은 10년이 됩니다. 따라서 위 2010. 6. 20.로부터 10년이 경과되지 않았음은 역수상 분명하여 그 소멸시효가 완성되지 않았습니다. 그러므로 피고 양재호의 위 주장은 이유 없습니다.

등기 등 쌍방신청에 의해 경료되는 등기의 경우에는 말소등기를 구하는 청구취지로 작성하기로 하고, 가압류, 가처분 등 법원의 촉탁에 의해 경료되는 등기의 경우에는 승낙의 의사표시를 구하는 청구취지로 작성하기로 한다.

213) 대한 주식회사에 대해 연대보증금 지급을 청구할 수 없다. 대여금채무는 약속어음금 지급청구에 의해 소멸시효중단이 되었고, 주채무자에 생긴 시효중단의 효과는 보증인에게도 절대적 효력이 있어 연대보증채무도 시효중단되었다. 하지만 어음금청구의 판결이 확정된 2010. 6. 20.로부터 다시 소멸시효기간이 진행된다. 그런데 대한주식회사는 의제상인으로 그 업무를 위해 연대보증한 것으로 추정되어 상행위가 되고, 상법 제64조에 의해 5년의 소멸시효기간이 적용된다. 따라서 2010. 6. 20.로부터 5년이 경과된 후에 소제기를 하게 되기 때문에 연대보증채무는 시효완성으로 소멸한 것이다. 따라서 대한 주식회사에게 연대보증금 지급청구의 소를 제기하면 안된다.

214) 모의기록상으로는 피고 양재호의 경우 소멸시효 완성을 주장한 사실이 없어 이 부분을 생략해도 된다.

2. 피고 최성환에 대한 임차보증금반환 청구 및 피고 양재호에 대한 임차목적물 인도의 대위청구

가. 공통되는 사실관계 (임대차계약의 체결, 임차보증금 지급, 임대차계약의 종료, 임차목적물의 인도)

소외 망 주수영(이하 '소외 망인'이라 함)은 2013. 5. 1. 피고 양재호와 사이에 서울 서초구 방배동 12 지상 조적조 슬래브지붕 단층 주택 85m²(이하 '방배동 주택'이라 함)를 임차보증금 200,000,000원, 임대기간은 2013. 5. 1.부터 2016. 4. 30.까지 3년간으로 하는 임대차계약을 체결하고, 계약당일 임차보증금을 모두 지급받고 임차목적물을 인도하여 주었습니다.

나. 피고 최성환에 대한 임차보증금 반환청구

1) 사실관계

가) 임차보증금채권 양도 및 그 통지

피고 양재호는 2014. 3. 1. 원고에게 (위 1.항 차용금채무의 변제[215]를 위하여) 위 가.항 기재 임차보증금반환 채권 200,000,000원을 양도하는 계약을 체결하고, 같은 달 6. 소외망인에게 채권양도사실을 통지하여 같은 달 10. 도달하였습니다.

나) 채권압류

소외 노원새마음금고는 2013. 10. 1. 피고 양재호에게 130,000,000원을 대여해 주었습니다. 소외 노원새마을금고는 위 대여금채권은 피보전채권으로 하여 피고 양재호의 소외망인에 대한 위 임차보증금반환채권을 가압류 신청하여 2014. 2. 9. 그 가압류결정이 내려지고, 같은 달 13. 소외망인에게 그 결정문이 송달되었고, 이어 2017. 2. 9. 그 가압류를 본압류로 이전하는 결정이 내려졌고, 2017. 2. 13. 소외망인에게 그 결정문이 송달되었습니다.

다) 소외망인의 사망으로 인한 상속, 상속포기

소외망인은 피고 최성환과 결혼하여 그 슬하에 소외 최서진, 최윤수를 두었고, 부모들이 모두 사망한 상태[216]에서 2017. 4. 6. 사망하였습니다. 소외 최서진, 최윤수는 자녀가 없이[217] 2017. 5. 25. 상속포기하였습니다.

2) 소결론

따라서 임차보증금채권에 대해 먼저 가압류결정(서울북부지방법원 2014카단145 결정)이 송달되고 이어 채권양도가 통지되었으며 가압류에 기해 본압류 이전되었으므로 본압류의 효력이 가압류의 송달시로 소급하기 때문에 그에 저촉되는 범위내에서 채권양도가 그 효력을 잃게 됩니다.[218] 그래서 압류된 130,000,000원을 제외한 나머지 임차보증금 70,000,000원(200,000,000원 − 130,000,000원)만 원고에게 양도되었습니다. 소외 망인의 사망과 그 부모의 사망 및 자녀들의 상속포기로 인하여 배우자인 피고 최성환이 단독상속하였습니다. 그러므로 피고 최성환은 피고 양재호로부터 방배동 주택을

215) 강의안에서 설명하고 있는 바와 같이 채무변제를 위하여 채권양도를 할 경우 채무의 담보조로 채권을 양도한 것으로 채권의 양도담보가 설정된다. 따라서 양수인은 청산의무를 지고, 제3채무자가 변제자력이 없어 양수된 채권을 회수할 수 없는 경우에는 기존 채무가 소멸되지 않는다. 본 사안처럼 기존채권도 청구하고, 양수받은 채권도 동시에 청구할 수 있으며 집행단계에서 중복 변제가 없도록 조정된다. 더 자세한 내용은 강의안 참조.

216) 피상속인 사망 이전에 직계존속인 부모의 사망여부를 밝혀 두지 않으면 자녀 2명의 상속포기로 배우자와 직계존속과의 공동상속이 된다. 따라서 부모가 사망하여 배우자가 단독상속하게 된다는 점을 밝히기 위해 꼭 필요한 사실의 기재이다.

217) 손자녀가 없다는 사실을 밝혀 주지 않으면 자녀 2명이 상속포기하면 배우자는 손자녀와 공동상속하게 된다. 따라서 배우자가 단독상속하게 되었다는 것을 밝히기 위하여 손자녀가 없다는 사실을 꼭 밝혀 두어야 한다.

218) 대법원 2002. 4. 26. 선고 2001다59033 판결

인도받음과 동시에 원고에게 나머지 임차보증금 70,000,000원(200,000,000원 − 130,000,000원)을 지급할 의무가 있습니다.

다. 피고 양재호에 대한 청구

1) 피보전채권, 이행기, 미행사

원고가 피고 최성환에 대해 위와 같은 임차보증금반환채권[219]을 보유하고 있고, 피고 최성환은 그 권리를 행사하고 있지 않습니다.

2) 임대차계약 체결, 임차목적물 인도, 임대차계약 종료

소외 망인과 피고 양재호 사이에 임대차계약을 체결하고, 임차목적물을 인도하였고, 임대차계약이 기간만료로 종료되었음은 위 가.항에서 설명하였습니다.

3) 소결론

그러므로 피고 양재호는 피고 최성환에게 위 방배동 주택을 인도할 의무가 있습니다.

라. 피고 최성환의 서울농업협동조합의 가압류로 인해 임차보증금을 지급할 수 없다는 주장에 대한 반박

피고 최성환은 앞서 설명한 노원새마을금고의 가압류의 본압류 이전 채권 공제 주장이외에도 소외 서울농업협동조합이 2012. 12. 1. 피고 양재호에게 35,000,000원을 대여해 주었다가 이를 피보전채권으로 하여 위 임차보증금반환채권을 가압류하고, 2014. 3. 6. 소외 망인에게 그 결정이 송달되었다며 위 임차보증금채권 양도의 통지보다 앞서므로 이 금액도 반환할 채무액에서 공제하여야 한다고 주장합니다.

채권에 대한 채권가압류결정이 내려졌다고 하더라도 양도인(채권자)의 채권처분권이 제한되지 않을 뿐만 아니라, 양수인이 현실로 급부를 추심하는 것만 금지하는 것이기 때문에 집행단계에서 집행정지를 요구하는 방식으로 대응할 수 있지만 추상적인 채무권원을 만들어 내는 판결절차에서 그 청구를 막을 사유는 아니므로[220] 피고 최성환의 위 주장은 이유 없습니다.

3. 피고 박명진, 양재호에 대한 소유권이전등기, 소유권이전등기말소청구

가. 매매계약, 매매대금 전액 지급, 제3자 명의신탁

원고는 2007. 4. 3. 피고 박명진으로부터 피고 박명진 소유[221]인 서울 노원구 상계동 35 대 200m²(이하 '상계동 대지'라 함)를 매매대금 100,000,000원에 매수하는 내용의 매매계약을 체결하였고, 약정대로 매매대금을 모두 지급한 다음 피고 박명진의 양해하에 피고 양재호에 명의신탁하기로 하여 서울북부지방법원 북부등기소 2007. 5. 3. 접수 제11093호로 피고 양재호 명의로 소유권이전등

219) 금전채권이므로 불특정물채권이다. 따라서 채권자는 채무자의 무자력을 주장·증명하여 인도청구권을 대위행사할 수 있을 것이나, 본 사안의 경우는 임차보증금채무가 인도청구권과 동시이행의 관계에 있어 채무자인 임대인의 자력유무와는 상관없으므로 채무자의 무자력을 따지지 않고 대위행사 할 수 있다.(대법원 1989. 4. 25. 선고 88다카4253·4260 판결)

220) 대법원 2000. 4. 11. 선고 99다23888 판결

221) 뒤에서 소유권자로서 소유권이전등기말소, 근저당권설정등기 말소청구를 한다. 따라서 피고 박명진이 상계동 대지의 소유권자라는 사실을 적시해 두어야 한다. 소유권자라는 사실은 등기부상 소유권자로 등기되어 있다는 사실을 언급하고, 등기의 추정력에 의해 주장하기도 하고, 계약+등기로 소유권을 취득하고, 그 이후로는 소유권의 보유라는 추정에 의해 현재의 소유권자라는 사실을 주장·증명한다. 그런데 이조차 명확하여 의문의 여지가 없는 경우에는 위와 같이 "소유"라는 법적 용어를 사용하여 사실을 아주 간략하게 주장할 수도 있다.

기를 경료하였고, 그 무렵 피고 양재호가 인도받아 현재까지 주차장 부지로 사용하고 있습니다.

나. 소결론

1) 피고 박명진의 원고에 대한 소유권이전등기 이행의무

그렇다면 상계동 대지에 관하여 경료된 피고 양재호 명의 소유권이전등기는 소위 제3자 명의 신탁의 등기로서 매도인인 피고 박명진이 이를 알고 있었으므로 부동산 실권리자 명의 등기에 관한 법률 제4조 제2항에 의해 무효라 할 것이고, 반면 원고와 피고 박명진 사이의 위 매매계약은 그대로 효력이 있습니다. 따라서 피고 박명진은 원고에게 상계동 대지에 관하여 2007. 4. 3. 매매를 원인으로 한 소유권이전등기 절차를 이행할 의무가 있습니다.

2) 대위행사에 의한 피고 양재호의 피고 박명진에 대한 소유권이전등기 말소

원고는 피고 박명진에 대하여 상계동 대지에 관해 위 1)항과 같은 소유권이전등기청구권을 보유하고 있어 이를 피보전권리로 하여 제3자 명의신탁으로 원인무효인 피고 박명진의 피고 양재호에 대한 소유권이전등기 말소청구를 대위행사 하고자 합니다.

따라서 피고 양재호는 피고 박명진에 대하여 상계동 대지에 관해 서울북부지방법원 북부등기소 2007. 5. 3. 접수 제11093호로 경료된 소유권이전등기의 말소절차를 이행할 의무가 있습니다.

다. 피고 박명진의 소유권이전등기청구권이 시효완성으로 소멸하였다는 주장에 대한 반박

피고 박명진은 원고의 피고 박명진에 대한 소유권이전등기청구권은 소유권이전등기의무의 이행기인 잔금지급일 2007. 5. 3.로부터 10년이 경과되어 이 사건 소가 제기되어 시효완성으로 소멸하였다고 주장합니다.

앞서 설명한 바와 같이 매매계약 후 명의수탁자인 피고 양재호가 상계동 대지를 인도받아 주차장 부지로 사용중에 있어 그 소유권이전등기청구권은 소멸시효의 대상이 아닙니다.[222] 이에 반하는 피고 박명진의 위 주장은 이유 없습니다.

4. 피고 허수호에 대한 근저당권설정등기 말소 청구

가. 이중대위요건

1) 소유권이전등기청구권, 이행기, 미행사

원고는 피고 박명진에 대하여 위 나. 1) 항과 같은 소유권이전등기 청구권을 보유하고 있으며, 이행기에 있고, 피고 박명진은 그 권리를 행사하고 있지 않습니다.

2) 소유권이전등기말소청구권, 이행기, 미행사

피고 박명진은 피고 양재호에 대하여 위 나. 2) 항과 같은 소유권이전등기 말소청구권을 보유하고 있고, 이행기에 있고, 이를 행사하고 있지 않습니다.

나. 수탁자에 의한 근저당권설정계약, 근저당권설정등기, 동기의 불법으로 인한 피담보채무(차용금채무)의 무효

피고 양재호는 2017. 4. 1. 피고 허수호에게 "섰다판에 가면 큰 돈을 벌수 있고, 반드시 따 수익의 반을 나누어 주겠다"고 말하면서 피고 허수호로부터 30,000,000원을 변제기 2017. 7. 31., 이자 연 10%로 정하여 차용하였고, 그 담보조로 상계동 대지에 관하여 서울북부지방법원 북부등기소 2017. 4. 1. 접수 제9145호로 피고 허수호 명의로 근저당권설정등기를 경료해 주었습니다.

222) 대법원 2013. 12. 12. 선고 2013다26647 판결.

다. 소결론

피고 양재호의 피고 허수호에 대한 근저당권의 피담보채무인 위 차용금채무는 도박자금에 사용되는 사정을 알고 있으면서 딴 금액의 반이나 나누어준다는 것에 현혹되어 빌려준 차용금채무로 반사회질서위반으로 무효라 할 것입니다.

따라서 피고 허수호는 피고 박명진에게 상계동 대지에 관해 같은 등기소 2017. 4. 1. 접수 제9145호로 경료된 근저당권설정등기의 말소절차를 이행할 의무가 있습니다.

라. 피고 허수호의 주장에 대한 반박

1) 피담보채무의 변제 전에는 말소해 줄 수 없다는 주장

피고 허수호는 수탁자로부터 유효하게 권리를 취득한 명의신탁의 제3자로서 위 근저당권의 피담보채무인 2017. 4. 1.자 대여금 30,000,000원의 원리금을 변제받기 전까지는 원고의 청구에 응할 수 없다고 주장합니다.

앞서 말씀드린 바와 같이 위 대여금은 대주인 피고 허수호가 도박자금으로 사용되는 사정을 알고서 빌려준 소비대차계약으로 동기의 불법에 해당하고, 상대방이 그 불법인 동기를 소상히 알고 있었으므로 결국 반사회질서에 위반된 행위로 무효라 할 것입니다. 따라서 피고 허수호의 위 주장은 이유 없습니다.

2) 근저당권설정등기가 불법원인급여로 반환청구 불가 주장

피고 허수호는 근저당권설정등기는 불법원인급여로서 그 반환을 구할 수 없다고 주장합니다.

민법 제746조에서 불법의 원인으로 재산을 급여한 때 그 이익의 반환을 구하지 못하도록 한 입법취지는 그에 대한 법적 보호를 거절함으로써 소극적으로 법적 정의를 유지하려는 취지이므로 그 이익은 재산상 가치가 있는 종국적인 것이어야 합니다.[223] 그런데 근저당권설정등기는 집행을 거쳐야 실현될 수 있는 이익에 불과하여 종국적인 이익으로 볼 수 없습니다. 따라서 불법원인급여 법리의 적용대상이 아니라 할 것이어서 피고 허수호의 위 주장은 이유 없습니다.

5. 피고 박명진에 대한 소유권이전등기청구[224]

가. 매매계약, 계약금 지급

원고는 2017. 1. 8. 피고 박명진으로부터 서울 마포구 공덕동 49 대 121m²(이하 '공덕동 대지'라 함)을 대금 300,000,000원으로 정해 계약당일 계약금 100,000,000원을 지급하고, 잔금 200,000,000원은 2017. 3. 31. 공인중개사 사무실에서 지급하기로 하는 내용의 매매계약을 체결하고, 계약당일 계약금 100,000,000원을 지급하였습니다.

나. 소결론

그렇다면 피고 박명진은 원고로부터 200,000,000원을 지급받음과 동시에 원고에게 공덕동 대지

---

223) 대법원 1994. 12. 22. 선고 93다55234 판결.

224) 본 모의기록에서는 매도인이 수령지체에 빠진 상태에서 계속 잔금의 이행제공을 하고 있었으므로 마치 목적물 인도의무의 불이행으로 인해 인도일부터 인도 완료일까지 임료상당의 손해배상을 청구할 수 있는 것처럼 출제하였다. 그러나 **민법 제587조에 의하면 매매목적물이 인도되지 않고, 또 매매대금도 전액 지급되지 않았다면 매도인의 수령지체가 있다 하더라도 과실은 매도인에게 그대로 귀속된다.(대법원 2004. 4. 23. 선고 2004다8210 판결)** 따라서 원고가 피고 박명진에게 잔금까지 현실적으로 지급하지 않은 이상 원고는 피고 박명진에게 인도 의무의 지체로 인한 손해배상을 청구할 수는 없다.

에 관하여 2017. 1. 8. 매매를 원인으로 한 소유권이전등기 절차를 이행할 의무가 있습니다.

다. 피고 박명진의 계약해제 주장에 관한 반박

피고 박명진은 2017. 6. 19. 원고에게 계약금 배액인 200,000,000원을 송금하면서 이어 계약을 해제한다고 통지하여 도달된 같은 달 25. 매매계약이 해제되었다고 주장합니다.

계약금 배액의 상환으로 계약을 해제하는 것은 상대방의 이행에 착수하기 전까지 할 수 있습니다.[225) 그런데, 원고는 잔금 지급일인 2017. 3. 31. 잔금 200,000,000원을 준비하여 약속된 중개사 사무실로 가 피고 박명진에게 지급하려 하였더니 피고 박명진은 소유권이전등기에 필요한 서류를 가져오지 않아 지급하지 못하였습니다. 원고는 그 후로도 2017. 4. 30.까지 계속하여 잔금을 보관하면서 피고 박명진에게 잔금을 그대로 가지고 있으니 빨리 소유권이전등기에 필요한 서류를 교부해 달라고 요청하였습니다. 이처럼 원고는 계약금 배액의 수령 전에 이미 잔금 지급일에 잔금을 준비하여 그 이행제공까지 마쳤던 것으로 넉넉히 이행에 착수하였던 것이고, 그 이후에 한 위 해제는 그 효력이 없습니다. 따라서 피고 박명진의 위 주장은 이유 없습니다.

5. 결론

따라서 원고의 피고들에 대한 청구는 모두 이유 있으므로 이를 인용해 주시고, 소송비용은 패소자 부담으로 하여 주시고, 일부청구에 가집행 선고를 해 주시기를 바랍니다.

입 증 방 법(생략)

첨 부 서 류(생략)

2017. 8. 10.

원고 소송대리인 변호사 박문태 인

서울중앙지방법원 귀중

225) 대법원 2008. 3. 27. 선고 2007다82875 판결.

Ⅴ. C. 2017년도 제3회

1. 7단계 권리분석법에 의한 사건 전체의 분석

가. 의뢰인의 희망사항 분석결과

의뢰인 =원고	희망사항	물권 침해? 약정?	침해자 또는 약정자는 누구(=피고)	의뢰인을 원고로 해도 되나?
박선민	**계약에 따른 근저당권설정등기 경료**[226)] if not 담보설정하지 못한데 손해배상	① 근저당권설정계약 [② 화장품공급계약 (물품공급계약)] **∴불이행 있어 강제이행청구**	**∴약정자 (근저당권설정자) (주식회사 거상)**	**약정의 상대방 (근저당권자) 근저당권설정등기 청구**
	법적으로 보장받을 수 있는 범위의 상속재산 반환 다만 소장 부본 송달일까지의 법정이자 상당 부당이득 청구는 하지 않음	① 유류분권 ② 증여받아 부족분 발생(침해) **∴유류분반환청구**	**∴유류분 침해자 (박선호)**	**유류분 권리자 ∴유류분 반환청구**
	계약금의 반환 및 채무불이행으로 인한 손해배상금	① 매매계약 ② 채무불이행, 해제 **∴ 원상회복 및 손해배상청구**	**∴약정자 (매도인) (김민호)**	**약정의 상대방 (매수인) ∴원상회복 및 손해배상청구**
	압류 및 추심명령에 따른 최대한 금액을 지급	① 공사도급계약, 일 완성 ② 압류 및 추심명령 **∴강제이행청구**	**∴약정자 (도급인) (김주인)**	**추심명령 약정의 상대방 (수급인) 추심받은 공사대금 청구**

나. 원고의 청구원인 분석결과

소송명	청구원인	항변 (법률상 주장 포함)	재항변 등
근저당권설정등기 청구	① 근저당권설정계약 [② 피담보채무 (물품공급계약)]	Ⓐ 대표이사와의 계약이 아님 (부존재 사유를 주장한 것임) Ⓑ 대표권제한 위반 ⓐ 정관상 대표권 제한 ⓑ 위반의 거래 ⓒ 상대방의 악의 or 과실	Ⓐ 에는 표현대표이사와의 거래 Ⓑ중 ⓐⓑ사실은 인정 ⓒ사실에 관한 주장·증명 없음
유류분 반환	① 상속 ⓐ 피상속인의 사망 ⓑ 유족 ⓒ 상속지분 ② 유류분 산정 ⓐ재산(상속재산+증여)−채무공제 (1)상속재산;		

226) 저당권설정등기 청구는 매우 희귀한 청구이다. 통상 저당권의 피담보채무에 관한 약정을 할 때 담보를 제공하지 않으면 돈을 빌려주지 않거나 물품을 공급하지 않는 등 거래 자체가 발생하지 않기 때문이다.

	⑵증여는ⓐ상속인에 대한 증여분, ⓑ타인에 대한 1년이내 증여, 다만 해함을 알았다면 1년 전이라도 가능 ⓑ유류분: 배우자 및 직계비속은 법정상속지분의 1/2 ③ 반환의 범위 ⓐ 부족액(유류분－상속) ⓑ 이자(상속일)		
원상회복 및 손해배상청구	① 매매계약 ② 계약금 중 1,000만원 지급, 3. 27. 나머지 계약금 4,000만원 공탁 ③ 채권자 지체 ⓐ 계약금 잔금 송금계좌 폐쇄 ⓑ 매도인이 계약금 1,000만원 배액 반환하면서 해제주장 ⓒ 잔금수령거부 ④ 계약해제 및 도달 ⑤ 손해배상액 예정	Ⓐ 매매대금이 시세에 현저히 낮아 매매계약의 주요부분에 관한 착오로 취소 Ⓑ 계약금 잔금 40,000,000원 미지급으로 인해 특약에 따라 매매계약의 자동 해제 Ⓒ 계약금 배액인 20,000,000원과 상환으로 매매계약의 해제	Ⓐ 주요부분의 착오 아님(부인) Ⓑ 적법하게 공탁하여 이미 이행(부인) Ⓒ 계약금이 모두 지급되어 50,000,000원의 배액인 100,000,000원을 상환해야 함(부인)
추심받은 공사대금 청구	① 피추심채권(피압류채권) ⓐ 공사도급계약 ⓑ 선급금의 수령 ⓒ 일의 완성 및 인도 ⓓ 2회 채권양도 약정 ⓔ 2회 양도인에 의한 확정일자 있는 채권양도의 통지(또는 채무자의 승낙) ② 추심명령 ③ 제3채무자에의 송달	Ⓐ 양도금지특약, 악의(중과실) ① 양도금지특약 ② 악의(중과실) Ⓑ 일부 채권양도의 양도통지가 우선	Ⓐ 선의의 제3자에게 양도된 후 재양도(엄폐설) Ⓑ 확정일자 있는 양도통지로 대항력 발생

2. 표현대표이사 및 대표권 제한

가. 대표권 제한

1) 대표권의 제한에 관한 일반원리

단체 또는 법인은 대표자를 통해 대외적으로 행위를 한다.[227] 물론 예외적으로 대표자의 정함이 없는 조합의 경우는 조합원 전원의 명의로 행위를 한다. 통상 단체 또는 법인은 의사결정기관을 따로 두고 대표자를 결정된 의사의 집행기관으로 본다. 민사상으로는 사단법인 또는 권리능력 없는

227) 법률행위는 의사표시를 요건으로 한 법률요건이다. 대표자가 단체 또는 법인을 대표하여 행위한다고 할 때 그 행위는 주로 법률행위를 지칭하는 것으로 법률행위의 가장 중요한 부분이 의사표시이기 때문에 단체 또는 법인의 대표자를 통한 행위를 의사표시를 중심으로 설명해 낼 수도 있다.
단체 또는 법인이 의사결정을 했어도 그 의사표시를 해야 효력이 발생한다. 단체 또는 법인 의사결정의 대외적 표시방법으로는 Ⓐ 대표자를 통한 방식과 Ⓑ 집단전체의 명의로 하는 방식이 있다. 후자의 예로는 대표자의 선정 없는 조합의 의사표시방법을 들 수 있다. 그 외에는 전자의 방법으로 집단적 의사결정을 대외적으로 의사표시가 하고 있다.

사단법인의 사원총회, 대표자의 정함이 있는 조합의 조합원총회 등이 의결기관이 되고, 상사상으로는 주주총회, 사원총회 등 의결기관이 있다. 게다가 주주총회 등에서 선출된 이사회[228]가 있다.

분류	사유	근거	주장 · 증명책임(악의 · 과실 or 선의 · 무과실 포함)
사단법인	대표자의 대표권 제한	민법 제41조, 제60조	Ⓐ **정관 또는 사원총회의 결의**[229]로 대표권 제한 Ⓑ 또 **등**기해야 제3자에게 효력이 있음 Ⓑ ⓐ 등기하지 않았으면 상대방이 악의여도 주장할 수 없고,[230] Ⓑ ⓑ 등기되었으면 선의의 제3자에게도 무효 주장할 수 있음[231]
재단법인	〃	〃	〃 **(다만 사원총회 결의는 제외)**
권리능력 없는 사단	Ⓐ 법률상 · 사실상처분행위 Ⓑ 이용 · 개량행위 Ⓒ 보존행위	Ⓐ,Ⓑ,Ⓒ는 정관 · 규약에 정함이 있으면 그에 따르고, 없으면 사원총회의 결의[232]	정관 · 규약에 정한 바를 준수하지 않았거나 또는 사원총회 결의를 준수하지 않은 ⒶⒷⒸ의 경우는 **무효**
	Ⓓ그외 채무부담행위	Ⓓ에 관해 대표권 제한을 할 수 있음[233]	①정관 or 사원총회 결의에 의한 대표권 제한 ②상대방이 알았거나 알 수 있었을 경우[234]
권리능력 없는 재단	기본재산처분		①기본재산 ②처분 ③관할관청의 허가 (③ 없으면 무효)
	대표권 제한		①정관규약에 대표권 제한 ②위반하여 대표권 행사라도 유효[235]
집합건물	집합건물관리인의 대표권 제한	집합주택의 소유 및 관리에 관한 법률 제25조	관리인의 대표권을 제한할 수 있으나 선의의 제3자에는 대항할 수 없다.

228) 이사회는 주주총회가 주주가 다수여서 토론이 원활하지 않기 때문에 주주총회에서 대표로 선출되어 일정한 사안에 대하여 적극적 토론을 거쳐 합리적인 안으로 의사결정을 할 수 있도록 일종의 대의적 의사결정의 역할을 수행하고 있다.

229) 사원총회의 결의에 의해 대표권제한이 가능한가에 관해 견해의 대립이 있다. 즉 사원총회의 결의로 대표권 제한을 하면서 이에 상응하는 정관개정은 이루어지지 않아 정관에는 그 규정이 없는 경우에도 대표권제한이 있다고 할 수 있는가?라는 쟁점이다. 민법 제59조 제1항 단서의 규정에 따라 대표권 제한으로 유효하다고 보는 것이 통설적 견해이다. 그러나 유력한 반대설도 있다.

230) 대법원 1992. 2. 14. 선고 91다24564 판결, 대법원 2014. 9. 4. 선고 2011다51540 판결.

231) 이설이 없다.(송덕수, 신민법강의(제10판), 박영사, 2017, 414면 참조).

232) 대법원 2005. 9. 15. 선고 2004다44971 판결, 대법원 2007. 7. 26. 선고 2006다64573 판결.

233) 대법원 2007. 4. 19. 선고 2004다60072 · 60089 전원합의체 판결, 대법원 2003. 7. 22. 선고 2002다64780 판결.

234) 대법원 2008. 10. 23. 선고 2006다2476 판결, 대법원 2003. 7. 22. 선고 2002다64780 판결.

235) 대법원 1992. 2. 11. 선고 91다11049 판결.

주식회사	주식회사의 대표권의 제한	법령 등 위반	①법령 등에 대표권 제한 ②위반하여 대표권 행사 ③상대방이 알았거나 알 수 있었을 경우(악의 or 과실)이면 무효
		정관 등 내부규정 위반[236]	①정관 등 내부규정에 대표권 제한 ②위반하여 대표권 행사 ③상대방이 알았거나 알 수 있었을 경우(악의 or 과실)이면 무효[237]
대표권(대리권남용)	대표권의 남용		①대표자의 대표권 행사 ②실제로는 자신 또는 제3자의 이익을 위한 대표권 행사 ③상대방이 알았거나 알 수 있었을 경우[238]

단체 또는 법인 형태	권리형식		의사결정(기관)	의사표시(기관)
	물권	채권		
공유	공유	준공유	지분 : 단독 전체 : Ⓐ 지분투표 Ⓑ 보존(각자) 관리(과반수) 처분(전원합의)	
사단법인	단독소유	단독소유	사원총회 Ⓐ 1인1표 Ⓑ 과반수(재과출 · 출과찬[239]) 단 정관변경 · 중요재산 처분은 2/3[240] 이사회 Ⓐ 1인 1표 Ⓑ 과반수	이사
재단법인	〃	〃	정관 이사회 Ⓐ 1인 1표 Ⓑ 과반수	이사
권리능력 없는 사단	총유	준총유	관리 · 처분: 정관 · 규약에 의하되 없으면 사원총회 결의 사용 · 수익: 정관 · 규약 보존: 사원총회의 결의[241] 사원총회 Ⓐ 1인1표 Ⓑ 과반수	대표자

236) 판례는 법령 등에 대표권 제한 규정이 있는 경우와 정관 등 내부규정에 대표권 제한 규정이 있는 경우를 구분하지 않고 있으나, 학설에 따라서는 정관 등 내부규정상의 대표권 제한 규정을 위반한 행위에 대한 무효화 요건을 강화(예를 들면 "악의 or 과실"이 아니라 "악의 or 중대한 과실" 또는 "악의")하여 주장하는 경우가 있다.

237) 내부적 제한위반의 경우에는 제3자의 악의만 주장 · 증명하면 무효가 된다는 유력한 견해가 있다.(이철송, 「회사법강의(24판)」, 박영사, 2016년, 701면 이하 참조)

238) 대법원 2004. 3. 26. 선고 2003다34045 판결 {이에 반하여 권리남용설에 기하여 제3자의 악의만 주장 · 증명하면 무효가 된다는 유력한 견해가 있다. (이철송, 전게서 705면 참조)}

239) 재적 과반수의 출석으로 개의하고, 출석 과반수의 찬성으로 의결한다.

240) 민법 제42조 제1항을 유추적용.

241) 대법원 2010. 2. 11. 선고 2009다83650 판결.

권리능력 없는 재단		단독소유[242]	단독소유	정관 이사회 Ⓐ 1인 1표 Ⓑ 과반수	이사
조합	대표자 없음	합유	준합유	조합원총회 Ⓐ 지분투표 Ⓑ 보존(각자) 관리·처분(전원합의) Ⓒ 조합원 개인지분처분도 전원합의 얻어야 함	Ⓑ 보존(각자) 관리·처분(전원합의)
	대표자 있음			조합원총회 Ⓐ 지분투표 Ⓑ 보존·관리(과반수), 처분(전원합의) Ⓒ 조합원 개인지분처분도 전원합의 얻어야 함	대표자(조합장)
주식회사		단독소유	단독소유	주주총회 Ⓐ 지분투표 Ⓑ 출석과반수&발행주식¼이상, 다만 특별결의사항(출석⅔&발행주식⅓이상) 있음	대표이사
				이사회 Ⓐ 1인1표 Ⓑ 과반수(다만 토론 기능이 더 강함)	
유한회사		〃	〃		
유한책임회사		〃	〃		
합자회사		〃	〃		
합명회사		〃	〃		
분할채무		소유개념 적용 없음	소유개념 적용 없음	모두 상대적 효력(단체법적 적용이 전혀 없음)	
연대채무		〃	〃	절대적 효력 (변제·대물변제·공탁; 최고·경개·상계·채권자지체(이상 전체에 절대적 효력); 상계·면제·혼동·소멸시효완성(이상 부담부분에 한해 절대적 효력) 그 외는 상대적 효력	
불가분채무		〃	〃		
보증채무		〃	〃	주채무자에게 생긴 사유, 절대적 효력 보증인에게 생긴 사유, 그 외는 상대적 효력	
(연대보증채무)		〃	〃		

	약정의 성립		이행·불이행	구제수단(remedy)
	진의(眞意)의 성립	의사표시		
개인	번민 결심(의사의 결정)	<u>의사표시</u> <u>도달</u>	이행	채무의 소멸
			불이행	**<u>①강제이행청구권</u>** **<u>②손해배상청구권</u>** **<u>③무효화</u>**
법인	의안 **<u>의결(의결기관)</u>**	**<u>의사표시(대표기관)</u>** **<u>도달</u>**	이행	채무의 소멸
			불이행	**<u>①강제이행청구권</u>** **<u>②손해배상청구권</u>** **<u>③무효화</u>**

242) 대법원 1994. 12. 13. 선고 93다43545 판결(구 불교재산관리법에 따라 불교단체등록을 한 사찰은 권리능력 없는 재단이고, 비록 신도들이 그 사찰의 재산을 조성하는데 공헌을 하였다고 하더라도 그 사찰의 재산은 신도나 승려의 총유가 아니라 권리능력 없는 사찰 자체의 단독소유가 된다.)

주주총회나 이사회가 특성상 단체나 법인 운영의 모든 의사를 모두 결정할 수 없어 단체나 법인 운영의 일상적인 소소한 의사결정은 대표자에게 맡겨지게 된다. 이렇듯 대표자는 단체나 법인의 의사결정기관의 의사결정을 기계적으로 집행하는 기능에 더하여 일정한 범위내에서 상당한 재량을 갖고 의결기관의 의사결정을 집행하거나 일정한 범위내에서 의사결정을 직접 하고 또 이를 집행하기도 한다. 따라서 단체 또는 법인과 대표자 사이에는 위임관계에 있다고 보고, 대표자에게 단체 또는 법인의 업무를 집행함에 있어 선량한 관리자의 주의의무를 갖고 처리해 주기를 요구하고 있다.

이렇듯 대표자에게 막강한 권한을 부여하였기 때문에 대표자의 권한남용으로 인해 단체 또는 법인이 입을 수 있는 피해를 방지할 법적 수단이 필요하게 된다.

그래서 사후적으로는 만약 대표자가 선량한 관리자의 주의의무로 업무를 처리해야 할 의무를 위반하면 이를 임무해태로 보아 이사의 회사에 대한 손해배상책임, 이사의 제3자에 대한 손해배상책임 등 민사상 책임을 추궁할 수 있게 하고, 나아가 배임, 업무상 배임 등으로 형사처벌을 하기도 한다.

이에 더 나아가 사전적으로는 대표자의 대표권을 제한하여 이를 위반한 대표행위의 효력을 부인하는 방식으로 단체 또는 법인을 보호하고 있다. 이때는 대표자를 믿고 거래한 제3자의 신뢰를 보호해야 할 필요도 있어 그 조화로운 법제도 운영이 꼭 필요하게 된다.

2) 상법상의 대표이사의 대표권 제한

가) 대표이사는 회사를 대표하여 행위 한다. 그런데 대표이사의 대표권에 일정한 제한을 두어 사전적으로 회사의 이익을 보호하려 한다.

나) 대표권 제한은 법률상 제한도 있고, 정관이나 이사회 결의(내부적 제한)상 제한도 있다.

다) 법률상 대표권 제한은 주주총회나 이사회의 결의에 따라 대표행위를 해야 한다는 것이나 이사와 회사간의 소송에서는 대표이사가 회사를 대표하지 못하고 감사가 대표해야 한다는 등 제한을 말한다. 대표이사가 주주총회의 결의에 따라 대표행위를 해야 할 경우 주주총회 결의 없이 대표행위를 하면 무효이고, 이사회의 결의에 따라 대표행위를 해야 함에도 그 결의 없이 대표행위를 한 경우에는 상대방이 이를 알았거나 알 수 있었을 경우에는 무효이다.

라) 법상 대표이사의 권한이지만 정관이나 이사회의 결의로 제한한 경우에는 내부적 제한이라고 한다. 대표이사의 대표권의 내부적 제한으로 선의의 제3자를 대항하지 못한다.(상법 제389조 제3항, 제209조 제2항) 판례는 회사가 제3자의 악의, 과실을 주장·증명해야 한다고 해석하고 있다.(대법원 1996. 1. 26. 선고 94다42754 판결)

3) 부실등기의 효력과의 관계

대표이사의 성명, 주민등록번호, 주소는 등기사항이다.(상법 제317조 제2항 제9호) 따라서 고의 또는 과실로 대표이사가 잘못 등기된 경우에는 선의의 제3자에게 대항할 수 없다.(상법 제39조) 원래 상업등기의 공신력이 인정되지 않기 때문에 잘못된 등기를 믿고 거래하여도 그 효력이 없으나 거래의 안전을 보호하기 위하여 특별히 규정한 것이다. 대표이사 선임결의의 하자로 인하여 선임결의 무효 또는 취소의 판결이 내려진 경우 선임등기 후 그 판결확정시까지 등기된 대표이사와 거래한 경우에는 상법 제39조 소정의 부실등기의 효력에 따라 제3자가 보호를 받게 된다. 따라서 고의·과실로 부실등기한 자는 제3자가 악의·중대한 과실을 주장·증명해야만 무효를 주장할 수 있다. 그러나 선임결의 무효 또는 취소의 확정판결이 있은 후 변경등기를 하지 않은 경우는 상법 제37조 제1항이 적용되어 구 대표이사와 거래한 선의의 제3자에게 대항하지 못한다. 따라서 그 무효를 주장하려면 제3자가 악의·중대한 과실이 있음을 주장·증명해야 한다.

나. 표현대표이사

1) 요건

가) 표현적 명칭 사용

"사장, 부사장, 전무, 상무 기타 회사를 대표할 권한이 있는 것으로 인정될 만한 명칭을 사용"한 이사(상법 제395조)이어야 한다. 회사를 대표한 권한은 주로 대표이사를 지칭한다. 전무나 상무(대법원 1999. 11.12. 선고 99다19797 판결) 경리담당이사(대법원 2003. 2. 11. 선고 2002다62029 판결) 등 사용하고 있는 자와 거래하면 중과실이 있다고 보아 표현대표이사 법리의 적용을 부인한다. 이사가 아닌 자도 표현대표이사 법리가 유추 적용된다. 따라서 부존재인 주주총회 결의에 의해 선임된 이사(대법원 1992. 7. 28. 선고 91다35816 판결)나 심지어 전혀 이사로 선임된 사실조차 없는 자(대법원 1985. 6. 11. 선고 84다카963 판결)에 대해서도 유추 적용한 사례가 있다.

나) 주주총회·이사회·대표이사에 의한 명칭사용의 허용

주주총회, 이사회의 결의나 대표이사가 그 명칭사용을 허용하여야 한다.(대법원 1992. 9. 22. 선고 91다5365 판결) 이사회 결의에 필요한 수의 이사들이 묵시적으로 명칭사용을 허용한 경우에도 가능하다. 그러나 소수의 이사만이 그 명칭사용을 허용하거나 지배주주가 허용하였다고 하더라도 표현대표이사로 볼 수 없다. 명칭사용을 명시적으로는 물론 묵시적으로도 할 수 있다. 지배주주겸 대표이사가 타인에게 주식을 양도함과 동시에 경영을 위임하여 그 타인이 사실상 경영권을 행사하였다면 묵시적으로 허용한 것이다.(대법원 1994. 12. 2. 선고 94다7591 판결, 대법원 1998. 3. 27. 선고 97다34709 판결)

다) 대표행위

대표이사로서 그 권한내의 대표행위를 하여야 한다. 표현대표이사가 회사의 유일무이한 재산을 양도담보로 제공한 것은 대표이사로서도 주주총회의 특별결의가 없이 할 수 없기 때문에 표현대표이사 규정이 적용되지 않는다.(대법원 1964. 5. 19. 선고 63다293 판결)

라) 악의의 제3자

상대방이 악의란 사실을 무효를 주장하는 회사측에서 주장·증명하여야 한다. 과실이 있다며 무효를 주장할 수는 없으나(대법원 1973. 2. 28. 선고 72다1907 판결) 중과실을 증명하여 표현대표이사의 적용을 부인할 수 있다.(대법원 1999. 11. 12. 선고 99다19797 판결) 악의란 대표권을 갖지 않는다는 사실을 안다는 것으로 그런 사실을 몰랐다면 법상 대표이사가 아님을 알았다고 하더라도 표현대표이사의 법리 적용을 주장할 수 있다.(대법원 1998. 3. 27. 선고 34709 판결)

2) 표현대표이사 법리의 확장적용

가) 공동대표이사

공동대표이사의 경우 공동하여 대표행위를 하지 않으면 그 효력이 없다.(상법 제389조 제2항) 등기사항(상법 제317조 제2항 제10호)이므로 공동대표이사로 등기가 되어있다면 선의의 제3자에 대해서도 그 무효를 주장할 수 있다.(상법 제37조) 만약 공동대표이사로 등기된 자 중 1인이 회사의 허용하에 사장, 대표이사사장, 대표이사란 명칭을 사용하면서 선의인 제3자에 대해 대표행위를 했을 경우에 표현대표이사의 법리를 적용하여 그 효력을 인정할 수 있다.(대법원 1992. 10. 27. 선고 92다19033 판결)

나) 선임이 무효·취소된 대표이사의 행위

선임이 무효·취소된 대표이사의 행위는 부실등기된 후 선의의 제3자에게 대항할 수 없다는 상법 37조 소정의 부실등기의 효력 문제로 파악하고(대법원 2004. 2. 27. 선고 2002다19797 판결) 있어 표현대표이사 법리가 적용되지 않는다. 다만 부존재인 주주총회의 결의에 의해 선임된 이사가 다시 대표이사로 선정된 후 행한 대표행위에 관해서는 표현대표이사의 법리를 적용한다.(대법원 1992. 7. 28. 선고 91다35816 판결, 대법원 1992. 9. 22. 선고 91다5365 판결)

3. 유류분반환청구

가. 유류분권

상속이 개시되면 상속인은 상속재산에 대한 일정비율을 취득할 수 있는 지위를 갖게 되는 것을 유류분권이라고 한다. 피상속인 재산처분의 자유 및 유언의 자유와 상속인의 최소 생활권 보장을 조화시키고자 1977. 12. 31. 민법 개정으로 도입한 제도이다. 유류분권을 상속개시 전에 포기할 수 없다.

나. 유류분권자

피상속인의 직계비속, 배우자, 직계존속, 형제자매이다.(민법 제1112조) 유류분을 행사하려면 최우선순위의 상속인이어야 한다. 대습상속인도 대습상속이 개시되면 유류분이 있다. 직계비속과 배우자는 그 법정상속분의 1/2이고, 직계존속과 형제자매는 그 법정상속분의 1/3이다.

다. 유류분액의 산정

1) 유류분 사정의 기초재산

피상속인이 상속개시시에 보유하고 있는 재산에서 일정한 범위의 증여재산을 가산하고 채무전액을 공제하여 기초재산을 산정한다.(민법 제1113조 제1항) 증여재산의 가액도 상속개시 당시의 화

폐가치로 평가한다. 불가능하면 증여당시의 가액에 그때부터 상속개시시까지의 물가변동률을 반영하여 평가할 수 있다.(대법원 2009. 7. 23. 선고 2006다28126 판결)

증여재산은 Ⓐ 공동상속인 중 1인에게 증여한 재산은 증여시기에 상관없이 기초재산에 포함하여 산정한다.(대법원 1995. 6. 30. 선고 93다11715 판결) Ⓑ 그 외의 자에게 한 증여는 상속개시일로부터 증여계약이 1년 이내에 체결되었을 경우에 그 증여재산을 포함하여 기초재산으로 삼는다. 또는 증여계약체결 당시 증여계약의 양 당사자가 유류분자에게 손해를 준다는 것을 알면서 증여한 경우에는 증여시기에 상관 없이 기초재산에 편입하여 산정할 수 있다.(민법 제1114조 2문)

2) 유류분액의 계산

유류분의 기초재산에 유류분권자의 유류분율을 곱해 산정한다. 유류분율은 당해 상속인의 법정상속분에 유류분 비율을 곱해 산정한다.

다. 유류분반환청구권

유류분권자는 피상속인의 증여 또는 유증으로 인하여 그 유류분에 부족이 생긴 경우에는 수증자, 유증자를 상대로 반환을 청구할 수 있다.(민법 제1115조 제1항)

유류분 침해액은 유류분액에서 상속이나 수증(유증)받은 금액이 있으면 이를 공제한 금액이다. 유류분권리자가 반환의무자를 상대로 유류분반환청구권을 행사하는 경우, 그 유류분을 침해하는 증여 또는 유증은 소급적으로 효력을 잃는다.(대법원 2013. 3. 14. 선고 2010다42624 판결) 이 판결로 유류분반환청구권이 형성권적 성질을 갖는다.

유류분반환청구의 상대방은 수증자, 유증자와 그 포괄승계인이다. 판례는 수증자, 유증자, 그 포괄승계인으로부터 양수 당시 유류분권리자를 해함을 알고 양수받은 특별승계인도 반환청구권의 상대방이 될 수 있다고 한다.(대법원 2002. 4. 26. 선고 2000다8878 판결)

먼저 유증(사인증여 포함)자에게 청구하고, 그래도 부족하면 수증자에게 청구할 수 있다.(민법 제1116조)(대법원 2001. 11. 30. 선고 2001다6947 판결)

원물반환이 원칙이고, 원물반환이 불가능할 때는 그 가액 상당액이다.(대법원 2005. 6. 23. 선고 2004다51887 판결) 이행청구를 받았을 때 비로소 이행기가 도래하고, 그 다음날부터 지체책임을 진다.(대법원 2013. 3. 14. 선고 2010다42624·42631 판결) 목적물의 사용·수익이란 법정과실의 반환에 관해서는 형성권적 태도를 취하는 판례에 의하면 유류분권자가 반환청구권을 행사하면 소급적으로 증여, 유증이 무효가 되어 그 사용·수익의 부당이득을 반환해야 할 듯하지만 선의의 점유자는 법정과실을 수취할 권리가 있으므로(민법 제201조 제1항) 악의로 전환되기 전까지는 그 법정과실을 수취할 수 있다고 한다.(대법원 2013. 3. 14. 선고 2010다42624·42631 판결)

라. 유류분청구권의 소멸시효

유류분반환청권은 상속개시사실 및 유류분권을 침해하여 반환받아야 할 증여 또는 유증이 있다는 사실을 안 날로부터 1년간, 상속개시일로부터 10년간이 경과하면 시효완성되어 소멸한다. 이를 소멸시효로 해석한다. 형성권에 소멸시효가 인정된 몇 안되는 사례이다. 그래서 반환청구의 의사표시가 있으면 소멸시효가 중단된다. 이는 최고에 불과하기 때문에 6개월이내에 소제기 등 조치를 취해야 소멸시효 중단의 효력이 계속된다.

4. 추심명령 및 추심금청구

가. 추심명령 발령요건 및 절차

1) 추심명령 발령요건

가) 집행권원, 집행문, 집행채무자에의 송달 등 강제집행 개시요건을 충족하고 있어야 한다.

나) 피추심채권 적격이 있어야 한다.

(1) 전부명령과 달리 금전채권은 물론 유체물의 인도·권리이전청구권에 대해서도 인정된다.

(2) 전부명령과 달리 압류경합이 있어도 피추심적격이 있다.

2) 추심명령의 절차

채권압류 신청과 동시에 추심명령도 신청하는 것이 보통이다. 추심명령은 제3채무자에게 송달하면 그 효력이 생기고, 즉시항고를 하였다고 하더라도 집행정지의 효과가 없으므로 그 즉시 확정된다. 즉시항고하면 사법보좌관처분 이의로 간주되어 소속 판사에 의해 이유 있으면 경정하고, 이유 없으면 인가하면서 항고법원으로 이송된다.

나. 추심명령의 효과

1) 집행채권자는 추심권을 부여받는다. 따라서 집행채권자는 자신 명의로 추심금청구의 소를 제기할 수 있다. 추심에 필요한 가압류, 최고권, 해제권, 취소권을 행사할 수 있으나 그 범위는 넘는 면제, 포기, 기한의 유예, 채권양도 등은 할 수 없다. 추심명령 후에는 집행채무자는 추심권을 상실하여 피추심채권을 청구할 수 없다.(대법원 2000. 4. 11. 선고 99다23888 판결)

2) 집행채권자는 선량한 관리자의 주의의무로 추심권을 행사해야 한다. 따라서 시효중단을 시키는 등 추심에 일정한 의무를 부담하고, 이를 게을리한 경우에는 손해배상의무도 진다.

다. 추심금청구의 소

1) ① 피압류채권(피추심채권)의 존재, ② 추심명령의 발령, ③ 제3채무자에 송달이 추심금청구의 요건사실이다. 전부명령과 달리 즉시항고의 집행정지 효력이 없기 때문에 제3채무자에게 송달되기만 하면 그 확정여부에 관계 없이 추심금 지급의 소를 제기할 수 있다.

2) 집행채무자는 채권양도의 경우처럼 압류 전에 생긴 채무자에 대한 항변 등으로 추심채권자에게 대항할 수 있다.

3) 추심채권자는 집행채권과 집행비용액을 초과하는 부분에 관해서도 추심권을 행사할 수 있

으며 경합하는 다른 채권자가 있는 경우 추심한 채권액을 공탁하고 그 사유를 신고하여야 한다.(공탁 및 추심신고의무)(민사집행법 제236조 제2항) 다만 경합하는 다른 채권자가 없는 경우에는 추심신고만 하고 추심한 금액을 자기 채권액에 충당할 수 있다. 경합자가 있어 공탁 및 추심신고가 있는 경우에는 배당절차가 진행된다.

5. 전부명령 및 전부금청구

가. 전부명령 발령요건 및 절차

1) 전부명령 발령요건

가) 집행채권이 존재해야 한다.

집행채권은 집행권원이 있어야 하고, 집행문이 부여되어야 하며 그 집행권원이 송달되어야 한다.

나) 피전부채권 적격

(1) 권면액 관련

전부명령이 제3채무자에게 송달될 당시 피압류채권(전부채권)이 장래의 채권이라도 채권 발생의 기초가 확정되어 특정이 가능하고, 권면액이 있으며 가까운 장래에 채권이 발생할 것이 상당한 정도로 기대되는 경우에는 전부채권이 될 수 있다. 따라서 제3채무자가 지방자치단체와 사이에 공사도급계약을 체결하고 공사를 시공함에 따라 장래 지급받게 될 공사대금채권도 전부채권이 될 수 있다.(대법원 2002. 11. 18. 선고 2002다7527 판결) 부동산담보신탁계약에 기해 신탁부동산이 매각될 경우 위탁자가 신탁회사에 대해 갖게 될 배당금교부채권도 전부채권이 될 수 있다.(대법원 2010. 5. 13. 선고 2009다98980 판결) 동시이행항변권이 붙은 임차보증금반환채권도 전부채권이 될 수 있다.(대법원 1988. 1. 19. 선고 87다카1315 판결) 다만 밀린 임료를 공제한 나머지 임차보증금잔액에만 그 효력이 있을 뿐이다.

(2) 양도가능한 채권이어야 한다.

법률상 양도가 금지된 채권은 전부도 될 수 없다. 다만 채권양도금지의 특약이 있는 경우에는 집행채권자가 악의라도 전부 받을 수 있다.(대법원 2002. 8. 27. 선고 2001다71699 판결) 소액임차보증금채권은 압류가 금지되지만 전부 받을 수는 있다.

(3) 압류의 경합 또는 배당요구가 없을 것

전부명령이 송달될 때까지 다른 채권자가 압류, 가압류 또는 배당요구가 없어야 한다. 그 이후에 압류, 가압류 또는 배당요구가 있었다고 하더라도 전부명령은 유효하다. 그러나 이 이전에 압류, 가압류 또는 배당요구가 있으면 전부명령은 무효이다.(민사집행법 제229조 제5항) 물론 채권압류의 효력은 있다.

2) 전부명령의 절차

통상 채권압류와 함께 전부명령을 신청한다. 전부명령을 발령할 때는 이해관계인을 심문할 수 있다. 법원은 집행권원의 송달, 선행되는 압류명령의 존부, 피전부적격 등을 심사하여 발령여부를 판단한다. 채무자는 전부명령을 송달받은 날로부터 1주일이내에 즉시항고할 수 있다. 전부명령은 사법보좌관이 발령하므로 즉시항고를 해도 사법보좌관처분 이의의 취지가 포함되었다고 보아 소속 법원의 판사가 즉시항고장을 제출한 날로부터 10일 이내에 항고이유서를 제출해야 한다. 판사는 이유가 있다고 판단되는 경우 사법보좌관 처분을 경정하여야 하고, 이유 없다고 판단되면 인가를 하고, 항고법원으로 송부한다. 전부명령에 대한 즉시항고는 집행정지의 효력이 있기 때문에 즉시항고 기간이 도과하거나 즉시항고가 기각 확정되어야만 전부명령의 효력이 발생한다.(민사집행법 제229조 제7항)

나. 전부명령의 효과

1) 변제효

전부명령이 확정되면 제3채무자가에게 송달된 때 소급하여 채무자가 집행채무를 변제한 것과 같은 효력이 발생한다.(민사집행법 제231조 본문)

2) 집행채권의 소멸

변제효로 말미암아 권면액으로 집행채권이 소멸한다.(민사집행법 제229조 제5항) 그래서 전부명령이 확정된 후 집행채권이 소멸된 것으로 판명되면 부당이득반환청구를 할 수 있다.(대법원 2008. 2. 29. 선고 2007다49960 판결)

3) 권리이전효

전부된 채권은 집행채권자에게 이전된다.(민사집행법 제229조 제3항) 전부채권의 원금은 물론 제3채무자에게 송달시까지의 이자 등 부대채권액과 이자 · 지연손해금 · (인적 · 물적)담보권도 이전된다. 만약 제3채무자가 무자력이어서 만족을 얻지 못하여도 집행채권이 부활하지 않는다.

다. 전부금청구의 소

1) 전부금청구원인의 요건사실

가) ① 피압류채권(전부채권)의 존재, ② 압류 및 전부명령의 발령, ③ 제3채무자에 대한 송달, ④ 집행채무자에 대한 송달 및 즉시 항고기간의 도과 등 확정사실이 전부금청구의 청구원인의 요건사실들이다.

나) 압류 및 전부명령 당시 집행채권이 부존재 · 무효 · 소멸하였다는 사실은 다툴 수 없으며 집행채무자가 집행채권자에 대하여 부당이득반환을 구할 수 있을 뿐이다.

다) 제3채무자는 피압류채권(피전부채권)이 부존재하거나 소멸하였다면 전부금청구의 소에서 그 사실을 들어 집행채권자의 전부금청구에 다툴 수 있다.

라) 전부명령 효력발생시 존재하지 않았거나 그 당시에는 피전부채권이 존재하였더라도 사후에 권리멸각사유나 권리저지사유로 인하여 존재하지 않게 된 경우 전부명령은 무효가 되고 변제효, 권리소멸의 효과가 발생하지 아니한다. 따라서 집행채권자는 그 사실을 증명하여 다시 집행채무자

의 다른 재산에 대해 강제집행할 수 있다. 피전부채권이 불확실한 채권(기한부 채권 또는 조건부 채권 등)일 때 기한의 미도래, 조건의 미성취 등으로 결국 피전부채권이 부존재로 판명되었을 경우 위와 같이 전부명령이 무효가 되고 다시 집행채무자의 다른 재산에 대해 강제집행을 할 수 있다.(전부명령무효설, 대법원 2001. 9. 25. 선고 99다15177 판결)

소 장

원 고 박 선 민 (741215－1047153)
서울 서초구 효령로 11 (방배동)
소송대리인 변호사 김서용
서울 서초구 서초로 6, 405호 (서초동, 정법빌딩)
전화번호 (02) 533－7000 팩스번호 (02) 533－7001
이메일 주소 suyongkim@lawyer.com

피 고 1. 주식회사 거상
서울 서초구 서초대로 344 (서초동, 진영빌딩)
대표이사 이재인
2. 박 선 호 (730811－1047125)
서울 서초구 나루터로4길 28, 333동 807호 (잠원동, 한신아파트)
3. 김 민 호 (520920－1330001)
서울 강남구 삼성로 3, 101동 1001호 (대치동, 비룡아파트)
4. 김 주 인
서울 강남구 봉은사로 524 (삼성동)

근저당권설정등기 등 청구의 소

청 구 취 지

1. 피고 주식회사 거상은 원고에게 별지목록 기재 각 부동산에 관하여 2016. 12. 18. 근저당권설정계약을 원인으로 한 채권최고액 200,000,000원, 채무자 이정호{주소 서울 성북구 보문로 168 (삼선동)}의 근저당권설정등기 절차를 이행하라.
2. 피고 박선호는 원고에게 20,000,000원 및 이에 대한 이 사건 소장부본 송달 다음날부터 다 갚는 날까지 연 15%의 비율로 계산한 돈을 지급하라.
3. 피고 김민호는 원고에게 60,000,000원 및 위 금원 중 10,000,000원에 대하여는 2017. 3. 25.부터 이 사건 소장 부본 송달일까지는 연 5%의, 50,000,000원에 대하여는 2017. 4. 27.부터 이 사건 소장 부본 송달일까지는 연 10%의, 각 그 다음날부터 다 갚는 날까지는 연 15%의 각 비율로 계산한 돈을 지급하라.
4. 피고 김주인은 원고에게 200,000,000원 및 이에 대한 2016. 7. 16.부터 이 사건 소장 부본 송달

일까지는 연 6%의, 그 다음날부터 다 갚는 날까지는 연 15%의 각 비율로 계산한 돈을 지급하라.
5. 소송비용은 피고들의 부담으로 한다.
6. 위 2, 3, 4항은 가집행할 수 있다.
라는 판결을 구합니다.

청 구 원 인

1. 피고 주식회사 거상에 대한 청구
가. 피담보채무의 존재, 근저당권설정계약, 표현대표이사[243)]

1) 원고는 2016. 12. 18. 소외 이정호{주소 서울 성북구 보문로 168 (삼선동)}와 사이에 화장품공급계약을 체결하고, 소외 이정호에게 화장품 100,000,000원상당을 인도하였습니다.

2) 피고 주식회사 거상(이하 '피고 거상'이라 함)은 2016. 12. 18. 원고에게 위 1)항과 같은 소외 이정호의 원고에 대한 물품 대금채무 1억원에 대한 담보조로 별지목록 제1,2기재 대지 및 건물에 관하여 채권최고액 2억원으로 된 1순위 근저당권을 설정해 준다는 취지의 근저당권설정계약을 체결하였습니다.

3) 비록 상업등기부상으로는 소외 김용헌이 대표이사로 등기되어 있었으나 원고와 피고 거상은 그 계약서에는 '주식회사 거상 대표이사 이정호'라고 표기하여 위 2)항의 근저당권설정계약을 체결하였습니다.

피고 거상은 총발행주식 20,000주의 주식회사로 이전에는 소외 전능해가 발행주식 모두를 사실상 보유하면서 다만 주주명부에는 자신이 11,000주만을 보유하고 있는 것으로 기재해 두고 나머지 5,500주는 소외 박정애, 3,500주는 소외 김용헌 명의로 등재해 두면서 또 직원에 불과한 소외 김용헌을 대표이사로 등기해 두었을 뿐 회사 경영은 소외 전능해가 전담하고 있었습니다. 이후 소외 전능해는 2016. 3. 8. 소외 이정호에게 총발행주식과 그 경영권 등 모든 권리를 대금 200,000,000원에 양도하고 대표이사 인감도장과 대표이사 명판을 건네주어 소외 이정호도 소외 전능해와 똑같이 실질적으로 회사를 운영해 왔습니다. 이어 소외 이정호는 2017. 4.경 소외 이재인에게 발행주식을 전부 양도하면서 같은 달 18. 소외 김용헌이 대표이사에서 사임하고 소외 이재인이 대표이사에 취임하여 소외 이정호도 비로소 경영권에서 손을 떼게 되었던 것입니다.

나. 소결론

사정이 위와 같다면 소외 이정호는 대표이사 인감도장, 명판을 보유하면서 회사를 대표할 권한이 있는 명칭을 사용하였고, 피고 거상의 대표이사인 김용헌 등이 이를 허용하고 있었던 것으로 비록 소외 이정호가 이사로 등재된 바가 없다고 하더라도 상법 제395조 소정의 표현대표이사 법리가 유추적용되어 소외 이정호는 소위 표현대표이사로서 그 대표행위는 피고 거상에게 효력이 있습니다.[244)]

---

243) 피고 거상은 소외 이정호를 대표이사로 표기하여 근저당권설정계약을 체결하였다. 법인등기부등본상으로는 소외 김용헌이 대표이사로 등재되어 있다. 따라서 청구원인사실을 기술하는 단계에서 그 사실을 밝히고 소외 이정호가 표현대표이사라는 사실을 적극적으로 내세우면서 기술하면서 근저당권설정계약이 표현대표이사에 의해 체결되었으나 유효요건을 모두 충족하여 피고 거상에 효력이 있다는 점을 밝혀야 한다.

244) 위 가. 3)항 사실로부터 추론되는 법률효과를 기술한 부분이다. 사실관계와 법률효과를 분리하여 기술함으로써 당사자로서 주장·증명책임이 있는 부분을 집중시키는 효과를 달성할 수 있다. 간혹 모범답안에 따라서는 사실관계를 기술하는 부분에서 그 사실관계로부터 추론되는 법률효과를 기재해 두는 경우도 있다.

그렇다면 피고 거상은 원고에게 별지목록 제1, 2기재 대지 및 건물에 관하여 2016. 12. 18.자 근저당권설정계약을 원인으로 한 채권최고액 2억원, 채무자 이정호로 된 근저당권설정등기 절차를 이행할 의무가 있습니다.

다. 피고 거상의 주장에 대한 반박

1) 악의의 상대방이라는 주장

피고 거상은, 악의의 상대방은 상법 제395상의 표현대표이사의 대표행위임을 이유로 회사에 대해 그 효력을 주장할 수 없는바, 원고는 위 근저당권설정계약 당시 피고 거상의 대표이사는 소외 김용헌이었음을 알았다고 주장하면서 악의의 상대방으로 피고 거상에게 그 계약상의 의무이행을 구할 수 없다고 주장합니다.

상법 제395조 소정의 악의는 표현대표이사의 대표권이 없음을 알았다는 것으로 위 가. 3)항 기재와 같은 사정이 있다면 등기부상 대표이사로 등재되어 있지 않다 하더라도 소외 이정호에게 피고 거상을 대표할 권한이 있었다는 점을 넉넉히 믿을 수 있었다 할 것이어서 피고 거상의 위 주장은 이유 없습니다.

2) 대표권 제한 위반

피고 거상은 회사 정관 제22조에 따르면 대표이사가 "부동산의 취득, 처분, 담보설정 등의 행위"을 할 때는 사전에 이사회의 결의를 얻어야 한다고 규정되어 있는데 위 근저당권설정계약을 체결할 때 이를 거치지 않아 효력이 없다고 주장합니다.

피고 거상에 주장과 같은 정관 규정이 있고, 위 근저당권설정계약 당시 이사회의 결의를 거치지 않은 사실은 주장과 같습니다. 다만 회사내규인 정관상의 대표권 제한을 주장하는 자로서는 위 사실 이외에도 상대방인 원고가 그 대표권 제한 사실을 알았거나 알 수 있었다는 사실도 함께 주장·증명해야 하는데 이에 관한 주장도 없고,[245] 또 원고는 피고 거상 회사 정관상 그런 대표권 제한 규정이 있었다는 사실을 꿈에도 몰랐습니다. 이에 반하는 피고 거상의 위 주장 또한 이유 없습니다.

2. 피고 박선호에 대한 청구

가. 사실관계

1) 상속, 상속재산 및 증여

가) 소외 망 박종숙(이하 '소외 망인'이라 함)은 소외 망 이경숙과 결혼하여 슬하에 장남인 피고 박선호와 차남인 원고를 두었다가 소외 망 이경숙은 2010. 7. 18. 사망하였고, 이어 소외 망인은 2017. 6. 18. 사망하였습니다. 따라서 피고 박선호와 원고는 소외 망인을 1/2지분씩 상속하였습니다.

나) 소외 망인은 2015. 2. 5.경 피고 박선호에게 서울 도봉구 쌍문동 55 대 100m²를 증여하여 그 명의로 소유권이전등기를 경료하였고, 피고 박선호는 2017. 7. 19. 소외 정경수에게 위 대지를 160,000,000원에 매도하였습니다.

다) 소외 망인은 위 부동산 이외에는 사망당시 우리은행에 80,000,000원의 예금채권을 보유하고 있었고, 그 외 채무는 일체 없습니다.

---

245) 악의 또는 과실의 존재에 관한 주장·증명책임이 회사(피고 거상)측에 있다. 그래서 모범답안은 위와 같이 작성하였다. 그러나 실무상으로는 주장·증명책임 소재를 중심으로 기술하기보다는 사실이 있다, 없다는 등의 사실 증명 위주로 기술하기 때문에 "알 수 없었고, 그 과실도 없다."는 식으로 부인하는 방식으로 작성한다.

2) 유류분

가) 원고와 피고 박선호의 상속

원고와 피고 박선호는 소외 망인이 사망하자 우리은행 예금채권을 1/2씩 상속받아 각자 40,000,000원 예금반환청구권을 보유하게 되었습니다.

나) 유류분 산정액에서 이미 상속받은 금액을 공제한 유류분 부족액

원고는 소외 망인의 직계비속으로 민법 제1112조 제1호에 의해 법정상속분의 1/2에 해당하는 유류분 권리가 있습니다. 유류분의 산정은 상속개시시 피상속인이 보유한 재산가액은 물론 공동상속인이 증여받은 재산을 포함시켜 산정하여야 합니다.[246)]

따라서 위 예금 및 쌍문동 대지의 가액 등 상속재산 합계 240,000,000원(예금 80,000,000원 + 쌍문동 대지 160,000,000원) 중 법정상속분 120,000,000원의 1/2인 유류분 산정액은 60,000,000원(법정상속분 120,000,000원 X 1/2)입니다. 그런데 원고는 이미 예금채권 40,000,000원을 상속받았으므로 그 차액인 20,000,000원(60,000,000원 − 40,000,000원)을 반환받아야 합니다.

나. 소결론

그렇다면 피고 박선호는 원고에게 위 유류분 부족액인 20,000,000원 및 이에 대한 이 사건 소장 부본 송달 다음날부터 다 갚는 날까지 소송촉진 등에 관한 특례법 소정의 연 15%의 비율에 의한 금원을 지급할 의무가 있습니다.

3. 피고 김민호에 대한 청구

가. 매매계약의 체결, 계약금의 지급, 매매계약의 해제

1) 원고는 2017. 3. 25. 피고 김민호로부터 서울 강남구 삼성로 3, 101동 1001호 (대치동, 비룡아파트)를 대금 1,000,000,000원으로 정하고, 계약금 50,000,000원은 계약당일 10,000,000원을 지급하고, 나머지 40,000,000원은 그 다음날인 같은 달 26.까지 매도인의 계좌(신동은행, 110−114−223332)로 송금하는 방식으로 지급하고, 잔금 950,000,000원은 2017. 4. 24. 지급하고, 당사자는 채무불이행시 계약을 해제할 수 있고, 그 손해배상액은 계약금(해제일부터 연 10% 가산)으로 한다고 하는 내용의 매매계약을 체결하고, 계약당일 계약금 일부인 10,000,000원을 지급하였습니다.

2) 피고 김민호는 매매계약 후 주위로부터 위 아파트의 시세가 15억원에 이른다는 사실을 듣고 위 계좌를 폐쇄하였습니다. 그래서 원고가 위 매매계약의 특약에 따라 2017. 3. 26. 나머지 계약금 40,000,000원을 송금하려 했으나 계좌폐쇄로 송금에 실패하였습니다. 이에 원고는 2017. 3. 27. 피고 김민호를 피공탁자로 하여 나머지 계약금 수령 거절을 이유로 40,000,000원을 변제공탁 하였습니다. 그래도 피고 김민호는 2017. 3. 29. 원고에게 "계약금 배액"이라며 10,000,000원의 배액인 20,000,000원만을 "변제공탁하고" 잔금 지급전에 매도인은 계약금의 배액을 상환하고 계약을 해제할 수 있다는 매매계약 제3조에 따라 "매매계약을 해제한다."는 내용증명우편을 보내 매매계약을 이행할 의사가 없다는 사실을 밝혔습니다.

3) 원고는 2017. 4. 24. 잔금을 지참하고 중개사무소에 출석하여 피고 김민호에게 제공하려 하였으나 피고 김민호는 출석하지 않았을 뿐만 아니라 전화조차 받지 아니하여 하는 수 없이 2017. 4. 25. 피고 김민호에게 매매계약을 해제한다는 통고서를 보냈고, 같은 달 27. 그 통고서가 도달하였습

246) 대법원 1995. 6. 30. 선고 93다11715 판결.

니다. 동시에 원고는 공탁한 위 40,000,000원도 회수하였습니다.

나. 소결론

그렇다면 위 매매계약은 피고 김민호가 매매목적물의 시가에 비해 매매대금이 지나치게 낮다거나 계약금에 미달하는 배액을 제공하면서 해제 운운하고, 잔금 지급조차 받으려 하지 않는 등으로 매매계약에 따른 의무를 이행할 의사가 없다는 것을 명백히 한 가운데 원고가 이를 이유로 매매계약 해제의 의사표시를 한 2017. 4. 25.자 통고서의 도달로 적법하게 해제되었다 할 것입니다. 따라서 피고 김민호는 채무불이행을 이유로 한 해제로 인한 원상회복의무로 이미 지급받은 10,000,000원 및 이에 대한 그 지급받은 날인 2017. 3. 25.부터 이 사건 소장부본 송달일까지 민법 소정의 연 5%의 비율에 의한 법정이자, 손해배상의무로서 손해배상 예정액인 50,000,000원 및 이에 대한 약정상의 지연손해금 기산일인 2017. 4. 27.부터 이 사건 소장부본 송달일까지 약정상의 연 10%의 비율에 의한 지연손해금과 각 그 다음날부터 다 갚는 날까지 소송촉진 등에 관한 특례법이 정한 연 15%의 각 비율에 의한 지연손해금을 지급할 의무가 있습니다.

다. 피고 김민호의 주장에 대한 판단

1) 착오로 인한 취소 주장

피고 김민호는 매매목적물인 비룡아파트의 시세는 15억 원임에도 현저히 낮은 10억 원으로 매매대금을 책정하여 계약을 체결하여 매매계약의 제일 중요한 부분인 대가에 대한 착오가 있었으므로 이를 이유로 매매계약을 취소한다고 주장합니다.

우선 피고 김민호 주장과 같이 비룡아파트의 시세가 15억 원에 이른다는 사실은 사실과 다릅니다. 게다가 매매대금 책정은 협상의 끝에 이른 결론으로 비록 낮다고 하더라도 이는 매매계약의 동기에 관한 착오로 매매 계약시 표시되지 아니한 이상 원고가 계약당시 이를 알았거나 알 수 있었다는 추가적인 사실의 주장·증명이 없는 한 피고 김민호의 위 주장은 이유 없습니다.

2) 특약 제2조에 따른 계약 잔대금 미지급으로 인한 매매계약의 자동 해제 주장

피고 김민호는 특약 제2조에 규정된 계약 잔대금 미지급으로 인해 매매계약이 자동으로 해제되었다고 주장합니다.

피고 김민호의 주장과 같이 위 매매계약시 계약금 잔대금 40,000,000원을 계약 다음날 지정된 매도인 계좌로 송금하는 방식으로 지급하기로 약정하면서 그 미지급시 최고 없이 매매계약이 해제된다고 특약한 사실은 있습니다.

하지만 원고는 위 약정의 취지에 따라 계약 다음날 계약금 잔금 40,000,000원을 마련하여 지정된 예금계좌로 송금하려 하였으나 피고 김민호가 매매대금이 현저히 낮다는 불만하에 그 잔금을 지급받지 않으려고 계좌를 폐쇄함으로써 송금이 불가능하게 되었고, 원고는 하는 수 없이 그 다음날 적법하게 공탁까지 하였습니다. 그렇다면 원고는 위 매매계약의 특약에 따라 계약금 잔금을 모두 지급한 것으로 특약의 취지에 따른 계약해제가 될 수 없습니다. 이에 반하는 피고 김민호의 위 주장은 이유 없습니다.

3) 매매계약금 배액의 상환으로 인한 매매계약의 해제 주장

피고 김민호는 계약금은 10,000,000원이라고 주장하면서 그 배액인 20,000,000원을 공탁하여 매매계약 제3조의 취지에 따라 해제하였다고 주장합니다.

앞서 설명한 바와 같이 매매계약상의 계약금은 50,000,000원으로 다만 그 지급을 계약당일

10,000,000원을 우선 지급하고, 그 다음날에 피고 김민호의 계좌로 송금하는 방식으로 지급하기로 특약하였고, 원고는 그 특약의 취지에 따라 계약당일 10,000,000원을 지급하였음은 물론 그 다음날 나머지 계약금 40,000,000원을 송금하려 하였으나 피고 김민호의 의도적인 계좌폐쇄로 인해 송금치 못하고 결국 적법하게 공탁하기에 이른 것입니다. 그렇다면 공탁 후 계약금의 배액을 상환하여 매매계약을 해제하려면 피고 김민호로서는 계약금 전체인 50,000,000원의 배액인 100,000,000원을 지급하면서 매매계약을 해제해야 하였습니다. 하지만 그에 훨씬 못미치는 20,000,000원의 공탁만으로 해제의 의사표시를 하였으나 그 요건의 불비로 인해 그 효력이 없다 할 것입니다. 따라서 피고 김민호의 위 주장은 이유 없습니다.

4. 피고 김주인에 대한 청구

가. 사실관계

1) 양수금채권(공사도급계약, 일의 완성, 채권양도 및 통지)

가) 소외 주식회사 지음(이하 '소외 지음'이라 함)은 2016. 2. 1. 피고 김주인과 사이에 서울 강남구 청담동 184 대 330m² 지상에 지하 1층 지상 2층 연면적 220m² 주택의 신축공사를 공사대금 500,000,000원으로, 공사기간 2016. 3. 1.부터 2016. 7. 15.까지, 선급금 50,000,000원은 계약당일 지급하고, 잔금 450,000,000원은 공사 완료 후 주택 인도와 동시에 지급하기로 하는 내용의 공사도급계약을 체결하고, 계약당일 선급금 50,000,000원을 지급하였고, 약정대로 2016. 7. 15. 완공하여 인도하였습니다.

나) 소외 지음은 2016. 4. 1. 소외 강골조에게 위 주택신축공사 중 골조공사를 하도급받아 시공한 골조 공사대금의 지급을 위하여 위 공사 잔대금 채권 450,000,000원 중 200,000,000원을 양도하기로 하는 내용의 약정을 체결하고, 같은 날 채무자인 피고 김주인에게 그 양도사실을 통지하여 같은 달 3. 도달하였습니다.

다) 이어 소외 강골조는 2016. 6. 1. 소외 김실영에게 자재거래 관계로 발생한 미수금 채무의 지급을 위하여 위 나)항과 같이 양수받은 위 공사잔대금 채권 중 200,000,000원을 양도하기로 하는 내용의 약정을 체결하고, 같은 날 채무자인 피고 김주인에게 그 양도사실을 통지하여 같은 달 3. 도달하였습니다.

2) 추심명령의 발령 및 제3채무자에의 송달

가) 원고는 2015. 6. 1. 소외 김실영에게 200,000,000원을 이자 월 1%, 변제기 2015. 10. 31.로 정하여 대여하였습니다.

나) 원고는 소외 김실영을 상대로 위 가)항 대여금 지급청구의 소를 제기하여 2016. 2. 16. 변론종결되어 같은 해 3. 2. "피고는 원고에게 200,000,000원 및 이에 대하여 2015. 6. 1.부터 2015. 12. 28.까지는 월 1%의, 그 다음날부터 다 갚는 날까지는 연 15%의 각 비율로 계산한 돈을 지급하라."는 내용의 원고 전부 승소의 판결을 선고받고, 그 판결이 확정되었습니다.[247)]

다) 원고는 위 확정판결상의 대여금 채권을 집행채권으로 하여 소외 김실영의 피고 김주인에 대

247) 전부명령의 집행채권의 성립은 전부금청구의 요건사실이 아니므로 위 가), 나)항을 좀 더 간략하게 기술할 수 있다. 실무상으로는 소장 기재 사실이 꼭 요건사실이 아니라 하더라도 요건사실과 밀접한 사실이라면 독자의 의문이 없도록 가급적 풍부하게 작성해 주고 있다. 그래서 위 집행채권의 성립은 비록 요건사실이 아니라 하더라도 추심명령의 발령 요건으로서 그 과정을 설명해 주기 위해 필요한 사실이기 때문에 구체적으로 적어 보았다.

한 위 1) 다) 항상의 양수금채권에 대하여 압류 및 추심명령을 신청하여 2016. 7. 1. 그 압류 및 추심명령이 내려지고, 2016. 7. 6. 제3채무자인 피고 김주인에게 송달되었습니다.

나. 소결론

그렇다면 피고 김주인의 소외 지음에 대한 공사잔대금 채권 중 200,000,000원은 위와 같은 채권양도를 거쳐 소외 김실영에게 양도되었고, 원고의 소외 김실영에 대한 집행력 있는 확정판결에 의해 그 양수금에 대하여 추심명령이 내려지고, 제3채무자에게 송달됨으로써 확정되었으므로 원고는 그 양수금에 대한 추심권을 갖게 되어 이 사건 청구에 이르게 되었고, 이어 소외 지음이 공사도급계약의 취지에 따라 위 주택을 완공하여 2016. 7. 15. 인도함으로써 그 공사대금채무는 이행기가 도래하였습니다. 따라서 피고 김주인은 원고에게 양수받은 공사잔대금 200,000,000원 및 위 이행기 다음날인 2016. 7. 16.부터 이 사건 소장부본 송달일까지는 상법 소정의 연 6%의, 그 다음날부터 다 갚는 날까지는 소송촉진 등에 관한 특례법 소정의 연 15%의 각 비율에 의한 지연손해금을 지급할 의무가 있습니다.

다. 피고 김주인의 주장에 대한 반박

1) 양도금지특약의 존재, 소외 김실영의 악의라는 주장

피고 김주인은 소외 지음과 위 공사도급계약 체결당시 수급인은 도급인의 명시적인 허락 없이 공사대금 채권을 제3자에게 양도할 수 없다고 특약하였고, 소외 김실영은 대표이사로 동생인 소외 김허영을 등재해 둔 채 소외 지음을 실질적으로 운영하면서 그 공사도급계약을 체결할 때 직접 대표이사 도장을 날인하는 등 관여하여 위 양도금지의 특약을 알았으므로 이에 위반한 양도계약은 무효라고 주장합니다.

피고 김주인 주장과 같이 공사도급계약상 양도금지특약이 존재하였고, 소외 김실영이 소외 지음을 사실상 운영한 사실은 있습니다. 하지만 위 가. 1) 나) 항에서 설명한 바와 같이 위 공사대금채권은 이미 소외 강골조에게 1차 양도되어 양도금지특약이 무력화되었고, 그 후 소외 강골조로부터 위 공사잔대금채권을 다시 양수받았으므로 피고 김주인과 소외 지음간에 체결된 공사도급계약상의 양도금지특약의 구속을 받지 않습니다. 따라서 이에 반하는 피고 김주인의 주장은 이유 없습니다.

2) 1억 원이 소외 고주용에게 이미 양도되어 존재하지 않는다는 주장

피고 김주인은 위 공사잔대금 채권이 소외 강골조에게 양도되어 있던 동안에 소외 강골조가 2016. 5. 7. 소외 고주용에게 그 중 100,000,000원을 양도한 다음 같은 날 피고 김주인에게 그 사실을 통지하여 같은 달 10. 그 양도통지가 도달하였다며 소외 강골조가 소외 김실영에게 위 가. 1) 나)항과 같이 채권양도를 할 때는 이미 양도된 100,000,000원을 공제한 나머지 100,000,000원만이 남아 있었다며 이를 초과하여 구하는 원고의 위 청구 중 100,000,000원에 대하여는 응할 수 없다고 주장합니다.

피고 김주인의 주장과 같이 소외 강골조가 소외 고주용에게 위 공사잔대금 중 100,000,000원을 양도한 다음 채권양도의 통지를 하고 수령한 사실이 있습니다. 그러나 소외 강골조의 소외 고주용에 대한 위 채권양도의 통지는 확정일자 없이 이루어진 것이고, 소외 강골조의 소외 김실영에 대한 위 채권양도는 내용증명우편에 의해 이루어져 그 확정일자가 2016. 6. 1.입니다. 따라서 소외 강골조의 소외 고주용에 대한 위 채권양도는 소외 강골조의 소외 김실영에 대한 채권양도에 대항할 수 없어 소외 강골조의 소외 김실영에 대한 채권양도가 우선합니다. 이에 반하는 피고 김주인의 위 주장은 이유 없습니다.

5. 결론

따라서 원고의 피고들에 대한 청구는 모두 이유 있으므로 이를 인용해 주시고, 소송비용은 패소자 부담으로 하여 주시고, 일부 청구에 가집행 선고를 해 주시기를 바랍니다.

입 증 방 법(생략)

첨 부 서 류(생략)

2017. 10. 24.

원고 소송대리인 변호사 김서용 인

서울중앙지방법원 귀중

Ⅵ. A. 2018년도 제1회

1. 7단계 권리분석법에 의한 사건 전체의 분석

가. 의뢰인의 희망사항 분석결과

의뢰인 =원고	희망사항	물권 침해? 약정?	침해자 또는 약정자는 누구(=피고)	원고의 자격, ∴소송명
김성한	지상건물의 가액을 최대한 받고 싶고, 이영상에게 지급한 임차보증금을 최대한 반환받고 싶다.	① (토지)임대차계약 ② (건물)매매계약 (지상물매수청구권 행사) **∴불이행 있어 강제이행청구**	**∴약정자 (임대인) (이영상) (매수인) (이영상)**	**약정의 상대방 (임차인) (매도인) ∴임차보증금반환 및 매매대금 청구**
	서울 강남구 논현동 13-7에 <u>건물 신축공사를 진행하는 데 아무런 장애가 없도록</u>[248] 하고 싶고, (신축공사 불가능하거나 가능하더라도) 토지 사용이익을 반환받는데 필요한 소제기 (다만 김태호에 대해서는 금전청구 하지 말 것)	① 대지 물권(경락)+침해 (지상건물소유) ② 제3자 점유 (침해자와 임대차계약) **∴소유물반환 및 방해배제청구**	**∴침해자 (건물소유자) (김태호, 박상호) (점유자) (한지민)**	**물권자 (경락에 의한 소유권자) ∴건물철거, 대지인도, 퇴거, 부당이득반환 청구**
	최서진,[249] 김학연, 김학철에게 청구할 수 있는 금원을 지급받고 싶다.	① 소비대차계약 ② 보증 ③ 채권양도 **∴불이행 있어 강제이행청구**	**약정자 (차주) (최서진) (보증인) (김학연, 김학철)**	**채권양수인 약정의 상대방 (대주) ∴양도받은 연대보증금 청구**

나. 원고의 청구원인 분석결과

소송명	청구원인	항변 (법률상 주장 포함)	재항변 등
임차보증금 반환 및 매매대금 청구	① 임대차계약 ⓐ 임대차계약 ⓑ 임차보증금 지급 ⓒ 임차목적물 인도 ⓓ 임대차계약 만료 ② 임차보증금채권 압류 및 추심명령[250] ③ 공제(미지급차임)		

248) 이러한 의뢰인의 희망사항은 지상 건물을 철거하고, 대지를 인도받아 달라는 요청으로 읽힌다.

249) 최서진에 대해서는 이미 확정판결을 받아두고 있고, 판결확정일로부터 5년 정도밖에 경과되지 않았고, 채권양수인은 변론종결 후의 승계인에 해당되기 때문에 최서진을 상대로 양수받은 대여금청구의 소를 제기하면 권리보호의 이익이 없다며 각하될 것이다.(이시윤, 「신민사소송법」 제12판, 2018, 박영사, 662면) 면책적 채무인수인은 기판력의 적용을 받는 승계인이나 병존적 채무인수인은 기판력의 적용을 받는 승계인이 아니다.

250) 압류 및 추심명령을 받은 금액만큼은 공제되어야 한다. 압류로 채권자의 처분권이 제한되며, 추심명령으로 채권자의 추심권은 정지된다. 따라서 해당 금액만큼 채무자를 상대로 청구하여서는 안 된다.

	① 건물소유를 목적으로 한 토지 임대차계약 ② 건물의 신축 및 현존 ③ 갱신거절, 임대차계약 만료 ④ 지상물매수청구권 행사 ⓐ 지상물매수청구의 의사표시 ⓑ 도달 ⑤ 건물의 시가	Ⓐ 기판력에 저촉 (건물철거 및 대지인도)[251] Ⓑ 2기 이상 차임지체로 해지되어 종료되었음으로 지상물매수청구권을 행사할 수 없음	Ⓐ 확정판결로 차단되지 않는 형성권인 지상물매수청구권의 행사로 인한 청구로서 기판력에 저촉되지 않음(법리론) Ⓑ 2기 이상 임료지체사실 없음(부인)
건물철거, 대지인도, 부당이득 반환, 퇴거 청구	① 토지 소유권의 취득 ⓐ 경락대금 완납 ② 공동으로 건물 신축 공유 및 공유지분 양도 ⓐ 공유 (각 1/2) ⓑ 1/2지분 양도 (단, 미등기 건물이어서 아직 소유권이전등기는 경료해 주지 못하고 있음) ③ 토지 임료상당액	Ⓐ 법정지상권 성립으로 점유할 정당한 권원의 존재 Ⓑ 건물의 미점유로 대지도 미점유 Ⓒ 1/2지분에 대한 지분 소유권이전등기가 경료되기 전이라 부당이득금은 1/2만 지급	Ⓐ구 건물 존재 근저당권설정등기 구 건물을 헐고 새로운 건물 신축으로 구 건물은 멸실되고 새로운 건물은 근저당권설정등기 이후 신축되어 법정지상권 성립 안함 Ⓑ 건물 소유자가 대지를 점유 Ⓒ 지분매매계약+대금전액지급하여 법률상·사실상 처분할 수 있는 권한으로 점유하고 있으므로 전액 부담해야 함
	① 건물철거권 ⓐ 대지 소유권자 ⓑ 건물 소유권자 ② 건물 점유	Ⓐ 상가건물임대차보호법상 대항력 갖춤	Ⓐ 소유자로 건물철거를 구하면서 퇴거를 구하는 것이므로 그 지상건물에 관한 대항력으로 대항할 수 없음
양도받은 연대보증금 청구	① 대여금 ⓐ 소비대차계약 ⓑ 이자·이율의 약정 ⓒ 원본의 인도 ⓓ 이자의 지급 ⓔ 변제기 도래 ② 대여금청구의 소 판결선고와 판결의 확정 ③ 확정판결상 채무에 (연대)보증[252] ④ 채권양도 및 양도인에 의한 통지	Ⓐ 채권양도 통지 미수령 Ⓑ 소멸시효 완성 상행위, 5년간 Ⓒ 공탁 Ⓓ 상계 ⓐ 자동채권 ⓑ 상계적상 ⓒ 상계의 의사표시, 도달	Ⓐ 주채무자에게 한 채권양도의 통지는 보증인에게도 효력 있음 Ⓑ 보증행위도 상행위가 아니고, 주채무도 확정판결로 10년 소멸시효기간이 적용될 때 보증하였음 Ⓒ 부족공탁은 일부변제로서의 효력도 없음 Ⓓ 상계적상 없음(채권양도 통지 후 자동채권의 변제기 도래, 수동채권 변제기보다 후임)[253]

251) 제2회 변호사시험 강의안 참조

252) 주채무가 상행위에 의해 발생한 채무이므로 이에 보증한 경우에는 연대보증이 된다.(상법 제57조 제2항0

253) 이를 제한설적 입장이라고 하고, 대법원 판례의 입장이기도 하다. 법학전문대학원 협의회 2017년 제2차 모의시험 강의안 참조

2. 지상물매수청구권, 임차보증금반환청구

가. 지상물매수청구권

그동안 지상물매수청구권 관련 출제가 반복되었다. 다만 본 모의기록에서는 임차인의 입장에서 지상물매수청구권을 행사할 수 있는지 여부에 관해서 출제된 점이 다르다. 임대인이 이미 건물철거 및 대지인도의 소를 제기하여 그 확정판결이 있어도 지상물매수청구권은 상계권과 함께 변론과정에서 행사하지 않았다고 하더라도 기판력에 의해 차단되지 않은 형성권이다.

나. 채권압류 및 추심명령

채권압류 및 추심명령이 있으면 해당 채권액만큼 확정적으로 지급이 금지된다. 채권가압류와는 다르다. 따라서 추심된 금액만큼 공제한 다음 청구를 해야 한다.

3. 경락으로 인한 소유권의 취득

경락인은 임의경매나 강제경매 모두 경락대금납입일 소유권을 취득한다.(민사집행법 제268조, 제135조) 본 사안에서는 등기사항전부기재서를 보면 2018. 4. 17.임을 알 수 있다.

경매는 매수와 같이 특정승계취득으로서의 성격을 갖는다. 따라서 전소유자가 처분권한이 없는 경우에는 경락인도 소유권을 취득할 수 없다.

소 장

원 고 김 성 한 (621228－1226125)
서울 서초구 효령로 11 (방배동)
소송대리인 변호사 이성일
서울 서초구 사평대로 40길 6, 405호 (서초동)
전화번호 (02) 533－7000 팩스번호 (02) 533－7001
이메일 주소 lsh@gmail.com

피 고 1. 이 영 상 (610225－1226145)
서울 관악구 관악로 24 (대학동)
2. 박 상 호 (710115－1226145)
서울 광진구 광장로 13 (광장동)
3. 한 지 민 (730110－1224139)
서울 강남구 학동로42길 25(청담동)
5. 김 학 연 (770826－1224561)
6. 김 학 철 (780913－1224562)

피고 5. 6.의 주소 서울 서초구 서래로5길 33 (반포동)

양수금 등 청구의 소

청 구 취 지

1. 피고 이영상은 원고에게,
가. 원고로부터 별지목록 제2기재 건물에 관한 2018. 5. 4. 매매를 원인으로 한 소유권이전등기를 경료받고, 이를 인도받음과 동시에 300,000,000원을 지급하고,
나. 별지목록 제1기재 대지를 인도받음과 동시에 396,000,000원에서 2017. 9. 20.부터 별지목록 제1기재 대지의 인도완료일까지 월 3,000,000원의 비율에 의한 돈을 공제한 나머지 돈을 지급하라.
2. 원고에게,
가. 피고 박상호는 별지목록 제4기재 건물을 철거하고, 별지목록 제3기재 대지를 인도하고,
나. 피고 한지민은 별지목록 제4기재 건물에서 퇴거하고,
다. 피고 박상호는 2018. 4. 17.부터 별지목록 제3기재 대지의 인도완료일까지 매월 5,000,000원의 비율에 의한 돈을 지급하라.
3. 피고 김학연, 같은 김학철은 소외 최서진과 연대하여 원고에게 100,000,000원 및 이에 대한 2010. 1. 4.부터 2012. 1. 3.까지는 연 6%의, 그 다음날부터 다 갚는 날까지는 연 20%의 각 비율에 의한 돈을 지급하라.
4. 소송비용은 피고들의 부담으로 한다.
5. 위 1, 2, 3항은 가집행할 수 있다.
라는 판결을 구합니다.

청 구 원 인

1. 피고 이영상에 대한 청구
가. 사실관계
1) 건물 소유를 목적으로 한 토지 임대차계약의 체결, 임차목적물의 인도, 임차보증금의 지급
원고는 2012. 10. 20. 피고 이영상으로부터 별지목록 제1기재 부동산(이하 '서초동 대지'라고 함)을 임차보증금 500,00,000원, 월임료 3,000,000원, 임대기간 2012. 10. 20.부터 2017. 10. 19.까지 5년간으로 정하고, "임차인은 자신의 비용으로 임차지상에 건물을 축조하여 영업을 할 수 있다"고 특약하여 임대차계약을 체결하고, 계약당일 임차보증금 전액을 지급하고, 임차목적물을 인도받았습니다.
2) 별지목록 제2기재 건물의 신축 및 현존, 갱신거절, 기간만료로 임대차계약의 종료
원고는 서초동 대지상에 별지목록 제2기재 건물(이하 '서초동 건물'이라 함)을 신축하여 2013. 3. 13. 그 명의로 소유권보존등기를 경료하였고, 그 건물에서 '여산여수'이란 상호로 등산복의류 도매상을 운영하고 있으습니다. 원고는 임대차기간이 만료되기 전인 2017. 8. 15. 위 임대차계약의 갱신을 청구하였으나 피고 이영상이 이를 거절하였고, 그 결과 기간만료로 임대차계약은 종료되었습니다.
3) 월임료의 지급 및 서초동 건물의 시가
원고는 2017. 8. 19.까지의 월 임료를 전액 지급하였고, 2017. 9. 19. 월 임료 3,000,000원 중

2,000,000원을 지급하였습니다.

서초동 건물의 2018. 4.부터의 시가는 300,000,000원입니다.(공인중개사 박수길의 사실확인서 참조)

4) 지상물매수청구권의 행사

원고는 2018. 5. 1. 피고 이영상에게 내용증명우편을 보내 "임대차계약이 종료되면 귀하는 제가 신축한 지상건물을 매수하셔야 하는 것으로 알고 있"다며 그 지상건물의 시가상당인 3억 원의 지급을 구하는 지상물매수청구권 행사의 의사표시를 하고, 2018. 5. 4. 피고 이영상에게 도달하였습니다.

5) 임차보증금채권 압류 및 추심명령

소외 박은수는 금전소비대차계약 공정증서에 기해 청구금액 100,00,000원으로 하여 위 임차보증금반환채권에 대해 채권압류 및 추심명령을 신청하여 2018. 3. 10. 채권압류 및 추심명령이 내려지고, 2018. 3. 15. 원고 및 피고 이영상에게 송달되었습니다.

나. 소결론 (지상물매수청구권의 행사로 인한 매매계약을 체결과 매매를 원인으로 한 소유권이전등기, 인도와 상환으로 매매대금지급청구권의 발생, 압류 및 추심된 금원 및 미지급 차임공제 후 임차보증금반환청구)

그렇다면 원고의 위 지상물매수청구권의 행사로 그 의사표시가 도달한 2018. 5. 4. 매매계약이 체결되었다 할 것입니다. 따라서 피고 이영상은 원고에게 위 매매계약에 따라 원고로부터 서초동 건물에 관한 소유권이전등기 경료 및 그 인도받음과 동시에 매매대금에 상당하는 300,000,000원을 지급할 의무가 있습니다.

나아가 위 임대차계약의 종료로 인하여 피고 이영상은 원고로부터 서초동 대지를 인도받음과 동시에 원고에게 2017. 10. 19.까지의 미지급 임료 4,000,000원(9월분 미지급액 1,000,000원 + 10월분 3,000,000원)을 공제하고, 채권압류 및 추심된 100,000,000원을 공제한 나머지 396,000,000원(임차보증금 500,000,000원 − 4,000,000원− 압류 및 추심금 100,000,000원)에서 2017. 10. 20.부터 서초동 대지의 사용·수익 종료일까지 월 3,000,000원의 비율에 의한 미지급임료를 공제한 나머지 임차보증금을 지급할 의무가 있습니다.

다. 피고 이영상의 주장에 대한 반박

1) 기판력 저촉

피고 이영상은 원고를 상대로 서초동 건물의 철거청구의 소를 제기하여 전부승소판결을 받고 2018. 4. 15. 그 판결이 확정되었으므로 판결확정 후 지상물매수청구권을 행사하며 건물매매대금의 지급을 구하는 것은 기판력에 저촉된다고 주장하고 있습니다.

피고 이영상이 주장하는 바와 같이 건물철거의 소를 제기하여 판결이 선고되고 확정된 사실은 있습니다. 하지만 지상물매수청구권은 확정판결의 기판력이 미치지 않는 형성권으로 위 판결 확정에도 불구하고 원고는 행사할 수 있다 할 것이므로 피고 이영상의 주장은 이유 없습니다.

2) 차임연체로 인한 지상물매수청구권의 행사 불능

피고 이영상은 차임을 2번 이상 연체하였으므로 지상물매수청구권을 행사할 수 없다고 주장합니다.

원고는 임대차계약이 종료 전에 2017. 9. 19. 월임료 3,000,000원 중 2,000,000원을 지급하여 1,000,000원을 연체하고, 2017. 10. 19. 그 지급을 연체한 사실은 있습니다. 이처럼 2기 이상 연체 중 차임의 일부라도 지급하여 미지급 임료합계액이 5,000,000원에 불과하였다면 민법 제640조가 정한 "차임연체액이 2기의 차임액(이 사건의 경우 6,000,000원임)에 달하는 때"에 해당되지 않아 그 사유로 해지될 수 없습니다. 그래서 위 임대차계약은 기간만료로 종료되었으므로 지상물매수청구권을 행사할 수 있다 할 것입니다. 따라서 피고 이영상의 위 주장은 이유 없습니다.

2. 피고 박상호, 한지민에 대한 청구

가. 피고 박상호의 건물철거의무, 토지인도의무, 피고 박상호, 소외 김태호의 부당이득반환의무

1) 사실관계

가) 원고의 경락대금 완납으로 인한 대지 소유권의 취득, 피고 박상호, 소외 김태호의 지상건물 신축으로 인한 원시취득으로 인한 공유 및 소외 김태호의 피고 박상호에 대한 건물공유지분 1/2 양도

(1) 원고는 별지목록 제3기재 부동산(이하 '논현동 대지'라고 함)에 관한 임의경매에 참여하여 낙찰받아 2018. 4. 17. 그 경락대금을 완납하여 소유권을 취득한 다음 같은 18. 그 명의로 소유권이전등기가 경료되었습니다.

(2) 피고 박상호, 소외 김태호는 2014. 4. 20. 당시 논현동 대지상에 존재하던 경량철골조 스테인리스 판넬지붕 단층 건물을 철거하고 함께 비용을 부담하여 별지목록 제4기재(이하 '논현동 건물'이라 함)을 신축하였고, 논현동 대지는 전부 논현동 건물의 대지로 사용되고 있습니다.

(3) 소외 김태호는 2016. 5. 30. 피고 박상호에게 자신이 보유 중이었던 논현동 건물의 지분 1/2 전부를 대금 150,000,000원에 양도하고, 그 무렵 매매대금 전부를 지급받았습니다.

나) 논현동 대지의 임료 상당액

2017년부터 현재까지 논현동 대지에 관한 임료상당액은 임차보증금이 없을 경우 월 5,000,000원 정도 됩니다.

2) 소결론 (원고의 대지 소유권의 취득 및 피고 박상호의 건물 소유로 인한 대지 점유를 이유로 한 건물철거 청구 및 임료상당 부당이득반환청구)

그렇다면 원고는 경락대금을 완납하여 논현동 대지의 소유권을 취득하였고, 피고 박상호, 소외 김태호는 그 지상에 논현동 건물을 신축함으로써 그 소유권을 공동으로 원시취득한 후 미등기상태에서 소외 김태호는 자신 지분 전부를 피고 박상호에게 매도하였고, 그 결과 피고 박상호는 논현동 건물 1/2지분은 소유하고 있으며 나머지 1/2지분에 관해서는 법률상·사실상 처분할 수 있는 자에 해당됩니다. 따라서 피고 박상호는 원고에게, 논현동 건물을 철거하고, 원고가 경락대금을 완납하여 그 소유권을 취득한 2018. 4. 17.부터 논현동 대지의 인도완료일까지 매월 임료상당 5,000,000원의 비율에 의한 부당이득금을 지급할 의무가 있습니다.

3) 피고 박상호의 주장에 대한 반박

가) 지상건물의 법정지상권 성립을 이유한 점유할 정당한 권원의 존재

(1) 피고 박상호는 논현동 대지와 건물은 모두 소외 김태호의 소유였는데, 소외 김태호가 2011. 10. 20. 소외 황상현에게 공동담보조로 제공하여 같은 달 20. 논현동 대지 및 건물 모두에 채권최고액 120,000,000원의 근저당권설정등기가 경료되었고, 소외 김태호가 피담보채무를 변제하지 못하자 소외 황상현이 논현동 건물에 대해 임의경매신청을 하여 2017. 5. 2. 임의경매개시결정이 내려지고 경매절차가 진행된 결과 원고 주장과 같은 경락을 거쳐 원고가 현재 논현동 대지의 소유자가 되어 대지와 건물의 소유자가 달라지게 되었으므로 건물의 소유자인 피고 박상호는 민법 제366조에 의해 논현동 대지상에 법정지상권을 보유하고 있으므로 원고의 청구에 응할 수 없다고 주장합니다.

(2) 소외 김태호가 논현동 대지를 소유하고 있던 중 원고가 임의경매에 참가하여 낙찰받아 그 소유권을 취득한 사실은 있습니다. 다만 피고 박상호 주장의 건물은 이 사건 논현동 건물과 별개의 건물로서 소외 김태호가 소외 황상현에게 담보로 제공할 당시에는 논현동 대지상에 경량철골조 스테인리스판넬지붕 단층 250㎡의 건물이 축조되어 있다가 논현동 대지와 함께 공동담보로 제공되어 근저당권설정등기가 경료되었던 것입니다. 그러나 피고 박상호, 소외 김태호는 함께 비용을 반씩 부담하여 2014. 4. 20.경 위 구 건물을 헐고 2015. 4. 20. 논현동 건물을 신축하였습니다. 따라서 구 건물의 철거로 그 건물에 설정되었던 근저당권설정등기는 목적물의 상실로 그 효력을 잃고, 피고 박상호, 소외 김태호가 새로 신축하여 공동소유로 된 논현동 건물상에 그 어떤 근저당권도 설정되지 않았던 것입니다. 이런 상태에서 경매로 인하여 논현동 대지의 소유권이 이전되었다 하더라도 논현동 대지상에 논현동 건물의 소유를 목적으로 한 법정지상권이 성립되지 않습니다. 따라서 피고 박상호의 위 주장은 이유 없습니다.

나) 논현동 대지 미점유

피고 박상호는 현재 논현동 건물은 피고 한지민이 점유하고 있으므로 토지사용료를 지급할 수 없다고 주장하고 있습니다.

대지의 점유는 그 지상건물을 소유하는 자가 점유하는바, 피고 한지민은 비록 논현동 건물을 점유하고 있다고 하더라도 그 지상에 논현동 건물을 소유하고 있는 피고 박상호가 논현동 대지를 점유하고 있다 할 것이어서 피고 박상호의 위 주장은 이유 없습니다.

다) 건물에 관한 등기를 경료하기 전이어서 소외 김태호 지분인 1/2에 상당하는 부당이득금 지급의무 없음

피고 박상호는 설령 부당이득반환의무가 있다고 하더라도 자신은 소외 김태호로부터 그 지분 1/2을 매수하였지만 아직 그 등기를 경료하지 않아 그 지분상당의 부당이득금 반환청구에 응할 수 없다고 주장합니다.

논현동 건물은 미등기건물로서 위 매수에도 불구하고 피고 박상호로 명의로 상응하는 지분소유권이전등기가 경료되지 않은 사실은 있습니다. 하지만 피고 박상호는 소외 김태호로부터 논현동 건물의 1/2지분을 매수하고, 그 매매대금까지 지급한 후 논현동 건물의 소유권 전체를 사실상 행사하고 있습니다. 따라서 건물의 1/2 소유권 및 1/2에 관한 법률상·사실상 처분할 수 있는 권한에 의해 논현동 대지를 점유하고 있다 할 것이므로 피고 박상호는 그 전체에 관한 임료상당 부당이득금을 반환할 의무가 있습니다. 따라서 피고 박상호의 주장도 이유 없습니다.

나. 피고 한지민에 대한 청구

1) 원고의 건물철거 청구권의 보유, 피고 한지민의 건물 점유

위 가. 2)에서 살펴본 바와 같이 원고는 논현동 건물에 대한 건물철거 청구권을 보유하고 있습니다. 그런데 피고 한지민은 2015. 9. 15. 피고 박상호, 소외 김태호와 논현동 건물에 관해 임대차계약을 체결하고, 인도받아 현재 "임진강장어"라는 상호로 음식점을 운영하고 있습니다.

2) 소결론 (퇴거청구)

따라서 피고 한지민은 원고에게 논현동 건물에서 퇴거할 의무가 있습니다.

3) 피고 한지민의 주장에 대한 반박

피고 한지민은 그 소유자들로부터 논현동 건물을 임차하여 2015. 9. 15. 인도받고, 사업자등록

까지 마쳐 상가건물임대차보호법상의 대항력을 취득하였으므로 원고의 퇴거청구에 응할 수 없고, 가사 응한다고 하더라도 임차보증금반환을 받음과 동시에 퇴거하여야 한다고 주장합니다.

피고 한지민이 당시 논현동 건물의 소유자들인 피고 박상호, 소외 김태호와 사이에 주장과 같은 임대차계약을 체결하고, 임차보증금을 지급하고 이를 인도받아 영업 중인 사실은 있습니다. 하지만 원고는 논현동 대지의 소유자로서 그 지상건물의 철거를 구하면서 전제조건으로서 현재 논현동 건물을 점유 중에 있는 피고 한지민에게 퇴거를 구하는 것으로 논현동 건물에 관한 대항력을 취득하였다는 것만으로 이러한 철거청구에 대항할 수 없고, 그 임대차계약관계를 들어 동시이행항변을 할 수도 없습니다. 따라서 피고 한지민의 위 주장들은 이유 없습니다.

3. 피고 김학연, 김학철에 대한 청구

가. 사실관계

1) 소비대차계약, 원본의 인도, 변제기의 도래, 이자·이율의 약정, 이자의 지급

소외 최서진은 '라라랜드'라는 상호로 컴퓨터도매업을 경영하면서 2009. 1. 5. 소외 이소현으로부터 그 사업자금조로 100,000,000원을 연 6%의 이율로 변제기 2010. 1. 3.로 정하여 차용하였습니다. 소외 최서진은 소외 이소현에게 변제기까지의 이자는 전부 지급하였습니다.

2) 확정판결, 연대보증

소외 이소현은 소외 최서진을 상대로 대여금청구의 소를 제기하여 2012. 3. 14. "피고는 원고에게 100,000,000원 및 이에 대한 2010. 1. 4.부터 2012. 1. 3.까지는 연 6%의, 그 다음날부터 다 갚는 날까지는 연 20%의 각 비율에 의한 돈을 지급하라."는 판결을 선고받고, 그 판결이 2012. 4. 2. 확정되었습니다.

피고 김학연, 김학철은 2013. 6. 4. 소외 최서진이 위 확정판결에 기해 부담하고 있는 채무를 보증하였습니다.

3) 채권양도계약, 양도의 통지 및 도달

소외 이소현은 원고에게 등산복의류 대금지급채무를 부담하고 있던 중 2017. 4. 3. 원고에게 그 지급조로 소외 최서진에 대한 위 대여금채권을 양도하고, 2017. 4. 3. 소외 최서진에게 양도사실을 통지하여 같은 달 9. 통지서가 도달하였습니다.

나. 소결론 (양수금청구)

피고 김학연, 김학철은 상행위로 발생한 소외 최서진의 채무에 보증함으로써 상법 57조 제2항에 의해 연대보증의 책임을 부담하게 됩니다. 또한 위 피고들은 확정판결 후 그 판결상의 채무를 보증함으로써 그 판결상의 채무를 이행할 의무를 부담하게 됩니다.

그러므로, 피고 김학연, 김학철은 원고에게 소외 최서진과 연대하여 확정판결상의 채무인 100,000,000원 및 이에 대한 2010. 1. 4.부터 2012. 1. 3.까지는 연 6%의, 그 다음날부터 다 갚는 날까지는 연 20%의 각 비율에 의한 금원을 지급할 의무가 있습니다.

다. 피고 김학연, 김학철의 주장에 대한 반박

1) 채권양도 통지 미수령

피고 김학연, 김학철은 자신들에게 양도사실이 통지되지 않았으므로 원고는 채권양도사실을 들어 위 피고들에게 대항할 수 없다고 주장합니다.

원고는 앞서 설명한 바와 같이 주채무자인 소외 최서진에게 채권양도의 통지를 하고 도달한 사실이 있습니다. 주채무자에 대한 채권양도통지는 그 연대보증들에게도 효력이 있으므로 위 피고들의 주장은 이유 없습니다.

2) 소멸시효 완성

피고 김학연, 김학철은 소외 최서진은 '라라랜드'라는 상호로 컴퓨터도매업을 경영하면서 그 사업자금으로 소외 이소현으로부터 차용하였고, 2013. 6. 4. 위 차용금에 연대보증을 하였는바, 이 사건 차용금 채무는 상행위로 발생한 채무로 상법 제64조에 의해 5년의 시효기간이 적용되어 그 차용금채권을 행사할 수 있었던 2013. 6. 4.로부터 5년이 경과되어 보증금채무가 소멸하였다고 주장하고 있습니다.

소외 최서진이 영업을 위해 차용한 사실은 위 피고들의 주장과 같습니다. 다만 소외 이소현은 소외 최서진을 상대로 대여금청구의 소를 제기하여 2012. 3. 14. 판결이 선고되고, 같은 해 4. 2. 확정되었습니다. 그 후 위 피고들이 2013. 6. 4. 위 확정판결상의 금전지급의무를 지급하기로 보증하였습니다. 그렇다면 소외 이소현의 위 차용금채권은 위 확정판결로 10년의 소멸시효기간이 적용되는 채권으로 그 성격이 바뀌었고, 위 피고들은 그 금전지급채무를 보증하였으므로 소멸시효기간이 10년이라 할 것입니다. 따라서 보증일로부터 아직 10년이 경과하지 않았음은 역수상 명백하여 위 피고들의 위 주장은 이유 없습니다.

3) 공탁

피고 김학연, 김학철은 주채무자인 소외 최서진이 2017. 11. 3. 원고를 상대로 수령거부를 사유로 차용 원리금 중 32,000,000원을 변제 공탁하였는바, 원고의 청구에 대하여 해당 금액만큼 응할 수 없다고 주장합니다.

위 피고들 주장과 같은 공탁 사실은 있습니다. 다만 2017. 11. 3. 현재 위 차용금의 원금은 100,000,000원인데다가 그 이자 또한 상당한 금액에 달하였음에도 불구하고 그에 훨씬 못 미치는 32,000,000원을 변제 공탁하였으므로 공탁으로 인한 채무소멸의 효과가 전혀 없습니다. 따라서 위 피고들의 위 주장은 이유 없습니다.

4) 상계

피고 김학연, 김학철은 소외 최서진은 2017. 4. 10. 소외 이소현에게 34모8672 쏘나타 승용차를 대금 12,000,000원에, 변제기는 2017. 7. 3.로 정하여 매도하여 그 대금지급채권이 있는바, 보증인으로서 주채무자가 갖고 있는 위 대금지급채권을 자동채권으로 하여 이 사건 대여금채권을 상계한다고 주장하면서 해당 부분만큼 원고의 청구에 응할 수 없다고 주장합니다.

소외 최서진이 쏘나타승용차 매매대금지급청구권을 보유하고 있는 사실은 있습니다. 그러나 위 매매대금지급청구권의 변제기는 2017. 7. 3.로서, 원고가 소외 이소현으로부터 위 차용금채권을 양도받고 채무자가 통지한 2017. 4. 9. 이후 도래한 변제기이며, 위 차용금채권의 변제기인 2010. 1. 3. 보다 늦었습니다. 따라서 어느 모로 보나 상계적상이 없는 매매대금지급채권으로 상계할 수 없습니다. 이런 이유로 위 피고들의 위 주장은 이유 없습니다.

4. 결론

따라서 원고의 피고들에 대한 청구는 모두 이유 있으므로 이를 인용해 주시고, 소송비용은 패소자의 부담으로 하여 주시고, 일부 청구에 가집행의 선고를 해 주시기를 바랍니다.

입 증 방 법(생략)

첨 부 서 류(생략)

2018. 6. 28.

원고 소송대리인 변호사 이성일 인

서울중앙지방법원 귀중

[별지](생략해도 됨)

부동산 목록

1. 서울 서초구 서초동 671 대 320㎡
2. 위 1. 지상
   철골조 샌드위지패널지붕 근린생활시설 1층 250㎡, 2층 200㎡
3. 서울 강남구 논현동 13-7 대 400㎡
4. 위 3. 지상
   철근콘크리트조 슬라브지붕 단층 270㎡. 끝.

Ⅵ. B. 2018년도 제2회

1. 7단계 권리분석법에 의한 사건 전체의 분석

가. 의뢰인의 희망사항 분석결과

의뢰인 =원고	희망사항	물권 침해? 약정?	침해자 또는 약정자는 누구(=피고)	원고의 자격, ∴소송명
이호중	연남동 토지의 매매와 관련하여 매매대금 등 일체의 금전채권을 청구해 달라	① 매매계약 **∴불이행 있어 강제이행청구**	**∴약정자 (매수인) (김지현)**	**약정의 상대방 (매도인) ∴매매잔대금 및 약정이자 청구**
	광장동 토지의 점유사용으로 이득은 반환받아 달라. (지상 건물의 철거와 토지의 인도는 원하지 않음)	① 물권(대지소유권자) + 침해(건물소유) **∴침해부당이득반환**	**∴침해자 (부당이득자) (김지현)**	**물권자 (소유권자) ∴ (침해)부당이득반환청구**
	동교동 대지에 남아 있는 근저당권설정등기를 말소해 달라	① 근저당권설정계약 **∴불이행 있어 강제이행청구**	**약정자 (근저당권자) (이주상)**	**약정의 상대방 (근저당권설정자) ∴근저당권설정등기 말소청구**
	관철동 건물 중 우상환이 점유하고 있는 부분을 인도받아 달라. if not, 우상환을 상대로 건물의 공유자로서 행사할 수 있는 권리를 행사해 달라.(나머지 공유자에 대해서는 소 제기 말 것)	① 물권(공유물)+침해(1인이 점유) ② 공유물을 공유자 1인이 사용수익 **∴소유물반환 및 침해부당이득반환**	**∴침해자 (공유자 1인) (우상환)**	**물권자 (공유자) ∴공유물 인도 및 침해부당이득반환청구**

나. 원고의 청구원인 분석결과

소송명	청구원인	항변 (법률상 주장 포함)	재항변 등
매매잔대금 및 약정이자청구	①매매계약 ⓐ매매계약 ⓑ계약금 수령 ⓒ잔금에 관한 이자·이율약정 ②매매목적물 인도	Ⓐ계약명의신탁자 Ⓑ통모허위표시 무효 ⓐ통모 ⓑ진의와 표시상 효과의사가 다른 의사표시 함 Ⓒ가압류되었음	Ⓐ매도인으로서 명의신탁사실 몰랐음(부인) Ⓑⓑ는 오히려 7억 원 매매계약서임(부인) Ⓒ가압류된 채권도 판결절차에서 청구할 수는 있음(법리론)
침해 부당이득반환청구	①대지 소유권취득 ⓐ매매계약 ⓑ소유권이전등기 ②건물의 소유 ③악의의 점유자[254)] ④임료상당액	Ⓐ대지부분 등기부취득시효완성 ⓐ대지의 등기 ⓑ대지의 점유 모두 10년간 ⓒ무과실점유 Ⓑ대지부분 점유취득시효완성 ⓐ대지의 점유개시 후 20년	Ⓐⓐ대지 등기 10년되지 않음, ⓒ과실 있는 점유 Ⓑ타주점유의 재항변, 소유자로 있었던 기간 불포함하여 20년이 안 됨
근저당권설정등기말소청구	①피담보채무 ⓐ소비대차계약 ⓑ이자·이율의 약정	Ⓐ근저당권 피담보채권이 확정되지 않아 배당후에도 계속적 거래로 채무 발생하여 피담보채무 남아 있음	Ⓐ강제경매 등에서 배당받으면 피담보채무는 확정 Ⓑ물상보증인에게는 효력 없음

	ⓒ원본의 인도 ⓓ변제기 도래 ②근저당권설정계약·등기 (공동담보) ③피담보채무의 변제 ⓐ공동담보의 실행 ⓑ전액 배당받아 변제	Ⓑ김재희와 길효상 사이에 무효등기의 유용합의 Ⓒ담보물을 양도하여 당사자적격이 없음	Ⓒ 근저당권설정계약의 당사자로서 피담보 소멸후 말소청구권이란 채권적 청구권에 기해 청구
공유물반환, 침해부당이득반환청구	①공유물 ②공유자 중 1인이 점유, 사용 ③사용료 상당액	Ⓐ구분소유적 공유자로 배타적으로 사용할 권한 있다. ⓐ구분소유의 약정 ⓑ공유지분으로 등기 Ⓑ소멸시효완성 상행위, 5년간	Ⓐⓐ구분소유의 약정이 없음(부인) Ⓑ물권 침해에 관해서는 상행위가 아니어서 상법의 적용 없음

2. 매매대금 및 약정이자 및 지연손해금 지급청구

가. 매매대금지급청구의 경우 그 청구원인은 원칙적으로 ① 매매계약의 체결사실이지만 동시이행항변을 무력화하기 위해 ② 소유권이전등기 경료사실 및 ③ 인도사실을 추가적으로 적시해 둘 필요가 있다.

특별한 사정이 없으면 잔대금에 대한 약정이자 및 지연손해금의 지급을 병합하여 청구할 수 없다. 약정이자는 이자지급의 특약사실이 없으면 이를 청구할 수 없다. 그래서 ④ 잔대금에 관한 이자지급의 특약사실을 꼭 기술해 두어야 한다. 잔대금에 대한 변제기 이후의 지연손해금도 지급을 구하기 위해서는 ②, ③ 사실을 꼭 주장·증명해야 한다. 만약 그 증명에 성공하면 약정이율이 5%이고, 민사법정이율이 적용되는 사안이므로 소장부본 송달일까지는 연 5%로 지연손해금을 청구할 수 있다.

나. 항변검토

(1) 명의신탁[255)]

본 기록에서는 피고가 자신은 명의수탁자로서 매매계약에 따른 대금지급의무자는 명의신탁자일 뿐이어서 상대방의 청구에 응할 수 없다는 주장을 하고 있다. ⓐ 원고 청구의 계약당사자는 피고이어서 따라서 거래상대방은 피고이며, ⓑ 명의신탁 법리상 명의신탁자와 명의수탁자 사이에는 명의신탁자가 권리나 의무를 부담하나 대외적으로는 명의수탁자가 권리 및 의무를 부담하므로 피고

254) 선의의 점유자는 과실을 수취할 수 있다.(민법 제201조) 점유자는 선의로 추정된다. 따라서 사용료 반환을 구하는 자가 점유자가 악의의 점유자임을 주장·증명해야 한다. 선의의 점유는 추정되기 때문에 반증(본증과 같은 증명력 있어야 함)으로 추정을 번복해야 한다. 아무튼 사실인정의 문제가 된다. 만약 악의의 증명에 실패할 경우에는 민법 749조에 의해 소제기된 날로부터 악의로 간주된다. 이때 소제기된 날을 압도적 다수의 판례는 소장부본이 송달된 날로 해석하고 있다.

255) 명의신탁 관련 구체적인 법리는 본서 제3회 변호사시험 강평안 참조.

의 주장은 주장 자체로서 이치에 맞지 않는다.

다만, ① 계약 명의신탁에서 ② 상대방인 매도인이 명의신탁사실을 알았을 때는 「부동산 실권리자명의 등기에 관한 법률」 제4조 제2항 단서에 의해서 매매계약 자체가 무효로 되므로 피고의 위 주장은 매매계약이 무효 주장이라고 선해(善解)할 수 있을 때에는 의미가 있을 수 있다. 따라서 피고 주장을 최대한 선해하여 계약명의신탁으로서 무효 주장으로 구성하면 각종 증거들에 의하여 매도인인 원고가 이를 알았다는 사실의 증명이 없다라고 부인하는 방식으로 반박하여야 한다.

(2) 통모허위표시[256]

원고의 본 청구는 10억 원 계약서에 기해 청구를 하고 있다. 피고로서는 10억원 계약서가 통모허위표시로 무효라고 항변하여야 한다. 그러나 기록을 살펴보면 7억원 계약서가 통모허위표시인 것처럼 주장하고 있다. 그래도 피고의 의도를 선해하여 10억원 매매계약서가 통모허위표시로 무효이고, 7억원 매매계약서가 진정한 것으로 그에 따른 청구에 응할 수 있다는 취지로 구성해야 한다.

통모허위표시로 무효가 되기 위해서는 ① 통모하여, ② 허위표시하여야 한다. 원고는 이러한 피고 주장에 대하여 10억 원 계약은 허위표시가 아니고, 오히려 7억 원 계약서가 절세를 위해 작성된 통모 허위표시 계약서라면서 부인하여야 한다.

(3) 채권가압류 대상 채권의 재판상 청구는 가능하나 다만 강제집행을 못할 뿐이다.[257] 이와 달리 소유권이전등기청구권 가압류의 경우 그 가압류 대상 소유권이전등기청구를 하는 소송에서는 의사의 진술을 명하는 판결을 구하는 것으로서 확정되면 원고가 집행할 수 있으므로 소유권이전등기청구권 가압류가 해제되는 것을 조건으로 소유권이전등기청구를 인용하여야 할 것이다.

3. 소유자와 점유자간의 임료 상당 부당이득반환청구권(또는 불법점유로 인한 손해배상청구권)

가. 소유자는 점유자를 상대로 소유물반환청구권을 행사할 수 있다. 또 소유자는 점유자를 상대로 임료상당의 (침해)부당이득금의 반환을 청구할 수 있다. 그 성격이 물권 침해로부터 유래된 것으로 ① 법률상 원인 없음, ② 손해, ③ 이득, ④ 인과관계란 4가지 요건사실 중 ① 법률상 원인 없음은 추정되어 상대방이 항변으로 주장·증명하여야 한다.(침해 부당이득반환청구의 증명책임의 전환) 그래서 소유자가 점유자를 상대로 부당이득반환청구를 할 때는 ① 소유권자, ② 점유, ③ 임료상당의 이득만을 주장·증명하면 다른 요건들이 전부 추정된다.

만약 점유자가 동시이행항변권이나 유치권 등 인도거절권을 갖고 있을 경우에는 소유자는 차임상당의 부당이득반환청구만을 할 수 있고, 이때는 위 ①②③이외에도 ④ 점유자가 목적물을 본래의 용법대로 사용·수익하고 있다는 사실을 추가적으로 주장·증명해야 한다.

통상 타인 소유물의 점유는 침해에 해당되어 고의·과실과 같은 추가적 요건사실을 주장·증명하여 손해배상을 청구할 수 있다. 임료상당액이 통상손해액이므로 위 침해부당이득반환 청구와 그

256) 통모허위표시 관련 구체적인 법리는 본 서 2012년 제3차 법전협 모의시험 강평안 참조.

257) 관련 쟁점은 모의기록을 통하여 수차례 출제되었었다.

결과가 같다. 양자는 청구권 경합의 관계에 있다.(대법원 1991. 3. 27. 선고 91다650 판결)

나. 선의의 점유자의 과실수취권

소유자의 점유자에 대한 임료상당의 침해부당이득반환청구를 할 때 가장 큰 항변은 선의의 점유자로서 민법 제201조에 의하여 과실수취권이 있다는 주장이다. 만약 선의의 점유자로 인정된다면 적어도 소장부본송달 전일(前日)까지는 임료상당의 부당이득반환청구를 할 수 없다. 민법 제197조 제2항에 의하면 소가 제기된 때로부터 악의로 의제되어 부당이득을 반환해야 할 듯하지만(대법원 2008. 6. 26. 선고 2008다19966 판결) 사실상 판례가 변경되어 소장부본 송달시로 해석하고 있다.(대법원 2014. 1. 23. 선고 2012다84233 판결, 대법원 2016. 12. 29. 선고 2013다1891 판결, 대법원 2014. 2. 27. 선고 2013다89006 판결)

선의점유란 과실수취권을 포함하는 권원이 있다고 오신한 점유자를 말한다. 그 오신을 함에 정당한 근거가 있어야 한다.(대법원 2000. 3. 10. 선고 99다63350 판결) 이런 판례의 태도를 통털어 선의점유는 선의 및 무과실을 요구하는 것이다고 해석하는 견해가 있다.[258] 즉 선의점유를 주장하는 자는 선의는 물론 무과실도 주장·증명해야 한다는 것이다. 비록 선의는 추정되더라도 무과실 부분은 주장·증명해야 한다.(대법원 1979. 11. 27. 선고 79다547 판결, 대법원 1992. 12. 24. 선고 92다22114 판결)

또한 후에 권원 없는 점유였음이 밝혀졌다고 하더라도 그동안의 점유의 선의 추정력이 없어지는 것은 아니다. 그렇다면 선의점유자에게 소제기 전에 상당한 증거(본 사안에서는 측량도면)를 첨부하여 내용증명우편 등을 보내 물권을 주장하면서 반환 및 임료상당 부당이득을 구하는 등 사실이 있었을 때 선의점유자의 점유가 악의점유로 전환하는가라는 의문이 있다. "악의의 점유자라는 점이 증명된 경우에는 그 악의의 점유자로 인정된 시점부터, 그렇지 않다고 하더라도 본권에 관한 소에서 종국판결에 의하여 패소로 확정된 경우에는 그 소장이 송달된 때(법문상으로는 소제기일부터이나 판례는 소장부본의 송달일부터로 보고 있다.)"부터 부당이득으로 반환해야 한다는 판례(대법원 2013. 3. 14. 선고 2010다42624·42631 판결)에 비추어 볼 때 악의로 증명에 성공했느냐 여부에 따라 달라질 수 있다. 상당한 증거라고 하더라도 이는 한 당사자의 일방적 설명에 불과하여 선의점유자가 동의하지 않는 이상 그 선의점유자의 점유가 악의점유로 전환되었다고 하기 어렵다고 볼 수도 있다.

점유가 선의라면 고의·과실이 인정되지 않을 것이기 때문에 불법행위에 의한 임료상당의 손해배상청구가 문제되지 않는다.

다. 소멸시효완성의 항변

부당이득반환채권의 소멸시효 기산점은 **부당이득한 날마다** 권리행사가 가능한 것으로 보아 그 때부터 기산되어 상행위와 관련될 때는 5년, 그 외 민사사안일 경우에는 10년이 경과되면 시효완성

---

258) 최진수, 「요건사실과 주장증명책임(제6판)」, 진원사, 2017, 133면.

으로 소멸된다. 반면 불법점유로 인한 손해배상청구권은 **손해가 발생한 날**마다 10년이 경과하거나 그 **손해를 안 날로**부터 3년이 경과하면 시효로 소멸한다.(민법 제766조)

만약 상인에게 침해 부당이득의 반환을 구하면 이는 상해위로 인해 발생한 채무가 아니므로 신속하게 해결할 필요성도 없어 상사소멸시효 5년의 적용을 받지 않고 10년의 민사소멸시효의 적용을 받는다.(대법원 2012. 5. 10. 선고 2012다4633 판결)

라. 등기부취득시효 및 점유취득시효와 자주점유

등기부취득시효의 완성을 주장하려면 ① 등기와 점유가 10년간 지속된 사실, ② 무과실 점유를 주장·증명하여야 한다. 본 사안에서는 580토지상의 등기명의는 578 토지의 일부인 계쟁토지의 등기로 취급될 수 없고, 578토지는 2007. 1. 15. 원고에게 소유권이전등기를 경료해 주었으므로 등기명의가 10년 지속되지 않았을 뿐만 아니라 다음 점유취득시효 관련법리에서 나오듯 자기 부동산을 타에 처분한 다음 그 점유를 이유로 취득시효완성을 주장하려면 점유의 기산점을 소유권 변동일부터로 주장하여야 한다. 따라서 피고 김지현은 2007. 1. 15.부터 점유 기산을 해야 한다. 어느모로 보나 등기와 점유가 10년간 지속되어야 한다는 요건을 충족하지 못한 것이다.

점유취득시효의 완성을 주장하려면 ① 20년간 ② 점유한 사실을 주장·증명해야 하는데 본 사안에서는 적어도 1997. 10. 30.(보존등기일)부터 20년 이상 점유한 사실은 인정된다. 그러나 자기 소유 부동산을 점유하던 중 다른 사람 명의로 소유권이전등기가 경료되었다면 그 취득시효의 기산점은 소유권의 변동일(소유권이전등기일)이 되어야 한다.(대법원 1989. 9. 26. 선고 88다카26574 판결, 대법원 1997. 3. 14. 선고 96다55860 판결) 따라서 점유취득시효 기산점으로서의 자주점유 개시일은 2007. 1. 15.로 보아야 하고, 그로부터 20년이 경과되지 않았음은 역수상 명백하다.

또한 원고는 타주점유란 사실을 주장·증명하여 재항변할 수도 있다. 자주점유의 추정과 관련하여 가장 명심해야 하는 판례내용은 "악의의 무단점유"는 타주점유[259]라는 것과 자주점유자가 주장하는 점유권원이 증명되지 않았다고 하더라도 자주점유로서의 추정력이 바로 번복되는 것은 아니라는 취지이다.(대법원 2016. 6. 9. 선고 2014다1369 판결) 그런데 본 사안에서는 건축하고자 하는 사람은 건물이 자리 잡을 부지 부분의 위치와 면적을 도면 등에 의하여 미리 확인한 다음 건축에 나아가는 것이 보통이라고 할 것이므로 그 침범 면적이 통상 있을 수 있는 시공상의 착오 정도를 넘어 상당한 정도에까지 이르는 경우에 당해 건물의 건축주는 자신의 건물이 인접토지를 침범하여 건축된다는 사실을 건축 당시에 알고 있었다고 보는 것이 상당하다고 할 것이어서 그 인접토지의 점유가 권원의 성질상 소유의 의사가 있는 점유라고 할 수 없다는 판례(대법원 2009. 5. 14. 선고 2009다1078 판결)의 취지에 따라 침범 부분의 상당성 등을 들어 악의의 무단점유성을 강조하면서 타주

---

259) 관련 판례들은 매우 많다. 대법원 1997. 9. 12. 선고 96다26299 판결, 대법원 1998. 3. 13. 선고 97다50169 판결, 대법원 1998. 5. 8. 선고 98다1232 판결, 대법원 1998. 5. 8. 선고 98다2945 판결, 대법원 2000. 4. 11. 선고 98다28422 판결 등 다수

점유라는 논리로 재항변 할 수도 있다.

4. 근저당권설정등기 말소[260)]

가. 피담보채무 소멸에 따른 저당권설정등기 말소청구의 2가지 청구원인

여러 차례 언급한 것처럼 피담보채무가 소멸한 후 저당권설정등기 말소청구를 할 때는 다음과 같은 2가지 청구원인으로 구성할 수 있다.

첫째, 소유자인 저당권설정자는 ① 소유권자, ② 저당권설정등기, ③ 원인무효(피담보채무의 소멸로 인하여 저당권설정등기의 원인무효)라는 법적 구성으로 저당권설정등기의 말소를 청구할 수 있다. 이 때 청구원인은 물권적 청구권으로서의 성질을 갖는다.

둘째, 저당권설정자는 저당권설정계약의 계약당사자로서 ① 명시적 약정 또는 ② 판례나 법령에 의한 표준적 약정(default rule)에 따라 피담보채무가 소멸하면 저당권설정등기를 말소해 주겠다는 약정이 존재함을 전제로 그 약정상의 의무 이행(강제이행)을 구하는 저당권설정등기 말소를 청구할 수 있다. 이때 청구원인은 채권적 청구권이 된다.

양 청구권은 청구권경합의 관계에 있어 원고가 사정에 따라 하나를 선택하여 청구할 수 있다. 다만 본 사안에서는 현재 원고는 담보목적물을 매도하여 소유자가 아니므로 둘째 방식에 의한 청구만을 할 수 있다. 만약 원고가 소장상의 청구원인에서 둘째 방식으로 기술하기만 하면 원고가 현재 담보목적물을 처분하여 소유권자가 아니라는 피고의 주장은 청구원인을 오해한 잘못된 주장이 된다.

나. 공동담보와 피담보채무의 소멸

공동담보권설정자 중 1인이 변제 등으로 피담보채무 전체를 소멸시킨 경우 다른 공동담보권설정자에 대하여 그 부담부분에 관하여 구상할 수 있고, 그 구상금을 담보하기 위하여 담보권자의 담보권을 물상대위 할 수 있다. 그런데 본 사안에서는 원고는 물상보증인이고 다른 공동담보권자는 주채무자이다. 따라서 원고는 부담부분이 없다. 따라서 구상이나 물상대위과 같은 문제는 발생하지 않는다.

다. 무효등기의 유용 및 물상보증

피담보채무의 변제 등으로 소멸하면 그 부종성에 의하여 그 설정등기가 존재함에도 불구하고 저당권도 원인무효로 된다. 그 후 ① 저당권자와 저당권설정자가 합의하여 무효등기를 유용하기로 합의하고, ② 피담보채무가 발생하면 ③ 다른 이해관계인이 존재하지 않는다는 조건하에 그 무효등기가 유효하게 된다. 이를 무효등기의 유용이라고 한다. 하지만 본 사안에서는 채무자와 저당권자 사이에만 유용의 합의를 하였을 뿐 정작 물상보증인과 저당권자 사이에는 합의가 존재하지 않으므로 무효등기의 유용이 이루어지지 않았다.

---

260) 저당권설정등기 말소의 기본원리는 2014년도 제1차 법전협 모의시험 강평안 참조.

5. 공유자의 다른 공유자에 대한 방해배제청구 또는 부당이득반환청구

가. 공유

(1) 공유는 수인이 지분에 의해 물건을 소유하는 것이다.(민법 제262조 제1항)

(2) 공유는 Ⓐ 수인이 하나의 물건을 공유하기로 합의하거나, 각자 지분을 매수한 경우나, Ⓑ 법령에 규정이 있는 경우(공동상속, 공동포괄수증 등)에 성립한다.

(3) 공유의 지분은 특별한 사정이 없는 한 균등한 것으로 추정된다.(민법 제262조 제2항) 공유자는 다른 공유자의 동의 없이 자신의 지분을 양도, 담보제공 등으로 처분할 수 있다. 공유자는 자신의 지분을 다른 공유자나 제3자에게 주장할 수 있다.

(4) 공유자의 보존행위

공유자는 공유물을 불법으로 점유하고 있는 ① 제3자(대법원 1994. 2. 8. 선고 93다42986 판결)나, ② 다른 공유자(대법원 1994. 3. 22. 선고 93다9392·9408 판결)에 대하여 공유물 전부의 인도를 청구할 수 있다. 위와 같은 청구는 공유물의 보존행위이기 때문이라는 것이 그 논거이다. 다른 공유자의 경우 지분 과반수를 보유하면서 점유·사용하고 있을 때에는 이는 관리행위에 해당되고 관리행위는 지분과반수로 정할 수 있기 때문에 방해배제를 청구할 수 없다.(대법원 2002. 5. 14. 선고 2002다9738 판결) 만약 2인의 공유자가 각 1/2 지분으로 공유하고 있을 때는 과반수 지분이 아니기 때문에 단독으로 점유하고 있는 공유자를 상대로 다른 공유자가 방해배제를 청구할 수 있다.(대법원 2003. 11. 13. 선고 2002다57935 판결) 공유 부동산에 관하여 공유자 중 1인이 부정한 방법으로 그의 단독명의로 공유물 전부에 관한 소유권이전등기를 행한 경우에는 방해받고 있는 공유자 중 1인은 보존행위로서 단독명의로 등기되어 있는 공유자를 상대로 그 공유자의 지분을 초과한 나머지 공유지분 전부에 관하여 등기 말소를 청구할 수 있다.(대법원 2006. 8. 24. 선고 2006다32200 판결) 공유자 중 1인은 공유물에 경료된 원인무효의 등기에 관하여 각 공유자에게 해당 지분별로 진정명의 회복을 원인으로 한 소유권이전등기를 이행할 것을 단독으로 청구할 수 있다.(대법원 2005. 9. 29. 선고 2003다40651 판결)

(5) 공유자의 부당이득반환청구

공유자는 제3자가 공유물을 부당점유하는 경우에는 자신의 지분의 비율로 부당이득반환을 청구할 수 있다. 공유자는 다른 공유자가 지분 과반수의 합의 없이 전부 또는 일부를 배타적으로 사용하고 있는 경우에는 그 다른 공유자에게 대하여 자신의 지분비율로 부당이득의 반환을 청구할 수 있다.(대법원 2014. 2. 27. 선고 2011다42430 판결)

6. 상호명의신탁과 구분소유권 공유

가. 상호명의신탁

<u>① 1필의 토지 혹은 1동의 건물이 구조상·이용상 독립성</u>이 있는 경우에 <u>② 당사자 합의</u>로서

내부관계에서는 각자 특정부분의 소유권을 취득하고 다만 등기는 공유로 하기로 합의할 수 있다. 이를 상호명의신탁이라 한다. 그러한 경우에는 각 공유지분 등기는 각자의 특정 매수부분에 관하여 상호간에 명의신탁을 하고 있는 것으로 본다. 본 사안에서는 상호명의신탁이란 피고의 주장에 대해 위 ① 요건에 관한 주장·증명이 없다며 부인(否認)하여야 한다.

나. 구분소유권

(1) ① 구분행위가 있고, ② 구조상·이용상 독립성이 있어야 한다. 구분행위는 구분소유의사를 객관적으로 표시하는 행위를 지칭한다. 구분소유적 공유의 대상이 된 경우에 그에 따른 보존등기와 이전등기가 경료되어야 함은 일반원칙과 같다.

(2) 구분폐지를 통하여 구분소유적 공유가 종료된다. 구분폐지행위는 구분폐지의사를 객관적으로 표시하는 행위를 지칭한다.

다. 상호명의신탁과 구분소유권의 차이점

상호명의신탁의 경우에는 등기상으로는 공유로만 표시되나, 구분소유권의 경우는 구분등기부가 편제된다.

소 장

원 고 이 호 중 (530302－1041724)
서울 서초구 잠원로8길 35 (잠원동)
소송대리인 변호사 이상우
서울 서초구 서초대로12길 10, 201호 (서초동, 서초빌딩)
전화번호 (02) 533－4504 팩스번호 (02) 533－4505
이메일 주소 sangwoo@gmail.com

피 고 1. 김 지 현 (570930－2534112)
서울 광진구 아차산로 549 (광장동)
2. 이 주 상 (670611－1237135)
서울 마포구 독막로 145 (창전동)
3. 우 상 환 (780611－1543112)
서울 서초구 나루터로4길 28 (잠원동)

매매대금 등 청구의 소

청 구 취 지

1. 피고 김지현은 원고에게

가. 900,000,000원 및 이에 대한 2015. 11. 16.부터 이 사건 소장 부본 송달일까지는 연 5%의, 그 다음날부터 다 갚는 날까지는 연 15%의 각 비율에 의한 돈을,

나. 이 사건 소장부본 송달일부터 서울 광진구 광장동 578 대 160㎡ 중 별지 제1도면 표시 (가) 부분 13㎡의 사용·수익을 종료할 때까지 월 1,300,000원의 비율에 의한 돈을

각 지급하라.

2. 피고 이주상은 원고에게 서울 마포구 동교동 190－1 대 60㎡에 관하여 서울서부지방법원 서부등기소 2012. 5. 1. 접수 제8950호로 경료된 근저당권설정등기를 말소하라.

3. 피고 우상환은 원고에게 2010. 1. 5.부터 서울 종로구 청계천로 85 지상 철근콘크리트조 슬래브지붕 근린생활시설 300㎡ 중 별지 제2도면 표시 ㄱ, ㄴ, ㄷ, ㄹ, ㄱ의 각 점을 연결하는 ㉮부분 27㎡의 사용·수익을 종료할 때까지 월 810,000원의 비율에 의한 돈을 지급하라.

4. 소송비용은 피고들의 부담으로 한다.

5. 위 1, 3항은 가집행할 수 있다.

라는 판결을 구합니다.

청 구 원 인

1. 피고 김지현에 대한 매매대금 및 이자·지연손해금 지급 청구

가. 사실관계

(1) 매매계약 체결 및 이자 지급의 특약[261)]

원고는 2015. 11. 2. 피고 김지현과 사이에 서울 마포구 연남동 390－69 대 200㎡(이하 '연남동 대지'라고 함)를 매매대금 1,000,000,000원으로 정하고, 계약당일 계약금 100,000,000원을 지급하고, 2016. 11. 15. 잔금 900,000,000원을 지급하되, 매도인은 계약금을 지급받은 후 매수인에게 소유권이전등기에 필요한 모든 서류를 교부하여 소유권이전등기를 경료해 주며 매수인은 소유권이전등기를 마친 다음날부터 잔금에 대하여 잔금 지급약정일까지 연 5%의 비율에 의한 돈을 가산하여 지급하기로 한다는 내용의 매매계약을 체결하였습니다.

(2) 소유권이전등기 및 인도

원고는 위 매매계약에 따라 피고 김지현에게 연남동 대지에 관한 소유권이전등기에 필요한 일체의 서류를 교부하여 2015. 11. 15.경 피고 김지현 명의로 소유권이전등기가 경료되었으며, 같은 날 피고 김지현에게 연남동 대지를 인도하였습니다.

나. 소결론

그렇다면 피고 김지현은 원고에게 위 매매잔대금 900,000,000원 및 이에 대한 소유권이전등기를 마친 다음날인 2015. 11. 16.부터 이 사건 소장부본 송달일까지는 위 약정에 따른 연 5%의, 그 다음

261) 필자는 그동안 본서의 여러 곳에서 청구원인의 요건사실이나 항변의 요건사실 등을 본문의 내용으로 기재하지 말고 제목으로 삼아서 답안을 작성해 보라고 하였다. 채점의 과정에서 요건사실로 제목 삼아 둔 답안은 일목요연하여 높은 점수를 받을 수 있었다는 사실을 알 수 있다.

날부터 다 갚는 날까지는 소송촉진 등에 관한 특례법이 정한 연 15%의 각 비율에 의한 이자 및 지연손해금을 지급할 의무가 있습니다.

다. 피고 김지현의 주장에 대한 반박

(1) 명의수탁자에 불과할 뿐 계약당사자가 아니다는 주장에 대한 반박

피고 김지현은 매매대금을 부담하면서 다만 매수인 명의만 자신으로 해 달라는 소외 탁현자의 부탁을 받고 위 매매계약을 체결했을 뿐이어서 사실상 계약당사자가 아니어서 원고의 위 잔대금 청구에 응할 수 없다고 주장합니다.

그러나 원고는 피고 김지현과 매매계약을 체결하고 그 매매계약서까지 작성하여 특별한 사정이 없는 한 매수인인 피고 김지현에게 계약당사자로서 그 계약상의 의무이행을 청구할 수 있습니다. 가사 피고 김지현이 소외 탁현자의 명의수탁자로서 위 매매계약을 체결하였다고 하더라도 매매계약까지 무효로 되려면 매도인인 원고가 매매계약당시 이러한 사실을 알았거나 알 수 있었어야 합니다. 그런데 피고 김지현은 이러한 주장이나 증명도 않고 있을 뿐만 아니라 오히려 매매계약당시 원고가 이를 몰랐다는 점을 인정하고 있습니다.(2016. 11. 20.자 피고 김지현 작성의 내용증명우편 참조)

따라서 피고 김지현의 위 주장은 이유 없습니다.

(2) 통모허위표시 무효 주장에 대한 반박

피고 김지현은 원고와 사이에 체결된 매매대금 1,000,000,000원의 매매계약은 통모 허위표시로 무효이고, 실제로는 매매대금 700,000,000원의 매매계약에 기해 매매가 이루어졌으므로 이미 지급한 계약금 100,000,000원을 공제한 매매잔대금 600,000,000원을 초과한 원고의 청구에는 응할 수 없다고 주장합니다.

우선 원고 청구의 근거가 된 1,000,000,000원 매매계약이 통모허위표시로 작성된 사실이 없습니다. 오히려 원고와 피고 김지현이 위 매매계약을 체결할 당시 1,000,000,000원의 정식계약서 1부만을 작성하여 원고가 보관하는 한편 피고 김지현이 주장하는 700,000,000원 매매계약서는 절세 목적의 신고용 계약서로 작성하기로 하였던 것입니다. 이런 상황하에서는 700,000,000원 매매계약서가 통모허위표시로 작성된 계약서로 그 효력이 없을 뿐 원고 청구의 기초가 된 위 1,000,000,000원 매매계약서는 정식계약서로 그 효력이 있습니다. 따라서 피고 김지현의 위 주장은 이유 없습니다.

(3) 채권가압류되었다는 주장에 대한 반박

피고 김지현은 매매잔대금에 관해서 채권가압류 결정이 나 피고 김지현에게 송달되었으므로 그 가압류가 효력을 상실하기 전까지는 원고의 위 청구에 응할 수 없다고 주장합니다. 피고 김지현의 주장처럼 원고의 채권자인 소외 정희용이 대여금채권을 피보전채권으로 하여 원고의 피고 김지현에 대한 매매잔대금 채권을 가압류 하고 피고 김지현에게 송달된 사실은 있습니다. 그러나 위와 같은 사유는 피고 김지현이 실제로 원고에게 변제할 때 공탁하는 등으로 이행할 뿐 원고에게 직접 변제하는 행위 등을 금지한 것이고, 또 원고가 이 사건 확정판결에 의하여 피고 김지현을 상대로 강제집행을 할 때 그 채권가압류결정문 등을 제출하는 방식으로 집행정지를 시도할 수 있을 뿐 추상적인 집행권원을 만드는 대여금지급 청구의 소 제기를 금지하는 효력은 없다 할 것으므로 피고 김지현의 위 주장은 이유 없습니다.

2. 피고 김지현에 대한 임료상당의 부당이득금반환 청구

가. 사실관계

(1) 대지 소유권의 취득

원고는 2006. 12. 22.경 피고 김지현으로부터 서울 광진구 광장동 578대 160㎡(이하 '광장동 대지'라고 함)를 매수하여 2007. 1. 5.경 그 소유권이전등기를 경료하였습니다.

(2) 건물 소유를 통한 대지 점유

피고 김지현은 1997.경 광장동 대지 및 그 인접한 서울 광진구 광장동 580 대 300㎡(이하 '인접 대지'라고 함)을 매수하여 소유권이전등기를 경료한 다음 인접 대지 상에 벽돌조 콘크리트 슬래브 지붕 2층 주택 근린생활시설 1층 145㎡, 2층 145㎡(이하 '광장동 건물'이라 함)를 신축하여 1997. 10. 30. 그 명의로 소유권보존등기를 마쳤습니다. 그런데 광장동 건물은 측량기사의 잘못으로 인접 대지상은 물론 광장동 대지 중 별지 제1도면 표시 ㄱ, ㄴ, ㄷ, ㄹ, ㄱ의 각 점을 순차로 연결한 선에 (가)부분 13㎡을 침범하여 축조되어 있었습니다.

(3) 광장동 대지의 임료상당액

광장동 대지에 관한 월 임료는 보증금 없는 경우 1㎡당 100,000원상당입니다.

나. 소결론

그렇다면 피고 김지현은 인접 건물의 소유자로서 광장동 대지 중 (가)부분 13㎡를 점유 사용하고 있으므로 그 임료 상당의 부당이득금을 반환할 의무가 있습니다. 따라서 피고 김지현은 원고에게 민법 제197조 제2항에 의하여 악의로 의제되는 이 사건 소장부본 송달일부터 광장동 대지 중 (가)부분 13㎡의 사용·수익을 종료할 때까지 임료 상당인 월 1,300,000원(13㎡ X 100,000원)의 비율로 계산한 부당이득금을 반환할 의무가 있습니다.

다. 피고 김지현의 주장에 대한 반박

(1) 등기부취득시효 주장에 관한 반박

피고 김지현은 광장동 건물을 신축하여 1997. 10. 30.경 그 소유권보존등기를 경료하였는데 이때 광장동 건물이 측량기사의 잘못으로 인접 대지는 물론 광장동 대지 중 13㎡를 침범하여 건축됨으로써 그 대지부분을 선의·무과실로 점유하고 있었다며 위 소유권보존등기가 경료된 1997. 10. 30.부터 10년 이상 침범한 13㎡를 선의·무과실로 점유하여 그 13㎡를 등기부시효취득하였다고 주장합니다.

우선 피고 김지현이 등기부시효취득하기 위해서는 광장동 대지 중 (가) 부분을 점유함은 물론 그 (가) 부분의 등기명의도 같이 10년간 보유하고 있었어야 합니다. 그런데 인접 대지인 같은 동 580 토지의 등기명의로는 지번이 578이어서 다른 (가) 부분의 등기로 삼을 수 없고, 또 피고 김지현은 2006. 12. 22. 원고에게 광장동 대지를 매도하여 2007. 1. 15. 원고 명의로 소유권이전등기가 경료해 주었으므로 피고 김지현은 광장동 건물을 신축하여 적어도 1997. 10. 30.이후 2007. 1. 15.까지로서는 10년간 등기명의를 보유하고 있어야 한다는 요건을 충족시키지 못하였습니다. 따라서 피고 김지현의 등기부취득시효 완성 주장은 여러모로 보나 이유가 없습니다.

(2) 점유취득시효완성 주장에 대한 반박

피고 김지현은 자신이 소외 손유호로부터 광장동 대지를 매수하여 1997. 5. 6.경 소유권이전등기를 경료하면서 인도받아 점유하고 있다가 광장동 건물을 신축하면서 측량기사의 잘못으로 광장동

대지 중 (가)부분 13㎡를 침범하여 건축함으로써 그 소유권보존등기를 마친 1997. 10. 30.경부터는 (가)부분도 점유하기 시작하여 20년이 경과하여 점유시효취득하였다고 주장합니다. 이처럼 점유취득시효의 완성으로 인하여 소유권이전등기 의무가 있는 원고가 그 권리자를 상대로 하여 그에 반하는 부당이득반환을 구하는 위 청구에 응할 수 없다고 주장합니다.

그러나 자기 소유 부동산을 점유하던 중 다른 사람 명의로 소유권이전등기를 경료 해 주었다면 그 취득시효의 기산점은 소유권의 변동일인 소유권이전등기일이 되어야 합니다. 피고 김지현은 (가)부분이 포함된 광장동 대지를 1997. 3. 7. 소외 손유호로부터 매수하여 같은 해 5. 6. 그 소유권이전등기를 경료하였다가 1997. 10. 30.경 광장동 건물의 소유권보존등기를 경료한 다음 위와 같은 경위로 2007. 1. 15. 원고에게 그 소유권이전등기를 경료해 주었습니다. 그렇다면 광장동 건물의 소유를 통하여 계쟁 토지인 (가)부분을 점유하였다고 하더라도 취득시효완성의 기산점은 자기 소유로 등기되어 있던 기간은 제외하고 원고에게 매도하여 그 명의로 소유권이전등기를 경료해 준 2007. 1. 15.부터라고 할 것입니다. 그로부터 20년이 경과하지 않았음은 역수상 명백하므로 피고 김지현의 위 주장 또한 이유 없습니다.

3. 피고 이주상에 대한 (근저당권설정등기 말소)[262] 청구

가. 사실관계

(1) 근저당권설정계약 및 근저당권설정등기

소외 김재희는 2012. 5. 1.경 소외 길효성에게 서울 마포구 163－14에 있는 '프랑수와 제과점'에 대한 시설자금조로 200,000,000원을 대여하고, 그 제과점 영업을 위한 제과 및 빙과류 등을 공급하기로 약정하였습니다.

원고는 2012. 5. 1 소외 김재희와 사이에 소외 김재희의 소외 길효성에 대한 대여금 채무 및 물품공급계약에 따른 채무 등을 담보하기 위해서 소외 길효성 소유 서울 성동구 옥수동 561 중앙아파트 102동 602호(이하 '중앙아파트'라고 함)과 원고가 소유하고 있던 서울 마포구 동교동 190－1 대 60㎡(이하 '동교동 대지'라고 함)를 공동담보로 제공하기로 하는 내용의 근저당권설정계약을 체결하고, 그 취지에 따라 2012. 5. 1. 동교동 대지에 관하여 서울서부지방법원 서부등기소 2012. 5. 1. 접수 제8950호로 된 채무자 길효성, 채권최고액 300,000,000원의 근저당권설정등기를 경료해 주었습니다.

(2) 피담보채무의 변제로 인한 소멸

소외 길효성의 또다른 채권자인 소외 이성호가 중앙아파트에 강제경매신청을 하여 2014. 5. 27. 강제경매개시결정이 이루어졌고, 2014. 11. 28. 강제경매로 인한 매각이 이루어졌으며, 그 배당절차에서 선순위근저당권자인 소외 김재희는 공동담보 채권최고액인 300,000,000원을 지급받아 동교동 대지의 피담보채무도 모두 소멸되었습니다.

(3) 근저당권부 채권 및 근저당권의 양도 및 그 부기등기

피고 이주상은 2017. 4. 20. 소외 김재희로부터 이 사건 근저당권의 피담보채권인 소외 김재희

262) 실무상으로는 앞서 본 피고 김지현에 대한 청구와 같이 복수의 청구간 특정을 위해서는 그 청구의 성격을 명시하는 문구를 기재하여야 하나 간단한 법문서 작성의 원칙을 지키기 위하여 단수 청구를 할 때는 청구의 성격을 규정하는 수식어를 따로 기재하지 않는다. 다만 모범답안의 경우는 채점자의 편의를 제공하는 의미에서 청구 성격을 갖는 수식어를 사용하여 작성해 보았다.

의 소외 길효성에 대한 근저당권부채권 50,000,000원을 양도받으면서 같은 날 동교동 대지상의 근저당권에 관해 확정채권 양도를 원인으로 한 근저당권이전의 부기등기를 경료하였습니다.

나. 소결론

그렇다면 동교동 대지의 피담보채무는 중앙아파트의 강제경매절차에서 채권자인 소외 김재희가 채권최고액인 300,000,000원을 배당받음으로써 확정되어 소멸하였습니다. 따라서 소외 김재희의 근저당권부 채권을 양도받아 현재 그 부기등기를 경료한 피고 이주상은 근저당권설정계약에 따라 피담보채무 소멸을 이유로 하여 공동저당관계에 있는 위 근저당권설정등기를 말소해 줄 의무가 있습니다. 그러므로 피고 이주상은 원고에게 동교동 대지에 관하여 서울서부지방법원 서부등기소 2012. 5. 1. 접수 제8950호로 경료된 근저당권설정등기의 말소 절차를 이행할 의무가 있습니다.

다. 피고 이주상의 주장에 대한 반박

(1) 공동저당 담보범위에 관한 주장에 대한 반박

피고 이주상은 소외 김재희가 공동저당권의 목적물 중 소외 길효성 소유 부동산에 관하여 제3자가 신청한 경매절차에 소극적으로 참가하여 우선배당을 받았을 뿐 소외 김재희와 소외 길효성 사이의 기본거래 관계는 종료되지 않았고, 배당 후에도 그 거래가 계속되어 2016. 말경에 '프랑수와 제과점'을 폐업하면서 거래대금을 정산해 본 결과 미지급 50,000,000원 채무가 있음을 확정하였고, 피고 이주상은 그 확정채권도 양수하였습니다. 그래서 이를 변제받기 전까지는 원고의 위 청구에 응할 수 없다고 주장합니다.

그러나 위 근저당권은 동일한 기본계약에 기하여 발생한 채권을 채권최고액의 범위내에서 중첩적으로 담보하기 위하여 설정된 공동저당권에 해당되므로, 그 채권최고액 300,000,000원이 배당절차에서 모두 변제됨으로써 피담보채무가 확정되어 소멸되고, 그 결과 그 근저당권이 소멸되었다 할 것이어서 피고 이주상의 위 주장은 이유 없습니다.

(2) 무효등기의 유용 주장에 대한 반박

피고 이주상은 소외 김재희가 위와 같이 배당받은 이후에도 동교동 대지상의 근저당권설정등기를 말소함이 없이 소외 길효성과 거래를 계속하면 그 거래에 따른 추가적인 채무의 담보로 사용하기로 합의하였다고 주장하면서 확정되어 양수받았다는 위 50,000,000원의 변제를 받기 전까지는 원고의 위 말소청구에 응할 수 없다고 주장합니다.

비록 동교동 대지상의 근저당권설정등기의 피담보채무는 소외 길효성의 소외 김재희와의 계속적 거래에 따른 거래대금채무이긴 하나 공동담보인 중앙아파트가 강제경매신청되어 배당되면서 그 피담보채무가 확정되어 전액 배당되었으므로 확정적으로 소멸하였다 할 것이고, 물상보증인에 불과한 원고가 별도로 동의하지 않는 한 소외 길효성과 소외 김재희 사이에 거래가 계속되었다거나 그들이 무효화 된 근저당권을 유효하게 하기로 합의하였다 하더라도 물상보증인인 원고에게는 그 변제 효과를 되돌려 그 거래대금채무를 다시 동교동 대지의 피담보채무로 삼을 수 없다 할 것이어서 이를 전제로 한 피고 이주상의 위 주장은 이유 없습니다.

(3) 원고의 소유권 상실 주장에 대한 반박

피고 이주상은 원고가 2015. 7. 7. 피고 김지현에게 동교동 대지를 매도하여 같은 해 8. 7. 그 소유권이전등기가 경료되어 현재 동교동 대지의 소유자가 아니므로 그 지상에 설정된 근저당권설정등기의 말소를 구하는 원고의 위 주장에 응할 수 없다고 주장합니다.

피고 이주상 주장과 같은 등기가 경료된 사실은 있으나 원고 주장은 현재 동교동 대지를 소유하고 있다는 것을 전제로 한 소위 물권적 청구가 아니라 2012. 5. 1. 근저당권설정계약을 전제로 그 피담보채무가 소멸하였고, 그와 부종성의 관계에 있던 근저당권도 효력을 상실하게 되었다는 이유로 그 근저당권설정등기의 말소를 구하고 있으며, 또한 원고는 위 매매계약에 따른 완전한 소유권이전등기를 넘겨줄 의무가 있는 이상 원고는 동교동 대지상의 위 근저당권설정등기를 말소할 필요도 있으므로 피고 이주상의 위 주장은 이유 없습니다.

4. 피고 우상환에 대한 공유지분 무단사용에 따른 부당이득반환 청구

가. 사실관계

(1) 원고의 공유지분 취득

원고는 2007. 3. 4. 피고 김지현으로부터 서울 종로구 관철동 580 지상 철근콘크리트조 슬래브 지붕 근린생활시설 300㎡(이하 '관철동 건물'이라 함) 중 30/300지분을 매매대금 100,000,000원에 매수하면서 같은 날 그 명의로 소유권이전등기를 경료하였습니다.

(2) 피고 우상환의 별지 제2도면 표시 ㉮부분 27㎡의 무단사용

소외 신명은 2005. 11. 7. 피고 김지현으로부터 관철동 건물 중 30/300지분을 매수하여 같은 날 그 명의로 소유권이전등기를 경료하였고, 피고 우상환은 2010. 1. 5. 소외 신명으로부터 그 지분을 매수하여 같은 날 그 명의로 소유권이전등기를 경료하였습니다.

그런데도 피고 우상환은 별지 제2도면 표시 ㉮부분 27㎡상에서 판매대와 진열장 등을 설치하여 귀금속 판매를 하고 있습니다.

(3) 임료상당액

관철동 건물 중 ㉮부분에 관한 임료는 보증금 없는 경우 ㎡당 월 300,000원입니다.

나. 소결론

그렇다면 관철동 건물의 공유자인 원고는 30/300지분만을 보유한 채 별지 제2도면 표시 ㉮부분을 배타적으로 점유하고 사용·수익하고 있는 피고 우상환을 상대로 자신의 지분비율(30/300)에 따라 그 점유·사용에 따른 부당이득금의 반환을 구할 수 있습니다. 따라서 피고 우상환은 원고에게 ㉮부분을 인도받아 점유 사용하기 시작한 2010. 1. 5.부터 ㉮부분의 사용·수익을 종료할 때까지 매월 전체 부당이득액 중 원고 지분비율에 해당하는 810,000원{(27㎡ X 300,000원) X 30/300}의 비율로 계산한 부당이득금을 반환할 의무가 있습니다.

다. 피고 우상환의 주장에 대한 반박

(1) 상호명의신탁 또는 구분소유권자로서의 독점사용권이 있다는 주장에 관한 반박

피고 우상환은 종전 소유자로부터 ㉮부분을 특정하여 매수하면서 다만 등기명의만 편의상 지분비율로 해 두었을 뿐이어서 자신은 ㉮부분의 상호명의신탁자 또는 구분소유권자로서 독점하여 사용할 수 있다며 원고의 청구에 응할 수 없다고 주장합니다.

과연 피고 우상환이 그 전자로부터 ㉮부분을 특정하여 매수하였는지는 별론으로 하고도 ㉮부분이 소위 상호명의신탁이나 구분소유권의 대상이 되기 위해서는 구조상·이용상 독립성이 있어야 합니다. 그런데 관철동 건물은 별다른 칸막이 시설 등 없이 단지 물건 판매대, 유리로 된 파티션 등을 설치하여 구역을 구분하여 영업하고 있을 뿐 별도로 구조상·이용상의 독립성을 확보하기 위한 시설

이 전혀 없습니다. 그렇다면 이를 전제로 상호명의신탁 또는 구분소유를 하고 있다는 피고 우상환의 위 주장은 이유 없습니다.

(2) 상사소멸시효 완성의 주장

피고 우상환은 자신은 ㉮부분 위에서 귀금속상을 경영하는 상인으로서 2010. 1. 5.부터의 청구 중 일부는 상사소멸시효의 완성으로 소멸하였다고 주장합니다.

상행위로 발생한 채무는 5년의 상사소멸시효 적용대상이 될 수 있으나 원고는 자신의 공유지분 소유권이 침해당하였음을 이유로 그 침해 부당이득의 반환을 구하고 있어 상행위로 인한 채무가 아니라 할 것입니다. 따라서 피고 우상환의 위 주장은 이유 없습니다.

5. 결론

따라서 원고의 피고들에 대한 청구는 모두 이유 있으므로 이를 인용해 주시고, 소송비용은 패소자 부담으로 하여 주시고, 일부 청구에 가집행 선고를 해 주시기를 바랍니다.

입 증 방 법(생략)

첨 부 서 류(생략)

2018. 8. 9.

원고 소송대리인 변호사 이상우 인

서울중앙지방법원 귀중

부동산 목록

1. 서울 강남구 세곡동 514(헌릉로570길 32-2) 대 300㎡
2. 위 지상 경량철골조 샌드위치패널지붕 2층 점포

   1층 210㎡

   2층 210㎡ 끝.

Ⅵ. C. 2018년도 제3회

1. 7단계 권리분석법에 의한 사건 전체의 분석

가. 의뢰인의 희망사항 분석결과

의뢰인 =원고	희망사항	물권 침해? 약정?	침해자 또는 약정자는 누구(=피고)	원고의 자격, ∴소송명
한제희	고재용이 문정빌딩 103호를 임의로 인도하지 않더라도[263] 손상제에게서 전부금을 받는데 필요한 소송을 제기해 주기 바란다.	① 임대차계약 ② 압류 및 전부명령 **∴불이행 있어 강제이행청구**	**∴약정자 (임대인) (손상제) (임차인) (고재용)**	**전부채권자 약정의 상대방 (임차인) (임대인) ∴임차보증금 및 임차목적물반환청구**
	미래아파트 3동 401호에 대해서도 강제집행을 할 수 있는 판결을 받아 손상제에 대한 채권을 확보	① 손상제는 미래아파트를 매도하고 무자력이 되었다. **∴사해행위 취소 및 원상회복**	**∴사해행위 (채무자) (수익자) (고진한) (전득자) (고상우)**	**채권자 (채권자취소) ∴사해행위 취소 및 원상회복청구**
	한제희는 신사상가 201호를 인도받고, 신상환이 이를 사용함으로써 얻은 이익도 돌려받고 싶다	① 물권(경락) + 침해(점유) **∴소유물반환 및 침해부당이득반환**	**침해자 (점유자) (부당이득자) (신상환)**	**물권자 (소유권자) ∴건물인도 및 침해부당이득반환청구**
주식회사 신선육	법률적 검토를 거쳐 매매대금과 보험금 중 가능한 한 더 많은 금액을 지급받아 달라.	① 매매계약(종류물, 특정) **∴이행불능에 의한 손해배상청구(특히 대상청구권)**	**∴약정자 (매도인) (주)돈아돈호**	**약정의 상대방 (매수인) ∴이행불능으로 인한 대상청구권**

나. 원고의 청구원인 분석결과

소송명	청구원인	항변 (법률상 주장 포함)	재항변 등
임차보증금 및 임차목적물반환청구	① 임차보증금채권 ⓐ 임대차계약 ⓑ 임차목적물 인도 ⓒ 임차보증금 지급 ⓓ 임대차기간 만료 ② 전부금 ⓐ 전부명령 ⓑ 채무자에 송달(7일경과)	Ⓐ 묵시적으로 갱신	Ⓐ 전부명령 송달받은 후 갱신은 전부채권자에게 효력 없음

263) 의뢰인이 임차보증금반환청구를 하겠다면서 그와 동시이행관계에 있는 임차인의 임차목적물반환채무의 이행도 함께 청구해 달라는 문제는 지금까지 모두 3차례나 출제되었다. 임차보증금채권은 금전채권이나 채무자의 무자력을 주장·증명할 필요 없이 채권자대위의 피보전채권 적격을 갖는다.

<table>
<tr><td rowspan="2"></td><td colspan="2">ⓒ 제3채무자에 송달
③ 미지급임료 공제</td><td></td><td></td></tr>
<tr><td>① 임차보증금반환채권, 이행기, 미행사</td><td>② 임대차계약
③ 임차목적물 인도
④ 임대차계약 종료</td><td></td><td></td></tr>
<tr><td>사해행위 취소, 원상회복청구</td><td colspan="2">① 피보전권리
ⓐ 전부금채권
② 사해행위
③ 사해의사
④ 수익자
ⓐ 매매계약
ⓑ 소유권이전등기
⑤ 전득자
ⓐ 매매계약
ⓑ 소유권이전등기청구권 가등기</td><td>Ⓐ 확정판결에 의한 것으로 사해행위 아님
Ⓑ 확정판결의 기판력에 반함</td><td>Ⓐ 확정판결이 사해행위가 아니라 매매계약이 사해행위임
Ⓑ 소송물이 달라 기판력 저촉 대상이 아님</td></tr>
<tr><td>건물인도 및 침해부당이득반환청구</td><td colspan="2">① 소유권 취득
경락대금 완납
② 점유, 사용
③ 임료상당액</td><td>Ⓐ 분양대금반환채권을 피담보채권으로 하여 유치권 행사
Ⓑ 제신건설과 건물 계속 사용하도록 합의하여 점유할 정당한 권원 있음</td><td>Ⓐ 유치권 성립 전에 성립한 근저당권에 기한 임의경매절차에서 경락
Ⓑ 무권리자와 합의하여 점유하여도 건물인도를 저지 못함</td></tr>
<tr><td>이행불능으로 인한 대상청구권</td><td colspan="2">① 매매계약
ⓐ 종류물
ⓑ 특정
② 이행불능
③ 대상물(보험금청구권) 발생[264]
ⓐ 보험계약
ⓑ 보험사고 발생
ⓒ 지급금지가처분</td><td></td><td></td></tr>
</table>

2. 전부금 청구

가. 전부금청구의 요건사실

나. 임차보증금반환채권과 동시이행관계에 있는 임대목적물인도의무를 대권자 대위에 의해 청구

3. 채권자 취소

가. 채권자 취소의 요건사실

나. 전득자의 선의 주장

264) 보험금이 지급되었다면 ㈜돈아돈호를 상대로 대상물인 금전청구를 하게 된다. 본 사안에서는 대상물에 관해 지급금지가처분을 해 두었기 때문에 피고의 보험회사에 대한 보험금채권을 양도하고, 그 양도사실을 통지하라는 형태의 채권양도 형식으로 청구할 수 있다.

4. 경매에 의한 소유권의 취득과 물권적 청구권

가. 경매에 의한 소유권취득

나. 청구채권의 하자와 경매

다. 하자담보책임

5. 이행불능과 대상청구권

가. 대상청구권

채무가 이행불능일 때 계약해제권, 전보배상 청구권 이외에도 대상청구권(代償請求權)이 있다.(대법원 2016. 7. 26. 선고 2016다220044 판결) 물권적 청구권의 이행불능일 경우에는 인정되지 않는다. 이 경우 사안에 따라 불법행위에 의한 손해배상청구권이나 침해 부당이득반환청구권의 성립여부를 따져 권리구제를 받을 수 있을 뿐이다.

대상청구권의 요건은 ① 채무가 후발적 이행불능, ② 이행불능으로 말미암아 채무자가 원래의 급부에 갈음하는 이익을 얻은 사실이다.

점유취득시효 완성을 원인으로 한 등기청구권(채권적 청구권)의 이행불능으로 인한 대상청구권의 요건은 위 두 가지에 ③ 이행불능 전에 등기청구권을 주장하거나 행사한 사실이 추가된다.(대법원 1996. 12. 10. 선고 94다43825 판결) 대상청구권의 소멸시효는 이행불능시부터 진행된다. 쌍무계약에서 양 채무 모두 이행불능일 경우에는 위험부담의 문제로 보고 대상청구권을 행사할 수 없다.(대법원 1996. 6. 25. 선고 95다6601 판결)

나. 직접청구를 위한 채권자대위

소　장

원　고　1. 한 제 희 (680101－1234567)
서울 강남구 남부순환로 25, 4동 105호 (도곡동, 도곡아파트)
2. 주식회사 신선육
서울 강남구 논현로 713, 405호 (논현동, 태영빌딩)
대표이사 한제희
원고들 소송대리인 변호사 문구용
서울 서초구 서초대로 52, 305호 (서초동, 법정빌딩)
전화번호 (02) 532－1234 팩스번호 (02) 532－1235
이메일 주소 gymoon@gmail.com

피　고　1. 고 재 용 (650405－1234321)
서울 송파구 송파대로26길 45

2. 손 상 제 (700620 – 1654321)
서울 강남구 압구정로3길 11, 3동 401호 (압구정동, 미래아파트)
3. 고 진 한 (721205 – 1765432)[265)]
고양시 일산서구 일산로15번길 97
4. 고 상 우 (020304 – 3252753)
고양시 일산서구 일산로15번길 97
5. 신 상 환 (731023 – 1789876)
고양시 일산동구 호수로 11 (장항동)
6. 주식회사 돈아돈호
파주시 교하로 23 (교하동)
대표이사 주의연

전부금 등 청구의 소

청 구 취 지

1. 가. 피고 손상재는 피고 고재용으로부터 별지목록 제1기재 건물을 인도받음과 동시에 원고 한제희에게 100,000,000원을 지급하고,

나. 피고 고재용은 피고 손상재에게 위 가.항 건물을 인도하라.

2. 가. 피고 손상제와 피고 고진한 사이에 체결된 별지목록 제2기재 아파트에 관한 미래아파트 3동 401호에 관한 2016. 11. 11.자 매매계약을 취소한다.[266)]

나. 피고 고진한은 원고[267)]에게 위 가.항 아파트에 관하여 서울중앙지방법원 등기국 2017. 4. 1. 접수 제6789호로 경료된 소유권이전등기의 말소등기 절차를 이행하고,

다. 피고 고상우는 원고에게 위 가.항 아파트에 관하여 서울중앙지방법원 등기국 2017. 4. 1. 접수 제6790호로 경료된 소유권이전청구권 가등기의 말소등기 절차를 이행하라.

3. 가. 피고 신상환은 원고 한제희에게 별지목록 제3기재 상가를 인도하고,

나. 피고 신상환은 원고에게 2017. 8. 1.부터 위 가.기재 상가의 인도완료일까지 매월 1,500,000원의 비율에 의한 돈을 지급하라.

4. 가. 피고 주식회사 돈아돈호는 원고에게 피고 주식회사 돈아돈호와 소외 주식회사 영경화재보험(주소, 서울 종로구 돈화문로12가길 34; 대표이사 박일원)사이에 2016. 5. 1.자 체결된 화재보험계약

---

265) 종래 등기·등록이 필요한 청구에 관해 특정을 위해 관련된 원고나 피고의 주민등록번호를 기재하도록 하였다. 2018. 1.경 「판결서 작성에 관한 예규」 등이 개정되면서 이마저도 폐지되어 현재 판결문에는 일체 주민등록번호를 기재하지 않도록 하였다. 그런데도 2018. 10.경 실시된 기록형의 채점에 관한 guideline 등에서 이를 반영하지 않고 여전히 등기·등록이 필요한 청구의 원고와 피고에 대해 주민등록번호를 기재하도록 모범답안이 제공되었다. 수험생으로서 채점상의 불이익을 피하기 위해서는 가급적 등기·등록이 필요한 청구의 당사자에 한해 주민등록번호를 기재하는 방식으로 답안을 작성하는 것이 좋다.

266) 형성판결의 경우 오해의 소지를 없애기 위해 1. 2.와 달리 가. 나. 등 하위 부호를 사용함에도 불구하고 한다.라는 종결형으로 마무리 해야 한다.

267) 피고 손상제라고 해도 된다. 이하 다.항도 같다.

(증권번호 2016-012578)에 따라 2016. 8. 1. 발생한 화재사고로 인한 400,000,000원의 화재보험금 지급채권 양도의 의사표시를 하고,

나. 피고 ㈜돈아돈호는 소외 주식회사 영경화재보험에 위 가.항의 채권양도 사실을 통지하라.

5. 소송비용은 피고들의 부담으로 한다.

6. 위 1, 3항은 가집행할 수 있다.

라는 판결을 구합니다.

청 구 원 인

1. 원고 한제희의 피고 손상제에 대한 청구

가. 피전부채권(청구채권의 발생, 임대차계약의 체결, 임차보증금의 지급, 임차목적물의 인도, 임대기간의 만료), 전부명령, 제3채무자에 대한 통지, 전부명령의 확정

1) 원고 한제희는 2016. 3. 2. 피고 고재용에게 100,000,000원을 변제기 2016. 9. 1.을 대여하면서 그 담보조로 피고 고재용으로부터 액면금 100,000,000원, 지급기일 2016. 9. 1. 지급지, 발행지, 지급장소 모두 서울특별시로 된 약속어음 1매를 발행받고, 같은 날 "위 어음금의 지급을 지체할 때에는 즉시 강제집행을 받더라도 이의가 없음을 인낙"하는 취지의 공증을 받았습니다.

2) 피고 손상제는 2014. 2. 1. 피고 고재용에게 별지목록 제1기재 건물(이하 '문정빌딩 103호'라고 함)을 월임료 없이 임차보증금 200,000,000원, 임대기간 2014. 2. 1.부터 2017. 1. 31.까지 3년간으로 정하여 임대하고, 계약당일 임차보증금 전액을 지급받고, 문정빌딩 103호도 인도하였습니다.

3) 원고 한제희는 위 가)항과 같은 약속어음공정증서상의 약속어음금 100,000,000원을 청구금액으로 하여 위 나)항상의 피고 고재용의 피고 손상제에 대한 임차보증금반환채권에 대해 채권압류 및 전부명령(서울중앙지방법원 2016타채23875호)을 신청하여, 2016. 10. 7. 그 채권압류 및 전부명령이 내려지고, 2016. 10. 17. 피고 고재용은 물론 피고 손상제에게도 위 결정문이 송달되었습니다.

나. 소결론 (전부된 임차보증금 지급청구 및 대위행사로 임차목적물 인도청구)

그렇다면 위 채권압류 및 전부명령의 제3채무자인 피고 손상제에게 송달된 후 아무런 이의가 없어 1주일이 경과함으로써 그 채권압류 및 전부명령이 2016. 10. 25.경 확정되었으므로 그 취지에 따라 위 임차보증금반환채권은 원고 한제희에게 이전되었습니다. 또한 피고 고재용과 피고 손상제 사이에 체결된 위 임대차계약은 3년의 임대기간이 만료되는 2017. 1. 31.이 경과함으로써 기간만료되어 임차보증금반환채권의 이행기가 도래하였습니다.

또한 원고는 위와 같이 피고 손상제에 대해 임차보증금반환채권을 보유하고 있어 이를 보전하기 위하여 특정 채권적 관계에 있고 이미 이행기가 도래하였으나 이를 행사하고 있지 않은 피고 손상제가 피고 고재용에 대해 갖는 임대목적물반환채권을 대위행사하고자 합니다.

따라서 피고 손상제는 피고 고재용으로부터 문정빌딩 103호를 인도받음과 동시에 원고에게 100,000,000원을 지급할 의무가 있고, 피고 고재용은 피고 손상제에게 문정빌딩 103호를 인도할 의무가 있습니다.

다. 피고 손상제의 묵시적 갱신 주장에 대한 반박

피고 손상제는 위 임대차계약이 묵시적으로 갱신되어 존속 중에 있으므로 위 청구에 응할 수 없다고 주장합니다.

위 압류 및 전부명령은 2016. 10. 17. 피고 고재용, 손상제 등에게 송달되어 그 무렵 별다른 이의신청 없이 확정되었고 그 이후 2017. 1. 31.경 위 임대차계약상의 임대기간이 도래하였으므로 비록 임대인과 임차인이 이의 없었다고 하더라도 전부금 채권자인 원고 한제희에게 그 묵시적 갱신으로는 대항할 수 없다[268] 할 것이므로 위 주장은 이유 없습니다.

2. 원고 한제희의 피고 고진한, 고상우에 대한 청구

가. 사실관계

1) 피보전채권의 존재

원고 한제희가 피고 손상제에 대해 위 1.항과 같이 전부된 임차보증금반환채권을 보유하고 있는 사실은 앞서 설명한 바와 같습니다.

2) 사해행위, 사해의사

피고 고재용은 소외 주식회사 신한은행으로부터 대출을 받고 2013. 11. 20.경 위 신한은행에 문정빌딩 103호에 대해 채권최고액 400,000,000원으로 된 근저당권설정등기를 경료해 주었고, 현재 문정빌딩 103호의 시가는 위 근저당권의 채권최고액은 물론 잔존하는 피담보채권에 현저히 미치지 못하고 있습니다. 피고 손상제는 2016. 11. 11. 피고 고진한에게 위 문정빌딩 103호를 제외한 유일한 재산인 별지목록 제2기재 아파트(이하, '미래아파트'라고 함)을 매도하였고, 서울중앙지방법원 등기국 2017. 4. 1. 접수 제6789호로 피고 고진한 명의로 소유권이전등기를 경료해 주었습니다.

나아가 피고 고진한은 2017. 4. 1. 미성년자이자 동거 중이던 아들 피고 고상우와 사이에 미래아파트에 관해 매매예약을 체결하였다며 위 소유권이전등기경료일인 2017. 4. 1. 즉시 피고 고상우 명의로 소유권이전청구권 가등기를 경료하였습니다.

나. 소결론

사안이 위와 같다면 원고 한제희의 위 1.항에 따라 전부받은 임차보증금반환채권은 그 기초가 된 임대차계약 이전에 경료된 위 근저당권의 후순위에 불과하고, 그 밖의 재산이 없는 상태에서 미래아파트를 처분하여 무자력 상태에 빠져 피고 손상제의 위 행위로 사해행위에 해당되고 사해의사 또한 넉넉히 추정된다고 할 것입니다.

나아가 비록 전득자인 피고 고상우가 자신의 선의를 주장·증명해야 하지만 미성년자로서 동거 중이던 부친인 피고 고진한과 사이에 위와 같은 매매예약을 체결하였다는 사정으로 볼 때 피고 손상제와 피고 고진한 사이의 사해행위성에 관해 알고 있었다고 넉넉히 인정된다고 하겠습니다.

그렇다면 피고 손상제와 피고 고진한 사이의 위 2016. 11. 11.자 매매계약은 사해행위로서 취소되어야 할 것입니다. 따라서 원고 한제희는 위 매매계약의 취소를 구합니다. 나아가 그 원상회복으로서 피고 고진한은 원고에게 미래아파트에 관해 서울중앙지방법원 등기국 2017. 4. 1. 접수 제6789호로 경료된 소유권이전등기를 말소할 의무가 있고, 악의인 전득자 피고 고상우는 원고에게 미래아파트에 관해 같은 등기국 2017. 4. 1. 접수 제6790호로 경료된 소유권이전청구권가등기의 말소 절차를 이행할 의무가 있습니다.

다. 피고 고진한의 주장에 대한 반박

1) 위 소유권이전등기는 판결에 기초하여 경료된 것으로 그 원인행위의 사해행위 해당성 주장만으

268) 대법원 1989. 4. 25. 선고 88다카4253·4260 판결 참조

로 말소를 구할 수 없다는 주장

피고 고진한은 위 소유권이전등기는 판결에 기초한 것으로 그 원인행위인 매매계약이 사해행위라는 주장만으로는 그 말소를 구할 수 없다고 주장합니다.

피고 고진한 주장과 같이 피고 고진한은 피고 손상제를 상대로 소유권이전등기청구의 소를 제기하여 2017. 3. 9.경 2016. 11. 11.자 매매를 원인으로 한 소유권이전등기를 명하는 내용의 판결이 선고되고 그 무렵 확정되어 위 소유권이전등기가 경료된 사실은 있습니다.

하지만 위 확정판결은 위 매매계약의 성립을 확정하여 그에 따른 소유권이전등기청구권이 있다고 하여 그 이행을 명한 것으로 그 원인행위인 매매계약이 피고 손상제의 채권자를 해하는 사해행위 판단을 저지할 수 있는 성질의 것이 아니므로 이를 기초로 한 위 주장은 이유 없습니다.

2) 기판력 저촉 주장

피고 고진한은 위 매매계약의 취소를 구하는 청구는 위 1)항에서 설명한 확정판결의 기판력에 저촉되는 것으로 허용될 수 없다고 주장합니다.

앞서 설명드린 바와 같이 피고 고진한 주장과 같은 판결이 선고되어 확정된 사실은 있습니다. 다만 위 확정판결은 2016. 11. 11.자 매매계약의 성립과 유효한 존속을 전제로 그 이행의무를 명한 것으로 그 매매계약이 피고 손상제의 채권자인 원고 한제희를 해하는 사해행위라는 주장에까지 기판력이 미치는 내용[269]의 확정판결은 아니라고 할 것이므로 피고 고진한의 위 주장도 이유 없습니다.

3. 원고 한제희의 피고 신상환에 대한 청구

가. 원고 한제희의 소유권취득, 피고 신상환의 점유, 임료상당액

1) 원고 한제희는 2016. 6. 1. 소외 ㈜제신건설(이하 '제신건설'이라 함)에게 100,000,000원을 대여하고, 그 담보조로 별지목록 제3기재 상가(이하 '신사상가'라고 함)을 제공받고 2016. 6. 1. 그 근저당권설정등기를 경료하였습니다. 이후 소외 제신건설이 변제하지 아니하여 담보권 실행을 위한 임의경매신청을 하였고, 그 경매절차에서 낙찰받아 2017. 8. 1. 경낙대금을 전부 납입하였고, 그 무렵 경락을 원인으로 한 소유권이전등기까지 경료되었습니다.

2) 한편, 피고 신상환은 2016. 6. 17. 소외 제신건설로부터 신사상가를 분양받아 계약금은 물론 제1, 2, 3차 중도금 등 합계 85,200,000원을 납입한 상태에서 2016. 10. 1.부터 인도받아 이를 점유·사용하고 있습니다.

3) 이후 피고 신상환은 위와 같은 경매진행 사실을 알고 소외 제신건설에 항의하여 2017. 3. 2. 소외 제신건설과 사이에 위 분양계약을 해제하고 이미 지급한 계약금, 중도금 등을 반환받되 그 반환을 받을 때까지 위 신사상가를 점유·사용하기로 합의하였습니다.

4) 신사상가는 보증금 없는 경우 월 차임 1,500,000원 상당입니다.(공인중개사 김중개의 시세확인서 참조)

나. 소결론 (인도청구 및 임료상당 부당이득반환)

그렇다면 원고 한제희는 신사상가를 경락받아 그 경락대금을 납입한 2017. 8. 1. 피고 신상환은 신사상가의 소유권을 취득하였고, 피고 신상환은 위 신사상가를 점유·사용하고 있습니다. 따라서 신사상가의 점유자인 피고 신상환은 그 소유자인 원고에게 신사상가를 인도할 의무가 있고, 원고 한제

269) 대법원 2017. 4. 7. 선고 2016다204783 판결 참조

희가 소유권을 취득한 2017. 8. 1.부터 위 신사상가의 인도완료일까지 임료상당인 월 1,500,000원의 비율에 의한 부당이득금을 지급할 의무가 있습니다.

다. 피고 신상환의 주장에 대한 판단

1) 유치권 주장

피고 신상환은 인터넷쇼핑몰을 운영하는 상인으로 의제상인인 소외 제신건설로부터 신사상가를 인터넷쇼핑몰 사업장으로 사용하기 위하여 위와 같이 분양받았고, 2016. 10. 1. 신상상가를 인도받아 현재 점유 중이고, 그 후 분양계약을 해제하고 2017. 3. 2.경 위와 같이 이미 지급한 계약금, 중도금 합계 85,200,000원의 반환받을 때까지 신사상가를 점유·사용할 수 있다고 합의하여 점유중에 있으므로 상법 제58조에 따른 상인간의 상행위로 발생한 채권에 기해 신사상가를 점유하고 있는데 해당되어 그 상사유치권을 행사하면서 원고 한제희의 위 청구에 응할 수 없다고 주장합니다.

그런데 앞서 설명한 바와 같이 원고 한제희는 신사상가의 인도가 이루어진 2016. 10. 1. 이전인 2016. 6. 1.부터 근저당권설정등기를 경료해 두었고, 그 근저당권에 기해 신청된 임의경매절차에서 경락받아 경락대금을 완납함으로써 그 소유권이전등기가 경료되어 그 근저당권설정등기가 말소되었던 것입니다. 따라서 그 근저당권설정등기 이후인 2016. 10. 1. 또는 2017. 3. 2.경 취득된 유치권에 기해 원고 한제희의 인도청구를 저지할 수 없다 할 것입니다. 따라서 피고 신상환의 위 주장은 이유 없습니다.

2) 소외 제신건설과의 2017. 3. 2.자 합의에 기한 점유할 정당한 권원 주장

피고 신상환은 당시 소유자였던 소외 제신건설과 사이에 계약금·중도금의 반환이전에는 신사상가를 점유·사용을 승낙받았다는 2017. 3. 2.자 합의에 기해 신사상가를 점유하고 있으므로 점유할 정당한 권원이 있다고 주장합니다.

비록 전소유자와 점유·사용의 승낙을 받은 사실이 있다고 하더라도 그 대항력을 취득하지 않은 이상 양도된 후의 소유자에게 대항할 수 없다 할 것이므로 피고 신상환의 위 주장은 이유 없습니다.

4. 원고 주식회사 신선육의 피고 주식회사 돈아돈호에 대한 청구

가. 사실관계

1) 물품공급계약, 매매대금의 지급, 종류채권의 특정

피고 주식회사 돈아돈호(이하 '피고 돈아돈호'라고 함)은 2016. 7. 1. 원고 주식회사 신선육(이하 '원고 신선육'이라 함)과 사이에 피고 돈아돈호가 운영하는 파주시 교하로 23 소재 냉동창고에 현재 보관 중인 냉동육 전부(10만 키로그램)를 대금 300,000,000원에 매도하면서 계약금 30,000,000원은 계약당일 지급하고 잔금 270,000,000원은 2016. 7. 15. 지급하기로 약정하였는데, 원고 신선육은 피고 돈아돈호에게 계약금은 물론 2016. 7. 15. 잔금까지 모두 지급하여 매매대금을 모두 지급하였습니다.

2) 보험계약의 체결, 보험사고의 발생

피고 돈아돈호는 2016. 5. 1.경 소외 주식회사 영경화재보험(이하 '소외 영경화재보험'이라 함)와 사이에 파주시 교하로 23 (교하동) 소재 냉동창고에 보관 중이던 냉동육 전체(10만 킬로그램)에 관해 "화재(벼락 포함), 소방"과 "그 피난"으로 인한 손해발생시 가입금액 500,000,000원 한도 내에서 실손 배상을 하는 취지의 화재보험계약(증권번호 2016-012578)을 체결하고, 그 무렵 그 보험료

4,243,678원을 전부 납입하였습니다.

그런데 2016. 8. 1. 위 냉동창고에 원인을 알 수 없는 화재가 발생하여 창고 건물 및 그 안에 보관 중이던 냉동육 전체(10만 킬로그램)가 소실되었습니다. 소외 영경화재보험은 실사를 거쳐 냉동창고에 있던 냉동육 전부 소실로 위 화재보험계약에 따라 피고 돈아돈호에 지급할 보험금이 보험사고 당시 냉동육 시세에 해당하는 400,000,000원임을 확정하였습니다.

나. 소결론

그렇다면 매매계약의 대상인 냉동육은 일응 종류채권처럼 보이나 위 매매계약시 냉동창고에 보관 중이던 냉동육 전체로 특정함으로써 일종의 종류채권의 특정이 이루어져 특정채권화 되었습니다. 따라서 그 특정 후 위와 같은 화재로 인하여 소실됨으로써 피고 돈아돈호의 이행의무는 이행불능 상태에 빠졌다고 할 것이고, 그 결과 피고 돈아돈호는 소외 영경화재보험에 대해 보험금지급청구권을 취득하게 되었습니다. 따라서 피고 돈아돈호는 원고에게 냉동육이 소실되어 냉동육인도의무가 이행불능이 됨으로써 취득하게 된 이행불능 당시 시가 상당액인 400,000,000원의 화재보험금지급채권은 위 인도의무의 변형물[270]로서 대상청구권의 대상이 됩니다.

따라서 피고 돈아돈호는 원고에게 위 보험금채권 양도의 의사표시를 하고, 소외 영경화재보험에 대하여 위 채권양도 사실의 통지를 할 의무가 있습니다.

5. 결론

따라서 원고들의 피고들에 대한 청구는 모두 이유 있으므로 이를 인용해 주시고, 소송비용은 패소자 부담으로 하여 주시고, 일부 청구에 가집행 선고를 해 주시기를 바랍니다.

입 증 방 법(생략)

첨 부 서 류(생략)

2018. 10. 22.

원고들 소송대리인 변호사 문구용 인

서울중앙지방법원 귀중

270) 피고 돈아돈호가 대상청구권에 따른 이행의무를 부담하고 있음은 물론이다. 또한 피고 돈아돈호가 화재보험계약에 기해 소외 영경화재보험에 대한 화재보험금 지급청구권을 보유하고 있음은 당연하다. 그리고 위 보험금지급청구권은 인도의무의 변형물이다. 그래서 원고 신선육은 대상청구의 정의상 그 변형물에 해당하는 보험료지급청구권을 피고 돈아돈호에 대해 행사하려면 채권양도의 청구밖에 할 수 없다. 그래서 채권양도의 의사표시와 그 양도사실의 통지를 구하는 청구로 구성되었다.

다만 원고 신선육이 위와 같은 청구를 해 승소판결을 받는다 하여도 소외 영경화재보험에 그 판결의 효력이 미치지 않으므로 소외 영경화재보험이 그 보험금을 지급하지 않는 경우 다시 양수금지급청구의 소를 제기하여야 한다. 만약 소장기재와 같은 채권양도의 청구를 하면서 소외 영경화재보험을 피고로 편입하여 양수금지급청구도 병합하면 이는 일종의 장래이행 청구가 되어 미리청구할 이익을 주장·증명해야 하는 소송법적 문제가 따른다.

Ⅶ. A. 2019년도 제1회

1. 7단계 권리분석법에 의한 사건 전체의 분석

가. 의뢰인의 희망사항 분석결과

의뢰인 =원고	희망사항	물권 침해? 약정?	침해자 또는 약정자는 누구(=피고)	원고의 자격, ∴소송명
정희주	가평읍 대지와 관련하여 지출한 돈 상당의 손해를 이경현으로부터 배상받고 싶다.	① 무권대리 ② 매매계약 **∴불이행하여 강제이행청구**	**∴약정의 무권대리 (무권대리인) (이경현)**	**약정의 상대방 (매수인) ∴무권대리로 인한 손해배상청구**
	오피스텔 임차보증금 수령과 관련하여 이민호를 상대로 손해배상금을 받고 싶다.(과실상계 50% 자인) (다만 한국공인공개사협회를 상대로 소송을 제기할 생각이 없다.)	① 금전소유권 ② 침해 **∴불법행위로 인한 손해배상청구**	**∴침해자 (직접불법행위자) (횡령) (이민호) (사용인) 사용자책임**	**금전소유권자 ∴사용자책임에 의한 손해배상청구**
	김상범이 횡령한 돈과 관련하여 자금력이 있어 보이는 김상희로부터 손실을 보상받고 싶다.	① 금전소유권 ② 침해 **∴침해 부당이득반환청구**	**∴침해자 (법률상 원인 없이 부당이득한 자)**	**금전소유권자 ∴침해 부당이득반환청구**
	김상범으로부터 받기로 한 마곡동 대지의 소유권을 넘겨 받고 싶다.271)272) (다만 김상범에 대한 금전지급청구는 하지 않았으면 한다.273))	① 매매계약 ② 매매계약 **∴불이행하여 강제이행청구**	**∴약정자 (최고수) (김상범)**	**약정의 상대방 (매수인) 대위청구 있음 ∴소유권이전등기청구**

나. 원고의 청구원인 분석결과

소송명	청구원인	항변 (법률상 주장 포함)	재항변 등
<u>무권대리로 인한 손해배상청구</u>	① 무권대리 ② 매매계약 ③ 손해배상의 범위 ⓐ 계약금 30,000,000원 ⓑ 위약금 30,000,000원 ④ 최고로 이행기 도래 후 도과	[가능한 항변으로는 Ⓐ 유권대리 or Ⓑ 추인 이 있으나 제기하지 않음]	

---

271) 원고가 피고 김상범에 대해서만 마곡동 대지의 소유권이전등기청구를 해 달라는 요청과 같이 읽힐 수 있다. 그러나 현재 마곡동 대지는 피고 최고수 명의로 소유권이전등기가 경료되어 있으므로 피고 김상범을 상대로 소유권이전등기청구를 해 승소확정된다고 하더라도 원고 명의로 소유권이전등기를 경료해 올 수 없다. 그래서 피고 김상범을 대위하여 피고 최고수를 상대로도 소유권이전등기 청구를 해 달라는 취지로 희망사항을 읽어야 한다.

272) 최근의 출제경향에 따르면 매매계약 후 소유권이전등기청구를 하는 외에도 인도청구까지 객관적 병합청구를 요청하는 경우가 많았다. 본 기록에서 명시적으로 소유권을 넘겨받고만 싶다고 하여 마곡동 대지에 관한 인도청구까지 병합하여 청구해 달라는 취지는 아닌 것으로 파악된다.

273) 피고 김상범이 3억 원을 횡령하였으므로 김상희에 대한 5,000만원 지급청구, 마곡동 매매대금 1억 원과의 상계 후 나머지 횡령 피해금 150,000,000원에 대한 손해배상청구를 하지 말라는 지시사항이다.

<table>
<tr>
<td>사용자책임에 의한 손해배상청구</td>
<td colspan="2">① 사용인
ⓐ 사용관계
② 사무집행 중 피용인에 의한 불법행위
ⓐ사무집행 중
ⓑ위법성
ⓒ고의·과실
ⓓ손해
ⓔ인과관계[피용인이 사무집행 중에 횡령하면 위 요건이 모두 갖추어 짐]
③ 과실상계(자인)
ⓐ 지사감독 기회상실케 함</td>
<td>Ⓐ 일부 변제하였으므로 공제되어야 함
①부진정연대채무
②직접불법행위자에 의한 일부 변제
③그 만큼 채무소멸(절대적 효력)
Ⓑ 직접 불법행위자에게 면제하였으므로 그 만큼 채무 소멸
①부진정연대채무
②직접불법행위자에 대한 면제
③그 만큼 채무소멸(절대적 효력)</td>
<td>Ⓐ③부진정연대관계에 있을 경우 다액채무자가 한 변제는 자신의 부분을 초과하지 않는다면 나머지 부진정연대채무자에게 절대적 효력 없음(외측설)
Ⓑ③부진정연대채무의 경우 부진정연대채무자 사이에는 부담부분이 없으므로 부담부분의 존재를 전제로 한 절대적 효력을 없음</td>
</tr>
<tr>
<td>침해부당이득반환청구</td>
<td colspan="2">① 법률상 원인 없음
ⓐ 불법행위자로부터 그 장물을 취득
ⓑ 부당이득자의 악의 or 중대한 과실
② 이득
③ 손해
④ 인과관계
⑤ 반환의 범위(악의)</td>
<td></td>
<td></td>
</tr>
<tr>
<td rowspan="2">소유권이전등기청구</td>
<td>①대위요건
ⓐ아래 소이등청구권
ⓑ이행기
ⓒ미행사</td>
<td>②매매계약
ⓐ계약금 지급
ⓑ1차,2차 중도금 공탁
ⓒ잔금 공탁
③소유권이전등기청구권 가압류결정 및 송달</td>
<td>Ⓐ 계약금 배액 반환에 의한 계약해제
ⓐ계약금 배액 이행제공 수령거절
ⓑ공탁
ⓒ해제의 의사표시 및 도달</td>
<td>Ⓐⓐ는 이행의 착수 전까지 할 수 있으나 매수인이 이미 1차, 2차 중도금을 이행제공한 다음 공탁 완료한 후 한 것으로 효력 없음</td>
</tr>
<tr>
<td colspan="2">①매매계약[피고 김상범에서 원고에게로]
②매매대금과 손해배상채무와 상계합의</td>
<td></td>
<td></td>
</tr>
</table>

소 장

원 고 정 희 주 (941013－2165413)
서울 종로구 자하문로1길 34 (내자동)
소송대리인 변호사 유진우
서울 서초구 서초대로74길 11, 2109호(서초동, 서일빌딩)
전화번호 (02) 521－1000 팩스번호 (02) 521－1001
이메일 주소 jinwoo@lawsch.com

피 고 1. 이 경 현 (910307－1456124)
서울 반포구 동작대로3길 56 (사당동)
2. 이 민 호 (710115－1226145)
서울 광진구 광장로 13 (광장동)

3. 김 상 희 (730110－1224139)
   서울 강남구 학동로42길 25(청담동)
5. 최 고 수 (580311－1010923)
   서울 동작구 매봉로4길 15, 5동 801호(상도동, 대림아파트)
6. 김 상 범 (891225－1234566)
   서울 영등포구 선유서로17, B103호 (문래동5가, 삼일빌라)

손해배상 등 청구의 소

청 구 취 지

1. 피고 이경현은 원고에게 60,000,000원 및 이에 대한 2018. 7. 2.부터 이 사건 소장부본 송달일까지는 연 5%의, 그 다음날부터 다 갚는 날까지는 연 12%[274]의 각 비율에 의한 돈을 지급하라.
2. 피고 이민호는 원고에게 20,000,000원 및 2017. 9. 1.부터 이 사건 소장부본 송달일까지는 연 5%의, 그 다음날부터 다 갚는 날까지는 연 12%의 각 비율에 의한 돈을 지급하라.
3. 피고 김상희는 원고에게 50,000,000원 및 이에 대한 2015. 5. 22.부터 이 사건 소장부본 송달일까지는 연 5%의, 그 다음날부터 다 갚는 날까지는 연 12%의 각 비율에 의한 돈을 지급하라.
4. 서울 강서구 마곡동 900－1 대 350㎡에 관하여,
 가. 피고 최고수는 소외 복만희의 피고 김상범에 대한 2018. 7. 23.자 서울남부지방법원 2018카단2416호로 된 소유권이전등기청구권 가압류결정이 해제되면 피고 김상범에게 2017. 3. 2. 매매를 원인으로 한 소유권이전등기 절차를 이행하고,
 나. 피고 김상범은 원고에게 2018. 3. 25. 매매를 원인으로 한 소유권이전등기 절차를 이행하라.
5. 소송비용은 피고들의 부담으로 한다.
6. 위 1, 2, 3항은 가집행할 수 있다.
라는 판결을 구합니다.

청 구 원 인

1. 피고 이경현에 대한 무권대리행위로 인한 손해배상청구
 가. 사실관계
  1) 무권대리에 의한 매매계약, 계약금의 지급
   가) 소외 박찬우는 소외 김재윤 명의 주민등록증과 인장을 위조한 다음 소외 김재윤 명의로 "가평읍 대지의 매도에 필요한 일체의 권한을 피고 이경현에게 위임한다."는 취지의 위임장을 위조하여 2017. 1. 16. 소외 김재윤으로 사칭하면서 피고 이경현에게 그 위임장을 교부하여 가평읍 대지의 매매를 위임하였습니다.
   나) 원고는 위와 같은 경위로 소외 김재윤의 대리인으로 자처하는 피고 이경현의 대리로 2017. 1. 26. 소외 김재윤으로부터 가평시 가평읍 금대리 49 대 1,200㎡(이하, '가평읍 대지'라고 함) 대금

274) 소송촉진 등에 관한 특례법 제3조 제1항 본문의 법정이율에 관한 규정(대통령령)에 개정되어 2019. 6. 1.부터 연 12%가 되었다. 본 소장은 그 시행일 이후에 작성되어 제출하는 소장이므로 그 개정된 규정을 적용하여야 한다.

250,000,000원에 매수하는 매매계약을 체결하였고, 같은 날 피고 이경현에게 계약금조로 30,000,000원을 지급하였습니다.

다) 원고는 소외 김재윤을 상대로 가평읍 대지에 관하여 위 매매계약에 기한 소유권이전등기 청구의 소를 제기하였으나 2018. 3. 19. 피고 이경현의 무권대리를 이유로 패소판결을 선고받고, 그 판결이 2018. 4. 12. 확정되었습니다.

2) 원고의 소외 박수창과 사이의 가평읍 대지 매매계약의 체결 및 위약금의 약정

가) 원고는 2017. 1. 29. 피고 이경현의 중개로 소외 박수창과 사이에 가평읍 대지를 대금 270,000,000원에 매도하면서 같은 날 계약금조로 30,000,000원을 지급받았습니다.

나) 위 매매계약 시 매매계약서 제5조에서 매도인이 위약 시는 계약금 상당액을 배상하고, 매수인이 위약시는 계약금을 포기하고 반환청구를 하지 않기로 하는 내용의 위약금 약정을 하였습니다.

다) 원고는 위 1) 다)항과 같은 패소판결을 선고받고는 2017. 4. 30. 계약금 30,000,000원을 포함하여 합계 60,000,000원을 지급하여 위약금 30,000,000원을 지급하였습니다.

3) 손해배상금 지급 최고

원고는 2018. 6. 30. 피고 이경현에게 내용증명우편을 보내 무권대리로 인한 손해배상금 합계 60,000,000원의 지급을 최고하였고, 2018. 7. 1. 피고 이경현에게 그 내용증명우편이 도달하였습니다.

나. 무권대리인에 대한 손해배상청구 및 그 손해배상의 범위

피고 이경현은 결국 무권대리인으로서 민법 제135조에 의하여 원고에게 그 무권대리에 의한 매매계약의 이행채무 또는 그 채무불이행에 따른 손해배상채무를 부담하게 됩니다. 원고가 그 중 손해배상청구 합니다.

나아가 무권대리인인 피고 이경현이 원고에게 부담할 손해배상채무의 범위에 관하여 설명드리겠습니다. 원고는 위 매매계약의 체결로 계약금 30,000,000원을 지급하고, 또 소외 박수창과의 매매계약을 해제하면서 그 해약금조로 30,000,000원[275]을 추가적으로 지출하였습니다. 이는 모두 위 매매계약을 체결하지 않았더라면 지출할 필요가 없었던 손해(신뢰이익)[276]들로서 피고 이경현의 채무불이행으로

---

275) 해약금 30,000,000원은 신뢰이익을 기준으로 한 손해액에 해당되더라도 민법 제393조 제1항에 정한 바에 따른 통상손해가 아니라 그 제2항에 따른 특별손해로서의 특징을 갖고 있다. 즉 매수인이 다시 전매하여 그 전매차익을 얻는다는 것은 통상적이지 않고, 특별한 사정이고, 그에 따라 발생한 손해여서 특별손해라 할 것이다. 본 사안에서는 피고 이경현이 그 매매계약의 중개인으로 참여하였으므로 알았거나 알 수 있었을 것이므로 그 특별손해의 배상도 청구할 수 있다. 이처럼 채무불이행에 의한 손해배상액의 산정에 관해 민법 제393조를 두고 있어 여전히 통상손해 v. 특별손해라는 구분에 따라 산정하여야 하지만 채무불이행에 의한 손해배상액은 이행이익이나 신뢰이익으로 산정하는 것이 보다 더 뚜렷하다.

276) 원래 채무불이행에 의한 손해배상은 차액설적 입장에서 산정한다. 차액설에 의해 손해를 산정할 때 현재의 상태는 현실에 존재하는 상황이므로 증거에 의해 그 주장·입증이 충분히 가능하다. 하지만 비교대상이 되는 상태는 일종의 가정적 상태이므로 여러 가지 이론이 있다. 먼저 비교대상이 되는 상태를 이행이익으로 삼아 산정해야 한다는 입장이다. 대한민국 판례의 기본적인 입장은 원칙적으로 이행이익을 중심으로 채무불이행에 의한 손해 산정의 비교대상으로 삼아야 한다는 것이다. 즉 비교대상을 이행이익으로 삼을 때는 채무가 이행되었더라면 있었을 상태(이행이익)에서 채무불이행된 상태를 차감하여 그 손해를 산정하여야 한다. 한편 비교대상을 신뢰이익으로 삼을 수 있다. 신뢰이익은 계약을 하지 않았더라면 있었을 상태를 비교대상으로 삼는다. 계약의 이행을 신뢰하지 않았더라면 여러 가지 지출을 하지 않았을 것인데 계약이 이행되리라고 신뢰한 나머지 여러 가지 지출을 하여 현재 채무불이행된 상태에 빠졌다는 것이다. 따라서 계약을 체결하지 않았더라면 있었을 상태(신뢰이익)에서 채무불이행된 현재의 상태를 차감하여 손해를 산정한다. 대한민국 대법원 판례는 원칙적으로 이행이익에 의해 손해를 산정하여야

인한 손해로 그 배상을 할 의무가 있습니다. 이는 기한의 정함이 없는 채무로서 결국 위 내용증명우편의 도달로 최고하여 그 이행기에 도달하였고, 그 다음날부터 이행지체의 책임을 부담하게 됩니다.

다. 소결론

따라서 피고 이경현은 무권대리인으로서 민법 제135조에 따라 원고에게 손해 합계액 60,000,000원 및 이에 대한 최고 다음날인 2018. 7. 2.부터 이 사건 소장 부본송달일까지는 민법 소정의 연 5%의, 그 다음날부터 다 갚는 날까지는 소송촉진 등에 관한 특례법 소정의 연 12%의 각 비율에 의한 지연손해금을 지급할 의무가 있습니다.

2. 피고 이민호에 대한 사용자 책임으로 인한 손해배상청구

가. 사실관계

1) 사용자

피고 이민호는 '미노 공인중개사 사무소'를 경영하면서 2016. 9. 1.부터 소외 김준석을 그 중개보조인으로 고용하여 근무하게 하였습니다.

2) 소외 김준석의 횡령 등 불법행위

소외 김준석은 2017. 8. 1.경 원고로부터 서울 영등포구 당산로45길 1, 1층 123호(문래동, 희망오피스텔)의 임대차계약 체결 업무 및 그 임차보증금 수령업무를 위임받아 2017. 9. 1. 소외 김우경에게 희망오피스텔을 임차보증금 40,000,000원, 차임 200,000원, 임대기간 2017. 9. 1.부터 2019. 8. 31.까지 2년간으로 된 임대차계약을 체결하고, 같은 날 소외 김우경으로부터 그 임차보증금 40,000,000원을 보관하고 있던 중 같은 날 성명불상자에게 자신의 채무 변제조로 지급하여 이를 횡령하였습니다.

3) 원고의 과실[277)][278)]

원고는 사용인인 피고 이민호에게 그 사실을 알리지 않은 채 2017. 8. 1.경 소외 김준석에게

하지만 부득이 신뢰이익을 중심으로 손해를 산정한다고 하더라도 이행이익의 한도를 넘어서는 안된다는 입장을 취하고 있다. 본 사안에서 손해를 이행이익으로 산정하면 계약이 이행되었더라면 원고는 소외 박수창에게 가평읍 대지를 매도하고 그 매매대금 270,000,000원을 수령하고 소외 김재윤에게 매매대금 250,000,000원을 지급하여 20,000,000원의 시세차익을 남겼을 것이다. 한편 채무불이행으로 인한 현재의 상태는 피고 이경현에게 계약금 30,000,000원을 지급한 상태이다. 따라서 본 사안에서 이행이익으로 손해액을 산정하면 계약금 지출액 30,000,000원 + 재판매로 인한 차액상실액 20,000,000원 등 합계 50,000,000원이라 할 것이다. 나아가 신뢰이익을 기준으로 손해액을 산정하면 계약을 신뢰하고 지출한 계약금 30,000,000원과 소외 박수창에게 지급한 해약금 30,000,000원 등 합계 60,000,000원이 된다. 본 사안에서 신뢰이익에 의한 손해액 산정이 이행이익에 의한 손해액 산정보다 원고에게 유리하므로 신뢰이익 60,000,000원을 이행이익의 범위내에서 지급을 구하는 손해배상청구해야 하기 때문에 50,000,000원으로 감축되어야 할 듯 하나, 신뢰투자의 경우 예측가능성이 있는 이상 그 신뢰이익의 배상을 구할 수 있다는 입장에서 60,000,000원의 지급을 구하기로 한다.

277) 원래 과실상계는 상대방인 피고 측에서 그 기초사실들을 들어 주장하고, 수소법원에서는 상대방의 주장 또는 직권으로 과실상계를 할 수 있다. 그런데 변호사 시험 기록형 출제경향에 따르면 패소하는 부분이 없도록 하기 위해 과실상계 비율(본 문제의 경우는 50%)을 정해 주면서 과실상계후의 나머지 금원을 청구하도록 하고 있다.

278) 본 사안의 경우에는 과실상계는 주로 피고 이민호에게 생긴 부분이다. 그러므로 원고는 소외 김준석에 대하여는 특별한 사정이 없는 한 과실상계 없이 횡령금 전액인 40,000,000원을 청구할 수 있고, 피고 이민호에 대하여는 과실상계(50%)를 하고 난 나머지 20,000,000원을 청구할 수 있다. 물론 불법행위자(김준석)와 사용인(이민호)은 위 20,000,000원의 손해배상채무에 관하여 부진정연대채무자의 관계에 있게 된다.

위와 같은 경위로 임대차계약의 체결 및 임차보증금 수령권한을 만연히 위임하여 피고 이민호가 소외 김준석을 지시·감독할 기회를 갖지 못하게 하였습니다.

나. 소결론

피고 이민호는 소외 김준석의 사용인으로서 소외 김준석이 그 사무집행의 과정에서 한 횡령으로 인한 손해배상채무에 대해 민법 제756조에 기한 사용자의 배상책임을 부담하게 됩니다. 피고 이민호의 원고에 대한 위 손해배상액을 정함에 있어 원고의 위와 같은 과실을 참작하면 50%의 과실상계를 할 수 있다고 자인합니다. 따라서 피고 이민호는 원고에게 과실상계한 나머지 손해배상액인 20,000,000원(40,000,000원 X 50%) 및 이에 대한 불법행위일인 2017. 9. 1.부터 이 사건 소장부본 송달일까지는 민법 소정의 연 5%의, 그 다음날부터 다 갚는 날까지는 소송촉진 등에 관한 특례법 소정의 연 12%의 각 비율에 의한 지연손해금을 지급할 의무가 있습니다.

다. 피고 이민호의 주장에 대한 반박

1) 소외 김준석이 한 10,000,000원 변제금을 공제하여야 한다는 주장에 대한 반박

피고 이민호는 사용인으로써 그 불법행위자인 소외 김준석과는 위 손해배상채무의 부진정연대채무자의 관계에 있고, 이어 원고가 그 부진정연대채무자인 1인인 소외 김준석으로부터 손해배상금조로 10,000,000원을 변제받았으므로 이를 공제하여야 한다고 주장합니다.

피고 이민호의 주장과 같이 피고 이민호, 소외 김준석은 위 손해배상채무의 부진정연대채무자이며, 원고는 2017. 9. 30. 소외 김준석으로부터 손해배상금조로 10,000,000원을 변제받은 사실은 있습니다. 그러나 소외 김준석은 직접 불법행위자로서 앞서 살펴 본 바와 같은 과실상계할 사유가 전혀 없는 상태에서 손해전부액인 40,000,000원 및 그 지연손해금을 지급할 채무를 부담하면서 그 중 20,000,000원에 관하여 피고 이민호와 함께 부진정연대채무자의 관계에 있습니다. 그렇다면 부진정연대채무의 관계가 없는 나머지 20,000,000원에 못 미치는 10,000,000원을 변제한 이상 부진정연대관계에 있는 채무의 소멸에는 아무런 영향이 없습니다.(이를 외측설이라고 함, 대법원 판례[279]의 태도임) 따라서 이와 다른 견해에 바탕 둔 피고 이민호의 위 주장은 이유 없습니다.

2) 면제로 인한 채무소멸 주장에 대한 반박

원고가 2017. 9. 30. 소외 김준석에게 손해배상금 중 30,000,00원 부분을 면제하여 그 만큼 손해배상채무가 소멸하였다고 주장합니다.

원고는 2017. 9. 30. 소외 김준석으로부터 위와 같이 10,000,000원을 손해배상금조로 변제받으면서 소외 김준석에게 나머지 30,000,000원 및 그 지연손해금 채무를 면제한 사실은 있습니다. 그러나 앞서 살펴 본 바와 같이 소외 김준석과 피고 이민호는 부진정연대채무자의 관계에 있고, 부진정연대채무자들 상호간에는 특별한 사정이 없는 한 부담부분이 없으므로 부진정연대채무자 중 1인에 대한 채무면제는

279) 대법원 2018. 3. 22. 선고 2012다74236 전원합의체 판결 (금액이 다른 채무가 서로 부진정연대 관계에 있을 때 다액채무자가 일부 변제를 한 경우 변제로 인하여 먼저 소멸하는 부분은 당사자의 의사와 채무 전액의 지급을 확실히 확보하려는 부진정연대채무제도의 취지에 비추어 볼 때 다액채무자가 단독으로 채무를 부담하는 부분으로 보아야 한다. 이러한 법리는 사용자의 손해배상액이 피해자의 과실을 참작하여 과실상계를 할 결과 타인에게 직접 손해를 가한 피용자 자신의 손해배상액과 달라졌는데 다액채무자인 피용자가 손해배상액의 일부를 변제한 경우에 적용되고, 공동불법행위자들의 피해자에 대한 과실비율이 달라 손해배상액이 달라졌는데 다액채무자인 공동불법행위자가 손해배상액의 일부를 변제한 경우에도 적용된다. 또한 중개보조원을 고용한 개업공인중개사의 공인중개사법 제30조 제1항에 따른 손해배상액이 과실상계를 한 결과 거래당사자에게 직접 손해를 가한 중개보조원 자신의 손해배상액과 달라졌는데 다액채무자인 중개보조원이 손해배상액의 일부를 변제한 경우에도 마찬가지이다.)

나머지 부진정연대채무자에게 아무런 효력이 없으므로[280] 피고 이민호의 위 주장은 그 이유가 없습니다.

3. 피고 김상희에 대한 부당이득반환청구

가. 사실관계(횡령사실을 알았거나 중대한 과실로 알지 못한 채 채무변제를 받음으로써 법률상 원인 없이 이득, 손해, 인과관계)

1) 피고 김상범은 원고가 경영하던 영동산업의 경리직원으로 근무하면서 거래처로부터 받은 납품대금을 관리하는 업무를 수행하던 중 2015. 5. 22. 거래처로부터 받은 물품대금 3억 원을 보관하다가 50,000,000원을 5만원권 1,000장으로 인출하여 친누나인 피고 김상희에게 자신의 채무변제조로 5만원권 1,000장 합계 50,000,000원을 지급하여 이를 횡령하였습니다.

2) 피고 김상범은 2013. 1.경 친누나인 피고 김상희로부터 사업을 한다면서 50,000,000원을 빌려가 2년이 넘도록 갚지 못하고 있었습니다. 피고 김상희는 피고 김상범이 영동산업의 경리직원으로 근무하고 있는 사실을 알고 있었는데, 위 1)항 지급 당시 5만원권 1,000장으로 원리금의 일부조로 지급하려고 하자 피고 김상범에게 "이게 왠 돈이냐?"고 물었더니 피고 김상범이 "내가 고생도 해 영동산업의 자금관리을 잘 해 주어 상당한 흑자를 냈는데도 승진도 시켜 주지 않고 보너스도 주장 않아 영동산업의 계좌에서 미리 당겨 쓰는 돈으로 언젠가는 원고로부터 받아야 할 돈이다."고 말하였고, 원고의 허락을 받았냐고 물었더니 "원고의 허락은 받지 않았지만 내가 알아서 할 테니 걱정말라"고 하면서 지급하였습니다.

나. 소결론

사정이 위와 같다면 피고 김상희는 피고 김상범이 한 횡령금 중 50,000,000원을 자신의 채무변제조로 지급받으면서 그 횡령금인 사실을 알았거나 적어도 중대한 과실로 알지 못하였다고 할 것이므로 결국 법률상 원인 없이 원고의 손실로 이득을 취하고 인과관계 또한 있다 할 것입니다. 따라서 피고 김상희는 원고에게 위 부당이득금 50,000,000원 및 이에 대하여 악의인 2015. 5. 22.[281]부터 이 사건 소장부본 송달일까지는 민법 소정의 연 5%의, 그 다음날부터 다 갚는 날까지는 소송촉진 등에 관한 특례법 소정의 연 12%의 각 비율에 의한 법정이자 또는 지연손해금[282]을 지급할 의무가 있습니다.

4. 피고 최고수, 김상범에 대한 청구

가. 피고 최고수에 대한 부동산소유권이전등기청구권 가압류 해제 조건부 소유권이전등기청구

1) 사실관계

나) 피고 최고수의 피고 김상범와 사이의 매매계약, 계약금 지급, 1, 2차 중도금의 공탁, 잔금의 공탁

(1) 피고 최고수는 2017. 3. 2. 피고 김상범에게 서울 강서구 마곡동 900－1 대 350m2(이하

280) 대법원 2006. 1. 27. 선고 2005다19378 판결.

281) 민법 제748조에 따르면 악의인 경우에는 이득금, 법정이자, 손해배상금을 지급할 의무가 있다. 본 사안에서 악의 또는 중대한 과실이 있음을 주장하게 되는데 중대한 과실로 인정될 경우에는 법정이자는 청구할 수 없고, 민법 748조 제1항, 제749조 제2항에 따라 소장부본 송달일부터 지연손해금의 지급만을 구할 수 있을 뿐이다. 원고를 위하여 악의임을 전제로 법정이자를 청구하기로 한다.

282) 악의로서 이득일이후 법정이자를 청구할 수 있다고 하더라도 소장부본 송달 다음날부터는 지연손해금으로 변환하여 청구할 수 있다. 그래서 소송촉진 등에 관한 특례법의 적용을 주장하면서 그 이율을 12%로 상향 청구할 수 있는 것이다.

'마곡동 대지'라고 함)을 매매대금 100,000,000원으로 정하고, 계약금 15,000,000원을 계약 당일 지급하고, 제1차 중도금 15,000,000원은 2017. 3. 14. 지급하고, 2차 중도금 20,000,000원은 2017. 5. 28. 지급하고, 잔금 50,000,000원은 2017. 6. 29. 지급하기로 약정하는 내용의 매매계약을 체결하고, 같은 날 계약금 15,000,000원을 지급받았습니다.

(2) 피고 김상범은 1차, 2차 중도금 합계 35,000,000원에 대하여 기한의 이익을 포기하고 피고 최고수에게 이를 지급하고자 하였으나 그 수령을 거부하여 하는 수 없이 2017. 3. 6. 피고 최고수를 피공탁자로 하여 1차, 2차 중도금 합계액 35,000,000원을 공탁(서울중앙지방법원 2017금제210호)하였습니다.

(3) 피고 김상범은 2017. 6. 20. 잔금 50,000,000원도 기한의 이익을 포기하고 피고 최고수에게 변제하려 하였으나 그 수령을 거절하여 이를 공탁(서울중앙지방법원 2017년 금제510호)하였습니다.

나) 부동산소유권이전등기청구권 가압류결정, 가압류결정문의 송달

소외 복만희는 피고 김상범에 대하여 12,000,000원의 대여금채권이 있었는데, 그 대여금채권을 피보전채권으로 하여 피고 김상범의 피고 최고수에 대한 위 매매계약에 기해 소유권이전등기청구권을 채권가압류 신청하여 서울남부지방법원 2018. 7. 23.자 2018카단2416 소유권이전등기청구권가압류결정이 내려졌고, 그 가압류결정이 2018. 7. 26. 채무자인 피고 김상범은 물론 제3채무자인 피고 최고수에게도 송달되었습니다.

다) 대위요건

원고는 피고 김상범에 대하여 아래와 같은 마곡동 대지에 관한 매매계약에 기해 소유권이전등기청구권을 보유하고 있고, 이행기에 있으며, 피고 김상범이 위 소유권이전등기청구권을 미행사하고 있습니다.

2) 소결론

소유권이전등기청구는 의사의 진술을 명하는 판결로서 별도의 집행절차를 거침이 없이 원고가 확정판결로 단독으로 그 등기를 경료할 수 있어 위와 같은 소유권이전등기청구권 가압류결정에 따른 채권보전 목적을 달성할 수 없어 하는 수 없이 소유권이전등기청구권 가압류결정이 해제되는 것을 조건으로 그 소유권이전등기 절차 이행을 명할 수밖에 없습니다.[283] 따라서 원고의 대위로 인해 피고 최고수는 소외 복만희의 피고 김상범에 대한 서울남부지방법원 2018. 7. 23.자 소유권이전등기청구권 가압류결정이 해제되는 것을 조건으로 피고 김상범에게 마곡동 대지에 관한 2017. 3. 2.자 매매계약을 원인으로 한 소유권이전등기 절차를 이행할 의무가 있습니다.

3) 피고 최고수의 계약해제 주장에 대한 반박

피고 최고수는 1차 중도금지급기일이 도래하기 이전인 2017. 3. 12. 피고 김상범에게 계약금의 배액인 30,000,000원을 반환하면서 매매계약을 해제하려 하였으나 피고 김상범이 그 수령을 거절하여 하는 수 없이 같은 일자 피고 김상범을 피공탁자로 하여 30,000,000원을 공탁하면서 그 매매계약의 해제를 통지하였고, 그 무렵 위 통지가 도달하여 위 매매계약이 해제되었으므로 원고의 위 청구에 응할 수 없다고 주장합니다.

그러나 매도인은 매수인이 이행에 착수하기 전까지만 계약금의 배액을 반환하면서 매매계약을 해제할 수 있을 뿐입니다. 또 특별한 사정이 없는 한 기한의 이익은 채무자에게 있으므로 매도인은 매매

283) 대법원 2006. 6. 16. 선고 2005다39211 판결.

계약의 중도금지급기한에 관한 약정을 하였다고 하더라도 그 기한전에 기한의 이익을 포기하면서 중도금의 지급을 할 수 있습니다.[284] 피고 김상범은 1차, 2차 중도금 지급기한 전인 2017. 3. 6. 기한의 이익을 포기하면서 1차, 2차 중도금 합계 35,000,000원의 지급을 하려 하였으나 피고 최고수가 이를 거철하여 같은 일자로 피고 최고수를 피공탁자로 하여 위와 같이 공탁한 사실이 있습니다. 그렇다면 그 후 한 피고 최고수의 위 계약금 배액 지급과 동시에 한 매매계약의 해제통지는 피고 김상범이 이행에 착수한 다음 한 것으로 그 효력이 없다 할 것입니다. 이에 반하는 피고 최고수의 위 주장은 이유 없습니다.

나. 피고 김상범에 대한 청구

1) 매매계약, 계약금, 중도금, 잔금을 손해배상채무와의 상계로 지급완료

원고는 2018. 3. 25. 피고 김상범으로부터 마곡동 대지를 대금 100,000,000원으로 정하여 매수하면서 피고 김상범이 원고에게 끼친 손해배상금 중 100,000,000원의 변제와 상계하여 완납한 것(상계의 효력은 소유권이전등기가 경료되어야 발생함)으로 약정하였습니다.

2) 소결론

그렇다면 피고 김상범은 원고에게 마곡동 대지에 관하여 2018. 3. 25. 매매계약을 원인으로 한 소유권이전등기 절차를 이행할 의무가 있습니다.

5. 결론

따라서 원고의 피고들에 대한 청구는 모두 이유 있으므로 이를 인용해 주시고, 소송비용은 패소자의 부담으로 하여 주시고, 일부 청구에 가집행의 선고를 해 주시기를 바랍니다.

입 증 방 법(생략)
첨 부 서 류(생략)

2019. 6. 27.

원고 소송대리인 변호사 유진우 인

서울중앙지방법원[285] 귀중

---

284) 대법원 1993. 1. 19. 선고 92다31323 판결.

285) 법률적으로는 피고들의 주소 중 서울남부지방법원의 관할내에도 있어 서울중앙지방법원은 물론 서울남부지방법원도 관할법원이 된다. 그렇지만 서초동에 법률사무소를 둔 변호사가 서울중앙지방법원을 관할법원으로 하여 소 제기할 수 있음에도 불구하고 구태여 관할법원으로 서울남부지방법원으로 지정하여 지하철 등을 통해 상당한 시간과 비용을 들여 변론을 위해 법정으로 갈 필요는 없을 것이다. 이 점을 고려하면 서울남부지방법원은 법리상 틀린 관할법원의 지정은 아니나 부당한 관할법원의 지정이 된다. 변호사 시험이 실무가의 양성을 목표로 하는 것이라면 실무상 선택하지 않는 관할법원도 정답으로 표기하는 것은 가급적 지양되어야 할 폐습이라 할 것이다.

Ⅶ. B. 2019년도 제2회

1. 7단계 권리분석법에 의한 사건 전체의 분석

가. 의뢰인의 희망사항 분석결과

의뢰인 =원고	희망사항	물권 침해? 약정?	침해자 또는 약정자는 누구(=피고)	원고의 자격, ∴소송명
정희주	김명부에 대한 대여금과 관련하여 최대한 많은 금액의 대여금과 이자 또는 지연손해금을 지급받고 싶다.	① 2건 소비대차계약 ② 연대보증 ③ 사망 **∴불이행하여 강제이행청구**	**∴약정자 (망 김명부) (상속인) 연대보증인**	**약정의 상대방 ∴대여금 및 연대보증금 청구**
	윤국영, 유수학이 대한 임대차와 관련하여 Ⓐ건물에서 나가게 하고, Ⓑ차임 또는 부당이득금을 임차보증금에서 공제하고도 미지급받은 금액이 있으면 최대한 받을 수 있게 해달라.(다만 지연손해금은 청구하지 말라.)	① 임대차계약 ② 무단점유로 인한 부당이득반환청구 **∴불법행위로 인한 손해배상청구**	**∴약정자 (공동임차인) 무단점유자(침해자)**	**약정의 상대방 소유자 ∴임차목적물반환청구, 무단점유로 인한 부당이득반환청구**
	주택이 침범한 부분에 소유권을 확보	① 점유취득시효완성 **∴기타의 청구권발생원인**	**∴소유자 (법률상 원인 없이 부당이득한 자)**	**점유취득시효완성 ∴점유취득시효완성을 원인으로 한 소유권이전등기청구**

나. 원고의 청구원인 분석결과

소송명	청구원인	항변 (법률상 주장 포함)	재항변 등
대여금 및 연대보증금 청구	① 소비대차(2008. 7. 1.자 소비대차계약) ⓐ소비대차계약 ⓑ이자이율의 약정 ⓒ원본의 지급 ⓓ변제기의 도래 ② 연대보증 ③ 상속 ⓐ피상속인 사망 ⓑ유족(상속포기자 제외) ⓒ상속분 ④ 변제 ⓐ이자의 변제 ⓑ9,320만원 변제(2009.7.31.)로 법정충당 (a)지연손해금에 먼저 충당 (b)변제기가 먼저 도래한 2008.5.1.자 대여금에 우선 충당 ㅇ모두 변제기 도래 ㅇ변제이익도 같음 ⑤소외 김일손에 대한 소멸시효 완성 및 그 부담부분의 연대보증인에 대한 절대적 효력	Ⓐⓐ상행위로 인한 차용금채무로 ⓒ마지막 변제(행사)한 후 ⓑ5년 경과로 시효완성으로 소멸 Ⓑ(연대보증인)주채무자에 대한 시효중단은 연대보증인에게 그 효력이 없다. Ⓒ소외 김유남의 상속포기로 손자인 소외 김일손, 피고 김이손도 상속인이 아님 Ⓓ(연대보증인의 법리론 주장) 연대보증이 있는 채무가 변제이익이 더 많음	Ⓐ(재항변) ⓐ부인(대표이사가 차용한 행위는 비록 회사에 납입한다고 해도 주금납부 또는 대여금이므로 상행위가 아님) 따라서 10년 소멸시효기간 [ⓐ최고 후 ⓑ6개월 이내 소제기로 시효중단] Ⓑ연대보증인도 보증인으로서 주채무자에 대한 시효중단이 연대보증인에게 효력이 있다.(민법 제440조) Ⓒ은 소외 김유남이 소외 김일손, 피고 김이손을 대리하여 상속포기한 사실이 없음(부인) Ⓓ연대보증 또는 물상보증의 존재 여부는 변제이익의 다과 판단에 영향이 없음

임차목적물 반환청구 및 무단점유로 인한 부당 이득반환 청구	① 임차목적물인도청구권 ⓐ 임대차계약 ⓑ 임차목적물 인도 ⓒ 임차보증금지급 ⓓ 임대차계약의 종료(6개월부터 1개월이내 갱신거절) ② 연체차임 공제	Ⓐ 상가건물임대차 갱신요구권의 행사로 갱신 ①상가건물임대차 ②5년 미경과 ③갱신요구 Ⓑ 공동임차인의 경우는 분할채무로 분할하여 지급하겠음 Ⓒ 계약만료 전 이미 이주 1개월 임료 지급할 수 없음	Ⓐ예외사유의 존재(3기이상 차임연체로 해지) Ⓑ상행위로 인한 공동임차인은 연대채무를 부담 Ⓒ약정으로 인한 임료지급은 점유사용여부와 상관없이 발생
점유취득 시효 완성을 원인으로 한 소유권이전 등기청구	① 20년간 점유 ②소유권이전등기청구권 양도 ⓐ소유권이전등기청구권양도계약 ⓑ위임받은 양수인에 의한 비현명 통지 ⓒ수령인이 알았거나 알 수 있었음	Ⓐ시효이익의 포기 ⓐ시효완성사실 알고, ⓑ명시적 · 묵시적으로 포기 Ⓑ시효취득 후 점유상실로 청구권상실 Ⓒ소유권이전등기청구권은 채권양도의 대상이 아님	Ⓐⓑ(부인) 시효완성 후 매수제의를 했다고 시효이익의 (묵시적) 포기에 해당되지 않음 Ⓑ(법리론) 그런 법리 없고, 오히려 점유를 상실해도 청구할 수 있음 Ⓒ(법리론) 채권양도할 수 있음

2. 소유권이전등기청구권의 양도와 양도사실의 통지

가. 매매계약으로 인한 소유권이전등기청구권의 양도와 그 양도통지

(대법원 2018. 7. 12. 선고 2015다36167 판결 참조.) 부동산매매계약에서 매도인과 매수인은 서로 동시이행관계에 있는 일정한 의무를 부담하므로 이행과정에 신뢰관계가 따르고, 특히 매도인으로서는 매매대금 지급을 위한 매수인의 자력, 신용 등 매수인이 누구인지에 따라 계약유지 여부를 달리 생각할 여지가 있다. 이러한 이유로 매매로 인한 소유권이전등기청구권의 양도는 특별한 사정이 없는 이상 양도가 제한되고 양도에 채무자의 승낙이나 동의를 요한다고 할 것이므로 통상의 채권양도와 달리 양도인의 채무자에 대한 통지만으로는 채무자에 대한 대항력이 생기지 않으며 반드시 채무자의 동의나 승낙을 받아야 대항력이 생긴다고 할 것이다.

나. 일반적으로는 소유권이전등기청구권이라고 하여도 채권양도계약 및 그 양도사실의 통지에 관한 일반원리가 적용된다. 점유취득시효완성을 원인으로 하는 소유권이전등기청구권도 동일하다.

소 장

원 고 정 원 일
서울 서초구 나루터로 38(잠원동)
소송대리인 변호사 오유진
서울 서초구 사평대로40길 6, 405호(서초동)
전화번호 (02) 533-7000 팩스번호 (02) 533-7001
이메일 주소 oyj@kmail.com

피 고 1. 구 미 옥
서울 서초구 강남대로 27(양재동)
2. 김 이 손
서울 서초구 강남대로 27(양재동)
미성년자이므로 법정대리인 친권자 부 김유남
3. 김 동 부
서울 동작구 상도로 211(상도동)
4. 유 수 학
서울 강남구 학동로 426(삼성동)
5. 윤 국 영
서울 용산구 보광로7길 17(보광동)
6. 장 도 인
서울 서초구 헌릉로 260(내곡동)

대여금 등 청구의 소

청 구 취 지

1. 원고에게,
가. 피고 김동부는 50,000,000원,
나. 피고 김동부와 연대하여 위 돈 중
1) 피고 구미옥은 30,000,000원,
2) 피고 김이손은 20,000,000원 및
각 이에 대한 2009. 8. 1.부터 이 사건 소장부본 송달일까지는 월 1%[286]의, 그 다음날부터 다 갚

286) 월 1%와 연 12%가 다르다. 즉 이 사건에서는 2009. 8. 1.부터 지연손해금을 계산하기 시작한다. 만약 2010. 3. 20. 원리금을 변제하게 되었다고 상정해 보자. 월 1%의 비율로 계산할 때는 7개월 20일이므로 지연손해금은 3,822,580원{50,000,000원 X 1% X (7+20/)31, 원미만 버림, 이하 같음}이 된다. 하지만 연 12%로 산정하면 3,813,698원{50,000,000원 X 12% X (31+30+31+30+31+31+28+20)/365}이 된다. 따라서 엄밀하게 말하자면 월 1%와 연 12%는 다른 것이다. 그렇다고 하더라도 통상 그 차이가 미미하여 “2009. 8. 1.부터 다 갚는 날까지 월 1%(또는 연 12%)의 비율로 산정한 돈을 지급하라.”라고 기재하여도 정답으로 처리하고 있다.

는 날까지는 연 12%의 각 비율로 산정한 돈을 지급하라.
2. 피고 유수학, 윤국영은 연대하여 원고에게,
가. 서울 강남구 도곡로64길 21, 201호(대치동, 상승빌딩)를 인도하고,
나. 10,000,000원을 지급하라.
3. 피고 장도인은 원고에게 서울 서초구 내곡동 181 대 500㎡ 중 별지도면 표시 1, 2, 3, 4, 1의 각 점을 순차로 연결한 선내 (가)부분 10㎡에 관하여 2015. 5. 31.자[287)] 점유취득시효 완성을 원인으로 한 소유권이전등기 절차를 이행하라.
4. 소송비용은 피고들의 부담으로 한다.
5. 위 1, 2항은 가집행할 수 있다.
라는 판결을 구합니다.

청 구 원 인

1. 피고 구미옥, 김이손에 대한 대여금 청구 및 피고 김동부에 대한 연대보증금 청구
가. 사실관계
1) 소비대차계약, 이자·이율의 약정, 원본의 인도, 변제기의 도래, 연대보증계약, 이자 변제
가) 소외 망 김명부(이하 '소외 망인'이라 함)는 2008. 7. 1. 피고 김동부의 연대보증하에 원고로부터 80,000,000원을 이율 월 0.5%, 지연손해금율 월 1%, 변제기 2009. 6. 30.로 정하여 차용하였습니다.
나) 소외 망인은 원고에게 2009. 6. 30.까지의 이자를 전부 납부하였습니다.
2) 2009. 7. 31.자 93,200,000원의 변제 및 변제충당
가) 소외 망인은 위 차용금이외에도 2008. 5. 1. 원고로부터 80,000,000원을 이율 월 0.5%, 지연손해금율 월 1%, 변제기 2009. 4. 30.로 정하여 차용하였습니다. 소외 망인은 2008. 5. 1.자 차용금에 대한 2009. 4. 30.까지의 이자도 전부 지급하였습니다.
나) 소외 망인은 2009. 7. 31. 원고에게 신한은행 계좌이체를 통해 93,200,000원을 송금하여 위 2차례의 차용금채무를 변제하였습니다.
다) 당시 충당에 관한 합의도 없고, 특별한 지정충당도 없었습니다. 따라서 법정충당의 법리에 따라 충당되어야 할 것입니다.
(위 피고들은 소외 망인이 위 변제시 연대보증이 있는 2008. 7. 1.자 대여금에 지정하여 충당하였다고 주장하고 있습니다만 이는 추측에 불과하고 증명책임이 있는 위 피고측에서 달리 특별한 증거도 제출하지 않고 있어 받아들이기 어렵습니다.)
(1) 특별히 비용이 발생하지 않은 상황하에서 위 변제금 93,200,000원은 우선 이자(지연손해금 포함)에 충당되고, 나머지가 있으면 원금에 충당되어야 합니다. 따라서 2009. 7. 31.까지 발생한

287) 소외 오양도는 1995. 5. 31.부터 (가)부분을 점유하기 시작한 것으로 출제된 듯하다. 소외 오양도가 180번지 대지를 매수하여 점유하기 시작한 이래 그 지상에 주택을 신축한 결과 181번지 (가)부분을 점유하게 된 것이다. 그렇다면 건축을 하는 어느 시점에 비로소 (가)부분을 점유하게 되었다는 것인데 그 시점이 명확하지 않다. 이러한 경우라면 건물의 보존등기를 경료한 1995. 11. 1.은 명확하게 점유를 개시한 일자가 될 수 있어 1995. 11. 1.자 점유취득시효 완성을 원인으로 한 소유권이전등기 청구를 하는 것이 더 명확하다. 나아가 소외 오양도의 점유개시 이래 181번지 대지의 소유자의 변동이 없으므로 원고가 주택을 인도받아 (가)부분까지 점유하기 시작한 2018. 4. 30. 점유취득시효 완성을 원인으로 한 소유권이전등기 청구를 해도 무방하다.

양 차용금채무의 지연손해금은 합계 3,200,000원{(80,000,000원 X 1% X 3개월) + (80,000,000원 X 1% X 1개월)}되어 이를 공제하면 90,000,0000원(93,200,000원 − 3,200,000원)원이 남습니다.

(2) 변제당시 양 차용금 채무는 모두 변제기가 도래하였고, 이율·지연손해금율 등 모든 면에서 변제이익에서도 동일합니다. 따라서 변제기가 먼저 도래한 2008. 5. 1. 차용금 80,000,000원에 우선 충당되고, 나머지 10,000,000원(90,000,000원 − 80,000,000원)이 2009. 7. 1. 차용금 80,000,000원에 충당되어 나머지 70,000,000원(80,000,000원 − 10,000,000원)이 남게 됩니다.

3) 소외 망인의 사망, 유족, 상속포기, 상속분

가) 소외 망인은 배우자로는 피고 구미옥, 유일한 아들 소외 김유남을 두고 2013. 8. 1. 사망하였습니다. 당시 소외 김유남은 결혼하여 슬하에 딸인 소외 김일손, 아들인 피고 김이손을 두고 있었습니다.

나) 소외 김유남은 상속포기하여 2013. 10. 25. 수리되었습니다.

다) 그렇다면 소외 망인의 사망으로 배우자인 피고 구미옥과 직계비속인 소외 김일손, 피고 김이손이 공동으로 상속하게 되었습니다. 따라서 그 상속분은 피고 구미옥이 3/7, 소외 김일손, 피고 김이손은 각 2/7이 됩니다.

라) 피고 구미옥, 소외 김일손, 피고 김이손의 채무상속액

따라서 소외 망인의 사망으로 2009. 7. 1.자 나머지 차용금채무 70,000,000원은 피고 구미옥이 30,000,000원(70,000,000원 X 3/7), 소외 김일손, 피고 김이손이 각 20,000,000원(70,000,000원 X 2/7)으로 분할되어 상속되었습니다.

4) 소외 김일손에 대한 소멸시효완성 및 연대보증인 피고 김동부에 대한 부담부분의 소멸

원고는 위와 같이 2009. 7. 31. 소외 망인으로부터 93,200,000원을 변제받은 후 10년이 경과함으로써 소외 망인과 그를 상속한 소외 김일손에 대한 20,000,000원의 대여금채권은 소멸시효 완성으로 소멸하였습니다. 이에 따라 그 연대보증인 피고 김동부의 채무금도 그 부담부분만큼 소멸하여 결국 50,000,000원이 남게 되었습니다.

나. 소결론

그렇다면 원고에게, 피고 김동부는 나머지 50,000,000원, 위 돈 중 피고 김동부와 연대하여, 피고 구미옥은 30,000,000원, 피고 김이손은 20,000,000원 및 이에 대한 최후 변제일 다음날인 2009. 8. 1.부터 이 사건 소장부본송달일까지는 약정상의 월 1%의, 그 다음날부터 다 갚는 날까지는 소송촉진 등에 관한 특례법 소정의 연 12%의 각 비율에 의한 지연손해금을 지급할 의무가 있습니다.

다. 피고 구미옥, 김일손, 김이손, 김동부의 주장에 대한 반박

1) 피고 구미옥, 김이손의 주장에 대한 반박

가) 위 피고들의 소멸시효 완성 항변에 대한 원고의 시효중단의 재항변

(1) 위 피고들은 소외 망인이 주식회사 사커펀치를 경영하면서 그 운영자금조로 위 금원을 차용하여 상행위이고, 변제기 이후로 최후 변제한 2009. 7. 31.로부터 5년의 소멸시효기간이 경과하였으므로 시효완성으로 소멸하였다고 주장합니다.

(2) 최고 및 6개월 이내 재판상청구로 인한 시효중단의 재항변

소외 망인이 주식회사 사커펀치의 대표이사로 근무한 사실은 있습니다만 비록 주식회사의 주주 또는 대표이사로 금전을 조달하여 이를 주식회사의 주금으로 납부하거나 대여해 주어 그 주식회사가 운용자금으로 사용하였다 하더라도 개인으로서의 대표이사의 차용행위는 상행위에 해당되지

않습니다.[288] 따라서 소외 망인의 위 차용금채무는 10년의 소멸시효기간의 적용을 받습니다. 원고는 일부 변제받은 위 2009. 7. 31.로부터 10년이 경과하기 전인 2019. 6. 29. 피고 구미옥, 김이손에게 그 이행을 구하는 내용증명우편을 보내 같은 해 7. 3. 위 피고들에게 도달되었습니다. 그로부터 6개월이 경과되기 전에 이 사건 소를 제기하였으므로 그 시효는 적법하게 중단되었다 할 것이어서 위 피고들의 위 주장은 이유 없습니다.

나) 소외 김유남의 상속포기로 그 자녀들인 피고 김이손도 소외 망인의 채무를 상속하지 않았다는 주장에 대한 반박

소외 김일손, 피고 김이손은 소외 망인이 사망한 후 소외 김유남이 상속을 포기하였으므로 그 자녀들인 자신들도 소외 망인의 차용금채무를 상속하지 않았다고 주장합니다.

소외 김유남이 주장과 같이 상속포기한 것은 사실입니다. 그러나 소외 김유남이 당시 미성년자였던 소외 김일손, 피고 김이손 등을 법정대리하여 그들의 상속포기 신고도 하지 않은 상황하에서는 소외 김유남의 상속포기가 바로 소외 김일손, 피고 김이손의 상속포기가 되지 않습니다. 달리 위 피고 등이 상속을 포기하였다는 사실이 추가로 확인되지 않는 이상 위 피고 등의 위 주장은 이유 없습니다.

2) 피고 김동부의 주장에 대한 반박

가) 연대보증에 대한 시효중단의 효력이 없다는 주장

피고 김동부는 연대보증인에 대한 별도의 시효중단이 없는 이상 주채무자에 대해 시효중단 조치를 취했다고 하더라도 그 시효중단의 효력이 연대보증채무을 시효중단시키는 효력이 없고, 연대보증인의 시효기간은 주채무자와 별도로 정해지는바 위 연대보증행위가 상행위이므로 5년의 경과로 시효소멸하였다고 주장합니다.

민법 제440조에 의하면 주채무자에 대한 시효중단은 보증인에게 그 효력이 있습니다. 나아가 연대보증은 최고·검색의 항변권, 분별의 이익이 있는 외에 보증과 동일하여 민법 제440조는 연대보증에도 그대로 적용됩니다. 따라서 위 피고의 위 주장은 민법 제440조의 명문의 규정에 반하는 주장으로 전혀 이유가 없고, 또 연대보증이 독립한 상행위가 되면 주장과 같이 5년의 소멸시효기간 적용을 받을 수 있지만 피고 김동부의 위 연대보증행위가 별도의 상행위에 해당된다는 그 어떤 증거도 없습니다.

나) 연대보증된 차용금채무가 변제이익이 더 많아 우선하여 법정충당되어야 한다는 주장

피고 김동부는 자신이 연대보증한 차용금채무가 단순채무인 2008. 5. 1.자 차용금채무에 비하여 변제이익이 더 많기 때문에 2019. 7. 31.자 93,200,000원의 변제로 인해 우선충당되어 소멸되었다고 주장합니다.

그러나, 연대보증이나 물상보증이 존재하는가의 점은 변제이익의 다과를 판단함에 있어 고려할 사유가 아니므로[289] 위 피고의 위 주장은 이유 없습니다.

2. 피고 유수학, 윤국영에 대한 청구

가. 사실관계

1) 임대차계약, 임차목적물인도, 임차보증금 수령, 임대차계약 종료

피고 유수학, 윤국영은 2017. 1. 15. 원고로부터 서울 강남구 도곡로64길 21, 상승빌딩 201호

288) 대법원 2018. 4. 24. 선고 2017다205127 판결.
289) 대법원 1997. 7. 25. 선고 96다52649 판결.

(이하 '도곡동 상가'라고 함)을 임차보증금 10,000,000원, 월 임료 2,000,000원, 임대기간 2017. 2. 1.부터 2019. 1. 31.까지 2년간으로 정하여 임대차계약을 체결하고, 같은 날 임차보증금 10,000,000원을 지급하고, 2017. 2. 1. 도곡동 상가를 인도받아 '수국학원'이라는 상호로 입시학원을 경영하고 있습니다.

위 피고들은 2018. 3. 31.까지의 차임은 지급하였으나 그 이후에는 차임을 지급하지 못하고 있어 원고는 2018. 12. 15. 위 피고들에게 내용증명우편을 보내 계약갱신을 거절하는 의사표시를 하였습니다.

2) 임차보증금에서 연체차임의 공제

임차보증금 10,000,000원은 2018. 4. 1.부터 2018. 9. 30.까지 5개월간 미지급 임료 합계 10,000,000원에 충당되어 공제되어 전혀 남아있지 않습니다.

나. 연대책임 및 임대차계약의 기간만료로 인한 종료

그렇다면 이 사건 임대차계약은 임차인들인 피고 유수학, 윤국영 등이 학원경영을 위해 한 것으로 상행위에 해당되어 상법 제57조에 따라 상행위로 부담하게 된 채무로 연대하여 변제할 책임이 있고, 임대인인 원고가 종료 6개월에서 1개월 이전에 갱신거절의 의사표시를 함으로써 임대차기간이 만료된 2019. 1. 31. 적법하게 종료되었다 할 것입니다.

다. 소결론

따라서 공동임차인인 피고 유수학, 윤국영은 원고에게 임차목적물인 도곡동 상가를 인도하고, 공동하여 임차보증금이 완전히 공제된 2018. 10. 1.부터 임대차계약이 종료된 2019. 1. 31.까지 5개월간 임료상당 합계액인 10,000,000원을 지급할 의무가 있습니다.

라. 피고 유수학, 윤국영의 주장에 대한 반박

1) 갱신요구로 임대차계약이 존속하고 있다는 주장

피고 유수학, 윤국영은 2018. 12. 10. 원고에게 내용증명우편을 보내 상가건물을 대상으로 하는 이 사건 임대차계약의 갱신을 요구하였으므로 종료되지 않고 유효하게 존속하고 있어 임차목적물의 인도청구에 응할 수 없다고 주장합니다.

그러나 위 피고들은 2018. 3. 31.까지의 임료만을 지급한 채 지금까지 아무런 임료도 지급하지 않고 있어 상가건물임대차보호법 제10조 제1항 제1호에 정해진 3기이상 차임연체의 갱신제외사유에 해당하므로 위 피고들의 위 주장은 이유 없습니다.

2) 임료 또는 부당이득금반환의무는 분할채무라는 주장

위 피고들은 설령 미지금임료 또는 부당이득반환채무를 부담하고 있다 하더라도 이는 분할채무이므로 연대관계 또는 부진정연대관계를 적용하여 하는 청구에 응할 수 없다고 주장합니다.

그러나 민법 제654조, 제616조에 의해 공동차주는 연대채무를 부담하고, 무단점유로 인한 부당이득반환청구도 부진정연대관계에 있으므로 위 피고들의 위 주장은 이유 없습니다.

3) 미사용수익 주장

위 피고들은 이주하여 임대차기간이 종료 전인 2018. 12. 31.부터 미사용중에 있으므로 임료를 지급할 수 없다고 주장합니다.

그러나 임대차계약 기간 동안에는 임료지급의무는 약정에 기한 의무로서 그 점유여부에 상관없이 발생하는 것이어서 위 피고들의 위 주장은 이유 없습니다.

3. 피고 장도인에 대한 청구

가. 사실관계(20년간 점유)

1) 20년간 점유

소외 오양도는 1995. 5. 1. 소외 황전주로부터 서울 서초구 내곡동 180 대 300㎡(이하 '180번지 대지'라고 함)를 매수하여 1995. 5. 31. 그 명의로 소유권이전등기를 경료하면서 이를 인도받아 그 지상에 벽돌조 슬라브지붕 1층 주택 250㎡(이하 '180번지 주택'이라 함)를 신축하기 시작하여 180번지 대지는 물론 180번지 주택이 인접한 서울 서초구 내곡동 181 대 500 중 별지도면표시 1, 2, 3, 4, 1의 각 점을 순차로 연결한 선내 (가)부분 10㎡{이하 '(가)부분 대지'라고 함}를 침범하여 건축되어 있었던 관계로 이 (가)부분 또한 점유사용하기 시작하였습니다. 소외 오양도는 180번지 대지를 인도받을 때 담장이 둘러쳐져 있었고, 그 담장내에 주택을 신축하여 그 침범사실을 알지 못한 채 신축하여 지금까지 거주해 오다가 최근 측량과정에서 그러한 사실을 알게 되었습니다.

2) 원고의 소외 오양도로부터 소유권이전등기청구권 양수 및 통지

가) 채권양도 및 통지사실

원고는 2018. 4. 1. 소외 오양도로부터 180번지 대지 및 건물을 매수하면서 소외 오양도가 1995. 5. 31.부터 180번지 주택을 신축하여 그 부지로 (가)부분을 점유사용한 이래 20년간 경과로 2015. 5. 31. 점유취득시효 완성하였다며 그 소유권이전등기청구권도 함께 양수받았고, 그 양도통지의 대리권도 부여받았습니다. 원고는 2018. 4. 1. 피고 장도인에게 '청구권양도서'를 첨부하여 위와 같은 청구권양도사실을 통지하고, 같은 달 3. 그 통지가 도달하였습니다.

나) 비록 위 채권양도는 양수인(원고)에 의해 대리권의 현명 없이 통지되었으나 원고는 양도인인 소외 오양도로부터 명시적으로 통지권을 위임받았고, 위 통지과정에서 그 취지가 기재되어 있는 1장에 불과한 청구권양도서를 첨부하여 통지하여 이를 수령한 피고 장도인측에서 손쉽게 그 사실을 알았거나 알 수 있어 유효한 채권양도의 통지가 이루어졌습니다.

나. 소결론

그렇다면 소외 오양도는 1995. 5. 31.부터 위 (가)부분을 180번지 주택의 부지로 점유사용하여 시작한 이래 20년이 경과한 2015. 5. 31. 점유취득시효완성을 원인으로 한 소유권이전등기청구권을 취득하였습니다. 그 상태에서 소외 오양도는 원고에게 180번지 주택과 대지를 매도하면서 위 청구권도 양도하고, 그 통지까지 마쳤습니다. 따라서 피고 장도인은 원고에게 위 (가)부분에 관하여 2015. 5. 31. 점유취득시효완성을 원인으로 한 소유권이전등기절차를 이행할 의무가 있습니다.

다. 피고 장도인의 주장에 대한 반박

1) 소외 오양도의 시효이익의 포기 주장

피고 장도인은, 소외 오양도가 2016. 8.경 위와 같은 시효취득사실을 알고도 자신에게 181번지 대지의 매도를 제안하여 시효이익을 포기하였으므로 원고의 위 청구에 응할 수 없다고 주장합니다.

비록 점유취득시효 완성으로 청구권을 취득한 상태에서 분쟁을 미연에 방지하기 위해 그 부지를 포함하여 181번지 대지 전체의 매도를 제안하였다 하더라도 이를 시효이익의 포기 의사를 표명한 것으로 볼 수 없다[290] 할 것이어서 위 피고의 위 주장은 이유 없습니다.

290) 대법원 1992. 9. 1. 선고 92다26543 판결.

2) 점유상실로 인한 소유권이전등기청구권의 상실 주장

피고 장도인은 비록 소외 오양도가 점유취득시효 완성으로 인하여 소유권이전등기청구권을 취득하였다 하더라도 그 후 원고에게 그 주택과 대지를 매도하면서 위 (가)부분에 관한 점유까지 넘겨주어 그 점유를 상실하였으므로 그 소유권이전등기청구권도 상실되었으므로 원고의 위 청구에 응할 수 없다고 주장합니다.

점유취득시효완성 후 소유권이전등기청구권자가 점유를 상실하였다 하더라도 그 청구권이 상실되지 않습니다.[291] 따라서 피고 장도인의 위 주장은 이유 없습니다.

3) 소유권이전등기청구권은 채권양도 통지의 대상이 아니라는 주장

피고 장도인은 소유권이전등기청구권은 성질상 채권양도통지만으로 이전될 수 있는 채권이 아니므로 비록 소외 오양도와 원고사이에 주장과 같은 채권양도가 이루어졌고, 그 양도사실의 통지가 있었다고 하더라도 그 효력이 없어 원고의 청구에 응할 수 없다고 주장합니다.

매매로 인한 소유권이전등기청구권과 달리 점유취득시효완성을 원인으로 하는 소유권이전등기청구권은 아무런 동시이행관계도 없어 일반 채권양도의 원리에 따라 채권양도와 그 통지로서 이전될 수 있습니다.[292] 피고 장도인의 주장은 동시이행관계에 있는 소유권이전등기청구권에만 적용되는 특수한 법리를 일반화하여 주장하는 독자적인 견해에 불과합니다. 따라서 그 주장은 이유 없습니다.

4. 결론

따라서 원고의 피고들에 대한 청구는 모두 이유 있으므로 이를 인용해 주시고, 소송비용은 패소자의 부담으로 하여 주시고, 일부 청구에 가집행의 선고를 해 주시기를 바랍니다.

입 증 방 법(생략)

첨 부 서 류(생략)

2019. 8. 8.

원고 소송대리인 변호사 오유진 인

서울중앙지방법원[293] 귀중

291) 대법원 1995. 3. 28. 선고 93다47745 전원합의체판결.

292) 대법원 2018. 7. 12. 선고 2015다36167 판결.

293) 법률적으로는 피고들의 주소 중 서울남부지방법원의 관할내에도 있어 서울중앙지방법원은 물론 서울남부지방법원도 관할법원이 된다. 그렇지만 서초동에 법률사무소를 둔 변호사가 서울중앙지방법원을 관할법원으로 하여 소 제기할 수 있음에도 불구하고 구태여 관할법원으로 서울남부지방법원으로 지정하여 지하철 등을 통해 상당한 시간과 비용을 들여 변론을 위해 법정으로 갈 필요는 없을 것이다. 이 점을 고려하면 서울남부지방법원은 법리상 틀린 관할법원의 지정은 아니나 부당한 관할법원의 지정이 된다. 변호사 시험이 실무가의 양성을 목표로 하는 것이라면 실무상 선택하지 않는 관할법원도 정답으로 표기하는 것은 가급적 지양되어야 할 폐습이라 할 것이다.

Ⅶ. C. 2019년도 제3회

1. 7단계 권리분석법에 의한 사건 전체의 분석

가. 의뢰인의 희망사항 분석결과

의뢰인 =원고	희망사항	물권 침해? 약정?	침해자 또는 약정자는 누구(=피고)	원고의 자격, ∴소송명
김청구	추심명령 받은 주택임대차보증금의 지급을 구하는 소를 제기하고, 가능하면 지연손해금도 지급받고 싶다.	① 추심명령 ② 임대차계약 **∴불이행하여 강제이행청구**	**약정자 (임대인) 전부명령**	**약정의 상대방 (임차인) ∴추심금청구**
	전부받은 창고 임대차보증금의 지급을 구하는 소송을 제기하고, 가능하면 지연손해금도 지급받고 싶다.	① 전부명령 ② 임대차계약 **∴불이행하여 강제이행청구**	**약정자 (임대인) 전부명령**	**약정의 상대방 (임차인) ∴전부금 청구**
	나임차가 이 사건 창고를 임의로 인도하여 줄 것을 기대하기 어려우므로 필요한 소송을 제기해 달라.	① 임대차계약 ② 채권자대위 **∴불이행하여 강제이행청구**	**약정자 (임차인) 대위청구**	**약정의 상대방 (임대인) 대위청구 ∴임차목적물인도**
	박복한에 대한 판결을 받아 두고 싶다.(하한가를 찾아서 그의 재산을 집행하는 것은 실질적으로 기대하기 어려우므로 그를 상대로는 청구하지 말라)	① 연대보증계약 ② 소비대차계약 **∴불이행하여 강제이행청구**	**약정자 (연대보증인) (박복한)**	**약정의 상대방 (대주) ∴연대보증금**
	박복한이 처분한 아파트와 관련하여 가능한 조치를 취하고 싶다.	① 매매계약 ② 소비대차계약 **∴형성의 소 제기 가능성**	**사해행위 수익자 (박복녀)**	**형성권자 ∴사해행위 취소 및 가액배상**

나. 원고의 청구원인 분석결과

소송명	청구원인	항변 (법률상 주장 포함)	재항변 등
추심금청구	①임차보증금반환 ⓐ임대차계약 ⓑ임차보증금지급 ⓒ임차목적물인도 ②임차목적물 양수인(대항력취득, 임대인지위승계) ⓐ임차목적물인도+전입신고 ⓑ임차목적물에 관한 매매계약+등기(제1양수인) ⓒ채권가압류 및 제3채무자에 대한 송달 ⓓ임차목적물에 관한 매매계약+등기(제2양수인) ③추심명령 ⓐ집행채권(확정판결+집행문) ⓑ채권압류(가압류가 본압류로 전이) 및 추심명령 ⓒ제3채무자에 대한 송달 ④최고로 이행기 도래 후 도과	Ⓐ①변제 ⓐ변제자 ⓑ변제수령자(채권압류 및 추심명령을 송달받기 전에는 피고 나임차가 변제수령자) ⓒ급부(변제) ②채권의 준점유자에 대한 변제(주장했는지 불분명) ⓐ채권의 준점유자에 대한 변제, ⓑ변제자의 선의·무과실	Ⓐ①(원칙적으로 ⓑ사실을 다툼) (a)대항요건 갖춘 후 임차목적물 양수인은 임대인 지위 승계, (b)양수인은 가압류된 임차보증금반환채무 면책적 인수, (c)가압류 후에는 (제3)채무자에게 변제하였다고 하더라도 가압류채권자에게는 대항할 수 없다. ⓑ사실 부인(악의) Ⓑ집행채권을 판결확정 전에 변제하였으면 기판

<table>
<tr><td></td><td colspan="2"></td><td>Ⓑ피고 나임차가 1억 원 변제하여 집행채권이 소멸하였다.</td><td>력의 저촉을 받고, 판결확정후 변제하였으면 청구이의, 제3자이의 등의 방법으로 다투어야 하고, 추심금청구 절차에서는 주장할 수 없음</td></tr>
<tr><td>전부금청구</td><td colspan="2">①임차보증금반환
ⓐ임대차계약
ⓑ임차보증금지급
ⓒ임차목적물인도
ⓓ임대차계약의 종료(전부명령송달＋임대기간만료)
②전부명령
ⓐ집행채권(소비대차＋면책적채무인수＋약속어음＋집행력있는 공정증서＋집행문부여)
ⓑ채권압류 및 전부명령
ⓒ제3채무자에 대한 송달
ⓓ채무자에 대한 송달＋7일경과로 인한 확정
③상계
ⓐ자동채권발생(손해배상)
ⓑ상계적상(금전채권＋변제기 모두 도래)
ⓒ상계의 의사표시＋도달
ⓓ상계충당
④동시이행(임차목적물인도)</td><td></td><td></td></tr>
<tr><td>임차목적물 반환청구</td><td>①대위요건(임차보증금반환채권)
ⓐ,ⓑ,ⓒ,ⓓ로 이행기도래, 미행사</td><td>②임차목적물반환
ⓐ임대차계약
ⓑ임차보증금지급
ⓒ임차목적물인도
ⓓ임대차계약의 종료(전부명령송달＋임대기간만료)
③나머지 임차보증금반환과 동시이행</td><td></td><td></td></tr>
<tr><td>연대보증금 청구</td><td colspan="2">①소비대차계약
ⓐ소비대차계약
ⓑ이자이율의 약정
ⓒ원본의 인도
ⓓ변제기의 도래
②연대보증
③이자의 수령</td><td></td><td></td></tr>
<tr><td>채권자취소 및 가액배상 청구</td><td colspan="2">①채권자취소
ⓐ피보전채권(연대채무금)
ⓑ사해행위
ⓒ사해의사
②가액배상
ⓐ원상회복불능(근저당권말소)
ⓑ배상할 가액의 산정(시가－제1근저당권채권최고액－제2근저당권변제액)</td><td>주채무자가 자력이 있는 상태에서 연대보증인이 재산을 처분했다 해서 사해행위가 되지 않는다.</td><td>연대보증인의 사해행위를 판단함에 있어 주채무자의 자력은 고려해서는 안 된다.(물적담보가 아닌 이상 인적담보 관계는 고려하지 않음)</td></tr>
</table>

2. 추심금청구

가. 청구원인의 요건사실

원고측이 추심금청구를 하기 위해서는 요건사실로 ①추심대상채권의 발생원인, ②ⓐ추심명령의 발령사실, ②ⓑ제3채무자에 대한 추심명령의 송달사실을 주장·증명해야 한다. ①추심대상채권의 발생원인 완전한 형태의 발생원인사실들 전부를 주장·증명해야 한다. 즉 임차보증금반환채권일 경우에는 그 발생원인인 임대차계약체결사실·임차보증금지급사실·임대차종료사실을 전부 주장·증명하여야 한다. 전부금청구와 달리 추심명령의 경우 공정력이 있기 때문에 추심명령의 확정사실을 주장·증명할 필요는 없다. 그래서 채무자에 대한 추심명령의 송달과 즉시이의기간의 경과까지 주장·증명할 필요가 없다.

나. 주택임차권이 대항력을 갖춘 후 양도된 경우

주택임차권은 인도와 전입신고를 마치면 인도일 또는 전입신고일 중 늦은 일자의 다음날부터 대항력을 취득한다.(주택임대차보호법 제3조 제1항) 대항력 있는 주택임차권이 있는데도 임차목적물이 양도된 경우에는 양수인인 임대인의 지위를 양수하여(주택임대차보호법 제3조 제4항) 양수인과 임차인 사이에 임대차계약관계가 성립하고, 종전의 소유자겸 임대인은 임대차계약관계에서 제외되면서 임대인이 부담하고 있던 임차보증금반환채무도 면책적으로 양수인에게 이전된다. 이와 같이 획일적으로 해결하는 이유는 임대주택에 관한 임대인의 의무 대부분이 그 주택의 소유자이기만 하면 이행가능하고 임차인이 같은 법에서 규정하는 대항요건을 구비하면 임대주택의 매각대금에서 임차보증금을 우선변제받을 수 있기 때문이다. 이처럼 주택임대차는 임차목적물의 자산적 가치를 중심으로 하기 때문에 임차인에게 특별히 불리하지도 않다.(대법원 2013. 1. 17. 선고 2011다49523 전원합의체 판결)

다. 대항력 있는 주택임대차관계가 있던 중 임차인의 채권자가 임차보증금반환채권을 가압류하여 임대인에게 송달된 후 다시 임차목적물이 양도된 경우

본 사안과 같이 주택임대차에서 대항력을 이미 갖춘 상태에서 임차인의 채권자가 임차보증금반환채권을 가압류하고, 그 가압류결정문이 임대인에게 송달된 다음 임차목적물이 제3자에게 양도(매매계약+등기)된 경우에 채권가압류의 지급금지효가 양수인에게도 미치는가란 문제가 있다. 위 대법원 전원합의체 판결에서는 "임대주택의 양도로 임대인의 지위가 일체로 양수인에게 이전된다면 채권가압류의 제3채무자의 지위도 임대인의 지위와 함께 이전된다"고 판시하였다. 이 문제를 논의할 때 이해관계가 있는 자는 가압류채권자, 임차인, 양수인이고 임대인이자 양도인은 아무런 이해관계가 없다. 왜냐하면 주택임대차보호법 제3조 제4항에 따라 종전의 임대인이자 양도인은 임대차계약관계에서 확정적으로 탈퇴하였기 때문이다. 2011다49523 전원합의체판결은 이 점을 명확히 하고 있다. 종전의 임대인이자 양도인이 임차목적물의 양도과정에서 양수인에게 채권가압류 사실을 알려 줄 수 있는 유일한 사람인데도 주택임대차보호법 제3조 제4항과 위 대법원 전원합의체 판결이 앞서 설명한 바와 같은 태도를 취함으로써 양도인이 임차목적물 소유권취득과정에서 채권가압류 사실을 전혀 모른채 임차보증금을 임차인에게 반환함으로써 2중 지급의 위험에 처하게 되는 것이다. 사실 위 전원합의체 판결에서는 가압류채권자와 양수인 중 양수인이 채권가압류 사실을 전혀 몰랐다고 하더라도 가압류의 지급금지효가 있다고 판시함으로써 양수인이 그 위험을 부담하게 하였다. 따라서 양수인이 임차목적물의 소유권을 취득하는 과정에서 양도인에게 해당 사실들은 잘 문의하여 대처함으로써 자신의 위험을 방지할 의무를 부담케 되었다.

그래서 양수인은 대안적으로 채권의 준점유자에 대한 변제로 유효하다라는 주장을 해 볼 수 있다.(전원합의체 판결 후미에서 대수의견은 그 가능성을 지적하고 있다.) 즉 양수인은 ①임차인이 채권의 준점유자라는 사실, ②변제자로서 자신이 선의·무과실이었다는 사실을 주장·증명하여 채권의 준점유자에 대한 변제로서 유효성을 주장할 수도 있다. 모의기록의 제시된 사안에서는 양도인이 양수인에게 채권가압류 사실을 알려주었다고 함으로써 그 주장조차 하여도 반박할 수 있게 되었다.

3. 전부명령과 상계

가. 지급금지명령받은 수동채권에 대한 상계가능한 자동채권(제한설)

전부명령은 반드시 압류명령과 함께 발령된다. 그래서 압류 및 전부명령이라고 한다. (가)압류명령은 지급금지명령을 수반한다. 그래서 지급금지된 채권을 수동채권으로 하여 상계할 때는 ①자동채권의 성립, ②상계적상, ③상계의 의사표시와 도달, ④상계충당 사실 중 ②상계적상은 지급금지(압류)명령이 송달되기전까지 존재하였거나 적어도 자동채권의 이행기가 수동채권의 이행기보다 먼저 도래하여야만 상계적상이 존재하는 것으로 된다.(제한설)(대법원 1982. 6. 22. 선고 82다카200 판결 등) 이러한 점은 채권양도의 통지와 다소 다르니 주의를 요한다. 즉 채권양도의 통지를 받은 채무자는 채권양도 통지 수령전에 이미 성립된 채권이라면 비록 수동채권보다 변제기가 늦은 자동채권으로라도 상계를 주장할 수 있다.[294] 채권양도 통지를 받은 채무자와 지급금지명령을 받은 제3채무자는 다른 입장에서 상계를 할 수 있다는 점에 주의할 필요가 있다.

나. 일부 채권을 전부명령받은 집행채권자의 전부금 청구 소송에서 제3채무자가 한 상계의 효력 (일종의 내측설)

본 모의기록에서 가장 논란이 많았던 부분은 220,000,000원의 채권 중 200,000,000원에 관해서만 전부명령을 받아 전부금청구를 하고 있었는데, 제3채무자(피고)가 60,000,000원의 자동채권으

294) 위와 같은 쟁점으로 법학전문대학원 협의회 2016년도 제3차 모의시험 기록형 문제에서 출제된 적이 있었다. 모의기록 사안에서는 양도대상채권의 변제기는 2016. 4. 30.이고, 채권양도의 통지는 2016. 4. 9. 도달한 상태에서 2016. 5. 31. 변제기 도래하는 자동채권으로 상계하는 것이 허용되었다.

로 상계를 하면 지급해야 할 전부금이 160,000,000원이 되는지(외측설), 아니면 140,000,000원(내측설)이 되는지에 관한 것이었다. 채권 중 일부가 양도되거나 전부된 경우에는 종전 채권자가 보유하고 있는 나머지 채권과 양도된 채권이나 전부된 채권은 독립된 분할채권이 되고, 그 중 어느 한 채권을 특정하여 채무자가 양도인에 대한 반대채권(자동채권)으로 상계할 수 있다. 즉 선택권이 채무자에게 있는 것이다. 일종의 내측설이 적용되는 듯하다. 그래도 판례는 이 부분을 독립한 분할채권이 성립된 결과로 보고 있다. 그 결과 양수인이 제3자에 대한 대항요건을 갖추고 있다거나 전부명령이라고 해도 양도인의 나머지 채권이나 다른 양수인의 채권에 대하여 먼저 상계되어야 한다거나 안분비례하여 상계되어야 한다고 이의할 수 없다.(대법원 2002. 2. 8. 선고 2000다50596 판결, 대법원 2010. 3. 25. 선고 2007다35152 판결) 따라서 집행채권자는 140,000,000원만 청구할 수 있을 뿐이다.

이러한 경우 좀 복잡한 문제가 발생한다. 즉 임차인은 여전히 20,000,000원상당의 임차보증금 반환청구권을 보유하고 있다. 따라서 임차인을 상대로 임차목적물인도청구를 구할 때 현재의 임대인적 지위에 있는 양수인으로 하여금 임차보증금 20,000,000원을 지급함과 동시에 임차목적물인도청구를 명할 것인가?라는 의문이 추가적으로 제기된다. 사실 임차인에게 임차목적물인도청구를 하는 이유는 전부금 청구가 임차목적물반환과 동시이행의 관계에 있기 때문에 전부금을 피보전채권으로 하여 임차목적물반환청구권을 대위행사하는 것이다. 즉 전부채권자 본인의 이익을 위해 임차목적물의 반환을 구하는 것인데도 임차인에게 임차보증금지급청구를 해 주는 등 다소 본인의 이익과 배치되는 역할을 해야 하는데 문제가 있다. 최근의 출제경향이 패소하는 부분이 없도록 청구취지를 작성하라는 것이기 때문에 임차보증금 20,000,000원의 지급과 상환이행의 청구취지를 작성하기는 하나 여전히 의문은 남는다.

4. 사해행위 취소와 가액반환

가. 사해행위 취소의 요건사실은 ①피보전채권, ②사해행위, ③사해의사이다. 피보전채권은 존재하기만 하면 되고, 채무자가 무자력이어야 피보전채권이 되는 것은 아니다. 즉 피보전채권을 기술하는 부분에서 절대로 채무자의 무자력을 언급할 필요가 없다. 채무자의 무자력은 사해행위 해당성을 판단하는 고려요소일 뿐이다. 사해행위, 사해의사와 관련하여 사해행위 해당성, 사해의사 부존재 등에 관련된 사실을 주장하여 사해행위 해당성, 사해의사의 존재 등을 부인하는 상대방의 주장을 장황하게 반박할 필요가 없다. 오히려 사해행위 해당성, 사해의사의 존재를 의문의 여지가 없도록 정확하게 주장하고 증명하는 것이 필요하다. 즉 청구원인 사실을 기술하는 부분에서 이러한 논쟁을 전부 녹여 기술해야 한다는 것이다.

피고 박복한을 상대로 연대채무금 청구를 하지 않으면 피고 박복한 채무자로서 채권자 취소소송의 피고가 될 수 없다. 그러니 소외 박복한으로 표기되어야 할 것이다. 이 점을 잘 이해하고 있어야 한다. 사해의사는 피고 박복한의 정신적 상태를 의미한다. 수익자나 전득자의 정신상태를 지칭하는 것은 아니다. 이 점을 오해하면 안 된다. 더구나 수익자가 악의라는 사실은 항변사유인데도 이를 청구원인사실을 기술하는 부분에서 서술하는 것은 잘못된 태도이다. 더구나 유일한 부동산을 매도하는 사실로부터 "수익자의 악의가 추인된다"고 주장하고 있으니 이런 억지도 없다. 그런 법리는 없다. 사해행위 취소에서는 수익자의 악의는 당연히 전제되기 때문에 피고(수익자)측에서 자신의 선의를 주장·증명하여 항변할 수 있을 뿐이다.

나. 가액반환

사해행위 후 피고 박복녀의 변제에 의하여 2번 근저당권설정등기가 말소되었으므로 사해행위를 취소하고 위 부동산 자체의 회복을 명하는 것은 당초 일반 채권자들의 공동담보로 되어 있지 아니하던 부분까지 회복을 명하는 것이 되어 공평에 반하는 결과가 되므로 원고로서는 위 부동산의 가액에서 위 근저당권의 피담보채무액을 공제한 잔액의 한도에서만 사해행위를 취소하고 그 가액의 배상을 구할 수 있을 뿐이다.(대법원 2001. 10. 9. 선고 2000다42618 판결)

다. 주채무자가 변제자력이 있다는 주장의 의미

만약 연대채무자가 채권자(원고)를 상대로 주채무자가 자력이 있다고 주장하면 이는 최고·검색의 항변권을 행사하는 것이다. 하지만 사해행위의 수익자가 이를 주장하는 것은 주채무자가 변제자력이 충분한 이상 연대보증인의 재산처분행위는 사해행위가 될 수 없다는 주장에 불과하다. 연대보증인의 법률행위가 사해행위에 해당하는지 여부를 판단함에 있어서 주채무에 관하여 주채무자 또는 제3자 소유의 부동산에 대하여 채권자 앞으로 근저당권이 설정되어 있는 등으로 채권자에게 우선변제권이 확보되어 있는 경우가 아닌 이상, 주채무자의 일반적인 자력은 고려할 요소가 아니므로, 주채무자의 채무에 관하여 우선변제권이 확보되어 있지 않은 이 사건에 있어서는 피고 박복한의 사해행위를 판단함에 있어 주채무자의 자력을 고려할 것은 아니다.

소 장

원 고 김 청 구
서울 서초구 효령로 41(방배동)
소송대리인 변호사 정의남
서울 서초구 사평대로 4, 404호(서초동, 전승빌딩)
전화번호 (02) 523-4567 팩스번호 (02) 523-5678
이메일 주소 justiceman@lawyers.com

피 고 1. 최 양 수
서울 강남구 영동대로 498, 308동 1107호(대치동, 금마아파트)

2. 나 임 차
   서울 강남구 선릉로 1, 701호(청담동)
3. 임 대 철
   서울 동작구 동일로197길 90(대방동)
4. 박 복 한
5. 박 복 녀
   피고 4, 5의 주소 서울 은평구 통일로 866, 101동 1907호(불광동, 스타아파트)

추심금 등 청구의 소

청 구 취 지

1. 피고 최양수는 원고에게 100,000,000원 및 이에 대한 2019. 6. 21.부터 이 사건 소장부본 송달일까지는 연 5%의, 그 다음날부터 다 갚는 날까지는 연 12%[295]의 각 비율에 의한 돈을 지급하라.
2. 가. 피고 임대철은 피고 나임차로부터 별지목록 제2기재 부동산을 인도받음과 동시에 원고에게 140,000,000원을 지급하고,
   나. 피고 나임차는 피고 임대철로부터 20,000,000원을 지급받음과 동시에 피고 임대철에게 위 가. 항 부동산을 인도하라.
3. 피고 박복한은 원고에게 300,000,000원 및 이에 대한 2011. 12. 6.부터 다 갚는 날까지 연 20%의 비율에 의한 돈을 지급하라.
4. 가. 피고 박복한과 피고 박복녀 사이의 체결된 별지목록 제3.기재 부동산에 관한 2018. 7. 14.자 매매계약을 260,000,000원의 한도 내에서 이를 취소한다.[296]
   나. 피고 박복녀는 원고에게 260,000,000원 및 이에 대한 이 사건 판결확정 다음날부터 다 갚는 날까지 연 5%의 비율에 의한 돈을 지급하라.
5. 소송비용은 피고들의 부담으로 한다.
6. 위 1, 2, 3항은 가집행할 수 있다.

라는 판결을 구합니다.

청 구 원 인

1. 피고 최양수에 대한 추심받은 임차보증금반환청구
 가. 사실관계
  1) ①ⓐ임대차계약의 체결, ⓑ임차보증금의 지급, ⓒ임차목적물의 인도, ⓓ전입신고
   피고 나임차는 2014. 7. 23. 피고 임대철로부터 별지목록 제1기재 다가구주택(이하 '다가구주

---

295) 소송촉진 등에 관한 특례법 제3조 제1항 본문의 법정이율에 관한 규정(대통령령)에 개정되어 2019. 6. 1.부터 연 12%가 되었다. 본 소장은 그 시행일 이후에 작성되어 제출하는 소장이므로 그 개정된 규정을 적용하여야 한다.

296) 형성의 소란 성격상 "취소한다"라는 어미로 끝을 낸다. 물론 "취소하고,"라는 어미를 사용할 수는 있다. 그러나 "취소하라."라는 명령형 어미를 사용해서는 안 된다.

택'이라 함)을 임차보증금 150,000,000원, 임대기간 2014. 8. 23.부터 2016. 8. 22.까지 2년간으로 정하여 임차하는 임대차계약을 체결하고, 같은 날 계약금조로 15,000,000원을 지급하고, 2014. 8. 23. 나머지 보증금 135,000,000원을 지급하고, 다가구주택을 인도받아 거주하면서 같은 날 다가구 주택에 전입신고를 마쳤습니다.

2) ②원고의 피고 나임차에 대한 1억원 대여금채권, ③임차목적물의 소외 장매도에의 양도(매매계약+등기), ④ⓐ임차보증금반환채권 가압류 및 ⓑ제3채무자(소외 장매도)에 대한 송달, ⑤임차목적물의 피고 최양수에의 양도(매매계약+등기), 피고 최양수의 채권가압류 사실의 인지(악의)[297]

원고는 2015. 1. 11. 피고 나임차에게 100,000,000원을 대여해 주었습니다.

나아가, 피고 임대철은 2015. 11. 3. 소외 장매도에게 다가구 주택을 230,000,000원에 매도하고, 같은 달 20. 그 소유권이전등기를 경료해 주었습니다.

이에 원고는 위 대여금 채권을 피보전채권으로 피고 나임차의 소외 장매도에 대한 다가구주택에 대한 임차보증금반환채권 중 대여금채권에 해당되는 부분을 채권가압류(서울중앙지방법원 2016카단2051 채권가압류)신청하였고, 2016. 6. 30. 채권가압류결정이 내려졌고, 2016. 7. 20. 소외 장매도(제3채무자)에게 그 결정문이 송달되었습니다.

이어 소외 장매도는 2017. 8. 2. 피고 최양수에게 다가구 주택을 280,000,000원에 매도하고, 같은 해 9. 7. 그 소유권이전등기를 경료해 주었습니다. 당시 소외 장매도는 피고 최양수에게 위 채권가압류 사실을 알려 주었습니다.

3) ⑥ⓐ임대차계약의 종료 및 ⓑ임차목적물의 반환, ⑦ⓐ채권압류 및 추심명령 및 ⓑ제3채무자에 대한 송달, ⑧최고에 따른 이행기의 도과

피고 나임차는 2018. 8. 22. 갱신된 임대차기간도 만료되자 피고 최양수에게 다가구주택을 인도해 주었습니다.

원고는 피고 나임차를 상대로 위 대여금청구 소송을 제기하여 그 승소판결을 받고 확정되자 이를 집행권원으로 하여 채권압류 및 추심명령을 신청하여 2019. 4. 26. 위 채권가압류가 본압류로 이전하는 채권압류 및 그에 따른 추심명령을 받았으며, 2019. 4. 30. 그 채권압류 및 추심명령이 제3채무자인 피고 최양수에게 송달되었습니다.

원고는 2019. 6. 19. 피고 최양수에게 위 추심명령에 따라 추심금 100,000,000원의 지급을 최고하는 통지서를 발송하였고, 2019. 6. 20. 그 통지서가 도달하였습니다.

나. 대항할 수 있는 임차보증금반환채권에 대한 추심명령에 따른 추심금 청구

피고 나임차가 다가구주택의 인도 및 전입신고를 마친 다음날부터는 임차보증금반환채권의 대항력을 취득하고 마침내 그 후의 임차목적물의 양수인은 임대인의 지위를 승계하게 됩니다.(주택임대

297) 소외 장매도가 피고 최양수에게 채권가압류 사실을 알려 주었다는 (악의) 사실은 가압류채권자인 원고가 임차목적물의 양수인인 피고 최양수에게 나중에 추심명령을 받아 청구하는 임차보증금반환채권의 추심금청구의 청구원인사실은 아니다.(대법원 2013. 1. 17. 선고 2011다49523 전원합의체판결) 다만 양수인인 피고 최양수가 그런 사실을 모른 채 임차인인 피고 나임차에게 임차보증금을 반환하였을 때 "채권의 준점유자에 대한 변제(민법 제471조)(채권의 준점유자에 대한 변제를 주장하기 위한 요건사실은 ①채권의 준점유자에 대한 변제, ②변제자의 선의·무과실)"라며 그 유효를 주장할 때 그 주장의 요건사실 중 변제자의 선의·무과실을 반박하는 사실로서 부인적 주장을 미리 주장하는 사실이다. 그래서 피고 최양수의 주장에 대한 반박 부분에서 "오히려. . . "라는 부분에서 설시하여도 된다. 다만 본 답안에서는 사안의 흐름상 이 부분에서 사실관계로 정리하고 피고 최양수의 주장에 대한 반박부분에서는 인용하기로 한다.

차보호법 제3조 제1항, 제4항) 그 결과 피고 나임차는 대항력 취득 후의 양수인들인 소외 장매도는 물론 최종 양수인인 피고 최양수를 상대로도 임차목적물인도 함과 동시에 임차보증금반환청구권을 행사할 수 있게 되었습니다. 이런 상태에서 원고는 피고 나임차의 대여채권자로서 소외 장매도를 상대로 채권가압류를 하고 그 통지까지 마쳤다면 이은 양수인인 피고 최양수는 채권가압류된 채 임차보증금반환채무 양수하게 됩니다. 이어 원고가 피고 최양수를 제3채무자로 하여 채권압류 및 추심명령을 받아 제3채무자에게 그 결정문이 송달되었다면 원고는 피고 최양수를 상대로 추심금지급청구를 할 수 있게 됩니다. 임차목적물이 인도된 상태에서는 위 추심금지급을 최고하면 그 이행기가 도래하고, 그 다음날부터 이행지체의 책임을 집니다.

따라서 소외 장매도를 통해 이미 대항력이 취득된 임차목적물인 다가구 주택을 양수받은 양수인으로써 임차보증금반환채무자인 피고 최양수는 그 임차보증금반환채권의 추심채권자인 원고에게 임차보증금 중 추심대상인 100,000,000원 및 이에 대한 최고 도달 다음날인 2019. 6. 21.부터 이 사건 소장부본 송달일까지는 민법 소정의 연 5%의, 그 다음날부터 다 갚는 날까지는 소송촉진 등에 관한 특례법 소정의 연 12%의 각 비율에 의한 지연손해금을 지급할 의무가 있습니다.

다. 피고 최양수의 주장에 대한 반박

1) 피고 나임차에게 변제하였다는 주장

피고 최양수는 채권압류 및 추심명령을 송달받기 전인 2018. 8. 22.경 피고 나임차로부터 갱신된 임대차기간 종료에 따라 임차목적물은 인도받고 임차보증금 150,000,000원 전부를 지급하여 변제하였으므로 원고의 위 청구에 응할 수 없다고 주장합니다.

앞서 설명한 바와 같이 피고 나임차의 주택임대차는 인도와 전입신고로 말미암아 대항력을 취득한 상태에서 임차목적물이 양도되는 경우 피고 나임차와 양수인 사이에는 임대차계약상의 지위가 그대로 승계되어 존재하게 되고, 원고가 피고 나임차에 대한 대여금채권을 피보전채권으로 하여 위 임차보증금반환채권 중 100,000,000원을 채권가압류하여 당시 임차목적물의 소유자로서 제3채무자인 소외 장매도에게 송달된 후 피고 최양수가 그 장매도로부터 임차목적물을 양수받았으면 채권가압류된 범위내에서는 지급금지의 효과가 있어 비록 이를 어기고 임차보증금을 지급했다 하더라도 지급금지의 효력이 미치는 범위내에서는 그 변제의 효력이 없습니다. 그 후 원고는 대여금청구의 확정판결을 받아 채권가압류를 본압류로 전이한 다음 이 사건 추심명령까지 받아 그 추심금청구의 소를 제기한 이상 피고 최양수는 위 변제를 이유로 원고의 추심금청구를 거절할 수 없다 할 것이므로 피고 최양수의 위 주장은 이유 없습니다.

나아가 피고 최양수의 위 주장이 채권의 준점유자에 대한 변제로서 유효하다는 주장이라고 선해할 수 있다 하더라도 변제자인 피고 최양수의 선의·무과실에 대한 주장·증명이 없어 그 효력이 없을 뿐만 아니라 오히려 앞서 설명드린 바와 같이 피고 최양수는 임차목적물을 양수받을 때 이미 소외 장매도로부터 그 채권가압류 사실까지 고지받아 알게 되어 악의였습니다. 따라서 어느 모로 보나 피고 최양수의 위 주장은 이유 없습니다.

2) 피고 나임차가 집행채권인 대여금 100,000,000원을 변제하였다는 주장

피고 최양수는 피고 나임차가 이미 원고에게 집행채권인 100,000,000원 대여금을 변제하여 압류 및 추심명령이 무효가 되었다고 주장합니다.

우선 피고 나임차가 원고에게 그 대여금채권을 변제한 사실에 부합하는 증거도 없을 뿐만 아

니라, 그 확정판결 이전에 변제하였다면 그 확정판결의 기판력에 의하여 차단되어 이유 없을 뿐만 아니라, 확정판결 이후에 변제하였다면 청구이의의 소, 제3자이의의 소를 제기하고, 그에 따른 집행정지결정을 받아 그 결정문을 제출하는 방식으로 다툴 수 있을 뿐 추심명령에 따른 추심금청구의 소에서 항변으로 주장할 수 있는 사유는 아니라 할 것이므로 피고 최양수의 위 주장 또한 이유 없습니다.

2. 피고 임대철에 대한 전부받은 임차보증금반환청구 및 피고 나임차에 대한 임차목적물인도청구

가. 사실관계

1) 임대차계약, 임차보증금의 지급, 임차목적물의 인도

피고 임대철은 2016. 10. 7. 피고 나임차에게 별지목록 제2기재 창고(이하 "이 사건 창고"라고 함)를 임차보증금 220,000,000원에, 임대차기간 2016. 10. 7.부터 2018. 10. 6.까지 2년간으로 정하여 임대차계약을 체결하고, 계약당일 임차보증금 220,000,000원을 전액 지급받고, 임차목적물을 인도하였습니다.

2) 채권압류 및 전부명령 및 채무자, 제3채무자에 대한 송달, 임대차종료

가) 원고는 2016. 2. 1. 피고 나임차의 처인 소외 부인애에게 200,000,000원을 변제기 2017. 7. 1.로 정하여 대여해 주었는데, 소외 부인애가 이를 갚지 못하자 원고, 소외 부인애, 피고 나임차 3인은 2017. 8.경 피고 나임차가 소외 부인애의 위 차용금채무를 면책적으로 인수하기로 약정하고, 피고 나임차는 2017. 8. 21. 원고에게 위 면책적 인수 차용채무금의 지급을 위하여 액면금 200,000,000원의 약속어음 1매를 발행하여 "즉시 강제집행을 받더라도 이의가 없음을 인낙"하는 취지로 공정증서(공증인가 나성합동법률사무소 2017년제4401호)를 작성해 주었습니다. 원고는 2018. 8. 17. 위 공정증서에 집행문을 부여받아 이를 집행채권으로 하여 피고 나임차의 피고 임대철에 대한 이 사건 창고에 관한 임차보증금반환채권의 채권압류 및 전부명령(서울중앙지방법원 2018타채20155 채권압류 및 전부)을 신청하여 2018. 9. 6. 채권압류 및 전부명령이 내려지고, 2018. 9. 12. 채무자 및 제3채무자에게 그 결정문이 송달되고, 2018. 9. 20 확정되었습니다.

나) 위 임대차계약은 위 채권압류 및 전부명령으로 말미암아 더 이상 갱신됨이 없이 임대차기간인 2018. 10. 6.의 경과로 종료되었다 할 것입니다.

3) 자동채권의 성립, 상계적상, 상계의 의사표시와 도달, 상계충당

피고 임대철은 피고 나임차를 상대로 손해배상청구의 소를 제기하여 2018. 1. 11. 피고 나임차는 피고 임대철에게 손해배상금 50,000,000원 및 이에 대한 2017. 2. 7.부터 다 갚는 날까지 월 1%의 비율에 의한 지연손해금을 지급하라는 판결을 받고 그 무렵 확정되었습니다. 피고 임대철은 앞서 설명한 바와 같이 채권압류 및 전부명령을 받은 후 2019. 9. 10. 원고에게 위 손해배상채권으로 자신이 피고 나임대에게 부담하고 있던 임차보증금반환채권과 상계한다는 의사를 표시하고, 그 무렵 위 의사표시가 도달하였습니다.

위 손해배상채권과 임차보증금반환채권은 모두 금전채권으로 이미 변제기가 도래하였으므로 비록 수동채권이 전부되었다 하더라도 그 상계적상이 있어 위 상계의 의사표시로 양 채무 중 변제기가 더 늦은 임차보증금반환채권의 변제기인 2018. 10. 6.경 대등액으로 상계소멸한다 할 것입니다.

상계적상일인 2018. 10. 6.경 손해배상채권은 원금 50,000,000원에다가 20개월(2017. 2. 7.부터

2018. 10. 6.까지 1년 8개월)간의 월 1%의 비율에 의한 지연손해금 합계 10,000,000원(50,000,000원 X 0.01 X 20개월)을 합산한 60,000,000원의 원리금 채권과 전부된 임차보증금 200,000,000원[298]의 반환채권이 대등액으로 상계 소멸하여 임차보증금 140,00,000원(200,000,000원 – 60,000,000원)의 반환채무가 존속한다 할 것입니다.

4) 동시이행

피고 나임차는 임대차기간이 종료된 후에도 현재까지 이 사건 창고를 계속 점유하면서 사용하고 있습니다.

5) 피고 나임차에 대한 임차목적물인도청구의 대위요건, 임차목적물반환

피고 임대철은 피고 나임차에 대하여 위와 같이 임차목적물 인도청구를 보유하고 있고, 이행기에 있으며, 이를 행사하지 않고 있습니다. 비록 임차보증금반환채권은 금전채권이나 임차목적물인도채권과 밀접한 견련관계가 있어 피고 임대철의 무자력의 주장·증명 없이도 위 임차목적물인도청구권을 대위행사할 수 있습니다.

나. 소결론

따라서, 피고 임대철은 피고 나임차로부터 동시이행관계에 있는 임차목적물인 이 사건 창고를 인도받음과 동시에 원고에게 위 전부받은 임차보증금 잔액인 140,000,000원[299]을 지급할 의무가 있습니다. 또한 원고는 위 전부금채권을 피보전채권으로 하여 피고 임대철이 피고 나임차에 대하여 갖는 임차목적물인도청구를 대위행사합니다. 그러므로 피고 나임차는 피고 임대철로부터 나머지 임차보증금 20,000,000원을 지급받음과 동시에 피고 임대철에게 이 사건 창고를 인도할 의무가 있습니다.

3. 피고 박복한에 대한 연대보증금 지급청구

가. 소비대차계약의 체결, 이자·이율의 약정, 원본의 인도, 이자의 지급, 변제기의 도과, 연대보증계약

원고는 2010. 12. 6. 피고 박복한의 연대보증하에 소외 하한가에게 300,000,000원을 이율 연 20%, 변제기 2011. 12. 5.로 정하여 대여해 주었습니다. 소외 하한가는 원고에게 2011. 12. 5.까지의 이자를 모두 지급하였습니다.

나. 소결론[300]

그렇다면 피고 박복한은 원고에게 위 연대보증금 300,000,000원 및 이에 대한 변제기 다음날인 2011. 12. 6.부터 다 갚는 날까지 약정상의 연 20%의 비율에 의한 지연손해금을 지급할 의무가 있습니다.

---

298) 전부되는 순간 임차보증금채권은 전부된 임차보증금채권과 나머지 임차보증금채권으로 분할되어 독립적으로 존재하게 된다. 그 후 채무자는 양쪽 중 어느 것을 선택하여 상계할 수 있고, 상계될 때는 이미 독립된 다른 채권을 고려할 필요없이 상계되어 소멸된다.(대법원 2010. 3. 25. 선고 2007다35152 판결)

299) 피고 임대철과 피고 나임차 사이의 창고에 대한 임대차계약은 소위 채권적 전세로서 전세보증금만 지급했을 뿐 월 임료 지급에 관한 약정은 없다. 그러나 흔히 출제되는 사안의 경우에는 월 임료가 있다. 이러한 경우에는 피고 나임차가 임차목적물을 현재도 점유·사용하고 있기 때문에 위 140,000,000원은 "140,000,000원에서 ...부터 위 창고의 인도완료일까지 월00원의 비율에 의한 돈을 공제한 나머지 돈을 지급하라."는 방식으로 청구를 해야 한다. 항상 명심하고 있어야 하는 쟁점이다.

300) 많은 답안에서 주채무자에 대한 확정판결로 인해 시효중단된 효력이 연대보증인에게도 미쳐 소멸시효완성으로 소멸하지 않았다는 내용의 판단을 기재해 두고 있다. 타당한 기재라 할 것이다.

4. 피고 박복녀에 대한 채권자 취소 및 가액배상청구

가. 사실관계

1) 피보전채권, 사해행위, 사해의사

피고 박복한은 원고에게 위 3.항과 같은 연대보증금지급채무가 있습니다. 피고 박복한은 2018. 7. 14. 같은 거주지에 거주하는 여동생인 피고 박복녀에게 유일한 부동산인 별지 목록 제3기재 아파트(이하 "이 사건 아파트"라고 함)를 매매대금 500,000,000원에 매도하고, 같은 해 8. 13. 그 소유권이전등기를 경료해 주었습니다. 게다가 피고 박복한은 위 매매당시 원고에 대한 위 연대채무 이외에도 소외 부유한, 고영준 등에게 채무를 부담하고 있었습니다.

2) 사해행위 취소

위 사실을 종합하면 피고 박복한 원고 등에게 상당한 채무를 부담하고 있음에도 불구하고 유일한 부동산인 이 사건 아파트를 같은 주거지에서 같이 거주하고 있던 여동생인 피고 박복녀에게 매도하였으므로 위 매매계약은 사해행위에 해당하고, 사해의사 또한 넉넉히 추정된다고 할 것입니다. 따라서 원고는 이 사건 매매계약의 취소를 구합니다.

3) 가액배상

가) 가액배상사유

피고 박복한은 2015. 10. 7. 소외 고영준과 사이에 이 사건 아파트에 관한 근저당권설정계약을 체결하고, 같은 날 그 명의로 채권최고액 500,000,000원의 근저당권설정등기를 경료해 주었습니다. 피고 박복녀는 위와 같이 피고 박복한으로부터 이 사건 아파트를 매수한 다음 소외 고영준에게 440,000,000원을 변제하고 2018. 12. 30. 소외 고영준 명의의 근저당권설정등기를 말소하였습니다. 그렇다면 위 매매계약이 사해행위로 취소되더라도 원상회복을 명하면 채권자들을 과다하게 보호하는 것이 되어 이를 피하기 위해 가액배상을 구할 수 있을 뿐입니다.

나) 가액배상액의 산정

가액배상액은 피보전채무액과 피고 박복녀가 취득한 이득액(혹은 공동담보가액) 중 최소액입니다. 피고 박복녀가 취득한 이득액은 이 사건 아파트의 시가에서 취득당시 부담하고 있었던 근저당권의 피담보채무액을 공제한 나머지로 산정할 수 있습니다.

이 사건 아파트의 시가는 위 매매당시는 물론 현재까지도 800,000,000원입니다. 더 나아가 위 매매당시 이 사건 아파트에는 위와 같이 말소된 근저당권설정등기 이외에도 피고 박복한이 2009. 4. 29. 소외 부유한과 사이에 채권최고액 100,000,000원으로 하는 근저당권설정계약을 체결하고, 같은 날 그 명의로 근저당권설정등기를 경료되어 있었습니다.

따라서 피고 박복녀는 시가 800,000,000원 상당인 이 사건 아파트를 채권최고액 100,000,000원인 소외 부유한 명의 제1번 근저당권설정등기 및 채권최고액 500,000,000원인 소외 고영준 명의 제2번 근저당권설정등기가 존속한 상태에서 이 사건 매매계약을 통해 이 사건 아파트를 취득한 다음 위와 같이 소외 고영준에게 440,000,000원을 변제하여 제2번 근저당권설정등기를 말소하였으므로 피고 박복녀가 취득한 이득액은 260,000,000원(시가 800,000,000원 − 제1번 근저당권 피담보채무액 100,000,000원 − 제2번 근저당권 피담보채무액 440,000,000원)이라 할 것입니다. 따라서 원고의 피고 박복한에 대한 피보전채권액인 300,000,000원과 피고 박복녀의 이득액 260,000,000원 중 피고 박복녀의 이득액이 저액이라 할 것이므로 가액배상의 기준금액이 된다 할 것입니다.

나. 소결론

따라서 피고 박복한과 피고 박복녀 사이의 이 사건 아파트에 관한 2018. 7. 14.자 매매계약은 사해행위로 취소하고, 그 가액배상으로 피고 박복녀는 원고에게 260,000,000원 및 이에 대한 이 사건 판결확정일부터 다 갚는 날까지 민법 소정의 연 5%의 비율에 의한 지연손해금을 지급할 의무가 있습니다.

다. 피고 박복녀의 사해행위 해당성 부인[301]에 대한 반박

피고 박복녀는 주채무자인 소외 하한가가 제3자 명의로 소유하고 있는 부동산도 상당히 있고, 지역 유지로서 상당한 재력가인 상태에서 연대보증인인 피고 박복한이 주장과 같은 처분행위를 하였다 하더라도 채권자를 해하는 사해행위에 해당되지 않는다며 원고의 청구에 응할 수 없다고 주장합니다.

그러나 연대보증인의 사해행위 해당성을 판단함에 있어 채권자가 주채무자나 그 물상보증인으로부터 물적담보를 충분히 받아 우선변제권이 확보되어 있는 경우를 제외하고는 주채무자의 일반적인 자력까지 고려하여 판단할 필요가 없습니다. 피고 박복녀의 위 주장은 이에 반하는 주장으로 그 이유가 없습니다.

5. 결론

따라서 원고의 피고들에 대한 청구는 모두 이유 있으므로 이를 인용해 주시고, 소송비용은 패소자의 부담으로 하여 주시고, 일부 청구에 가집행의 선고를 해 주시기를 바랍니다.

입 증 방 법(생략)
첨 부 서 류(생략)

2019. 10. 21.

원고 소송대리인 변호사 정의남 인

서울중앙지방법원[302] 귀중

301) 많은 답안에서는 피고 박복녀의 위 주장을 최고·검색의 항변으로 오해하고 답안을 작성하고 있었다. 우선 연대보증인인 피고 박복한이 동일한 내용의 주장을 했으면 최고·검색의 항변에 해당될 것이다. 그러나 기록에 의하면 피고 박복녀가 같은 내용의 주장을 하고 있다. 따라서 연대보증인이 아닌 자가 한 주장이어서 최고·검색의 항변에 해당되지 않는다. 피고 박복녀의 주장취지를 잘 살펴 보면 주채무자가 충분한 자력이 있는 상태에서 연대보증인이 그 재산을 처분했다 하더라도 채권자를 해치는 사해행위가 아니라는 소위 원고 주장·증명책임 범위에 있는 사해행위 해당성을 부인하는 주장을 하는 셈이다.

302) 법률적으로는 피고들의 주소 중 서울남부지방법원의 관할내에도 있어 서울중앙지방법원은 물론 서울남부지방법원도 관할법원이 된다. 그렇지만 서초동에 법률사무소를 둔 변호사가 서울중앙지방법원을 관할법원으로 하여 소 제기할 수 있음에도 불구하고 구태여 관할법원으로 서울남부지방법원으로 지정하여 지하철 등을 통해 상당한 시간과 비용을 들여 변론을 위해 법정으로 갈 필요는 없을 것이다. 이 점을 고려하면 서울남부지방법원은 법리상 틀린 관할법원의 지정은 아니나 부당한 관할법원의 지정이 된다. 변호사 시험이 실무가의 양성을 목표로 하는 것이라면 실무상 선택하지 않는 관할법원도 정답으로 표기하는 것은 가급적 지양되어야 할 폐습이라 할 것이다.

제 4 절 법학전문대학원 협의회 제공 모의문제

Ⅰ. 부당이득금반환 등(1)

1. 7단계 권리분석법에 의한 사건 전체의 분석

가. 의뢰인의 희망사항 분석결과

<table>
<tr><th>의뢰인
=원고</th><th>희망사항</th><th>물권 침해? 약정?</th><th>침해자 또는 약정자는 누구(=피고)</th><th>원고의 자격,
∴소송명</th></tr>
<tr><td rowspan="4">한국토지
주택공사</td><td rowspan="3">박진호가 횡령한 돈을 회수할 수 있는 소제기
(박진호에 대한 손해배상청구는 생략)</td><td>① 횡령금 송금받음
∴침해부당이득반환청구</td><td>∴침해자
(부당이득)
(문공성)[303]</td><td>약정의 상대방
(금전소유권자)
∴부당이득반환청구</td></tr>
<tr><td>① 횡령금 송금받음
∴침해부당이득반환청구</td><td>침해자
(부당이득)
(박진숙)</td><td>물권자
(소유권자)
∴부당이득반환청구</td></tr>
<tr><td>① 배당금부당이득
∴침해부당이득반환청구</td><td>∴침해자
(부당이득)
(손길수)</td><td>대위행사
약정의 상대방
(소유권자)
∴소유권이전등기</td></tr>
<tr><td></td><td>① 매매계약
② 양도약정
∴강제이행청구</td><td>∴약정자
(매도인)
(최도수)</td><td>∴약정의 상대방
(매수인 승계)
∴소유권이전등기청구</td></tr>
</table>

나. 원고의 청구원인 분석결과

<table>
<tr><th>소송명</th><th colspan="2">청구원인</th><th>항변
(법률상 주장 포함)</th><th>재항변 등</th></tr>
<tr><td>부당이득
반환청구</td><td colspan="2">① 법률상원인없이
ⓐ 횡령금 송금받음
ⓑ 악의 또는 중대한 과실
② 손해
③ 이득
④ 인과관계</td><td>Ⓐ(문공성, 박진숙) 채무변제조 수령, 법률상 원인 있음</td><td>Ⓐ 법률상 원인 없음을 부인할 사유는 안 됨</td></tr>
<tr><td>부당이득
반환청구</td><td>① 대위요건
손해배상청구권, 이행기, 무자력, 미행사</td><td>② 통모허위표시로 근저당권설정등기
ⓐ 통모
ⓑ 허위표시
ⓒ 근저당권설정계약
ⓓ 근저당권설정등기
② 배당
③ 지급금지가처분</td><td></td><td></td></tr>
</table>

303) 허영화는 횡령한 박진호의 처로서 퇴직금중간정산금이라며 송금받아 즉시 피고 박진호에게 송금해 주어 송금액을 취득한 사실이 없다.(대법원 2003. 6. 13. 선고 2003다8862 판결)

소유권 이전등기 청구	① 매매계약 ② 계약금, 중도금 지급 ③ 부동산소유권이전등기청구권 가압류	Ⓐ 시세착오로 시세에 비해 저가로 매도 Ⓑ 잔금 이자 지급과 동시이행	Ⓐ 동기의 착오는 표시되거나 적어도 상대방이 알았거나 알 수 있었어야 하는데 그런 사실 없음 Ⓑ특약 없으면 이자발생 안함
	① 매매계약 ② 매매대금 중 9,000만원은 상계 1,000만원은 위 매매잔금지급으로 갈음		

2. 횡령금 송금: 부당이득반환

가. 약정 불이행인가? 권리 침해인가?

한국토지주택공사는 박진호의 횡령으로 7억원 상당의 금전적 손실을 입었다. 한국토지주택공사는 허영화, 문공성, 박진숙과 아무런 약정을 한 바가 없다. 따라서 한국토지주택공사는 자신의 금전에 관한 소유권(즉 권리)을 상실하는 침해를 입었을 뿐이다.

나. 권리 침해에 대한 구제수단으로서의 부당이득반환청구권

1) 권리 침해에 대한 구제수단 일반

권리 침해에 대한 구제수단으로서 물권적 청구권 이외에도 불법행위로 인한 손해배상청구권과 (침해)부당이득반환청구권이 있다. 본 사안에서 권리는 금전에 대한 소유권을 지칭한다. 박진호가 횡령함으로써 한국주택공사의 금전소유권이 침해당하였음은 의문의 여지가 없다. 그런데 금전소유권의 물적 실체는 없고 가치로만 존재한다는 특성상 한국토지주택공사는 허영화, 문공성, 박진숙은 물론 박진호에게도 물권적 청구권을 행사할 수는 없다. 다만 박진호에게 횡령이란 불법행위로 인한 손해배상청구권을 행사할 수 있을 뿐이다. 박진호는 횡령하는 사안에서 불법행위의 모든 법률요건을 충족시켰다. 그런데 본 사안에서 출제자는 박진호에 대한 손해배상청구는 하지 말라고 지시하고 있다. 그러므로 허영화, 문공성, 박진숙에 대해서만 청구할 수 있는 방안을 강구해야 한다. 당장 떠오르는 청구권은 불법행위에 의한 손해배상청구 및 (침해)부당이득반환청구이다.

2) 권리침해에 대한 각 구제수단 상의 '침해' 개념

물권적 청구권에서는 침해란 개념으로 '점유의 침탈'(민법 제204조), '점유의 방해'(민법 제205조), '점유'(민법 제213조), '방해'(민법 제214조)라는 용어를 사용하고 있다. 점유의 침탈은 점유권의 귀속을 박탈하는 행위를, 점유는 소유자의 점유를 침탈하여 자신이 점유하는 행위를 각 지칭하고, '방해'는 귀속 침탈 이외의 방식으로 권리실현을 방해하는 일체의 행위를 지칭한다. 위 모든 행위에는 침해자의 고의·과실과 같은 주관적인 요건이 불필요하다. 불법행위로 인한 손해배상청구권에서는 "고의 또는 과실로 인한 위법행위로... 손해를 가한다"(민법 제750조)란 용어를 사용하고 있다. 특히 고의·과실로 인한 위법행위를 불법행위라면서 객관적 위법성은 물론 주관적 책임요건까지 주장·증명해야 할 것이다. 부당이득반환청구권에서는 "법률상 원인 없이 ... 손해를 가한다"(민법 제741조)라는 용어를 사용하고 있다.

3) 권리 침해에 대한 구제수단으로서의 불법행위에 의한 손해배상청구권

㈎ 일면(一面) 방해 개념이 불법행위 개념보다 더 넓다.

앞서 본 바와 같이 물권적 청구권 상의 방해는 객관적 위법행위만을 의미하나 불법행위는 객관적인 위법성 이외에도 고의·과실이란 책임요건을 추가적으로 요구하고 있다. 그런 의미에서 모든 방해 행위가 불법행위로 인정될 수 없다. 고의·과실 있는 위법한 방해만이 불법행위로 인정된다. 그런 점에서 물권적 청구권이 발생하는 권리 "침해" 중에도 불법행위로 인정되지 않는 침해가 존재한다. 즉 권리 침해에 대한 구제수단 중 물권적 청구권은 객관적 위법행위로 침해성을 판단하는 반면 불법행위로 인한 손해배상청구권은 객관적 위법행위에 고의·과실과 같은 책임요소가 있는 행위만을 대상으로 하고 있다. 물권적 청구권은 원래 권리를 회복시켜 주거나(소유물반환청구권, 방해배제청구권) 장래를 위하여 권리침해를 예방해 달라는 취지의 청구권(방해예방청구권)에 불과하다. 권리를 완전히 보호하기 위해 필요할 뿐만 아니라 이러한 객관적 침해행위에 대하여 침해자에게 물권적 청구권에 복종할 책임을 지운다 해도 과도한 부담을 지우는 것이 아니다. 그 때문에 물권적 청구권에 있어 "침해"는 객관적 위법성만을 요구하는 것이다. 하지만 불법행위에 의한 손해배상청구권은 권리에 대한 귀속을 "침해"하거나 "방해"하는 것뿐만 아니라 권리에 손해를 가하는 일체의 '부의 외부효과(negative externality)'를 일으키는 인과관계 있는 일체의 행위를 대상으로 하고 있고, 배상의 범위도 물권적 청구권과는 달리 인과관계가 있는 것이라면 그 범위가 확정된다. 그래서 고의·과실이란 책임요소에 의해 일정하게 제한해 주지 않으면 그 책임이 무한히 확장될 가능성이 커 인간의 사회생활이 크게 위축될 가능성이 높다. 특히 불법행위자에게 고의·과실을 요구함으로써 불법행위자에게 부의 외부효과를 회피할 주의의무를 부과할 수 있어 부의 외부효과 발생을 감소시킬 수 있는 유인을 제공하게 된다. 사회적으로는 사고비용과 사고회피비용의 총합인 사고의 사회적 총비용을 최소화할 수 있게 된다. 사고회피비용을 많이 지출할수록 사고는 줄어 사고비용도 줄어들게 된다. 즉 사고비용은 사고회피비용에 반비례하는 함수적 관계에 있다. 사고의 사회적 총비용의 최저점이 존재하는 이유는 사고비용은 사고회피비용의 지출에 처음에는 체감하다가 일정한 지점을 통과하면 체증하기 때문이다. 그래서 사고의 사회적 총비용이 최저로 되는 지점에서 사고회피비용의 지출을 정지시켜 주는 것이 사회적 후생을 최적화할 수 있는 방도이다. 그래서 효율성이 떨어지는 사고회피비용의 지출을 피하기 위해 일정한 주의의무 수준을 정해 그 수준까지의 사고회피비용을 지출하게 하고, 그 이상은 주의의무의 존재를 부정하여 손해배상책임을 면하게 함으로써 비효율적인 사고회피비용의 지출을 피하게 하는 것이다. 이처럼 고의·과실 없는 권리"침해"는 불법행위로 인정되지 않아 권리자가 최종적으로 그 위험을 부담하게 된다. 근대민법이 "과실책임주의"를 채택한 이유는 위와 같은 법정책적 고려 때문이다. 민법 제537조에서는 쌍무계약일 경우에는 채무자위험부담주의를 선언한 것도 위와 같은 맥락에서 이해될 수 있다. 때로는 이러한 과실책임주의를

후퇴시켜 무과실책임을 인정하거나 고의·무과실에 대한 증명책임을 전환시키는 경우가 있는데 이는 "부의 외부효과" 즉 위험에 대한 보험적 성격을 도입하기 위한 사회정책적 목적에 의해 과실책임주의를 수정한 것이다. 이러한 무과실책임이 발달된 분야에서는 각종 책임보험제도가 발달하였고, 가해자는 해당 책임에 따른 비용상승분을 최종 생산물의 가격에 반영하여 결과적으로 그 제품을 구매하는 자가 그 제품을 생산하는 데 발생한 사회적 위험을 부담하게 되는 경우가 된다.

(나) 다른 면에서는 불법행위 개념이 물권적 청구권상의 방해 개념보다 더 넓다.

두 가지 측면에서 불법행위 개념이 방해 개념보다 더 넓다. 이러한 관계를 그림으로 표현하면 아래와 같다.

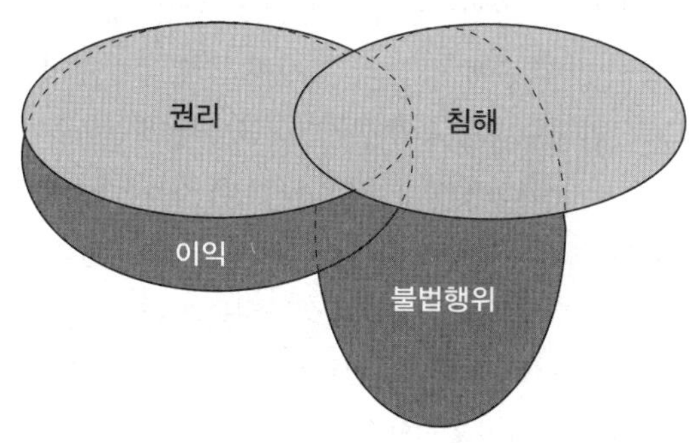

첫째, 권리에 대해 침해하면 손해가 발생한다. 그런데 위법행위의 법률요건인 손해라는 개념에는 권리에 대한 침해뿐만 아니라 권리로까지 고양되지 못한 이익(interest)에 대한 침해까지 포함하는 개념이다. 이 관점으로 보면 불법행위는 권리침해 이상을 포함한 권익(entitlement)침해에 대한 구제수단으로서도 기능을 하는 것이다.

둘째, 권리의 귀속을 해치는 침탈과 그 외 방해개념이 담아내지 못하는 권리침해 중 불법행위로 인정되는 경우가 있다. 예를 들면 금전 소유권 침해와 같이 금전으로 표시되는 가치에 대한 침해로 반환이나 방해배제를 통해 보호할 수 없는 침해가 있고, 교통사고로 인한 신체손상과 같이 원상으로 되돌릴 수 없는 각종 침해행위들이 있다. 이런 침해행위들은 불법행위로는 인정될 수 있어도 방해 등으로는 인정될 수 없다.

(4) 권리 침해에 대한 구제수단으로서 (침해)부당이득반환청구권

권리가 침해될 때 상대방이 이득을 얻게 되면 부당이득반환청구권이 발생한다. 침해자가 권리를 침해하면서 손해는 발생시킬 수 있을지언정 항상 이득을 얻는 것은 아니다. 그래서 물권적 청구권이나 불법행위로 인한 손해배상청구권은 인정되지만 부당이득반환청구권은 인정되지 않는 권리침해도 있을 수 있다. 하지만 "법률상 원인 없는" 이득은 "불법행위"로 인한 손해를 끼치는 것보다 좀 더 범주가 넓다. 그래서 불법행위로는 인정되지 않지만 법률상 원인 없는 이득으로 인정되는 경

우도 있다. 본 사안이 권리 침해상황에서 불법행위로는 인정되지 않지만 법률상 원인 없는 이득이 발생하는 상황이다. 그 구조를 잘 익혀 불법행위와 침해 부당이득반환청구의 차이를 잘 이해할 필요가 있다.

다. 본 사안에서의 부당이득반환청구

1) 위법하게 취득한 금원으로 변제를 받거나 증여받은 경우

위법하게 취득한 금전으로 채무변제를 하거나 증여한 자(박진호)는 횡령 등으로 형사처벌을 받을 뿐만 아니라 불법행위에 의한 손해배상채무를 부담하고, (침해)부당이득반환채무도 부담하게 된다. 하지만 본 사안은 위법하게 취득한 금전으로 변제받거나 증여받은 변제수령자(문공성, 박진숙) 또는 수증자(허영화)의 경우 피해자가 당한 권리 침해에 대하여 어떤 민사상의 책임을 부담하게 되는가? 우선 금전으로 한 지급이기 때문에 금전의 특성상 소유물반환청구와 같은 물권적 청구권을 행사할 여지는 없다. 다음으로 변제수령자나 수증자가 변제자 또는 증여자의 불법행위에 공동으로 가담(공모공동정범, 방조 또는 교사범)하였거나 장물을 취득하는 등 별도의 불법행위가 성립될 수 있었다면 당연히 불법행위에 기한 손해배상책임을 지게 된다. 하지만 본 사안에서 변제수령자 또는 수증자는 장물취득죄로 고소되어 수사를 받았으나 장물취득의 고의가 인정되지 않아 무혐의처분을 받았고, 그 외 공동 가담의 증거도 없어 별도의 불법행위가 성립되지 않았다. 즉 변제수령자 또는 수증자는 불법행위로 인한 손해배상책임을 부담하지 않는다는 것이다.

2) 위법하게 취득한 금원으로 변제받거나 증여받은 경우 부당이득반환청구의 성립

채권자 또는 수증자는 채무자 또는 증여자로부터 그들이 불법행위로 취득한 금전이라도 채무변제 또는 증여의 형태를 취하여 계좌이체 받았을 때 원칙적으로 그 금전취득은 법률상 원인이 있는 것으로 본다. 다만 채권자 또는 수증자가 그 불법행위에 관하여 악의 또는 중대한 과실이 있었을 때는 피해자의 손해와 채권자 또는 수증자의 이득 사이에 인과관계를 인정하여 공평·정의의 원칙상 법률상 원인이 없는 것으로 본다.(대법원 2003. 6. 13. 선고 2003다8862 판결)

라. 채무자의 불법행위(예를 들면 횡령금)로 조성된 금전을 변제받은 채권자의 부당이득(대법원 2003. 6. 13. 선고 2003다8862 판결)

1) 판결내용

피해자의 피해와 채권자의 이득 사이에 인과관계를 인정하였고, 채권자가 변제를 수령함에 있어 채무자의 불법행위에 대한 악의 또는 중대한 과실이 있을 경우에는 법률상 원인이 결여된 사실을 인정할 수 있다. 다만, 단순과실이 있을 경우에는 법률상 원인이 있는 것으로 본다고 판시하였다.

2) 후속 판결

㈎ 대법원 2008. 3. 13. 선고 2006다53733 판결

甲(채무자, 불법행위자)이 乙(피해자)로부터 편취하여 자신의 채권자인 丙의 채권자인 A(丙의

채권자)에게 丙의 채무를 변제한 경우에도 인과관계를 인정하고 丙에게 악의 또는 중과실이 있으면 법률상 원인 없이 이득을 취한 것으로 본다. 위 판결은 위 2003다8862 대법원 판결을 ① 편취에도 적용되는 것으로 확장하였고, ② 채권자는 물론 채권자의 채권자에 대한 채무를 변제한 경우에도 적용되도록 하였으며 ③ 법률상 원인 없음의 판단근거로 A가 아니라 채권자인 丙의 악의, 중과실 여부를 들어 판단해야 한다고 판시하고 있다.

㈏ 대법원 2012. 1. 12. 선고 2011다74246 판결

甲이 횡령한 금원을 친정아버지인 乙에게 송금하여 **증여**하고, 乙이 이를 사용한 경우에도 인과관계를 인정하고 다만 乙이 횡령사실에 악의, 중대한 과실이 있는지 여부를 따져 법률상 원인 존재 여부를 판단하여야 한다고 판시하여 변제수령뿐만 아니라 증여까지 위 법리를 확장하였다.

마. 허영화, 문공성, 박진숙에 대한 중과실을 인정하기 위한 간접사실들 비교

허영화		문공성		박진숙	
유리한 점 (과실인정)	불리한 점 (과실불인정)	유리한 점	불리한 점	유리한 점	불리한 점
처		주식회사 제일은행 여의도지점 과장으로 근무하면서 업무상 박진호의 재산상태를 잘 알고 있음		누나	
박진호가 최근 주식투자실패로 경제적으로 곤란한 상태에 있다는 사정을 잘 알고 있었음	주식투자한다고 하여 당일 인출하여 모두 박진호에게 교부하였다.	2007년도부터 2008년도까지 박진호에게 주식투자비 명목으로 꽤 많은 돈을 빌려 주었으나 최근 주가폭락으로 이자는 고사하고 원금도 제대로 갚지 못하는 등 경제적으로 곤란한 상태에 있다는 사정을 잘 알고 있었음		박진숙은 무속인으로 평소 박진호가 주식투자를 하면서 자주 방문하거나 전화하는 등으로 "어느 주식에 투자하는 것이 좋겠느냐? 언제 주식을 처분해야 하느냐?는 등 문의를 하여 상담에 응한 까닭에 최근 있은 주가폭락으로 가산을 탕진하고 재산이 거의 없다는 사정을 누구보다도 잘 알고 있었음	2008년부터 2009. 3. 25.까지 도합 1억 5,000만원을 빌려 주었다.
송금명의인으로 한국토지주택공사로 되어있는 점	퇴직금중간정산금이라고 설명하였음	송금명의인으로 한국토지주택공사로 되어 있는 점	송금직전 박진호가 전화하여 송금한다고 하여 송금인은 크게 의미를 두지	송금명의인으로 한국토지주택공사로 되어있는 점	가족으로 근무여건이 좋고 남들이 부러워하는 공사에 경리담당자로 근무하

			않고 송금액수만 신경 써 확인했음		고 있는데 공금횡령하리라고 상상하지 못해 안했다.
	이전에도 남편 박진호가 생활비등을 해당 통장으로 송금한 사실이 있음	송금받은 돈 모두 자신들이 사용함	기존의 채무변제를 받은 것	송금받은 돈 모두 자신들이 사용함	기존의 채무변제를 받은 것
		박진호가 송금전 전화하여 알리자 문공성은 "어떻게 그 많은 돈을 갑자기 마련하였느냐?"라고 반문하여 박진호가 "국영기업체 경리과장을 우습게 보지말아라. 내가 아무리 어려워도 그 몇 백배이상 되는 돈을 매일 수시로 취급하는데 그 정도 돈이야 마련하지 못하겠느냐"고 대화하기도 하였다.		박진호가 송금전 전화하여 알리자 문공성은 "어떻게 그 많은 돈을 갑자기 마련하였느냐?"라고 반문하여 박진호가 "국영기업체 경리과장을 우습게 보지 말아라. 내가 아무리 어려워도 그 몇 백배이상 되는 돈을 매일 수시로 취급하는데 그 정도 돈이야 마련하지 못하겠느냐"고 대화하기도 하였다.	평소 퇴직하게 되면 그 퇴직금으로 차용금을 갚겠다고 하였고, 송금당일 퇴직금이 나와 송금하였다고 하여 실제로 퇴직금으로 송금한 줄 알았다.
		이전에는 박진호 명의로 송금거래를 하였다.		이전에는 박진호 명의로 송금거래를 하였다.	

3. 관련법리 1: 착오 이체의 법률문제

가. 지급인(송금인)

1) 거래구조

지급인은 지급은행을 방문하여 지급은행에 개설되어 있는 자신의 계좌에서 수취인이 거래하는 수취은행의 수취인 계좌번호를 기재하여 송금을 의뢰하는 방식으로 거래한다.

2) 지급은행에 대하여 착오취소를 할 수 있는가?

지급인이 지급은행에 대하여 민법상 의사표시의 착오를 주장하여 지급인 계좌원장의 출금기록의 말소를 요청할 수 있는가? 지급은행에 대해 착오취소를 주장하는 례는 소송상으로 매우 드물고, 지급인(송금인)에게 보통 중과실이 있기 때문에 주장하여도 착오취소가 인정될 가능성이 매우 낮다.

3) 수취인에게 부당이득반환을 청구할 수 있다.

착오송금하더라도 수취은행과 수취인간에 예금계약이 성립되었다고 보는 것이 판례(대법원 2005. 11. 24. 선고 2005다54456 판결 등 다수)의 태도이다. 그러므로 수취인은 부당이득을 하게 된다.

4) 수취은행을 상대로 부당이득반환청구를 할 수 있는가?

앞서 본 바와 같이 수취인이 수취은행과 사이에 예금계약이 성립된다고 해석하는 이상 이를 부정적으로 해석하여야 한다. 수취은행이 자신의 수취인에 대한 채권을 자동채권으로 하여 상계할 수 있는가?에 관해서는 일반적으로는 가능하나 일정한 요건하에서 불가능하다고 본다. 즉 지급인이 수취은행에 착오송금을 통지하였고, 수취인도 이를 인정하고 있고, 그 착오입금된 예금채권을 근거로 선의로 대출된 자동채권이 아니거나 다른 제3채권자들이 없을 경우에는 상계하는 것은 권리남용, 신의칙 위반으로 무효가 된다.(대법원 2010. 5. 27. 선고 2007다66088 판결) 따라서 이러한 경우에는 상계가 허용되지 않는다.

나. 수취인

수취인이 이를 인출하여 사용하면 횡령죄로 처벌받게 된다.(대법원 2010. 12. 9. 선고 2010도891 판결(형사)) 수취인이 부당이득반환채무를 부담하는 것은 당연하다.

다. 수취인의 제3채권자

수취인의 제3채권자는 착오송금된 예금채권을 압류, 전부명령 등 할 수 있다.(대법원 2009. 12. 10. 선고 2009다69746 판결)

4. 관련법리 2: 대리권 남용이론

가. 표현대리와 대리권 남용이론

대리에 의한 거래에는 본인, 대리인, 상대방 3인의 당사자가 있다. 대리에 의한 본인은 상대방과 거래를 한다. 따라서 Ⓐ상대방이 본인을 상대로 대리의 의한 약정의 이행을 구하면 Ⓑ 본인은 무권대리 또는 대리권남용이라고 항변한다. Ⓒ 이에 상대방은 표현대리, 무권대리의 추인 등 재항변할 수 있다. 따라서 표현대리는 상대방이 하는 주장이고, 무권대리, 대리권의 남용은 본인이 하는 주장이다. 표현대리는 대리권 없는 자가 한 대리행위에 대하여도 일정한 요건하에서는 상대방의 신뢰를 보호하고 대리제도의 적절한 운용보장을 위하여 본인의 책임을 인정하는 제도이고, 대리권남용이론은 대리인의 행위라고 하더라도 상대방의 귀책사유가 있는 경우에는 예외적으로 본인의 책임을 부정하는 제도이다.

나. 표현대리 및 대리권남용이론의 요건사실

		객관적 요건
대리권 수여의 의사표시에 의한 표현대리 (민법 제125조)	청구원인	① 대리권 수여의 표시 −무권대리인의 백지위임장 제시 또는 부당보충된 백지위임장을 제시 −대리권을 추단케 하는 일정한 직함, 명칭, 상호 등의 사용을 허락하거나 묵인한 경우

		② 수여된 대리권 범위내의 행위를 할 것(다만 민법 제126조와 중첩적으로 적용될 수 있기 때문에 이 요건의 중요성이 떨어진다.) ③ 대리권 수여표시의 상대방이어야 한다.
	항변	④ 악의 · 과실
월권 표현대리 (민법 제126조)	청구원인	① 대리인에게 일정한 대리권이 있을 것 ② 월권대리를 할 것 ③ 선의 · 무과실
	항변	
대리권 종료후의 표현대리(민법 제129조)	청구원인	① 이전에 존재하였던 대리권이 소멸하였을 것 ② 권한 범위내에 행위를 하였을 것 ③ 선의 · 무과실
	항변	
대리권남용	청구원인	① 대리권이 존재하고 ② 대리권의 범위내에서 법률행위를 하였고 ③ 배임적인 행위를 하였을 것 (오로지 대리인 자신이나 제3자의 이익을 위한 행위) ④ 악의 · 과실
	항변	

표현대리 주장은 상대방이 본인에 대해 하는 주장이고, 대리권남용은 본인이 상대방에 대해 하는 주장이다. 그래서 상대방의 정신적 상태라고 하더라도 표현대리에서 상대방이 주장해야 한다면 자신의 선의 & 무과실이란 형태로 주장되어야 하고, 대리권남용에서는 상대방의 악의 or 과실이라는 형태로 주장되어야 한다.

원래 증거법상으로는 "없다"란 사실을 증명하는 것을 "악마의 증명"이라고 하여 대단히 어렵게 보고 있다. 따라서 일정한 정신적 상태가 없다란 의미를 포함하고 있는 "선의"는 그러한 상태가 있다라는 "악의"보다 증명이 어렵다. 선의보다는 선의 · 무중과실, 선의 · 무중과실보다는 선의 · 무과실까지 증명하게 하는 것이 더 어렵다. 반면 악의보다는 악의 · 중과실, 악의 · 중과실보다는 악의 · 과실로 증명하는 것이 더 쉽다. 다시 말하자면 선의와 악의의 구분은 대상자가 증명책임을 부담하는가에 따른 구분이고, 무과실 또는 과실이 부과되는 것은 증명의 곤란을 가중시킬 것인지 아니면 감소시킬 것인지란 정책적 고려에 의한 것이다.

악의(상대방)		대응관계	선의(대상자)	
증명의 난이도	형태		형태	증명의 난이도
제3순위	악의 · 과실	=	선의 · 무과실	제1순위
제2순위	악의 · 중과실	=	선의 · 무중과실	제2순위
제1순위	악의	=	선의	제3순위

민사법을 관통하고 있는 정신적 상태에 관한 증명책임은 원칙적으로 선의·무과실을 증명하는 것을 표준(default)으로 삼고 있다. 그 이유는 직접적 증거로 정신적 상태를 증명하는 경우란 극히 드물고 정황증거와 같은 간접증거들로 정신적 상태를 주장·증명할 수 있게 되는데 그 정황증거들이 대체로 대상자들이 보유하고 있는 경우가 많기 때문에 그 대상자들로 하여금 선의·무과실을 주장·증명하게 하는 방식이 사회적 부담을 줄일 수 있기 때문이다. 그래서 민사법상의 정신적 상태에 대한 증명책임은 대상자가 자신의 선의·무과실을 주장·증명하는 것을 표준(default)으로 삼고 있다. 이런 표준을 바꾸어 악의·과실의 형태로 증명책임을 전환하는 데는 사회정책적 고려가 작용하고 있다. 그러므로 예비법조인으로서 민사법 이론을 학습할 때 이러한 증명책임의 변화와 그 내재적 이유에 초점을 맞추어 학습할 필요가 있다. 대리권남용의 경우에는 정신적 상태를 주장·증명할 책임이 본인에게 있기 때문에 대상자의 악의·과실의 형태로 주장·증명해야 한다. 판례[304]는 그 이유로 일반적으로 의사표시는 표시상의 의사대로 효과를 부여하여야 하고, 그 예외적인 사유는 이를 부정하는 자에게 그 모든 요소의 주장·증명책임을 부여하는 태도에서 기인한 것이다.

위 민법 제125조 대리권 수여의 의사표시에 의한 표현대리에서는 다른 두 가지 형태의 표현대리상 표준적 주장·증명책임 분배원칙과는 다르게 본인(상대방의 소송상 상대방)으로 하여금 악의·과실을 주장·증명하게 한 이유는 대리권 수여의 의사표시를 증명하는 사실로부터 대상자의 선의·무과실이 강력하게 추정되기 때문에 주장·증명책임을 전환한 것이다.

5. 관련법리 3 : 차명계좌

가. 1993. 8. 12. 금융실명거래 및 비밀보장에 관한 긴급재정경제명령이 먼저 시행되고, 1997. 12. 31. 금융실명거래 및 비밀보장에 관한 법률이 제정되었다. 위 법령 사이에 차명계좌에 관한 규제에는 큰 차이가 없다.

위 긴급명령 이전에는 기명식 예금에서조차 예금을 실질적으로 지배하고 있는 자를 예금주로 보았다. 그러나 금융실명제법실시 이후에는 원칙적으로 예금명의인을 예금주로 보고, 명의인이 아닌 출연자에게 금융자산채권을 귀속시키기로 하는 (금융기관과 금융자산의 출연자 사이에) 명시적 또는 묵시적 약정이 있는 경우에 한하여 그 출연자를 예금주로 보고 있다.(대법원 1998. 11. 13. 선고 97다53359 판결 등 다수)

나. 2014. 5. 2. 위 법률이 개정되어 차명계좌의 소유권이 '차명 명의자'에게 있다고 추정하는 원칙을 도입하였다. 그래서 금융기관과 금융자산의 출연자 사이에 명시적 또는 묵시적 약정이 있더

304) 대리권 남용이론은 과거 "명성그룹"의 스캔들로부터 비롯되었다. 상업은행 혜화동지점에 근무하는 모지점장대리가 명성그룹의 회장과 결탁하여 수기통장을 발행하고 예금주에게 은행이자 + 알파의 금리를 지급하였다. 명성그룹이 부도나면서 문제가 불거지자 상업은행은 수기통장은 대리권남용에 의해 발행된 것이라고 주장하였다. 결국 대리권남용으로 예금계약을 불성립하고, 상업은행은 모지점장대리의 사용인으로서 민법 제756조상의 사용자책임을 부담하였다. 이처럼 상업은행이 예금주의 악의·과실을 주장·증명할 책임이 있는 것으로 판례가 발전하였다.

라도 예금 명의자만이 예금주가 된다고 하는 위 판례가 폐기되거나 현저히 수정되어야 할 것이다.

6. 부당이득에서의 이득

가. 대법원 1984. 5. 15. 선고 84다카108 판결

임차인이 지하실 다방에 관한 휴업신고를 관할 세무서장에게 제출하고 다방영업을 중단하여 출입문에 시정을 한 채 사용수익을 하지 않은 경우 이득이 없다. “부당이득의 반환에 있어 이득이라 함은 실질적인 이익을 의미하므로 임차인이 임대차계약관계가 소멸된 이후에도 임차건물 부분을 계속·점유하기는 하였으나 이를 본래의 임대차계약상의 목적에 따라 사용수익하지 아니하여 실질적인 이득을 얻은 바가 없는 경우에는 그로 인하여 임대인에게 손해가 발생하였다고 하더라도 임차인의 부당이득반환의무는 성립되지 않는다.” 후속 판결은 다음과 같다.

(1) 대법원 1979. 3. 13. 선고 78다2500 판결

임대인측의 방해로 방실에 영업도구를 모아 문을 잠그고 이를 점거한 것은 이득이 없다.

(2) 대법원 1981. 11. 10. 선고 81다378 판결

건물에서 룸싸롱영업을 하다가 영업정지처분을 받아 폐문하고 관리조차 아니 하는 경우에는 실질적 이득이 없다.

(3) 대법원 1990. 12. 21. 선고 90다카24076 판결

태권도 도장을 경영하다가 보증금 문제가 해결되지 아니하여 문을 시정하여 두고 열쇠를 보관하고 있다가 나중에 열쇠를 교부하여 준 경우에도 실질적 이득을 부인하였다.

(4) 대법원 1991. 7. 9. 선고 91다13274 판결

임차인이 차임과 관리비를 지급하지 아니하자 임대인이 사무실 출입문의 자물쇠를 교체하여 잠근 후 교체한 열쇠를 교부하지 아니하여 임차인이 사무실에 출입할 수 없었던 경우 실질적 이득을 부인하였다.

7. 통모허위표시 또는 채권자취소에 의한 근저당권설정등기에 관한 배당금의 처리

가. 근저당권설정계약의 무효 – 근저당권설정등기의 무효

(1) 통모허위표시에 의한 근저당권설정

통모허위표시에 의한 근저당권을 설정한 경우에는 근저당권설정계약이 통모허위표시로 무효이므로 경매과정에서 근저당권에 대해 받은 배당금은 법률상 원인 없이 취득한 것이 된다. 하지만 본 사안에서는 “손길수가 아무 채권 없이 허위로 근저당권을 설정받아 두었다는 사실을 증명할 증거는 아직 확보하지 않았다”며 통모허위표시 등의 무효주장을 하지 말라고 지시하고 있다.

(2) 채권자취소를 할 것처럼 기록이 구성되어 있다. 그래서 이에 대한 검토도 이루어져야 한다.

나. 배당금의 부당이득

저당권이 무효이면 저당권에 대해 배당된 배당금도 무효로 된다. 따라서 ① 배당금이 실제 지급되었다면 배당받은 자를 상대로 배당금 상당 부당이득반환청구를 할 수 있다. ② 아직 배당금이 지급되지 아니한 때에는 배당금지급청구권의 양도에 의한 부당이득의 반환이 이루어져야 한다.(대법원 2013. 4. 26.자 2009마1932 결정) ②의 경우 집행의 보전은 가압류에 의할 것이 아니라 배당금지급금지가처분의 방법에 의해야 한다.

다. 반환의 상대방

경락대금이 남는 경우에는 소유자 겸 채무자에게 반환되어야 한다. 그러므로 본 사안에서는 원칙적으로 피고 박진호에게 반환하여야 한다.

8. 매매계약 후 잔금 미지급 상태에서의 부동산소유권이전등기 청구

가. 순차적 양도 v. 소유권이전청구권의 양도

순차적 양도의 경우는 원고는 먼저 최도수로부터 박진호에게로의 소유권이전등기를 대위청구하고, 다시 박진호로부터 원고에게로의 소유권이전등기를 청구하여야 한다. 그런데 원고가 박진호로부터 박진호의 최도수에 대한 소유권이전청구권을 양도받았을 때는 원고는 최도수를 상대로 직접 소유권이전등기를 청구할 수 있다. 순차적 양도인지 아니면 소유권이전청구권의 양도인지는 당사자의 실질적 의사에 기하여 판단하여야 한다. 다만 소유권이전청구권의 양도는 중간생략등기를 무효로 하는 이론에 비추어 볼 때 형사처벌을 받든지 허용되지 않든지 할 수 있다. 하지만 본 사안에서는 순차적 양도의 형태로 구성되어 있다.

나. 소유권이전청구권 가압류

소유권이전청구권 가압류의 경우에는 수차례 모의기록에서 다루어졌으므로 해당 부분을 참조하기 바란다.

다. 소유권이전청구권 양도와 소유권이전청구권 가압류 간의 우선관계

(1) 만약 본 사안이 소유권이전청구권 양도의 형태로 구성되어 있으면 가압류와 양도 사이의 우열관계가 문제될 수 있다. 대항력을 누가 먼저 갖추었는가에 따라 달라질 수 있다.

(2) 하지만, 본 사안에서는 순차적 양도의 형태로 구성되어 있고, 원고는 결국 박진호로부터 이전등기를 구하고, 박진호는 최도수로부터 이전등기를 구하여야 하고, 원고는 이러한 이전등기청구권에 기하여 박진호의 위 청구권을 대위행사할 수 있을 뿐이므로 가압류의 저촉을 받게 된다. 비록 매매계약이 먼저 있고 그 후 가압류가 되었다고 하더라도 달라지지 아니한다. 그래서 이러한 경우 가압류의 해제를 조건으로 이전등기를 명하여야 한다.

소 장

원 고 한국토지주택공사
서울 영등포구 여의도동 21 증권감독원빌딩 신관 15층
대표자 사장 이수원
소송대리인 변호사 김법전
서울 서초구 서초동 123 동방빌딩 105호
전화번호 (02) 525-1234, 팩스번호 (02) 535-1235
전자우편 : bjkim@daeum.com

피 고 1. 박진호 (691130-1068913)
서울 영등포구 문래동 474 삼일주택 203호
송달장소 안양교도소
2. 문공성 (700216-1036820)
서울 영등포구 여의도동 28 여의도아파트 10동 501호
3. 박진숙 (660825-2149415)
인천 동구 송림4동 249 (18통 7반)
4. 손길수 (911225-1149413)
인천 동구 송림4동 249 (18통 7반)
5. 최도수 (580311-1010923)
서울 동작구 상도동 89 대림아파트 5동 801호
등기부상 주소 서울 관악구 신림동 100-45

부당이득반환 등 청구의 소

청 구 취 지

1. 원고에게, 피고 문공성은 83,200,000원, 피고 박진숙은 135,000,000원 및 위 각 금원에 대하여 2010. 8. 2.부터 이 사건 소장 부본 송달일까지는 연 5%의, 그 다음날부터 다 갚는 날까지는 연 20%의 각 비율에 의한 금원을 각 지급하라.
2. 가. 피고 박진호와 피고 손길수 사이에 별지 목록 기재 제1, 2 부동산에 관하여 각 2010. 5. 22. 체결된 근저당권설정계약을 취소하고,
   나. 1) 피고 손길수는 피고 박진호에게 서울남부지방법원 2010타경2766 부동산임의경매 사건에서의 배당금지급 청구권에 관하여 이 사건 판결확정일자 채권양도의 의사표시를 하고,
   2) 피고 손길수는 소외 대한민국(소관: 서울남부지방법원)에게 위 1) 채권양도의 통지를 하라.
3. 가. 피고 최도수는 서울남부지방법원 2011. 7. 23.자 2011카단2416 소유권이전등기청구권 가압류 결정에 의한 집행이 해제된 후 원고로부터 금 10,000,000원을 지급받음과 동시에 피고 박진

호에게 서울 구로구 구로동 900－1 대 350㎡에 대한 2010. 3. 2.자 매매를 원인으로 한 소유권이전등기 절차를 이행하고,

나. 피고 박진호는 원고에게 위 가.항 부동산에 대한 2011. 3. 25.자 매매를 원인으로 한 소유권이전등기절차를 이행하라.

4. 소송비용은 피고들이 부담한다.

5. 위 제1항은 가집행할 수 있다.

라는 판결을 구합니다.

청 구 원 인

1. 기초적 사실관계

가. 원고는 한국토지주택공사법에 의하여 설립된 국영기업체이자 특수법인이고, 피고 박진호는 1993. 11. 14. 원고회사에 입사하여 2008. 7. 1.부터 총무처 경리부 소속 3급 출납담당 과장으로서 각종 자금의 출납업무를 담당하고 있었습니다.

나. 피고 문공성은 주식회사 제일은행 여의도지점 과장으로 재직하면서 피고 박진호의 재산상태를 잘 알고 있는 자이며, 피고 박진숙은 피고 박진호의 친누나입니다.

다. 피고 박진호는 평소 소비성이 강하고 새어머니 소생 이복동생이 정신박약자라서 그 치료비 등으로 부모님께 많은 돈을 드릴 수밖에 없어 위와 같이 원고회사 경리과장으로 근무하더라도 월급만으로 살 수 없어 주변 지인들로부터 투자금 명목으로 돈을 빌려 주식에 투자하였으나 실패하여 경제적으로 곤궁한 상태에서 2009. 4. 11.부터 같은 해 5. 22.까지 4차례에 걸쳐 자신이 관리해 오던 농협 여의도지점 발행 원고회사 소유 통장 3개(계좌번호: 011－01－267502, 011－17－008060, 011－01－000017)에서 합계 7억원을 인출하여 이를 횡령하였습니다.

라. 원고회사는 2010. 8. 1.경 위 횡령 사실을 적발하여 피고 박진호를 형사 고소하였으며, 현재 피고 박진호는 특정경제범죄 가중처벌 등에 관한 법률위반(횡령)으로 유죄판결(3년 징역형)을 받아 안양교도소에서 복역 중에 있습니다.

2. 피고 문공성, 박진숙에 대한 부당이득반환청구

가. 사실관계

(1) 피고 문공성에 대하여

(가) 피고 문공성은 주식회사 제일은행 여의도지점 과장으로 재직하면서 업무상 피고 박진호를 잘 알게 되어 2007년도부터 2008년도 사이에 피고 박진호에게 주식투자비 명목으로 약 80,000,000원 상당을 빌려주었으나 최근 주가폭락으로 이자는 고사하고 원금조차 받지 못하는 과정에서 피고 박진호의 재정상태를 소상히 잘 알고 있던 중 2009. 5. 17.경 피고 박진호로부터 자기 명의로 개설된 제일은행 여의도지점 계좌(계좌번호 077－21－0140－375)로 피고 박진호가 원고회사 경리담당 과장으로 취급 중이던 원고명의 계좌로부터 금 83,200,000원을 송금인 "한국토지주택공사"로 된 계좌이체받는 방식으로 송금받았고, 피고 문공성은 같은 날 오후에 전액 인출하여 자신이

타처에 빌린 돈을 변제하는데 이를 사용하였습니다.

(나) 특히 피고 문공성은 위 송금전인 2009. 5. 초경 피고 박진호가 대출받아 빚을 갚겠다며 자기 소유 주택과 대지 등기부등본을 갖고 와 대출을 해달라고 하여 살펴보니 선순위 담보권이 있어 이를 빼면 나머지 감정가만으로는 원하는 금액을 대출해 줄 수 없어 이를 안내하였더니 피고 박진호가 자신에게 "이 외에는 아무런 재산이 없다."고 하면서 "누나 재산도 다 날리게 한 처지라 더 이상 돈을 빌릴 데도 없으니 당신 돈을 갚을 방법이 없다. 마음대로 하라."며 언쟁을 벌인 사실이 있었고, 그 이후에도 여러 차례 전화로 피고 박진호에게 자신의 돈을 빨리 갚으라고 독촉한 사실이 있었습니다.

(다) 게다가 피고 문공성은 피고 박진호에게 돈을 빌려주는 대가로 피고 박진호로부터 자주 술을 얻어 마시기도 하였는데, 2009. 초경에는 같이 술을 마시다가 피고 박진호가 돈이 없다고 하여 대신 자신이 카드로 계산한 사실이 있었고, 피고 박진호가 위와 같이 차용금 80,000,000원 이외에도 위 술값조로 3,200,000원까지 함께 송금받은 것이며 송금받은 직후 동료들에게 "박진호가 송금한 돈이 무슨 돈인지는 모르나 나도 살아야 하겠다."고 말하기까지 하였습니다.

(라) 피고 문공성은 평소 피고 박진호로부터 소액씩 송금받았을 때는 전부 피고 박진호 명의로 된 송금을 받았습니다. 그런데 피고 박진호로부터 이 사건 송금 전에 송금하겠다는 전화까지 받고 위와 같이 거금을 송금 받게 되자 피고 문공성은 피고 박진호에게 "어떻게 그 많은 돈을 갑자기 마련하였느냐?"라고 반문하기조차 하였습니다. 이에 피고 박진호가 "국영기업체 경리과장을 우습게 보지 마라. 내가 아무리 어려워도 그 몇백배 이상 되는 돈을 매일 수시로 취급하는데 그 정도 돈이야 마련하지 못하겠느냐?"고 답변하는 것을 듣기까지 하여 송금받은 돈이 출처가 의심스럽다는 점을 충분히 알 수 있었습니다.

(2) 피고 박진숙에 대하여

(가) 피고 박진숙은 무속인이며 피고 박진호의 누나로서 평소 위 박진호가 주식투자를 하면서 직접 방문하거나 전화로 자주 "어느 주식에 투자하는 것이 좋겠느냐?" 또는 "언제 주식을 처분해야 하느냐?"는 등 문의를 하여 상담해 주면서 최근 주가폭락으로 피고 박진호가 가산을 탕진하고 재산이 거의 없다는 사정을 누구보다도 소상히 알고 있던 중 2009. 5. 22.경 피고 박진호로부터 자신이 개설한 신한은행 인천송림지점 계좌(계좌번호 002-02-557479)로 원고회사 경리담당 과장으로 근무하던 피고 박진호가 취급하던 계좌로부터 135,000,000원을 송금인 "한국토지주택공사"로 된 계좌이체받는 방식으로 송금받아 그 중 일부를 인출하여 농협 대출금을 상환하고, 나머지는 다시 주식투자를 하였다가 모두 날려 버렸습니다.

(나) 그 외에도 피고 박진숙은 피고 박진호 소유 주택과 대지가 경매신청되기 전에도 2009. 5. 초경 피고 박진호와 함께 저당권자인 소외 조상수를 찾아가 "내 동생이 주식을 하다 돈을 다 날렸다. 날린 돈이 10억원도 넘고, 현재 생활비도 내가 보태주고 있는 형편인데, 조금 기다려 주면 내가 돈을 마련하여 줄 터이니 경매를 하지는 말아 달라. 내 동생은 어차피 돈을 갚을 능력이 되지 않고, 내가 돈을 갚아 주어야 한다."

고 말하면서 경매신청을 만류하였습니다. 그래서 소외 조상수는 1년을 더 기다려 보았으나 위와 같은 약속이 지켜지지 아니하여 결국 경매신청을 하기까지 하였습니다.

(다) 피고 박진숙은 평소 피고 박진호로부터 소액씩 송금받을 때는 전부 피고 박진호 명의로 된 송금을 받았으며, 피고 박진호가 위와 같이 송금한 당일 송금전에 전화를 걸어 송금하겠다고 알리자 피고 박진숙은 피고 박진호에게 "어떻게 그 많은 돈을 갑자기 마련하였느냐?"라고 반문하기조차 하였으며 이에 피고 박진호가 "국영기업체 경리과장을 우습게보지 마라. 내가 아무리 어려워도 그 몇 백배 이상 되는 돈을 매일 수시로 취급하는데 그 정도 돈이야 마련하지 못하겠느냐?"고 답변하는 것을 듣기까지 하여 송금받은 돈이 출처가 의심스럽다는 점을 충분히 알 수 있었습니다.

(3) 원고는 피고 문공성, 박진숙에게 피고 박진호의 횡령사실을 통지하였고, 그 통지가 2010. 8. 2. 피고 문공성, 박진숙에게 도달하였습니다.

나. 부당이득반환청구권의 발생

이상 사실관계에 의하면 피고 문공성, 박진숙은 누나, 사업상 지인 등으로 피고 박진호를 잘 알면서 그가 무리한 주식투자로 큰 손해를 입고 가산을 탕진하고 빈털터리인 점을 정확히 알고 있으면서 원고 회사 경리과장으로 공금을 관리하고 있는 틈을 타 그 권한을 남용하여 공금을 횡령하고 있는 사정을 알고 있었거나 적어도 조금만 주의를 기우렸다면 잘 알 수 있었음에도 불구하고 중대한 과실로 이를 알지 못한 채 원고회사 명의로 송금되어 온 위 금원들을 그대로 인출하여 사용함으로써 법률상 원인 없이 이익을 얻고 원고에게 손해를 입혔다 할 것입니다. 피고 문공성, 박진숙은 2010. 8. 2. 원고로부터 피고 박진호의 횡령사실을 통지받아 비로소 사안의 전모를 알게 되었습니다.

다. 소결론

따라서 원고에게, 피고 문공성은 83,200,000원, 피고 박진숙은 135,000,000원 및 각 위 금원에 대하여 위 피고들이 자신들의 부당이득사실을 알게 된 2010. 8. 2.부터 이 사건 소장 부본 송달일까지는 민법 소정의 연 5%의, 그 다음날부터 다 갚는 날까지는 소송촉진 등에 관한 특례법 소정의 연 20%의 각 비율에 의한 금원을 각 지급할 의무가 있습니다.

3. 피고 손길수에 대한 사해행위취소 및 원상회복청구

가. 사실관계

(1) 피고 손길수는 1991. 12. 25.생으로 피고 박진숙의 아들로서 피고 박진호의 조카이며 별다른 직업이 없고, 피고 박진숙은 무속인으로 현재도 시가 1억 상당의 살고 있는 주택(인천 동구 송림 4동 249)밖에 자산이 없습니다.

(2) 앞서 본 바와 같이 피고 박진호는 여러 곳에서 자금을 빌려 주식에 투자하였다가 주가폭락으로 가산을 탕진하고 오직 서울 영등포구 신길동 286－36 대 238㎡(시가 1억 5천만원 상당) 및 위 지상 철근콘크리트조 슬래브지붕 2층 주택 1층 150㎡ 2층 110㎡(시가 1억원 상당)(이하 위 대지 및 주택을 '신길동 주택'이라고 함)만을 소유하고 있었습니다.

(3) 피고 박진호가 2007. 9. 1. 소외 조상수로부터 신길동 주택을 담보로 제공하고 금원을 차용하였는데 위와 같이 주식투자 실패 후 원리금 변제가 여의치 않자 소외 조상수가 변제

를 독촉하다가 경매신청 할 기미를 보이자 누나인 피고 박진숙이 2009. 5. 초경 피고 박진호와 함께 소외 조상수를 찾아가 위 2. 가. (2) (나)항 기재와 같이 마치 자신이 그 대여금을 갚을 듯이 말하며 경매신청을 만류하여 결국 경매신청이 2010. 6.까지 미뤄지게 되었습니다.

(4) 이런 사정하에서 피고 박진숙의 아들이고 당시 만 18세인 미성년자이며 아무런 직업도 수입원도 없었던 피고 손길수가 외삼촌인 피고 박진호에게 이미 소외 조상수 명의로 50,000,000원상당의 1순위 근저당권이 설정되어 있었음을 알고도 2010. 5. 22.경 거의 2억원에 상당하는 금원을 대여해 주면서 시가 합계 250,000,000원 밖에 되지 않는 신길동 주택을 담보로 제공받아 이에 관한 근저당권설정계약을 체결하고, 같은 달 23. 자신 명의로 채권최고액 200,000,000원로 된 2순위 근저당권설정등기를 경료하였습니다.

(5) 소외 조상수가 2010. 6.경 서울남부지방법원에 신길동 주택에 관하여 임의경매신청을 하여 2011. 6. 18. 183,000,000원에 소외 박부자에게 낙찰되었고, 그 경락대금 중 경매비용을 제한 180,000,000원 중 50,000,000원은 소외 조상수에게 배당되고, 나머지 130,000,000원이 피고 손길수에게 배당되어 그 배당표가 확정되었습니다.

(6) 원고회사는 피고 손길수가 피고 박진호와 공모하여 허위로 근저당권을 설정하여 둔 것임을 원인으로 배당금지급 청구채권에 대하여 지급금지 가처분을 하여 두었습니다.

(7) 2010. 5. 23. 피고 손길수 명의로 근저당권설정등기를 경료할 당시 피고 박진호의 재산으로는 시가 합계 250,000,000원 상당인 신길동 주택만이 있었고, 채무로는 앞서 본 원고회사에 대한 공금 횡령으로 인한 손해배상 채무금 700,000,000원 이외에도 소외 조상수에 대한 50,000,000원의 대여금채무가 있었습니다.

나. 피고 손길수 명의 각 근저당권설정계약의 사해행위로 인한 채권자 취소

(1) 소외 조상수에 대한 5,000만원 상당 채무 등 상당한 채무를 부담하고 있었던 피고 박진호가 이미 원고회사 공금을 횡령하여 7억원 상당의 손해배상채무금을 부담하고 있던 상태에서 2억원이란 거액을 차용하면서 유일한 자산이었던 신길동 주택을 담보로 제공한 것은 사해행위에 해당되고, 당시 채무가 초과된 상태에서 유일한 부동산을 담보로 제공하였으므로 사해의사 또한 인정된다 할 것입니다.

따라서, 위 7억원 상당의 손해배상채권을 보전하기 위하여 원고는 이 사건 소로서 사해행위인 피고 손길수와 피고 박진호 사이의 2010. 5. 22.자 신길동 주택에 대한 근저당권설정계약의 취소를 구합니다.

다. 원상회복의 방법으로서 피고 손길수의 배당금청구권 반환

피고 손길수와 피고 박진호 사이의 위 2010. 5. 22.자 근저당권설정계약은 위와 같이 사해행위 취소로 그 효력을 상실하였습니다. 따라서 그 근저당권설정계약에 근거한 신길동 주택에 대한 같은 달 23.자 근저당권설정등기도 그 효력을 잃었습니다.

따라서 위 근저당권설정등기가 유효함을 전제로 피고 손길수에게 130,000,000원의 배당도 그 효력이 상실되어야 하고 또 다른 채권자가 없는 본 사안에서 원래 그 배당금은 피고 박진호에게 반환되어야 하나 현재 배당표가 확정되어 더 이상 다툴 수 없게 되어 있는 까닭에 결국 피고 손길수는 법률상 원인 없이 130,000,000원의 배당금청구권을 이득하게 되었다 할 것이므로 그 배당금청구권을 반환해 주어야 합니다.

라. 소결론

따라서 피고 박진호와 피고 손길수 사이에 체결된 위 근저당권설정계약은 사해행위이므로 각 취소하고, 피고 손길수는 원상회복의무의 이행으로서 피고 박진호에게 서울남부지방법원 2010타경2766호 경매사건의 130,000,000원 배당금지급청구권에 관한 채권양도의 의사표시를 하고, 즉시 소외 대한민국(소관: 서울남부지방법원)에 양도사실을 통지할 의무가 있습니다.

4. 피고 최도수, 박진호에 대한 소유권이전등기청구

가. 사실관계

(1) 피고 박진호는 2010. 3. 2. 피고 최도수로부터 서울 구로구 구로동 900-1 대 350㎡(이하 '구로동 대지'라고 한다.)를 대금 100,000,000원에 매수하면서 계약당일 계약금 15,000,000원을 지급한 다음 1차중도금 15,000,000원은 같은 달 14. 지급하고, 제2차 중도금 20,000,000원은 같은 해 5. 28. 지급하고, 잔금 50,000,000원은 같은 해 6. 29. 지급하기로 약정하였습니다. 그 후 피고 박진호는 위 중도금 전부와 잔금 일부를 지급하고 나머지 잔금 10,000,000원만 미지급하고 있었습니다.

(2) 그 후 원고는 2011. 3. 25. 피고 박진호와 사이에 위 구로동 대지를 대금 100,000,000원에 매수하면서 그 중 90,000,000원은 2009. 4. 11.자 횡령한 금원에 대한 손해배상금 중 일부인 90,000,000원과 상계하기로 하고, 나머지 10,000,000원은 피고 최도수에 미납된 나머지 잔금조로 지급하기로 약정하였고, 피고 최도수도 원고가 피고 박진호 대신 위 잔금을 지급하는데 승낙하였습니다.

(3) 그런데, 피고 박진호의 다른 채권자인 소외 대신증권 주식회사가 2011. 7. 23. 피고 박진호에 대한 12,000,000원의 채권을 피보전채권으로 하여 피고 박진호의 피고 최도수에 대한 구로동 대지에 대한 위 소유권이전등기청구권을 가압류하여 같은 해 8. 1. 그 결정문이 피고 박진호와 최도수에게 송달되었습니다.

나. 구로동 대지에 대한 피고 박진호의 피고 최도수에 대한 소유권이전등기 대위청구(조건부 이행과 상환이행)와 원고의 피고 박진호에 대한 소유권이전등기의 순차청구

소유권이전등기를 명하는 확정판결은 의사의 진술을 명하는 판결로서 그에 기하여 일방적으로 이전등기를 신청할 수 있으므로 법원은 소유권이전등기청구권 가압류 해제를 조건으로 하지 않고 그 소유권이전등기청구를 인용할 수 없습니다. 또 피고 박진호에 대하여 구로동 대지에 관한 소유권이전등기청구권을 가진 원고는 그 청구권을 보전하기 위해 피고 박진호의 피고 최도수에 대한 구로동 대지에 관한 소유권이전등기청구권을 대위행사할 수 있습니다. 그러므로 피고 최도수는 구로동 대지에 관하여 소외 대신증권 주식회사와 피고 박진호 사이의 서울남부지방법원 2011. 7. 23.자 2011카단2416 소유권이전등기청구권 가압류 결정에 의한 집행이 해제된 다음 원고로부터 금 10,000,000원을 지급받음과 동시에 피고 박진호에게 2010. 3. 2.자 매매를 원인으로 한 소유권이전등기 절차를 이행하고, 피고 박진호는 원고에게 구로동 대지에 관하여 2011. 3. 25.자 매매를 원인으로 한 소유권이전등기 절차를 이행할 의무가 있습니다.

5. 결론

따라서 원고의 청구는 모두 이유 있으므로 이를 인용해 주시고, 소송비용은 패소자의 부담으로 하고, 일부 청구에 관하여는 가집행의 선고를 하여 주시기 바랍니다.

증 명 방 법(생략)
첨 부 서 류(생략)

2011. 11. 00.

원고 소송대리인 변호사 김법전 인

서울남부지방법원 귀중

목록 (부동산의 표시)

1. 서울 영등포구 신길동 286－36 대 238㎡
2. 위 지상 철근콘크리트조 슬래브지붕 2층 주택
   1층 150㎡
   2층 110㎡ －끝.

Ⅱ. 채무부존재확인 등(2)

1. 7단계 권리분석법에 의한 사건 전체의 분석

가. 의뢰인의 희망사항 분석결과

의뢰인 =원고	희망사항	물권 침해? 약정?	침해자 또는 약정자는 누구(=피고)	원고의 자격, ∴소송명
전용식	의뢰인과 주식회사 우리은행 사이의 채권채무관계를 확정짓고, 아파트에 대한 가압류를 해제할 수 있는 소제기	① (연대보증)차용금채무부존재 확인 ② 상계, 가압류등, 잔금을 받아 생활비에 사용해야 할 필요성 **∴확인소송**	**∴약정자 (대주) (우리은행)**	**약정의 상대방 (연대보증) ∴채무부존재확인**
	의뢰인의 가등기에 대한 주식회사 우리은행의 가처분을 해제할 수 있는 방법을 약술하시오.	**Ⓐ 서울중앙지방법원에 제소명령을 신청하고, Ⓑ 제소명령에서 정한 기간내에 우리은행이 소를 제기하지 아니하는 경우, 또는 제기하였더라도 그 소제기 사실을 증명하는 서류를 제출하지 아니하는 경우에는 제소기간 도과로 인한 가처분취소 신청을 하고, 그 취소결정을 받아 가처분등기를 말소하고, Ⓒ 제소기간내에 사해행위취소청구의 본안의 소를 제기하고, 그 소제기를 증명하는 서류도 제출하면, 사해행위취소청구의 소에서 사해행위를 안 날로부터 1년(제척기간 도과)(민법 제406조 제2항)내 제기된 것이란 본안전 항변을 하여 소각하 판결을 받고, Ⓓ 그 소각하 판결이 확정되면 서울중앙지방법원에 사정변경을 원인으로 하는 가처분취소 신청을 하여 그 결정을 받아 가처분등기를 말소한다.**[305]		

나. 원고의 청구원인 분석결과

소송명	청구원인	항변 (법률상 주장 포함)	재항변 등
채무(일부) 부존재확인청구	① 대여금 ⓐ 소비대차계약 ⓑ 이자·이율의 약정 ⓒ 원본의 인도 ② 연대보증 **③ 상계** **ⓐ 자동채권(예금계약, 손해배상채권)의 성립** **ⓑ 상계적상** **ⓒ 상계의 의사표시, 도달** **ⓓ 상계충당** ④ 확인의 이익[306]		

305) 가처분결정 또는 가압류결정 관련 설명이 모의기록에 자주 출제되고 있다. 가처분결정, 가압류결정은 그 불복신청 방법이 거의 비슷하다. Ⓐ 가처분신청이나 가압류신청이 신청요건을 구비하지 못하였는데도 가처분결정, 가압류결정이 내려졌다는 것을 다툴 때는 가처분결정에 대한 이의신청, 가압류결정에 대한 이의신청의 형태로 다툰다. Ⓑ 유효하게 내려진 가처분결정이나 가압류결정을 사후 사정의 변경 등으로 그 취소를 구할 때는 대체로 Ⓑ ⓐ 제소명령신청을 하고, 제소명령을 따르지 않았을 때 가처분(가압류) 취소신청을 할 수 있고, Ⓑ ⓑ 기타 사정변경으로 가처분(가압류)결정이 이유 없게 되었을 때는 사정변경으로 인한 가처분(가압류) 취소신청을 할 수 있고, Ⓑ ⓒ 부제소(3년내)로 인한 가처분(가압류) 취소신청을 할 수 있다.

2. 쟁점분석

가. 예금계약관련

1) 권리 침해 상황이다.

예금계약은 은행과 고객 사이의 약정이다. 고객이 은행을 방문하여 예금계약의 청약을 하면 은행은 창구직원들이 은행을 위해 승낙함으로써 예금계약이 성립된다. 본 사안은 마치 예금계약이 성립된 것처럼 보이지만 실제로 우리은행 차장대우 이중화가 예금계약의 과정에서 대리권을 남용하여 예금계약을 체결하고 받은 금액을 본인의 개인적 소비에 지출한 대표적인 대리권남용의 행위이다. 대리권남용의 경우 상대방(원고)이 악의·과실이 있으면 본인에게 그 효력이 없다. 따라서 예금 약정이 성립되지 않았다. 물론 대리인인 이중화는 예금개설 목적으로 수령한 금원을 횡령하여 원고의 금전 소유권을 침해하는 불법행위를 저질렀다. 우리은행은 이중화의 사용자로서 민법 제756조 소정의 사용자의 책임은 부담한다. 우리은행은 사용자로서 불법행위에 의한 손해배상책임은 부담한다. 과거 비슷한 사안인 상업은행 혜화동 지점 수기통장 사건에서부터 대법원은 수차례 대리권남용법리를 적용하여 예금계약의 성립을 부정하고, 사용자 책임을 근간으로 하는 불법행위책임만 인정한 사례가 있다. 예금계약의 성립을 인정한 경우와 사용자 불법행위책임을 인정한 차이는 후자의 경우 과실상계, 손익상계 등이 가능하여 반환범위가 줄어드는 점이다.

2) 구제수단도 불법행위에 의한 손해배상청구권이며 소송유형도 손해배상청구이다.

3) 요건사실은 이중화에 청구하려면 민법 제750조 상의 ① 고의, ② 위법성, ③ 손해, ④ 인과관계이나 우리은행을 상대로 청구하려면 민법 제756조를 적용하여 이중화의 위 불법행위 성립요건 이외에도 ⑤ 피용자인 사실 및 ⑥ 사무집행 과정에서 발생한 사실을 추가적으로 주장·증명하여야 한다. 손해배상의 범위와 관련하여 원칙적으로 이중화가 횡령한 2억원이 될 것이나 ① 과실상계, ② 손익상계, ③ 책임제한 사유 중 ① 과실상계의 적용을 받아 일정한 정도 감액될 것이다. 실제로는 상당히 과실상계될 것이다. 그런데 작성지시(1면)에서 원고는 과실이 전혀 없다고 전제하라고 하였기 때문에 과실상계 할 수 없게 되었다.

4) 상대방의 주장은 과실상계, 손익상계, 책임제한과 소멸시효완성의 주장이 있을 것이나 본 사안에서는 모두 그 적용이 없다.

5) 재검토

나머지 두 가지 사안에 관해 분석이 끝나야 합쳐서 문제에 답할 수 있게 되어 있다.

---

306) 비교적 본 사안은 확인의 이익이 설득력이 있고, 원고가 주도적으로 채무부존재 확인의 소 제기에 나설 필요성이 강하게 있다. 제3회 변호사시험에 부수적으로 출제된 확인소송도 확인의 이익이 확연히 있는 사안이었다. 그러나 제5회 변호사시험, 제7회 변호사시험에 출제된 확인소송에서의 확인의 이익은 시급한 필요 없는 내용이어서 차라리 상대방의 소제기를 기다려 항변하는 등으로 방어하는 것이 더 바람직하였다.

나. 주식회사 능력개발의 이사로 재직 중 능력개발의 대출금 채무에 연대보증 한 사실

1) 우리은행의 연대보증금 청구에 대하여 마치 피고의 입장에서 답변해야 할 입장에 있으므로 8단계 권리분석방법에 의해 분석함이 타당하다.

2) 약정 이행의 문제이다. 구제수단은 강제이행청구권이고, 소송형태는 연대보증금 지급청구가 될 것이다. 요건사실은 ① 주채무의 발생원인이 된 대출계약, ② 연대보증계약이 된다.

3) 의뢰인의 입장에서 위 두 가지 요건사실에 대해 모두 자백할 수밖에 없다. 다만 2008. 12. 31. 능력개발의 이사직에서 사임하면서 우리은행에 통지(도달은 2009. 1. 4.)한 연대보증계약 해지통지가 효력이 있어 사후적으로 소멸하였다는 항변을 할 수 있다. 그러나 계속적 보증계약 등에서는 위와 같은 상황하에서는 해지권이 발생하고, 따라서 해지의 의사표시로 연대보증계약을 해지할 수도 있을 것이나[307] 특정채권에 연대보증한 계약에서는 위와 같은 해지권이 발생하지 않는다. 따라서 해지를 통지하였다 하더라도 아무런 효력이 없다. 첨부된 기업운전자금대출 약관이 불완전하여 계속적 보증계약여부를 확인할 수 없으나 특정 보증계약처럼 보인다. 「보증인 보호를 위한 특별법」이 제정되어 2008. 9. 22.부터 시행되고 있다.

4) 위 두 가지 쟁점에 대한 재검토

만약 이중화의 횡령금액이 5억원보다 많았다면 이중화와 우리은행을 상대로 횡령금액을 청구하고 상대방이 위와 같은 연대보증채무를 주장·증명하여 상계하면 해지사실로 재항변하는 방식으로 구성하게 될 것이다. 하지만 5억원이 인정되면 이중화의 횡령금 2억원보다 많기 때문에 여전히 채무가 존재하게 된다. 따라서 따로 채무부존재 확인의 소를 제기할 필요가 있다.

다. 우리은행의 가처분

1) 가처분의 피보전채권

우리은행은 위 연대보증채권을 피보전권리로 하여 의뢰인이 정창선과 한 부동산 매매예약을 사해행위에 해당된다면 취소를 구하겠다고 먼저 가등기 가처분을 해 두었다. 따라서 우리은행의 피보전권리는 사해행위 취소의 요건사실인 ① 피보전권리의 존재, ② 사해행위, ③ 사해의사를 주장·증명할 수 있을 때 가능하다.

2) 의뢰인의 답변 및 항변

의뢰인은 유일한 부동산을 처분한 것이고 소극자산이 적극자산을 초과하는 과정에서의 매매예약이었으므로 ② 사해행위, ③ 사해행위 해당성을 부인하기 곤란하다. 적어도 사실상 추정은 되기 때문에 의뢰인이 그 추정을 복멸한 정도로 강력하게 주장·증명해야 하나 성공할 가능성이 없다. 따라서 ① 피보전채권의 존재를 부인하여 본안전 항변할 수밖에 없다. 앞서 설명한 바와 같이 계속적 보증의 해지 주장이 결국 핵심쟁점이 될 전망이다. 따라서 별도로 채무부존재 확인의 소를 제기할 필요성이 강하다.

---

307) 계속적 보증에서 해지권의 발생에 관해서는 법학전문대학원 협의회 2016년 제2차 모의기록 강의안 참조.

3. 계속적 보증에서 보증책임의 제한

가. 개념

채무자가 부담하는 현재 또는 장래의 불특정한 채무에 대하여 보증하는 것을 계속적 보증이라고 한다.

나. 책임의 존속에 대한 제한

계속적 보증에서는 보증인은 Ⓐ 계속적 보증의 존속기간에 관한 약정이 있으면 그 존속기간까지, Ⓑ 존속기간의 약정이 없으면 주채무의 거래기간이 있으면 그 거래기간이 종료되는 시점에 확정된 채무까지 보증한다. 만약 약관에 의해 주채무의 거래기간이 연장되면 계속적 보증도 자동적으로 연장된다고 규정되어 있는 경우 「약관규제에 관한 법률」 제9조 제5호에 위반되어 무효로 될 수 있다. 만약 이와 같이 무효로 된 경우에는 주채무는 거래기간이 연장되지만 계속적 보증계약은 종료된다. 그렇다면 계속적 보증인은 주채무가 갱신되기 전 종료될 시점까지 발생한 주채무만을 보증할 뿐 그 후 발생한 주채무에 대해서는 보증인으로서의 책임을 부담하지 않는다.(대법원 1999. 8. 24. 선고 99다26481 판결) 그러나 약관규제에 관한 법률의 적용을 받지 않는, 자동갱신 약정이 있는 계약에 보증한 경우에는 주채무가 연장되어 추가적으로 부담하게 된 보증채무에 대해서도 자동갱신의 효력 때문에 책임을 부담하게 된다.(대법원 1994. 6. 28. 선고 93다49208 판결)

다. 계속적 보증에서의 보증인의 해지권

1) 주채무자에 대한 신뢰의 상실

보증계약을 체결할 때 주채무자의 설명과는 달리 별도의 물적담보나 추가담보가 제공되지 않는 경우, 방만한 경영으로 보증당시보다 거래규모가 확대되고 채무가 증가한 경우, 연체가 누적됨에도 채권자는 아무런 조치를 취하지 않아 보증인으로 구상권의 행사가 불가능하게 된 경우 등에는 계속적 보증인은 보증계약을 해지할 수 있다.

2) 보증인의 신분이나 지위에 현저한 변화가 있을 때

회사의 이사라는 지위에서 부득이 회사를 위해 은행의 채무를 계속적 보증했을 때 그 후 퇴사하면 계속적 보증계약을 해지할 수 있다.(대법원 2000. 3. 10. 선고 99다61750 판결) 계속적 보증계약상 보증한도액이나 보증기간이 명시되어 있더라도 해지가 가능하다.(대법원 1998. 6. 26. 선고 98다11826 판결) 위와 같이 장래를 위해 해지할 수 있으나 해지의 의사표시가 도달하기 전 이미 대출된 금원에 대해서는 보증책임을 면할 수 없다.(대법원 1995. 4. 25. 선고 35237 판결)

라. 책임범위의 제한

계속적 보증의 한도액은 원칙적으로 원본은 물론 이자, 지연손해금 등 부수채무까지 포함한 금액이다.(대법원 1999. 3. 23. 선고 98다64639 판결) 중도에 계속적 보증계약을 하게 된 경우는 보증계약일 이전에 발생한 채무도 보증범위에 포함된다.(대법원 1995. 9. 15. 선고 94다41485 판결)

소 장

원 고 전 용 식 (390925 – 1654321)
서울 강남구 개포동 715 개포아파트 3동 202호
소송대리인 변호사 김법전
서울 서초구 서초동 123 동방빌딩 105호
전화번호 (02) 525 – 1234, 팩스번호 (02) 535 – 1235
이메일 : bjkim@daeum.com

피 고 주식회사 우리은행
서울 중구 회현동 1가 203
(송달장소: 사당동지점)
대표이사 이장수

채무부존재확인 청구의 소

청 구 취 지

1. 원고의 피고에 대한 2008. 11. 16.자 연대보증약정에 의한 채무는 88,700,000원 및 이에 대한 2010. 11. 16.부터 다 갚는 날까지 연 12%의 비율에 의한 금원을 초과하여서는 존재하지 아니함을 확인한다.
2. 소송비용은 피고의 부담으로 한다.

라는 판결을 구합니다.

청 구 원 인

1. 원고의 연대보증

원고는 초등학교 교장으로 근무하다가 정년퇴임한 후 2008. 1. 1.경부터 같은 해 12. 31.까지 소외 주식회사 능력개발(이하 '소외 능력개발'이라 함)의 이사로 재직하였습니다. 당시 소외 능력개발이 피고 주식회사 우리은행(이하 '피고 은행'이라고 함)으로부터 대출을 받으면서 원고에게 연대보증을 서달라고 요청하여 거절치 못하고 소외 능력개발이 2008. 11. 16.경 피고 은행으로부터 500,000,000원을 변제기 2010. 5. 15., 이자 월 1%로 정하여 대출받는데 같은 일자 연대보증하였습니다.

소외 능력개발은 2010. 6. 15.경 부도났으며, 위 대출금 중 2010. 5. 15.까지의 대출이자는 모두 변제되었습니다. 그렇다면 원고는 피고에게 위 연대보증금 500,000,000원 및 이에 대한 2010. 5.

16.부터 다 갚는 날까지 연 12%의 비율에 의한 지연손해금을 지급할 의무가 있습니다.

2. 원고의 피고에 대한 예금채권 및 손해배상채권

가. 예금계약 및 불법행위로 인한 손해배상채권

1) 원고는 초등학교 교장으로 근무하다가 정년 퇴임하고 받은 퇴직금과 그동안 모아둔 노후 생활자금을 정기예금하여 그 이자 수입으로 생활하고 있었고, 소외 이중화는 피고 은행 서울 사당동지점에서 예금업무 전반에 관한 책임자로 근무하면서 예금개설이나 해지 시 창구담당 직원이 실무를 처리하고 나면 책임자로서 그 처리 결과를 확인한 후 책임자란에 날인하는 등 업무를 담당하고 있었으며 원고와는 과거 학부모였던 관계로 서로 알게 되었습니다.

2) 원고는 2008. 11. 16. 피고 은행 사당동 지점에 금 500,000,000원을 만기 2009. 11. 15., 이자 월 1%로 된 정기예금을 하였다가, 만기 하루전인 2009. 11. 14. 위 이중화에게 위 정기예금통장 및 날인된 예금청구서 등을 교부해 준 다음 만기에 위 정기예금을 수령하여 신규예금에 예치할 것을 부탁하였습니다.

3) 하지만, 위 이중화는 2009. 11. 15. 위 정기예금상의 원리금 560,000,000원을 수령하여 그 중 160,000,000원은 원고에게 송금하고, 나머지 400,000,000원 중 200,000,000원은 2009. 11. 16.경 피고은행에 만기 2010. 11. 15., 이자 월 1%(이자는 만기 일괄지급식, 만기 이후로도 월 1%의 이율을 적용하기로 약정)로 하여 예금하였으나, 나머지 200,000,000원은 2009. 11. 16. 원고의 허락 없이 임의로 자신의 주식투자 자금으로 사용·소비하였습니다.

나. 소결론

그렇다면 피고은행과 원고 사이에는 200,000,000원에 관해서 위와 같은 조건으로 예금계약이 성립하였으나 나머지 200,000,000원은 피고은행의 직원인 소외 이중화가 이를 횡령하였다 할 것이고, 예금계약의 성립은 없습니다. 그래서 소외 이중화의 사용인이 피고은행은 원고에게 소외 이중화와 각자 소외 이중화가 원고에게 입힌 위 손해금 200,000,000원 및 이에 대한 2009. 11. 16.부터 다 갚는 날까지 민법 소정의 연 5%의 비율에 의한 지연손해금을 지급할 의무가 있습니다.

3. 원고의 상계

가. 상계의 의사표시

원고는 2011. 5. 14. 피고은행에 내용증명우편을 보내 원고의 피고은행에 대한 예금채권 및 손해배상채권을 자동채권으로 하여 피고은행이 원고에게 갖고 있는 위 연대보증채무와 상계한다고 의사표시하였고, 같은 달 15. 위 내용증명우편이 피고은행에 도달하였습니다.

나. 상계충당

그렇다면 원고의 위 상계로 손해배상채권 200,000,000원의 원리금채권은 상계적상일로서 양 채권 중 이행기가 늦은 위 연대보증채무가 변제기에 이른 2010. 5. 15. 현재 대등액으로 소멸하게 되어 205,000,000원{200,000,000원 + 5,000,000원(200,000,000원 × 0.05 × 1/2)}에서 500,000,000원을 공제한 나머지 295,000,000원(500,000,000원 − 205,000,000원)이 남게 되었습니다. 다시 예금채권 200,000,000원의 원리금채권은 상계적상일인 양 채권의 이행기 중 가장 늦은 예금채권의 변제기인 2010. 11. 15. 현재 대등액으로 소멸하게 되어 312,700,000원{295,000,000원 +

17,700,000원(295,000,000원 × 0.01 × 6개월)}에서 224,000,000원{200,000,000원 + 24,000,000원(200,000,000원 × 0.01 × 12)}을 공제하면 88,700,000원(312,700,000원 − 224,000,000원)이 남게 됩니다.

4. 확인의 이익

따라서 원고는 피고은행에게 위 나머지 연대보증금 88,700,000원 및 상계적상일 다음날인 2010. 11. 16.부터 다 갚는 날까지 연 12%의 비율에 의한 지연손해금을 지급할 의무만 있습니다. 그런데도 피고은행은 예금채권 200,000,000원만 인정하고 나머지 손해배상채권의 존재를 부인하면서 2010. 9. 15. 원고를 상대로 300,000,000원을 피보전권리로 하여 원고 소유 아파트를 가압류하는 등 다투고 있으므로 연대보증채무 중 일부에 대하여 상계로 인한 추가 소멸을 확인할 이익이 있다 할 것입니다.

5. 결론

그렇다면 원고의 피고에 대한 2008. 11. 15. 연대보증채무는 88,700,000원 및 이에 대한 2010. 11. 16.부터 다 갚는 날까지 연 12%의 비율에 의한 지연손해금 지급의무를 제외하고는 존재하지 아니함을 확인청구할 수 있습니다. 원고의 피고은행에 대한 이 사건 청구는 이유 있어 이를 인용해 주시고, 소송비용은 패소자들의 부담으로 하여 주시기 바랍니다.

증 명 방 법(생략)

첨 부 서 류(생략)

2011. 6. 30.

원고 소송대리인 변호사 김 법 전 인

서울중앙지방법원 귀중

Ⅲ. 소유권이전등기, 매매대금 등(3)

1. 7단계 권리분석법에 의한 사건 전체의 분석

가. 의뢰인의 희망사항 분석결과

의뢰인 =원고	희망사항	물권 침해? 약정?	침해자 또는 약정자는 누구(=피고)	원고의 자격, ∴소송명
김민수	배준식 소유로 된 점포를 박가연으로부터 매수하였는데 의뢰인 명의로 등기를 경료하고 싶다.308) 가압류되어 있어 가능한 범위내에서 판결이라도 받아두고 싶다. 점포인도도 받고, 손해도 배상받고 싶다.309)	① 매매계약 ② (순차)매매계약 ∴**불이행 있어 강제이행청구**	∴**약정자** **(매도인)** **(배준식)** **(매도인)** **(박가연)**	**약정의 상대방** **(매수인)** **대위청구** **약정의 상대방** **(매수인)** **∴소유권이전등기 및 인도청구, 부당이득반환청구**
	배준식, 박가연으로부터 노트북 판매대금을 받고 싶다.	① 물품(노트북)공급계약 ② 연대보증 ∴**불이행 있어 강제이행청구**	**약정자** **(매수인)** **(배준식)** **(연대보증인)** **(박가연)**	**약정의 상대방** **(매도인)** **∴물품 대금, 연대보증금청구**310)
	박가연으로부터 대여금 받고 싶다.	① 소비대차계약 ∴**강제이행청구**	∴**약정자** **(차주)** **(박가연)**	**약정의 상대방** **(대주)** **∴대여금청구**

나. 원고의 청구원인 분석결과

소송명	청구원인	항변 (법률상 주장 포함)	재항변 등
소유권이전등기, 인도청구, 부당이득반환청구	① 매매계약 ② 매매대금 전액 지급 ③ 목적물 인도 ④ 소유권이전등기청구권 가압류		
	① 대위요건 ⓐ 소유권이전등기청구권 ⓑ 이행기 ⓒ 미행사 ② 매매계약		

308) 이런 희망사항은 최근에는 소유권을 취득할 수 있는 소제기를 희망한다라는 식으로 정리되기 시작했다.

309) 최근에 자주 출제되는 형태의 희망사항이다.

310) 연대보증금은 주채무가 소멸시효완성으로 소멸하였기 때문에 부종성으로 말미암아 연대보증채무가 소멸하였다. 그 후 주채무자가 명시적·묵시적으로 시효이익을 포기하여도 연대보증인에게는 그 효력이 없다. 연대보증채무에 관하여 가압류하여 시효중단해 두었다고 하더라도 주채무의 소멸시효완성으로 인해 보증채무가 소멸하는 효과를 막을 수는 없다. 이와 같은 쟁점으로 출제가 반복되고 있으니 연대보증채무 자체에 관한 시효중단에 현혹되지 말기 바란다.

	③ 매매대금 전부 지급 ④ 임료 상당액		
물품 대금청구	① 물품공급계약 ⓐ 물품공급계약 ⓑ 물품의 인도(지연 인도되어도 반대채무의 이행 또는 이행제공이 없는 한 지연손해금 발생하지 않음) ⓒ 물품 대금 일부 변제(6,000만원) ⓓ 변제충당 ② 주채무 소멸시효완성 연대보증채무 소멸 ③ 주채무자의 일부변제로 묵시적 시효이익의 포기		
대여금청구	① 소비대차계약 ⓐ 소비대차계약 ⓑ 이자·이율의 약정 ⓒ 원본의 인도 ⓓ 변제기 도래 ② 상계 ⓐ 자동채권 ⓑ 상계적상[311)] ⓒ 상계의 의사표시, 도달 ⓓ 상계충당		

2. 매매계약에 따른 소유권이전등기청구

가. 매도인 · 매수인간의 약정내용

(1) 본 사안에서의 명시적·묵시적 약정

(가) 소유권 이전 약정

(나) 인도 약정

(2) default rule (기본약정)

(가) 과실반환의무

(나) 저당권, 지상권 등을 말소하여 완전한 재산권을 이전할 의무

(다) 하자담보책임

(라) 인도의무 (명시적 약정이 없을 때도 기본약정으로 청구할 수 있음)

---

311) 김치냉장고 판매대금에 관해 채권 가압류결정이 송달되고 나서 대여금 채권의 변제기가 도래하였다. 따라서 김치냉장고 판매대금의 변제기보다 대여금 채권의 변제기가 먼저 도래하는 채권에 한해서만 상계할 수 있게 된다.(제한설, 판례의 입장) 김치냉장고 판매대금 5,000만원은 2009. 12. 31.로 대여금 변제기 2009. 11. 30.보다 늦다. 따라서 5,000만원에 대해서는 상계적상이 있고, 상계된다. 반면 김치냉장고 판매대금 4,000만원은 변제기가 2009. 10. 31.로 대여금 변제기보다 앞서므로 상계되지 않는다.

나. 불이행으로 인한 강제이행청구권

(1) 소유권이전등기 청구권

(2) 인도청구권

(3) 과실에 해당되는 임료 상당액의 반환청구권

다. 법률요건(요건사실)

위 3가지 청구권 모두 다음과 같은 두 가지 사실을 요건 사실로 하여 청구할 수 있다.

(1) 매매계약의 체결

(2) 매매대금의 완납(동시이행항변권을 무력화할 수 있음)

라. 특수한 쟁점

(1) 전매(轉賣)

매수인이 그 명의로 소유권이전등기를 하기 전에 이를 타에 매각하는 것을 전매라고 한다. 따라서 최종 매수인은 현재 등기명의자로부터 전 매수인에게, 그 전 매수인으로부터 최종 매수인에게 순차로 소유권이전등기를 청구하여야 한다. 최종 매수인이 채권자 대위권에 기하여 등기명의자로부터 전 매수인에게 소유권이전등기를 구할 수 있는 것이다. 소유권이전등기채권은 특정채권으로 채무자의 무자력을 주장·증명할 필요없이 채권자 대위권을 행사할 수 있는 대표적인 사례이다.

과거에는 전매(轉賣)가 중간생략등기를 통하여 행해 질 수 있어 소유권취득에 따른 각종 취득세, 등록세 및 양도소득세를 포탈할 수 있어 널리 행해졌다. 하지만 「부동산등기특별조치법」 제2조 제2항, 제8조 제1호에 의해 중간생략 등기를 형사 처벌하기 때문에 그 결과 전매사례가 많이 줄어들었다. 그래서 매매계약마다 별도의 등기가 이루어지도록 빠짐없이 순차 소유권이전등기가 경료되어야 한다. 하지만 대법원은 위 처벌규정을 단속규정으로 해석하고 당사자 사이의 중간생략등기 합의의 사법적 효력을 있다고 판단(대법원 1993. 1. 26. 선고 92다39112 판결)하여 가끔 전매되는 경우가 있다. 또 부동산소유권이전청구권은 물권의 이전을 목적으로 하는 매매의 효과로서 매도인이 부담하는 재산권 이전 의무의 한 내용을 이루는 것이고, 매도인이 물권행위의 성립요건을 갖추도록 의무를 부담하는 경우에 발생하는 채권적 청구권으로 그 이행과정에 신뢰관계가 따르므로, 소유권이전등기청구권을 매수인으로부터 양도받은 양수인은 매도인이 그 양도에 대하여 동의하지 않고 있다면 매도인에 대하여 채권양도를 원인으로 하여 소유권이전등기절차의 이행을 청구할 수 없다.(대법원 2001. 10. 9. 선고 2000다51216 판결)

(2) 부동산 매매에서 매매대금의 선지급은 그 사례가 드물다.

본 사례처럼 미리 매매대금 전부를 지급하는 경우는 실제로는 거의 없다. 왜냐하면 통상 부동산 매매대금은 상당히 고액이어서 소유권이전등기를 받지 않고 먼저 지급하면 매수인은 큰 위험에 놓이기 때문이다. 하지만 거래계에서 매매대금의 일부만을 지급한 채 인도받아 사용하면서 부동산

소유권이전등기는 경료하지 않은 경우는 종종 있다.

(3) 과실수취권

매매대금을 전부 지급하면 동시이행의 항변권을 행사할 수 없기 때문에 상대방은 수취한 과실을 반환하여야 한다. 매매대금의 전부가 지급되지 않고 있는 동안에는 동시이행항변권의 존재 때문에 이행지체의 책임을 물을 수 없다.(존재효과설) 그러므로 1억원을 전부 지급한 2010. 7. 8. 이후인 2010. 7. 9.부터 과실상당액을 반환하여야 한다.

(4) 소유권이전등기청구권 가압류(압류) 및 소유권이전등기청구권 처분금지가처분

㈎ 소유권이전등기 청구권 가압류(압류) {대법원 1992. 11. 10. 선고 92다4680 전원합의체 판결【소유권이전등기말소】}

[1] 소유권이전등기청구권에 대한 압류나 가압류는 채권에 대한 것이지 등기청구권의 목적물인 부동산에 대한 것이 아니고, 채무자와 제3채무자에게 결정을 송달하는 외에 현행법상 등기부에 이를 공시하는 방법이 없는 것으로서 **당해 채권자와 채무자 및 제3채무자 사이에만 효력을 가지며, 압류나 가압류의 처분 금지적 효력을 주장할 수 없으므로,** 소유권이전등기청구권의 압류나 가압류는 청구권의 목적물인 부동산 자체의 처분을 금지하는 대물적 효력은 없다 할 것이고, **제3채무자나 채무자로부터 소유권이전등기를 넘겨받은 제3자에 대하여는 취득한 등기가 원인무효라고 주장하여 말소를 청구할 수 없다.**

[2] 부동산소유권이전등기 청구권의 가압류는 채무자 명의로 소유권을 이전하여 이에 대하여 강제집행을 할 것을 전제로 하고 있으므로, 소유권이전등기청구권을 가압류하였다 하더라도 어떠한 경로로 제3채무자로부터 채무자 명의로 소유권이전등기가 마치어졌다면 채권자는 부동산 자체를 가압류하거나 압류하면 될 것이지 등기를 말소할 필요는 없다.

[3] **일반적으로 채권에 대한 가압류가 있더라도 이는 채무자가 제3채무자로부터 현실로 급부를 추심하는 것만을 금지하는 것이므로 채무자는 제3채무자를 상대로 그 이행을 구하는 소송을 제기할 수 있고, 법원은 가압류가 되어 있음을 이유로 이를 배척할 수 없는 것이 원칙이나, 소유권이전등기를 명하는 판결은 의사의 진술을 명하는 판결로서 이것이 확정되면 채무자는 일방적으로 이전등기를 신청할 수 있고 제3채무자는 이를 저지할 방법이 없으므로 이와 같은 경우에는 가압류의 해제를 조건으로 하지 아니하는 한 법원은 이를 인용하여서는 안 되고,** 제3채무자가 임의로 이전등기의무를 이행하고자 한다면 민사소송법 제577조에 의하여 정하여진 보관인에게 채무자 법정대리인의 지위에서 이를 수령하여 채무자 명의로 소유권이전등기를 마치면 된다.

㈏ 소유권이전등기청구권 처분금지 가처분

소유권이전등기청구권을 양도받은 경우에는 그 양수인은 소유권이전등기청구권 양도청구권이라는 채권적 청구권에 기하여 처분금지가처분을 제기할 수 있다. 또한 소유권이전등기 청구권의 양도가 사해행위에 해당하여 채권자취소권을 피보전권리로 하여 처분금지가처분을 할 수도 있다. 처분금지가처분에 의한 처분금지의 효력을 주장하기 위해서는 본안에서의 승소확정판결 등을 얻은 경

우이다.(대법원 1996. 3. 22. 선고 95다53768 판결 등)

㈐ 소유권이전등기 청구권 가압류 및 그 처분금지가처분간의 경합

1) 가압류 및 가처분의 경합 일반론

가) 가압류간의 경합

가압류된 목적물에 또 가압류할 수 있다. 즉 가압류간에 경합이 인정된다. 그 결과 가압류권자들이 다수 존재할 수 있게 되는데 그들 사이에는 원칙적으로 채권자 평등의 원칙상 우열이 없다.

나) 가처분간의 경합

같은 내용으로 된 가처분은 중복 인정되지 않는다. 처분금지가처분의 경우 매매계약에 의한 소유권이전등기청구권(채권적 청구권)이 있음을 이유로 목적 부동산의 처분금지를 구하는 가처분을 한다든지, 등기원인의 무효임을 이유로 등기말소청구를 하면서 그 물권적 청구권에 기한 처분금지가처분을 할 수 있다. 후자의 경우에는 굳이 처분금지가처분을 해 두지 않아도 나중에 후속등기의 말소를 청구할 수 있지만 일부 등기원인 무효의 경우 제3자 또는 선의의 제3자에게 대항하지 못하므로 처분금지가처분을 신청해 두기도 한다. 과거에는 예고등기를 통하여 그 목적을 달성하였지만 2011년경 부동산등기법이 개정되어 예고등기제도가 폐지되었다. 이처럼 가처분의 내용이 매우 다양하기 때문에 서로 상호 모순·저촉이 없으면 그 경합이 허용된다. 따라서 이는 경합의 문제가 아니다.

다) 가압류와 가처분간의 경합

1> 부동산의 경우

부동산에 대한 가압류와 부동산에 대한 가처분은 서로 그 내용이 모순·저촉되므로 그 효력의 우열은 집행의 선후에 의해 정해지고, 그 결과 선행하는 보전집행에 우선적 지위가 인정된다. 집행의 선후는 등기신청의 접수순위를 기준으로 한다. 가압류, 가처분 모두 집행법원이 등기소에 집행촉탁을 하는 방식으로 등기가 접수되므로 등기공무원에 동시에 접수되는 사례가 발생할 수 있다. 이런 경우에는 가압류, 가처분이 동일 순위에 있는 것으로 보고, 서로 처분금지적 효력을 주장하지 못한다.(대법원 1998. 10. 30.자 98다1475 결정)

2> 채권의 경우

<u>(금전)채권</u>에 대한 가압류와 처분금지가처분은 그 내용이 모순·저촉되면 집행의 선후에 따른 효력의 우열은 있다. 즉 선행의 처분금지가처분결정이 내려져 제3채무자에게 송달되고 난 후에 가압류결정이 되면 그 가압류는 가처분의 처분금지 효력에 반하는 범위 내에서는 가처분채권자에게 대항할 수 없다.(대법원 2014. 6. 26. 선고 2012다116260 판결)

위와 같은 금전채권에 관한 대법원 판례는 골프회원권에 관해서도 같은 취지로 유지되고 있다. 즉 "**<u>골프회원권</u>**의 양수인이 양도인에 대하여 가지는 골프회원권 명의변경청구권 등에 기하여 골프회원권 처분금지가처분결정이 제3채무자에게 먼저 송달되고, 그 후 가처분채권자가 본안소송에서 승소하여 확정되었다면, 그 가처분결정의 송달 이후에 실시된 가압류 등 보전처분 또는 강제집행은

가처분의 처분금지효에 반하는 범위 내에서는 가처분채권자에게 대항할 수 없다"고 판시하고 있다.(대법원 2009. 12. 24. 선고 2008다10884 판결)

2) 소유권이전등기청구권에 대한 가압류와 처분금지가처분이 경합된 경우

한편, 소유권이전등기청구권에 관하여 처분금지가처분이 집행된 이후에 소유권이전등기 청구권에 관한 가압류가 이루어 진 경우 그 우열관계를 어떻게 하여야 할 것인지에 관하여는 논란이 많다. 평등설, 선집행우선설, 가압류우선설 등이 주장되고 있다.(윤경, "소유권이전등기청구권에 대한 가처분과 가압류의 경합시 우열관계" 참조) 대법원 판례는 "'채무자가 소유권이전등기청구권을 양도하거나 기타 일체의 처분행위를 하여서는 아니된다. 제3채무자는 채무자에게 소유권이전등기절차를 이행하여서는 아니된다.'라는 가처분이 있었다 하더라도 그 가처분이 뒤에 이루어진 가압류에 우선하는 효력은 없으므로, 그 가압류는 가처분채권자와의 관계에서도 유효하다."고 판시하고 있다.(대법원 2001. 10. 9. 선고 2000다51216 판결)(대법원 1998. 4. 14. 선고 96다47104 판결) 금전채권이나 골프장회원권에 대한 처분금지가처분과 달리 취급하는 이유는 소유권이전등기청구권은 성질상 양도가 제한되는 점(대법원 2001. 10. 9. 선고 2000다51216 판결)이나 채무자 명의로 등기된 후 양도·현금화한다는 점에서 다르게 취급되어야 하기 때문이다. 따라서, 매매계약이나 매매대금의 납부가 다 이루어지고 난 이후에 경료된 소유권이전등기청구권 처분금지가처분이라고 하더라도 가압류권자가 우선하기 때문에 재판부로서는 가압류 해제를 조건으로 소유권이전등기를 명하여야 하고, 원고가 조건부 소유권이전등기를 원하지 않는다고 명확히 한다면 원고 청구를 기각하여야 할 것이다.

㈑ 조건부 소유권이전등기 청구방법

1) 사법연수원 간행 민사실무 2에서 추천하는 방식

"피고는 별지 목록 기재 건물에 관하여 원고와 소외 甲 사이의 서울중앙지방법원 2008. 4. 3. 2008카합345 소유권이전등기청구권 가압류결정에 의한 집행이 해제되면 원고에게 2007. 8. 16. 매매를 원인으로 한 소유권이전등기 절차를 이행하라."(민사실무 2 107면 기재례 참조)

2) 실제 고등법원, 대법원 판례 등에서 발견되는 방식

"피고 甲은 대전지방법원 91카기8524호 주택지분양권처분금지가처분 결정의 해제를 조건으로 피고 乙에게 위 제2항 기재 토지 중 2분의 1지분에 관하여 1990. 9. 21. 매매를 원인으로 한 소유권이전등기 절차를 이행하라."(실제 소송례)

3. 상인간의 매매로 인한 물품 대금 청구

가. 물품 대금 청구

(1) 상사소멸시효

㈎ 원칙적으로 5년이다.(상법 제64조)

㈏ 상행위로 인한 채권이어야 한다. 일방적 상행위에도 적용되고, 기본적 상행위, 준상행위, 보조적 상행위 여부도 묻지 않고 적용된다.

(2) 다른 법률에 더 짧은 단기소멸시효규정이 있으면 그 규정이 적용된다.

㈎ 민법 제163조 제1호(3년)

이자, 급료, 사용료, "1년 이내의 기간을 정한 물건 또는 금전 지급을 목적으로 하는 채권"은 3년의 단기소멸시효 기간의 적용을 받는다.

㈏ 제163조 제6호(3년) "생산자 및 상인이 판매한 생산물 및 상품의 대가"

나. 연대보증에 있어 시효중단

(1) 민법 제163조 제2호 가압류

(2) 주채무자에 대한 시효중단의 효력은 연대보증인에게도 그 효력이 미친다.(민법 제440조)

(3) 연대보증인에 대한 시효중단의 경우에는 주채무자에 효력이 없고, 주채무는 주채무에 시효중단 사유가 없다면 소멸한다.

㈎ **변제, 대물변제, 공탁 등 채무의 만족을 주는 행위** 이외에는 보증인에 생긴 사유로 주채무자에게 대항할 수 없다. 일부변제할 경우에도 그 변제된 일부에 대하여 절대적 효력이 있을 뿐 나머지에 대하여는 주채무에 대한 관계에서는 여전히 시효가 진행된다.

㈏ 그렇다면, 주채무가 시효로 소멸하면 연대보증채무가 시효중단에도 불구하고 주채무의 소멸로 같이 소멸하는가? 보증채무의 부종성에 비추어 볼 때 연대채무에 대한 독자적인 시효중단사유가 있다 하더라도 주채무가 시효소멸하였기 때문에 연대보증채무도 소멸한다고 보아야 한다.(본 사안에서는 연대보증인에게 가압류하여 시효중단 사유가 있다. 그래도 주채무가 시효완성되어 소멸하면 보증채무는 소멸한다.)

다. 시효이익의 포기

(1) 소멸시효중단 주장과 선택적 주장 관계에 있다.

(2) 소멸시효 이익의 포기는 가분채무 일부에 대하여도 가능하다.(대법원 2012. 5. 10. 선고 2011다109500 판결) 본 사안에서 6,000만원을 변제하면서 4,000만원에 대하여는 명시적으로 다투고 있으므로 시효이익의 포기가 가분된 일부에만 있었다고 볼 수 있다. 원고로서는 전부에 관하여 시효이익의 포기가 있었다고 강력하게 주장할 수는 있다. 그 성공여부는 구체적인 사실관계에 따라 달라질 수 있다.

(3) 시효이익의 포기와 종된 채무

시효이익을 포기하는 경우 그 종된 채무에 대한 시효이익도 포기된 것으로 본다. 따라서 본 사안에서 6,000만원에 대한 지연손해금에 관하여는 시효이익의 포기가 있었다고 보아야 한다.

(4) 일부변제 및 지정충당

변제시 채무자는 지정하여 충당할 수 있다. 하지만 비용·이자·원본의 순서는 바꿀 수 없다.

4. 대여금 청구

가. 상계의 효력

(1) 자동채권

대여금 채권의 이행기는 2009. 11. 30. 도래

(2) 수동채권

김치냉장고 대금지급 채무는

i) 4,000만원은 2009. 10. 31.

ii) 5,000만원은 2009. 12. 31. 도래한다.

(3) 지급금지명령을 받은 수동채권에 대한 상계(민법 제498조)

채무자가 지급금지명령을 송달받고 나서 이를 수동채권으로 하여 송달 이후에 취득한 자신의 자동채권에 의해 상계하더라도 지급금지명령상의 채권자에게 대항할 수 없다.(민법 제498조)

지급금지명령 송달전에 이미 상계적상을 갖추고 있었거나, 송달 후 상계적상을 갖추게 되었다고 하더라도 자동채권의 변제기가 수동채권의 변제기와 동시에 또는 그보다 먼저 도래하는 경우에 제3채무자는 자신의 채권으로써 장래 상계할 기대이익을 가지고 있다고 보아야 하므로 보호되어야 해서 상계할 수 있다. 반면 송달 후에는 자동채권의 변제기가 수동채권의 변제기보다 나중에 도래하는 경우에는 제3채무자의 상계에 대한 기대가 보호되지 않는다.(대법원 1982. 6. 22. 선고 82다카200 판결) 따라서, 수동채권보다 자동채권의 이행기가 먼저 도래한 경우에 한하여 중간에 가압류 등이 개입되어도 상계를 주장할 수 있다. 그러므로 5,000만원에 관하여만 2011. 8. 28. 상계의사표시가 효력이 있고, 4,000만원에 관하여는 채권가압류가 우선한다.

나. 상계방식

변제충당에 관한 논리가 그대로 타당하다.

소 장

원 고 김 민 수 (591105 - 1258931)
서울 송파구 잠실동 234 잠실주공 5단지 129동 1203호
소송대리인 변호사 이수연
서울 서초구 서초동 156 한솔빌딩 408호
전화번호 (02) *** - ****, 팩스번호 (02) *** - ****
이메일 : *****@****.***

피 고 1. 배 준 식 (671004 - 1223344)

서울 강남구 압구정동 423 현대아파트 105동 108호
2. 박 가 연 (791210－2052653)
서울 강남구 도곡동 183 타워아파트 107동 3548호

소유권이전등기 등 청구의 소 /이상 10점

청 구 취 지

1. 가. 피고 배준식은 서울중앙지방법원 2010카단24777호 소유권이전등기청구권 가압류 결정의 해제를 조건으로 피고 박가연에게 별지목록 기재 부동산에 대하여 2008. 5. 10. 매매를 원인으로 한 소유권이전등기 절차를 이행하고,
나. 피고 박가연은 원고에게 같은 부동산에 대하여 2010. 3. 8. 매매를 원인으로 한 소유권이전등기 절차를 이행하고,
다. 피고 박가연은 원고에게,
(1) 같은 부동산을 인도하고,
(2) 2010. 7. 9.부터 별지 목록 기재 부동산의 인도완료일까지 월 2,300,000원의 비율에 의한 금원을 지급하라.
2. 피고 배준식은 원고에게 48,000,000원 및 이에 대한 2010. 1. 1.부터 다 갚는 날까지 연 24%의 비율에 의한 금원을 지급하라.
3. 피고 박가연은 원고에게 67,000,000원 및 이에 대한 2010. 1. 1.부터 이 사건 소장 부본송달일까지는 연 12%의, 그 다음날부터 다 갚는 날까지는 연 20%의 각 비율에 의한 금원을 지급하라.
4. 소송비용은 피고들의 부담으로 한다.
5. 위 제1의 다항, 제2, 3항은 가집행할 수 있다.
라는 판결을 구합니다. / 이상 75점

청 구 원 인

1. 피고들에 대한 소유권이전등기, 인도 및 임료상당의 과실청구
가. 사실관계
(1) 피고 박가연은 2008. 5. 10. 피고 배준식으로부터 별지 목록 기재 부동산(이하 “이 사건 점포”라고 함)을 매매대금 5억원으로 정하고, 계약금 5,000만원은 계약당일 지급한 후, 중도금 2억원은 같은 해 6. 10. 지급하고, 잔금 2억 5,000만원은 같은 해 7. 10. 지급하기로 하는 내용의 매매계약을 체결한 다음 약정된 중도금, 잔금 지급기일에 중도금과 잔금을 모두 지급하고, 잔금 지급기일에는 이 사건 점포를 인도받아 2008. 7. 말경부터 입주하여 삼성전자통신이란 상호로 전자제품 도매업을 하고 있습니다.
(2) 원고는 2010. 3. 8. 피고 박가연으로부터 이 사건 점포를 매매대금 6억원으로 정하고, 계약금 1억원은 계약당일 지급한 다음 중도금 2억원은 같은 해 4. 8. 지급하고, 잔금 3억원

은 등기이전 및 목적물 인도와 동시에 같은 해 5. 8. 지급하기로 하는 매매계약을 체결한 다음 중도금 2억원을 같은 해 4. 8. 지급하고, 잔금 3억원 중 2억원은 같은 해 5. 8., 나머지 1억원은 같은 해 7. 8. 각 지급하여 매매대금 전부를 지급하였습니다.

(3) 한편, 소외 최박수는 2010. 4. 2. 피고 박가연을 채무자, 피고 배준식을 제3채무자로 하여 피고 박가연이 가진 피고 배준식에 대한 소유권이전등기청구권을 가압류하였고, 그 결정문이 같은 달 8. 제3채무자인 피고 배준식에게 송달되었습니다.

(4) 이 사건 점포는 보증금이 없는 경우 2010년도, 2011년도 월 임료는 230만원 상당입니다.

나. 원고의 피고 배준식에 대한 청구

(1) 피고 박가연을 대위한 청구

앞서 본 사실관계에 의하면 피고 박가연은 피고 배준식에게 이 사건 점포에 대하여 2008. 5. 10. 매매를 원인으로 한 소유권이전등기 절차를 이행할 의무가 있습니다. 그런데 원고는 피고 박가연에 대하여 같은 부동산에 대하여 2010. 3. 8. 매매를 원인으로 한 소유권이전등기청구권을 보유하고 있어 이에 터잡아 피고 박가연의 피고 배준식에 대한 위 소유권이전등기청구권을 대위행사 할 수 있습니다.

(2) 부동산소유권이전등기 청구권 가압류로 인한 해제조건 소유권이전등기청구

피고 배준식이 피고 박가연에게 이 사건 점포에 대하여 위 2008. 5. 10. 매매를 원인으로 한 소유권이전등기를 마쳐주기 전에 소외 최박수가 피고 박가연이 가진 피고 배준식에 대한 소유권이전등기청구권을 가압류하였다고 하더라도 피고 박가연은 피고 배준식을 상대로 그 소유권이전등기 청구를 할 수 있습니다. 다만 소유권이전등기 청구는 의사의 진술을 명하는 판결로서 그 확정판결이 내리지면 바로 피고 박가연 혼자서 그 확정판결로 소유권이전등기를 마칠 수 있기 때문에 위 가압류의 취지를 보전하기 위하여 위 가압류의 해제를 조건으로만 피고 박가연의 위 소유권이전등기가 허용됩니다.

(3) 따라서, 피고 배준식은 서울중앙지방법원 2010카단24777호 소유권이전등기청구권 가압류결정의 해제를 조건으로 피고 박가연에게 이 사건 점포에 대하여 2008. 5. 10. 매매를 원인으로 한 소유권이전등기 절차를 이행할 의무가 있습니다.

다. 원고의 피고 박가연에 대한 청구

(1) 소유권이전등기 및 인도청구

위 사실에 의하면 피고 박가연은 원고에게 이 사건 점포에 대하여 2010. 3. 8. 매매를 원인으로 한 소유권이전등기 절차를 이행할 의무가 있고, 이 사건 점포를 인도할 의무가 있습니다.

(2) 임료상당의 청구

매매대금을 모두 지급받은 매도인은 매매대금 완납일 이후로 목적물의 사용수익에 해당하는 과실을 매수인에게 지급할 의무가 있고, 목적물의 사용수익에 해당하는 과실은 이 사건 점포의 보증금 없는 상태 하에서의 임료와 같습니다.

따라서, 피고 박가연은 원고에게 매매대금을 모두 지급받은 다음날인 2010. 7. 9.부터 이 사건 점포의 인도완료일까지 법정과실에 해당되는 월 임료상당액인 월 2,300,000원의 비율에 의한 금원을 지급할 의무가 있습니다.

2. 피고 배준식에 대한 물품 대금(노트북 대금) 청구

가. 사실관계

(1) 원고는 두산전자라는 상호로, 피고 배준식은 지에스전자라는 상호로 각 전자제품 도매업을 영위하고 있습니다.

(2) 원고는 2006. 4. 5. 피고 배준식에게 노트북(현대 HYJI-345) 100대, 대당 가격 100만원으로 합계 1억원 상당을 2006. 6. 1.까지 그 중 60대는 피고 배준식에게, 나머지 40대는 소외 김천수에게 각 공급하고, 같은 날 그 대금 모두를 피고 배준식으로부터 지급받되 대금지급지체시에는 월 2%의 비율로 지연손해금을 지급하기로 계약하였습니다. 그런데 실제로는 2006. 9. 1. 피고 배준식에게 60대를 인도하고, 같은 해 10. 1. 소외 김천수에게 40대를 인도하였습니다.

(3) 피고 배준식은 2009. 12. 31. 원고에게 통고서를 보내 노트북 40대분 대금 4,000만원은 소외 김천수로부터 받아야 하며, 시효도 완성되었다고 주장하면서도 같은 날 원고에게 노트북 60대 대금 6,000만원을 송금하였습니다.

나. 시효이익의 포기 및 변제충당

(1) 위 사실관계에 의하면 원고 및 피고 배준식은 모두 상인으로 노트북 매매대금은 상인이 판매한 상품에 대한 채권에 해당하여 민법 제163조 제6호 소정의 3년의 소멸시효 대상이 되나, 피고 배준식이 2009. 12. 31. 시효완성사실을 알면서도 노트북 대금 6,000만원을 송금함으로써 노트북 60대 공급에 따른 물품 대금 채무에 대한 시효이익을 포기하였습니다. 따라서 당시 피고 배준식이 특정하여 이의를 제기한 노트북 40대 공급에 따른 물품 대금을 제외한 노트북 60대 공급에 따른 물품 대금 채무 및 그 종된 채무인 지연손해금 지급채무는 시효이익의 포기로 유효하게 존속하게 되었습니다.

(2) 민법 제479조 제1항에 따른 법정충당

한편 피고 배준식이 송금한 6,000만원은 위 노트북 물품 대금 원리금의 변제에 모자라기 때문에 피고 배준식의 지정에도 불구하고 민법 제479조 제1항에 의하여 이자, 원금의 순으로 충당되어야 할 것입니다.

2009. 12. 31.까지 발생한 노트북 대금의 원리금은 111,600,000원{원금60,000,000원 + 지연손해금 48,000,000원(60,000,000원 × 0.02 × 40개월}으로 피고 배준식이 송금한 위 60,000,000원을 먼저 지연손해금 48,000,000원에 충당하면 12,000,000원(60,000,000원 − 48,000,000원)이 남게 되고, 이를 원금 60,000,000원에 충당하면 원금은 48,000,000원이 남게 됩니다.

(3) 피고 배준식의 원금 지정충당 주장에 대한 반박

피고 배준식은 민법 제476조 제1항에 의하여 채무자인 자신이 위 60,000,000원으로 먼저 원금에 지정충당하였다고 주장하나, 지정충당의 경우도 민법 제479조 제1항에 따른 비용−이자−원금의 충당순서를 바꿀 수는 없기 때문에 위 주장은 이유 없습니다.

다. 소결론

따라서 피고 배준식은 원고에게 위 나머지 물품 대금 48,000,000원 및 이에 대한 2010. 1. 1.부터 다 갚는 날까지 위 약정상의 연 24%의 비율에 의한 지연손해금을 지급할 의무가 있습니다.

3. 피고 박가연에 대한 대여금 청구

가. 사실관계

(1) 원고는 2008. 8. 1. 피고 박가연에게 금 1억원을 변제기 2009. 11. 30., 이자 월 1%로 정하여 대여하였습니다.

(2) 피고 박가연은 2009. 7. 31. 원고에게 김치냉장고(삼성 SNP－3984) 60대, 대당 150만원, 합계 9,000만원 상당을 같은 해 8. 18.까지 공급하고, 그 대금은 같은 해 10. 31. 4,000만원, 같은 해 12. 31. 5,000만원을 지급받기로 하되 대금지급지체시에는 월 2%의 지연손해금을 지급하기로 약정하였고, 2009. 8. 18. 김치냉장고 60대 전부를 공급하였습니다.

(3) 한편, 소외 최박수가 2009. 9. 15. 피고 박가연을 채무자로, 원고를 제3채무자로 하여 피고 박가연이 원고에 대하여 가지는 위 김치냉장고 공급에 따른 물품 대금 9,000만원을 전체를 채권가압류하였고, 같은 달 18. 위 결정문이 제3채무자인 원고에게 송달되었습니다.

(4) 원고는 2011. 8. 28. 피고 박가연에게 위 대여금 채권 1억원을 자동채권으로 하고, 김치냉장고 물품 대금 9,000만원을 수동채권으로 하여 상계한다는 통지를 하였고, 그 무렵 위 통지가 피고 박가연에게 도달하였습니다.

나. 가압류(지급금지)된 채무를 수동채권으로 한 상계의 효력

원고는 위 가압류결정 상의 제3채무자로서 가압류에 따른 지급금지의 통지를 받았고, 원고가 부담한 물품 대금 채무는 상계상의 수동채권에 해당된다고 하더라도. 민법 제498조에 해석상 자동채권의 변제기가 수동채권의 변제기보다 먼저 도래한다면 상계의 담보적 효력에 대한 기대를 보호하기 위하여 가압류의 목적인 채권을 수동채권으로 하여 상계할 수 있다 할 것입니다. 본 사안에서는 자동채권인 1억원의 대여금 채권은 2009. 11. 30. 변제기가 도래하고, 수동채권인 김치냉장고 대금 중 5,000만원은 같은 해 12. 31. 그 변제기가 도래한다고 할 것이어서 원고가 2011. 8. 28. 한 상계는 위 부분에 한하여 그 효력이 있습니다.

그렇다면, 수동채권 5,000만원의 변제기인 2009. 12. 31. 현재 상계적상이 발생한 당시 자동채권의 원리합계금은 117,000,000원{원금 100,000,000원 + 이자 17,000,000원(100,000,000원 × 0.01 × 17개월)}여서 수동채권 5,000만원이 자동채권의 이자 － 원금순으로 충당되었다면 대여원금 67,000,000원(117,000,000원 － 50,000,000원)이 남게 되었습니다.

다. 소결론

그렇다면 피고 박가연은 원고에게 나머지 대여금 67,000,000원 및 이에 대한 2010. 1. 1.부터 이 사건 소장 부본 송달일까지는 위 약정상의 연 12%의, 그 다음날부터 다 갚는 날까지는 소송촉진 등에 관한 특례법 소정의 연 20%의 각 비율에 의한 지연손해금을 지급할 의무가 있습니다.

4. 결론

그렇다면, 원고의 피고들에 관한 청구취지와 같은 청구는 모두 이유 있고, 소송비용은 패소자들의 부담으로 하고, 일부 청구에 관하여 가집행을 붙이기로 하여 이 사건 소를 제기합니다. / 이상 97점

증 명 방 법(생략)
첨 부 서 류(생략)

2011. 10. 12.

원고 소송대리인 변호사 이 수 연 인

서울중앙지방법원 귀중 / 이상 3점

목록(부동산의 표시)

(1동 건물의 표시)
서울 서초구 우면동 193-2 밀레니엄프라자
철근콘크리트조 스라브지붕 7층 상가
지층 373.750㎡
1층 내지 7층 각 387.750㎡
(대지권의 목적인 토지의 표시)
서울 서초구 우면동 193-2 대 15356㎡
(전유부분 건물의 표시)
제7층 제709호 철근콘크리트조 91.75㎡
(대지권의 표시)
소유권 대지권 15356분의 91.75 끝.

Ⅳ. 임대차보증금반환 등(4)[소장-답변서-판결주문]

1. 7단계 권리분석법에 의한 사건 전체의 분석

가. 의뢰인의 희망사항 분석결과

의뢰인 =원고	희망사항	물권 침해? 약정?	침해자 또는 약정자는 누구(=피고)	원고의 자격, ∴소송명
김갑동	임차보증금 반환과 그 지연 손해금의 지급을 받고 싶다. 지출한 필요비를 지급받아 달라.	① 임대차계약 ② 필요비 지출 **∴불이행시 강제이행청구**	**∴약정자 (임대인) (망 이상진)**	**약정의 상대방 (임차인) ∴임차보증금반환 및 필요비지급청구**
망 이상진	김갑동의 소제기에 답변서 작성	Ⓐ 본안전 항변 Ⓑ ⒜ 답변 ⒝ 항변		
수소법원	판결주문			

나. 원고의 청구원인 분석결과

소송명	청구원인	항변 (법률상 주장 포함)	재항변 등
임차보증금반환 및 필요비상환312)청구	① 임차보증금반환 ⓐ 임대차계약 ⓑ 임차보증금 지급 (ⓒ 임차목적물 인도) ⓓ 임대차계약 종료 (ⓔ 임료지급, 임차기간까지의 2개월치 임료 미지급) (ⓕ 임대차기간만료 후 임차목적물 불사용)313)		

312) 기록 7면에 공사비확인서가 첨부되어 있다. 임대차계약 관련한 분쟁에서는 이러한 공사비는 대체로 필요비, 유익비상환청구권의 문제로 제시되고 있다. 본 사안에서는 임대차계약 제5조에 따라 "임대차계약이 종료되면 위 부동산의 반환기일 전에 임차인의 부담으로 원상복구하여야 한다."라는 약정에 기해 "영업시설을 철거하고 훼손한 부분을 보수한" 공사비로 제시되어 있어 이는 계약상의 의무를 이행한 비용으로 달리 필요비나 유익비에 해당되지 않는다. 그래서 본 사안에서는 필요비·유익비상환청구를 청구하면 안 된다. 그런데 원고가 소장을 작성하고, 피고들이 반박하는 답변서를 작성하고, 수소법원이 할 판결을 설명하라는 질문취지에 의할 때 원고로서 할 수 있는 모든 주장을 다해 보라는 것으로 보여 필요비·유익비상환청구를 하는 방식으로 답안을 작성해 보았다.

313) 실무상으로는 임차인이 임차보증금반환 청구를 함에 있어 ( )속 ⓓⓔⓕ 등의 사정을 참작하지 않고 임차보증금 전액 지급청구를 하면 피고측에서 ⓓ 사정을 들어 동시이행의 항변을 하고, ⓔⓕ 사정을 들어 미지급임료 공제의 주장을 하면 다시 원고측에서 ⓕ을 들어 임차목적물을 사용·수익한 사실이 없어 임대차기간 만료 후에는 부당이득한 사실이 없기 때문에 그 임료공제를 할 수 없다는 주장을 하게 된다. 본서에서는 임차인이 임대차기간 만료 후 임차목적물을 반환하지 않고 점유는 하면서도 사용·수익은 하지 않을 때 경우에 따라서는 임료 상당의 부당이득을 반환할 필요가 없다는 입장을 취하고 있다. 지금까지 줄곧 출제되어 온 변호사시험 기록형 문제나 모의기록상으로는 그러한 경우 언제나 임료 상당의 부당이득을 반환할 필요가 없어 이를 임차보증금에서 공제할 수 없다는 견해를 취하고 있다. 본서에서는 경우에 따라서는 이라는 한정적 문구를 사용해서 압도적 출제경향에 찬성하는 이유는 그 근거가 된 대법원 판례를 임차인이 가지는 동시이행 항변권의 행사적 의미가 있는 임차목적물의 점유는 그 점유할 이유가 충분하고, 그런 상태에서 임차목적물은 단순히 점유하고 있을 뿐 사용·수익하고 있지 않다면 부당이득하지 않았다는 것이 옳다고 생각하기 때문이다. 그런데 동시이행항변할 상황이 아님에도 불구하고 점

	② 상속 ⓐ 피상속인 사망 ⓑ 상속인(유족; 배우자 김숙현, 자 이수열) ⓒ 상속분(배우자 김숙현 3/5, 자 이수열 2/5)[314]		
	① 필요비 지출 ⓐ 필요비 ⓑ 지출액 ② 지출시기(2011. 1. 30.) (③ 유치권 행사)[315] ④ ⓐⓑⓒ상속(위 원용)		
답변서	Ⓐ 본안전 항변 본 사안에서는 본안전 항변할 사항이 거의 없다. 그래도 소장을 작성하는 원고측에서 본안적 항변꺼리를 만들어 소를 제기하면 얼마든지 본안전 항변사유가 발생한다. Ⓑ (a) 답변 (임차보증금반환청구) ① ⓐⓑⓓ 전부 다툴 필요 없음 ② ⓐⓑⓒ 전부 다툴 필요 없음[316] (필요비지급청구) ① ⓐ필요비 해당성에 관해 통렬하게 반박필요(부인) (b) 항변 [소장에서 임차보증금 전액의 반환을 구하는 경우라면] ① 미지급 임료 및 임료 상당 부당이득금의 공제 ⓐ 2011. 2. 1.~2011. 3. 31.까지 2개월간 미지급임료 ⓑ 2011. 4. 1.이후 임료상당 부당이득금 공제 ② 동시이행의 항변(권리항변) ⓐ 임차목적물 인도 ⓑ 동시이행 관계		
판결주문[317]	① 임차보증금반환청구는 미지급임료 2개월치를 공제하고 나머지 임차보증금의 반환은 인정(임대차계약 종료 후 임료상당 부당이득반환청구는 받아들이지 않음) ② 임차보증금반환청구는 임차목적물인도청구와 동시이행 관계(따라서 지연손해금은 발생하지 않음) ③ 필요비청구는 기각 ④ 원고의 나머지 청구를 기각 ⑤ 소송비용 부담 ⑥ 가집행 선고		

유하고 있다면 비록 사용·수익하고 있지 않다 하더라도 그 부당이득을 반환하여야 할 것이다. 예를 들면 임대인이 임차보증금을 반환하려고 방문하거나 노력하였는데도 불구하고 임차인이 문을 잠그고 해외로 떠나 버림으로써 사용·수익하지는 않지만 그렇다고 동시이행항변을 행사하기 위한 점유도 아닌데도 불구하고 임료 상당의 부당이득을 반환하지 않는다면 심히 정의에 합당하지 않는 결과가 된다. 이런 상황까지 임차인을 보호해야 할 필요성이 있는지 의문이다.

314) 본 사안에서 임대인이 사망함으로써 상속이 이루어져 배우자인 김숙현이 3/5, 자 이수열이 2/5의 상속분으로 상속되게 되었다. 그렇다면 임차보증금반환 채무도 그 상속분의 비율로 분할되어 상속되었기 때문에 임대인은 분할채권의 형태로 상속분에 비례하여 임차보증금 반환을 청구해야 하지 않나?라는 의문이 들 수 있다. 그러나 수인이 임차인으로 임차목적물은 임차하여 사용하는 경우에는 임차인들은 연대채무를 부담한다.(민법 제654조, 제616조) 그런 관계로 수인의 임대인의 의무도 불가분채무라고 해석하고 있다. 더 상세한 것은 아래 강평안 참조 바란다.

2. 상속

가. 상속순위

(1) 제1순위 : **배우자와 자녀**

(2) 제2순위 : **배우자와 부모**

(3) 배우자

(4) 제3순위 : 형제자매

(5) 4촌이내의 방계혈족

나. 상속분[318]

구 분	배우자+자녀		배우자+부모		배우자
	배우자	자녀	배우자	부모	배우자
1990. 1. 13. 이후	1.5	1	1.5	1	전부

다. 수인의 임차인, 수인의 임대인

1) 수인이 공동으로 임차한 때에는 그들은 연대하여 의무를 부담한다.(민법 제654조, 제616조)

2) 건물의 공유자가 공동으로 건물을 임대하고 보증금을 수령한 경우, 특별한 사정이 없는 한 그 임대는 각자 공유지분을 임대한 것이 아니고, 임대목적물을 다수의 당사자로서 공동으로 임대한 것이고, 그 보증금 반환채무는 성질상 불가분채무에 해당된다고 보아야 할 것이다.(대법원 1998. 12. 8. 선고 98다43137 판결)

3) 따라서 비록 피고들이 임대인을 상속하여 공유자로서 임차목적물을 소유하게 되었다 할지라도 특별한 사정이 없는 한 그 보증금 반환채무는 불가분채무에 해당된다.

---

315) 필요비·유익비 상환청구권은 임대인의 임차목적물 인도청구에 대해 필요비·유익비상환청구권을 피담보채권으로 하여 유치권을 행사하여 점유할 정당한 권원 주장의 형태로 항변사유가 된다. 그러나 본 사안에서는 오히려 임차인이 임차보증금반환청구를 하는 것이기 때문에 임차보증금반환청구와 객관적 병합의 형태로 소를 제기하기로 한다.

316) 피고들은 다툴 필요 없을 때는 Ⓐ 적극적으로 자백하든지, Ⓑ 아니면 침묵함으로써 의제자백되도록 하든지 하면 된다. 실제 소송에서는 뻔한 사실들은 쿨(cool)하게 자백하는 것이 좋다. 그것마저 따지고 다투면 거짓말을 하는 듯한 나쁜 인상을 줄 수 있다. 소송대리인에 따라서는 의뢰인이 강력히 희망한다며 뻔한 사실도 부인하거나 부지라고 답변하여 신빙성을 의심케 하는 소송수행이 가끔 있다. 제대로 된 소송대리인이라면 이러한 경우 의뢰인을 정중하게 설득하여 명백한 사실은 가급적 자백하거나 적어도 침묵하여 자신이 하는 설명의 무게감을 느끼게 할 필요가 있다.

317) 판결주문은 소장의 청구취지에 대응하는 부분으로 '판결이유'의 결론에 해당되는 부분을 무색·투명한 용어로 요약해서 판결문의 앞에 기재해 둔 것을 말한다. 판결주문은 강제집행의 기준이 되므로 정확하고 잘 특정하여 기재하여야 한다. 본 사안에서는 피고측의 공제주장 이외에는 받아들여질 만한 주장이 없으므로 청구취지와 매우 유사한 판결주문을 구성할 수밖에 없다.

318) 상속분 계산은 매우 쉬워 보여도 실제 계산을 할 때 실수하여 틀리는 경우가 대단히 많다. 항상 주의해야 한다.

3. 임차보증금 반환청구 및 유익비 지급청구

가. 임차보증금반환채무와 임차목적물인도채무는 동시이행의 관계

임차보증금 반환채무와 임차목적물반환 채무 사이에는 동시이행의 관계에 있다.(대법원 1977. 9. 28. 선고 77다1241, 1243 전원합의체 판결)

나. 차임의 공제 및 임대차목적물의 멸실·훼손에 따른 손해배상액의 공제

임차보증금에서 연체차임을 공제하고, 임대차목적물에 입힌 손해배상액을 공제한 다음 나머지를 반환할 수 있다. 연체차임의 공제와 관련하여 다음과 같이 주의할 필요가 있다. 즉 임차인이 임대차목적물반환과 상환으로 임차보증금의 반환을 구하였는데 임대인이 그 반환의무를 부인하거나 반환할 액수를 다투는 등 동시이행항변권을 확보하기 위하여 임대차목적물을 점유하고 있을 뿐 본래의 용도로 사용하지 않고 있을 때는 불법점유도 아닐 뿐만 아니라 부당이득도 없어 임료상당의 손해배상금이나 부당이득금을 공제하여 반환하여서는 아니 된다.(대법원 1998. 7. 10. 선고 98다8554 판결) 하지만 단지 임차인의 주관적 사정으로 임대차목적물을 사용, 수익하지 않고 있을 뿐 점유를 반환하지 않으면 임료 상당의 부당이득금이 발생한 것으로 보아 그 연체임료를 공제한 후 나머지 임대차보증금을 반환할 수 있다.

다. 유익비, 필요비 반환청구와 유치권 – 유치권행사의 필요성

임차인이 필요비를 지출하였을 때는 그 전액에 대하여, 유익비를 지출하였을 때는 그 지출액 또는 현존가액 중 적은 금액으로 유치권을 행사할 수 있다. 유익비의 경우 이행기가 임대차종료시이다. 사안에서는 임대차계약이 2011. 3. 31.이고, 소제기는 2011. 4. 15. 제기하는 것으로 구성되어 있어 유익비상환청구권도 이행기가 도래하였다. 만약 유익비의 이행기가 도래하지 않은 상황하에서 유치권을 행사하려면 미리 행사할 필요성을 충분히 설명해야 한다.

소 장

원 고 김 갑 동 (611205–1114115)
고양시 일산서구 주엽1동 후곡마을 우성아파트 302동 1701호
소송대리인 변호사 박법전
00000000
전화번호 (02) ***–****, 팩스번호 (02) ***–****
이메일 : *****@****.***

피 고 1. 김 숙 현 (731118–2568232)

2. 이 수 열 (041024－1357823)
피고들 주소 서울 서초구 서초동 32 3층
피고 이수열은 미성년자이므로 법정대리인 모 김숙현

임차보증금반환 등 청구의 소

청 구 취 지

1. 피고들은 공동하여[319] 원고에게 12,000,000원 및 이에 대한 2011. 4. 1.부터 이 사건 소장 부본 송달일까지는 연 5%의,[320] 그 다음날부터 다 갚는 날까지는 연 20%의 각 비율에 의한 금원을 지급하라.
2. 피고들은 각자 원고에게 1,350,000원 및 이에 대한 2011. 1. 30.[321]부터 이 사건 소장부본 송달일까지는 연 5%의, 그 다음날부터 다 갚는 날까지는 연 20%의 각 비율에 의한 금원을 지급하라.
3. 소송비용은 피고들이 부담한다.
4. 위 제1, 2항은 가집행 할 수 있다.

라는 판결을 구합니다.

또는[322]

1. 피고들은 원고로부터 서울 서초구 서초동 32 지상 철근콘크리트조 슬래브지붕 3층 근린생활시설 및 주택 중 1층 근린생활시설 90㎡를 인도받음과 동시에 공동하여 원고에게 금 12,000,000원을 지급하라.
2. 피고들은 공동하여 원고에게 1,350,000원 및 이에 대한 2011. 1. 30.부터 이 사건 소장 부본 송달일까지는 연 5%의, 그 다음날부터 다 갚는 날까지는 연 20%의 각 비율에 의한 금원을 지급하라.
3. 소송비용은 피고들이 부담한다.
4. 위 제1, 2항은 가집행 할 수 있다.

라는 판결을 구합니다.

---

319) 과거에는 부진정연대채무 등은 “각자”라는 용어를 사용하여 그 다수당사자 채무관계를 표현하였다. 그런데 최근에는 “각자”라는 용어가 일상용어가 아니라 일반인들에게 대단히 생경한 용어인 점을 들어 순화과정을 거쳐 “공동하여”라는 용어 대체 사용하기로 하였다.

320) 상법 제54조에 따르면 “상행위로 인한 채무의 법정이율은 연 6%로 한다.”라고 규정되어 있다. 상행위는 기본적 상행위는 물론 보조적 상행위, 준상행위를 포함하는 개념이다. 개업준비행위의 경우도 “영업의사를 상대방이 객관적으로 인식할 수 있으면 개업준비행위도 보조적 상행위로서 상행위에 관한 상법의 규정이 적용된다.”(대법원 1999. 1. 29. 선고 98다1584 판결) 따라서 본 사안에서 상대방이 약국개설을 위해 임차목적물을 임차하는 것임을 객관적으로 알 수 있는 사정이 있었다면 임대차계약도 개업준비행위로 관련 임차보증금 반환청구에도 연 6%의 비율로 지연손해금 지급을 청구할 수 있다.

321) 필요비의 경우에는 지출한 날부터 법정이자를 가산하여 반환하여야 한다. 본 사안에서는 필요비인지 유익비인지 공사확인서의 기재만으로 분명하지 않다. 그러나 필요비라고 가정하여 소장을 작성하였다.

322) 패소하는 부분이 없게 청구취지를 구성하여 소를 제기하라고 요구하는 최근의 출제경향에 따를 때는 다음과 같이 청구취지를 재구성해야 한다.

청 구 원 인

1. 소외 망 이상진의 사망과 상속

가. 소외 망 이상진은 2010. 6. 30. 사망하였고, 사망 당시 유족으로는 처인 피고 김숙현, 외동아들인 피고 이수열이 있었습니다.

나. 그렇다면, 소외 망인의 사망으로 피고들이 소외 망인의 재산을 상속받았습니다.

2. 임차보증금 반환청구 및 필요비 지급청구

가. 사실관계

1) 원고는 2009. 3. 15. 소외 망인으로부터 서울 서초구 서초동 32 지상 철근콘크리트조 슬래브지붕 3층 근린생활시설 및 주택 중 1층 근린생활시설 90㎡(이하 '이 사건 점포'이라고 함)를 임차보증금 1,500만원, 차임 월 150만원(매월 1일 선불), 임차 기간은 2009. 4. 1.부터 2011. 3. 31.까지 2년간으로 정하여 임차하면서 임차보증 계약금조로 계약당일 150만원을 지급하였고, 잔금 1,350만원은 같은 해 4. 1. 지급하였고, 같은 날 임차목적물을 인도받아 약국을 경영하였습니다. 다만 원고는 소외 망인에게 2011. 2.분과 2011. 3.분 월 임료를 지급하지 않았습니다.

2) 원고는 2011. 1. 30. 이 사건 점포에 관하여 135만원을 들여 문짝수리, 벽면 보수, 바닥미장 공사를 하였습니다.

나. 소결론

그렇다면, 소외망인을 상속하여 공동임차인이 된 피고들은 임차보증금반환채무나 필요비반환채무를 불가분채무자로서 이행할 의무가 있습니다. 따라서 피고들은 공동하여 원고에게 밀린 2개월치 월세 합계 3,000,000원을 공제한 나머지 임차보증금 상당인 12,000,000원(15,000,000원 − 3,000,000원) 및 이에 대한 임대차계약 종료 다음날인 2011. 4. 1.부터 이 사건 소장 부본 송달일까지는 민법 소정의 연 5%의, 그 다음날부터 다 갚는 날까지 소송촉진 등에 관한 특례법 소정의 연 20%의 각 비율에 의한 지연손해금을 지급하고, 원고가 지출한 필요비 135만원 및 이에 대한 필요비 지출일인 2011. 1. 30.부터 이 사건 소장 부본 송달일까지는 민법 소정의 연 5%의, 그 다음날부터 다 갚는 날까지는 소송촉진 등에 관한 특례법 소정의 연 20%의 각 비율에 의한 지연손해금을 지급할 의무가 있습니다.

3. 결론

그렇다면, 원고의 피고들에 관한 청구는 모두 이유있어 이를 인용하고, 소송비용은 패소자들의 부담으로 하고, 일부 청구에 관하여 가집행을 선고해 주시기 바랍니다.

증 명 방 법(생략)
첨 부 서 류(생략)

2011. 4. 15.

원고 소송대리인 변호사 박 법 전 인

서울중앙지방법원 귀중

답 변 서

사건번호 2011가단00000 임차보증금반환등
원 고 김 갑 동
피 고 김 숙 현외 1인

위 사건에 관한 피고들은 다음과 같이 답변합니다.

답 변 취 지

1. 원고의 청구를 모두 기각한다.
2. 소송비용은 원고가 부담한다.

라는 판결을 구합니다.

답 변 원 인

1. 원고 청구원인에 대한 답변의 요지

원고가 소장에서 주장한 소외 망 이상진(이하 '소외 망인'이라 함)이 사망하여 그 유족으로 피고들이 있는 사실, 소외 망인과 원고 사이에 주장과 같은 임대차계약이 체결되고, 임차보증금을 지급한 다음 임차목적물을 인도받아 현재까지 약국을 경영하고 있는 사실, 문짝수리, 벽면수리, 바닥미장 공사를 한 사실은 인정하나 나머지 사실은 전부 부인합니다.

2. 임차보증금에서 밀린 월세의 추가공제

가. 원고는 소장에서 2011. 2. 및 2011. 3. 등 2개월분 임료 합계 3,000,000원의 공제를 스스로 인정하고 있습니다. 따라서 이 부분에 관한 원고 주장을 원용합니다.

나. 나아가 원고는 임대차계약 기간이 만료된 2011. 3. 31. 이후로도 여전히 이 사건 점포에 자물쇠를 채우고 인도해 주지 않고 있으므로 이 사건 점포를 불법점유 또는 무단점유 하고 있습니다. 따라서 이 사건 점포를 인도해 줄 때까지 추가적으로 월 150만원씩 공제되어야 할 것입니다.

다. 아무튼 피고들 측은 이미 임대차보증금을 마련해 두고 있으니 이 답변서를 송달받는 즉시 원고는 임차보증금 잔액을 수령함과 동시에 이 사건 점포를 인도해 줄 것을 촉구하고, 만약에 이에 응하지 않을 시에는 적어도 이 사건 답변서 송달 다음날부터 이 사건 점포의 인도 완료일까지 발생한 임료 상당의 불법점유로 인한 손해배상금은 임차보증금에서 공제되어야 할 것입니다.

3. 동시이행의 항변

원고 주장의 임대차 보증금 잔액의 반환채무는 이 사건 점포의 인도 의무와 서로 동시이행의 관계에 있으므로 원고의 이 사건 점포 인도가 있기까지 임차보증금 반환청구에 응할 수 없습니다.

4. 문짝수리, 벽면보수, 바닥미장공사는 필요비 또는 유익비 지출이 아닙니다.
   필요비는 이 사건 점포의 보존을 위하여 지출한 비용이어야 하고, 유익비는 이 사건 점포의 가치증가효과가 있는 비용지출이어야 합니다. 특히 바닥미장공사는 원고의 약국영업을 위한 것으로 필요비 또는 유익비에 해당하지 않을 뿐만 아니라 기타 문짝수리, 벽면수리도 그 내용을 찬찬히 살펴보면 결국 원고의 약국 영업을 위한 공사에 불과할 뿐 필요비 또는 유익비라고 할 수 없습니다.

5. 결론
   따라서 원고의 모든 청구는 이유 없으므로 모두 기각하고, 소송비용은 패소자의 부담으로 하여 주시기 바랍니다.

증 명 방 법(생략)
첨 부 서 류(생략)

2011. 0. 00.

피고 김숙현 인
피고 이수열 인

서울중앙지방법원 제0민사단독 귀중

주 문

1. 피고들은 원고로부터 서울 서초구 서초동 32 지상 철근콘크리트조 슬래브지붕 3층 근린생활시설 및 주택 중 1층 근린생활시설 90㎡를 인도받음과 동시에 공동하여 원고에게 금 12,000,000원을 지급하라.
2. 원고의 나머지 청구를 모두 기각한다.
3. 소송비용은 이를 5분하여 그 1은 원고가, 4는 피고들이 각 부담한다.
4. 위 제1항은 가집행할 수 있다.

V. 임대차, 지상물매수청구 등(5)[답변서]

1. 8단계 권리분석법에 의한 사건 전체의 분석

가. 의뢰인의 희망사항 분석결과

<table>
<tr><th rowspan="2">의뢰인
=피고</th><th colspan="3">청구취지 · 청구원인</th><th rowspan="2">희망사항</th></tr>
<tr><th>물권 침해? 약정?</th><th>침해자 또는 약정자는 누구(=피고)</th><th>원고의 자격</th></tr>
<tr><td rowspan="3">최준영</td><td>① 임대차계약
② 건물철거 및 원상회복 반환특약
③ 임차목적물인도
④ 임대차계약 종료
∴건물철거,[323] 임차목적물반환청구</td><td>∴약정자
(임차인)
(최준영)</td><td>약정의 상대방
(임대인)</td><td rowspan="3">가능하면 슈퍼마켓을 계속하고 싶다.
if not, 건물의 신축가액(2억 3,000만원)이라도 받은 후 토지와 건물을 인도해 주고 싶다.</td></tr>
<tr><td>① 소유권자
② 임대차계약 종료 후에도 점유 · 사용
③ 부당이득액
∴(침해)부당이득반환청구</td><td>∴침해자
(점유자)
(최준영)</td><td>물권자
(소유권자)</td></tr>
<tr><td>지상물매수청구권을 행사할 수 없다는 주장을 하고 있다.
① 원고가 건물의 소유권자이다.
② 특약 제2조 위반(동의나 승낙 없는 전대차계약)으로 해지통지를 하여 임대차계약이 종료되어 지상물매수청구권의 요건을 갖추지 못함</td><td></td><td></td></tr>
<tr><td>박예민</td><td>① 대지물권 침해
(지상건물을 점유)
∴방해배제청구로서 건물퇴거청구
[① 임차인 건물철거의 특약
② 임차인과 전대차계약
∴약정상의 건물철거청구][324]</td><td>∴침해자
(점유자)
(박예민)</td><td>물권자
(대지소유권자)</td><td></td></tr>
</table>

---

323) 임대차계약 종료 후 지상물 철거하는 등 원상회복하여 반환하는 등 의무가 있다. 본 사안과 같이 임대차계약시 당사자가 명시적으로 약정해야만 발생하는 의무가 아니라 임대차계약 자체의 성질상 표준적 약정(default rule)의 형태로 그러한 의무를 임차인이 부담하는 것으로 본다. 그렇다면 본 사안에서 임대차계약상 특약으로 그 약정을 해 둔 것은 이러한 임차인의 당연한 의무를 확인하는 의미만 있다. 좀 더 상세한 논의는 강의안에서 보다 더 자세하게 설명한다.

324) 임대인이 임차인과의 약정상의 건물철거채무가 있으면 임차인으로부터 전대받아 점유 중인 전차인에 대하여 직접 건물 퇴거청구를 할 수 있는지 의문이 있다. 따라서 전차인에 대해서는 대지 소유권에 기한 건물철거청구에 수반하여 그 건물의 점유자에 대한 퇴거청구를 하는 것으로 구성함이 더 타당하다.

나. 피고의 답변원인 분석결과

소송명	청구원인	답변 · 항변 (법률상 주장 포함) 재재항변[325]	재항변 등
건물철거, 임차목적물 반환청구	① 임대차계약 ② 건물철거 및 원상회복 반환특약 ③ 임차목적물인도 ④ 지상건물의 축조 및 현존 ⑤ 임대차계약 종료	Ⓐ 본안전 항변[326] Ⓑ (a)답변 ①②③ 자백(의제자백) ④묵시적 갱신(부인)[327] (전대차 이유로 해지통지는 약정상의 요건을 갖추지 못하여 효력 없음) Ⓑ (b)항변 ① 권리남용 항변[328] ② 지상물매수청구권[329] ⓐ 지상물매수청구권의 발생 건물 소유를 목적으로 하는 토지 임대계약 건물의 신축과 현존 갱신청구 및 거절 임대차계약의 기간만료 (전대차 이유로 해지통지는 약정상의 요건을 갖추지 못하여 효력 없음) ⓑ 지상물매수청구권의 행사 의사표시, 도달 (ⓒ 지상물 시가)[330] **[재항변에 대한 답변 및 재재항변]** Ⓐⓐ사실은 있으나, Ⓐⓑ사실에 관한 주장·증명없음(부인)	Ⓐ묵시적 갱신 요건 충족하지 못함 ⓐ갱신방법에 관한 특약 ⓑ해당 특약에 따른 통지, 도달 Ⓑ(a)건물 소유권은 원고가 보유(부인) Ⓑ(b)지상물매수청구권 포기의 특약 ⓐ특약사실 ⓑ실질적으로 임차인에게 불리하지 않음[331]
침해부당이득 반환청구	① 소유권자 ② 임대차계약 종료 후에도 점유·사용 ③ 부당이득액	Ⓐ 본안전 항변 Ⓑ (a)답변 Ⓑ (b)항변[332]	
건물철거	① 대지 소유권 ② 건물 ③ 건물 점유	Ⓐ 본안전 항변 Ⓑ (a)답변 Ⓑ (b)항변	

325) 우측의 재항변 중 의미 있는 재항변에 대한 재재항변사유도 이란에서 설명한다.

326) 본 사안에서는 본안전 항변에 관해 특별히 제기할 수 있는 것이 없다. 그러나 답변서 작성 문제가 출제되었을 때는 반드시 본안전 항변사유들을 샅샅이 살펴 찾아내야 한다.

327) 원고는 임차목적물반환청구를 하기 위해 반드시 임대차계약의 종료사실을 주장·증명해야 한다. 따라서 묵시의 갱신이 되었다는 사실은 이러한 임대차계약의 종료 주장에 대한 부인적 성격을 가진 주장이다. 본 사안에서는 임대차기간이 만료되고도 상당기간 점유중이나 이미 원고측에서 정식으로 갱신거절의 의사표시를 해 묵시의 갱신이 되지 않았다. 따라서 묵시의 갱신 주장은 매우 중요한 주장이기는 하나 본 사안에서는 증거상 뒷받침이 없어 주장할 수 없다.

328) 건물철거 청구의 대표적인 항변사유이다. 권리남용은 ① 권리행사의 외관, ② 그 행사가 신의칙위반, ③ 가해의 의사(오직 상대방에게 고통이나 손해를 입힐 것을 목적) 등 요건을 갖추어 주장하여야 한다. 본 사안에서는 권리남용의 항변을 주장할만한 요건들이 갖추어지지 않았다.

329) 지상물매수청구권은 예비적 항변으로서의 성격을 갖고 있다. 본 사안에서 피고는 우선 임대차계약이 갱신되어 유효하게 존속중임을 주장하고, 또 건물철거 청구가 권리남용, 신의칙 위반이라는 주장을 하여 건물철거, 대지인도

2. 건물철거 및 임차목적물반환청구

가. 건물철거청구권

임대인이 건물철거권을 갖는 근거[333]는 Ⓐ 대지의 소유자로서, 그 지상건물이 소유권에 대한 방해에 해당되어 방해배제청구권의 행사로 건물철거청구권이 발생할 수 있고, Ⓑ 임대차계약 종료 후 임차인은 원상회복하여 임차목적물을 반환해야 할 의무를 부담하기 때문에 발생한다는 2가지 청구원인을 갖게 된다. Ⓐ는 전형적인 물권적 청구권으로서의 건물철거권 구성방법이고, Ⓑ는 계약의 표준적 약정에 기한 채권적 청구권 구성방법이다.[334] 임대인은 대지의 소유권자[335]라면 양 청구권을 모두 갖고 양 청구권은 청구권경합의 관계에 있다. 임차인에 대해 임대차종료 후 원상회복 의무의 이행으로 철거청구를 구하는 채권적 청구권은 임대인이 임차인에 대해 행사할 수 있는 상대권이다. 따라서 이러한 청구권으로 현재 건물을 점유하고 있는 제3자를 상대로 퇴거청구까지 할 수 있는 것은 아니다.

나. 퇴거청구권

임대인이 임차인을 상대로 건물철거를 청구할 때는 철거청구에는 퇴거를 포함하고 있으므로 임차인을 상대로 별도로 퇴거청구까지 할 필요는 없다. 문제는 제3자가 건물을 점유하고 있을 때이다. 임대차계약은 약속의 당사자인 임대인과 임차인 사이에만 효력이 있는 것이고, 그 임대차계약 종료 후 원상회복의무도 원칙적으로 양 당사자 사이에만 그 효력이 있다. 따라서 임대인이 원상회복의무의 한 내용으로 건물철거청구를 하는 경우에는 현재 점유 중인 제3자를 상대로 퇴거청구를 할 수도는 없다. 이러한 퇴거청구권은 대지 소유권에 기한 물권적 청구권으로서 건물철거를 구할

청구를 기각시켜 결국 임차인이 건물을 계속 점유하면서 영업을 할 수 있게 소송을 수행하여야 한다. 의뢰인의 희망사항도 그에 부합한다. 따라서 지상물매수청구권의 행사는 주된 주장들이 받아들여지지 않았을 때를 상정한 예비적 주장으로서의 성격을 갖고 있다.

330) 지상물매수청구권은 원고의 건물철거에는 항변으로서의 효력이 있다. 따라서 본 사안과 같이 건물철거에 항변으로서 지상물매수청구권을 행사하는 경우에는 단지 지상물매수청구권의 발생원인과 행사사실만 주장·증명하면 되고, 지상물의 시가상당을 주장·증명할 필요는 없다.

331) 지상물매수청구권 ⓐ 포기의 특약이 ⓑ 임차인에게 불리하지 않다는 사실까지도 임대인이 주장·증명해야 한다. (대법원 2002. 5. 31. 선고 2001다42080 판결) 따라서 임차인은 임차인에게 불리하다는 사실은 부인에 해당된다.

332) 침해부당이득반환청구와 관련하여 특별한 본안전 항변, 항변 사유들이 존재하지 않는다.

333) 법률요건-법률효과라는 체계로 하는 해석법학이 주류를 이루는 대한민국 민법학계의 주류적 태도는 임대차계약 종료 후 철거청구권의 발생근거를 논의하고 있지 않다. 그래서 각종 민법 교과서의 채권각론 임대차 부분에서 해당 논의를 찾을 수 없을 것이다. 실제로 각종 소송과정에서 빈번하게 문제가 되고 있다. 그래서 최근 실무교수들을 중심으로 임대차계약 종료 후 철거청구권의 성격을 중심으로 약간의 논의가 시작되고 있다.

334) 김상찬·김수진, "임대차계약에서의 요건사실과 증명책임" 법학연구 44집(2011.11.) 186면, 전병서, 「요건사실 민사법」 2010, 법문사 385면

335) 임대인이 소유권자가 아닐 수 있다. 예를 들면 임차인이 다시 전대차를 한 경우에는 임차목적물의 소유권은 보유하지 않으면서 전차인에 대하여 임대인적 지위를 갖게 된다. 이러한 경우 임차인겸 전대인도 전차인에 대해 원상회복청구권을 갖고 있다.

때는 현재 점유중인 제3자를 상대로 퇴거청구를 할 수 있다. 물권의 절대적 효력, 대세적 효력에 기한 것으로 당연한 귀결이다. 만약 임대인이 채권적 청구권인 철거청구권을 행사하고 있다면 현재 점유중인 제3자를 상대로는 그 철거청구권을 피보전권리로 하여 임차인이 제3자에 대하여 가지는 인도청구권을 대위행사 할 수는 있을 것이다.

3. 지상물매수청구권

가. 표준적 약정(default rule)으로서의 지상물매수청구권

임대차계약의 경우 명시적 약정이 없어도 건물의 건축을 위한 대지 임대차계약이 기간만료로 종료된 다음 그 축조된 지상물이 현존하는 경우 임차인은 지상물매수청구권을 행사할 수 있다. 이는 고가의 지상물을 철거하는 사회적 손실을 막고 또 임차인을 보호하기 위한 목적에서 인정된 제도이다.

나. 지상물매수청구권의 편면적 강행규정(효력)성(민법 제652조)

실질적으로 임차인에게 유리한 특별한 사정이 없는 한 지상물매수청구권을 사전에 포기하는 약정은 임차인에게 불리한 약정으로 그 효력이 없다.(대법원 2002. 5. 31. 선고 2001다42080 판결) "유리한 특별한 사정"은 당해 계약의 조건 자체에 의하여 가려져야 하지만 계약체결의 경위와 제반 사정 등을 종합적으로 고려하여 실질적으로 임차인에게 불리하다고 볼 수 없다는 것을 의미한다.(대법원 1997. 4. 8. 선고 96다45443 판결) 주로 임료시세와 약정임료를 비교하여 그 차액이 크다, 임대기간이 장기간이다는 등으로 주장·증명할 수 있다. 그런데 본 사안에서는 약정임료와 임료시세에 큰 차이가 없다.

다. 지상물매수청구권의 발생과 그 행사(요건사실)

① 건물의 소유를 목적으로 한 토지 임대차계약

② 건물의 축조와 현존

건물의 건축시기는 문제가 되지 않는다. 임대차계약 전에 존재한 것이어도 되고, 임대차계약의 취지에 따라 신축된 것이어도 된다. 또 토지의 임차목적에 반하여 축조되었다거나 임대인이 예상할 수 없는 고가의 건물이 아닌 한 임대차 기간 중에 건축되어도 된다.

③ 갱신거절

앞서 본 해지통고 중 임대인측의 해지통고로 인한 임대차계약의 종료에 대하여는 갱신청구의 거절을 주장·증명할 필요가 없다.(대법원 2009. 11. 26. 선고 2009다70012 판결)

④ 임대차기간만료로 종료되어야 한다.

기간만료로 인한 종료에는 해지통고로 인한 종료도 포함된다.(대법원 1995. 7. 11. 선고 94다34265 판결)

⑤ 지상물매수청구권을 행사하고 그 의사표시가 도달하여야 한다.

지상물매수청구권의 행사시기에는 제한이 없다. 임차인 자신의 건물매수청구권을 1심에서 행사하였다가 철회한 후 항소심에서 다시 행사하였다고 하여도 허용된다.(대법원 2002. 5. 31. 선고 2001다42080 판결) 건물철거 및 인도청구의 확정판결이 있어도 실제로 철거집행이 되기 전이라면 이를 행사할 수 있다.(대법원 1995. 12. 26. 선고 95다42195 판결)

라. 지상물매수청구권 행사의 효과

(1) 매매계약이 체결된다.(대법원 1991. 4. 9. 선고 91다3260 판결)

㈎ 매매대금의 결정

지상물의 매매가격은 "건물 자체의 가격외에 건물의 위치, 주변토지의 여러 사정 등을 종합하여 매수청구권의 행사 당시 건물이 현재하는 상태로 평가된 시가"라 할 것이다.(대법원 2002. 11. 13. 선고 2002다46003, 46027, 46010 판결) 본 사안에서는 매수청구권을 행사한 후 임대차계약기간이 종료되었으므로 위 매수청구권의 행사가 임대차계약기간 만료를 정지조건으로 한 의사 표시적 성격이 강하다. 따라서 임대차계약기간 만료시점에서의 시가가 매매가격이 될 것이다.

만약 지상물에 저당권이 설정되어 있는 경우에도 건물의 시가로 평가할 뿐 채권최고액 등을 공제하여 지상물 매매대금을 정할 필요는 없다. 다만 임대인은 민법 제588조를 근거로 저당권설정등기가 말소될 때까지 채권최고액에 상응하는 매매대금의 지급을 거절할 수 있다.(대법원 2008. 5. 29. 선고 2007다4356 판결)

㈏ 매매대금지급의무와 건물 인도 및 소유권이전등기 의무는 동시이행의 관계에 있다.(대법원 1998. 5. 8. 선고 98다2389 판결)

(2) 건물철거 및 대지인도를 구하는 임대인의 청구는 기각되어야 한다.(대법원 1995. 2. 3. 선고 94다51178, 51185 판결) 그래서 수소법원은 임대인인 원고에게 종전의 청구를 계속 유지할 것인지 아니면 대급지급과 상환으로 지상물의 명도를 청구할 의사가 있는 것인지를 석명할 의무가 있다.(대법원 1995. 7. 11.. 선고 94다34265 전원합의체 판결) 만약 임대인이 이에 응하여 청구를 (예비적) 변경하면 이에 따라 판결을 할 것이고, 응하지 않으면 청구를 기각해야 한다.

(3) 하지만 대지의 임차인은 대지의 사용·수익하는 부당이득은 반환하여야 한다.(대법원 1998. 5. 8. 선고 98다2389 판결)

답 변 서

사 건 2010가합1111 건물철거 등

원 고 이 유 진

피 고 1. 최 준 영

2. 박 예 민
피고들 소송대리인 변호사 000
서울 xxxxxxxxx
전화번호 (00) 0000-0000, 팩스번호 (00) 0000-0000
이메일주소 000@0000.com

위 사건에 관한 피고들의 소송대리인은 다음과 같이 답변합니다.

답 변 취 지

1. 원고의 피고들에 대한 청구를 모두 기각한다.[336]
2. 소송비용은 원고가 부담한다.

라는 판결을 구합니다.

답 변 원 인

1. 원고 청구원인에 대한 답변의 요지[337]

피고들은 부부인 점, 피고 최준영이 2005. 2. 3. 원고와 임대차계약을 체결하고, 대지를 인도받고, 그 지상에 주장과 같은 건물을 신축한 사실은 인정하나 나머지 사실은 전부 부인합니다.

2. 원고의 피고 최준영에 대한 건물철거 및 토지인도 청구에 관한 답변

가. 지상물매수청구권의 행사와 원고의 매매대금지급 의무의 발생 그리고 건물 철거의무의 소멸 및 토지인도에 대한 매매대금지급의무의 동시이행관계

1) 지상물매수청구권의 발생과 그 행사 그리고 매매대금

가) 지상물 신축과 임대차계약기간의 만료

피고 최준영이 2005. 2. 3. 이 사건 임대차계약을 체결하고 원고로부터 이 사건 토지를 임차하였을 때 "임차인은 임차토지 내에 슈퍼마켓 용도의 단층건물 1동을 면적 530㎡ 이내로 신축도록 하며, 그 이외의 토지는 주차장으로 사용한다. 위 신축건물의 건축비는 2억원을 초과하지 못한다."고 특약(특약 제1조)하였고, 이 특약에 따라 피고 최준영은 자신의 비용을 들여 이 사건 건물을 축조하여 2005. 6. 1. 완공하여 같은 날 원고 명의로 소유권보존등기를 경료한 다음 그 건물에서 슈퍼마켓 영업을 해 오다가 위 임대차계약이 2010. 2. 28. 5년간의 임대기간의 만료로 종료되었습니다.

---

336) 청구취지를 "원고의 청구를 모두 기각한다."라고 기재해도 된다. 사실 원고 청구 중 무단점유로 인한 임료상당의 부당이득반환청구는 이유 있어 이에 대하여 기각을 구해도 승소할 수 없다. 하지만 실무상으로는 원고 청구의 일부만 이유 있을 때 이를 인락하지 않는 이상 답변취지에서는 원고 청구 전부에 대한 기각을 구한다.

337) 원래 "원고 주장 청구원인의 요지"라는 란을 만들어 소장상의 원고 청구원인을 간략하게 요약하기도 한다. 실무상으로는 원고 주장이 요약된 소장이 이미 제출되어 기록에 편철되어 있기 때문에 해당 란을 생략하기도 하고, 작성한다고 하더라도 아주 간략하게 요약하여 작성한다. 본 모범답안에서는 해당 란을 생략하여 작성해 본다. 하지만 "답변"은 반드시 해야 한다.

나) 지상물매수청구권의 행사

피고 최준영은 2010. 1. 21. 원고에게 내용증명우편을 보내 이 사건 임대차계약의 갱신을 청구하면서 계약갱신의 의사가 없으면 이 사건 건물에 대한 매수청구권을 행사한다는 취지와 함께 지상물 매매대금 2억원의 지급을 요구하였고, 그 내용증명우편은 같은 달 22. 원고에게 도달하였으나 원고는 피고 최준영의 계약갱신 요청에 응하지 않고 이 사건 임대차계약은 기간만료로 종료되었습니다.

다) 매매대금[338)]

이 사건 건물에 대한 감정평가액은 2010. 3. 1. 기준으로 180,000,000원 상당이라 할 것입니다.

라) 소결론

따라서 피고 최준영이 위 내용증명우편을 통하여 행사한 지상물매수청구권은 이 사건 임대차계약이 기간만료 되어 종료됨으로 그 효력을 발생하게 되어 원고와 피고 최준영 사이에는 이 사건 건물에 대한 2010. 2. 28.자 매매계약이 성립되었다고 할 것입니다. 가사 위 내용증명우편으로 매수청구권의 행사가 인정되지 않는다고 하더라도 이 사건 답변서 부본의 송달로서 매수청구권을 행사하는 바입니다.

2) 건물철거의무의 소멸과 지상물 매매대금 지급의무의 토지인도의무에 대한 동시이행관계

가) 건물철거의무의 소멸

지상물매수청구권의 행사가 유효하여 지상물에 대한 매매계약이 성립된 경우에는 건물철거의무는 소멸하게 됩니다.

따라서, 원고의 피고 최준영에 대한 건물철거 청구는 이유 없습니다.

나) 지상물의 매매대금 지급의무의 토지 인도 의무에 대한 동시이행관계

지상물매수청구권의 행사로 인한 매매대금지급 의무와 지상물의 인도 및 소유권이전등기 의무는 동시이행의 관계에 있을 뿐만 아니라 토지 인도 의무도 매매대금지급의무와 동시이행의 관계에 있다 할 것입니다.

나. 원고의 주장에 대한 반박

1) 원고 주장의 요지

원고는 이 사건 건물은 위와 같은 경위를 거쳐 2005. 6. 1. 원고 명의로 소유권보존등기 된 원고 소유의 건물로 이 사건 건물이 피고 소유임을 전제로 한 지상물매수청구권은 그 효력이 없고, 나아가 이 사건 임대차계약은 피고 최준영 2007. 2. 1. 피고 박예민에게 이 사건 건물 중 소장 첨부 별지 도면 표시 (나) 부분을 무단 전대하여 피고 박예민이 사업자등록을 한 채 (나) 부분에서 식육점을 경영하고 있음을 이유로 원고의 2009. 8. 1. 해지통지로 종료되었으므로 피고 최준영은 이 사건 건물에 대한 지상물매수청구권을 행사할 수 없습니다. 따라서 피고 최준영 주장의 지상물매수청구권 행사로 인한 매매계약의 체결주장은 이유 없습니다.

338) 건물철거와 대지인도 청구에 대한 항변으로서 지상물매수청구권을 행사할 때는 매매대금은 요건사실이 아니다. 따라서 이 항은 삭제되어야 한다. 지상물매수청구권에 의해 매매계약이 성립되었음을 이유로 매매대금지급청구를 할 때는 그 요건사실이 된다.

2) 지상물이 원고 소유라는 주장에 관한 반박

이 사건 건물은 피고 최준영이 이 사건 임대차계약의 취지에 따라 자신의 비용으로 이 사건 건물을 신축하였습니다. 다만 2005. 6. 1. 임대차계약상의 특약에 따라 그 소유권보존등기만은 원고 명의로 경료하였습니다.

그렇다면 피고 최준영이 이 사건 건물을 원시취득하였습니다. 따라서 원고 명의로 된 소유권보존등기는 원인 없이 경료된 무효의 등기이거나 소위 명의신탁으로서의 효력밖에 없을 것이므로 명의신탁자에게 그 소유권을 주장할 수 없다고 할 것입니다.

따라서, 무효의 등기에 기한 원고의 위 주장은 이유 없습니다.

3) 피고 최준영은 전대한 사실이 없습니다.[339] 다만 다른 목적 때문에 처인 피고 박예민과 사이에 전대를 가장하였을 뿐입니다.

즉 피고들은 부부로서 피고 최준영은 슈퍼마켓을 경영하면서 그 영업에 필수적인 정육점도 설치하여 영업하고자 하였는데 정육점 매출액까지 전체 매출로 계상되면 소득세가 많이 나올 것을 우려한 나머지 소득세를 절감하기 위하여 처인 피고 박예민 명의로 사업자 등록을 별도로 하고 2007. 2. 1.자로 (나) 부분에 관하여 월세 40만원으로 된 전대계약서를 작성한 채 마치 피고 박예민이 정육점을 경영하는 것처럼 하였으나 실제로는 피고 최준영이 정육점을 포함한 슈퍼마켓 전체를 경영하고 있었습니다.

이 사건 임대차계약 특약 제2조에 의하면 "임차인은 임대인의 승낙없이 ... 위 건물의 전부 또는 일부를 타에 전대할 수 없으며, 이를 위반하는 경우, 임대인은 계약을 해지할 수 있다"고 약정한 사실이 있습니다. 위 특약은 민법 제629조와 그 취지가 통하는 것으로 그 취지는 임차인이 임대인의 동의나 승낙 없이 제3자에게 전대하는 것은 임대인에게 임대차관계를 존속시킬 수 없는 배신적 행위가 되므로 임대인이 일방적으로 임대차관계를 종료시킬 수 있도록 한 것이지, 임차인의 당해 행위가 임대인에 대한 배신적 행위라고 인정할 수 없는 특별한 사정이 있는 경우까지 임대인에게 해지를 허용한 것은 아닙니다.(대법원 1993. 4. 27. 선고 92다45303 판결)

그렇다면, 사실상 임차인이 이 사건 건물을 점유하여 슈퍼마켓을 경영하면서 세무목적상 처인 피고 박예민과 사이에 임대를 가장해 두었다는 이유로 한 위 임대차계약 해지통지는 그 효력이 없다 할 것이고, 이를 근거로 한 지상물매수청구권의 부인은 이유 없습니다.

다. 원고의 "건물철거합의"에 근거한 지상물매수청구권 포기 주장에 대한 반박

1) 원고는 피고 최준영이 2005. 2. 3. 이 사건 임대차계약 체결시 "임대차계약이 만료되는 경우 ...... 토지상의 모든 건물은 임차인의 비용으로 즉시 철거하고 토지를 원상회복하여 임대인에게 인도한다."고 특약(특약 제3조 제4항)하였을 뿐만 아니라 같은 일자로 위 임대차계약 특약 제3조 제항에 규정된 건물철거동의서를 작성해 주면서 이 사건 토지 지상에 신축할 슈퍼마켓용 건물 및 기타 부속건물, 공작물, 구축물, 기타 모든 건축물 일체를 임대차계약의 만료, 종료, 해지 혹은 기타 사유로 임대차계약을 지속할 수 없을 때는 임차인의 부담으로 철

---

339) 본 쟁점에서 일반적으로 제목을 "원고의 피고 최준영의 무단전대로 인한 임대차계약의 해지 주장에 관하여"라고 붙일 것이나 "...에 대하여"와 같은 제목은 전하고자 하는 메시지가 확실하게 전달되지 않는 단점이 있다. 그래서 위와 같은 제목을 붙여 보았다.

거할 것을 약속하였다면서 피고 최준영은 이 사건 건물의 철거의무를 부담할 뿐 지상물매수청구권을 행사할 수 없다고 주장합니다.340)

2) 하지만 민법 제652조에 의하면 지상물매수청구권(민법 제643조)은 임대차가 종료하기 전에 임차인이 이를 포기하기로 약정하였다고 하더라도 임차인에게 불리한 것으로 그 효력이 없다 할 것입니다. 따라서 실질적으로 임차인에게 유리한 특별한 사정이 엿보이지 않는 이 사건 지상건물의 철거약정은 그 효력이 없어 무효라 할 것이므로 원고의 위 주장도 이유 없습니다.

3. 피고 최준영에 대한 부당이득반환 청구

피고 최준영은 이 사건 건물을 소유함으로써 그 대지를 점유사용하고 있다는 사실은 인정합니다.

4. 피고 박예민에 대한 퇴거청구

가. 원고는 피고 박예민이 이 사건 건물 중 (나)부분을 점유하고 있음을 전제로 그 퇴거를 구하고 있습니다.

나. 하지만 앞서 설명한 바와 같이 피고 박예민은 단지 소득세 절감을 위하여 통정하여 허위표시의 전대차계약을 체결한 결과 마치 (나)부분을 점유하고 있는 것처럼 가장하였을 뿐이나 실제로는 피고 최준영이 (나) 부분 정육점을 포함하여 이 사건 건물 전부를 사용하고 있어 피고 박예민의 (나)부분 점유를 전제로 한 이 사건 퇴거청구는 이유 없습니다.

5. 결론

따라서 원고의 청구 중 피고 최준영에 대한 건물철거 및 토지인도청구는 이유 없고, 피고 박예민에 대한 청구는 이유 없으므로 이를 모두 기각하여 주시고, 소송비용은 패소자의 부담으로 하여 주시기 바랍니다.

증 명 방 법(생략)

첨 부 서 류(생략)

2010. 7. 00.

피고들 소송대리인 변호사 000 인

대구지방법원 제0민사부 귀중

---

340) 소장상으로는 그 주장이 나와 있지 않다. 하지만 소송이 진행되면서 제기할 것이 예상되고 상대방의 예상가능한 주장에 대한 반박 차원에서 본 주장에 대한 반박도 포함시켜 두었다.

문제 2에 대한 답변 : 원고가 2005. 3. 1.부터 2008. 2. 28.까지 3년간 월임료는 930만원이었고, 2008. 3. 1.부터 2010. 2. 28.까지 월 임료는 670만원이었는데, 이 사건 임대차계약은 보증금 없이 월 500만원에 불과하였으므로 임차인은 5년간 합계 212,600,000원[154,800,000원{(9,300,000원 − 5,000,000원) × 36개월} + 57,800,000원{(6,700,000원 − 5,000,000원) × 24개월}] 상당 저렴하게 임차하였으므로 결국 약 2억원을 투자하여 건물을 신축하여 영업하다가 5년 후에 철거하기로 하였다고 하더라도 특별히 피고에게 불리한 지상물매수청구권의 사전포기 약정이라고 볼 수 없다고 주장하는 것이 가능하다.

본 사안에서는 지상물매수청구권을 이미 행사했고, 그 결과 임대차계약이 종료된 무렵에 그 효력이 발생하게 되었다. 따라서 2010. 3. 1. 무렵 시가인 180,000,000원으로 매매계약이 체결되었다고 할 수 있다. 다만 그 재판 외 행사사실이 인정되지 않아 이 사건 답변서 부본 송달로서 행사를 하게 된다면 2010. 9. 1. 무렵 시가인 175,000,000원이 매매대금이 될 것이다.

문제 3에 대한 답변 : 지상물매수청구권은 확정판결이 있었다 하더라도 기판력에 의해 차단되는 형성권이 아니다. 따라서 행사할 수 있다. 구체적인 것은 제2회 변호사시험에서 실제 문제로 출제되었으니 해당 부분에 대한 강평안을 참조하기 바람

Ⅵ. 물품 대금, 임대차보증금반환 등(6)

1. 7단계 권리분석법에 의한 사건 전체의 분석

가. 의뢰인의 희망사항 분석결과

의뢰인 =원고	희망사항	물권 침해? 약정?	침해자 또는 약정자는 누구(=피고)	원고의 자격, ∴소송명
이원일	모든 채무자들을 상대로 판결을 통해 가급적 많은 금액의 채권을 인정받아 두고 싶다. 가능하면, 임대인으로부터 직접 지급받기를 희망한다.	① 물품공급계약 ② (연대)보증 **∴불이행 있어 강제이행청구** **③ 임대차계약**	**∴약정자** **(매수인)** **(김승수)** **(보증인)** **(박민철)** **(임대인)** **(망 최천수)**	**약정의 상대방** **(매도인)** **∴물품 대금,** **(연대)보증금청구** **대위행사** **약정의 상대방** **(임차인)** **∴임차보증금반환청구**

나. 원고의 청구원인 분석결과

소송명	청구원인	항변 (법률상 주장 포함)	재항변 등
물품 대금, 보증금청구	① 전속적관할합의 ② 물품 대금계약 ⓐ 물품 대금계약 ⓑ 물품의 인도 ⓒ 지급일의 약정 ⓓ 지연손해금율 약정[341] ③ 준소비대차계약(추가합의) ④ 일부변제(2008.8.20.)	Ⓐ 소멸시효 완성 [박민철] Ⓐ 착오로 인한 의사표시(보증)으로 취소 Ⓑ 소멸시효완성	
임차보증금 반환청구	① 대위요건 피보전채권, 이행기, <u>**무자력**</u>, 미행사 ② 임대차계약 ⓐ 임대차계약 ⓑ 임차보증금지급 ⓒ 임차목적물 수령 ⓓ 임대차계약 종료 ③ 공제 미지급임료(2010. 6.분부터) ④ 상속 ⓐ 피상속인 사망 ⓑ 유족(김유순,최일남,최민국) ⓒ 상속분(3/7, 2/7, 2/7)[342]	Ⓐ 해주최씨 강천공파 문중으로부터 명의수탁받은 자이다. Ⓑ 소외 강만일이 채권가압류하여 그 결정문을 송달받았으므로 청구에 응할 수 없다.	Ⓐ 임대차계약에 기해 임대인에게 약정상의 임차보증금반환청구를 하는 것이므로 임차목적물의 소유권과는 아무런 관련이 없다.(법리론) Ⓑ 채권가압류된 채권도 추상적 채무권원을 만드는 판결절차에서 청구를 할 수 있고, 다만 강제집행을 할 수는 없다.

341) 지연손해금은 약정하지 않아도 지급의무가 있다. 지연손해금율에 관한 약정이 없으면 약정이율이 민사의 경우 연 5%(상사의 경우 연 6%)보다 낮은 경우에는 법정이율로, 약정이율이 법정이율보다 높은 경우에는 약정이율로 정한다. 그런 이유로 지연손해금율을 청구원인으로 주장·증명해야 한다. 물론 그 지연손해금율이 이자제한법의 이율(2018. 2.부터는 연 24%)을 초과하는 경우에는 그 범위내로 제한된다.

2. 관할합의(전속적 관할합의와 병존적 관할합의)

관할합의는 종종 출제되는 문제이다. 다음과 같이 기억하고 있으면 된다. 즉 관할합의는 원칙적으로 병존적 관할합의로 추정한다. 병존적 관할합의는 기존의 관할 이외에 새로운 관할을 추가한 것으로 원고는 법률상의 관할과 병존적 관할합의에 의한 관할 중 어느 한 곳을 선택하여 소를 제기할 수 있다. 다만 임의관할이 있는 법원 중 그 1을 대상으로 관할합의 하였을 때는 전속적 관할합의로 추정한다. 본 건의 경우에는 피고 김승수, 박민철의 주소가 서울동부지방법원 관내이므로 전속적 관할합의로 보아야 한다. 따라서 다른 법원에 소를 제기하면 감점이 된다.

3. 준소비대차 — 경개와의 구분

가. 준소비대차

(1) 준소비대차는 경개와 달리 채권의 동일성이 유지된 채 소비대차계약이 성립된다.(대법원 2007. 1. 11. 선고 2005다47157 판결) 따라서 준소비대차계약에 의하여 Ⓐ 기존채무는 소멸하고, 소비대차상의 채무가 성립한다. Ⓑ 양 채무 사이에는 동일성이 유지되므로 동시이행의 항변권이 그대로 존속하고, 담보권(대법원 1994. 5. 13. 선고 94다8440 판결)이나 보증(대법원 2002. 10. 11. 선고 2001다7445 판결)도 신채무를 위하여 존속한다. Ⓒ 다만 소멸시효는 준소비대차에 의하여 성립하는 신채무를 기준으로 결정된다.(대법원 1981. 12. 22. 선고 80다1363 판결)

	준소비대차	경개
신·구 채무와의 관계	- 소비대차계약만 존속 - 기존 채무 소멸	- 신채무관계만 존속 (신채무가 소비대차라면 준소비대차와 모습은 비슷) - 기존채무 소멸
동일성 유지 여부	**동일성 유지** **- 동시이행항변권 존속** **- 보증, 담보권 존속**	**동일성 없음** **- 동시이행항변권 불인정** **- 보증, 담보 소멸**
소멸시효기산점	**신채무를 기준으로 산정**	**신채무를 기준으로 산정**
유·불리	채권자에게 대체로 유리	채권자에게 대체로 불리

준소비대차와 경개는 이처럼 다른 것이므로 당사자의 의사가 불분명한 때에는 원칙적으로 준소비대차를 한 것으로 추정하여야 한다. 따라서 ① 대환대출의 경우도 원칙적으로 준소비대차를 한 것으로 보아야 한다. 다만 ② ⓐ 기존대출과 신규대출이 그 대출과목, 대출원금, 이율 및 지연손해금 등에서 서로 다르고 일부 이자를 원금으로 포함시키는 등 사정이 있으면 경개가 이루어진 것으

342) 임대인의 상속인들은 상속으로 인하여 상속분으로 재산을 상속받지만 임차인에 임차보증금반환채무는 불가분채무로 "공동하여" 이행할 의무가 있다.

로 보아야 하고, ⓑ 전환사채발행을 통하여 기존 채무를 변제하였을 때도 그 성질상 경개가 이루어진 것으로 보아야 한다.

(2) 본 사안의 경우

본 사안에서는 준소비대차가 성립되었다고 보아야 한다. 따라서 신규 소비대차계약에 따른 청구일 때에도 구채권상의 연대보증은 그대로 승계되나 소멸시효는 신규 소비대차계약상의 변제기를 기준으로 진행된다. 다만, 신규 소비대차 약정상 채무자가 합의상의 채무를 이행하지 않을 경우에는 신규 소비대차를 해제할 수 있으므로 원고로서는 신규계약을 해제한 다음 납품한 자재대금 전액 및 납품일 이후로 연 24%의 비율에 의한 지연손해금의 지급을 구할 수 있다고 약정하여 그 약정에 따른 책임을 청구할 수 있다. 하지만 위 약정취지에 따라 해제를 하면 준소비대차계약이 소급적으로 효력을 잃기 때문에 소멸시효는 구 채권을 중심으로 진행하게 되므로 결국 소멸시효의 완성으로 인하여 시효이익의 포기문제가 대두되게 된다. 그런데 본 사안에서 구채권을 청구원인으로 청구하게 되면 필연적으로 주채무자 시효이익의 포기를 주장하여 구채권을 청구하게 된다. 그런데 주채무의 소멸시효 완성은 보증인에게 효력이 있어 보증채무도 소멸하지만 주채무자의 시효이익 포기는 보증인에게 효력이 없어 결국 보증채무가 소멸하여 청구할 수 없게 된다. 따라서 주채무자가 자력이 없는 마당에 원고에게 이득이 되지 못한다. 비록 준소비대차를 해제하여 자재대금을 납품한 날로부터 24%의 비율로 지연손해금을 지급받기로 약정하였다 하더라도 주채무자가 무자력인 한 여전히 불리한 것이다. 따라서 합의상의 해제권을 행사하지 않고 준소비대차계약에 따른 청구를 함이 바람직할 것이다.

나. 준소비대차와 소멸시효

준소비대차와 소멸시효 관계를 요약하자면, 준소비대차가 성립된 경우 소멸시효의 진행은 준소비대차상의 채권을 행사할 수 있었던 때가 기산점이 된다. 본 사안에서는 2005. 10. 1.이다. 다만 준소비대차가 어떤 경위로 해제, 해지, 기타 효력을 상실하여 기존 채무가 되살아나는 경우에는 준소비대차와는 별개의 기준이 적용된다. 즉 기존채무의 이행기부터 진행되므로 과거 진행되던 대로 소멸시효기간이 진행된다. 준소비대차에 의하여도 기존 보증관계는 소멸되지 않은 채 그대로 지속되고 따라서 원칙적으로 보증인에 대한 소멸시효의 진행도 준소비대차를 중심으로 진행되게 된다.

다만 채권자가 주채무자를 상대로 주채무 청구의 소를 제기하면 그 시효중단의 효과는 보증인에게도 있지만, 그 판결이 확정되어 주채무에 대한 소멸시효기간이 10년으로 연장된다 하더라도 채권자와 연대보증인 사이의 연대보증채무의 소멸시효기간은 여전히 종전의 소멸시효기간에 따른다. (대법원 2008. 8. 24. 선고 2004다26287, 26294 판결)

4. 소멸시효

가. 1인에게 생긴 사유의 절대적 효력이 미치는 범위(연대채무, 연대보증, 보증의 경우)

	연대채무		연대보증		보증	
	A연대채무자	B 연대채무자	주체무자	연대보증인	주채무자	보증인
소멸시효	A의 연대채무가 시효로 소멸하면 B는 A의 부담부분만큼 채무가 소멸(421조)	좌와 같음	우측 보증의 경우와 동일(다만 보증연대의 경우는 연대보증인간에는 연대채무와 같이 취급될 수 있음에 주의)	우측 보증의 경우와 동일(다만 보증연대의 경우는 연대보증인간에는 연대채무와 같이 취급될 수 있음에 주의)	주채무자에게 생긴 사유는 무조건 보증인에게 효력이 있다. (도산절차에서 주채무자에 대한 면책은 보증인에게 효력없음; 상속의 한정승인도 마찬가지)	주채무자에 효력 없음
소멸시효의 중단	**이행청구(416조)**로 인하여 A에게 발생한 시효중단은 B에게는 시효중단으로서의 효력이 있음 **그 외 가압류, 압류, 승인에 의한 시효중단의 효력은 B에게 영향이 없음**	좌와 같음	우측 보증의 경우와 동일(다만 보증연대의 경우는 연대보증인간에는 연대채무와 같이 취급될 수 있음에 주의)	우측 보증의 경우와 동일(다만 보증연대의 경우는 연대보증인간에는 연대채무와 같이 취급될 수 있음에 주의)	주채무자에 대한 시효중단의 효력은 보증인에게도 효력을 미친다. (440조는 169조의 예외규정임)	주채무자에 효력 없음
시효이익의 포기	상대적 효력만이 있을 뿐이다. 따라서 B에게는 시효소멸의 효력에 그 어떤 영향을 주지 않는다.	좌와 같음	보증인과 동일	보증인과 동일	주채무자가 포기하더라도 보증인이나 물상보증인에게 그 효력이 없다. (대판 1991. 1. 29. 89다카1114)	보증인이 시효이익을 포기하더라도 당연히 주채무자에게는 그 효력이 없다.

나. 상사소멸시효

상사 소멸시효는 5년간이다.(상법 제64조 본문) 다만 더 단기의 특별한 규정이 있으면 그 규정에 따른다.(같은 조 단서) 민법 제163조 제6호에 의하여 상인간의 상품의 대가는 3년의 단기 소멸시효 대상이 된다.

다. 소멸시효기간에 대한 합의의 효력

소멸시효 이익은 시효기간이 완성되기 전에 미리 포기하지 못한다(184조 제1항). 시효제도는 공익적인 규정이기 때문이다. 그 연장선상으로 소멸시효기간은 공익적인 것으로 합의에 의하여 이를 연장하거나 가중할 수 없다(제184조 제2항). 다만 이를 단축하거나 경감하는 약정은 그 효력이 있다.

소 장

원 고 이 원 일 (******－*******)
서울 강서구 화곡동 335
소송대리인 변호사 이화영
서울 서초구 서초동 224 동곡빌딩 330호
전화 (02) 552－0090, 팩스 (02) 552－0091
이메일 : hyl72@hotmail.net

피 고 1. 김 승 수 (651022－1767422)
서울 강동구 풍납동 332
2. 박 민 철 (******－********)
서울 강동구 풍납동 354
3. 김 유 순 (411118－2080632)
4. 최 일 남 (661201－1689625)
위 3,4 피고들 주소 서울 강서구 목1동 324 신시가지 아파트 110동 201호
5. 최 민 국 (701221－1689647)
서울 동대문구 장안동 592－1

물품 대금 등 청구의 소

청 구 취 지

1. 원고에게,
   가. 피고 김승수는 원고에게 금 200,000,000원 및 이에 대한 2005. 11. 1.부터 이 사건 소장 부본 송달일까지는 연 12%의, 그 다음날부터 다 갚는 날까지는 연 20%의 각 비율에 의한 금원을 지급하고,
   나. 피고 박민철은 위 김승수와 연대하여 위 금 200,000,000원 및 이에 대한 2005. 11. 1.부터 이 사건 소장 부본 송달일까지는 연 10%의, 그 다음날부터 다 갚는 날까지는 연 20%의 각 비율에 의한 금원을 지급하라.
2. 피고 김유순, 피고 최일남, 최민국은 피고 김승수로부터 서울 송파구 방이동 224 대 2,540㎡ 및 그 지상 철골 및 샌드위치 패널조 샌드위치패널지붕, 단층 창고(가동) 1,000㎡, 사무실(나동) 20㎡를 인도받음과 동시에 각자 원고에게 267,000,000원을 지급하라.
3. 소송비용은 피고들이 부담한다.
4. 위 제1, 2항은 가집행할 수 있다.

라는 판결을 구합니다.

청 구 원 인

1. 원고의 피고 김승수, 박민철에 대한 물품 대금을 대상으로 한 준소비대차상의 대여금 청구

가. 사실관계

(1) 원고는 '좋은나무'란 상호로 목재도매업을, 피고 김승수는 '착한마루'라는 상호로 건축자재 도매업에 종사하고 있습니다.

(2) 피고 김승수는 2003. 5. 9. 피고 박민철의 연대보증하에 원고와 사이에 목재 등 건축자재 공급을 위한 기본거래약정을 체결하였습니다. 위 약정에 의하면 피고 김승수는 자재대금을 납품일이 속할 달의 말일에 후불로 원고에게 일괄결제하기로 하고, 만약 그 지급을 연체할 때에는 최초 1개월은 연 6%의, 그 다음날부터 갚는 날까지는 연 10%의 각 비율에 의한 지연손해금을 가산하여 지급하기로 약정하였습니다.

(3) 원고는 2005. 7. 15. 피고 김승수로부터 캐나다산 원목 루바(적송)(130 × 3,600 × 10) 100파레트(1파레트당 100개로 구성됨) 1억원 상당, 인도네시아산 합판(리브) (2,400 × 1,200 × 4.8) 100파레트(1파레트당 200개로 구성됨) 1억 1,000만원 상당 등 합계 210,000,000원 상당을 발주하여 같은 달 20. 공급하였으나 위 기본거래약정상의 그 대금 지급기일인 같은 달 31.이 경과하도록 이를 결재받지 못하였습니다.

(4) 원고는 2005. 10. 9. 피고 김승수와 위 물품 대금 원금 일부 및 기본거래약정상의 지연이자 전액을 면제하여 주면서 2억원으로 차용원금으로 삼고 2005. 10. 1. 이후 다 갚을 때까지 매월 1%의 이율로 매월 말일자로 이자를 지급하기로 하고 변제기는 2005. 12. 31.로 정한 합의를 하였습니다.[343] 그 후 피고 김승수는 2008. 8. 20. 원고에게 원고의 신한은행 화곡지점 예금구좌를 통하여 이자조로 금 2,000,000원을 송금하였습니다.

나. 변제금 2,000,000원의 이자충당

피고 김승수가 한 위 2,000,000원의 변제는 피고 김승수와 원고 사이의 위 2005. 10. 9. 약정에 따른 2005. 10. 1.부터 같은 달 31.까지 1개월간의 이자 2,000,000원(200,000,000원 × 0.01 × 1)에 충당되었습니다.

다. 소결론

피고 김승수의 원고에 대한 위 물품 대금 채무는 2005. 10. 9. 약정에 따라 일부 원금을 중심으로 준소비대차계약이 성립되었습니다. 따라서 피고 박민철의 연대보증도 동일성을 유지하면서 성립된 준소비대차계약상의 채무에 대한 연대보증으로서의 효력을 갖게 됩니다.

그렇다면, 피고 김승수, 박민철은 연대하여 원고에게 2005. 10. 9. 약정상의 원금인 200,000,000원 및 이에 대한 이미 이자 지급받은 1개월을 제한 2005. 11. 1.부터 이 사건 소장 부본 송달일까지는 위 약정상의 연 12%(다만, 피고 박민철은 위 2005. 10. 9.자 준소비대차의 당사자도 아니어서 그 약정의 효력이 미치지 않기 때문에 종전 연대보증의 대상이 된 기본거래약정상의 연 10%로 축소하여 청구함)의, 그 다음날부터 다 갚는 날까지는 소송촉진등에 관한 특례법 소정의 연 20%의 각 비율에 의한 이자 또는 지연손해금을 지급할 의무가 있습니다.

---

343) "합의를 하였습니다."를 "준소비대차계약을 체결하였습니다."라고 법률적 의미를 확정한 사실주장을 할 수도 있다.

라. 피고 김승수, 박민철의 주장에 대한 반박

(1) 소멸시효 완성의 항변

(가) 피고 김승수, 박민철 주장의 요지

피고 김승수와 박민철은 피고 김승수와 원고는 상인으로 위 채무는 상품인 목재를 공급한 물품 대금으로 민법 제163조 제6호에 따라 3년의 단기소멸시효 대상이 되고, 이 사건 소는 그 소멸시효기간이 경과 후 제기된 것으로 시효소멸하였다고 주장합니다.

(나) 1) 우선 앞서 본 바와 같이 위 물품 대금 채권은 2005. 10. 9.자 합의에 의하여 준소비대차계약으로 변하였고, 원고도 이 준소비대차계약상의 채권을 청구하고 있습니다. 나아가 준소비대차계약상의 소멸시효는 준소비대차계약을 기준으로 정하여 5년의 상사소멸시효규정을 적용받아야 합니다.

2) 한편, 피고 김승수는 원고로부터 거센 항의를 받고 2008. 8. 20. 원고에게 신한은행 화곡지점에 개설된 원고 예금계좌로 200만원을 송금하고, 원고에게 전화를 걸어 "우선 한달치 이자를 보내니 앞으로도 형편이 되는대로 갚아나가겠다."고 통화를 하였습니다.

3) 그렇다면, 주채무자인 피고 김승수는 소멸시효 완성전에 준소비대차상의 채무의 일부를 변제함으로써 그 소멸시효의 진행이 중단되었다 할 것이고, 주채무자에 대한 소멸시효 중단사유는 그 연대보증인인 피고 박민철의 연대보증채무에도 효력을 미치게 됩니다.

4) 따라서 피고 김승수, 박민철의 위 주장은 이유 없습니다.

(2) 피고 박민철의 소멸시효 완성의 주장에 대한 반박

(가) 피고 박민철은 비록 2005. 10. 9. 합의에 의하여 준소비대차계약이 성립되었다고 하더라도 연대보증인 피고 박민철에 대한 관계에서는 기준채무상의 소멸시효기간 3년이 그대로 진행된다 할 것이고, 주채무자인 피고 김승수가 한 위 2008. 8. 20. 일부변제는 3년의 소멸시효기간이 경과한 후 한 행위로서 시효완성 후의 시효이익의 포기에 불과하며 주채무자 시효이익의 포기는 연대보증인에게 그 효력이 없다 할 것이어서 피고 박민철에 대하여는 여전히 소멸시효가 완성되었다고 주장하고 있습니다.

(나) 준소비대차계약이 성립되어 준소비대차계약상의 채무와 기존채무가 동일성을 유지한다고 하더라도 소멸시효의 진행은 준소비대차계약상의 신채무를 중심으로 진행된다 할 것이고, 기존채무의 연대보증은 그대로 신채무의 연대보증으로 효력이 발생한다 할 것이어서 피고 박민철의 위 주장은 이유 없습니다.

(3) 피고 박민철의 착오로 인한 연대보증으로 취소주장에 대한 반박

(가) 피고 박민철은 2003. 5. 9. 기본거래약정에 대한 연대보증은 당시 자신도 인테리어 사업을 하고 있어 사업과정에서 수시로 보증인을 세울 필요가 있다고 생각하던 중 피고 김승수의 부탁을 받고 그 연대보증을 승낙한 것인데 나중에 피고 김승수에게 연대보증을 부탁하자 일언지하에 거절하였을 뿐만 아니라 자세히 알아보니 재산세 납부실적도 저조하고 신용불량자에 해당되어 보증인 자격이 없었습니다. 따라서 자신의 연대보증 의사는 위와 같은 사정을 모르고 한 것으로 착오에 해당된다 할 것이고, 따

라서 이를 취소한다고 주장합니다.

(나) 우선 2003. 5. 9.자 기본거래약정에 따르면 피고 박민철은 별다른 조건없이 피고 김승수의 원고에 대한 물품 대금 채무에 연대보증을 하여 피고 박민철이 들고 있는 위와 같은 사정이 연대보증시 표시된 바가 없습니다. 나아가 피고 박민철이 들고 있는 사정만으로는 원고가 피고 박민철의 연대보증이 착오에 의한 의사표시임을 알았거나 알 수 있었을 상태가 아닙니다. 따라서 피고 박민철의 위 주장은 이유 없습니다.

2. 피고 김유순, 최일남, 최민국(이하 '피고 김유순 등'이라고 함)에 대한 임차보증금반환청구

가. 사실관계

(1) 원고가 피고 김승수에 대하여 위와 같은 준소비대차계약상의 대여금 2억원 및 그 지연손해금 채권을 갖고 있습니다.

(2) 피고 김승수는 2003. 12. 5. 소외 망 최천수와 사이에 서울 송파구 방이동 224 대지 2,540㎡와 그 지상 철골 및 샌드위치 패널조 샌드위치패널지붕 단층 창고(가동) 1,000㎡, 사무실(나동) 20㎡(이하 '이 사건 임대목적물'이라고 함)을 임차보증금 3억원, 임차기간 2004. 1. 1.부터 2005. 12. 31.까지 2년간, 차임은 월 300만원(매월 말일 후불조건)으로 정하여 임차하면서 임차보증금은 계약금 3,000만원을 계약당일, 잔금 2억 7,000만원은 2004. 1. 1. 지급하였으며 같은 날 이 사건 임대목적물을 인도받아 착한마루라는 상호로 건축자재 도매업을 하였습니다.

(3) 피고 최승수는 2010. 6. 1.부터 임료를 지급하지 못하고 있습니다. 그래서 소외 망 최천수는 2010. 10. 12.경 2기 이상의 차임연체를 이유로 임대차계약을 해지한다고 통지하였고, 그 통지는 같은 달 13. 피고 김승수에게 도달하였습니다. 피고 김승수는 그래도 한동안 이 사건 임대목적물에서 영업을 계속하다가 2011. 7. 31. 폐업을 하고서 임대인측이 임대차보증금반환을 하지 않자 물건과 집기는 그대로 둔 채 문을 잠가두고 어디론가 사라졌습니다.

(4) 피고 김승수는 착한마루의 경영상태가 어려워져 다액의 채무를 지고 있는 상태에다가 이 사건 임대보증금이외에는 달리 자산이 없습니다. 또한 소외 강만일에게도 2008. 10. 5. 물품 대금 2억원 상당의 원리금채무를 부담하고 있는 등 채무초과의 상태에 있습니다.

(5) 소외 망 최천수는 2010. 12. 27. 사망하고, 그 유족으로는 처인 피고 김유순, 장남인 피고 최일남, 차남인 피고 최민국이 있습니다.

나. 원고의 피고 김승수가 가지는 피고 김유순 등에 대한 임차보증금반환청구권의 대위행사

(1) 피고 김승수의 피고 김유순 등에 대한 임차보증금반환청구권의 발생

(가) 소외 망인에 의한 2010. 10. 12. 임대차계약 해지통지로 인하여 그 통지가 도달한 같은 달 13. 위 임대차계약이 적법하게 해지되었다 할 것입니다. 비록 피고 김승수는 2010. 6. 1.부터 월임료를 연체하고 있지만 2011. 7. 31.경에는 폐업을 한 채 임대차보증금의 반환을 요구하였으나 이를 지급받지 못하여 하는 수 없이 임차목적물을 반환치 못하고 있을 뿐 본래의 용도로 사용하지 않고 있습니다.

(나) 그렇다면 위 임차보증금에서 2010. 6. 1.부터 폐업하여 실제 사용하지 못하게 된

2011. 7. 31.까지 14개월간의 연체된 무단점유로 인한 차임상당의 부당이득금을 공제하여야 할 것입니다. 따라서, 임대차보증금은 258,000,000원(300,000,000원 − 3,000,000원 × 14개월)이 남게 됩니다.

(다) 피고 김유순 등의 상속

소외 망인의 사망으로 인하여 피고 김유순 등이 상속하였습니다.

(라) 그렇다면, 피고 김유순 등은 피고 김승수로부터 이 사건 임대목적물을 반환받음과 동시에 각자 원고에게 임차보증금 잔액 258,000,000원을 지급할 의무가 있습니다.

(2) 원고의 피고 김승수의 위 임차보증금반환채권의 대위행사

앞서 본 바와 같이 원고는 피고 김승수에 대하여 위와 같은 2억원 상당의 원리금채권을 갖고 있고, 피고 김승수는 각종 부채가 그 자산을 초과하는 채무초과의 상태에 있습니다. 따라서, 원고는 피고 김승수가 갖는 점차 줄어 들고 있는 위 임차보증금반환채권 전체를 대위행사합니다.

다. 피고 김유순 등의 주장에 대한 반박

(1) 소외 망인은 임대목적물의 명의수탁자로서 임차보증금반환채무의 채무자가 아니라는 주장에 대한 반박

(가) 피고 김유순 등은 원래 임대목적물은 소외 해주최씨 강천공파 문중(사무실 소재지 서울 동작구 사당동 234, 대표 최근수) 소유로서 소외 망인은 그 문중으로부터 임대목적물을 명의신탁 받은 자에 불과하므로 원고의 위 청구에 응할 수 없다고 주장합니다.

(나) 피고 김승수와 소외 망인은 2003. 12. 5. 이 사건 임대차계약을 체결하고, 피고 김승수는 소외 망인에게 임차보증금 전액을 지급하였습니다. 따라서 임대목적물의 소유에 상관없이 소외 망인 및 그를 상속한 피고 김유순 등은 위 임대차계약에 따른 임차보증금반환 채무를 부담하게 됩니다. 그러므로 피고 김유순 등의 위 주장은 이유 없습니다.

(2) 소외 강만일이 이 사건 임차보증금반환채권을 가압류하였다는 주장에 대한 반박

(가) 피고 김유순 등은 소외 강만일이 2010. 10. 8. 채무자 피고 김승수, 제3채무자 소외 망인으로 하여 이 사건 임차보증금을 가압류하였고, 그 결정문이 같은 달 10.경 소외 망인에 도달하였다고 주장하면서 가압류결정상의 지급금지를 이유로 원고의 위 청구에 응할 수 없다고 주장합니다.

(나) 하지만 원고의 위 청구는 추상적인 채무권원을 얻는 과정에 불과할 뿐 그 확정판결에 기초하여 다시 임차보증금 반환채권을 집행하여야 하므로 소외 강만일은 그 집행과정상에서 집행정지를 신청하는 등으로 충분히 보호를 받을 수 있으므로 이런 사정을 들어 원고의 위 청구를 거절할 적법한 원인이 되지 못하므로 피고 김유순 등의 위 주장은 이유 없습니다.

3. 결론

따라서 원고의 청구는 모두 이유 있으므로 인용하여 주시고, 소송비용은 패소자의 부담으로 하고,

일부 청구에 가집행을 선고하여 주시기 바랍니다.

증 명 방 법(생략)
첨 부 서 류(생략)

2011. 11. 26.

원고 소송대리인 변호사 이화영 인

서울동부지방법원 귀중

Ⅶ. 추심금, 채권자 취소 등(7)

1. 7단계 권리분석법에 의한 사건 전체의 분석

가. 의뢰인의 희망사항 분석결과

의뢰인 =피고	청구취지 · 청구원인			희망사항
	물권 침해? 약정?	침해자 또는 약정자는 누구(=피고)	원고의 자격, ∴소송명	
한태석	① 추심명령 ② 공사도급계약 ∴**추심금 청구**	∴**약정자** **(도급인)** **(한태석)**	**추심명령** **(신욱설비)** **약정의 상대방** **(수급인)** **(준서건설)**	추심금 소송에서 준서건설을 대신하여 은행에 변제한 대출금 및 연체이자 또는 준서건설에 빌려준 대여금을 공제(상계)하고 싶다.(만약 공제 못 받는다면 별도로 청구하여 돌려받고 싶다.)

의뢰인 =원고	희망사항	물권 침해? 약정?	침해자 또는 약정자는 누구(=피고)	원고의 자격, ∴소송명
한태석	준서건설과 윤준서를 상대로 판결을 받아달라	① 주식회사 은서은행에 피담보채무 대위변제 구상금채권 or ② 소비대차계약, 연대보증[344] ∴**불이행 있어 강제이행청구**	∴**약정자** **(차주)** **(주식회사 준서건설)** **(연대보증인)** **(윤준서)**	**약정의 상대방** **(대주)** ∴**대여금 및 연대보증금청구**
	윤계상을 상대로 판결을 받아 달라.	① 윤준서와 동생인 윤계상 사이의 매매계약 ∴**사해행위 취소 및 원상회복청구**	**사해행위수익자** **(윤계상)** **전득자**[345] **(주식회사 국민은행)**	**피보전채권자** ∴**사해행위 취소 및 원상회복청구**
	한태석이 준서건설의 대출금채무를 전부 변제했는데도 근저당권설정등기를 말소해 주지 않고 있으니 은서은행을 상대로 근저당권설정등기 말소청구를 해 달라.	① 근저당권설정계약 ∴**강제이행청구**	∴**약정자** **(근저당권자)** **(주식회사 은서은행)**	**약정의 상대방** **(근저당권설정자)** ∴**근저당권설정등기 말소청구**[346]

344) Tip] 한태석이 주식회사 준서건설과 사이에 청구권이 발생할 수 있는 관계는 위 두 가지 약정에서 파생된 법률관계다. 모두 2억원 상당의 이해관계이다. 기록을 읽는 과정에서 후속 논의는 윤준서가 동생 윤계상에 한 부동산 매매에 관련된 사실관계를 중심으로 전개되고 있다. 근저당권 피담보채무의 대위변제로 인한 구상채권에는 주식회사 준서건설을 관련되어 있지만 윤준서는 전혀 관련이 없다. 만약 구상채권관계에 윤준서를 관련시키려면 윤준서가 주식회사 준서건설의 대표이사이기 때문에 이사의 제3자에 대한 손해배상책임(상법 제401조)를 생각해 볼 수 있는데 이에 관한 아무런 설문의 제시도 없다. 따라서 소비대차계약에 따른 상계 주장은 이유가 없을 것이고, 구상채권은 상계할 수 있을 것이라는 정도의 감을 잡을 수 있다.

345) 윤계상과 근저당권설정계약을 체결하고 근저당권설정등기를 경료한 주식회사 국민은행에 전득자인 사실은 인식하고 있어야 한다. 그래서 주식회사 국민은행에 선의·악의인지를 따져 피고로 삼을 것인지 판단할 수 있어야 한다.

346) 한태석은 물상보증인으로서 본인이 근저당권설정자이다. 따라서 피담보채무자를 대위할 필요가 없이 본인이 약정의 상대방으로서 근저당권설정등기 말소청구권을 갖게 된다.

나. 원고의 청구원인 분석결과

소송명	청구원인	답변 · 항변 (법률상 주장 포함) 재재항변	재항변 등
추심금청구	① 추심명령 ⓐ 채권압류 및 추심명령 ⓑ 제3채무자에 송달 (2011. 7. 5.) (ⓒ채무자에 송달)347) ② 공사잔대금채권 ⓐ 공사도급계약 ⓑ 계약금, 중도금 지급 ⓒ 일의 완성 ③ 도급완성물의 인도와 동시이행 (2010.6.29.완공예정이었으나, 2010.9.23.완공인도)	Ⓐ 본안전 항변348) Ⓑ ⓐ답변 Ⓑ ⓑ항변 ① 2차 중도금 변제(2억 원) ② 상계 ⓐ 자동채권의 존재 ⓑ 상계적상 ⓒ 상계의 의사표시, 도달 ⓓ 상계충당 {재항변에 대한 반박} ① 기한은 채무자의 이익이므로 포기하고 변제할 수 있음 ② 가압류 결정문 송달 전에 이미 근저당권설정계약, 등기경료되어 있어 변제할 이익이 있는 제3자로서 변제 후 구상금채권 취득하여 상계가능	Ⓑⓑ①기한전 변제(부인) Ⓑⓑ②가압류결정문 송달받은 후의 상계의 의사표시·도달이므로 상계의 효력 없음(부인)

소송명	청구원인	항변 (법률상 주장 포함)	재항변 등
대여금, 연대보증금 청구	① 소비대차계약 ⓐ 소비대차계약 ⓑ 이자·이율의 약정 (월 3%)349) ⓒ 원본의 인도 ⓓ 변제기 도래 ② 연대보증		
사해행위 취소 및 원상회복 청구	① 피보전채권 ⓐ 연대보증금채권 ② 사해행위 무자력(부채초과) ③ 사해의사 동생, 기타350) **④ 가액반환사유**351) **ⓐ 2개 근저당권 중 1개 변제 말소** **ⓑ 새로 근저당권 설정** **⑤ 시가(4억 원)**		

347) 전부명령을 제외한 민사집행법상 대부분의 결정들은 즉시항고를 해도 집행정지의 효력 없이 집행력이 있다. 따라서 추심명령의 경우 추심명령의 확정사실에 관한 주장·증명을 할 필요가 없다. 즉 민사집행법상 여러 가지 결정에 관해서 즉시 집행력이 발생한다. 7일이내에 즉시항고하여도 집행정지 효력은 없다. 집행정지를 원하면 따로 집행정지 신청을 해서 집행법원으로부터 집행정지결정을 받아야 한다.

348) 본 사안에서는 특별한 본안전 항변사유가 없다.

근저당권 설정등기 말소청구	① 피담보채무 ② 근저당권설정계약 ③ 근저당권설정등기 ④ 피담보채무의 변제 ⓐ 피담보채무의 확정 ⓑ 변제 ⓒ 충당	Ⓐ 무효등기의 유용[추후 거래계약으로 인한 채권의 발생, 무효등기 유용의 합의])	Ⓐ 물상보증인에게 효력 없음

2. 추심명령

가. 추심명령은 실체법상 채권은 집행채무자에게 그대로 있으면서 다만 소송법상의 관리권만 추심채권자에게 이전되는 제3자 소송담당의 한 형태이다.

추심명령의 효력범위는 당초 압류된 추심채권과 그 종된 권리인 이자 및 지연손해금 청구권에 미친다. 추심채권자가 추심하면 압류나 배당에 참가한 모든 채권자를 위한 효력이 발생하므로 압류참가, 배당참가 채권자들은 전부 추심한 결과물에 대하여 참가할 수 있게 된다. 그러므로 추심명령이 경합되더라도 우선순위 없이 평등하다. 그러므로 추심금청구 소송에서 다른 가압류결정의 송달, 압류참가, 배당참가를 사유로 기각을 구할 수 없다.(대법원 2001. 3. 27. 선고 2000다43819 판결)

나. 요건사실

추심금	① 추심채권의 존재 ② 추심명령 ③ 제3채무자에 송달

① 추심채권의 발생원인 사실을 주장·증명하면 된다.

② 추심명령이 발령된 사실

집행채권의 부존재나 소멸사유는 추심금 청구에서 항변으로 주장할 사유가 아니다. 집행채무자가 청구이의의 소를 제기하여 주장할 사유이다.(대법원 1994. 11. 11. 선고 94다34012 판결)

③ 추심명령은 제3채무자에게 송달된 때 효력이 발생하고 추심명령의 확정은 요건사실이 아니다. 그래서 엄밀하게 말하자면 채무자에 대한 송달은 요건사실이 아니다.

---

349) 연 36%정도되면 이자제한법상 제한이율을 초과할 수 있다는 정도의 감은 잡혀 있어야 한다.

350) 사해의사에 관해 동생이라는 사정 이외에는 없어 실제로 증명하기 어려울 수 있다. 추가적인 사정들을 발굴할 필요가 있다.

351) 사해행위 취소 사안에 있어 반드시 가액반환사유가 존재하는지를 살펴야 한다. 사해행위 목적물의 시가 등이 제시되어 있다면 가액반환을 염두에 둔 것이다. 가액반환을 할 때는 ① 목적물 시가, ② 피보전채권액, ③ 수익자의 이득액

다. 항변 등

(1) 요건사실 중 ②, ③을 다투는 것은 본안전 항변이 된다.

(2) 추심채권에 발생한 각종 항변사유들은 압류명령 송달전에 발생한 것이라면 모두 주장할 수 있다. 본 사안에서는 가압류에 기한 본압류로 전이하면서 압류 및 전부명령이 결정고지되었으므로 가압류결정의 송달전에 발생한 사유로 전부채권자에게 대항할 수 있다.(민법 제498조) 그런데 가압류의 효력이 생긴 후 자동채권이 발생하였다고 하더라도 제3채무자가 동시이행의 항변권을 주장할 수 있었던 경우에는 그 자동채권으로 상계하여 추심채권자에게 대항할 수 있다.(대법원 2001. 3. 27. 선고 2000다43819 판결) 매매잔대금지급채권을 추심받은 원고에 대하여 이와 동시이행의 관계에 있는 가압류등기 말소청구를 근거로 가압류에 기한 본압류로 전이한 강제경매를 제지하기 위하여 피보전채권을 변제한 구상금채권을 자동채권으로 한 상계가 가능하다.(대법원 2001. 3. 27. 선고 2000다43819 판결) 임대차보증금반환채권을 추심받은 원고에 대하여 그와 동시이행관계에 있는 전기료 등 미납채권, 하자보수채권 등을 자동채권으로 한 상계가 가능하다.(대법원 1993. 9. 28. 선고 92다55794 판결) 공사잔대금채권을 전부받은 원고에 대하여 하자확대로 인한 손해배상채권으로 동시이행항변을 할 수 있어 상계로 대항할 수 있다.(대법원 2005. 11. 10. 선고 2004다37676 판결) 공사도급계약의 도급인이 자신 소유의 토지에 근저당권을 설정하여 수급인으로 하여금 공사에 필요한 자금을 대출받도록 한 경우 수급인의 근저당권 말소의무는 도급인의 공사대금채무와 이행상 견련관계가 인정되어 동시이행관계에 있다.(대법원 2010. 3. 25. 선고 2007다35152 판결)

3. 도급계약

가. 도급계약에 따른 소송유형

실무상으로 도급계약은 구체적으로는 다양한 형태의 도급계약이 있으나 대체로 ⓐ 공사도급계약, ⓑ 제조도급계약, ⓒ 수리도급계약, ⓓ 용역도급계약으로 분류할 수 있다. 따라서 구체적인 소송유형으로는 공사도급계약에 따른 공사대금청구, 제조도급계약에 따른 공임(선박건조비, 기계제조비 등)지급청구, 수리도급계약에 따른 수리비지급청구, 용역도급계약에 따른 용역비지급청구의 소, 지체상금의 약정이 있는 경우에는 지체상금 지급청구의 소 등을 상정할 수 있다.

나. 도급계약의 요건사실

(1) 도급인의 공사청구, 제조청구, 수리청구, 용역제공청구의 요건사실

이론상으로는 도급인은 수급인에게 도급계약상의 공사청구, 제조청구, 수리청구, 용역제공청구 등을 할 수 있다. 이때 요건사실은 도급계약의 체결사실만이다. 하지만 도급계약상의 각종 '일'은 수급인이 자발적으로 하지 않으면 제대로 이행될 가능성이 없는 전문적인 것이 많다. 즉 "하는 채무"가 많아 직접강제가 불가능한 경우가 많다. 그래서 위와 같은 청구보다는 다음 (3)과 같은 청구형태로 소를 제기하는 경우가 많다.

(2) 수급인의 보수(공사대금, 공임, 수리비, 용역비)청구에서의 요건사실

원칙적으로 다음과 같은 두 가지 사실이 요건사실이다.

① 도급계약의 체결사실,

② 일의 완성사실

'일의 완성사실'도 보수청구를 하는 당사자가 주장·증명할 책임이 있다. '일의 완성' 여부를 가급적 완화시켜 인정하고 있다. 수급인에 대한 중한 담보책임을 부담시키는 한편 '일의 완성' 여부에 대한 판단기준을 가능한 한 완화시켜 수급인의 보수청구권을 일단 인정하고 있다.(대법원 1994. 9. 30. 선고 94다32986 판결) 도급계약 상의 '일의 미완성'과 '하자'를 구별하는 기준은 계약상의 최후의 공정을 종료하지 못한 경우에는 '일의 미완성'이라 할 수 있고, 그 최후의 공정은 종료하였지만, 주요 부분에 약정된 대로 완성되지 않았다면 '하자'라고 하여야 할 것이다.

(3) 도급인의 하자담보이행청구 또는 계약해제 후 손해배상청구

㈎ 도급계약상 수급인이 이행을 하지 않는 경우에는 위 (1)과 같이 적극적으로 도급계약상의 의무이행을 청구(강제이행청구)하기보다는 Ⓐ 도급계약 상의 하자담보책임을 청구하거나 Ⓑ 도급계약을 해제한 후 ⓐ 이미 지급한 선급금반환청구 및 ⓑ 그에 따른 손해배상청구를 하는 것이 일반적이다.

㈏ 하자담보청구

제작물공급계약에서 일이 완성되었다고 하려면 당초 예정된 최후의 공정까지 일응 종료하였다는 점만으로는 부족하고 목적물의 주요구조 부분이 약정된 대로 시공되어 사회통념상 일반적으로 요구되는 성능을 갖추고 있어야 하며, 개별적 사건에 있어서 예정된 최후의 공정이 일응 종료하였는지 여부는 수급인의 주장에 구애됨이 없이 당해 제작물공급계약의 구체적 내용과 신의성실의 원칙에 비추어 객관적으로 판단할 수밖에 없다.(대법원 2006. 10. 13. 선고 2004다21862 판결)

㈐ 도급계약 해제의 경우

1) 해제사유

가) 도급인측에서의 해제사유

1> '일의 미완성'으로 인한 도급계약의 해제

일이 미완성된 경우 도급계약 자체를 해제할 수 있다.

2> 완성된 목적물의 하자로 인한 도급계약의 해제

완성된 목적물에 대하여 하자를 원인으로 하여 도급계약을 해제할 때는 그 하자가 중대한 것으로 보완이 불가능하거나 적어도 상당기간 내에는 보완 또는 수정작업이 불가능하여 계약의 목적을 달성할 수 없어야 하고, 그 주장·증명책임은 해제를 주장하는 자에게 있다.(대법원 2000. 5. 12. 선고 98다4347 판결)

나) 수급인측에서의 해제사유

도급인이 공사대금 등 보수를 지급하지 않았을 때 수급인은 채무불이행을 원인으로 계약을 해

제할 수 있다. 수급인은 이런 경우라도 계약을 해제하기 보다는 공사 등을 중단하고 유치권을 행사하면서 적극적으로 투하자본을 회수하려고 노력할 것이다.

2) 도급계약 해제 후의 법률관계

가) 도급인의 청구

도급인은 이미 지급한 선급금반환청구 및 그에 따른 손해배상 청구를 하게 될 것이다. 이때 수급인은 기성고를 주장·증명하여 그에 상당한 보수로 상계를 주장할 것이다. 도급인은 해제 후 하자부분 및 그 가액을 주장·증명하여 하자로 인한 손해배상 청구를 할 수 있다.

나) 수급인의 청구

앞서 설명한 바와 같이 수급인은 기성고를 주장·증명하여 기성고에서 이미 지급받은 선급금 등 공사대금을 공제하고 남은 미수금 공사대금 등을 청구할 수 있다. 하지만 공사현장을 점유하면서 유치권을 행사하는 등 실력행사로 도급인을 압박하기도 한다.

3) 선급금은 당연충당됨

선급금을 지급한 후 도급계약이 해제 또는 해지된 경우 특별한 사정이 없는 한 '별도의 상계의 의사표시 없이도' 그때까지의 기성고에 해당되는 공사대금 중 미지급액은 선급금으로 당연히 '충당'되고 도급인은 나머지 공사대금이 있는 경우 그 금액에 한하여 지급할 의무가 있고, 수급인은 선급금이 기성고를 초과한 경우 나머지 선급금을 반환할 의무가 있다.(대법원 2010. 7. 8. 선고 2010다9597 판결) 하지만 미정산선급금반환채권을 다른 공사대금채권에 상계하고자 하면 이는 당연히 공제되지 않기 때문에 이를 주장하는 수급인측에서 상계적상의 요건사실을 충분히 주장·증명하여야 한다.(대법원 2010. 7. 8. 선고 2010다9597 판결)

4. 채권자취소

가. 채권자취소의 요건사실

① 피보전채권의 존재

② 사해행위

채무초과의 사실이 사해행위 판단의 가장 기초적 사실이다. 유일한 부동산을 담보로 제공한 경우 특별한 사정이 없는 한 사해행위성이 인정된다.

③ 사해의사

채무초과의 사실을 인식하였다는 것이 사해의사의 본질적 부분이다.

나. 항변사실

① 수익자의 선의

② 제척기간의 경과

다. 원상회복

(1) 원칙적으로 원상회복하여야 한다.(민법 제406조 제1항 본문) 하지만 사해행위로 취득 후 근저당권의 피담보채권을 변제하여 그 근저당권이 말소되었으므로 현물반환은 불가능하다. 따라서 가액반환을 하여야 한다.(대법원 2001. 9. 4. 선고 2000다66416 판결) 특히 채권자가 채권자취소권을 행사하면서 원상회복만을 구하였을 뿐이라도 위와 같은 가액배상을 하여야 할 상황이라면 원상회복을 구하는 주장속에는 사해행위를 일부 취소하고 그 가액배상을 구하는 취지도 포함되어 있으므로 가액배상을 명하여야 한다.(대법원 2001. 9. 4. 선고 2000다66416 판결) 이러한 판결취지에 의하면 소장을 작성할 때는 사해행위 취소와 원상회복을 구하는 방식으로 청구할 수 있게 되고, 다만 법원에서 판결할 때 사정을 헤아려 가액배상의 취지로 판결하여야 한다는 것이다. 매번 하는 얘기지만 법률전문가를 지향하는 예비법조인으로서는 이러한 경우라면 판례의 취지를 따라 소장 작성단계부터 가액배상의 취지로 청구해야 할 것이다.

(2) 반환할 가액의 계산

채권자가 채권자취소권을 행사할 때에는 원칙적으로 자신의 채권액을 초과하여 취소권을 행사할 수 없고, 이때 채권자의 채권액에는 사해행위 이후 사실심 변론종결시까지 발생한 이자나 지연손해금을 포함시켜야 한다.(대법원 2001. 9. 4. 선고 2000다66416 판결, 이후 대법원 2003. 7. 11. 선고 2003다19572 판결 등 다수) 종래 실무상 단순함을 추구하기 위해 피보전채권 원금만을 반환할 가액으로 표기하여 청구한 사례가 많았다. 하지만 의뢰인의 최대이익을 추구해야 할 변호사로서는 가급적 사실심 변론종결 당시까지의 이자 및 지연손해금을 포함시켜 청구하는 방식으로 구성하는 것이 바람직하다.

이때 가액반환의 범위는 사해행위 당시 ① 피보전채권액(1억 5천만원), ② 사해행위로 수익자가 취득한 이익(400,000,000원 − 146,000,000원 − 100,000,000원 = 154,000,000원), ③ 공동담보가액(②와 동일) 중 가장 작은 액수로 가액반환을 명해야 한다. 그러므로 150,000,000원이 가액반환액이 된다.

라. 전득자에 대한 청구

전득자가 선의일 경우에는 청구하면 안 된다. 본건에서 국민은행은 전득자로서 선의로 보인다. 그래서 피고로 삼아 청구하면 안 된다.

5. 이자 및 지연손해금의 청구

가. 이행기와 기한 및 조건의 관계

(1) 이행기와 부관

민법 제387조 이하에 규정된 채무이행의 기한은 이행기[352]라고 한다. 대차형계약의 경우에는

352) 이행기(민법 제387조, 제477조, 제492조)는 그 외에도 "기한(민법 제153조, 제388조)", "채무이행의 기한", "이행

이행기 약정이 대차약정의 본질적 구성부분이어서 부관이 아니다. 하지만 매매형 계약의 경우에는 원칙적으로 기한의 정함이 없는 약정을 하게 되나 일정한 경우에는 기한이나 조건을 붙일 수 있다. 위와 달리 민법 제147조 이하에서 규정된 기한은 법률행위 효력발생(시기)이나 소멸(종기)에 관한 부관적 성격의 기한[353]으로 엄격하게 말하면 이행기로서의 기한과는 다른 개념이다. 한편 대차형계약의 경우에는 이행기에 관한 약정이 계약의 본질적 구성부분이 된다. 대개 부관으로서의 기한에 관한 규정은 특별한 사정이 없는 한 이행기에도 적용된다.

(2) 기한과 조건의 구분

원래 기한은 "장래 확실한 사실"에 의존케 한 것이고, 조건은 "장래 불확실한 사실"에 의존케 한 것으로 이해되고 있다. 그러나 최근에는 장래 불확실한 사실이라도 "표시된 사실이 발생한 때에는 물론이고 반대로 발생하지 아니하는 것이 확정된 때에도 그 채무를 이행하여야 한다고 보는 것이 상당한 경우에는 그 표시된 사실의 발생여부가 확정되는 때"가 불확정기한이 된다.(대법원 2003. 8. 19. 선고 2003다24215 판결)고 판시하여 그 구분이 더욱 애매해졌다. 위 대법원 판결의 사안에서는 명예퇴직금 지급시기를 회사정리계획안인가를 받고서 하겠다고 약속하는데 회사정리계획안이 부결되어 청산절차에 돌입하게 되었다. 회사정리계획안의 인가는 장래의 불확실한 사실이지만 명예퇴직금은 반드시 지급되어야 하는 채무다. 다만 그 지급시기를 장래 불확실한 사실이 발생한 때까지 연기시켜 둔 것에 불과하다. 따라서 대법원은 이미 확정되어 있는 채무의 지급시기를 장래 불확실한 사실의 발생에 연관시켜 둔 경우에는 회사정리계획안 인가여부가 불확정기한에 해당될 수 있고 그 여부가 판가름 났을 때 불확정 기한 상의 이행기가 도래한 것으로 판시한 것이다.

(3) 이행지체 요건사실의 주장·증명

㈎ 이행기 및 그 도과사실의 주장·증명

이행지체를 주장·증명하기 위해 먼저 ① 이행기, ② 그 도과, ③ 쌍무계약의 경우 반대채무의 이행 또는 이행의 제공을 주장·증명해야 한다. 우선 이행기의 종류에는 확정기한, 불확정기한, 기한의 약정이 없는 때 등 3가지가 있는데 그 종류별 이행기 및 그 도과로 인한 이행지체의 주장·증명을 살펴본다.

1) 확정기한은 기한의 존재만 주장·증명하면 그 기한의 도과는 역수상 알 수 있는 법원에 명백한 사실이어서 실무상으로는 별도로 주장·증명하지 않는다. 특히 최고 없이도 이행지체에 빠진다는 점에 주의해야 한다.

2) 불확정기한은 ⓐ 객관적으로 기한이 도래하여야 하며, ⓑ 채무자가 그 기한도래를 알아야 한다. 따라서 채무자가 그 기한도래를 안 다음날(민법 제387조 제1항 2문)부터 이행지체에 빠지게 된다.

3) 기한의 약정이 없는 경우에는 이행청구를 해야 이행기가 도래하고, 그 다음날부터 이행지체

기한", "의무이행의 기한(민법 제585조)", 변제기(민법 제468조, 제536조, 제743조)라는 용어로도 사용되고 있다.

353) 민법 제152조, 제154조 등에 규정된 기한은 위와 같은 부관이다.

에 빠지게 된다.(민법 제387조 제2항) 따라서 기한의 약정이 없는 채무일 경우에는 소 제기 이전에 최고를 한 바가 없다면 소장부본송달을 통하여 최고를 하는 효과가 발생하게 된다. 그렇다면, 지연손해금의 기산점은 소장부본송달 다음날이 된다. 판결이 확정되어야 이행의무가 발생하는 채무의 경우(예를 들면 재산분할로 인한 이행의무, 사해행위 취소 후 청구하는 가액배상)에는 판결확정 다음날부터 이행지체 책임을 지게 되기 때문에 지연손해금을 그 다음날부터 청구하여야 한다.

나. 구체적인 이자 및 지연손해금 지급청구방법

(1) 먼저 표준적 약정(default rule)은 이자청구의 경우 opt－in 방식으로 설계되어 있고, 지연손해금의 경우 opt－out 방식으로 설계되어 있다. 그래서 이자지급약정이 없는 한 변제기까지 이자는 청구할 수 없고, 변제기 이후에는 아무런 약정이 없어도 지연손해금을 청구할 수 있다. 다만 상인의 경우 그 영업으로 인해 발생한 채권은 이자약정이 없다고 하더라도 이자를 청구할 수 있는 opt－out 방식으로 설계되어 있고, 이자약정만 있을 뿐 약정이율의 약정은 하지 않았다면 법정이율로 이자를 청구할 수 있다. 실무상으로는 약정이율이 법정이율을 초과하여 약정된 경우가 많기 때문에 이행기 도과 후 청구하는 지연손해금도 약정이율로 청구되는 경우가 많다. 그렇다고 하더라도 약정이율이 15% 또는 20% 이상인 경우는 드물기 때문에 소송촉진 등에 관한 특례법 제3조에 정해진 소장부본송달 전후로 지연손해금의 변경을 하여 청구해야 하는 사례가 많다.

(2) 이행기까지의 청구

㈎ 이자 · 이율에 관한 약정이 전혀 없을 경우

아무런 이자를 청구할 수 없다.

㈏ 이자약정만 있을 뿐 이율에 관한 약정이 없는 경우

민사사안의 경우 민사법정이율 5%를 적용한 이자를 청구할 수 있다.

㈐ 이자약정은 물론 이율에 관한 약정이 있는 경우

약정된 대로 이자를 청구할 수 있다.

(3) 이행기 이후 소장부본 송달일까지의 청구

㈎ 이자 · 이율에 관한 약정이 전혀 없을 경우

이행지체 상태에 있으면 5%로 지연손해금 지급 청구를 할 수 있다. 하지만 동시이행항변권 등이 존재하여 반대급부의 이행 또는 이행제공을 못한 경우에는 지연손해금을 청구할 수 없다.

㈏ 이자약정만 있을 뿐 이율에 관한 약정이 없는 경우

이자약정이 있거나 법률의 규정에 의하여 이자지급 의무를 발생하였으나 이율에 관한 정함이 없는 경우는 민사법정이율인 민법 제379조상의 연 5%으로 청구할 수 있다. 이행기가 도과하였으나 반대급부의 이행 또는 이행제공을 못하여 지체책임은 발생하지 않은 경우에는 계속 법정이율 5%에 의한 이자 및 지연손해금 지급을 청구할 수 있을 뿐이다.

(다) 이자약정은 물론 이율에 관한 약정이 있는 경우

1) 약정이율이 민사법정이율 연 5%보다 낮을 경우

약정이율이 민사법정이율인 연 5%보다 낮을 경우에는 이행기까지는 그 약정이율로 청구할 수 밖에 없지만 이행지체 이후에는 소장부본 송달일까지는 민사 법정이율인 연 5%(민법 제397조 제1항 본문; 대법원 2009. 12. 24. 선고 2009다85342 판결)를 적용하여 청구할 수 있다. 다음에서 설명하듯이 소장부본송달 다음날부터 완제일까지는 다음에서 보는 바와 같은 소촉법 상의 연 20%의 비율에 의한 이자·지연손해금의 지급을 구할 수 있다. 다만 명시적으로 지연손해금 이율을 5%이하로 약정한 약정지연손해금율이 있을 때는 위 판례에도 불구하고 그 약정 지연손해금 이율을 적용한다.(대법원 2013. 4. 26. 선고 2011다50509 판결)

2) 다음으로 5%보다는 높고, 이자제한법령상의 제한이율 30%(25%)보다는 낮을 경우에는 다음과 같이 나누어 이자 및 지연손해금의 지급을 구할 수 있다.(민법 제397조 제1항 단서)

가) 물론 아래에서 설명하겠지만 약정이율이 5%보다 높고 20% 미만인 경우에는 이자 미지급일부터 소장부본 송달일까지는 약정이율을, 그 다음날부터 완제일까지는 소촉법상의 연 20%의 비율에 의한 이자·지연손해금의 지급을 구할 수 있고,

나) 약정이율이 20% 이상 30% 이하인 경우에는 미지급일부터 다 갚는 날까지 쭉 그 약정이율에 의하여 이자·지연손해금의 지급을 구할 수 있다.

참고로 이자제한법상 제한이율의 변경에 의하여 2014. 7. 14.부터 새롭게 체결한 계약이나 갱신된 계약에 기한 제한이율은 25%가 된다. 위 설명은 시기에 따라 위 제한이율에 따라 수정되어야 한다.

3) 만약 약정이율이 이자제한법과 동 시행령상(2007. 6. 30.현재)에 정해진 연 30%를 넘을 경우에는 일부 무효의 법리에 따라 초과부분이 무효이므로 이자제한법령상의 연 30%의 비율에 의한 이자·지연손해금의 지급을 구할 수 있다.

4) 소장부본 송달 다음날부터의 청구 : 원칙은 지연손해금 청구가 가능한 상황이라면 무조건 연 20%의 비율로 지연손해금을 청구할 수 있다. 다만 2015. 10. 1.부터는 그 이율이 연 15%로 축소되었다.

다만, 두 가지 예외가 있다.

첫째, 약정이율 중 연 20%를 초과한 약정이율이 존재할 때는 이자제한법령상의 제한이율인 연 30%(또는 25%)를 넘지 않는 범위내에서 쭉 청구할 수 있다.

둘째, 이행지체라고 볼 수 없을 때는 위 조항을 적용할 수 없다. 즉,이행지체에 빠져 있지 않은 경우에는 소장부본송달 다음날부터 소촉법을 적용하여 20%로 청구할 수 없다. 또 물론 확정되어야 청구할 수 있는 채무나 장래이행의 청구 등은 아직 이행지체에 빠져 있지 않기 때문에 소장부본송달 다음날부터 소촉법 제3조상의 지연손해금을 청구할 수 없음은 당연한 논리이다. 다만 이때도 판결확정 다음날 또는 그 이후로서 이행기가 도과한 날 이후로 소촉법 이외의 이율에 의한 지연손해

금의 지급을 구할 수는 있다.

이상의 논의를 총합하여 금전지급청구에서 원본지급청구과 병합하여 이자 및 지연손해금을 지급청구할 때 적용되는 이율을 정리해 보면 다음 표와 같다.

[원본 및 이자 · 지연손해금을 객관적으로 병합한 민사사건에서의 통상의 금전지급청구]

<table>
<tr><th colspan="2" rowspan="2">구 분</th><th colspan="2">이행기</th><th colspan="2">소장부본 송달일</th></tr>
<tr><th>이행기이전
(이자)</th><th>이행기 도과
(지연손해금)</th><th>소장부본송달이전
(지연손해금)</th><th>소장부본송달이후
(지연손해금)</th></tr>
<tr><td colspan="2">이자 · 이율의 약정이 모두 없을 때</td><td>청구 못함</td><td colspan="2">이행지체 상태 : 연 5%
동시이행항변의 존재 등으로 이행지체가 아니면 아무런 청구를 못함</td><td>이행지체 : 연 20%
(2015. 10. 1.부터는 연 15%, 이하 동일)
이행지체 아니면 지연손해금 청구못함</td></tr>
<tr><td colspan="2">이자약정은 있으나 이율약정이 없을 때</td><td>연 5%</td><td colspan="2">연 5%</td><td>연 20%(15%)</td></tr>
<tr><td rowspan="4">이자 · 이율에 관한 합의가 모두 있을 때</td><td>5% 이하</td><td>약정이율</td><td colspan="2">연 5%(다만 지연손해율에 관한 명시적 합의가 있으면 그 약정이율)</td><td>연 20%(15%)</td></tr>
<tr><td>5%이상 ~ 20%(15%) 이하</td><td>약정이율</td><td colspan="2">약정이율</td><td>연 20%(15%)</td></tr>
<tr><td>20%(15%) 이상~
30%(25%) 이하</td><td>약정이율</td><td colspan="2">약정이율</td><td>약정이율</td></tr>
<tr><td>30%(25%) 이상</td><td>연 30%
(25%)</td><td colspan="2">연 30%(25%)</td><td>연 30%(25%)</td></tr>
</table>

5) 상사사건에서 구체적인 이자 · 지연손해금의 지급청구

상사사안에서는 이자 및 지연손해금 지급청구가 몇 가지 다르다.

첫째, 상인이 소비대차해 주어 발생한 금전지급청구일 경우 이자지급약정이 없어도 상사법정이율 6%를 적용한 이자 및 지연손해금의 지급청구가 가능하다.(상법 제55조 제1항) 대주가 상인이어야 한다는 의미이다.

둘째, 상인이 그 영업범위내에서 한 체당으로 인한 체당금지급청구를 할 때 상사법정이율인 연 6%를 적용하여 이자 · 지연손해금의 지급을 청구할 수 있다. 이때 상인은 체당한 자가 상인이면 되고 상대방도 상인일 필요는 없다. 또는 체당이 그 상인의 영업범위내에서 한 것이어야 한다. 만약 다른 곳에서 6% 이상의 이율로 금전을 빌려 체당했다면 그 빌린 이율로 체당을 청구할 수 있는가? 원래 상인과 상대방 사이에 체당에 관한 별도 계약이 없었다면 조달이자를 적용하여 체당금청구를 할 수 없다.354)

셋째, 이행기 이후의 지연손해금을 청구할 때 적용되는 법정이율은 6%이다.(상법 제54조) 청구하는 원본이 상행위로 발생한 것이어야 한다. 기본적 상행위는 물론 보조적 상행위로 발생한 것이라도 상관없다. 다만 반대급부까지 상행위로 발생해야 하는 것도 아니고, 상대방이 상인이어야 하

354) 이철송, 상법총칙 · 상행위, 제8판, 박영사, 320면 참조.

는 것도 아니다. 원본이 원래 약정을 불이행하여 발생한 채무불이행으로 인한 손해배상청구권(대법원 2000. 10. 27. 선고 99다10189 판결[355])이나 급부 부당이득반환청구권(대법원 1990. 11. 9. 선고 90다카7262 판결[356])일 경우에는 동일성이 유지되어 있으므로 상사법정이율 6%의 적용을 받을 수 있으나 불법행위로 인한 손해배상청구권 또는 침해부당이득반환청구권은 상인간에 발생하였다고 하더라도 상행위와의 동일성이 사라진 상태이므로 상사법정이율 6%를 적용하여 지연손해금을 청구할 수 없다.(대법원 1985. 5. 28. 선고 84다카966 판결,[357] 대법원 2004. 3. 26. 선고 2003다34045 판결[358])

[원본 및 이자 · 지연손해금을 객관적으로 병합한 상사사건에서의 통상의 금전지급청구]

<table>
<tr><th colspan="2" rowspan="2">구 분</th><th colspan="2">이행기</th><th colspan="2">소장부본 송달일</th></tr>
<tr><th>이행기이전
(이자)</th><th>이행기 도과
(지연손해금)</th><th>소장부본송달이전
(지연손해금)</th><th>소장부본송달이후
(지연손해금)</th></tr>
<tr><td colspan="2">이자·이율의 약정이 모두 없을 때</td><td>①ⓐ상인간 소비대차 또는
ⓑ상인이 한 체당금;연 6%
②그 외는 청구할 수 없음</td><td colspan="2">①상행위인 약정 및 그 채무불이행으로 인한 손해배상청구권, 급부 부당이득반환청구권 : 연 6%
②그 외 약정 및 불법행위로 인한 손해배상청구권, 침해부당이득반환청구권 : 연 5%</td><td>연 20%
(2015. 10. 1.부터는 연 15%, 이하 동일)</td></tr>
<tr><td colspan="2">이자약정은 있으나 이율약정이 없을 때</td><td>연 6%</td><td colspan="2">연 6%</td><td>연 20%(15%)</td></tr>
<tr><td rowspan="4">이자 · 이율에 관한 합의가 모두 있을 때</td><td>6% 이하</td><td>약정이율</td><td colspan="2">연 6%(다만 지연손해율에 관한 명시적 합의가 있으면 그 약정이율)</td><td>연 20%(15%)</td></tr>
<tr><td>6% 이상~20%(15%) 이하</td><td>약정이율</td><td colspan="2">약정이율</td><td>연 20%(15%)</td></tr>
<tr><td>20% 이상~30%(25%) 이하</td><td>약정이율</td><td colspan="2">약정이율</td><td>약정이율</td></tr>
<tr><td>30%(25%) 이상</td><td>연 30%(25%)</td><td colspan="2">연 30%(25%)</td><td>연 30%(25%)</td></tr>
</table>

6) 이행기가 도래하지 않은 채무에 관한 장래이행의 청구를 할 때

이행기가 도래하지 않는 채무는 원칙적으로 그 이행을 청구할 수 없다. 이때 이행기 도과여부는 변론종결시를 기준으로 한다. 다만 "미리 청구할 필요"가 있으면 장래이행의 소를 제기할 수 있다.(민사소송법 제251조) 원본지급채무와 그 지연손해금지급채무는 소송물이 서로 다르기 때문에

355) 주택건설업자가 아파트입주를 지연시킴으로 인한 지체배상금에 상사법정이율을 적용한 사례.

356) 상인인 원고가 상행위로 약정한 계약의 해제로 인한 원상회복의무로서 지급한 매매대금반환을 청구한 사례, 그 외 상인간의 매매계약이 취소된 경우 그 매매대금반환에서 상법소정의 6%의 법정이자를 부가하여 반환청구를 인정한 대법원 2005. 1. 27. 선고 2004다53357,53364 판결 등이 있다. 이에 대하여 일본 판례(최고재판소 2007. 2. 13. 판결)이기는 하나 상행위에 해당하는 소비대차에서 차주가 이자제한법 소정의 이율을 초과한 이자를 임의로 대주에게 지급한 경우 악의의 수익자인 대주는 차주의 초과지급금을 부당이득으로 반환함에 있어 민사법정이율 5%를 붙여 반환할 것을 명하였다.

357) 선박이 감항능력을 결여하여 항행 중 파멸되어 침몰된 경우 그 선박소유자가 화주에 대하여 부담하게 된 손해배상채무는 과실에 의한 불법행위로 인한 손해배상청구권으로써 선박소유자, 화주가 상인이라고 하더라도 상사법정이율의 적용을 받지 않는다.

358) 법인의 대표자(이사장)이 대표권을 남용하여 타에 손해를 입힌 경우 그 권한 남용을 몰랐던 피해자에게 손해배상해 줄 의무는 상사법정이율을 적용하지 못하고 민사법정이율을 적용하여야 한다.

'미리 청구할 필요성'을 원본지급청구는 물론 지연손해금청구 별로 별도로 판단하여야 한다.

다음과 같은 경우에 "미리 청구할 필요"를 인정하고 있다.

① 제때 이행되지 않으면 급부의 목적실현이 불가능하거나 현저히 어려운 경우,

② 계속적·반복적 이행의무에 관하여 이행기 도래분에 관하여 이미 채무불이행이 있어 장래 이행할 부분에 관하여도 미리 청구할 사정이 있는 경우,

③ 채무자가 이행하지 않을 의사를 미리 명시적·묵시적으로 밝힌 경우,

④ 현재 이행의 소와 결합한 장래이행의 소(건물인도와 임료 상당의 부당이득반환청구, 종류물 지급청구와 대상청구 등)의 경우

장래이행의 청구에서는 아직 이행기가 도래하지 않았기 때문에 소촉법상의 연 20%를 적용한 지연손해금의 청구는 할 수 없다.(소촉법 제3조 제1항 단서, 민사소송법 제251조) 이자는 물론 이율에 관한 약정이 없을 때 판결확정일 다음날부터 역 5%의 지연손해금을 청구할 수 있다. 그 외에는 대체로 약정내용에 따른다고 기억해 두면 된다.

[장래이행의 청구로서 금전지급청구]

구 분		사실심 변론종결일		판결확정	
		변론종결일 이전	변론종결일 이후	판결확정일 까지	판결확정일 다음날
이자·이율의 약정이 모두 없을 때		청구 못함	청구 못함		연 5% (이행지체 책임이 있을 것이 예상되어야 "미리 청구할 이익" 인정)
이자약정은 있으나 이율약정이 없을 때		연 5%	연 5%		연 5%
이자·이율에 관한 합의가 모두 있을 때	5% 이하	약정이율	약정이율		연 5% (다만 지연손해율에 관한 합의도 있으면 그 약정이율)
	5% 이상~ 20%(15%) 이하	약정이율	약정이율		약정이율
	20%(15%) 이상~ 30%(25%) 이하	약정이율	약정이율		약정이율
	30%(25%) 이상	연 30%(25%)	연 30%(25%)		연 30%(25%)

답 변 서

사 건 2011가합1598 추심금
원 고 신욱설비 주식회사
피 고 한태석
소송대리인 변호사 정의군
인천 남구 학익동 154-97 법전빌딩 3층 305호
전화번호 (032) 430-1234, 팩스번호 (032) 430-1235
전자우편 : justice@hanmailo.net

위 사건에 관하여 피고 소송대리인은 다음과 같이 답변합니다.

청구취지에 대한 답변

1. 원고의 청구를 기각한다.
2. 소송비용은 원고의 부담으로 한다.

라는 판결을 구합니다.

청구원인에 대한 답변

1. 원고 청구원인의 요지

원고는, 피고가 2009. 7. 30. 소외 주식회사 준서건설(이하 '소외 준서건설'이라 함)과 사이에 인천 남구 용현동 327-1 대 300㎡(이하 '용현동 대지'라고 함) 지상에 3층건물(이하 '용현동 건물'이라 함) 신축공사를 공사대금 2,000,000,000원에 도급계약을 체결하고, 소외 준서건설로부터 2010. 9. 23. 완공된 3층 건물을 인도받고도 공사잔대금 400,000,000원을 미지급하였는데, 원고가 소외 준서건설에 위 공사현장에 자재를 납품한 자재대금 400,000,000원을 보전하기 위하여 2010. 1. 12. 소외 준서건설의 피고에 대한 공사대금채권을 가압류한 다음 2011. 7. 3. 본압류로 전이하는 압류 및 추심명령을 받았고, 같은 달 5. 피고에게 그 추심명령이 송달되었다고 주장하면서 위 400,000,000원 및 그 지연손해금의 지급을 구하고 있습니다.

2. 피고 답변의 요지

피고는 위 공사도급계약의 체결사실, 공사완공사실 및 가압류를 거쳐 압류 및 추심명령이 발령되어 피고에게 송달된 사실은 인정하나 나머지는 전부 부인합니다.

3. 피고의 변제 및 상계

가. 변제

피고는 소외 준서건설에 다음과 같이 3차례에 걸쳐 공사대금 중 1,800,000,000원을 변제하였습니다.

1) 피고는 2009. 8. 30. 소외 준서건설이 공사에 착공할 때 800,000,000원을 지급하였습니다.

2) 피고는 2009. 10. 30. 소외 준서건설이 기초공사를 완료함에 따라 800,000,000원을 지급하였습니다.

3) 피고는 소외 준서건설이 공사비가 예상보다 증가되어 사정이 어렵다면 잔대금의 일부를 미리 지급해 달라고 요청하여 2009. 12. 15.경 200,000,000원을 지급하였습니다

나. 상계

1) 자동채권의 발생

피고는 2009. 9. 24. 소외 준서건설이 소외 은서은행으로부터 200,000,000원을 이율 월 1%, 변제기 2010. 9. 23.로 정하여 대출받아 공사비용에 융통할 수 있도록 하면서 용현동 대지를 담보로 제공하여 채권최고액 300,000,000원으로 된 근저당권설정등기가 경료되었습니다. 이후 소외 준서건설은 2010. 9. 경 도산함으로써 결국 피고는 2010. 9. 23. 소외 은서은행에 위 대출금 200,000,000원을 변제하였습니다.

그렇다면 피고는 위 대출금채무의 물상보증인으로 변제이익이 있는 자로서 소외 준서건설을 대위하여 위 대출금채무를 변제하여 소외 은서은행을 변제자 대위함으로써 소외 준서건설에게 위 변제금 200,000,000원 및 2009. 9. 23. 이후의 이자를 포함한 구상채권을 취득하였습니다.

그런데 공사도급계약의 도급인인 피고가 자신 소유의 위 용현동 대지 상에 근저당권설정을 허락하여 수급인인 소외 준서건설이 공사에 필요한 자금을 대출받았을 경우에는 피고의 공사잔대금지급의무와 소외 준서건설의 근저당권설정등기 말소의무와 서로 이행상 견련관계에 있게 되어 동시이행되어야 합니다. 또 위 구상금채권은 위와 같은 근저당권설정등기 말소의무의 대용채무적 관계에 있습니다. 따라서 비록 대위변제가 가압류결정 송달 후에 이루어졌다고 하더라도 피고는 위와 같은 구상금채권을 자동채권으로 하여 공사잔대금채무와 상계할 수 있습니다.[359]

2) 상계적상

위 공사대금채권은 소외 준서건설이 2010. 9. 23. 용현동 건물을 완공하여 인도함으로써 이행기가 도래하였고, 위 변제에 의한 구상금채권도 변제일인 2010. 9. 23. 이행기에 도래하여 서로 상계적상이 발생하였습니다.

3) 상계의 의사표시와 그 도달

피고는 위 압류 및 추심명령을 송달받은 후 2011. 8. 26. 추심채권자인 원고에게 내용증명우편을 보내 위 구상금채권으로 공사잔대금채권을 상계한다고 하였고, 그 내용증명우편이 같은 달 29. 원고에게 송달되었습니다.

다. 소결론(변제와 상계로 인한 추심채권의 소멸)

그렇다면 원고 주장의 추심채권은 일단 피고의 위 3차례 변제로 인해 합계 1,800,000,000원이 소멸하여 결국 공사잔대금 200,000,000원이 남게 되었습니다. 그 공사잔대금채권도 위 추심명령의 효력이 소급하는 가압류결정 송달 전에 이미 자동채권의 발생기초가 갖추어져 있어 상계할 수 있었고, 그 후 성립된 자동채권으로 상계함으로써 소멸하였습니다.

---

359) 대법원 1993. 9. 28. 선고 92다55794 판결, 대법원 2001. 3. 27. 선고 2000다43819 판결.

4. 결론

따라서 원고의 주장은 이유 없으므로 기각하여 주시고 소송비용은 패소자의 부담으로 하여 주시기 바랍니다.

증 명 방 법(생략)

첨 부 서 류(생략)

2011. 12. 10.

피고 소송대리인 변호사 정의군 인

인천지방법원 제2민사부 귀중

소 장

원 고 한 태 석 (410907－1051460)
인천 남구 용현동 풍림아파트 101동 903호
소송대리인 변호사 정의군
인천 남구 학익동 154－97 법전빌딩 3층 305호
전화번호 (032) 430－1234, 팩스번호 (032) 430－1235
전자우편 : justice@hanmailo.net

피 고 1. 주식회사 준서건설
서울 서초구 반포동 9 케이아이 빌딩 7층
대표이사 윤준서
2. 윤 준 서 (721104－1547663)
대전 유성구 지족동 181 빛나리아파트 101동 101호
3. 주식회사 은서은행
서울 종로구 내수동 559
대표이사 박유환
4. 윤 계 상 (790321－1003528)
서울 강남구 압구정동 한양아파트 101동 203호

대여금 등 청구의 소

청 구 취 지

1. 피고 주식회사 준서건설, 피고 윤준서는 연대하여 원고에게 금 150,000,000원 및 이에 대하여 2010. 9. 23.부터 다 갚는 날까지 연 30%의 비율에 의한 금원을 지급하라.
2. 가. 피고 윤준서와 피고 윤계상 사이에 별지목록 기재 아파트에 관하여 체결된 2010. 10. 1.자 매매계약은 154,000,000원의 범위내에서 이를 취소하고,
   나. 피고 윤계상은 원고에게 154,000,000원 및 이에 대한 이 사건 판결확정 다음날부터 다 갚는 날까지 연 5%의 비율에 의한 금원을 지급하라.
3. 피고 주식회사 은서은행은 원고에게 인천 남구 용현동 321－1 대 300㎡에 관한 인천지방법원 2009. 9. 24. 접수 제48243호로 경료된 근저당권설정등기에 대하여 2010. 9. 23. (확정채권)변제를 원인으로 한 말소등기 절차를 이행하라.
4. 소송비용은 피고들이 부담한다.
5. 위 제1항은 가집행할 수 있다.

라는 판결을 구합니다.

청 구 원 인

1. 피고 주식회사 준서건설, 피고 윤준서에 대한 대여금청구

가. 사실관계(소비대차계약, 이자·이율의 약정, 원본인도,소비대차계약의 종료, 연대보증계약)

원고는 2010. 9. 23. 피고 윤준서의 연대보증하에 피고 주식회사 준서건설(이하 '피고 준서건설'이라 함)에게 150,000,000원을 이자 월 3%, 변제기 2011. 3. 22.로 정하여 대여하였습니다.

나. 소결론

그렇다면 피고 준서건설, 피고 윤준서는 연대하여 원고에게 150,000,000원 및 이에 대하여 2010. 9. 23.부터 다 갚는 날까지 이자제한법의 제한이율 내에서 약정상의 연 30%의 비율에 의한 이자 및 지연손해금을 지급할 의무가 있습니다.

2. 피고 윤계상에 대한 사해행위 취소 및 가액반환청구

가. 사해행위 취소

1) 사실관계 (피보전채권의 존재, 사해행위, 사해의사)

원고가 피고 윤준서에 대하여 위와 같은 150,000,000원의 원리금채권을 보유하고 있습니다. 피고 윤준서는 2010. 10. 1. 동생인 피고 윤계상에게 유일한[360] 재산인 자신이 거주하는 별지목록 기재 아파트(이하 '대전 아파트'라고 함)를 매도하여 같은 일자 그 명의로 소유권이전등기를 경료해 주었습니다.

2) 소결론 (사해행위 취소)

그렇다면 피고 윤준서가 원고 등에게 다액의 채무를 부담한 상태에서 자신이 거주하는 유일

360) 기록상으로는 유일한 재산이라는 증거가 제시되어 있지는 않다. 실무상으로는 유일한 재산이라는 증거를 찾아 꼭 제시하여야 한다.

한 재산인 대전 아파트를 친동생인 피고 윤계상에 양도한 것은 일반책임재산이 채무액을 초과하는 사해행위로서 피고 윤준서가 이를 알았다는 사해의사 또한 추정됩니다. 따라서 위 사해행위의 취소를 구합니다.

나. 원상회복청구

1) 가액반환

피고 윤준서는 위 사해행위 이전에 이미 2008. 4. 30. 소외 주식회사 하나은행으로부터 대출받고 채권최고액 150,000,000원의 1번 근저당권을 설정해 주었고, 2009. 1. 3. 다시 소외 하나은행으로부터 대출받은 다음 채권최고액 100,000,000원의 2번 근저당권을 설정해 주었습니다.

피고 윤계상은 위와 같이 대전 아파트의 소유권을 취득한 후 2010. 10. 1. 바로 소외 하나은행에 1번 근저당권의 피담보채무 146,000,000원을 변제한 다음 그 근저당권을 말소하였습니다.

수익자가 목적물을 취득한 후 피담보채무를 변제하여 그 목적물상의 근저당권을 말소시킨 경우 원물을 반환케 한다면 채권자를 부당하게 이득할 수 있으므로 부득이 가액반환하여야 할 것입니다.

2) 반환의 범위

위 대전아파트의 가격은 2010. 10. 1.부터 현재까지 4억원 상당입니다. 가액반환의 경우 사해행위 당시 피보전채권액, 공동담보가액, 수익자의 취득가액 중 가장 적은 금액으로 가액반환하여야 할 것입니다. 본 사안에서 이 사건 소 제기 직전인 2011. 11. 22.까지 14개월 동안 발생한 이자를 포함한 피보전채권의 원리금은 합계 202,500,000원{150,000,000원 + 52,500,000원(150,000,000원 × 14/12 × 30%)}이 됨에 비추어 볼 때 사실심 변론종결 당시 피보전채권의 원리금[361]은 그 이상이 될 것이고, 사해행위 당시의 공동담보가액과 수익자가 취득한 가액은 대전아파트의 시가인 4억원에서 제1번 근저당권의 피담보채무액인 146,000,000원과 제2번 근저당권의 채권최고액인 100,000,000원을 공제한 나머지 154,000,000원(400,000,000원 − 146,000,000원 − 100,000,000원)이라 할 것이므로 가장 작은 공동담보가액 또는 수익자가 취득한 가액인 154,000,000원으로 가액반환하여야 할 것입니다.

다. 소결론

그렇다면 피고 윤준서와 피고 윤계상 사이에 대전 아파트에 관해 체결된 사해행위인 2010. 10. 1.자 매매계약은 가액반환하는 154,000,000원의 범위내에서 이를 취소하고, 피고 윤계상은 원고에게 위 154,000,000원 및 이에 대한 이 사건 판결확정 다음날부터 다 갚는 날까지 민법 소정의 연 5%의 비율에 의한 지연손해금을 지급할 의무가 있습니다.

3. 피고 주식회사 은서은행에 대한 근저당권설정등기 말소 청구

가. 사실관계(피담보채무의 발생, 근저당권설정계약, 근저당권설정등기, 피담보채무의 변제 등)

피고 준서건설은 2009. 9. 24. 피고 은서은행으로부터 200,000,000원을 이율 월 1%, 변제기 2010. 9. 23.로 정하여 대출받는데 원고는 자신 소유인 인천 남구 용현동 327−1 대 300㎡(이하 '용현동 대지'라고 함)를 담보로 제공하여 인천지방법원 2009. 9. 24. 접수 제48243호, 채권최고액 300,000,000원으로 된 근저당권설정등기를 경료하였습니다. 이후 피고 준서건설이 2010.

361) 비교대상인 피보전채권액은 사실심 변론종결 당시의 피보전채권 원리금이다.

9. 경 도산함으로써 결국 원고는 2010. 9. 23. 피고 은서은행에 위 대출금 200,000,000원을 변제하여 그 피담보채무를 소멸시켰습니다.

나. 소결론

그렇다면 피담보채무의 변제로 위 근저당권은 소멸되었다 할 것이므로 피고 은서은행은 원고에게 용현동 대지에 대한 인천지방법원 2009. 9. 24. 접수 제48243호로 마친 근저당권설정등기에 대하여 2010. 9. 23. 확정채권 변제를 원인으로 한 말소등기 절차를 이행할 의무가 있습니다.

다. 피고 은서은행의 주장에 대한 반박

피고 은서은행은 피고 준서건설에 추가적으로 대출해 준 채무가 더 있고, 피고 준서건설과 사이에 위 근저당권을 위 대출채무에 유용하여 담보로 하기로 약정하였다며 원고의 청구에 응할 수 없다고 주장합니다.

그러나 피담보채무의 변제기가 도래하여 확정된 피담보채무를 변제한 이상 당해 근저당권설정등기는 소멸하였다 할 것이고, 나아가 채권자와 채무자 사이의 위와 같은 무효등기의 유용합의가 있었다고 하더라도 물상보증인인 원고에게는 아무런 효력이 없으므로 위 주장은 이유 없습니다.

4. 결론

그렇다면 원고의 피고들에 대한 청구는 모두 이유 있으므로 이를 인용해 주시고, 소송비용은 패소자의 부담으로 하시고, 일부 청구에 가집행의 선고를 해 주시기를 바랍니다.

증 명 방 법(생략)
첨 부 서 류(생략)

2011. 12. 10.

원고 소송대리인 변호사 정의군 인

서울중앙지방법원[362] **귀중**

362) 민사소송법 제8조에 의하면 재산권에 관한 소를 제기하는 경우에는 의무이행지의 법원에 제소할 수 있고, 청구취지와 같은 청구는 모두 지참채무로서 의무이행지가 원고의 주소지가 될 수 있고, 소송대리인은 인천지방법원 관내에 사무소가 있으므로 관할법원을 인천지방법원으로 하여 소제기를 할 수도 있다.

Ⅷ. 선지급금반환, 채권자취소 등(8)

1. 7단계 권리분석법에 의한 사건 전체의 분석

가. 의뢰인의 희망사항 분석결과

의뢰인 =원고	희망사항	물권 침해? 약정?	침해자 또는 약정자는 누구(=피고)	원고의 자격, ∴소송명
가나건설	겸재교 공사계약관계를 정리하고, 지체상금을 최대한 많이 받고 싶다.	① 공사도급계약 **∴불이행 있어 강제이행청구**	**∴약정자 (수급인) (다라건설) (연대보증인) (김수철)**	**약정의 상대방 (도급인) ∴선급금 반환, 지체상금 및 연대보증금청구**
	정선교 교각기초 부분에 하자담보 책임을 추궁	① 공사도급계약 **∴채무불이행 있어 손해배상청구**	**∴약정자 (수급인) (다라건설)**	**약정의 상대방 (도급인) ∴하자담보청구**
	연대보증인 김수철의 아파트 처분에 관한 권리행사	① 사해행위로 인한 채권자취소 **∴사해행위 취소 및 원상회복청구**	**사해행위 수익자 (김태산)**	**채권자 ∴사해행위 취소 및 원상회복청구**

나. 원고의 청구원인 분석결과

소송명	청구원인		항변 (법률상 주장 포함)	재항변 등
선급금반환, 지체상금 및 연대보증금청구	① 공사도급계약	ⓐ 공사도급계약 ⓑ 선급금의 지급 ⓒ 미완성		
		ⓐ 공사도급계약 ⓑ 지체상금의 약정 ⓒ 공사지체 ⓓ 지체상금의 계산	Ⓐ 지체상금 감액 주장	
	② 연대보증계약			
하자담보청구	① 공사도급계약 ⓐ 공사도급계약 ⓑ 공사대금 지급 ⓒ 일의 완성 ② 하자의 발생 ③ 보수공사대금			
사해행위취소 및 원상회복청구	① 사해행위 취소 청구 ⓐ 피보전채권 ⓑ 사해행위 ⓒ 사해의사 ② 원상회복청구 ⓐ 가액반환사유 ⓑ 가액반환액		Ⓐ 수익자의 선의 Ⓑ 제척기간의 도과 ⓐ 안 날로부터 1년간 ⓑ 사해행위날로부터 5년간	Ⓐ 선의 증명 없음(부인) Ⓑ 제척기간 도과하지 않았음(부인) ⓐ 안 날로부터 1년 미경과 ⓑ 사해행위 날로부터 5년 미경과

2. 도급계약

가. 도급계약에 따른 소송유형

실무상으로 도급계약은 구체적으로는 다양한 형태의 도급계약이 있으나 대체로 ⓐ 공사도급계약, ⓑ 제조도급계약, ⓒ 수리도급계약, ⓓ 용역도급계약으로 분류할 수 있다. 따라서 구체적인 소송유형으로는 공사도급계약에 따른 공사대금청구, 제조도급계약에 따른 공임(선박건조비, 기계제조비 등)지급청구, 수리도급계약에 따른 수리비지급청구, 용역도급계약에 따른 용역비지급청구의 소 등을 상정할 수 있다.

나. 도급계약의 요건사실

1) 도급인의 공사청구, 제조청구, 수리청구, 용역제공청구의 요건사실

이론상으로는 도급인은 수급인에게 도급계약상의 공사청구, 제조청구, 수리청구, 용역제공청구 등을 할 수 있다. 이때 요건사실은 도급계약의 체결사실만이다. 하지만 도급계약상의 각종 '일'은 수급인이 자발적으로 하지 않으면 제대로 이행될 가능성이 없는 전문적인 것이 많다. 즉 "하는 채무"가 많아 직접강제가 불가능한 경우가 많다. 그래서 위와 같은 청구보다는 다음 3)과 같은 청구형태로 소를 제기하는 경우가 많다.

2) 수급인의 보수(공사대금, 공임, 수리비, 용역비)청구에서의 요건사실

원칙적으로 다음과 같은 두 가지 사실이 요건사실이다.

① 도급계약의 체결사실,

② 일의 완성사실

(③완성물의 인도사실)

'일의 완성사실'도 보수청구를 하는 당사자가 주장·증명할 책임이 있다. '일의 완성' 여부를 가급적 완화시켜 인정하고 있다. 수급인에 대한 중한 담보책임을 부담시키는 한편 '일의 완성' 여부에 대한 판단기준을 가능한 한 완화시켜 수급인의 보수청구권을 일단 인정하고 있다.(대법원 1994. 9. 30. 선고 94다32986 판결) 도급계약 상의 '일의 미완성'과 '하자'를 구별하는 기준은 계약상의 최후의 공정을 종료하지 못한 경우에는 '일의 미완성'이라 할 수 있고, 그 최후의 공정은 종료하였지만 그 주요 부분에 약정된 대로 완성되지 않았다면 '하자'라고 하여야 할 것이다. 따라서 하자가 있다고 하더라도 최후의 공정을 종료했다면 일단 보수(報酬)청구권을 인정하고, 도급인측에서 하자담보책임금으로 상계 내지 공제를 주장할 수 있도록 주장·증명책임을 분배하고 있다.

또한 보수청구는 위 ①, ② 요건사실을 주장·증명하여 할 수는 있지만 민법 제665조에 의하여 완성목적물의 인도의무와 보수청구권이 동시이행의 관계에 있기 때문에 수급인이 패소하는 부분이 없도록 보수청구를 하기 위해서는 ③ 완성물의 인도사실도 주장·증명해야 하고, 만약 ①, ②의 사실만으로 보수청구를 하면 도급인측에서 완성물의 인도와 동시이행의 항변으로 제기하면 상환이행

의 판결을 받게 되는 결과 일부 패소부분이 발생하게 된다.

3) 도급인의 하자담보이행청구 또는 계약해제 후 손해배상청구

가) 도급계약상 수급인이 이행을 하지 않는 경우에는 위 1)과 같이 적극적으로 도급계약상의 의무이행을 청구(강제이행청구)하기보다는 Ⓐ 도급계약 상의 하자담보책임을 청구하거나 Ⓑ 도급계약을 해제한 후 ⓐ 이미 지급한 선급금반환청구 및 ⓑ 그에 따른 손해배상청구를 하는 것이 일반적이다.

나) 하자담보청구

제작물공급계약에서 일이 완성되었다고 하려면 당초 예정된 최후의 공정까지 일응 종료하였다는 점만으로는 부족하고 목적물의 주요구조 부분이 약정된 대로 시공되어 사회통념상 일반적으로 요구되는 성능을 갖추고 있어야 하며, 개별적 사건에 있어서 예정된 최후의 공정이 일응 종료하였는지 여부는 수급인의 주장에 구애됨이 없이 당해 제작물공급계약의 구체적 내용과 신의성실의 원칙에 비추어 객관적으로 판단할 수밖에 없다.(대법원 2006. 10. 13. 선고 2004다21862 판결)

다) 도급계약 해제의 경우

(1) 도급인측의 해제사유[363)]

(가) '일의 미완성'으로 인한 도급계약의 해제

일이 미완성된 경우 도급계약 자체를 해제할 수 있다.

(나) 완성된 목적물의 하자로 인한 도급계약의 해제

완성된 목적물에 대하여 하자를 원인으로 하여 도급계약을 해제할 때는 그 하자가 중대한 것으로 보완이 불가능하거나 적어도 상당기간 내에는 보완 또는 수정작업이 불가능하여 계약의 목적을 달성할 수 없어야 하고, 그 주장·증명책임은 해제를 주장하는 자에게 있다.(대법원 2000. 5. 12. 선고 98다4347 판결)

(2) 도급계약 해제 후의 도급인의 청구[364)]

도급인은 이미 지급한 선급금반환청구 및 그에 따른 손해배상청구를 하게 될 것이다. 이때 수급인은 기성고를 주장·증명하여 그에 상당한 보수로 상계를 주장할 것이다. 도급인은 해제 후 하자부분 및 그 가액을 주장·증명하여 하자로 인한 손해배상청구를 할 수 있다.

(3) 선급금은 당연충당됨

선급금을 지급한 후 도급계약이 해제 또는 해지된 경우 특별한 사정이 없는 한 '별도의 상계의

---

363) 그 외 수급인측에서의 해제사유로는
도급인이 공사대금 등 보수를 지급하지 않았을 때 수급인은 채무불이행을 원인으로 계약을 해제할 수 있다. 수급인은 이런 경우라도 계약을 해제하기 보다는 공사 등을 중단하고 유치권을 행사하면서 적극적으로 투하자본을 회수하려고 노력할 것이다.

364) 수급인이 도급계약을 해제한 후 청구하는 방법으로는
수급인은 기성고를 주장·증명하여 기성고에서 이미 지급받은 선급금 등 공사대금을 공제하고 남은 미수금 공사대금 등을 청구할 수 있다. 하지만 공사현장을 점유하면서 유치권을 행사하는 등 실력행사로 도급인을 압박하기도 한다.

의사표시 없이도' 그때까지의 기성고에 해당되는 공사대금 중 미지급액은 선급금으로 당연히 '충당'되고 도급인은 나머지 공사대금이 있는 경우 그 금액에 한하여 지급할 의무가 있고, 수급인은 선급금이 기성고를 초과한 경우 나머지 선급금을 반환할 의무가 있다.(대법원 2010. 7. 8. 선고 2010다9597 판결) 하지만 미정산선급금반환채권을 다른 공사대금채권에 상계하고자 하면 이는 당연히 공제되지 않기 때문에 이를 주장하는 수급인측에서 상계적상의 요건사실을 충분히 주장·증명하여야 한다.(대법원 2010. 7. 8. 선고 2010다9597 판결)

다. 공동이행방식의 공동수급체

1) 공동이행방식의 공동수급체에 의한 도급계약은 기본적으로 민법상의 조합의 성격을 갖는다.(대법원 2012. 5. 17. 선고 2009다105406 전원합의체 판결)

공사수급체가 공사를 시행함으로 인하여 도급인에게 가지는 채권은 원칙적으로 공동수급체의 구성원에게 합유적으로 귀속하는 것이어서 특별한 사정이 없는 한 구성원 중 1인이 임의로 도급인에 대하여 출자지분의 비율에 따른 급부를 청구할 수 없고, 구성원 중 1인에 대한 채권으로써 그 구성원 개인을 집행채무자로 하여 공동수급체의 도급인에 대한 채권에 대하여 강제집행을 할 수 없다.

2) 하지만 개정된 공동도급운용요령 제11조가 적용되는 정부나 지방자치단체와의 공사도급계약은 공동수급체 구성원 각자에게 공사대금채권을 지급할 것을 예정하고 있고, 이를 수긍한 채 그 취지에 따른 공동수급협정서를 포함한 입찰 참가 신청서류들을 제출하여 체결된 공동도급계약은 공동수급체와 도급인 사이에서 공동수급체의 개별 구성원으로 하여금 공사대금채권에 관하여 그 출자지분의 비율에 따라 직접 도급인에 대하여 권리를 취득하게 하는 묵시적 약정이 이루어졌다고 보아야 한다.(위 대법원 2012. 5. 17. 선고 2009다105406 전원합의체 판결) 이러한 경우 선급금과 공사대금은 각 구성원 별로 따라 정산되어야 한다. 공동수급체의 구성원은 다른 구성원이 반환하여야 할 선급금에 대하여 아무런 책임을 부담하지 아니하며, 다른 구성원의 지분비율에 해당하는 공사대금의 지급을 구할 아무런 권리도 없다.

라. 지체상금약정

1) 지체상금약정의 성질

도급계약에 있어 지체상금약정은 수급인이 약정된 기간 내에 그 일의 완성을 지체한 데 대한 손해배상액의 예정의 성질을 갖는 도급계약상의 부수적 약정이다.

2) 손해배상액의 예정에 있어 재량감경

법원으로서는 당사자의 경제적 지위, 계약의 목적과 내용, 손해배상액을 예정한 경위, 채무액에 대한 예정액의 비율, 예상손해액의 크기, 당시의 거래관행 등을 참작하여 지체상금약정 상의 액수가 과다하다고 보여지는 경우 이를 감액할 수 있다.

3) 지체상금이율로서의 '시중은행 금전신탁대출이자율'

도급계약에서 종종 지체상금이율로 시중은행 금전신탁대출이자율을 적용한다고 약정한 경우가 있다. 금융기관마다 그 이율이 다르기 때문에 어느 금전신탁대출이자율인지가 다투어질 수 있다. 이 때 특별한 약정이 없으면 그 당시 시중은행의 금전신탁대출이자율 중 가장 최소한의 이자율을 적용하여야 한다.(대법원 1994. 9. 30. 선고 94다32986 판결)

마. 집합건물의 소유 및 관리에 관한 법률(이하 '집합건물법'이라 함) 제9조

집합건물법 제9조에 따르면 하자담보추급권은 집합건물의 수분양자가 그 집합건물을 양도한 경우에는 '양도 당시 양도인이 이를 행사하기로 유보하였다는 특별한 사정'이 없는 한 현재의 소유자가 이를 행사할 수 있다. 따라서 전 소유자가 이를 행사하려면 그 특별한 사정을 주장·증명하여야 한다.(대법원 2003. 2. 11. 선고 2001다47733 판결, 대법원 2009. 5. 28. 선고 2009다9539 판결)

3. 토지관할의 합의

보통재판적 또는 특별재판적 상의 관할권이 있는 법원을 대상으로 한 합의관할은 전속적 관할의 합의이다. 그 외 법원을 대상으로 한 관할합의는 임의적 관할합의이다. 본 사안에서는 서울북부지방법원을 관할로 하는 합의는 전속적 관할합의이다. 따라서 서울북부지방법원 이외의 관할법원을 지정한 경우에는 전속관할 위반으로 이송대상이 된다.

4. 채권자취소

가. 채권자취소의 요건사실

① 피보전채권의 존재

② 사해행위

채무초과의 사실이 사해행위 판단의 가장 기초적 사실이다. 유일한 부동산을 담보로 제공한 경우 특별한 사정이 없는 한 사해행위성이 인정된다.

③ 사해의사

채무초과의 사실을 인식하였다는 것이 사해의사의 본질적 부분이다.

나. 항변사실

Ⓐ 수익자의 선의

Ⓑ 제척기간의 경과

제척기간은 안 날로부터 1년간, 사해행위한 날로부터 5년간 행사하지 않으면 제척기간의 만료로 채권자 취소권이 소멸한다.

다. 원상회복

1) 원상회복은 원칙적으로 원물반환의 방법으로 하여야 한다.(민법 제406조 제1항 본문) 하지만 사해행위로 취득 후 근저당권의 피담보채권을 변제하여 그 근저당권이 말소된 경우에는 원물반환은 불가능하다. 따라서 가액반환을 하여야 한다.(대법원 2001. 9. 4. 선고 2000다66416 판결) 특히 채권자가 채권자취소권을 행사하면서 원물반환만을 구하였을 뿐이라도 위와 같은 가액배상을 하여야 할 상황이라면 원물반환을 구하는 주장속에는 사해행위를 일부 취소하고 그 가액배상을 구하는 취지도 포함되어 있으므로 가액배상을 명하여야 한다.(대법원 2001. 9. 4. 선고 2000다66416 판결) 이러한 판결취지에 의하면 소장을 작성할 때는 사해행위 취소와 원물반환을 구하는 방식으로 청구할 수 있게 되고, 다만 법원에서 판결할 때 사정을 헤아려 가액배상의 취지로 판결하여야 한다는 것이다. 매번 하는 얘기지만 법률전문가를 지향하는 예비법조인으로서는 이러한 법리를 알고 있는 경우라면 판례의 취지를 따라 소장 작성단계부터 가액배상의 취지로 청구해야 할 것이다.

2) 반환할 가액의 계산

채권자가 채권자취소권을 행사할 때에는 원칙적으로 자신의 채권액을 초과하여 취소권을 행사할 수 없고, 이 때 채권자의 채권액에는 사해행위 이후 사실심 변론종결시까지 발생한 이자나 지연손해금을 포함시켜야 한다.(대법원 2001. 9. 4. 선고 2000다66416 판결, 이후 대법원 2003. 7. 11. 선고 2003다19572 판결 등 다수) 종래 실무상 단순함을 추구하기 위해 피보전채권 원금만을 반환할 가액으로 표기하여 청구한 사례가 많았다. 하지만 의뢰인의 최대이익을 추구해야 할 변호사로서는 가급적 사실심 변론종결 당시까지의 이자 및 지연손해금을 포함시켜 청구하는 방식으로 구성하는 것이 바람직하다.

라. 피고 김태산이 변제한 근저당권의 피담보채권 200,000,000원을 이유로 한 구상금채권으로 원상회복될 가액배상액에서 이를 공제 또는 상계할 수 있는가?

사해행위취소 제도는 사해행위를 취소하고 채무자의 일반재산으로부터 일탈된 재산을 모든 채권자를 위하여 환원시키는 제도로서 수익자는 채권자 자격으로 나중에 그 지분을 주장할 수는 있어도 자신의 반대채권으로 상계 또는 공제를 주장할 수는 없다.(대법원 2001. 6. 1. 선고 99다63183 판결)

소 장

원 고 가나건설 주식회사
서울 중랑구 면목동 771
대표이사 박창현
소송대리인 법무법인 대승
담당변호사 김상승
서울 서초구 서초동 111 법학관 201호
전화번호 (02) 587－1543, 팩스번호 (02) 587－1544
전자우편 : sskim@daeseung.com

피 고 1. 다라토건 주식회사
서울 노원구 상계동 223
공동대표이사 강민영, 김수철[365]
2. 김수철 (631205－1******)
서울 노원구 상계동 212 청구아파트 101동 301호
3. 김태산 (630213－1231222)
안산시 단원구 원곡동 128

선지급금 반환 등 청구의 소

청 구 취 지

1. 피고 다라토건 주식회사, 피고 김수철은 연대하여 원고에게,
   가. 220,000,000원 및 이에 대한 2011. 5. 6.부터 이 사건 소장부본 송달일까지는 연 6%의, 그 다음날부터 다 갚는 날까지는 연 20%의 각 비율에 의한 금원을 지급하고,
   나. 132,000,000원 및 이에 대한 2011. 9. 3.부터 이 사건 소장부본 송달일까지는 연 6%의, 그 다음날부터 다 갚는 날까지는 연 20%의 각 비율에 의한 금원을 지급하라.
2. 피고 다라토건 주식회사는 원고에게 50,000,000원 및 이에 대한 2011. 9. 3.부터 이 사건 소장부본 송달일까지는 연 6%의, 그 다음날부터 다 갚는 날까지는 연 20%의 각 비율에 의한 금원을 지급하라.
3. 피고 김태산과 피고 김수철 사이에 별지 목록 기재 부동산에 관하여 2011. 8. 29. 체결된 매매계약을, 352,000,000원과 위 금원 중 220,000,000원에 대하여는 2011. 5. 6.부터, 132,000,000원에 대하여는 2011. 9. 3.부터 각 이 사건 소장 부본 송달일까지는 연 6%의, 그 다음날부터 사실심 변론 종결일까지는 연 20%의 각 비율에 의한 금원을 합산한 금원의 한도 내에서 취소한다.
4. 피고 김태산은 원고에게 352,000,000원과 위 금원 중 220,000,000원에 대하여는 2011. 5. 6.부터, 132,000,000원에 대하여는 2011. 9. 3.부터 각 이 사건 소장 부본 송달일까지는 연 6%의, 그 다음날

365) 공동대표이사이므로 반드시 모두 대표자로 기재하여야 한다.

부터 사실심 변론 종결일까지는 연 20%의 각 비율에 의한 금원을 합산한 금원 및 위 합산한 금원에 대하여 이 사건 판결확정일 다음날부터 다 갚는 날까지 연 5%의 비율에 의한 금원을 지급하라.

5. 소송비용은 피고들이 부담한다.
6. 위 제1, 2항은 가집행할 수 있다.

라는 판결을 구합니다.

청 구 원 인

1. 중랑천 겸재교건설공사 중 교각기초공사 하도급계약에 기한 청구 (피고 다라토건 주식회사 및 피고 김수철에 대한 선지급금반환 및 지체상금지급청구)

가. 사실관계(공사도급계약, 선급금의 지급, 지체상금 약정, 미완성 및 공사지체, 연대보증)

1) 원고회사는 교량전문 건설업체이고, 피고 다라토건 주식회사(이하 피고 다라토건이라 함)은 토목건축업을 하는 회사입니다.

2) 원고회사는 소외 서울특별시로부터 중랑천 겸재교건설공사를 도급받아 2011. 2. 16. 피고 다라토건에게 그 중 교각기초공사를 대금 1,100,000,000원(부가가치세 포함)에 하도급주면서 착공은 2011. 3. 1., 준공은 같은 해 5. 31.까지 3개월로 하고 선급금 200,000,000원은 계약 체결 후 10일이내에 지급하고, 지체상금은 지체 1일 당 총 공사대금의 0.2%의 비율로 정한 건설공사 하도급계약을 체결하였습니다. 이때 원고회사와 피고 다라토건은 "부도·파산 등 '을'의 귀책사유로 공기내에 공사를 완성할 수 없는 것이 명백히 인정될 때" "서면으로 계약의 이행을 상당한 기간으로 정하여 최고한 후 동 기간 내에 계약이 이행되지 아니한 때에는 당해 계약의 전부 또는 일부를 해제·해지할 수 있다"(건설공사 표준하도급계약서 제25조 제1항 제2호)고 합의하였습니다.

3) 원고회사는 위 건설공사 하도급계약에 따라 피고 다라토건에게 2011. 2. 17. 선급금조로 200,000,000원을 지급하고, 같은 해 3. 31. 기성금 300,000,000원을, 같은 해 4. 30. 기성금 300,000,000원을 각 지급하였습니다. 피고 다라토건은 다른 공사현장에서 받은 어음이 부도나 자금압박을 받고 있던 중 같은 해 5. 2. 원고회사에 '잔금선지급요청서'를 보내 잔금 300,000,000원을 선지급해 줄 것을 요청하였습니다. 이에 원고회사는 같은 달 6. 피고 다라토건에게 그 요청에 따른 잔금 300,000,000원을 마저 지급하였습니다.

4) 그 후 피고 다라토건은 자금압박을 이기지 못하고 공정률 80% 된 상태에서 일체의 공사를 중단하고 주요 장비를 공사현장으로부터 철수시킨 다음 나머지 공사를 전혀 진행하지 않고 있습니다.

5) 원고회사가 2011. 5. 15. 피고 다라토건에 '공사이행촉구서'를 보내 공사재개를 요구하였고, 그렇지 않으면 약정상의 지체상금을 지급해 달라고 요구하였습니다. 그랬더니 위 피고들은 2011. 5. 20. 원고회사에게 피고 김수철이 연대보증인이라고 기재하여 날인까지 한 '공사중단에 대한 양해의 말씀'이란 통지서를 보내 저간의 사정을 설명하면서 피고 김수철이 본 공사의 이행 및 공사지체로 인하여 발생하는 일체의 손해 등에 대하여 연대보증하니 기다려 달라고 요청하였습니다. 그래서 원고회사는 위 요청을 수락하여 완공일이 지나도 별다른 조치를 취하지 않고 있다가 2011. 6. 30. 피고 다라토건이 부도나 더 이상 기초공사가 불가능하게 되었습니다.

6) 원고회사는 2011. 9. 1. 피고 다라토건에 '손해배상청구' 제하의 통지서를 보내 지체상금의 지

급을 구하는 내용의 통지를 하였고, 같은 달 2. 그 통지가 도달하였습니다.

7) 위 교각기초공사의 나머지 공사를 완공함에 있어 20일이 소요될 것입니다.

8) 위 건설공사 하도급계약서 상 원고회사와 피고 다라토건은 "이 계약과 관련한 분쟁으로 법원에 소를 제기하는 경우에는 서울북부지방법원에 그 관할을 합의한다."고 특별히 약정하였습니다.

나. 위 도급계약의 해제

원고회사는 피고 다라토건이 공사를 중단한 후 2011. 5. 15.경 공사이행을 최고하였을 뿐만 아니라 공사완공기간인 같은 해 5. 31.이 경과한 이후로 피고 다라토건이 부도가 난 같은 해 6. 30.에 이르러서는 그 공사이행이 확정적으로 불가능하게 되었고, 따라서 이행불능을 이유로 한 법정해제권이나 위 도급계약 제25조 제1항 제2호에 정해진 약정상의 해제사유발생도 발생하였습니다. 그래서 원고회사는 이 사건 소장 부본을 송달함으로써 위 도급계약을 해제하는 바입니다.

그래서 위 해제로 인하여 피고 다라토건은 원상회복 의무의 이행으로 원고회사에게 이미 지급받은 선급금 중 기성고에 따른 공사대금을 공제한 나머지 선급금을 반환하고, 또한 도급계약 상의 지체상금을 지급할 의무가 있습니다. 지체상금은 그 산정의 시기는 약정상의 공사완공기일 다음날인 2011. 6. 1.이고, 그 종기는 수급인이 공사를 중단하거나 기타 해제사유가 있어 도급인이 이를 해제할 수 있었을 때를 기준으로 하여 도급인이 다른 업자에게 의뢰하여 같은 건물을 완공할 수 있었던 시점인바, 피고 김수철까지 나서 공사완공을 책임지겠다고 연대보증까지 한 상황하에서는 피고 다라토건이 부도나 사실상 공사가 불가능하게 된 2011. 6. 30.로부터 비로소 공사를 해제하고, 다른 업자를 선정하여 나머지 공사를 시킬 수 있었다고 보아야 할 것입니다. 통상 본 사안과 같은 공사에서는 다른 업자를 선정하여 나머지 공사에 착공하게 할 수 있으려면 10일 정도가 소요됩니다. 또한 남은 공사를 완공하는데 20일이 소요되는 점은 앞서 설명한 사실과 같습니다. 따라서 2011. 7. 30.이 그 종기라고 할 것입니다. 따라서 60일간의 지체상금 반환을 구할 수 있습니다.

다. 소결론

피고 다라토건 및 피고 김수철은 연대하여 원고에게 공사대금 선지급금 중 미완성 공사에 해당되는 220,000,000원{총 선지급금 1,100,000,000원 × (100% − 80%)} 및 그 지급일인 2011. 5. 6.부터 이 사건 소장 부본 송달일까지는 상법 소정의 연 6%의, 그 다음날부터 다 갚는 날까지는 소송촉진 등에 관한 특례법 소정의 연 20%의 비율에 의한 지연손해금을 지급할 의무가 있고, 완공예정일 다음날인 2011. 6. 1.부터 타업체를 선정하여 그 나머지 공사를 완공할 수 있는 합리적 기간인 2011. 7. 30.까지 60일간 약정상의 지체상금 1일 2,200,000원 (1,100,000,000원 × 0.2%)의 비율로 환산한 132,000,000원(2,200,000원 × 30일) 및 이에 대한 위 이행최고 다음날인 2011. 9. 3.부터 이 사건 소장 부본 송달일까지는 상법 소정의 연 6%의, 그 다음날부터 다 갚는 날까지는 소송촉진 등에 관한 특례법 소정의 연 20%의 각 비율에 의한 지연손해금을 지급할 의무가 있습니다.

라. 피고 다라토건, 김수철의 주장에 대한 반박

위 피고들은 지체상금률이 부당하게 과다하여 감액되어야 한다거나 이 사건 건설공사 표준하도급계약서 제24조에 따라 기성부분에 대하여 검사를 거쳐 인수한 부분을 제외한 나머지 미시공부분 20%에 해당되는 부분을 기초로 산정한 지체상금 26,400,000원{440,000원(220,000,000원 × 0.2%) × 60일}에 불과하다고 주장합니다.

그러나 피고 다라토건이 자금사정이 좋지 않은 와중에 잔금의 선지급을 요청하여 이를 수령하였음에도 바로 공사를 중단한 점에 비추어 볼 때 위 피고들은 원고회사에 의도적으로 손해를 가한 점, 이로 인하여 원고회사도 장기간 공사를 할 수 없게 되어 서울특별시에 지체상금지급의 위험에 처하게 된 점 등에 비추어 위 132,000,000원은 부당하게 과다한 것으로 볼 수 없습니다. 또한 표준계약서의 약관인 부동문자 부분보다는 계약서 1면의 구체적인 약정이 우선할 것이라는 점, 이 사건에서는 기성부분에 대하여 검사를 거쳐 인수하지 않았던 점 등에 비추어 위 피고들의 주장은 모두 이유 없습니다.

2. 피고 다라토건에 대한 정선교 하자보수공사비 청구

가. 사실관계(공사도급계약, 일의 완성, 하자발생, 하자보수비용)

1) 원고회사는 소외 정선군으로부터 정선교 건설공사를 수주하여 2008. 5. 16. 피고 다라토건에게 그 중 교각기초공사를 공사대금 660,000,000원(부가가치세 포함), 공사기간은 착공 2008. 6. 1., 완공 같은 해 8. 31. 등 3개월, 하자담보책임기간은 완공 후 3년으로 하여 하도급 주었습니다.

2) 피고 다라토건은 위 하도급계약의 취지에 따라 교각기초공사를 시행하고 원고회사는 이에 대한 대금 660,000,000원을 전액 지급하였습니다. 그런데 피고 다라토건은 기준미달의 철근 및 콘크리트를 사용함으로써 하자가 발생하였습니다. 위 하자 2011. 7.~8.경 발생한 폭우로 원고회사는 비로소 확인이 가능하였습니다.

3) 그 하자를 보수하는데 50,000,000원이 소요됩니다. 원고회사는 앞서 설명한 바와 같이 2011. 9. 1. 피고 다라토건에 하자보수금 지급을 구하는 내용의 통지를 하였고, 같은 달 2. 그 통지가 도달하였습니다.

나. 소결론

그렇다면 피고 다라토건은 위 하자보수비 50,000,000원 및 이에 대한 위 이행최고 다음날인 2011. 9. 3.부터 이 사건 소장 부본 송달일까지는 상법 소정의 연 6%의, 그 다음날부터 다 갚는 날까지는 소송촉진 등에 관한 특례법 소정의 연 20%의 각 비율에 의한 지연손해금을 지급할 의무가 있습니다.

3. 피고 김태산에 대한 사해행위 취소 및 가액반환 청구

가. 사실관계 (피보전채권, 사해행위, 사해의사)

1) 피고 김태산은 피고 김수철의 오랜 지기로서 2011. 5. 중순경 피고 김수철로부터 피고 다라토건이 자금압박을 받아 금전이 필요하다고 하여 400,000,000원을 빌려 주었습니다. 그런데 앞서 본 바와 같이 피고 다라토건은 2011. 6. 30. 부도났습니다.

2) 그런데 피고 김수철이 2011. 8. 29. 유일한 재산인 별지 목록 기재 부동산을 피고 김태산에게 대물변제하여 서울북부지방법원 같은 날 접수 제55871호로 소유권이전등기를 경료하였습니다.

3) 피고 김태산은 그 후 피고 김수철이 소외 김명수으로부터 빌린 200,000,000원을 변제해 주면서 2011. 9. 1. 별지 목록 기재 부동산에 담보조로 설정되었던 근저당권설정등기를 말소하였습니다.

4) 별지 목록 기재 아파트의 2011. 9. 경 시세는 650,000,000원입니다.

나. 사해행위 취소 및 가액반환청구

1) 사해행위 취소

원고회사는 앞서 본 바와 같이 피고 김수철에 대하여 선지급금 및 지체상금 등 352,000,000원 및 그 지연손해금의 지급청구권이 있습니다. 피고 김수철은 원고회사뿐만 아니라 소외 김명수에 대해서도 200,000,000원 상당의 대여금지급채무가 있는 상황하에서 이를 잘 알고 있으면서도 유일한 재산인 시가 650,000,000원 상당의 별지 목록 기재 부동산을 피고 김태산에게 400,000,000원의 차용금(또는 연대보증금)에 대한 대물변제를 하였습니다. 따라서 피고 김수철의 위 대물변제 행위는 사해행위에 해당되고, 피보전권리도 존재하며 사해의사 또한 넉넉히 인정됩니다. 따라서 사해행위의 취소를 구합니다.

2) 가액반환 사유

또한 피고 김태산은 위 사해행위로 별지 목록 기재 부동산을 취득한 후 피담보채무를 변제하여 그 부동산상의 근저당권을 말소시켰으므로 원물반환이 불가능하게 되어 가액배상을 구하고자 합니다.

3) 가액반환의 범위

그런데 원고의 피보전채권은 352,000,000원 및 그 지연손해금 상당액이나 원상회복 대상인 별지 목록 기재 부동산의 시가는 650,000,000원이고, 말소된 근저당권의 피담보채무가 200,000,000원 상당이었던 점에 비추어 볼 때 원고회사는 자신의 채권액이상으로 사행행위의 취소 및 그 가액배상을 구할 수 없다 할 것입니다.

다. 소결론

그러므로 피고 김태산과 피고 김수철 사이에 체결된 별지 목록 기재 부동산에 대하여 2011. 8. 29. 체결된 매매계약을 352,000,000원 및 이에 대한 사실심 변론종결일까지 발생한 그 지연손해금의 한도내에서 이를 취소하고, 그 원상회복의무의 이행으로서 352,000,000원과 그 지연손해금을 합산한 금원 및 위 합산한 금원에 대한 이 사건 판결확정일 다음날부터 다 갚는 날까지 민법 소정의 연 5%의 비율에 의한 지연손해금을 지급할 의무가 있습니다.

라. 피고 김태산의 주장에 대한 반박

1) 피고 김태산은 선의의 수익자라는 주장

피고 김태산은 이 사건 매매계약 체결당시 피고 김수철의 구체적인 부채상태를 알지 못한 채 자신의 채권을 변제받기 위하여 이 사건 부동산을 대물변제 받았다며 사해행위인 정을 몰랐다고 주장하고 있습니다.

그러나 위와 같은 사정만으로 피고 김태산이 사해행위인 정을 몰랐다고 인정하기 부족합니다. 오히려 피고 김태산은 피고 김수철의 오랜 지기인 점, 피고 다라토건의 자금사정이 나쁜 점을 잘 알면서도 400,000,000원을 대여하였다가 부도나자 서둘러 이 사건 대물변제를 받은 점 등에 비추어 볼 때 피고 김태산은 사해행위인 점을 알았다고 보아야 할 것입니다.

2) 사해행위 당시에는 피보전채권이 부존재

피고 김태산은 원고회사가 주장하는 피보전채권 중 선지급금 220,000,000원의 반환의무는 이 사건 소장 부본의 송달로 해제하여 비로소 발생하는 채권이므로 사해행위 당시에는 존재하지 않았다며 이를 채권자취소의 피보전채권으로 삼을 수 없다고 주장합니다.

그러나 사해행위 당시 이미 채권 성립의 기초가 되는 법률관계가 발생되어 있고, 가까운 장래에 그 법률관계에 기하여 채권이 성립되리라는 고도의 개연성이 있으며, 실제로 가까운 장래에 그 개연성이 현실화되어 채권이 성립된 경우에는 그 채권도 채권자취소권의 피보전채권이 될 수 있는바,[366] 원고회사의 선급금반환채권은 위 사해행위일인 2011. 8. 29.이전인 피고 다라토건이 부도난 2011. 6. 30.경 이후로 언제든지 해제하면 발생할 수 있었던 채권이었으므로 이미 채권성립의 기초가 있었으며 가까운 장래에 발생할 고도의 개연성이 있었습니다. 따라서 그 고도의 개연성이 현실화되어 성립한 선급금반환채권은 피보전채권이 될 수 있습니다. 이에 반하는 피고 김태산의 위 주장은 이유 없습니다.

4. 결론

따라서 원고의 청구는 이유 있으므로 모두 인용해 주시고, 소송비용은 패소자의 부담으로 하고, 일부 청구에 관해서는 가집행의 선고를 하여 주시기 바랍니다.

증 명 방 법(생략)

첨 부 서 류(생략)

2011. 10. 5.

원고 소송대리인 법무법인 대승

담당변호사 김상승 인

서울북부지방법원[367] 귀중

[별지] 부동산의 표시

(1동의 건물의 표시)

서울 노원구 상계동 212 청구아파트 101동

(대지권의 목적인 토지의 표시)

서울 노원구 상계동 212 대 86,394.7㎡

(전유부분의 건물의 표시)

301호 철근콘크리트조 108㎡

(대지권의 표시)

소유권 대지권 86394.7분의 108[368] 끝.

366) 대법원 2002. 4. 12. 선고 2000다43352 판결.

367) 관할합의의 경우 원래 관할권이 있는 법원 중 1 법원에 관한 관할합의일 경우에는 전속적 관할합의가 된다. 따라서 서울북부지방법원 이외의 법원을 관할법원으로 표시하면 감점된다.

368) 공동주택의 경우에는 위와 같이 구체적으로 표기하여야 제대로 특정된다.

Ⅸ. 소유권이전등기 말소 등(9)

1. 7단계 권리분석법에 의한 사건 전체의 분석

가. 의뢰인의 희망사항 분석결과

의뢰인 =원고	희망사항	물권 침해? 약정?	침해자 또는 약정자는 누구(=피고)	원고의 자격, ∴소송명
조정현	부동산에 관한 일체의 위법한 침해를 복구하고	① 물권 침해 **∴방해배제청구**	**∴침해자**[369)] (이전등기) (민수찬)	물권자(소유권자) ∴소유권이전등기 말소청구
		① 물권 침해 **∴방해배제청구**	**∴침해자** (이전등기) (오재현)	물권자(소유권자) ∴소유권이전등기 말소청구
		① 물권 침해 **∴소유물반환, 방해배제청구**	**∴침해자** (이전등기) (지상건물소유) (대지점유) (공진수)	물권자(소유권자) ∴건물철거, 소유권이전등기 말소 및 대지인도 청구
		① 물권 침해 **∴방해배제청구**	**∴침해자** (근저당권설정등기) (희망파이낸스)	물권자(소유권자) ∴승낙의 의사표시(또는 근저당권설정등기 말소) 청구[370)]
	부동산에 관한 일체의 위법한 침해로 인한 손해 등을 보상받고 싶다.	① 물권 침해 **∴불법행위로 인한 손해배상청구, 침해부당이득반환청구**	**∴점유자** (건물소유) (공진수)	물권자(소유권자) ∴침해부당이득반환 청구

369) 민수찬은 대지상에 건물을 신축하여 그 명의로 소유권보존등기를 마쳤지만 해당 건물을 피고 오재현이 매수한 후 철거하였으므로 그 건물은 존재하지 않고, 존재하지 않는 지상건물에 관한 소유권보존등기도 대지 소유권에 영향이 없으므로 그 건물과 관련하여 그 어떤 물권적 청구를 할 수도 없다. 비록 오재현이 그 지상건물을 철거한 후 다시 건물을 신축하다가 피고 공진수에게 매도하고 피고 공진수가 그 건물을 완성하였다고 하더라도 건물철거의 효과는 없어지는 것은 아니다.

370) 근저당권설정등기는 쌍방신청에 의해 경료되는 등기이다. 따라서 본 사안과 같이 무권리자로부터 근저당권설정등기를 경료받은 경우에는 물권자는 Ⓐ 말소등기를 신청하기 위해 의사의 진수을 명하는 판결을 받기 위해 근저당권설정등기 말소청구의 형식으로 소를 제기할 수도 있고, Ⓑ 근저당권설정자의 소유권이전등기 말소의 이해관계자로서 그 소유권이전등기가 말소되면서 동시에 근저당권설정등기도 말소시키기 위해 소유권이전등기의 말소에 승낙의 의사표시를 하라는 형식으로 청구할 수도 있다. 다만 본서에서는 Ⓐ 방식에 의한 청구사례가 더 많으므로 원칙적으로 Ⓐ 방식으로 청구취지를 작성하는 것이 좋다.

나. 원고의 청구원인 분석결과

<table>
<tr><th>소송명</th><th colspan="2">청구원인</th><th>항변
(법률상 주장 포함)</th><th>재항변 등</th></tr>
<tr><td>소유권
이전등기
말소청구</td><td rowspan="5">①소유권자
ⓐ피상속인 소유
ⓑ피상속인 사망
ⓒ유족(상속인)
ⓓ상속분</td><td>②피고 명의 소유권이전등기
③원인무효(무권대리 or 위조)371)</td><td>Ⓐ일상가사대리권
ⓐ사실혼의 처
ⓑ일상가사대리권 (의료비)
Ⓑ민법 제126조에 의한 표현대리
ⓐ기본대리권
ⓑ월권 대리행위
ⓒ상대방의 악의 or 과실</td><td>Ⓐ제반 사정을 종합적으로 판단하면,
ⓑ사실이 인정 안됨(부인)
Ⓑ제반 사정을 종합하여 판단하면,
ⓒ사실이 인정 안됨(부인)</td></tr>
<tr><td>소유권
이전등기
말소청구</td><td>②피고 명의 소유권이전등기
③원인무효(처분권 없는 자로부터 매수)</td><td></td><td></td></tr>
<tr><td rowspan="2">소유권
이전등기
말소,
건물철거,
인도청구</td><td>②피고 명의로 소유권이전등기
③원인무효(처분권 없는 자로부터 매수)</td><td></td><td></td></tr>
<tr><td>④지상건물의 소유(원시취득)</td><td></td><td></td></tr>
<tr><td>승낙의
의사표시</td><td>②피고 명의로 근저당권설정등기
ⓐ근저당권설정계약
ⓑ근저당권설정등기
ⓒ근저당권부 피담보채권 양도계약
ⓓ근저당권이전의 부기등기
ⓔ양도인에 의한 통지
③원인무효(처분권 없는 자로부터 근저당권설정계약)
④상호변경</td><td></td><td></td></tr>
<tr><td>침해부당
이득반환
청구</td><td colspan="2">①소유권자(ⓐⓑⓒⓓ)
②점유
③부당이득액372)
(보증금 없는 경우 월 임료 상당액)</td><td>(Ⓐ법률상 원인 있음)373)</td><td></td></tr>
</table>

371) 기록 22면에 편철되어 있는 매매(대물반환) 약정서에 따르면 소외 나연숙이 대리인으로 표기되어 있기는 하나 매도인 조일남의 인감도장도 날인되어 있고, 나연숙의 싸인도 병기되어 있어 매매계약서가 매도인의 성명 등이 위조되어 작성된 것인지 무권대리인 나연숙의 대리행위로 체결된 것인지 애매하다. 그러나 매매계약서 각 조항들에 대리인 기재들이 있고, 매도인 날인 옆에 인감도장이 날인되어 있다 하더라도 대행에 의해 이루어졌다고 볼 수도 있는데, 대행은 대리의 법리를 따르고 있으므로 전체적으로는 무권대리행위라고 볼 수 있다. 무권대리에는 필연적으로 각종 표현대리 주장이 수반되므로 청구원인을 기술할 때 그 점을 염두에 두어 민수찬의 악의 또는 과실여부가 잘 나타나도록 설명할 필요가 있다.

372) 3/5지분에 상응하는 부당이득금의 3/5을 청구를 하는 것이 대단히 중요하다.

373) 침해부당이득반환의 경우 법률상 원인 있음을 상대방이 주장·증명해야 한다.

2. 상속지분 및 대습상속

상속지분은 민법의 개정으로 인하여 여러 번 변동하였으므로 이를 잘 살펴 적용해야 한다. 물론 본 기록처럼 당시 민법의 규정을 발췌하여 제공될 수 있다. 본 사안에서는 딸인 소외 조경원의 당시 결혼여부가 나타나 있지 않아 결혼하지 않았음을 가정하는 것이 더 현명한 답안작성방법일 수 있다. 소외 조경원이 미혼이란 전제로 본 답안을 작성하였다.

3. 무효등기의 말소(물권적 청구권)

가. 물권적 청구권

1) 방해배제청구권으로서의 등기말소청구 청구원인의 요건사실

등기말소청구의 요건사실은 ①원고가 소유권자, ②피고 명의의 등기경료, ③원인무효이다.

㈎ 원고가 법률상으로 물권을 상실(물권의 상대적 상실)하였을 경우(취득시효의 완성 등)

예를 들면 본 사안에서 오재현이 1991. 1. 30. 민수찬으로부터 이 사건 대지 및 주택을 매수하여 소유권이전등기를 경료하고, 2007. 9. 26. 공진수에게 이를 매도하고 그 소유권이전등기를 넘겨주었다면 오재현은 아마도 등기부취득시효 완성으로 이 사건 대지에 관한 소유권을 취득하였을 것이다. 이런 경우에도 원고가 민수찬을 상대로 민수찬 명의의 소유권이전등기의 말소를 청구할 수 있는가?라는 쟁점이 물권적 청구권의 권리로서의 독자성에 관련된다. 원고는 이미 등기부취득시효의 완성으로 물권을 상실하였음에도 불구하고 과거 원인무효의 등기에 관하여는 당시 물권을 갖고 있었기 때문에 물권적 청구권을 행사할 수 있는가라는 의문이 있다. 판례 및 학설의 태도는 물권적 청구권은 물권의 종된 권리이므로 물권의 상실과 함께 소멸하는 것으로 이해하고 있기 때문에 위와 같은 경우에는 민수찬을 상대로도 물권적 청구권에 기하여 민수찬 명의 소유권이전등기의 말소를 청구할 수 없다고 본다.(대법원 2012. 5. 17. 선고 2010다28604 판결 등 참조)

반면 만약 조일남이 민수찬과 한 매매계약이 해제된 경우에는 물권적 청구권을 행사하는 이외에도 그 매매계약 등의 해소에 따른 원상회복청구권이라는 채권적 청구권도 동시에 존재하게 될 경우에는 소유권을 상실하였다고 하더라도 채권적 청구권을 행사할 수 있다.[374]

㈏ 원고가 사실상 물권을 상실(물권의 절대적 상실)하였을 경우(건물을 철거하였을 경우)

본 사안과는 달리 철거된 건물이 원래부터 조일남 소유였고, 이를 나중에 오재현이 철거한 경우 원고는 철거로 인하여 그 건물에 관한 소유권은 상실하게 된다. 이런 경우에도 물권이 존재하지 않기 때문에 물권적 청구권을 행사하여 건물에 관한 민수찬 명의 소유권보존등기의 말소를 구할 수 없게 된다. 부동산등기법 제101조, 제101조의 2에 의하여 민수찬이 철거일로부터 1개월 이내에 말소신청을 해야할 것이나 그 건물의 대지 소유자인 원고가 민수찬을 대위하여 말소신청을 할 수 있게 된다.(부동산등기법 제101조 제4항) 이처럼 원고는 나중에 건물의 철거를 증명하여 건물에 관한

374) 법학전문대학원 협의회 실시 2016년 제2차 모의시험기록 등에서는 그 사례들을 발견할 수 있다.

소유권보존등기의 말소를 구하는 신청을 등기공무원에게 신청하여 말소절차를 밟게 된다. 이런 행정상의 절차가 있음에도 따로 본 사안에서 민수찬을 상대로 건물에 관한 보존등기 말소청구를 하면 "권리보호의 이익"이 결여되었다며 각하를 면치 못하게 된다.

2) 물권적 청구권의 종류

㈎ 소유물반환청구권

① 소유사실과 ② 점유사실이 청구원인 사실이고, 상대방이 점유할 정당한 권원을 주장·증명하여 항변할 수 있다. 인도청구도 공유자의 보존행위 중 하나라고 보는 것이 판례의 태도이다. 따라서 본 사안에서 원고는 자신의 지분만큼만 인도를 구할 것이 아니라 전부에 관하여 청구할 수 있다. 인도청구도 보존행위라는 판례의 태도와 달리 일부 학설에서는 인도청구권이 성질상 불가분채권이므로 전부 인도를 구하여야 한다고 설명하는 견해도 있다. 아무튼 결론에 있어서는 차이가 없다.

㈏ 방해배제·방해예방청구권

통상 원인무효등기의 말소는 방해배제청구권의 행사로 보는데, 등기의 추정력 때문에 원인무효인 사실을 등기의 말소를 구하는 원고가 주장·증명하여야 한다. 따라서 청구원인사실은 ① 소유사실, ② 소유권이전등기사실 이외에도 ③ 원인무효인 사유를 주장·증명하여야 한다. 본 사안에서는 조일남에서 민수찬으로 등기가 경료된 과정이 소외 나연숙의 대리에 의한 매매계약이다. 그러므로 나연숙의 대리권이 존재하지 않음을 충분히 주장·증명하면 등기의 원인무효를 주장·증명한 것이 된다. 일단 대리권의 부존재의 주장·증명이 성공하면 상대방은 표현대리의 성립, 추인 등 요건사실을 주장하여 항변할 수 있다.

3) 만약 오재현, 공진수 등이 취득시효 완성 등을 통하여 소유권을 취득하면 소유권을 잃은 원고가 민수찬에 대한 손해배상청구의 가능성

㈎ 물권적 청구권의 이행불능

물권적 청구권의 이행불능을 원인으로 한 전보배상 청구는 불가능하다.(대법원 2012. 5. 17. 선고 2010다28604 판결 등 참조) 다만 상대방의 고의·과실 등을 추가로 주장·증명하여 불법행위로 인한 손해배상청구권을 행사할 수도 있을 것이다. 따라서 추가적인 요건의 증명이 필요하다.

㈏ 채무불이행으로 인한 손해배상청구

앞서 설명한 바와 같이 물권적 청구권 이외에도 채권적 청구권이 그 채권적 청구권의 이행불능으로 인한 전보재상 청구는 가능하다. 다만 취득시효가 완성될 정도로 오랜 세월이 흘렀다면 채권적 청구권도 소멸시효 완성되었을 가능성이 높아 성공가능성이 높지 않을 뿐이다.

4) 본 사안에서 원고가 피고 민수찬을 상대로 철거된 건물을 소유하면서 이 사건 대지를 점유한 데 대한 부당이득반환청구를 할 수 있는가?

부당이득반환청구권은 기한의 정함이 없는 채권으로 부당이득한 날로부터 소멸시효의 기간이 개시되어 10년이 경과함으로써 소멸시효가 완성된다. 따라서 2011. 12. 14. 소제기일로부터 역산한 2001. 12. 14.부터 오재현에게 소유권이전등기를 경료해 줌과 동시에 인도까지 해 준 2006. 5. 12.

까지 약 4년 5개월간의 대지 점유로 인한 부당이득의 반환을 청구할 수 있다. 피고 민수찬은 악의의 무단점유자이기 때문이다. 그렇게 청구하기 위해서는 철거된 건물이 이 사건 대지를 어느 정도 점유하고 있었는지, 그 무렵 보증금 없는 경우 월 임료상당액은 얼마였는지 등의 추가적인 정보가 더 필요하다. 이에 관한 제시가 없어 이 부분 청구는 모범답안에서는 누락하기로 하였다.

나. 불법행위에 의한 손해배상 책임

㈎ 일반론

앞서 설명한 바와 같이 물권적 청구권의 이행불능으로 인한 전보배상청구 등이 불가능한 경우라도 민법 제750조 손해배상청구의 요건을 별도로 충족한 경우에는 불법행위로 인한 손해배상청구는 할 수 있다. 이런 사안에서는 고의·과실이란 책임요건을 주장·증명하는데 어려움이 있을 것이다.

㈏ 불법행위를 한 날

본 사안에서 무권대리 행위로 인한 매매계약을 원인으로 한 1987년경 소유권이전등기 행위는 물권적 청구권으로 말소가 가능한 행위이고, 등기부 취득시효완성에 의한 소유권취득행위는 그 이후의 사실이다. 불법행위일은 판례에 따르면 제3자를 상대로 제기한 등기말소청구소송이 패소확정된 때가 "불법행위를 한 날"이라고 본다.(대법원 2008. 6. 12. 선고 2007다36445 판결) 등기부취득시효가 완성된 날이 아님에 주의하여야 한다.

㈐ 손해배상의 범위

손해배상의 범위에 관하여는 패소판결이 확정된 날의 목적 부동산의 시가로 산정되어야 한다.(대법원 2008. 6. 12. 선고 2007다36445 판결) 등기부취득시효는 근본적으로 장기간 원고 물권관리의 해태에 기인한다. 따라서 이러한 책임을 물어 과실상계를 할 수 있다.

4. 등기상 이해관계자(근저당권자)에 대한 청구

㈎ 근저당권자는 등기상 이해관계인으로 피고 민수찬 명의 이전등기 말소에 대한 승낙의 의사표시를 하는 방식으로 청구한다.(부동산등기법 제171조) 원래 말소될 권리를 목적으로 하는 제3자의 권리에 관한 등기가 있는 경우 등기공무원이 "해당 사항란에 제3자 권리의 표시를 하고 어느 권리의 등기를 말소함으로 인하여 말소한다는 뜻을 적은" 다음 이것도 말소할 수 있는데(부동산등기법 제172조 제2항), 근저당권은 위와 같은 예외를 인정하여 승낙의 의사표시를 첨부하기 전에는 말소하지 못하게 함으로써 근저당권자를 철저하게 보호하기 위함이다. 물론 근저당권 말소청구의 방식으로도 청구할 수 있다는 대법원 판례도 있다.

㈏ 만약 제한물권자인 제3자가 선의이고, 선의의 제3자 보호조항이 있다면 제한물권의 등기를 말소할 수 없다. 이때에는 진정명의회복을 원인으로 소유권이전등기를 구할 수 있고, 선의의 제3자는 제한물권의 권리를 보유할 수 있다.

㈐ 이해관계인이 희망파이낸스의 차대웅도 대상이 되는지 여부

근저당권설정등기와 그 근저당권이전등기는 자체 원인무효 사유가 있는 것이 아니고, 소유권이전등기가 무효여서 그 후속 등기가 말소될 지경이라면 현재 근저당권자만이 이해관계인이다. 그래서 근저당권을 이전받아 현재 근저당권자인 희망 파이낸스만을 상대로 승낙의 의사표시를 구하면 된다.

㈑ 변경의 부기등기까지 말소나 승낙의 의사표시를 구할 필요가 있는지 여부

부기등기는 주등기에 흡수되므로 근저당권설정등기의 말소청구 이외에도 근저당권설정등기의 내용을 변경하는 변경의 부기등기는 따로 말소를 구할 필요가 없이 근저당권설정등기가 말소되면 등기공무원의 직권으로 이들을 말소할 수 있기 때문에 따로 그 말소등기를 청구할 소의 이익이 없다.

㈒ 결론적으로 말하자면, 근저당권에 관하여 모두 4개의 등기가 있는데 현재의 근저당권자만을 상대로 하여 승낙의 의사표시를 구하는 청구를 하고 그 결과에 따라 나머지 근저당권관련 등기들을 전부 부동산등기법 제172조 제2항에 따라 말소될 것이다.

5. 건물철거 청구에 관한 피고 공진수의 예상가능한 주장

가. 관습법상 법정지상권의 성립여부

민수찬 명의의 등기가 원인무효이고, 피고 오재현, 공진수 명의의 소유권이전등기는 이에 터잡은 소유권이전등기로서 특별한 사정이 없는 한 이 사건 대지에 관한 소유권을 취득한 사실이 없으므로 건물과 토지가 동일인 소유였던 적이 없으므로 관습법상 법정지상권은 성립될 수 없다.(대법원 1999. 3. 26. 선고 98다64189 판결)

나. 권리남용

통상 이런 경위를 거쳐 건물이 신축된 경우 피고의 항변은 원고의 청구가 권리남용이라는 주장을 통하여 방어를 할 수 있다. 권리남용에는 주관적 요건과 객관적 요건으로 나누어지는데, 판례를 분석해 보면 건물전체의 철거를 구하는 경우가 권리남용이라며 건물철거 청구를 기각한 사례가 많다. 다만 건물의 일부가 원고측의 대지위에 건축되어 있어 그 일부의 철거를 구할 경우 건물이 대지의 극히 일부분에 걸쳐 있을 경우 그 건물의 일부를 철거함으로써 얻는 이익보다 건물소유자의 손해가 지나치게 클 경우나 그 건물 부분의 철거로 인하여 붕괴의 위험이 지나치게 작은 경우에는 권리남용 항변을 배척하여 건물철거를 명하고 있다.

소 장

원 고 조 정 현 (曺正鉉,[375] 640107-1644698)
서울 영등포구 당산동 564, 564-1, 564-2 당산 래미안 204동 1105호
소송대리인 변호사 유지연
서울 서초구 서초동 555 로타임즈빌딩 503호
전화번호 (02) 567-1234, 팩스번호 (02) 567-8912
전자우편 : lawyou@gmail.com

피 고 1. 민 수 찬 (閔秀贊, 380220-1327511)
서울 동대문구 용신동 510
등기부상 주소 서울 강북구 미아동 534 2층
2. 오 재 현 (吳載炫, 590909-1526431)
서울 동작구 상도동 241-3 현대아파트 501동 1304호
3. 공 진 수 (孔鎭洙, 730430-1066365)
원주시 평원동 1304-1
4. 주식회사 희망파이낸스(변경전 상호 대웅파이낸스 주식회사)[376]
춘천시 낙원동 51, 4층
대표자 이사 오석환

소유권이전등기 말소 등 청구의 소

청 구 취 지

1. 원고에게, 춘천시 약사명동 234-1 대 245.5㎡에 관하여
   가. 피고 민수찬은 춘천지방법원 1987. 11. 16. 접수 제10972호로 경료된 소유권이전등기의 말소등기 절차를 이행하고,
   나. 피고 희망파이낸스 주식회사는 위 가.항의 소유권이전등기 말소등기에 관하여 승낙의 의사표시를 하고,[377]
   다. 피고 오재현은 춘천지방법원 2006. 5. 12. 접수 제7710호로 경료된 소유권이전등기의 말소등기 절차를 이행하고,
   라. 피고 공진수는 춘천지방법원 2007. 9. 26. 접수 제16421호로 경료된 소유권이전등기의 말소등기 절차를 이행하라.
2. 피고 공진수는 원고에게,
   가. 위 제1.항 기재 대지상 지상 4층 지하 1층의 건물을 철거하고,

375) 과거에는 당사자의 한문명까지 명기하였다. 현재는 그럴 필요가 없다.
376) 회사명은 상업등기부에 등재된 대로 표기하여야 한다.
377) 근저당권설정등기 말소청구의 형식으로 청구할 수도 있다.

나. 위 제1.항 기재 대지를 인도하고,

다. 이 사건 소장부본 송달일부터[378] 위 제1항 대지의 인도완료일까지 월 1,620,000원의 비율에 의한 금원을 지급하라.

3. 소송비용은 피고들의 부담으로 한다.

4. 위 제2항은 가집행할 수 있다.

라는 판결을 구합니다.

청 구 원 인

1. 원고의 조부 소외 망 조일남 소유 부동산의 대습상속 및 모 소외 망 박윤희 재산의 상속

가. 사실관계

1) 소외 망 조일남은 1981. 1. 30.경 전소유자로부터 춘천시 약사명동 234－1 대 245.5㎡(이하 '이 사건 대지'라고 함)를 매수하여 같은 해 4. 8. 자기 명의로 소유권이전등기를 경료하였습니다.

2) 원고는 소외 망 조일남의 손자로서 위 조일남은 소외 망 정말숙과 결혼하여 아들인 소외 망 조경식, 딸인 소외 조경원을 두었는데, 위 조경식은 소외 망 박윤희와 결혼하여 장남(소외망인의 손자녀)인 원고를 두었습니다.

그런데 위 조일남의 사망 이전인 1981. 4. 4. 위 정말숙이 사망하고, 이어 위 조경식도 1984. 11. 30. 사망하였고, 이어 위 조일남이 1987. 11. 11. 사망하였습니다.

원고의 모 소외 망 박윤희도 1991. 2. 5. 사망하였습니다.

나. 소결론

그렇다면, 원고는 조부인 소외 망 조일남이 사망으로 그 자녀들로서 호주 상속인인 소외 망 조경식과 딸인 소외 조경원이 당시 시행중이던 민법(1990. 1. 14. 법률 제4199호로 개정되기 이전의 것)에 따라 위 조일남 소유였던 이 사건 대지를 위 조경식 3/5, 위 조경원 2/5의 각 비율로 상속하게 될 것이었는데, 위 조경식의 그 이전 사망으로 인하여 위 조경식 상속지분 3/5은 당시 생존 중이던 위 조경식의 부인으로 원고의 모친인 소외 망 박윤희와 호주상속인인 원고에게 각 3/10(3/5 × 1/2)으로 대습상속되었다 할 것입니다. 이후 소외 망 박윤희가 사망함으로써 위 박윤희의 지분 3/10도 원고가 전부 상속하여 결국 원고는 이 사건 대지에 관하여 3/5의 지분을 대습상속 및 상속으로 취득하였습니다.

2. 피고 민수찬, 오재현, 공진수, 희망파이낸스 주식회사에 대한 소유권이전등기, 근저당권설정등기 등의 원인무효로 인한 말소청구 또는 승낙의 의사표시 청구

가. 피고 민수찬의 이 사건 대지에 관한 소유권이전등기의 원인무효

1) 사실관계

가) 피고 민수찬은 자신이 경영하던 서울 강북구 미아동 소재 부동산중개사무소의 일을 도와주던 소외 망 나연숙에게 여러 차례 돈을 빌려주었는데, 1987. 9. 15.경 정산해 보니 그 차

378) 압도적 다수의 판결들이 민법 제749조 제2항의 법문에도 불구하고 소장부본 송달일부터 악의로 보아 그 반환을 인정하고 있다.

용금이 합계 1,500,000원가량 되었습니다.

나) 소외 망 조일남은 전처가 사망한 후 위 나연숙과 춘천에서 동거생활을 시작하게 되었는데, 그 동거생활 도중 1987. 8. 30.경 뇌졸중으로 의식을 잃고 쓰러져 서울대학교병원으로 후송되어 입원치료를 받게 되었으나 이후 의식을 전혀 회복하지 못한 채 1987. 11. 11. 사망하게 되었습니다.

다) 그런데 위 나연숙은 위 조일남이 입원 중 피고 민수찬에게 전화를 걸어 "영감이 아파서 병원에 왔다. 이래저래 영감 땅을 급히 팔아야 하게 되겠다."며 그 매도의 알선을 부탁하였습니다.

라) 피고 민수찬은 조사를 한 끝에 자신이 이를 매수하기로 정하고 1987. 9. 15. 위 조일남의 대리인이라고 주장하는 위 나연숙과 사이에 위 조일남 소유의 이 사건 대지를 대금 10,000,000원으로 정하고, 그 중 1,500,000원은 나연숙의 위 차용금으로 상계하기로 하고, 나머지 잔금 8,500,000원은 같은 해 10. 15.까지 지급하기로 하는 내용의 매매계약을 체결하였습니다.

마) 그 후 잔금지급 전에 서울대학교병원으로 위 조일남, 나연숙을 방문하여 조일남은 의식이 없어진 지 한참 되었다는 사실을 알게 되었음에도 불구하고 1987. 11. 10. 위 나연숙의 잔금지급 요청에 응하여 나연숙 명의로 개설된 상업은행 계좌로 잔금 8,500,000원을 송금하였고, 이어 나연숙으로부터 1987. 9. 12. 나연숙이 대리로 발급받은 위 조일남 명의의 인감증명서 등을 교부받아 이 사건 대지에 관하여 춘천지방법원 1987. 11. 16. 접수 제10972호로 자신 명의로 소유권이전등기를 경료하였습니다.

바) 피고 민수찬은 이 사건 대지 위에 시멘트 블록조 기와지붕 단층 주택 84.3㎡(이하 '철거된 주택'이라 함)를 신축하고, 1988. 10. 17. 그 명의로 소유권보존등기를 경료하였습니다.

2) 소결론

그렇다면 피고 민수찬 명의로 경료된 이 사건 대지에 관한 소유권이전등기는 무권대리인인 위 나연숙의 대리행위로 체결된 매매계약에 터잡은 것으로 원인무효라 할 것입니다. 따라서 피고 민수찬는 3/5지분을 갖고 그 보존행위로 말소를 구하는 원고에게 위 소유권이전등기를 말소할 의무가 있습니다.

나. 피고 오재현, 공진수 명의 소유권이전등기 및 피고 희망파이낸스 주식회사 명의의 근저당권이전등기의 원인무효

1) 사실관계

가) 피고 민수찬은 1988. 5. 6. 소외 차대웅으로부터 금원을 빌리고 그 담보조로 이 사건 대지에 관하여 근저당권설정등기[379]를 경료하여 주었습니다. 그 후 1996. 5. 6. 피고 희망파이낸스 주식회사(변경전 상호 대웅파이낸스 주식회사였음. 이하 '피고 희망파이낸스'라고 함)가 설립되면서 소외 차대웅은 같은 해 12. 17. 위 대출채권 및 근저당권을 피고 희망파이낸스에게 양도하였고, 이에 기하여 같은 달 18. 이 사건 대지에 관하여 피고 희망파이낸

379) 만약 근저당권설정등기의 말소청구를 할 경우에는 "춘천지방법원 1988. 5. 10. 접수 제4966호로 경료된"이라면서 특정하여야 한다. 본 답안에서는 소유권이전등기의 말소에 승낙의 의사표기를 구하는 방식으로 청구하고 있기 때문에 더 특정할 필요가 없다.

스 명의로 춘천지방법원 1996. 12. 18. 접수 제15379호[380])로 근저당권이전의 부기등기가 이루어졌습니다.

나) 피고 민수찬은 2006. 3. 11. 피고 오재현에게 이 사건 대지 및 철거된 주택을 대금 100,000,000원에 매도하면서 계약당일 계약금 10,000,000원을 지급 받았고, 중도금 40,000,000원은 피고 민수찬이 같은 해 5. 12.자로 피고 희망파이낸스로부터 차용한 40,000,000원 대출채무를 인수하는 방식으로 지급된 것으로 하고, 잔금 50,000,000원은 같은 해 5. 12. 지급하기로 약정하였습니다.

다) 이에 따라 피고 오재현은 위 잔금지급일에 잔금 50,000,000원을 지급하고 이 사건 대지에 관하여 피고 오재현 명의로 춘천지방법원 2006. 5. 12. 접수 제7710호로 소유권이전등기를 경료하였습니다. 같은 일자 철거된 주택을 인도받았으나 그 소유권이전등기는 경료하지 않고 이를 철거하였습니다.

라) 피고 오재현은 이 사건 대지상에 자기 명의로 건축허가를 받아 지상 4층, 지하 1층 규모의 건물(이하 '미완성 건물'이라 함)을 신축하던 중 자금부족으로 공사를 중단하고, 원매자를 물색하여 2007. 8. 31. 피고 공진수와 사이에 이 사건 대지 및 신축중인 미완성 건물을 대금 120,000,000원으로 매도하고, 같은 일자 계약금 24,000,000원을 지급받고, 당시 남아 있던 피고 희망파이낸스로부터의 차용금 36,000,000원을 공제한 잔금 60,000,000원을 같은 해 9. 30.까지 지급하기로 약정하였습니다.

마) 피고 공진수는 2007. 9. 25.경 피고 오재현에게 위 잔금 60,000,000원을 지급하고, 이 사건 대지에 관하여는 춘천지방법원 2007. 9. 26. 접수 제16421호로 소유권이전등기를 경료하였습니다.

2) 소결론

그렇다면 이 사건 대지에 관한 피고 오재현, 공진수 명의로 경료된 각 소유권이전등기도 원인무효인 피고 민수찬 명의 소유권이전등기에 터잡아 이루어진 것으로 무효라고 할 것이고, 이 사건 대지에 관한 피고 희망파이낸스 명의로 마쳐진 근저당권이전등기는 무권리자인 피고 민수찬으로부터 경료받은 것으로 원인무효라 할 것입니다. 따라서 원고에게, 피고 오재현, 공진수는 이 사건 대지에 관한 원인무효인 위 각 소유권이전등기를 말소할 의무가 있고, 피고 희망파이낸스는 그 명의의 근저당권이전등기는 피고 민수찬 명의의 원인무효인 소유권이전등기를 기초로 이루어진 것으로 소유권이전등기의 말소에 이해관계 있는 제3자인 관계로 위 소유권이전등기 말소에 승낙을 의사표시를 할 의무가 있습니다.

다. 피고들의 주장에 대한 반박

1) 피고들은 첫째 소외 망 나연숙은 위 조일남과 동거한 사실혼관계에 있는 자로서 일상가사에 관한 대리권이 있는데, 위 조일남이 병원에 입원하자 그 병원비 조달 목적으로 이 사건 대지를 매각한 것으로 이는 일상가사대리권의 범위 내에 속한 것으로 위 나연숙의 대리로 인한 매매계약은 유효하다고 주장하고 있고, 둘째, 가사 일상가사대리권의 범위내에 속하지 않는다고 하더라도 위 나연숙이 위 조일남 명의 인감도장은 물론 인감증명서도 소지하고 있어 그 대리권이 있음을 믿을만한 정당한 사유가 있으므로 민법 제126조에 따른 표현대리가 성립된다고 주장하고 있습니다.

380) 이 경우도 승낙의 의사표시를 구하고 있기 때문에 이와 같은 특정을 할 필요가 없다.

2) 우선 소외 망 조일남은 위 나연숙에게 이 사건 대지의 처분에 관하여 대리권을 수여한 사실이 전혀 없음은 앞서 설명드린 바와 같습니다. 다음으로 피고 민수찬 명의 소유권이전등기에 관하여 표현대리 불성립 및 일상가사대리권 범위 밖의 무권대리라는 점은 그 매매계약을 체결한 때는 물론 잔금의 완납 및 소유권이전등기 경료시까지 생긴 제반 사정을 기준으로 하여야 할 것입니다. 그런데 각종 증거들을 살펴보면 위 나연숙이 위 조일남의 뇌졸중으로 인하여 의식불명 이후에 대리자격으로 발급받은 인감증명서나 인감도장의 소지사실만으로 위 조일남으로부터 이 사건 대지의 처분에 관하여 대리권을 수여받았다고 인정하기 부족하고, 나아가 계약체결당시부터 나연숙은 자신의 기존채무금을 변제에 갈음하는 것으로 하고, 그 후 잔금도 자신 명의로 개설된 예금통장으로 송금받았던 사실에 비추어 볼 때 일상가사대리권의 범위 내에서 속할 수도 없었으며 특히 피고 민수찬 또한 이미 병원 등을 방문하여 위 조일남이 뇌졸중으로 의식불명인 상태에서 위 매매계약이 체결되었다는 사실을 알고도 만연히 나연숙 명의로 개설된 예금통장에 매매대금의 대부분을 송금하여 변제한 사실 등에 비추어 볼 때 위 나연숙이 위 조일남을 대리할 권한이 없었다고 보아야 할 것이고, 사정이 위와 같다면 표현대리 성립의 정당한 사유를 인정할 수도 없어 피고들의 위 주장은 이유 없습니다.

3. 피고 공진수에 대한 미완성 건물의 철거, 이 사건 대지의 인도 및 임료상당의 부당이득반환청구

가. 사실관계

1) 피고 오재현은 피고 민수찬 명의의 소유권이전등기가 나연숙의 대리권 결여로 원인무효란 점을 전혀 모른 채 피고 민수찬으로부터 이 사건 대지 및 철거된 주택을 매수하여 그 주택을 철거하고 2. 나. 1) 다)항과 같은 경위로 이 사건 대지상에 미완성 건물의 건축허가를 얻고 그 공사를 진행하던 중 자금부족으로 중단한 채 피고 공진수에게 이 사건 대지 및 미완성 건물을 매각하였던 것입니다.

2) 피고 공진수도 전혀 이런 사실들을 모른 채 위 2. 나. 1) 라) 및 마)항 기재와 같은 매매계약을 맺고 그 대금을 전부 지급한 다음 미완성 건물에 관한 허가명의도 자신으로 변경하고 공사현장도 인도받아 업체를 바꾸어 공사를 재개하여 현재 지상 4층, 지하 1층의 골조공사가 대체로 마무리하였고, 외벽까지 완성하였습니다.

3) 주변시세에 비추어 볼 때 보증금이 없을 경우 이 사건 대지의 월 임대료는 매월 2,700,000원 상당이라고 할 것입니다.

4) 원고는 1항 기재와 같은 경위로 이 사건 대지에 관한 3/5지분을 대습상속 및 상속을 통하여 취득하였습니다.

나. 소결론

그렇다면 피고 공진수는 미완성 건물을 원시취득한 소유자로서 이 사건 대지의 공동소유자인 원고에게 미완성 건물을 철거하고, 이 사건 대지를 인도할 의무가 있고, 또한 이 사건 대지상에 미완성 건물을 소유함으로써 이 사건 대지를 무단점유하고 있으므로 피고 공진수는 원고에게 그 점유 이후로서 악의로 의제되는 이 사건 소장부본 송달일부터 이 사건 대지의 인도완료일까지 원고의 상속분에 해당되는 부당이득금 월 1,620,000원(2,700,000원 × 3/5)의 비율에 의한 부당이득금을 반환할 의무가 있습니다.

4. 결론

따라서 원고의 청구는 모두 이유 있으므로 이를 인용해 주시고, 소송비용은 패소자의 부담으로 하고, 일부 청구에 관하여는 가집행의 선고를 하여 주시기 바랍니다.

증 명 방 법(생략)
첨 부 서 류(생략)

2011. 12. 14.

원고 소송대리인 변호사 유지연 인

서울남부지방법원 귀중

X. 양수금(10)

1. 8단계 권리분석법에 의한 사건 전체의 분석

가. 의뢰인의 희망사항 분석결과

의뢰인 =피고	청구취지 · 청구원인			희망사항
	물권 침해? 약정?	침해자 또는 약정자는 누구(=피고)	원고의 자격, ∴소송명	
박병배	① 임대차계약 ② 채권양도계약 **∴양수금 청구**	**∴약정자 (임대인)**	**약정의 상대방 (임차인)**	전부 승소시켜 달라

나. 피고의 답변원인 분석결과

소송명	청구원인	답변 · 항변 (법률상 주장 포함) 재재항변		재항변 등
양수금 청구	①임대차계약 ⓐ임대차계약 ⓑ임차보증금 지급 ⓒ임차목적물 인도 ⓓ임대차계약 종료 ②채권양도계약 ⓐ채권양도계약 ⓑ양도인에 의한 통지	Ⓐ본안전 항변	Ⓑ⒜**답변** ①ⓐⓑⓒⓓ ②ⓐ 인정 ②ⓑ 부인 (㈎채권양도 통지 수령사실 없음 ㈏양도인에 의한 양도통지가 아님	
			Ⓑ⒝**항변** ㈎양도금지특약+양수인의 악의 or 중과실 Ⓑⓒ**항변**381) ㈎공제주장382) ㈏신촌금고 가압류에 기한 본압류로 인해 변제	

2. 핵심쟁점정리

가. 채권양도의 요건사실

① 양도대상 채권의 성립

② 양도계약

③ ⓐ 양도인에 의한 양도통지 및 그 도달 혹은 ⓑ 채무자의 승낙

---

381) 임대차계약에 관련된 항변 사유들은 Ⓐ 채권양도통지란 대항력을 갖춘 경우에는 채권양도통지의 수령전까지 생긴 사유들로 항변할 수 있고, Ⓑ 채무승낙에 의한 대항력이 발생한 경우에는 이의를 유보하고 승낙했을 경우 승낙전까지 생긴 사유로 항변할 수 있다.

382) 다만 공제의 경우는 보증금의 성격상 미지급차임이나 임차목적물 손상 등으로 인한 손해배상금은 채권양도 통지의 수령 후에도 계속 공제할 수 있다.

나. 위 ③ 채권양도의 통지 또는 채무자의 승낙 사실은 양수인이 주장·증명하여야 한다.(대법원 1990. 11. 27. 선고 90다카27622 판결)

채권양도통지 받은 다음 채무를 이행하라는 청구는 일종의 장래이행 청구로서 대체로 미리 청구할 필요를 증명하기 어려워 부적법 각하되어야 한다.(대법원 1992. 8. 18. 선고 90다9452,9469(참가) 판결)

1) 채권양도통지

채권양도통지는 원칙적으로 양도인이 해야 한다. 하지만 양도인의 위임을 받아 양수인이 이를 할 수도 있다. 양도통지는 채무자에게 도달하여야 그 효력이 발생한다. 도달은 사회관념상 채무자가 통지의 내용을 알 수 있는 객관적 상태에 놓여졌다고 인정되는 상태를 지칭한다.(대법원 1997. 11. 25. 선고 97다31281 판결) 본 사안에서는 도달 사실을 인정하기 어렵다.

2) 채무자의 승낙

부동산 매매로 인한 소유권이전등기청구권을 양도할 때는 통상의 채권양도와 달리 반드시 채무자의 동의나 승낙을 받아야 된다.(대법원 2005. 3. 10. 선고 2004다67653,67660 판결)

다. 채권양도의 채무자에 대한 효력

1) 양도통지의 경우

양도통지를 받은 때까지 생긴 사유로 양수인에게 대항할 수 있다.(민법 제451조 제2항)

2) 채무승낙의 경우

이의를 유보하고 승낙한 경우에 한하여 채권양도 승낙 전까지 생긴 사유로 채권양수인에게 대항할 수 있다.

그러므로 이의를 유보하지 않고 승낙한 경우에는 채권양도 승낙 전후를 막론하고 대항하지 못한다. 다만 양수인의 악의 또는 중과실이 있는 경우에는 그러하지 아니하다. 따라서 양수인의 악의 또는 중과실은 재항변사유가 된다.(대법원 1999. 8. 20.선고 99다18039 판결)

3) 예외

예외적으로, Ⓐ 임대차보증금 반환채권의 경우는 이의를 유보하지 않고 승낙하였다고 하더라도 원상복구비용 등 임차보증금에서 당연히 공제할 비용은 공제할 수 있고, Ⓑ 또 보험금청구권의 양도에 대하여 보험자가 이의를 유보하지 않고 승낙하였다 하더라도 보험계약상의 면책사유로 양수인 또는 질권자에게 대항할 수 있다.(대법원 2002. 3. 29. 선고 2000다13887 판결)

라. 채권양도의 제3자에 대한 대항요건

1) 채권양도의 통지를 확정일자 있는 통지로 하여야 한다. 내용증명우편 상 기재되어 있는 일자는 확정일자로서 효력이 있다.

2) 이중양도

확정일자 있는 채권양도통지의 도달에 있어 그 선후관계에 의하여 그 우선순위가 결정된다. 그래서 채권양수인이 채무자에 대하여 양수금청구를 하면 채무자(피고)는 다음과 같은 요건을 주장·증명하여 항변할 수 있다.

① 양도인이 제3자에게 피고에 대한 채권을 양도한 사실,

② 그 양도에 관한 확정일자 있는 증서에 의한 통지나 승낙이 먼저 또는 동시에 도달한 사실

중요한 점은 채권이 이중으로 양도된 경우 양수인 상호간의 우열은 통지 또는 승낙에 붙여진 확정일자의 선후에 의하여 결정될 것이 아니라 채권양도에 대한 채무자의 인식, 즉 확정일자 있는 양도통지가 채무자에게 도달한 일시 또는 확정일자 있는 승낙일시의 선후에 의하여 결정되어야 한다. 이러한 법리는 채권양수인과 동일 채권에 대하여 가압류명령을 집행한 자 사이의 우열을 결정하는 경우에도 같은 법리가 적용되어야 한다.(대법원 1994. 4. 26. 선고 93다24223 전원합의체 판결)

3) 가압류된 금전채권 양수인의 양수금청구

가압류와 채권양도의 우열관계는 가압류결정문의 채무자에 대한 송달일시와 확정일자 있는 양도통지 도달일시의 선후로 결정된다. 비록 위와 같은 판단기준으로 가압류결정이 우선하게 된다고 하더라도 양수인은 그러한 가압류에 의하여 권리가 제한된 상태에서 채권을 양수받은 것에 불과할 뿐 양수인이 채무자에 대하여 양수금청구를 할 수 없는 것은 아니다.(대법원 2002. 4. 26. 선고 2001다59033 판결) 왜냐하면 채권이 가압류되어 있다 하더라도 집행권을 취득할 필요가 있고, 또는 시효를 중단할 필요도 있고, 또는 무용한 소제기를 반복해야 하는 등 낭비가 심하기 때문이다. 제3채무자로서는 양수금 이행을 명하는 판결이 확정되었다고 하더라도 집행단계에서 강제집행을 저지시킬 수 있기 때문이다. 채권가압류의 처분금지의 효력은 본안소송에서 가압류채권자가 승소하여 집행권원을 획득하는 등으로 피보전채권의 존재가 확정되는 것을 조건으로 하여 발생하는 것이다. 따라서 채권가압류결정의 채권자가 본안소송을 제기하여 승소하여 집행권원을 획득한 다음 집행까지 이루어진 경우에는 채권양도는 무효로 된다.(대법원 2002. 4. 26. 선고 2001다59033 판결)

따라서 채무자는 ① 채권가압류, ② 제3채무자에 결정문 송달이 채권양도통지 등 보다 앞섰거나 동시에 이루어진 사실, ③ 가압류채권자가 집행권원을 획득하여 채권압류 및 전부명령을 받은 사실을 들어 항변할 수 있다. 이 경우 채권양수인의 양수금청구는 기각되어야 한다. 만약 채무자가 ① 채권가압류, ② 제3채무자에 결정문 송달이 채권양도통지 등 보다 앞섰거나 동시에 이루어진 사실, ③ 가압류채권자가 집행권원을 획득하여 채권압류 및 추심명령을 받은 사실을 주장·증명하면 추심명령의 성격상 채권자는 채권을 추심할 당사자적격을 상실하게 되므로 양수금청구는 부적법하여 각하되어야 한다.

마. 양도금지의 특약

생활속에서 양도금지의 특약을 하는 경우가 종종 있다. 채무자는 ① 양도금지 특약, ② 양수인의 악의 또는 중과실을 주장·증명하여야 한다.(민법 제449조 제2항)

답 변 서

사건번호 2010가합56789 양수금

원 고 김갑진

피 고 박병배

소송대리인 법무법인 서부법률

담당변호사 서변일

서울 서초구 서초동 123 동방빌딩 105호

전화번호 (02) 525－1234, 팩스번호 (02) 535－1235

전자우편 : bjkim@daeum.com

위 사건에 관하여 피고 소송대리인은 다음과 같이 답변합니다.

답 변 취 지

1. 원고의 청구를 기각한다.
2. 소송비용은 원고의 부담으로 한다.

라는 판결을 구합니다.

답 변 원 인

1. 원고 주장의 요지

원고는 피고가 2008. 3. 25.경 소외 이을선과 사이에 서울 서초구 방배동 1332 지상 철근콘크리트조 슬래브지붕 2층 주택 1층 225㎡, 2층 110㎡(이하 '이 사건 주택'이라 함)을 임대보증금 150,000,000원, 월차임 2,000,000원, 임대기간 2008. 4. 1.부터 2010. 3. 31.까지 24개월간으로 정하여 임대한 다음 계약당일 계약금 15,000,000원을 지급받고, 2008. 4. 1. 135,000,000원을 지급받아 임대보증금 150,000,000원을 지급받았음을 기초로 원고는 2009. 8. 28.경 소외 이을선으로부터 위 임대보증금반환채권을 양도받고, 위 이을선으로부터 위 채권양도통지권한도 부여받은 다음 2010. 1. 12. 피고에게 내용증명우편으로 위 채권양도사실을 통지하였고, 같은 달 14. 피고에게 그 양도통지가 도달하였고, 소외 이을선은 2010. 12. 1. 피고에게 이 사건 주택을 인도하였다고 주장하면서 위 임대보증금 150,000,000원 및 이에 대한 이 사건 주택 인도 다음날인 2010. 12. 2.부터 다 갚는 날까지의 지연손해금 지급을 구하고 있습니다.

2. 피고 답변의 요지

가. 우선 피고와 소외 이을선 사이에 이 사건 주택에 대한 임대차계약의 체결사실, 이에 따라 임대보증금 150,000,000원을 지급받은 사실, 소외 이을선이 2010. 12. 1. 피고에게 이 사건 주택을 반환한 사실은 인정하나 나머지 사실은 전부 부인합니다.

나. 우선 원고의 이 사건 채권양도 통지가 피고에게 도달한 사실이 없고, 도달하였다고 하더라도 양

수인에 의한 통지로서 채권양도 통지의 방식을 갖추지 못한 양도통지로서 채무자인 피고에게 대항할 수 없는 양도 통지였습니다. 또한 위 임대차보증금반환채권에 관해서는 양도금지의 특약이 존재하고 원고 또한 이 사건 양도계약 당시 이를 알았거나 중대한 과실로 이를 알지 못하였으므로 채무자인 피고에게 대항할 수 없습니다. 따라서 원고의 청구를 전부 기각하여야 할 것입니다.

다음으로 백보를 양보하여 이 사건 채권양도통지가 피고에게 대항할 수 있는 형태로 도달한 사실이 인정되고 양도금지의 특약상의 효력이 없다고 하더라도 다음과 같은 이유로 원고의 청구가 전부 기각되거나 일부 기각되어야 할 것입니다.

첫째 소외 이을선은 2010. 4. 1.부터 2010. 12. 1.까지 8개월간 월차임 16,000,000원을 지급하지 아니하였고, 이 사건 주택을 반환받고 확인해 보니 소외 이을선의 부주의한 사용으로 이 사건 주택에 훼손된 부분이 있어 이를 수리하면서 4,000,000원을 지출하였으니 미지급임료 및 수리비 합계 20,000,000원을 공제하여야 합니다.

둘째 위 채권양도의 확정일자 있는 이 사건 채권양도통지가 피고에게 도달하기 이전에 소외 서서울농업협동조합(이하 '서서울농협'이라 함)으로부터 채권가압류 통지를 받은 사실이 있어 해당 가압류채권액만큼 원고의 청구에 응할 수 없습니다.

셋째 또한 원고의 이 사건 소장 송달로서 위 채권양도 통지를 갈음할 수 있다고 하더라도 이 사건 소장부본송달 이전에 소외 신촌새마을금고(이하 '신촌금고'라고 함)으로부터 채권가압류 통지 및 이은 채권압류 및 추심명령을 송달받고 그 취지에 따라 이를 지급하였으므로 해당 금원만큼 원고의 청구에 응할 수 없습니다.

다. 이하 피고는 위 주장을 구체적으로 서술하고자 합니다.

3. 원고 주장의 채권양도 통지 미도달 및 양도통지 방식위반으로 인한 대항력 부재로 인한 원고 청구의 전부 기각(주위적 주장 1, 부인)

가. 채권양도 통지의 미도달

1) 사실관계

가) 피고는 원래 서울 성동구 구의동 211-3에 거주하다가 2009. 10. 28. 서울 서초구 방배동 1332로 이사를 하였습니다.

나) 그런데, 원고는 처음에 채권양도통지서를 임대차계약서에 피고의 주소로 기재되어 있던 '서울 성동구 구의동 211-3'으로 보냈으나 반송되자, 그 임대차계약서상의 임대인측 전화번호란에 기재되어 있던 927-3857로 전화하여 성명불상자로부터 피고에게 우편물을 보내려면 '서울 송파구 문정동 14 현대빌라 사무소'로 부치라는 안내를 받고 2010. 1. 12. 채권양도통지서를 해당 주소로 우송하였습니다.

그런데 위 927-3857 전화번호는 피고가 소외 현대주택 주식회사와 동업하여 신축, 분양하였던 서울 성북구 동선동 소재 현대아트빌리지 공사현장 및 분양사무소의 전화번호였는데 위 현대아트빌리지의 분양이 어느 정도 마무리되자, 소외 현대주택 주식회사가 착신통화전환서비스를 신청하여 소외 회사 단독으로 서울 송파구 문정동 14 지상에 신축하고 있었던 현대아트빌리지 공사현장의 현장 및 분양사무소에서 위 전화번호를 사용하게 되었습니다.

또한 그 우편을 배달하였던 우편집배원은 2010. 1. 14. 문정동 위 주소에서 피고의 직원이라고 칭하는 소외 김택권으로부터 피고의 사무원이란 말을 만연히 믿은 나머지 우편물송달증에 무인을 받고 채권양도통지서가 들어 있는 등기우편물을 교부하였으나 피고는 누구를 통하여도 위 등기우편물을 전달받은 바가 없을 뿐만 아니라, 피고는 소외 김택권을 사무원으로 고용한 바가 전혀 없습니다.

2) 통지의 미도달

사정이 위와 같다면 위 채권양도통지서가 피고에게 도달한 바도 없을 뿐만 아니라, 그 채권양도통지서가 피고와 아무 관련 없는 곳에서 아무런 관련이 없는 자에게 교부되어 피고가 이를 알 수 있었던 상태에 놓인 적도 없습니다.

나. 채권양도통지 방식위반으로 인한 대항력 부재

1) 사실관계

원고는 자신 명의로 2010. 1. 12. 피고에게 채권양도통지를 하였습니다. 또한 원고는 앞서 본 바와 같은 과정을 거쳐 위 채권양도통지서가 같은 달 14. 피고측에 도달하였다고 주장하고 있습니다.

2) 채권양도 통지 방식 위반

민법 제450조에 의하면 채권양도는 양도인이 채무자에게 통지하여야 비로소 양수인은 채무자에게 채권양도를 주장할 수 있습니다. 그런데 본 건의 경우에는 양도인인 소외 이을선이 아니라 양수인인 원고가 피고에게 위와 같은 채권양도의 통지를 하였으므로 원고는 위 사실을 들어 피고에게 채권양도의 효력을 주장할 수 없다고 할 것입니다.

3) 채권양도 통지의 위임사실 및 피고가 이를 알았거나 알 수 있었다는 주장에 대한 반박

원고는 원고와 소외 이을선 사이에 체결된 이 사건 양도계약 제3조에 의하면 양도인은 양수인에게 채무자에 대하여 위 채권이 양도된 사실을 확정일자 있는 증서로 통지할 수 있는 권한을 위임한다고 규정되어 있었다는 사실에 기초하여 비록 원고가 그 대리행위를 하면서 대리자격을 현명하지 않았다고 하더라도 민법 제115조 단서의 규정에 의하여 상대방이 이를 알았거나 알 수 있었을 경우에는 효력이 있다면서 위 채권양도 통지의 유효를 주장하고 있습니다.

비록 채권양도계약서에 원고 주장과 같은 약정이 있었다고 하더라도 피고는 이를 몰랐고 알 수 있었을 상태에도 있지 않았습니다. 그래서 원고가 피고가 이를 알았거나 알 수 있었을 사정을 추가로 주장·증명하지 않는 한 원고의 위 주장은 이유 없습니다.

다. 소결론

따라서 원고와 소외 이을선 사이에 합의한 채권양도는 채권양도 통지가 미도달하였고, 채권양도 통지의 방식을 준수하지 않아 피고에게 대항할 수 없으므로 이에 기초하여 구하는 원고의 이 사건 청구는 전부 기각되어야 할 것입니다.

4. 채권양도금지 특약의 존재 및 원고의 악의 또는 중대한 과실(주위적 주장 2, 항변)

가. 사실관계

이 사건 임대차계약 중 제6조에서 "'임대인의 서면에 의한 사전승인' 없이는 임대인과 임차인의 본 계약에 의하여 가지게 되는 일체의 권리와 의무를 제3자에게 양도하는 등의 행위를 할 수 없다"고 약정하였습니다.

원고는 위 채권양도계약을 체결할 때 양도계약서에 임대차계약서를 첨부하여 양도계약을 체결함으로써 소외 이을선으로부터 이 사건 임대차계약서를 교부받았고, 게다가 이를 사서증서의 인정을 받기까지 하였습니다. 임대차계약서는 1장으로 구성되어 있고, 계약조항도 8개조문에 불과하였습니다.

나. 양도금지특약의 존재 및 그 악의 또는 중대한 과실의 존재

그렇다면 원고는 이 사건 양도계약의 체결이나 사서증서의 인증과정에서 임대차계약서 상 명기되어 있는 양도금지특약의 존재를 알았다고 할 것이고, 가사 백보를 양보하여 그 존재를 몰랐다고 하더라도 채권양도계약 체결로부터 사서증서의 인정시까지 소외 이을선과 함께 할 때 1장으로 구성되어 있고 그 내용도 평이한 본 임대차계약서를 한번만 읽어보았더라면 곧 양도금지특약의 존재를 알 수 있었을 터인데도 이에 이르지 못한 것은 중대한 과실이 있어 그 사실을 몰랐다고 하여야 할 것입니다.

다. 소결론

따라서 이 사건 양도계약은 위 임대차계약상의 양도금지 특약에 반한 것이고 원고 또한 이러한 사정을 알았거나 중대한 과실로 알지 못하였기 때문에 채무자인 피고에게 그 양도계약의 효력을 주장할 수 없다고 할 것이므로 원고의 위 청구는 전부 기각되어야 할 것입니다.

5. 채권압류 및 추심명령을 받은 소외 신촌 금고에 대한 30,000,000원 변제로 양수금의 일부 소멸 (예비적 주장 1)

가. 사실관계

1) 소외 신촌금고는 2010. 2. 1. 서울서부지방법원에 청구금액 30,000,000원으로 하여 위 임차보증금반환채권을 가압류(서울서부지방법원 2010카단992 채권가압류)하였고, 위 가압류결정이 같은 달 15. 피고에게 송달되었습니다. 이후 소외 신촌금고는 서울서부지방법원에 소외 이을선을 상대로 대여금 30,000,000원의 지급을 구하는 지급명령 신청을 하여 2010. 7. 13. 이를 인용하는 지급명령(서울서부지방법원 2000차65호 대여금)이 내려지고 같은 해 8. 2. 위 지급명령이 그대로 확정되었습니다. 소외 신촌금고는 2010. 8. 22. 위 지급명령에 기하여 채권가압류를 본압류로 전이하는 채권압류 및 추심명령을 받았고, 같은 달 28. 피고에게 위 명령이 송달되었고, 피고는 같은 해 9. 10. 소외 신촌금고에 30,000,000원을 변제하였습니다.

2) 만약 위 3.항 주장에 의하여 채권양도통지가 미도달되어 그 효력이 발생하지 않았으나 이 사건 소장 부본송달로서 채권양도통지를 다시 하게 되었다면 위 사실관계에 의할 때 소외 신촌금고의 위 가압류결정은 2010. 2. 15. 송달되어 이 사건 소장 부본송달일보다 앞서므로 위 가압류결정의 순위 보전적 효력을 계승한 채권압류 및 추심명령에 의해 가압류된 금액만큼 채권양도의 효력이 없고, 이어 이은 변제로 인하여 해당 채무액이 소멸하였습니다.

6. 임대보증금에서 미지급임료 및 손해배상금 공제 (예비적 주장 2)

가. 미지급임료 및 손해배상금

1) 소외 이을선은 2010. 4. 1.부터 이 사건 주택을 인도한 같은 해 12. 1.까지 8개월간 합계 16,000,000원(2,000,000원 × 8개월)의 월 차임을 미납하였습니다.

2) 피고는 2010. 12. 1. 소외 이을선으로부터 이 사건 주택을 인도받은 다음 확인을 해 보니 소

외 이을선의 부주의로 인하여 훼손된 부분이 있어 이를 수리하면서 2010. 12. 10. 소외 방배설비(주)에 금 4,000,000원을 지급하였습니다.

나. 소결론

임차보증금으로부터 위와 같은 미납 월 차임이나 이 사건 주택의 사용시 입힌 손해배상금 합계 20,000,000원(16,000,000원 + 4,000,000원)이 공제되어야 합니다.

7. 소외 서서울농협의 이 사건 채권양도에 우선하는 가압류채권의 존재 및 이은 확정판결(예비적 주장 3)

가. 사실관계

1) 소외 이을선의 채권자인 소외 서서울농협은 2009. 10. 7. 서울서부지방법원에 청구금액 100,000,000원으로 하여 소외 이을선의 피고에 대한 이 사건 주택 임대차보증금반환채권을 가압류(서울서부지방법원 2009카단2729호 채권가압류사건)하였고, 그 가압류결정이 같은 달 19. 피고에게 송달되었습니다. 그 후 소외 서서울농협은 소외 이을선을 상대로 대여금 청구의 소(서울서부지방법원 2009가단12345 판결)를 제기하여 승소판결을 받고, 위 판결이 2010. 5. 3. 확정되었습니다.

2) 동일한 채권에 확정일자부 채권양도의 통지와 채권가압류결정이 경합되는 경우에는 채무자 또는 제3채무자에 통지 또는 송달의 선후로 그 우선순위가 결정된다 할 것인데 소외 서서울농협의 위 채권가압류결정은 2009. 10. 19. 송달되었기 때문에 원고 주장의 위 채권양도통지일 2010. 1. 14.이나 이 사건 소장부본송달일보다 앞선다 할 것입니다.

나. 소결론

비록 우선하는 채권가압류가 있어 양수인이 그 제한된 상태에서 양수받았다 하더라도 재판상 양수금청구를 할 수 있습니다만 본안소송에서 가압류채권자가 승소하여 채무권원을 얻는 등으로 피보전권리의 존재가 확정되면 가압류에 의한 권리제한이 현실화되어 이에 저촉되는 채권양도는 효력을 잃게 된다 할 것입니다. 따라서 가압류채권자가 본안소송에서 승소판결을 받고 그 판결이 2010. 5. 3. 확정되었으므로 그 가압류채권 100,000,000원의 범위내에서 채권양도는 그 효력이 없습니다.

8. 결론

따라서 채권양도 및 그 통지를 전제로 원고의 이 사건 청구는 우선 그 채권양도의 통지가 도달하지 않았고, 채권양도 통지의 적법요건도 갖추지 못하여 채무자인 피고에게 효력이 없다 할 것이고, 나아가 채권양도 금지 특약에 위반한 것이므로 전부 기각되어야 할 것이고, 가사 백보를 양보하여 대항력 있는 채권양도 통지가 이루어졌고, 채권양도 금지 특약의 효력도 주장할 수 없다고 하더라도 앞서 본 바와 같이 미지급 임료 및 손해배상금을 합계 20,000,000원을 공제하여야 할 것이며, 위 채권양도에 우선하는 소외 서서울농협이 한 채권가압류결정금액 100,000,000원 상당도 이후 확정판결을 받음으로써 그 금액만큼 채권양도가 효력을 잃습니다. 만약 원고의 2010. 1. 14.자 채권양도통지는 그 효력이 없으나 이 사건 소장 부본 송달이나 이 사건 소송의 과정에서 채권양도의 통지를 하게 된다 하더라도 소외 신촌금고에게 한 30,000,000원의 변제금액도 추가적으로 공제되어야 합니다. 따라서 원고가 청구하는 양수금 150,000,000원에서 미지급임료 및 손해배상금

20,000,000원, 서서울농협이 한 가압류금액 100,000,000원, 신촌금고에 대한 변제금 30,000,000원 등 합계 150,000,000원을 제하면 나머지가 없게 되어 전부기각 되어야 할 것입니다. 그러므로 원고의 이 사건 청구는 이유 없어 이를 기각하여 주시고, 소송비용은 패소자의 부담으로 하여 주시기 바랍니다.

증 명 방 법(생략)
첨 부 서 류(생략)

2011. 1. 18.

피고 소송대리인 법무법인 서부법률
담당변호사 서변일 인

서울중앙지방법원 제21민사부 귀중

XI. 약속어음금(11)

1. 7단계 권리분석법에 의한 사건 전체의 분석

가. 의뢰인의 희망사항 분석결과

의뢰인 =원고	희망사항	물권 침해? 약정?	침해자 또는 약정자는 누구(=피고)	원고의 자격, ∴소송명
김시민	500만원 약속어음금	① 약속어음 발행(지급약속) ② 배서 **∴불이행 있어 강제이행청구**	**∴약정자 (발행인) (장영무) (배서인) (박영발) (배서인) (나일배)**	**약정의 상대방 (소지인) ∴약속어음금청구**
	3,000만원 약속어음금	① 약속어음 발행(지급약속) ② 배서 **∴불이행 있어 강제이행청구**	**∴약정자 (발행인) (박영발) (배서인) (나일배) (배서인) (정이담)**	**약정의 상대방 (소지인) ∴약속어음금 청구**

나. 원고의 청구원인 분석결과

소송명	청구원인	항변 (법률상 주장 포함)	재항변 등
약속어음금 청구	①약속어음금 발행 ⓐ어음요건 ⓑ발행행위 ②백지어음의 보충권 수여 ⓐ보충권 수여는 추정 ⓑ보충(2011. 6. 10.) ③배서의 연속 ⓐ제1배서 ⓑ제2배서 ④지급제시 ⓐ만기(2008. 5. 26.) ⓑ지급제시(2008. 6. 7.) ⑤소지	Ⓐ소멸시효 ⓐ만기인 2008. 5. 26.부터 ⓑ3년간 경과	Ⓐ발행인에 대해 가압류(2011. 5. 15.)
청구	①약속어음 발행 ⓐ어음요건 ⓑ발행행위(차용금의 변제를 위해 발행) ②배서의 연속 ⓐ제1배서 ⓑ제2배서 ③지급제시	Ⓐ발행행위 사기로 취소 ⓐ기망행위(2단의 고의, 기망행위) ⓑ기망상태 ⓒ취소의 의사표시, 도달 ⓓ제3자의 악의 Ⓑ소멸시효 완성 ⓐ만기 2008. 6. 5.로부터 ⓑ3년간 경과	Ⓐⓒ취소 의사표시 상대방은 나일배 ⓓ김시민은 악의 아님(부인) ⓔ인적항변에 불과(어음법상으로 권리를 취득한 소지인에게 대항할 수 없는 사유임) Ⓑ발행인 박영발 가압류(2011. 5. 15.)

	ⓐ만기(2008. 6. 5.) ⓑ지급제시(2008. 6. 7.) ④소지		

2. 채권의 증권화(securitization)

가. 채권

1) pacta sund servanta

'**약정자**'(promisor)는 '**약정의 상대방**'(promisee)에게 '**약정한 바**'를 이행할 '**의무**'(obligation)가 있다. 그 반대해석으로 약정자는 약정의 상대방 이외의 자에게는 약속을 이행할 의무가 없다. 독일법을 계수한 대한민국 민사법상으로는 '약정의 상대방' 관점에서 '약정의 상대방'이 '약정자'에 대하여 '약정한 바'를 이행하라고 요구할 수 있는 힘에 착안하여 이를 채권[383]이라고 칭하고 약정자의 이행의무를 채무라고 칭하고 있다.

2) 채권양도 및 채무인수 제도

채권은 채무자의 이행을 기다려 만족을 얻을 수 있다. 때로는 그 전에 이를 양도하여 투자금을 회수해야 할 필요가 있거나 그 의무를 타에 인수시켜 구속으로부터 벗어나야 할 경우가 있다. 대한민국 민법은 채권의 성질이나 양도금지의 특약이 없는 한 그 양도성을 인정하고 있다. 그런데 민법상의 채권양도와 채무인수는 지명채권의 개별적인 양도, 인수에는 어느 정도 기능할 수 있지만 영업상의 거래에는 여러 가지 불편이 있다. 그래서 유통성을 높이기 위하여 각종 증권화의 기법이 개발되어왔다. 약속어음은 어음할인을 통하여 자금의 사전회수를 위하여, 환어음은 국제간의 물품거래에서 추심의 편의와 할인을 통한 자금의 사전회수를 위하여 자주 이용되어 왔다. 수표는 지급증권으로서 현금대신 결제기능을 수행해 왔다.

나. 약속어음금 청구의 요건사실

1) 발행인에 대한 약속어음금 청구

㈎ 발행인이 약속어음을 발행한 사실

(1) 어음요건을 모두 갖추어 발행되었어야 한다. 발행이란 스스로 발행인으로서 기명·날인(서명)한 것을 지칭한다. 물론 대리에 의해 발행되어도 된다. 실무상으로는 위조발행 되었다는 주장이 빈번하게 제기된다. 이때는 문서의 진정성립에 관한 민사소송법적 설명이 그대로 적용된다. 먼저 원고는 당해 어음을 서증으로 제출하면서 인영이 피고의 것이란 점을 주장·증명한다. 그러면 문서 전체의 진정성립이 추정된다.(대법원 1997. 3. 11. 선고 96다50209 판결) 다음으로 피고는 날인행위

383) 독일어로 채권을 schuldrecht라고 하는데 이 때 schuld는 obligation적 의미이고, recht는 right적 의미가 있으므로 결국 의무 위에 인정된 힘이므로 종래 금전채무적 의미를 갖고 있는 채(債)와 채상에 법적 힘이란 의미를 갖는 권(權)이 결합하여 채권을 이루었으니 결국 독일법의 schuldrecht를 충실하게 번역한 것이다.

가 피고 이외의 자에 의하여 이루어진 사실을 주장·증명하여야 한다. 피고가 위 주장·증명을 성공하면 원고로서는 소위 “대행”이론과 같이 실제 날인한 자가 적법한 대리권을 갖고 그 대리권의 범위내에서 그 어음을 발행한 사실을 주장·증명해야 한다. 대행에도 표현대리 및 추인이론이 그대로 적용된다.(대법원 1991. 6. 11. 선고 91다3994 판결)

발행인은 수취인에게 어음을 교부하여야 한다.(대법원 1989. 10. 24. 선고 88다카24776 판결) 만약 도난·분실당한 어음이라면 그 소지인은 교부사실 대신에 ‘수취인에게 어음을 유통시킬 의사로 작성한 사실’을 주장·증명하면 된다. 발행인은 그 수취인이 어음을 취득할 때 악의·중과실로 취득하였다는 항변을 할 수 있다.(대법원 1999. 11. 26. 선고 99다34307 판결) 어음요건 중 지급지 기재가 없다 하더라도 지급장소가 기재되어 있고 그것이 지(地)의 표시를 포함하고 있어 그로부터 지급지에 해당하는 일정지역을 미루어 짐작할 수 있다면 지급장소를 지급지의 기재로 볼 수 있다.(대법원 2001. 11. 30. 선고 2000다7387 판결) 국내어음이라면 발행지의 기재가 없어도 그 효력이 있다.(대법원 1998. 4. 23. 선고 95다36466 전원합의체 판결)

(2) 어음요건을 미충족한 미완성어음일 경우 다음과 같이 처리된다.

첫째, 원칙적으로 백지어음으로 추정되어 소지인이 이를 보충할 권리가 있는 것으로 본다. 그래서 변론종결시까지 보충하면 완성어음으로 취급되어 어음상의 권리를 행사할 수 있다.

둘째, 변론종결시까지도 보충하여 완성하지 않았다면 법원으로서는 기각을 하면 된다.

셋째, 미완성어음을 보충해 버리면 피고측은 해당 어음이 불완전어음으로 무효라는 주장·증명책임을 부담하게 된다.(대법원 1984. 5. 22. 선고 83다카1585 판결)

㈏ 배서의 연속 (또는 배서 등에 의해 실질적으로 권리이전이 있은 사실을 증명하는 방법)

(1) 형식상 배서의 연속을 증명하는 방법

배서의 형식적 연속은 어음의 외관상 연속이 있으면 된다. 중간에 위조된 배서나 허무인의 배서가 있어도 배서의 연속이 있다.(대법원 1973. 6. 22. 선고 72다2026 판결) 다만 위조된 배서의 피배서인에게는 담보책임을 추궁할 수 없을 뿐이다.

(2) 배서 등에 의한 실질적인 권리이전을 증명하는 방법 (판례의 입장인 가교설)

형식상 배서의 연속이 끊어져 있을 경우 해당 부분만 실질적인 권리이전이 있었다는 주장·증명을 하여 전체적인 배서의 연속을 주장·증명할 수 있다.(대법원 1995. 9. 15. 선고 95다7024 판결) 실질적인 권리이전에는 세 가지 경우가 있다.

첫째, 단순한 어음 교부만으로도 실질적으로 권리를 이전할 수 있다. 즉 수취인란이 백지로 발행된 어음은 교부에 의해서 취득할 수 있고, 그 소지인은 자신을 수취인으로 보충하고 배서·양도하거나 백지인 채로 교부하는 방식으로 양도할 수 있다. 후자의 경우는 마지막 소지인이 자신을 수취인으로 보충하여 어음상의 권리를 행사할 수 있다. 만약 수취인이 백지로 되어 있는 상태로 배서인으로 서명·날인하여 양도할 수도 있다. 그러면 마지막 소지인은 그 배서 후에 수취인란이 보충되었다는 사실을 주장·증명하여 수취인에게 배서한 자까지 교부에 의해 권리의 이전이 있었다는 사실을 주장·증명해야 한다. 다음으로 최후의 배서가 백지식 또는 소지인 출급식으로 배서된 어음은 교부에 의해 권리이전할 수 있다.

둘째, 민법 제450조 제1항에 정해진 지명채권양도의 방식에 의해 권리를 이전할 수 있다. 물론 어음을 인도해야 한다.

셋째, 선의취득을 주장·증명할 수 있다. 선의취득의 법률요건은 ① 무권리자로부터 취득한 사실, ② 배서 등 어음법적 유통방법에 의해 어음을 취득한 사실, ③ 양도인에 대하여 배서연속에 의한 권리외관이 있는 사실이다. 선의취득을 주장하면 취득자의 악의, 중과실은 항변사유가 된다.

㈐ 원고의 약속어음의 소지(대법원 1991. 12. 24. 선고 90다카28405 판결, 대법원 2001. 6. 1. 선고 99다60948 판결)

㈑ 지급제시한 사실 (지연손해금의 지급을 구하기 위해)

만기일이후 법정이자 및 지연손해금을 구하기 위해서는 지급제시기간 내에 적법하게 지급제시한 사실(만기일 이후 2영업일 이내 지급장소에서 지급제시할 것)을 주장·증명해야 한다. 그렇지 않고 소장부본송달 다음날부터 지연손해금을 구하려면 소장부본의 송달로서 지급제시하면 된다.

2) 배서인에 대한 약속어음금 청구

(① 어음의 발행)

② 피고의 어음배서

③ 배서의 연속

④ 원고의 어음소지

(①③④ 사실은 앞서 발행인에 대한 설명과 같다.)

<u>⑤ 지급제시기간내에 지급제시한 사실</u>

다음 ⑥의 요건사실에서 지급거절증서작성의 면제특약 하에서 배서양도된 경우에는 제시기간내에 지급제시한 것으로 추정되므로 (어음법 제46조 제2항, 제77조 제1항) 원고가 지급거절증서의 작성이 면제된 특약을 주장·증명하면 배서인이 적법한 지급제시가 없었거나 지급거절증서의 작성이 없었다는 사실을 주장·증명하여야 한다.(대법원 1984. 4. 10. 선고 83다카1411 판결, 대법원 1985. 5. 28. 선고 84다카2425 판결) 한편, 주의할 것은 어음액면금만 청구할 때는 위와 같은 법리에 따라 ⑤ 사실의 주장 없이 어음액면금만 청구할 수 있으나 거의 모든 경우에 이자 및 지연손해금의 지급도 함께 청구하므로 원고는 배서인에 대하여 소구하기 위해서는 결국 지급제시기간내에 지급제시사실을 청구원인사실로 주장·증명하여야 한다.

⑥ 지급거절증서작성의 면제특약 or 지급거절증서의 작성

실제 거래계에서는 지급거절증서 작성을 면제하여 배서한 경우가 더 많다. 왜냐하면 은행도 어음의 경우 어음의 이면에 부동문자로 "지급거절증서 작성 면제"라고 인쇄되어 있기 때문이다.

(②와 ⑥사실은 대체로 같이 기술한다. 만약 발행인과 배서인에 대하여 공동소송의 형태로 소 제시된 경우에는 발행인에 대하여 청구하면서 ①③④사실을 적시하여 기술하고, 또 ⑤사실도 이자 또는

지연손해금 청구를 위해 언급했을 것이므로 ②⑥사실만을 추가적으로 기술하면 된다. ②⑥사실은 비교적 간단하여 큰 어려움이 없다.)

㈃ 만약 지급거절증서 작성 면제 특약이 없다면 지급거절증서의 작성사실을 추가적으로 주장·증명하여야 한다.

지급거절증서는 어음소지인의 위탁에 의해 공증인, 집행관, 합동법률사무소, 법무법인 등이 지급을 할 날에 이은 2거래일 내에 어음의 이면 또는 이에 결합한 부전에 지급이 거절되었다는 취지의 문구로 작성하는 것을 지칭한다. 어음소지인은 소정의 비용을 지급하고 나중에 발행인, 배서인에게 그 비용을 청구할 수 있다. 그래서 지급거절증서 작성면제의 특약을 무비용상환이라고도 한다.

다. 항변사실

1) 발행인 및 배서인에 공통되는 항변사실

㈎ 어음항변 (인적항변 및 물적항변)

(1) 인적항변

인적항변은 직접 거래당사자 사이에서만 주장될 수 있는 항변이다. 주요한 인적항변으로는 다음과 같은 사유들이 있다.

- 원인관계의 부존재, 무효, 취소, 해제(해지), 무권대리(대리권남용), 대표권 제한위반의 항변 취소사유로는 대표적으로 어음행위상의 의사표시의 하자(미성년자, 사기·강박, 착오 등)로 인한 취소[384]가 있다.
- 어음상 기재되어 있지 않은 특약에 기한 항변
- 어음에 기재되어 있지 않은 어음상 권리의 소멸(변제, 대물변제, 공탁, 상계, 경개, 면제, 혼동, 소멸시효 완성 등) 항변

인적항변의 경우 <u>악의 취득자에게는 대항</u>할 수 있으나 나머지 취득자에게는 대항하지 못한다.(어음법 제17조 단서)

(2) 물적항변

모든 어음상의 권리자를 상대로 선의·악의의 구분 없이 대항할 수 있는 항변이다. 물적 항변도 Ⓐ 어느 어음채무자만이 모든 어음상 권리자를 상대로 제기할 수 있는 항변과 Ⓑ 모든 어음채무자가 모든 어음상 권리자를 상대로 제기할 수 있는 항변으로 나눌 수 있다. 전자를 상대적 물적항변(Ⓐ)이라 하고 후자를 절대적 물적항변(Ⓑ)이라고 한다.

Ⓐ 어음상의 기재에 의한 항변 (주로 절대적 물적항변 사유)

- 어음요건의 흠결 (否認)

384) 대법원 1997. 5. 16. 선고 96다49513 판결 등; 다만 일부에서는 위와 같은 대법원 판례의 태도를 인적항변설이라고 하면서 여러 가지 문제가 있으므로 위와 같은 사유들은 '상대적 물적항변'으로 보아야 한다는 주장도 있다.(이철송, 「어음·수표법」 제14판, 박영사, 2017, 164면 이하 참조)

– 만기의 미도래
– 어음문면에 기재된 지급[385]· 상계 · 면제
– 시효의 완성, 상환청구권의 상실
– 무담보 배서

Ⓑ 어음행위의 효력에 관한 항변 (주로 상대적 물적항변 사유)

– 의사무능력
– 어음행위의 위조 · 변조 (대체로 否認)
– 공시최고에 의한 제권판결
– 어음금액의 공탁에 의한 어음채무의 소멸
– 강행법규 위반 등

㈏ 백지어음에 관한 항변

백지어음의 부당보충 관련된 항변은 다음과 같다.

첫째, ① 백지어음을 취득하여 위임취지를 넘어 부당보충한 사실,
② 부당보충된 어음에 기초하여 악의 또는 중과실로 권리를 취득한 사실, 혹은

둘째, ① 보충권의 수여 없이 발행된 불완전어음인 사실
② 그런데도 보충권이 있다며 부당보충한 사실, 혹은

셋째, ① 보충권을 전전 수여 받은 사실
② 악의, 중대한 과실로 부당보충한 사실 등이 있다.

나아가 어음상 권리는 만기 후 3년이 경과하면 소멸시효가 완성된다.(어음법 제70조) 따라서 백지어음의 백지보충권도 소멸시효 완성으로 소멸될 수 있다.

첫째, 만기가 백지로 된 어음의 경우 원인관계에 비추어 어음상의 권리를 행사할 수 있었던 때로부터 3년이 경과되면 백지보충권이 시효완성으로 소멸한다. 따라서 그 이후 보충한 사실은 항변사유가 된다.

(만기제도가 없는 수표의 경우에는 제시기간 후 6개월이 경과하면 시효소멸한다. 수표법 제51조, 그리고 지급제시는 발행후 10일 이내에 하여야 한다. 수표법 제28조, 제29조, 그래서 발행일이 백지인 수표의 경우는 발행일로부터 6개월이 경과하면 백지보충권이 시효완성으로 소멸한다. 그래서 그 이후 백지보충한 사실이 항변사유로 된다.)

위와 같은 경위로 백지보충권이 시효소멸한 후 다시 어음상 권리를 취득한 자에 대해서는 ① 앞선 시효소멸사실 및 ② 그 권리 취득시 악의 또는 중과실이 있었다는 사실을 갖추어 주장해야 유효한 항변이 된다.(인적항변) 아니면 그자를 기준으로 다시 시효기간이 경과하여 소멸되었다는 항변을 해야 한다.

385) 어음면에 지급필(支給畢)이라고 기재되어 있는 경우를 말한다.

둘째, 만기는 기재되어 있고 나머지가 백지인 어음의 경우 백지보충권도 만기 후 3년이 경과하여야 시효소멸된다.(대법원 2010. 5. 20. 선고 2009다48312 전원합의체 판결)

㈐ 융통어음항변

원인관계 없이 단지 타인으로 하여금 그 어음을 갖고 제3자로부터 금융을 얻게 할 목적으로 수수되는 어음을 융통어음이라 한다. 발행인은 피융통자에게 어음상 책임을 부담하지 않는다. 하지만 다른 모든 소지인에게는 악의에도 상관없이 그 책임이 있다. 다만 다음과 같이 매우 특수한 경우에 한하여 발행인은 융통어음의 항변에 의해 그 소지인에 대한 책임을 면할 수 있다. 발행인은 피융통자에게 융통어음을 교부하면서 그 액면금과 같은 금액의 약속어음을 담보로 교부받은 상황하에서 융통어음을 양수한 제3자가 양수 당시 그 어음이 융통어음으로 발행되었고, 이와 교환으로 교부된 담보 어음이 지급거절되었다는 사정을 알고도 취득한 경우에는 발행인은 그 제3자에 대하여 융통어음의 항변으로 지급을 거절할 수 있다.(대법원 1994. 5. 10. 선고 93다58721 판결, 대법원 1995. 1. 20. 선고 94다50489 판결) 피융통인이 1차로 금융목적을 달성하고 회수한 다음 다시 이를 융통에 돌린 경우에도 그 취득자가 당해 어음이 융통어음인 사실, 재사용하고 있다는 사실을 알고 있다는 점이 융통어음의 항변이 된다.(대법원 2001. 12. 11. 선고 2000다38596 판결)

㈑ 후자의 항변

어음상의 권리가 甲, 乙, 丙으로 순차 이전되었을 때 甲이 乙의 丙에 대한 항변으로 丙의 청구에 항변할 수 있는지 여부가 후자의 항변이다. 권리남용이론에 기해 후자의 항변을 인정하는 경우가 있다.

㈒ 이중무권의 항변

어음상의 권리가 甲, 乙, 丙으로 순차 이전되었을 때 甲와 乙사이의 원인관계 및 乙과 丙사이의 원인관계가 동시에 무효 또는 취소 등으로 소멸된 경우 甲은 丙에 대하여 원인관계의 이중적 흠결을 이유로 항변할 수 있다는 것이 이중무권의 항변이다.

2) 배서인의 항변사실

앞서 살펴 본 바와 같이 지급거절증거 작성 면제의 특약이 있는 경우 지급제시기간 내에 지급제시가 없었다는 사실이 항변사실이 된다.

3. 액면금 5,000,000원 약속어음

가. 발행인에 대한 어음금지급 청구

적법한 지급제시 없어도 어음금을 청구할 수 있다. 이자 또는 지연손해금의 지급을 청구하기 위해서는 지급제시를 하여야 한다. 지급제시는 어음법상의 지급제시도 가능하고, 기타 직접 약속어음을 제시하면서 청구를 하는 것도 가능하다. 후자의 경우라도 반드시 완성어음의 형태로 지급제시하여야 한다.

시효소멸 완성의 항변에 대해서 시효중단되었다는 재항변을 할 수 있다. 소멸시효 완성은 물적

항변으로 모든 어음 권리자를 향해 주장할 수 있다.

나. 배서인에 대한 어음금지급 청구

적법한 지급제시가 없으면 배서인의 상환의무는 소멸한다. 본 사안에서는 만기 후 2영업일 이내에 적법한 지급제시가 없었으므로 배서인 피고 박영발, 나일배에 대한 상환청구권은 소멸하였다.

어음할인은 원인행위로 어음금 청구외 별도 청구를 할 수 있는가?라는 의문이 있다. 어음할인을 어음의 매매로 보면 어음상의 권리만 발생하나 소비대차에서 차주의 채무변제의 확보를 위해 어음할인이 이루어진 것이라면 어음상의 권리 이외에도 소비대차란 원인관계상의 권리도 추가로 발생한다. 즉 어음의 매매인지 소비대차상의 차주 책임에 대한 담보조로 제공되었는지 여부는 거래의 실태와 당사자의 의사에 따라 결정되어야 할 것이다.

금융기관과의 거래에서 어음이 교부된 경우는 대출과 무관하게 어음을 할인한 경우에는 어음매매로서 어음상의 채무만 발생한다.(대법원 1985. 2. 13. 선고 84다카1832 판결) 대출의 방법으로 어음할인을 취한 경우에는 어음을 담보로 대출하는 방법이기 때문에 어음상의 채무는 물론 소비대차계약상의 채무도 부담한다.(대법원 2002. 9. 24. 선고 2000다49374 판결)

일반인간에 어음할인이 이루어진 경우는 거래관계로 알게 된 사이, 상대방이 발행인이 된 융통어음을 할인해 준 경우, 다른 회사가 발행한 어음도 위와 같은 방식으로 어음할인 해 준 경우에 원인관계가 체결되고, 그 담보조로 어음을 교부한 것으로 보아야 한다고 판시하였다.(대법원 2002. 4. 12. 선고 2001다55598 판결) 판단기준은 사인간에 어음 또는 수표 자체의 가치에 중점을 두고 이를 매수한 것인가? (어음매매의 경우) 아니면 할인의뢰인의 신용이나 자력을 믿고서 그 어음 및 수표를 담보로 금전을 대여해 준 것인가? (어음담보제공의 경우) 이다. 본 사안에서는 나일배가 원고에게 어음할인을 요청한 정황에 관하여 상세한 정보가 제공되어 있지 않다. 하지만 어음매매보다는 원인관계상의 채무 담보를 위하여 어음이 교부된 것으로 보아 처리하기로 한다.

다. 발행인으로서의 책임과 배서인의 원인관계에 기초한 청구간에 공동성

어음금청구는 합동책임이다.(어음법 47조) 그런데 발행인은 어음상의 책임을 지고, 배서인의 상환청구권은 지급제시하지 않아 소멸한 상태에서 원인관계를 근거로 청구할 때 양자 사이의 공동관계도 역시 합동책임이다.

소 장

원 고 김 시 민 (550129－1428910)
서울 서초구 서초동 11－2 한성아파트 25동 288호
소송대리인 변호사 이명석

서울 서초구 법원로 337 명성빌딩 205호
전화번호 (02) 533－1233, 팩스번호 (02) 533－1255
전자우편 : ms708@email.com

피 고 1. 장 영 무 (670825－1924288)
서울 중구 무교동 37－1
2. 박 영 발 (670315－1021518)
서울 용산구 남영동 147－10
3. 나 일 배 (720622－1578902)
서울 송파구 잠실동 25－1 호수아파트 109동 201호
4. 정 이 담 (680921－1829201)
서울 강남구 개포동 3－1 시내아파트 21동 507호

약속어음금 청구의 소

청 구 취 지

1. 피고 장영무는 원고에게 5,000,000원 및 이에 대한 2011. 6. 11.부터 이 사건 소장 부본 송달일까지는 연 6%의, 그 다음날부터 다 갚는 날까지는 연 20%의 각 비율에 의한 금원을 지급하라.
2. 피고 박영발, 피고 나일배, 피고 정이담은 합동하여 원고에게 30,000,000원 및 이에 대한 2008. 6. 5.부터 이 사건 소장 부본 송달일까지는 연 6%의, 그 다음날부터 다 갚는 날까지는 연 20%의 각 비율에 의한 금원을 지급하라.
3. 소송비용은 피고들의 부담으로 한다.
4. 위 제1, 2항은 가집행할 수 있다.

라는 판결을 구합니다.

청 구 원 인

1. 피고 장영무에 대한 500만원 약속어음금 청구

가. 사실관계

1) 원고는 ( ),[386] 피고 박영발은 편의점을 운영하고 있고, 피고 장영무는 ( ), 피고 나일배는 생수납품업을 경영하고 있습니다.
2) 피고 장영무는 피고 박영발로부터 문구류 등을 납품받고 2008. 2. 2. 피고 박영발에게 그 외상대금 변제를 위하여 액면금 500만원, 발행일 2008. 2. 2., 지급기일 2008. 5. 26., 지급장소 주식회사 시민은행 종로지점으로 기재되어 있으나, 수취인란, 지급지란 및 발행지란 백지상태인 약속어음 1매를 발행하여 교부하였습니다.

386) 본 사안에서는 어음법상의 법정이율을 적용하여 청구하고 있기 때문에 특별히 당사자들이 상인이라는 점을 적시할 필요는 없다. 하지만 실무상으로는 당사자가 상인임을 알 수 있는 직업을 설시하기도 한다. 그런데 기록상 당사자들의 직업을 알 수 있는 자료들이 없다. 따라서 생략해도 된다.

3) 피고 박영발은 피고 나일배로부터 2008. 1. 1.부터 2008. 2. 3.까지 생수를 납품받고 합계 500만원의 외상대금이 있었습니다. 이에 피고 박영발은 그 생수대금 변제를 위하여 같은 달 4. 피고 나일배에게 위 장영무 발행의 500만원 약속어음을 배서하여 양도하였습니다.

4) 피고 나일배는 2008. 2. 6. 원고에게 어음할인을 요청하여 할인료 40만원을 공제한 460만원을 수령하고 원고에게 위 500만원 약속어음을 배서하여 양도하였습니다.

5) 원고는 (2008. 6. 7. 위 500만원 약속어음을 그 지급장소에서 지급제시하였으나 예금부족으로 지급거절되었고,)[387] 2011. 6. 10. 위 500만원 약속어음의 수취인란에 "박영발"이라고 기재[388]하여 피고 장영무에게 서울 중구에 있는 그의 영업소에서 직접 어음을 지급제시하였습니다. (2011. 12. 9. 위 500만원 약속어음의 지급지란 및 발행지란에 각 "서울 종로구"라고 기재하여 백지어음을 보충 완성하였습니다.)[389]

6) 원고는 2011. 5. 15. 위 500만원 약속어음의 어음상 권리를 보전하기 위하여 피고 장영무의 부동산에 대하여 가압류 신청을 하여 같은 날 가압류 결정이 나고, 가압류 등기까지 종료되었습니다. 또한 위 가압류결정문은 피고 장영무에게 송달되었습니다.

나. 소결론

그렇다면 위 500만원 약속어음의 발행인인 피고 장영무는 연속된 배서에 의하여 권리를 취득한 위 약속어음의 소지인인 원고에게 위 약속어음금 5,000,000원 및 이에 대하여 직접 지급제시한 다음날인 2011. 6. 11.부터 이 사건 소장 부본 송달일까지는 어음법상의 연 6%의, 그 다음날부터 다 갚는 날까지는 소송촉진 등에 관한 특례법 소정의 연 20%의 각 비율에 의한 이자 및 지연손해금을 지급할 의무가 있습니다.

다. 피고 장영무의 주장에 대한 반박

1) 소멸시효 완성 주장

피고 장영무는 이 사건 어음금 청구의 소는 위 500만원 약속어음의 만기인 2008. 5. 26.로부터 3년의 시효기간이 도과한 후 제기되었으므로 원고의 청구에 응할 수 없다고 주장합니다.

그러나 원고는 소멸시효 완성 전인 2011. 5. 15. 피고 장영무를 상대로 위 500만원 약속어음의 권리를 보전하기 위하여 그 소유 부동산에 대하여 가압류 신청을 하고, 같은 날 가압류 결정 후 가압류 등기까지 경료되었습니다. 그러므로 위 시효진행은 가압류 신청을 한 2011. 5. 15. 중단되었으므로 피고 장영무의 위 주장은 이유 없습니다.

2) 지급지 및 발행지가 백지인 상태에서 지급제시되어 그 효력이 없다는 주장

피고 장영무는 지급지, 발행지가 백지인 상태에서 2011. 6. 10. 지급제시되어 그 지급제시의 효력이 없고, 지급지와 발행지를 보충한 2011. 12. 9. 이후에는 적법한 지급제시도 없었으므로 지급제시의 효력이 없다고 주장합니다.

---

387) 미완성 어음형태로 지급제시하여 아무런 법적 효력이 없다. 그래서 생략해도 된다.

388) 지급지, 발행지와는 달리 수취인은 중요한 어음요건이므로 그 기재가 없는 경우에는 유효한 지급제시가 되지 못한다.

389) 지급지의 기재가 없으면 지급 장소상의 장소기재로 지급지로 삼을 수 있고,(대법원 2001. 11. 30. 선고 200다7387 판결, 지급지 기재 없고, 지급장소는 중소기업은행 능곡지점으로 기재되어 있을 때 지급지가 "고양시"가 된다.) 발행지의 기재가 없더라고 어음은 효력이 있다.(대법원 1998. 4. 23. 선고 95다36466 전원합의체 판결) 따라서 지급장소에 종로지점이라는 기재가 있는 이상 지급지, 발행지의 기재가 없더라도 어음으로서의 효력이 있어 적법한 지급제시를 할 수 있다. 따라서 이 부분의 기재도 생략해도 된다.

지급지가 백지상태에서 지급장소의 기재에서 장소를 나타내는 기재가 있다면 그 지급장소의 기재로서 지급지를 갈음할 수 있다 할 것인바, 위 약속어음에는 지급장소로 '주식회사 시민은행 종로지점'이라고 기재되어 있어 지급지가 서울특별시임을 추단케 하고 있습니다. 또 국내어음의 경우 발행지의 기재가 없다고 하더라도 유효한 어음입니다. 따라서 위 피고 주장과 같이 2011. 6. 10. 지급제시할 때 비록 지급지, 발행지의 기재가 없었다고 하더라도 유효하게 지급제시하였다 할 것입니다. 그러므로 위 피고의 주장은 이유 없습니다.

2. 피고 박영발, 나일배, 정이담에 대한 3,000만원 약속어음금 청구

가. 사실관계

1) 피고 박영발은 편의점 운영에 자금이 필요하여 3,000만원을 대여해 주겠다는 피고 나일배의 말만 믿고 그 차용금의 담보를 위하여 미리 2008. 3. 5. 액면금 3,000만원, 지급기일 2008. 6. 5., 지급지 서울 종로구, 지급장소 주식회사 대한은행 종로지점, 수취인 나일배, 발행일 2008. 3. 5., 발행지 서울 종로구로 된 약속어음 1매를 발행하여 피고 나일배에게 교부하였습니다.

2) 피고 나일배는 2008. 3. 6. 원고에게 어음할인을 요청하여 할인료 180만원을 공제한 2,820만원을 지급받고 위 3,000만원 약속어음을 지급거절증서 작성을 면제하여 배서하여 양도하였습니다.

3) 원고는 당시 위 어음의 제1배서란에 피고 나일배의 배서만 되어 있는 것을 보고 신용 있는 자의 담보를 요구하여, 피고 정이담이 그 무렵 담보의 목적으로 위 약속어음의 제2배서란에 배서를 하였습니다.

4) 원고는 2008. 6. 7. 위 3,000만원 약속어음을 그 지급장소에 지급제시하였으나 예금부족으로 지급거절되었습니다.

나. 소결론

그렇다면 배서의 연속에 의해 위 약속어음을 취득하고 적법한 지급제시까지 마친 소지인인 원고에게 위 약속어음의 발행인인 피고 박영발은 물론 배서인인 피고 나일배, 담보목적으로 배서한 피고 정이담은 합동하여 위 약속어음금 30,000,000원 및 이에 대한 만기일인 2008. 6. 5.부터 이 사건 소장 부본 송달일까지는 어음법상의 연 6%의, 그 다음날부터 다 갚는 날까지는 소송촉진 등에 관한 특례법 소정의 연 20%의 각 비율에 의한 이자 및 지연손해금을 지급할 의무가 있습니다.

다. 피고 박영발, 나일배, 정이담의 항변 등에 관한 반박

1) 피고 박영발의 사기로 인한 의사표시의 취소 주장

가) 피고 박영발은 2008. 6. 8. 원고에게 내용증명우편을 보내 자신이 2008. 3. 5. 피고 나일배에게 다음날까지 3,000만원을 대여해 주겠다는 거짓말에 속아 그 담보를 위하여 위 3,000만원 약속어음을 발행하여 교부해 준 것인데 현재까지 그 약속을 이행하지 않고 있다며 사기로 인한 의사표시를 취소하였고, 그 내용증명우편은 같은 달 10. 원고에게 도달하였다고 주장하고 있습니다.

나) 원고는 수취인인 피고 나일배의 배서를 통하여 그 약속어음을 취득하였음을 근거로 위 약속어음의 발행인인 피고 박영발에게 그 어음금의 지급을 구하고 있고, 피고 박영발 주장의 위 사유는 위 박영발이 피고 나일배에 대하여 주장할 수 있는 사유에 불과할 뿐 그 발

행경위를 전혀 모르고 있는 원고에게 대항할 수 있는 주장은 아닙니다. 그러므로 피고 박영발의 위 주장은 이유 없습니다.

2) 피고 박영발, 나일배, 정이담의 소멸시효완성 항변

가) 원고의 이 사건 어음금 청구는 피고 박영발은 만기인 2008. 6. 5.로부터 3년의 시효기간이 경과한 이후, 피고 나일배, 정이담은 위 만기일로부터 1년간의 상환청구권의 시효기간이 경과된 이후 각 제기된 것으로 시효로 소멸하였다고 주장하고 있습니다.

나) 그러나 원고는 피고 나일배, 정이담에게 위 약속어음금의 이행을 독촉하였더니 피고 나일배는 2009. 5. 7. 원고에게 2년 이내 위 어음채무금을 변제하겠다고 약속하는 공증인증서를 작성·교부해 주었고, 피고 정이담 또한 2009. 6. 6. 원고에게 같은 취지의 공증인증서를 작성·교부해 주었습니다. 나아가 원고는 2011. 5. 15. 위 약속어음의 권리를 보전하기 위하여 피고 박영발의 부동산에 대한 가압류 신청을 하여, 같은 일자 가압류 결정 후 가압류 등기까지 경료되었습니다. 그러므로 위 피고들의 원고에 대한 어음금채무는 각 시효중단되었고, 그 시효중단 이후 다시 시효기간이 경과되어 소멸되지 않았으므로 위 피고들의 위 주장은 모두 이유 없습니다.

3) 배서가 연속되지 않았다는 주장

피고 나일배, 정이담은 위 약속어음상의 제1피배서인은 원고인데, 제2배서인이 피고 정이담이어서 그 사이에 배서의 연속이 없다며 원고의 위 청구에 응할 수 없다고 주장합니다.

그러나 배서의 연속이란 발행인인 피고 박영발로부터 소지인인 원고 사이에 배서가 형식적으로 연속되어 있음을 의미하는 것으로 위 약속어음이 피고 박영발에 의해 발행되어 수취인 피고 나일배에게 교부되고, 다시 피고 나일배가 제1배서인이 되어 원고를 제1피배서인으로 하여 배서이전하여 현재 원고가 그 약속어음을 소지하고 있는 이상 그 배서의 연속이 있었다 볼 것입니다. 그 이후에 담보목적으로 피고 정이담이 그 주장과 같은 배서를 추가적으로 했다 하더라도 그 배서의 연속에는 아무런 영향이 없습니다. 따라서 위 피고들의 위 주장은 이유 없습니다.

3. 결론

그러므로 원고의 청구는 모두 이유 있으므로 인용해 주시고, 소송비용은 패소자 부담으로 하고, 가집행 선고를 하여 주시기 바랍니다.

증 명 방 법(생략)

첨 부 서 류(생략)

2011. 12. 15.

원고 소송대리인 변호사 이명석 인

서울중앙지방법원 귀중

제 5 절 법무부 실시 모의시험

Ⅰ. 제1회(2009. 2. 5.)

1. 7단계 권리분석법에 의한 사건 전체의 분석

가. 의뢰인의 희망사항 분석결과

의뢰인 =원고	희망사항	물권 침해? 약정?	침해자 또는 약정자는 누구(=피고)	원고의 자격, ∴소송명
홍길동	김동팔로부터 임차목적물을 반환받고 싶다. 김동팔로부터 못 받은 돈도 받고 싶다.	① 임대차계약 ∴**불이행 있어 강제이행청구**	∴약정자 (임차인) (김동팔)	약정의 상대방 (임대인) ∴임차목적물 반환 및 임료상당 부당이득금 반환청구
	몰래 세 살고 있는 나수연도 내 보내고 싶다.	① 물권 침해 ∴**소유물 반환청구**	∴침해자 (점유자) (나수연)	물권자 (소유권자) ∴소유물 반환청구

나. 원고의 청구원인 분석결과

소송명	청구원인	항변 (법률상 주장 포함)	재항변 등
임차목적물 반환 및 부당이득 반환 청구	①임대차계약 ⓐ임대차계약 ⓑ임차목적물 인도 ⓒ임차보증금 수령 ⓓ임대차기간 종료 ㈎임대차기간 만료 ㈏2기 이상 차임지체로 해지통지 ㈐무단전대로 인해 해지통지 ②공제 ③임료상당 부당이득금	Ⓐ묵시의 갱신 & 2기 이상 차임지체 사실 없음 ⓐ대리인에게 임료지급 ⓑ표현대리인에게 임료지급 Ⓑ피해 없는 전대는 무단전대 아님 Ⓒ유익비+유치권행사 Ⓓ권리금과 동시이행	Ⓐ ⓐ대리권 수여 사실 없음(부인) ⓑ126조 표현대리 요건 미충족(부인) Ⓑ동의 없는 전대는 무단전대임 Ⓒ점포경영을 위한 비용은 유익비 아님 Ⓓ권리금은 임대인이 수령한 사실이 없을 경우 임대인은 책임 없음
소유물 반환 청구	①소유권자 ②점유자	Ⓐ점유할 정당한 권원 ①승낙있는 전대차(승낙받았다고 들었음)	Ⓐ승낙한 사실 없음(부인)

2. 쟁점파악

가. 쟁점파악 및 승소가능성

(1) 임대차계약 종료사유가 3가지가 나열되어 있다.

첫째, 임대차기간의 만료이다. 임대차기간은 매년 6. 1.부터 다음 해 5. 31.까지 1년간이고 쌍방이 이의가 없으면 계약기간이 1년간 연장되는 것으로 약정하였다.(임대차계약 제2조) 그런데 원고가 2008. 4. 18. 만나 임차보증금 또는 월세의 인상을 요청하였으나 김동팔이 거부한 채 임대기간이 도과하였다. 이를 들어 원고가 임대기간의 갱신에 이의를 하였다고 평가할 수 있는가?라는 점이 문제될 수 있다.

둘째, 2007. 12. 1.부터 임료를 미지급하였다. 원래 임료를 2개월 이상 미지급하는 경우에는 임대차계약 해지를 할 수 있다. 그런데 본 건에서 원고가 정확하게 임대차계약 해지를 통지하였는지가 분명하지 않다.

셋째, 김동팔은 2007. 12. 27. 나수연에게 임차목적물을 무단전대하였다. 하지만 이를 원인으로 해지의 의사표시를 하였다고 볼 증거가 없다.

요약하면 임대차계약 종료사유는 존재하는 듯 하지만 결정적인 사유가 없어 다소 논란이 될 수 있다. 둘째, 셋째 사유를 원인으로 한 임대차계약 해지의 의사표시는 소장부본의 송달로서도 할 수 있다. 따라서 소송에서 승소하는 데는 지장이 없으나 이론구성의 경로가 다소 달라질 수 있다.

(2) 부분적 쟁점으로 ① 통상 채권의 준점유자에 대한 변제가 유효한지 여부로 다루어지는 데 본건에서는 변제수령권의 표현대리 문제로 대두되는데 이에 대한 논의가 필요하고, ② 카페시설비 및 권리금은 대체로 김동팔의 주장이 이유 없을 것이다.

(3) 결론적으로 쟁점 및 승소가능성을 평가해 보면 임대차계약의 종료는 어쨌든 인정될 것이고 그 결과 승소가능성이 높다고 할 것이다.

3. 권리분석

가. 원상회복청구권 v. 소유물반환청구권

(1) 피고 김동팔에 대하여 임대차계약의 종료(기간만료 또는 해지)로 인한 원상회복청구의 일환으로 인도청구할 수 있고, 또 소유권에 기한 반환청구를 주장할 수도 있다. 그렇다면 양자의 관계는 무엇인가?

이론상으로는 양자는 청구권 경합의 관계에 있어 별도로 청구할 수 있다고 한다. 그러나 만약 임차인에 대하여 소유권 + 점유 두 가지 요건사실을 들어 소유권에 기한 반환청구를 하면 분명히 피고는 임대차란 점유할 권원이 있다라는 항변을 할 것이고, 결국 그 임대차가 기간만료 또는 해지로 소멸되었다고 주장할 것이므로 결국 임대차계약의 만료 또는 해지로 인한 원상회복청구로 되돌아온다. 그러므로 원상회복청구권이 시효로 소멸하였다는 등의 특별한 사정이 없는 한 주로 전자의 청구를 하는 것이 좋다.

(2) 임차인 및 전차인 모두에게 인도를 구해야 하는가?

임차인에 대하여는 인도를, 전차인에 대하여는 퇴거를 구하면 족하다.

나. 임차권의 대항력(임차목적물의 양수인과 임차인과의 관계를 중심으로)

(1) 민법상의 기본원칙

물권법정주의(민법 제185조) 원칙 때문에 법률과 관습법에 의한 물권 이외에 임의로 창설하지 못한다. 물권은 우선적 효력이 있다. 따라서 법률 및 관습법에 의하지 않으면 우선적 효력이 있는 권리를 창설할 수 없다. 그런데 임차권은 채권이다. 따라서 원칙적으로 물권이 이전되면 임차인은 새로운 소유자에게 임차권을 들어 대항하지 못한다.

(2) 민법에 규정된 예외

㈎ 부동산임대차의 등기(민법 제621조, 부동산등기법 제2조)

부동산임대차의 경우 임차인은 반대약정이 없으면 임대인에 등기를 청구할 수 있고, 등기가 되면 그 임차권으로 제3자에게 대항할 수 있다. [위 규정은 다음과 같은 경우에 임차인을 보호하는 역할을 한다. 즉 임차인이 임차권을 피보전권리로 하여 처분금지가처분신청을 하여 그 결정이 부동산등기부에 (1982. 8. 31.) 기입되고 난 후 강제경매신청이 되어 경매개시결정이 이루어졌고, 제3자가 (1984. 1. 30.) 그 임차목적물을 경락받았다. 물론 임차인은 그 후 민법 제621조에 기하여 임차권설정등기청구의 본안소송을 제기하여 승소의 판결이 (1983. 2. 8.) 확정되었다. 이와 같은 상황하에서는 임차인은 경락인에 대하여 임차권으로 대항할 수 있고, 임차보증금반환을 청구할 수 있다.](대법원 1988. 4. 25. 선고 87다카458 판결)

㈏ 건물의 소유를 목적으로 한 토지임대차(민법 제622조 제1항)

건물의 소유를 목적으로 한 토지임대차는 임차인이 그 지상건물을 등기하면 제3자에 대하여 임대차의 효력이 있다. 건물등기라고 할 때 비록 등기된 지번이 다르더라도 등기부상 건물표시와 실제 건물이 사회 통념상 동일성이 있고 사후에 경정등기로 바로잡을 수 있다면 그 건물등기가 있다고 할 수 있다.(대법원 1986. 11. 25. 선고 86다카1119 판결)(그래서 부동산을 매수하려면 등기부등본만을 확인할 것이 아니라 반드시 현장에 가서 현물을 확인해야 한다. 실무상으로는 전문가가 아니라면 지번의 정확성을 확인하기 어렵다. 그러므로 부동산 거래시 등기부등본을 확인하는 외 현장에 가서 확인하는 등 상당한 주의가 필요하다.) 이 규정의 요건을 보면 다음과 같은 경우에는 그 요건을 충족시키지 못한 것으로 임차인의 대항력이 발생하지 않는다. 우선, 건물등기 전 먼저 제3자가 토지에 관한 물권을 취득한 경우에는 그 제3자에게 대항할 수 없다.(대법원 2003. 2. 28. 선고 2000다65802, 65819 판결) 다음으로 만약 전 임차인으로부터 건물 소유권과 함께 토지임차권을 양수하였다고 하더라도 토지 임대인의 승낙 없이는 그 양수한 임차권으로 대항할 수 없다.(대법원 1996. 2. 27. 선고 95다29345 판결) 마지막으로 임차인이 대지와 건물의 소유자였던 자로부터 대지와 건물을 임차하고 있던 중 임차인이 건물을 경락받았고, 대지에 대하여 건물의 임차권을 등기 못하면서 경락받은 건물의 소유권이전등기만을 경료받았다. 이때 임차인과 전소유자와 사이에 체결된 대지에 관한 임대차는 건물의 소유를 목적으로 임대차가 아니어서 동조의 적용이 없다.(대법원 1994. 11. 22. 선고 94다5458 판결)

(3) 주택임대차보호법

㈎ 적용범위

주택 또는 주거용 건물의 전부 또는 일부의 임대차에 적용된다.(주택임대차보호법 제2조) 자연인이 임차인일 때만 적용되나 일정한 전세임대주택을 지원하는 법인도 적용대상이 된다.(제3조 제2항)

㈏ 제3자에 대한 대항력(사용가치)

주거용 건물의 임차인이 주택을 인도받고 주민등록을 마친 경우 그 다음날부터 제3자에 대항할 수 있다.(제3조) 주민등록은 대항력의 발생요건이면서 동시에 존속요건이다.(대법원 2002. 10. 11. 선고 2002다20957 판결)

㈐ 보증금의 우선변제권(교환가치)

임대인의 채권자에 의한 강제집행이나 담보권의 실행 또는 임대인의 국세체납으로 인하여 임차주택이 경매 또는 공매되는 경우에 임대차계약서상에 확정일자를 갖춘 주택임차인은 후순위권리자나 일반채권자보다 우선하여 매각대금으로부터 그 보증금을 변제받을 수 있다.(제3조의 2 제2항) 대항요건과 확정일자 중 늦은 일자를 기준으로 우선변제력이 발생한다. 대항요건을 갖추었으나 우선변제력의 요건을 갖추지 못한 경우에는 소액보증금을 제외하고는 경락대금에서 우선변제를 받을 수 없다. 따라서 임차권은 소멸하지 않고 경락인에게 대항할 수 있게 된다. 그러므로 경락을 받는 사람은 임차권의 제한을 받게 된다. 이상의 논의를 종합하면 우선변제력요건까지 갖춘 경우에는 경락대금에서 우선변제를 받을 수 있으므로 담보권자나 소유권자의 부담으로 되고, 우선변제권의 요건을 갖추지 못한 경우에는 소액보증금을 제외하고는 경락인에게 대항할 수 있게 되므로 결국 그 최종부담은 경락인이 지게 된다. 주택임대차보호법 제8조상의 소액보증금은 서울특별시의 경우 3,200만원, 서울을 제외한 수도권의 경우 2,700만원, 광역시, 안산시, 용인시, 김포시, 광주시의 경우 2,000만원, 그밖의 지역은 1,500만원이다.

(4) 상가건물임대차보호법

㈎ 적용대상

상가건물의 임대차 중 일정한 보증금 규모 이하의 임대차에 관하여 적용된다. 보증금은 서울 4억원, 수도권 지역 3억원, 광역시, 안산시, 용인시, 김포시 및 광주시 2억 4천만원, 그 밖의 지역은 1억 8천만원이고 월세의 경우 100을 곱한 금액으로 산정한다.

㈏ 대항력

임차인은 건물을 인도받고 사업자등록을 하면 그 다음날부터 제3자에 대하여 효력이 생긴다.

(상가건물임대차보호법 제3조)

㈐ 우선변제력

제3조의 대항력을 갖추고 관할 세무서장으로부터 임대차계약서상의 확정일자를 받은 임차인은 환가대금으로부터 우선하여 보증금을 변제받을 수 있다.(제5조 제1항)

다. 묵시의 갱신

(1) 존속기간 만료 후에 상당한 기간 이의를 제기하지 않으면 묵시의 갱신이 된다. 임차인에게 불리한 조항은 무효이다.(대법원 1964.12.8. 선고 64누62 판결) 상당한 기간은 독일민법 제545조에서는 2주간으로 명시하고 있는 바 이를 참작할 수도 있다. 이의의 방법은 구체적으로 정해져 있지 않다. 하지만 계약조건의 변경을 요구하는 것은 이의를 제기한 것으로 보아야 한다.

(2) 주택임대차보호법상의 묵시의 갱신

임대인은 6개월 전부터 1개월 전까지, 임차인은 1개월 전까지 상대방에게 갱신거절의 통지를 하지 아니하거나 계약조건을 변경하지 아니하면 갱신하지 아니한다는 뜻의 통지를 하지 아니한 경우에는 전 임대차와 동일한 조건으로 다시 임대차한 것으로 본다.(주택임대차보호법 제6조)

(3) 상가건물임대차보호법상의 계약갱신

㈎ 계약갱신요구

임차인은 임대차기간이 만료되기 6개월 전부터 1개월 전까지 사이에 계약갱신을 요구할 수 있고, 이 때 일정한 사유가 없는 한 계약은 갱신된다.(상가건물임대차보호법 제10조) 갱신요구는 최초 계약일로부터 5년을 넘을 수 없다.

㈏ 계약갱신

임대인은 6개월 전부터 1개월 전까지 사이에 임차인에게 갱신 거절의 통지 또는 조건 변경의 통지를 하지 아니한 경우에는 그 기간이 만료된 때에 전 임대차와 동일한 조건으로 다시 임대차한 것으로 본다.

라. 변제수령권의 표현대리와 채권의 준점유자에 대한 변제

(1) 채권의 준점유자는 채권을 사실상 행사하는 자(민법 제210조)를 일컫는다. 거래관념상 채권을 행사할 정당한 권한을 가진 자라고 믿을 만한 외관을 갖춘 자를 말한다. 선의, 무과실로 채권의 준점유자에게 변제하면 유효하다. 선의, 무과실의 증명책임은 통상 채무자가 그 증명책임을 진다. 이때 채권자 귀책가능성은 그 요건이 아니다.(판례 및 통설의 입장) 요약하면 채무자는 ① 변제수령자가 채권의 준점유자라는 사실, ② 채무자는 그 변제에 관하여 선의, 무과실이란 사실을 주장, 증명하여야 한다.

(2) 변제수령권한의 대리 및 표현대리

대리는 법률행위, 준법률행위에 관하여 수여할 수 있고, 변제는 준법률행위라고 하나, 변제수령

도 대리권을 수여하면 대리할 수 있다. 예를 들면 수령권한을 가진 대리인 또는 무능력자의 법정대리인, 부재자의 재산관리인 등도 수령권한을 갖는다. 본 사안에서는 변제수령권한의 표현대리 문제가 다루어졌다.

(3) 따라서 채권의 준점유자에 대한 변제와 변제수령권한의 대리인에 대한 변제는 요건사실면에서 차이가 있어 각자의 경우 필요한 요건에 따라 판단하여야 한다.

마. 유익비 v. 부속물매수청구권 v. 권리금

(1) 일반론

유익비인지 부속물인지 명확하지 않을 때가 많다. 독립한 물건으로 소유권의 객체가 될 수 있는지가 그 기준이다. 하지만 그 구분이 쉽지 않다. 피고가 주장함에 있어 유익비인지 부속물인지를 특정하여 주장하여야 한다. 하지만 실무에서는 영업을 위한 시설공사에 관하여 부속물로 보아 부속물매수청구권을 행사하는 경우란 사례가 거의 없고, 대개 유익비로 구성하여 청구를 한다. 왜냐하면 부속물이 아님은 주장자체로 명확한 경우가 많기 때문에 바로 결심하여 판결을 선고할 위험성이 있기 때문이다. 유익비로 구성하여 청구하면 감정평가라도 하면서 소송이 지연되기 때문이다.

(2) 유익비

유익비는 임대차계약 종료로 인하여 그 의무가 발생하고, 임대차계약 종료당시 현존가치가 있는 경우 이를 반환하는 것이다. 유치권을 행사할 수 있다.

(3) 권리금

임대인은 원칙적으로 권리금을 지급할 의무가 없다. 다만 임대차계약시 권리금을 지급받은 경우에는 임대차기간도과 기간에 비례한 비율로 잔존 권리금을 반환할 의무가 있고, 그 반환의무와 임대목적물반환의무간에는 동시이행의 관계에 있다.

바. 소유물반환청구권(민법 제213조)

소유권에 기한 반환청구는 요건사실이 ① 소유권, ② 점유사실뿐이다. 점유권원이 있음을 주장하는 것은 항변사유다. 민법 제213조를 더 학습할 필요가 있다.

사. 임료상당의 손해배상금 청구시 피고 김동팔, 나수연에 대하여 "각자"로 청구할 수 있는가?

우선 원고가 피고 김동팔과 나수연에 대하여 불법점유로 인한 임료상당의 손해배상을 구할 때에는 가능할 수 있다. 하지만 본 사안에서는 피고 김동팔에 대하여는 임대차기간 종료로 인한 미지급임료 및 무단점유로 인한 임료상당의 부당이득반환을 구하고 있어 공동불법행위의 여지가 없다. 실무상으로도 원칙적으로 임차인에게 미지급임료 및 무단점유 또는 불법점유로 인한 임료상당의 부당이득금 또는 손해배상금의 지급을 구하고, 전차인에 대하여는 단지 퇴거만을 청구할 뿐이다. 그렇다고 하더라도 전차인에게 불법행위로 인한 손해배상청구를 할 수 없다는 것은 아니다. ① 전대사실, ② 동의 또는 승낙 없음, ③ 해지통지 또는 2기 이상의 차임연체, ④ 해지통지를 결합하여 서술하는 것이 필요하다.

아. 임차보증금의 공제완료사실은 청구원인 중 연체임료청구 부분에서 공제에 관한 충분한 진술을 하고, 나중에는 이를 간략하게 언급하는 수준에서 피고 주장을 배척하여야 할 것이다.

소 장

원 고 홍 길 동 (******－*******)
대전 서구 둔산동 127 목련아파트 205동 1510호
소송대리인 변호사 김 애 경
서울 서초구 서초동 289 정의빌딩 301호
전화번호 이메일 팩스

피 고 1. 김 동 팔 (******－*******)
서울 강서구 가양1동 1592
2. 나 수 연 (******－*******)
서울 강서구 공항동 1232

건물인도 등 청구의 소

청 구 취 지

1. 원고에게,
   가. 피고 김동팔은,
      (1) 서울 강서구 염창동 56－3 지상 철근콘크리트조 슬래브지붕 3층 근린생활시설 중 2층 점포 80㎡를 인도하고,
      (2) 2009. 2. 1.부터 위 점포의 인도완료일까지 월 4,000,000원의 비율에 의한 금원을 지급하고,
   나. 피고 나수연은 위 점포에서 퇴거하라.
2. 소송비용은 피고들의 부담으로 한다.
3. 위 제1항은 가집행할 수 있다.

라는 판결을 구합니다.

청 구 원 인

1. 피고 김동팔에 대한 청구
   가. 원고는 피고 김동팔에 대하여 첫째 임대차 기간이 만료되었고, 둘째 월세 2회 이상 연체를 이유로 임대차계약을 해지하였고, 셋째 무단전대를 이유로 임대차계약을 해지함으로써 이 사건

임대차계약이 효력을 상실하였음을 이유로 이 사건 점포의 인도와 점포인도완료시까지의 월세 지급을 구합니다.

(1) 원고와 피고 김동팔 사이의 임대차계약 체결

(가) 원고는 소외 김옥임으로부터 우리빌딩을 매입하여 그 소유자가 되었습니다.

원래 서울 강서구 염창동 56-3 대 120㎡ 및 그 지상 철근콘크리트조 슬래브지붕 3층 근린생활시설 1층 점포 100㎡, 2층 점포 80㎡, 3층 사무실 60㎡(이하 "우리빌딩"이라고 합니다.)는 소외 김옥임의 소유였습니다. 그런데, 원고는 2007. 9. 13.경 위 김옥임으로부터 우리빌딩을 대금 430,000,000원에 매수하여 같은 해 10. 14.경 자신의 명의로 소유권이전등기를 경료함으로써 위 우리빌딩의 소유자가 되었습니다.

(나) 피고 김동팔은 2001. 4. 5.경 위 김옥임으로부터 위 우리빌딩 중 2층 점포 80㎡(이하 이 사건 점포라고 합니다.)를 임차하였고, 원고가 위 김옥임으로부터 우리빌딩을 매입할 당시 임차권의 승계에 관하여 동의하였습니다.

피고 김동팔은 2001. 4. 5.경 위 김옥임과 사이에 이 사건 점포에 관하여 임차보증금 50,000,000원, 월 임료 2,000,000원, 임대차기간의 개시는 같은 해 6. 1.경 이 사건 점포의 인도를 받으면서 개시되어 임대차기간은 1년간으로 정하여 2002. 5. 31.경 만료되며, 다만 계약기간이 만료되는 때 쌍방이 이의가 없으면 계약기간은 1년 연장되는 것으로 정하였습니다.(이하 '이 사건 임대차'라고 함) 피고 김동팔은 2001. 6. 1.경 위 김옥임에게 임차보증금 50,000,000원을 지급하고 이 사건 점포를 인도받아 일반 카페를 경영하였고, 임대차기간이 만료된 이후에도 쌍방 이의 없이 갱신을 거듭하였으며, 2003. 6. 1.경에는 월 임료를 3,000,000원으로 인상하였습니다. 특히, 피고 김동팔은 원고가 2007. 9. 13.경 위 김옥임으로부터 우리빌딩을 매수할 때 원고의 "임대인의 지위승계에 동의"하였고(갑제1호증 부동산매매계약서 중 특약사항 제2조를 참조), 이와 함께 원고가 위 김옥임으로부터 임차보증금 50,000,000원의 반환채무도 인수하는데 동의하였습니다.

(2) 이 사건 임대차계약의 종료

(가) 이 사건 임대차계약은 2008. 5. 31.경 기간만료로 종료되었습니다.

원고가 위와 같이 위 김옥임으로부터 이 사건 임대차계약상의 지위를 승계하면서 우리빌딩을 매입한 후, 2008. 4. 18.경 피고 김동팔을 만나 주변시세의 변동을 반영하여 보증금을 6,000만원, 월세를 400만원으로 인상해 줄 것을 요구하면서 그렇지 않을 경우 이 사건 임대차계약을 연장하지 않겠다는 취지를 명시적으로 밝혔습니다. 그런데도 피고 김동철은 이에 응하지 않고 임대기간이 경과하였으며 더구나 원고는 같은 해 6. 15. 피고 김동팔에게 여러 가지 이유를 들면서 다음달 말까지 이 사건 점포를 인도할 것을 요구하는 내용증명우편까지 보내 그 무렵 위 내용증명우편이 도달하기까지 하였습니다. 따라서 이 사건 임대차계약은 2008. 5. 31.경 기간만료로 종료되었습니다.

(나) 2기 이상의 임료연체 또는 무단전대로 인한 이 사건 임대차계약의 해지(예비적 주장)

1) 피고 김동팔의 2기 이상의 임료연체로 인한 임대차계약의 해지(예비적 주장 1)

피고 김동팔은 2007. 12. 1.자 지급예정인 월 임료를 연체한 이후 14개월 이상 월임료를 연체하고 있습니다. 원고는 사업상 바쁜 관계로 이를 확인치 못하고 있다가 최근 이런 사실을 발견하고 2008. 6. 15.경 피고 김동팔에 내용증명우편을 보내 위와 같은 2기 이상의 차임연체를 이유로 임대차계약을 해지한 바가 있습니다.

2) 피고 김동팔의 무단전대로 인한 임대차계약의 해지(예비적 주장 2)

피고 김동팔은 2007. 12. 27.경 원고 몰래 피고 나수연에게 이 사건 점포를 전대보증금 50,000,000원, 월 전대료 4,000,000원, 전대기간은 2009. 12. 27.까지로 정하여 전대해 주고, 그 다음날 이 사건 점포를 피고 나수연에게 인도해 줌으로써 피고 나수연은 이 사건 점포에서 사주카페를 경영하고 있습니다.

임대차와 같은 계속적인 계약관계는 채무자가 누구인가가 매우 중요하여 임대인의 동의 없는 전대차는 엄격하게 금지되어 있는데도 피고 김동팔은 원고로부터 아무런 동의도 받지 않고 위와 같이 전대하여 임대차계약상의 의무를 위반하였습니다.

이에, 원고는 2008. 6. 15.자 내용증명우편을 보내면서 위와 같은 무단전대의 채무불이행을 이유로 이 사건 임대차계약을 해지하였습니다.

(3) 피고 김동팔에 대한 임료상당의 부당이득금의 지급청구

(가) 앞서 설명드린 바와 같이 이 사건 임대차의 보증금은 50,000,000원이고, 피고 김동팔은 2007. 12. 1.자 월세 3,000,000원의 지급을 연체한 이후로 지급까지 14개월 이상을 위 차임의 지급을 연체하고 있습니다.

(나) 나아가, 이 사건 임대차계약 제4조 제2항에 의하면 "임차인에게 임대료 연체, 기타 본 계약에 의한 채무의 불이행 또는 손해배상채무가 있을 때는 임차인의 동의 없이 임대차보증금으로 충당할 수 있다."고 약정하였습니다.

(다) 이 사건 임대차계약이 2008. 5. 31. 기간만료로 종료되었으며, 피고 김동팔은 원고에게 임대차기간 동안은 이 사건 임대차계약상의 약정 임료 매월 3,000,000원을, 그 이후부터는 임료상당의 부당이득금조로, 매월 4,000,000원을 지급할 의무가 있다 할 것입니다. 임대차기간 만료 후 임료상당의 부당이득금을 4,000,000원으로 청구하는 이유는 다음과 같습니다. 첫째, 우리빌딩 인근인 염창아파트 앞 상가에서 "염창공인중개사"란 상호로 중개업을 영위하고 있는 소외 김성기는 "우리빌딩 상가의 경우 2008년 1월경부터는 보증금이 5,000만원이면 월세는 보통 400만원을 받고 있다"고 진술하고 있고, 특히 피고 김동팔이 피고 나수연에게 이 사건 점포를 2007. 12. 27.경 전대하면서 보증금 5,000만원에 월 400만원을 받고 있는 점 등을 보아도 이 사건 점포에 대한 2008. 6.경 이후의 적정한 임료는 월 400만원이라고 할 것입니다.

(라) 피고 김동팔이 지급한 위 임차보증금 50,000,000원은 2009. 1. 31.까지 임료를 미지급함으로써 전액 공제되어 더 이상 남은 금액이 없다 할 것입니다. 즉, 피고 김동팔이 연체하기 시작한 2007. 12. 1.부터 2008. 5. 31.까지 6개월간, 월 3,000,000원의 비율에 의한 연체 임료 합계 18,000,000원(3,000,000원 × 6개월) 및 2008. 6. 1.부터 2009. 1. 31.까지 8개월간 월 4,000,000원의 비율에 의한 연체 임료 합계 32,000,000원(4,000,000원 × 8개월)을 합산한 50,000,000원을 위 임차보증금에서 공제하면 더 이상 남은 금원이 없게 될 것입니다.

(마) 2009. 2. 1. 이후의 임료상당의 부당이득반환청구

피고 김동팔은 원고에게 위와 같이 임차보증금이 미지급 부당이득금 등으로 전부 공제된 다음날인 2009. 2. 1.부터 이 사건 점포의 인도완료일까지 임료상당의 부당이득금인 월 4,000,000원의 비율에 의한 금원을 지급할 의무가 있습니다.

나. 피고 김동팔의 예상되는 주장에 대한 반론

(1) 피고 김동팔은 원고의 대리인 또는 표현대리인인 소외 최무림에게 이 사건 임료를 모두 지급하였다고 주장하고 있습니다.

그러나, 원고는 소외 최무림에게 이 사건 임대차의 월 임료수령의 대리권을 수여한 사실이 전혀 없고, 표현대리도 성립하지 아니합니다.

(가) 우선, 소외 최무림의 월 임료수령의 대리권에 관하여

피고 김동팔은 을제호증(위임장)을 제출하면서, 마치 원고가 위 최무림에 대하여 이 사건 임대차로 인한 월 임료의 수령 대리권을 수여하였다고 주장하고 있습니다. 즉, 피고 김동팔은 위 최무림이 2007. 11.경 자신을 찾아와 위 위임장을 제시하면서 이 사건 임대차에 기한 임료수령의 권한도 수여받았다고 하면서 자신의 계좌번호를 알려 주어 피고 김동팔은 지금까지 위 최무림의 계좌로 월 임료 3,000,000원을 꼬박꼬박 송금하여 지급하였다고 주장하고 있습니다.

그러나, 원고는 소외 최무림에게 이 사건 점포의 임료 수령권을 위임한 사실이 전혀 없습니다. 피고 주장의 위 위임장을 잘 살펴보면, 2003. 5. 12.자로 작성되어 있고, 또 위임사무도 "서울 강서구 염창동 56-5 염창아파트 203동 202호"의 "아파트의 임대, 보증금 및 월세의 수령 등 위 아파트의 관리에 관한 일체의 권한"이라고만 명시되어 있을 뿐 이 사건 점포에 관한 임대차에 관하여 전혀 위임사무에 포함되어 있지 않았으며, 첨부된 원고의 인감증명서도 그 무렵 발급된 것임이 분명하므로 피고 김동팔의 대리권 수여 주장은 이유 없다 할 것입니다.

(나) 다음으로, 민법 제126조 소정의 권한을 넘은 표현대리의 주장에 관하여

피고 김동팔은 가사, 위 대리권 수여의 사실이 없다고 하더라도, 원고는 위 최무림에게 아파트의 월 임료 수령 등에 관한 관리 권한을 수여한 사실이 있고, 위 최무림은 우선 소외 김옥임이 피고 김동팔과 사이에 이 사건 임대차계약을 체결할 때 및 원고가 위 김옥임으로부터 우리빌딩을 매수할 때 모두 이를 중개한 공인중개사일 뿐만 아니라, 원고 소유의 우리빌딩에 세들어 "우리중개사무소"라는 상호로 중개업에 종사하고 있고, 원고는 대전에 거주하고 있어 서울 강서구에 있는 이 사건 부동산에 대한 효율적인 관리가 어려워 보이고, 특히 우리빌딩은 위 염창아파트의 바로 맞은편에 위치하고 있어 중개인이 손쉽게 동시에 관리할 수 있는 부동산들이며, 피고 김동팔이 무려 14개월(또는 7개월)이나 위 최무림에게 월세를 송금하였음에도 불구하고 원고는 3,000,000원이란 큰 돈이 송금돼 오지 않았음에도 그렇게 장기간 아무런 사실확인도 않고 방치해 두고 있었음에 비추어 볼 때 피고 김동팔로서도 위 최무림이 이 사건 임대차로 인한 월 임료의 수령권한까지 수여받았다고 믿을 정당한 이유가 있다고 주장합니다.

그러나, 위 최무림이 피고 김동팔에 교부하였다는 위임장과 인감증명서는 제시 당시 이미 4년 이상이 경과되어 매우 오래전 문건이었고, 염창아파트의 관리에 관한 권한만을 위임한다고 명시하고 있었던 점, 염창아파트는 전용면적이 7.5평에 불과한 소형아파트로서 임차인의 평균 거주기간이 짧게는 2~3개월 정도, 길게도 1년 정도에 불과하여 빈번히 교체되는 임차인의 관리를 위하여 대리인을 둘 필요성이 강하나 우리빌딩의 경우는 임차인들이 장기간 임대하고 있어 특별히 대리인까지 두어 관리할 필요성이 적은 점, 통상 임료수령의 대리권을 수여하는 경우라도 그 입금통장만은 임대인의 통장으로 하는 것이 보편적인데도 단지 최무림의 설명만을 가볍게 믿고 최무림 명의로 개설된 예금통장에 장기간 임료를 송금한 점, 피고 김동팔은 위 최무림의 설명만 단순히 믿고 장기간 원고나 원고의 가족들에게 이러한 사실을 전화 등으로 간단하게나마 확인해 보려 시도조차 하지 않은 점 등에 비추어 볼 때 피고 김동팔은 위 최무림이 염창아파트의 관리권한을 넘어 이 사건 점포에 관한 임대차계약의 관리권한까지 수여받았다고 믿을 정당한 사유가 없다 할 것이므로, 피고 김동팔의 위 주장은 이유 없다 할 것입니다.

(2) 피고 김동팔의 원고에 대한 아무런 피해가 없는 전대는 무단전대가 아니라는 주장에 대하여

(가) 피고 김동팔은 원고는 월세만 제대로 받으면 되지, 그 임차인이 피고 김동팔이어서 통상 카페를 경영하든지 피고 나수연이어서 사주카페를 경영하든지 중요치 않아 무단전대가 아니라고 주장하고 있습니다.

(나) 우선, 피고 김동팔은 이 사건 전대행위가 원고의 동의를 받지 않고 행해졌다는 점은 인정하고 있습니다. 그렇다면, 피고 김동팔의 전대행위는 원고의 피해발생여부에 상관없이 무단전대행위로서 임대차계약에 위반되는 것입니다.

(3) 피고 김동팔의 임대보증금 50,000,000원, 유익비 30,000,000원 및 권리금 20,000,000원 등 합계 100,000,000원의 반환 전에 원고의 인도청구에 응할 수 없다는 주장에 관하여

(가) 먼저 임대보증금 50,000,000원에 대하여는 앞서 계산한 바와 같이 연체된 월세 등에서 모두 공제되어 이 사건 소 제기 당시에는 그 나머지가 없으므로 이유 없다 할 것입니다.

(나) 다음으로, 유익비 30,000,000원의 반환채권을 원인으로 한 유치권 주장에 관하여 살펴봅니다.

피고 김동팔은 2001. 4. 5.경 위 김옥임으로부터 이 사건 임대차계약을 체결하고 이 사건 점포를 인도받은 다음 카페를 경영하기 위하여 칸막이 설치, 인테리어 공사, 외벽간판설치공사, 주방시설 등을 설치하면서 2001. 6.경 공사업자인 소외 우아미에게 금 30,000,000원을 지출하였는데, 이 사건 점포의 가치를 상승케 한 유익비로서 그 반환 전에는 유치권이 있으므로 원고의 인도청구에 응할 수 없다고 주장합니다.

그러나, 유익비란 목적물의 객관적 가치를 증가시키기 위하여 지출된 비용으로, 피고 김동팔이 적시하는 위 각종 공사의 비용은 자신의 까페 영업을 하기 위하여 지출된 것이며 대부분 영업종료 후 그 철거가 가능한 것들로 그 자체로는 이 사건 점포의 객관적 가치의 증가에 전혀 기여하지 아니한 비용지출로서 유익비라고 할 수 없습니

다. 오히려 피고 김동팔은 이 사건 임대차계약 제5조에 의하여 이들을 철거하고 원상회복한 다음 이 사건 점포를 반환할 의무가 있다 할 것입니다. 그러므로, 유익비 반환채권을 근거로 한 유치권 주장은 이유가 없다 할 것입니다.

(다) 마지막으로 권리금 20,000,000원 지급채무를 원인으로 한 인도 불가능 주장에 관하여 피고 김동팔은 이 사건 점포에서 영업한 결과 단골도 많이 생기는 등 영업상의 권리가 발생하였다고 할 것이므로 그 권리금 20,000,000원의 지급을 구하고, 그 채권을 근거로 유치권을 주장합니다.

그러나, 권리금은 임대인에게 이를 지급한 사실이 있는 등 특별한 사정이 없는 한 임대인을 상대로 주장할 수 없다 할 것이고, 원고나 위 김옥임은 피고 김동팔로부터 권리금을 교부받은 사실이 없으며, 그 외 피고 김동팔의 위 주장 중에 특별한 사정에 관한 아무런 주장도 없으므로 위 주장은 이유 없다 할 것입니다.

다. 소결론

그러므로, 피고 김동팔은 원고에게 주위적으로는 이 사건 임대차 기간만료로 인하여, 예비적으로는 2기 이상의 임료연체를 이유로 한 해지통지 또는 무단전대로 인한 해지통지로 인하여 임대차계약이 적법하게 해지되었음을 이유로 그 원상회복의무로서 이 사건 점포를 인도할 의무가 있고, 임차보증금이 전부 공제된 2009. 2. 1.부터 위 인도완료일까지 임료상당의 부당이득인 월 4,000,000원의 비율에 의한 임료상당의 부당이득금을 지급할 의무가 있다 할 것입니다.

2. 피고 나수연에 대한 청구

가. 원고는 이 사건 점포의 소유자로서 피고 나수연은 이 사건 점포를 점유하고 있으므로 이 사건 점포의 퇴거를 구하는 바입니다.

원고는 이 사건 점포의 소유자인 점, 피고 나수연은 2007. 12. 28.부터 피고 김동팔로부터 이 사건 점포를 인도받아 사주카페를 경영하고 있는 점은 앞서 설명드린 바와 같습니다.

나. 피고 나수연은 위 전대차 당시 피고 김동팔이 구두로 원고로부터 전대차사실에 관하여 승낙을 받았다고 말하였다고 주장하면서 자신의 점유는 임대인인 원고에게 대항할 수 있는 전대차로서 점유의 정당한 권원이 있기 때문에 원고의 소유권에 의한 반환청구에 응할 수 없다고 주장합니다.

그러나 피고 김동팔마저 2008. 6. 22.경 원고에게 보낸 내용증명우편 등에서 원고의 승낙을 받음이 없이 이 사건 전대차 계약을 체결하였다고 인정하고 있고, 전대차의 동의에는 표현법리의 적용도 없으므로 피고 나수연의 위와 같은 주장은 전혀 이유 없습니다.

다. 그렇다면, 피고 나수연의 점유는 정당한 권원 없는 무단점유이므로 피고 나수연은 소유권자인 원고에게 이 사건 점포에서 퇴거할 의무가 있습니다.

3. 결론

그렇다면, 원고에게, 피고 김동팔은 이 사건 점포를 인도할 의무가 있고, 임대보증금 5,000만원이 전부 충당되고 난 후 도래한 최초 임료지급일인 2009. 2. 1.부터 이 사건 점포의 인도완료일까지 임료상당의 부당이득금인 월 4,000,000원의 비율에 의한 금원을 지급할 의무가 있다 할 것이고,

피고 나수연은 이 사건 점포에서 퇴거할 의무가 있다 할 것이므로, 청구취지 제1항과 같은 청구를 하는 동시에 민사소송법 제98조에 의하여 소송비용은 패소자인 피고들 부담으로 하고, 같은 법 제213조에 의하여 가집행 선고를 구하는 판결을 앙망하는 바입니다.

증 명 방 법(생략할 수 있음)

1. 갑제1호증 (토지부동산등기부등본) 1부
2. 갑제2호증 (건물부동산등기부등본) 1부
3. 갑제3호증 (부동산매매계약서) 1부
4. 갑제4호증 (부동산 임대차계약서) 1부
5. 갑제5호증의 1 (2008. 6. 15.자 피고 김동팔에 대한 내용증명우편) 1부
6. 2 (2008. 6. 15.자 피고 나수연에 대한 내용증명우편) 1부
7. 갑제6호증의 1 (2008. 6. 22.자 내용증명우편) 1부
8. 2 (위임장사본) 1부
9. 3 (금융거래내역서사본) 1부
10. 4 (확인서사본) 1부
11. 갑제7호증 (집합건물 등기부등본) 1부
12. 갑제8호증 (불기소 결정서) 1부
13. 갑제9호증 (김성기의 인증진술서) 1부

첨 부 서 류(생략할 수 있음)

1. 위 증명방법 각 3통
2. 영수필확인서 및 영수필통지서 1통
3. 소송위임장 1통
4. 소장부본 2통

2009. 2. 5.

원고 소송대리인 변호사 김 애 경 인

서울남부지방법원 귀중

Ⅱ. 제2회(2011. 1. 20.)

1. 7단계 권리분석법에 의한 사건 전체의 분석

가. 의뢰인의 희망사항 분석결과

의뢰인 =원고	희망사항	물권 침해? 약정?	침해자 또는 약정자는 누구(=피고)	원고의 자격, ∴소송명
김영철	아파트 소유권이전등기를 받고,	① 매매계약 ∴불이행 있어 강제이행청구	∴약정자 (매도인) (이진수)	약정의 상대방 (매수인) ∴소유권이전등기(인도)[390] 청구
	근저당권설정등기를 말소할 수 있는 판결을 받아 달라	① 근저당권설정계약 ∴불이행 있어 강제이행청구	∴약정자 (근저당권자) (박철민)	대위청구 약정의 상대방 (근저당권설정자) ∴근저당권설정등기 말소 청구

나. 원고의 청구원인 분석결과

소송명	청구원인	항변 (법률상 주장 포함)	재항변 등
소유권 이전등기 청구	①매매계약 ⓐ매매계약 체결 ⓑ계약금, 중도금 지급	Ⓐ 잔금 선지급 주장	Ⓐ잔금 선지급 의무는 없고, 동시이행관계임
근저당권 설정등기 말소청구	①대위요건 ⓐ소유권이전등기 청구권 ⓑ이행기 ⓒ미행사 ②피담보채권 ③근저당권설정계약 ⓐ근저당권설정계약 ⓑ근저당권설정등기 ④피담보채무의 변제 등 ⓐ대위하여 상계 ㈎자동채권(대여금 양수) ㈠소비대차계약 ㈡채권양도계약·통지 ㈏상계적상[391] ㈐대위에 의한 상계의 의사표시 및 그 도달 ㈑상계충당	Ⓐ 양도금지특약 + 양수인의 악의 or 중과실	Ⓐ악의 or 중과실 없음(부인) 혹은 채권양도 이의 유보없는 승낙 (재항변)

390) 최근에는 매매계약에 기해 소유권이전등기청구를 할 때 매매목적물 인도청구도 병합하여 제기하는 문제가 자주 출제되고 있다.

391) 이진수가 양수받은 임대차보증금 채권은 임차목적물 반환과 동시이행관계에 있으므로 이를 자동채권으로 하여 상계할 수 없다.

2. 채권양도

가. 임차보증금반환채권

소외 최두원으로부터 소외 최두원이 2008. 8. 5. 피고 박철민으로부터 서울 용산구 한남1동 신동아아파트 104동 703호를 임대차기간 2008. 9. 1.부터 2010. 8. 31. 2년간 임차보증금 150,000,000원으로 정하여 임차하면서 그 임차보증금 150,000,000원을 지급하였는데, 소외 최두원은 2010. 10. 30. 피고 이진수에게 그 임차보증금 반환채권을 양도하고, 소외 최두원이 2010. 10. 30. 피고 박철민에게 위 양도사실을 통지하였고, 같은 해 11. 2. 도달되었다.

나. 대여금채권

소외 최두원이 2008. 8. 1. 피고 박철민에게 금 30,000,000원을 변제기는 2010. 7. 31., 이율은 월 1%로 정하여 대여해 주었는데, 박철민은 2009. 5. 1. 이후 원리금을 전혀 지급하지 않고 있으며, 소외 최두원은 피고 이진수에게 위 대여금채권을 양도하고, 이 사실을 2010. 11. 30. 통지하였고 같은 해 12. 2. 위 통지가 도달하였다.

더구나 피고 박철민은 2010. 12. 10. 위 양도를 승낙하기까지 하였다.

3. 상계

가. 일반론

① 쌍방이 서로 대립하는 채권을 가질 것

② 그 채권의 목적인 동종일 것

③ 상계적상 (양 채권이 변제에 있을 것 = 적어도 자동채권이 변제기 있을 것)

자동채권의 채무자가 동시이행항변권을 갖고 있으면 이를 갖고 상계할 수 없다.(민법 제536조)(대법원 2002. 8. 23. 선고 2002다25242 판결) 왜냐하면 상대방의 동시이행항변권을 무력화하기 때문이다. 압류금지채권을 수동채권으로 한 상계는 허용되지 않고(민법 제497조), 지급금지 통지를 받은 후 취득한 자동채권으로 지급금지채권을 수동채권으로 하여 상계할 수 없다.(민법 제498조) 압류명령 당시 양 채권의 변제기가 도래하여 상계적상에 있었거나 적어도 자동채권의 변제기가 먼저 또는 동시에 도래하는 경우에는 상계할 수 있다.(대법원 1982. 6. 22. 선고 82다카200 판결)(제한설적 입장) 상계금지의 특약이 있는 경우에는 약정의 당사자 사이에는 효력이 있으나 선의의 제3자는 대항할 수 없다.(민법 제492조 제2항 단서)

나. 상계의 요건사실

1) 자동채권

본 사안에서 양수받은 위 임차보증금반환채권, 대여금채권이 자동채권이 된다.

2) 상계적상

① 임차보증금

2010. 8. 31. 임대차기간이 만료된 후 임차보증금을 지급받지 못하고 있다가 이사한 후 다만 열쇠만을 돌려주지 못하고 있으며, 2010. 10. 1. 그런 사실을 내용증명우편으로 통지하였다. 따라서 임차목적물반환과 동시이행관계에 있으므로 상계적상이 없다.

② 대여금

대여금채권은 금전채권이고, 변제기가 2010. 7. 31.이고, 수동채권인 근저당권의 피담보채무는 금전채권이며, 변제기가 2010. 5. 1.로 상계의 의사표시를 할 때인 2011. 1. 3. 기준으로 볼 때 모두 이행기가 도달하였으므로 상계적상이 있다.

다. 상계의 의사표시와 그 도달

상계권은 형성권이므로 이를 행사해야 그 효력이 생긴다. 피고 이진수는 2011. 1. 3. 피고 박철민에게 위 양수채권을 자동채권으로 하여 위 대여금 채권을 상계한다는 의사표시를 하고, 2011. 1. 6. 그 통지가 도달하였다.

라. 상계충당

변제충당과 같이 상계충당이 이루어진다.(민법 제499조)

① 먼저 합의충당사실이 있었는가? 없음

② 그렇다면, 지정충당이 있었는가? 없음. 따라서 법정충당되어야 한다. 하지만 이 사안에서 지정충당이나 법정충당의 구분은 중요치 않다. 왜냐하면 지정충당이나 법정충당 모두 비용－이자－원본의 순으로 충당이 일어나야 하기 때문이다.

③ 구체적인 상계충당은 모범답안 해당 부분 참조

4. 대권자 대위권(민법 제404조)

가. 요건사실

1) 피보전채권이 존재하고 이행기가 도래해야 한다.

피보전채권이 존재하지 않으면 각하된다. 왜냐하면 당사자적격이 없기 때문이다. 각하하여야 할 사안에서 기각한 경우에는 상소심에서 파기하여 각하하여야 한다.(대법원 1994. 6. 24. 선고 94다14339 판결, 대법원 2005. 9. 29. 선고 2005다27188 판결 등) 피보전채권은 직권탐지사항까지는 아니라도 직권조사사항이다.(대법원 2009. 4. 23. 선고 2009다3234 판결) 채권자는 ⓐ 피보전채권의 존재, ⓑ 그 채권의 기한도래를 주장·증명하여야 한다. 채권자가 피보전채권의 액수를 증액하는 것은 소의 변경이 아니라 공격·방어방법의 변경에 불과하다. 피보전채권에 대한 항변은 채무자가 이를 행사하지 않는 이상 제3채무자가 원용하여 행사할 수 없다.(대법원 2009. 9. 10. 선고 2009다34160 판결 등)

2) 채무자의 무자력(또는 보전의 필요성)

피보전채권이 금전채권인 경우에는 채무자의 무자력에 관한 주장·증명이 필요하다. 사실심변론종결 당시를 기준으로 무자력 여부를 판단하여야 한다. 예외적으로 피보전채권이 특정채권일 경우에는 채무자의 무자력을 주장·증명할 필요가 없다. 본 건에서 이진수의 무자력에 관한 증거가 없기 때문에 피보전채권이 특정채권이어야 근저당권 말소청구를 대위할 수 있다.

3) 채무자의 권리 불행사

채무자가 이미 그 권리를 재판상 행사하였을 때는 당사자적격의 결여로 부적법 각하되어야 한다.(대법원 1993. 3. 26. 선고 92다32876 판결) 채무자가 권리를 행사함에도 채권자대위로 소를 제기하면 중복제소의 문제가 생긴다.

Ⓐ 채권자가 제3채무자를 상대로 채권자대위소송 중 채무자가 제3채무자를 상대로 같은 소송물의 소를 제기한 경우에는 후소는 중복제소금지의 원칙상 부적법하여 각하되어야 한다.

Ⓑ 채무자가 제3채무자를 상대로 제기한 소송이 계속 중 채권자가 제3채무자에게 같은 소송물의 채권자대위소송을 제기하였을 경우에는 채권자대위 요건인 "채무자의 권리불행사"의 요건 미충족으로 부적법할 뿐만 아니라 일반적인 중복제소금지 위반으로 부적법하여 각하되어야 한다.

Ⓒ A채권자가 제3채무자를 상대로 채권자대위소송을 제기하여 소송계속 중 B채권자가 같은 제3채무자를 상대로 소송물이 같은 채권자대위소송을 제기한 경우에도 후소는 중복제소금지 규정에 저촉되어 부적법하다.

이처럼 중요한 전소와 후소의 구분기준은 소송계속 발생시(소장부본 송달시)를 기준으로 구분한다. 만약 소의 추가적 변경으로 인하여 중복소송의 문제가 생긴 경우에는 소의 추가적 변경이 포함된 청구취지 및 청구권인 변경신청서가 송달된 때를 기준으로 한다.

채무자가 이미 패소의 확정판결을 받은 후 채권자에 의한 채권자대위소송이 제기된 경우에는 그 처리에 관해 판례는 나뉘고 있다. 기판력의 문제로 보아 기각하여야 한다는 판례(대법원 1979. 3. 13. 선고 76다688 판결)와 당사자적격의 결여로 각하하여야 한다는 판례(대법원 1992. 11. 10.선고 92다30016 판결, 대법원 1993. 3. 26. 선고 92다32876 판결)로 나뉘어 있다.

나. 채무자의 제3채무자에 대한 피대위권리

피대위권리의 존부에 관하여는 주장 및 증명에 의하여 판단하면 된다. 채무자와 제3채무자 사이에 생긴 사유만으로 공격·방어방법을 삼아야 하고, 채권자와 제3채무자 또는 채권자와 채무자 사이에 생긴 사유로 공격·방어방법을 삼을 수 없다. 이미 확정판결이 있는 지 여부는 직권조사사항이다. 채권자대위권에 기하여 채무자의 권리를 행사하고 이 사실을 채무자에게 통지한 경우에는 채무자는 그 대위행사된 권리를 처분하였음을 이유로 채권자에게 대항하지 못한다.(민법 제405조) 위와 같은 사정은 통상 재항변 사유가 된다.

소　장

원　고　김 영 철 (680523－1947652)
서울 서초구 서초동 187 서초아파트 2동 403호
소송대리인 변호사 최진호
서울 서초구 서초동 157 정의빌딩 410호
전화번호 (02) 532－****, 팩스번호 (02) 532－****
이메일 : ***@.......

피　고　1. 이 진 수 (701104－1547663)
서울 영등포구 대방동 339 보라매아파트 207동 709호
2. 박 철 민 (650925－1876551)
서울 종로구 내수동 559

소유권이전등기 등 청구의 소

청 구 취 지

1. 별지 목록 기재 부동산에 관하여
   가. 피고 이진수는 원고로부터 금 250,000,000원을 지급받음과 동시에 원고에게 2010. 10. 25.자 매매를 원인으로 한 소유권이전등기 절차를 이행하고,
   나. 피고 박철민은 피고 이진수로부터 금 205,500,000원 및 그 중 금 200,000,000원에 대하여는 2010. 8. 1.부터 다 갚는 날까지 연 24%의 비율에 의한 금원을 지급받은 후 피고 이진수에게 서울중앙지방법원 2008. 10. 1. 접수 제8243호로 경료된 근저당권설정등기의 말소등기 절차를 이행하라.
2. 소송비용은 피고들의 부담으로 한다.

라는 판결을 구합니다.

청 구 원 인

1. 피고 이진수에 대한 소유권이전등기청구
   가. 청구원인
   원고는 2010. 10. 25.경 피고 이진수와 사이에 별지 목록 기재 부동산을 대금 500,000,000원, 계약금 50,000,000원을 계약당일 지급하고, 중도금 200,000,000원은 2010. 11. 25.경, 잔금 250,000,000원은 2010. 12. 24.경 지급하기로 하는 내용의 매매계약을 체결하고, 계약당일 계약금 50,000,000원 및 2010. 11. 25.경 중도금 200,000,000원을 지급하여 현재 합계 250,000,000원을 지급한 상태입니다. 이때 피고 이진수는 잔금 수수일까지 저당권 등을 완전히 말소하여 완전한 소유권을 원고에게 이전해 주기로 약정하였습니다.(매매계약 제3조)

나. 소결론

그렇다면, 피고 이진수는 원고에게 원고로부터 위 잔대금 250,000,000원을 지급받음과 동시에 별지 목록 기재 부동산에 대하여 2010. 10. 25.자 매매를 원인으로 한 소유권이전등기 절차를 이행할 의무가 있습니다.

다. 피고 이진수의 잔금 선지급 주장에 대한 반박

(1) 피고 이진수는 원고가 위 잔금을 먼저 지급해 주면 근저당권을 말소한 다음 소유권이전등기를 경료해 주겠다고 주장하고 있습니다.

(2) 그러나, 원고와 피고 이진수가 위 매매계약 당시 위와 같이 잔금지급일 전에 저당권을 말소하여 완전한 소유권을 이전해 주겠다고 약정(매매계약 제3조)하였을 뿐만 아니라 소유권이전등기에 필요한 모든 서류를 교부함과 동시에 잔금을 지급하기로 약정(매매계약 제2조)하기까지 하였으므로 위 주장은 이유 없습니다.

2. 피고 박철민에 대한 근저당권설정등기 말소청구

가. 피고 이진수와 피고 박철민 사이의 금전소비대차계약 및 근저당권설정

피고 이진수는 2008. 10. 1.경 피고 박철민으로부터 금 200,000,000원을 이자 월 2%, 변제기 2010. 5. 1.로 정하여 대여받으면서 그 담보조로 별지 목록 기재 부동산에 관하여 같은 날 서울중앙지방법원 2008. 10. 1. 접수 제8243호로 채권최고액 250,000,000원인 근저당권설정등기를 경료하여 주었습니다. 피고 이진수는 2009. 9. 30.까지 이자만을 완납하였습니다.

나. 피고 이진수의 양수 대여금채권을 자동채권으로 하여 위 대여금채권에 대한 상계

(1) 소외 최두원의 피고 박철민에 대한 대여금 채권

소외 최두원은 2008. 8. 1.경 피고 박철민에 대하여 금 30,000,000원을 변제기 2010. 7. 31., 이자 월 1%로 정하여 대여하였고, 2009. 4. 30.까지의 이자만을 지급하였습니다.

(2) 소외 최두원의 피고 이진수에로의 위 대여금 채권양도

소외 최두원은 2010. 11. 30.경 피고 이진수에게 위 대여원리금 채권을 전부 양도하였고, 같은 날 피고 박철민에게 위 양도사실을 통지하였으며, 피고 박철민은 2010. 12. 2.경 위 통지서를 수령하였습니다.

(3) 피고 이진수의 위 양수 대여금채권을 자동채권으로 하여 피고 박철민의 위 대여금채권에 대하여 한 상계

(가) 피고 이진수는 2011. 1. 3. 피고 박철민에 내용증명우편을 보내어 소외 최두원으로부터 양수받은 위 대여금 30,000,000원 및 그 지연이자 채권을 자동채권으로 하여 자신이 피고 박철민으로부터 차용한 위 대여금 채권을 상계한다고 통지하였고, 위 내용증명우편은 같은 달 6. 피고 박철민에게 도달하였습니다.

(나) 상계의 효력은 위 양 채권 중 변제기가 가장 늦게 도달한 위 30,000,000원 대여채권의 변제기인 2010. 7. 31.이 경과함으로써 발생하였다고 할 것입니다. 따라서 2010. 7. 31. 당시 피고 박철민은 240,000,000원{200,000,000원 + (200,000,000원 × 10개월 × 0.02)} 대여금 채권을 갖고 있었고, 피고 이진수는 위 양수한 대여원리금 34,500,000원{30,000,000원 + (30,000,000원 × 15개월 × 0.01)}을 갖고 있어 대등액으로 상계되어

소멸되어 금 205,500,000원(240,000,000원 − 34,500,000원)만이 남게 되었습니다.

다. 원고의 대위청구

피고 이진수는 위 근저당권설정등기 말소청구를 하지 않고 있어 원고는 피고 이진수에 대한 위 소유권이전등기 청구권을 보전하기 위하여 피고 이진수를 대위하여 피고 박철민은 피고 이진수에게 위 이진수로부터 205,500,000원 및 그 중 금 200,000,000원에 대하여는 2010. 8. 1.부터 다 갚는 날까지 년 24%의 비율에 의한 금원을 공제한 나머지를 지급받은 후 별지 목록 기재 부동산에 대하여 서울중앙지방법원 2008. 10. 1. 접수 제8243호로 경료된 근저당권설정등기의 말소등기 절차를 이행할 의무가 있습니다.

라. 피고 박철민의 제기 예상가능한 항변에 대한 반박

(1) 피고 박철민은 2008. 8. 1.경 소외 최두원과 사이에 체결된 30,000,000원 대여계약을 양도금지특약이 되어 있어 양도받았음을 주장하면서 상계를 구할 수 없다고 주장하고 있습니다.

(2) 위 대여계약에는 주장과 같은 양도금지의 특약이 있었으나, 피고 이진수는 위와 같이 채권양도를 받을 당시 위와 같은 사정을 안 바도 없었을 뿐만 아니라 이를 알 수 있었을 상황에 있지도 아니하였습니다. 가사 백보를 양도하여 이를 알았다고 하더라도 피고 박철민은 2010. 12. 10.경 위 채권양도를 승인하였으므로 어느모로 보나 그 이유가 없습니다.

3. 결론

그렇다면, 원고의 피고들에 관한 청구취지와 같은 청구는 모두 이유있고, 소송비용은 패소자들 부담으로 하여 이 사건 소를 제기합니다.

증 명 방 법(생략)

첨 부 서 류(생략)

2011. 1. 22.

원고 소송대리인 변호사 최 진 호 인

서울중앙지방법원 귀중

[별지] 부동산의 표시

(1동 건물의 표시)

서울 서초구 서초동 187 서초아파트 제2동

철근콘트리조 슬래브지붕 4층 아파트

1층 863.50㎡

2층 863.50㎡

3층 863.50㎡

4층 863.50㎡
(대지권의 목적인 토지의 표시)
서울 서초구 서초동 187 대 42,368.2㎡
(전유부분의 건물의 표시)
제4층 제403호 철근콘크리트조 131.83㎡
(대지권의 목적인 토지의 표시)
소유권 대지권 1,000분의 1.72

저자 약력

김 차 동(金 次 東), 이메일 주소 : kjd1206@hanyang.ac.kr

서울대학교 법과대학 졸업
미국 캘리포니아 주 UC Berkeley 대학교 로스쿨(Boalt Hall) LLM과정 졸업
일본 케이오 대학교 법과대학 방문연구원
사법시험 제30회 합격
창원지방법원, 서울지방법원(의정부 지원), 대구지방법원 판사 근무
미국 뉴욕주 변호사 자격 시험 합격(등록번호, 640125)
김앤장 법률사무소 소속 변호사
경북대학교 법과대학 법학부 부교수
현 한양대학교 법학전문대학원 교수
사법시험 제2차 출제위원, 제3차 시험위원
변호사시험 민사기록형 출제위원

민사법실무 Ⅱ

초판발행 2020년 2월 20일

지은이 김차동
펴낸이 안종만·안상준

편 집 한두희
기획/마케팅 조성호
표지디자인 박현정
제 작 우인도·고철민

펴낸곳 (주) 박영사
서울특별시 종로구 새문안로3길 36, 1601
등록 1959. 3. 11. 제300-1959-1호(倫)
전 화 02)733-6771
f a x 02)736-4818
e-mail pys@pybook.co.kr
homepage www.pybook.co.kr
ISBN 979-11-303-3454-7 93360

정 가 45,000원